原典
中世ヨーロッパ東方記

Medieval European Descriptions of the Orient

高田英樹 | 編訳 Hideki Takata

名古屋大学出版会

1　サンタ・マリーア・ノヴェッラ教会，スペイン礼拝堂壁画　右壁面

2　サンタ・マリーア・ノヴェッラ教会，スペイン礼拝堂壁画　左壁面上部

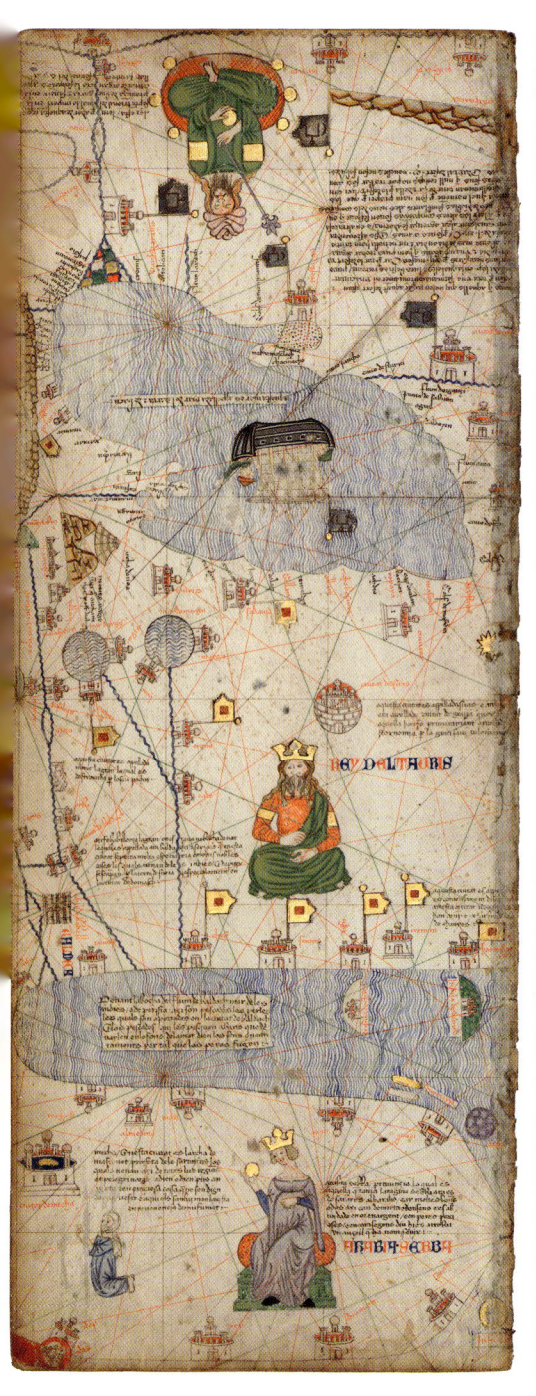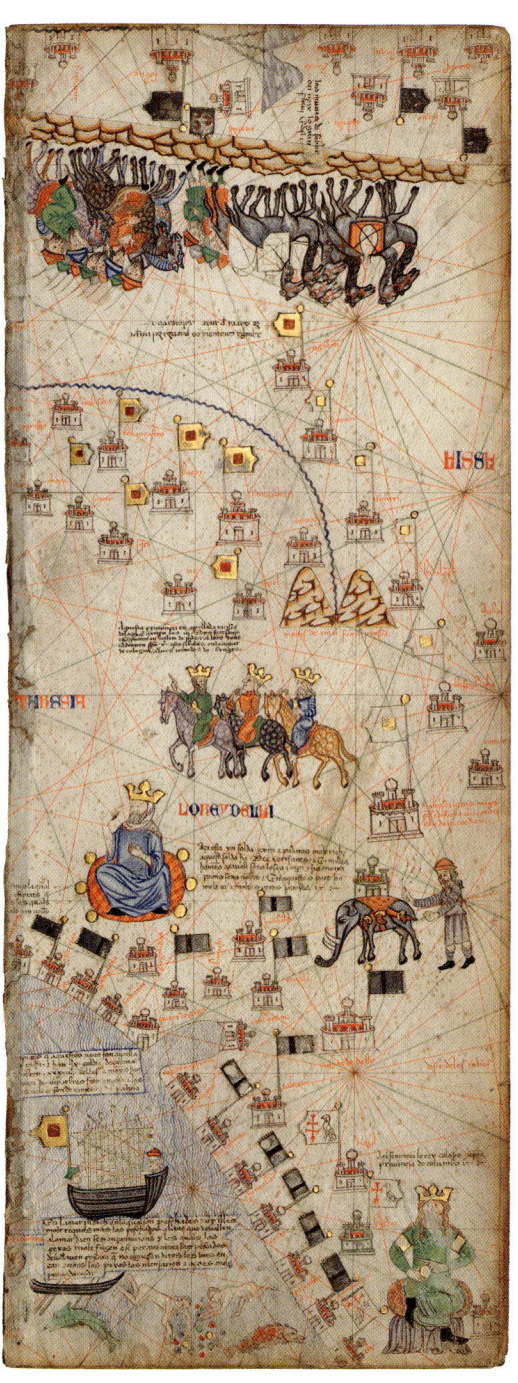

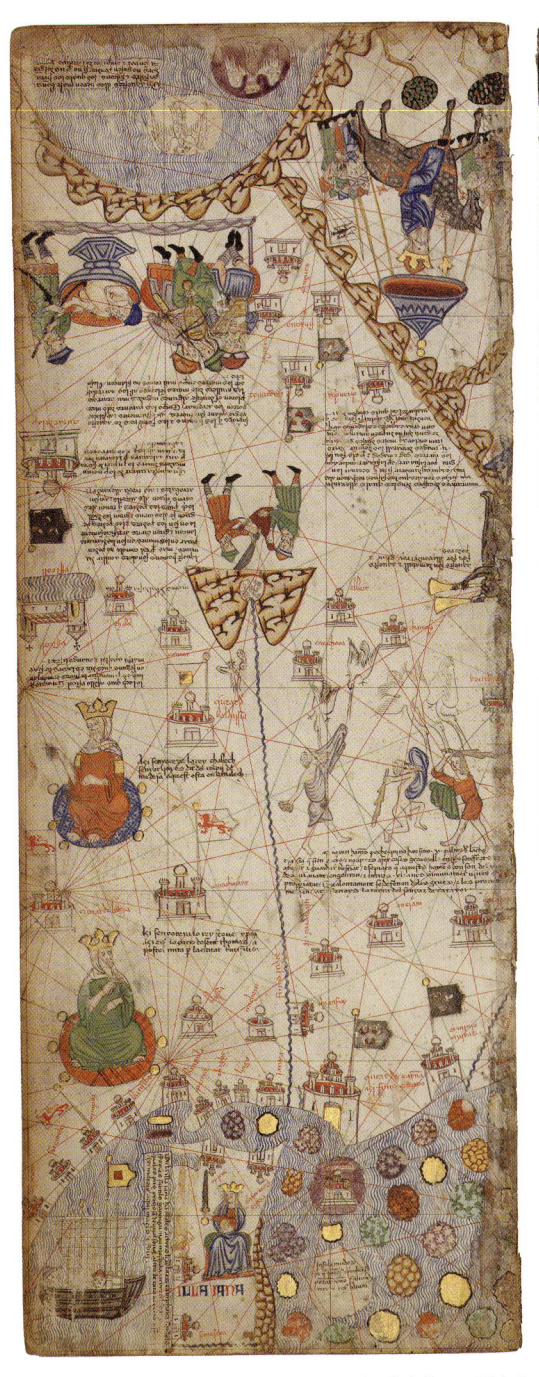
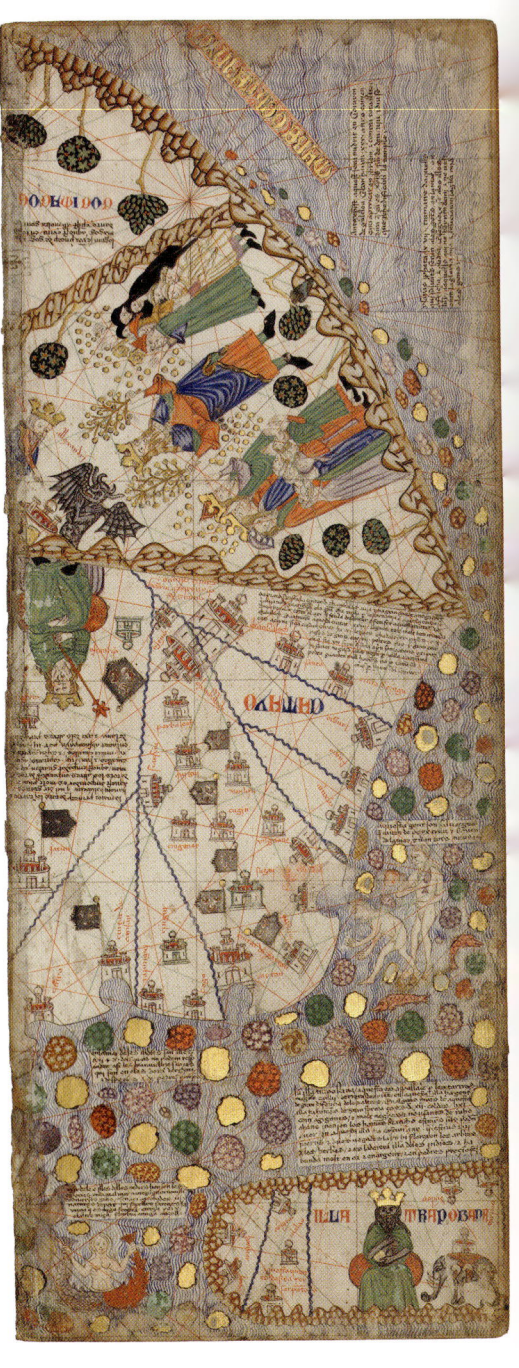

4　カタラン・アトラス　パネル VII・VIII

はじめに

　世界，それが全貌を現し始めたのはそう古いことではなかった。13 世紀初め
のことである。東の果てから興って征服の馬蹄を四方に進めていったチンギス・
カンとその裔たちに始まる。ヨーロッパに到来した彼らは，その東境ハンガリ
ー・ポーランドを襲い，アドリア海を渡ってイタリア渡来も必至かと思われたが，
何故かそれ以上西に進むことはなく，踵を巡らせて東に戻って行った。

　が，西方にとってその衝撃は大きかった。その出現はあまりにも突然であり，
その軍はあまりにも強く，その民族はまったく未知であり，その者たちは何もか
もあまりにも異なっており，人間か獣かすら分からぬほどだったからである。そ
してそのことは，自らの世界像・世界観を問い直させずにはおかなかった。彼ら
がやって来たという東方について，ひいては世界について，何も知らないことを
思い知らされたからである。

　しかし一方，こうして危うく存亡の危機を逃れたヨーロッパの幸運は大きかっ
た。その侵攻によってほぼ全土を征圧されそのまま居座られた途上の国々，ホラ
ズム・ルーシやペルシャ・イラクと違って，国土と財貨のみならず，自然も人間
も，社会と文化も，神も文明も，ほぼ無傷のまま残ったからである。

　こうして虚を突かれたが，先立つ十字軍運動の中で聖地の彼方に拡がる広大な
世界をかいま見，そこへの関心を深め始めていたヨーロッパは，この機会を捉え
て，後退する彼らの跡を追うかのごとくに東に向かってゆく。といっても軍によ
ってではなかった。モンゴルに対抗しうる軍事力はなかったし，全体的な統一国
家もそれを率いる強大な権力者もいなかった。神聖ローマ帝国には皇帝フリード
リヒがおり，彼も世界の主を自認していたが，モンゴルの前には虚しく雄叫びを
上げるだけだったし，仏王ルイも神に天国を祈るほかなかった。が，それとは別
のものがあった。これまた無傷のままに残ったキリスト教とその長教皇である。
それに，軍隊を持たぬ教皇庁にはそれに代わるものがあった，修道会である。こ
うして向こうから開けて来た東方に向かって彼らは使者，騎士ではなく修道士を
次々と派遣する。その任務は，表向きは布教と使節であったが，実質的には偵察

つまり情報収集である。

　その目的は主に二つあった。一つは，タルタル人とは何者であり何を狙っているのか探ることであり，もう一つは東方には何があり，世界とは本当はどうなっているのか正しく知ることであった。したがってその探索は，地理や自然，風俗や習慣はもちろん，商品や産物，支配者や政治，歴史や宗教，つまり自然と人間と社会の全てにわたった。またその地域は，目的とする国と通過する途上の地のみならず，周辺の地や最果ての境域にまで及んだ。

　こうして彼らは，それまで取り巻かれていたイスラムの囲いを破って，その外に拡がる広大な東方世界を知るところとなった。ヨーロッパは，イスラムによって成ったのだとすれば，モンゴルによって世界に導かれたことになろう。そしてその体験や認識を持ち帰り，それを書に記し図に描いた。それは，文字を持ったのが新しく自ら書き残すことの比較的少なかったモンゴルに代わって，多くが今に伝わった。

　では，何がどのように発見され，東方と世界はどのように認識され記述されたか，それはまたどう変わって行ったか。以下本書では，13 世紀半ばモンゴルが登場して翌 14 世紀後半退場するまでの時代に西方ヨーロッパ人によってものされた作品を，旅の記録や東方の報告としてのみならず，世界の発見と認識の系譜としてたどってゆく。と同時に，彼らによってタルタル人と呼ばれた者たちがその後どうなっていったかも，その中に合わせ見る。

　本書は二部に分かたれ，第一部は，一つの年代記を除き，専ら東方についてそこに旅した者たちによって直接記述されたテキスト，第二部は，他の分野，偽書簡・商業・文学・絵画・地図の中で，部分的あるいは間接的に記述・描写されたもの，である。

第一部

I マシュー・パリス『大年代記』：中世最大最高の年代記中の東方に関わる 10 章。その中には，「タルタル人の出現」「ルイ 9 世の嘆き」「フリードリヒ 2 世の皇帝書簡」「破戒僧イウォの告白──モンゴル軍のイギリス人スパイ」等，歴史に残る記事が含まれる。

II カルピニ『モンガル人の歴史』：ヨーロッパ人として最初にカラコルムにまで至ったフランチェスコ会士の旅行記。東方行・東方記のパイオニアとしての価

値を今なお有する。

III シモン・ド・サンカンタン『タルタル人の歴史』：大アルメニアのモンゴル軍司令部の下に赴いたドミニコ会士の東方記。テキストはヴァンサン・ド・ボヴェ『歴史の鏡』から抽出されたものである。

IV ルブルク『旅行記』：ルイ9世によりモンケ・カアンの下に派遣されたフランチェスコ会士の旅行記。モンゴル記としては最も詳細・正確で，ポーロに優るが，惜しむらくは旅はカラコルム止まりだった。

V リコルドゥス・デ・モンテ・クルキス『巡礼記』：ドミニコ会士の聖地巡礼記のうち，タルタル人について記した5章を見る。

VI マルコ・ポーロ／ルスティケッロ・ダ・ピーサ『世界の記』：最初に東の果てにまで至り，その域を超えて世界を丸ごと記した書であり，わが国では，『東方見聞録』の名で知られる。ここでは，カシュガルからジャワまで中国に係わる113章を，フランク-イタリア語テキストより訳出する。

VII ハイトン『東方史の華』：モンゴル支配下にあった小アルメニアの君侯による東方史。宗主モンゴルの過去の歴史の他に，イル・カン国と自国小アルメニアの当時の詳細な歴史，新十字軍の提案を含む。

VIII モンテコルウィーノと修道士たち：初代東方大司教モンテコルウィーノの「書簡」3編と，共にあった修道士たちの「書簡」2編を訳す。

IX オドリクス『東方記』：ポーロに次いでユーラシア大陸を一周したフランチェスコ会士の旅行記。奇妙な東方記であるが，ポーロに勝る人気を博した。

X マリニョッリ『ボヘミア年代記』：順帝トゴン・テムルの下に教皇からの贈り物天馬を届けたことで歴史に名高い最後の使者によるもので，『ボヘミア年代記』に挿入されているその東方体験記5章を取り上げる。

第二部

XI プレスビテル・イォハンネスの書簡：1165年頃現れた偽書簡。キリスト教司祭王イォハンネスが東方全土を統べるという，ヨーロッパのアジア支配の夢物語であるが，しかしその後の歴史と東方像に与えた影響は大きい。

XII ペゴロッティ『商取引実務』：フィレンツェ・バルディ商会社員による，克明極まりない当時ほぼ唯一の商取引マニュアル。全約95章中，東方交易をガイドするカタイ，タナ，カッファ，タブリーズの最初の5章を訳出する。

XIII ボッカッチョ『デカメロン』：全100話中，東方を舞台にした「チポッラ

修道士の旅」と「ナタンとミトリダネス」の 2 話。東方とそれにまつわる事ども はいかにパロディー化されているかを探る。

XIV フィレンツェ・サンタ・マリーア・ノヴェッラ教会スペイン礼拝堂壁画： 世界における「キリスト教の勝利」を描く一連の壁画（A. ボナイウート作），その 中でタルタル人はどのような役割を担わされて登場しているか見る。

XV カタラン・アトラス： スペイン・マリョルカ島のユダヤ人クレスケス作に なる最初の近代的世界図。東方アジアはいかに描かれているか。地図および絵図 の原写真と，その説明文および地名の転記と和訳を掲げる。

なお，それら旅や書の発端や結果となったヨーロッパ側教皇・王侯とモンゴル 側皇帝・君侯との間に交された書簡のいくつかは，その和訳を添付する。また巻 末に「おわりに——ルネサンスはマルコ・ポーロに始まる」を付す。

ヨーロッパ人による東方記あるいは広く世界記の和訳としては，はやく「大航 海時代叢書」や「17・18 世紀大旅行記叢書」があるが，それに先立つこの時代 については，東西両世界が初めて直接衝突・接触し，西方にとっては東方と世界 を発見し次のルネサンスを準備していった重要な時代であるにもかかわらず，我 が国では半世紀以上前のいくつかをのぞいて，まとまった翻訳・紹介は欠けてい た。また，それらはほぼ全て英語からの重訳であった。そこで，本書では全て原 典からの訳を試みる。ただし，底本としたのはどれも校訂本であり，写本はすで に手元にあったものや，インターネットを通じて手に入れることのできたいくつ かを参照したにとどまる。数が多くあまりにも多岐にわたることの他に，どれも マルコ・ポーロの書のように版による大きな異なりを持たないことと，またそれ ぞれ決定版ともいえる校訂本があり，それ以上のものが自分にできるとは思えな かったからである。ただし，VI については，先年刊行した拙訳，マルコ・ポー ロ／ルスティケッロ・ダ・ピーサ『世界の記——「東方見聞録」対校訳』（名古 屋大学出版会，2013 年）において諸本の厳密な校訂・比較を行い，上述のように ここではそのうちフランク-イタリア語版（F）のテキストのみを提示している。 また，XV「カタラン・アトラス」は，フランスのデジタル図書館 Gallica のおか げでそれまで困難だった原図の閲覧が容易となり，その拡大画像に基づいて絵図 説明文と地名を転記・和訳したものである。

それら原典・写本・校訂本のほかに，他のテキスト・研究書・論文等，参照し

た文献は各編冒頭の解説で掲げる。英訳・和訳等も，手に入れられるかぎり全て参照させていただいた。また，Gallica にかぎらず数多くの文献・資料のデジタルサーヴィス，それに Google を始めとする無数のオンライン検索も，いちいち挙げることはしないが，存分に活用させていただいた，記して感謝したい。ここには，各編の主底本と，共通する文献の一覧を掲げるにとどめる（末尾 ［　］内略号）。またここに訳する作品は大部分，かつて全訳・抄訳・論文・研究ノート等の形で取り上げたことがあり，その初出一覧を巻末に挙げる。

I：Matthaei Parisiensis, *Chronica Majora*, ed. Henry Richards Luard, vol. IV, London, Her Majesty's Stationery Office, 1877 (Kraus Reprint, 1964). [Luard]

II：Fr. Iohannes de Plano Carpini, 'Ystoria Mongalorum', in *Sinica Franciscana*, ed. Anastasius van den Wyngaert, Ad Claras Aquas (Quaracchi-Firenze), 1929, vol. I, pp. 27–130. [SF/Carpini]

III：Simon de Saint-Quentin, *Histoire des Tartares*, par Jean Richard, Paris, Librairie Orientaliste Paul Geuthner, 1965. [Richard]

IV：Fr. Guillelmus de Rubruc, 'Itinerarium', in *Sinica Franciscana*, vol. I, pp. 145–332. [SF/Rubruc]

V：Ricoldus de Monte Crucis, 'Liber Peregrinacionis', in *Peregrinatores Medii Aevi Quatuor*, ed. J. C. M. Laurent, Lipsia/Leipzig, 1864, pp. 101–41. [Laurent]

VI：MS：Bibliotèque nationale de France [BnF], Ms. fr. 1116. [MP/F]
Marco Polo Il Milione, a cura di Luigi Foscolo Benedetto, Firenze, Olschki, 1928. [MP/Benedetto]

VII：Hayton, 'La Flor des Estoires de la Terre d'Orient', in *Recueil des Historiens des Croisades, Documents Arméniens*, tome II, ed. C. Kohler, Paris, Imprimerie nationale, 1906, pp. 111–253. [Kohler]

VIII：Fr. Iohannes de Monte Corvino, in *Sinica Franciscana*, vol. I, pp. 335–77. [SF/Monte Corvino]

IX：Fr. Odoricus de Portu Naonis, 'Relatio', in *Sinica Franciscana*, vol. I, pp. 413–95. [SF/Odoricus]

X：Fr. Iohannes de Marignolli, 'Relatio', in *Sinica Franciscana*, vol. I, pp. 513–59. [SF/Marignolli]

XI：Friedrich Zarncke, 'Der Priester Johannes', 《*Abhandlungen der philologisch-historischen Classe der Königl. Sächsischen Gesellschaft der Wissenschaften*》, Leipzig, Bei. S. Hirzel, 1879（Capp. I, II, III）, pp. 825-1030；1876（Capp. IV, V, IV）, pp. 1-186. [Zarncke]

XII：Francesco Balducci Pegolotti, *La Pratica della Mercatura*, ed. Allan Evans, Cambridge Massachusetts, The Mediaeval Academy of America, 1936. [Evans]

XIII：Giovanni Boccaccio, *Decameron*, a cura di Vittore Branca, Einaudi, 1980/87. [Branca]

XV：Bibliotèque nationale de France, Ms. Espagnol 30（Atlas catalan）.

C. d'Ohsson, *Histoire des Mongols, depuis Tchinguiz-Khan jusqu'a Timour Bey ou Tamerlan*, 4 vols., La Haye et Amsterdam, Les Frères van Cleef, 1834. [D'Ohsson]　ドーソン（佐口透訳注）『モンゴル帝国史』6 巻，平凡社，1987-90（1968-79）.

Henry Yule & Henri Cordier, *Cathay and the Way Thither*, 4 vols., London, Hakluyt Society, 1913-16（Klaus Reprint, 1967）. [Yule]

Sinica Franciscana, vol. 1 'Itinera et Relationis Fratrum Minorum Saeculi XIII et XIV', ed. P. Anastasius van den Wyngaert, Ad Claras Aquas（Quaracchi-Firenze）, 1929. [SF]

The Mongol Mission, ed. Christopher Henry Dawson, London, Sheed & Ward, 1955（New York, AMS Press, 1980）. [Dawson]

　訳文は，作品の時代と性質に鑑み，読み易いことよりは原文どおり逐語的に訳するよう努めた。そのため日本語として滑らかさを欠くことのあることをお断りしなければならない。地名・人名・特殊用語は，できるかぎり原語に近く写すように試みたが，慣用に従ったものもある。文中の記号は，原則として〔　〕内は原本の校訂者・編訳者の，[　]内は和訳者の補足・注を，太字・斜体字は，版相互の異なりや他版からのものを示す。注は，校訂本（を主に）その他諸文献からのものもあるが，もはや共有財産と考え，特に独自のものや他と異なるもの以外は，いちいち出典を示さない。なお各翻訳には，その作品の成った経緯や歴史的背景について編訳者による補足解説を加え，左に罫線を付す。

　翻訳は，全訳（II・III・IV・VII・VIII・IX・XI）と抄訳（その他）がある。すべて全訳することが望ましく，また抄訳ではそれを含む作品の全体の姿が見え難いというのも確かであるが，原本は時にあまりにも長大であり，また東方とは直接の関係を持たない部分も多いためである。しかし，ここに取り上げたどの作品も，

それぞれ単独で一書をなすような性質と分量のものであり，次は新たな世代の人たちによって，すべて写本から全訳で，かつすべてに詳しい研究・解説を付して，できうれば各巻独立した叢書として刊行されることが待たれる。本書がその一つの礎石となれば，望外の喜びである。なおちなみに，I（一部）・III・V・VII・（XIV）・XV は，わが国では初訳になる。

目　次

第二部

第一部

東へ向かうポーロの一行

I

マシュー・パリス

大年代記

（抄）

パリス自画像

　マシュー・パリス Matthew Paris / Matthæus Parisiensis（c. 1200-59）：1200 年頃英国ケンブリッジシャーに生まれ，1217 年ロンドンの北ハードホードシャーなるベネディクト会セント・オールバンズ修道院に入る。同院は歴史書の編纂で名高く，パリスは 1235 年から前任者ロジャー・オヴ・ヴェンドーヴァー Roger of Wendover の跡を継いで主任編纂官を務めた。挿絵画家としても知られる。1259 年没。

　『大年代記』 *Chronica Majora*：世界創造より 1259 年まで，イングランドを中心とするがヨーロッパ全体の主要な出来事も漏れなく記されており，その内容の豊かさと厳格で精彩ある記述と相まって当代最高の年代記と評される。1234/5 年まではヴェンドーヴァーの『歴史の華』*Flores Historiarum* に補筆したもの，35 年以降は自身の筆になる。記事は，出来事の関係者・目撃者から直接情報を得たもののほか，同修道院は王室と緊密な関係にあり，とりわけ親しかったコーンウォール伯リチャード（王の実弟）を通じて，また王ヘンリー 3 世（1217-72）自身が保管のために送った文書を存分に利用できたとされ，それによって価値高く信頼できるものとなった。ここには，当時のモンゴルのヨーロッパ侵入に関わる十の記事を収める。とりわけ，その衝撃的な登場を最初に記録しその呼称を決定的なものにした 1「タルタル人の出現」，その出現を前にしての母ブランシュとの会話を伝える 3「ルイ王の嘆き」，ヨーロッパの団結を訴える 4「皇帝フリードリヒの書簡」，今も謎の 7「モンゴル軍のイギリス人スパイ」は，同書のみのもので歴史に残る。

　写本：①Corpus Christi College, Cambridge, Parker Ms. XXVI [A]（1188 年まで），②同 Ms. XVI [B]（1189-1253 年）。余白に挿絵が計 100 点あり，いずれも自筆で優れたもの。他に *Chronica Minor*『小年代記』とも称されるその縮小版③*Historia Anglorum*『アングリア人の歴史』があり，1070-1253 年と上記の続き 1254-59 年を収める。

　校訂本：④Matthaei Parisiensis, Monachi Sancti Albani, *Chronica Majora*, ed. Henry Richards Luard, vol. IV (1240-47), London, Her Majesty's Stationery Office, 1877 (Kraus Reprint, 1964) [Luard]．上記 A＋B を底本とし，他に 4 写本を対校したもの。当該箇所は (1) 76-8，(2)〜(6) 109-20，(7) 270-7，(8) 298，(9) 299-300，(10) 386-9 ページ。

　英訳・和訳他：⑤*Matthew Paris's English History*, from the year 1235 to 1273 [1253], tr. by J. A. Giles, vol. I, London, Henry G. Bohn, York Street, Covent Garden, 1852 (New York, AMS Press, 1968) [Giles]．⑥ Richard Vaughan, *Matthew Paris*, Cambridge, 1958 [Vaughan]。⑦ Guillaume de Saint-Pathus, *Vie et Miracles de saint Louis*, BnF fr. 5716. ⑧カルピニ／ルブルク（護雅夫訳）『中央アジア・蒙古旅行記』光風社出版，1989（1964）[護]。⑨佐口透編『モンゴル帝国と西洋』平凡社，1980（1970）[佐口]。⑩ガブリエル・ローナイ（榊優子訳）『モンゴル軍のイギリス人使節——キリスト教世界を売った男』角川書店，1995 [ローナイ]。⑪エルンスト・カントーロヴィチ（小林公訳）『皇帝フリードリヒ二世』中央公論新社，2011 [カントーロヴィチ]（○数字は判別のための通し番号，以下全て同）。

　本訳は④Luard より。

　1240 年，ヨーロッパはその年を不吉な噂とともに迎える。獣とも人間とも知れ
ぬ無数の者たちが遥かな東の果てから現れ，破壊の限りを尽くしつつ西に向かって
来ている，と。その馬蹄の轟は，何かしらそれまでヨーロッパが経験したことのな
い得体のしれぬ響きを伴っていた。どこか地底の奥深く自分たちの全く知らない世
界からやって来るように思えたからである。神によって創造された我らが世界は根
底から覆されるのか，であればこの世の終わりが迫って来ていると考えるほかない。
しかしそれはまた，何かしら根本的な変化の予兆をも伴っていた。神は，今まで未
知だった世界をついに開示し給うのか，であればこの世の新たな始まりがやって来
つつあるのやもしれぬ。この年，世界は新たな時代を迎える。

　1235 年，カラコルムのクリルタイでオゴデイ・カアンの下に決定され，総大将
バトゥ以下の諸王侯に率いられて中央アジア諸地から発ったモンゴルの西方遠征軍
は，1236 年まずブルガル全土を劫掠，37 年ヴォルガ流域，カスピ海北のキプチャ
ク草原を征服，38 年ルーシに侵入，リャザンを手始めにモスクワ，スズダリ，ノ
ヴゴロドの諸都市を攻略，南に転進して 39 年スモレンスク，チェルニゴフを荒らし，
再び西に向かって，40 年首都キエフ，ガーリチ・ヴォルイニ，秋には東ヨーロッ
パとの境にあるウラディーミルに至り，そこで二手に分かれて一隊はポーランドの，
もう一隊はハンガリアの東境へと迫った。

　何処とも知れぬ東方からの何者とも分からぬ人種の突然の出現と，その軍の無敵
の強さ・残虐さ，ホラズムそしてルーシの諸国・諸都市の敗北と劫略は，ヨーロッ
パにもすぐに伝わり，多大の恐怖と戦慄を引き起こした。その情報と現地の状況は，
モンゴルの脅威からは最も遠い所にあった西の果てイングランドの一修道士の耳に
も届いた。その衝撃がどれほど大きかったかは，この最初の記録に生々しく記され
て今にも残る。

1　人を得て再びその山から躍り出て来たタルタリは，いかに東方の多くの境域を荒らしキリスト教徒をも脅かしたか [1240]1)

　死すべきものの歓びが永く続かぬよう，この世の楽しみが嘆きなくしては永く
祝われぬよう，その年，呪われしサタンの民，すなわちタルタリ2)の無数の軍は，
山々に囲まれたその地より躍り出て来た。固く閉ざされた岩を突き破り，タルタ

ルス[3])から解き放たれた悪魔さながら現れ満ち溢れ，それゆえあたかもタルタル
スの民のごとくまさしくタルタリと呼ばれるが，イナゴのごとく地の表を覆い，
東の境域を悲惨に破壊し，火と殺戮でもって虚ろにし荒廃させた。サラセン人の
境域を通り，都市をなぎ倒し，森を切り倒し，城塞を覆し，葡萄の木を引き抜き，
菜園を荒らし，市民・農民を亡き者にした。誰か命を乞うものがあって容赦した
時には，その者をほとんど最下等の奴隷として，最前線で自分自身の同族との闘
いに駆り立てた。戦うふりをしたり秘かに逃げようとしたりすれば，タルタル人
は背後から追いかけて切り殺した。たとえ必死に戦って勝利しても，何の感謝も
褒美として報いなかった。こうして彼らは，捕虜をまるで家畜のごとく酷使した。

　人ならざる獣のごときもの，人間といわんよりは怪獣というべく，血に渇えて
飲み，犬・人の肉を食い千切って貪り，雄牛の皮を身に纏い，鉄の鈑で武装し，
身の丈短く太く，体躯は引き締まり，力は剛く，戦に無敵，労に不屈，背は防御
せぬが前は防具で守り，家畜の濾した血を美味と飲み，葉や木をも食む強大な馬
を持ち，自分の脛の短さのため三つの踏み台のように三段登ってそれに跨り，人
間の法を有さず，優しさとは無縁，獅子や熊よりも獰猛，牛皮で作った船を 10
人ないし 12 人で共有し，泳ぎと船こぎに長け，急な大河も易々とたちまち渡り，
血のない時には泥の汚水も飢えて飲み干す。片刃の剣と短刀を持つ，驚くべき弓
の射手，性・年齢・身分を問わず，自ら以外の言語を知らず，彼らの言葉は誰も
知らない。今に至るまで自分たちに近寄ることを許さず，自らも外に出て行くこ
とをせず，ために彼らの風習と人物については共通の商人を通じてのみ情報が持
たれ，家畜の群を，男と同じように戦に訓練された妻とともに引き連れる。そし
て，キリスト教徒の境界まで電光のごとく襲来し，破壊し，小ならざる虐殺を行
い，全てのものに比類なき恐怖と戦慄を叩き込んだ。そのため，サラセン人はキ
リスト教徒と同盟することを熱望し[4])，大勢でもってこの怪物のような人間に対
抗せんと願った。

　このタルタル人は，その記憶は忌むべきものであるが，黄金の仔牛の後モーゼ
の法を棄てて去った十支族からのものと考えられる[5])。それをまた，マケドニア
のアレクサンデルは最初，瀝青の防壁でもって険しいカスピ山の中に閉じ込めん
と試みた。しかし，その仕事が人間の業を超えているのを見て，イスラエルの神
の援けを求めた。すると，山々の頂が互いに合い寄り，その場所は近付くことも
通ることもできなくなった。その場所についてヨセフスは言っている，「神は，

信者のためになし給うことを，不信者のためになしたのか」と。したがって，神は彼らが出て来ることを望み給わぬのは明らかである。しかしながら彼らは，スコラ史に書かれてあるごとく，世の終わりの時出で来て人間の大虐殺をなすであろう。もっとも，今出て来たタルタル人が本当にそれなのかとの疑問が湧く，ヘブライ語も使わず，モーゼの法も知らず，律法も持たず，それによって治められてもいないのだから。これに対しては，それでもしかし，彼らは上に検討した閉じ込められた者たちからであると信じられる，と答えられよう。

　しかし今や，モーゼの王国の中にありながら，彼らの反逆の心は咎むべき方向に逆転し，かつて異教の神々と見知らぬ儀式の後を追って行ったごとく，また今，大いに不思議なことに，他のどの国民からも知られぬごとく，彼らの心と言語は混乱し，その生は復讐する神によって獣のごとき残酷さと愚昧さに変えられた。彼らは，かつて入り込んだその山中から流れ出るタルタルなる川から，タルタリと呼ばれる[6]。ちょうど，ダマスクスの川がファルファルと呼ばれるごとく[7]。[8]

1）冒頭の数字は本書での通し番号，章として扱い，引用では Ch. を付ける（以下全て同）。［　］内は当該記事が置かれている年次。　2）Tartari：Tartar〈タルタル（人）〉の複数形（主格）。　3）ギリシャ神話の地底最下層にある地獄。　4）1238 年ペルシャのイスマイール派（暗殺者教団）から使節の派遣があったことを指す（佐口：51）。　5）旧約聖書（列王記上，12）では，金の子牛を崇めた（偶像崇拝の誤りに陥った）ため追放され，そのまま行方が分からなくなったと考えられたイスラエルの十支族。中世には，それがアレクサンドロスによってカスピ山の彼方に閉じ込められた民族に擬せられた。　6）モンゴル発祥の地の川はオノン・ケルレンであるが，〈タルタル〉の語の由来する〈タタール〉（部族）が源流と誤解されたのであろう。　7）ダマスクスの川はバラダであるが，旧約列王記下（5.12）に「ダマスコの川アバナ Abana とパルパル Pharpar」とあり，そこから連想されたもの。8）佐口：51-2，護：349-51，ローナイ：247（抄訳）等に和訳がある。

　偉大なるかな神の摂理は，神はタルタロスの地獄からその民タルタリを解き放った，彼らは大王アレクサンドロスが閉じ込めていた岩山をも破って躍り出て来た，しかしそれはこの世の終わりを告げるためではなく，神の鞭，我らの罪を悔い改めさせるためである。こうして，タルタル人が誕生した。その名は，この時一気に定着したばかりか，その異様さのイメージとともに，その後も今に至るまで残る。

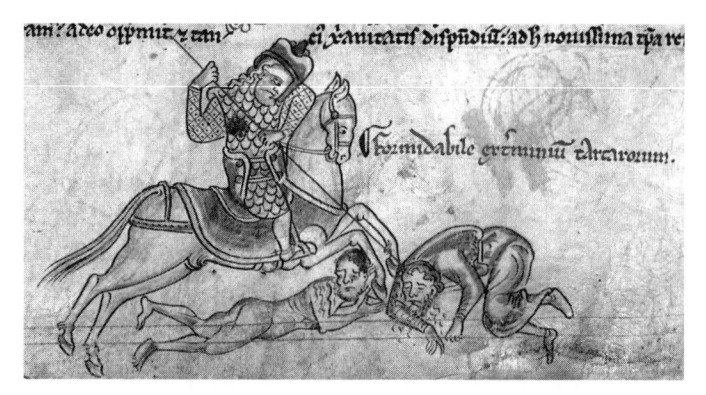

図1 「タルタル人の恐るべき殺戮」（Corpus Christi College, Parker Ms. XVI, f. 145r）

2　タルタリと呼ばれる人間ならざる種族の戦慄すべき破壊について［1240］

　それら日々が過ぎて，タルタリと呼ばれる非人間的で獣的，無法，野蛮かつ獰猛な人種が，突然かつ激しい襲撃でもって，キリスト教徒のボレアス［北風］とアクィロ［北］の地を恐るべき破壊で荒廃させ［図1]1)，全キリスト教世界に尋常ならざる恐怖と戦慄を叩き込んだ。今やまさに，フリジア［フリースラント］，グティア［ゴートランド，クリミア半島］，ポロニア，ボエミアそして両フンガリアは，前代未聞の大部分，僭主・君主・高僧・市民・農民が駆逐され虐殺され，ほとんど荒野と化した。その出来事は，こちら側に送られてきた書簡に以下のごとくはっきりと証言されている。

　1）写本②（Corpus Christi College, Parker Ms. XVI）では，この下余白に図1がある。

3　上述のことについてブライバンニア公に送られた書簡［1241］

　「愛されかつ常に愛する主君にして義父，ブライバンニア［ブラバント］の名高き君主にして公［アンリ2世］へ，神の恩寵もて，ヘンリクス［アンリ］，ロングラトゥンギア［ロートリンゲン／ロレーヌ］伯，サクソン［ザクセン］宮中伯，恩

顧に仕える用意ある意志もて。[1]

　聖なる書に書かれてある前述の古の危険は，我らの罪が必要としているゆえ今芽を出し，飛び出してまいりました。残虐にして無数，無法にして野蛮なるその民は，他に多くの地を通過し，住民を根こそぎにしつつ，我らの近隣にまで侵入して占拠し，今やポロニア人の地にまで来っております。彼らについては，自らの使者によっても，ボエミア王［ヴァーツラフ3世］——我らが親愛なる従兄弟——によっても十分に伝えられ，我らはその救援と信仰の防衛に馳せ参ずるよう呼び掛けられています。実際かのタルタリは，復活祭の8日目ごろボエミア人の地を残虐かつ突然襲い，速やかな救援がなければ前代未聞の殺戮をなすでありましょう。そのことは，我らには正しくかつ十分に知られています。今や我らの隣家の壁は下から火を付けられ，近くの地は劫略を被り，いくつかはすでに劫略されていることとて，我らは全教会のために神と近くの兄弟たちの支援と助言を，心配と悲しみの内に訴え求めます。もし遅れれば危険に満ちておりますゆえ，我らはできる限りの熱意をもって貴下ら皆に乞い願います，貴下らのみならず我らの解放のために，でき得る限り早く我らの救援のために武器に急行して下さいますことを。緩慢に行動するのではなく，数多く気高く力強く勇敢な軍を素早く用意して，我らが再び使者を貴下の許に派遣しました時には，自らの下にある国民ともども迅速に用意がなされてありますことを。我らは，我らのおよび説教師会［ドミニコ会］ならびに小兄弟会［フランチェスコ会］の高位聖職者の布教のもとに，十字軍を作っております。それは，十字架に関わることゆえ，普く布告され祈りと断食が指示され，我らの地がこぞってイエス・キリストの戦いに呼び出されるようにするためでございます。また，次のことを付け加えいたします，かのおぞましき民の大部分は，彼らに加わった他の軍とともに，フンガリアを前代未聞の暴虐で破壊いたしました。そのため王には，ほとんどわずかな部分しか残らなかったと言われます。手短に申しますと，ボレアス［北風］とアクィロ［北］の教会と国民は，そのため圧迫され全て打倒され，世界の始まり以来いまだ決してなかったほど鞭打たれたのです」。恩寵の1241年，'祝えエルサレムを'の歌われる日［3月10日］付。

　これと同様の書簡が，ブライバンティア公からパリ司教に送られた。同じく，コロニア［ケルン］大司教［コンラッド，フリードリヒ2世の子］からアングリア人の王［ヘンリー3世］に書き送られた。

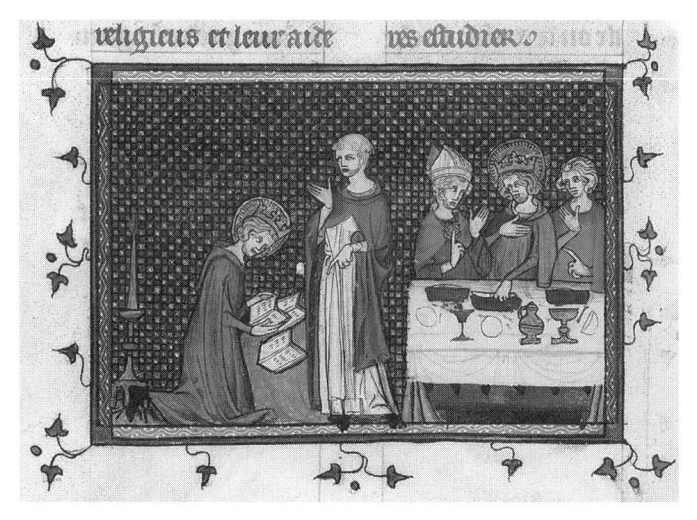

図 2　聖書を読み（左）神について語らう（右）ルイ王（BnF fr. 5716, f. 85v）

　また，この巨大な苦難と，教皇権力と皇帝権力との間に生じている教会にとって有害な不和のために，より広い様々な地域への喜捨とともに，断食と祈禱が指示された。少数であれ多数であれ敵に対する偉大な勝利者となって，人々を和解させた主が，タルタリの高慢を打ち砕くように，と。

　この恐るべき主の怒りの鞭のことを確と知って，それが国民に差し迫って来るにつれ，フランク人の王［ルイ9世，図2］の母堂，敬うべきかつ神に愛でられしご婦人，皇太后ブランキア［ブランシュ］は言った，「どこにおいでか，我が息子，王ロドウィク」。これに彼は，まかり出て言った，「何用に，母上」。彼女は，深い溜め息をつき大きく涙にくれて，女ながらもしかし女性らしくなく，この差し迫った危難のことを憂えて言った，「いかにすべきや，愛しき息子よ，かくも悲しき出来事を，その恐ろしき噂は我らの地を飛び交っております。我ら皆と聖なる教会全体の破滅が，我らの時代に差し迫っておりまする，我らの上にタルタル人が突如襲来したがため」。これを聞いて王は，悲しげな声でしかし聖なる霊感をもって言った，「天の慰めが，母上，我らを励まし給わんことを。もし彼らがやって来れば，我らがタルタリと呼ぶ彼らを，そこから出て来たタルタレアに送り返すか，それとも彼らが我ら皆を天に運ぶか」，つまり「我らが彼らを駆逐するか，それとも我らが敗けることがあれば，我らはクリストの信仰告白者か殉教者として神の御許に参りましょうぞ」と。この秀でたかつ誉むべき言葉は，フ

図3　サホ川上の戦い（BnF Nouv. Acq. fr. 886, f. 19r）

ランク人の貴顕のみならず近隣の地の住民たちをも励まし勇気づけた。

　皇帝陛下は，このことを確と知って，キリスト教の君主たち特にアングリア人の王に次のように書いた。

1）Braibannia〈ブラバント〉：現オランダ南部からベルギー北部にかけてあった公国，当時の公はアンリ2世（1235-48）。Longrathungia〈ロートリンゲン／ロレーヌ〉：現ルクセンブルグ・ドイツの一部・フランスのロレーヌ地方からなっていた公国。

　1240年末ポーランドに侵入したバイダル，カイドゥ，オルダ諸王の一隊3万は，41年3月22日首都クラコフを占領，シレジアの首都ブレスラウを攻めた。シレジア公ヘンリク2世は，ドイツ・ポーランド・チュートン騎士団3万を率いてオーデル川西のリグニツァから進軍し，4月9日南約6キロのワールシュタット平原で合戦した。公は敗れて戦死した。一方，ガリチからカルパチア山脈を越えてハンガリアに侵入したバトゥとスベデイの一隊は，首都ペシュトに進撃，4月11日国王ベーラ4世はティサ川支流サホ河畔モヒー草原で迎撃したが大敗（図3），アドリア海岸方面に逃走した。また，オゴデイの皇子カダンの一隊は，トランシルヴァニアよりハンガリア東南部に侵入し，ベーラ4世を追ってアドリア海岸に至り，沿岸諸市を攻略，王の避難している島の対岸に陣を敷いて攻めた。

　こうして全土が戦場と化し，破壊と略奪の限りを尽くされたハンガリア王ベーラ

は，教皇庁と諸国に支援を請い，それに応えて教皇グレゴリウス9世（1227-41）はモンゴル十字軍を勧説し，神聖ローマ皇帝フリードリヒ2世（1220-50）もヨーロッパ諸国の団結を呼び掛けた。が，イタリア支配をめぐって激しく抗争する両者が本気でそれに取り組むことはなかった。仏王ルイと英王ヘンリーも，義理の兄弟であるにもかかわらず，アキテーヌ領をめぐって争っていた。

4　タルタル人の到来についての皇帝書簡 [1241][1)]

「フレテリクス［フリードリヒ2世］，皇帝等，アングリア王に御挨拶を。ローマ帝国は，福音の宣教に用意のあるごとく，クリスト教信仰を奉ずる世界の全ての国に特別の熱意をもって接するものであるが，全キリスト教共同体の全体的な破滅を脅かすさる事に，黙していることはできない。その事態の真相が我らの許に届くのは遅かったのであるが，ここに陛下にお知らせする。すなわち，ある時世界の南の果ての境域から，そこの灼熱の太陽に焙られた地帯で長く隠れていたのだが，国と暮らしにおいて野蛮なさる種族が外に出て来，その後北方でその地域を暴力で占領し，しばらくそこに留まり，イナゴのごとく数が増えた。彼らはタルタリと呼ばれるが，我々はその場所も起源も知らない。自らの民への叱責と矯正のための神の予見の裁きでなかったわけではないであろうが，これがキリスト教世界全体の破滅のためにまさに今の時に取って置かれたのでないことを。

　この信仰なき者どもが通った後には，国全体の災い，諸国の共通の荒廃，肥沃な領土の破壊が続く。性別・年齢・身分を問わず，ただ残りの人類を抹殺すること以外考えず，その巨大で無比の力と数でもって，どこであれ自分一人が支配し君臨せんとする。これらタルタリ，否むしろタルタルスの住民は，クマニア人のいっぱい住む入植地にやって来た時には，目に入った全てを殺害し略奪し，その後には見渡す限り無人の地が残った。彼らは命を惜しむことがなく，投げ槍と矢とともに弓を最も親しい武器とし，常にそれを使い，他よりはるかに強い腕を持ち，かの国民をすっかり追い散らして勝利した。逃げられなかった者はその血塗られた刃に掛けた。そこからさほど離れていなかった隣のルテニア人は，この未知の民の襲撃から身を護るため，火がはじけるごとくかろうじて用心と防御を講じた。少なくとも自らの安全を協議し，その攻撃に対して自ら防御する準備をし

た。タルタリはもちろんすぐさま略奪と破壊に突進した。神の怒りか電光のごとく激しく襲いかかるこの蛮族の突然の襲撃と侵入に，王国の最大の都市クレウァ［キエフ］は攻略され奪われ，住民は惨殺され，その高貴の王国全体が徹底的な破壊と荒廃に帰した［1240.12.6］。護りと防衛のため，隣接するフンガリア王国に身を委ねるべきであったが，迂闊にもそれを怠った。

　一方，無為にしてあまりにも怠慢だったそこの王［ベーラ 4 世］は，タルタル人の使者と手紙を通じて[2]，自分と国民の命が惜しいなら自らと国を差し出し，急いで我らの恩顧を乞い願うがよいと求められた。ところが彼は，こうした脅かしや唆しにもかかわらず，自分とその民は彼らの襲撃からうまく予め防衛できたとの文書を，家臣や他の者たちに送った。かく己惚れたあるいは無知な彼らは，かの敵を見くびり，敵がすぐそこまで来ているにもかかわらず，天然の要害を恃んで惰眠を貪っていたため，その間にタルタリは疾風のごとく侵入し，いつの間にかあらゆる所から彼らを取り囲んだ。フンガリア人は，こうしていつの間にか包囲され攻められたが，遅ればせながらも自らの陣営を彼らから守らんと努めた。タルタル人の軍とフンガリア人の軍は 5 マイル離れていたが，夜明けがたタルタル人の先陣が急襲し，たちまちフンガリア人の陣営を包囲し，抵抗した王国の高位聖職者と貴族たちをまず斬り，敵対する大勢のフンガリア人を虐殺した。聞かれたこともない惨劇で，一つの戦でこれほどの殺戮が行われた記憶は久しい昔からなかった。王は，駿馬を駆ってかろうじて脱出し，わずかな従者に守られてイリリア王国の兄弟の許に逃げ，そこでようやく保護された。勝者は，勝ち取った陣地と戦利品の中に歓喜して居座った。そしてすぐ，ダニューブ川の向こうのフンガリアの最も大きく優れた地域と家々を剣と火で略奪し，厚顔にも残りも同じ目に逢わすと脅かした。

　そのことを我らは，我が宮廷，次いでローマに派遣された前述フンガリア王の特使，敬うべきウェティエン［ヴァイツェン］の司教から知った。彼は最初我らの領土を通り，目にしたことを証言した。彼の証言はまさに真実そのものである。のみならずこのことを，我が愛する息子コンラッド，ローマ人の王国で選ばれアウグストゥスとエルサレム王国の常なる後継者，からと，ボヘミア，アウストリア［オーストリア公フリードリヒ 2 世］，バヴァリア［オットー 2 世］の王たちからの手紙で知った。また，敵の近くで実際に確かめた使者の言葉から十分に確証された。我らはそれを，ひどく心を乱さずに聞くことはできなかった。

　確かに，我らに知られていたごとく，また彼らの行動についての飛び交う噂が断言するごとく，彼らの無数の軍は，主の配慮により，忌まわしい方向へ三つの不吉な部隊に分かれて進んだ。一つはプルクテニア［プロシャ］に送られ，ポロニアに入り，そこではその国の君主にして公［シレジア公ヘンリク］が彼らの追跡に斃れ，その後，国全体が荒廃させられた。二番目の部隊はボエミアの領土に入ったが，全力でもって勇敢に抵抗するその国の王から攻撃されて立ち止まっている。三番目の部隊はハンガリアを越えてオーストリア領の近くに達した。そこから，この凶暴な襲撃から生じた恐怖と戦慄が，我々を奮い立たせ武器に誘う。必要性，それは危険が差し迫っていればいるほど急務であるが，それが彼らに対する防壁へと我らを駆り立てる。また地上の全世界，とりわけキリスト教世界の君主たちに，緊急の支援と救援を呼び掛ける。

　かの種族，獣さながらに無法にして人間性とは無縁，一人の支配者をもって従い，服して崇め敬い，それを地の神と呼ぶ。人間は小さく，身の丈は短いが，がっちりとして肩幅広く，頑丈である。決然として強く，勇敢，首長の指図でいかなる困難にも身を投じる。顔面広く，面は残忍，その心に似つかわしいひどく恐ろしい叫び声を発する。牛・驢馬あるいは馬の生皮を纏う。鉄鈑を縫い込んだ防具で身を護り，今まではそれを使ってきた。ところが，嘆息なしに言うことはできぬが，今や彼らは，勝利したキリスト教徒から奪った，もっと立派で優れた武器で身を護り，我らは，神の怒りにより，自分自身の武器でさらに汚く嘆かわしく斬り殺されるのである。その上彼らは，もっと優れた馬を与えられ，もっと盛大な食事を振る舞われ，もっと美しい衣装で飾られる。これらタルタリはまた，比類なき弓の射手，手作りの革袋を携え，急流の川や沼をそれで難なく渡る。一方彼らの馬は，秣のない時は木の皮と葉や草の根で満足すると言われ，それを引き連れるのだが，ところが危急の際はものすごく速く強い。

　我らは，さる方法で予め知ったこれら全てのことを，手紙と使者を通じて何度も陛下のみならず他のキリスト教君主に前もって知らせ，注意を促し警告して求めたことを思い起こす。すなわち，権力の法廷を取り仕切る者たちの間で一致して喜びと平和が栄え，キリスト教共和国をしばしば危険にさらす反目を鎮め，最近出来したかの障害に対して，彼らの予見された投げ槍で傷付けられることが最小となるよう，一致して当たり，さらに勢いよく立ち上がり，また我らの共通の敵が，その道の準備にあたって，キリスト教君主たちの間にかくも多き不和がは

びこっているのを喜ぶことにならぬように，と。

　ああ神よ，なんと多くまたどれほど頻繁に，我らは善意を全て謙虚にさらそうとしたことであろう。それは，ローマ教皇［グレゴリウス9世］が，我らに対する反対によって世界にスキャンダルを撒き散らすことを思い止まり，また自分の行動を無思慮な欲望の衝動から節度をもって抑えるようにするためであり，また我らの臣民を正当に鎮めることにおいて我らが優り，平穏に治めるためであり，我らに足蹴を喰らわす彼ら——その少なからざる部分が彼から支援されているのであるが——を保護するためではないのである。そして，多大の努力と多数の人間を費やしたその事態を収め，反逆者たちを改心させることによって，我らの力がさらに高まり，共通の敵に対して立ち上がるようにするため，である。

　ところが教皇は，その欲望が彼にとって法にかなっていた時，滑らかな舌の議論を統べるのではなく，自ら企んだ様々な種類の不和から身を引くことを拒み，聖地を侵略し占領したタルタル人あるいはサラセン人の暴虐に対して行うべきまた行うのがふさわしい十字軍が，自分の特使や使者を通じて，教会の腕であり擁護者である余に対して布告されるよう命じ，我らの名誉と名声に対してひどく逆らい，謀叛に狂奔した。家や家族の敵からの解放こそが我らにとって最も差し迫った〔仕事〕である時，蛮族の撃退がいかにして出来ようか。

　確かに彼らは，神の法によって統べられていぬにもかかわらず，戦の機械の扱いに長け，あらゆる所に送り込んでいるスパイを通じて，公の不和や，無防備だったり脆弱だったりする土地をよく知っている。また，王の堕落や王国の対立のことを聞いて，即座に勢いづけられ，立ち上がる。おお，高ぶる被造物は何と力を付けるものか。それゆえ我らは，神の摂理のもと，内での教会と外での蛮族との争いを防衛すべく，こちらでもあちらでも力と技の両方を集め注ぐであろう。そのため，蛮族の敵の侵入を阻止し，その襲撃に力強く対抗すべく，我らが愛しき息子コンラッドと我が帝国の首長たちを急遽派遣した[3]。

　そして陛下，共通の必要性のため，我らがキリスト教信仰の創始者，我らが主イエス・キリストの名において，心より誓って言う，ご自身とその国——神よこれを繁栄の内に保ち給え——のためにも，今すぐの配慮と用心深い先見の明ある熟慮をもって，勇敢な騎兵と兵士の軍と武器の迅速な供給を，緩慢にではなく速やかに準備なされんことを。このことを，流されたクリストの血と，我らが結ばれている盟約の関係にかけて要請いたす。それゆえ，キリスト教世界の救済

に向けて，すでにいわばキリスト教世界の入口であるゲルマニアの境界に侵入することを狙っている敵に対して，人間を結集して軍の主であるクリストの賛辞への勝利を得ることができるよう，我らとともに勇敢かつ用心深く戦うべく支度されんことを。また陛下には，これを看過して放っておいたり，宙吊りのまま引き延ばしたりなさらぬよう。何となればもし，そうならぬことを願うものであるが，彼らがゲルマニアの国境に侵入し，それを阻む障害に出会わぬならば，他の国にもすぐさまその嵐の雷光がやって来ることが予想されるゆえ。これは，我らが思うに，この世が様々な害毒に汚染され，多くの者の慈悲の心が冷え，そうした者たちによって信仰が公に説かれ存立せねばならず，その有害な模範でもって，世は高利貸しと様々な聖職売買と全般的な野心によって汚されたがため，神の審判により出来したのである。

それゆえ陛下，我らの共通の敵が近隣の地で暴れまわっている間に，彼らに対する方策を速やかに講ぜられんことを。何となれば，彼らはその地から，主の警告し給うとおり，西方全体を自らに服従させ，クリストの信仰と名を覆し追放せんとの意図をもって，生命の危険も顧みずやって来たのであるから。そして彼らは，これまで神の許しによって得られた思い掛けない勝利のため，かくも激しい熱狂に至り，世界の国々をすでに獲得したかのごとく見なし，王や王子を彼らの卑しい仕事に従事させ，大いに圧倒し，虐げているほどである。しかし，我らは主イエス・クリストに期待する，これまで我らがその御導きと案内のもと敵からの解放に勝利してきたごとく，タルタルスの住まいから躍り出て来た彼らが，自らその敵と自覚する西方の人間の力を知ってその傲慢さを挫かれ，タルタリがタルタルスに撃退されんことを。

さらに，さまで多くの地方を自由に徘徊し，さまで多くの国民を征服し，さまで多くの悪業を成し遂げることのなきよう，彼ら自身の油断している運命が，否むしろサタンが，瀕死の彼らをエウローパの強力な帝国の鷲の下へと運ぶであろう。そこでは，憤怒と戦いへの熱狂をもって立ち上がるゲルマニア，騎士道の母にして乳母たるフランキア，好戦的で大胆なヒスパニア，人において価値高く艦隊によって守られしアングリア，恐れを知らぬ戦士に満ちしアレマンニア，海事のダキア，制されることなきイタリア，平和を知らぬブルグンディア，疲れを知らぬアプリア，そしてグラエキア・アドリア・ティレニアの海賊たちの不屈の島々，クレタ・キプロス・シキリア［シチリア］，そして大洋に臨む島々と地域，

gaident la praunique Los au
tres partes de lespaal consde
racion sont de celles mesimes

del cyles dou monde par lus
de cest ard entremetront a la
fois totes a lor aures xli pour

図4　フリードリヒ2世（「鷹狩の書」BnF fr. 12400, f. 3r）

血気盛んなヒベルニア［アイルランド］，行動のワッリア［ウェールズ］，湖に富む
スコティア，氷のノルウェギア，そして西の王の極の下に横たわる全ての高貴に
して名高い国々が，活力を与える十字の旗に導かれて，その選ばれし飾りを先導
させ，反逆する人間のみならず反抗する悪魔たちもまたそれに怯み，たちまち命
運尽きるであろう」。7月第3日，ファウェンツァの降服と住民の退去の後，帰
還の折に与えられた[4]。[5]

1）この書簡はこの年代記にのみ残る。パリスはフリードリヒ2世を「世界の驚異」として
高く評価している。　2）Ch. 7に語られるイギリス人使者のこと。　3）コンラッドは，
1241年5月エスリンゲンの諸侯会議でタルタル人に対する十字軍を勧説させ，自らも加わる
ことを宣言した。　4）ファエンツァは，神聖ローマ帝国に対して都市の自治を要求するロ
ンバルディーア同盟に加わっていたイタリア・ロマーニア地方の都市，攻囲は1240年秋か
ら，降伏は41年4月14日。　5）D'Ohsson：II, 132-68（佐口訳：II, 173-200），佐口：53，
ローナイ：252-6，カントーロヴィチ：589-90，等に抄訳がある。それら諸史によると，フ
リードリヒの「鷹狩の書」（図4）はバトゥの宮廷にも献上され，バトゥは皇帝が鷹の性質を
深く理解していることを讃えたと伝えられる。

5　いく人もの君主に送られたこの手紙が公開される ［1241］

こうした内容の手紙を皇帝は，その共同体の熱心な執政官として，言葉の調子

はほとんどそのまま，表題だけ変えて書いた。フランク人の王には，次のように書いてさらに激しく揺り動かした，「フランク人の英知には驚かされる，教皇の策略に誰よりも敏感でなく，その欲望に気付かないのだから。けだし教皇は，アングリア人の王冠を踏みにじった例から推して，その飽くなき野心によってキリスト教信者の王国を全て自らの支配下に置こうと画策し，帝国の頂点が自分の頷きに靡くよう傲慢な企てを渇望し，無謀にも図々しくそれを喰らおうとしているのですぞ」。

6　このことに悪しき疑惑が生じる［1241］

この名高い出来事のニュースは，たちまちヨーロッパ全域を満たし，サラセン人の地にも飛び交った。しかし多くの者の間で，その内容をめぐって互いに異なる意見の相違が生じた。事実，次のように言う者もあった。かのタルタル人のペストは，皇帝が意図的に考え出したものであり，その巧妙な手紙によって，かくも不敬な犯罪を卑劣に隠し，全世界の君主国に対してキリスト教信仰を転覆させ，ルキフェル［ルシファー］かアンチクリストのごとく，図々しい渇望をもって陰謀したのだ，と。また，その中でタルタリという未知の人種が灼熱の地帯の下にあるアウステル［南］の部分から跳び出して来たと言っているが，それは明らかに作り話だと思われる。実際，彼らがアウステルあるいはオリエントの部分を通ってやって来たとは，我々は聞いたことがない。その上，彼らタルタル人の隠された企図，そのたどることのできない道程，そして数々の陰謀は，皇帝の深慮遠謀に満ちているのではないかと疑われる。確かに，彼らは自分たちの言葉を隠し，武器を変える。たとえ彼らの誰かが捕まっても，どんなに厳しく拷問されても，その捕虜から彼らについての情報も企図も引き出すことはできない。

世界全体では，七つの気候帯がある。インド人，エチオピア人あるいはマウル［ムーア］人，エジプト人，エルサレム人，グラエキア［ギリシャ］人，ローマ人，それにフランク人のそれであるが，その全体の中でそれより遠くに居住可能な土地はないゆえ，商人たちは航海しても発見することはない。詩人オラティウスは，「たゆみなく商人は道行く，最果てのインドへと」と詠っている。これほど数多くの者が，今まで一体どこにどのようにして隠れ住んでいたのだろうか。また，

彼らの間にこれほど狡猾でこれほど密かな陰謀があるのはどうしてだろうか。言われるところによれば、北の山岳にはヒルカニア人とスキタイ人が棲み、人間の殺戮に飢え、獣さながらの生を送り、決まった日に山の神々を拝む、という。彼らは、隣接するクマニア人と手を組み、皇帝の企みでもって、フンガリア王や他の貴顕と戦い、危機に陥った王が皇帝の翼の下に逃げ込み、助けてくれた彼に感謝するようにさせるためであった。こうすることによってようやく、敵は退却した。しかし、一人の不死ならざる者の体の中にかくも邪悪な冒瀆が潜むことは、あってはならぬ。

　　1241年4月、前述リグニツァで勝利したバイダルとカイドゥの一隊は、チェヒ王国モラヴィア地方に侵入し、ブルノ市を経てバトゥの本隊と合流した。同年8月その一部はアウストリアに侵入したが、アウストリア公・ボヘミア王・アクィラ大司教らの連合軍に反撃されて退却した。一方バトゥの本隊は、同年冬ドナウ川を渡ってハンガリアの古都エステルゴムを劫掠したが、翌42年3月モンゴル本土から急使が到着し、オゴデイの死（1241年12月11日）を伝え、遠征軍に帰還を命じた。ベーラ王の避難している対岸に陣を敷いていたカダンの一隊も、その命令に接して踵を巡らせ、東に戻って行った。

　　こうしてヨーロッパは危機一髪で救われたのだったが、撤退する前の陽動作戦の折、ウィーン郊外ノイシュタットで8人のモンゴル斥候が捕らえられ、そのうち一人はイギリス人だった。しかも彼は、バトゥの使者として書状を携えて2度ベーラ4世の許に来たり、無条件降伏を勧告していた者だった。また、1235・37年ベーラ王から大ハンガリア（ハンガリー人の故地）に派遣されたドミニコ会士ユリアンは、そこヴォルガ河畔でそのイギリス人と偶然出会い、モンゴルの西方遠征と世界制覇の意図を聞き知り、それを西ヨーロッパの関係当局に伝えていた。

7　ブルデガル大司教に送られた恐るべき敵についてのさる手紙
　　［1243］

　その頃、下記の手紙がブルデガル［ボルドー］大司教［ジュラール・ド・マルモー］に送られた。それは、タルタリという（しかしここではタッタリもしくはタタ

ーリと呼ばれている）人間ならざる種族の恐るべき劫略についてのもので，多数のキリスト教王に向けられた皇帝書簡と多くの点で一致しているし，たくさんの人々を酷く恐怖させた点でも一致している。

　「ブルデガル大司教ギラルドゥス睨下へ，神の恩寵により，ネルボンヌ［ナルボンヌ］のイウォ，かつて睨下の最末席の僧，ご挨拶を，十分に弁明すべくあらん限りの力を振り絞って。

　この世の事どもにかかずらわっている粗悪な魂は，神の審判の脅かしに目を向けることをせず，恐るべき断罪の判決が下されぬ限り，強固な恐怖が打ち込まれることもないものです。実際小生，驚きを禁じ得ないのでありますが，キリスト教徒全ての殲滅が恐るべく差し迫っているにもかかわらず，地上の王やその他の権力がそうした頑固さを一様に抱えている時，神への情熱を持っているとおっしゃる猊下も，その偉大な重さでもって頑なな心を動かそうとなさいませぬ。それでも数多の賢者や権威によって支えられ，信者から信頼されるのでございましょう。しかし，迫り来るタッタル人の襲撃によってキリスト教徒がいかなる危機に瀕しているかは，ただ経験によって証明される他ありませぬ。実際，その人種の残虐さあるいは欺瞞からして，彼らを悪し様に言っても誤ってはおりますまい。しかし，これから彼らの忌まわしき習わしを猊下に手短にお話しするにあたって，疑わしきこと想像によることは一切なく，小生が確かに経験したこと知っていることばかりであることを申しておきます。

　かつて小生，ご承知のとおり，異端の嫌疑で競争者たちから，当時ローマ教皇庁特使であったクルツン［カーズン］のロベルトゥス師の下に訴えられ，その疑惑に身に覚えはありませんでしたが，彼らの赤面すべき卑劣さに裁判を忌避し，そのためさらに疑われました。しかし，その師本人からの脅迫を耳にするに及んで，迫害者たちの面前から逃亡したのでした。

　以来，数多の地方を彷徨うことを余儀なくされ，クメア［コモ］市のパタリーニ［異端者］たちのところに逗留していた折，その信仰――しかし神かけて小生それを学んだことも従ったことも決してありませぬ――のため，いかに判決が下されて追放されたかを，嘆きのうちに縷々物語りました。これを聞いて彼らは喜び，正義のために迫害を耐え忍んだのだから，私を幸せ者だと見做しました。その地で3か月，彼らの許で素晴らしい快楽でもってもてなされ，日々多くの過

ち否恐怖——彼らはそれを教皇の教えに反して守っていましたが——に耳を傾けることに身を委ねておりました。彼らはまた，数々の親切でもって次のことを約束するよう強いたのです。その時からキリスト教徒に対して，というのも私は彼らと難しい対話をすることができたからですが，ペテロの教えでは決して救われるに至らないことを説得すると公言すること，そしてその説を忍耐強く教えることでした。

　その信仰を約束によって私に植え付けると，彼らはその秘密を漏らし始めました。ロンバルディーアのほとんど全ての都市とトゥスキア［トスカナ］のいくつかから教理に通じた学者たちをパリに送り込み，そのある者は煩瑣な論理に，他の者は神学上の議論に汗を流し，その誤謬をさらに加え，教皇の信仰告白を論駁するのです。また，次の企みの下にたくさんの商人を市場に送り込みます。すなわち，食事仲間や接待者の裕福な平信徒を転向させ，彼らと親しく対話して，その富を恵んでもらえるよう様々な方法で交渉することによって，他人の金が自分の懐に入り，と同時に霊魂をアンチクリストの宝庫に集めるというわけです。

　で，ようやく上述の堕落した修道士たちから辞去を乞うたところ，彼らは私をメディオラヌム［ミラーノ］に送り，私はその仲間の立願修道士たちの許に逗留しました。こうして，パドゥス［ポー川］沿いのロンバルディーアの町を全てさ迷い歩き，いつもパタリーニたちの許で過ごし，立ち去るときはその度に次の所への紹介状をもらいました。

　次いで，フォロ・イゥリイ［フリウーリ］の名高い町クレモーナ［ゲモナ］にやって来，そこではパタリーニたちの高貴のワインを飲み，乾葡萄や桜桃その他の魅惑的なものを口にし，欺瞞者を欺いて自分もパタリーニだと告白しました，しかし神に誓って，確かに行ないの上では完全ではありませんでしたが，信仰の点では常にキリスト教徒でした。クレモーナには 3 日間滞在し，同罪の者たちから辞去の許しをもらいました。ところが，私を疑っていた彼らのさる司教から誹謗され，しかし後で聞いたところによると，ペトルス・ガッロという名のその司教は，さる姦淫の廉で彼らの許から放逐されたとのことでした。

　そこからさる在俗修道士とともに巡礼して，アクィレギア［アクィラ］の運河に至り，さらに移動してフリサック［フライザック］という町で修道士たちのところに泊りました。翌朝その修道士と別れて一人になり，カリンティアを通り抜け，そこからアウストリアのさる町に来ました。そこは，テウトン語でネウスタ

ット［ノイシュタット］つまり新しい市という名で，そこのペグィーニ［ペギン修道会］と呼ばれるさる新しい聖職者たちの所で世話になりました。そして，隣のヴィエンナ［ウィーン］やその周辺の地で，ああ悲しきかな，善事と悪事を混同しつつ何年か隠れ住んでおりました。悪魔に唆されて，十分に自制できぬまま己の魂の罪人となっていたのです。しかしながら，前述の過ちからはすっかり立ち直っておりました。

　しかし主は，そのこととその他我らキリスト教徒の間に生じた多くの罪に怒り，敵対的な破壊者にして恐るべき復讐者のごとくなり給うたのです。と申しますのは，かの異常な種族，人間ならざる者，無法の法，激しい怒り，すなわち主の怒りの鞭は，無限の土地を徘徊して徹底的に破壊し，あらゆる障害をなぎ倒し，火で恐るべく潰滅させたからであります。

　まさにその夏[1]，タッタリと呼ばれるその種族は，裏切りによって奪ったパンノニアを出て，その時私がたまたま滞在していたかの町を無数の兵でもって猛々しく攻囲しました。当時そこには，20人の弩手とともに［アウストリア］公が城塞に残していた50人の騎士の他には，我らの兵士は誰もいませんでした。彼らは皆，近くの小高い丘の上からかの軍を見て，アンチクリストの恐るべき衛兵に取り囲まれていることに戦慄し，キリスト教徒の哀れな悲嘆が神の許に昇るのが聞かれました。彼らは，近隣の地方で不意に襲われ，身分・財産・性別・年齢の別なく，様々な嘆願にもかかわらず斃れたのでありました。

　タッタリの首領たちは，その犬頭人やハス食いとともに[2]死体をまるでパンのごとく喰らい，禿鷹には骨以外何も残りませんでした。しかし驚くべきことに，飢えて貪欲な禿鷹とて，たまたま残っていてもそれを食べようともしませんでした。老いて醜い女は，この食人種たち——彼らは広くかく見なされます——は，ほとんど毎日餌として供しました。美しい女は喰われませんでしたが，泣き叫んで拒む彼女らを大勢で犯して窒息させました。乙女たちは気を失うまで虐げられ，乳房を切り取られ，彼らはそれを首領たちの御馳走として取って置き，その乙女の肉で楽し気に宴を催したのでした。［図5][3]

　そうこうするうちに，そこの高地の頂から彼らの見張りが，アウストリア公がボヘミア王［ヴァーツラフ3世］，アクィラ総大司教［ベルトルド・フォン・メラン］，カリンティア公［ベルナルド］，バッド［バーデン］のいわゆる辺境伯［ヘルマン6世］，それに近隣の有力者幾人かとともに，今や軍勢を整えてやって来る

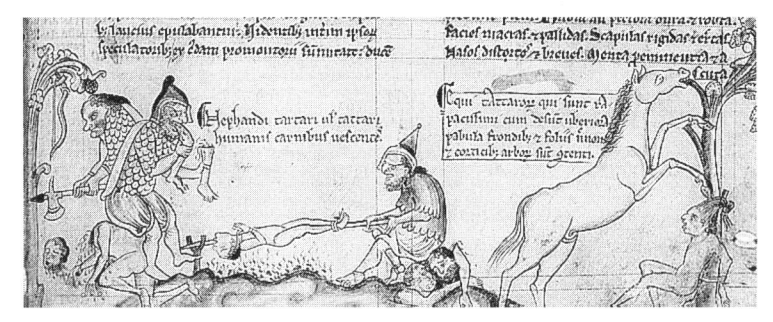

図5 「タルタル・カンニバル」（Corpus Christi College, Parker Ms. XVI, f. 166r）
「人肉を喰う極悪非道のタルタリあるいはタッタリ」「貪欲極まりないタルタル人の馬は，飼葉が足りないと枝葉どころか樹の幹まで貪る」

　のを見付けると，かの忌まわしき軍隊は全て突然姿を消し，哀れなフンガリアに皆戻って行きました。彼らは，突然現れたのと同じように不意にいなくなりました。で，これを見た者は皆，またしてもさらに驚いたのでした。

　しかし，その逃走する者たちのうち，ダルマチア君主［オットー侯］が8人を捕えたのですが，そのうちの一人をアウストリア公は見覚えがあり，その男はアングリア国民で，しかしさる犯罪のためアングリア国から永久に追放を宣告されておりました。この者は，極悪非道のタルタル人の王の許から2度，使者兼通事としてフンガリア王のもとにやって来たことがあり，その折，王とその王国がタッタリの臣従の下に入らなければ，実際後に起こったとおり，災禍を被ることになろうと警告して，十分あからさまに脅迫したことがありました。しかしこの時は，我らが君主たちからタッタル人の真実を述べるよう促されると，何ら宣誓を省くことなく，まるで悪魔でも信じられるごとく確信をもって証言いたしました。4)

　彼は，まず自分自身のことを語った。追放されてすぐ後つまり30歳になる前，アッコンで賭け事で所持品を全て失い，その冬，携えていた亜麻の袋シャツ，牛革の靴，山羊皮のマントの他は何もなくなった。恥しくも食に窮して衰弱し，痴れ者のごとく頭を剃られ，唖者のごとく言葉にならぬ叫びをもって諸地をさすらいうろつき，親切な保護者に出会うとなんとかその日暮らしで生き延びてきはしたが，むしろ日々気まぐれな言葉と揺れ動く心で自分を悪魔に託したいと思うほどだった。そしてとうとう，過労と気候と食物の絶えざる変化のため，カルデア

人の所で重い病気にかかり，命の危機に陥った。

　で，進むことも引き返すこともできず，休息してしばらくそこに滞在していると，いくらか読み書きができたこととて，そこで話されている言葉を石板に書き取り始め，すぐ後それを正しく話すと，その土地の生まれかと見なされるほどだった。こうしていくつもの言葉を易々と習得した。するとタッタリが，スパイを通じて彼を選び出し，自分たちの許に連れて行った。そして，全世界の支配についての答えを彼に求めて手に入れると，通事を必要としていたため，多くの贈り物でもって彼を自分たちへの忠誠と奉仕に縛り付けた。

　彼らの風習と迷信，彼らの肉体的特徴と容姿，祖国，戦の仕方について，彼は次のように誓って保証した。すなわち，あらゆる人間に勝って貪欲，怒りっぽく，狡猾，そして無慈悲。しかし，上長から科される罰の厳しさと恐ろしさで，喧嘩と騙し合いと相互の乱暴から抑えられる。自分たちの部族の始祖を神と呼び，決まった時季にそれを厳かに祀る。特別なものはたくさんあるが，全体的なのは4回だけ。そして，全てが自分たちだけのために造られたと信じる。歯向かう者に対して残虐さを行使しても，何ら罪にはならないと考える。固く頑丈な胸，痩せた青白い顔，怒った硬い肩，ひしゃげた低い鼻，鋭く突き出た下顎，落ち窪んだ貧弱な上顎，長く疎らな歯，頭髪から鼻まで垂れた眉毛，落ち着きのない黒い眼，敵意に満ちた陰険な顔付き，骨張って逞しい四肢，太い脚，下肢は短いが身の丈は我々と同じ，つまり下肢の足りない分を上体で補っている。

　彼らの祖国は，カルデア全体の彼方の，かつて荒地だった広大な土地で，そこから獅子［虎］や熊その他の野獣を弓や他の道具で追い払った。それら獣の煮しめた皮から，ある種の軽いしかし矢を通さぬ鎧を身に合わせて作った。最大ではないが最高に力の強い，わずかな飼葉でこと足りる馬に，いつもしっかりと縛り付けられるようにまたがって乗る。投げ槍・棍棒・両刃の斧そして剣で，疲れを知らず激しく闘う。しかし，何よりも弓に長じ，その巧妙な技で戦う。背中は逃げぬよう弱く装備してあり，自分の隊長の主軍旗が退くのを見るまで戦闘から身を引かない。敗けても命を乞わず，勝っても命を助けない。皆がまるで一人の男のように，全世界を自分たちの支配下に置くという欲望と企図に凝り固まっている。しかも，その数は千の千倍では数えられない。従者はその数60万，軍の宿舎の準備に先遣され，早馬で急行し，一夜で3日行程の距離を飛び駆ける。瞬く間に全地方に散らばり，全住民の武装を解除し，無防備にし，予めばらばらにし，

そうして惨劇をなし，包囲された地の王あるいは君主が，彼らに対して一つにまとまって戦を命じることができないようにする。

　平時には，理由にならぬ理由で，その地域の全ての住民と君主を欺く。ある時は，その聖なる遺骸がコロニア［ケルン］に安置されているマギ王を祖国に持ち帰るため，ある時は昔彼らを迫害したローマ人［キリスト教徒］の貪欲と傲慢に仕返しするため，ある時は極北の未開の民を服従させるため，ある時はテウトン人の怒りを自分たちの謙虚さで和らげるため，ある時は軍事のことをガッリア［フランス］から学ぶため，ある時は数の多い自分たちに十分な肥沃な土地を手に入れるため，ある時はガリシアの聖ヤコブ［サンチャゴ・デ・コムポステラ］への巡礼を遂げるため，そのために故郷から出て来たのだ，と嘘を吐く。こうした作り事のために，彼らと協定を結んだ単純な王たちは，自分の土地を自由に通行することを彼らに認め，ところがその協定は何の役にも立たずして王たちは滅んでしまったのだった，と。

　かほどの危険が全キリスト教民に降りかかっております時，聖なる兄弟たちは，他の者たちに優って自ら完成の途を選んだと信じてもらいたがっているはずにもかかわらず，今やそこから火の粉が飛び出る竈となった宗教の廃墟にかかずらわっております。かくなった以上，兄弟たちは，告解その他の親交でもって君主や有力者たちの好意を獲得し，その耳に反タルタリを粘り強く訴えねばなりませぬ。訴えかけねば悪，その振りをするだけならさらに悪，考えるだけなら最悪であります。黒衣・白衣の修道士たち，死者の世界にいると信じられたがっているノルベルティン［プレモントレ］の修道士たちは，この危機が差し迫っているのを見ながら，どうして反タルタリの十字架を担いで運べと説かぬのでありましょうか。ああ，王たちの愚劣な協議，司教と修道院長たちのだらしない沈黙，前代未聞の凶暴な残忍さでもってすでにキリスト教の六つの王国が滅ぼされ，同じ運命が他にも迫っていると申しますのに。殺された者たちの例から生き残った者たちに警告が引き出されることなく，凶暴極まりない敵が内地に残っているのに，柔弱極まりない敵を海の彼方に攻めているとは。

　それゆえ，我，猊下の慈父のごとき御蔭をもってこのとおりあります小生，主の下に申し上げます，フランキアとアングリアとヒスパニアの王たち，その間で中立の立場にあらせられます猊下が，できようかぎり，永遠にあるいはせめて今

だけでも，彼らの間でのあらゆる争いを鎮め，かくも凶暴な軍隊をいかにすれば確実に打ち破ることができるかにつき，王たちの間で相互に思慮深く速やかな交渉が持たれるよう，あらゆる形で導くべく配慮なされますことを。小生，クリストの信仰にかけて，その中で救われることを願いつつ，証人となります，彼ら王たちが一団となってかの怪物どもを打倒するか，それとも個々ばらばらに打倒されるか，であることを」。[5]

1) モンゴル軍の最初のアウストリア侵入の時であれば1241年，撤退する前の陽動作戦の折であれば1242年，おそらく後者。　2) cum suis cenofaris aliisque lotofagis : cenofaris は cyno-[ce] falis〈犬頭人〉の誤記，lotofagis〈ハス食い〉は‘安逸を貪る者／無為徒食人’の意。3) 写本ではこの下余白に挿絵（図5）がある。　4) この人物については，かつてビアズリー（Hakluyt Society, 1903（1598）: 39-42）とドーソン（D'Ohsson：II, 132-3, 佐口訳：II, 173-4）によってごく簡単に紹介されただけで，東洋でも西洋でも無視されてきたが，近年ようやくガブリエル・ローナイによって詳細が研究・調査された（榊優子訳『モンゴル軍のイギリス人使節』）。それによると，バート・フィッツウォルター卿の専属司祭で，1215年ジョン王にマグナ・カルタ（大憲章）を承認させた貴族の一人，王の子ヘンリー3世に謀叛し追放されたが，第4回十字軍に加わり，上陸したアークレでアウストリア公と出会った，その後放蕩に身を任せ，バグダードに滞在していた折，語学の才を見込まれてモンゴルに召し抱えられ，バトゥの使者となった。氏名不詳，イヴォとの関係も不明。　5) ローナイ：333-42に全訳がある。

8　タルタル人に対抗する救援を求めてフンガリア王はいかに皇帝の下に飛び込んだか［1244］

その頃，タルタリによって自分の国から追い出されたフンガリア王は，共通の敵に対するこの事での実効ある助言と救援を求めて，皇帝の庇護の翼の下に飛び込んだ。そして，長きにわたるごく内密の協議のすえ，次のことが合意された。皇帝陛下は野蛮な敵の侵略からフンガリア王国を力強く解放し，上述王は解放され平和になったその王国を，まず皇帝自身から次いでその権力から，あたかも命の主人からのごとく手に入れる，というものだった。で，無数の軍が派遣され，皇帝はかの王国を，多大の支出と危険がないわけではなかったが，非人間的なタルタリから解放し，その国土から彼らを力強くまた巧みに遠く退けた。次のように言うものもいた，皇帝の狡猾な仕掛けで彼らおぞましきタルタリがそこに遣って来，皇帝の支配を待ち受けるよう拘束され，このようにして皇帝はかの王と王

国を自分の力の下に服せしめるよう全てなしたのだ，と。こうした嫉みのささや
きはあったが，しかしそうした反駁は信じられるべきではない。かくして，フン
ガリア王国は解放されて平和の裡に王に返されたが，フンガリアは帝権に服し，
皇帝に忠実に戦う3百の騎士とその従者がその国境に置かれることになった。

9　駆逐されたタルタリ，東方に退却す［1244］

　その間に駆逐されまた皇帝の力に耐えられなかったタルタリは，北方から去っ
て東方へと急いで退却した。一方，彼らが酷く荒廃させたペルシスの地は，紅海
との境に住み大部分バビロニア［カイロ］のソルダン［スルタン］の支配下にあ
ったコラスミン［ホラズム人］というさるいとも残虐で非人間的な者たちが，タ
ルタル人の侵略を避けて非常な勢いで逃げ込んでいた。彼らは，バビロニアのソ
ルダンの許に来たり，住む土地を即座にまた厳しく要求した。その要求をあえて
拒絶すれば彼らが刀に訴えることを理解したソルダンは，彼らに言った，「ここ
からさほど遠くない海沿いに，我々がキリスト教徒と呼ぶ者たちがいるが，我ら
の法に叛き，我らに敵対し害を及ぼし，その脅威はますます増大している。その
者たちの最愛の集合地はエルサレムである。それ故，勇んで行きて彼らを追い出
し，その地を占領するがよい。そこを獲得した暁には，高価な戦利品はそなたら
に与えられ，肥沃な土地は城塞や都市ともども願いどおり自分たちのものとなり，
かつ向後余の効ある庇護を享けられようぞ」。この言葉に勇気付けられて，彼ら
はさっそくエルサレムに侵略し，キリスト教徒の小さからざる殺戮を実行した
［1244.8.23］。そのことは，大［皇帝］の手紙によって十分に証言されているとお
りである。[1]

1）次章に，ホラズム人による聖地の劫略についてコーンウォール公リチャードに送られた
　皇帝の書簡（1245年）が置かれているが，略する。その最後に図6がある。

図6　ホラズム軍と十字軍の戦い，バビロン（エジプト）に連行される十字軍捕虜（左）
（Corpus Christi College, Parker Ms. XVI, f. 170v）

10　タルタリの面前から逃げて来たルシア大司教ペトルス，彼らの生について問われてかく答えり［1244］

　世界のサイコロがこのように転がっていた時，ペトルスという名のルシアのさる大司教，見たところ正直で精神的で信頼に値する人物，が，タルタル人によって自分の大司教区から追放され，というよりその〔国〕から脱出し，神にみそなわれてローマ教会と慈悲深い君主があるいは恩恵を垂れてくれれば，助言と支援とそれに自らの苦難への慰めが得られようかと，アルプスの此方に移って来た。で，自分が経験した彼らタルタル人との交わりについて尋ねられて，質問者に次のように答えた[1]。

　「彼らは，ゲデオーニ[2]の面前から東と北のとても遠い地に逃げ，エトレウ[3]と呼ばれる恐ろしい広大な荒野に身を落ち着けたマディアニタエ[4]の子孫だと思います。彼らには12人の公があって，その最大の者はタルタルカンといい，そこからタルタル人と呼ばれるのです。もっとも，タラコンタ[5]からそう呼ばれるのだと言う者も若干はいますが。そして，彼からチャルタンが生まれ，彼には3人の子があり，長男の名はテシルカン，次男クリカム，三男はバタタルカンといいました[6]。彼らは，非常に高いほとんど人の近寄れぬ山に生まれ育ち，野生で無法で非人間的で，ライオンやドラゴンに追い立てられて洞窟や洞穴に逃げ込んでいたけれども，しかし欲望に身をたぎらせていました。で父と息子たちは，自分なりの無数の武器に身を固めてそこを出，エルナック[7]という最大の町を攻めて

占領し，その市の主をすぐに殺しました。
そして，逃走したその甥のクルゼウサム[8)]
を多くの地にわたって追跡し，彼を迎え入
れた地方を全て劫略しました。その間にル
シアは大部分が劫略され，すでに26年に
なります。

　しかし父が死亡すると，3人の兄弟は互
いに分かれ，長いあいだ奪った家畜の牧人
をして暮らしていたのですが，近隣の牧人

図7　死の床のパリス（British Library, Ms. Royal 14 C VII, f. 218b）

や村人を皆殺すか服従させました。こうして数が増え力を増し，自分たちの間に
公を立て，さらに高く飛躍し，都市を征服し，その住民に勝利したのです。テシ
ルカンはバビロニア人に対して，クルヒカンはトゥルク人に対して，バタタルカ
ンはオルナク人[9)]〔に対して〕向かって行き，ルシア，ポロニア，フンガリアそ
の他多くの国に対して自分たちの首長を派遣しました。そしてこの3人は今，そ
の膨大な数の軍とともに近くのシリアの地に侵略せんとしています。また彼らの
言うところによれば，最初にエトレウ砂漠を出て以来，すでに34年が経ったと
のことであります」。[10)]

1) ルアードによれば，この話は『バートン年代記』Burton Annals にも記載され，そこでは，
大司教はリヨン公会議に行き，教皇と出席者にこの話をしたとある（Luard：386）。
2) Gedeonis：Gedorosi〈ゲドロシア人〉，パキスタン・インド洋沿岸バルチスタン地方のこ
とか。　　3) Etreu：不明だが，ゴビ砂漠のことか。　　4) Madianitarum：Maduateni〈マドゥ
ア人〉，トラキア半島（マルモラ海北岸）の町，現 Madytus〈マディトゥス〉のことか。
5) Tarachonta：スペイン地中海沿岸の町。　　6) Chiarthan はチンギス・カン，Thesyrcan は
不詳だが順番からすればオゴデイ，Churikan はグユク・カン，Bathatarcan はバトゥ・カン
か。　　7) Ernac：後の記事からすればホラズム・シャーの市サマルカンドか。　　8) Cur-
zeusam：その子ジェラール・ウッディーンか。　　9) Ornachi：Ernac に同じ。　　10) 以下，
タルタル人の信仰・容姿・風俗・習慣・祭祀・武器・戦略等についての大司教の話が続くが，
他の章にあるのとほぼ同じようなものなので，省略する。その最後に「彼らは使者を好意的
に受け入れ派遣し送り返す」とあるのが注目される。インノケンティウス4世は，そのこと
を聞いてカルピニを派遣したと伝えられる。

II

カルピニ

モンガル人の歴史

ベネディクトゥス・ポロヌス修道士の報告
タルタル人皇帝宛教皇インノケンティウス４世書簡
インノケンティウス４世宛グユク返書

カルピニ像

　イォハンネス・デ・プラノ・カルピニ Iohannes de Plano Carpini / Giovanni da Pian del Carpine：1182 年頃ペルージァの西ピアン・ディ・カルピネ村（現トラシメノ湖畔マジォーネ）に生まれ，創立されて間もないアッシジのフランチェスコ会に入る。1221 年から東欧に派遣され，ザクセン，ドイツ，ポーランド，ハンガリー，ボヘミア各地を説教して回り，同教団の活動を広め，後にスペインに移る。43 年教皇インノケンティウス 4 世の聴聞司祭に任命され，45 年その東欧経験を買われてモンゴルに派遣される（図 1）。帰国後 47 年ダルマチア・アンティヴァリでセルビア大司教に任命され，52 年同地没。

　東方行と報告記：モンゴルに向かったカルピニの行程は，1245 年 4 月 16 日ボヘミアのステファヌスを伴ってリヨン発，ブレスラウでスラブ語に通じたポーランド人ベネディクトゥスを同伴，クラコウを経てルーシの首都キエフ着。46 年 2 月 3 日同発，ドニエプル河畔でモンゴル軍前衛の首長コレンザと会い，バトゥの下に送られる。アゾフ海沿岸からコマニアを横断し，4 月 4 日ヴォルガ河畔のバトゥ本営着。謁見して教皇の書簡を手渡すも，大カアンの宮廷に赴くよう命じられ，4 月 8 日ベネディクトゥス修道士とともにそこを発ち，カスピ海北，カングレコマン，アラル海北を通って，シルダリア川沿いにカラキタイに入り，7 月 22 日折からクリルタイが開かれようとしていたカラコルム手前のシラ・オルド着。皇帝に推戴された（8 月）グユクに 11 月頃謁見し，教皇の書簡を奉呈した。返書を受け取って，11 月 13 日帰途に就き，ほぼ同じルートをたどって，1247 年 5 月 9 日バトゥの本営着，6 月 9 日キエフを発ち，11 月 18 日リヨンに帰り着き，グユクの返書と旅の報告記を教皇に提出した。報告記は，おそらく第 8 章までは帰途ルーシで認められ，最後の第 9 章は帰還後に書き加えられたとみられる。

　写本：①Corpus Christi College, Cambridge, Ms. 181 [C]，全ての章の揃った最も古いもの（13 世紀）。②British Library, Ms. Royal, 19 D I, ff. 148v-165v [BL]，ヴァンサン・ド・ボヴェ『歴史の鏡』中のテキスト（後述⑥）のジャン・ド・ヴィネーによるフランス語訳写本（14 世紀前半）。他に③Wien, Bibliot. Caesar. 521 [B]，④British Museum, Reg. 13A [L] 等，約 10 の写本が伝わる（以上，cf. SF (Wyngaert) : 11-13）。

　校訂本：⑤Fr. Iohannes de Plano Carpini, 'Ystoria Mongalorum', in *Sinica Franciscana*, vol. I, pp. 27-130 [SF/Carpini]，上記写本 C を底本に，他に 6 写本と 2 刊本を対校したもの。

　刊本：⑥ヴァンサン・ド・ボヴェ『歴史の鏡』中のカルピニの章（III「シモン・ド・サンカンタン」参照）。⑥からのラムージョによるイタリア語版⑦Giovanni Battista Ramusio, *Navigazioni e Viaggi*, Torino, Einaudi, 1983（1574），vol. IV, 'Due viaggi in Tartaria per alcuni frati mandati da papa Innocenzio IV', pp. 203-64 [Ramusio]（抄訳）。⑧*The Texts and Versions of John de Plano Carpini and William de Rubruquis*, ed. Charles Raymond Beazley, London, Hakluyt Society, 1903 [Beazley]，1598 年の初版本の復刻と解説。⑨Giorgio Pullé, *Historia Mongarorum : Viaggio di F. Giovanni da Pian del Carpine ai Tartari nel 1245-47*, Firenze, G. Carnesecchi e Figli, 1913 [Pullé]，上記 C を主底本とするラテン語テキストと解説。

　仏訳・英訳・和訳他：⑩P. Bergeron, *Voyages faits principalement en Asie dans les XII, XIII,*

XIV et XV siècles, La Haye, 1735［Bergeron］，カルピニ，ルブルク，ポーロらのフランス語訳。
⑪*I precursori di Marco Polo*, a cura di A. t'Serstevens, Garzanti, 1982（1960）［A. t'Serstevens］，
カルピニ，ルブルクらのイタリア語訳。⑫'History of the Mongols by John of Plano Carpini',
The Mongol Mission, ed. Ch. H. Dawson, AMS Press, 1980, I, pp. 3-72［Dawson］，上記⑤からの
スタンブルック修道院の一尼僧による英訳。⑬C. d'Ohsson, *Histoire des Mongols, depuis
Tchinguiz-Khan jusqu'a Timour Bey ou Tamerlan*, 4 vols., La Haye et Amsterdam, Les Frères van
Cleef, 1834.［D'Ohsson］（ドーソン（佐口透訳注）『モンゴル帝国史』6巻，平凡社，1987-90
（1968-79））。⑭護雅夫訳「プラノ―カルピンのジョン修道士の旅行記」『中央アジア・蒙古
旅行記』光風社出版，1989（1964），pp. 1-116［護］（⑫Dawson からの和訳）。⑮佐口透編
『モンゴル帝国と西洋』平凡社，1980（1970）［佐口］。

　本訳は⑤SF より。

　なおここでは，⑤SF にカルピニに続いて収められている「ベネディクトゥス・ポロヌ
ス修道士の報告」'Relatio Fr. Benedicti Poloni'（カルピニに同行したポーランド人ベネディ
クトゥス修道士が，帰還後コロニア（ケルン）でさる高位聖職者に口述したとされる報告記。
写本Cにはなく，SF のヴィングェルトによるテキストは，ウィーン帝立図書館 Ms. 521［B］を
底本として，BnF Colbert 2477［P］と対校したもの。他に Pullé：121-4（底本 B）にある），
および，⑫Dawson に収められている「タルタル人皇帝宛教皇インノケンティウス4世書
簡」と，「インノケンティウス4世宛グユク返書」のペルシャ語（一部テュルク語）文か
らの訳（宮紀子訳）を付す。

図1　フランチェスコ会士（茶衣）とドミニコ会士（白黒衣）
を派遣するインノケンティウス4世（BL Ms. Royal 19 D
I, f. 148v 冒頭部分）

　　1242 年夏，帰還命令を受けてセルビアから踵を返したモンゴル軍は，行く行くクマニア，キプチャク，カフカズ等を再び平定しつつ，東へと戻って行った（話は百年後に跳ぶが，この遠征に加わっていたモンケがこの折カフカズから連れ帰ったアラン人（ネストリウス派キリスト教徒）は，その後モンゴル軍にあって重きをなし，元朝末期には政権を握って大きな役割を果たすことは，本書第一部最後のⅩ「マリニョッリ」に見る）。しかし，すでに遠征途上他家の武将たちグユクやブリと対立していた総指揮官バトゥは，ヴォルガ河畔の町サライに都してキプチャク・カン国を建て，ジョチ家一門とともにそこに留まってしまった。カラコルムでは，オゴデイの未亡人トレゲネが摂政となって後継者選びが進められたが，紛糾の末 1246 年 8 月ようやくクリルタイが開かれ，その子グユクが第 3 代カアンに選出されることになる。

　　一方，ヨーロッパは相変わらず教皇と皇帝両勢力の抗争に明け暮れ，1241 年 5 月グレゴリウス 9 世はフリードリヒ 2 世を廃位すべく公会議を招集したが，それに参加する高位聖職者たちはピーサ沖で皇帝軍に捕まって会議は流れ，8 月教皇は憤死した。1 年半の空位の後 43 年 6 月選出されたインノケンティウス 4 世（1243-54）は，皇帝の攻撃を受けてローマからリヨンに逃亡する。同地でルイ 9 世の支援を受けて 45 年 6 月公会議を招集し，フリードリヒに対する弾劾を決議すると同時に，タルタル人の脅威に対してキリスト教世界はいかに対処すべきか討議した。しかし事の重大さに気付いていた教皇は，その前すでに親書を携えた修道士をその首領たちの下に派遣していた。その一つ，フランチェスコ会士の一団を率いたのが，カルピニであった。

我らがタルタル人と呼ぶモンガル人の歴史

序

　　この書き物が手に渡るクリストを信じる全ての方々に，小兄弟会修道士イォハンネス・デ・プラノ・カルピニ，タルタル人ならびに他の東方諸国民への教皇庁の使者，現世の神の恩寵と来世の栄光を，そして敵に対する神と我らが主イエス・クリストの輝かしき勝利を［図 2］。

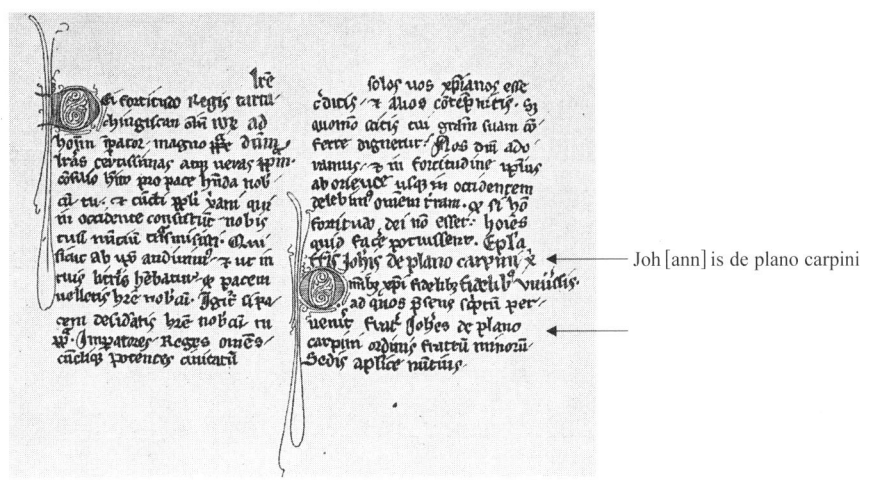

図2　BnF lat. 2477 冒頭箇所（A. t'Serstevens より）

　　教皇庁の命によりタルタル人ならびに他の東方諸国民のもとに赴くにあたり，
我らは，教皇睨下と枢機卿尊師たちの意向を知って，まずタルタル人のもとに旅
立つことを選んだ。近い将来，神の教会が彼らによって危機に瀕することを恐れ
たからである。我らは，たとえタルタル人あるいは他の国民によって殺されたり
永遠に捕えられたりしようと，あるいは飢え・渇き・寒さ・暑さ・虐待，またほ
とんど人間の限界を超えた苦役によって苦しめられようと，確かにそれらは全て
最初覚悟していたよりはるかに酷く，死と永遠に捕われることを除いて何度とな
く振りかかったが，それでもしかし我らは自ら止めることはなかった。それは，
教皇睨下の命令どおりに神の意志を果たすことができ，またいくらかなりともキ
リスト教徒の役に立つよう，あるいは少なくとも彼らの欲望と意図をより明白に
知って，それをキリスト教徒にはっきりと示すことができ，また人間の罪のため
に別の事で起こったごとく[1]，彼らがまだ備えのできていないクリストの民に突
然襲いかかって大殺戮をなすことのなきようにするためであった。
　　それゆえ皆さん方には，その備えのためお役に立つようここに書くことはいず
れも，我らにとってと同じほど確かなことと信じていただかねばならない。全て
は我々自身の眼で見たか，あるいは彼らの中に捕われていた信頼に値すると考え
られるキリスト教徒たちから聞いたものだからである。我らは，1年と4か月以
上にわたって彼らと同じように共に旅し，彼らの中にあったのだから。また，全

てを詳しく調べ何ごとも注意深く見て来るようにとの聖上教皇からの命令をいた
だいていたゆえ、我らもまた同じ会のベネディクトゥス・ポロヌス修道士も
——彼は我らと苦難を共にした仲間であり通訳であった——それを熱心に果た
した[2]。

　しかしながら、これを読む方々にお知らせしようとして、皆さん方の地では知
られていないことを何か書いたとしても、それゆえに我々を嘘つき呼ばわりしな
いでいただきたい。我々自身が見たかあるいは信頼に値すると考える他の人たち
から確かに聞いたことを、皆さん方に報告しているのだから。実際、自分がした
善きことで他の人から悪し様に言われるのは、なんとも辛いことである。

1）1241-2 年の東欧侵略，cf. I「マシュー・パリス」。　　2）Cf. 本編 p. 93 の「ベネディクト
ゥス・ポロヌス修道士の報告」。

1　タルタル人の土地，位置，その有り様，そこの空気の状態について

　そこで、タルタル人の事を記さんとするにあたり、読者がより容易に分かるよ
う、次のごとく章立てて記述する。第 1 に土地について、第 2 に人々について、
第 3 に祭祀について、第 4 に風習について、第 5 に彼らの統治について、第 6 に
戦について、第 7 に彼らが支配下に置いた土地について、第 8 に彼らとの戦い方
について、最後［第 9］に我々が通った道、皇帝の宮廷、タルタル人の地で我々
と出会った証人について、述べる。
　土地については、次のように扱うことにした。最初にその位置、2 番目にその
有り様、3 番目にそこの空気の状態について、述べる。
　上述の地は東の部分に位置しており、我らが思うに、そこで東が北に繋がって
いる。その東にはまた、キタイ人［カタイ］とさらにソランギ人［朝鮮］の地が
ある。南にはサラセン人の地が、西と南の間にはフイ人［ウイグル］の地が、西
にはナイマン人の地方がある。北は大洋に囲まれている。
　ここはしかし、ある部分ではほとんど山岳、ある部分では平野だが、ほぼ全体
が大量の砂混じりの砂利である。その地のある部分にはいくらかとぼしい森があ

るが，他は木は一切ない。食べ物は料理し，皇帝も君主も他の者たちも皆，牛や馬の糞からおこした火の側に座る。土地は百分の一の部分も肥沃でなく，それとて水流によって灌漑されていなければ作物をもたらさず，水も川そのものも少なく，河はきわめて稀である。そのため村も町も，十分立派だと言われるカラカロン［カラコルム］と呼ばれる一つを除いて，ない。その町を見ることはなかったが，彼らの皇帝の最大の幕営であるシラ・オルダ[1]にいた折，そこから半日行程のところまで行った。土地は，他の事には役に立たないけれども，たとえ大いにではないにしても，家畜の放牧には適している。

　空気はそこでは驚くべく不安定だ。実際，真夏に他の部分ではひどい暑さが溢れんばかりの時，大きな雷鳴と稲妻があり，何人もがそれで殺される。またその時期にそこで大雪が降る。とても冷たい風の大嵐があり，時に人はほとんど馬を駆ることができないほどである。で，我々がオルダ——皇帝や君主の宿営は彼らのもとではかく呼ばれる——の前にいた時，吹きすさぶ大風の前に地に伏せ，酷い埃のためにほとんど何も見えなかった。そこではまた，冬は決して雨が降らず，夏はよく降るがごくわずかだから，時に埃と草の根を僅かに湿らすことができるだけである。また大粒の雹が降る。そのため，皇帝が選ばれ玉座に据えられることになった時，我々も幕営にいたが，ひどく雹が降り，それがすぐに溶けて，確かに聞いたところでは，その幕営で 160 人以上が水浸しになった。また，多くの物や住まいが流された。また，夏に突然大暑になり，不意に大寒になる。冬には，ある部分では大雪が降り，ある部分ではわずかである。

　かの土地について簡単にまとめると，広大ではあるが他の点では，我らが自分の目で見たところ，そこを 5 か月半にわたって旅して回った限りでは，我々が説明できるよりずっとみすぼらしいものである。

1) Syra orda〈黄色の張幕〉：カラコルム南西オルホン河畔にあった夏の行宮。

2　彼らの容姿，衣服，住まい，持ち物，結婚について

　土地について話したので，次に人々について述べよう。最初にその容姿について記し，次に彼らの結婚について，3 番目に衣服について，4 番目に住まいにつ

いて，5番目に彼らの持ち物について付け加える。

　容姿は，他の全ての人間から遠い。というのは，目と目の間と頰と頰の間が他の人間より広いからである。頰はまた顎からかなり突き出し，鼻は平たく小ぶりで，目は小さく，瞼［の端］が眉まで吊り上っている。腰は，小数の者を除いて一般に細い。背丈はほとんど皆中くらいである。髭はほぼ皆なにも生えないが，いく人かは上唇の上と顎にわずかに毛がある。しかしそれを全く剃らない。聖職者のように頭の天辺に髪の毛が環状にあり，たいてい皆片方の耳からもう一方の耳へ水平に指3本の幅で剃り，それが前述の環状の髪に至っている。額の上も指2本の幅で同じく剃る。環状の髪と前述の剃髪の間の毛は眉まで伸ばし，真ん中よりも額の両側からより多く剃って，長くする。残りの髪は女性のように伸びるに任せ，それを二つの束にし，それぞれ耳の後ろで結わえる。足も小さい。

　妻は誰でも保てるだけ持ち，ある者は100人，ある者は50人，ある者は10人，ある者はより多くある者はより少ない。また，自分の母親・娘・母方の姉妹を除いてどの親族とも普通に結婚する。また，父方の姉妹や妻をも，父の死後娶ることができる。兄弟の妻も，別の年下の兄弟がその死後娶ることができるか，あるいは親族のより年下の別の者が娶ることになっている。残りの女性は全て何らの区別なく妻にし，その親からとても高く買う。夫の死後は，誰か［義子］が自分の継母を妻に娶るのでなければ，簡単には再婚しない。

　衣服は，男のも女のも一様な型をしている。頭巾や外套は，着物であれ毛皮であれ用いず，次のような型の緋のブカラン布かバルダキンの上着を纏う[1]。それは上から下まで裁ち切られていて，胸の前で重ね合わせ，左側は一つ右側は三つの結び目で結え，左側はまた腕のところまで裁ち切られている。毛皮は，どの種類も次のような型になっている。上のは皮の外側に毛があるが，後ろは開いている。また，後ろに膝までの裾がある。

　結婚している女性は，前が地面まで裁ち切られたとてもゆったりした長上着を纏う。頭の上に小枝か樹皮でできた円いものを被る[2]。それは，高さ1ウルナ[3]あり，上端は四角く，下から上へと次第に幅が太くなり，天辺に金か銀か木の長く細い小枝か羽根が一つ付いている。それが，肩まで届くフェルトの頭巾の上に載っている。そのフェルトの頭巾も上述の頭飾りも，緋かバルダキンのブカラン布で被われている。その頭飾りなしに男性の前に出ることは決してなく，またそれによって他の［未婚］女性と区別される。乙女や若い女性は皆，男のような怡

図3　ボクタクの女性（『集史』BnF Sup. Pers. 1113,
f. 169v)

　好をしているので，男性と見分けるのは難しい。他の国民とは違うフェルトの帽
子もあるが，その形を分かるように記すのは我々にはできない。
　細い枝か棒で作ったテントのような円形の住まい[4]をもっている。真ん中の上
部に丸い窓があって，そこから光が入り，また中でいつも火を焚くから，煙が出
て行けるようになっている。壁と屋根はフェルトで覆われ，戸もフェルトででき
ている。そうした幕舎は，威厳か人数におうじて大きいのも小さいのもある。あ
るものはすぐに取り壊したりまた建てたり，荷獣に乗せて運ばれる。あるものは
解体できないが，車に載せて運ばれる。車で運ぶのに，小さいのは牛1頭，大き
いのはその大きさによって3頭か4頭またはそれ以上の牛が移動に必要となる。
戦であろうと別のことであろうと，どこへ行くにもそれを一緒に運んで行く。
　動物，駱駝・牛・羊・山羊に非常に豊かである。雄馬と雌馬はものすごくおり，
残りの全世界とてこれほど多いとは思えない。豚その他の家畜はない。皇帝・君
侯その他首長たちは，金・銀・絹・宝石・玉にとても富んでいる。

1) bucaran〈ブカラン織〉：ブカーラ起源の綿または亜麻の布。Baldakin〈バルダキン〉：バル
ダック（バグダード）起源の綴れ織。　　2) bogta〈ボクタ／ボクタク〉（顧姑冠，孛黒塔）
と呼ばれるモンゴル既婚婦人の特徴的な帽子（図3）。マルコ・ポーロの遺品目録にも記載さ
れる。　　3) ulna〈前腕尺〉：肘から中指の先までの長さ，キュビットに同じ，約50cm。
4) statio〈住まい〉：ゲルと呼ばれるテントの幕舎。

3　神の礼拝，彼らが罪と見なすこと，占い，浄め，葬儀等について

　人々について述べたので，宗教儀式について加えるが，それを次のように扱う。第1に礼拝について，第2に彼らが罪と見なすことについて，第3に占いと罪の浄めについて，第4に葬儀について，述べる。

　一つの神を信じ，それを視えるもの視えざるもの全ての造り主であると考え，この世の善と同じく罰の与え主と見なす。しかし，それを祈りや讃歌あるいは何らかの儀式で崇めることはしない。にもかかわらず，フェルトで人間の姿に象った偶像を持ち，それを幕舎の戸口の両側に置き，その下にフェルトで乳房の形に作ったものを置き，それを家畜の守護者でそれから乳と雛の恩恵が与えられると信じる。また他のを絹布で作り，それを大いに敬う。ある者はそれを幕舎の戸口の前の綺麗に被いをした車の中に置き，その車の中から何か盗む者は誰であれ，容赦なく殺される。そうした偶像を作ろうとする時は，それら幕舎にいる主だった婦人が皆集まり，敬いをもって作る。出来上がると羊を殺して食べ，その骨を火にくべる。また，誰か子供が病気になると，上述のような偶像を作り，そのベッドの上に結び付ける。千人隊や百人隊の長たちは，幕舎の真ん中に常に神棚を据えている。

　上述の偶像に，全ての羊と馬の最初の乳を捧げる。また，飲み食いし始める時，最初にそれに食べ物や飲み物を差し出す。獣を殺した時には，その心臓を器に入れて車の中の偶像に供え，朝までそのままにしておき，朝になるとその前から下げ，料理して食べる。また最初の皇帝［チンギス・カン］の偶像を作り，この皇帝［グユク］のオルダで見たごとく，それを幕舎の前の車の中に恭しく置き，たくさんの贈り物を捧げる。馬も捧げる。その馬は，死ぬまで誰も乗ろうとしない。他の動物も捧げる。食べるために殺した場合は，その骨は砕かずに火にくべる。また，南に向かって神にするようにお辞儀し，彼らのもとにやって来る貴人たちにもお辞儀させる。

　そのため最近次のことが起こった。ルシアの大公の一人であったミカエル[1]がバティ［バトゥ］のもとに赴いた時，彼らはまず二つの火の間を通らせ，その後彼に南に向かってチンギスカンにお辞儀するよう言った。彼は，バティとその従者には喜んでお辞儀するが，死んだ人間の像にはお辞儀しない，そうすることは

キリスト教徒には許されていないから，と答えた。で，お辞儀するよう何度も言われたが，彼はしようとしなかったから，前述の首長はイェロズラウス[2]の息子を通じて，もしお辞儀しなければ殺されるだろうと伝えた。彼は，許されていないことをするより死ぬ方がましだと答えた。で，バティは一人の衛兵を送り，その兵は，彼が果てるまで心臓に向かって腹に足蹴を加えた。その時，傍にいた彼の騎士の一人が次のように言って彼を励ました，「耐えなさいませ，この苦しみも長くは続かず，すぐに永遠の歓びがまいりましょうゆえ」。その後，刀で彼の頭が斬られ，前述の騎士も刀で頭を刎ねられた。

　彼らはさらに，太陽・月・火・水を敬い，土を崇め，とりわけ朝食べたり飲んだりする前に，それらに最初の食べ物と飲み物を供える。また，神の信仰について何ら守るべき戒律を持たないゆえ，我々の聞いた限りでは，上に述べたミカエルを除いて，今まで誰にも自分の信仰や法を否定するよう強制したことはない。それ以上に彼らが何をするか，我らには分からないが，もし権力を手にすれば——神よそうさせ給うな——，誰もがその偶像にお辞儀するようにさせるだろうと推測する人たちもいる。

　また，我らがその地にあった時，次のことが起こった。ルシアにあるチェルネグローネ公アンドレアス[3]が，タルタル人の馬をその地から持ち出して他に売ったとバティに訴えられ，それは立証されなかったが，彼は殺された。それを知って彼の弟が，上述の殺された兄の妻とともにかの首長バティのもとに来て，自分たちから土地を取り上げないよう嘆願した。バティはその若者に，上述の実の兄の妻を娶るように言い，その女性にはタルタル人の仕来りに則って，彼を夫にするよう命じた。彼女は，法に反することをするより殺される方がよいと答えた。しかし，二人とも出来得る限り拒んだにもかかわらず，彼女を彼に与えた。そして二人ともベッドに連れて行き，嘆き叫ぶ女の上に若者を置き，彼らがともに交わるよう強要した。

　正義を行うことあるいは罪を犯さぬようにすることにおいて何の法も持たないが，それでも何らかの伝統はあり，それを罪と呼ぶが，彼らあるいは祖先が捏造したものである。一つは，小刀を火の中に突っ込むこと，あるいはどのようにしてであれ小刀で火に触れること，あるいは小刀で肉を鍋から取り出すこと，火の傍で斧で刻むこと，である。もしそうしたことをしたら，火の頭が切り取られるに違いないと信じている。同じく，馬を打つ鞭に寄り掛かること，これは彼らは

拍車を使わないからである。同じく，鞭で弓に触ること。同じく，若鳥を捕える
あるいは殺すこと。馬を手綱で打つこと。同じく，骨を別の骨で砕くこと。同じ
く，乳あるいは他の飲み物や食べ物を地にこぼすこと。幕舎の中で小便をするこ
と，もしわざとなら殺される，がそうでなければそれを浄める呪術師に多額の金
を払い，幕舎とその中にある物を二つの火の間に通させる。しかし，こうして浄
められる前には，誰もそこに入ろうとしないし，そこから何も持ち出さない。同
じく，もし誰かが噛んだ物を飲み込むことができず，それを口から吐き出すと，
幕舎の下に穴を掘り，その穴に引きずり込まれ，何の慈悲もなく殺される。同じ
く，もし誰か首長の住まいの敷居を踏むと，同じようにして殺される。この類い
の事がたくさんあるが，語ると長くなろう。

　ところが［他国民に対しては］，人を殺すこと，他人の地を侵すこと，どんな不
正なやり方でも他人の物を取ること，姦淫すること，他人を害すること，神の禁
止や命令に反すること，これらは彼らのもとでは何ら罪ではない。

　永遠の生や永久の劫罰については何も知らない。しかし，死後は別の世に生き，
家畜の群を増やし，食べ，飲み，その他この世で生者がしていることをすると信
じる。

　占い・前兆・腸占い・魔術・妖術を大いに用い，悪魔が答えている時，神が語
っているのだと信じる。その神をイトガ[4]と名付けるが，クマン人はそれをカ
ム[5]と呼び，驚くほど畏れ敬い，多くの犠牲を捧げ，最初の食べ物と飲み物を供
え，何事もそれの答えに従って行う。新しいことは何であれ新月か満月の時に始
めることを望み，だからそれを大皇帝と呼び，膝を折ってそれにお祈りする。ま
た，月は太陽から光をもらっているから，太陽は月の母だと言う。また簡単に言
うと，火によって全て浄められると信じる。だから，君主であれ誰であれ使者が
彼らのもとにやって来ると，その者と携えている贈り物を，二つの火の間を通さ
せる。これは，浄めるためと，毒か何か携えてきた悪いもので魔術を行使しない
ようにするためである。同じく，もし天から火が家畜の群あるいは人間の上に落
ちると，そのことはよくあるが，あるいは何かそうしたことが起きると，それに
よって自分が穢れているか不幸であると見なし，同じように呪術師によって浄め
られねばならない。彼らは自分たちの望みを，ほとんど全てこうしたことに託し
ている。

　彼らの誰かが病気になって死にかけると，棒が1本立てられ，その回りに黒い

フェルトが巻き付けられ，それ以降他人は誰もその住まいの敷地内に入ろうとしない。病人が苦しみ始めると，ほとんど皆彼から離れる。これは，その死に立ち会ったものは誰も，新月までどの首長あるいは皇帝のオルダに入ることができないからである。

　死亡すると，それが低位の者だと，どこでも野の好きなところに秘かに埋められる。また，自分の幕舎の一つとともにその真ん中に座った形で埋められ，その前に食卓と，肉をいっぱい盛った盆と雌馬の乳の入った杯を置く。また，死者とともに子馬のある雌馬と，手綱と鞍の付いた雄馬が埋められ，さらに別の馬を食べてその皮に藁を詰め，それを2本あるいは4本の高い棒の上に吊す。これは，あの世で住むための幕舎と，乳が得られる雌馬を持てるようにするためと，また乗ることのできる馬を増やすことができるようにするためである。食べた馬の骨は，死者の魂のために燃やす。また，よく女たちが集まって男の霊魂のために骨を燃やすが，そのことは我々が自分の目で見たし他から聞いたとおりである。我々はまた，現皇帝の父のオッケダイカン［オゴデイ・カアン］が，自分の霊魂のために育つようにさせた薮を見たことがあった。彼は誰もそこの木を切ってはならぬと命じ，枝を切った者は誰であれ，打たれ剝がれ虐待される。これも我々が見たとおりである。我々が馬を打つのに大いに必要とした時も，彼らはそこで小枝一本切ろうとしなかった。金銀は，同じく死者とともに埋める。乗っていた車は壊され，幕舎は解体され，個人名は3代先まで誰も口にしようとしない。

　高位の者の埋葬の仕方はまた別である。秘かに野に行き，そこで草を根ごと取り除け，大きな穴を掘り，その穴の側面の地下に坑を作り，死者の下にその有していたお気に入りの奴僕を置く。奴僕はほとんど息が絶え始めるほど長くその下に横たわり，そのあと息ができるよう引き出す，これを3回する。もしそれに耐えられると，奴僕はその後自由の身となり，自分の好きなことができ，幕舎の中でも死者の親族の間でも重きをなす。そして死者を，側面に作った坑の中に上に述べた物とともに安置する。その後，その坑の前にある穴を再び埋め，その上に元どおり草を被せ，それ以後場所が分からないようにする。他のことも上に述べたようにするが，死者のテントは外の野に残す。

　彼らの地には二つの墓地がある。一つはそこに皇帝・君侯・貴顕らが皆埋葬されているもので，どこで死のうと収容することができればそこに運ばれて来る。また，金銀がいっぱい一緒に埋められる。もう一つは，フンガリアで殺された者

が埋葬されているもので，実際そこで多くの者が殺された。その墓地には，そこの守護に置かれている番人の他は誰も近付こうとしない。もし誰かが近寄ると，捕えられ着物を剥がれ打たれ，とても酷い目に遭う。かつて我々自身，知らずしてフンガリアで殺された者たちの墓地の境界内に入ったところ，彼らが飛んで来て弓で射ようとした。しかし我々は使者であり，土地の習わしを知らなかったのだから，自由に立ち去らせた。

また，縁者その他その幕舎に住んでいる者は皆火で浄められねばならない。浄めは次のようにする。火を二つ作り，その側に槍を2本立て，槍の先に綱を1本渡し，その綱にブカランの裂いた布を結び付ける。二つの火の間のその綱と布の下を，人間と家畜それに幕舎もくぐる。女性が二人，一人はこちらもう一人はあちらにいて，水を掛け何か呪文を唱える。その時もし何か車が壊れたりそこで物が落ちたりすると，呪術師がそれを手に入れる。またもし誰かが雷で死ぬと，その幕舎に住んでいた者は皆，上述のごとく火の間を通らなければならない。幕舎・寝台・車・フェルト・衣服その他彼が持っていた物は何であれ，誰も手を触れず，不浄なものとして誰からも忌避される。

1) ミカエル：チェルニゴフ公国（キエフ・ルーシ，現ウクライナ北部）ミハイル2世（1223-46），同伴の騎士（後出）とは側近の貴族フェオドル，死は1246年9月20日（毒殺説もある），後に二人とも列聖された（ドーソン（佐口訳）：II, 239-40）。　2) ウラジーミル・スズダリ大公国（ルーシ北東部）のヤロスラフ2世（1238-47），1238年の侵攻で戦死したユーリー2世の後を継ぎ，モンゴルに臣従した。その子が名高いアレクサンドル・ネフスキー。　3) チェルニゴフ公国オレグ家の公アンドレイ・ムスティスラヴィチ，死は1245年（ドーソン（佐口訳）：II, 240）。　4) Itoga：シャーマンの神の象徴。　5) Kam：トゥルク語でシャーマン（呪術師）のこと。

4　彼らの善い点と悪い点，習わし，食べ物について，等

宗教儀式について話したので，彼らの風習について述べるが，次のように進める。第1に善い点，第2に悪い点，第3に習わし，第4に食べ物について述べる。

前述の者たちつまりタルタル人は，宗教人であれ俗人であれ，この世の他の者たちよりずっと自分の主人に従順であり，とても敬い，安易に裏切ることはない。互いに争うことは，言葉においても滅多にあるいは決してなく，事においては決

してない。闘い・言い争い・傷害・殺人は，彼らの間では決して起こらない。窃盗や大きな物の盗みも同じく見られない。したがって，財宝のしまってある車や幕舎も，錠や閂が掛かっていない。もし誰かの家畜がいなくなると，それを見付けた者は誰でも，そのままにするかそのために置かれている者[1]のところに連れて行く。家畜が自分のであった者は，彼らにそれを要求し，何の困難もなく受け取る。一人が他の者を十分に誉めると，互いに十分に親しくなり，食料を，たとえ彼らのもとではわずかでも，その間で分け合う。また，十分に我慢強い。だから，一日か二日全く何も食べなくとも，さして我慢できないふうに見えず，まるで十分に食べているかのように歌い踊る。馬に乗っている時も寒さに耐え，暑さも全く苦にしない。また，享楽的な人間ではない。嫉妬し合う者は見られない。彼らの間では意見［の違い］はほとんどない。誰も他人を蔑まず，一致できる限り助け励ます。

　彼らの女たちは貞淑で，彼女らの淫蕩についての話は彼らの間で何も聞かれない。しかし冗談では，ある者たちは十分恥ずべき淫らな言葉をもっている。不和は，彼らの間で滅多にあるいは決して見られない。ひどく酩酊するが，酔っ払って言葉あるいは行動で争うことは決してない。

　彼らの善い点を記したので，悪い点を補おう。他の［国の］人間に対して傲慢この上なく，誰でも見下し，それが高位の者であろうとなかろうと，ほとんど全く尊重しない。皇帝の本営で，ルシアの大公貴人イェロズラウス[2]，ゲオルギア［ジョルジャ］の王と女王の息子[3]，多数の大ソルダン［スルタン］，ソランギ［朝鮮］人の公を見たが，彼らのもとではしかるべき何らの名誉も受けず，彼らに宛がわれたタルタル人は，どれほど［地位の］卑しい者であろうと，彼らの前を歩き，常に第一の最高の位を占めていた。彼らは，しばしばタルタル人の後ろの席に座らねばならなかった。

　他の［国の］人間に対してひどく怒りっぽく，すぐ腹を立てる性質で，また他の［国の］人間に対して嘘吐きで，彼らの中には真実は何も見られない。それゆえ，最初はこびへつらうが，最後はサソリのように刺す。狡猾で欺瞞的で，できる時には狡猾さで誰をも欺く。飲み食いその他のことにおいて不潔な者たちである。他の［国の］人間に何か悪をなさんとする時は，感付かれないように，あるいは自分たちの狡猾さに対して策を取られないよう，その狙いを隠す。酩酊は彼らの許では名誉と見なされ，ひどく飲んで吐いても，そのためにまた飲むことを

止めるわけではない。非常に吝嗇で欲深い。求める時は最大限欲しがり，保持するときはとても執念深く，与えることにはひどくケチである。彼らのもとでは，何でもない事のために他［国］人が殺される。要するに，悪い点を全て挙げるのは長過ぎてできない。

　彼らの食糧は，食べられるもの全てである。実際，犬・狼・狐・馬を食し，必要なら人肉も喰らう。キタイ人のさる都市を攻めていた時，そこにはその皇帝が住んでいたが，とても長く攻囲していたため，タルタル人の経費が底を尽き食べる物が何もなくなり，10人に一人を食糧に当てたのだった。雌馬から仔馬とともに排出されるものを口にする。それどころか，虱を食べるのを見たこともある。実際こう言っていた，「どうして食べてはならんのだ，こいつらは我が息子の肉を食べ，血を吸ったというのに」。また，鼠を食べるのを見た。

　卓布も手布巾も使わない。パンも菜も豆もその他何もなく，肉だけで，それも他の国民ならとても生きていけないほどわずかなものを食べるだけである。肉の脂でひどく手を汚すと，食べる時に自分の脛当てか草かその種のもので拭う。しかし地位の高い者は，肉を食べた時最後に手を拭く何か小さな布を普段携えている。一人がその塊を切り，別の者が小刀の先で刺し，敬意の程度に応じて，ある者には多くある者には少なく与える。碗は洗わず，肉汁で洗った時には，それをまた肉とともに鍋に入れる。鍋や匙やその用に当てられた他の鉢はまた，もし洗うときは同じようにして洗う。彼らのもとでは，飲み物あるいは食べ物を何らかの形で失われるがままにすると，大罪と見なされる。だから骨も，まず髄を抜き出してからでなければ，犬にやることは許さない。自分の衣服も洗わないし洗わせないし，とりわけ雷が鳴り始めた時から終わるまでそうである。馬乳はもしあれば大量に飲むし，羊・乳牛・山羊それに駱駝のも飲む。葡萄酒・麦酒・蜂蜜酒は，他の国民から送られるか貰ったのでなければ持っていない。また冬は，金持ちでなければ馬乳は持っていない。黍を水で煮，するととても柔らかくなり，食べるというより飲めるほどになる。誰も朝それを一杯か二杯飲み，昼はそれ以上食べない。しかし夕方はそれぞれ少量の肉が与えられ，肉汁を飲む。夏はしかし，馬乳が十分あるので肉は，貰うか狩で得た獣か鳥のでなければ，めったに食べない。

　姦通が明らかになった男女は殺す，という法あるいは習わしがある。同じく，娘が誰かと密通すれば，男女とも殺す。もし彼らの支配下にある地で，略奪ある

いは窃盗が見つかれば，一切慈悲なく殺される。同じく，もし協議内容を漏らせ
ば，とりわけ戦に向かわんとする時は，太い棒でもって農夫が与えることのでき
る限りの段打が百加えられる。同じく，低位の者が何か犯せば，その高位の者か
ら許されず，ひどく鞭打ちを喰らう。妾と正妻の子の間に分け隔ては一切ないが，
父親はそれぞれに自分の望むものを与える。もし首長の裔だと，妾の子も正妻の
子と同じように首長である。一人に多くの妻があると，妻のそれぞれが自分の幕
舎と世帯を持ち，夫はある日は一人と，別の日は別の妻と飲み食べ寝る。しかし
一人が他より重きをなし，夫は他よりその女性とより頻繁に過ごす。しかし，た
とえたくさんいても，彼女らは自分たちの間で軽々しく争うことは決してない。

　男は弓のこと以外は何も仕事しないが，家畜の群の世話はいくらかする。しか
し狩をし，弓の訓練をする。子供から大人まで弓に長け，2歳か3歳の子供の時
からすぐ馬に乗り始め，馬を操り，乗って走り，年齢に応じた弓を与えられ，矢
を射ることを学ぶからである。実際，とても敏捷でしかも勇敢である。

　娘も女も馬に乗り，男のように易々と馬を駆る。女たちが箙と弓を携えている
のを見たことがある。男も女も，馬に長く乗り続けることができる。極めて短い
あぶみを用い，とてもよく馬の世話をし，何よりも大切に守る。女たちは皆，毛
皮・服・靴・脛当て，それに皮から作るあらゆる物の仕事をする。さらにまた車
を曳き，修理し，駱駝に荷を積み，どんな仕事においてもとても機敏で働き者で
ある。どの女性もズボンを履き，男のように矢を射る者もいる。

1) マルコ・ポーロによれば，ブラルグチと呼ばれる遺失物管理人（Ch. 94「狩」）。
2) Cf. 前章 n. 2.　　3) Cf. Ch. 7, n. 5.

5　タルタル人の帝国の始まり，彼らの首長，皇帝とその君侯たち の支配について

風習について話したので，彼らの帝国について付け加える。第1にその始まり
について，第2にその首長たちについて，第3に皇帝とその君侯たちの支配につ
いて述べる。

　上に述べた東方の部分に，モンガルと呼ばれる地がある。その地にはかつて4

種の人々がいた。一つはイエカモンガル，つまり大モンガル人と呼ばれていた[1]。二つ目はスモンガル，つまり水のモンガル人と呼ばれ[2]，またその地を流れるタルトゥルという名のさる川から，自らタルタルと称していた[3]。もう一つはメルキト，四つ目はメクリト［ケレイト］と呼ばれた。これらの者たちは皆，地方と首長は互いに異なっていたが，一つの体型と一つの言葉をもっていた。

　イエカモンガルの地にチンギスと呼ばれる者があった。彼は最初の‘主の前の勇敢な狩人’であり[4]，あらゆる人間を奪い，略奪し盗むことに邁進した。また他の地に行き，奪って自分の群に加えることのできた者は誰も放免しなかった。その部族の者たちを自分に靡かせ，彼らはあらゆる悪事において彼を首領として従った。彼は，多数の者を自分の下に集めた後，スモンガルつまりタルタル人と戦い始め，その首領を殺し，多くの戦争でタルタル人を全て征服し，従属下に置いた。その後，それら全ての者と戦った。タルタル人の地の隣りにあったメルキト人も，戦で服従させた。こうして進み，メクリト人と戦い，彼らも打ち破った。

　このようにチンギスがのし上がって来たのを知って，ナイマン人は激怒した。事実，彼らは非常に強力な皇帝を有しており，上に述べた国民は全て彼に貢を納めていた。その皇帝が肉の負債を全て支払う［死亡する］と，息子たちが後を継いだ。が，彼らは若く愚かで，国民を保持することができず，ばらばらに分裂した。その間に前述のチンギスが興隆してきたが，にもかかわらず彼らは上述の土地を襲撃し，男も女も子供も殺し，略奪した。[5]

　これを聞いてチンギスは，自分の支配下にあった者を全て集めた。ナイマンとカラキタイ［西遼］すなわち黒キタイは，彼に対する戦のために二つの山の間のさる狭い谷[6]——そこを通って我々は彼らの皇帝のところに行ったのだが——に皆集まり，戦が戦われ，その中でナイマンもカラキタイもモンガル人に敗北した。彼らは大部分殺され，逃げられなかった者は奴隷にされた。

　ところで，チンギスカンの息子オッコダイカンはカラキタイ人の地で皇帝になった後，オミル［イミル］という市を建てたが，その近くの南に大砂漠があり，そこには確かに野生人が住んでいると言われる。彼らは全くしゃべることがなく，また脚に関節がない。そのため，こけると他人の助けなしに立ち上がることが全くできない。しかし，駱駝の毛でフェルトを作り，それを身にまとって風を避けるだけの知恵は持っている。タルタル人がそれを襲って矢で傷付けると，彼らは傷口に草を当てて勇敢にその前から逃げる。

　モンガル人は，自分たちの地に帰るとキタイ人に対する戦を準備し，遠征して
キタイ人の地に侵入した。これを知ってキタイ人の皇帝は，軍を率いて彼らに向
かって来たり，激しい戦を戦い，モンガル人が敗れ，軍にあった貴人たちは7人
を除いて皆殺された。そのため今でも，誰かが「かの地に行くとお前らは殺され
るだろう，そこには多くの民が住んでおり，戦に長じた者たちだから」と言って
脅かすと，彼らは次のように答える，「かつて俺たちは殺され7人しか残らなか
ったが，今は大人数に増えたから，もう奴らは怖くない」。

　チンギスとその他残った者たちは自分たちの地に逃げ帰り，しばらく休んでか
らチンギスは再び戦の準備を整え，ウイル人［ウイグル］の地に戦いに行った。
この者たちはネストリウス派のキリスト教徒だが，彼はこれも戦で破り，それま
で書き物を持っていなかったから，彼らの文字を取り入れ，今ではそれをモンガ
ル人の文字と呼んでいる。それから，サリエムイウル［サリ－ウイグル］[7]の地，
カラニタ人［カラヌート］[8]の地，ウォイラト［オイラト］の地，カナナ[9]の地へ進
み，それを全て撃破した。

　その後チンギスは自領に戻り，しばらく休んでから兵を皆集め，共にキタイ人
に向かって進軍した。彼らと長期間戦い，キタイ人の土地の大きな部分を勝ち取
った。彼らの皇帝をもその最大の都市[10]に閉じ込め，そこをとても長く攻囲し
たので，軍には食料が全く尽きてしまった。口にできるものが何もなくなると，
チンギスカンは彼らに10人のうち一人を食糧に差し出すよう命じた。市の者た
ちはしかし，彼らに対して器械と矢で勇敢に戦った。石が尽きると，その代わり
に銀とりわけ溶かした銀を発射した。この市は多くの財貨に満ちていたからだっ
た。戦は長きにおよび，どうしても彼らを破れないと見ると，軍から市の真ん中
まで地下に大きな道を作り，彼らの知らぬ間に突然地面を破ってその真ん中に躍
り出し，市の者たちと戦った。また外にいた者たちも，自分たちのやり方で彼ら
と戦い，門を倒して市内に入り，皇帝と多数の者を殺して市を占領し，金銀財宝
を全て奪った。そして，自分たちの者をキタイ人の地の長に任命して，自国に戻
った。こうしてキタイ人の最初の皇帝が敗北し，上述のチンギスカンが皇帝とな
った。しかしキタイ人の地のある部分は，海中にあるため今日までどうしても勝
ち取れないでいる[11]。

　上に述べたキタイ人は，特殊な文字[12]を有する異教徒で，言われるところに
よると，新約と旧約の聖書を持ち，また教父の伝記と隠修士とまるで教会のよう

な造りの建物を持ち，そこで決まった時間に祈り，また自分たちの聖者も何人か有するとのことである。唯一の神を崇め，主イエス・クリストを讃え，永遠の生を信じる。が，誰も洗礼を受けていない。我らの福音書を讃え敬い，キリスト教徒を愛し，多くの施しをする。人々は大層寛容で優しく見える。髭はなく，顔の造りはモンガル人とよく似ているが，顔面はそれほど広くない。自分たちの言語を持つ。人間が通常行うあらゆる仕事において，彼らより優れた職人はこの世に見出されない。彼らの土地は，穀物・葡萄酒・金・絹それに通常人間の生活を支える物全てにとても豊かである。

　さて，しばらく休んだ後，チンギスは自分の軍を分割した。トッスク［ジョチ］という名の息子の一人，彼もカンすなわち皇帝と呼ばれていたが，それを軍隊とともにコマン人に対して派遣し，彼はそれを激戦で打ち破った。彼らを破った後，自分の地に戻った。

　チンギスは，もう一人の息子を軍とともにインド人に対して派遣した。彼は小インディアを打ち破った[13]。そこの黒い人々はしかしサラセン人で，エティオペス［エチオピア人］と呼ばれる。その軍隊は，大インディアにいるキリスト教徒に対する戦いに向かった。これを知ってその地の王，それは俗にヨハンネス・プレスビテル[14]と呼ばれるが，その王は軍を集めて彼らに向かい，銅の人形を作って馬の鞍に載せ，その中に火を入れ，馬上の銅の人形の後ろにふいごを持った人間を乗せ，そうしたたくさんの人形とこうして用意した馬とともに前述のタルタル人に対する戦に向かって来た。戦場に来たると，その馬を次々と前進させ，後ろにいる人間が何かを——何か私にはわからないが——上述の人形の中の火にくべ，それをふいごで強く煽った。その結果，兵も馬もギリシャ火［火炎弾］で焼かれ，空は煙で黒くなった。その時彼らはタルタル人に矢を射掛け，それで多くの兵が負傷し殺され，こうして混乱の内に彼らを領土から追い出した。その後タルタル人が再び彼らのところに行ったとは，我々は一度も聞かなかった。

　さて，彼らが荒れ地を戻っていてある土地にやって来た時——皇帝の本営でルテニア人の僧たち，それに長く彼らのもとにあった他の者たちによって，確かなこととして我々に言われたところによると——女の姿をしたさる怪物と出会った。多くの通訳を通じて彼女らに，その地の男たちはどこにいるのか尋ねたところ，その地で生まれて来る女は皆人間の姿をしているが，男は犬の格好をしていると答えた。彼らがその地に滞在を続けていると，犬たちは川の対岸に一つに

固まり，とても厳しい冬だったが皆水に飛び込み，その後突然砂の上を転がり，そうして水と入り混じった砂が彼らの上で凍った。何度もそれを繰り返すうちに氷は彼らの［体の］上で厚くなり，タルタル人に対して激しい勢いで向かって来た。タルタル人はそれに矢を射たが，まるで石に向かって射るかのようで，矢は跳ね返された。他の武器もそれを傷付けることは何もできなかった。犬たちは彼らに跳びかかって多くの者を噛んで傷付け殺し，こうして彼らを自分たちの領地から追い出した。このことから今も彼らの間で「お前の父か兄弟は犬に殺された」，との言い草がある。一方，女たちは捕まえて自国に連れ帰り，彼女らは死の日までそこにあった。

　その軍隊つまりモンガル人の軍が戻っていた時，ブリタベト［チベット］の地にやって来ると，それを戦で打ち破った。彼らは異教徒で，驚くべき否むしろ嘆くべき風習を持っている。というのは，誰かの父親が人間の自然の借金を支払う［死ぬ］と，確かなこととして我々に言われたところによると，親戚の者を皆集めて，それを食べるのである。彼らは髭の毛がなく，さるカンヌキを手に持っていて，我々が見たところでは，それでいつもとても強く髭の毛を抜き，そのため毛は何もそこには生えない。彼らはとても不格好である。かの軍隊は，そこから自国に帰った。

　チンギスカンはまた，他の軍を分割したその折，遠征軍を率いてケルギス人［シルカシア］の地を通って東と反対の方向に行った。ケルギスは戦で打ち破れなかったが，そこで我々に語られたところによると，カスピの山にまで来たった。その山はしかし，彼らが近付いたその部分は鉄鉱石でできており，そのため彼らの矢と鉄製の武器は吸い付いてしまった。カスピ山中に閉じ込められていた者たちは，信じられるところでは，軍隊の物音を聞きつけて，山を壊し始めた[15]。そして，別の時10年後，帰りにそこを通った際には，山は粉々になっていた。しかし，タルタル人がそこに行こうとしても，全くできなかった。雲が彼らの前にあって，そこから向こうにはどうしても行けなかった。そこにやって来ると，すぐに視力を全て失ったからである。反対に彼らは，タルタル人は彼らのところに進んで来るのを恐れているのだと思い，攻撃を仕掛けたが，雲のところにやって来ると，上述の原因により前進することはできなかった。タルタル人は，前述の山にやって来る前に，1か月以上も広い荒野を渡ったのだった。

　そこから東と反対方向に大砂漠を1か月以上進み，とある土地にやって来たの

だが，極めて確かなこととして我々に言われたところによると，踏みならされた道はあったが人間は誰も見掛けなかった。が，その土地を調べていると，妻を連れた一人の男に出会ったので，それをチンギスカンの前に連れて行った。土地の者たちはどこにいるのか尋ねると，山の地下に住んでいると答えた。で，チンギスカンは，妻の方は留め置き男の方を派遣して，その者たちが自分の命令に従うようにすべく命じた。その男は彼らのところに行き，チンギスカンが命じたことをすっかり話した。それに答えて彼らは，これこれの日にその命令を果たしに彼のもとに来るだろうと言った。しかしその間に，地下の隠れた道を通って集結して戦いに来たり，突然襲い掛かって多数を殺した。彼らつまりチンギスカンとその兵は，手の施しようもなく，むしろ兵が失われるだけなのを見て，またタルタル人は太陽の音が耐えられなかったため逃げ出し，その地から退却した。実際タルタル人は，太陽が昇る時，一方の耳を地面に当て，その恐ろしい音が聞こえぬよう上の方を強く塞ぐ，それでも凌げないと，それで彼らの多くが死に瀕するのである[16]。しかしかの二人，つまり男とその妻は連れて行き，彼らは死ぬまでタルタル人の地にあった。が，どうして地下に住むのか尋ねられると，タルタル人の場合について上に述べたごとく，一年のある時期だが，太陽が昇る時，その音が強くて人間はどうしても耐えられないからだと言った。実際彼らはその時，その音が聞こえないよう，楽器や太鼓や器具を打ち鳴らすのだった。

　チンギスカンがその地から帰る時，食糧が欠乏し，酷い飢餓に陥った。その折，一匹の獣の新鮮な内臓を見付けるということがあった。それを拾って糞だけを除き，料理してチンギスカンの前に持って行き，彼は兵とともにそれを食べた。このことから，チンギスカンによって次のことが定められた，獣の血も内臓もその他食べられるものは何であれ，糞以外は捨ててはならぬ，と。

　彼はそこから自領に戻り，そこで多くの法と掟を作った[17]。タルタル人は今もそれを犯すことなく守っている。その内の二つだけを述べよう。一つは，選挙を経ることなく思い上がって自らの権威で君主に上って皇帝たらんとする者は，容赦なく殺されるべし。これで，クユッカン［グユク］が選出される前，君侯の一人でチンギスカンの甥が殺された[18]。彼は選挙を経ずして支配しようとしたからである。もう一つの掟は，全ての地を自分たちの支配下に置くべし，そして彼ら自身の抹殺の時が来るまで，自ら服従してくるものでなければいかなる民とも和平してはならぬ，というものであった。

　これまで彼らは42年戦って来，この先10と8年支配するはずである[19]。その後，言われるところによると，他の国民によって，それが誰かは分からないが，予言されたとおり敗北することになっている。そして，逃れることのできた者は，言われるところによると，彼らを戦で打ち破った者が有している法を守らなければならない。またその軍隊は，千人隊長・百人隊長・十人隊長および暗闇，つまり一万[20]，によって編成されるべしと定めた。その他法規は数多いが，記すと長くなるし，我々も知らない。その後彼は，命令と法規を完成してから，雷で死亡した。

　ところで，彼は4人の息子があった。一人はオッコダイ，2番目はトッスッカン［ジョチ］，もう一人はチァアダイ［チャガタイ］と呼ばれ，4人目の名前は我々は知らない[21]。モンガル人の首長は皆この4人から生まれている。長男つまりオッコダイカンは次の息子があった。第1は今の皇帝であるクユク，そしてコクテン［コデン］とチレネン［シレムン][22]，他に息子があったか知らない。一方，トスッカンの息子は，バティ，彼は皇帝に次いで裕福で強力，オルドゥ，これはどの首長よりも年上，シバン，ボラ，ベルカ，タウベである[23]。トスッカンの他の息子たちの名前は知らない。チァアダイの息子は，ブリム［ブリ］，カダン[24]。彼の他の息子たちの名前は知らない。チンギスカンの，我々がその名を知らぬもう一人の息子の子供たちは，一人はモング［モンケ］と呼ばれ，その母親はソロカン［ソルコクタニ・ベキ］，この女性は全てのタルタル人の中で皇帝の母［トレゲネ］を除いて最も名高く，バティを除く誰よりも強力である。もう一人はビチャック，他にも何人か子供があったが，その名は知らない[25]。

　首長たちの名は以下である。オルドゥ［オルダ］，これはポロニアとウンガリアに行った。バトゥ，ビリン，シバン，ディンゲット，これらは皆ウンガリアに行った。チルポダン［チョルマグン］，これは目下海の彼方[26]にあって，さるサラセン人の地のスルタンや海の彼方の他の者たちに対している。以下の者たちは内地に留まった。メング［モンケ］，シレネン，フビライ，シレヌム［サルバン？］，シノクル，チュアケヌル［トカ・テムル］，カラガイ［カラチャル］，シベデイ［スブタイ］，これは彼らの間で騎士［バアトゥル］と呼ばれる老人，ボラ，ベルカ，マウキ［モエトゥケン］，コッレンザ［コレンザ］，これは他の中で最も弱小である。他にも君侯がたくさんいるが，我々はその名を知らない。

　彼らタルタル人の皇帝は，全ての者の上に驚くべき権力を有している。彼が指

定したところでなければ，誰も他の部分には住もうとしない。彼はまた，首長が留まるところを指定し，首長は千人隊長に，千人隊長は百人隊長に，百人隊長は十人隊長に場所を指定する。さらに，命じられたことは，何であれ，何時いかなる時であれ，何処であれ，また戦へでも死へでも生へでも，一切反対なく従う。どころか，彼が未婚の娘あるいは姉妹を求めれば，逆らうことなく差し出す。現に，毎年あるいは何年かに一度，タルタル人の全域から娘たちを集め，自分のもとに留め置きたければ何人かを取って置き，他はふさわしいと思える家来に与える。

　彼が使者を派遣する時は，誰であれ何であれ何処であれ，直ちに乗って行く馬と費用が与えられることになっている。また，彼のもとに貢納あるいは使者がやって来ると，それがどこからであれ，同じく馬・車・費用が与えられることになっている。しかし，他のところから来る使者は，その費用は僅かで少ないため，食料も衣服もひどく悲惨である。とりわけ彼らが君侯のところに来て，そこで滞在を延ばさねばならぬ時，10人の人間にわずか二人しか暮らせないほどしか与えられない。君侯のオルダでも道中でも，食べ物は日に一度ごくわずかしか与えられない。同じく，誰かが不正をなしても，争うことはほとんどできない。だから，それを我慢して耐えねばならない。しかも，多くの贈り物が，君侯からも他の高位の者からも下位の者からも要求され，もし与えないと軽蔑し，実際ほとんど無と見なす。また，高位の者から派遣された者だと，僅かな贈り物では満足せず，「偉い御方のところから来て，こんな僅かしかくれないのか」と言って，受け取るのを拒否する。だから使者が自分の任務をよく果たそうとすると，彼らにもっと多く与えなければならない。そのため我々は，信者たちから費用としてもらった物の大部分を，この必要により贈り物として差し出さねばならなかった。

　また，次のことも知ってもらいたい。すなわち，全ては皇帝の手の中にあるゆえ，誰もこれは自分のものあるいは誰それのものだと言おうとせず，全てのものつまり物も人間も馬も皇帝のものである。これに則って，少し前皇帝は布告を出した。同じく，首長たちは自分の人間全ての上に権力を有する。実際，タルタルの人間は首長たちの間で分割されている。首長の使者にまた，その派遣の目的が何であろうと，皇帝の人間たちも他の者たちも，それが乗って行く馬と費用，さらに馬の番をし使者の世話をする者を，反対することなく彼らに与えなければならないとなされている。また，皇帝が乳を得られるよう馬を，彼の気に入るよう，

1年あるいは2年あるいは3年，首長たちも他の者たちも年貢として差し出さねばならない。首長の家来たちも，同じことを自分の首長にしなければならない。実際，彼らの間では誰も自由でない。簡単に言うと，皇帝や首長が欲することは何であれ，またどれほどであれ，彼らのものから取る。彼らの生命についても，あらゆる点で自分の好きなように処する。

上述のごとく皇帝が死亡すると，首長たちが集まって前述チンギスカンの息子オッコダイを皇帝に選んだ。彼は，君侯たちと協議して軍を分割した。そして，第2の地位にあったバティをアルティソルダン[27]とビセルミン人［ムスルマン］の地に派遣した。彼らはサラセン人であるが，コマン語を話していた。彼らの地に入って戦い，それを支配下に置いた。しかし，バルチン[28]というさる市は彼に長く抵抗した。町の周りに落とし穴をたくさん作って覆い，彼らが市にやって来ると，その穴に落ちたからであった。そのため，穴を埋めるまでその市を獲得することはできなかった。

一方，サキント[29]という市の者たちは，これを聞いて彼らを出迎え，自らを自発的に彼らの手に委ねた。だから市は破壊されなかったが，彼らの多くを殺し他を連れ去った。また市を略奪し，他の人間をそこに入れ替え，オルナス市[30]に向かって進んだ。その市はとても人口が多かった。そこには多数のキリスト教徒，つまりガザリア人・ルテニア人・アラン人その他，のみならずサラセン人もいたからである。また，市の支配権はサラセン人のものだった。この市はまた，多くの財宝に満ちていた。イァンキント[31]とビセルミン人の地を通って流れ海に注ぐさる川［シル・ダリア］に面しているからである。そのためほとんど港で，他のサラセン人はその市と最大の取引きをしている。他の方法では彼らを打ち破ることができなかったので，タルタル人は市を流れる川を堰き止め，市を物と人間もろとも沈めた。これが終わると，その後トゥルク人の地に入った。彼らは異教徒である。

これを破ってルシアに向かい，その地で大惨劇を行い，都市と城塞を破壊し，人間を殺し，ルシアの首都であるキオウを攻めた。長い攻囲の後これを奪い，市の人々を殺した。その地を通った時，我々は野に死者の無数の頭蓋と骨が散らばっているのに出くわした。かつてはとても大きく極めて人口の多い都市であったが，今はほとんど無に帰している。実際，今は200ばかりの家屋があるだけで，人々はひどい隷属下に置かれている。タルタル人はその後，戦をしながら進み，

全ルシアを破壊した。

　さて前述の首長たちは，ルシアとコマニアから進軍し，ウンガリア人とポロニア人と戦った。タルタル人も，ポロニアとウンガリアでは多くの者が殺された。もしウンガリア人が逃走せず勇敢に抵抗していたならば，タルタル人はその領土から退いたであろう。タルタル人はとても恐怖し，皆こぞって逃げようとしていたからである。しかしバティは，剣を抜いて彼らの前に立ちはだかって言った，「逃げるでない，逃げても誰も助からぬ，死なねばならぬなら皆死のう，チンギスカンの予言は近い，我らは殺されるであろうと，今がその時なら耐え忍ぼうではないか」。こうして勇気付けられて彼らは踏み止まり，ウンガリアを破壊したのだった。

　そこから引き返してモルドゥア人[32)]，異教徒，の地に来たり，これを戦で破った。そこからビッレル人つまり大ブルガリア[33)]，に向かって進み，これをすっかり破壊した。次いで，北へバスカルト[34)]つまり大フンガリアまで進み，これも破った。

　その後そこを去ってさらに北に向かい，パロッシト人[35)]のところに来たった。彼らは，我々に言われたところによると，小さな胃と小さな口を持ち，肉は食べるのではなく煮るだけである。煮えると鍋の上に身を乗り出し，その湯気を吸い，それだけで生気を得る。たとえ何か食べるにしても，ごくわずかである。

　そこからサモゲド人[36)]のところに来た。この者たちは，言われるところでは，狩猟だけで生きている。だから，小屋も衣服も獣の皮だけでできている。そこからさらに進んで海に面したさる地にやって来たが，そこで，確かなこととして話されたところでは，怪物と出会った。すっかり人間の格好をしているが，足が牛のようになっており，頭は人間だが顔は犬のようだった。言葉は，二つは人間のように話すが，三つ目は犬のように吠え，こうして間をおいて吠え声を挟むが，その後もとの話題に戻るから，何を言っているのかは理解された。そこからコマニアに戻り，彼らの一部は今なおそこに住んでいる。

　その頃オッコダイカンは，キルポダン［チョルマグン］を軍とともに南のケルギス［シルカシア］に対して派遣し，それを破った[37)]。この者たちは異教徒で，髭の毛がない。次のような風習がある。誰かの父が死ぬと，悲しみのあまり悲嘆の印として自分の顔の皮を耳から耳まで帯状に剝ぐのである。

　これを破って南のアルメニア人に向かって行った。で，砂漠を渡っていると，

確かなこととして我らに話されたところによると，人間の姿をしたさる怪物に出会ったのだが，それは胸の真ん中に手の付いた腕が一本と足が一本あるだけで，その二つで弓を射，またとても速く走るので馬もそれに追いつくことはできなかった。一本足で飛び跳ねながら走り，そのようにして走るのに疲れると手と足を輪のように回転させて進む。これをイシドルス[38]はキクロペデス［輪足］と呼んだ。これに疲れると，また最初のようにして走る。それをいくつか殺したが，前述の皇帝と宿営で暮らしたルテニア人聖職者から我々に話されたところによると，彼と和平を結ぶべく，彼らの使者が何人か皇帝の本営に派遣されて来たとのことであった。そこから進んでアルメニアに来たってこれを破り，ゲオルギアの一部も破った。他の部分は彼らの命令下に入った。彼ら［ゲオルギア人］は年に4万イペルペロを貢納として納め，今も同じようにしている[39]。

　そこから，十分に大きく強力なウルム［ルーム］のソルダンの地に進み，そこも戦って征した[40]。さらに戦を続け征服しつつアラピア［アレッポ］のソルダンの地まで進み，目下その地を占領し，その先の地を攻めようとしている。その後今日に至るまで自国には戻っていない。同じく，バルダックのカリフの地に向かい，そこも支配下に置いた。彼らは，バルダキン布と他の贈り物以外に毎日4百ビザンツを貢納として納めている。タルタル人は毎年カリフに使者を派遣し，自分たちのもとに来るよう命じる。カリフは，毎年貢納とともに盛大な贈り物を送って，免除してほしいと願う。皇帝は，贈り物は受け取るが，にもかかわらず使者を派遣して来るよう求めている。

1) Yekamongal：yäkä monγol ulus〈イエケ・モンゴル・ウルス〉（大モンゴル国）より，モンゴル部族を指す。　　2) Sumongal：su- はモンゴル語 us〈水〉または中国語〈水〉shui からか。護によれば，〈水達達〉（ツングース族）（護：94）。　　3) Cf. I「マシュー・パリス」Ch. 1, n. 6.　　4) 創世記（10.8-9）「ニムロドは地上で最初の勇士となった。彼は主の御前に勇敢な狩人であり，「主の御前に勇敢な狩人ニムロドのようだ」という言い方がある」より。　5) この段はおそらく，司祭王プレスビテル・ヨハンネスやケレイト部族とその長ワンカン・トオリルのことが混同されている。　　6) アルタイ山脈カンガイ山の麓（ドーソン（佐口訳）：I, 76-9）。　　7) Sariemiur：サリ‐ウイグル人〈黄色のウイグル人〉（護：96）。8) Karanitarum：おそらくアブハジアのカラヌート Karanut。　　9) Kanana：ナイマン Naiman のことか？　　10) 金の首都中都（後の大都），陥落は 1215 年。　　11) マンジ南宋のこと，「海中にある」とは江南の水郷地帯のことであろう。その征服は後の 1279 年。12) 漢字のことか。　　13) カルピニでは，小インディアはエチオピア，大インディアはインド本土。　　14) 伝説の司祭王プレスター・ジョンのことであるが，この場合は，ホラズム王国がチンギス・カンに滅ぼされた時，インディアに逃げて建国したジャラール・ウッデ

ィーンのこと。　15）アレクサンドロス大王によってカスピ山（コーカサス）の鉄門の向こうに閉じ込められた蛮族。ここでは，モンゴル軍の通過が彼らを解放したことになる。16）おそらくモンゴル人が酷く恐れた雷との混同。　17）ヤサ（ジャサク）と通称される法規。　18）オゴデイの死後カン位に就こうとしたチンギス・カンの末弟テムゲ・オッチギンの事件のこと。処刑はされなかったが，その後すぐ他界した。選挙とはクリルタイを指す。　19）60年を周期とする干支と関わる（護：100）。42年というのは，ワン・カンに対する勝利（1202年）か即位（1206年）から現在までのおおよその年数であろう。　20）モンゴル語〈チュメン〉（1万）とトゥルク語〈トゥマン〉（暗黒）の混同か，またはロシア語〈トマ〉がその両方を意味することから（護：100）。　21）チンギス・カンの子は，ジョチ，チャガタイ，オゴデイ，末子トゥルイの順（以下，本田実信『モンゴル時代史研究』東京大学出版会，1991，の系譜図による）。　22）オゴデイの子は，1グユク，2コデン（本書のコクテン），3クチュ，4カシ，5カダーン・オグル，6メリク。本書のチレネン［シレムン］は3クチュの子。　23）ジョチの子は，1オルダ，2バトゥ，3ベルケ，4シバン，5ボアル（本書のボラ），6トカ・テムル（本書のタウベ）。　24）チャガタイの子は，1モチ・イェベ，2モエトゥケン，3サルバン，4イェス・モンケ，5バイダル。本書のブリム［ブリ］は2モエトゥケンの子，カダンはオゴデイの子。　25）トゥルイの嫡子は，1モンケ，2クビライ，3フラグ，4アリク・ブケ，母はソルコクタニ・ベキ（本書のソロカン）。本書のビチャックはその他多数の一人ボチェクか。　26）ultra mare〈海の彼方〉：ヨーロッパにとっての海外，当時は十字軍の遠征先シリア地域を指すが，この場合は単に〈外地・外国〉，次のin terra〈内地・本国〉と対になっている。　27）Altisoldan〈大スルタン〉：ホラズムのシャー・アラー・ウッディーン・ムハンマドのこと。しかしその攻撃は，オゴデイではなくチンギス・カンの時（1220-22年）。　28）バルチン：シル・ダリア川沿いのバルカリヤ・ケント（護：102）。　29）サキント：シル・ダリア川下流域のイェンギ・ケント（護：103）。30）オトラル，ウルゲンチ等に比定される。　31）イァンキント：サキント（n. 29）に同じ。　32）ヴォルガ川流域に棲むフィン人種。　33）ヴォルガ・カマ両川上流域，ブルガリア人の原住地。　34）バシュキル人，ハンガリア人の原住地。　35）大ブルガリアの北に棲むフィン人種。　36）さらにその北の北方人種。37）次編 III「シモン・ド・サンカンタン」参照。38）Isidorus（c. 560-636）：セヴィリア司教，聖人，中世最も読まれた地理・歴史学者。　39）III「シモン・ド・サンカンタン」参照。　40）キョセ・ダウの戦い（1243年6月）。

6　戦，部隊編成，武器，狡猾さと襲撃，捕虜に対する残虐，城攻め，降伏した者に対する不実，等について

　帝国について話したので，ここでは戦のやり方について述べる。第1に部隊編成について，第2に武器について，第3に襲撃における狡猾さについて，第4に捕虜に対する残虐について，第5に城塞や都市の攻囲について，第6に降伏した者に対する不実について。

　部隊編成について，チンギスカンは次のように定めた。10人の上に1人が置かれ，十人隊長と呼ばれる。十人隊長10人の上に1人が置かれ，百人隊長と呼ばれる。百人隊長10人の上に1人が置かれ，千人隊長と呼ばれる。千人隊長10人の上に1人が置かれ，その数［1万］は彼らのもとでは'暗闇'と呼ばれる[1]。また，全軍の上に2人ないし3人の首長が置かれるが，彼らは1人の命令下にある。

　戦にあって，10人のうち1人，2人，3人あるいはそれ以上が逃げると，［その隊の］全員が殺される。10人が皆逃げると，残りの100人はたとえ逃げなくとも全員が殺される。要するに，皆そろって退却するのでなければ，逃げた者［の隊］は皆殺される。同じく，1人，2人あるいはそれ以上が勇敢に戦いに突進し，10人の残りの者がそれに続かないと，やはり［皆］殺される。10人のうち1人あるいはそれ以上が捕まり，残りの仲間がそれを解放しないと，やはり殺される。

　全員が少なくとも以下の武器を持つことになっている。弓2ないし3あるいは少なくとも優れたのを1つ，矢のいっぱい入った大きな矢筒を3つ，斧1丁，機械を引くための綱。富裕の者はまた，先の尖った片刃のいくぶん反った刀，さらに装備した馬を引き連れ，脚に防具を付け，兜と甲冑を持つ。ある者は甲冑と馬の覆いは革製で，次のようになっている。牛か他の動物の革を手1つ分ほどの幅に切り，3つ4つ一緒に瀝青を塗り，それを紐あるいは索で結ぶ。紐を上の革片には端に，下の革片には真ん中に通し，最後までこのようにする。すると，屈んだとき下の革片が上のにかぶさり，こうして体の上で二重，三重にもなる。

　馬の覆いは5つの部分に付ける。胴体の一方の側に1つ，別の側に1つ，これは尻尾から頭にまで至り，それが鞍に繋がれ，鞍の後ろの背中と首のところでも繋がっている。脚の上にも別のを付け，その2つの部分が上で繋がっている。その革に穴を1つ開け，そこから尻尾を出す。胸の前にも1つ付ける。これらはどれも膝つまり脚の関節まで伸びている。額の前には鉄片を付け，これは首の両側で前述の部分に結ばれている。

　鎧も4つの部分からなり，1つは股から首にまで至っているが，体形に合わせて作られていて，胸の前では狭く，腕から下は体を丸く包んでいる。背中には殿部まで別の革片があり，首のところから，体の周りのもう一片にまで至っている。これら2つの革片は，肩の上で留め金で両肩に1つずつある鉄片に繋がれている。両腕にも革片が1つあり，肩から手にまで至っていて，下が空いている。両脚に

も一片ある。革片はどれも留め金で繋いである。兜も上は鉄あるいは鋼だが，首と喉の回りを保護する部分は革である。それら革片は，全て上に言ったようになっている。

しかし一部の者は，上に述べた全てのものを次のように作られた鉄でこしらえている。幅指1本・長さ掌1つの柔らかな鉄片をたくさん作り，それぞれに小さな穴を8つ開け，その下に狭く強い革片を3枚置く。そして1つの鉄片の上にもう1つを順に重ねるように置き，その鉄片を柔らかい皮紐で他の革片に結び付け，それを上に述べた穴を通して繋ぎ，上部は1つの革片で合わせて縫う。すると両側で二重になり，上述の片がうまくしっかりと一緒に合わさるように1本の皮紐で縫い合わせる。このようにして，何枚もの鉄片から1つの皮帯を作り，そのあと全ての部分を上述のごとく結び合わせる。馬の防具も人間の防具もこのように作り，また自分の顔が映るほど光らせる。

何人かは槍を持ち，槍の穂首の鉄には鉤が一つ付いていて，可能な時はそれで鞍から人間を引きずり落とす。矢の長さは2足［フィート］1掌［パーム］2指［ディンギト］である。足は様々ゆえその幾何学的な寸法を示すと，親指［インチ］は差し渡し大麦2粒[2)で，差し渡し16親指が1足の幾何学的な寸法になる[3)。鏃はとても鋭く，両刃の刀のごとく両側で切断し，矢筒の側面には矢を研ぐ鑢を常に携えている。鏃は長さ1指幅の鋭い尾があり，それを矢柄に刺し込む。

柳あるいは小枝で作った盾を持っているが，城塞内とか皇帝や君主の護衛以外に使用するとは思えない。しかも夜だけである。他に，鳥獣や非武装の者を射る矢も持っており，3指幅ある。他にさらに，鳥獣を射る様々な矢がある。

戦に向かわんとする時は，先発隊を派遣するが，フェルト・馬・武器の他は何も携行しない。これは，何も奪わず家を焼かず家畜を殺さないが，人間だけは傷付け殺し，他にできなければ逃走させる。しかし，逃走させるよりは好んで殺す。その後に軍隊が続き，出会うもの全てを奪い，人間も出会えば捕まえるか殺す。のみならず，軍の首長たちはその後さらにあらゆる方面に掠奪者を派遣し，人間と荷獣を探させる。彼らはそれを探し出すのにとても長けている。

川に行き当たると，それが大きくても次のようにして渡る。高位の者は円形の軽い皮を一つ持っていて，その周りの縁に環をいくつも作り，それに紐を通して絞る。そうすると丸い袋のようになり，その中に衣服その他の物を入れ，強く圧さえ付ける。そして真ん中に鞍や硬い物を置き，人間も真ん中に座る。こうして

作った船を馬の尻尾に結び付け，馬を導く人間を一人，馬と一緒にその前を泳いで行かせる。あるいは，時には櫂を2本持っていて，それで川向こうまで漕ぎ，川を渡る。また，馬を1頭水の中に入れ，一人がその側を泳いで馬を導き，残りの馬は全てそれに続く。こうして川や大河を渡る。他の貧しい者たちはうまく縫った皮の嚢を持っており——各自そうしたものを持つことになっている——その嚢あるいは袋に衣服や持ち物を全て入れ，袋の上端をきつく縛り，それを馬の尻尾にぶら下げ，そして上に言ったようにして渡る。

　次のことを知るべきである。敵軍を見掛けるとすぐそれに向かい，皆それぞれ敵に矢を3本ないし4本射る。勝てないと見ると，味方のところに退却する。がこれは見せ掛けで，待ち伏せを仕掛けておいて，ある所まで敵が追跡して来るようにするためである。敵がその待ち伏せの所まで追って来ると，それを取り囲み，傷付けて殺す。同じく，相手が大軍と分かると，1日か2日行程ほどそこから離れ，別の所に侵略して略奪し人を殺し，土地を荒らし破壊する。それもできないと見ると，10日か12日行程ほど退却し，敵軍が去るまで安全な場所に留まり，その後秘かに戻って来てその土地全体を劫略する。実際，戦において狡猾極まりない，というのも彼らはもう40年以上にわたって他の人種と交戦しているからである。

　戦闘に向かう時は，全ての部隊が戦うよう態勢を整える。しかし，首領あるいは君主たちは戦闘に入らず，敵軍から離れたところにあり，子供と妻を馬に乗せ，そして馬を自分の側に侍らせる。また時に人形をこしらえて馬上に置く。そうするのは，兵士が大勢いると思わせるためである。敵の面前には，彼らの中にいる捕虜や他人種からなる一部隊を置き，おそらく何人かのタルタル人が彼らとともに行く。他のより強い者たちの部隊は，敵から見えないよう遠く左右に配置し，こうして敵を取り囲んで真ん中に集め，そしてあらゆる個所から攻め掛かる。時に彼ら［タルタル人］は少数なのに，取り囲まれている敵からは多数だと思われる時があるが，とりわけ，軍の首領あるいは君主とともに子供・妻・馬，それに上に言ったような偽りの人形がいるのを見た時で，それを兵士だと思い，そのために恐怖に陥り混乱してしまうのである。また敵が奮戦すると，逃げ道を作ってやる。彼らが逃げ始めバラバラになるとすぐそれを追跡し，戦闘で死に至らしめるよりも逃走においてより多くを殺す。しかし彼らは，なるべくなら好んで切り結ぶことはせず，人も馬も矢で傷付けて殺すことを知る必要がある。人馬が矢

［の攻撃］で弱ると，その時これと切り結ぶ。

　城塞は次のようにして攻略する。できる場合は城塞を取り囲み，時に誰も出入りできぬよう柵を巡らす。そして機械と矢で盛んに攻め，城内にいる者が休めぬよう昼も夜も攻撃を止めない。一方タルタル人は，過度に疲れぬよう部隊を分け順番に攻めるので，休むことができる。このようにできない場合は，ギリシャ火を撃ち込み，また時に殺した人間の脂肪を取って，それを熔かしたものを家屋の上に投げ込む。その脂肪で火が付いたところはどこも，ほとんど消すことができぬほど燃える。しかし，聞いたところによると，葡萄酒か麦酒を振り撒くと消すことができる。人体の上に落ちた時は，掌で擦ると消せる。

　そのようにしてもうまくゆかぬ場合は，その都市あるいは城塞に川があると，それを堰き止めあるいは別の流れを作って，できればその城塞を水びたしにする。それができないと，その下を掘り，武装して地下から城中に入る。一たび中に入ると，ある者は火を付けて焼き，他の者はその城塞の人間と闘う。それでも勝てないと，向かいの敵の攻撃に妨げられぬような位置に，自分たちの城あるいは城塞を作る。そして，彼ら［タルタル人］と戦っている軍が外部から支援を得て彼らを追い払わぬ限り，長期にわたってその都市を攻囲する。しかし，城塞の前で攻囲している時，彼らに甘い言葉を掛け，多くのことを約束してその手を自分たちに委ねるようにさせる。いったん彼らが自らを委ねると，「出て来い，我々の仕来りに従ってお前たちを数えたいから」と言う。彼らが出て来ると，その中から職人を探し出して取って置き，他は奴隷として持っておきたいと思う者を除いて斧で殺す。たとえ他の者は命を助けられても，言われるところによると，貴人や高位の者は決して容赦されない。また，たとえ偶然に何かの原因で貴人の中で誰か命が助かった者があっても，懇願によっても金によっても奴隷の身分から脱け出すことはできない。

　戦で捕えた者は，奴隷として持っておきたいと思う者を除いて，皆殺す。殺す者は，百人隊長たちに分配して両刃の刀で殺させる。彼らはしかし，その後これを捕虜たちの間に分配し[4]，それぞれの奴隷に首領のよかれと思うところに従って10人前後与えて殺させる[5]。

---

1) Cf. Ch. 5, n. 20.　　2) 写本B・P「12粒」。1インチ＝2.54cmであればこの方が正しい。
3) 近代では1フート＝12インチ。　　4) 写本V・L「この捕虜たちを分配し」。　　5) 写本
V（単に）「与える」。

7　彼らはいかに講和をするか，隷属下に置いた土地の名前について，隷属民に行う暴政について，彼らに雄々しく抵抗した地について

　いかに戦うか記したので，彼らが支配下に置いた土地について述べることとし，次のように記す。第1に彼らはいかに講和をなすか，第2に隷属化に置いた土地の名前について，第3にそれらに対して行う暴政について，第4に彼らに雄々しく抵抗した地について，述べる。

　タルタル人は，彼らに降伏するのでなければ，いかなる者とも講和しないことを知るべきである。上にも述べたが，可能なかぎり全ての国民を自らの隷属下に置くべしとの命令を，チンギスカンから与えられているからである。隷属下に置いた者たちに次のことを求める。彼らが望む時に彼らと共にあらゆる者に対する戦に向かうこと，人間であれ物であれ全て10分の1を与えること。実際彼らは，少年10人を数えて内一人を取り，少女についても同じようにし，それを自分たちの地に連れて行き，奴隷にする。残りは彼らのやり方で数えて決める。

　しかし，ひとたび十分な支配を手にすると，たとえ何かを約束しても一切守らず，適当なものでさえあれば何であろうと，それに反する理由を見付け出す。例えば我々がルシアにあった時，言われるところによると，クユクカンとバティから一人のサラセン人が派遣されて来た。その長官は，後に我々が聞いたところでは，子供が3人あれば誰からでもそのうち一人を取った。また，妻を持たぬ男は誰でも連行し，正式の夫を持たぬ女についても同じようにした。乞食をして食べ物を求めていた貧しい者も，同じように連行した。しかし残りの者は，彼らの仕来りに則って数え，子供も大人も生後1日の赤子も貧しかろうと裕福であろうと，誰であれ一人につき次の貢納を差し出すよう命じた。白熊の皮1枚，黒海狸1頭，黒テン1頭，さる動物——地中に棲みかを持ち，その名をラテン語にどう書き写すかは知らないが，ポロニア人やルテニア人はその獣をドルコリ[1]と呼ぶ——の黒皮1枚，そして狐の黒皮1枚。それを納めない者は誰であれ，タルタル人のもとに連れて行かれ，奴隷として仕えることになる。

　長官はまた，各地の君主たちにすぐさま来るよう呼び出したが，彼らはやって来ても，そこでしかるべき名誉は何も受けず，生まれの卑しい他の人物同様に扱

われ，首長のみならずその妻にも千人隊や百人隊の長にも，盛大な贈り物を進呈しなければならない。それどころか，タルタル人は奴隷までもが皆こぞって，ひどく厚かましく贈り物を要求し，君主たちだけでなく，有力者から派遣された使者たちも求める。

　またある者たちには，ミカエル[2]や他の者たちについて言われたごとく，これを殺す理由を見付け出す。一方，ある者たちには帰国することを許すが，これは他の者をおびき出すためである。ある者たちは飲み物あるいは毒で滅ぼす。自分たちだけが地上で支配する，というのが彼らの意図だからである。そのため，貴人を殺そうとして彼らに反対する理由を探す。しかし帰国を許す者には，イエロズラウスの息子[3]や別のさるアラン人の首長や他の幾人かについてされたごとく，息子または兄弟を［身代りに］要求し，その後決して放免しない。また，父あるいは兄弟が後継ぎなしに死亡すると，その息子あるいは兄弟を決して手放さず，ソランギ人のさる首長になされたのを見たごとく，その君主国をすっかり取り上げる。

　バスタキ[4]つまり自分たちの長官を，帰国を許した者の地に配置し，首長も他の者もその命令に従わなければならない。もしどこかの都市あるいは土地の者たちが，これらバスタキが望むことを行わなければ，それをタルタル人に不忠実な者と非難し，その都市あるいは土地を破壊し，そこの者たちを，その土地が従う彼らの首長たちの命令で，彼らの知らぬ間にやって来たタルタル人の強力な手で殺し，突然彼らに襲い掛かる。最近我々がタルタル人の地にいた時，彼ら自身がコマン人の地に建てたルテニア人のさる都市で起こったごとく，その地を奪ったタルタル人君主あるいは長官のみならず，その都市あるいは土地を通過する貴人ですら誰もが，とりわけ彼らのもとで長である者は，ほとんどそれを支配するほどである。

　さらに，金・銀その他欲しいものは望むときに望むだけ要求し，一切有無を言わせず取り上げる。また，彼らに降伏した君主たちの間で何か対立があると，タルタル人の皇帝の下に裁定に赴かねばならない。例えば，先頃ゲオルギアの二人の息子について起こったことだが，一人は正嫡，もう一人は庶出で名はダヴィド，一方嫡出子はメリックという名だった。父は，庶出の息子に土地の一部を残した。年下だったメリックは，ダヴィドが皇帝のもとに旅立ったので，母親とともにタルタル人の皇帝のもとにやって来た。が，メリックの母親は道中死亡した。彼女

はゲオルギアの女王［ルスダン］で，王国は［代々］女王たちに継がれてきたか
ら，夫は彼女によってその国を保有していたのだった。遣って来ると，彼らはタ
ルタル人に盛大な贈り物をした。とりわけ，父が［庶出の］息子ダヴィドに残し
た土地を要求していた嫡出の息子メリックは，彼は側室の子だからその権利はな
い［と主張した］。しかし彼は答えた，「私は側室の子ではありますが，嫡出子と
庶出子との間に何らの差別もしないタルタル人の仕来りに則って私に正義がなさ
れることを求めます」。かくて，嫡出子に不利な裁きが下され，年上だったダヴ
ィドは，下位［庶子］であっても父が残した土地を平穏無事に手にすることにな
った。こうしてメリックは，献上した贈り物と自分の兄弟に対して起こした訴え
を失ったのだった。5)

　タルタル人は，遠く離れていて彼らに従属していない国，彼ら自身が何か恐れ
ている他の国と接している国からは，貢納を取るだけで，その国民に対してはほ
とんど慈悲をもって振る舞う。これは，自分たちに軍を差し向けないよう，ある
いは自分たちに降伏するのを恐れないようにするためである。ちょうどオベシ6)
すなわちゲオルギア人について起こったとおりで，彼らから4万イペルペロつま
りビザンツを貢納として取り立てている。タルタル人は今のところ彼らに平和を
許しているが，我らが聞いたところでは，彼らは謀叛を企んでいるとのことであ
る。

　彼らが征服した地の名前は以下である。キタイ，ナイマン人，ソランギ，カラ
キタイつまり黒キタイ，コマニア，クマエ7)，ウォイラト，カラニト［カラヌー
ト］，フイウル［ウイグル］，スモアル［スーモンゴル］，メルキト，メクリト［ケ
レイト］，サリフイウル［サリ‐ウイグル］，バスカルト［バシュキル］すなわち大
フンガリア，ケルギス［キルギス］，コスミル［カシミル］，サラセン，ビセルミ
ン［ムスリム］，トゥルコマン，ビレリすなわち大ブルガリア，カトラ，トミテ
ィ，ブリタベト［チベット］，パロッシト，カッシ，アランつまりアッス，オベ
シつまりゲオルギア，ネストリウス教徒，アルメニア，カンギット，コマン，ブ
ルタキこれはユダヤ人，モルドウ［モルドヴァ］，トゥルコ，ガザリ［カザール］，
サモゲティ，ペルシャ，タルチ8)，小インディアすなわちエチオピア，キルカシ
ア［シルカシア］，ルテニア，バルダック，サルティ人。他にも多いが，我らはそ
の名を知らない。我々はまた，上記のほとんど全ての土地からの男女を見た。

　一方，彼らに雄々しく抵抗し，また今まで彼らに降伏していない地の名は次の

とおりである。大インディア，アラン人のさる部分，キタイ人のさる部分［南宋］，サクシ人［ゴート人］。同地で我らに言われたところでは，彼らはサクシ人のさる土地を攻囲し破壊しようとしている。サクシ人は，彼らの機械に対抗する機械を造り，タルタル人の機械をすっかり壊し，その機械と弩のために彼らは市に近付いて戦うことができなかった。でタルタル人は，地下に道を作って城内に突如姿を現し，市に火を放とうとしたが，残りの者が戦った。こうして，一部では火を消すことに成功し，他の部分では市に侵入してきた彼らと激しく戦い，その多くを殺し，他は傷付け，彼らが自陣に退却せざるをえなくさせた。タルタル人は，彼らに対して何もできないことと味方の多くの者が死んだのを見て，退却したのだった。

　タルタル人がほとんど主人になっているサラセン人や他の民族の地では，優れた職人を皆奪い取り，自分たちの仕事を全てやらせる。他の職人は，仕事で彼らに貢納を払い，作物は全てこの主人の穀倉に運び込む。一方主人は，彼らに種籾とただ生きていくのに必要なものを支給するだけである。他の者には，それぞれ日にごく僅かなパンを与えるだけで，週に3度支給する僅かな肉を除くと，他には何もない。しかもそれは，都市に住む職人だけである。さらに，主人がしたいときには，若者を妻子ともども皆奪い，皆と一緒に自分に付き従うよう強制する。彼らはその他の点ではタルタル人として扱われているが，むしろ捕虜と言った方がよく，実際その中に数えられるし，タルタル人のように敬意を払われず，奴隷として保有され，他の捕虜同様あらゆる危険の中に身を置いている。戦闘では最前線に置かれ，沼沢や危険な川を渡らねばならぬ時は，タルタル人は彼らを最初に遣って試す。また，なすべき仕事はどんなことでもしなければならない。何かのことで逆らったり命令に従わないと，ロバのごとく鞭打たれる。

　要するに，金細工職人や他の腕のいい職人のように何がしか稼ぐことのできる者のほかは，食べ物は僅か，飲み物も僅か，着る物は最悪である。何も支給しない悪い主人をもった者は，自分が休んだり眠ったりする時間を割かない限り，主人の仕事が多くて自分の仕事をする時間が持てない。妻あるいは自分の住まいをもっていればそれが可能になるが，［主人の］家で奴隷として保有されているそうでない者は，あらゆる悲惨を強いられる。彼らが太陽の酷熱の下で，とても分厚い毛皮のズボンを履き，胴体は裸で過し，一方冬は極度の寒さを耐え忍んでいるのを見た。また，酷い寒さのために手足の指を失った者を見た。また，同じ理

由で死んだ者，四肢がすっかり役に立たなくなった者のことを聞いた。

1) dorcori：クリケート（ネズミの一種）かハムスターの類。　　2) Cf. Ch. 3, n. 1.　　3) ア
レクサンドル・ネフスキー，cf. Ch. 3, n. 2.　　4) Bastacos：写本 B・P *Bascatos*〈バスカク〉
（代官）。　　5) グルジアは，女王タマル（1184-1213）の下で繁栄したが，次のゲオルギス4
世（1212-22）の時ジュベ・スブタイのモンゴル軍の侵入を受けて王は死亡し，その妹ルスダ
ン（1222-45）が跡を継いだが，バトゥの西征の折再び侵略され，1243 年その属領となっ
た。1245 年前王の子ダヴィド（7世）が王位を求めたが，ルスダンは自分の息子ダヴィド
（6世）に継承させるべくモンゴルに働きかけた。そこで，1247 年グユクはグルジアを東西
に分け，東部を前王の子ダヴィド7世に，西部をルスダンの子ダヴィド6世に与えて共同王
とした。したがって，ここでの庶出子とは前王の庶出の子，嫡出子とは妹ルスダンの子に当
たるが，名はどちらもダヴィド（メリックは〈王〉）。ルスダンは，凌辱を恐れて堅固な城に
閉じこもり，バトゥとバイジュ双方からの謁見命令を拒み続けてきたが，あまりの執拗さに
1245 年服毒自殺した（ギラゴス「アルメニア史」『愛宕松男　東洋史学論集』(5) 三一書房，
1989, pp. 461-2）。史話によると，これには絶世の美女だったとされるルスダンをめぐる二
人の恋のさや当てが絡んでおり，求愛を拒否されたバイジュは当て付けに前王の庶子を王に
擁立しようとしたのに対して，バトゥは彼女の息子を支持した。二人の息子はカラコルムに
出向いて裁定を仰いだ結果，前王の庶子に有利な判定が下され，失望した女王は毒を仰いで
死亡した（伊藤敏樹『モンゴル vs. 西欧 vs. イスラム』講談社，2004, p.29）。　　6) Obesis：
西部コーカサス，黒海東岸に住むアバジ，アブハジア人。　　7) Cumae：ヴィンゲルト
[SF] によれば〈キルギス〉。写本 P・L *Tumat*〈トゥマト〉，西北モンゴリアのキルギスに隣
接した地に住んだ部族。　　8) Tarci〈タルチ／タルキ〉，写本 B・P・V *Tati*, L *Taos*：ネス
トリウス教徒の元代の呼称〈迭屑（タルサ）〉と関わりがあるのではないか（護：108）。

8　タルタル人に対する戦はいかに戦われるか，彼らは何を狙って　いるか，武器と部隊編成について，戦において彼らの狡猾さに　いかに対処するか，城塞と都市の防備について，および捕虜に　ついていかにすべきか

彼らに服属している地について述べたので，彼らに対する戦いはいかに戦われ
るべきか付け加えることとし，我らが見たことが以下に述べられる。第1に彼ら
の狙っていること，第2に武器と部隊編成について，第3に交戦において彼らの
狡猾さにいかに対処するか，第4に城塞と都市の防備について，第5に捕虜をい
かにすべきかが記される。

タルタル人の狙いは，できうれば全世界を自分に服従させることで，前にも言
ったが，その命令をチンギスカンから与えられている。それゆえ，彼らの皇帝は

自分の書簡に，「神の力，全ての人間の皇帝」と書き，その印璽の上の銘文には次のようにある，「天に神，地にクユクカン，神の力，全人類の皇帝の印璽」[1]。そのため，前に述べたごとく，自分たちの手に降るのでなければ，いかなる者とも講和しない。またこの地上に，キリスト教世界を除いて彼らの恐れる地はどこにもなく，そのため彼らは我らに対する戦を準備している。したがって，以下のことがあまねく知られねばならない。すなわち，我々がタルタル人の地に滞在していたおり，すでに何年も前から通告されていた荘重な宮廷会議——それに我々は臨席した——において我々の面前で彼らはクユクを皇帝，彼らの言葉でカン，に選出した[2]。そのクユクカンは全君侯とともに，神の教会とローマ帝国および全キリスト教国と西方の人民に対して，つまり教皇猊下と諸侯のみならず西方の全キリスト教徒民に対して，彼が命じることを実行しないのならばと，軍旗を掲げたのである。

　その命令は，我らが思うに，いかなることがあろうと実行してはならない。一つには，我らがこの目で見た前代未聞の甚だしい隷属と不寛容ゆえで，彼らは自分たちに服している全ての人々をその下に置いている。もう一つは，彼らは何一つ信頼できず，他のどの民族も彼らの言葉を信用できないからである。約束したことは何であれ，自分たちにその方が都合がよいと見ると守らず，彼らの行うことと約束することは何によらず全て偽りである。また，地上から全ての君主全ての貴人全ての騎士および優れた人物を，前述のごとく，抹殺することを企図し，それを自分たちに降った者の間で狡猾かつ巧妙に実行させる。さらには，キリスト教徒が彼らの下に置かれるのは，彼らの非人間性からして屈辱的なことだからであり，また神の信仰が無に帰され，霊魂は滅び，肉体は信じられる以上に多くの形で破滅させられるからである。彼らは最初媚びへつらうが，後でサソリのごとく苛み破滅させる。そしてまた，彼らはキリスト教徒民より数において少なく，身体において弱いからである。

　上述の宮廷会議で，軍の兵士と隊長が任命され，支配下にある全ての土地から10人につき3人が従者とともに派遣されつつある。聞くところによれば，一軍はフンガリアを，二つ目はポロニアを通って侵入することになっている。これから10と8年絶えず戦うつもりでやって来るだろう[3]。進発の時期はすでに定められている。昨3月ルシアに向かっていたおり，我々は全タルタル人の中から召喚された軍隊に出会った。彼らは3年か4年でコマニアまでやって来，そしてコ

マニアから上記の地に侵攻するであろう。が，彼らが3年目の冬の後すぐやって来るか，それとも不意に現れる方が良いと考えてしばらくそこに待機するかは，分からない。

これらは全て，彼らがフンガリアとポロニアにやって来た時なし給うたごとく，主が恩寵でもってそれを何とか妨げ給わぬ限り，確実にそのとおりになるであろう。彼らは30年間戦い続けるはずだったが，その時皇帝［オゴデイ］が毒殺され[4]，そのため今に至るまで戦を休んでいる。しかし今や皇帝［グユク］が新たに選出され，再び戦の準備を始めている。その皇帝が，リウォニアとプルシャに軍を送ろうと，自分の口から言ったことを知らねばならない。彼は，全ての地を滅ぼすあるいは従属下に置くことを企図していることからすれば，そうした従属は，上に述べたとおり，我らが民にとってほとんど耐えがたいものであり，つまりは彼らと戦で対決することになるであろう。

一つの地方が他の地方に力を貸すのでなければ，彼らと戦っている地は滅ぼされ，その地の捕まった者は他の地との戦いに駆り出され，最前線に置かれる。その戦いぶりが悪いと，殺される。良い場合は約束と甘言でもって留め，また逃げないよう大首長にしてやると約束する。ところがその後，逃げないと分かるとひどく悲惨な奴隷にし，女性についても，奴婢や妾として留め置こうと同じようにする。こうして，敗れた地方の人間でもって他の土地を破壊する。上述のごとく，彼らの力の下にある全ての地から人々が戦に集められるのだから，我らの見るところ，神がその者たちのために戦うことを望み給わぬ限り，自ら彼らに抵抗できる地方はない。それゆえ，キリスト教徒が自分自身と自分の土地とキリスト教世界を守ろうとするなら，王・君主・諸侯と土地の支配者たちが一つになり，彼らがその土地に展開する前に，共同の会議でもって人々を彼らとの戦いに派遣することが必要である。その地に散らばり始めた後は，彼らは隊を組んであらゆるところで人々を探し出して殺すから，一致して他に支援を提供することは誰にも無理であろう。また，人々が城塞に閉じこもれば，彼らは3千か4千かそれ以上の兵を，取り囲んでいる城あるいは都市の周囲に配置し，と同時にその土地には殺戮のための者が広く送り込まれるのである。

彼らと戦わんとする者はすべからく，以下の武器を持たねばならない。優れた強力な弓と弩，これを彼らは大いに恐れる，十分な数の矢，優れた鉄の斧，あるいは長柄の戦斧。弓あるいは弩の矢の鏃は，彼らの武具を貫く強さをもつよう，

タルタル人のごとく熱いうちに塩を混ぜた水の中で冷やすべし。鉤の付いた剣または槍，これで彼らを鞍から引きずり落とすことができ，簡単に落ちる。さらには短剣と二重の厚さの甲冑，彼らの矢はそれをたやすくは貫通しない。彼らの武器や矢から身と馬を守るための兜その他の武具。また，上述のように十分に武装していない者は，タルタル人がするように他の者の後に付いて行き，彼らに対して弓や弩を引くべし。武器の購入に当たっては，霊魂と身体と自由その他を守ることのできるよう，倹約してはならぬ。

　部隊は，彼らのごとく千人長・百人長・十人長そして軍の指揮官というふうに編成しなければならない。指揮官は，彼らの指揮官のするごとく，決して戦闘に入ってはならず，部隊を見守り命令を下すべきである。戦闘であれ他のことであれ，決められたとおりに皆一緒に行動するという規則を定めねばならない。また，戦に向かう時であれ戦のさ中であれ，他人を見捨てる者は誰でも，また全員退却するのでない時に逃げる者は誰であれ，厳しく罰せられねばならない。でなければタルタル人は，一部は逃げる者を追って矢で殺し，一部は残っている者と戦い，かくして残っている者も逃げる者も混乱し殺されるからである。同じく，敵軍が完全に敗北しないうちに分捕り品の略奪にふける者は誰であれ，厳しい処罰が下されねばならない。そうした者は，タルタル人の間では容赦なく殺される。戦場は，でき得れば平らでどこも見渡せる場所が選ばれるべきである。でき得ればまた，背後あるいは側面に大きな森のある所，しかし彼らが軍とその森の間に割り込めぬような所が望ましい。また，全員が一つに固まってはならず，多くの部隊を作り，相互に分け，しかしあまり離れてはならない。最初にやって来る者たちに対しては，それを迎え撃つ一部隊を派遣すべきである。が，タルタル人が逃げる振りをしても，見えなくなるような所までその後を深追いしてはならない。いつものごとく，彼らはおそらく用意しておいた伏兵の方に誘き寄せんとしているのである。そして別の部隊が，もし必要ならその部隊を支援すべく準備されていなければならない。

　さらに，タルタル人の他の部隊がいつ何時後方左右からやって来るか見極めるために，全方位に偵察を置くべきであり，常に彼らに敵対できる部隊を派遣しなければならない。実際彼らは，常に敵を真ん中に囲い込もうとする。したがって，そうならないよう大いに注意しなければならない。でなければ，軍はそうしていともたやすく敗北を喫するだろう。また部隊は，彼らが備えるのが常である伏兵

ゆえに，長く彼らの後を追わぬよう注意しなければならない。彼らは勇敢さより
も策略でもって戦うのだから。

　軍の指揮官は，戦闘中の者に必要な場合は，常に援軍を派遣する備えをしてお
かねばならない。そのためにもまた，彼らを深追いするのを避けるべきであり，
また馬が疲れぬようにするためもある。我々は彼らほど馬を多く持っていないの
だから。タルタル人は，1日乗った馬はその後3，4日は乗らず，また数が多い
から，馬が疲れるかどうか心配しない。たとえタルタル人が退いても，だからと
いって我々は退却したり互いに離れたりしてはならない。彼らは軍を離れ離れに
させ，その後急に襲い掛かって全土を破壊せんと，そう見せかけるのである。ま
た，いつものように過度の出費をしないよう，また欠乏ゆえに帰国せざるをえな
くなることのなきよう，注意しなければならない。でなければ，軍その他を殺す
道をタルタル人に与え，全土が破壊され，その濫費ゆえに主の名が冒瀆されるで
あろう。しかし，もし兵士が帰国しなければならぬなら，その代わりに他の者を
補充するよう注意深くあらねばならない。

　我らが指揮官はまた，彼らが突然不意に襲って来ぬよう，昼も夜も軍を守らさ
ねばならない。タルタル人は，悪魔のごとく襲撃の技をいくつも考え出すゆえ。
実際，夜も昼も常に備えておくべきで，衣服を脱いで寝てはならないし，安逸に
食卓に付いてはならない。でなければ，備えていないことが分かるだろう。タル
タル人は，どうすれば襲えるか常に見張っている。タルタル人が来ると予測され
る，あるいは来るのを恐れている土地の者たちは，隠し穴を持つべきで，そこに
穀物も他の物も保存すべし。二つの理由からで，一つはタルタル人がそれを手に
入れることができぬようにするため，もう一つは，神が嘉し給えば，後でそれを
見付け出せるようにするためである。その土地から逃げ出す時は，タルタル人の
馬が見付けて食用にすることの決してなきよう，干し草と藁を焼くか安全に隠さ
ねばならない。

　城塞や都市を防御しようとする場合は，まずそれがどのような位置にあるか見
なければならない。城塞は次のような所にあることが望ましい。機械や矢で攻め
落とされぬ所，水と木材が十分手に入り，でき得れば出入り口が奪われぬ所，ま
た交代で戦うに十分な人間のいる所である。そして，いかなる策略によってもタ
ルタル人に奪われぬよう入念に見張る必要がある。また，長年にわたっても十分
な食糧がなければならぬ。そしてその貯えを少しずつ消費するよう注意深く保存

すべし。どれくらい城塞に閉じ込められることになるか分からないゆえ。彼らは，いったん始めると，今アラン人の地でしているごとく一つの城塞を何年にもわたって攻囲する。間違いでなければ，その山をすでに 12 年にわたって攻囲している。が，人々は雄々しく抵抗し，多数のタルタル人と貴人を殺した。

　そうした位置にない城塞や都市は，壁を巡らせた深い堀と，よく整備された城壁でよく守られ，十分な弓矢それに石と投石器を持たねばならない。そして，タルタル人が機械を据えることができぬよう入念に掘らねばならず，自分たちの機械で彼らを排除しなければならない。もしタルタル人が何らかの仕掛けあるいは技でもって機械を据え付けたならば，できればそれを自らの機械で壊さねばならない。また，彼らが都市に近付かぬよう，弩，投石台，機械で抵抗せねばならない。その他，前に述べたごときことも準備されているべきである。川の中に位置している城塞や都市は，水浸しにされぬよう注意深く見守らねばならない。しかし，次のことを知らねばならない。タルタル人は，野で戦うより人々が都市や城塞に閉じ籠るのを歓ぶ。その人々を，小屋の中に閉じ込められた自分たちの子豚だと言い，上に述べたごとく見張りを置くのである。

　タルタル人が戦の最中に落馬すると，直ちに捕えなければならない。地面に立つと強力に矢を射かけ，人馬を殺傷するからである。また，もし彼らが捕虜になると，その者たちのためにほとんど永続的な和平が持たれるか，あるいは，彼らは互いに思い遣るから，彼らのために大金が支払われることが起こり得るだろう。タルタル人はいかに見分けられるかについては，前に彼らの容姿についてはっきりと述べたとおりである。もし捕えた時には，逃亡せぬよう留め置き，厳重に見張らねばならない。彼らとともに多くの種類の者がいるが，前述の特徴によって見分けが付く。次のことも知られるべきである。彼らの軍中には次のような者がたくさんいる。すなわち，好機と見れば，また我が方の者が殺さないと信頼すれば，彼ら自身が我らに言ったごとく，軍のあらゆる部分でタルタル人に対して戦うような者たちであり，そうした者は彼らの敵と公言している他の者たちよりもひどい危害を彼らに加えるであろう。

　上に書いたこれらのことは，単に見かつ聞いた者として報告し述べるのであって，戦闘を積んでその術に詳しい方に教えるためではない。こうしたことに通じた知識のある方は，これ以上に優れて有益なことを考えかつなすであろうと，我らは信じる。それでもしかし，上に述べたことによって，それらについて考える

機会と材料を得ることができようとも信じる。実際，次の言葉がある，「これを聞いて［賢者も］より賢くなり，知識ある者も指導力を得るであろう」[5]，と。

1)「ベネディクトゥス・ポロヌス修道士の報告」参照。　2) 1246 年 8 月 24〜27 日のクリルタイ。　3) Cf. Ch. 5, n. 19.　4) Cf. Ch. 9, n. 11.　5) 旧約聖書「箴言」1.5.

9　我らが通った地方とその位置について，そこで出会った証人について，タルタル人の皇帝とその君侯たちの幕営について[1]

彼らとの戦はいかになすべきか述べたので，最後に，我々がした旅について，通過した土地の位置について，そして皇帝と君侯たちの幕営の有り様について，タルタル人の地で出会った証人について，述べる。

最初別のところで述べたごとく，タルタル人のところに赴くことを計画したさい，我らはボエミア人の王［ヴァーツラフ 4 世］のもとに行った。彼は以前から親しい君主であったので，どの道を行くのがよいか助言を求めたところ，思うにポロニアとルシアを経て行くのがよかろうと答えられた。ポロニアに彼の親族がおり，その助けでルシアに入ることができるからである。彼は，ポロニアを通過できるよう手紙と通行証を下さったうえ，やはり親しく我々もよく知っている甥のズレジア［シレジア］のボレスラウス公［ボレスワフ 5 世］のもとに至るまでの，その地と町を通る費用も賜わった。ボレスラウス公も，手紙と安全通行証とランキスキ［レンツィ］のコンラッド公のもとに至るまでの，村落や町を通る費用を下さった。神の恩寵により，折しもロシアの君主ワシリクス公［ヴォルヒニア・ウラジーミル公］がそこに来たり，彼からタルタル人のことをすっかり聞いた。実に，彼はそこに使者を送り，彼とその兄弟ダニエル［ガリツィア公］のもとに戻って来たその使者は，ダニエル公にバティのもとに行く通行証を持ち帰った。ワシリクス殿は我らに，彼らのもとに行きたいのなら，彼らに与える盛大な贈り物を持参せねばならないと言った。彼らはそれを臆面もなく要求するからである。それを進呈しないと，実際そのとおりであるが，使者は自分の任務を適切に遂行できないばかりか，ほとんど全く顧みられないからである。

我らは，教皇猊下とローマ教会の任務がそれがために妨げられることがあって

はならぬと思い，喜捨としてもらっていたものが手元にあったので，途中ビーバーの皮と別の動物の皮を何枚か買い入れた。クラコウィア公コンラドゥスと公妃，さる騎士それにクラコウィアの司教は，それを知ってこの種の皮を何枚か進呈して下さった。コンラドゥス公とその子息とクラコウィアの司教は，上述ウァシリクスの公に，タルタル人のもとへの我々の使節行を出来得るかぎり支援してほしいと，とても熱心に頼んで下さった。公は，喜んでそうすると答えた。で彼は，我々を自分の地まで同行した。そして，しばらく休養できるよう何日かその費用で逗留した折，彼は我らの求めに応じて司教を招き，我々は教皇猊下の手紙を彼らに読み上げたのであるが，その中で教皇は，彼らが聖なる母なる教会の統一に戻るべきことを警告していた。我らもまた彼らを諫め，公も司教もそこに集い来たった他の全ての者をも，出来得る限りそのように誘った。しかしながら，ワシリクス公がポロニアに来たその時，兄弟のダニエル公がバティのもとに行って不在だったので，最終的に答えることはできず，十分な答えのためにはその帰還を待たねばならなかった。

　その後ワシリクス公は，一人の召使を付けて我らをキオウ［キエフ］まで送って下さった。それでも我々は，ルトゥアニア人のために生命の危険の下を行った。彼らは，ルシアの地とりわけ我々が通過せねばならなかった地域を，しばしば隠れて出来るかぎり侵略していた。また，ルシア人の男の大部分はタルタル人に殺されるか捕虜にされていたため，彼らに抵抗することは少しもできなかった。しかし我々は，前述の召使いのおかげでルテニア人から安全だった。かく，神の御加護をもってクリストの十字架の敵から免れて，ルシアの首都キオウに来たった。

　そこに来た時，取るべき道について同地にいた千人長や他の貴人に相談すると，タルタル人のところに行けば，我々が連れていた馬はみな死んでしまうだろうと答えた。雪が深く，タルタル人の馬のように雪の下の草を掘りだすことを知らず，またタルタル人は藁も干し草も秣も持っていないため，他に馬の糧秣となるものが何も見付からないからである。この助言を得て我々は，その世話に当たる少年二人とともに馬をそこに残すことに決めた。それで，我々を運んでくれる荷馬と案内人を提供してもらうため，千人長に贈り物をしなければならなかった。しかし，キオウに着く前，我々はダニロンで瀕死の病気に罹った。それでも，酷い寒さのもと雪の中を車で運ばれた。そして，キリスト教の任務が妨げられることのなきよう用事を全てキオウで済ませ，我らが聖母の浄めの祭日の二日後［1246.2.

3], 千人長の馬と案内人とともにキオフからかの蛮族の国々に向けて出発した。

　さる町にやって来たが, そこは直接タルタル人の下にあり, 名をカノウェ[カニエフ]と言った。町の長は, 次の町まで馬と案内人を付けてくれたが, その町にはさるアラン人の長がおり, ミケアスという名だった。彼は, あらゆる悪意と不信に満ちていた。我々がキオウに[いた時]彼は衛兵を寄越したのだが, その者たちはコレンザのところからだと嘘を言い, 我々が使者ならミケアスのところに行くべきだと言った。それは本当でなかったが, ミケアスがそうさせたのは我々から贈り物をせしめるためだった。彼のもとにやって来ると, 彼は自分をとても気難しそうに見せかけ, 贈り物を約束しなければいかにしても案内しようとしなかった。我々はしかし, そうしなければそれ以上進むことができないのを見て, 彼に何か贈り物をすることを約束した。ところが, 彼にふさわしいと思えるものを与えても, もっとたくさんでなければ受け取ろうとしなかった。そのため, 彼の求めるままに加えねばならなかった。他にも, 狡賢く盗むように悪意をもって横取りした。

　その後, 五旬節の月曜日[2.19]にともに発ち, 彼は我々をタルタル人の最初の衛所に連れて行った。そして, 我々が灰の[水曜]日の後の最初の金曜日[2.23]に泊っていた時, 陽が西に沈むと武装したタルタル人が恐ろし気に闖入して来, 我々が何者か尋ねた。教皇睨下の使者である旨答えると, 食べ物をいくらか受け取って直ぐに去って行った。

　我らは夜明けとともに起き, しばらくすると衛所にいた彼らの上司たちがやって来て, なぜ彼らのところに来たのか, いかなる任務を携えているのか尋ねた。それに我らは次のことを答えた。自分たちはキリスト教徒の主にして父なる教皇睨下の使者であり, 彼は我々を王・君主・全てのタルタル人に向けて派遣したこと, というのも教皇は全てのキリスト教徒がタルタル人の友となり, 彼らと平和を共有してほしいと願っているからであること, さらにタルタル人に天なる神のもとで優れた者たちであってほしいと望んでいること, である。そのため教皇睨下は, 我らを通じてまた自らの書簡を通して, 彼らがキリスト教徒となり, 我らが主イエス・クリストの信仰を受け入れるよう, でなければ救われないことを諭していた。加えて教皇は, タルタル人によってなされたかくも多くの人間, 特にキリスト教徒, とりわけ彼の臣民たるウンガリア人・モラヴィア人・ポロニア人が, 何ら危害を加えなかったし加えようともしなかったにもかかわらず, 殺され

たことに吃驚したことを書き送っていた。そして，そのことで主なる神はひどく傷つけられたため，必ずやそうしたことを控え，犯したことを悔いるよう諭していた。さらに我らは次のことも言った。教皇猊下は，彼らタルタル人が成し遂げんと欲していること，自分たちの意図していることを書き，さらに上記全てのことに対して書簡で回答してほしいと願っていること，である。

　この理由を聞き，上に述べたことを理解した彼らは，その言葉にしたがって，コレンザのもとまで荷馬と案内を付けようと言った。そしてすぐ贈り物を要求し，それを受け取った。我々には彼らの望みどおりにする必要があった。こうして贈り物を与え，彼らの下りた荷馬をもらって，案内人とともにコレンザのもとに出発した。彼らはしかし，我々が言った言葉を携えた早馬を仕立て，上述の首長［コレンザ］のもとに使者を派遣した。その首長は，おそらく彼らが不意に突然襲撃されぬよう，全西方人に対して見張りに置かれている者たち全ての長である。彼は，聞いたところによると，武装した6千人を配下に有しているとのことであった。

　その許にやって来ると，彼は我々の宿舎を自分のところから遠くに置かせ，代理の召使いたちを寄越した。彼らは，我々が彼に跪くか，つまり彼に何か贈り物を差し出すか尋ねた。我らは，タルタル人のところに来ることができるか確かでなかったので，教皇睨下は［我々に］贈り物を何も託さなかった，と答えた。その他にも，ポロニアからほとんどこのタルタル人のところまで，我々が通って来た道を盛んに荒らしていたルトゥアニア人に対する恐れのため，とても危険な地域を通って来たからであった。それでも，神と我らが主なる教皇睨下のおかげで自分たちの食糧として持っていた物でもって，出来得るかぎり彼に敬意を表するだろう［と答えた］。こうしていくらか与えたにもかかわらず，彼には充分でなく，仲介の人物を通してさらにいくつか要求し，それを認めればまともに案内すると約束した。我らには，生きて教皇睨下の命令をうまく遂行しようと思えば，そのとおりにするほかなかった。

　贈り物を受け取ると，彼らは我らをオルダつまり彼の幕舎に連れて行き，そこで我々は，そこの主の居所の前で左膝で3度跪き，主の敷居の上に足を乗せぬよう注意深く振舞うよう教えられた。我々は慎重にそうした。というのも，知っていながら誰か首長の宿舎の敷居を踏んだ者には死の宣告が下されたからである。そこに入って後，首長とこのために特に呼び集められた他の全ての長たちのもと

で，上に述べたことを膝を折って言わねばならなかった。そして彼に教皇猊下の書簡を渡した。しかし，キオウから報酬を払って連れて来た我らの通訳はその手紙を彼に訳すに十分ではなく，これのために適当な者は他に誰もいなかったので，書簡は通訳されなかった。それがすむと，馬と3人のタルタル人，うち二人は十人長ともう一人はバティの者，が与えられ，その者たちは大急ぎで我らを前述の首長［バティ］のもとに連れて行くことになった。バティは，服従せねばならぬ皇帝を除くと，タルタル人君主の誰よりも強力である。

　四旬節の最初の日曜日の後の2番目の週日［2.26］，我々はバティのもとに向けて旅立ち，ほとんど毎日3度か4度新たな馬を得られたので，馬が駆けられるかぎり進み，朝から晩まで，とりわけ夜ひんぱんに馬に乗ったが，それでも聖週間の4番目の週日［4.4］の前までに彼のもとに行き着くことはできなかった。

　我々はコマン人の土地をすっかり通った。そこは全て平坦で，四つの大河がある。第1はネペル［ドニエプル］と呼ばれ，そのルシア側はコレンザが，反対側の平野にはマウキ2)が遊牧している。彼はコレンザより上位にある。第2はドンで，そのほとりをバティの姉妹を妻に持つカルボン3)という君主が遊牧している。第3はヴォルガ，この河は巨大でそれにそってバティが移動している。第4はイエアク［ウラル］と呼ばれ，二人の千人長が，一人は川の一方の側をもう一人はもう一方の側を往き来している。彼らは皆冬には海の方に下り，夏にはこれらの川の岸に沿って山に上る。その海というのは大海［黒海］で，そこから聖ゲオルギウスの腕［ボスポラス海峡］が伸び出してコンスタンティノポリスにまで至っている。ネペル川では，氷結のため氷の上を何日も進んだ。これらの川は大きく多くの魚がおり，とりわけヴォルガはそうである。これらの川は，大海と呼ばれるグラエキア［ギリシャ］の海に入り4)，我々はいくつもの場所で，氷のために十分に危険なこの海の岸に何日もあった。岸の周りから内に向かって3レウカ［リーグ］も氷る。

　ところが，バティのところに着く前に，我々がコレンザのところで述べた言葉を全て彼に伝えるべく，同行のタルタル人のうち二人が先に行った。コマン人との境界の地にあるバティのもとに着くと，我々は彼の居所から1リーグも離れた所に置かれた。彼の幕営に案内されることになった時，二つの火の間をくぐらねばならぬと申し渡された。そうすることを，我々はいかなる理由でも望まなかった。しかるに彼らは言った，「安心して行け，何も理由がないのに汝らを二つの

火の間をくぐらすことはしない，汝らが我らの主君に対して何か悪を企んでいるか，あるいは毒を携えているかでないかぎりな，火は全ての悪を取り除くだろうから」。それに我々は答えた，「そのためにならくぐろう，そうしたことで疑いを掛けられぬよう」。

オルダに行くと，エルデガイ［エルチギディ］という彼の諮問官から，我々が何とともにお辞儀するのか，つまり彼に贈り物をするのか尋ねられた。我々は，最初にコレンザに言ったように答えた。つまり，教皇睨下は贈り物を何も託さなかったが，神と教皇睨下の恩恵によって費用として持っているものでもって出来得るかぎりの敬意を表したい，と答えた。贈り物が差し出され受け取られると，エルデガイというその顧問官は，我らがやって来た理由を尋ねた。我々は，前にコレンザに言ったのと同じ理由を述べた。

その理由を聞いて，彼らは我々を［バティの］居所に案内した。そこでまずお辞儀をし，前に述べたごとく敷居を踏まぬようとの警告を聞いた。そこに入り，膝を折って我らの言葉を述べた。それを述べてから手紙を差し出し，それを訳すことのできる通訳が与えられるよう求めた。通訳は，聖金耀日［4.6］に与えられた。で我らは，彼らとともにそれらを入念にルテニア文字，サラセン文字，タルタル人の文字に移した。その翻訳がバティに差し出され，彼はそれを読み，丹念に書き留めた。しかる後我らは宿舎に連れ戻されたが，着いた最初の夜一度だけ少しばかりの黍一椀の他は，食べ物は何もくれなかった。

バティは十分に威厳があり，皇帝と同じ様に門衛と官吏を擁している。また，一段高い玉座のような場所に妃の一人とともに座り，他の者は兄弟・息子であれ他の下位の者であれ，中程の低い長椅子に座る。その他の人間はその後ろの地面に，ただし男は右女は左に座る。大きくまた十分に美しい麻布の天幕を持っていたが，それはウンガリア王［ベーラ4世］のものであった。家族以外の外部の者は，どれほど高位で有力であっても，呼ばれたのでなければ，彼の意志であることが知られない限り，誰もそのテントに近寄ろうとしない。我々も，［来訪の］理由を述べた後，やって来た使者が皆そうするように左手に座ったが，皇帝のもとを辞す時は常に右手に置かれた。彼の居所の中央の入口の近くに卓が置かれ，その上の金銀の杯の中に飲み物が入っている。バティもタルタル人の君侯の誰も，とりわけ公衆の中では，彼のために歌が歌われるか楽器が奏でられるかしないかぎり，決して飲まない。彼が馬に乗る時は，日傘か日除けが棒に差して頭上にか

ざされるが，タルタル人の主だった君侯たちも妃たちもそうする。バティは，家来には充分に優しいが，彼らから非常に恐れられている。しかし，戦闘においては冷酷この上なく，戦にあっては聡明かつ狡猾極まりない。これまで長く戦ってきたからである

　聖土曜日［4.7］，我らは幕舎に呼ばれ，前述バティの諮問官が出て来，彼に代わっての言伝てとして，お前たちはかの地にある皇帝クイウク［グユク］のところに行くことになったと告げ，我々のうち何人かを，教皇睨下のもとに送り返すという口実のもとに留め置くと言った。で我らは，教皇猊下に報告すべきあらゆることを認めた手紙をその者たちに渡した。ところが彼らは，マウキのところまで戻ったまま，我らが帰って来るまでそこに留め置かれていた。

　かくて主の復活の日，聖務日課を誦え，何ほどかの食事をした後，コレンザのところで与えられた二人のタルタル人とともに，これから死かそれとも生に向かうのか分からぬまま，涙ながらに出発した。我々は，ほとんど馬にも乗れぬほど衰弱していた。その四旬節中ずっと食事は水と塩だけの黍で，他の断食の日々も同じであり，鍋に溶かした雪の他は飲むものとてなかった。

　クマニアは，北にはルシアのすぐ向こうにモルドゥイン人，ビレル人つまり大ブルガリア，バスタルク人つまり大ハンガリアがある。バスタルク人の向こうに，パロシト人とサモゲト［サモイェード］人がいる。サモゲト人の向こうには，大洋の岸辺の荒野に犬の顔をしていると言われる者たちがいる。一方南には，アラン人，キルカス人，ガザル人，グレキア人，コンスタンティノポリスとイベル人［ゲオルギア人］の地，カト―人［カテティア人］，ユダヤ人といわれるブルタク人，彼らは頭を剃っている，シック人の地［ジキア］，ゲオルギア人の地，アルメニア人の地，トゥルク人の地，がある。西には，ウンガリアとルシアがある。このように，［クマニアは］長大な土地である。

　そこを，四旬節の始めからパスクァの8日後まで［2.21〜4.16］，大急ぎで馬を駆って進んだ。上にも述べたが，荒地を行く時以外は，毎日新たな馬を日に5回か7回変えたからであり，荒地ではその仕事にずっと耐えられる最も優れた馬を得た。タルタル人はこれらコマン人を殺した。一部の者は彼らから逃げ，別の者は奴隷にされた。しかし，逃げた者のうち多くは彼らのもとに戻った。

　その後，カンギット人の地に入った。そこはいくつもの個所で水がひどく欠乏しており，また人はわずかしか住んでいない。そのため，タルタル人の地に入っ

たルシアの公イエロズラウスの家来たちは，彼のもとに行く途中この荒地で渇きのため多くが死んだ。その地およびコマニアでも，死んだ人間の頭蓋や骨がまるで糞のように地上にいっぱい散らばっているのを見掛けた。その地を，パスクァの8日後からほとんど我らが主の昇天の日まで進んだ。そこの人間は異教徒で，コマン人もカンギット人も土地を耕さず動物だけで暮らしていたし，家は建てず天幕に住んでいた。タルタル人はこれらも抹殺して今その土地に住んでおり，残った者はその奴隷にされた。

　カンギット人の地からビセルミン人の地に入った。そこの人間はコマニア語を話していたし今も話すが，サラセン人の法を守っている。この地で，無数の根こそぎにされた都市，破壊された城塞，多くの無人の町に行き会った。この地にはさる大河［シル・ダリア］があるが，名前は知らない。そのほとりに，イアンキンク［ヤンギケント］という都市がある。別のはバルチン［バルカリケント］，別のはオルパル［ウルゲンチ／オトラル］といい，その他我々が名前を知らない町がいくつもある。この地にはアルティソルダン［大スルタン］という君主［アラー・ウッディーン・ムハンマド］がいたが，子孫ともどもタルタル人に滅ぼされた。が，その固有名は［知らない］。同地には非常に高い山がある。南には，イエルサレム，バルダック，そしてサラセン人の全土がある。その国境近くに，血縁の兄弟である首長ブリンとカダン5)が宿営している。北には，黒キタイ人の地の一部と大洋がある。そこには，バティの兄弟シバンが宿営している。この地を我々は，昇天祭頃から洗礼者聖ヨハネの祭日の8日前まで［5.17〜6.16］旅した。

　次いで，黒キタイ人の地に入った。タルタル人はそこに最近ようやく都市を一つ建設した。ディヴルト「イミル」という名で，そこに皇帝は館を建て，我々はそこに飲みに招かれた。そこにいた皇帝の代理の者は，市の主だった者たちと自分の二人の息子に，我々の前で拍手させた。

　そこを出て，さほど大きくないさる海［アラ・クル湖］に来たった。名前は，尋ねなかったから分からない。その岸辺に小さな山があり，そこにさる穴があって，言われるところによると，そこから冬には風の大嵐が吹き出，人は大きな危険を伴ってでなければまず通ることはできない。住民が語ってくれたところによると，夏は絶えず風の音が聞こえ，穴から穏やかに吹き出している。その岸辺に沿って何日も進んだ。その海には島がいくつもある。我々はそこを左に去った。その地は，川がたくさんあるが大きくはない。川岸の両側は森だが，さほど深く

ない。その地は，オルドゥ［オルダ］が住んでいる。彼はバティより年長で，事実全てのタルタル人首長のうち最年長である。また彼の父［ジョチ］のオルダつまり幕営があり，それを営む彼の妻の一人がそこにいる。実際タルタル人のもとでは，君主や貴人の幕営は［その死後も］取り壊されず，誰かそれを統べる妻によって維持されるのが仕来りである。その主人がかつて与えていたように，金銭が一部彼女らに与えられる。

　その後，皇帝の最初のオルダにやって来たが，そこにはその妻の一人がいた。まだ皇帝と会っていなかったので，彼女は我々を呼んだりオルダの中に招き入れたりすることを望まず，我々は自分たちの天幕の中でタルタル人のやり方でとても丁重にもてなされた。そして，我々が休息できるよう，そこに一日滞在させた。

　そこを発って，聖ペトロの前日［6.28］，ナイマン人の地に入った。彼らは異教徒である[6]。使徒ペトロとパウロの日［6.29］そこは大雪が降り，ひどく寒かった。この地はとりわけ山岳地帯で寒冷で，平地はわずかしかなく——これら二つの国民は農耕せず，やはりタルタル人に殺されたのだが，彼ら同じく天幕に住んでいる——そこを何日も進んだ。

　次いでモンガル人——それを我らはタルタル人と呼ぶ——の地に入った。その地を，思うに3週間馬で強行し，聖マリア・マグダレーナの日［7.22］，今の皇帝であるクイウクのもとに来たった。その全行程を大いに急いで来た。というのは，すでに数年前[7]から選挙のために指定されていた厳粛なクリア［クリルタイ］に我々を連れて来るよう，その前に来ることができるよう，我々のタルタル人に命令が下されていたからである。そのため，朝早く起き食事することなく夜まで騎行し，しばしばあまりにも夜遅く着いたゆえ夕食も取らず，夕食に食べるはずだったものが朝与えられた。そして，馬が駆けられるかぎり進み，一日の内に何度も新たな馬を宛がわれたので，馬が惜しまれることは決してなかった。乗り捨てた馬は，前にも言ったように戻って行き，こうして一切間を置くことなく急行した。

　到着すると，クユクは我らに天幕と食糧を宛がってくれた。タルタル人は通常そうするのであるが，我らには他の使者よりもいいのをくれた。しかし，彼はまだ選ばれていなかったし，それまで帝国のことに携わっていなかったため，我らは彼のもとに召されなかった。しかし，教皇睨下の手紙の翻訳と我らが述べた言葉は前述バティから彼に送られていた。そこに5日か6日留まっていると，彼は

図4　グユク・カアンのオルダ（Bergeron 版挿絵想像図 p. 11-12）

我らを自分の母親［トレゲネ／トゥラキナ］のもとに送り，そこでは厳粛なクリアが開かれていた。そこに着くと，すでに巨大な天幕が広がっており，白いビロード製で，我々の見たところ，その下に2千人以上いることができようほど大きかった。周囲には木柵が立てられ，様々な絵が描かれていた。2日目か3日目に，我々の世話に宛がわれていたタルタル人とともに行くと，そこには首長が皆集まっており，それぞれ家来とともに周辺の丘や平地を輪になって馬で歩んでいた［図4］。

　彼らは皆，1日目は白，2日目——その日クユクがかの天幕に来た——は赤のビロード，3日目は青のビロード，4日目は上等のバルダキンを身にまとっていた。天幕の傍らの木の囲いには大きい戸口が二つあり，一つは皇帝だけが入ることができ，誰もそこから出入りしようとしないので開いていたが，何も警護はされていなかった。もう一つからは許された者皆が入り，刀と弓矢を持った護衛がいた。もし誰かが決められた距離を越えて天幕に近付くと，捕まると鞭打たれ，逃げると矢を射られるが，もっともその矢には鏃は付いていなかった。馬は，我々の見たところ，矢の届く2倍離れていた。首長たちは，いたるところで何人もの従者を伴って武装して歩いていたが，10人そろっていなければ誰も馬のところに行くことはできず，それ以上近付こうとする者はひどく打たれた。我らの見たところ，たくさんの者が胸の手綱・鞍・尻掛けに20マルクほどの金をかけ

ていた。首長たちは，このようにして天幕の中で話をし，またきっと選挙のこと
を談義していたのであろう。他の民衆は皆，上述の囲いの外に遠く離れていた。
こうしてほとんど正午まで過ごしていたが，それから馬乳を飲み始め，夕暁まで
飲んでいた。それは驚くべき光景だった。我々も中に招かれたが，馬乳はすっか
りなくなっていたので，麦酒が振る舞われた。これを彼らは，我々に対する大き
な名誉として行なった。それを飲むよう強いられたが，そうした習慣がないため，
どうしても耐えられなかった。で，我々にとっては煩わしいものであることを示
したところ，すると無理強いしなくなった。

　外には，ルシアのスズダルのイエロズラウス公，キタイ人とソラング人の何人
かの首長，またゲオルギア王の二人の息子[8]，バルダックのカリフ——彼はソル
ダン——の使者，さらに我らが思うにまた我らの世話人の言うところによると，
サラセン人の他のソルダン 10 人以上，がいた。そこにはまた，貢ぎ物を持参し
た者や贈り物を持って行く者，自分自身を委ねに来た他のソルダンと首長たち，
そのために彼ら自身が派遣した者，各地の長官等，合わせて 4 千人以上がいた[9]。
彼らは皆一様に柵の外に留め置かれ，彼らに一ときに飲み物が振る舞われ，彼ら
とともに外にいる時には，我らとイエロズラウス公にはいつも上席が与えられた。
覚え違いでなければ，我々はそこに 4 週間も滞在したし，そこで選挙が行われた
が，しかし公表はされなかったと記憶している。そこでは，クユクが天幕から外
に出る時，彼のために歌が歌われ，外にいる間じゅう先端に深紅の羊の毛の付い
た美しい笏が彼に差し掛けられていた，というのが［彼が選ばれたと推定される］
最大の理由である。これは，他のどの首長に対してもされなかった。そこは，彼
らからシラ・オルダと呼ばれている。

　そこを発ち，皆そろって 3，4 リーグ離れた別の場所に馬で行った。山に囲ま
れたさる川［オルホン］のほとりの美しい平原に別の天幕が建ててあり，黄金の
オルダと呼ばれ，そこで彼が我らが聖母の昇天の日［8.15］に玉座に就くことに
なっていた。しかし上にも言ったが，雹が降ったため延期された。その天幕は，
金箔を張り金の釘で木材に固定された柱の上に置かれ，上の屋根と壁の内側はバ
ルダキンだが，外側は布だった。そこに我らは聖バルトロメウスの祭日［8.24］
までいたが，その日ものすごく人々が集まった。彼らは顔を南に向けて立ち，あ
る者たちは他の者から石を投げた距離ほど離れ，常に遠くへ遠くへと進み，祈禱
を唱えながら南に向かって跪いた。しかし我らは，彼らが神かそれとも別のもの

図5　フェルトの上に乗せてのカンの戴冠（Bergeron 版挿絵想像図 p. 15-16）

に祈りを唱え跪いているのか分からなかったので，跪くのを望まなかった。彼らはずっとそのようにしつつ天幕に戻って来，クユクを帝位に就け［図5］，首長たちとそのあと全民衆が彼に跪いた，ただし彼らに服属していない我々を除いてである。それから飲み始め，習慣どおり夕方まで飲み続けた。そのあと，塩抜きで煮た肉が車で運ばれてき，4人か5人に一つ宛がわれた。内では，塩で味付けした肉と汁が振舞われた。宴会をする日は，いつもこうする。

　その場所で皇帝の下に呼ばれ，筆頭書記のチンガイ［鎮海］[10]が我らと我々を派遣した者の名とソラング人その他の名前を書き留め，それを皇帝と首長皆の前で高らかに読み上げた。それが済むと，我々はそれぞれ左膝を4回届め，下の敷居に触れぬよう警告された。そして，短刀のために我々を入念に調べ，何も見付からないと，我々は東側の戸から広間に入った。西側からは皇帝の他は誰も入ろうとせず，あるいは自分の天幕なら首長だけが入ることができる。しかし，下位の者はそうしたことはさほど気を付けない。これはまた，彼が皇帝になってから彼のいる前でその居所に入った最初だった。彼は全ての使者をそこで受け入れるが，彼の天幕に入るのはごくわずかだった。

　そこでまた，使者たちから彼に多くの贈り物が進呈された。絹，深紅のサマイト，バルダキン，延べ金付きの絹帯，貴重な皮その他の贈り物で，見るだに驚くべきものだった。そこにはまた，さる日傘あるいは天蓋があり，皇帝の頭上にか

ざされるもので，彼に贈られ，全体に宝石がちりばめてあった。また，さる一地方の長官は多数のラクダを率いて来た。バルダキンで覆われ，上にさる装置の付いた鞍が据えられあり，その中に人が座ることができた。我々の見たところ40頭か50頭おり，他にもたくさんの馬と騾馬がいて，あるものは革あるものは鉄の鎧で覆われていた。我々も贈り物をするか尋ねられたが，もうほとんど与えてしまっていたので，彼に与える物は何もなかった。そこの幕舎から遠く離れた山の上に500台以上の車が止まっており，どれも金銀・絹服でいっぱいで，全て皇帝と首長たちの間で山分けされた。首長はまたそれぞれ，自分の分け前を自分の気に入るように家来たちに分け与えた。

　そこを去って別の所に来た。そこには，キタイ人の贈った全て緋色のビロードの素晴らしい天幕が一つ据えてあった。我々はそこでも中に招かれた。入った時はいつも，麦酒か葡萄酒の飲み物が振る舞われた。もし望めば，調理した肉も出された。板で作った壇が一つ高く設けられてあり，そこに皇帝の玉座があった。玉座は象牙で，見事な彫り物があった。また金や宝石それに，記憶が定かであれば，真珠もあった。そこへは階段で登り，後ろの部分は丸くなっていた。その座の周りに長椅子が置かれ，左側の床几に妃たちが座り，右側の上段には誰も座らないが，真ん中に首長たちが座り，他の者はその後ろに座った。毎日，とりわけ夫人たちの大多数が来た。

　上に述べた三つの天幕は，とても大きかった。妃たちは別に白いフェルトの天幕を持ち，十分大きく美しかった。彼らはそこで別々になり，皇帝の母親［トレゲネ］は一方へ，皇帝は裁判をするためにもう一方へと行った。彼らの軍がフンガリアにあった時，この皇帝の父［オゴデイ］を毒殺したその妾[11]が捕えられたのである。かの地にあった軍は，その［死の］ため撤退したのだった。そのことで，この女は他の何人もとともに判決が下され，処刑された。

　同じ頃，スズダルというルシアのさる地の大公イエロズラウス［ヤロスラフ2世］が死亡した。彼は皇帝の母親の所に呼ばれ，彼女はまるで名誉のためであるかのように，彼に手ずから食べ物と飲み物を与えた。彼は，宿舎に戻るやすぐ病に陥り，7日後に死亡したのだが，遺体は奇妙なふうにすっかり鉛色だった。そのため，彼の土地を自由かつ十分に我が物にするために，その場所で毒を盛られたのだと皆から信じられた。ここに次の証拠がある。直ぐ，そこにいた彼の家臣たちの知らぬ間に，ルシアにいた息子のアレクサンデル［ネフスキー］に急いで

使者を送り，父の土地を授けるから自分のもとに来るようにと伝えた。彼は，行こうとしたが思い止まった。しばらくして彼は，自ら行って父の土地をいただくだろうとの書簡を送った。しかし，もしやって来たら，彼を殺すかずっと捕えて置くだろうと誰からも信じられた。

　彼が死んだ時，もし当時の記憶が定かであれば，我々の［案内の］タルタル人は我らを皇帝のもとに連れて行った。皇帝は，我らが彼のもとにやって来た理由を我々のタルタル人を通して聞くと，我々に母の所に戻るよう命じた。前に述べたごとく，彼は次の日に西方全土に対して戦旗を掲げようとしていたためである。そのことは，それを確実に知っていた者たちから聞いた。彼は，そのことを我々に知られたくなかったのである。我々は，そこに戻って数日留まっただけで再び彼のもとに戻り，彼とともに 1 か月もいた。その間，飢えと渇きでほとんど生きて行けないほどだった。4 人のために与えられる糧はほとんど一人分しかなかったし，また市場はあまりにも遠くて購入できる見込みはなかった。もし主なる神が，コスマスという，皇帝のお気に入りの金細工師で我らをいくらかなりとも助けてくれたさるルテニア人を授けてくれなかったなら，我らが信じるとおり，主なる神が他のことで助けてくれないかぎり，きっと死んでいたことであろう。

　彼［コスマス］は自分の作った玉座を，その場所に据える前に我々に見せてくれた。また，自分で象った皇帝の印璽も見せ，その上に刻まれている銘文のことも話してくれた[12]。他にかの皇帝の秘密も，他の首長たちと一緒に来ていた者たちを通してたくさん［知った］。ラテン語とルテニア語に通じた何人かのルテニア人とウンガリア人，ルテニア人聖職者，その他タルタル人とともにいた者たち，ある者は 30 年の間，戦や他の事で彼らに交ってあり，言葉に通じ，長く彼らとともに暮らしたので，あらゆることを知っていた。ある者は 20 年ある者は 10 年，あるいはそれより多くあるいは少なく，住んでいたので，我らは彼らから何もかも聞き出すことができた。彼らは，我らの望みを知っていたから，喜んでまた時に尋ねもしないのに，何でも話してくれた。

　そのあと皇帝は我々を召し，主席書記チンガイを通して，我らの言葉と用件を書いて彼に渡すよう言わせた。我々はそのとおりにし，上述のごとく，前にバティの所で言ったことを全て書いた。何日かたって彼は再び我々を呼ばせ，全帝国の顧問官カダクを通して，主席書記のバラとチンガイその他多数の書記の前で，全ての言葉を述べるよう我らに言った[13]。我らは喜んで自らそうした——我々

の通訳は，今回も前の時と同じく，イエロズラウスの騎士テメルだった。彼とともにいた聖職者と，皇帝とともにいた別の聖職者も同席していた――彼は我らに，教皇睨下のもとにルテニア人あるいはサラセン人それともタルタル人の文字を解する者がいるかどうか尋ねた。それに我々は，文字はルテニア人のもタルタル人のもサラセン人のも持っていない，サラセン人は土地にはいるがしかし教皇睨下からは遠くにいると答えた。で我々は，次のようにするのがいいのではないかと言った。すなわち，まずタルタル語で書き，それが我々に通訳され，それを我々が我々の文字で入念に書き，そしてその手紙と翻訳を教皇睨下のもとに持参してはどうかと。すると彼らは，我々の所から皇帝の所に退って行った。

　聖マルティヌスの日［11.11］，我らは再び呼び出され，カダクと前述の書記チンガイとバラがやって来，かの手紙を我らに言葉から言葉へと訳した。我らがそれをラテン語で書き留めると，我々が何か誤りを犯していないか知るべく，個々の文言について翻訳させた。手紙が二つとも書かれると，何か書き落としていないか一度，二度と読ませ，そして我々に言った，「全てをよく理解したか吟味せよ，全てよく理解しなかったらよくない，かくも遠方の地に旅立たねばならぬのだから」。我々が，「全てよく理解した」と答えると，もし教皇睨下が望むなら，その地域に誰かそれを読める者が見付かるようにと，彼らは手紙をサラセン語［ペルシャ語］に書き写した。

　タルタル人皇帝の習慣は次のようである。他国人は，仲介の人物を通してでなければ，いかに地位が高かろうと誰とも話を交わすことはせず，言われるとおり，仲介の人物を通して聞き答える。コダクの前で要件を奏上している時，あるいは皇帝の答えを聞いている間は必ず，彼の下にある者はいかに高い地位の人物であろうと，言葉の終わりまで跪いている。皇帝によって決定された後は，誰もいかなる事についても何事も話さない習わしである。皇帝はまた，一人の行政長官と書記長と書記たちの他に，公事においても私事においても全ての役人を持つが，法律顧問官はいない。これは，全て皇帝の恣意によって行われ，告訴がされることはないからである。他のタルタル人君主もまた，自分に関わることは同じようにする。

　この皇帝は，40歳か45歳かそれ以上かもしれず，背丈は中くらい，とても思慮深く極めて抜け目なく，とても誠実で振る舞いは荘重である。容易く笑ったり軽々しいことをするのを見た者は誰もいない。そのことは，彼のもとで長く暮ら

しているキリスト教徒が我々に話してくれたとおりである。彼の家門に属するキリスト教徒はまた，次のように言った。彼はキリスト教徒になるに違いないと確信している，そのことの明確な徴を手にしている，キリスト教聖職者を持ち，彼らにキリスト教徒の費用を支給しているから，と。また，彼は自分の大天幕の前に常に礼拝所を設け，彼らは公然と歌い，タルタル人あるいは他の者たちがそこにどれほどたくさんいようと，他のキリスト教徒のように，グレキア人の様式に従って定刻に［板を］叩いているからと。こうしたことは，他の首長たちはしない。

　我らの世話役のタルタル人の言ったところによると，皇帝は我らに使者を同行させることを考えた。しかし我らの信ずるところ，彼らはそれを我々の方から願い出てほしいと考えていたようだった。というのは，その時我々のタルタル人の一人で年上の方が，我らにそれを願い出るよう勧めたからである。しかしながら，使者が来てもよいことだとは思えなかったので，彼に，我らの方から願うことはないが，もし皇帝が自分の意思で派遣するなら，我々は主の助けのもとに彼らを安全に同行するだろうと答えた。しかし我々には，いくつかの理由から彼らが来るのはいいこととは思えなかった。第1に，我々の間にある不和と戦を見て，我々に対して向かって行こうと大いに勇気付けられるのではないかと恐れたからである。第2の理由は，彼らが我々の土地の偵察者となるのではと恐れたことだった。第3の理由は，我々のところの者たちは大部分，傲慢で高慢だから，彼らが殺されてしまうのではないかと予想されたことである。——我らとともにあった従者が，アレマニア特使であった枢機卿［ペトルス・カポキウス］の願いによりタルタル人の服装をして彼のもとに行った折，途中テウトン人によって危うく石を投げられ，服を置いてゆくよう強制された——。自分たちの使者を殺した者とは復讐を果たすまで決して和平しない，というのがタルタル人の習わしである。第4の理由は，もし死亡したのでなければ今なお捕らわれているさるサラセン人君侯の身に起こったように，彼らが我らの手から奪い去られるのを恐れたからである。第5の理由は，彼らの到来は何ら有益でないからである。彼らは，すでに我々が持っている教皇猊下や他の君主たちへの皇帝の手紙を持ち来たる以外に，何らかの勅命書や権限を有するわけではなく，またそのために悪い結果になるかもしれないと考えたからである。以上のようなわけで，我らは彼らが来るのを好まなかった。

　その後の3日目，つまり聖ブリキウスの祭日［11.13］，彼らは我々に辞去の許可と玉璽を捺した皇帝書簡を手渡し，我々を皇帝の母親のもとに送った。彼女は我々一人一人に狐の皮をくれた。外側は毛で，内側は綿の詰め物がしてあった。もう一つはビロードで，我々のタルタル人はそれぞれから1パス［約150cm］盗み，使用人に与えられたものから半分以上盗んだ。我々はそのことを知らなかったわけではないが，言葉に出すことを望まなかった。

　かくて帰途に就き，冬中ずっと進み，足で［雪を掻き分けて寝場所を］造ることができた時以外は，しばしば荒野の雪の中で眠った。そしてしばしば，樹のない平地の場所で風が雪を吹き上げた時は，すっかり雪に包まれた。こうして主の昇天祭の日［1247.5.9］，バティのもとに着き，教皇睨下に回答してもらいたいと言った。彼は，皇帝が書いたこと以外伝えることは何もないと言った。しかしまた，皇帝が書いた全てのことを，我々が教皇睨下と他の高位者に注意深く述べるよう言った。で，通行証をもらい，彼のもとを辞し，ペンテコステの八旬節中の土曜日［5.25］，マウキの所まで来た。そこには，留め置かれていた我らの仲間と従者がまだいたので，返してもらった。

　そこからコレンザの所に来た。彼もまたもや贈り物を要求したが，何もなかったから何もやらなかった。彼はルシアのキオウまで，タルタル人種に数えられる二人のコマン人を付けてくれた。しかし，前からの案内のタルタル人は，彼らの最後の衛所を出るまで我々から離れなかった。一方，コレンザから付けられた二人は，その最後の衛所からキオウまで6日間我々を案内した。そこには，洗礼者ヨハネの祭日の15日前［6.9］に着いた。キオウの人々は，我らの到着を知って皆喜んで駆け寄って来た。そして，まるで我々が死から甦ったかのごとく祝ってくれた。ポロニア，ボエミア，ルシアのどこでも，我々のためにそうしてくれた。

　ダニエルとその兄弟のワシルコは，我らのために盛大な祝いを催し，我々の意志に反して8日も引き留めた。その間に彼ら同士で，また司教や他の高位聖職者と，我らがタルタル人のもとに向かった折に彼らに話したことについて協議していたが，皆一様に次のように答えた。すなわち，教皇睨下を特別の主人にして父として，聖ローマ教会を女主人にして師として戴くことを望み，またこの問題について以前その僧院長を通じて通知された全てのことを確認する，と。しかも，このことについての彼の手紙と使者を我々とともに送った。

　我らがタルタル人のもとに行ったことについて，誰にも何ら疑念が生じぬよう，

そこで出会った人たちの名前を記そう。ルシアの王ダニエルと，彼とともに来ていたその全ての騎士と人々。これらは，バティの姉妹を［妻］にしているカルボンの宿営の近くで出会った。コレンザの所では，キオフの百人長ノングロットとその仲間たちと出会った。彼らもその道の一部を同道してくれた。彼らは我々の後にバティのもとまで来た。バティの所でイエロズラウス公の子息に出会った。彼はサンゴルという一人のルシアの騎士を伴っていた。サンゴルはコマン人であったが，バティの所で我々の通訳をしてくれたスズダリ人の地の出身の別のルテニア人と同じく，今はキリスト教徒である。タルタル人の皇帝のところでは，イエロズラウス公——彼はそこで死亡した——，ならびにテメルと呼ばれる騎士と出会った。テメルはクユクカム，つまりタルタル人皇帝の所で，教皇猊下への皇帝の書簡の翻訳においても口頭で言ったり答えたりする時も，我々の通訳をしてくれた。そこにはまた，前述公の聖職者ヅバズラウス，その従者イァコブス・ミカエルともう一人のイァコブスがいた。帰路では，ビセルミン人の地のレミフィンク市で，イエロズラウスの妻とバティの命令でそのイエロズラウスのもとに行くコリグネウス，およびコクテレバンとその一行と出会った。彼らは皆ルシアのスズダリア人の地に帰っているから，もし必要なら彼らから真実を知ることができるだろう。マウキのところでは，そこに残されていた我々の仲間，イエロズラウス公とその仲間，サンコポルトゥスという名のやはりルシアのさる公爵とその仲間，と出会った。コマニアを出る時は，タルタル人の所に入るロマヌス公とその一行，および出るオハラ公とその一行と出会った。チェルネグロフの公の使者もまた我々とともにコマニアを出，ともにずっとルシアを旅した。彼らは皆，ルテニア人の公である。

　キオウは市全体が証人である。タルタル人の最初の衛所まで案内人と馬を付けてくれ，また帰途，タルタル人の案内人と彼らの馬とともに我々を受け入れてくれ，こうして馬は自分たちの手に戻った。また，我々が通過したルシアの全ての人々は，我々に馬と糧を提供するよう，でなければ殺されるであろうとの命令が書かれたバティの印璽の捺された手紙を受け取っていた。

　さらに，キオウまで同行し我らがタルタル人の手の中に入ったことを知っているヴラティズラウィア［ブレスラウ］の商人たちも証人である。我らがタルタル人のもとに向かった後にキオウにやって来たポロニアならびにアウストリアの他の多くの商人もそうである。また，タルタル人の所を通ってルシアに来たり，我

らがタルタル人の地から戻って来た時にキオウにいたコンスタンティノポリスの
商人たちも証人である。その商人たちの名前は以下である。ミカエル・イァヌエ
ンシスとバルトロメウス，マヌエル・ウェネティクス，イァコブス・レウェリ
ス・アクレ，ニコラウス・ピサヌス，これらは大商人である。他の小商人は以下
である，マルクス，ヘンリクス，イォハンネス，ウァシウス，同ヘンリクス・ボ
ナデウス，ペトルス・パスカミ，他にも何人もいたが，名は知らない。

　以上を読まれる方々全てにお願いする，何も削ることも付け加えることもなき
ことを。我らは，我らが見たりあるいは信頼に値すると信じる他の人々から聞い
たりした全てのことを，神がその証人であるごとく，何一つ故意に付け加えるこ
となく真実のとおりに書き記したのであるから。ところが，我らが通過したとこ
ろ，すなわちポロニア，ボエミア，テウトニアそれにレオディウス［リェージュ］
とカンパニア［シャンパーニュ］にいた人たちは，この記を手に入れたがり，そ
のためこれが完成する前にしかもひどく縮めた形で書き写した。その時我らは，
それを十分に完成する余裕を持っていなかったからである。それゆえここに，そ
れよりも多くのことがより正しい形で見られたとしても，誰も驚かないでいただ
きたい。というのもこれは，いくらか暇ができてから十分にして完全な形に訂正
した，つまりまだ完成していなかった前のよりさらに完全なものだからである。

　我らがタルタル人と呼ぶモンガル人の歴史，ここに終わる。

1）この章は，C 等 4 写本にのみ見え，本当にカラコルムまで行ったか疑われたカルピニが，
その旅を証明するために帰国後書き加えたとされる。がどの時点，それまでの部分を教皇に
提出した後かそれとも提出前かは確認されない。　　2）Mauci：チャガタイの第 2 子モエト
ゥッケンとされる。　　3）Carbon, S *Tirbon*：ルブルクに登場するスカタタイであろうとされ
る。　　4）ドンはアラル海，ヴォルガとウラルはカスピ海に注ぐ。　　5）ブリはチャガタイ
の子モエトゥッケンの子，カダンはオゴデイの子で，兄弟ではない。　　6）ナイマン人にはネ
ストリウス派キリスト教徒が多かったとされる。　　7）前皇帝オゴデイの死は 1241 年 12 月
11 日。　　8）Cf. Ch. 7, n. 5.　　9）ここには挙げられていないが，このクリルタイにはトゥ
ルイ家からモンケとその母ソルコクタニ・ベキ，チャガタイ家からカラ・フレグ，イエス・
モンケ，ブリ，バイダル，ジョチ家からバトゥの兄オルダ，弟ベルケ，トカ・テムル，チン
ギス・カンの末弟テムゲ・オッチギン，イラン・ホラーサーン総督アルグン・アカ，ルー
ム・セルジュークのスルタン・カイカーウス 2 世の弟クルチ・アルスラーン 4 世，小アルメ
ニアの王弟セムパド等，帝国内外から多数の王侯首長が参加している。　　10）Chingai：チ
ンギス・カン以来の功臣，オゴデイ宮廷書記局の長，ケレイト部族出身のネストリウス派キ
リスト教徒だったと言われる。　　11）amica Imperatoris istius〈その皇帝の妾〉：オゴデイの
皇后トレゲネの侍女ファーティマのこと。オゴデイの死は過度の酒色によるとされるが，そ
うした夫を見限ったトレゲネが，我が子グユクへの皇位継承を確実なものにするため，トゥ

図6 リヨン公会議を主催するインノケンティウス4
世（BnF fr. 5594, f. 225v）

ース（ペルシャ）で捕えられて自分の侍女となっていた巫女ファーティマを遣って毒殺した
との説もある。ファーティマはその巫術でもってトレゲネの摂政統治に深く介入し，多くの
高官（耶律楚材，チンカイ等）を失脚させたり，グユクの弟コデンを病死させた疑いで訴え
られ，トレゲネの死（1246年10月）後グユクによって，体の全ての穴を縫い合わせて塞ぐ
刑を科され，溺死させられた（ドーソン（佐口訳）：II, 218, 256，ロバート・マーシャル（遠
藤利国訳）『モンゴル帝国の戦い』東洋書林，2001, pp. 179, 188）。　12）本編末尾の「イ
ンノケンティウス4世宛グユク返書」と図6参照。コスマスは，カルピニの主たるインフォ
ーマントの一人だったと思われる。　13）カダクは古くからの廷臣の一人で，行政担当の
宰相の地位にあった。彼もネストリウス教徒だったと言われる。同じくバラも，ジャルグチ
（裁判官）としてグユクの側近に仕えていた。チンギス・カンの88功臣の一人巴剌（チェル
ビ）に当たる（ドーソン（佐口訳）：II, 246）。

ベネディクトゥス・ポロヌス修道士の報告

　主の 1245 年，デ・プラノ・カルピニと称される小兄弟会イォハンネス修道士
は，教皇睨下により，同会のもう一人の修道士［ステファヌス・ボヘムス］ととも
にタルタル人のもとに派遣された。彼は，教皇のいたガリアのルグドゥヌム［リ
ヨン］からパスクァの日［1245.4.16］に出立し，ポロニアに向かい，ヴラティズ
ラウィア［ブレスラウ］で同会の 3 人目の修道士，名をベネディクトゥス，ポロ
ニア生まれ，を仕事と労苦を共にする仲間兼通訳として得た。彼らは，ポロニア
人の公コンラドゥスの世話で，今はタルタル人の隷属下にあるルシアの都市キオ
ウ［キエフ］に来たった。その市の支配者は，コマニアの始めにあるタルタル人
の最初の宿営までの 6 日，案内を付けてくれた。
　彼らが教皇の使者であることを知ったそこの宿営の長たちは，進物を要求し，
受け取られた。上記二人の修道士，イォハンネスとベネディクトゥスは，病に倒
れた 3 人目の修道士［ステファヌス］を，そこまで連れて来た馬と従者とともに
そこ[1]に残し，宛がわれたタルタル人の馬で，託された手荷物とともに 2 番目の
宿営に連れて行かれた。このように馬を替えながらいくつもの宿営を経た。
　3 日目，8 千の武装兵の長である一軍の隊長［ミケアス］のもとにやって来た。
その召使いたちは，進物を要求して受け取ると，二人をその首長コレンザのもと
に連れて行った。コレンザは二人に旅の理由と任務の内容を尋ねた。それを知る
と，彼らに馬と食糧を世話するよう配下の 3 人のタルタル人を付けてくれ，こう
して軍から軍へと旅してバティという君主のもとに来た。彼は，タルタル人最大
の君主の一人で，またウンガリアを破壊した当人である。
　途中，ネペレ［ドニエプル］とドンという川を渡った。その旅に 5 週間以上費
やした。すなわち，呼びかけの主日［日曜日 1246.2.25］から主の灰の第 5 曜日
［木曜日 4.5］までで，その日バティのところに来たった。彼とは，ルーシ人がウ
ォルガと呼ぶエティル大河のほとりで出会った。ウォルガとはタナイス［ドン］

のことと思われる[2]。

　バティの召使いたちは贈物を要求し，海狸の毛皮 40 枚と穴熊の毛皮 80 枚を受け取った。その進物は彼らによって二つの聖なる火の間を通され，修道士たちもそれに続くよう強いられた。タルタル人のもとでは，このように使者と贈物を火によって浄めるのが習わしだからである。火の後ろには皇帝［チンギス・カン］の金の像を載せた車があり，それを拝むのもまた習わしであるが，修道士たちは拝むことをどうあっても拒んだゆえ，頭だけ下げるよう促された。バティは［彼らの］使命を聞き，言葉から言葉へと調べ，自分の手紙 1 通と前のタルタル人案内人とともに修道士たちを，5 日後つまりパスクァ後の第 3 曜日 [4.10] に，タルタル人発祥の地にいる，名をクイ・カンという，大皇帝［オゴデイ］の息子のもとに送った。

　かくて君主バティのもとを去り，乗馬の労に耐えられるよう手足をしっかりと縛り，2 週間後にコマニアを出た。コマニアでは，ニガヨモギをいくつも見掛けた。実際そこは，かつてポントゥスと呼ばれたところで，「苦きヨモギ，広き野に震えいる」と，オウィディウス[3]が書いているとおりだった。修道士たちがコマニアを出た時，右手にサクシ人の地があった。彼らはゴート人だと，我々は思う[4]。キリスト教徒である。そのあとアラン人，キリスト教徒，そのあとガザル人，キリスト教徒，その地に水責めでもってタルタル人に奪われた豊かな都市オルナム[5]がある。次いでキルカシア人，キリスト教徒，そのあとゲオルギア人，キリスト教徒，がいた。

　その前，ルシアでは左手にモルドウィア人がいた。これは異教徒で，後頭部をほとんど剃っている。そのあとビレロル人，これも異教徒，そのあとバスカルド人，昔のウンガリア人，そのあと犬の頭をしたキノケファレス［犬頭人］，そのあとパロキト人，小さく狭い口を持ち，何も噛むことができず，スープを啜り肉と果物の蒸気を吸って生きる。

　コマニアの境界で，イアラク［ウラル］という川を渡った。そこからカンギト人の地が始まる。そこを 20 日旅したが，人間はわずかしか見掛けず，いくつもの沼や広大な塩湿地や塩水の川に出会った。これはメオティデ湿沢地だと我々は思う。さらに，全く乾燥した広大な砂の荒地を 8 日進んだ。カンギト人の地の後，トゥルキア［トルキスタン］に来た。そのトゥルキアを 10 日ほど進むと初めて，大きなイアンキント市に出会った。トゥルキアはマコメトゥスの法を守っている。

トゥルキアの後，カラキタイすなわち黒キタイと呼ばれる地に入った。これらは異教徒で，そこでは都市は一つも見あたらず，左手に海があった。これはカスピ海だと我々は思う[6]。その地の後，ナイマン人の地に入った。そこでは町も都市も何も出会わなかった。彼らはかつてタルタル人の主人だった。その後，マリア・マグダレーナの祭日［7.22］にタルタル人の地に入り，シラ・オルダと呼ばれる大幕舎のもとで皇帝に出会った。そこに4か月間暮らし［～11.13］，彼らの皇帝クイウカンの選挙に居合わせた。

　このベネディクトゥス・ポロヌス修道士は，自分の口から次のことを我々に語った。彼ら二人は，そこに約5千の高位の有力な人々を見た。最初の日［7.24］彼らは皆バルダキンを着て王の選挙に現れたが，その日も白のサマイトを着て現れた次の日も，一致に至らなかった。が，赤のサマイトをまとった3日目に一致し，その選出を祝った。同修道士はまた，次のことを証言した。世界各地から派遣された約3千の使者がそこに溢れており，返書，書簡，あるいは様々な種類の多数の貢物や贈物を宮廷に持参していた。上記修道士たちも，必要に迫られて長上着の上にバルダキンをまとってそこに参列した。使者は誰も，正式の衣装を身に付けなければ，選ばれ戴冠した王に拝顔することは許されないからである。

　かくてシラ・オルダ，すなわち皇帝の幕舎に導き入れられ，王冠を戴いて素晴らしい衣装に輝くその人を見た。彼は，その天幕の中央の，いたるところ金銀で飾られ天蓋で覆われたる壇の上に座り，そこには階段が四つに分かれて上っていた。そのうち三つは壇の前にあり，その真ん中のを皇帝だけが上り下りし，脇の残りの二つは高官や下位の者，その背後にある四つ目のものは彼の母や后や親族が上った。同じくまたシラ・オルダは，戸口のような入り口が三つあり，真ん中の一番大きいのは，他の二つとは大きく異なり，いつも開いていて守衛は誰もいず，王だけがそこから出入りする。もし誰か他の者がそこから入ると，容赦なく殺されるだろう。閂の掛かった脇の残り二つは，苛烈な守衛がいて武器をもって見張り，他の者はそこから畏怖と身体の罰の恐怖とともに入る。

　3日目，教皇猊下の使命が役人と通訳を通じて議論と熟慮とともに聴取され，その後，修道士たちは皇帝の母親［トレゲネ］のもとに送られた。彼女は，別の場所のとても綺麗な大天幕の中に座っていた。彼らをとても鄭重かつ親しくもてなした後，息子のもとに送り返した。そこで暮らしている時，タルタル人の中にいるゲオルギア人とよく一緒になった。彼らは力強く好戦的であったから，タル

タル人から十分に讃えられていた。その人々がゲオルギア人と呼ばれるのは，聖ゲオルギウスを守護聖人とし，戦にあってはその加護を願い，他の聖者よりも尊敬するからである。聖書はグレキア文字を用い，自分たちの宿舎と車の上に十字架を付けている。タルタル人の間の祭祀でもグレキア人の慣わしを守っている。

　こうして，修道士たちがそのために来た任務が果たされ，皇帝の印璽で封印された教皇猊下に持ち帰るべき手紙をもって皇帝のもとを辞し，バビロニア［カイロ］のソルダンの使者たちとともに西への道を取って帰路に就いた。そして，一緒に 15 日進んだ時，その使者たちは南に折れて別れて行った。彼ら修道士はそのまま西に進み，ライン川をコロニア［ケルン］で渡って，ルグドゥヌス［リョン］の教皇猊下のもとに戻り［1247.6.9］，タルタル人の皇帝の手紙を提出した。その内容は，訳されたところによると，以下のごとくである。[7]

　「神の力により，全ての人間の皇帝，大いなる教皇にいとも確かにして真なる書簡を［呈す］。我らと持つべき和平のための会議を持ちて，汝教皇と全てのキリスト教徒，汝の使者を我らに派遣せり。これ，その者より聞き，また汝の手紙にあるところなり。されど，我らと和平を持つことを望まんや，汝教皇・全ての王・力ある者たち，和平を打ち立てるため，余の下に来ることを決して遅らせてはならぬし，その時汝ら，我らの返答と同時に意志を聞くであろう。

　汝の一連の手紙の中にかくあり，我らが洗礼されキリスト教徒となるべし，と。これに手短に答えん，いかにそうすべきや，我らこれを解さぬと。また，汝の手紙の中なる別のこと，すなわち多数の人間，特にキリスト教徒，とりわけポロニア人・モラウィア人・ウンガリア人の殺戮につき，汝の驚けることに対し，これまた我ら理解せぬと答えん。しかれども，全てを沈黙の下に捨て置いたと見られぬよう，以下のごとく答えて言わん。すなわち，彼ら，神の文書ならびにチンギス・カンとカンの命令に従わず，大なる会議の末，［我らが］使者を殺せり[8]，それがゆえ神は彼らを抹殺することを命じ，我らが手に委ねり。さあらざれば，神のなせるにあらざれば，いかでか人間が人間になすことを得んや。ところが汝ら西方の者ら，汝らのみキリスト者なりと信じ，他を軽蔑す。しかれども，汝らいかにして知ることを得んや，神その恩寵を誰に垂れんとしいるかを。しかるに我ら，神を敬い，神の力において，東から西まで全ての地を滅ぼせり。これもし，神の力にあらざれば，人間，いかにすることを得しや。汝ら，もし和平を享け，汝らの城塞を我らに手渡したきならば，汝教皇，力あるキリスト教徒とともに，

和平をなすため，余の下に来ることを決して延ばしてはならぬ。その時我ら，汝らが我らと和平を持つことを欲するや，知るであろう。しかしもし，神と我らの手紙を信じず，我らの下に来るべしとの忠告を聞かぬなら，その時我ら，汝ら我らと戦を望んでいると確と知るであろう。その後いかなることになるや，我ら知らず，神のみぞ知る。第一の皇帝チンギス・カン，第二オコダイ・カン，第三クイウク・カン」。[9]

1) カルピニの記によればマウキの宿営（Ch. 9）。　　2) ヴォルガ（エティリア）はカスピ海，ドン（タナイス）はアゾフ海に注ぐが，上流で近接していることもあって，同一視されることもあった。　　3) 古代ローマの作家（BC43-AD17），『変身譚』で知られる。　　4)「我々」とは，ベネディクトゥスではなく筆記者，以下同。　　5) Ornam：ウルゲンチまたはオトラル，カルピニの「オルナス，オルパル」。　　6) バルハシ湖の誤り。　　7) 書簡のテキストは，ヴィンゲルトによると，写本 B（ウィーン帝立図書館 Ms. 521)・P（BnF Colbert 2477)・O（オクスフォード・ボドレイ図書館 Ms. Digby 11），およびウィーン帝立図書館 Ms. 389 に一部，見られるが，いずれも異同が多く，SF（pp. 133-43）では，1247 年リヨンでインノケンティウス 4 世と出会い，その折にカルピニのオリジナルから忠実に写したと述べている同時代のもう一人のフランチェスコ会修道士サリンベーネ・デ・アダム Salimbene de Adam（1221 年パルマ生，1288 年没）の年代記 *Cronica Fr. Salimbene*, ed. Holder-Egger, 1913 から採られている。Pullé には，B と P のテキストが掲げられている（pp. 125-6）。　　8) ロシアでのことと伝えられる。　　9) 書簡のラテン語訳原本は残っていず，この訳が誰によるものか，カルピニかベネディクトゥスか筆録者か，確定しない。いずれによるにしても，ペルシャ語文（後出）とはかなり異なり，カルピニが持ち帰ったグユクの返書を見て教皇は激怒したとも伝えられ，対照するとこのラテン語訳では，グユクからの臣従の命令「汝自ら，全ての君主の先頭に立ちて，直ちに来たりて我らに仕え侍るべし」が，和平の協議「汝教皇，力あるキリスト教徒とともに和平をなすため余の下に来ることを決して延ばしてはならぬ」に替えられていることが認められる。

タルタル人皇帝宛教皇インノケンティウス4世書簡 (II)[1]

　人間のみならず理性無き動物もまた，否，造化の世界を構成する要素は全て，天上の霊に倣ってさる内在的な法則によって一つに結び合わされており，造り主たる神はそれら全てを安定して持続する平和の秩序のうちに調和・配分し給うたことからして，次のことに対する我らが驚愕を強い言葉で言い表すことを余儀なくされたとて，けだし尤もであろう。すなわち汝ら，聞くところによれば，キリスト教徒その他多数の国を侵略し，恐るべき荒廃に中に置き，なお鎮まらぬ暴威でもって破壊の手をさらに遠くの地に伸ばすことを止めぬどころか，性も年齢も問わず自然の結びつきの絆を断ち切り，懲罰の刀でもって全てに見境なく猛威を振るっている。それ故我ら，平和の王の範に倣い，また人間すべからく神への畏れの中に一致して生くべきことを望みて，汝ら皆に戒め，乞い，切に願う。向後，この種の劫略とりわけキリスト教徒の迫害をすべからく止めること，そしてかくも多くのかくも激しき襲撃を行なったからには，聖なる主の怒りをしかるべき罰によって宥めること，を。それは，疑いもなく汝らがそれら挑発でもって酷く惹き起こしたものである故。また汝，大胆にもさらなる蛮行を犯してはならぬ，汝の力の刀が他の者たちの上に荒れ狂った時，様々な国民が汝の面前で倒れたのは，今まで全能の神が許し給うたからに他ならぬ故。というのも，神は時に，この世において傲慢を懲らしめることを暫く控え給うことがあるからなり。それ故，もしその者たちが謙虚に自ら和解することを怠るならば，神は現世において彼らの邪悪さを罰することをもはや引き延ばされぬばかりか，来世においてさらに重い復讐をなし給うであろう。

　そのため我ら，我が愛する息子［カルピニ］とその同士たちを，この書簡を携えて汝の許に送ってしかるべきと考えた。彼らは，信仰心において際立ち，徳において相応しく，聖なる書の知識において恵まれた者たちである。彼らを親しく迎え，神への崇敬から，実際に彼らの中に我を迎えるごとく敬意を以てもてなし，

図7　修道士たちに書簡を手渡すインノケンティゥス
4世（Vincent de Beauvais, *Speculum Historiale,*
vol. IV）

我に代わって彼らが汝に語る事柄において真摯に対応し，上述の事項，特に平和に係わることに関して彼らと実りある議論を交わした暁には，何が汝をして他の国民の破滅に向かわせたのか，また汝はこれから何をなさんとしているのかを，彼ら修道士を通じて我らに余すところなく知らしめ，かつまた，彼らが望む時には，我らの許に無事戻って来ることが出来るよう，その出立と帰途の旅における安全な案内と必要なるものを支給されんことを。（リヨン，1245年3月13日）[2]

1）カルピニが携えた教皇の書簡（その II）（原典 *Monumenta Germaniae Historica*, Dawson：75-6 より）。1245年3月5日付のもう一つの書簡（その I, Dawson：73-5）は，主にキリスト教教義を説くもので，略する。同書簡は，使者に選ばれた一人ポルトガル人ラウレンティヌスに托されているが，彼が東方に向かった形跡はない。が，教皇の書簡は常に litterae と複数になっていることからして，カルピニによって届けられたと見られる。　2）D'Ohsson：II, 212-3 にフランス語訳，佐口：57-9 にその和訳があるが，前半のみでかなり要約的（原典 Odoricus Raynaldus, *Annales Ecclesiastici*）。岩村忍『十三世紀東西交渉史序説』三省堂，1939，pp. 152-3 に全訳があるが，一部第1書簡と混淆している（原典 D'Avezac, Rec. IV, 479-80, Rish, S. 43-5）。

インノケンティウス4世宛グユク返書 （宮紀子訳）

1.　長生の天の気力の裏に (mängü tängri küčindä)[1]

2.　［遍き／気力有る］大国的［海内／四海］的 (gür uluγ ulus nung taluï nung)

3.　皇帝，俺毎の聖旨 (γan yarlïγïmïz)

4.　　　是れ，大爸爸（＝教皇）の跟前に送付され来的 宣勅で有る。

5.　　　識者。［暁知／知悉］すべし。俺毎は，「文字は

6.　　キリスト教国 (keräl) の諸邦の言語の裏に商議 (kengäš) を做し来的
　　で有る。帰附 (il) の請願 (ötüg) を御前に送付し了」麼道，[2]

7.　　　你 毎の使臣 (ilči) 毎従り聴くに到っ了。

8.　若し自己の言辞に及ばんとする呵，您 即ち大爸爸は，キリスト教国の的毎
　　と一同に親自の身体を将て

9.　俺毎の侍奉に来者（你 毎は）。応に有るべき扎撒 (yasa＝法令) の勅命は都，
　　那其間に聴か教める也者（俺毎は）。

10.　亦た「俺毎を好き谷間のキリスト信仰 (siläm) の裏に在ら教め者」麼道，説
　　い将て来着有る。自己を

11.　賢明做ら教め請願を送付し来（您は）。だが，您の這の請願は理会し没っ来
　　也（俺毎は）。

12.　您の送付した別の言辞「您の Mājar（＝ハンガリー）と Kuristān（＝キリスト
　　教徒の地）の諸邦を都奪っ来的

13.　俺毎は驚い着有る。他毎に甚麼罪過が有るか？　俺毎に説者（你 毎は）」。您
　　の這の

14.　言辞也理会し没っ来也（俺毎は）。上天の勅命は

15.　成吉思汗と哈罕（＝オゴデイ皇帝）の両名が告諭を送付し来が，

16.　上天の勅命を信任し没っ来（Mājar と Kuristān の他毎は）。您の言辞の如く他
　　毎

17. 也（身の丈を超えた）大なる心を有し着有来。格
　　闘行為を做し着有来。又,

18. 俺毎的宣使毎・使臣（ilči）毎を殺し来。那的毎
　　の諸邦を, 衆人を

19. 長生の上天は殺害, 滅亡せ教め来。上天の勅命を
　　除くの外に, 誰が

20. 自己の気力に依っ着, 怎生殺し得ん, 怎生取り得
　　ん。莫不道 您

21. 「俺は是れ迭屑（tarsā＝キリスト教徒）で有る。上
　　天を崇拝し着有る也（俺は）。嘆願し着有る也
　　（俺は）。

22. （教えを）撒布し着有る也（俺は）」の如く説い続
　　けるや？　您は「上天が誰を教化し着有て,

23. 福蔭の裏に誰に恩恵を下され着有るか」に拠き,
　　甚麼を識らん？　您は「您が説っ着有る言辞の如
　　し」と怎生識らん？

24. 上天底気力の裏に, 日頭の出来する処, 没する処
　　に至る迄,

25. 諸邦は都, 俺毎に確定され着有る。擁有し続け着
　　有る（俺毎は）。

26. 上天[3]の勅命を除くの外に, 誰が怎生做し得ん？
　　如今, 你 毎は真心以て

27. 「藩臣（il）と成る也（俺は）, 気力を添える也
　　（俺毎は）」麼道, 説者。您 親自の身体を将てキリ
　　スト教国の的毎の先頭に

28. 都, 統べて一同, 俺毎の侍奉・御前に来者。你
　　毎の帰附は那的時分,

29. 確定し也者（俺毎は）。若し上天の勅命が選ばれ
　　ず, 俺毎の勅命に相違する呵, 你 毎を俺毎は敵
　　（yaγï）と

30. 識る也。那様に你 毎を確定し着有る也（俺毎は）。

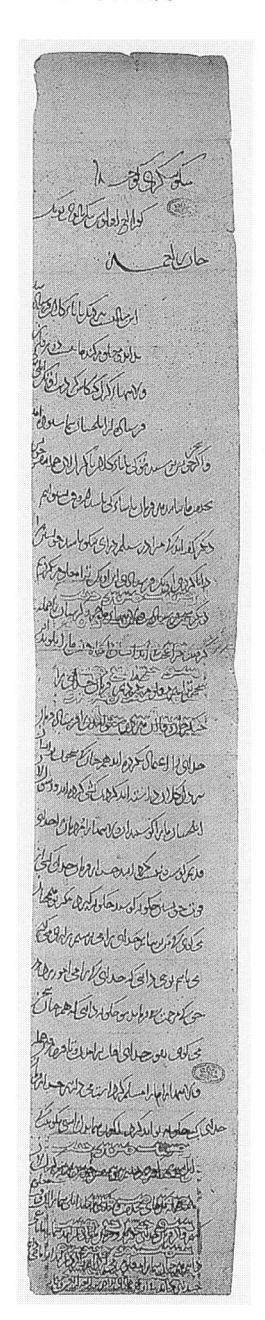

図8　インノケンティウス4
世宛グユク返書

　若し相違する呵，那的を俺毎は甚麼と識らん。（＝俺毎不識那甚麼？）

31. ［上天は識る也／上天よ識者］。ヒジュラ暦 644 年 6 月の終わり（＝ 1246 年 11 月）に（写い来）

印璽：

長生の天底（möngke tenggeri-yin）[4]

気力の裏に，大 蒙古（küčün-dür yeke mongqol）

国 底海内的（ulus-un dalay-in）

皇帝の聖旨（qan-u jarliq）。帰附・反乱の（il bulqa）

百姓の裏に到った呵（irgen-tür gür=besü）

信じ者（büšire=tügey），畏れ者（ayu=tuqai）

1）ローマ字転写を丸括弧で補った部分はアラビア文字テュルク語。　2）下線部の別解釈は次の通り。「5. 識者。［暁知／知悉］すべし。俺毎は，／ 6. キリスト教国（keräl）の諸邦の言語の裏に写い来也。「商議（kengäš）を做し着，帰附（il）の請願（ötüg）を御前に差わし了」應道，」　3）原文はここの"上天"のみ抬頭する。　4）以下は，ウイグル文字モンゴル語。

III

シモン・ド・サンカンタン

タルタル人の歴史

（Ch. 51「教皇インノケンティウス 4 世宛バイジュ書簡」,
Ch. 52「バイジュ宛グユク書簡」を含む）

インノケンティウス 4 世（左）から書簡を受け取りバ
イジュ（右）に手渡すアスケリヌス修道士たち

シモン・ド・サンカンタン Simon de Saint Quentin：説教師会士であったこと以外，生没年を含めて何も知られない。

東方行と報告記：その東方行についても，報告記に書かれてあることから大よそのことが推定されるだけである。

それによると，インノケンティウス4世によって派遣されたドミニコ会アスケリヌス・デ・クレモーナ（またはロンバルディーア）Ascelinus de Cremona / Lombardia（不詳）を団長とする一行は，1245年3月リヨンを発ち，途中どこかでプロヴァンスのアレクサンデル Arexander 修道士とイタリア人アルベルトゥス Albertus 修道士が加わり，おそらくキプロスを経てシリアに渡り，46年3月頃聖地かアークレで東方の言葉に通じたシモン修道士を加え，アンティオキア，キリキア，トゥルキア，大アルメニアと北上し，グルジアのティフリスでグイスカルドゥス・デ・クレモーナ Guiscardus de Cremona 修道士を通訳に雇い，47年5月頃スィシアンのモンゴル軍営に着く。9週間滞在し，バイジュの返書を受け取って7月25日そこを発ち，タルタル人使者アイベグ Aibeg とサルギス Sargis を同行して，48年9月頃リヨンに帰り着いた。

報告記は，帰還後まもなくシモン修道士が中心となって編まれ，同年中には教皇に提出されたものと見られる。そこには，彼らが携えた教皇の書簡はないが，バイジュの返書と大カアンから彼に送られた書簡のラテン語訳が含まれている。なお二人のモンゴル使者は，教皇の返書とともに11月22日に送還されたとされる。

テキスト：シモンの原本は伝わらず手稿本も一つもなく，ヴァンサン・ド・ボヴェ Vincent de Beauvais『大鏡』*Speculum Maius* の第4部「歴史の鏡」*Speculum Historiale* の中に，当時の東方特にモンゴルに関わる情報源としてカルピニと並べて引かれているのが唯一のものである。したがってそれから抽出する他なく，この和訳が底本とする①Simon de Saint-Quentin, *Histoire des Tartares*, par Jean Richard, Paris, Librairie Orientaliste Paul Geuthner, 1965 [Richard] も，そうして編まれたものである。「歴史の鏡」ではカルピニからかシモンからか一応指定されているが，その明記のない場合は，前者に当たってそこにないものが後者のものとされるしかない。また，シモンからと指定されている部分にも明らかにカルピニからの文が混じっており，リシャール版では〈 〉に括って示されているが，本書ではさらに斜体字に替えた。「歴史の鏡」の中にヴァンサンによって引かれたものがどの程度までシモンの原文に忠実だったかは，他に写本が一切残っていないため照合のしようがないが，少なくとも同書に引かれているカルピニのテキストは原本に忠実とは言い難いものもあるため，保証の限りではないとされる。

リシャールのテキストは，②ジャン・メントリン Jean Mentelin により1473年ストラスブルグで出版された「歴史の鏡」*Speculum* [E] の最初の刊本に基づき，BnF 所蔵の③Ms. lat. 4900 [A]（13世紀末頃の最良の写本とされる，図1），④Ms. lat. 4898 [B]，⑤Ms. lat. 17550 [C]，および⑥ドゥエ Douei 版1624年 [D]（Akademische Druck-u. Verlagsanstalt, Graz-Austria 1965），を対校したものである。当時の東西交渉史の中であるいは「歴史の

鏡」に関連して，部分的に訳されたり言及されたりすることは多いが，他にシモンの報告記だけをまとめて出版したものはない。II「カルピニ」で述べた⑦ラムージョ『航海記旅行記』Ramusio, *Navigazioni e Viaggi* 中の「1247 年教皇インノケンティウス 4 世により使節として同地方に派遣された小兄弟会と聖ドミニコ会の修道士たちによるタルタリアへの二つの旅行記」(Vol. 4, pp. 203-64)は，カルピニとシモンのいくつかの章の G. Antonio de Nicolini da Sabio によるイタリア語訳(Venezia, 1537)からの転載で，シモンは，Vol. 32 の Ch. 26〜29, 32, 34, 40〜52 が断続的に収められているが，いずれも要約的で省略や書き換えもあり，価値は低い。⑧ペリオ『モンゴルと教皇庁』Pelliot, *Les Mongols et la Papauté*,《*Revue de l'Orient chrétien*》XXIV, 1924 [Pelliot]には，「I. ネストリウス教徒シメオン・ラッバン・アタ」(pp. 225-62)，「II. アシュラン(アスケリヌス)」(pp. 262-335)についての詳細な研究がある。当時の小アルメニアについては，⑨「訳注ギラゴス『アルメニア史』」『愛宕松男 東洋史学論集 第 5 巻 東西交渉史』三一書房，1989，pp. 413-90 [ギラゴス]，がある。

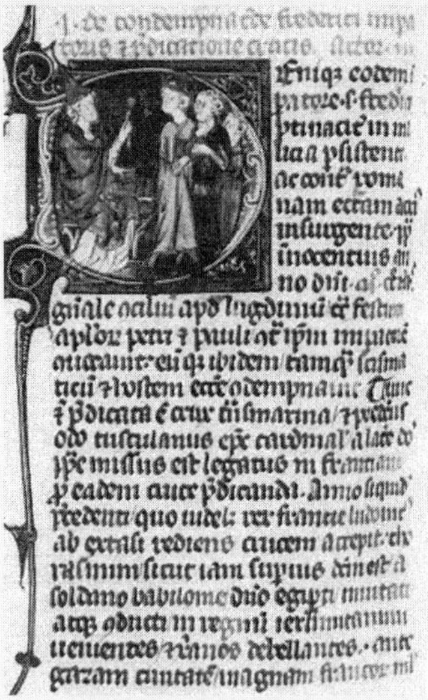

図1　「歴史の鏡」Vol. 32 冒頭部分
　　　(BnF lat. 4900, p. 313, f. 307v)

　ヴァンサン・ド・ボヴェ Vincent de Beauvais / Vincentius Bellovacensis (c. 1190-1264)：1190 年頃ボヴェ(フランス北西端)生まれ，1220 年ドミニコ会に入り，サン・ジャック修道院で神学研究，30 年頃ボヴェに創立された修道院に移る。47 年頃ルイ 9 世の求めでロワィオモンのシトー会修道院の神学教授となり，生涯その職にあった。主著『大鏡』(1244-60 年頃)は，「自然の鏡」「学識の鏡」「道徳の鏡」「歴史の鏡」の 4 部から成る中世最大の百科事典として知られる(ただし最近では，「道徳の鏡」は 14 世紀の初めに別の作者によって編まれたとされる)。「歴史の鏡」は，膨大な年代記・諸記録・人物伝等から，創世から当時に至る主にキリスト教世界の歴史を編んだもので，当時の東方特にモンゴルにまつわる記事は，前述のごとくカルピニとシモンから採られて，第 30〜32 巻(ドゥエ版では 29〜31 巻)のいくつかの章に分かれて置かれている。

　　カルピニと同じ 1245 年，インノケンティウス 4 世が東方に派遣したもう一つの使節は，ドミニコ会クレモーナのアスケリヌス修道士を長とするもので，前者が北に道を取ったのに対して，南つまり中東方面に向かいその地に駐留するモンゴル軍と接触して親書を手渡す，というものだった。

　　この間に南の地も，北のルーシやハンガリアと同じく，モンゴルの侵略と破壊を免れることはできなかった。1220 年代初めのチンギス・カンの西征で，逃亡したホラズム王国のシャー・ムハンマドを追ってペルシャに入ったジュベとスブタイの軍は，そのままカスピ海南のマーザンダーラン，ムーガンからイラン北部に侵攻し，アゼルバイジャンから北のキプチャク平原に抜けて，中央アジアに戻っていたが，同 20 年代末，インド方面に逃れたシャーの息子ジャラール・ウッディーンが再び旧ホラズムに戻って来たとの報に，チンギス・カンの遠征にも同行したチョルマグンを司令官とする鎮戍軍（タマ軍）が派遣され，アッバース朝のイラクやイスマイール派の要塞を除いてペルシャ全土をほぼ制圧し，アゼルバイジャン草原に駐屯して 30 年代後半にはグルジア王国，アルメニア王国をも服属させた。1241 年頃チョルマグンに代わってその万戸長だったバイジュが総司令官となり，大アルメニアのスィシアンに本営を置き，1243 年 6 月キョセ・ダウの戦いでアナトリアのルーム・セルジュークを破って，これを支配下に置いていた。

　　1245 年 3 月リヨンを発ったアスケリヌスの一行が，47 年 5 月頃ようやくたどり着いたのもその軍営であった。そして教皇の書簡を渡そうとしたのだが，モンゴル皇帝に対する教皇の優越を強固に主張したことやその態度が傲慢だったこと，献上物を差し出さなかったことや跪拝の礼を拒否したことなどからモンゴル側の怒りを買い，何ら成果を上げられぬまま，同年 7 月なんとかバイジュの返書をもらって追い返された。ともあれ，そうした顛末や旅の経緯も，タルタル人の風俗習慣や歴史，周辺の国々の諸事情とともに，一行の一人，サン・カンタンのシモン修道士によって編まれ，今に残った。

　　ここでは，リシャール版に倣って，「歴史の鏡」の編者ヴァンサン・ド・ボヴェが，カルピニとシモンを合わせて収めるにあたってその編集方針を示した文を最初に掲げ，その後にシモンの『タルタル人の歴史』を掲載する。

(1)　説教師会と小兄弟会修道士のタルタル人の許への最初の使節行について ［XXXII-2］[1]

　この頃［1245年］同教皇［インノケンティウス4世］は，説教師会のアスケリヌス修道士を，同会の様々な修道院から彼に加わってその任務を果たした他の3人の修道士[2]とともに，使徒［教皇］の書簡[3]を携えてタルタル人の軍営に派遣した。その中で教皇は，彼らに人間の殺戮を止め，真の信仰を受け入れるよう促していた。ちょうど私［ヴァンサン・ド・ボヴェ，図2］は，一人の説教師会修道士すなわちその旅からすでに戻ってきていたシモン・デ・サンクト・クインティノ修道士から，タルタル人の事績[4]を受け取り，それを本書の様々な箇所に，もちろん時期を正しく合わせて，挿入した。またその頃，小兄弟会の修道士すなわちヨハンネス・デ・プラノ・カルピニが，他の者たちとともにタルタル人の許に派遣され，彼もまた証言しているごとく，1年4か月余り彼らの許に留まり，その中を旅した。彼らの許にある全てを詳しく調べるようにとの至高の教皇からの命令を，彼も，苦難を共にした仲間であった同会のベネディクトゥス・ポロヌス修道士も，引き受けた。そしてヨハンネス修道士は，タルタル人の許で自分の目で見たりそこに捕らわれていた信頼に値するキリスト教徒から聞いたりしたことから［彼らの］歴史の書を書き上げ，それがここに我々の手に入った。それからもエピローグとして，すなわち上述シモン修道士の歴史の中に欠けているものを補うため，いくつか挿入することにする。[5]

1）［　］内は，「歴史の鏡」中の巻と章（ドゥエ版［D］では巻数は1減じる）。　2）アレクサンデル，アルベルトゥス，シモン，他にもう一人グイスカルドゥスが途中から加わった。　3）アスケリヌス修道士に託されたという書簡は残っていない。インノケンティウス4世の「文書目録Registres」には，ラウレンティヌスに託された1245年3月5日付の書簡と，カルピニに託された同13日付の書簡（前編「ベネディクトゥス・ポロヌス修道士の報告」参照）しかなく，おそらく同じものが使者の名前だけ変えて託されたものと推測される。4）gesta Tartarorum：シモン修道士の報告記のこと。　5）「歴史の鏡」では，章の冒頭にIohannes de Plancarpio〈イォハンネス・デ・プランカルピオ〉，frater Symon〈シモン修道士〉，ex libello fratris Symonis〈シモン修道士の書より〉等と記入されているが，そうした指定のない章も多い。

図2　ヴァンサン・ド・ボヴェ（BL Royal 14 E I, vol. 1, f. 3r）

(2)　［XXXII-25（抄）］[1)]

　　ここに，タルタル人の地の場所と風習と事績について，ならびに上記ヨハンネ
ス修道士の彼らの皇帝の宮廷までの旅について，そのヨハンネス修道士の書から，
シモン修道士の書に欠けていたものを抜粋して本書に加えた。もちろん，それら
記事を両書から交互にたどり，歴史の時期と順序に一致して順序よく進行するよ
うにした。

　1) XXXII-25「皇帝となるクユクの許にいかに［来たったか］」と題されたカルピニの記事
　（Ch. 9 の一部）の末尾に加えられたヴァンサンの文。

タルタル人の歴史

1　タルタル人によるインディア王ダウィドの殺害について
[XXX-69][1]

　主の 1202 年，ある者たちによると，タルタル人は自分たちを支配していた者を殺した後，その民の殲滅へと向かった。というのも彼らは，その前まで自らの土地つまりインディアに隣接するタルタリアに住んでいたのだが，自分たちの支配者すなわちかつてのインディアの君主にして皇帝プレスビテル・ヨハンネスの息子に対して謀叛し，奸計をもってそれを殺したからである。[2]

　それまでタルタリアは昔からインディア王に属し，その時まで彼に平和に大人しく貢を納めていた。が，その王が彼らにいつもの貢納を要求するに加えて，何らかの兵役か賦役で奉仕するよう命ずるに及んで，自分たちを征服した支配者の権力の重圧に対して，それに素直に従うかそれとも出来るかぎり反抗するか何度も相談した。とついに，チンギスカムという名の彼らの一人が，彼はより聡明で年寄りと見られていたが，王の命令に抗して皆こぞって立ち上がり，王だけでなく出くわすかもしれないその配下の者も殺そうと提言した。「その実行には，と彼は言った，我々皆が心を一つにまとまるよう，次のことが必要である。すなわち，5 人ごとにその 5 人の中から一人が選ばれ，4 人組と呼ばれる残りの 4 人はその者の命令に全て従わねばならず，従わぬ者は殺される。同様に，9 人の上に10 人目が，19 人の上に 20 人目がおり，とこのようにして千，百万とさらに無限に増えていく。かくて最後に，全ての者の上にいわば君主にしてカムつまり皇帝あるいは王がおかれ，その死まで皆全てにおいて彼に従わねばならぬ」。皆この提言をこぞって受け入れ，彼をその後継者にして自分たちの君主に選び，上述の服従を永遠に守ると約束し，また今日まで守ってきた。そこでこの選ばれた者は，ある日皆を呼び集めて高い山に登り，彼らを鼓舞して言った，「知っておろう，

今まで我らの中に常に三つの罪が溢れていた，嘘・盗み・姦通である。よって今，それを行ったことで神に赦しを乞うか，あるいはいつか将来赦されるなら，我々は皆きっと上のことを止めると約束しようではないか。したがって，もし誰かがこれらの過ちのどれかを犯したことが分かれば，一切慈悲なく殺されるであろう」。

　それを永遠に守ると皆が約束すると，すでに不平等は彼らにとって偽りのものとなっていたが，次のようにさせた。すなわち，皆を集めて武装させ，それを2隊に分け，そのどちらも真ん中から等しく土地1日行程分離れて君主ダウィドの地に侵入し，そこを性別も年齢も容赦せず疾駆して抜いた。かくして彼らは，かの服従のお蔭で勝利を獲得し，その地から去る時，弓矢と棍棒あるいは棒切れでもってできるだけ多くの生き物[3]を手に入れた。その結果，武器は前に装備していたよりも優れたものとなった。彼らの大部分は歩兵で，少数が牛にまたがり，ごく僅かが驢馬や駄獣はては仔馬に相乗りし，そうして君主の地に同時に二つの部分から侵略し，それをすっかり血の流れに染めた。ダウィド王は，彼らの到来を聞いても不意を突かれてなんの抵抗もできず，一方から脱出しようとしたが他方から阻まれ圧迫されて，唯一人の娘を除いて家族全員が一人ずつ首を切られた。その生き残った娘を，前述チンギスカムが自分の妻にし，言われるところによると，彼女から息子たちを産んだ[4]。

1) 冒頭の数字は和訳者による通し番号，章 Ch. として扱う。原本に段落はないが，通読の便宜のため施す。　2) ダヴィド王とは，シモンでは，テムジン（チンギス・カン）が勝利してモンゴリアの覇権を打ち立てた相手ケレイト部族長オン・カン（トオリル），伝説の司祭王プレスビテル・イォハンネスの息子とされ，インディアに置かれる。1202 年（E *1203*）はその年（史実では 03 年）。ケレイト族にはネストリウス教徒が多くあり，オン・カンはDavid という洗礼名を持っていたと言われる（cf. 村上正二訳『モンゴル秘史』平凡社，1972，(2) 33）。しかし，モンゴル族がケレイト族に支配されていたわけではない。　3) animati：D・E *armati*〈武装したもの〉。　4) 史書では，テムジンはオン・カンの娘チャウルベキを息子ジョチの妻に望んだが断られ，関係が悪化した。オン・カンに対する勝利の後，その弟ジャカ・ガンボの娘イバカ・ベキを自分に，ベクトゥミシュを長子ジョチに，ソルコクタニ・ベキを末子トゥルイに，娶った。が，彼ら息子4人は正妃ボルテとの子（cf. 村上前掲書：(2) 219-24）。

2　ネストリウス派修道僧ラッバナタ[1]について ［XXX-70］

　ラッバナタ——キリスト教修道僧だがネストリウス派——はダヴィド王が生きていた時それと親しく，またおそらくその顧問であったが，王の死後チンギスカムの妻となったその娘に召され，かつてはその父の友好もありまたキリスト教徒だったので，その顧問にして聴聞僧となり，タルタル人とも親しくなった，ただしチンギスカムが許して彼女が生きていた時のことである[2]。しかし，その死によってこの僧はタルタル人と無縁となり，彼らから遠ざかった。このラッバナタは，ある時はダヴィド王の娘を介しある時は宮廷に通って，タルタル人の計り事と出来事について多くのことを知り，また予言によって多くのことを彼らに啓示した。

　そのため確かに当時彼らから大人[3]と判定され，チンギスカムとその君侯の宮廷に出入りしていた者たちから聖人と見なされた。その後大アルメニアに渡り，そこのタウリス市にしばらく隠れていた。しかしその後，教皇の命によりタルタル人の許に行ってそのラッバナタの書状を彼の許に持ち帰った説教師会修道士たちや[4]，他の宗教人や信頼に値する者たちによる入念な調査で明らかになったごとく，彼は商人で高利貸しであり，かつ預言者にして異端者であり，またたとえ口頭で告白したにしても，カソリックと正教の敵であった。隠遁所を自ら探したが，自分が食事しているところを見られることをいかなる修道士にも決して許さなかった。常にそのように生き，生きて来たように死んで[5]，それがふさわしく正しいと考えられるとおり，地獄に堕ちた。

　1）Rabbanata：シリアのネストリウス派指導者シメオン・ラッバン – アタ Siméon Rabban-ata〈師父シメオン〉。ペリオによると，ワン・カン（ここでのダヴィド王）に勝利した後チンギス・カンはその弟の娘を娶り，その願いで父の側近であった司祭マルデンハ（シメオン）を招いて重用した。オゴデイの時シメオンはシリアに戻り，帝国内でのネストリウス派の普及とキリスト教徒の地位向上に尽力した（Pelliot：238-62，ギラゴス：450-1，伊藤敏樹『モンゴル vs. 西欧 vs. イスラム』講談社，2004，p. 234）。　2）この「妻」というのが前述ジャカ・ガンボの娘イバカ・ベキのことであれば（前章 n. 2），チンギス・カンは後に家臣ジュルチェデイに下賜している（『モンゴル秘史』：(2) 407-11；D'Ohsson：I, 418-9；ドーソン（佐口訳）：52-55（『集史』より）；Yule-Cordier：I, 234）。が，このラッバン – アタとの関係は言及がない。　3）magnus〈大人〉：おそらく magus〈魔術師〉の誤り。　4）ラッバン – アタはこの頃タブリーズでアンドレ・ド・ロンジュモー（IV「ルブルク」参照）やアスケリヌス

と出会い，アンドレに教皇宛書簡を託したと言われる。　5) その死は，1265 年以後メソポ
タミアのどこかの修道院でとの説もあり，であればこの文が誰のものか疑われる。

3　タルタル人の外見について ［XXX-71］

　タルタリはひどく醜い人間で，大多数は小柄である。眼は太いが上まぶたがと
ても突き出ているため，その中の眼孔はとても小さい。幅広い顔と，やはり幅広
い額と，平べったい鼻をしている。上唇を除いて髭はなく，顎に疎らで吹けば飛
ぶような毛がある。〈少数を除いておしなべて皆腰が細く，身の丈は皆中くらい
である〉1)。頭の天辺とそこから下へこめかみに沿って耳から耳まで剃り，その
ため剃り跡が頭の上に蹄鉄のようになって残っている。後頭部も剃り，長い髪の
毛は耳のすぐ後ろで束ねる。コマン人やサラセン人その他彼らと一緒にいる者た
ちも皆そのように剃っているが，彼らの顔はタルタル人の顔と似ていない。

　さらに，彼らタルタル人は大多数が軽快で敏捷で巧みな馬の乗り手である。子
供の時から馬や他の動物の群の後に付いて走って乗り方を習い，長じると父とと
もに戦でほとんど常に馬を駆る。誰も徒歩で歩かず，皆ごく幼い子供ですら馬か
牛に跨る。脛が極めて短いからである。そのため歩き方はちぐはぐで，徒歩で進
むことは決してできない。女たちはひどく醜く，男と同じように馬に乗る。馬は，
蹄鉄も付けず，大麦も食まず，その多くは重労働用に訓練され，去勢されており，
鼻孔は裂けている。

　そのほか，タルタリはまるで尋問し叫ぶように激しく恐ろしい咽喉声で話す。
歌う時は雄牛のように吠え，狼のように唸り，歌いながら節のない声を発し，
「アライ，アライ」という合いの手をあまねくまた極めて頻繁に挟む。飲む時は
ひどく見苦しく頭を振り，馬が咽喉に流し込むように飲む。常に天幕に住まい，
村や町には住まない。羊や牛や山羊の群の粗野な牧人で，雄牛・駱駝・馬の群れ
は溢れんばかりにいる。通常冬は平地に止まり，夏は豊かな牧草を求めて山に行
く。格闘することと弓を射ることを，まるで最も優れた娯楽かつ訓練のごとく楽
しむ。が，体はキリスト教徒より弱い。驚嘆すべき狩人で，整然とかつ隙間なく
狩を進める。逃げようとする動物を自分の前に追い込み，次いで自分たち自身が
まるで一つの輪のようになってそれを閉じ込め，そして矢を射て殺して捕える。

食は極めて貧しく，パンはなく求めず，食卓布も手布巾も使わず，手も洗わずに食べる。

1)〈　〉内斜体字は，リシャール版でカルピニからとされている箇所。この文はその Ch. 2 の当該箇所からであるが，以後いちいち明記しない。しかし他にも一致するあるいは似かよった文は多い。

4　彼らの法と掟について ［XXX-73］

〈次の掟［ヤサ］が，タルタル人の間で彼らの最初の主人チンギスカムによって定められた。すなわち，自らの権威で高慢になり君侯たちの選任を経ずに皇帝にならんとする者は誰であれ，一切慈悲なく殺される。このため，チンギスカム自身の甥のクイウカン［クユク・カン］という名の君侯の一人が，選ばれぬまま統治しようとしたため，選挙の前に殺された[1]。もう一つ掟がある。すなわち，全ての土地を自分たちの支配下に置かねばならぬ，自ら投降して来るのでなければ，いかなる人種とも講和を持ってはならぬ，と。彼ら自身の殺戮の時が来るまで80年戦わねばならず，これから18年だけ支配するはずである[2]。その後，彼ら自身の言うところによると，予言されたごとく他の国民に敗れるに違いないが，しかしそれが誰かは分からない。それを逃れることのできた者は，彼らの言によると，戦で彼らを破った者が守っているその法を守らねばならない。彼らタルタリは，占い・前兆・腸占い・魔術・巫術を大いに用い，悪魔から答えられると，神が自分たちに語っているのだと信じる。また，チンギスカムの掟にまず，彼らの軍隊は千人隊・百人隊・十人隊に編成されるべしとある〉。

　さらに，次のようなカアムの全体命令がある。どこであれタルタル人あるいはその奴隷[3]により女性が，それがなん人であれ，捕えられた場合は，彼らによって保有され，その望みのために利用されるし，もし望むなら，それを永久に自分たちの奉仕のために留め置く。馬については，次のようなカアムの全体命令がある。誰であれ馬を盗むことのできたタルタル人は，どこからまたどこで見付けたのであれまた誰のであれ，それがタルタル人のでないかぎり，その者がその所有者と見なされる。さらに，旅人については彼の次のような全体命令がある。誰であれ，また言うに，タルタル人あるいはタルタル人の奴隷[4]が，道で誰かに出会

ったならば，それがタルタルのカムの印璽[5]を持つ商人でないかぎり，その出会った者あるいはそれを捕まえた者によって永遠に奴隷として所有されるし，それがタルタル人の奴隷なら，その主人によって取り戻されるまで所有される。タルタル人には，異なる言語を持つ二つの種類があるが[6]，法と典礼はフランク人とテウトン人［ゲルマニア人］のごとく一つである。

1）カルピニでは，「クユッカンが選出される前，君侯の一人でチンギスカンの甥が殺された。彼は選挙を経ずして支配しようとしたからである」（Ch. 5）。チンギス・カンの末弟テムゲ・オッチギンのことであるが，処刑されてはいない。　2）カルピニでは，「これまで彼らは42年戦って来，この先10と8年支配するはずである」（Ch. 5）。　3・4）servis/servus：〈タルタル人に仕える者〉の意。　5）bulla：It. *bolla*〈印〉，パイザ（牌子）またはタムガ（執把聖旨）のことであろう。　6）モンゴルとウイグル（トゥルク）。

5　彼らの高慢と不敬について［XXX-74］

　彼らは，いとも不敬で高慢なことに，自分たちの主カアムを神の子と呼び，それを地上の神のごとく讃えて崇拝し，次のとおり自分たちの中に成就されていると言いつのる，「天は天の主に，地は人の子に与えた」と。実際，カアムは自ら神の子と称し，書状ではその名で皆に命令し，彼の家臣すなわちタルタル人の君主バヨトノイ[1]とバトー［バトゥ］も，彼らのもとにやって来る全ての使者に無理やり3度膝を折り3度頭を地面に打ち付けて拝ませる[2]。こうしていやが上にも思い上がり，間もなく自分たちが全世界の主人になると自惚れ，そのため気が狂って，この世で自分たちのカアムより偉大なものは誰もいないと信じ，また自分たちが教皇その他高い位に任命されるのだと公然と主張する。この世にいる全ての人間を家畜の群のごとく見なし，自分たちだけを全ての者の上位において，教皇や全てのキリスト教徒を犬と呼び，彼らもまた偶像崇拝者だ，なぜなら木と石を拝むから，つまり十字架は木や石に刻印あるいは刻まれているから，と断定する。

　幻を観察し，悪魔の術を用い，魔術師あるいは占い師を持ち，彼らを通じて偶像の中に棲む悪魔から答えが与えられることを求め，言われるところによると，神が語り掛けているのだと信じる。〈その神をイトガと名付け，コマン人はそれをカアムと呼ぶが[3]〉，それを驚くほど敬い畏れ，またそれに多くの犠牲と食べ物

と飲み物の初物を捧げ，何事もその答に従って行う。太陽は月の父である[4]，光
を太陽から受けているからと言い，あらゆる物が火で浄められると信じる〉。

　日と月，とりわけ月齢，年そして時刻を観測する。彼らの間ではどの日にもど
の時刻にも断食は行われず，どの日も他より価値高いあるいは祝祭に相応しいと
見なされるわけではない。他の人々の社会に対して非対話的・非友好的で，彼ら
と会話を持つことを蔑み，どこであろうと格闘を優先させようとする。それで，
ゲオルギア人キリスト教徒が二人彼らの軍営に招かれ，タルタル人二人と格闘す
ることになったが，タルタル人は何らかの体の傷のためゲオルギア人によって地
面に倒された。すると他のタルタル人は，彼らが敗けたことにひどく腹を立て，
喚きながらゲオルギア人に突進し，その腕をそれぞれ一本捩って圧し折った。

1）Bayothonoy/Baiotonoi：イラン方面軍を統括していた隊長バイジュ・ノヤン，解説参照。
2）シモンら使節団はこれを拒否したと言われる。　　3）Cf. カルピニ Ch. 3, n. 5.　　4）カル
ピニでは「太陽は月の母」（Ch. 3）。

6　彼らの貪欲と吝嗇について［XXX-75］

　彼らの中では貪欲がかくも大きく燃え盛っているため，何か気に入るものを見
付けるとすぐお構いなしに奪い取るか，その持ち主から望もうが望むまいが無理
やり取り上げる。金を高利で貸し，10 デナリウスにつき月 1 デナリウスの利息
を取り，最初の 10 年が過ぎるとまた 1 年毎に利息として 1 デナリウスを取る。
こうしてゲオルギアでさる兵士は，タルタル人から借りた 500 イペルペロを 5 年
間保有して，利子として 7 千イペルペロ支払わされた。またタルタル人のさる女
当主は，ある者に 50 頭の羊を貸し，彼はそれを 7 年間保有したのだが，彼女は
その者から羊の利子として 7 千イペルペロ要求し，彼はそれをそっくり償わねば
ならなかった。加えて，彼らの納税義務者の上にはアウァグ[1]，つまりその地の
大バロン，の地のような租税の負担が重くのしかかる。第 1 に，当然ながらカア
ムは少なくとも 15 ドラクマあるいはアスペル[2]の税を課すが，それは 30 ステル
リングに値する。第 2 に特別な君主，第 3 に地方の君主，第 4 に正式の使者，第
5 に彼らに贈り物の提出を行う通例の使者，この後さらに馬の強制奉公を伴って
不意に来る使者があり，その費用を負担する。加えて，農夫それぞれから 3 アス

ペル，どの牛からも 3，羊 6 匹につき 3，徴収する。贈り物はたっぷりと受け取り，お返しをしない。誰かから何を貰っても何も返さない，あるいは無償で返礼する。否むしろ，何であろうと何時であろうと彼らに与えられた物は，あたかも全て自分の君主に権利があるかのごとく判定される。このように，彼らの手は常に取ることに伸ばされており，与えることには縮んでいる。

　無数の羊や大型家畜の群に溢れていて，それを育て増やすことを大いに喜び，「野ロバの喜び，家畜の群の牧場」であるが，貪欲への非常な執着ゆえ，健康なあるいは生きた動物はほとんどあるいは一切食べず，死ぬか死にそうになったかカタワになった時，あるいは何か疫病かその類に罹った時に食べる。だから，家畜小屋が一杯であっても，貧しい者に手を差し伸べない。しかし，次のことだけは褒められる。どこであれ昼食あるいは夕食のところに誰かがやって来ると，食事をしている者は快く話しかけ，望むなら一緒に食べることも厭わない。

　1）Avagh：Awag Mkhargrdzeli，ゲオルギア王国元帥イワネーの息子，同国北部にその大所領があった。　2）asper：当時西アジアに流通していた〈白〉銀貨。

7　彼らの無節操と放恣について ［XXX-76］

　彼らは悪において全く抑制がなく，自分たちが始めた破壊を抑えねばならぬ，あるいはできるとは決して考えない。例えば，自ら次のように主張してはばからない，「我々は，と言う，弓手の手から放たれた矢のようだ，それを阻み粉砕する障害と出会うまで止まらない」と。大多数の者に対して高慢で，どの人種も自分たちに抵抗できないとほのめかす。そのため，例えば次のように公言する，「我々は，と言う，水多き大河のようだ，あまりの深さを前に渡ることはできず，溢れる勢いは出会うもの全てを飲み込む，小さな泉から湧き出し，いくつもの小川から流れ出たにもかかわらず」と。

　しかも最下層の召使いすら，支配下にある町すなわちゲオルギア，トゥルキア，ペルシャ，大小アルメニアの町から，女性を捕まえ誘拐している。ただし，その共同体によってあらかじめ防御されていた町はそうではない。同じく，召使いや使者は，自分が乗る馬がなくて困っていると，馬に乗っている者に出会えばだれ

であろうと馬から下りさせ，馬を好きなところに連れて行く。

　タルタリは，窪んでいない目をしており，その目は止むことなき過ちに満ちている。サラセン人と同じくあらゆる家畜と見境なく交わり，サラセン人の間で常にソドムの罪が蔓延していたごとく，タルタル人の間でも広まっている。

　タルタリはまた，望むだけまた養えるだけ妻を娶り，血縁や近親の程度は彼らの間では何も守られない。実際，妻が死亡すると姉妹あるいは娘を皆，彼女らが望むなら個々にあるいは同時に，妻にする。しかし三つの人物，母・娘・姉妹がその結婚から除外される。自分自身や今の妻あるいはかつての妻に属するその他全ての人物を，自由に妻にする。また妻を娶った時は，自分によって懐妊したか出産したのでない限り，夫はその女性を自分の妻と見なさない。したがって，もし産まず女だと，夫が望めば追い出す。また夫は，妻が自分の子を産まない限り，妻から持参金を受け取らない。同じく妻も，子供を産まない限り父あるいは母から貰わない。

8　彼らの冷酷と奸計について ［XXX-77］

　彼らの冷酷なこと，老人も敬わなければ子供も憐れまぬほどである。彼らの下では流血は流水のごとく見なされ，斃された人間の体は糞の山のごとく計られる。一民族のみならずキリスト教徒ほか全ての人間の抹殺に狂奔する。人肉を，火で焼いたのも煮たのも獅子のごとく喰い，ある時は必要のためある時は快楽のためある時は不安と恐怖 ［を煽る］ ため，それが人々の耳に入るように仕向ける。こうして，殺人を大はしゃぎで自慢し，たくさん殺したほど彼らの魂は狂喜する。ここペルシャにおいても，彼らがドゥルバディ ［デルベンド］ というカスピ山のふもとの塞の町を奪った折，そこの住民は皆斬首され，抵抗した者も死んだ者も耳を切り取り，酢漬けにしたそれを 2 頭の荷獣に積んでカアムのもとに送った[1]。人々を崖から突き落とし，他の者は首を石の上に置いて脳を潰し，別の石でその首を擦って殺す。家に押し入り，死の恐怖に身を隠していた者も心臓に剣を突き刺して殺し，傷から血が流れている傍で座って食い飲みし，こう言いながらまた刺す，「おや，ここで休んでいなさる，お前たち我らの敵さんは」。

　また彼らにあっては，欺き・奸計・嘘は数え切れない。〈塞の前に攻城機が長

期間据えられ，抵抗する者に甘い言葉を掛け，多くを約束して自分たちの手の中に来たるようにさせ，彼らが降伏すると言う，「ここに出て来い，俺たちのやり方でお前たちの数を数えられるよう」。彼らが出てくると，職人とわかった者は自分たちに残し，他は皆，奴隷として保有したい者を除いて，石の上で石でもって脳天を砕く²⁾。戦ではまた，自分たちにずっと奉仕させるためにおそらく何人か取っておく以外は，捕えた者はすべて殺す。殺す者を，百人隊長の間で分け，彼らによって両刃の斧で殺される。彼らはさらにそれを捕虜たちに分け，処刑用にどの奴隷³⁾にも隊長の思うところにしたがって10人前後与える。〉投降した者に何か約束しても何も守らず，できる限りの機会をとらえて難癖をつけて反対する。したがって，彼らにあっては常に勇敢さよりも偽計と欺瞞で戦うことに注意する必要がある。

1) 1239 年バトゥ指揮下の軍に攻略された時のこととされる。　　2) カルピニでは「斧で殺す」(Ch. 6)。　3) Ch. 13 [XXX-83] では「百人隊長」。

9　彼らの食べ物について [XXX-78]

次に，食の点で極めて不潔で汚い人間である。〈布卓も手布巾も使わず，パンもなくあるいは誂えず，しかも誰かがそれを食べることを軽蔑する。野菜も木の実もなく，肉の他に食べるものはないが，それとて，他の国民ならほとんど生きて行けないほど少ししか口にしない。また〉，[自国に] 産しないから騾馬は除いて，〈どんな種類の肉でも酷く汚くまた欲張って食べ，脂肪を触った指を舐め，脛当てで拭く。しかし高位の者はいつも何か布を携えていて，最後にそれで拭く。食事の前に手を洗わず，後に碗も洗わない。また，時にそれを肉汁で洗い落とす時には，そのすすぎ汁を肉と一緒に鍋の中に戻し，でなければ鍋も匙その他その類の壺も洗わない¹⁾。〉

馬肉を他のよりも喜ぶ。ネズミの肉も猫のも大いに喜んで口にする。酒は，手に入れることができた時には，大喜びで飲む。カモウス [クミーズ] という獣乳を毎日飲み，ある者たちは強い酒に酔っ払う。朔日あるいは彼らの腹の²⁾祭日を祝う時には，歌うというより喚くことおよび飲むことは自由で，そうした飲酒が

続く限り，誰も仕事をしないし使者も派遣しない。そのため，教皇から彼らの下に派遣された説教師会の修道士たちは，彼らの軍営に6日間ずっと留め置いて調べられた[3]。人肉も獅子のように貪り，火で焼いたのも煮たのも食べる。自分たちに抵抗したり敵対する者を捕まえると，それを食べるため一か所に大勢集まり，その反抗の仕返しに地獄の吸血鬼のごとく血を貪り吸う。〈キム人[4]の町の攻囲中食料が欠乏した時，10人の中から一人を選んで食用にした。虱も食べ，妻は夫の，友は友人の頭あるいは別の所からそれを取って言う，「傍にいる我が主君の敵にもこのようにできるといいのだが」。（また吝嗇ゆえ，いっぱいいるにもかかわらず自分の家畜は，健康なのか生きているのはほとんどあるいは決して食べず，死んだのか死にかけているかあるいは何か不都合な病気にかかっているのを食べる。）[5] 彼らのもとでも，食べ物であれ飲み物であれ無くなるままにすれば，大罪である。そのため，骨はその前に髄を抜き出されなければ，犬に与えることも許されない。〉

1) カルピニでは「もし洗うときは同じようにして洗う」（Ch. 4）。　2) ventrium：D *mensium* 〈月の〉。　3) この書き方からすれば，おそらくヴァンサンの文。　4) Kimorum 〈金朝人〉，カルピニでは Kitaorum 〈キタイ人〉。　5) （　）内は，リシャールによればC版のみ。Ch. 6 [XXX-75] にもある。

10　彼らの風采について［XXX-79］

彼らに共通する普段の姿は次のようである。髪の毛は皆，その色は自分［の肌］より濃くはないが，［我々のところの］俗人のように，頭の上に平たい頭巾を被っている。後ろの部分は，長さ1掌尺［9インチ］，幅も同じ尾っぽになっており，高位の者たちにあってはその尾の所がいくぶん広がっている。髪の毛の端は，前の部分でも側面でも指の厚さほど外に反り返っているが，後ろはそうではない。その端の二つの括りがそれぞれ耳の上で縫い込まれているが，それが顎の下で結ばれて，髪の毛が頭にくっつくようにしており，風や他のものでバラバラにならないよう止めてある，あるいは圧し付けてある。その二つのそれぞれの括りの上に，風になびく小さいリボンがあるが，飾りというよりはむしろ怖がらすためである。タルタル人の頭髪は以上のような形であり，彼らと一緒にいる者も皆そう

である。

　タルタル人の服は，腕を除いて体全体を包み，たいてい黒色である。左側は，着る前は分かれていて，臍まで開いており，上は前の部分は同じように横から横に伸び，下は膝より下には下がっていない。後ろは前よりはいくぶん下がっているが，肋骨の外には飛び出していず，あるいは肩まで広がっていず，後ろに伸びている。横の3本指幅の二つの帯によって肩の上で後ろは縫い込まれ，下は真っ直ぐに下がっている。前の部分は，臍の所で横から横へ同じように広がって縫い込まれている。腕も横腹も胸も，臍から上の前の部分は，小さい二本の紐を除いてこの服で覆われていない。衣服によっては，上述の形の他に，側面が二か所で裁たれている。これは彼らの衣装に特有の形で，これによって他の人々からタルタル人が区別される。

　彼らはまた，鉄片の上に革を重ね合わせたもので防備しており，上腕にも革を巻いているが下腕はない。弓で矢を射る時は，右腕を装備全体から出し，射た後再び着用する。君侯も隊長も軍旗手も顧問も同じくそうするから，彼らの10分の1だけがそれを持っているとか持っていないとか，考えてはならない。

　カサ貝のように何重にもなった皮の帽子と，サラセン人のように長さ1腕尺の片刃の小さい刀を持つ。短刀で戦うことは知らず，公には持ち運ばない。盾は用いず，槍はごくわずかしか使わない。それを使う時は，横の方から突く。槍の先に紐を結び，腕に抱える。また，槍の尻にはある種の鉤が付いている。何よりもしかし，弓矢と馬の疾駆に頼る。

11　通常いかに土地を侵略するか [XXX-81]

　どこかの地域を侵略しに行く時は，一団となって進み，前面の広い土地を占拠する。その位置に拠点を置き，右左に分かれて行くことはしない。そして，その地域を侵略して奪うために，夜皆周囲の山に登り，朝になると上述の平地に先遣隊を送る。それを避けられなかったその平地の者は，助かると信じて山に逃げる。しかしそこにいた，また彼らに向かって下って来たタルタル人によって，たちまち殺される。したがって，自分の地を彼らの侵略から護ろうとする者は，彼らがその地に展開し始める前に兵士を配置しておかねばならない。彼らが展開し始め

た後は，その地の誰も協力して他に支援を提供することはできず，かくして彼らは隊を組んで人を探し出して殺す。またもし城に閉じ籠ると，タルタル人は包囲しているその城塞の周りに3千か4千かそれ以上を置き，またその土地には殺戮のための者が広く送り込まれる。〈こうして城塞の中に閉じ籠った者を，檻に入った自分たちの豚だと言い，他の安全な場所の者よりもそうした者たちの方を喜ぶ。すでに自分のものとなったからである。〉[1]

　敵に向かって出撃する時は，最初の出撃でそれ以上進まない境界を定める。2番目，3番目とその後も全て同じようにする。同じく，退却する時も決してそれ以上逃げない境界を定める。敵の強さが自分たちに勝ると考えない時は，その面前から逃げ，まるで彼らによって逃走させられたかのごとく見せかける。武装した彼らが武装していないタルタル人を長く追跡し，武具の重さと道の長さで疲れてもはやそれ以上追跡できなくなると，タルタル人は新たな馬に乗って彼らの方に向きを変え，その中に跳び込んで捕えて殺す。またある時は，自分たちの間に入って来る場所を作るよう，逃げながら敵に道を開け，彼らがバラバラに広がると，口笛や叫び声で一箇所に狭め，そして取り囲んで殲滅する。タルタル人が破壊した土地はどこでも，常に飢餓が後に続く。

1) カルピニ Ch. 8 より。しかし他の大部分もほぼ一致する文を持つ。

12　いかに城塞を攻囲するか［XXX-82］

〈さらに，どこかの城塞を攻囲する時は，誰も入ることも出ることもできぬよう取り囲み，強力この上ない機械と矢で攻め，城内にいる者が休めぬよう昼も夜も攻撃を止めない。一方，彼らタルタル人は交代に休む。過度に疲れぬよう部隊を分け，次から次へと攻撃を続けるからである。また，ギリシャ火焔や殺した人間の脂肪も射る。それを溶かして家屋の上に発射し，その脂肪の上に火が付いたところはどこも燃え，消すことができない。しかし，葡萄酒か麦酒を上からかけると消すことができるし，肉の上に落ちた場合は手で擦ると消える。この方法で勝てない時は，城塞に泉か川を導き入れて塞き止め，あるいは流れを変えて水浸しにし，でなければ城塞の地下を掘って武装して地下から入り，一部は城塞の中

で人間と戦い，他の者たちは火を付けて焼く。それでも勝てないと城塞の前に居座り，敵の投げ槍や矢に邪魔されない程度のところに自陣を構え，時には城塞の前に長期間，ヨハンネス・デ・プラノカルピ修道士がアラニアで見たように，12年かそれ以上居続ける。♪[1]

　さらに，城塞あるいは都市の攻囲でそこの住民に勝てないと見た時は，そこからあまり遠くへ逃げず，少しばかり身を隠す。居座っていた彼らが遠く去ったあるいは完全にその境域から姿を消したと信じ，安全だと思って城塞を開くと，彼らはすぐにその中に侵入して都市や城塞を奪う。ペルシスにあるスパハム［イスパハン］という百の門の町を彼らは，力によってではなくそこに導き入れた水の氾濫によって奪った。このように，彼らは多くの地を兵によってよりも奸計や計略でもって奪ったのだった。

　1）カルピニ Ch. 6，アラニア（アラン人の地）の例は Ch. 8。

13　捕虜あるいは投降者にいかに対するか ［XXX-83］

　〈すでに述べたが，攻囲された者たちに甘言をもって語りかけ，自分の手の中に入って来るよう大いに偽って約束し，投降するかあるいは捕えられると，自分たちの仕事用に残して置く職人，あるいは奴隷にしたい思う者を除いて皆殺す。貴人や高位の者は決して容赦せず，あるいは何らかの理由で残して置く場合でも，懇願によってもさらなる金銭によっても捕虜の身から脱することを許さない。殺す予定の者は，前にも言ったように，百人隊長たちに分配される。♪[1]

　攻囲した城塞の人間にせよ自分たちに歯向かう者にせよ，勝利と栄光の印として殺した時は，殺した人数を確認し他の者たちに恐怖を植え付けるために，ほぼ千人に一人をどこか高い目立つ場所に，頭を下に足を真っ直ぐ伸ばして吊し，殺された他の者たちは皆地面に横たわったままにしておく。こうして，前に述べたごとく[2]，ペルシャの町ドゥルバルディ［デルベンド］を奪った時，自分たちの冷酷さを見せつけ恐怖の噂を広めるために，全住民の首を切り，そのうち反抗して死んだ者の耳を切り取って酢漬けにしたものを，2頭の荷獣に積んでカアムの下に送った。

〈このように彼らは，昔のチンジスカムの命令がその許で保たれているように，自分たちに服従するのでなければ，どの人間とも講和しない。また，服従している者から次のことを要求する。すなわち，自分らとともに全ての人間に対して戦いに行くこと，人間にせよ他の物にせよ全ての10分の1を差し出すことである。上述の小兄弟会のヨハンネス・デ・プラノカルピ修道士が見たところによると，カアムの側からルシアに派遣されたさるサラセン人は，子供3人につき一人を要求し，それを連れ去った。同じく妻のない男と夫を持たない女も連行した。にもかかわらず，生後ひと月の幼児でもあるいはどんなに貧しくとも物乞いでも，貢納として白か黒の熊の皮1枚と，黒い海狸1頭〔の皮〕かそれと同じ価値のものを他に何か納めるよう命じた。彼らの支配下にある君主たちも，彼らのもとに来ると卑しい人物のように扱われ，何の名誉も受けられない。また，盛大な贈り物をせねばならず，とりわけ首長たちとその妻，役人たち，千人隊長から百人隊長，のみならずはてはその奴隷までもが，彼らにも彼らから遣わされた使者にもひどく厚かましく要求する。ある者たちは，殺す機会を見付けると，自分たちだけが地上で支配できるよう，毒であるいは飲み物で滅ぼす。〉[3] こうして，その専制の下に帰す者は粉々に砕き，下に敷くことのできない者は恐ろしい目で睨み，歯をきしませるのである。

1）カルピニ Ch. 6.　　2）シモン Ch. 8, n. 2.　　3）カルピニ Ch. 7 より。しかしかなり要約されている。

14　彼らの奴隷について ［XXX-84］

トゥルク人，ソリマン［ムスルマン］つまりサラセン人，コマン人，また自分たちに隷属しているタルタル人，キリスト教徒，これらは戦で刀でもって捕えて様々な所から連れて来た者たちであるが，それを奴隷にしている。そして，裸で極度の貧困の中でかろうじて息をしているだけの彼らを，望むがままに鞭打ち倒し，気が向けば理由もなしに殺す。しかし一方，キリスト教の典礼やいかなる宗派のいかなる人間の礼拝も安全かつ自由に守ることを認め，彼らの支配しているところではどこでも，全て彼らが命ずるとおり彼らに仕える限り，いかなる人間

の風習も気に掛けない。そのため，マコメトゥスの法は軍営ではサラセン人によって毎日5度全ての聴衆に公然と唱えられ，彼らの支配下にあるサラセン人の住むどの町でも同様である。これらサラセン人は，軍営とそれら全ての町で，禍々しい不実な信仰を奨め，その過ちを続けるよう人々を惑わせ堕落させている。

　彼らの中には，捕われた女性もたくさんいる。自分たちにとって有益と見なす仕事の職人と，町で捕えられた者のうちずっと奉仕さすために取っておく者の他に，女性を，乙女も処女も結婚したのも，捕えて料理女にし，極度の餓えと貧困の中で裸のまま仕えさせる。言われるところによると，人々の10分の1を捕らえて強制的に奉仕させる。10人の男児を数えてそのうち一人を取り，女児についても同様にする。それらを皆自分たちの地に連れて行き，永久に奴隷の身分に置く。また，自分の奴隷から生きた者を誰か一人選び，自分が死んで埋葬される時，それを自分の墓の中に生きたまま置く[1]。〈したがって，彼らに服従している者にとっては，軍隊で彼らとともにある多くの者にとってと同様，酷く忌まわしいことであり，我らの側の者が自分たちを殺さないと信頼したなら，彼ら自身，上記ヨハンネス修道士に語ったように，彼ら［タルタル人］に対してあらゆる所で戦うだろう。〉[2]

　1）カルピニ Ch. 3，ただし「奴僕はほとんど息が絶え始めるほど長くその下に横たわり，そのあと息ができるよう引き出す，これを3回する」。　2）カルピニでは，「彼らの軍中には，好機と見ればタルタル人に対して戦うような者がたくさんいる」（Ch. 8）。

15　彼らの女性について ［XXX-85］

　タルタル人の女はしかし，この上なく醜い。既婚者は皆，頭の上に長さ約1フート半の籠[1]を載せている。全体が円筒形で，天辺が広く，絹あるいはサマイト[2]ですっかり覆われ飾られ，真珠や金銀細工が散りばめられ，上に孔雀の目の羽根が飾りに挿してある。彼女らはまた，胸飾りがついた銀や金でメッキされた手綱を持ち，胸甲には鈴が付いていて，誉れと威厳の印しに大きな音を立てる。大きく太った儀仗馬に乗り，多くの金を混ぜた様々な色を付けた革のカムブカ[3]を持ち，それが馬の両脇に垂れている。〈しかし，娘や未婚の女性は男と簡単には見分けが付かない。習慣においても振る舞いにおいてもほとんど同じ様であ

る。〉大君侯たちの妻は皆，夫と同じようにサマイトか金糸の緋衣を纏っている。普通はしかし，他の女性は皆帯の下に，たくさんの襞を豪華によせて縫い込んだ，摘み取ったボカランを着ている。前がすっかり一体になっていて，着た後に左側で四つか五つのボタンで閉じるあるいは止める。

　タルタル人は皆共通して，白い羊毛の別の衣類を持っており，雨の時あるいは冬にもそれを上に羽織る。〈彼女らの夫は，弓以外何もしないが，弓の訓練のために狩に行き〉，また彼ら同士で格闘する。〈しかし，家畜の群の世話はいくらかする。馬を非常に大切にし，何にもまして守るべき最大のものである。一方，女性は様々な仕事をする。毛皮・衣服・靴・脛当て，そして皮で作る全てのものである。車馬も曳くし修理もし，駱駝に荷を積み，男のように弓を射る者もいる。ズボンも皆，男と同じようにはく。別の者たちはまた，あらゆる仕事に巧みで敏捷である。娘も女も皆馬に乗り，箙と弓を携える。男と同じように易々と馬で駈け〉，どちらも馬を駆りながら多くの事をすることができる。

1) canistrum：ボクタク（顧姑冠・孛黒塔）と呼ばれるブーツに似た頭飾り。　2) samite〈サミ〉：金銀を織り交ぜた絹織物，錦。　3) cambuca：不詳，文脈からすれば〈馬の腹垂れ？〉。

16　彼らの死と埋葬について ［XXX-86］

〈誰かが死の病に陥ると，その住まいに棒を一本立て，その周りに黒いフェルトを巻き付ける。それ以後誰もその住まいの境界内に入ろうとしない。死亡すると，低位の者の場合はひそかに野に埋葬し，真ん中に天幕を一つ据え，その前に卓と肉をいっぱい盛った盆と馬乳の入った盃を置く。また死者と一緒に，子馬のいる雌馬と鞍と手綱を付けた雄馬を埋める。別の一頭は食べ，その皮に藁をいっぱい詰め，2本ないし4本の木の上に高く掲げる。死者のために皆こうするのだが，これはあの世で天幕と雌馬を持てるように，つまりその雌馬から乳を得ることができるように，また自分の馬を増やし，それに乗ることができるようにするためである。食べた馬の骨は，彼の霊魂のために焼く。女たちも，その死者の霊魂のために骨を焼きに集まる。〉1)

　死亡したのがタルタル人の金持ちや高位の者だと，とても高価な衣服と一緒に，

しかしその衣服が剝ぎ取られないよう，誰からも遠いところに秘かに埋葬される[2]。友人たちは，彼の馬を頭から始めて尻尾まで皮を剝ぎ，次いでまずその長さに応じて革の鞭をわずかな幅だけ切り取り，その後，馬の皮をすっかり引き抜いて籾殻を詰め，死者の記念に，棒を取って馬の尻から首まで刺し貫き，それをそこで2本の叉木の上に挙げて吊るす。その後馬の肉を，言ったとおり，まるで彼の霊魂を援けるためのごとく食べ，死者を悼んである者は30日，ある者はそれより多くあるいは少なく，号泣する。大君侯の場合だと，前にも言ったが[3]，死ぬ前に自分の奴隷の中から一人を選び，それに何か印を付けておき，自分が死ぬと，その奴隷を生きたまま一緒に墓の中に入れさせる。

　さる地のキリスト教徒，しかし最悪の者たち，の中には次のようなタルタル人もいる[4]。すなわち，親が老いて老年の翳りが深まって来たのを見ると，息子は羊の尻尾かそうした類の脂肪を与えて食べさせ，それに塞がれて容易く窒息するようにさせる。こうして死ぬと，その遺骸を焼き，灰を集めて貴重品のように取って置き，食事する時毎日自分の食べ物の上にその灰を撒くのである。

1）カルピニ（Ch. 3）の要約。　2）高位の者の埋葬法は，以下カルピニ（Ch. 3）と少し異なる。そのことは，カルピニの原文がこのようであったかもしれない可能性を示唆する。3）シモン Ch. 14.　4）カルピニでは「ブリタベト」（チベット）。

17　主君の殺害後タルタル人が服属せしめた国について ［XXX-87］

　ダウィド王とその者たちが皆，前述したごとく[1]タルタル人によって殺され，その恥ずべき行いを成し遂げたことを大いに誇るチンギスカムとタルタル人は，悪魔に煽られて狂気の内に高慢を燃え立たせ，地上の主となること，つまりほぼ全世界を自らの支配下に置くことを心に描いた。インディアに対する広範な勝利に勇気付けられ，神の許しと，ダウィド王とその民の罪ゆえに，屈強な若者と好戦的な男たちを手に入れて隷属下に置き，近隣の地域を漸次侵略・征服し，すっかり己が支配下に服せしめた。こうして，最初貧しく卑しい奴隷にして貢納者であった者たちは，インディア王の地を侵略し，全てをみそなわす神の審判と多くの国民の罪ゆえに，金銀・家畜それに多数の奴隷を所有して豊かになり，ほとんど全ての東方の国々の人間の主となった。こうして，誰にも邪魔されることなく，

タルタリアからほとんど日の昇る所まで，日の昇る所から地中海まで[2]広がり，無数の国々を自らの頸木の下に繋いだ。彼らに破壊された地では全て，後に例をもって示されるごとく，酷い飢餓がすぐそれに続いた。

〈彼らの隷属下に置かれた多くの地では，一部の者は雄々しく彼らに抵抗した，すなわち大インディアとアラン人の一大部分，キタイ人の一大部分[3]とサクシ人［ゴート人］である。タルタル人は彼らの都市を占拠したが，彼らに勝つことはできなかった。〉真にタルタル人は，強力に抵抗する者に対しては少なからず臆病で，雄々しく防衛しまた戦う強固な人間の中には跳び込まず，彼らの力は逃げる者に対して向けられる。そのため，どの国民よりもフランク人——彼らおよび海の彼方の者たちはキリスト教徒を全て広くまとめてこのように呼ぶ——を恐れる。だから，教皇から派遣された説教師会士が彼らの軍にやって来た時，彼らタルタル人は非常に恐れ，軍隊中でフランク人がやって来たと言っていた。フランク人は，修道士たちに続いてすでにトゥルキアの真ん中にいた[4]。そのため，彼らが権力を握っているところではどこでも，フランク人を金つまり給料で雇うことを禁じている。サラセン人・ゲオルギア人・アルメニア人，その他彼らに貢を納めている国民がどれほどタルタル人を憎んでいるかは疑いないことであり，彼ら自身上述の修道士たちに，自分たちが強いられている苦難と悲惨を伝えたのだった。

1) Ch. 1. これと以下の歴史の章（〜Ch. 21）は，シモンの原本ではおそらく Ch. 1 に直接続いていたであろうと推定される。　2)「日の昇る所から地中海まで」：モンゴル支配下にある領土の広大さを表す言葉の最初の例として注目される。Ch. 46 にも現れる。　3) カルピニでは「キタイ人のさる部分」（南宋のこと）（Ch. 7）。　4) モンゴル支配下の国におけるフランク人傭兵の存在についての記述は，他になく注目される。

18　いかにコラスミン[1]を破り追放したか ［XXX-88］

かくして，前述のごとくインディアでの勝利の後，彼らは高慢の首を高く伸ばして全世界の征服にまで思い上がり，コラスミンにまるで一番近い隣人のように使者を送り，傲慢にも，チンギスカムとその軍に屈服し貢納とともに永遠の奴役を差し出せと命じた。しかしコラスミンは，自分たちに対するこの命令に激怒し，

使者を皆殺しにした[2]。それでタルタル人は，その殺害にこの上なく憤慨し激高して大多数が集結し，自発的にあるいは召集されて加わり，コラスミンの土地を侵略した。出会った者は皆刀でなぎ倒し，他は全て亡命者か避難民のごとく国境から完全に追放した。それでコラスミンは，彼らの迫害を避けて逃走し，ついにペルシスそしてとりわけゲオルギアの都市トリフェリス［ティフリス］に流れ込み，そこで7千の人間を殺した[3]。後にしかし，とうとうそこにもタルタル人が襲って来ると，コラスミンは再び逃げ，折よくトゥルキアのスルタンの地に隠れた。その後，エジプトの君主バビロニア［カイロ］のスルタンに招かれ導かれてヒエロソリマ［エルサレム］王国にやって来，フランク人の大都市ガザの前でキリスト教徒を打ち負かし，主の許しの下に多数を殺害し，我らが主の栄光の墓を破壊し，あまつさえ聖都の内外でキリスト教徒をあとうかぎり殺戮した。これが起こったのは，〈後にその箇所で述べられるごとく〉[4]，主の1244年であった[5]。彼らつまりコラスミンは，神が許し給うて，かくも多くの悪行と無慈悲を犯したのだが，しかし今は主の計らいにより，すでにほとんど全て無に帰している。

1）Corasmin：Khwarizm〈ホワーリズム／ホラズム〉人。　2）チンギス・カンから派遣された450人の商人が皆殺しにされたというオトラル事件は1218年，ブカーラ・サマルカンド征服は1220-22年。　3）ホラズムのジェラール・ウッディーンによるティフリス侵攻は1226年3月。　4）シモンからの箇所には，これらに関する記事はない。　5）エルサレム占領は1244年8月23日，ガザの戦いは1244年10月17日。

19　ペルシス人の破滅について ［XXX-89］

　タルタル人はまた，ペルシスを侵略した時，そこなるスパハム［イスパハン］という百の門の都市を奪ったが，力によってではなくそこに導いた洪水によってだった。さらに，自らの残忍さを見せ付け恐怖の噂を植え付けるために，カスピ山のふもとのドゥルバルディというさる城塞都市を奪った折[1]，住民たちの意に反して，彼ら皆の首を切り，反抗して既に死んでいた者の耳を切り取り，酢漬けにしたその耳を2頭の荷獣に積んでカアムの下に送った。

　しかし，ここに述べられているカスピ山について，一つ私に疑問が生じたのでここに挿入しておきたい[2]。我らのスコラ史[3]は，マケドニア王大アレクサンデ

ルが主に祈ってユダヤ人をカスピ山の内に閉じ込めることを成し遂げたと言い，また彼らが世の終わり頃そこから出てくると予言している。しかしながら，我らつまり説教師会の修道士たちが，カスピ山に近いゲオルギアのトリペリス市にあって，そこに7年にわたって住み[4]，ゲオルギア人，ペルシス人それにユダヤ人にも，その幽閉について熱心に尋ねたが，ユダヤ人も含めて皆そのことについては全く何も知らないし，かつて自分たちの歴史の中に何も見出したことはないと言う。ただアレクサンデルが，他の人間や自分たち自身を喰い合っていたカスピ山近くに住む不潔でおぞましい人間をその山の内側に住むようにさせ，そこに門を建設させた，だからそれは今に至るまでアレクサンデルの門と呼ばれる，と書いた物があるだけだと言う。その門の一つをタルタル人が粉砕した。それ以外には，その山に人間を閉じ込めたことについて，その場所には他に何らの事実も発見されない。

1) デルベンド攻略は 1239 年。　　2) この「私」は，シモンと編者ヴァンサンのどちらとも取れるが，おそらく後者。　　3) ペトルス・コメストル Petrus Comestor（フランス人ドミニコ会士）の『スコラ史』 *Historia Scolastica*，聖書に含まれる史実について記した「聖書物語」（12 世紀後半）。　　4) ティフリスの説教師会修道院の建設は 1240 年。

20　ゲオルギア人の破滅について［XXXI-95］

前述の年つまり主の化肉の 1221 年，タルタリはゲオルギアに入り，そこを劫略し始めた[1]。ゲオルギアのさる大君侯が，難を避けて妻子とともに彼らの面前からカスピ山に逃げた。がその道に，3 人の大タルタリが身ぐるみ剝ごうと示し合わせて隠れていた。その辺りで，何か見付からないかと探してうろついていると，彼らの兵の一人が道に足跡を発見した。その足跡を追って，かの君侯を妻子と所持品も一緒に生け捕りにし，その品ともども全て，申し合わせてあったとおり，仲間の所に連れて行った。で，品物と人間を分配することになり，一人が君侯，もう一人が息子，残りの一人が金を取り，妻は共同で売り払うことで一致した。すると，自分の分け前として子供を得ることになった者が異議を唱えて言った，「この子犬みたいなガキが俺の分だと？　おまけに育てなきゃならんのか。失せやがれ」。そこで，父と子は殺し，金は皆で分けるか分配し，妻は売ること

に決め，そのとおりにされた。目の前で夫と息子がどちらも殺されるのを見た妻は，後にゲオルギアで修道女となり僧院で生涯を送った。

　タルタリは，栄誉と勝利の印しとしてまた殺した者の数を確認にするために，千人につき一人を1千番目として頭を下，足を上にして高い所に掲げる習わしがある。ゲオルギアのトリペリス市の劫略では，やはり殺した者の確認のため足を上，頭を下に7人の人間を，それぞれ別の7つの高所に突き刺した。もっとも，その市にタルタル人がやって来る少し前に，前に述べたごとく，コラスミンによって7千人が殺されていた[2]。その殺戮のあと，前代未聞の飢餓が続いた。[3]

　1) チンギス・カンの西征の折，1220-21年ジュベとスブタイの軍はイラン北部からアゼルバイジャン，コーカサス地方に向かい，グルジアにも侵入した。　2) インディアから戻って来たジェラール・ウッディーンのグルジア侵入は1226年，一方チョルマグンのグルジア侵攻は1232年と38年。ここでは，前段のジュベ・スブタイの遠征とチョルマグンの侵略とが混乱している。　3) リシャール版ではこの後に，XXXI-96「ゲオルギア人の塗油と彼らの誤りについて」があるが，全くの宗教論議であり，省略する。

21　アルメニア人の破滅について［XXXI-97］

　タルタリは，ゲオルギアのあと大アルメニアに入り，そこを劫略して服属させた[1]。アルメニアにはアニ[2]という立派な都市があり，そこには千の教会と十万の家族つまり人の住む家があるが，タルタル人はそれを12日で奪った。その近くにはまたアラト［アララト］山がある。そこにはノエの方舟が横たわっており，山のふもとにはノエが建設した最初の町があって，ラディウィネと呼ばれる。その辺りからアラトシ［アラクセス］川が流れ出，冬タルタル人がいるモンガン［モーガン平野］の真ん中をセルウァニクス［カスピ］海[3]まで流れている。その山つまりアラトは非常な高山で，かつて一人の修道僧以外誰も登ったことがないと言われる。その僧は，もし言われることが本当なら，そこに横たわるノエの方舟のために敬虔な熱意に動かされて，何度となくそこに登ろうと試みた。しかし，その山のどこかの部分を登り疲れた肢体を休ませた時，夜が明けてみると決まって山の麓にいるのだった。しかしついに主は，彼の熱意を識りその望みと祈願を聞き届け，天使を通じて，一度だけは登ってもよいがその後は決して試みぬよう警告した。かくして彼は無事登り，下りるとき方舟の板を一枚持ち帰った。そし

て山の麓に修道院を建て，持ち帰った板を聖なる遺物としてそこに恭しく安置したのであった[4]。[5]

1) 大アルメニアの征服は 1238 年。　　2) Ani：バグラトゥニ朝（885-1045）アルメニアの首都。　　3) Servanicum：カスピ海の別名〈シルカシア〉海より。　　4) ルブルクも同じ話を伝える（Ch. 38）。　　5) リシャール版ではこの後に，XXXI-98「彼ら［ゲオルギア人］の誤りについて」があるが，同じく省略する。

22　パペロイッソレ[1]の僭主支配とトゥルキア人の許での狂気について［XXXI-139］

主の 1240 年，タルタル人がトゥルキアを破壊する 2 年前，さるトゥルクマンがトゥルキア領内でスルタン［カイホスロウ 2 世］に対して立ち上がり，ほぼ 2 か月半にわたって狂気を演じた。

この男はパパロイッソレ［バーバー・イスハーク］といい，四つの領地でバイイ［代官］の地位にあった。ある日彼が野で綺麗な馬に乗っていると，一人の農夫が徒歩で走って来，泣き叫びながら，狼が息子をさらって森の中に連れ込んだと訴えた。「ああ，と農夫は言った，聞いて下さい旦那，哀れな男を助けて下さい，そうすればあなたをお金持ちかそれともその方がいいならソルダンにして差し上げましょう」。パパロイッソレは，その訳を聞き約束の誓を受け入れ，狼を追いかけて子供を取り戻し，父親の手に戻した。子供を生きて受け取った農夫は，大喜びでパパロイッソレに言った，「二つの約束のうち望む方を選ぶがよい」。彼は答えた，「かくも即座に約束するお前は，一体誰だ」。「私は，と彼は言った，ニンフェと呼ばれる女主人とともに夜を過ごす者，神の遣いだ，汝に言ったことは何であれそのとおりになる」。そこで彼は，「私は，と言った，十分に金持ちだ，がソルダンにしてもらいたい」。すると農夫は言った，「すぐ親族のところに行け，汝は親族が多い，それを一つに集めて，神の遣いが現れて，神は汝がソルダンになることを欲し給うていると言うがよい」。

彼はそのとおりにし，周辺の多くの領地に侵入して破壊し始め，かつて争っていた者を全て凌駕した。そして，まるで城塞のようなアルメニア人のさる館を占拠し，出来るかぎり勇敢に戦うよう，また誰も死にも負傷もしないゆえ，何も悪

いことを恐れぬよう，家来たちを励ました。これを信じて彼らは城を襲ったが，戦闘で内 8 人が死に，他にも多数が負傷した。戦った他の者たち，つまり死亡した者の兄弟や親族は，その死を嘆いてパペロイッソレに言った，「どうしてお前は我ら親戚の者たちをこのように騙したのだ。お前も同じように死ぬだろう」。しかし彼は，神の遣いが自分にそう言ったのだと誓って言った。「悪魔だったのだ，と彼らは言った，お前を騙したのは」。すると彼は，狂気に取り付かれて気付かない振りをして言った，「おお神よ，いかがなされた，もしや眠り給うか。私は告げよう，明日神の御傍に立つそなたら皆に，そして神に言おう，何ゆえ神は余とそなたらにかく成ることを許し給うたのか」と。

1) Pape-/Paparoissole：Bâbâ Ishâq バーバー・イスハーク，別名 Bàbâ Rasûl Allah ババー・ラスール・アッラー，イスラム神秘主義教団修道僧 Bektâshi ベクタシの指導者，シリアのウルファ生まれ。サモサタ地方（ユーフラテス川上流）のトゥルクマンを扇動し，1240 年アナトリアのセルジューク朝に対して宗教的反乱を起こした（Richard：62，永田雄三編『西アジア史 II』山川出版社，2002，pp. 161-2）。

23　同その破滅について［XXXI-140］

翌日，彼は上述のアルメニア人たちを襲撃し，肩甲骨の真ん中を射抜かれて致命傷を負ったが，死んでも発見されぬよう自分を隠せと命じた。にもかかわらず，こうして始めた企てをそれゆえに諦めることなく，神が命じたとおり，全ての者から勝利と支配を獲得すべく勇敢に頑張れと言って，家来たちを励ました。自分は死ぬと，起こったことの訳を尋ねに神と話しに行くのだと言った。また死ぬ前に，何よりも自分の婿について，この企図と取りかかった活動を継続するならトゥルキアの支配を獲得できることは確実なのだから，自分に代わって指揮を執り，皆が自分にするように彼に従うべきことを決めた。このように彼は，始めた企てに断固として固執し，周囲に 3 千の者を集め，抵抗する多数の者を皆殺し破滅させた。そのため，土地の劫略の時には多数の戦士がその許に集まり，たちまちトゥルク人から恐れられ，彼らとの間に確固たる協定が結ばれるなら，トゥルク人は喜んで彼らにガザリア［カエサレア］を与えようとした。そんな折，彼らによってトゥルキアの破壊がなされつつあることを聞いて，3 百人のラテン人つまり

フランク人が，彼らが結集していた所に到来し，そこに隠れていた者たちを皆破滅させた。戦から逃げていたトゥルク人たちは，その戦いに加わる勇気すら持たなかった。そこで死亡したラテン人は一人だけだったが，負傷した者は多かった。

　こうして，ラテン人のおかげでパパロイッソレから勝利を得たソルダンは，彼らに30万ソルダン［ディナール］与えるよう命じたが，それは全て彼らトゥルク人が保有していたものだった。まことに，アミールつまりトゥルキアのバイイたちも，そこでは行われるのが常であった盗みに加わるのだから，安全を確保するための協定も盗人たちとなすのであろう。その時，ラテン人はソルダンのバイイたちに俸給を要求した。ところが，それを支払うことを拒否して一人が言った，「我々がそなたらに俸給を払うことは正しい，我らの頭はそなたらのおかげで保っているのだから。まことにもって，他日パパロイッソレが我らの城にやって来，我々1万1千の戦士が皆より安全な場所に受け入れられた時，彼は，我らの目の前で城外に出，そこで食料を欲しいだけ受け取り，我らの中から彼らに向かって出て行った者は一人とてなかった。したがってそなたらフランク人は，我らが彼らに対して姿を現そうとする前に彼らに勝利したのだから，そなたらに俸給が支払われるのは正しい」と。このようにして，言われるところによれば，パパロイッソレはその僭主支配を2か月と半分以上には行わなかったが[2]，しかしトゥルク人は彼によって12回破壊され，また1万2千の槍持ちがいた。

1）セルジュークは，このバーバー・イスハークに導かれたトゥルクマン遊牧民に何度も敗北し，スルタンのカイホスロウ2世も首都コンヤから逃走したが，フランク人傭兵（シリア・ハッティンの戦いでの騎士たち）の力を借りてようやく鎮圧した（永田前掲書：161-2）。　2）リシャールによれば，その叛乱は1239年頃から2年ほど続いた（Richard：65）。

24　タルタル人とのトゥルク人の長い戦いについて［XXXI-141］

　タルタル人は，トゥルキアを粉砕し破壊する前にたびたびその地に侵入していた。そこのソルダンはクアラット［アフラート］の境界の方で20年にわたって彼らと戦っていたため[1]，それに当たっていたのはタルタル人の君侯全てではなく，一人か二人だけだった。がついに，このようにパパロイッソレがこれほど僅かな

数でトゥルク人に勝利したのを聞いて，また何よりもトゥルク人の弱さに元気づけられて，翌年トゥルキア全土に侵略した。[2]

　その破壊の前年，2千人の女性がアルセロンから3レウカ離れた浴場に行くということがあった。そうして浴場にいた時，タルタル人の軍が自分たちの方に押し寄せて来るのを見たが逃げることはできず，バイオノイ［バイジュ・ノヤン］とその全軍に永遠に身を捧げることを覚悟した。で彼らがやって来ると，竪琴やティンパニや携えていた様々な楽器で歌を歌い，バイオトノイの前で彼とその軍に奉仕したが，それでも彼らの獰猛な心を和らげることはできず，彼は全員をそこですぐ殺すよう命じた。

　また，トゥルク人の破滅の少し前セウェリアザル［シュリヒサル］の近くで，さる貧しいテウトン人のキリスト教徒の巡礼が盗賊に傷付けられ衰弱して病気になり，トゥルクマンたちに恵みを乞うていた。が病は重く，とうとう霊魂を神に返してさる境域で息を引き取った。で，トゥルクマンは彼をさる煙突の中に葬った。すると次の夜とさらにいくつもの夜，その上に大きな灯りが見られ，さらにいくつもの奇蹟がそこに主によって顕示され，多くの者が吃驚仰天した。悪魔人間カディウス［カディ］は，驚きを抑えようとしてそこに立っている者たちに言った，「彼がキリスト教徒だったと信じてはならぬ。彼は，かつてはサラセンの生まれであったが，おそらくサラセンから道を踏み外した，しかしこれからはサラセンとして生きようとしたのだ。そのため神は，彼に対してサラセン人と同じようにかくなし給うたのだ」と。[3]

1) アフラート／ヒラート（ヴァン湖西）での戦いは，1240年頃の20年前からであれば，ホラズム軍やアイユーブ朝やゲオルギア人に対するもので，モンゴル軍との間ではない。しかしモンゴル軍は，その10年ほど前からアナトリア東部に侵入し始めていた。　2）1242年秋エルズルムが攻略され，翌43年6月キョセ・ダウでカイホスロウ2世がバイジュ・ノヤンに敗れて，ルーム・セルジュークはモンゴルに服属する。　3）奇蹟についてのこの段は，シモンのものかそれともヴァンサンが別の所から採って来たものか確定しない（Richard：29）。

25　トゥルキア王国の立派さと大きさについて［XXXI-142］

　トゥルキア王国は，とても立派で豊かな国だった。城塞・村・集落を除いても

約百の町がある。聖ゲオルギウスの祖国だったと言われる，あらゆる財に豊かな
メレデメ［マラティア］，かつての皇帝フリデリクス［フェデリーコ1世バルバロッ
サ］が20万以上のトゥルク人を抹殺したラビガルメ［テルマ／イルグン］，彼は
その時イコニウムを獲得したがそこからヒエルサレムに向かい，サレフの川で溺
れた[1]。それを聞いたトゥルク人は，ある夜フランク人を襲って殺した。サウァ
スティア［シヴァス］は大共同体あるいは王国で，近隣の城塞の多くがそれによ
って所有されている。そこはまた，市の司教であった福者ブラシウスと他に40
人が殉教したセバステ市である。そしてフィネミグレ［フィロメリオン］地方，
そこの集落は都市に匹敵する。また，3日行程に広がる川あるいは沼がある。さ
らに，多数つまり30の王領があり，その一つはサウァスティアつまりセバステ
である。もう一つはサテッリア［アダリア］で，サテッリア湾という海の入り江
がある。同じく，スルタンの財宝のあるカンダロウル［ガロノロス］，聖ゲオル
ギウスの市メレディン。同じく，アルサロン［エルゼルム］，モンファルクィン［マ
イキファリキン］，カラト［キラート，ヒラート？］，かつてメディア人の市ラゲス
と呼ばれたロハイス［ウルファ／エデッサ］，二人の盗賊の十字架の一つがあった
と言われるササメサット［サモサタ］。さらにイコニウム，その他前述の数に至
るまで数多い。その一つはニクサリア［ニクサル／ネオカエサレア］といい，聖書
の3人の王つまりマギはそこの出身だったと言われる。この国にはまた，聖ブラ
イサムス［バルサウマ］という地があり，そこには3百人の修道僧のいる僧院が
あって[2]，その城塞は，敵から攻撃されるとそれ自体が移動され，また機械を発
射して敵に投げ返す。

---

1) 1239年の第3回十字軍を率いたフリードリヒ1世バルバロッサは，翌40年キリキアのサ
レフ川で溺れて死亡した。　　2) エウフラテス川上流ガルガル近く，マール・サウマ（5世
紀の単性論者，458年没）のヤコブ派修道院，マルコ・ポーロにも「バルサモ修道院」とし
て記される（ラムージォ版I-10）。

26　彼［ソルダン］の富について［XXXI-143］

その富は驚くべきものであったから，毎年冬には，牧場にいるのは除いて1万
の羊を，自分の厩舎に入れた。同じく1万の馬を，牧場や小屋にいるものの他に

厩舎に入れた。ソルダンはまた自分の領地に，6 ないし人によっては 10 の銀坑を有していて，その一つだけで日に 1 万ソルダン［ディナール］の価値があった。レベナの銀鉱は，言われるところによると，毎日純銀の車輪三つの価値があり，溶かされると 3 千ソルダンの値打ちがある[1]。このように，ソルダンの土地は日に 40 万イペルペラ，すなわち銀 5 万 7 千マルクの価値をもたらした。銅の鉱山は三つ，鉄の鉱山はいくつもある。サヴァスティアの近くに明礬の鉱山があり，それは銀鉱一つに値する。馬・香油・石鹸の取引は年 12 万，葡萄酒は 2 万，水は 1 日 1 千ソルダンをもたらす。また，少なくとも八つの塩田がある。さらに，ハクサルの近くにはコックス［深紅色の染料］とアルミナ［明礬］の鉱山がある。インド色［インディゴ］もやはりバウダック［バグダード］の方にあり，トゥルキアにも豊富にある。イコニウムの地にはアズル［ラピスラズリ］の鉱山が発見されたが，その場所は突然覆われてしまった。また，羊毛の他に最良の山羊の毛があり，それでボンネット［縁なし帽］を作ってフランキアとアングリア［イングランド］に売りに送られる。

　こうしてトゥルキアのソルダンは，5 万の兵士にそれぞれ年 1 千ビザンツの給料を払うことができた。ガザリア［カエサレア］にいた彼の許にアルメニアのバイイ[2]が来た時，多額のイペルペロが差し出され，銀 5 百マルクの価値の金銀の壺をそれに送った。ウァタキウス[3]がやって来た時も，同じ様にした。ソルダンの宝物管理人のある者は，カサリアには三つの建物があり，その一つはイペルペロ［金貨］で，二つはドラグマ［銀貨］で一杯だったと言った。こうして，ソルダンがタルタル人によって粉砕された年［1243 年］，戦の前に彼は，サルボア［パンタロン］以外に 1 万 6 千着のサミやタビスの［絹］衣を与えたのだった。

1) マルコ・ポーロでは「パペルト」（バイブルト），トラペゾンダからタブリーズへの間（Z3・RI-4）。　2) 小アルメニアの大公コンスタンチン，王ヘトゥム 1 世（自分の子）の摂政。　3) ニカエアのギリシャ皇帝ヨハンネス 3 世ドゥーカス・ウァタキウス（1222-54）。

27　彼の支配下にある有力者たちについて［XXXI-144］

　また，小アルメニアの王［ヘトゥム 1 世］は 3 百人の槍持ちの間で 4 か月トゥルキアのソルダンに仕えさせられ，さらに自分の首都で年に一度マコメットの法

を宣言させられ，真ん中にスルタンのいる貨幣を自領で作られた。同じくラムブロンの君主は，彼が望む者なら誰でも王にできるように，39 人の槍持ちの間で仕えさせられた。ウァタキウスも，4 百人の槍持ちの中で，彼が望むたびにあるいは望むだけ仕えた。同じく，トラペソンダの君主は 2 百人の槍持ちを彼に与え，アラピエ［アレッポ］のソルダンは彼が望むたびに千人の槍持ちの中で仕えた。メレルディン［マラティア］の君主，ダンタペ［アインターブ］の君主，メレディンの君主とハメット［ハマー］のソルダン，カメッラ［ホムス］とダマスクスのソルダン，モンフェランクィンとハアマントのソルダンは，臣下の礼と誓を介して，誰に対しても力の限り彼を支援するようにさせられた。かくしてこのソルダンは，自分を全世界の君主と宣言させ，自分の子供が生まれた時は，太陽の子が生まれたと叫ばせた。1 万より少ない供の者を従えることは決してなかった。その力の頂点にあった時ラムブロンの君主に，自分は自ら法王のところに行き自分の領土を全て彼に返したい，そうすれば心静かに棺を一つ持てるだろうと言った。そして，もしラムブロンの君主がアミールたちに殺される心配がなければ，すぐにもそうしようとした。ラムブロンの君主は彼に，そこに行かぬようできる限り思い止まるよう助言した。彼の企てはその後阻まれ，実現することはなかった。

　その国には極めて強固な城塞がある。カンデラリア［カンデローレ／マラヤ］と呼ばれ，そこに彼の財宝があり，無数の宝石や金貨の他に，熔かした純金のいっぱい詰まった甕が 16 あると言われる。それらは全て，かつてゴデフレッド・ド・ブイヨンとピン［プイ］大司教の時［第 1 回十字軍］，全てフランク人によって獲得されたものだが，その後ソルダンがフランク人から取り戻し始め，前のように［フランク人を］恐れることは決してなかった。

28　そこでフランク人によって［王に］立てられたソルダンについて
　　　［XXXI-145］

　かくて，この王国の破滅の時ソルダンだったガイアサディヌス［カイホスロウ 2 世]1)が，フランク人によって王に立てられた。［父の］ソルダン・ハラディヌス［カイクバード 1 世]2)は，死亡した時［1237.5］，息子のガイアサディヌスに正当な

後継者として自分の剣を与えた。しかし彼は嫡出子ではなく，ハラディヌスはバビロニアのソルダンの姉妹から二人の嫡出の息子をもうけていた。またハラディヌスにはサダディヌス[3]という一人のアミールがいたが，彼は他の全てのアミールに優り，全員の首を切った。ハラディヌスが死ぬと，そのサダディヌスがやって来て，ガイアサディヌスに言った，「私と一緒に来なさい，貴方をすぐソルダンにして差し上げよう」。その時，ガザリア［カエサレア］の近く１レウカのコンクェバック［カイコバディヤ］にソルダンの家がいくつかあった。またそこつまりガザリアには，１万６千のホラズム人がソルダンの金で駐屯していて，自分たちの中から誰かをソルダンにしたかったのだが，当時そこに１千人もいたフランク人をひどく怖れていた。それで，サダディヌスが来てガイアサディヌスを迎え，ガザリアに連れて行った。その道中，命令を聞いてコンクェバックに向かっていたラテン人つまりフランク人と出会い，サダディヌスは彼らに言った，「さあ，ここにそなたらの主人にしてソルダンのガイアサディヌスがいなさる。連れて行って，位に就けるがよい」。で彼らは，彼をドワーナ［ディワーン］つまりソルダンの家に連れて行き，その座に就けた。すると，ガイアサディヌスがソルダンの位に就いたと聞いて，すぐアミールが皆やって来，跪いてその足に接吻した。彼はしかしフランク人には，自分をその座に就けてくれたゆえ，足に接吻することは許さず，手を差し出した。ガイアサディヌスは，自分が正統の相続人でないため，アミールたちが母親や兄弟たちと結託して彼らに殺されることを恐れていた。で，サダディヌスは彼に言った，「安心なされ，彼らのことはそなたが怖がらずともいいようにいたすゆえ」。そして，彼らを母親ともども殺させた。しかしその後サダディヌス自身が，３人を除いてソルダンを皆殺し[5]，自分がソルダンになろうとしてソルダンを絞殺するための紐を持って来ていたのが見付かり，その悪意がメルゲダック[6]というさるキリスト教徒のアミールによって阻止された。後者の忠誠と前者の欺瞞が明らかとなり，サダディヌスは殺され，メルゲダックがそれに取って代わった。

1) Gaiasadinus：Ghiyâth-al-Dîn Kai-Koshrau II ギヤース・ウッディーン・カイホスロウ２世（1237-45）。　2) Haladinus：Alâ'-al-Dîn Kai-Qobâd I アラー・ウッディーン・カイクバード１世（1220-37）。　3) Sadadinus：Sa'd-al-Dîn Göbäk/Köpek サアド・ウッディーン・ゴバク／コペック。　4) カイホスロウ２世は父カイクバード１世とその側室 Mahperi Khatun マーペリ・カトゥーンとの間の子。後継者と目されていた兄弟のイッズ・ウッディーン Izz-al-Dîn をアミールのサアド・ウッディーン・ゴバク（サダディヌス）の助けを得て排除し，位に就

いた。父を毒殺したとの説もある。　　5）この場合の「ソルダン」は〈その一族の君侯たち〉のことであろう。　　6）Mergedac：amir jandar アミール・ジャンダル〈護衛隊長〉の誤記。その時の隊長はアミール Husam-al-Din Qaraja。

29　対タルタル人におけるフランク人の誠実について ［XXXI-146］

　フランク人は，トゥルク人だけでなくタルタル人に対しても長く戦ってきたのだが，3百人だけで戦いを続け，彼らを2度破った。ある日には，9の刻以後に彼らのいたさる山を彼らから奪った。また前述のトゥルキアの破壊の前年，二人のフランク人がアルセンガン［エルジンジャン］でタルタル人に捕まったが，その一人はグィッレルムス・デ・ブルンディシオ，もう一人はライモンドゥス・グアスコといった[1]。彼らが捕まった時，フランク人が強力な戦士だと聞いたタルタル人たちは，その戦い方を見物したいので，彼らが自らの手で殺し合うよう二人を戦わせてはどうか，と上官に進言した。で，二人のフランク人を戦わすことが上官によって同意され，それができるよう馬と武器がしかるべく準備された。しかし，武装させられ用意を整えられた二人はすぐさま，彼らを死に至らしめる手はずをあれこれと話し合った。そのためタルタル人は，彼らが互いに自らの手でタルタル人にしたのと同じようになるものと期待した。こうして戦いの用意が整うと，一人はもう一人とまるで仲間のようにほとんど一つになってタルタル人の中に跳び込んで襲撃し，最初は槍，次いで剣で彼らを刺し貫き真っ二つにし，ついに彼らに殺されるまでに15人を斬り殺し30人に重傷を負わせた。

　これやこれに似たことのため，フランク人あるいはラテン人つまりキリスト教徒を，タルタル人もトゥルク人も同じように特に恐れた。アルセンガで，プラケンティヌス[2]というフランク人がさるトゥルク人を殺した時，軍の元帥はそのプラケンティヌスを捕えて絞殺するよう命じた。それを聞いてフランク人は皆一つに集まり，もしそのフランク人が絞殺されるなら皆でトゥルク人を死に襲うことを確認した。それを聞いてトゥルク人は，それ以上何もしようとしなかった。その時そこにいたのは，トゥルク人6万，フランク人は7百だった。また，双方がそれぞれその数で集まっていた別の時，トゥルク人はフランク人をセメサック［サモサタ］の城の守備に当てようとした。この時もフランク人は，自分たちが

ひどく軽視されていると見なして，彼らに対して決起しようとした。

1）イタリア人 Giulio di Brindisi とフランス人 Raymond Gascon。　　2）Placentinus：Piacenza ピアチェンツァ（イタリア北部の町）出身者。

30　トゥルキアの都市の破壊について［XXXI-147］

　主の 1242 年，タルタル人は皆でトゥルキアの最初の都市に侵略し，破壊した。上述したごとく[1]，それに先立つ 20 年にわたって彼らはこの国を攻めており，その時はそれに当たった君侯はわずか一人か二人だけだった。が今度は，皆一緒になってアルセロン［エルゼルム］を 20 日間攻囲した。アルセロンは，かつて福者ヨブが住み統べた地フスだと言われる[2]。タルタル人に包囲された同市の住民は，そこの君主のソルダンから必要な救援を得られず，また数の多いタルタル人に勝ることもできずして，彼らが自分たちの誰も傷つけも殺しもせず，使用人か奴隷として抱え命は助けるとの条件で，タルタル人に市を明け渡すことを相談した。その申し出と確認に，サアナ[3]すなわち市のバイイを彼らの許に遣った。タルタル人はその願いに同意し，自分たちのやり方で誓って，要請を全て確かに守ると約束した。ところが市内に入るやすぐタルタル人は，前に交わした協定を破り，市の住民をことごとく惨殺した。また，こうした偽りの和平と協定をアルセンガン市の住民とも結び，入城した後同じく皆殺しにした。サヴァスタ［シヴァス］の住民はしかし殺さなかった。住民は，彼らに市の鍵を渡して城外に出たからである。ところが市はすっかり略奪され，彼らは若者も乙女もその他可能な限り多くの女性を拉致し連れ去った。それらは全て，その前は決してしないと約束し誓っていたにもかかわらずであった。

　ガザリア，またの名をカパドキアのケサリア［カエサレア］，を彼らが攻囲した時，その町の防衛にあたっていた二人のフランク人は，もし自分たちとともにフランク人が何人かいれば，タルタル人からいつでも守られ，彼らの機械も戦いも恐れることはないと言った。しかし哀れなトゥルク人は，臆病で柔弱だったため自発的に降伏した。同市の前にやって来たタルタル人は，市の家畜を全て自分たちに寄越すことと，忠誠の誓をなすことを求めただけだった。そこでトゥルク人

は，彼らの約束にほぼすっかり安心し，忠誠の確言のために彼らの許に出て行った。外に出て来た彼らを，タルタル人は 10 万，ある者によれば 30 万殺した。こうして奪った市内にいた時タルタル人は，小アルメニア王がケサリアの救援に来たとの噂を聞いて，いっぱいいたタルタル人と比べて僅かのほとんど無に等しい戦闘員しかいなかったにもかかわらず，金目のものを全て捨てて[4]夜逃げ出した。しかしその後，かの王が来ないと聞いて戻って来た。

1) Cf. Ch. 24, n. 1.　　2) ヨブの地フスは，ホラズムのウルゲンチとする説もある。
3) saana：shihnah〈守備隊の隊長〉より。　　4) exponentes〈放り出して〉：D *exportantes*
〈持ち去って〉。

31　タルタル人の首領バトーによるフンガリアとポロニアの劫略
　　[XXXI-149]

　主の 1242 年頃，タルタリはバトーという君主とともにフンガリアとポロニアを劫略した。というのも，コラスム人の潰滅の後，タルタル人の王チンギスカムは首領バトーを軍とともに北方に派遣し，彼らはポンティクス海［黒海］上方のルッシア，ガサリア，スグダニア［スダク／ソルダイア］，グティア［クリメア／ゴート］，ジクィア［チェルケス］，アラニア，アッポロニア［ポロニア］その他全部で 30 を数える国と，コマニアの彼方までを獲得していたからである[1]。次いでフンガリアも大部分破壊し，テウトン［ドイツ］の境界まで突き進んだ。フンガリアに入るにあたっては，その向こうに渡るべきか悪魔に犠牲を捧げて尋ね[2]，偶像の中に棲む悪魔から次の答があった，「安心して行くがよい，汝の面前に三つの霊を置こう，それを前にして敵は汝に抵抗できぬだろう」。そしてそのとおりにされた。その三つの霊とは，不和の霊・不信の霊・恐怖の霊だった。これらは，ヨハネ黙示録にあるとおり，カエルのような穢れた三つの霊である[3]。

　〈しかしタルタル人も，ポロニアとフンガリアに侵略した者の内多くの者が殺された。もしフンガリア人が逃げることなく勇敢に抵抗していたなら，混乱したタルタル人はきっとその境域から退却したことであろう。彼らは非常な恐怖を抱き，こぞって逃げようとしていたからである。が首領バトーは，剣を抜いて彼らの前に立ちはだかって言った，「逃げるでない，逃げても誰も死を免れぬ。皆死

なねばならぬのなら，共に死のうではないか。我らの王チンギスカムが，我々は
殺されるに違いないと予言していたことが起ころうとしている。今がその時なら，
耐えようではないか」。こうして彼らは再び元気を取り戻し，フンガリアの一部
を破壊したのだった》4)。

　また，フンガリアのさる僧院にいたシトー派の修道士たちとそれと共にあった
説教師会と小兄弟会の修道士たちは，彼らの攻撃を何ら恐れることなく6か月以
上も勇敢に抵抗した5)。実際タルタル人は，誰かが勇敢に抵抗すると力と強さを
失うのである。もっとも，その狂乱のあと飢餓が蔓延し，フンガリアでは生者が
死者の肉を食べたと言われる。犬も猫も手当たり次第何でも口にした。

1)　チンギス・カン（1227没）によって派遣された（1219-25）のはジュベ・スブタイ，バト
ゥの派遣（1236-42）はその子オゴデイによる。　　2)　モンケ・カアンの骨占いの例がルブ
ルクにある（Ch. 30）。　　3)「ヨハネ黙示録」16.13，しかし三つの霊の説明はない。
4)　カルピニ Ch. 5.　　5)　パンノニア，サン・マルタンのベネディクト派要塞修道院。

32　トゥルク人の国の劫略について［XXXI-150］

　次いで主の1243年，タルタリはトゥルク人を撃破し，サヴァスタまで土地を
荒し，王都イコニウムとその先にまで進撃した。アクサル近くの平原でトゥルク
人を攻めた時，バイオトは自分の兄弟を4万の兵士とともに先に遣った［図3］1)。
すなわち各10人隊から3人を抜き出し，それらが4万の数になったのである。
もしその軍が敗れたなら，バイオトが別の多数とともにその後に続くはずだった。
その前夜ソルダンは酒に酔い，最初の兵士たちが敗北した時まだ葡萄酒をあおっ
ていたのだとすれば，トゥルク人が屈服したとしても不思議ではないが，その軍
は一箇所になく，集まったのは9の刻頃であった。ソルダンは妻子とともに，最
初に集まった者たちから3レウカ離れたところにいた。ゲオルギア人とアルメニ
ア人つまりアウァク，パパ，サインセヌス［サヒンシャ］が2)，その前にトゥル
ク人が彼の［町］カリに火を付けたにもかかわらず3)，タルタル人に対する戦い
の勝利をもたらしたことをご存じありたい。しかし，トゥルク人が粉砕されると，
スルタン自身恐怖のため天幕を残したまま逃走したが，タルタル人も，その天幕
に誰かが隠れているのではないかと恐れて，敢えてそこに入ろうとせず，9の刻

図3　キョセ・ダウの戦い（BnF Nouv. Acq. fr. 886, f. 18r）

から夜中さらに一日中それに手を付けぬままだった。それを取り巻きその前にいて，前述の翌日の夜までずっとそこに入ろうとしなかった。

　ソルダンは，銀の梯子や驚くほど大きい飲用の壺のほか，甲冑を積んだ二頭馬車を40所有していたが，全てそこに残したままタルタル人から逃げ，それを失った。そしてそれら全てを，信じられるところでは，彼らトゥルク人が手に入れた。彼はまた，計約3千の什器や分厚く広く掌の幅のビザンチン金貨を積んだ30頭の駱駝を所有していた。金貨はどれも百ビザンツの値打ちがあった。また，ソルダン貨幣を積んだ3百頭の荷獣を持っていて，それぞれ4万ソルダン載せていた。そこにはまた三つの梯子があり，その一つは6段，もう一つは4段，三つ目は3段で，最初の二つは銀，三つ目は金だったと言われる。さらに，銀の壺あるいはさる貝は，ソルダンが家来とともに飲む葡萄酒がそこに流れ込むのだが，2モディウム[4]の大きさあるいは広さがあった。様々な形に造られた金銀の壺もいっぱいあり，家1軒がそれで一杯になるほどだった。

　また，トゥルキアで失われたままそこに残ったマヌエル皇帝の財宝には，金銀を積んだ車が千台あったと噂される。そのほかバビロンのソルダンは，カテペルトで1万の兵と彼らの分捕り品の巨大な財宝を失い，それらは全てトゥルキアに残った。また，1万7千ソルド・グロッソの家畜と駱駝やその類いをソルダンに進呈したのはトゥルキアのさる農夫で，彼はその農夫を自分の相続人のソルダンにした。その他のトゥルキアの富は，言われるところでは，誰も十分に評価することができない。ソルダンは自軍に槍を4万持っていたが，それの鏃つまり穂先

は金でできていると言われた。

1）Köse-dagh キョセ・ダウの戦い（1243 年 6 月 26 日），Baioth バイオトはバトゥとバヨトノイ（バイジュ）の混淆，Achsar は後者のキャンプのあったエルジンジャン近くの Aqshehir。
2）いずれもその戦いに加わったグルジア人，Avaque は元帥イワネーの長子アワグ Awag，Papa はイワネーの息子の一人，Sainsenus はイワネーの従兄弟サヒンシャ Shahinshah（cf. ギラゴス：437-45）。　　3）Cary はサヒンシャの所領だった町 Kars/Kari，モンゴルに攻略される前にスルタン軍の略奪をうけた。　　4）modium：容量の単位，仏 muid〈ミュイ〉，英〈ブッシェル（枡）〉。国・地方によって異なり146〜621 リットル。

33　その後にソルダンになろうとしたコテリヌス[1]について
　　［XXXI-151］

　こうしてトゥルキアの破壊がタルタル人によってなされた後，さるトゥルキアの大親族のトゥルコマン人でコテリヌスなる者が，アミールたちの勧めでソルダンになろうとし，煽られたり警告されたりしたがもともと狙っていたので，自分の母親を傷付けたり殴ったりして怒鳴りつけ，自分はかのソルダンの子供であり，彼が自分を生んだのだと皆に告白させようとした。こうして息子に引きずられて母親は，聞いたことの証人となるようわざと一箇所に集められていた皆の前で言った，「息子よ，知っておき，今のソルダンの父上がそなたを生んだのですよ」。こう言うや，コテリヌスは皆に叫んで言った，「聞いたか，我が母が何と言ったか。汝ら皆，このことの我が証人となってもらいたい」。こうして欺瞞が行われ，彼は民衆の中で驕り高ぶって言った，「我が兄弟のソルダンは女のように臆病だ，領土を有するにふさわしくない，タルタル人に敗れたのだから。それゆえ余は，ソルダンとなり領土の相続人となりたいと望む」。こうして統治するきっかけを案出し，イコニウム周辺のキリスト教徒の住む 3 百の集落を破壊した。イコニウムの者たちはすでに，その前に彼が捕えられていなければ，市を 3 日以内に彼に返すよう［キリスト教徒に］命じていた。しかし，カンデロウル[2]すなわちソルダンの財宝のあった，またそこの君主として受け入れられることになっていた立派な城塞に入ろうとした時，ランブロンの君主の狡猾な企みと配慮によって捕まり，吊るされた。彼の兄弟もそうされた。

　かつて 2 万もの者たちが彼とともにおり，彼の狂乱はほぼ 3 か月続いた。こう

してトゥルク人は，タルタル人によって破壊され屈服してからというもの，その
くびきに押し潰されて，今なお数の上では多いにもかかわらず，ほとんど誰も戦
をする力を持っていない。そのため多くの者が，もしフランク人のルドウィクス
王［ルイ9世］が海を渡って真っ直ぐトゥルキアに来たなら，彼らは喜んでま
た無条件に彼に領土を返すだろうと考えている。実際，彼が最初に攻めたエジプ
トの地は，後に述べるごとくとても危険である[3]。

1) Coterinus：不詳，この頃の人物にそれに該当する名は見当たらないが，トゥルク人名
Qutlugh〈クトゥルグ〉との関連が推測される（Richard：80）。　2) Candelour：ギリシャ神
話カンダウレス Candaules（リュディア王，前7世紀）と関連するリュディア（エーゲ海小
アジア海岸の町）か。　3) ルイ9世が第7回十字軍に出発したのは1248年8月，エジプ
ト着は49年5月，本書編纂の時期にもよろうが，この文がシモンのものか微妙となる。「後
に述べるごとく」に該当する文は，シモンからとされる箇所には見当たらない。

34　ラコナディウスのトゥルキア・ソルダン登位について
　　［XXXII-26］

　タルタル人への修道士使節について述べた上記の年，すなわち主の受肉の
1245年10の月，サテリリア［アダリア][1]にてトゥルキアのソルダン・ガイアサ
ディヌス［カイホスロウ2世］が死亡し，当時まだ少年だったラコナディウス
［クルチアルスラン4世][2]という息子が後を継いだ。彼はその子をさるグレキアの
司祭の娘からもうけていた。もう一人はアザディヌス［カイカーウス2世][3]とい
い，言われるところによると，イコニウムのさる市民あるいは執政官の娘からで
あった。3番目はアラディヌス［カイコバッド2世][4]で，妻にしていたゲオルギ
アの女王の娘からだった。ラコナディウス11歳，アザディヌス9歳，アラディ
ヌス7歳で，妃の末子として生まれたこの最後の子が父親の遺産相続人として法
に適っていた。それゆえ父は，その誕生の3日目に全アミールに対して，嫡出子
かつ相続人としてこの息子に慣例に則って臣従の誓いをなすこと，およびその子
の名前で自分のとは別の貨幣を鋳造することを命じた。それは今もトゥルキアで
流通している。
　ところが当時，ロジル[5]という名の全トゥルキアのバイイがいた。ペルシャ生
まれで，かつてソルダンの許にやって来た時は法廷の書記だった。また，材木売

りの貧しい兄弟があった。その後次第に出世して，トゥルキアの宰相となった。この者はとても古い土地の出身で，抜け目なく諸事に精通しており，また国を救うためにタルタル人の許まで出向いたことがあった[6]。ソルダンは死に際に自分の剣を彼に託しており，そのことによって彼は全土を掌中にしていた。また，なんとしても亡くなった主君の妃の一人を妻にしたいと欲望していた。しかしそれは，トゥルコ人の許では主君と全ての者にとって大変不名誉なことであった。で彼はその目論見を，自分の友人であり親戚でもあり，当時トゥルキアにあって彼に次いで有力だったサレファディヌス[7]に打ち明けた。しかし，サレファディヌスにとっても何とも気に入らぬことであり，そうしたことをせぬよう出来る限り説得した。ところがロジルが優位を占め，ソルダンの妃つまりラコナディウスの母親を妻にし，長子であるという理由でラコナディウスをソルダンの位に就けた[8]。これは，サレファディヌスのみならず他の多くのアミールにとっても大いに不快なことであった。一つにはロシルが，自分がソルダンとなるために自分に賛同するアミール皆とともに偽誓を冒していたからであり，もう一つには平民で外国人の彼が君主の妻を奪うのは，彼にとってもアミール皆にとってもひどく不面目なことだったからである。

1）死亡は，アダリアではなくアラヤ Alaya。　　2）Raconadius：Rukn-al-Din Qilij-Arslan IV ルクン・ウッディーン・クルチアルスラン4世，次男。史実では，次のアザディヌスの後に就位した（1260-66）。　　3）Azadinus：Izz-al-Din Kai-Kawus II イッズ・ウッディーン・カイカーウス2世（1245-60），さるギリシャ人側室との子で長男，カイホスロウ2世の跡を継いだのはこの子。　　4）Aladinus：'Ala-al-Din Kai-Qobad アラー・ウッディーン・カイクバード2世，ゲオルギア女王タマラの娘との子で三男，後継者に指定されていた。　　5）Losyr：Shams-al-Din Isfahani シャムス・ウッディーン・ムハンマド・イスファハーニー，ペルシャ生まれのヴィジール vizir〈大臣〉で，カイカーウスの継父。Losyr は vizir の誤読。　　6）1244年南ロシアのバトゥの下に赴き，アナトリアにおけるその代官の地位を得た。　　7）Salefadinus：Sharaf-al-Din Mahmud シャラーフ・ウッディーン・マームード，エルジンジャンの長官。　　8）ラコナディウス（クルチ・アルスラーン4世）とアザディヌス（カイカーウス2世）が混同されている，上記注3・4参照。

35　僭主ロシルの狂気について ［XXXII-27］

サレファディヌスとトゥルキアの多くのアミールは，こうしたことで何度も屈

辱的な思いをさせられたため，彼とともに 6 百人がロジルの死を誓い合った。ところが，一緒に誓いをした何人かがロジルの側に付き，彼の死を誓ったことを打ち明けた。そして，それを打ち明けた者たちの罪を免じることが誓われ，以後完全に結託することをしっかりと約束した。さらに，かの 6 百人のうち彼らが最も憎んでいた何人かの名前を挙げ，それらを抹殺するようロジルを説得した。その中の狡賢い一人がロジルに，ある日病気になった振りをして部屋に閉じこもり，見舞いを理由に彼らをおびき寄せ，待伏せ場所を用意して閉じ込めて皆殺しにするという策を授けた。そのとおり実行されて，ある日 15 人，別の者によれば 24 人のトゥルキアの大アミールが密かに殺された。ラテン人つまりキリスト教徒たちによれば，ロジル自身アミールたちを 60 人をも殺したし，他の何人かは迫害して追放し，何人かは獄に閉じ込めたとのことである。また，ランブロンの侯爵 [コンスタンチン] を投獄し，そのアミールを亡命者としてタルタル人の下に追放した。アミールたちを殺す策を彼に授けたかの者は，妻子とともに皆殺した。が，サレファディヌスに対しては，彼は今やトゥルキアでより力があったため，何にもまして気に入らず，ますます敵意を燃やした。

　サレファディヌスは，土地が自分に委ねられていたアルセンガ [エルジンジャン] に住んでいた。ある日サレファディヌスは，2 百人の武人を率いて，1 万 1 千の兵士と共にあったロジルに向かって攻めて行った。ロジルの側にあった者たちはサレファディヌスに使者を送り，逃げないで自分たちの到来をじっと待つよう言って遣った。衝突が始まった時に自分とともにあったものが，今や敵対していると見えたからである。サレファディヌスは，あまりにも彼らの言葉を信じて戦を仕掛けたが，すぐに多数によって粉砕された。そして，僅かな者とともにガマック [カマック] というさる強固な城塞に退却した。しかし，とうとうロジルの軍に攻囲され，城内の住民たちからそこから出て行くよう強制されそうになった。住民は，ソルダンに歯向かう者をその城に保護したくないと言った。その間にロジルは彼に使者を送り，安心して城を出て自分のところに来るよう伝えた。自ら国を出て好きな所に行くか，それとも自分の恩顧の下に以前のごとくトゥルキアの地に住むか，どちらでも望む方を選ぶがよいと。サレファディヌスは同意し，伝言をもたらした使者たちは，言って寄越したことは全てしっかり守るとの誓いをロジルから受け取って来たと伝えた。サレファディヌスは，その言葉を信じて自らを委ね，ロジルの許に向かった。ロジルは使いの者を迎えに寄越し，彼

を連れて来る使者たちに伝えた，「もうそれ以上余のところに連れて来なくとも
よい，使いの者の見ている前で殺せ」。そしてそのとおりされた。サレファディ
ヌスはガリア語もテウトン語もでき，多くのフランク人つまりキリスト教徒を高
く評価していた。もしもう少し長生きしていたなら，信じられるとおり，おそら
くとっくにキリスト教徒となっていたことだろう。

36　トゥルク人とタルタル人の間の協定締結について ［XXXII-28］

　トゥルキアのソルダン・ガイアサディヌスが死亡し，長子ラコナディウスがそ
の跡を継いだ年[1)]，すなわち主の受肉からの 1245 年，タルタリはトゥルク人と
取り決めを結んだのだが，その時彼ら［トゥルク人］はイペルペロを積んだ駱駝
14 頭と緋色の絹その他の高価な布を積んだ荷獣 300 頭を，何頭もの騎馬ととも
に王［グユク］の下に送った。その取り決めのために，ソルダンの真ん中の兄弟
つまりアザディヌスが王の下に派遣された[2)]。こうしてトゥルク人は，次のよう
な形の下に納貢者としてタルタリに服属した。すなわち，毎年 120 万イペルペロ
と絹 500 巾，その半分は金糸織り，馬 500 頭，駱駝同，羊 5 千頭を納める，とい
うものである。かつそれを全て，自らの費用でモンガン［モーガン］まで安全か
つ完全に送り届けなければならない。贈り物と奉納品も同様で，貢納品の外にそ
れと同じかそれよりも多くの物が送られたと言われる。その上，トゥルク人はタ
ルタル人の使者一人一人の馬・女性・食糧を往き・泊り・帰りにおいて面倒を見
なければならない。
　イコニウムでタルタル人の使者たちに 2 年間掛かった費用をソルダンの書記が
計算したところ，パンと葡萄酒を別にして 60 万イペルペロに上ることが分かっ
た。上述の貢納の取り決めはサヴァスティアでコンスタンティンというランブロ
ン侯[3)]のいる前で結ばれた。彼は当時トゥルキアの元帥で，その地のバイイでも
あった。貢納が最初タルタル人に引き渡された時，そこにプロウィンキアル［プ
ロヴァンサル］というコンスタンティンの騎士が同席していて，書簡とともに教
皇睨下からタルタル人の許に派遣された説教師会修道士たちに，彼らについて多
くのことを話した[4)]。

1）アザディヌス（カイカーウス 2 世）との混同, Ch. 34, n. 9 参照。　　2）派遣されたのは長男ラコナディウス（クルチ・アルスラーン 4 世）。クユクの即位式に列席し，ルーム・セルジュークの正統なスルタンとして承認された。1249 年の帰国後，前出ロシル（イスファハーニー）の処刑を要求し，実行された。また，自らのスルタン位を主張し，カイカーウス 2 世と戦ったが，敗北した。　　3）次章注 2 参照。　　4）プロヴァンサル出身のこの騎士（氏名不詳）はシモンの主たる情報提供者の一人だったと見られる。

37　小アルメニア王はいかにタルタル人に服したか［XXXII-29］

　同じ頃，アイトンス［ハイトン／ヘトゥム］という［小］アルメニア王の父親にしてバイイだったコンスタンス［コンスタンティン］は，王国の元帥だった自分の息子［セムパド］をタルタル人の下に派遣し，自らも国を貢として差し出して彼らと和平を結んだ1）。小アルメニアは，またの名を古くはキリキアといい，トゥルキアとシリアの間に位置している。そこには大司教の都市タルススがあり，使徒パウルスはそこの出身だったと言われる。そこにはまたカトリコン，すなわち前に述べたゲオルギアと同じく総司教がいる。

　この［小］アルメニア王国は，大アルメニアの二人の兄弟レオ［レオン］とロビヌス［ルーベン］が少し前に獲得したものだった2）。先に生まれた兄のロビヌスがそこを統治あるいは支配していたが，彼は死に際して国と娘つまりその国の相続人を，忠実だと信じていた弟のレオに任せた。ところがレオはその国を横取りした。できうれば自分のバロン領を王国にしたかったのである。実際以前は，上に述べたごとくそこには王はいず，貢納の下にトゥルキアのソルダンに仕えるバロンがいるだけだった。このレオの求めに，トロウソット［タルスス］の君主の祖父はローマ法王庁とオットー皇帝の許に赴き，彼を正統の人物として承認するよう双方に求めた。ローマ教会は，相続人の権利を除くという条件の下にレオを承認し，オットーも同様にした。そしてさるテウトン人の大司教つまりモグンティヌスは，12 歳以下の全ての子供にラテン文字を習わせるという条件でレオに王冠を認めた。その折レオは，エステリカの領地，パペロンの城，他の領地その他いくつもをローマ教会に寄贈した。バロンたちも皆，彼に仕えることを固く誓った。これがあったのは主の 1242 年頃だった3）。その後レオは 3 度病にかかり，3 度全てのバロンに，自分の甥のロビヌスが真にして合法な君主であり，ア

ルメニア王国の正当な相続人であることを誓わせた。しかし，いずれ国を譲るつもりだった自分の娘［ザベル］をアンティオキアの君主［ボエモン4世］の兄弟［息子，フィリップ］に妻として与え，後に彼を奸計でもって殺した。

　そのレオが死亡すると，コンスタンスというアルメニアのさるバロンが，彼の娘［ザベル］を無理やり奪い取り，後にその意志に反して自分の息子ハイトン［ヘトゥム1世］と婚姻で結ばせ，彼女とともに国を息子のものにした。またロビヌスの娘を，彼女は王国の相続権を正当に有するはずであったが，モンテフォルテ［モンフォール］の騎士ピリップスが妻にした。で，彼は正当にその権利を要求し，当然ながらそれを手に入れることを期待している。コンスタンスも，様々な偽計と仕掛けでもってアルメニアの大バロン62人を殺した。まさに不実で不当な彼はまた，トゥルキアのソルダン［カイホスロウ2世］の母親と姉妹を，自分の利益のためにタルタル人の下に送った。彼女らはキリスト教徒だったから，ソルダン自身が自分の正統で忠実な人物として，タルタル人の面前から避難させるため自分の許に置いていたのだった[4]。そこで，ソルダンはその地に入ってタルスス市を包囲したが，そこで病気になって死亡し，王都サテッリアに埋葬された。

1）1246年，小アルメニア王国ヘトゥム1世とその父コンスタンティン（注2）は，王弟セムパドをカラコルムに派遣して，キリキアの領土を安堵してもらった（cf. ギラゴス：462-3）。　2）以下大きく混乱しているが大筋を整理すると，1000年頃トランスオクシアナから移動してきたトゥルク系セルジューク族に押し出されて，カフカスの（大）アルメニア本国よりキリキア地方に移住してきたアルメニア人の中から，1080年バクラトゥニ家のルーベン1世（本書のロビヌス，1080-92）によって建てられたのが，小アルメニアの始まりである。その時はまだ侯国だったが，レオン2世（この章のレオ，1187-1219）の1199年，ローマ教皇インノケンティウス3世，神聖ローマ皇帝ハインリヒ6世（同オットー？）の承認の下に，タルススの聖ソフィア寺院で総主教グリゴール6世（同モグンティヌス？）の手で戴冠し，正式に王国となった。レオン2世には男子がいなかったため死後娘ザベルが王位を継ぎ（1219-26），アンティオキア公国ボエモン4世の息子フィリップを夫に迎えたが，彼はアルメニア教会の信仰を拒否したため排され，投獄されて病死した（1225）。ザベルは，同国の将軍だったランプロン侯コンスタンティン（同コンスタンス，VIIハイトンの祖父）の息子ヘトゥム（同アイトンス／ハイトン，1世1226-69）と再婚して王位を譲り，ヘトゥム朝に移った（以下，VIIハイトン「東方史の華」に続く）。　3）1242年はモンゴルに服した年。レオン2世の戴冠であれば，上述の1199年。　4）Cf. ギラゴス：454.

38　即位式の厳粛さについて［XXXII-32］

主の 1246 年クユク——彼はゴグ・カアム[1]すなわち皇帝あるいは王と呼ばれ
る——がタルタル人の国で最高位に就いた。集ったバロンたちは上述の場所[2]の
真ん中に黄金の座を据え，その上にゴグを座らせ，その前に剣を置いて言った，
「我ら，望み願いかつ命じる，汝我ら皆を統べなんことを」。それに彼は言った，
「そなたら，余にそなたらを統べなんことを望むとあらば，はたして誰あれ皆覚
悟はありや，余が命じたことをなし，召した者は来たり，遣わさんとしたところ
に赴き，殺せと命じた者を殺すことの」。彼らは答えた，「然り」。「ならば，と彼
は言った，余の口から発する言葉はこれから余の剣となろうぞ」。皆こぞって同
意した。そのあと彼らはフェルトを地面に敷き，その上に再び彼を座らせて言っ
た，「上を見て神を認め，座したるフェルトを下に顧みよ。汝，もし国を善く統
べるならば，汝，寛大にして正義を守ることを愛し，長たちをそれぞれの位にお
うじて尊ぶならば，汝が統治偉大にして，全世界汝が支配の下に置かれ，汝が心
の望むところ何あれ，神，汝に与えるならん。されど，反対のことをなすや，汝
哀れに見捨てられ，今座すフェルトさえ許されぬまでに貧しくなろう」。かく言
うと，バロンたちはゴグの妻[3]を彼と共にフェルトの上に座らせ，座ったまま二
人を地上から空中に持ち上げ，これ全タルタル人の皇帝・皇后なりと，皆に大声
で叫んで宣言した。そのあと無数の金銀宝石と，カガダガン[4]から残っていた物
も新皇帝の許に運ばれ，それら全ての完全な権利を彼に授けた。彼はしかし，そ
れを好きなようにそれぞれ皆に分配し，自分には残りを取っておくよう命じた。
〈それから彼らは飲み始め，仕来りどおり夕刻までずっと酒宴に耽った。そのあ
と塩抜きの煮た肉が車で運ばれて来，給仕が 4, 5 人の間に肢あるいは小片を一
つ配った。カアムのテントの中では，塩味の付いた肉と汁が配られた。彼らは，
宴会を催す日はいつでもこのようにするのだった〉。

1) 次章注 1 参照。　　2)「歴史の鏡」でこの前に置かれているカルピニの章（XXXII-31）で
は，「山に囲まれたさる川のほとりの美しい平原に別の天幕が建ててあり，黄金のオルダと
呼ばれ，そこで彼が我らが聖母の昇天の日に玉座に就くことになっていた」（Ch. 9）。しかし
この後の記事はカルピニにはなく，即位式については，「彼らはクユクを帝位に就け，首長
たちと全民衆が彼に跪いた」とあるだけで，最後に引用されている文に続く。とすると，そ
の即位式に出席したわけでもないシモンがこれをどこから採って来たかが問題となり，ヴァ

ンサンによるか，あるいはカルピニの今に伝わらぬ版にそれがあった可能性が生じる。ちなみに，即位式の様子については，VII ハイトン「東方史の華」（第三巻 Ch. 2）のチンギス・カンの時とほぼ完全に一致するが，ここにあるような会話文はない。　3）Oghul-gaimis オグル・ガイミシュ。　4）Chagadagan：前皇帝なら Ogodei-khan オゴデイ・カアンであるが，綴りは Chagatai-khan チャガタイ・カアンに近い。

39　その名称・君主・軍隊について ［XXXII-34］

　このカンあるいはカアムという名前は呼称で，王あるいは皇帝つまり偉大なる者あるいは崇められた者を意味するが，タルタル人は君主にそれだけを用い，個人の名前は口にしない。彼は，自分が神の子であり人々からそのように呼ばれることを誇りにしている。クユク，別の言葉でゴグ，も同じ意味である。つまり，皇帝の個人名はゴグで，彼の兄弟の名はマゴグである。実際エゼキエルによれば，主はゴグとマゴグの到来を予言し，主自身による彼らの破滅が約束されている。彼らタルタリは，自らモングリあるいはモンゴルと言い，その言葉はおそらくモソットに当たるのであろう。[1]

　このクユク・カンつまりゴグ・カアムは，まるで料理のために下から火を点けられたパン焼き釜のごとく人間の滅亡に狂奔し，自らの権力に仕える五つの軍を持ち，自分に反対する者，叛く者をそれでことごとく滅ぼす。ペルシャの境域にはバイオトノイ［バイジュ・ノヤン］という首長を配し，地中海とアンティオキア近くからその2日行程先までのキリスト教徒とサラセン人の地を全て支配下に置き，ペルシャの端から海まですでに14の国々を征服した。バイオトが個人名で，ノイ［ノヤン］は敬称である。〈また，西のキリスト教徒の方にコッレンザ［コレンザ］というタルタル人首長がおり，配下に6万の兵を擁し，自分たちの所にも服属者の所にもキリスト教徒が簡単に侵入せぬよう，そこにいて見張っている。さらに，バトット［バトゥ］はタルタル人最大の首長で，味方の者には十分に優しい，つまり彼らからとても尊敬されているが，戦では残酷極まりない〉。バトットの軍には60万の兵があり，そのうち16万がタルタル人，44万がキリスト教徒やその他信仰なき者たちである。彼はまた，バイオトノイが軍に持っているより7倍以上の兵を有していると言われる。さらに，カアムは五つの軍を持っていると言われるが，その全体の数は誰も容易に把握することはできない。バ

トットには兄弟のバロンが 18 人あり，しかし彼らは同じ父親からでも母親から
でもなく違った親からで，それぞれが少なくとも 1 万の兵を配下に擁している。
しかし，それら兄弟の内フンガリア王国に侵入したのは二人だけである[2]。〈彼
らは 30 年戦を続けるはずだったが，しかしその時，言われるところによれば皇
帝が毒殺され，そのためしばらく休んだ。しかし新たな皇帝を持ったことで，再
び戦うべく準備している〉[3]。

1) 旧約聖書に語られる地獄の悪魔の民ゴグ・マゴグを，音の似通いを基に当て嵌めたもの。
マゴグ Magog とされているグユクの兄弟（従兄弟）とはモンケ，Mongli/Mongol に当てられ
ているモソット Mosoth はメシェクで，聖書ではゴグ・マゴグと同じくヤペテの子。
2) ジョチの子は 10 人が確認され，そのうち東欧遠征にはバトゥの他にオルドゥ，ベルケ，
カバンの 3 人が参加している。　　3) カルピニ Ch. 8.

40　説教師会修道士たちはタルタル人の首長バヨトノイからいかに迎えられたか［XXXII-40］

主の 1247 年，説教師会最初の師父至福のドミニクス昇天の日[1]，すでに述べ
たごとく我らが主なる教皇より派遣されたアスケリヌス修道士は，仲間とともに
タルタル人の軍中そしてここ，その軍営のあるペルシスの首長バイオトノイの許
に来たった。それを聞いて，絹と金の高価な衣装をまとった諸侯たちに囲まれて
天幕の中で金の服を着て座っていたその首長は，その中から何人かをエギプ［ハ
ージブ］つまり首席顧問と通訳とともに上述修道士たちのところに遣わした。

　彼らは，儀礼の挨拶ののち修道士たちに言った，「汝ら誰の使者なりや」。我ら
が主なる教皇の主席使節アスケリヌスは皆に代わって言った，「我らが主なる教
皇の使者なり。彼は，キリスト教徒の許で権威の点で全ての者に優ると見なされ，
あたかも父にして主君のごとく敬われる」。彼らはひどく憤慨して言った，「汝ら
の主なる教皇が全ての者に優るとは，何と傲慢な言い方ではないか。彼は，カア
ムが神の子，バイオトノイとバトーはその首長，であり，彼らの名の到る所に広
まり讃えられていることを知らぬのか」。これにアスケリヌス修道士は答えて，
「カアムとは誰か，バイオトノイとバトーが誰か，我らが主なる教皇はご存じな
いし，そうした名を一度たりと耳にし給うたこともない。が，次のことは何人も

から聞いて理解し給うた，タルタリと呼ばれるさる蛮族がずっと以前東方の境域から姿を現し，いくつもの地域を支配下に置き，誰容赦することなく無数の人間を殺戮した，と。もしカアムとその首長たちの名が唱えられるのを聞き給うていたなら，その誰かの名が我らが持参した手紙に書かれずにおかれることは決してなかったであろう。しかしながら，かくも多くの人間とりわけキリスト教徒の虐殺を心から嘆き，かつ心底より憐れみを感じて，同信の枢機卿たちの助言により，我らを，最も早く出会うタルタル人の最初の軍営に派遣し給うた。その書簡の中身を読めば十分に明らかなごとく，軍の首長とそれに従う全ての者に，人々とりわけキリスト教徒の殺戮をなすことを向後止め，果てしなき鞭打ち，悪行を悔い改めるようにと。それゆえ我らはそなたらを通じて彼に願う，我らが主なる教皇の書簡を受け取らんことを。そしてその中身を見て，書簡でもってあるいは使者によってあるいは我をとおして，せめて一言なりと我らが主なる教皇に答えんことを」。

1）Dominicus：1170年スペイン・カスティリャ地方生まれ。1206年説教師修道会を結成し，1216年教皇ホノリウス3世に認可される。1221年ボローニャで死去。その命日は8月6日であるが，修道士が軍営から発つのは7月25日であり（Ch. 50），何らかの誤解か混同と見られる。

41　タルタル人は贈り物とフランク人の到来についていかに尋ねたか［XXXII-41］

彼がこう言い終わると，前述諸侯たちは通訳とともに主君の方に戻り，アスケリヌス修道士の上の言葉を伝えた。その後しばらくして，最初の服を着替え新たに別のを着て，通訳とともに修道士たちの所に戻って来て言った，「次の一事を汝らに問う，汝らの主なる教皇は我らのバイオトノイに何か贈るや，汝ら何を持ち来たりしや」。これにアスケリヌス修道士は答えた，「我らは主なる教皇から彼に何一つ持ち来たっていないし，教皇には誰かとりわけ信仰なき見知らぬ者に贈り物をする慣わしもいまだない。否むしろ，その信仰の息子たちつまりキリスト教徒は，それに信仰なき者たちもまた，しごく頻繁に彼に贈り物を贈り捧げ物を捧げるのである」。すると彼らは皆バイオトノイの幕営に帰って行き，しばし後

再び別の服を着て修道士たちの所に戻って来て言った，「汝ら，いかにして出来ようぞ，恥もなく我らが主の前に手ぶらで現れ，汝らの主の手紙を差し出すとは，ここに来る何ぴともそうしたことはせぬものを」。で，アスケリヌス修道士は答えた，「どこであれまたとりわけキリスト教徒の許では，次の慣わしが普く持たれている。すなわち，自分の主の書簡を運ぶ使者は誰あれ，それを渡す相手の前に来ると，その者にまみえそして自らの手を差し出すのであるが，我らがそなたらの主の前に贈り物なしにまかり出ることが許されず，かつそなたらの気に召さぬのであれば，我らが主なる教皇の書簡をそなたらの主バイオトノイに，もしそなたら皆の意に添うなら，彼に代わってそなたら自身から手渡してもらえぬか」。

しかし彼らは，最初の質問の中で抜け目なくまたとても性急に，これまでにフランク人がシリアに渡ったかどうか修道士から聞き出そうとしていた[1]。というのも，言われるところによると，彼らの商人たちから，多数のフランク人が間もなくシリアに渡らんとしていると聞き及んで，その時またおそらくその前にも自分たちの間で，フランク人の足をからめてその中に入り込むことができるような欺瞞の罠を用意し，キリスト教信仰を抱いている振りをして，あるいは何か別の偽りの嘘の下に，彼らが自分たちの領土つまりトゥルキアとハラピア［アレッポ］に侵入して来るのを阻止せんと考えていたからである。また，少なくともちょうど良い時に自分たちがフランク人の友人になりたがっている振りをしようと考えていた。彼らはフランク人を，ゲオルギア人やアルメニア人が証言するごとく，世界中の誰よりも恐れ怖がっているのである[2]。

1) ラムージョ（斜体字は異なり箇所）「彼らはその質問の中でとりわけ，*フランス人がまた十字軍を起こしたか，ヴェネツィア人と一緒にシリアに渡ったか*，抜け目なくまた性急に修道士たちから聞き出そうとした」(p. 253)。　2) 同「彼らはフランス人を，*我らが救いの1090年，聖地の大部分をキリスト教徒の下に置いたエルサレムの初代王，豪胆のゴドフレド・ド・ブイヨン公によってなされた偉業を見て後，世界のどの人種よりも恐れている*」（同）。おそらくラムージョの加筆。

42　修道士たちはバイオトノイを礼拝することをいかに拒否したか
［XXXII-42］

上の言葉の後，バロンたちは通訳とともに幕営の主君の許に帰って行き，しば

らくそこにあったが，再び新たな衣服に着替えて修道士たちのところに戻って来て言った，「汝ら，もし我らが主にまみえ，汝らの主の書簡を奉呈したくば，彼を地上を統べる神の子として礼拝せねばならぬし，始めにその前で3度跪かねばならぬ。なんとなれば，地上を統べる神の子たるカアムは，首長バイオトノイとバトーがここにやって来る全ての者からあたかも自分自身のごとく崇められるようにすべし，と我らに命じたからである。我らは今までそうしてきたし，いつまでも確とそれを守るつもりである」。で修道士たちは，そうした礼拝によってバイオトノイが何をさせようとしているのか，すなわち偶像崇拝かそれとも別の何かか疑問に思い，皆で相談して，クレモナのグイカルドゥス［ジスカール］修道士がそのことについて確認しつつ答えることになった。彼は，ゲオルギア人の都市トリペリス［ティフリス］の修道士の家で彼らに交って7年にわたって暮らし，彼らから教えてもらってタルタル人の風俗習慣についてよく知っていたからである。「そなたら，［我らが］バイオトノイを礼拝することについては何ら心配に及ばぬ。そうするようそなたらから求められたからではなく，我らが主なる教皇と全ローマ教会がカアムの命令に従うことの印しとしてであって，そなたらの所にやって来た使者が示す慣わしである敬意と受け取ってもらいたい」。

　この訴えの間，修道士たちはしかし皆心を一つにして，バイオトノイの前でそのように膝を屈して拝むよりは，できれば打ち首にされた方がましだと固く思っていた。それは，一つには教会全体の名誉を守るためであり，また一つにはゲオルギア人とアルメニア人，グラエキア人にペルシャ人にトゥルク人，それに東方の全ての国民と争いの種になるのを避けるためであった。すなわち，タルタル人がキリスト教徒に払わせようとするまるで服従と貢納の印しのようなそうした形の敬意によって，敵対する全ての教会による東方の地からの［ローマ教会の］追放の機会と材料が広がらないようにするためであり，また彼らに捕えられ服従させられているキリスト教徒に，主による解放の望みが将来いつの日か，ローマ教会によって完全に勝ち取られるようにするためであった。それにまた，クリストの信者たちからバイオトノイへの服従を示すことによって，いつか聖なる教会に，絶えざる離反と死の恐怖の恥辱が課されるあるいは対置されるのが，見られないようにするためであった。

43 修道士たちはタルタル人にいかにキリスト教を勧めたか
[XXII-43]

そのあとアスケリヌス修道士は，皆との上述の協議と決定を守って，その同意のもとにそこにいた者皆の前に自ら進み出てさらに言った，「おそらくならずとも，そなたらの主君によってあるいは他の者たちによっても，我らの答えの中に不和の材料と悪意の機会を探し出すことはできぬであろう。おそらく我らの言葉は，彼あるいは他の者の耳に自負と柔弱ならざる厳格さを暗に示すことが分かっただろうからである。我らは，次のこともそなたらを通して彼に示そう。すなわち，我ら神の司祭にして聖職者であり主なる教皇の使者である者は，キリスト教の尊厳が損なわれず全ての解放された教会で守られる限り，それにふさわしいあらゆる敬意を同じく示す用意がある。また，我々が我らの長上ならびに王や君主に払う慣わしである敬意，それを聖なる書も我らに‘謙虚の詰まった汝の頭’[1]と説いているが，それを我らは平和と統一と協調の善のためにそなたらの主に払うにやぶさかでない。が，そなたらが我々皆に求めるがごとき敬意は，キリスト教の恥として拒否し，むしろそなたらの主が我らに科そうとした死を耐え忍ぶ方を選ぶ。しかしながら，我らが主なる教皇と全てのキリスト教徒ができうる限り念願することであるが，そなたらの主バイオトノイがキリスト教徒とならんとするのであれば，その前で膝を折るのみならず，そなたら皆の前で，神のために彼とそなたらと子供たち皆の足の表と裏に恭しく口付けする用意があるが」。この勧告を耳にするや，彼らはいやが上にも腹を立て取り乱し，激しい衝動と狂暴さをもって修道士たちに答えた，「汝ら我らに，キリスト教徒にして汝らのごとく鼻の低い犬になれと勧告する。汝らの教皇は犬にあらぬか，汝らキリスト教徒は皆犬ではなきや」。アスケリヌス修道士は，彼らの騒々しく激しい吠え声と喚き声に邪魔されて，彼らが真実だと主張するそのことを，預言者たちの[2]否定によってでなければ，決して答えることはできなかった。かくて，上述諸侯たちは通訳とともに君主の幕営に戻って行き，修道士たちが答えたことをそのまま伝えた。

1) Ramusio（テキスト⑦）「長上に汝の頭を垂れよ」（p. 255）。　　2) predictorum：predicatorum〈説教師会士たちの〉の誤り？

44 彼らは修道士たちの死の宣告をいかに相談したか [XXXII-44]

バイオトノイは，彼らが答えたことをエギップや諸侯や通訳から聞き，憤りをもって堪えながら修道士たちに怒りを燃やし，罪のないその血を流すことも厭わなければ，どこであれ使者が自由かつ安全に往き来することを許す全ての人種に認められた習わしを壊すことを危惧することもなく，彼らを殺せと断固たる宣告でもって3度命じた。彼の顧問のある者は次のように言った，「奴ら皆ではなくその内二人を殺し，ほかの二人は教皇に送り返そう」。また別の者はこう言った，「奴らの一人つまり教皇の主席使者の皮を剝ぎ，それに藁をいっぱい詰めて仲間を通じて主君に送ろう」。また別の者は言った，「まず二人を軍中で棒で打って殺し，残りの二人は後にフランク人が続いてここにやって来るまで留めおこう」。さらに別の者はこう言った，「二人は我らが軍に連行し，そこで我らの数と力を十分に見させ，我らの敵の投石器の前に置き，我々の手ではなくその機械によって殺されたと思わせよう」。しかしバイオトノイにとっては，自分になすべき平伏も崇拝も拒否したとあっては，彼ら皆に死刑を宣告する判決の方が優先した。

しかし結局，全てを統べ給う御方が悪人どもの考えを雲散させ給い，バイオトノイの6人の妻の一番古くからいた一人と，使者たちがここにやって来た時その世話をした者たちが，可能なあらゆる形で修道士の死の宣告に反対した。その妻は彼の前で次のように弁じた，「もし其方がこれら使者を殺せば，其方がしたことを聞き伝えた者は皆嫌悪と恐怖の念を抱き，様々な有力者からまた遠くの地からいつも送ってきていた捧げ物や贈り物を，其方は失うことでしょう。其方が有力者たちに送る使者もまた，そうするのが正しいとどこでも確信して，彼らは慈悲もなく滅ぼし殺すことでしょう」。使者たちが来た時その世話をした者はバイオトノイにこう言った，「よくお考えになれば覚えておられるでしょう，貴方が私に殺せと命じたさる使者の殺害のことでカアムが私にいかに怒ったか。内臓から取り出したその心臓を，ここにやって来る他の使者やそれが耳に入る全ての者に恐怖を植え付けるために，私の馬の胸に吊るして軍中で皆にさらさせたのでした。ですから，たとえこの使者たちを殺せとお命じになっても，私は殺しませぬ。貴方から逃げ，我が無実を守ってできる限り速くカアムの所に急ぎ，彼らの死を宮中皆の前で未聞の悪行にして人殺しとして訴え，かつ罪に問いましょうぞ」。

こう説かれて打ちのめされたバイオトノイは，汚く濁っていたその心を徐々に炎を弱めて鎮め，そしてすっかり穏やかになったのだった。

45　崇拝の仕方をめぐっていかに言い争われたか ［XXXII-45］

　次いで，いつもより長くそこに留まった後，バロンたちは通訳とともに修道士のところに戻って来，彼らの回答に主君の抱いた怒りを用心深く隠しつつ，次のように語り掛けた，「膝を屈して我らの主を崇めることをいかにしても望まぬとあれば，尋ねるが，汝らの許では長上にその権威にふさわしい敬意を表する仕方とはどのようなものなりや。加えて，もし我らが主の面前に来ることを許すならば，その権力が恭しく讃えられるよう汝らはどのような名誉と尊敬を払うや」。するとアスケリヌス修道士は，頭から頭巾を少し脱ぎ，頭をわずかに垂れ，こう言った，「これが，我らが長上にまたそなたらの主バイオトノイに示す敬意の仕方であり，たとえ暴力によって強制されようとも，他には何もござらぬ」。

　彼らはさらに，キリスト教徒が神を礼拝する仕方はどのようなものか尋ねた。これに彼は答えた，「キリスト教徒は多くの仕方で神を礼拝する。ある者は地に伏して，ある者は膝を地に折って，またそれぞれ別の仕方でと。ところがここでは，遠くから来た多くのまた様々な者たちが，専制によって召使や奴隷にされ，脅かされてそなたらの主を敬って礼拝する。しかし，我らが主なる教皇と全てのキリスト教徒は専制君主を恐れないし，そなたらは彼らにそれを理性でもって崇拝することを求めることもできないし，カアムが命じたことを何らの法律あるいは支配によっても，彼に服従していないキリスト教徒に命じることもできはしない」。

　彼らは上の問題にさらに別のを加えた，「汝らキリスト教徒は木や石，すなわち木や石に刻んだ十字架を崇拝するのに，神の子カアムが自分自身のごとく崇拝せよと命じたバイオトノイを拝むのを拒むのは何故か」。二重の事項が絡まり合ったこの問題に，アスケリヌス修道士は順序立ててこう答えた，「キリスト教徒が拝むのは木や石ではなく，そこに刻印された十字架の徴であり，そこに架けられた我らが主イエスス・クリストゥスのためである。彼は，自らの肢体でもって貴重な真珠のごとくそれを飾り，その心[1]でもって神に捧げ，その中で我らの救

済を獲得し給うた。今言った理由から，磔の受難がどれほど差し迫っていようとも，我らはそなたらの主を拝むことは決してできぬのだ」。

1）原文 cuore：R *sangue*〈血〉。

46　カアムの許に行くことをいかに拒否したか［XXXII-46］

　このように話が終わると，上述諸侯たちは主君の許に帰って行き，修道士の言葉を伝え，暫くしてその指図で修道士たちのところにまた戻って来て言った，「我らが主バイオトノイは，汝らが全タルタル人の主にして王カアムのところに行くよう準備すべしと命じている。その許に来たれば，彼が誰でありいかなるかを目にするであろうし，その力がどれほどか，栄光がいかなるか，今まで汝らの目に隠されてあった全てをはっきりと認めるであろう。カアムその人に汝らの主なる教皇からの書簡を手ずから差し出すことができ，カアムの豊かな無限の力と栄光を目の辺りにして，そこで見たり聞いたりしたことをありのまま汝らの主君に報告することができるであろう」。しかしアスケリヌス修道士は，すでに前に多くの者，キリスト教徒からも信仰なき者たちからも教えられて知っていたゆえ，バイオトノイの悪意に気付き悟って，諸侯たちにこう答えた，「我が主は，別の折にも言ったごとく，カアムの名を耳にしたこともなければ私にその許に行けと命じたこともなく，私が最初に出会うタルタル人の軍営の許に遣したのである。それゆえ私は，カアムの許に行くことを望まぬしそうすべきでもなく，ここで出会ったそなたらの主とその軍に満足であり，課された役目を果たすことから十分に解放された。したがって教皇の手紙は，もしそれを受け取って目を通すことをお望みなら，そなたらの主と軍に見せる用意がある。我らが主の許に戻ったならば，私は起こったことを順序立てて報告するであろう」。

　これに対して，「どの面さげて」と彼らは言った，「汝らキリスト教徒は皆，教皇は誰よりも権威が上だとぬかすや。かつて一体誰が聞いたか，神がそれを許し給うたにより，神の子カアムが獲得したほど多くの領土を汝らの教皇が獲得したと。かつて一体誰が耳にしたか，カアムの名がこの地上ですでに普く広まりかつどこでも畏れられているほど，教皇の名が遠く普く広まったと。カアムはすでに，

陽の昇る所から地中海そしてポンティクス［黒海］まで1)，神の命により君臨し
ているし，その境域のどこであれその偉大でいや高き名は，そこなる全ての住民
から畏れられ讃えられている。それゆえカアムは，神から与えられた権力と栄光
と獲得した地位において，汝らの教皇や全ての者より偉大なのである」。この問
題の最初の部分に，アスケリヌス修道士はこう答えた，「我らの主なる教皇が権
威において全ての者より偉大であると我らが言うのは，主なる神から至福のペト
ロスとその後継者に，母なる至聖のローマ教会の普き力が譲られたからであり，
それはこの世の終わりまで続くからである」。そのあとアスケリヌス修道士は，
この問題を多くの方法と例で説明したが，獣さながらの人間であった彼らは，ど
うしても十分に理解しようとしなかった。一方他の事項には，彼らの厚かましさ
と騒々しい激しさと，ますます大きく爆発する狂気に阻まれて，答えることがで
きなかった。

1)「日の昇る所から……ポンティクスまで」：ここではタルタル人の発言（cf. Ch. 17）。

47　彼らは我らが主なる教皇の書簡をいかにタルタル人の言葉に移させたか［XXXII-47］

　そのあと諸侯たちは帰って行き，修道士の言葉をバイオトノイに伝え，しばら
くそこにあったが再び修道士たちのところに戻って来て言った，「我らが主バイ
オトノイは我らを通じて汝らに命ず，彼が汝らの主なる教皇の手紙を手にして調
べるため，それを彼の忠実で安全な使者として我ら皆に預けられたし」。こうし
てアスケリヌス修道士は，バイオトノイの前に呼ばれず退けられたまま，彼らに
手紙を託した。使者に認められた慣例に反していたが，意に反してそうしなけれ
ばならなかった。彼らは，その手紙をもって主君の許に帰って行ったが，しばら
くして戻って来，修道士たちと他のそこにいた通訳を介して，教皇の書簡がまず
ペルシャ語に書かれ，次いでバイオトノイによってはっきりと明確に理解される
よう，ペルシャ語からタルタル語に移して彼に説明されることになるだろうと言
った。で，アスケリヌス修道士は，修道士3人・通訳3人とバイオトノイの書記
たちとともに，そこにいた多くの者から離れ，何の日除けも差し掛けられぬまま，

我らが主の手紙を他の通訳を介して言葉から言葉へと説明し，それをペルシャ人の書記がトゥルク人とグレキア人と修道士たちから聞いて書き取った。

　こうして手紙は書き移され，通訳によってタルタル語でバイオトノイに説明され，印璽を捺してその許に保管された。そして，バイオトノイは再び上述の諸侯たちを，カアムの許に出発するばかりになっていたその厳かな大書記官とともに修道士のところに寄越した。彼らは言った，「バイオトノイは，汝らのうち二人が選ばれ，この彼の従者とともに直ちにカアムの許に行くべしと命じている。彼［従者］は二人をその許まで安全かつ忠実に案内するであろう。カアムの許に来たると，汝らの主君の手紙をその前に差し出し，カアムの回答とその力と栄光につき見たるところを主君に報告すべし」。これにアスケリヌス修道士は答えた，「別の折にも言ったが，我らに下された命令による限り，我々はカアムの許に行く義務を負わされていない。あるいは縄で縛って力ずくでそこに連れて行かれることはあっても，自らそこに行くことはしないし，連れても行かれない。それゆえ，我らは互いに分け隔てられることも，我らに委ねられたこの使者の任務において離れ離れにされることも望まない」。

　すると，前述の大書記官は彼らから離れて戻って行った。悪だくみとへつらいの言葉を注意深く挟みながら，アスケリヌス修道士をその言葉の峻厳さのことで咎めながら，そうすればまるで彼をバイオトノイの崇拝に仕向けることができるかのごとく誘いながらではあったが。アスケリヌス修道士は彼に言った，「何人もの者から聞いたところでは，と彼は言った，タルタル人の間では喜んで真実に耳が傾けられると聞いたように思う。ところが私の見るかぎり，真実は彼らの許に至るまでにすでに崩れ，その中に入らず，愛されないし尊重もされない。私は二つのことを言った，我らが主なる教皇はキリスト教徒にとっては権威において全ての者に優ること，カアムが誰であるかバイオトノイが誰であるか知らぬこと，である。私の見たところ，そのことは私の他の言葉よりもバイオトノイと諸侯たちを悩ませたようだが，しかし信仰と真理の自由のために私はここに立ち，この世の人間を一人として恐れない」。

　すでに夕刻となり，修道士たちを本営から退去させねばならぬため，明朝出発することになっていた前述の書記官は，修道士たちを招き寄せ，皆の前で，全世界に広めるためにカアムがバイオトノイに送った手紙を，聞いたことを記憶に留めるよう警告しつつ読み上げた。上述のことは全てどちらも最初の日に起こっ

た[1]。

1）彼らが何日に到着したとしても（Ch. 40），以上ここまでのこと，バイジュとの何度にもわたる交渉や手紙（複数）の翻訳が，1日で行われたかは疑問視される。

48　タルタル人は修道士たちをいかに欺瞞と愚弄でもって長く留め置いたか［XXXII-48］

その日の夕刻，手紙の内容を聞いた諸侯とかの書記官は，それらのコピー[1]が書き写して手渡されると約束したが，修道士たちはバイオトノイの幕営から1マイルも離れた自分たちの天幕に空腹のまま戻った。その後4日たち，アスケリヌス修道士とグイカルドゥス［ジスカール］修道士はバイオトノイの幕営の前に来，諸侯と通訳を介して彼に，我らが主なる教皇の書簡の内容について，その内容が求めていることに何らかの形で回答すること，および修道士たちをできる限り速やかに教皇の許に送り返すべくその土地を安全に導くこと，を求めた。諸侯たちは，修道士に対してバイオトノイよりも悪意を抱いてはいたが承知し，次のように答えた，「他日汝らが我らが主バイオトノイの本営の前に来た時，汝らの言葉から，汝らはタルタル人の軍隊を見に来たのであることを理解した。我らの軍はまだ全て一つに集まっていないし，汝らはまだ見てもいない。それゆえ汝らは，ここで本営から立ち去ったり今我々の軍から出て行ったりすることはならぬ」。この言葉にアスケリヌス修道士はこう答えた，「そのことについて最初の日そなたらにたびたび答えたごとく，我らは特にそなたらの軍隊を見るために来たのでは決してなく，たとえ来たことによってとにかくそなたらやその軍隊を見ることになろうとも，我らが主なる教皇の書簡をそなたらにもたらし，その回答を持ち帰るために来たのである」。すると諸侯たちはバイオトノイの許に戻って行き，上の言葉を彼に伝えその回答をすぐもたらすことを約束したが，修道士たちは陽の熱の下にじっと滞り，彼らが戻って来るのをその日の1時から9時まで待った。が，何らの返答も聞かぬままついに自分たちの天幕に手ぶらで帰った。かく，許可を得るため他に何度も本営に通ったが，タルタル人に騙され，彼らの回答にふさわしくない卑しい召使いか，それどころかまるで犬のごとくあしらわれた。こ

うして何度も，まさしくほとんど毎日本営に出向き，1時から6時までしばしば9時まで，6月そして7月の暑い陽の下で，陰を作る覆いもなしにじっと留まって，回答と出発の許可が与えられるのを求めたが，返答もなく彼らとの対話もなく，我々が近付いて話しかけることに立腹している本営から，腹を空かせ飢えて自分たちの天幕に戻るだけであった。こうして，修道士に対して憤り，その返事が冷淡だったことを自分の悪意の口実に言い張るバイオトノイは，言われるところによれば，彼らを殺せと3度命じ，まるで彼ら修道士にふさわしい聴聞を何も軽んじていないかのごとく，9週間にわたって軍中に留め置いた[2]。かく修道士たちは，彼のあらゆる悪意と侮蔑を辛抱強くまた謙虚に耐え忍び，苦難を勇気へと巧みに変えたのであった。

1）earum copia：バイジュの手紙（Ch. 51）とカアンの命令書（Ch. 52）の両方の写しであろう。　2）もし「9週間」であれば，軍営での滞在は1247年5月24日から7月25日となる。

49　彼らはアングタ[1]の到着を待つよういかに強いたか ［XXXII-49］

結局バイオトノイは，修道士たちへの判決の実行を5週間中断したあげく，教皇に送る手紙を作成し，それを携えてその許に派遣する使者を用意し，彼らを洗礼者ヨハンネスの祭日［6.24］に出発させようと考えた。ところがその3日後，彼らが今軍営から去るのは望まないと言って，与えていたその許可を撤回した。というのは，彼の主君たる神の子のカアムから，アングタ［エルチギデイ］というさる高位の厳かな使者が間もなく軍営にやって来ると聞いたからであった。その使者はまた，多くの者の言によれば，全ゲオルギアを統治すべしとの勅命をカアムから得ているとのことであった。アングタは確かにカアムの宮廷でその大顧問であり，バイオトノイ自身が主張するには，彼はカアムが教皇にいかに回答したか知っており[2]，また全世界に公布すべきカアムからの新たな勅命を持参しているとのことであった。すなわちバイオトノイは，まさにその勅命を修道士たちに通告し，その写しを修道士と彼の使者を通じて教皇に送りたいというわけであった。バイオトノイの軍の高官たちは，毎日家畜の乳をいっぱい用意してアングタを待っていた。そのためバイオトノイは，カアムの新たな命令を携えたその人

物が自分の軍営にやって来るまで，すでに許可を与えていたにもかかわらず，修道士たちがそこから立ち去ることを望まなかったのである。それにおそらく，ある者たちが強く信じていたごとく，その時まで延び延びになっていた修道士たちの処刑について，彼から決定的な助言を得るためであった。

　一方修道士たちは，バイオトノイの横暴に抗することのできぬままそこで3週間とそれ以上，日々アングタの到着を待って，じっと動くこともなく我慢強く謙虚に耐えていた。肉体を支えるための固いパンと僅かな水を，それも時に十分からほど遠く得るだけで，パンの欠乏のために時に夕刻まで腹を空かせたまま，羊や牛また時にたぶん駄獣の乳を飲んだ。ただ水，時としてそれを増やすために酸っぱい乳を混ぜたものしか口にできないこともよくあった。葡萄酒については言うまでもなかった。

1) Angutha（R *Augutha*）：Aljigidai〈エルチギデイ〉。即位したグユクによって1247年バイジュに代わるイラン鎮戍軍指揮官として派遣された。が，1251年モンケが即位すると，その暗殺計画に与したとして処刑され，再びバイジュが復帰した。　2) アスケリヌス修道士一行がバイジュの軍営に到着したのは5月末頃であり，その間にカアンの回答が届けられるのは困難であることからして，カルピニに託されたインノケンティウス4世宛グユクの書簡（1246年11月）のことと見られる。

50　その到着後いかに出発したか［XXXII-50］

　一方アスケリヌス修道士は，そこで余儀なくされていたこの遅滞のため，冬になると海を渡るのが困難になることを考えて，本営のさる大顧問1)のところに赴き，修道士たちのために出発の許可を与えてくれるよう，バイオトノイとの仲介を取ってもらいたいと頼んだ。また，空しい日々であったから時を稼ぐために，もし助けてくれるならとその顧問にさる贈り物を約束した。すると，彼はバイオトノイのところに出向き，甘言と懇願でもって修道士たちのために仲介し，バイオトノイの命令として，すでに整えられてあったとおり教皇に送る手紙を作らせ，バイオトノイとカアムの書簡を教皇に届ける使者たちを決めさせ，かくして修道士たちの出発の許可を獲得した。

　ところが，書簡が作成されその中に使者たちの名が書き記され出発の用意が整って，彼らがそろって軍営から出立しようとしていたちょうどその日［7.17］，前

述アングタがハラピア［アレッポ］のソルダンの叔父とモソウル［モスル］——そこはかつてニニヴェと呼ばれた[2]——のソルダンの兄弟とともにやって来た[3]。この二人も，カアムのところからアングタと一緒にやって来た。彼らはその子孫のために彼に敬意を表し，ものすごく多くの捧げ物と贈り物で讃え，彼の貢納者となった。そして，バイオトノイの前にまかり来て，数多の捧げ物と贈り物を差し出し，カアムの命令どおり3度膝を折り頭を地に打ち付けて彼を崇めた。かくしてバイオトノイとその顧問たちは皆，アングタとその一行の到来にこの上なく喜び，祝いと楽しみを，彼らのしきたりに則って荷獣の乳を飲み，歌というよりは叫び声でもって彼に捧げ，またより盛大なものにするために近辺のタルタル人を妻ともども招き，修道士と軍の使者のことは後に回した。彼らは，実に7日間宴会と飲酒と喚き声に時を空しく過ごし，8日目つまり聖ヤコブの日［7.25］，使者とバイオトノイの手紙と，教皇に送る彼らが神の書簡と呼ぶカアムの手紙とともに[4]，ようやく修道士たちに自由かつ完全に出発する許可を与えた。

　こうして修道士たちは，彼らの許に行きそこに留まりそこから帰って来るのに，つまり彼らの支配下に1年あった。アスケリヌス修道士は，我らが主なる教皇の許に戻って来るまでに，この旅に全部で3年と7か月過ごした。アレクサンデル修道士とアルベルトゥス修道士は彼とともに3年弱，シモン修道士は2年と6週間，トリペディスで雇われたグイカルドゥス修道士は5か月あった。また，言われるところ，アッコンからペルシスのタルタル人の軍営まで59日[5]行程である。

1) magnus consilium curie：氏名不詳。　2) アッシリアの古代都市ニネヴェは現モスルのティグリス対岸。　3) アレッポのスルタン・マリク・アッナーシル・ユースフの叔父とモスルのスルタン・バドル・アッディーン・ルルの兄弟。　4) 使者と二つの書簡は次章。5) Ramusio（テキスト⑦）「58日」。

51　タルタル人の首長から教皇に送られた書簡［XXXII-51］

バイオトノイから主なる教皇に送られた書簡の写しは次のごとくである。
　「神慮によりバイオトノイに伝えられしカアム自身の言葉[1]，教皇よ，かく知れ。汝の使者来たり，汝の手紙を我らにもたらせり。汝の使者，大言を口にせり。汝がかく語れと命じしか，それとも彼ら自らそう口にせしか，我ら知らず。汝，

手紙の中にかく書けり：そなたら，多数を殺し，亡き者にし，滅ぼしいると。神の不変の命と地上の面全てを保有する者の法，我らに次のごとくなり：その法を聞く者誰あれ，自らの地・水・財の上に座し，地上の面全てを保有する者に力を渡さん。されど，かの命と法を聞かず，別のごとくする者誰あれ，亡き者にされ滅ぼされん。今，この法と命の上に汝らに伝えん，汝もし，汝らの地・水・財の上に座らんと欲するや，汝教皇自ら我らの許に来たり，地上の面全てを保有する者に近付くべし。汝もし，神と地上の面全てを保有する者の不変の命を聞かぬや，我らこれを知らず，神ぞ知る。汝の来たるに先立ち，使者を寄越し，汝の来たるや否や，我らと和するや敵なりしや，示すべし。して，この命の返答を速やかに我らに送るべし。我ら，この命をアイベグとサルギスの手に託せり[2]，七の月陰暦二十日［7.23］。シティエン［スィスィアン］城塞領内にて認む」。[3]

1) Disposicione divina ipsius chaam transmissum Baiothnoy verbum，テキストは他に D'Ohsson：II, 229-32（ラテン語・フランス語訳），佐口訳：II, 252-54, Pelliot：324-5（ラテン語），Ramusio：IV, 263（イタリア語訳）。モンゴル語原文は残っていない。　2) ウイグル人アイベグ Aibeg とネストリウス教徒サルギス Sargis。1248 年夏インノケンティウス 4 世の許に至り，同 11 月 22 日返書とともに送還された。返書は原文も訳も残っていない。　3) ペリオによれば，おそらくカルピニに託されたグユクの教皇宛書簡に倣って作られたのであろう（Pelliot：t. XXIV, 320）。

52　彼らの皇帝からその首長に送られた書簡について ［XXXII-52］

これは，タルタル人が神の手紙と呼ぶバイオトノイへのカアムの書簡の写しである[1]。

「生ける神の命により，麗しき敬うべき神の子チンギスカムは言う，全てのものに優れる神，それ不死なる神なり，地上にはチンギスカム唯一の主なり。我らこれ，全ての地の全ての者が聞き，我らに服する地にも我らに背く地にも至らんことを欲す。よって汝，おおバイオトノイ，彼らの目を覚まし，これ生ける不死なる神の命なること知らしむべし。して，この汝の要求を彼らに止むことなく知らせ，使者の至り得るところどこあれ，全ての地でこの我が命を知らしめよ。して，汝に反するものは誰あれ狩り立てられ，その土地荒らされん。我，汝に確証す，我がこの命を聞かざる者は誰あれ聾者，我がこの命令を見てなさざる者は誰

図4　「歴史の鏡」の著者ヴァンサン・ド・ボヴェを訪れるル
　　　イ9世（左），その訳者ジャン・ド・ヴィネーを訪れる
　　　ジャンヌ・ド・ブルゴーニュ（王の娘）（右）（*Speculum
　　　Historiale*, vol. I, f. 1r）

あれ盲者，我がこの審判に従ってなす者は誰あれ，平和を知りながらそれをなさ
ざれば跛者，ならんことを。我がこの命，知なき者，知ある者，誰もに知らさる
べし。ゆえに，聞いて守ることを怠る者は誰あれ，滅ぼされ亡くされ死なしめら
れん。よって，おおバイオトノイ，これ明示すべし。自らの家を活用してこれを
実行し，我らに仕えんとするものは誰あれ，救われ讃えられん。これ聞くことに
反するものは誰あれ，汝の欲するところによってなし，それ捕えるべく努めるべ
し」

　〈これらタルタル人の事どもと，彼らの軍営への説教師会ならびに小兄弟会修
道士たちの旅について，以上に述べたもので十分であろう。〉2)

1) テキストは他に，D'Ohsson：II, 232-3（ラテン語），佐口訳：II, 255.　　2) 編者ヴァンサ
ン・ド・ボヴェの文。リシャール版ではこの後に，シモンからとされる章「十字架の印しで
もってトゥルク人たちに示されたさる奇跡について」［XXXII-53］が置かれているが，宗教
譚であり省略する。

IV

ルブルク

旅行記

（Ch. 36「ルイ王宛モンケ書簡」を含む）

ルイ 9 世宛エルチギデイ書簡
ルイ王宛オグル・ガイミシュ返書

ルブルク像

グイッレルムス・デ・ルブルク／ギョーム・ド・ルブルク Guillelmus de Rubruc / Guillaume de Rubrouk：1215 年頃フランドル，ルブルク村に生まれ，若くしてパリのフランチェスコ会に入ったと見られるが，リヨンでカルピニと出会ったこと，ルイ王の十字軍に随行してキプロス島にやって来，東方に派遣されたこと以外，何も知られない。アークレのサン・ジャン修道院で報告記を認めた後もしばらくシリアに留まり，1261 年パリで神学教授だった頃，ロジャー・ベーコンと知り合って議論したことがその書に記されてある。そのあとから 1270 年以前，おそらく 1265 年頃亡くなったと見られる。他に手記や著作はない。

写本：ルブルクの報告記は，仏王に提出され教団や教皇庁に保存・記録されなかったためか，ほとんど世に出ず，7 つが知られる。そのうち，カルピニとともに収められている①Corpus Christi College, Cambridge, Ms. 181, ff. 321-98 [C] が最も古く（13 世紀），全ての章の揃った最良のもので，②同 Ms. 66 [D]，③同 Ms. 407 [S]，④British Museum, Ms. Reg. 14 C XIII [L]，その他はいずれも断片的である。

校訂本：⑤Fr. Guillelmus de Rubruc, 'Itinerarium', *Sinica Franciscana*, vol. I, pp. 145-332 [SF/Rubruc]（①C を主底本に，D・S・L を対校したもの）。

仏訳・英訳・伊訳・和訳：⑥P. Bergeron, *op. cit.*. ⑦Dawson, *op. cit.*, pp. 87-220 [Dawson]（⑤SF からのスタンブルック修道院の一尼僧による英訳）。⑧A. t' Serstevens, *op. cit.*, pp. 209-356. ⑨護雅夫訳「ルブルクのウィリアム修道士の旅行記」『中央アジア・蒙古旅行記』光風社出版，1989 (1964) pp. 129-311 [護]（⑦Dawson より）。

本訳は⑤SF より。

　新来の敵モンゴルの嵐はしばらく遠のいたが，旧来の敵イスラムの勢いはさらに強くまた複雑なものとなる。モンゴルに追い立てられてパレスチナになだれ込み，エジプト・スルタンの下に入ったホラズムは，1244 年聖地に侵略してそこを占領した（I「パリス」Ch. 9）。翌年教皇はリヨンで，フリードリヒの廃位と同時に新たな十字軍を宣告し，それに応えたのは，今度はフランスのルイ 9 世だった。その十字軍（第 7 回）を率いて王がキプロス島ニコシアにあった 1248 年 12 月，イランのモンゴル軍から派遣されたと称する二人の使者，ダヴィドとマルコなる者がやって来，バイジュに代わって指揮官となっていたエルチギデイ（III「シモン」Ch. 49 のアングタ）の手紙を奉呈した。そこには次のようにあった。

ルイ 9 世宛エルチギデイ書簡

　至高の神の力により，地上の王カン［グユク］より送られし，エルカルタイ［エルチギデイ］の言葉，数多の地の大王，全世界の力強き庇護者，キリスト教の剣による勝利者，使徒の宗教の守護者，福音の法の子，フランク人の王へ。

　神が，そなたの統治を讃え，その王国を幾久しく保ち，今も向後も，人間と預言者と使徒たち全てを導く聖なる力の真理によって，その望みを法と世界において実現し給わんことを，アーメン。そして，数限りなきご挨拶と祝福を。これにより，そなたがこの挨拶を受け取り，嘉納されんことを乞う。余が，近くに来ったこの偉大なる王にまみえることのできるよう，神のなし給わんことを。また至高の創造主が，我らの出会いから愛情を生み出させ，我らが一つに集うよう容易くなし給わんことを。

　さてこの挨拶の後，本書状には，主のみ旨のままに，キリスト教の利益とキリスト教徒たちの王の手の強化以外には我らの意図はないことをご存じありたい。我神に願う，キリスト教の王の軍に勝利を与え，十字架を蔑むその敵に対して彼らを勝利させ給わんことを。我らは，至高の王（神よ彼を高め給へ）の許より，すなわちキオウカイ［クユク・カアン］〔神よその偉大さを讃え給へ〕，の面前より，権限と命令もて来った。すなわち全てのキリスト教徒が，隷属・貢納・賦役・通行税とその類いから解放され，誉れ高く敬われ，誰もその所有物に手を触

れることなく，破壊された教会が再建され，［青銅］板が打ち鳴らされ，我らの王国のためにそれを心安らかに聞くことを，誰も妨げることのなきようすべしと。

　この時ここに我らが来たったは，至高の神の許しのもと，キリスト教徒の利益と守護のためなり。我らまた，この我らの忠実な使者，誉むべき者，サーブ・アッディン・モウファト・ダヴィド，それにマルクスをとおして，この善き評判を知らせ，我らの周りのものが口から口へと伝えるようにと，派遣せり。［我が］子よ，彼らの言葉を嘉納し，それを信じられたし。その手紙の中で地上の王（その偉大さの讃えられん）は，神の法においてはラテン・グラエキア・アルメニア・ネストリウス派・ヤコブ派は皆，十字架を崇める者たちであり，その間に差別があってはならぬと命じている。実際，我らの許では皆一つである。それゆえ我らは，偉大なる王［ルイ］が彼らの間を分かつことのなきよう願う。そして，彼ら全てのキリスト教徒の上に慈悲を垂れ，彼らに慈しみと優しさを持ち続けられんことを。ムハッラム［イスラム暦1月］末付け，至高の主のみ旨のままに，善きことのあらん。　（D'Ohsson : II, 238-9 より，原典 *Speculum Historiale*, lib. XXXI, cap. 91）

　何とも信じ難いものであったが，下問された二人の使者は他にも，大カンが最近多数の王侯首長ともども洗礼を受けたこと，エルチギデイがペルシャに派遣されて来たのはキリスト教徒を助けて聖地を解放するためであり，目下それを遂行している仏王と親交を深めたいと望んでいること等を語り，はてはモンゴル軍はバグダードを攻めるから十字軍はエジプトを攻め，後に合流してエルサレムに向かうのが望ましいと，共同作戦まで提案した。確かに，グユクはキリスト教に好意的でその教徒を保護し，モンゴル宮廷では彼らが一大勢力となりつつあったし，エルチギデイはネストリウス派キリスト教徒だった。また彼らは，仏王率いる十字軍に大きな関心を払っており，使者ダヴィドとマルコはまずリヨンに教皇を訪問し，ルイ王の後を追ってキプロスに遣って来たのだった。

　かつてその突然の出現に，「タルタリを地獄に送り返すか，それとも我らが殉教者となって天国に行くか」（I「パリス」Ch. 3）と覚悟したルイ王も，さぞ当惑したことであろう。書簡の文面や使者の話をそのまま真に受けたわけではなかったろうが，全くの捏造か偽計とするには信憑性があった[1]。が，モンゴルの意図がどこにあるのか探ってみる必要があった。そこで王は，大カンとエルチギデイに宛てた書簡（残っていない）と，聖書の場面を刺繍で施した美しい天幕造りの礼拝堂，その他豪華な贈り物を持たせて，ドミニコ会士アンドレ・ド・ロンジュモー[2]を長とし，

ジャン・ド・カルカソンヌ，ジャン・ゴドリシュ他数名の書記・従者からなる一行を派遣した。

　その間に，モンゴルでは政変があった。46 年母トレゲネの尽力で大カンとなったグユクは，オゴデイ以来の西征を完遂すべく 47 年前述エルチギデイを派遣し，48 年には自らも一軍を率いて遠征に出発したが，酒色に溺れた体は持ち堪えず，4 月その途上ビシュバリク近くで急死した。これには，グユクの遠征をバトゥ討伐ではないかと危惧したトゥルイ未亡人ソルコクタニ・ベキが予め知らせていたとも言われ，バトゥによる毒殺も疑われた。とまれその後は，グユクの未亡人オグル・ガイミシュが摂政となっていた。また，庇護者だった大カンの死に伴って，キリスト教徒の弾圧も始まっていた。

　1249 年 1 月 27 日キプロス島を発ったアンドレ一行は，かの二人のモンゴル使者を同伴して春頃大アルメニアのモンゴル軍の本営に着いた。が，手紙を書いた頃とは状況が変わり，後ろ盾グユクを失ったエルチギデイは処置に困り，バルハシ湖南東のイルミ河畔の摂政オグル・ガイミシュの許に送った（エルチギデイの所には寄らず，直接大カンの下に向かったとの説もある）。約 9 か月後そこに到着したが，そうしたことは与り知らぬガイミシュは，書簡ととりわけ天幕の礼拝堂の進物を，フランス王からの臣従の申し出と都合よく解釈し，次の返書を与え，再び使者を付けて追い返した。一行は，約 1 年の旅の後 1252 年 4 月，アークレ南のカエサレアにいたルイの許に帰り着いた。

　1)「ルイ王宛モンケ書簡」（Ch. 36）では偽使者。　　2) André de Longjumeau（c. 1200-c. 1253）。1245-47 年アスケリヌス修道士の一行（III「シモン」）に加わってバイジュの本営に赴く。ルイ王の十字軍遠征にも随行し，ペルシャ語に堪能だったことから大カンの許に派遣された。

ルイ王宛オグル・ガイミシュ返書[1]

　タルタル人の大王は，使者と贈り物を受け入れると，いまだ自分の意の下に来たらぬ何人かの王を安堵させた上で召し寄せた。そして，彼らに［天幕の］礼拝堂を広げさせて言った，「その方ら，フランス王は我らの意と臣従の下に来った，これが，彼が我らに送って来た貢ぎ物だ。そなたら，もし我らの意のままにならぬなら，彼の王を呼び寄せて討ち倒させようぞ」。こうして，フランス王の力ゆえにその王［ガイミシュ］の意のもとに下った者たちはたくさんあった。

[我らの] 王の使者とともに彼らの [使者] も来たり，彼らの大王からフランス王への手紙を持参した。そこにはこうあった：「平和であることは善きことなり。平和な土地では，四つ足でゆくものは安らかに草を食み，二つ足でゆくものは（そこから富の来る）土地を安らかに耕すゆえ。このことを伝えるのは，汝に警告するためなり。汝，もし我らから得るのでなければ，平和を手にすることは出来ぬであろう。プレトル・ジャンは我らに対して立ち上がったし[2]，あの王もかの王も（そして多くの名を挙げた），しかし我らは皆刃に掛けた。それゆえ汝に告ぐ，毎年我らの友たり得るだけの金銀を送ってくるべし。さもなくば，汝とその者どもを，前に名を挙げた者たち同様滅ぼすであろう」。王は，使者を派遣したことをいたく後悔なさったことをご存じありたい。

1) Jean de Joinville, *Histoire de Saint Louis*, suivie du Credo, par Natalis de Wailly, Paris, Jules Renouard, 1868, p. 175 より，cf. 伊藤敏樹訳『聖王ルイ』筑摩書房，2006, p. 209.　　2)「プレトル・ジャンは我らに対して立ち上がった」は他版にはなく，後に誰かによって挿入されたと推定される。

　　この返書や，十字軍に随行した陪臣ジャン・ド・ジョワンヴィルが『聖王ルイ伝』に伝える大カン（オグル・ガイミシュ）との出会いからすれば，ルイ王の使節派遣は失敗だった。そしてこの間のもう一つの派遣，自ら乗り出した十字軍も失敗していた。1249 年 5 月，数百隻に分乗した総数約 2 万の大軍を率いてリマソルからエジプトを目指し，6 月ダミエッタ着。初戦は圧勝したが，ナイルの氾濫期で 6 か月足止めを食らい，11 月カイロに向けて進軍したが，翌 50 年 2 月途中のマンスーラでスルタンの奴隷兵マムルークの待ち伏せにあって，潰滅的な敗北を喫した（図1）。3 月撤退を開始したが，追撃包囲され，ついに兵全員とともに王も捕えられた。交渉により，ダミエッタの返還，身代金40 万リーブル等の条件で解放され，5 月ようやくアークレに向かった。その間にエジプトではクーデターがあり，トゥルキア等から購入された前述奴隷兵マムルークが宮廷で勢力を伸ばし，その長バイバルスが新スルタンのトゥーラーン・シャーを殺害して実権を握り，前スルタンのサーリフの妃を王位に就けた。こうしてイスラムは，マムルークという新たな主を持った。モンゴルもまた，後に彼らによって手痛い一敗を喫し，世界制覇の道程を阻まれることになる。

　　がルイは，その程度のことで屈する人物ではなかった。あくまで聖都奪回の望みを捨てぬ王は，アークレに戻っても帰国せず，シリアの十字軍国家の再建に励んだ

図1　マンスーラの戦い（左）とルイ王の敗北（右）（BnF fr. 5716, f. 199r）

（フランス帰国は54年）。52年4月アンドレ一行が帰って来た時，王は自らカエサレアの城壁を修理していたと言われる。その時，その傍に福音の伝道に情熱を燃やす一人のフランチェスコ会修道士がいた。フランドル地方出身で名をギョームといい，高い知性と強い忍耐力の持ち主で，リョンの宮廷では帰還したばかりのカルピニ，ベネディクトゥス両修道士から話を聞いて，東方のキリスト教事情とそこへの宣教に関心を深めていた。そして今回アンドレから最新の情報に接し，その思い抑えがたく，東方行を志願した。聖王と呼ばれ死後列聖されるほどのキリスト者であったルイは，聖地奪回と同じく（1270年再び十字軍に出征しその途次没する），東方の異教徒と異端をローマ教会の正統な信仰に導くことに熱意を持ち，しかし前回の失敗に学んで，今回は王の使節としてではなく一布教僧として，したがって貢ぎ物と間違われかねない進物は持たさずに派遣することにした。それに，モンゴルがいかなる人種なのか，未開の蛮族か開化した文明の民か，彼らの信仰，それが呪術であれ偶像崇拝であれ異端ネストリウス派であれ，その実態がどのようなものなのか，その首長たち，バトゥやモンケがどの程度の人物なのか，彼らの強さの秘密はどこにあるのか，高度な戦術や武器があるのかそれとも無慈悲に殺戮するだけなのか，また今後の西方遠征計画があるのかないのか，今度こそ全てをはっきりと見極めておく必要があった。

　一方，この間にモンゴルではまたもや政変があり，グユクの死（48年4月）後，摂政となっていた妃オグル・ガイミシュは，その子ホージャ・オグルに跡を継がせようとしたが，モンケを推すジョチ家のバトゥやトゥルイ家のソルコクタニ・ベキ

との争いに敗れ，1251年7月1日のクリルタイでモンケが第4代大カアンの位に就いた。これに抗したガイミシュは，ファーティマ（II「カルピニ」Ch. 9, n. 11）と同じ運命をたどり，イルチギデイも，モンケ暗殺を謀った廉で翌年処刑され，イラン方面総督には前任のバイジュが復帰していた。

　ルブルクは1253年5月7日，クレモーナのバルトロメオ修道士，聖職見習いのゴッセト，通訳アブドゥッラー，奴隷少年一人を伴ってパレスチナを発ち，黒海からクリミア半島ソルダイアに渡り，サルタクの宿営を経て，8月5日ヴォルガ河畔でバトゥに謁見。しかしカルピニ同様大カンの下に赴くよう命じられ，12月27日カラコルム南のオルドに到り，翌1254年1月4日モンケ・カアンに謁見，ルイ王の親書を奉呈する。カラコルムに約6か月滞在した後，7月5日その本営を辞去し，往路とほぼ同じルートで9月15日バトゥの本営着，その後カスピ海西岸沿いに陸路を取り，カフカズ，アルメニアを経て，翌1255年6月キプロスに帰り着いた。が，王はすでに帰国していたため，8月トリポリに渡り，アークレの修道院で復命書を書き上げて提出した。なおその中には，彼に託されたルイ王宛モンケ・カアンの手紙のラテン語訳が含まれている（Ch. 36）。

旅　行　記[1]

　いや高き君主にしてこの上なきクリスト者ルドウィクス［ルイ］，神の恩寵もて煌けるフランク人の王へ，小兄弟会の最も小さき兄弟ヴィッレルムス・デ・ルブルク，ご健康とクリストにおける恒なる勝利を。

　賢者について，集会の書にはかく書かれてあります，「異邦の人々の地に渡るべし，善きこと悪きこと全てにおいて験すべし」[2]。その仕事を，我が主なる王よ，私は致しました。が，賢者としてであって愚者としてではなからんことを。実に，賢者のすることを多くの者が致しますが，より賢くではなくむしろ愚かにであり，自分がその数の中に入ることを恐れます。しかし，どのように致しましたにしろ，その下から発った時，陛下は何であれタルタル人の間で見たことは全て書くようおっしゃいましたし，また長い書面を書こうと心配せぬよう勧めて下さいました。それゆえ私は，お命じになったことを致します。もっとも，不安と恥じらいをもって，かくも高き御方に書くに相応しい言葉を持ち合わせておりませぬゆえ。

1) C *Itinerarium Willelmi de Rubruc*，S・L *Itinerarium Willelmi de Rubruc de Ordine fratrum Minorum anno gratie millesimo CC°LIII ad partes Orientalies*〈小兄弟会ヴィッレルムス・デ・ルブルク修道士の恩寵の 1253 年東方への旅〉。　　2) シラ書「見知らぬ人々の国を旅し，人間の持つ善い面悪い面を体験する」(39.4)。

1　ガザリア地方について

　聖なる陛下，知り給え，主の 1253 年 5 月 9 日 [5.7][1]我らはポントゥスの海［黒海］に入った。そこは俗に大海と呼ばれ，商人たちから聞いたところでは長さ 1400 マイル[2]，ほぼ二つの部分に分かれている。その真ん中あたり，一つは

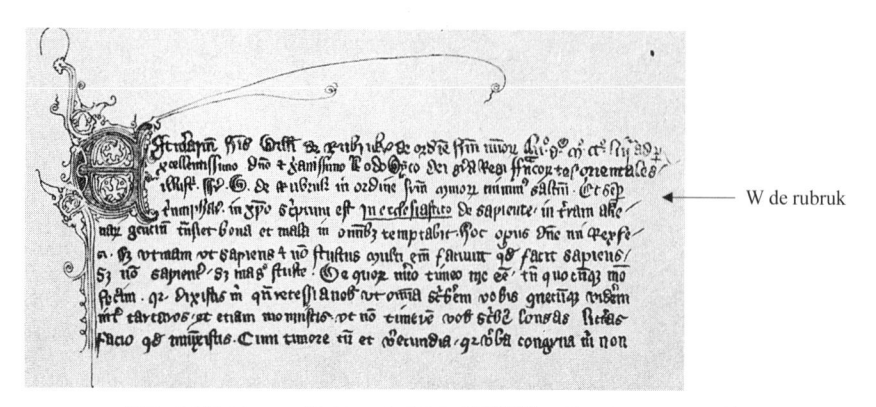

W de rubruk

図2　British Museum, Ms. Reg. 14 C XIII（冒頭部分，⑧A. t'Serstevens より）

北もう一つは南に二つの岬がある。南にあるのはシノポリス［シノプス］と呼ばれ，トゥルキアのソルダンの城塞と港がある。北のはさる地方で，今はラテン人からガサリアと呼ばれ，その海辺に住むグレキア人からはカッサリアつまりケサレアと呼ばれる[3]。海に突き出た半島があり，南でシノポリスと対している。シノポリス―カッサリア間は300マイル，したがってその地点からコンスタンティノポリスの方へ長さと幅700マイル，東つまりゲオルギア［グルジア］地方であるヒベリアの方へ700マイルある。

　我らはガサリアつまりカッサリア地方に着いた。そこはほぼ三角形で，西にケルソナという市［セバストポリ］があり，そこで聖クレメンス[4]が殉教した。その傍を航行した時，天使の手で準備されたと言われる寺院のある島を見た。中央のほぼ突端南側にソルダイア［スダク］と呼ばれる市があり，その斜め向かいがシノポリスである。トゥルキアからやって来て北の地に向かわんとする商人，逆にロシアや北の地からやって来てトゥルキアに渡らんとする商人は皆，そこに着く。後者は，リスや黒テンその他の高価な皮を持ち来たり，前者は綿布つまりワムバシオ［バムバシオ］や絹布や香味料を運んで来る。同地方の東にはマトリカ［タマン］という市があり，そこでタナイス［ドン］が幅12マイルの河口からポントゥスの海に注ぐ。

　その川は，ポントゥスの海の注ぐ前に北側で一つの海［アゾフ海］をなし，幅と長さ700マイル，しかし深さはどこも6パス[5]以上はない。それゆえ大船はそこに入ることができず，前述マトリカ市に着いたコンスタンティノポリスからの

商人は小船をタナイスまで乗り入れ，干し魚つまりチョウザメやホル・ボルバタ[6]その他を大量に買い入れる。

　上述のカッサリア地方は，つまり三方を海に囲まれている。すなわち，聖クレメンスの市ケルソナのある西，我々の着いたソルダイア市のある突端の地方である南，タナイス海のある東で，そこにはマトリカ市とタナイス海の河口がある。

　その河口の向こうにはジキア——これはタルタル人に服していない——と東にスエヴィとイベリ［ジョルジャ人］がいるが，これもタルタル人に服していない[7]。その向こう南の方にはトラペスンダがあり，グイド[8]という自らの君主を持ち，彼はコンスタンティノポリスの皇帝の一族で，タルタル人に服している。その次はシノポリス，トゥルキアのソルダンのもので，やはり服している。その次はウァスタキウスの地，その子は母方の祖父にちなんでアスカル［ラスカリス］といい[9]，服していない。タナイスの河口からダヌビウス［ダニューブ／ドナウ］まで全て彼ら［タルタル人］のもので，ダヌビウスの向こうもコンスタンティノポリスの方へ，アッサンたち[10]の地であるブラキア［ウァラキア／ダキア］や小ブルガリア[11]はスクラウォニア［スラヴォニア］まで，全て彼らに貢納している。また彼らタルタル人は，定められた貢納のほかに，近年各戸から斧一丁と大量に見付かった鉄を全て徴収した。

　ソルダイアには6月の12日［5.21］に着いた。コンスタンティノポリスの商人たちが我々より先に来ていて，サルタク[12]のところに行こうとする使者が聖地からここに来るだろうと言いふらしていた。しかし私は，棕櫚の枝日［4.13］に聖ソフィアで公衆に説教した折，自分は陛下の使者でも他の誰の使者でもなく，我らの会則にしたがって不信の輩たちのもとに向かうのだと述べていた。ここに着いた時，かの商人たちは我々に注意して話すよう忠告してくれた。彼らは私を使者だと言っていたし，もし私が自分は使者でないと言えば，向こうに行くことが許可されなかったかもしれないからである。

　そこで私は市の長官たち，というより，長官たちは冬にバアトゥのもとに貢納を運んで行ってまだ戻ってきていなかったから，長官の代理人たちに次のように言った，「我らは聖地で，そなたらの主君サルタクについて，キリスト教徒だと言われるのを聞き，キリスト教徒はそのことを大いに喜び，とりわけキリスト教に深く帰依したフランク人の王がそうで，彼はそこに巡礼し，聖なる地を彼らの手から取り戻さんとサラセン人と戦っている[13]。それゆえ私はサルタクのもと

に行き，主なる王の書簡を彼に渡したい。その中で王は彼に，全キリスト教世界の益となるよう勧めている」。彼らは我らを丁重に迎え，司教の教会の中に宿舎を提供してくれた。その教会の司教はサルタクのところに行ったことがあり，彼のことをとてもよく言ったが，後にそうしたことは私には見付けられなかった。

　その時彼らは，我らの荷物を運ぶのに，二頭立ての牛車か荷馬かどちらを望むか，選択を我らに委ねた。するとコンスタンティノポリスの商人たちは，二頭立ての牛車を選び，自分たち用にルテニア人が皮を運ぶような覆い付きの牛車を買い，毎日降ろす必要のないようなものをそれに積めばよい，と勧めてくれた。馬だと，どの宿でも荷を下ろして別の馬に積み替えなければならないし，それに牛なら，それと並んでゆっくり進めるからである。で，彼らの助言を受け入れだのだが，私は気が進まなかった。サルタクのところまで2か月かかったのだが，馬で行ったなら1か月縮めることができただろう。

　私はコンスタンティノポリスから，商人たちの勧めで，旅が容易になるよう最初の長官たちの贈り物用に果物とマスカットワインと美味しいビスケットを携えてきていた。彼らのもとでは，手ぶらで来る者は誰も目もくれられないからである。しかし，ここでは市の長官たちに出会えなかったので，それらを全て牛車に積んだ。サルタクのもとまで持って行けば，とても気に入るだろうと彼らが言ったからである。

　で，6月の朔日ごろ我らは4台の牛車を仕立てて旅立ち，他に彼らから得た2台で夜寝るための寝具を運んだ。また彼らは，乗っていくための馬を5頭くれた。つまり我らは5人だった，私，同僚のクレモーナのバルトロメウス修道士，書簡の捧持者ゴッセト，通訳の神の男[14]，それに陛下の施しでコンスタンティノポリスで購入した少年ニコラウス，であった。彼らはまた，牛車を曳き牛馬を世話する者を二人付けてくれた。

　ケルソナからタナイスの河口までは海沿いの高い岬で，ケルソナとソルダイアの間には40の城市があり，そのどれもほとんど独自の言葉を持っていた。彼らの中にはゴート人がたくさんおり，その言葉はテウトン語である。

　その山の後ろ北の方の，泉と小川のいっぱいある平地にとても綺麗な森があり，その森の後ろにとても大きな平野があって，その地方の北の果てまで5日行程続いている。そこは，東と西から海が迫り，一つの海ともう一つの海の間が大きい掘割[15]になっている。その平野には，タルタル人が来る前はコマン人がおり，

前述の町や城市から貢納を取り立てていた。タルタル人がやって来ると，コマン人はその地方に入って皆海辺まで逃げたが，その数があまりにも多かったから，互いに貪り合って生きた者は死にかけた者を喰らい，さる商人が私に話してくれたところによると，犬が死体を貪るように生者が死者の生肉を喰らい歯で引き裂くのを見たという。

　その地方の端には大きい湖がたくさんあり，その岸に塩水の泉があって，そこの水は湖に入るとすぐ氷のように固い塩になり，その塩からバアトゥとサルタクは大きな利益を得ている。というのも，その塩のために全ルシアから人がやって来，それを積んだ 2 頭立ての車 1 台につき半イペルペロの値打ちのある綿布を 2 反支払うからである。海からもその塩のために多くの船がやって来，どれもその量に応じて貢納を払う。

　でその後，我らはソルダニアを発ち，3 日目にタルタル人に出会ったが，彼らの間に入るや，私にはまるで何か別の世界に入り込んだように思えた。彼らの生活と風習を，私にできるかぎり，陛下にお書きする。

1) ルブルクの日付は実際とずれている場合があり，諸注に訂正されたものを括弧内に記す。
2) 実際は，長さ約 500 マイル，幅約 325 マイル。　　3) ガザリア／カッサリア：現クリミア半島とその周辺の地。　　4) クレメンス 1 世：第 4 代教皇（在位 c. 91-c. 101），キリスト教を信奉したためケルソナに流されて殉死したとするのは，今では伝説とされる。　　5) 1 パス（歩）は約 150 cm。　　6) sturiones：sturgeon〈チョウザメ〉（キャビアの採れる魚），horas borbatas：hor borbata〈ヒゲの生えた口〉より，ナマズ・ニゴイの類。　　7) スエヴィとイベリつまりグルジアは，1239 年頃モンゴルに征服された。　　8) トレビゾンド帝国皇帝アンドロニコス・グィドス，ただし 1235 年没。当時の皇帝はマヌエル 1 世（1238-63），1244 年頃からモンゴルに服した。　　9) 東ローマ（ニカエア帝国）皇帝ヨハンネス 3 世ドゥーカス・ウァタキウス（1222-55）と，その子テオドロス 2 世ドゥーカス・ラスカリス。
10) 1186 年小ブルガリ帝国を建てたアッサン，ペトロ，ヨハンネスの 3 兄弟，当時の皇帝はミカエル・アッサン（1246-57）。　　11) ロシアの東コマニアの北に位置する大ブルガリアに対して，ダニューブ川南の地（現ブルガリア）を指す。ブルガリア人の原住地とされる。
12) バトゥの第 2 子。　　13) ルイ 9 世が主導した第 7 回十字軍（1248-54）のこと。
14) homo Dei：「神の僕」を意味するその名前 Abd-ullah アブドゥッラーのラテン語訳。
15) ペレコップ Perekop 地峡。

2　タルタル人と彼らの住まいについて

彼らは定住の都市を持たぬばかりか，来たるべき都市[1]も知らない。彼らは，

ダヌビウスから陽の昇るところまで広がるスキティア［スキタイ］を自分たちの間で分割し，首長はそれぞれ配下に有する人間の多寡によって自分の牧草の境界をわきまえ，そこで冬と夏，春と秋に草を食ませなければならない。冬には南のより暖かい地域に下り，夏には北のより涼しい地域に上る。水のない牧草地では，水の代わりに雪があるから，冬雪のある時に放牧する。

　彼らが寝る住まいは，格子状に組んだ棒を輪に並べてその上に建て，梁も棒で，上はすぼまって小さな輪になっていて，そこから煙突のような首が上に突き出している。それを白いフェルトで被い，より白く輝くようよくそのフェルトを石灰や白い土と骨粉で塗る。時には黒く塗ることもある。またそのフェルトを，上の首のところまで様々な絵で奇麗に飾る。戸口の前にも様々な刺繍を施したフェルトを垂らす。他にも色を付けたフェルトを継ぎ合わせて，葡萄の木や樹木，鳥や獣を作る。こうして大きい住まいを作るから，時に幅 30 ペス[2]にもなる。ある時一台の牛車の車輪と車輪の間を測ったところ，20 ペスあり，その上の住まいは両側とも少なくとも 5 ペス車輪の外にはみ出していた。また数えてみると，一台の車で 22 頭の牛が一つの住居を曳いていた。車の幅にそって横一列に 11 頭と，その前に別の 11 頭がいた。車軸は船の帆柱のように大きく，一人の男が車上の住まいの戸口にいて，牛を導いていた。

　さらに，細く割った棒を組み合わせて大きい箱くらいのものを作り，それを端から端まで同じく棒で丸く蓋って屋根にし，その一番前に小さい入り口を付ける。それからその箱つまり小さい家を，雨が浸み込まぬよう獣脂つまり羊の乳で濡らした黒いフェルトで覆い，それをやはり色とりどりの手芸で飾る。その箱の中に寝具や財宝を全て入れ，川を渡れるよう，ラクダの曳く丈の高い車の上に強く縛り付ける。この箱は決して車から下さない。居住用の家を下す時は，常に入口を南に向け，次いでかの箱を載せた車を家から石半射程ほどのところに並べ，こうして家は，まるで二つの壁のような 2 列の車の間に挟まれることになる。

　婦人たちは自分でとても綺麗な車を作るが，絵によるのでなければ陛下にどう説明していいか分らない。もし私が絵を描くことができれば，全て描いて差し上げるのだが。裕福なモアル[3]つまりタルタル人は，箱を載せたそうした車を一人で百か 2 百も持っている。バアトゥは妻が 24 人いるが，そのそれぞれが大きな家を一つ持ち，その他に小さいのがあって大きいのの後ろに置く。それらは部屋のようで，その中に（召使いの）娘たちが住んでいる。そうした住まいのそれぞ

れに，2百もの車が所属している。また，家を下す時は，第一夫人が自分の帳幕を西の端に置き，次いで他の夫人たちがその序列にしたがって置き，かくして最後の夫人は東の端にいることになる。妃たちの帳幕と帳幕の間は，石1射程の空間がある。かくして，裕福なモアルの幕営は，一人でもまるで一つの大きい町のようだが，その中には男たちはごく少ししかいないだろう。

　小娘一人でも，土地が平坦なので，20 か 30 の車を率いる。車を牛あるいはラクダに次々と繋ぎ，一番前に娘が座って牛を導き，残りはそろって後に続く。悪路に差し掛かると，それらを解き放ち，一つ一つ導く。しかし，羊や牛がのんびり進めるよう，ゆっくりとした足取りで進む。

　戸口を南に向けて家を下したあと，主人の寝台を北側に置く。女たちの場所は常に東側で，家の主人が南面して寝台に座ると，顔は南に向く。一方，男たちの場所は西側で，右手に当たる。

　家に入る時，男たちは矢筒を決して女たちの側に吊るさない。主人の頭上にはいつもフェルトの人形か小像のようなものが一つあり，それを主人の兄弟と呼ぶ。女主人の頭上にも別の同じのがあり，女主人の兄弟と呼び，壁に付けてある。その両方の間の一番上に痩せた小さな像があり，まるで家全体の門番のようである。家の女主人は自分の右側の寝台の足元の一段高いところに，羊毛か別の材料の詰まった山羊の毛皮を置き，その傍に，下女と女たちの方を向いた小さな像を置いている。女たちの部分の入口の傍には，乳牛の乳房の付いた像がある。これは，乳牛を搾る女たちのためのもので，実際，女たちの仕事は乳を搾ることである。他方の男たちの方の入口の側には，馬の乳房の付いた別の像があり，これは牝馬の乳を搾る男たちのためである。

　酒を飲みに集まったときには，最初に主人の頭上にある像に酒を振り掛け，次いで他の像に順番に振り掛ける。そのあと下僕が杯と酒を持って家の外に出，その度に膝を折りながら三度南に撒くが，これは火を敬うためである。次に東に向かって，これは空気を敬うため，さらに西に向かって，これは水を敬って，北には死者のために，撒く。主人が杯を手に持って飲もうとする時，飲む前にまず土地の自分の部分に注ぐ。馬上に座って飲むときには，飲む前に馬の首か鬣に注ぐ。で，こうして世界の四つの方向に撒いた後，下僕は家に戻るが，二人の召使いが杯と盆をそれぞれ二つ持って，主人とその傍で寝台の上に座っている妻に飲み物を持って行くべく侍っている。妻が何人もいる場合には，夜一緒に寝る妻がその

日彼の傍に座り，残りは皆その日彼女の家に飲みに来なければならない。その日そこで宴が持たれ，その日主人に持ってこられた贈り物は，その女主人の財宝に加えられる。入口の所に，乳か他の飲み物を入れた革袋と杯を置いた長椅子がある。

　冬には米・黍・麦・蜜からとても美味しい飲み物を造り，葡萄酒のように透明である。葡萄酒は，遠くの地から持って来られる。夏は，コスモス酒［クミーズ］のほかは求めない。コスモス酒はいつも家の入口の戸の前にあり，その傍に琴弾きが自分の琴を持って侍っている。我々の竪琴やヴィオラはそこでは見なかったが，我々のところにはない他の楽器がたくさんある。主人が飲み始めると，一人の下僕が大声で「ハッ」と叫び，琴弾きがそれを弾く。大宴会をするときには，男たちは主人の傍女たちは女主人の傍で，琴に合わせて皆手をたたいたり踊ったりもする。主人が飲み終わると，下僕が前のように叫び，琴弾きは弾くのを止める。すると男も女も皆輪になって飲み，時には競争してとてもだらしなく貪ぼり飲む。

　誰かに飲ませようとそそのかす時には，両耳をつかんで喉を広げるように強く引っ張り，傍で手をたたいたり飛び跳ねたりする。また，誰かに御馳走して楽しませたいときには，一人がいっぱい入った杯を手に持ち，他の二人がその右と左にいて，こうして三人が歌い踊りながら，その杯を差し出す者の前にやって来，その傍で歌い踊る。その者が手を伸ばして杯を取ろうとすると，すぐ後ずさりし，そしてまた前のように始める。こうしてその度に杯を引っ込めながら3度か4度からかい，杯を遠ざける。しかる後男が十分に苛立って本気で飲みたくなると，その時杯を与え，彼が飲んでいる間じゅう歌い手をたたき足を踏み鳴らす。

1)「天上界での都」を指す（「ヘブライ人への手紙」13.14を踏まえる）。　2) 1 ペス pes〈足〉は約30cm。　3) Moal：Mongol/-al のトゥルク語形 Mogal より。

3　彼らの食べ物について

　彼らの食べ物と食糧について，彼らは死んだものを何でも区別なく口にすることをご存じ下さい。羊や牛馬の群全ての中で，動物が死なないということはあり

えない。しかし夏は，コスモス酒つまり馬乳［酒］があるかぎり他の食べ物の心配はしない。で，そうした時に牛か馬が死ぬと，その肉を薄く切って吊るし，陽と風に干す。すると，塩がなくともすぐに乾燥して臭みがなくなる。馬の内臓から豚のよりも良い腸詰を作り，そのまま食べる。残りの肉は冬用に取っておく。牛の皮で大きい袋を作り，煙で上手に乾かす。馬の臀部の皮からとても綺麗な履物を作る。

　羊一頭の肉が，50 人から 100 人の食用になる。細かく刻んで塩と水（ソースはこれの他は作らない）と一緒に鉢に入れ，それを，ちょうどそのために作ったナイフかフォーク——我々が葡萄酒で煮たナシやリンゴを食べるときにいつも使うあれ——の先で周りにいる皆に，会食者の数に応じて一口か二口分差し出す。主人は，羊の肉が出される前にまず自分の気に入ったのを取り，また彼が誰かに特別な部分を与えると，もらった者はそれを一人で食べねばならず，誰にも与えてはならない。しかし全部食べられなければ，自分で持ち帰るか，もしそこにいれば自分の召使いに与えてもよいが，召使いはそれを主人のために取っておく。しかしそうでなければ，そうしたものを全て入れるために持ち運ぶ自分のカプタルガク[1]，つまり四角い嚢の中に仕舞っておく。そこには骨も仕舞うが，それをしゃぶる十分な時間がないとき後でしゃぶって，食べ物を少しも無駄にしないようにするためである。

　1) captargac：モンゴル語 kabtaga/kabtagan〈袋〉より。

4　コスモスをいかに造るか

　そのコスモスつまり馬乳[1]は，次のように造る。地面に突き立てた 2 本の杭の間に長い綱を張り，3 の刻頃乳を搾ろうとする牝馬の仔をその綱に繋ぐ。すると母馬は自分の仔馬の傍でおとなしく乳を搾らせる。もしどれかがあまりにも落ち着かないようだと，一人が仔馬を曳いて母馬の下に連れて行き，少しばかり吸わせ，その後仔馬を連れ戻して乳の搾り手と代わる。

　こうして大量の乳が集められるのだが，搾りたては牛乳のように甘い。それを大きな皮つまり袋の中に注ぎ，先端が人の頭ほどで下が刳り抜かれている特に誂

えた木で搔き混ぜる。それでできるだけ速く搔き混ぜると，葡萄の新酒のように泡立って酸っぱくなる，つまり醱酵し始め，それをバターを抽き出せるまで絞る。

　そこでそれを味わい，刺激性が和らぐと飲む。飲んでいるときは葡萄酢のように舌を刺すが，飲んだ後はアーモンドの乳液のような味が舌の上に残り，人を内側から心地よくさせ，またそれに弱い頭を酩酊させる。それに，とても尿を催させる。

　大君たち用のカラコスモスつまり黒いコスモスは，次のように造る。すなわち，馬乳は凝固せず，原理は次のようである。どの動物の乳も，妊娠中に腹の中で凝固乳になっていないと，凝固しない。仔馬の腹の中にはそれはないから，馬乳は凝固しない。で，乳をよく搔き混ぜ，その中にある固形物が全て葡萄酒の滓のように一番底に沈み，純粋なのが上に残るまでにすると，乳漿か白い搾り汁のようになる。滓はとても白く，それは奴隷たちに与え，とても眠気を催させる。その透明なのを主人が飲み，もちろんとても美味しく，優れた効き目がある。

　バアトゥは，自分の宿営地の周り1日行程内に30人の男を抱え，彼らはそれぞれどの日も百頭分の馬から搾ったそうした乳を彼のために用意する。つまり毎日馬3千頭分で，そのほかに，他の者たちが持ってくる白い乳がある。実際，シリアでは農民たちは産物の3分の1を納めるが，それと同じように，彼らは主君の宿営に，3日に1度馬乳を持参しなければならない。

　牛の乳からは最初にバターを抽出し，それをすっかり煮えるまで沸かし，その後，そのためにとっておいた羊の腸に戻す。バターに塩は入れないが，よく煮てあるから腐らない。それを冬のためにとっておく。バターの後に残る乳の滓は，できるだけ酸っぱくなるまでそのままにし，それを沸騰させると，煮えながら凝固する。その凝固したものを陽に乾燥させ，すると鉄滓のように堅くなり，それを冬用に袋に入れて保存する。乳のない冬季には，彼らがグルト[2]と呼ぶその酸っぱい凝固物を皮袋に入れ，その上から熱湯をかけ，溶けるまで強く叩く。すると，そのためすっかり酸っぱくなり，その汁を乳の代わりに飲む。生水は飲まぬよう最大の注意を払う。

---

1) cosmos, lac iumentium：馬乳酒クミーズのこと（以下同）。　2) grut：cf. yogurt〈ヨーグルト 凝乳〉。ポーロ（MP）にも「乾燥乳」として記される（Ch. 70, RI-47）。

5　彼らの食べる獣について，衣装について，ならびに彼らの狩猟について

大君主たちは南の方に集落を持っていて，そこから冬用の黍と小麦粉がもたらされる。貧者たちは羊や皮と交換して調達する。奴隷たちは濃い水[1]で腹を満たし，それで満足する。ネズミも捕るが，いろんな種類のがいっぱいいる。尻尾の長いネズミは食せず，［狩の］鳥に与える。ヤマネズミそれに尻尾の短い種類のネズミは全て食する。マルモットもたくさんおり，ソグル[2]と呼び，冬には一つの穴に2, 30匹が固まって6か月冬眠しているから，それを大量に捕まえる。

牝猫のように尻尾の長いウサギがおり，尾の先に黒と白の毛がある。他にも食べるによい動物がたくさんおり，とてもうまく見分ける。そこでは鹿は全く，野ウサギはほとんど見なかったが，ガゼル［カモシカ］はたくさん，野生のロバは，これはほとんどラバのようだが，いっぱい見た。アルカリ[3]と呼ばれる別種の動物も見た。これは，体はちょうど牡羊のようで，角も牡羊のように曲がっているがしかしとても重く，その2本の角を片手ではほとんど持ち上げられなかった。その角から大きい杯を作る。

タカ，シロハヤブサ，エロディウム[4]をいっぱい飼っている。皆それを右手に持ち，タカの首の周りにいつでも短い紐を括り付けておき，それが胸の中ほどまで垂れていて，獲物に向かって放つ時，左手でそれを引っ張ってタカの頭と胸を傾け，風で押し戻されたり上へ持ち上げられたりしないようにする。こうして，食糧の大部分は狩で獲得する。

野生獣を狩ろうとするときは大勢で集まり，獣がいると分かっている地域を取り囲み，少しずつ狭め，ほとんど輪になった自分たちの中に閉じ込め，それに向かって矢を射る。

彼らの衣装と衣類について，次のことをご存じ下さい。カタイや他の東方地域またペルシャや他の南方地域から，絹と金の織物や綿布がもたらされ，それを夏に着る。ルシア，モクセル［モクシャ］[5]，大ブルガリア，パスカトゥ［バシュキルト］つまり大フンガリア，ケルキス［ギルギス］，これらは全て北方の地域で森がいっぱいある，その他彼らに服している多くの北方の地域から，我々の所では見たこともない多くの種類の高価な皮がもたらされ，それを冬に着る。また冬に

はいつも，少なくとも二つの皮衣を作り，一つは毛が内側の体の方に付いており，もう一つは毛が風雪に対して外側にある。その多くは，オオカミあるいはキツネあるいはパピオン［ヒヒ］の毛である。家の中に座るときには，他の柔らかいのがある。貧者は，毛が外側のをイヌやヤギから作る。

　ズボンも皮で作る。富者はまた衣服に絹くずを詰め，とても柔かく軽く暖かい。貧者は木綿や，粗い羊毛から取り出すことのできる柔らかい毛を詰める。粗いのからは，家や櫃を覆ったり寝具を作ったりするフェルトを作る。羊毛に馬の毛を3分の1混ぜたもので綱を，またフェルトで鞍当て・鞍敷き・雨合羽を作る。つまり，羊毛をたくさん使う。以上で男たちの衣服のことがお分かりになっただろう。

1）aqua crassa：粥か雑炊のことか。　　2）sogur：おそらく〈タルパガン〉（モグラの一種）。3）arcali：モンゴル語 culan/khulan，野生の大角羊，Orvis Poli〈ポーロの羊〉とも呼ばれる（MP Ch. 50）。　　4）erodios：herodium〈アオサギ〉のことか。　　5）Moxel：オカ川の支流モクシャ川流域のフィン人種（護：315）。

6　男たちの剃髪について，女たちの飾りについて

　男は頭の天辺を四角く剃り，続けてそれの前側の両端から頭に沿ってこめかみまで細長く剃る。こめかみと首も首の窪みの頂点まで，また前額は額の骨まで剃り，その上に髪の毛の束を眉毛まで垂らして残す。後頭部の隅には三つ編を作る房を残し，それを束ねて耳に結ぶ。

　娘たちの服は，前がいくぶん長いことのほかは男と変わらない。しかし結婚してからは，頭を額の方の［前］半分を剃る。修道女の上着のようなゆったりとした貫頭衣があり，どの部分もそれより広く長く，前が開いていて，それを右側で結ぶ。この点でタルタル人はトゥルク人と異なり，トゥルク人は外衣を左側で結ぶのに対して，タルタル人は常に右側で結ぶ。

　そのほか，ボッカ[1]という頭飾りを持っている。木の皮あるいは別のできるだけ軽い材料で作り，両手で握れるほどの太さと丸さで，長さは1クビト[2]以上，上は柱頭のように四角い。そのボッカを高価な絹布でくるみ，中は空洞で，天辺の真ん中つまりその四角の上に，一様に長さ1クビト以上の鳥の羽根かしなやか

な葦の枝を刺す。そしてその枝を上は孔雀の羽で，周りはマガモの尾羽や宝石でくまなく飾る。裕福な婦人はこの飾りを頭に載せるのだが，そのための穴の開いた頭巾をきつく頭に被り，その中に頭を入れ，髪の毛を後ろの部分で頭の天辺に一つに束ねて結び付けてボッカの中に入れ，そしてそれを顎の下できつく結ぶ。だから，婦人が何人か一緒に馬に乗っているのを遠くから見ると，頭に兜を被って槍を立てた兵士のように見える。実際，このボッカは兜，その上の枝は槍のように見える。

　女はみな男と同じように股を広げて馬にまたがり，上衣を空色の絹布で腰の上で結び，別の帯で胸を括り，白い一片を目の下に結び，胸まで垂らす。

　女たちは驚くほど太っている。そして，鼻が小さいほど美しいとされる。また，顔を汚く塗りたくって自ら醜くしている。出産のために床に伏せることは決してない。

<hr>

1）bocca：bogta〈ボクタク〉と呼ばれる既婚婦人の頭飾り，cf. カルピニ Ch. 2, n. 2.　　2）1クビトは約50 cm。

7　女性の役割とその仕事について

　女性の役割は，牛車を導くこと，その上に家を積み降ろしすること，乳牛を搾りバターとグルットを作ること，皮をなめしそれを縫うこと，である。皮は腱の糸で縫う。腱を細い筋に分け，その後縒り合わせて一本の長い糸にする。下履きや靴下や他の衣服も縫う。衣服は決して洗わない。そうすると神が怒り，吊るして干すと雷を鳴らすからだ，と言う。だから，洗う者がいると叩いて取り上げる。雷鳴をことのほか恐れる。その時は他の者を皆家から追い出し，自分は黒いフェルトに包まって，鳴り止むまでその中に潜んでいる。また，碗は決して洗わず，肉を煮る時，それを入れる器を鍋の沸騰した汁で洗い，それをまた鍋に戻す。女たちはまたフェルトを作り，家に被せる。

　男たちは弓矢を作り，鎧と轡を造り，鞍を作り，家と牛車を大工し，馬を飼い，その乳を搾り，コスモスつまり馬乳を掻き混ぜ，それを貯える皮袋を作り，ラクダを飼い，それに荷を積む。羊と山羊は混ぜて飼い，時に男が時に女が乳を搾る。

塩を入れて凝縮した酸っぱい羊の乳で皮をなめす。

　手や顔を洗おうとする時には，水を口に含み，少しずつ口から手に振り掛け，髪の毛を湿らせ，頭を洗う。

　結婚について，そこでは買うのでなければ誰も妻を持てないことをご存じ下さい。だから，結婚せぬままとても年のいった娘のいることがあり，売れるまでずっと親が抱える。血縁の第1と第2の親等は守るが，姻戚関係は何も守らない。実際，二人の姉妹を同時にあるいは続けて妻にすることがある。彼らの間では寡婦は誰も再婚しない。これは，この世で仕える者は皆あの世でも仕えると信じているからで，だから寡婦は死後必ず最初の夫の下に帰るのだと信じる。そのため，彼らの間では忌わしい習わしが生じる。すなわち，時に息子が実の母親を除いて父の妻を全て受け継ぐ。事実，父母の幕営は常に末子のものになる。そのため末子は，父の幕営とともに自分のものになる父の妻たちを全て面倒を見なければならず，その時もし自分が望むならそれを妻にする。これは，死後彼女らが父の許に帰って行くのなら，自分の不利益になるとは考えないからである。

　で，もし誰かが誰かから娘をもらう取り決めを結ぶと，娘の父親は宴会を催し，娘は親戚のもとに逃げてそこに隠れる。すると父親は言う，「さあ，私の娘はお前のものだ，どこでなりと見付けたら捕まえるがよい」。すると彼は友人と一緒に見付かるまで探し，そこで彼女を捕まえ，ほとんど無理やり自分の家に連れて来なければならない。

8　彼らの正義と裁判について，死と埋葬について

　彼らの正義について，ご存じありたい，二人の男が闘うとき誰も介入しようとしないし，父親とて息子を助けようとしない。しかし，もし負けた方が君主の法廷に訴え，その訴えの後他の者が手を出すと，処刑される。しかし，ぐずぐずすることなくすぐに赴かねばならず，被害を受けた方の者が相手をまるで捕虜のように連れて行く。

　誰も，事実か告白において捕えられたのでなければ，死刑に処されない。しかし複数の者によって告訴されると，白状するよう十分に拷問する。殺人は死刑で，自分のものでない女性との姦通もそうである。自分のものでないとは，他人の妻

あるいは下女で，奴隷女は望むままに許される。同じく大きな盗みは死に罰せられる。羊1頭といった軽い盗みは，そのことで何度も捕まったのでないかぎり，厳しく叩かれる。百回叩くなら，百の鞭が必要になる。私が言っているのは，幕営の判決で叩かれる者のことである。偽の使者，つまり自らを使者に仕立て実際はそうでない者は処刑する。女占い師も同様で，これについては後で十分に申し上げるが，そうしたものは魔女と見なすからである。

　誰かが死ぬと，ひどく喚きながら泣き，1年経つまで租税の支払いを免除される。誰か大人が死んだ時そこにいた者は，1年間モングカン［モンケ・カアン］の住まいに入らない。死んだのが子供だと，1か月後まで入らない。

　故人の埋葬地の傍に，貴人つまり彼らの最初の父であり君主であったチンギスの親族の場合には，常に家を一つ残す。このような死者の埋葬地はどこか知られない。貴族が埋葬されるその場所の近くには常に，墓地の番をする者たちの集落がある。死者とともに財宝を隠すことは，私は聞かなかった。コマン人は故人の上に大きな土盛を作り，顔を東に向け臍の前で杯を手にした像を建てる。また富裕者にはピラミデつまり尖った小舎を建て，ある所では焼き瓦の大きな塔を，ある所では，そこには石はないにもかかわらず，石の家を見た。さる新たな死者の墓を見たが，土地のどの側にも4頭ずつ計16頭の馬の皮が高い棒の間に吊るされ，また死者が飲み食いできるよう傍にコスモスと肉が置かれていた。ところが，彼は洗礼を受けていたとのことだった。東方で別の墓を見た。丸や四角の石が広い範囲に敷かれ，さらに4本の長い石がその敷地の周りの境域の4つの方角に立てられていた。

　病気になると寝台に臥し，病人がいるという標しを家の上に置き，誰もそこに入らない。だから，世話する者の他は誰も病人を見舞わない。大幕営の誰かが病気になると，幕舎の周りに離れて見張りを置き，その境界より中に入ることを誰にも許さない。悪い霊あるいは風が一緒に入って来るのではないかと恐れるためである。しかし占い師を，まるで司祭のごとく呼び寄せる。

9　いかに蛮族たちの中に入ったか，彼らの感謝のなさについて

　この蛮族たちの中に入ったとき，前にも言ったが，別世界に入り込んだように

思えた。我々を車の下の陰に座って長く待たせたあげく，馬に乗ったまま取り囲んだ。最初の質問は，かつて彼らの許に来たことがあるかというものだった。ないと言うと，厚かましく我らの食べ物をねだり始めた。かの町［コンスタンティノポリス］から携えてきたビスコットパンとワインをやった。ワインを1瓶飲み干すと，人は片足で家に入らないものだと言って，もう1本要求した。我々は，僅かしか持ち合わせがないと断りながら，彼らにやった[1]。次いで，我らがどこから来てどこに行きたいのか訊ねた。前のこと，すなわちサルタクがキリスト教徒だと聞いたこと，陛下の手紙を手渡さねばならぬゆえ彼の許に行きたいことを言った。すると，私が自分の意志で行くのかそれとも派遣されたのか，しつこく訊ねた。私は，誰も私に行けと命じたわけではなく，私が行きたくなければ来なかっただろうし，だから自分の意志かつ上司の意志で行くのだと答えた。陛下の使者であるとは決して言わぬよう，十分気を付けた。次いで彼らは，牛車の中に何があるのか，サルタクに持参する金か銀か高価な衣装があるか訊ねた。私は，その許に着いたときにはサルタクは我らが何を持参したかよく見るだろうし，そんなことを聞くのはお前たちに関わりないことだと答え，彼の隊長の許まで連れて行ってくれるよう言った。そして，隊長が望むなら私をサルタクの許まで案内することを許可するだろうし，でなければ私は引き返すだろうと言った。

　実は，その地方にはスカタタイ[2]というバアトゥの血縁の隊長がおり，コンスタンティノポリスの皇帝陛下［ボードワン2世］は彼に，我らがそこを通過するのを許すよう手紙の中で熱心に頼んでいた。で彼らは納得し，牛馬と我らを導く二人の人間を提供し，我々を連れてきた別の者たちは戻って行った。しかし，それを与えてくれる前に我々を長く待たせ，子供たちのためにパンをせがんだ。また，我らの従者が身に付けているのを見た全ての物，すなわち小刀・手袋・鞄・帯をどれも珍しがり欲しがった。私は，長い道程が残っており，これから行くべき長い旅に必要な物を早くも失くしてしまうと困るからと断った。すると彼らは，私のことを欺瞞者だと言った。

　確かに彼らは，何も力ずくで奪うことはなかったが，目にした物をひどく厚かましくまた恥知らずに欲しがり，くれてやっても感謝しないから失くしたも同然である。実際，彼らは自分たちを世界の主人とみなし，何一つ他人から拒否されるべきでないと思っている。何もやらないでその後彼らの世話を求めると，その者を悪し様にあしらう。牛乳を飲むようくれたが，バターを抽出したひどく酸っ

ぱいもので，彼らはそれをアイラ[3]と呼んでいる。こうして彼らの許を去ったのだが，私にはまさしく悪魔の手から逃れたように思えた。次の日，我らはその隊長のところに着いた。

　ソルダイアを発って以来サルタクの許までの 2 か月間，我々は一度も家屋でも天幕でも寝たことはなく，いつも空の下か車の下で，コマン人のたくさんの墓の他は，何一つ村も何か村があった建物の跡も見なかった。その日の夕刻，我らを案内していた少年がコスモスを飲むようにくれたが，それを飲むと，それまで飲んだことがなかったものだから，恐々だったのと珍しかったので全身汗が出た。しかし本当のところ，私にはとても美味しいものに思えた。

1）L「やらなかった」。　　2）Scatatai, D *Scatai*：不詳，カルピニの「カルボン」（Ch. 9, n. 3）と同一人物であろうとされる。　　3）airam：ヨーグルト様の飲み物。

10　スカタタイの幕営について，キリスト教徒はコスモスを飲まないこと

　翌朝，家を載せたスカタタイの車群と出会った。私には，大きな町がこちらに向かって来るかのように見えた。また多数の家畜，牛・馬・羊の群に目を見張った。ところが，それらを率いている人間は少ししか見えなかった。で，彼は配下に何人有しているのか尋ねたところ，5 百人以上ではないとのことだったが，その半分を我々は別の宿営のところで通り過ぎていた。

　案内してくれていた若者は，スカタタイに何か進呈しなければならないと言い始め，我々を待たせて，我らの到着を告げに行った。もう 3 の刻を過ぎており，彼らは彼の家をさる水辺に降ろした。すると彼の通訳がやって来，我々が彼らの許に来たことがないことを知ると，すぐに食べ物を要求した。で，その者にくれてやった。彼は，君主の前で我々の言葉を通してやるのだからという理由で，何か衣服も要求した。我らは断った。彼は，我々が君主に何を持って行くのか訊ねた。我々は，葡萄酒を一瓶取り出し，ビスコッティを一籠とリンゴと他の果物を一皿盛った。が，我々が何か高価な布を用意して来なかったものだから，彼は不興気だった。

とまれこうして我らは，恐れと怖気とともに中に入った。彼は，妻の傍で琴を手に寝台に座っていた。私は，その女が眼と眼の間の鼻をさらに低くなるよう切り取ってしまったのだと本気で信じた。そこには鼻は全くなく，その場所と眉毛にも何か黒い塗り物を塗っていて，我らの眼にはひどく醜いものだったからである。

で私は，前述の言葉を彼に言った。どこでも同じ言葉を言わねばならなかった。実際そのことは，彼らのところに行った者たちから，決して言葉を変えてはならないとよく言い聞かされていた。また彼に，自分は修道僧で，自分たちの会は金も銀も高価な衣服も所有していないと断って，我らの手から贈り物を受け取ってもらいたいと請うた。つまり，彼に進呈できるような物は他に何も持っていないが，食べ物は祝福として受け取ってくれるよう願った。すると彼はそれを受け取らせ，飲みに集まっていた者たちにすぐ分配した。私はまた，コンスタンティノポリスの皇帝陛下の書簡を渡した。これは，昇天祭の8日目［6.5］のことであった。彼は，それをすぐソルダイアに送り，そこで翻訳されるようにした。グレク［ギリシャ］語だったからで，グレク語の手紙の分かる者は彼の許にはいなかったからである。

彼はまた我らに，コスモスつまり馬乳を飲むか訊ねた。彼らの間にいるルテニア人とグレキア人とアラン人のキリスト教徒は，その律法を厳格に守ろうとする者はそれを飲まない。のみならず，飲んだ後は自らキリスト教徒と見なさず，そのため彼らの聖職者は，彼らがまるでクリスト信仰を否定したかのように［後で］とりなすのである。で私は，飲み物は十分に持っており，それがなくなったら与えられるものを飲まねばならぬだろうと答えた。彼はまた，陛下がサルタクに送った手紙には何が書かれているのか訊ねた。私は，陛下の書簡は封がしてあり，好ましい友好の言葉のほかは何もないだろうと答えた。また，我らがサルタクにどんな言葉を言うのか訊ねた。私は，「クリスト信仰の言葉」と答えた。「どんな」と彼は，喜んで聞きたがって訊ねた。それで私は私の通訳——彼は何も知らなかったし何の言葉も知らなかったが——を通じてできうる限り信仰のシンボルを説明した。それを聞いて彼は黙り，頭を振った。

それのあと彼は，我らと牛馬の世話をする者を二人付けてくれ，陛下の手紙の翻訳のために派遣した使者が戻ってくるまで，一緒に車を進めるようにさせた。我らはペンテコステ［聖霊降臨祭］の翌日［6.9］まで彼とともに移動した。

11　聖霊降臨祭の前日アラン人が我らの許にやってきたこと

　ペンテコステの前日［6.7］さるアラン人たちが我らのところにやって来た。彼らはここではアアス［アス］と呼ばれ，グレキア人の典礼に従うキリスト教徒で，グレキア文字とグレキア人司祭をもっている。しかしグレキア人のような分離主義者ではなく，人の隔てなく全てのキリスト教徒を尊重する。彼らは，料理した肉を持って来て我々に，自分たちの食物を食べて彼らのさる故人のために祈ってくれと求めた。で私は，降臨祭の前日は儀式がたくさんあり，その日我らは肉を口にしないのだと言った。そしてその儀式について説明したが，彼らはとても喜んだ。というのは，クリストの名の他は，キリスト教の典礼に関することを何一つ知らなかったからである。

　彼らはまた，彼ら自身それにルテニア人やフンガリア人のキリスト教徒は救われるかどうか聞いた。というのは，彼らはコスモスを飲み，死んだものあるいはサラセン人その他の非信者によって殺されたもの——グレキア人やルテニア人の聖職者はそれを死んだものあるいは偶像に供えるものと同じように見なしている——を口にしなければならないからで，また断食の期間を知らず，たとえ知っていても守れなかったからである。で私は，できる限りそれを正し，彼らに教え，信仰へと励ました。

　彼らが持ってきた肉は，祭日までとって置いた。織物か他の布とでなければ，金か銀で売ってくれる物は何も見付からなかったし，持っていなかったからである。我らの従者がイペルペラ貨幣を見せると，彼らはそれを指でこすり，鼻に当てて銅かどうか匂いを嗅いだ。食べ物は，とても酸っぱく悪臭のある牛乳の他は何もくれなかった。葡萄酒はすでに足りなくなっていたし，水は馬に濁されて飲めなかった。手元にあったビスコッティと神の加護がなければ，おそらく死んでいただろう。

12　洗礼を受けたいと言ったサラセン人について，ハンセン病者の ように見える人々について

　聖霊降臨祭の日［6.8］，一人のサラセン人がやって来て話をした時，我らは信仰について説明し始めた。彼は，受肉において人類に示された神の恩寵，死者たちの復活，未来の審判のことを聞き，また洗礼において罪が洗い流されることを聞いて，洗礼を受けたいと言った。で，洗礼の準備をしていると彼は，家に帰って妻と相談すると言って，やにわに馬に乗った。

　次の日。彼は我々と話をして，どうしても洗礼を受ける気になれない，そうなるとコスモスを飲めなくなるから，と言った。その地域のキリスト教徒は，真のキリスト教徒ならそれを飲んではならない，しかしこの荒野ではその飲み物なしに生きてゆけないのだ，と言う。彼をこの考えから引き離すことは，私にはどうしてもできなかった。このように，いいですか確とご存じ下さい，この考えゆえに彼らは大きく信仰から遠ざけられているのです。その考えは，彼らの中に最も多くいるルテニア人によって広まったのだった。

　その日かの首長［スカタタイ］は，我らをサルタクのところまで案内する者を一人と，次の宿営まで連れてゆく者を二人付けてくれた。そこは，牛の足取りで5日行程離れていた。また，食糧用に山羊を1頭と，牛乳の革袋をいくつかと，コスモスを少しくれた。コスモスは彼らの間では貴重だからである。こうしてまっすぐ北に向かって出発したのだが，私には地獄の門を一つくぐったように思えた。案内の少年たちは大胆に盗み始めた，我々があまり用心深くないと見たのであろう。いくつも失ったあげく，あまりのひどさに我らも知恵を付けた。

　とうとうその地方の端に着いた。そこは，一つの海からもう一つの海まで運河で閉じられ[1]，その向こうは彼らの宿営地で，そこに入ったとき見たのは皆ハンセン病者のような人々だった。つまり，前述した塩の山[2]から塩を採る者たちから貢納を受け取るためにそこに置かれたみすぼらしい者たちだった。そこから，彼らの言によれば，その間人々に出会うこともない15日行程を旅せねばならなかった。彼らとともにコスモスを飲み，ビスコッティをいっぱい盛った盆を進呈した。すると我々8人に，その道程のために山羊を一頭と，いくつかわからぬが牛乳のいっぱい入った革袋をくれた。

　かくて牛馬を替えて出発し，10日行程で別の宿営に着いた。道中水は，二つの小さい川の他は，窪地に掘られた穴のほかは出くわさなかった。上述のガサリア地方を出て以後真っ直ぐ東に向かい，南は海，北は広大な荒野で，ところによって広さ30日行程続き，森も山も石もないが最高の草があった。

　そこは，かつてコマン人が放牧していた。彼らはカプチャト［キプチャク］と呼ばれ，テウトン人からはウァラン人およびウァラニア地方3)と呼ばれ，一方イシドルス4)からは，タナイス［ドン］からメオティデ湿沢地とダヌビウスまでがアラニアと呼ばれている。その地は，ダヌビウスからアシアとエウローパの境界であるタナイスまで横に広がり，タルタル人のように速く馬を駆って2か月の道程である。そこは，くまなくカプチャト・コマン人が住み，またタナイスを超えてエティリア［ヴォルガ］までもそうで，それら2つの川の間は最大10日行程である。その地方の北にはルシアが横たわり，いたるところ森があり，ポロニアとフンガリアからタナイスまで広がっているが，タルタル人によってすっかり荒らされ，今も日々荒らされている。

1) ペレコップ地峡（Ch. 1, n. 15）。　　2) Cf. Ch. 1.　　3) Valani, Valania：おそらく Alani, Alania〈アラン人，アラニア〉の異形。　　4) イシドルス：セヴィリア司教（c. 560-636），中世最も読まれた地理・歴史家。

13　彼らの忍んだ不快さについて，コマン人の墓について

　彼らタルタル人はサラセン人をルテニア人の上に置く。ルテニア人はキリスト教徒だからである。ルテニア人がもう金銀を差し出せなくなると，彼らとその子供たちを獣の群のごとく荒野に連れて行き，家畜の世話をさせる。

　ルシアの向こうは北はプルシァで，最近そこをテウトン騎士団がすっかり支配下に置いたし1)，もし手を付ければ，きっと簡単にルシアを征服するだろう。タルタル人は，大司祭つまり教皇が彼らに対して十字の印を掲げたと聞いたなら，皆自分たちの荒野に逃げるだろう2)。

　こうして，我らは東に向かって進んだが，天と地と時々右手に，タナイスの海と呼ばれる海［アゾフ海］とコマン人の墓の他は何も見なかった。墓は，彼らの親族はいつも一緒に埋葬されるから，2リーグ離れたところから見えた。

　荒野にある時はまだしもよかったが，彼らの住まいにやって来たときの嫌悪感を私は言葉で言い表すことができない。我らの案内人は，どの首長のところにも私が贈り物を持って入ることを望んだが，それには食糧が十分でなかった。どの日も我らは，一緒に食べることを望む臨時の来訪者を除いて，パンを食べるのは8人だった。我ら5人と案内人が3人，つまり車曳き2人とサルタクのところまで同行する者1人，だった。彼らのくれる肉は十分でなく，金で買えるものは何も見付からなかった。

　また，その時期のそこのひどい暑さのため陰を求めて車の下に座っている時も，彼らは我々のものを何でも見ようとして，ずうずうしく入ってきて我らを踏みつけた。腹を軽くする欲求が来ると，豆粒が投げられるほどの距離しか遠ざかることなく，我々のすぐ傍で互いに話をしながら用を足した。その他，この上なく不快なことをいっぱいした。

　私にとって何よりも重大だったのは，彼らに何か躾けの言葉を言おうとすると，通訳が，「私に説教させないでくれ，その言葉をどういうか知らないから」と言うことだった。彼は本当のことを言っていた。というのも，後に幾分か言葉が理解できるようになった時わかったことだが，私が何か一つのことを言うと，彼は自分の都合のいいように全く別のことを言っていた。で，彼を通じて話すことの危険を見て取って，できるだけ黙っているほうを選んだ。

　かくて我らは，大変な苦労とともに宿駅から宿駅へと渡り歩き，至福のマリーア・マグダレーナの祭日［7.22］の数日前に大タナイス［ドン］に来た。それは，エジプトの川［ナイル］がアシアとアフリカを分けるごとく，アシアとエウローパを分けている。

　我らが着いたその場所に，バアトゥとサルタクは東岸にルテニア人の一つの集落を作らせ，彼らは使者や商人を小舟で渡した。彼らはまず我らを渡し，次いで車を，一つの車輪を一つの船，もう一つの車輪を別の船に乗せ，その船を互いに縛り，漕いで渡した。そこで我々の案内人は何ともバカなことをした。その集落の者たちが馬牛を宛がってくれるに違いないと考えて，その岸まで我々を運んできた荷獣を持ち主のところに戻るよう送り返してしまったのである。我々が彼らに荷獣を要求したところ，彼らは，自分たちはバアトゥから特権を貰っており，往来する者を渡すこと以外には何も義務はないと答えた。彼らは商人からも高額の渡し賃を取っていた。

　かくて我らはその川岸に 3 日間止まった。1 日目は獲れたての大きなニゴイ，
2 日目はライ麦のパンと少量の肉，世話役の村長が何軒かから集めたもの，3 日
目は干し魚——そこには大量にある——をくれた。

　その川は，そこではパリのセカナ［セーヌ］と同じくらいの広さがあった。そ
の箇所に着く前に魚のいっぱいいるとてもきれいな川を渡ったが，タルタル人は，
肉が羊肉のように食べられるほど大きいのでなければ，魚を獲ることも料理する
ことも知らない。その川は，ルシアの東の境界をなし，メオティデ湿沢地から発
している。その湿沢地は北の大洋の方に伸びているが，川は南に流れて，ポント
ゥスの海［黒海］に達する手前で，7 百マイルのさる大きな海［アゾフ海］を作り，
我々の渡った川はすべてそこに流れ込んでいる。上述の川はまた，西岸に大きな
森がある。タルタル人はその箇所よりも北には上らず，8 月初めのこの時期には
南に戻り始める。冬季に使者が渡る別の村落は，下流にある。

　こうしてそこでは，金では馬も牛も手に入らなかったから，大いに不安だった。
しかし，我々が全キリスト教世界の共通の利益のために働いていることが分かる
と，牛と人を宛がってくれた。しかし我々は歩いて行かねばならなかった。

　その時期，ライ麦を刈り入れていた。小麦はそこではよく育っていなかった。
黍は大量にある。

　ルテニア人の女たちは，我々のところと同じように頭を飾るが，上着は外側を
足から膝までリスかシロテンの皮で飾る。男たちはテウトン人のような合羽をま
とうが，頭には先の尖った長いフェルトの帽子を被る。

　それから 3 日間人に出会うことなく進んだが，我々も牛も同じようにひどく疲
れ，どこでタルタル人と出会えるか分からなかった時，突然 2 頭の馬がこちらに
走ってきた。大いに感謝してそれを捕まえ，どこかで人と出会えることを期待し
て案内人と通訳がそれに乗った。4 日目に人々に出会った時，我々は難破した者
が港に着いたように喜んだ。そこで馬牛を手に入れ，宿駅から宿駅へとたどり，
そこから 8 月の 2 日［7.31］にサルタクの宿営に辿り着いた。

　1）チュートン騎士団によるプロシャ征服の開始は 1228-34 年。　　2）モンゴル十字軍の呼
びかけは教皇の側からはなかったが，フリードリヒ 2 世からあった（Cf. I パリス Ch. 4「皇
帝書簡」）。

14　サルタクの地域について，その人々について

　タナイスの向こうの地域は，川と森があってとても美しい。北には巨大な森が
あり，2種類の人々が住んでいる。一つはモクセル[1]，つまり法なき者たちで，
全くの異教徒である。町は持たず，森の中に小屋を持つ。その君主と彼らの大部
分はアレマンニア［ドイツ］で殺された。タルタル人は彼らをアレマンニアの入
口まで連れて行ったのだが，彼らはタルタル人への隷属から解放されることを期
待して，アレマン人をとても称えている。商人が彼らのところに来ると，それが
最初に留まる家の者は，彼らが留まろうとする間ずっとその世話を見なければな
らない。誰かが他人の妻と寝ても，その亭主は自分の目で見ぬ限り気に止めない。
だから彼らは嫉妬深くない。豚，蜂蜜と蠟，高価な毛皮と鷹がいっぱいある。そ
の向こうに，メルダス[2]と呼ばれる者たちがいる。ラテン人はメルディニス[3]と
呼び，サラセンである。

　その向こうにエティリアがある。かつて見た最大の川で，大ブルガリアの北か
ら南へ流れ下り，周囲4か月の広さをもつさる湖［カスピ海］に注ぐ。その湖に
ついては後でお話しする[4]。これらタナイスとエティリアの二つの川は，我々が
通ってきた北方の地域では10日行程しか互いに隔たっていないが[5]，南方では
大きく離れている。タナイスはポントスの海に注ぎ，エティリアはペルシスから
そこに注ぐ他の多くの川とともに上述の海あるいは湖を作っている。

　南方[6]には非常に高い山［コーカサス］があり，その荒地の斜面にケルキス［シ
ルカシア人］とアランあるいはアアスが住んでいる。彼らはキリスト教徒で，目
下タルタル人と戦っている。その向こうのエティリアの海あるいは湖の近くに，
レスギと呼ばれるサラセン人がおり，やはり服していない。その向こうが鉄門
［デルベンド］で，野蛮人がペルシスに入って来ぬようアレクサンデルが作ったも
ので，その位置については，帰りにそこを通ったので後でお話しする[7]。我々が
通ったこの地のその二つの川の間には，タルタル人が占拠する前[8]はコマン・カ
プチャクが住んでいた。

1) Cf. Ch. 5, n. 5.　　2・3) Merdas/Merdinis：モルドヴィン人。　　4) Ch. 18.　　5) 両川が
最も接近しているところで 37 マイル。　　6) 以下の記述は黒海とカスピ海の間の地。
7) Ch. 37.　　8) モンゴルによる同地域の占拠は 1221 年に始まる。

15　サルタクの幕営について，彼の栄誉について

　かくして，エティリア川から3日行程のところでサルタクと出会った。その本営はとても大きく見えた。彼は妻が6人あり，彼の傍にいた長男［モンケ・テムル］は［妻が］2人か3人あり，それらがそれぞれ大きい住まいとおそらく2百にのぼる車を持っているからである。我らの案内人は，コイアクというさるネストリウス教徒のところに行った。彼はその幕営の大物の一人である。彼は我々をとても遠く離れたイアムの家まで行かせた。使節を受け入れる任務をもつ者を，彼らはイアムと呼ぶ[1]。

　夕方かのコイアクは，我らに自分のもとに来るよう命じた。すると案内人は，彼に何を持って行くか尋ね，我らが何も持参する用意をしていないのを見ると，ひどく怒り始めた。我々がその許に行くと，彼は栄誉の座に座り，琴を弾かせ傍で舞をさせていた。で私は，彼の主君のところにやって来た次第の言葉を言い，主君が我々の書簡を見るよう取り計らってもらいたいと頼んだ。私はまた，自分は修道僧であるからただ神に仕えるための本と聖器具の他は，金も銀も他の高価な品も持っていないし受け取らないし扱わないこと，だから彼にも主君にも何の贈り物も持って来なかったことを弁解した。自分の物を放棄した者である私は，他人の物の運び人であることはできない。

　すると彼は，私が修道士としてその使命をよく守ったと十分穏やかに答えた。そして，我らの物を欲しがることなく，もし要るなら自分の物をいくらでもくれようとした。そして，我らを座らせ，自分の乳を飲ませてくれた。ほどなく彼は，自分に祝福をしてくれるよう求め，我らはそうした。また，フランク人中最大の君主は誰か尋ねた。私は，「もし自分の土地を平和に保つなら，皇帝である」と答えた。「否，と彼は言った，王である」。実際彼は，陛下のことについて，ヘムモニアのバルデウィヌス［エノーのボードワン］[2]から聞いていた。私はそこで，ダウィドの仲間の一人とも出会った[3]。彼はキプロスに来たことがあり，［そこで］見たことを全て［サルタクに］話していた。

　それから我々は宿舎に帰った。次の日，私は一瓶のマスカットワイン――かくも長い道のりをとてもよく保存されていた――と盆に盛ったビスコッティを彼に送った。それはとても喜ばれた。彼はその夜，我らの従者を自分のところに

留めた。

　翌日彼は遣いを寄越し，主君が見たがっているので王の書簡と聖器具と書物を持って本営に来るよう言った。で，一つの車に書物と聖器具，もう一つの車にパンとワインと果物を載せてそうした。すると彼は書物と祭服を全部取り出させ，多数のタルタル人とキリスト教徒とサラセン人が馬に乗って我々を取り囲んだ。それらを調べて彼は，全て主君に進呈するか尋ねた。それを聞いて私は吃驚したし，その言葉を不快に思った。そのことを隠して私は答えた，「閣下，あなた方の主君ができるかぎりこのパンとワインと果物を受け取ることを希望する。が，僅かゆえ，贈り物としてではなく手ぶらで参らぬための祝福として。彼はまた王殿の手紙をご覧になるだろうし，それによって我らがいかなる理由で彼のところに来たのか分かるだろう。その時には，我らと我らの物はすべて彼の命令のもとにあるだろう。しかし，祭服は聖なるもので，聖職者の他は触ることは許されない」。すると彼は，主君のもとに行く服を着るよう命じ，我々はそうした。

　私は大切な衣服をまとい，胸の前にとても綺麗な座布団と陛下が下さった聖書ととても美しい「詩編」を携えた。「詩編」は女王様［マルグリット］が下さったもので，その中にはとても美しい挿絵があった。私の同僚［バルトロメウス］はミサ典書と十字架を手に取った。聖職者［ゴッセト］は祭式用の短い白衣を着て，香炉を持った。こうして我らはサルタクの住まいの前に着いた。彼らは，我々がよく見えるよう，入口の前に垂れているフェルトを上げた。そして，聖職者と通訳には膝を3回折るようさせたが，私には求めなかった。次いで，出入りの時に家の敷居を踏まぬよう用心すべしと念入りに警告し，また彼のために何か祝いの歌を歌うよう求めた。

　それで我々は，「サルウェ・レギナ」を歌いながら入った。部屋の入口にはコスモスと杯の台があり，彼の妻たちが集まり，彼らモアル人は押し合いながら我々と一緒に入った。コイアクは彼に香の入った香炉を渡し，彼はそれを手に取ってじっくりと眺めた。次いで「詩編」を渡し，彼と隣に座っていたその妻はそれをよく吟味した。それから聖書を渡した。すると彼は，福音書がその中にあるか尋ねた。「聖なる書の全てが」と私は言った。彼は，十字架も手に取り，その像はクリストの像かどうか尋ねた。そうだと私は答えた。ネストリウス派とアルメニア派は，十字架の上にクリストの像を決して付けない。だから彼らは，受難を悪いことと考えているか，あるいはそれを恥じているようである[4]。次いで，

我々の飾りがよく見えるよう周りにいた者たちを下がらせた。そのあと私は，陛下の書簡をアラビア語とシリア語の訳とともに彼に渡した。実は，アコンでそれら二つの言葉と文字に訳させていた[5]。ここには，トゥルク語とアラビア語の分かるアルメニア人司祭たちと，シリア語とトゥルク語とアラビア語の分かるかのダヴィドの仲間［マルクス］がいた。

　それから我々は引き退がり，祭服を脱ぎ，書記たちとかのコイアクがやって来て，書簡を通訳させた。それを聞いたあと彼は，パンとワインと果物を受け取らせ，我々に衣服と書物を宿舎に持ち帰らせた。これは，鎖の聖ペトルスの祝日［8.1］にあった。

　1）iam ヤムは通常は〈駅站・宿駅〉のこと。そこの人間は〈ジャムチン〉。　　2）Baldevinus de Hemmonia：ラテン帝国皇帝ボードワン2世に仕えた騎士。　　3）ダヴィドは，ルイ9世がキプロスに滞在していた時イランのモンゴル軍司令官エルチギデイから派遣されてきた使者，その仲間とはもう一人の使者マルクス／マルコ（cf. 本書171ページ）。　　4）ネストリウス派は教会内で絵や像を用いない。　　5）アッコン／アクレにルイ9世の宮廷があった。

16　サルタクの父バアトゥのもとに行くよう命じられた次第

　翌朝さる司祭つまりコイアクの兄弟が来て，サルタクが見たがっているからと言って，聖香油の容器を所望した。我々は与えた。夕刻の祈りの折，コイアクは我らを呼んで言った，「王殿は我が主君によき言葉を書いたが，その中にさる困難なことがあり，父上［バトゥ］の助言なしにするわけにはいかない。それで，そなたらは彼の父の許まで行かねばならぬ。昨日衣服と書物とともにそなたらが曳いてきた2台の車は，私のもとに置いておけ。我が主君が中の物を詳しく見たがっておられるゆえ」。すぐに私は，彼の欲望ゆえの悪意を疑って言った，「閣下，それだけでなく今我らが持っている2台も貴殿の保護の下に残しましょう」。「いや，と彼は言った，あれだけ残して他のは好きなようにしろ」。私は，それはどうしてもできない，全部残して行くと言った。すると彼は，我々がこの地に留まりたいのか聞いた。私は言った，「貴殿が国王陛下の手紙をよく理解したのなら，そうであることがお分かりでしょう」。すると彼は，我々が大いに忍耐強く謙虚でなければならぬと言った。こうしてその夕方彼の許から退った。

　翌朝彼は，車のために一人のネストリウス派司祭を寄越し，我らは4台とも曳いて行った。すると，コイアクの兄弟が我らのところにやって来て，我らの物を全て，前の日我々が幕営に持参したものから分け，それつまり書物と衣服をまるで自分の物のように取った。しかしコイアクは，もし必要ならバアトゥのところでもまとうよう，我々がサルタクのところで着た祭服を持って行くよう命じていた。それをかの司祭は力ずくで取り上げて言った，「お前はこれをサルタクのところに持って来たはずだ，ところが今度はバアトゥのところに持って行きたいと言う」。その理由を説明しようとすると，彼は答えた，「ごたごた言うな，とっとと行け」。

　その時私には忍耐が必要だった，サルタクの許への入口が開いていず，我々が正しいことを証明してくれる者もいなかった。通訳についても，私の言ったのとは別のことを言ったのではないかと心配した。というのは，彼は我々が何もかも贈り物にすることを望んでいたからである。私には慰めが一つだけあった。彼らの貪欲を感じて，聖書と格言集と他の気に入った書を取り除けておいたからである。女王様の「詩篇」は除けられなかった，その中にある金の挿絵のためあまりにも知られていたからである。

　かくして，残った2台の車とともに宿舎に戻った。すると，我らをバアトゥの所に連れて行くことになっていた者が，急いで出発したいとやって来た。私は，車を曳いて行くべき理由はないと言った。彼はそのことをコイアクに伝えた。するとコイアクは，それを我らの少年とともにイァムの許に残しておくよう命じた。で，そうした。

　こうしてバアトゥの所に向かって真東に行き，3日目にエティリアに来たった。その水を見た時，これほど多くの水が北方のどこから流れて来るのか不思議だった。サルタクの所から出発する前にかのコイアクは，幕営の他の多くの書記とともに我らに言った，「我らの主君をキリスト教徒と言わないでもらいたい。実際キリスト教徒ではなく，モアルだ」。というのは，キリスト教という名は彼らにはある種族の名に思えていて，ひどく思い上がった彼らは，おそらくいくらかはクリストを信仰していても，キリスト教徒と呼ばれることを望まず，またタルタリ[1]と呼ばれることも望まない。自分たちの名前すなわちモアルが，全ての名に優ることを欲している。事実，タルタリとは別の者たちであり，彼らについて私は以下のことを知った。

1) Tartari：Tartar〈タルタル人〉の複数形（主格）。

17　サルタク，マングカム，ケウカムがキリスト教徒に敬意を払うこと

　フランク人がアンティオキアを奪った時［1098 年］の頃，北方ではコイルカン［グル・カン］[1]と呼ばれる者が君主国をもっていた。コイルは固人名，カンは尊称で占者というのと同じである[2]。彼らは占者を全てカンと呼ぶ。そこから，君主はカンと呼ばれる，人民の統治は占いによって彼らの手に帰しているからである。アンティオキアの歴史には，トゥルク人がコイルカン王に使いを遣って，フランク人に対する支援を要請したことが書かれている[3]。事実，トゥルク人は皆その地域からやって来た。このコイルはカラカタイ人だった[4]。カラは黒，カタイ［契丹］は種族の名だから，カラカタイは黒カタイと同じである。東方の大洋に面した所にいるカタイ人——彼らについては後に申し上げる——そのものと区別してこう呼ぶ。これらカラカタイは，私が通ってきたさる高地にいた。

　その高地のさる平原に，一人のネストリウス教徒がいた。強力な牧人で，ネストリウス教徒であったナイマンと呼ばれる人々の主君だった。コイルカンが死亡すると，そのネストリウス教徒は自ら王に登ったのだが[5]，ネストリウス教徒は彼をイォハンネス王と呼び[6]，彼について実際よりも 10 倍のことを言った。その地域から来たネストリウス教徒は，そのように何でもないことから大きな噂を立てるのである。こうして，サルタクやマングカンやケウカン［グユク］のことを，彼らが他の国民よりもキリスト教徒により大きな尊敬を払うことから，キリスト教徒だと言いふらしたのだった。というわけで，彼らは本当はキリスト教徒ではない。こうしてそのイォハンネス王について大きな評判が外に伝わった。私はその牧草地を通ったが，彼については僅かなネストリウス教徒の他は誰も何も知らなかった。その牧草地にはケウカンが住んでおり，その幕営にアンドレアス修道士が行ったし[7]，私も帰路そこを通った。

　このヨハンネスに一人の兄弟があり，やはり強力な牧人で，ウンク［ワン・カン］と言った[8]。彼は，そのカラカタイの高地の彼方，兄弟から 3 週間行程隔たったところにおり，カラカルム［カラコルム］と呼ばれる小村の主で，クリト

［ケレイト］およびメルキトという人々を配下に有していた。彼らはネストリウス派キリスト教徒だった。しかし，彼らのその首長はクリスト信仰を捨て，偶像を崇め，偶像の聖職者を侍らせた。それらは皆悪魔の祈禱師であり，占い師である。

　その牧草地の向こう9日か15日行程のところにモアル人の牧地があり，彼らは占者や巫術師のほかは首長も法も持たぬとても貧しい者たちだった。その地域では皆，占者や巫術師に従っていた。モアルの隣には，タルタリという別のとても貧しい者たちがいた[9]。ヨハンネス王が相続人なく死亡し，その兄弟ウンクが豊かになって自分をカンと呼ばせ，彼らは牛と羊の群をモアルとの境まで広げた。その頃，モアル人の中にチンギスというさる鍛冶屋がいて，ウンクカンの家畜をできるだけ盗んでいた。それでとうとう，ウンクの牧人たちは君主に不平を訴えた。そこで彼は軍を集め，チンギスを求めてモアルの地に馬を進めた。チンギスはタルタリの中に逃げ込み，そこに隠れた。そこでウンクは，モアルとタルタリから略奪品を奪って帰った。

　そこでチンギスは，タルタル人とモアル人に語りかけて言った，「我々は指導者がいないから，隣人たちが我々を迫害するのだ」。それで，タルタリとモアルは彼を首領に選んだ。そして密かに軍を集めてかのウンクを襲い，彼を破り，彼はカタイ［カラカタイ？］に逃げた。そのおり彼の娘が捕われ，それをチンギスは自分の息子の一人に妻として与え，そこから今統べているマングが生まれた[10]。

　チンギスは，タルタル人をあらゆる所に派遣し，そこから彼らの名前が伝わった，至る所で「ほら，タルタリが来る」と叫ばれたからである。しかし度々の戦によって今は彼らはほとんど皆滅ぼされた。それで今やモアルは，そのタルタリという名前を消し去って自分たちの名を高めることを望んでいる。彼らが最初にいた土地，今もチンギスカンの幕営のある所，はオナンケルレ［オノン・ケルレン］と呼ばれる。しかしカラカロン［カラコルム］が，その周囲で彼らが最初に獲得した地域であることから，その町を王室のために保ち，その近くでカンを選ぶのである。

1) Coircan：1132年建国されたカラキタイ（西遼）の君主の称号「グル・カン」（普き王）。
2) 占者を指すトゥルク語「カム」との混同。「カン」は可汗 kehan〈君主〉の略称汗 han より。　3) そうした事実を記した書は今は確認されない。　4) カラキタイの建国者のこと

であれば耶律大石。　　5）1204 年チンギス・カンによって滅ぼされたナイマン部族の長タヤン・カンの子クチュルクは，西のカラキタイに逃れ，1211 年その国を奪って自らグル・カンとなった（1218 年没）。　　6）クチュルクがそうであったかは確認されないが，ナイマンには多数のネストリウス教徒がいたため。なお，プレストル・イォハン＝クチュルク説はルブルク独自のもの。　　7）1249 年ルイ 9 世からクユクの許に派遣されたドメニコ会アンドレアス修道士は，バルハシ湖の南東イルミ河畔の幕営に至ったが，グユクは死亡しており，その妻オグル・ガイミシュに接見した。　　8）ケレイト部族長トオリルとその称号「ワン・カン」。もちろんクチュルクの兄弟ではない。　　9）とすると，ルブルクではモアルはモンゴル部族，タルタリはタタール部族を指すことになる。　　10）ワン・カンは 1203 年チンギス・カンに敗れて殺されたが，その弟ジャア・ガンボの娘ソルコクタニがチンギス・カンの末子ジョチに嫁して，マング（モンケ）を生んだ。

18　ルテニア人・ホンガリア人・アラン人について，カスピ海について

　サルタクについて，彼がクリストを信じているか否か，私は知らない。私が知っているのは，キリスト教徒と呼ばれるのを望んでいないということで，実際キリスト教徒をひどく蔑んでいるように私には見える。しかし，彼はキリスト教徒が往来する道筋にいる。すなわちルテニア人，ブラキア［ウァラヒア］人，小ブルガリアのブルガル人，ソルダイア人，ケルキシア［シルカシア］人，アラン人で，彼らは皆彼の父の幕営に行く時贈り物を携えてそこを通り，だから彼は彼らをとても厚遇する。しかし，もしサラセン人が来てより多くのものを贈るようになれば，もっと早く好意を獲得するだろう。彼は周囲にネストリウス派の司祭たちを抱え，彼らは［青銅］板を叩き，自分たちのお勤めを唱えている。

　もう一人バアトゥの兄弟でベルカ［ベルケ］という者がおり，鉄門の方に放牧し，そこはペルシスとトゥルキアからやってくる全てのサラセン人の道筋である。バアトゥのところに往き来する者は皆，彼に贈り物を持参する。彼はサラセンとなり，自分の幕営で豚肉を食することを許さない。しかし我々が帰りに通った時は，バアトゥはベルカに，その場所からエティリアの向こうの東に移動するよう命じた。サラセン人の使者が彼の所を通るのは，自分にとって害があると見て，望まなかったからである。サルタクの幕営にいた 4 日間，彼は我らにただ 1 回の僅かなコスモスの他は何も食べ物を配慮してくれなかった。

　彼とその父との間の道で，我らはとても恐ろしい目に遭った。彼らの奴隷にな

っているルテニア人とフンガリア人とアラン人が——その中ではアラン人が一番多かったが——20人か30人徒党を組み，夜矢筒と弓を持って逃亡し，夜出会った者をことごとく殺した。日中は隠れ，馬が疲れると，夜多数の馬が放牧されているところに来て馬を取り替え，飢えた時に食べるために1頭か2頭連れ去る。我らの案内人は，そうした連中と出会わないかとても恐れた。道中，僅かながらビスコッティを携えていなかったら，我らは飢えて死んでいただろう。

　かくて巨大な川エティリアに着いた。実際セカナ［セーヌ］より4倍も大きく，とても深く，北にある大ブルガリアから南に流れ来たり，さる湖に注いでいる。それは，ペルシャ側の岸にあるさる町にちなんで，今はシルカン海と呼ばれている。イシドルスはそれをカスピ海と呼ぶ。事実，南にカスピ山とペルシスがあり，東[1]にはムリエック［ムレヘト／ムラヒダ］山つまりハクサシン［アッサッシン（暗殺者）］の山があって，カスピ山に連なっている。北には今はタルタル人のいる荒地があるが，以前はカングレ［カンギト］と呼ばれているコマン人の一種がいた。その方面でエティリアを受け，川は夏にはエジプトのニルス［ナイル］のように増水する。西にはアラン人の山，レスギ人，鉄門，ゲオルギア人の山がある。

　したがってその海は三方を山に囲まれ，北は平原になっている。アンドレアス修道士[2]はその二方，南と東を巡った。私は他の二方，バアトゥからマングカンのところへの行きと帰りに北と，バアトゥのところからシリアへの帰りに西を通った。4か月で1周することができ，イシドルスは大洋が入り込んだ湾だと言っているが正しくない。大洋とはどこでも接していず，すっかり地に囲まれている。

　　1）カスピ海の東ではなく南。　　2）前章注7参照。

19　バアトゥの幕営について，彼からいかに迎えられたか

　この地域全体，アレクサンデルの鉄門とアラン人の山のあるかの海の西側から，北の大洋とタナイスが始まるメオティデ湿沢地までは，かつてアルバニアと呼ばれていた。そこについてイシドルスは，雄牛を圧倒し獅子を斃すほど巨大で獰猛な犬がいると述べているが，私が人から聞いた限りでは，そこの北の大洋の方に

大きく強い犬がいて，それに牛のように車を曳かせる，というのが本当のようである。

　我らが着いたエティリア河畔のその地には，タルタル人がルテニア人とサラセン人を混住させて作った新たな居留地があり[1]，その者たちが使者やバアトゥの幕営に往来する者を［船で］渡す。バアトゥが向こう岸の東の方にいるためであるが，しかしバアトゥは，我らが夏に上って来て着いたその箇所から移動せず，すでに下り始めていた。実際，1月から8月まで彼と他の者は皆涼しい地域に上り，8月に戻り始めるのである。

　で我々は，その居留地から彼の幕営まで船で下った。その地点から北の大ブルガリアの町[2]まで5日行程である。私は，いったいどんな悪魔がそこにマコメットの法をもたらしたのかと驚いた。ペルシャの出口である鉄門からこの［大］ブルガリアまで，エティリアにそって30日行程以上荒野を横切るが，エティリアが海に注ぐところの近くの集落のほか町は一つもない。彼らブルガル人は最悪のサラセン人で，マコメットの法を他の誰よりも固く守っている。

　バアトゥの幕営を見た時は仰天した。彼の住まいは，まるで大きな一つの町のように見えたからで，3か4リーグまで長く伸び，至るところ人であふれていた。イスラエルの民の誰もが自分たちのテントを神殿の何処に建てるべきか知っていたように，彼らは自分の家を降ろす時，幕営のどの側に置くべきかわきまえている。幕営は彼らの言葉でオルダと呼ばれ，中央という意味で[3]，常に人々の真ん中にあるからである。ただし真南は，幕営の入口がその方向に開いているから何も置かない。しかし左右は，幕営の真正面あるいは向かい側に当たるのでなければ，場所の必要に応じていくらでも広がっている。

　我らはさるサラセン人のところに連れて行かれたが，彼は何の食糧もくれなかった。次の日幕営に案内されたが，彼の家は集まってくる男女を全て収容できないので，大天幕を立てさせていた。案内人は，バアトゥが命じるまで何も言わぬこと，その時は手短に話すことを我々に注意した。また，これまでに陛下が使者を派遣したことがあるかどうか訊ねた。私は，陛下がケウカンに派遣した次第と[4]，キリスト教徒だと信じたのでなければ，彼に使者を派遣したりサルタクに書簡を送ったりしなかったであろうこと，というのも陛下は，何ら恐れのためではなく，彼らがキリスト教徒だと聞いたがゆえに祝福のために派遣したのであることを言った。次いで彼は我々を大天幕の前に導き，家の敷居と見なされている

からその索に触れぬよう注意した。そこに我らは，裸足で僧服のまま被り物なし
に立っていた。彼らの眼には大変な見世物だった。かつてポリカルプのイォハン
ネス修道士［カルピニ］5)もここに来たことがあったが，彼は教皇殿の使者であっ
たから，侮られぬよう衣装を変えたのだった6)。

　それからテントの中央に導き入れられたが，通常使者にさせるように膝を屈し
て何かに礼をすることは，我らは求められなかった。で，「ミセレレ・メイ・デ
ウス」7)を唱えられる間，彼の前に立っていた。皆すっかり黙っていた。一方バ
アトゥは，すっかり金を塗った寝台のような長く幅広い肘掛け椅子に座っていた。
そこには三段で登り，傍に女主人が一人いた。男たちは右側にばらばらに座り女
たちは左側で，そこはバアトゥの妻しかいなかったので，妻たちの側は一杯では
なく男たちが占めていた。大天幕の入口には，コスモスと高価な石で飾った金銀
の大きな杯を載せた長机があった。彼は我らを，我らは彼をじっと見つめたが，
私にはベッロモンテのヨハンネス殿8)——その霊の安らかならんことを——の背
丈と同じくらいに見えた。また彼の顔は，その時薔薇の朱色が差していた。

　やっと彼は，話すよう命じた。すると案内人は，我々に膝を折って話すよう命
じた。私は人間にするように片膝を折った。すると彼は両方折るよう合図し，私
はそうした，そのことで争いたくなかったからである。すると彼は，話すよう命
じた。で私は，両膝を折っていたから，神に祈っていると考えて，祈禱の言葉で
始めて言った，「閣下，我らは，そこから全ての善きものがやってくる神に祈り
ます，神がそなたに地上のものを与え，その後天上のものを与えんことを。それ
なしにかのものは虚しいゆえ」。彼はじっと聴いていた。私は付け加えた，「確と
ご存知ありたい，天上のものは，そなたがキリスト教徒でなければ手にすること
はできぬことを。神は言い給うた，信じて洗礼を受けた者は救われるが，信じぬ
者は罪に処されるだろう」9)と。この言葉に彼はかすかに微笑んだ，が，他のモ
アルたちは我々を嘲って手を叩き始めた。通訳がびっくり仰天したので，怖がら
ぬよう勇気づけねばならなかった。静かになったので言った，「私はそなたの息
子［サルタク］のところに来た，キリスト教徒と聞いたからである。そして，フ
ランク人の王殿からの書簡を持参した。彼は，私をここそなたの許に送った。そ
の理由をご存じにちがいない」。

　すると彼は私を立ち上がらせ，陛下と私と同僚と通訳の名前を訊ね，すべて書
き留めさせた。また彼は，陛下が［十字］軍を率いて国を出たことを聞いており，

誰に対して戦をしているのか尋ねた。私は答えた，「神の住まいエルサレムを破壊するサラセンに対して」。また，かつて自分に使者を送ったか尋ねた。「閣下には一度も」と答えた。すると彼は我らを座らせ，乳を飲むようくれた。誰かが彼とともにその家でコスモスを飲むと，そのことは彼らにはとても重く見られる。私が座って地面を見つめていると，彼は顔を上げるよう言った。我らをもっとよく見つめたかったか，あるいはおそらく迷信のためで，誰かが自分たちのところで悲しそうに顔を傾げていると，とりわけ頬あるいは顎を手で支えていると，それを悪い予兆か徴あるいは悪い事の前兆と見なすからである。

　そのあと我々は退出し，少しして案内人がやって来，我々を宿舎に連れて行きながら言った，「国王陛下はそなたらがこの地に留まることを望んでいるが，バアトゥはマングの同意なしにはできない。で，そなたと通訳はマングのもとに行かねばならぬ。そなたの同僚［バルトロメウス修道士］ともう一人の者［ゴッセト］はサルタクの幕営に戻り，そこでそなたらが帰って来るのを待つ」。すると，通訳の神の僕［アブドゥッラー］はまるで自分が亡き者になったかのように嘆き始め，同僚も私から離れるや彼らはすぐ自分の首を切るだろうと言い立て始めた。で私は，同僚なしに行くことはできないこと，二人の従者がいないと困ること，もし一人が病気になったりすると一人で残ることはできないからであること，を言った。すると彼は，幕営に戻ってそのことをバアトゥに伝えた。と，彼は命じた，「司祭2人と通訳は行き，聖職者はサルタクのところに戻るべし」。戻って来た者は我らにこの決定を伝えた。聖職者が一緒に来ることができるよう話してほしいと望むと，彼は言った，「バアトゥが決定したのだからこれ以上言うな，俺はもう幕舎に戻る勇気はない」。

　聖職者のゴッセトは，陛下の下賜のうち26イペルペロを持っていただけで，そのうち10を自分と少年[10]のためにとっておき，16を我々のために神の僕に渡した。こうして涙とともに別れ別れになり，彼はサルタクのところに引き返し，我らはここに残った。

　彼は，被昇天祭の前日［8.14］サルタクの幕営に着いたのだが，次の日ネストリウス派の司祭たちは，サルタクのもとに残した我らの衣服を着ていた[11]。

　1）おそらく Ukek ウケク（現オウカカ）。　　2）おそらく Bulgar ブルガール（現ボルガリ？）。　　3）orda オルダ／オルドはチュルク・モンゴル語で〈帳幕・幕営〉を指すが，原義は〈中央〉とも言われる。　　4）1249 年のアンドレアス修道士一行の派遣。　　5）Iohannes de Policarpo：Iohannes de Plano Carpini.　　6)「使者は正式の衣装を身に付けなければ，選ばれ戴冠した王に拝謁することは許されない」(II「ベネディクトゥス・ポロヌス修道士の報告」)。　　7) Miserere mei Deus「神よ我を憐み給え」(詩編 51)。　　8) ボーモンのジャン，ルイ 9 世がエジプトに上陸した時 (1249 年 6 月 5 日) の侍従。　　9)「マルコによる福音書」16.16. これの前が名高い，「全世界に行って，全ての造られたものに福音を宣べ伝えよ」。10) コンスタンティノプリスで購入した少年 (cf. Ch. 1)。　　11) この文は，SF では次章の冒頭に置かれているが，内容からしてここに移動する。

20　マングカンの幕営への旅

　それから我らは別の主人のもとに案内された。彼は我らに家と食べ物と馬を宛がってくれるはずだったが，我々が進呈するものを持っていなかったものだから，彼はなにもかも悪いように計らった。我らは，バアトゥとともにエティリアに沿って牛車で 5 週間下った。同僚は時に空腹のあまりほとんど涙を浮かべて言った，「今まで何も食べなかったように思えるのだが」。市場は常にバアトゥの幕舎に付いて来たが，我らのところからはとても遠く，そこに行くことはできなかったし，馬がなかったから歩いて行かねばならなかった。

　ある時，さるフンガリア人聖職者たちが我らと出くわした。その一人は今も多くの旋律を唱えることができ，他のフンガリア人たちからほとんど司祭のように見なされ，死者の葬式に呼ばれていた。もう一人は文法の知識があり，我らが文字に書いて言ったときは理解したが，答えることはできなかった。彼らは，コスモスの飲み物や時には肉の食べ物を持って来て大いに慰めてくれた。何か書物を欲しがったが，聖書と聖務日課書の他は何も持っていず，何もやるものがなかったのは，本当に残念だった。で私は言った，「紙を持って来なさい，ここにいる間に書いてあげよう」。彼らはそうした。私は，聖処女への祈禱と死者への聖務日課をどちらにも書いてやった。

　ある日一人のコマン人がやって来て，ラテン語で挨拶して言った，「ごきげんよう，皆さん方」。私は驚いて挨拶を返しながら，誰がその挨拶を教えたのか尋ねたところ，フンガリアで我らの修道士から洗礼を受け，その者が教えてくれたと言った。また，バアトゥが我らについていろいろと彼に尋ねたこと，彼は我らの会の状況についてバアトゥに語ったことを言った。

　私は，バアトゥが自分の集団とともに馬に乗って行くのを何度も見たが，家長たちは皆彼とともに馬を駆っていた。私の推定では，5百人どころではなかった。

　ようやく聖十字架の称賛の祭日［9.14］のころ，さるモアル人の富者が我らのところにやって来て言った。その父親は千人隊長で，それは彼らの中では大したものだった。「そなたらをマングカンのところに連れて行かねばならぬが，4か月の道のりで，そこはとても寒く，石も木も凍って割れるほどだ。そなたら耐えられるか考えるがよい」。私は答えた，「神のお蔭により，他の者たちが耐えることのできることを我らも耐えられますよう」。すると彼は言った，「もし耐えられぬ時には，そなたらを道に放っておく」。私は答えた，「それは正しくない，我らは自分たちのためでなく，そなたらの君主から送られて行くのであって，だから我らがそなたに託されている以上，我らを放っておくべきではない」。すると彼は，「よかろう」と言った。そのあと彼は我らに衣服を全て見せさせ，あまり必要ではないと見えたのを，我らの宿主のところに保管させた。翌日我らそれぞれに羊の毛皮一枚とそのズボンと，フェルトの靴下のついた彼ら式の長靴と，彼ら流の毛皮の頭巾を持って来た。

　聖十字架の称賛の祭日後の2日目［9.16］馬で出発し，我ら3人は2頭の荷馬を連れて絶えず東に向かって万聖節の祭日［11.1］まで馬を進めた。その土地はそこからさらに向こうまで全て，コマン人と血縁のカングレ人が住んでいた。我らの北に大ブルガリア，南に前述カスピ海があった。

21　イァガト川について，さまざまな地域あるいは国について

　エティリアから12日行程進んだ後，イァガト［ウラル］と呼ばれる大河に来たった。北のパスカトゥル［パシュキル］の地から来て前述の海に流れ下る。パスカトゥルとウンガル人の言葉は同じで，彼らは一つも都市を持たぬ牧人で，西で大ブルガリアに続いている。その地から西へ北側にはもう都市は一つもない。したがって，大ブルガリアは都市を持つ最後の地域である。

　そのパスカトゥルの地から，後のフンガリア人であるフンが出てきた。つまり，それが大フンガリアである。イシドルスの言うところによると，彼らは獰猛な馬でもって，アレクサンデルが野獣のごとき民をカウカススの岩に閉じ込めた防壁

［鉄門］を乗り越え，その結果エジプトに至るまで彼らに貢納を支払っていた。彼らはまた，フランキアにいたるまでの全土を破壊し，したがって今のタルタル人よりもさらに強力であった。彼らとともに，ブラク［ウァラヒア］人とブルガル人とヴァンダル人がやって来た。

　その大ブルガリアから，コンスタンティノポリスの近くのダヌビウスの向こうにいる彼らブルガル人がやって来た。パスカトゥルの傍にイッラク人がいるが，これはブラク人と同じ者である。というのは，タルタル人は B の発音ができないからである。彼らからアッサン一族の地［小ブルガリア］にいる者たちが来た。これもそれも彼らはどちらもイッラクと呼ぶ。

　ルテニア人・ポロニア人・ボエミア人・スクラウォニア人の言葉はヴァンダル人の言葉と同じで，これらの民の手は全てフンとともにあったが，今は大部分タルタル人とともにある。タルタル人を神は，主が次のように言っているところにしたがって，無の民，愚かな者たちとして最果ての地から呼び起こした，「私は彼ら——すなわち神の法を守らぬ者たち——を民ならざる者たちでもって挑発し，愚かな者たちでもって怒らせるであろう」[1]。これは，クリストの法を守らぬすべての国民の上に文字通り実現されつつある。

　パスカトゥルの地について言ったことを私は，タルタル人がやって来る前にそこに行った説教師会の修道士たちによって知った[2]。その時から彼らは，サラセンである近くのブルガル人に支配され，その多くがサラセンになった。他のことは年代記から知ることができ，周知のとおり，コンスタンティノポリスの彼方の今日ブルガリア，ブラキア，スクラウォニアと呼ばれる地方はグレキア人の地方であり，フンガリアはパンノニアだった。

　聖十字架の祭日［9.14］から万聖節の祭日［11.1］までカングレの地を馬を進め，ほとんどどの日も，私の見るところ，パリからアウレリアン［オルレアン］までか[3]，時に馬がたくさんある時はそれ以上の距離を進んだ。ある時は日に 2 度か 3 度馬を替え，時には 2 日行程も 3 日行程も人々に出会うことなく進み，そのときはゆっくりと行かねばならなかった。常に有していた 20 か 30 の馬のうち，我らは外国人だったから最悪のを宛がわれた。皆我らより先に良い馬を取り，私には，とても体重があったから，力の強い馬をくれた。しかし快適に進もうとそうでなかろうと，そのことを問題にしようとはしなかったし，快適でなくとも言い争う勇気はなかった。誰も自分の運命を耐え忍ばねばならなかった。だから，我

らに降りかかった一番困ったことは，人々に出くわす前にしばしば馬が疲れたことで，そのときは馬を叩き鞭打ち衣服を他の荷馬に載せ，荷馬と馬を替え，時には二人で1頭の馬に乗って行かねばならなかった。

1)「申命記」32.21.　2) 1235-6年にそこに行ったジュリアン修道士たちのこととされる。
3) 約150km。であれば，1日の行程としては過大。

22　飢え渇きその他道中忍んだ悲惨について

　飢えと渇き，凍えと疲れは限りない。食べ物は夕方でないとくれない。朝は何か飲み物か黍を啜る物をくれる。夕方は，肉，あばら骨付きの羊の肩肉とスープを飲めるだけくれた。肉汁を腹一杯得た時には最高に元気になったし，とても健康的で滋養のある飲み物に思えた。6日目の週日は，何も飲まずに夜まで断食を続けた。その時は肉を，悲しみと苦しみとともに食べねばならなかった。野宿して夜到着した時は，牛あるいは馬の糞をうまく集めることができないから，時に火の材料に事欠き，生煮えかほとんど生の肉を食べねばならなかった。偶然どこかに何か茨があった他は，火のための他の材料はめったに見付からなかった。いくつかの川の岸にはどこかに森があることもあるが，稀である。

　最初案内人は我らをひどく嫌い，このようにつまらぬ人間を案内することにうんざりしていた。しかし後に我らをよりよく知るようになると，裕福なモアル人の幕営に案内し，我らは彼らのために祈らねばならなかった。もし優れた通訳を持っていたなら，善の種を播く機会をいっぱい持ったことだろう。最初のカン，チンギスは4人の子があり，そこからたくさんの者が生まれ，彼らは皆今大きな幕営を持ち，数が増えて，海のように広大な荒野に広がっている。案内人は我らを彼らの多くのところに案内した。彼らは，我らが金銀も高価な衣服も欲しがらないことに殊のほか驚いた。また大教皇について，聞いていたとおりに老人かどうか尋ねた。5百歳だと聞いていたからである。我らの土地について，羊・牛・馬がたくさんいるか訊ねた。大洋の海について，果ても岸もないことを理解できなかった。

　万聖節の前日 [10.31]，我らは東への道を逸れ，かなり高いところを通って真

南へ 8 日間ずっと進んだ。人々はすでにとても南の方に下っていたからである。そこの荒野でたくさんのロバを見たが，彼らはそれをクラ［クラン］と呼び，ラバによく似ており，案内人の仲間はそれを懸命に追いかけたが，あまりの速さに一つも捕まえることはできなかった。7 日目，南にとても高い山々が見え始め，我らは平地に入った。そこは菜園のように灌漑され，耕された土地を見かけた。

　万聖節の 8 日目［11.8］，キンチャト[1)]という名のサラセン人の村に入った。そこの首長はセルウイシア［麦酒］と杯を手に我らの案内人を村の外まで出迎えた。これは彼らの慣わしで，バアトゥやマングカンの支配下にある村ではどこでも，使者を食べ物と飲み物を持って出迎えるのである。その頃そこでは氷の上を歩き，聖ミカエルの祭日［9.29］より前に，荒野では霜が降りていた。別の領地に入っていたからその地方の名を訊ねたが，とても小さな上述の町の名前のほかはどう言うか彼らは知らなかった。山から大河［タラス］が流れ下り，水を引きたいだけ全て潤すが，どこの海にも注がず，土地に吸い込まれ，また多くの沼沢を作っていた。そこで私は葡萄の樹を見かけ，葡萄酒を 2 度飲んだ。

　1) Kinchat：不詳，タラス川流域の町。

23　ブリの処刑について，彼らの天幕の住まいについて

　次の日，山にもっと近いさる村に来たり，その山について尋ねたところ，西から東にかけて両側でかの海［カスピ海］に接するカウカスス山脈であること[1)]，そしてエティリアが注ぐその海をすでに通り過ぎていたことを知った。

　タラスの町についても尋ねた。そこにブリ[2)]の奴隷となったテウトン人がいたことは，アンドレアス修道士が述べている[3)]。彼らについてサルタクとバアトゥの幕営で何度も尋ねたが，彼らの主人のブリが次のような理由で処刑されたことのほかは，何も知ることができなかった。ブリは良い牧草地にいず，ある日酔っ払って家来たちに話した，「俺はバアトゥのようにチンギスカンの親族ではないのか」。彼はバアトゥの甥か兄弟だった。「どうして俺はバアトゥと同じようにエティリアの河辺に行って放牧してはいかんのか」。この言葉がバアトゥに伝わった。そこでバアトゥは彼の家来たちに，主人を縛って連れて来いと書き，彼らは

そうした。バアトゥは彼にそんなことを言ったかどうか尋ね，彼は白状した。しかし，自分は酔っ払っていたからだと弁解した。酔っ払いは大目に見る慣わしだからである。と，バアトゥは答えた，「酔っ払って俺の名前を口にするとはなんと不埒な」。そして彼の頭を刎ねさせた。4)

　テウトン人については，マングカンの幕営まで何も知ることはできなかったが，上述の村で，我らの後ろの山の近く6日行程のところにいることを知った。マングカンの幕営に着いたとき，バアトゥの許可の下にマングが彼らを東の方，タラスから1か月の距離のボラクというさる村に移動させたことを知った。彼らはそこで金を掘り，武器を作っている5)。こうして私は，住きも帰りも彼らのところに行けなかった。ところが住きに，その町からおそらく3日行程の近くを通過していた。しかし私は知らなかったし，たとえよく知っていたとしても寄り道することはできなかっただろう。

　その集落から上述の山の傍を東に行き，その時からマングカンの者たちの中に入った。どこでも彼らは我らの案内人を歌と拍手で迎えた。バアトゥの使者だったからである。彼らはこの敬意を互いに示し合い，マングの者たちはバアトゥの使者を前述のようにして迎え，バアトゥの者たちはマングの使者に同じようにする。しかし，バアトゥの者たちの方が威張っており，それほど熱心にはしない。

　その後数日して高地に入った。そこはかつてカラカタイ人が住んでいた。そこで大河［イリ］に差し掛かり，船で渡らねばならなかった。その後さる谷に入り，そこでさる破壊された城砦を見た。その城壁は泥だけでできており，土地は耕されていた。その後，エクイウスというさる良い村を見かけたが，そこにはペルシスからとても遠いのにペルシア語を話すサラセン人がいた。

　次の日，南にある大山の斜面になったその高台を渡り切り，とても綺麗な平野に入った。右手は高い山［天山山脈］，左手は周囲15日行程続く海あるいは湖［バルハシ湖］になっていた。その平野は山から流れ下る豊富な水ですっかり灌漑され，水は全てその海に注いでいた。帰途，夏にその海の北側を通ったが，やはり大きい山があった。上述の平野にはかつて大きな町があったが，ほとんどすっかり破壊されていた。最高の牧草があったため，タルタル人が放牧できるようにしたのだった。

　そこでカイラク6)という一つの大きな町に行き会った。市場があり，多くの商人がやって来ていた。バアトゥの書記を待ってそこに12日留まった。彼は，マ

ングの幕営で処理すべき仕事において我らの案内人の相方となるはずだった。その地はかつてはオルガヌムと呼ばれ，固有の言葉と文字を持っていたが，今はすっかりトゥルコマンに占領されてしまった。その地のネストリウス教徒も，かつては自分たちの書き方と言葉でお勤めを行い，物を書いていた。彼らがオルガナと呼ばれたのは，私に言われたところでは，おそらくかつて最高の竪琴弾きつまりオルガン奏者だったからである[7]。そこで私は初めて偶像寺院を目にした。東方にはそれの宗派がたくさんあることをご承知下さい。

1）古来，アジアの北方にはコーカサス山脈が西から東にわたって連なると考えられていた。ここの場合は天山山脈に当たる。　2）ブリはチャガタイの子モエトゥケンの子。したがってバトゥにとっては従兄弟の子。　3）アンドレアス修道士の今に知られる報告書にはそうした記述はない（リシャール：224）。　4）ブリはモンケの即位（1251年）に反対し叛乱を計ったため，即位後モンケによってバトゥのところに送られ，バトゥはかつて彼が酒気に乗じて自分に侮蔑的な言葉を吐いたのに復讐するためこれを斬った（ドーソン（佐口訳）：II，288-9。しかし村上訳『モンゴル秘史』III，346-7ではかなり異なる）。　5）ブリは，バトゥの西征軍に従っての帰還の際，「東ドイツから技術者の捕虜を多く連れ帰り，サイラム湖に近い自己の封土ボロタラ Bolotala に集団入植させて，Bolad/Pulad 城を築かせ，そこで専ら武器製造に当らせた」（村上前掲書：346-7）。　6）現 Kopal コパルの西方の町。　7）「オルガナ」は，チャガタイの孫で第2代カンのカラ・フラグの寡婦 Organah Khatun（統治1252-61）に由来するとする説と，この地域でネストリウス教徒を指すのに用いられた argon/aryun（也里可温エルケウン）から来るとする説がある（護：326）。

24　ネストリウス教徒とサラセン人はいかに混じっているか，偶像崇拝について

まずイウグル［ウイグル］人で，その地は前述オルガヌムの地に続き，その東方の山々の間にある。彼らのどの町にもネストリウス教徒とサラセン人が混じっているが，彼ら［ネストリウス教徒］自身がまたペルシスの方のサラセン人の町に広まっている。上述カアラクの町には偶像寺院が三つあり，私はその二つに彼らの愚行を見るために入った。最初の寺院で，手の上に黒いインクで小さい十字架を描いた者を見掛けた[1]。彼は私の質問した全てにキリスト教徒らしく答えていたので，キリスト教徒だと信じた。それで彼に尋ねた，「どうしてあなた方はここに十字架とイエス・クリストの像を持っていないのか」。すると彼は答えた，「そうした慣わしはないから」。で私は，彼らはキリスト教徒だが教義の誤りから

止めたのだろうと考えた。

　また，上に灯明と供物の置かれた，祭壇の代わりをしている櫃の後ろに，まるで聖ミカエルのような翼を持ったさる像と，指を祝福するかのごとき形にした司教のような別の像を見た。その夕刻は，他の偶像寺院を見付けることはできなかった。というのも，サラセン人は彼らをひどく嫌い，彼らについて話をすることすら望まなかったからである。だからこうした儀式について尋ねると，サラセン人は怒ってしまった。

　翌日は月初めでサラセン人の復活祭に当たった[2]。私は宿舎を変え，別の偶像寺院の近くに泊めてもらった。住民はそれぞれ，資力と割り当てに応じて使者を受け入れることになっているからである。そのおり前述の偶像寺院に入ると，偶像の司祭を見掛けた。彼らは月初めに寺院を開放し，司祭は身を飾り，香を捧げ，灯明を燈し，人々からのパンや果物の供物を供える。

　そこで陛下には，まず偶像崇拝者全てに共通する儀式を書き，次いで他のとは違うほとんど分派であるイウグル人のそれ[3]についてお書きする。

　彼らは皆，北の方を向き，手をたたき，膝を折り，身を地に伏せ，額を手の上に置いて礼拝する。一方この地域のネストリウス教徒は，祈る時決して手を合わせず，掌を胸の前に伸ばして祈る。寺院は東から西に置き，北側には聖歌隊席のように張り出した室を一つ作るが，建物が四角い時には，その中央に作る。北側には，聖歌隊席の代わりに室を一つ分け隔て，そこに台のような長く広い櫃を一つ置き，その櫃の後ろに主たる偶像を南に向けて置く。カラカルムで見たのは，聖クリストフォルス[4]が描けるほど大きかった。カタイから来たさるネストリウス派の司祭は，その地には2日行程離れても見えるほど大きい偶像があると言った。その周りに他の偶像を置き，どれもとても綺麗に金が塗られている。卓のようなその櫃の上に，灯明と供物を置く。寺院の戸口は全て，サラセン人のやり方と反対に南に向かって開いている。また，我らと同じように大きな鐘を持っている。東方のキリスト教徒がそれを持ちたがらないのはそのためだと思う。もっとも，ルテニア人とガザリアのグレキア人は持っているが。

1）偶像寺院とは仏教寺院，十字架は卍の印とされる。しかし，マニ教寺院であった可能性はないか。　2）過越祭，イスラム暦第9月（ラマダン断食月）の明けた1日目から3日目。　3）ラマ教寺院。　4）Cristoforus：大男とされる聖者。伝説によると川の渡し守で，ある時子供を肩に載せて川を運んだが，後にその子はクリストだったことが分かる。

25　彼らの寺院について，偶像について，その神々の礼拝をいかに行うか

聖職者は皆頭と髭をすっかり剃り，サフラン色の衣を着，禁欲を守り，頭を剃るのはそのためで，百人あるいは 2 百人が一緒に集団で暮らす。寺院に入る日には，床机を二つ並べ，聖歌隊のように真っ直ぐに向かい合って床に座り，経典を手に持ち，時々それを床机の上に置き，寺院の中にいる間じゅう頭はむき出しで，黙読し，沈黙を守る。カラコルムの近くで彼らの寺院に入り，こうして座っている彼らと出会った時，いろいろと話し掛けてみたが，しゃべらすことはどうしてもできなかった。

またどこへ行く時も常に，我らがロザリオ［数珠］を携えるように，紐に珠を百か 2 百通したものを手に持ち，いつも「オン・マン・バッカム」，つまり彼らのある者が私に訳してくれたところによると，「神よ，汝知り給う」と唱えている[1]。こう言って神を念ずることが多いほど，神からの報いをたくさん期待できる。

寺院の周りには必ず綺麗な中庭を作り，よく壁を巡らせ，南に大門を作り，そこに座って対話する。その門の上に，できれば町全体の上にそびえるような高い棒[2]を立てる。その棒によってその建物が偶像寺院であることが分かる。これは偶像崇拝者全てに共通する。

前述の偶像寺院に入った時，外の門の下に座っている僧たちを見掛けた。それを目にした時私には，髭を剃り頭にタルタル風の冠を被ったフランク人のように見えた。これらイウグル人聖職者の衣装は次のようである。ちょうどフランク人のように，どこへ行くときもとてもぴったりとしたサフラン色の長衣をまとい，その上に帯を締め，外衣を左肩に掛け，それを束ねて右側の胸と背に垂らしている。これは，四旬節に助祭がカズラを着るのに似ている。

タルタル人はこの［ウイグル人の］文字を採り入れた[3]。行は上から書き始めて下に続き，同じように読み，左から右に行を足してゆく。卜占用に紙と文字をたくさん使い，そのため寺院は吊るした短冊で一杯である。マングカンは陛下に，モアル語と彼らの文字で書いた書簡を送りました[4]。

死者を昔ながらのやり方で焼き，尖塔［パゴダ］の天辺にその灰を安置する。

　私は寺院に入って大小の偶像をたくさん見たあと，前述の僧たちの傍に座り，神についてどのように信じるか尋ねた。彼らは答えた，「我らは一つの神しか信じない」。私は尋ねた，「それは霊かそれとも何か肉体的なものだと信じるか」。彼らは言った，「霊だと信じる」。私「それはかつて人性を受け取ったと信じるか」。彼ら「決して」。私「一つしかなく霊だと信じるなら，どうしてそれに，肉体をもった像をしかもあれほどたくさん作るのか。また，それが人間となったと信じないなら，どうしてそれに他の動物ではなく人間の像を作るのか」。すると答えて，「我らはこれらの像を神に象っているのではない，そうではなく，我らのうち誰か富者が死ぬと，その息子あるいは妻あるいは誰か親しい者が，その故人の像を作らせてここに置き，我らがそれを彼の追憶のために祀るのだ」。これに対して私，「するとつまり，そなたらは人におもねるためでなければそれをしないのだ」。「決してそうではない，と彼らは言った，追憶のためだ」。

　そして彼らは私に，嘲笑うかのように尋ねた，「神はどこにある」。これに私，「そなたらの霊魂はどこにある」。彼ら，「我らの体の中に」。これに私，「そなたの体の中の至る所にあり，全てを支配し，しかし目に見えないのではないのか。そのように神はあらゆるところにあり，全てを統べ，しかし意識上の知的なものだから眼に見えない」。その時彼らともっと議論したかったのだが，私の通訳が疲れて言葉に言い表すことができず，私を黙らせてしまった。

　モアルつまりタルタリは彼らの宗派に属する。ここまでのこと，一つの神しか信じず，しかしフェルトで故人の像を作り，それにとても高価な布を着せ，1台か2台の車に載せ，誰もそれに触れようとせず，彼らの聖職者である占者の保護のもとに置くこと[5]，これらについては後に陛下にお話ししましょう[6]。

　これら占者たちはいつもマングや他の富者の幕営の前にいる。貧者は，チンギス一族の者でなければこれを持たない。移動しなければならないときには，イスラエルの息子たちの「雲の柱」さながらに，彼らが先導し，宿営を置くべき場所を占い，まず自分の家を下し，そのあと幕営全体を下す。そして祭日あるいは朔日になると，前述の像を取り出し，自分の家の中に順にぐるっと並べておく。その後モアル人がやって来てその家に入り，像にお辞儀してそれを拝む。その家は他所者は決して入ることは許されない。かつて一度入ろうとして，ひどく叱られたことがあった。

1) on man baccam：ラマ教の呪文 Om mani padme hum「おお宝，蓮華の上にあれかし」（護：326），SF「おお，蓮華の上の小さき瞳よ，アーメン」（p. 230）。　2) 原文 perticam〈棒〉：多重の塔のことか，それとも門の上であれば門楼のことか。　3) ウイグル文字は，チンギス・カンがナイマン部を討伐したさい，それに仕えていたウイグル人タタトゥンガから知って採り入れたとされる。　4) ルイ王宛モンケの書簡の内容は Ch. 36 にあるが，現物は伝わらない。インノケンティウス 4 世宛グユクの書簡（II「カルピニ」所収）参照。　5) ここでは，仏教（ラマ教）と占者（シャーマン）が混在している。　6) Cf. Ch. 35「彼らの占い師について」。

26　様々な国民について，かつて両親を食べていた者たちについて

　キリスト教徒やサラセン人と混じっている上述のイウグル人はつまり，思うに，彼らとの度重なる論争の中で，今は唯一の神しか信じなくなったのであろう。彼らは，チンギスカンに服した最初の町の住民だった。そこで彼は，彼らの王に自分の娘を与えた[1]。カラカルムはほぼ彼らの領域内にあり，王つまりプレスビテル・イォハンネスとその兄弟ウンク［ワン・カン］の土地は全て彼らの土地の近くにある。しかし後者は北の牧地に住み，イウグル人は南の山間地に住む。モアルが彼らの文字を採り入れたのはそのためで，彼らはそれの偉大な書記であり，ネストリウス教徒はほとんど彼らの文字を知っている。

　彼らの向こうには，東の山間地にタングトがいる。とても強力の者たちで，戦でチンギスを捕えたが，彼は和睦して解放され，後に彼らを服属させた。彼らは強力な牛を持ち，それは馬のようにいっぱい毛の生えた尻尾があり，腹も背も毛がある。脚は他の牛より短いが，はるかに力がある。モアル人の巨大な家を運び，優美で長く曲がった鋭い角を持ち，とても鋭いからいつも先端を切る必要がある[2]。乳牛は歌を歌ってやらないと乳を搾らせない。また野牛の性質を持ち，赤い服を着た人間を見ると，突っ掛って殺そうとする。

　その次にテベク［チベット］人がいる。かつて死んだ自分の親を食べるのを習わしとしていた人間で，慈悲のため，まさに自分の腹を親の墓にしていた。しかし今は止めている，どの国民にとっても忌まわしいことだからである。しかし，まだ親の頭蓋頭で綺麗な杯を作る。それで飲んで歓びの中で彼らの記憶を呼び覚ますためである。これは，見た者が私に話した。その土地には金がたくさん有り[3]，金の要る者は見付かるまで掘り，要るだけ取り，残りは地に戻す。もし金

庫や箱に仕舞うと，地中にある他のものも神は取り上げると考えているからである。

　この者たちのうち，とても不恰好な人間を見た。タングト人については，大きいが黒い人間を見た。イウグル人は我々のように中背である。トゥルク人とコマン人の言葉の根と源は，イウグル人のもとにある。

　テベク人の向こうにロンガ人とソランガ人がいる[4]。その使節たちを幕営で見たが，大きい車を10台以上率い，そのどれも6頭の牛に曳かれていた。小柄な人間で，ヒスパニア人のように色黒く，助祭の上着のような長衣を持ち，袖は少し絞ってある。頭には司教のような冠を被るが，前の部分は後ろより少し低く，上は一つの角に尖らず四角く，黒い膠で固めた布で作られ，よく磨かれているので鏡かよく磨いた兜のように日の光に輝く。こめかみの周りにその冠と同じ材料の長い布があり，こめかみから突き出た二つの角のように風に翻る。風があまりにもはためかせる時には，それを冠の真ん中でこめかみからこめかみへ上に巻き，頭を横切るタガのように束ねる。とても綺麗な頭飾りである。

　主要な使節たちは，幕営に来るときはいつも象牙の札を手にし，長さ1キュビット，幅1パーム，とてもツルツルしていた。カンあるいは誰か高位の者と話をするときは，常に口で言うことをそこに読むかのごとくその札をじっと見つめ，右も左も自分が話している相手の顔も見なかった。君主の傍に出るときも退がる時も，その札以外には見つめなかった。[5]

　これらの向こうに，本当のこととして聞いたところによると，ムックと呼ばれる別の人間がいる[6]。村はあるが，どんな動物も飼っていない。その土地には羊や牛の群がたくさんいるが，誰も番をしていない。何か必要な時には丘に上って叫ぶと，それを聞いて動物はみなその周りに集まって来，飼われているように扱われるがままになる。使者あるいは余所者がその地域にやって来ると，家の中に閉じ込め，用が済むまで必要なものを支給する。もし外国人がその地域を通ると，その臭いに動物が逃げ，野生になってしまうからである。

　その向こうに大カタイアがある。そこは，昔セレスと呼ばれていたところだと思う[7]。実際，そこから最高の絹布がやって来る。それは，そこの人々にちなんでセリカ［絹］と呼ばれ，国民はさる都市にちなんでセレスと言われる。よく聞くと，その地域には銀の城壁と金の要塞を持った都市があるとのことだった。その地には多くの地方があり，そのいくつかは今までモアル人に服していない[8]。

それらとインディアの間には海が横たわっている。

このカタイ人は小柄な人間で，ひどく鼻から息をしながらしゃべる。東方人は皆眼窩が小さいのが一般的である。あらゆる技において最高の職人である。医師は草の力にとてもよく通じており，また上手に脈から診断する。しかし尿瓶は使わず，尿については何も知らない。カラコルムに彼らがたくさんいたので，私はそこで見た。父がしている職を息子も皆受け継いでする慣わしがずっと保たれてきた。そのため多くの貢納を支払う。実際，モアル人に日に 1500 ヤスコト支払う。ヤスコトとは 10 マルクの重さの銀片で，つまり毎日 1 万 5 千マルクである[9]。その他に，モアル人が取り立てる絹布と食料と，それに彼らに仕える奉仕がある。

これらの国民は全てカウカスス山脈の内側，つまり北はその山脈，東は大洋，南はモアルの牧人の住むスキタイの南部までの間にいる。彼らは皆モアルの貢納者で，偶像崇拝に身を捧げている。我らの詩人たちのように，多数の神々，神と化した人間，神々の系譜の話を作る。

彼らの間にネストリウス教徒とサラセン人が，カタイアに至るまで外国人のように混じっている。カタイアの 15 の都市にはネストリウス教徒がおり，セギン[10]という都市には司教区があるが，それ以外はすべて偶像崇拝である。上述の国民の偶像の聖職者は，頭巾の付いたサフラン色のゆったりとした衣服をまとう。彼らの中には，聞いたところによると，森や山に隠者がおり，驚くべき厳格な暮らしをしているとのことである。

ここのネストリウス教徒は何も知らない。シリア語で聖務日課を唱え，シリア語の聖書を持っているが，その言葉を知らず，我々のところの文法を知らない修道僧のように歌う。完全に堕落しているのはそこから来る。また，何よりも高利貸しであり，飲んだくれであり，その上タルタル人と一緒にいる一部の者たちはタルタル人のように妻を何人も持っている。教会に入る時は，サラセン人のように下肢を洗い，週の 6 日目には肉を食べ，サラセン人の風習にしたがってその日宴会をする。

この地に司教が来ることはめったになく，おそらく 50 年に僅か 1 度である。だからその時は，揺籠にいる小さい男児までも皆聖職者にしてもらい，そのため男はほとんど皆聖職者である。その後結婚するから，これははっきりと神父の基準に反している。最初の妻が死ぬと聖職者自身が別の妻を娶るから，これは重婚

になる。また，皆聖職売買者で，どんな秘蹟も無料では授けない。

　妻や子供のためばかり図り，信仰ではなく儲けを増やすことを目指す。だから，彼らの誰かがモアルの貴人の子息を養育することになると，たとえそれに福音と信仰を教えるにしても，その堕落した生活と貪欲ゆえ，かえって子供たちをキリスト教徒の儀式から遠ざけてしまうことになる。モアルとトゥイン[11]つまり偶像崇拝者の暮らしは，彼らネストリウス教徒と比べればまだしも罪深くないからである。

1) チンギスによるウイグル征服は 1209 年，その娘が与えられたのはメルキトの王で，ウイグル人ではない。　2) ヤク牛のこと。　3) チベットには砂金が産することが知られる。4) Solanga ソランガは満州から朝鮮にかけての地域，Longa ロンガは不詳。　5) 笏のこと。6) Muc：中国西南部，甘粛・四川・雲南等のことか。　7) カタイがかつてのセレスと同じであることを指摘した，西方では最初の記述。　8) 1253 年時点であれば，クビライによる西南征伐が始まったばかり，南宋の完全征服は 1279 年。　9) 1 ヤスコトは約金 125 リブラ，1 マルクは金約 15 リブラ。　10) Segin：西安に比定される。　11) tuin：仏教徒・仏教僧を指す。道人 dao-ren に由来し，ウイグル語を経てモンゴル語に入った（護：328）。

27　［マングカンの幕営への旅][1]

　聖アンドレアスの祭日［11.30］に前述の町［カイラク］を発ち，その近く 3 レウカのところで全員がネストリウス教徒の集落に行き会った。その教会に入り，サルウェ・レギーナをできるかぎり大きな声で歌った。久しく教会を見なかったからである。

　そこから 3 日行程進み，その地方の端にやって来たが，前述の海［バルハシ湖][2]の端にあった。海はとても荒れていて，大洋のように思えた。また，その中に大きい島を見た。同僚が岸に近づき，麻布を浸して水を舐めてみた。少し塩気があったが，飲むことができた。南と東の間の地域の大山の間に谷があり，その山の間に別の大きい海［エビノール湖］があって，谷を伝ってかの海からその海へと川が通じていた。また，その谷沿いにほとんど止むことなく風が吹き，そこを通る時は，風でその海に吹き飛ばされぬよう，大きな危険が伴う。

　その谷を渡り，大雪に覆われた大山を目指して北に折れた。雪はその頃には地上にも積もっていた。こうして，聖ニコラスの祭日［12.6］には大きく速度を上

げ始めた。イァム，つまり使者を迎えるために1日行程ごとに駐屯している人々，にしか出くわさなかったからである。山あいの多くの地点では道は狭く牧草は少なく，一昼夜で二つのイァムを通った。こうして2日行程を1日で行き，日中よりも夜間に多く進んだ。寒さが厳しく，外側に毛の付いた山羊の毛皮を貸してくれた。

　降臨節の2番目の土曜日［12.13］の夕刻，断崖の間のとても恐ろしい箇所を渡った時，案内人が人を寄越して，悪魔が退散するよう何かよき言葉を言って欲しいと頼んで来た。その難所では，よく悪魔がやにわに人間をかどわかすことがあり，どうしていいか分からなかったからである。時には馬をさらって人は残し，また時には人の内臓を抜き出して胴体は馬上に残し，そうしたことがそこでは頻繁に起こっていた。そこで我々は，「我唯一の神を信ず」を大声で詠い，神の御蔭で一行はみな無事通り抜けた。その時から彼らは，頭の上に載せて持ち運べるよう紙に書いてほしいと求めてきた。で，私は言った，「そなたらが心の中に持ち運ぶ言葉を教えよう，そなたらの魂と肉体が永遠に救われるよう」。が，教えようとしても，いつも通訳が役に立たなかった。で私は，「我神を信ず」と「パーテル・ノステル」［我らが父］を書いて言った，「ここに書いたのは，人は神を信じねばならぬこと，そしてそれへの祈りによって人に必要なものが神から得られるということである。だから，たとえ理解できなくとも，ここに書かれてあることをしっかりと信じ，このお祈りの中に含まれていることを自分たちのために実行し給うよう神に願うがよい。これは神自身が自分の口から自分の友人たちに教えたことである。だから私も，神がそなたらを救い給わんことを望もう」。他のことはできなかった。このような通訳を通して教義の言葉を話すのは大いに危険で，ほとんど不可能だった。彼は何も知らないのだから。

　その後，ケウカン［グユク］の幕営のある平原［エミル］に入ったが，そこはかつて，まさしくプレスビテル・イォハンネスの者たちであるナイマンの地のあったところだった。その幕営は，この時は見なかったが帰りに見た。

　しかしここで陛下に，彼の親族と息子と妻たちに起こったことをお話ししましょう。ケウカンが死亡すると，バアトゥはマングがカンになることを望んだ。もっとも，ケウ自身の死について，私は確かなことは何も聞くことができなかった。アンドレアス修道士は，彼の死は投与されたさる薬のためだと言い，バアトゥがそうさせたことを疑った。しかし私は別のことを聞いた。ケウはバアトゥに，自

分のところに来て跪くよう呼び立てていた。で，バアトゥは盛大な一行で出発した。しかし彼と家来たちは心配して[3]，スティカン[4]という自分の兄弟を先に派遣した。彼がケウのところに着き，杯を捧げようとしたとき争いが起こり，互いに殺し合った。スティカンの寡婦は我らを1日留め，彼の家に入って彼女に祝言を捧げるよう，つまり自分のために祈るようにさせた。こうしてケウが死亡し，バアトゥの望みでマングが選ばれた。アンドレアス修道士がそこに行ったのは，彼がすでに選ばれた後だった[5]。

　ケウにはシレモン［シレムン][6]という兄弟があり，彼はケウの妻［オグル・ガイミシュ］と家臣たちの勧めで威儀を整えて，あたかも跪きに来たかのようにしてマングの下に行った。しかし本当は，彼を殺しその幕営をすっかり根こそぎにするつもりだった。マングから1日か2日行程のところに来た時，1台の車が壊れて途中で遅れ，御者がそれを修理していたところへマングの家来の一人が通り掛り，彼を手伝った。その折彼は彼らの旅について尋ね，御者はシレモンがしようとしていることを漏らしてしまった。

　するとその男は，さして気に止めぬかのように道を逸れ，馬群のところに行き，選べる中で最も強い馬を取り，昼夜急行してマングの幕営に来たり，聞いたことを報告した。マングは素早く家来を皆集め，武装した四重の兵で幕営の周りを囲ませ，誰も出入りできぬようにした。残りはシレモンを迎えに遣った。彼らはシレモンを捕え，家来皆とともに幕営に連行した。シレモンは，自分の企てがばれたとはつゆ疑っていなかった。マングがその罪を質すと，彼はすぐに白状した。彼とケウカンの長男［ホージャ・オグル］と，彼らとともにあった3百人の主だったタルタル人が処刑され，妃たちも呼び出された。彼女たちは皆，罪を認めるよう火のついた棒でぶたれた。白状したものは処刑された。ケウの小さい息子[7]は，かの陰謀は与り知らぬゆえ生きて残され，父の幕営は，それに属する全てすなわち家畜と人々ともにその子のもとに残った。

　帰途そこを通ったが，案内人たちは往きも帰りも寄ろうとはしなかった。悲しみの内に座す「異国の女主人，慰める者誰もなし」。

　それから常に北に向かって山地を上った。聖ステファヌスの日［12.26］にようやく，小山一つ見えない海のような大平原に入った。翌日，福音史家聖イォハンネスの祭日［12.27］に，大君の幕営に着いた。そこまで5日行程のところにいたとき泊まったイァム［の者］は，我らが回り道を通って行くよう望んだ。もしそ

うしていたら，ここまで 15 日以上難儀せねばならなかったことだろう。これは，聞いたところでは，オナンケルレつまりチンギスカンの幕営のある彼らの所有地を通って行くようにさすためだった。別の者たちは，長い道のりにして自分たちの力をよりよく示すためだと言っていた。自分たちに属していない地域から来た者に対しては，このようにするのが常だからである。案内人は，いろいろと苦労してやっと，我らが直行できるようにした。彼らは我々を，明け方の始めから 3 の刻までそこに留めた。

　またその道で，カイラクのところで我々が待っていたかの書記が教えてくれたところによると，バアトゥがマングカンに送った手紙には，陛下がサラセン人に対する軍隊と援助をサルタクに要請したと書かれてある，とのことだった。これに私はとても驚き，また心配になった。私は陛下の手紙の内容がどのようなものか，すなわち全てのキリスト教徒の友となり，十字架を讃え，十字架の敵全ての敵となるようサルタクに勧告することの他は，陛下の手紙にはそのようなことは何も記されていないことを知っていたからである。また，通訳たちがサラセン人をひどく憎む大アルメニアのアルメニア人だったため，サラセン人に対する憎悪と加害の意図から，自分たちにいいように捻じ曲げて通訳したのではないかと思ったからである。それで私は，そうだともそうでないとも何も言わずに黙っていた。バアトゥの言葉と違ったことを言うことと，正当な理由なしに誤って罪を着せられることを心配したからである。

1）［　］内の章題は他稿本より。　　2）東へ約 150 km のアラクル湖とする説もある。3）原文 Timebat...ipse et homines sui：おそらく timebat ipsem〈（バトゥは）彼［グユク］を恐れ〉（cf. D *timebat homines sui*）。　　4）Stican, D *Stichin*：ジョチの第 4 子 Syban のこととされるが，こうした事実は確認されず，バトには多くの異母弟があり（一説によると 40 人以上），その一人である可能性も高い。　　5）アンドレアス修道士がモンケと出会った事実はない（SF：241）。　　6）Siremon：オゴデイの第 3 子クチュの子 Siremun，グユクの甥。グユクの死後モンケが皇帝となったことに不満だったシレムンは，グユクの妻オグル・ガイミシュやその子ホージャ・オグルらとともにモンケ暗殺を謀ったが露見し，オグル・ガイミシュは殺され，シレムンはクビライの取り成しで助命されたが，後にモンケによって溺死させられた。　　7）グユクには，オグル・ガイミシュからの長子ホージャ・オグルと次子ナグの他に，別の夫人からの第 3 子ホクがあったとされ，この場合はホクのことか。

28　［マングの幕営，最初の会見について］

　上記の日にその幕営に着いた。案内人たちには大きい宿舎が，我ら三人には小さい小屋が宛がわれ，なんとか持ち物を置き小さな寝床と僅かな火を作ることができただけだった。たくさんの者が案内人を訪れ，上が細くなった長い小瓶に入れた米のセルウィシアが持参された。葡萄酒の香りがしないほかは，最高のオーセルワインと違いを見分けることは私にはできなかった。

　我々は呼び出されて，やって来た用件について厳しく尋ねられた。私は答えた，「サルタクのことをキリスト教徒だと聞いた，それで彼のところに来た，フランク人の王は我らに託して彼に手紙を送った。サルタクは我らを父［バトゥ］のところに送り，父は我らをここに送った。どうしてかその理由は書かれているはずだ」。彼らは，陛下が自分たちと和平を結びたいのか尋ねた。私は答えた，「王はサルタクにキリスト教徒として手紙を送った。もしキリスト教徒でないと知っていたなら，決して送らなかっただろう。和平を結ぶことについてはこう言おう，王はそなたらに何も不正な事はしなかった。もし王が何かをし，そのためにそなたらが彼あるいは彼の民に戦をしなければならないのなら，王は正義の人間として喜んで自らを正し和平を求めることを望むだろう。しかし，もしそなたらが理由もなく彼あるいはその民に戦を仕掛けたいのなら，我らは正義である神が彼らを助け給わんことを期待する」。彼らは驚いてこう繰り返すばかりだった，「和平を結びに来たのでないなら，何のためにやって来たのか」。

　彼らは，すでにかくも傲慢に思い上がっているため，全世界が自分たちと和平を結びたがっていると信じている。全くもって，もし許されるなら，私は力の限り全世界に彼らに対する戦いを説いて回ったことであろう。しかし私は，バアトゥが書いて寄越した言葉に反することを口にするのを恐れて，自分が来た理由をはっきりと説明することを望まなかった。そのため，私が来た理由はひたすら，バアトゥが私をここに送ったからだと言った。

　次の日我々は幕営に連れて行かれたのだが，我らのところでのように裸足で行ってもよいと思って，靴を脱いだ。しかし，幕営に来る者はカン自身のいる幕舎から矢を射られる程度離れたところで馬を下り，そこに馬と馬を見張る召使いが留まるのである。だから，我々がそこで馬を下り，案内人がカンの幕舎に行った

とき，そこに一人のフンガリア人召使いがいて，我らが小兄弟会のものであることを理解した。人々が我らを取り巻き，とりわけ裸足だったものだから，まるで化物のようにじろじろと見，すぐ足を失くしてしまうだろうと推測して，我々が足を必要としないのか尋ねた。すると，そのフンガリア人が我らの会の規則を話し，その訳を説明した。

　そこへ，我らと会いに大書記［ブルガイ］がやって来た。ネストリウス派のキリスト教徒で，全て彼の指示で行われている。我らをいろいろと調べ，かのフンガリア人を呼び，いろいろと尋ねた。そして我らに宿舎に戻るよう言った。戻りしなに，幕営の前の東の端，幕舎から石弓を射られる2倍の距離隔たったところに，上に小さな十字架のある住まいを見た。

　私はとても嬉しくなり，何かキリスト教のものがあるだろうと推測して思い切って入ると，とても綺麗に飾られた祭壇があった。金の錦の布に刺繍された，救い主と聖処女と洗礼者イォハネと二人の天使の像があり，その体と衣装の輪郭は真珠で際立たせてあった。大きな銀の十字架は隅と真ん中に宝石が付いており，そのほか多くの飾りがあり，祭壇の前で燃える油のランプは灯明が八つあった。そこにアルメニア人の修道僧［セルギウス］が座っていた。浅黒く，痩せて，脛の真ん中までのとても粗い山羊毛の下着を付け，その上に黒い外着をまとい，外着の下をいろいろな鉄で縛っていた。

　入るとすぐ我々は，修道僧に挨拶する前に，ひれ伏して「天の后よ」を詠った。彼は立ち上がり，一緒に祈った。それから彼に挨拶してその傍に座った。彼は自分の側の小皿に僅かな灯りを置いていた。我らが来た理由を話すと，臆せず語るよう言ってとても励まし始めた，全ての人間より偉大な神の使者なのだからと。

　そのあと彼は自分の来たことについて語り，我々の1か月前に来たこと，エルサレムの地の陰修士であったこと，神が3度現れてタルタル人の君主のところに行けと命じたからであることを語った。が，行くのを無視していると，3度目に神は彼を地に押し倒し，行かぬなら死ぬであろうと言って脅かした，と。またマングカンに，キリスト教徒になれば全世界が服従し，フランク人も大教皇も従うであろうと言ったとも。そして私に，同じことをカンに言うよう勧めた。で，私は答えた，「兄弟よ，彼がキリスト教徒となるよう喜んで勧めよう，皆にそれを説くためにここに来たのだから。そうなればフランク人も大教皇も大いに喜び，兄弟にして友人とするだろうとも彼に約束しよう。しかし，［皆］彼の召使いと

なり，これら国民のように彼に貢を納めるようになるに違いないとは決して約束
しない，我が良心に反することを言うことになるのだから」。すると彼は黙って
しまった。

　それから宿舎に帰った。寒くなり，その日何も食べていなかった。僅かばかり
の肉と黍を肉汁に溶かして料理した。案内人とその仲間たちは幕営で飲んだくれ，
我々のことは放ったらかしだった。

　その時近くにウァスタキウス［ヨハンネス3世ドゥーカス・ウァタキウス］の使
者たちがいたのだが，我らは知らなかった。明け方，幕営の者が我らを急いで起
こした。私は彼らと一緒に少し離れたその使者のところに裸足で行った。そして
彼らに，我らを知っているか尋ねた。するとその一人のグレキア人兵士が，我ら
の会と私の同僚を知っていた。ヴァスタキウスの宮廷で彼を，我らの会長のトマ
ス修道士とともに見たことがあったからである。彼は，同僚皆とともに我々につ
いて大いに証言してくれた。次いで彼ら［幕営の者］は，陛下がヴァスタキウス
と和平しているかそれとも戦をしているか尋ねた。「和平も」と私は言った，「戦
もない」。彼らは，どうしてそんなことが可能なのか尋ねた。「なんとなれば，と
私は言った，彼らの土地は互いに遠く離れ，互いに何の関係もないゆえ」。する
と，ヴァスタキウスの使者が私に注意を促して，和平だと言った。で，私は黙っ
た。

　その朝，私は足の指先が凍えており，もはや裸足で歩くことはできなかった。
その地域での凍結は極めて鋭く，凍り始めてから5月まで決して止むことはなか
った。否5月中も毎朝凍るが，日中は太陽の力で溶けた。しかし冬は決して溶け
ず，風が吹く度に凍結が続いた。我らのところのように冬も風があったなら，そ
こでは何も生きられないだろう。しかし大気は4月までは静かで，そのあと風が
起きる。復活祭の頃そこにいた時，風で引き起こされた凍結で無数の家畜が死ん
だ。雪は冬には少ししか降らないが，4月の終わりの復活祭の頃にはいっぱい降
った。カラカルムの道はどこも雪でいっぱいで，車で運び出さねばならなかった。
その時初めて，羊の毛皮とズボンと靴が幕営から届けられ，同僚と通訳はそれを
受け取った。が，私は必要とは思わなかった。バアトゥのところから持参した毛
皮で十分だと思えたからである。

　次いで無辜の祝いの8日目［1254.1.4］，幕営に連れて行かれると，ネストリウ
ス派の司祭たちがやって来て，我らがどの方角に向かって祈るのか尋ねた。私は，

彼らがキリスト教徒だとは知らなかった。私は言った，「東に向かって」。彼らが
そう尋ねたのは，我々がカンの前に出る時に備えて，案内人の勧めで自国での習
慣に従って髭を剃っていたからだった。彼らは，我々がトゥインつまり偶像崇拝
者だと思ったのだった。また，我々に聖書について説明させた。次いで，カンに
対してどのように礼をするのか，我らのやり方かそれとも彼らのやり方か尋ね
た。彼らに答えた，「我らは神に仕える聖職者だ。我らの所では高位の君主たちは，
神への敬意ゆえ，聖職者に自分の前で膝を折るよう求めることはない。しかし我
らは，神のためなら誰に対しても謙虚になろう。我らは遠くから来た。そなたら
にとって構わぬなら，まず我らをかくも遠くからここまで無事導き給うた神に賛
歌を歌うだろう。その後，そなたらの主人の気に入るようにしよう，ただし，神
の信仰と名誉に反することは何も我らに命ずることはできぬ」。

　そのあと彼らは住まいに入り，我らの言葉を伝えた。それは君主の気に召し，
我らをその入口の前に立たせ，戸口の前に垂れ下がっていたフェルトを上げた
[図3]。生誕祭だったので我らは詠い始めた，「陽の昇る所から／地の果てまで
／我ら讃えんクリスト／童貞マリアから生まれし御子」。

　この歌を詠い終わると，彼らは我らの脚・胸・腕を，小刀を帯びていないか調
べた。通訳を引き離し，小刀の付いた帯を外の門衛の一人に預けさせた。

　それから入った。入口にはコスモスを置いた台があり，その側に通訳をいさせ，
我らは婦人たちの前の床几に座らせた。住まいは内側に金の布がすっかり張られ，
真ん中の小さな祭壇[1]には，その辺ではとても大きくなるニガヨモギの枝と根，
それに牛糞で火が焚かれていた。彼［マング］は海牛［アザラシ］の皮のような
斑点のあるとても艶々した皮をまとって寝床に座っていた。鼻の低い，中背の，
年の頃45くらいの男である。傍にうら若い妻が座り，キリナという名の成人し
たとても醜いその娘が，子供たちと一緒に後ろの寝椅子に座っていた。この住ま
いは，彼がとても愛でたさるキリスト教徒の夫人のものであり，彼女からかの娘
をもうけた。その上にうら若い妻を娶ったのだが，かの娘が，母親のものであっ
たこの幕営全体の女主人だった。

　それからカンは我々に，ワインかテラキナつまり米のケルウィシアか，カラコ
スモスつまり澄んだ馬乳か，バルつまり蜂蜜酒か，どれを飲みたいか尋ねさせた。
冬は，これら四つの飲み物が用いられる。で私は答えた，「殿，我らは飲みもの
に意を遣う人間ではありませぬ。貴殿のお好きなもので十分です」。すると彼は，

図3　カアンの帳幕の前のルブルク（Bergeron 版挿絵想像図 p. 41-42）

白ワインのような味の澄んだ米の飲み物を振る舞わせた。私は，彼に対する敬意のためにほんの少し味わった。我々にとって不幸なことに，我らの通訳が献酌人の傍にいてたくさん飲まされ，すぐに酔っ払ってしまった。

　次いでカンは，鷹や他の鳥を持って来させ，手の上に乗せてじっと眺めていたが，暫くして我らに話すよう命じた。その折，我々は膝を折らねばならなかった。彼はさるネストリウス教徒を自分の通訳にしていたが，私はそれがキリスト教徒であることを知らなかった。我々も通訳をもっていたが，かのとおりすでに酔っ払っていた。で私は言った，「何よりまず，かくも遠き地から我らを導き，マングカンに出会わせ給うた神に感謝と賛美を捧げます。神は彼に地上においてかほどの力を与え給うた。そして，我らが皆その国の中で生き死ぬクリストに祈ろう，カンにめでたく長き命を授け給わんことを」。これは，彼らが自分たちの命のために祈ってもらうことを望むからである。そして彼に話した，「殿，我らはサルタクのことをキリスト教徒だと聞いた。それを聞いたキリスト教徒，とりわけフランク人の王殿は喜んでいる。それで我らは彼のところに来たり，王殿は我らを通じて彼に手紙を送った。その中には平和の言葉があり，他に我らがどのような人間かを彼に証し，我らがその地に留まることを許すよう請うている。我らの勤めは，神の法に則って生きるよう人々に教えることだから。サルタクはしかし，

我らを父バアトゥのところに送り，バアトゥはまたここ貴殿のところに送った。貴殿は，神が地上の偉大な権力を与えた方であり，それゆえ貴方のお力を乞う，我らが貴殿の地に留まって，貴殿と貴殿の夫人と子供たちのために神への奉仕を行うことを許すことを。我らは，我ら自身の他には，貴殿に差し上げることのできる金も銀も貴石も持っておりませぬ。我ら自身を，神への奉仕と貴殿たちのために神に祈ることに捧げます。せめて我らに，この寒さが過ぎ去るまで留まる許可を与えられんことを。我が同僚は，とても体が弱く，自分の命はどうあれこれ以上乗馬の労に耐えられませぬゆえ」。

　実際，我が同僚は自分の病気を私に話し，留まる許可を求めてほしいと頼んでいた。我々は，特別の計らいで留まる許可が与えられなければ，バアトゥのところに戻らねばならぬだろうと十分推測していた。

　その時彼が答え始めた，「太陽が至る所にその光を注ぐごと，余の力，バアトゥの力は，至る所に降り注ぐ。よって，汝らの金も銀も要らぬ」。ここまでは通訳の言うことが分かったが，それ以上は何のことか何も理解できなかった。だから，通訳が酔っ払っていることがよく分かった。マングカン自身も酔っているようだった。私の見たところ，我々が彼より先にサルタクのところに行ったのが気に食わないことを言って終わったようだった。通訳が役に立たないのを見て，私は黙った。ただ，金銀のことを言ったのが彼の気に障らぬよう願うことだけは言った。そのことを言ったのは，彼がそうしたものを必要としているとか欲しがっているからではなく，彼に現世的にも霊的にも喜んで敬意を表したいと思ったからだった。

　そのあと彼は我々を立ち上がらせ，次いで座らせ，その後まもなく我らは挨拶して退出した。書記たちと彼の通訳——彼はカンの娘の一人を育てていた——も我々と一緒だった。彼らはフランキアの国について，羊や牛や馬はたくさんいるかとか，まるで今にも侵入して全て奪おうとするかのように，いろいろと質問した。他の時もたびたび侮蔑と怒りを隠すのに大いに苦労せねばならなかったが，答えてやった，「そこに行く機会があれば，良きものをいっぱい目にするだろう」と。

　それから彼らは，我らの世話をすることになった者を一人宛がってくれた。我らは例の修道僧のところに行った。そこを出て宿舎に帰ろうとしていると，上述の通訳が来て言った，「そなたらに同情してマングカンは，ここに2か月滞在す

る期間を与える，その頃にはひどい寒さも過ぎ去っているだろう。また命ずるに，この近く 10 日行程のところに，カラカルムという立派な町がある。もしそこに行きたいなら必要な手はずを整えるし，それともここに留まりたいならそうしてもよいし，必要なものを手にするだろう。しかし幕営と一緒に馬で旅するのは，そなたらには難儀であろう」。私は答えた，「主がマングカンを護り，長く善き命を授け給わんことを。我らはここでかの修道僧に出会った。彼は聖職の人で，神の意志によりこの地に来たのだと信じる。それゆえ，我らは修道士なのだから，喜んで彼とともにあり，カン自身の命のために一緒に祈りを唱えるだろう」。すると彼は，黙って行ってしまった。

　それから宿舎に帰ったが，そこは凍え，火の材料はなく，その時まで何も食べていず，しかも夜だった。それで，我らに宛がわれた者が火の材料と僅かな食べ物を調達してくれた。

1）arula〈小祭壇〉：Dawson *hearth*〈囲炉裏〉，犠牲獣を焼く炉のことか。

29　［グィレルムス修道士がマングの幕営でしたり見たり聞いたりした様々なこと］

　案内人はバアトゥのもとに戻って行ったが，我々が彼の指示でバアトゥの所に残していった一枚のカーペットつまり絨緞を欲しがった。我らは同意した。彼は大人しく引き退がり，我々の右手を求め，道中飢え渇きを覚えさせることがあったら許してほしいと言った。我らは彼を許し，同じく我々も彼とその一行に対して，悪い手本を示すようなことがあったら容赦してほしいと言った。

　ロタリンギア［ロレーヌ］のメッツ［メス］出身のさる女性が我々と会った。フンガリアで捕まり，名をパスカ[1]といい，できるかぎりのご馳走でもてなしてくれた。前に述べたかのキリスト教徒だった女主人[2]の幕舎付きで，そこに来るまでになめた聞いたこともないような貧苦について語ってくれた。しかし今は，若いルテニア人の夫と 3 人のとても可愛い子供がいて，十分幸せに暮らしている。夫は住まいの造り方を知っていて，それは彼らの間では良い職である。

　さらに彼女は，カラカルムにウィレルムス［ギョーム］というパリ生まれの金

細工師の親方がいると話してくれた。姓はブシェ，父親の名はロラン・ブシェ，大橋のたもとにロジェ・ブシェという兄弟がいると今も信じている。彼女はまた，彼には息子のように育てた一人の若者があり，最高の通訳だと話してくれた。しかし，マングカンはこの親方に300ヤスコトつまり3千マルクとその仕事の職人50人を授け，そのため息子を私のところに派遣することはできないだろうと懸念した。彼女はまた，幕営で次のように言われるのを聞いていた，「お前のところから来る者たちはいい奴で，マングカンは喜んで話をするだろう，しかし通訳はまるで役に立たない」。だから彼女は，通訳のことを心配していた。

　それで，私はその親方に私が来たことを書き送り，もしできるなら息子を私の許に送ってくれるよう請うた。すると，この月は無理だが，次の月には仕事が仕上がるだろうから，その時には送ろうとの返事があった。

　我々は他の使節たちと一緒にいた。使節の扱いは，バアトゥの幕営とマングの幕営とで違った。バアトゥの幕営には西側にイァムが一つあって西から来た者は皆そこに受け入れ，世界の他の地域についても［それぞれ］その様にする。しかしマングの幕営では，皆一緒に一つのイァムの下にあり，互いに往き来したり出会ったりできる。バアトゥの幕営では，互いに知り合わず，互いの宿舎を知らないから他の者が使節かどうか分からないし，幕営の中でなければ出会わない。一人が呼ばれた時には他の者はおそらく呼ばれず，呼ばれなければ幕営に行くこともない。

　そこでダマスクスからのさるキリスト教徒と出会った。彼は，モンス・レガリス［モン・レアル］とクラックのソルダンに代わって来たと言った[3]。そのソルダンは，タルタル人の貢納者にして友人になりたいと望んでいるとのことだった。

　また，前の年私がここに来る前，アッコン出身のさる聖職者がいた。名をライムンドゥスといったが，本当の名はテオドルスだった。彼はキプロスからアンドレアス修道士とともに発ち，ペルシスまで一緒に行き，そこペルシスでアモリクス[4]からさる楽器を購入し，アンドレアス修道士の後もそこに残った。アンドレアス修道士が戻って来ると，彼はその楽器をもって旅を続け，マングカンのところに来た。

　何のために来たのかと尋ねられて，自分はさる聖なる司教とともにあったが，神は天から彼に金文字で書いた手紙を送った，司教は彼に，それを将来地上世界の君主となるタルタル人の君主の許に届け，またその君主と和平するよう人々を

説得することを命じた，と言った。するとマングは言った，「天から来たその手紙と汝の主人の手紙を持参したならば，歓迎したものを」。そこで彼は，手紙を持って来たのだが，他の物と一緒に荷馬の上に載せていたところ，馬が統御がきかず森と山に逃げてしまい全て失った，と言った。そうしたことはよく起こるというのは本当である。だから人は，必要により馬から下りる時には，よく注意して馬を捕まえておかねばならない。

するとマングはその司教の名前を問うた。オドというと答えた。テオドロスはまた，ダマスクスからの男とウィレルムス親方には，自分は教皇特使の書記だと言っていた。でカンは，その国にいたのか尋ねた。彼は，モレス王[5]と呼ばれるさるフランク人の王の下にと答えた。というのは，マンスーラで起こったこと[6]をすでに聞いており，陛下の家臣だと言いたかったのです。さらにカンに，フランク人とカンの間にサラセン人がおり，道を妨げていると言った。また，もし道が開けたら，フランク人は使節を送り，喜んでカンと和平するだろうとも。それでマングカンは，使者を王とその司教のもとに案内する意志があるか尋ねた。彼は，もちろん，それに教皇の下にも，と答えた。

するとマングは，男二人がやっと引けるほどのものすごく強力な弓と，先端が銀でいっぱい穴が開いていて，放たれると笛のように鳴る矢［鏑矢］を2本作らせた。そして，かのテオドルスとともに派遣することになったモアル人に命じた，「お前はこの男が案内するフランク人の王のところに行け，そしてこれを私からだといって進呈するのだ。彼が我らと和を結びたいなら，我らはサラセン人の地を越えて彼の所までを取り，それより西の残りは彼に譲ろう。でなければ，弓矢を取り返して，我らはこのような弓を遠くまで射強く撃つ，と言うがよい」。

そしてテオドルスを退出させたのだが，彼の通訳はウィレルムス親方の息子で，カンがそのモアル人に次のように言ったのを耳にした，「お前はこの男とともに行って，道・地域・町・城塞・人それに彼らの武器をよく調べるのだ」。それで若者は，タルタル人の使者を同行すれば悪い結果になるだろう，彼らは調べるためでなければ行かないのだから，と言ってテオドロスを咎めた。すると彼は，彼らを海上に放置する，どこから来てどこへ戻るのか分からないだろうから，と答えた。マングはまたそのモアル人に自分の金璽［パイザ］を授けた。幅1パルム長さ半キュビットの金牌で，彼の命令が刻んであった。それを携える者は望むことを命じることができ，そして直ちに実行される。

　こうしてテオドルスは，ウァスタキウスのところまで来た。さらに教皇のところに行き，マングカンを騙したように教皇を騙そうとしていたのだ。するとウァスタキウスは彼に，自分が使者であり，タルタル人の使節を連れて来るべしという教皇の手紙を持っているか尋ねた。そして，手紙を見せることのできなかった彼を捕え，手に入れていた物を全て剥奪し，投獄した。一方，モアル人は病気になり，そこで死亡した。

　ウァスタキウスは，そのモアル人の従者たちを通じてかの金璽をマングカンに送り返した。私はトゥルキアの入口のアルセロン［エルゼルム］で彼らと出会い，その折彼らはテオドルスの一件を話してくれた。こうしたペテン師は世界を股にかけており，モアル人は彼らを捕まえることがあると，それを殺している。

　また，エピファニアの日［1254.1.6］が近づき，セルギウスというアルメニアの修道僧が，自分はその祭日にマングカンを洗礼すると言った。それで私は，目撃証人となれるようぜひとも同席できるよう取り計らってもらいたいと頼んだ。彼は約束した。

　その祭日が来たが，修道僧は私を呼ばなかった。ところが 6 の刻に幕営に呼ばれ，行ってみると，修道僧が十字架を，司祭たちが香炉と福音書を手に幕営から帰って来るのを見た。その日マングカンは饗宴を催していた。彼の占者たちが祝日だと言ったり，あるいはネストリウス派の司祭が何か聖なる日だと言う日には，カンは宮廷を営むのが習わしである。そうした日には，最初に盛装したキリスト教徒の司祭たちが来て，彼のために祈り，彼の杯を祝福する。彼らが退ると，サラセン人の司祭たちがやって来て同じようにし，その後，偶像崇拝の司祭が来て同じことをする。修道僧は，カンはキリスト教だけを信じているが，皆が自分のために祈ってくれるよう望んでいると言った。が，彼は嘘をついている。後でお聞きになるように，カンは誰も信じていないからである。しかし皆が，蝿が蜜にたかるように彼の宮廷に付き従い，カンは皆に振る舞い，皆自分こそ彼に一番親しいと思い込み，彼に幸せを予言するからである。

　その時我々は，彼の幕営の前で長い間座っていた。彼らは肉を食べるよう持ってきた。私は，ここでは食べない，しかし食べ物をくれるなら我々の宿舎に持ってきてほしいと答えた。すると，「それなら宿舎に帰ってよい，会食するためでなければ他の理由で呼ばれたのではないから」と言った。で，修道僧のところに寄って帰った。彼は私に吐いた嘘を恥じたが，私はそのことで彼を咎めようとは

しなかった。しかし何人かのネストリウス教徒は私に，カンは洗礼されたと信じ込ませようとした。私は彼らに，自分で見たわけでないから決して信じないし，他人にも口にしないと言った。

　我らは，寒く何もない宿舎に帰った。彼らは寝具類と上掛けをくれ，燃料も持って来，我々3人の6日分の食料として，1頭の痩せた小さい羊の肉をくれた。また毎日，黍のいっぱい入った碗と，黍のケルウィシアを日に4分の1杯と，肉を煮るのに大鍋と五徳を貸してくれた。それが煮えると，肉汁で黍を煮た。これが我らの食事で，ゆっくりと食べさせてくれるならそれで十分だった。ところが，食べる物のない飢えた連中がいっぱいおり，我々が食事の支度をしているのを見るが早いか，押し寄せて来，一緒に食べる羽目になった。そこで私は，貧困の中で他人に施すことはいかに犠牲の精神に富んでいるか体験した。

　その頃寒さが酷く厳しくなり，マングカンは猿皮の毛皮を3枚送ってくれた。毛を外側にしてそれをまとい，感謝して受け取った。彼らはまた，どんな食べ物が要るか尋ねた。食べ物は少しで十分だが，マングカンのために祈る建物がないと言った。実際，我々の小屋はとても小さく，真っ直ぐ立つこともできないし，火をおこすと本を開くこともできなかった。すると彼らはその言葉をカンに伝え，彼はかの修道僧に人を遣って我々と一緒になりたいか確かめ，彼は喜んでそうしたいと答えた。その時から我らにより良い住まいが宛がわれ，修道僧とともに幕舎の前に移った。そこは我々と彼らの占者の他は誰も住んでいなかった。しかし，占者たちはより近くの最高位の夫人の幕舎の前，一方我らは東の端の最下位の夫人の幕舎の前だった。このことはエピファニアの8日目の前日［1.12］にあった。

　次の日つまりエピファニアの8日目，夜明けにネストリウス派の司祭たちが皆礼拝堂に集まり，板をたたき，朝課を厳かに歌い，飾りを身に着け，提げ香炉と香を用意した。こうして彼らが教会の中庭に待っていると，コトタ・カテン[7]という第一夫人――カテンは女主人コトタは固有名――が他の幾人かの夫人とバルトゥという長子と他の子供たち[8]と一緒に礼拝堂に入った。彼らは，ネストリウス派の習わしに則って床に平伏して額を付け，その後すべての像を右手で触り，触った後は必ず手に接吻した。その後，教会の中にいる周りの者皆に右手を差し出した。これが，教会に入った時のネストリウス教徒の習わしである。次いで司祭たちは大いに歌い，夫人の手に香を渡した。彼女はそれに焼香し，彼らは夫人にその香を振り掛けた。その後，もう明るくなると，彼女は，ボッカと呼ばれる

頭飾りを脱ぎ始め，その時私はそのむき出しになった頭を見た。すると彼女は，我々に出て行くよう言った。出しなに，銀盤が持ち込まれるのを見た。彼女を洗礼したのか否か，私は知らない。しかし，彼らが天幕の中ではミサを行わず決まった教会の中で行うことは，知っている。復活祭の時には洗礼を授け，泉水をとても厳かに聖別するのを見たが，この時には行わなかった。

　我々が宿舎に戻ってから，マングカンがやって来，教会つまり祈禱所に入り，金の床几が持ち込まれ，祭壇の向かいの夫人の傍に置かれたその上に座った。その時我々が呼ばれたのだが，マングの来ていることは知らなかった。門番は，我々が短刀を身に帯びていないか調べた。私は聖書と読誦集を胸に抱えて祈禱所に入り，まず祭壇に次いでカンに礼をし，その前を横切って修道僧と祭壇の間に席を占めた。その時彼らは，我々の習わしどおりに賛美歌を歌わせなかった。しかし，詩編「聖霊よ来たれ」を歌った。カンは我々の聖書と日課書を持って来させ，挿し絵について何を意味するのか熱心に尋ね，ネストリウス教徒たちが自分の好きなように答えた。我らの通訳は一緒に入らなかったからである。以前我々が聖書を胸に抱えて初めて彼の前に出た時も，それを自分のところに持って来させ，じっと見ていた。

　そしてカンは出て行き，夫人はそこに残り，そこにいたキリスト教徒皆に贈り物を配った。修道僧には１ヤスコト，助祭にも同じく１ヤスコト，そして我らの傍に，ナシックすなわちベッドカヴァーほどの幅でとても長い布を１枚と，ブカランを１枚置かせた。私が受け取らぬと通訳を呼び，彼はそれを自分のものにした。彼はそのナシックをキプロスまで持ち運び，キプロスベサンツ80で売ったが，道中にとても痛んでしまった。

　次いで，飲み物すなわち米のケルウェシア，ルペッラのワインのような赤葡萄酒，コスモスが持って来られた。すると夫人はいっぱい入った杯を手に跪き，祝福を請い，司祭は皆大声で歌い，彼女は飲み干した。私と同僚も，彼女がもう一度飲もうとした時には歌わねばならなかった。皆ほとんど酔っ払った時，食べ物すなわち１頭の羊の肉が持って来られ，すぐに食べ尽くされた。そのあと鯉という大きな魚が塩もパンもなしに出され，私はそれを少し食べた。この日そうして夕刻まで過ごした。すでに酩酊した夫人は車に上り，司祭たちが歌い喚く中を行ってしまった。

　次の日曜日 [1.18]，「婚礼はカナで行われし」が朗読されていた時，母親がネ

スリスト教徒であるカンの娘［キリナ］が来て，同じようにしたが，それほど厳かではなかった。彼女は贈り物はせず，司祭たちに酔っ払うまで飲ませ，焙った黍を食べさせた。

　七旬節の日曜日の前，彼らネストリウス教徒は 3 日断食し，それをイォナ［ヨナ］の断食と呼ぶ。イォナがニネヴェの人々に予言したからである。エルメニア人は 5 日断食し，聖セルキウスの断食と呼ぶ。セルキウスは彼らの間では最大の聖人で，グレキア人は彼はカノン［殉教者の手本］だと言う。ネストリウス教徒は，週の 3 日目に断食を始め，5 日目に終わるから，6 日目に肉を食べる。

　その折，ブルガイという幕営最大の書記である長官が，週の 6 日目にネストリウス教徒たちに肉を支給させるのを見た。彼らはそれを，まるで復活祭の羊を祝別するように厳粛に祝別した。しかし彼は食べなかった。これは，彼にとても親しいパリのウィレルムス親方の教えによるものであった。かの修道僧はマングにその 1 週間断食するよう言伝て，聞いたところによると，彼はそうした。

　さらにまた七旬節の土曜日［2.7］，エルメニア人にとってのほぼ復活祭の時，我々は行列してマングの住まいに行った。修道僧と我々二人は，その前に小刀を持っていないか入念に調べられ，司祭たちとともに彼の許に入った。我々が入ると，一人の奴僕が炭になるまで真っ黒に焦げた羊の肩甲骨も持って出て行った。どうしてそんなものが要るのか，私はとても不思議に思った。後で聞いたところ，カンは最初にその骨で伺いを立てないかぎり決して何もしないことを知った。だから，まずその骨に伺わないと，人が彼の家に入ることすら許さないのである。

　その種の占いは次のようにする。何ごとかをしようとする時，まだ焼いてないそうした骨を三つ持って来させ，それを手にして，なすべきか否か伺いを立てたいことを思い浮かべ，そして燃やすべく骨を奴僕に渡す。カンが寝る住まいの傍らに常に小屋が二つあって，そこで骨が焼かれる。骨は宿営全体で毎日熱心に探される。真っ黒になるまで焼けると，彼の許に持って行かれ，骨が火の熱で縦に真っ直ぐ割れたかどうか調べる。もしそうだと，彼がしようとしていることが実行される。しかしもし骨が横にひびが入ったり，丸い破片になって飛び散ったりすると，行わない。骨そのものあるいはその上に張った膜は火の中で必ず割れる。三つのうち一つが真っ直ぐに割れると，実行に移す。

　我々がカンのところに入ると，まず敷居に触れぬよう警告され，ネストリウス教徒の司祭が彼に香を持って行き，彼はそれを香炉にくべ，彼らは彼に香を振り

掛けた。次いで歌いながら彼の飲み物を祝福し，彼らの後かの修道僧が彼に祝福を言い，最後に我々も言わねばならなかった。我々が胸に聖書を抱えているのを見て，カンは見ようとして自分の許に持って来させ，とても熱心に眺めていた。次いで彼が飲み，司祭長が彼に杯を給仕して後，司祭たちに飲み物が振舞われた。

　その後我々は退出したのだが，同僚は後ろの方になった。我々がもう外に出た時，彼は我々の後から出ようとしてカンの方に顔を向けてお辞儀し，その時急いで我々に追い付こうとして，敷居に躓いてしまった。我々は彼の息子のバルトゥの住まいに向かって急いで進んでいたのだが，敷居の番人たちが同僚に手を掛けてそこに留まらせ，我々の後を追わぬようにした。番人たちは人を呼び，同僚をブルガイのところに連れてゆくよう命じた。ブルガイは幕営の書記長であり，死の罰を裁定する。私はしかし気付かなかった。振り向いて彼が来ないのを見て，もっと軽い衣服を与えるために留めたのだろうと思った。彼は病弱で，あのように重い毛皮ではほとんど歩けなかったからである。彼らは我々の通訳を呼び，彼とともに座らせた。

　一方，我々はカンの息子の住まいに行った。長子ですでに妻を二人持ち，父の幕舎の右に住まっている。我々が来るのを見て，すぐ座っていた寝椅子から立ち上がり，地面に平伏して額を床に打ち付けて十字架を拝み，立ち上がってそれを，自分の傍の高い場所の新しい布の上にとても恭しく置かせた。彼は，さるネストリウス派司祭の師をもっている。名をダウィドといい，大酒飲みで，彼に教えている。次いで彼は我々を座らせ，司祭たちに飲み物を振舞わせ，彼もまた祝福をもらって飲んだ。

　次いで我々は，コタと呼ばれる第2夫人の幕舎に行った。彼女は偶像崇拝者に従い，我々が出会ったときは病気で寝椅子に臥せっていた。すると，かの修道僧は彼女を寝椅子から起こさせ，3度跪いて額を床に付けて十字架を拝ませた。彼は十字架を持って住まいの西側に立ち，彼女は東側にあった。それがすむと位置を交換し，修道僧が十字架を持って東に，彼女は西に移った。彼は大胆に命令し，彼女が弱っていてほとんど立っていられないにもかかわらず，ふたたび平伏してキリスト教徒のしきたりに従って東に向かって十字架を3回拝むように命じた。そうされた。そして，顔の前で十字を切ることを教えた。

　その後，彼女は再び寝椅子にもたれ，彼女のためにお祈りが唱えられた後，我々はかつてキリスト教徒の夫人がいた3番目の住まいに行った。その夫人が亡

くなったあと，若い女性［ケリマ］が後を継いでいた。彼女はカンの娘とともに楽しげに我々を迎え，その住まいの者は皆恭しく十字架を拝み，高い所にある絹布の上にそれを置き，食べ物つまり1頭の羊の肉を持って来させた。それが彼女の傍に置かれると，司祭たちに配らせた。しかし私と修道僧は食べ物も飲み物も控えた。

　その肉が食い尽くされ，たくさんの飲み物が飲まれると，我々はその若い女主人ケリマの部屋に行かねばならなかった。それは，母親のものだった大きな住まいの後ろにあった。十字架がそこに入ると，床に平伏してとても敬虔にそれを拝み，十字架を高い所の絹布の上に置いた。とてもよく教え込まれていたからである。十字架が置かれた布は，すべて修道僧のものだった。

　その十字架は，修道僧とともにイェルサレムから来たというさるヘルメニア人が持って来たもので，重さ4マルクほどの銀製で，四隅に四つと真ん中に一つ宝石があった。救世主の像はなかった。エルメニア人とネストリウス教徒は，十字架に磔になったクリストを見るのを恥と感じるからである。彼らはそれを修道僧を通じてマングカンに進呈し，マングはいくら欲しいのか尋ねた。彼は，自分はさるアルメニア人司祭の息子で，父の教会をサラセン人が破壊したことを言い，その教会の復興に支援を要請した。するとカンは再建にいくらかかるのか尋ね，彼は2百ヤスコトつまり2千マルクと答えた。カンは，ペルシャと大アルメニアで貢納を受け取る任務の者への手紙を彼に授けるよう命じ，言われた額の銀を支払わせるようにした。この十字架を修道僧はどこへでも携え，司祭たちは彼の嘆願振りを見て嫉み始めた。こうして我々はかの若い女主人の住まいに行ったのだが，彼女は司祭たちにたくさん飲ませた。

　そこから，順番でも位でも最後の4番目の住まいに行った。カンはその夫人のところに通わず，住まいは古く，彼女は綺麗ではなかった。しかし復活祭の後カンは，彼女に新しい住まいと新しい車を作ってやった。2番目の夫人と同じく彼女も，キリスト教については少ししかあるいは何も知らず，占者と偶像崇拝者に従っていた。しかし，我々が入って行くと，修道僧と司祭たちが教えたとおりに十字架を拝んだ。そこでまた司祭たちは飲んだ。

　そこから，その近くにあった我々の礼拝所に戻った。司祭たちは酔っ払って大きな喚き声で歌っていた。そうしたことはここでは男も女も非難されない。その時，私の同僚が連れて来られ，修道僧は彼が敷居に触れたことをひどく叱った。

　次の日，裁判官のブルガイが来て，敷居に触れぬよう気を付けることを誰かが我々に警告したか熱心に尋ねた。私は答えた，「君主よ，我々には通訳がいなかった，どうして分かることができただろうか」。すると彼は同僚を許した。しかしその後，同僚はカンのどの住まいにも入ることを許されなかった。

　その後六旬節の日曜日 [2.15] 頃，病気になったコタ夫人が死ぬほど重篤になり，偶像崇拝者たちの呪術は何も効き目がなかった。で，マングは修道僧に人を送り，彼女のために何ができるか尋ねた。修道僧は，よく考えもせず，もし治らなければ自分の首を刎ねてもよいと答えた。こう誓約した後，修道僧は我々を呼んで事情を説明し，その夜一晩中一緒に祈ってくれと涙ながらに乞うた。我々はそうした。

　彼は，大黄というさる根を持っており，それをほとんど粉に刻んで，持っていたさる小さい十字架——救い主の像は外してあったが——と一緒に水に入れ，それによって病人がいつ回復するかそれとも死ぬか分かると言っていた。もし治るとなれば，それはまるで糊のように病人の胸にくっ付き，でなければくっ付かないからである。それまで私はその大黄を，彼が聖地イェルサレムから持参した何か聖なるものだと信じていた。彼はその水をどの病人にも与えたが，そうした苦い飲物によって病人の内臓が乱されることは避けられなかった。体内でのそうした変化を，彼らは奇跡と見なしていた。で，彼がそうした聖水を準備している時，私はローマ教会で作られる祝福の水のことを彼に言った。悪魔を追い出す大きな力をもっているし，また彼女は悪魔に苦しめられていると聞いていたからである。彼が懇願したから我々は祝福の水を作り，彼はそれに大黄を混ぜ，十字架を一晩中その水にひたしておいた。また私は，もし彼が司祭なら，その司祭の位階によって悪魔を退散させる大きな力を有しているはずだと言った。彼は，自分はそうだと言った。しかしそれは嘘で，彼は何の位階も持っていなければ文字一つ知らず，後で帰りに彼の祖国を通った時に聞いたところでは，織物職人だった。

　それで次の日，修道僧と私と二人のネストリウス派司祭はその夫人のところに行った。彼女は自分の大きい住まいの後ろの小さい家にいた。我々が入ると寝台に座り直し，十字架を拝み，それを恭しく自分の傍らの絹布の上に置き，大黄の入った祝福の水を飲み，胸を洗った。修道僧は，彼女のために福音書を読むよう私に乞うた。私はヨハネによる主の受難の行を読んだ。ついに彼女は気分が優れたと感じ，銀4イァスコトを持って来させ，まず十字架の足元に置き，次いで一

つを修道僧に一つを私に差し出したが，私は受け取らなかった。すると修道僧が手を伸ばしてそれを取った。彼女は司祭のどちらにも一つ与えた。したがって彼女はその時 40 マルク与えたことになる。それから葡萄酒を持って来させ，司祭たちに飲むよう与え，私も三位一体を讃えて彼女の手から 3 度飲まねばならなかった。通訳がおらず私が黙っているのを面白がって，彼女は私に言葉を教え始めた。

　次の日，彼女のところに戻った。マングカンは我らがそこを通りかかったのを聞いて，自分のところに入らせた。夫人がよくなったのを知っていたからである。彼は少数の家隷とともに液状のタムつまり粉で作った食べ物を，頭を休めるために飲んでいるところだった。焼けた羊の肩甲骨がそばに転がっていた。十字架を手にとったが，彼がそれに接吻したか拝んだか私は見なかった。何か知らないが不思議そうにじっと見つめていた。その時修道僧が，十字架を槍の上に高く掲げて持ち運ぶ許可を求めた。そのことについて私は前に修道僧と話したことがあったからである。マングは，「よかれと思うように持ち運ぶがよい」と答えた。

　そしてカンの許を辞し，前述の夫人のところに行くと，彼女は健やかで元気そうで，また祝福の水を飲み，我々は彼女のために受難の行を読んだ。かの哀れな司祭たちは，今まで一度も彼女に信仰について教えたこともなければ，洗礼を受けるよう勧めることもなかった。私は何もしゃべれないからそこに黙って座っていたが，彼女は私に言葉を教えた。この司祭たちはどんな呪術も咎めない。私はそこで，鞘から半分抜き出して置かれていた 4 本の刀を見た。一つは夫人の寝台の端，もう一つは足元，残りの二つは戸口の両側に一つずつ。また，我々のところの銀の聖杯を一つ見た。それは，おそらくどこかフンガリアの教会で取られたか盗まれたもので，それに灰をいっぱい入れて壁にぶら下げ，その灰の上には黒い石が一つ置かれていた。そうしたことについて司祭たちは，悪いことだと決して教えない。それどころか，そうしたことを彼ら自身が実行し教えている。こうして我々は 3 日彼女のもとを訪れ，彼女はすっかり健康を取り戻した。

　その時から修道僧は十字架のいっぱい付いた旗を作り，槍のように長い葦を探し出し，我らは十字架を高く掲げて持ち歩いた。彼はここの言葉を知っていたから，私は彼を自分の司教のように讃えた。しかし，私の気に入らないこともいっぱいあった。たとえば，司教が持つ慣わしのような折り畳み式の床几を自分用に作らせた。それに手袋，孔雀の羽でできた上に金の小さな十字架の付いた縁なし

帽，もっとも私はその十字架が気に入ったが。荒れた爪に爪軟膏を塗っていたし，話すとき尊大ぶっていた。ネストリウス教徒はよく，二人の男に支えられ結び付けられた2本の枝に向かって上から，詩編の詩句か何かわからないことを唱えていたが，修道僧はこうしたことに介入していた。その他，私の気に入らないこうした下らないことがいっぱい出て来た。しかし我々は，十字架の名誉のために彼にくっ付いていた。我らは十字架を高く掲げ，「王旗は前進す」を歌いながら宿舎中持ち歩いた。そのことにサラセン人たちはひどく驚いていた。

　マングの幕営に来て以来，彼が南に向かって車を進めたのは2度だけで，それ以後北つまりカラカルムの方に向かって戻り始めた。その全道中で私は一つのことに気付いた。そのことはかつてここにいたことのあるハンノニアのバルデウイヌス［エノーのボードアン］殿がコンスタンティノポリスで私に言っていたことだった。すなわち，常に上りで決して下りにならないことが不思議に思えたのだった。実際川は，真っ直ぐにせよ曲りくねっているにせよ，つまり南あるいは北へ向きを変えても，つねに東から西へ流れていたからである。カタイアから来ていた司祭たちに尋ねたところ，そのとおりだと証言された。

　［それによると］マングカンと出会った所からカタイアまで，南と東の間に道をとって20日行程だった。チンギスの幕営のあるモアル人の固有の地オナム・ケルレまで真東に10日行程だった。この東の地まで，町は一つもなかった。しかし，スーモアルつまり水のモアル人と呼ばれる人々がいた[9]。スとは水のことである。彼らは魚と狩猟で暮らし，羊や牛の群は一切持っていない。北の方にもやはり町は何もなく，ケルキス［キルギス］と呼ばれる，羊を飼う貧しい民がいる。オレンガイ[10]もいる。研いだ骨を足に結び付け，凍った雪や氷の上を，鳥や獣を捕まえられるほどものすごい速さで走る。

　北の方には，寒さに抗して広がれる限りいくつか他の種族がおり，西でパスカウェル［バシュキル］人の地，つまり前にお話しした大フンガリアと接している。北の最果ての地については，非常な寒さゆえ何も知られない。そこはまたほとんど永久に雪がある。私は，イシドルスやソリヌス[11]が語っている化物つまり怪人について尋ねたが，彼らはそうしたものは見たことがないと言った。それが本当なら大いに驚くべきことだ。上述の種族は全て，どれほど貧しくとも何らかの形で彼らモアル人に仕えなければならない。というのは，年老いてもはや働けぬほどになるまで誰も奉仕を免れぬと，チンギスの命令［ヤサ］にあったからであ

る。

　ある時私と一緒に，すばらしい赤色の衣をまとったカタイアからの司祭が座っていた。彼に，そうした色はどこから手に入れるのか尋ねたところ，彼は次のように話してくれた。カタイアの東の地に非常に高い崖があり，そこに姿はまったく人間と同じだが，膝が曲がらず，どのようにか分からないが飛び跳ねて歩き[12]，背丈は１キュビトしかなく，全身が毛で覆われた生き物がおり，近寄り難い洞窟に住んでいる。そこの猟師はひどい酔いを引き起こすケルウェシアを持って行き，岩に杯のような罠を作ってそれにその酒を満たす。カタイアはまだ葡萄酒がなく，最近やっと葡萄の樹を植え始めたばかりで，酒は米から造るからである。

　そして猟師は身を隠し，上述の生き物が洞窟から出て来，その飲み物を味わい，チンチンと叫ぶ。名前はこの鳴き声に由来し，事実チンチンと呼ばれる。するとものすごい数が集まってき，かの酒を飲み，酔っ払ってその場で眠ってしまう。そこで猟師が来て，眠ったまま手足を縛る。次いでその首の静脈を開き，それぞれ血を 3，4 滴抜き取り，そして自由に放す。その血は，彼の言によれば，緋色に染めるのにとても貴重だとのことだった。

　また，本当のこととして彼らが語ったところによると，もっとも私は信じないが，カタイアの彼方にさる地方があり，どんな年齢の人間であれそこに入ると入った時の年齢が保たれるとのことである[13]。カタイアは海に面している。またウィレルムス師の話では，カウレ［高麗］およびマンセ［蛮子］というさる人々の使節を見たとのことである。彼らの住む島の海は冬になると凍り，その時タルタル人は彼らのところに歩いて渡ることができる。彼らは，自分たちを平和に放って置いてくれるかぎり，タルタル人に年にイァスコト 3 万 2 千トゥメンを支払っていた。トゥメンとは 1 万にあたる数字である。

　カタイアの通用のお金は木綿の紙で，幅と長さ 1 パルム，上にマングの印璽のような線が捺してある[14]。画家が絵を描くときのような先端の尖ったもので書き，一語を表すいくつかの文字を一つの形にする[15]。テベク人は我々と同じように書き，我々のととてもよく似た模様をしている。タングト人はアラブ人と同じように右から左に書き，しかし行を上に増やしていく。イウグル人も同じだが，上から下に書く。ルテニア人の通常のお金はリスや白テンの毛皮である。

　我々が修道僧のところに行った時，彼は親切心から我らに肉を食べぬよう勧め，

我らの下僕が彼の下僕とともに肉を摂ったとき，我々には小麦粉と油あるいはバターをくれた。我が同僚は体が弱かったからひどく嘆いたが，そのとおりにした。だから我々の食べ物は，バターつきの黍か，バターと練り粉を水あるいは酸っぱい乳で煮たもの，それに牛あるいは馬の糞で焼いた酵母のないパンだった。

　そして五旬節 [2.22] が来た。全東方人の断肉節にあたる。第1夫人のコトタ [クトゥクタイ] は，伴の者たちとともにその週断食した。どの日も我らの礼拝所に来て，司祭たちと他のキリスト教徒に食べ物を施した。彼らは，その最初の週に聖務日課を聞きに大挙してやって来た。彼女は，私と同僚に灰色の玉虫色の絹製で絹の詰め物をした上着とズボンをくれた。同僚が毛皮の重さをとてもこぼしていたからである。私はそれを同僚への慰めのために受け取りはしたが，そうした服は着ないと断った。私の分は通訳に遣った。

　これほど多くの者が毎日教会にあふれているのを見て，教会は幕営の守衛の範囲内にあったので，幕営の門衛たちは仲間の一人を修道僧の許に送り，これほど多くの者が幕営の警備の範囲内に集まることは好ましくないと告げた。すると修道僧は，マングの意思で寄越したのか知りたいと激しく答え，門衛たちをマングに言いつけるつもりだと脅かすように付け加えた。すると彼らは先回りしてマングのところに行き，彼はあまりにもおしゃべりで，あまりにも多くの者を説教に集めたと訴えた。

　そのため四旬節の日曜日 [3.1]，我々は幕営に呼び出され，修道僧は小刀を持っていないか十分に酷いやり方で調べられた。彼は靴まで脱がされた。カンのところに入ると，焼けた羊の肩甲骨を手に持って，それを調べていた。そこに何かを読み取るかのごとく修道僧を非難し始め，神に祈るべき者であるにもかかわらず，かくも人間と話を交わすのはどうしてかと詰問した。一方，私は頭に何も被らずに後ろに立っていた。カンは彼に言った，「余の許に来た時，どうしてあのフランク人のように被り物を取らぬのか」。そして私を近くに呼び寄せた。ひどく狼狽した修道僧は，グレキア人とヘルメニア人の習慣に反して帽子を脱いだ。カンは彼にとてもきつく言い，我々は外に出た。修道僧は十字架を私に渡し，私が礼拝所まで持って行った。狼狽のあまり，彼はそれを持ち運べなかったからである。

　数日後彼はカンと仲直りし，教皇のもとに行くこと，西方の全ての国をカンへの服属の下にもたらすことを約束した。カンとの話し合いのあと礼拝所に戻って

来た彼は，教皇のことを私に尋ね出した。もしマングからだと言って彼のところに行くと出会ってくれるか，聖ヤコブのところ[16)]まで馬を手配してくれるかどうか，私がどう思うか，と。陛下についても，陛下の子息をマングのもとに送ることをどう思うか尋ねた。で私は，前のよりもさらに悪い過ちを新たに犯すことになるから，マングに嘘を約束せぬよう，また神は，そのために偽りを語ることになるような嘘を我らに求めていないことを注意して，彼を諫めた。

その頃，修道僧とイォナスというさる司祭との間に言い争いが持ち上がった。彼は教養のある人物で，父はかつて助祭であり，他の司祭たちは彼を師かつ助祭長としていた。修道僧は，人間は楽園の前に創られ，そのことは福音書に書かれてあると言っていた。それで，その問題を判定するよう私が呼ばれた。私はしかし，彼らがそのことで論争しているとは知らず，楽園は 3 日目に他の木々とともに，一方人間は 6 日目に創られた，と答えた。すると修道僧が言い始めた，「最初の日に悪魔が世界の 4 つの部分から土を持って来て，泥から人間の体を形造り，それに神が霊魂を吹き込んだのではないのか」。このマニ教徒の異端説を聞いて[17)]，またそのことを彼が公然とかつ無思慮に唱えたことに，私は彼を厳しく叱り付け，聖書を知らないのだから指を口の上に置いて閉ざすよう，また罪になることを口にせぬよう言った。すると彼は，私が［タルタル人の］言葉を知らぬものだから，嘲笑い始めた。それで彼と別れて宿舎に戻った。

その後，彼と司祭たちが列をなして幕営に行くということが起こった。私は呼ばれなかった，上述のいさかいで叱り付けたため修道僧は私と口を利きたくなかったからで，またいつものように私を連れて行きたがらなかった。で，彼らがやって来ると，マングはその中に私がいないのを見て，どこにいるのかどうして一緒に来なかったのか熱心に尋ねた。司祭たちは恐くなって言い訳した。彼らは戻って来てマングの言ったことを私に話し，修道僧のことで不平をこぼした。その後修道僧は私と仲直りし，私も彼とそうした。私は彼に言葉のことで助けてくれるよう頼み，私は彼を聖書のことで助けることになった。「兄弟を助け得る兄弟，確かな都市の如し」。

断食の最初の一週間が過ぎると，夫人は礼拝所に来ることを止め，いつものように食べ物とケルウェシアを施すことをしなくなった。修道僧は，料理には羊の脂が入っているからと言って，持ち込むことも許さなかった。油もめったにくれなかった。かくて我々は，灰で焼いたパンと汁を啜るよう水に浸した練り粉の他

は何もなかった。水も，雪か氷を溶かしたの以外になく，これは最悪だった。

　それで，同僚がひどく苦しみ始めた。で，我々の困窮振りをカンの長男の師の ダウィドに示し，彼はそれをカンに伝えた。カンは我々に葡萄酒と小麦粉と油を 支給するよう命じた。魚は，ネストリウス派は四旬節には決して食べないし，ヘ ルメニア人もそうである。それで，葡萄酒が一瓶我々に振る舞われた。

　修道僧は，自分は日曜日でないと食べないと言い，その日にはかの夫人が彼に 調理した練り粉の食べ物と啜るための酢を送っていた。彼はしかし，自分の傍の 祭壇の下にアーモンド，干し葡萄，干し李その他多くの果物の入った籠を持って いて，一人の時はいつでも一日中それを食べていた。

　我々は日に一度食事するのだが，それが最大の悩みの種だった。というのは， マングカンが我々に葡萄酒を与えたことを知ってからというもの，日がな幕営で 酔っぱらっているネストリウス派の司祭たち，モアル人，修道僧の下僕たちが， 汚らしい犬さながら我々に襲い掛かって来たからである。修道僧も，誰かが来て 飲み物を振る舞いたい時には人を寄越して葡萄酒をせびり，こうしてかの葡萄酒 は我々にとって慰めよりは最大の悩みの種となった。それを穏便に断ることはで きなかった。人にやれば我々がなくなるし，なくなれば幕営に求める勇気はなか った。

　四旬節の中日［3.22］ごろ，ヴィレルムス親方の息子が，ガリア風に作った美 しい銀の十字架を持って来た。上に銀のクリスト像が付いていた。息子はそれを， 親方からと言って幕営の書記長のブルガイに贈ることになっていた。それを見て， 修道僧と司祭たちはその像を取り去ってしまった。それを聞いて私はとても憤慨 した。若者はまた，マングカンの命じた仕事が完成したことを伝えた。どのよう なものか，以下にお書きしよう。

1）Pascha：Dawson *Paquette*〈パケット〉。　　2）前章の，マングの亡くなった夫人で，キリ ナという娘の母。　　3）モンス・レガリス［モン・レアル］とクラック［ド・シュバリェ］ は，いずれもシリアの城塞。そのソルダンとは，ドーソン注では，イスマイール派のシェイ ク「山の老人」。　　4）Amorrico：Armenia アルメニアの誤り。　　5）Rex Moles：不明。 6）第7回十字軍の折ルイ9世がエジプトで捕虜になったこと。　　7）Cotota Caten：Kutuktai khatun クトゥクタイ・カトゥン。　　8）モンケには，長子バルトゥの他に，アスタイとシリ ギの2子があった。ドーソンによれば，後の二人は側室から。　　9）Cf. カルピニ Ch. 5, n. 2. 10）Orengai：ツングース族の Uriunghit ウリャンハイ。　　11）Solinus：3世紀頃のラテン人 地理作家。　　12）カルピニでは，キクロペデス（輪足）と呼ばれる怪人（Ch. 5）。 13）若返りの泉，地方は不明。　　14）交鈔のこと。　　15）漢字と筆についての，ヨーロッ

パ人による最初の説明。　　16）スペインの巡礼地サンチャゴ・デ・コムポステラ。
17）マニ教は，世界を光明と暗黒，善と悪，精神と肉体の二元対立で説いた。

30　［カラコルムのマングの宮殿について，復活祭の祝いについて］

　マングはカラカルムの町の城壁の近くに大きな宮廷を構えていて，それは我々
の所の修道士たちの僧院が囲まれるように，煉瓦の壁で囲まれている。そこには
大きい宮殿が一つあり，彼はそこで年に2回酒宴を催す。一つはそこを通る復活
祭頃，もう一つは夏に戻ってきた時である。この2回目の方が大きく，その時に
はどこであろうと2か月行程以内のところにいる貴族が皆その宮廷に集まる。そ
の折彼は，彼らに衣裳や贈り物を授け，自分の大きな栄誉を誇示する。他にも倉
庫のような長い建物がたくさんあって，彼の食糧や財宝が仕舞われている。
　大宮殿の中に乳や他の飲み物の皮袋を持ち込むのはみっともないというわけで，
その入口にパリジャンのヴィレルムス親方が彼のために一つの大きな銀の樹をこ
しらえた［図4］。その根元には4頭の銀の獅子［虎］がいて，それぞれ管を一本
持ち，白い馬乳を吐き出している。その4本の管は樹の中を通って天辺にまで導
かれ，先端は下に向かって曲がり，それぞれ上に金箔の蛇が一ついて，尾が樹の
幹に巻き付いている。その管の一つは葡萄酒，もう一つはカラコスモスつまり精
製した馬乳，別のはボアル［バル］つまり蜂蜜酒，別のはテッラキナと呼ばれる
米のケルウァシアを注ぎ出す。どの飲み物にも，樹の足元の4本の管の間に銀の
甕が用意されていて，そこに受けて貯める。樹の頂にはラッパを手にした天使が
作られ，下には穴が一つ作ってあって，その中に人が一人隠れることができる。
そして管が樹の胴の真ん中を通ってその天使にまで至っている。最初はふいごを
作ったが，十分に風を送らなかった。宮殿の外には飲み物が貯蔵してある部屋が
あり，そこに侍従たちがいて，天使がラッパを吹くのを聞くと飲み物を注ごうと
待ち構えている。この樹には，銀の枝・葉・梨の実が付いている。
　飲み物がなくなると，献酌侍従の長が天使にラッパを吹くよう叫ぶ。するとそ
れを聞いて，穴に隠れている者が天使にまで届いている管を強く吹き，天使はラ
ッパを口に当てて高々と奏でる。それを聞いて部屋にいる係官たちがそれぞれの
管に飲み物を流し込み，管を通って上と下からそこに用意された甕に流れる。献

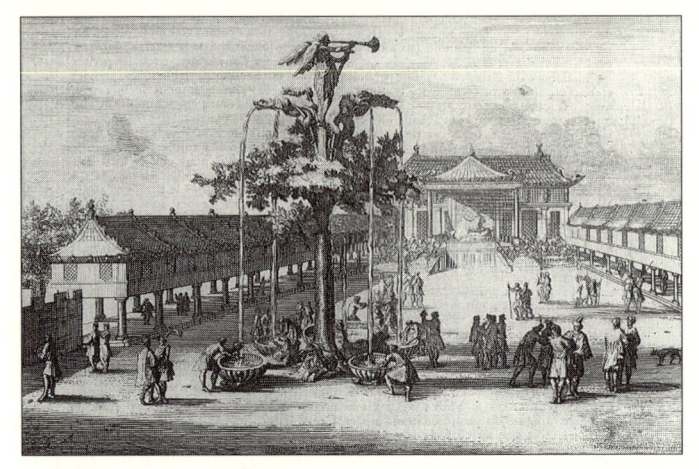

図4　ヴィレルムス親方の献酒の樹（Bergeron 版挿絵想像図 p. 95-96）

酌侍従たちがそれを酌んで宮殿の男女のもとに運ぶ。

　宮殿は，教会のように中央に身廊を一つと 2 列の柱の外側に側廊を二つ持ち，南側に戸口が三つあり，真ん中の戸口の内側の前に例の樹が立っている。カンは北側の奥の高い場所に座り，したがって皆から見える。そこに上る二つの階段があり，一つから上って彼のもとに杯を運び，もう一つから下りる。樹と彼のところに上る階段の間にある空間には何もない。そこには杯を給仕する者と，贈り物を持参した使者たちも立つ。カンはそこに，一人の神のように昂然と座っている。右つまり西側には男たちが，左側には女たちがいる。宮殿は北側から延びているからである。南側の列柱の傍，右側には露台のように高くなった座席があり，カンの息子と兄弟たちが座っている。左側も同じようになっており，彼の妻と娘たちが座る。夫人が一人だけ彼の隣の高くなったところに座るが，彼のほど高くはない。

　仕事が完成したと聞いてカンは親方に人を送り，それをその場所に据付け，よく整えるよう命じた。そして受難の日曜日［3.29］ごろ，小さい幕舎とともに先に行き，大きい幕舎は後に残した。修道僧と我々は彼に随って行き，彼は我々に別の皮袋の葡萄酒を寄越した。強い風とひどい寒さの中を山間地を行き，大雪が降った。真夜中ごろ，彼は修道僧と我々に人を寄越し，寒さと風が和らぐよう祈ってくれと請うた。一行の中にいた家畜が全て，とりわけ孕んでいて出産のため危機に瀕していたからである。すると修道僧は彼に香を送り，それを神に捧げる

炭の上に置くよう命じた。カンがそうしたかどうか知らないが，すでに2日続き3日目に入っていた嵐は鎮まった。

　棕櫚の枝の日［4.5］，我々はカラカロンの近くにいた。明け方，そのときまでまだ芽を出していなかった柳の枝を祝別し，9の刻頃，旗に十字架を掲げて町に入り，広場と市場のあるサラセン人街の中を通り，教会まで行った。ネストリウス教徒たちは行列して我らを出迎えた。教会に入ると，ミサを行おうとするところだった。それが行われると，彼らは皆聖体拝領に与り，私にも与りたいか尋ねた。私は，もう酒を飲んだのでと答えた。断食の時でなければ，秘蹟を受けるべきではないのである。

　ミサが唱えられると，もう夕刻だったが，ヴィレルムス親方はとても喜んで，我々を自分の宿所で一緒に夕食をすべく同伴した。そこには，フンガリア生まれだがロトリンゲン［ロレーヌ］出身の男の娘である妻がおり，ガリア語とコマニア語を知っていた。またそこで，アングリア人の息子でフンガリアで生まれたバシリウスという名の別の者に出会った。彼も上記の言葉を知っていた。夕食が終わると，とても喜んで我々の小屋まで送ってくれた。その小屋は，タルタル人が修道僧の礼拝所と一緒に教会の近くの場所に設置したものだった。

　次の日，カンは宮殿に入り，修道僧と私と司祭たちは彼のところに行った。同僚は，敷居を踏んだから行くことを許されなかった。私は，行くか行かざるべきかどうするか大いに思案したが，他のキリスト教徒から離れることを非難されるのを心配し，またカンが歓ぶためと，私に起こるかもしれない良いことが妨げられぬよう，たとえ彼らの卜占と偶像崇拝に満ちた所業を目の辺りにすることになろうとも，思い切って行くことにした。そこでは，教会全体のためとカンのために，神が彼を永遠の救いの道に導くよう，声高らかに祈ることの他はしなかった。

　それから我々は，十分に良く整えられたその幕営に入った。そこは，夏には至る所に水流が引かれ，それで潤される。その後，男女でいっぱいの宮殿に入り，前述の樹を背にしてカンの傍に立ったが，その樹は甕とともに宮殿の大きな部分を占めていた。司祭たちは祝別された小さな二つのパンと果物を鉢に入れて持って来，祝いの言葉を言って彼に差し出し，それを献酌侍臣がとても高い場所に座っている彼のところに持って行った。カンはすぐにパンの一つを食べ始め，もう一つを息子と弟［アリク・ブカ］に渡した。彼［弟］はさるネストリウス教徒[1)]に育てられ，福音を知っている。彼はまた，私の聖書を見たいと言って人を寄越し

たことがある。司祭の後修道僧が祈りを唱え，その後私が唱えた。その折彼は，翌日教会に来ると約束した。教会は十分大きく美しく，天蓋は金糸で織った絹布ですっかり覆われていた。しかし次の日，司祭のところに人を寄越し，死者が運び込まれたと聞いたから教会には行く気になれない，と言い訳して出発してしまった。

　我々は修道僧や幕営のほかの司祭たちとともに，そこで復活祭を祝うべくカラカルムに残った。灰の日［4.9］と復活祭［4.12］が近づいてきたが，我々は衣装を持たず，ネストリウス教徒のやり方を見守っていたが，彼らから秘蹟を受けるか，彼らの衣装と聖杯でもって彼らの祭壇の上で自分が式典を執り行うか，それともまったく秘蹟の儀式に顔を出さないか，どうすべきか大いに悩んだ。当時そこには，多数のフンガリア人・アラン人・ルテニア人・ゲオルギア人・ヘルメニア人のキリスト教徒がいたが，彼らは捕まって以来秘蹟を見たことがなかった。彼らの言うところによると，ネストリウス教徒は，自分たちによって洗礼し直されるのでなければ，その教会に入ることを許したがらなかったためである。しかしネストリウス教徒は我々にはそのことについて何も言わず，ただ，ローマ教会は全ての教会の頭で，もし道が開かれれば教皇から大司教を受け入れなければならないことを認めただけだった。彼らは自由に自分たちの秘蹟の儀式を我々に提供し，私を聖歌隊席の入口に立たせて，彼らのやり方が見えるようにし，復活祭の前夜には洗礼の様子が見えるよう聖水盤の傍に立たせた。

　彼らは，マリア・マグダレーナが主の足に塗った聖油を持っていると言い，その油を自分たちのパンを焼くのに使うと，その分だけ常に継ぎ足す。つまり東方の者たちは皆，パンに酵母の代わりに脂肪かバターか羊の尻尾の脂あるいは油を入れるからだ。また，主が聖別したパンが作られた小麦粉を持っていると言い，これも持ち去った分だけ常に補充する。また，聖歌隊の傍に部屋とパン焼き釜を持っており，とても恭しく聖別するパンを作る。で，前述の油でもって，掌のような広さのパンを作り，それを使徒の数に合わせてまず12の部分に割り，その後それらを人々の数に合わせて分ける。司祭はこのクリストの体をそれぞれの手に与え，すると人々はそれを自分の掌に恭しく受け取り，そしてその手を自分の頭の天辺で拭う。

　前に述べたキリスト教徒たちと修道僧は，我々に神のために［式典を］執り行うよう強く求めた。で私は，私のできるかぎり通訳させて，十の戒律と七つの大

罪とそのほか人が全て公然と話し告白しなければならない罪を挙げて，彼らに告白させた。彼らは，君主は衣服も食料も支給してくれないから盗まずには生きて行けないから，と言って盗みを詫びた。そこで私は，彼らが正当な理由なしに物や羊を持ち去ったことを考慮して，自分の君主の物については，必要なものを取ることは許されると言い，このことをマングカンの面前で言う心づもりだった。彼らの中には兵士がいて，戦に行かなければならないことを，でなければ殺されてしまうだろうと言い訳した。キリスト教徒に対しては行かないこと，また彼らを傷つけてはならないと固く禁じた。それくらいなら殺された方がましで，そうすれば殉教者になれるだろう。もし誰かがこの考え方で私をマングカンに非難したいなら，彼が聞いているところでこのことを説こうと言った。というのは，私がこのことを教えているとき幕営のネストリウス教徒がいて，我々の悪口を告げるかもしれないと危惧したからである。

　それから，ヴィレルムス親方は我々のために聖餅を焼く鉄を作らせたし，自分のために作った祭服を持っていた。彼は少し文字を知っており，聖職者のようなこともしていた。彼はまた，ガリア風に彫った聖マリアの像を作らせ，それを窓にはめ込み，とても綺麗に福音の物語を彫り，またクリストの体を保存する銀の聖体器を作り，その側面には聖遺物を入れる仕切りを作った。また，聖なる物語をとても綺麗に描いた礼拝堂を車の上に作った。

　それで私は彼の祭服を受け取り，それを祝別し，とても綺麗な我々なりの聖餅を作った。ネストリウス教徒は，中に祭壇のある彼らの洗礼聖堂を貸してくれた。彼らの大司教が，バグダードから彼らに，持ち運びのできる祭壇として四角い革を送ってきていた。それには聖香油が塗られていて，彼らはそれを聖なる石の代わりに使う。そこで私は，聖灰の日に彼らの銀の聖杯ととても大きな器だった皿でミサを捧げた。復活祭の日にも同じようにした。我々は，私が望むとおり，神の祝福とともに人々に聖体拝領の秘蹟を授けた。ネストリウス教徒も，復活祭の前日 60 人以上をとても秩序正しく洗礼した。キリスト教徒皆の中に共通して大きな喜びがあった。

1）前章でマングの長男の師として言及されていたダウィド。

31　[ヴィレルムス親方の病気について，ネストリウス派司祭の死について]

　そんな折，ヴィレルムス親方が重い病気になることが起こった。が，回復しつつあったとき，訪ねて来た修道僧が大黄を飲ませ，危うく殺してしまうところだった。彼を訪ねてとても重いことを見た私は，何を食べたかあるいは飲んだのか尋ねた。彼は，修道僧が前述の飲み物をくれ，聖水だと思ってたっぷりと碗に2杯飲んだ次第を語った。そこで私は修道僧のところに行って言った，「使徒のように祈りと聖霊の力によって真の奇蹟を行ってゆくか，さもなくば医術師のように薬の技にのっとって行うがよい。そなた，その用意のない者に，強い飲み薬をまるで神聖なもののように飲ませて，もし人が知ったならひどい騒ぎになるであろうに」と。その時以来彼は，私を恐れ用心するようになった。

　その頃また，他の者たちの助祭長のようだった例の司祭［イォナ］が病気になることがあり，友人たちはサラセン人の占い師のもとに人を遣った。彼は言った，「食べも飲みも寝台で眠りもしないある痩せた男が彼に怒っている。その男の祝福を得られれば，回復するだろう」。彼らは，かの修道僧のことだと理解し，真夜中ごろ，司祭の妻と姉妹と息子が修道僧のところに来て，祝福しに来てくれるよう乞うた。我々にも修道僧に頼んでくれるよう促した。で，我々が修道士に頼むと，彼は言った，「あの男にかまうな，彼は，同じように悪の道を行く他の3人とともに幕営に行って進言し，マングカンのもとで，私とそなたらをここから追い出そうと図っているのだから」。

　事実，かつて彼らの間である争い事があった。というのは，復活祭の前日マングと夫人たちが4ヤスコトと絹布を修道僧と司祭たちに皆で分けるようにと送った。修道僧は1ヤスコトを自分の分にしたが，残りの三つのうち一つは銅の偽物だった。それで，修道僧はあまりにも大きな分を自分の物にしたと司祭たちに見なされ，彼らは自分たちの間で噂をし，そのことが修道僧に伝わったらしかった。

　夜が明けてその司祭のところに行ってみると，ひどい脇腹の痛みと喀血を引き起こしており，私は腫瘍だと考えた。で，教皇を全キリスト教徒の父と認めるよう諭すと，彼はすぐそうし，もし神が彼に健康を与えるなら教皇を足下に訪ね，教皇がマングカンに祝福を送るよう心から努めることを誓った。また，もし他人

の物を持っているなら返すよう諭したが，何もないと言った。さらに，終油の秘跡のことを言った。彼は答えた，「我々はそうした風習を持たないし，我々の司祭はようしない。貴方がたのやり方でやって下さるようお願いする」。さらに，彼らがあまり行かない告解のことを諭した。彼は，仲間の司祭の耳に手短に囁いた。その後よくなり始め，私に修道僧を呼んで来てほしいと願った。私は行った。

　修道僧は最初来たがらなかったが，彼が良くなったと聞いて，自分の十字架を持って行った。私はヴィレルムス親方の聖体容器の中に，親方の要請で復活祭の日にとっておいたクリストの像を入れて行った。すると修道僧は彼の足を踏みつけ始め，司祭はその足を謙虚に抱きかかえた。で，私は言った，「病人はクリストの聖体を，聖体拝領ならびに敵のあらゆる罠に対する防御として受け取るのがローマ教会の習わしである。見よ，私が復活祭の日に聖別したクリストの聖体である。汝，信仰を告白し，これを求むべし」。すると彼は，誠意をもって言った，「我，心より求む」。私がその覆いを取ると，彼は大いなる愛情をもって言った，「我信ず，これ，我に生命を与え，死後全ての復活の時にそれを我に返し給う我が造物主にして救い主なることを」。こうして彼は，私の手からローマ教会の習わしどおりに処置されたクリストの聖体を受け取った。

　そのあと修道僧は彼とともに残り，私のいない時に，何か知らない飲み物を与えた。次の日，死の苦しみが始まった。で私は，聖油だという油を取って，頼まれたとおり，ローマ教会の形式にのっとって塗油した。我らの油は，サルタクの司祭たちがすっかり取ってしまったから持っていなかった。我々が彼を神に託す祈りを唱え，私がその死に立ち会おうとすると，修道僧は人を寄越して，我々に出て行くよう言った。もし立ち会うと，一年間はマングカンの住まいに入ることはできないからだと言う。そのことを彼の友人たちに問うと，そのとおりだと言った。そして私に，出て行って，これから進めることのできる善行の妨げにならぬようにと請うた。

　彼が死亡すると修道僧は言った，「気になさるな」，また「我が祈りでもって彼を殺した。彼だけが知識があり，我々に反対し，他の者は何も知らぬ。きっと彼らは皆そしてマングカンも，我らの足下に来たるだろう」。そして，前に述べた占い師の返答のことを話してくれたが，私は信じられず，故人の友人の司祭たちに本当かどうか尋ねた。彼らはそのとおりだと言ったが，占い師が修道僧からそれを予め教え込まれていたのかどうかはわからなかった。

　後に，修道僧がその占い師と妻を礼拝堂に呼んで，灰を篩いにかけて自分のために占わせていたことを知った。また，彼のために占うさるルテニア人助祭をもっていた。それを知った後，彼の愚劣さに驚き，言った，「兄弟よ，全てを教える聖霊に満ちた人間は，答えであれ助言であれ占い師から求めるべきではない。そうしたことは全て禁じられており，それに耽る者は破門されよう」。すると彼は，そうしたことを求めたというのは本当でないと言い訳し始めた。しかし，彼と別れることはできなかった，カンの命令によりそこに留められ，彼の特別な許しなしには別のところに移ることはできなかったからである。

32　[カラコルムについて，マングの家族について]

　カラカロンの町について，次のことをご承知下さい。カンの宮殿の他は聖ディオニシウス［ドニ］の城外区ほども立派ではないし，聖ディオニシウスの修道院はその宮殿より 10 倍も大きい。二つの地区があり，一つはサラセン人地区で市場があり，近くにある幕営と多数の使者のためたくさんの商人がいつもそこに集まっている。もう一つはカタイア人地区で，彼らは皆職人である。これら地区の外に幕営の書記たちのものである大きな建物がある。様々な国民の異教寺院が 12 ある。マフメット教徒のが二つあり，そこでマコメットの法が叫ばれる。キリスト教徒の教会が一つ，町の端にある。町は土壁で囲まれ，門が四つある。東の門では黍や他のたまに持って来られる穀粒が売られ，西では羊と山羊，南で牛と車，北で馬が売られる。

　我らは，昇天祭の前まで幕営に随って進み，昇天祭前の日曜日 [5.17] にそこに着いた。次の日，書記長で裁判官のブルガイに呼ばれた。修道僧とその家族全員，我々，全ての使節，修道僧の住まいに出入りしていた異国人たちで，一人ずつブルガイのもとに呼ばれた。最初修道僧，次に我々で，どこから来たか，なぜ来たか，任務は何か，詳しく調べ始めた。この尋問は，4 百人のハクサシン［アッサッシン］がカンを殺しに様々な格好で侵入したとの知らせがマングカンにあったからだった。その頃，前に述べた夫人［コタ］がまた悪くなり，修道僧を呼びに来たが，彼は行きたがらず，「彼女は自分の周りにまたも偶像崇拝者を呼んだ。もしできるなら彼らが治療するだろう。私はもう行かない」と答えた。

　主の昇天祭の前日［5.20］，我々はマングカンの全ての住まいに行き，飲む時に
なると，彼らがフェルトの偶像にどのようにコスモス酒を振り掛けるか見た。そ
の折私は修道僧に言った，「クリストとベリアル［悪魔］の関係は何か？　これ
ら偶像に対する我らの十字架の役割は何か？」[1]

　ところで，マングカンは兄弟が8人ある。3人は同腹で，5人は父からである。
彼は同腹の一人［フラグ］を，ムリベト［ムラヒダ］と呼ばれるハサシンの地に
派遣し，皆殺しにするよう命じた。もう一人はペルシャの方に来って，すでにそ
こに入り，信じられているところによると，トゥルキアの地に入った後，そこか
らバルダックとウァスタキウスに対して軍を派遣せんとしている[2]。他の一人
［クビライ］を，いまだ服従せぬ者たちに対してカタイアに派遣した。アラブッ
カ［アリク・ブカ］という名の同腹の末弟は自分のもとに置き，彼はキリスト教
徒だった彼らの母親［ソルコクタニ］の幕営を有している。ヴィレルムス親方は
その奴僕である。

　すなわち，父親からの兄弟の一人が親方をフンガリアのベレグラーウエ［ベオ
グラード］という町で捕えた。そこにはロトマグム［ルーアン］近くのベレウィ
レ［セーヌ・アンフェリュール］出身のノルマン［ノルマンディー］人司教がおり，
その司教の甥とともに捕えられた。私はその甥［バシリウス］をここカラカルム
で見た。彼は，マングの母がどうしても欲しいと言ったものだから，彼女に与え
られた。彼女が死亡すると，ヴィレルムス親方は母親の幕営に属する他の全てと
ともにアラブッカに引き継がれ，それを通じてマングカンの知るところとなった。
カンは，前述の仕事が完成すると，親方に百ヤスコトつまり千マルクを与えた。

　昇天祭の前日マングカンは，近くまで来ているから母の幕営に行ってそこを訪
問したいと言った。修道僧も，一緒に行って彼の母親の霊魂に祝福を捧げたいと
言った。カンはこれを嘉した。昇天祭の日［5.20］の夕方，前述の夫人の病状が
重くなり，占い師たちの長が修道僧に人を寄越し，板を叩かぬよう命じた。翌日，
カンの幕営全体が移動したが，かの夫人の幕舎は残った。幕営が設置される場所
に来ると，修道僧にいつもより幕舎から遠くにいるよう命令があり，彼はそうし
た。

　こうして，アラブッカは自分の兄であるカンを出迎えに来た。修道僧と私は，
彼が我々の近くを通るだろうと見越して，十字架を持って彼を迎えに行った。ア
ラブッカは，別の折に礼拝堂に来たことがあったので，我々を認め，手を伸ばし

て我らに向かって司教のように十字を切った。修道僧は馬に乗り，果物を抱えて
彼に続いた。アラブッカは兄の幕営の前で馬を降り，カンが狩から戻って来るの
を待った。修道僧もそこで下り，果物を差し出し，彼はそれを受け取った。

　彼の傍にカンの幕営の二人の高位の者，サラセン人，が座っていた。アラブッ
カは，キリスト教徒とサラセン人との間にあるいさかいのことを知っていて，修
道僧にそのサラセン人を知っているか尋ねた。彼は「知っている，奴らは犬だか
ら，どうして傍に置かれるのか」と答えた。すると彼らは，「我らは何も言わな
いのに，どうしてそなたは我らに無礼なことを言うのか」と尋ねた。これに修道
僧は，「本当のことを言っているのだ，お前らとお前らのマコメトゥスは卑しい
犬だ」と言った。すると彼らは，クリストに対する冒瀆の言葉を言い返し，アラ
ブッカがそれを止めて言った，「言うでない，我らはメシアが神であることを知
っているのだから」。3)

　その刻，突然全地域にわたって激しく風が立ち，悪魔がそこを走り回るように
見えた。しばらくして，かの夫人が亡くなったとの知らせが届いた。

　翌日カンが，別の道を通って幕営に戻って来た。これも彼らの迷信で，行った
時と同じ道を決して戻らないのである。さらに，あるところに幕営が置かれてい
て，それが移動した後，そこで焚かれた火の跡が残っている限り，馬ででも歩い
てでも誰もそれがあった場所を通ろうとしない。

　その日，何人かのサラセン人が道で修道僧に追い付き，彼を挑発して言い争い
をし，彼が理屈でもって身を守ることができず，サラセン人がからかうと，修道
僧は手に持っていた鞭で彼らを懲らしめようとした。そんなことをしたので，そ
の言葉とそのことが幕営に伝えられ，我々に，いつもいた幕営の前ではなく，他
の使節たちと一緒のところに離れるよう命令があった。

　1)「キリストとベリアルにどんな調和があるか。信仰と不信仰に何の関係があるか。神の神
　殿と偶像にどんな一致があるか」(「コリントの信徒への手紙二」6.15)。　　2) モンケにより
　ペルシャ方面に派遣されたのはバイジュ(エルチギデイの前任者，III「シモン・ド・サンカ
　ンタン」参照)，しかし兄弟ではない。　　3) この章は，その動静があまり記されぬアリタ・
　ブカの素顔を伝える貴重な箇所となっている。

33　［グィレルムス修道士が帰還の許しを願い出たこと，神学論争について］

　私は，アルメニア王［ヘトゥム 1 世][1]が来ることをずっと期待していた。また復活祭の頃，ある者がテウトン人のいるボラク——私は主に彼らのためにそこに行った[2]——から来て，テウトン人の司祭が幕営に来るはずだと言った。そのため私は，我々が滞在すべきか帰国すべきかについてマングに問い質さなかったし，彼は最初 2 か月しか滞在の許可をくれなかったのに，もう 4 か月いや 5 か月が過ぎていた[3]。上のことがあったのは 5 月の末頃で，我々はここに 1・2・3・4・5 月とまるまる滞在していた。

　しかし，アルメニア王についてもその司祭についても噂は何も伝わって来ず，その厳しさが身に染みた冬に帰ることになるのを懸念して，我々をどうしたいのかマングカンに尋ねてもらった。もし彼の意に叶うなら，いつまででも喜んでここにいるだろうからである。一方，もし帰らねばならぬのなら，冬よりは夏の方が我々には楽だった。彼はすぐ人を寄越し，次の日話をしたいから遠くに行かぬよう命じた。私は，話をしたいのなら，私の通訳は役に立たないからヴィレルムス親方の息子を呼んでもらいたいと言った。

　ところが，私と話をしたのはサラセン人で，ウァスタキウスのもとへ使者として行ったことがあった。彼は，贈り物に目が眩み，マングカンに使者を送ってその間に時を稼げと助言していた。ウァスタキウスは，タルタル人がすぐにも自分の土地に侵入してくるに違いないと思っていたからである。それで〔彼を〕派遣したのだが，彼らを知って後は，彼らのことを心配しなかったし，彼らと和も結ばなかったし，今まで彼らはその土地に侵入していない。ウァスタキウスが防衛しようとするかぎり，侵入できないだろう。彼らタルタル人は，策略によるのでなければ決して力で土地を奪ったことはない。ところが，一たび和を結ぶと，彼らはその和の下で破滅させるのである。その折，このサラセン人は，教皇やフランク人の王，またその許に行く道筋についていっぱい質問し始めた。それを聞いて修道僧は，それに答えぬよう密かに私に注意した。この男は，自分が使者として派遣されるよう画策しようとしていたからである。で私は，黙って答えなかった。すると彼は私に，何か分らない侮辱の言葉を吐いた。そのことで，ネストリ

ウス派の司祭たちは彼を訴えようとした。で，彼は殺されるか糞味噌にぶたれるかしただろうが，私はそれを望まなかった。

　翌日，つまり聖霊降臨祭前の日曜日［5.24］，彼らは私を幕営に連れて行き，幕営の書記長たちがやって来た。一人はカンに杯を給仕するモアル人で，他はサラセン人だった。彼はカンに代わって，私が何をしに来たのか尋ねた。で私は，前に言ったこと，サルタクのところに来，サルタクからバアトゥへ，そしてバアトゥがここに送った次第を語った。私は彼に言った，「私は誰からの言葉も持参していない。カンは，バアトゥが書き送ったことを知っているはずだ。ただ，もしカンが聞きたければ，神の言葉を語ろう」。この言葉に引っ掛かって彼らは，神のどんな言葉を彼に言いたいのか尋ねた。多くの者がしたように，私が彼に何か誉めごとを予言するだろうと信じてである。

　これに私は答えた，「私が彼に神のどんな言葉を言うか知りたいなら，通訳を用意してもらいたい」。彼らは言った，「呼びにやった，しかしできるかぎりこの者を通じて言うがよい，我々には十分わかるだろう」。そして彼らは，私に言うよう強く迫った。で，言った，「これが神の言葉である，より多く任された者にはより多く求められる，と。同じく別の箇所に，より多く与えられた者はより愛さねばならぬ，とある。この神の言葉から私はマングに，神は彼に多くのものを与えたのだからと言おう。彼が持つ力と富は，トゥインたちの偶像が与えたのではなく，全能の神が与えたものなのだから。神は，天と地を造ったし，その手の中に全ての王権があり，それを人間の罪ゆえに国から国へと移すのである。だから，彼が神を愛するなら，彼にとってうまくゆくであろう。でなければ，神は彼から全て最後の一文まで取り上げることを知るであろう」。

　すると，サラセン人の一人が言った，「神を愛さぬ者がいるだろうか」。私は答えた，「神は言っている，もし誰か私を愛すれば私の命令を守るだろう，私を愛さぬ者は私の命令を守らぬだろう，と。だから，神の命令を守らぬ者は神を愛しておらぬのだ」。すると彼，「神の命令を知っているとは，そなたら天にいたのか」。私，「いいや，しかし神は天からそれを聖なる者たちに与え，そして最後に我らに教えるために天から降りて来る。我らはそれが書かれたものを持っており，それを守っているかそうでないか，人間の行いを通じて分かるのだ」。彼，「つまり，マングカンは神の命令を守っていないと言いたいのか」。私，「そなたらは，通訳が来ると言った。で私は，もし彼の気に召すなら，マングカンのもとで神の

命令を唱え，自分がそれを守っているか否か彼は自ら判断するだろう」。すると彼らは引き上げ，私がカンは偶像崇拝者つまりトゥインであり神の命令を守っていないと言った，と彼に告げた。

　次の日，カンは書記たちを遣わした，「我らが君主は我らを遣わして伝える，'ここにはそなたらキリスト教徒，サラセン人，トゥインがいるが，それぞれ自分たちの法がより優れており，自分たちの文つまり書が一番真実だと言う'。そこで彼は，そなたら皆が一堂に集まって持ち寄り，カンが真実を知ることのできるよう，それぞれ自分たちの言ったことを書き留めるよう望んでいる」。私は言った，「このことをカンの心に送った神よ祝福されてあれ。しかし我らの聖書は言う，'神の僕は言い争ってはならぬ，誰にも皆優しくあれ'と。だから私はキリスト教徒の信仰と希望を，言い争いや競争ぬきに，それを必要とする者皆に説明する用意がある」。彼らはこの言葉を書き留めてカンに伝えた。そして，ネストリウス教徒にも予め準備し言いたいことを書き留めるよう指示があり，サラセン人にもトゥインたちにも同じ様にあった。

　次の日，再び書記を寄越して，「マングカンは，そなたらがいかなる理由でこの地に来たのか知りたがっている」。私，「それはバアトゥの手紙で知っているはずだ」。彼ら，「バアトゥの手紙は失われ，カンはバアトゥが書いてきたことを忘れてしまった。それでそなたらから知りたいと」。で私は，すっかり安心して彼らに言った，「我らの宗教上の仕事は，全ての者に福音を説くことである。モアル人の評判を聞いたとき，私はその下に来たいとの想いを抱いた。そうした想いを抱いていた最中，サルタクがキリスト教徒だと聞いた。そこで，彼のもとに向かった。また，フランク人の国王殿はよき言葉を認めた書簡を彼に送った。他にその中に，我らがいかなる者であるか証言してあり，我らがモアル人の中で住むことを許すよう求めている。すると，サルタクは我らをバアトゥのもとに送り，バアトゥはマングカンのもとに送った。それで我らはカンに，我らが滞在するのを許すよう求めたわけであり，今も求めている」。彼らはこれを全て書き止め，彼に伝えた。

　翌日再び寄越して，「カンは，そなたらが何かカンへの使命を帯びているわけではなく，他の多くの司祭たちと同じく，彼のために祈りに来たことをはよくわきまえている。しかし彼は，かつてそなたらの使者が我らのところに来たか，あるいは我らの者がそなたらのところに行ったか尋ねている」。私はダヴィドとア

ンドレアス修道士のことをすっかり話し，彼らはそれを書き止めて彼に報告した。すると またもや寄越して，「カン殿は，'そなたらはもうここに長く留まった'と言っている。彼は，そなたらが自国に戻ることを望むが，彼の使者を一緒に連れて行きたいかどうか尋ねている」。私は答えて，「カンの使者をその地の外に連れ出すことはようせぬ，我らとそなたらの間には戦の地と海そして山があり，私は貧しい僧なのだから。それゆえ，彼らを引き受けて連れて行くことはようせぬ」。彼らは全て書き留め，戻って行った。

　聖霊降臨祭の前日［5.30］が来た。ネストリウス教徒たちは，世界の創造からクリストの受難までの年代記を書いた。そして，受難のことは省いて昇天と死者の復活と審判の到来に触れた。私は，その中に何か間違っていることがあると，教えてやった。一方我らは，ミサの信経「我唯一の神を信ず」だけを書いた。

　私は彼ら［ネストリウス教徒］に，どのように進めるつもりか尋ねた。彼らは，最初にサラセン人と議論したいと言った。私は，それは得策ではない，サラセン人は神は唯一だという点で我らと一致しており，だからトゥインに対して我らの助け手になると主張した。彼らは受け入れた。私は次に，偶像崇拝はこの世にどのようにして生じたか知っているか尋ねたが，彼らは知らなかった。それで説明してやると，彼らは言った，「まずそなたらがそれを彼らに話し，その後我々に話させるとどうか，通訳を通して話すのは難しいから」。私，「そなたらが彼らにどう対するかやってみよう。私がトゥインの役を引き受け，そなたらがキリスト教徒の役を引き受ける。私はその宗派で，神はいないと言うことにするから，そなたらは神はいることを証明するのだ」。実際かの地には，いかなるものの中にあるいかなる霊魂もいかなる力もそれらのものの神で，他には神はいないと言う宗派がある。しかしネストリウス教徒は，聖書に書いてあることを話す以外には，何も証明することはできなかった。私は言った，「彼らは聖書を信じない，そなたらが一つのことを言えば，彼らは別のことを言うだろう」。それで，最初に私が彼らと対決することを認めるよう提言した。もし私が言い負かされたら，その時は話す機会が彼らに残るが，もし［先に］彼らが言い負かされると，その後私は［自分の発言を］聞くものを持たないからである。

　聖霊降臨祭の前日，我々は礼拝堂に集まり，カンは審判である3人の書記，一人はキリスト教徒，一人はサラセン人，一人はトゥイン，を遣わした。予め規則があった，「これはマングの命令であるから，誰も神の命令は違うと言ってはな

らぬ。誰も相手に対する非難や不正の言葉を口にしてはならぬ。また命にかけて，この論争を妨害するようなどんな騒ぎも起こしてはならぬ。すると，みんな黙った。そこにはたくさんの人々がいた。どの側も自分たちの中の最も賢い者を呼び，他にも多くの者が集まったからである。

　さて，キリスト教徒は私を真ん中に置き，トゥインに私と対話するよう言った。すると，そこにいっぱい集まっていた彼らは，マングカンに対してブツブツつぶやき始めた。かつてどのカンも，彼らの秘密を暴くようなこんな事を試みたことはなかったからである。彼らは，カタイから来て自分の通訳を持っている一人の者を私に対峙させた。私にはヴィレルムス親方の息子がいた。まず相手が私に言った，「友よ，もしそなたがやり込められたなら，そなたより賢い者を探されたい」。私は黙っていた。すると彼は，最初に何について議論したいか，世界はいかに造られたか，それとも死後霊魂はどうなるか，尋ねた。私は答えた，「友よ，それは我らの議論の始まりであるべきでない。全ては神からであり，神は全ての源にして頭である。ゆえにまず神について話すべきだ，神についてそなたらは我々とは別のように考えているし，マングはどちらがより正しく信じているか知りたがっている」。すると審判たちが，それが正しいと指摘した。

　彼らが上の問題から始めたがったのは，それを得意としていたからである。皆マニ教の異端の徒である。つまり，事物の半分は悪もう半分は善で，少なくとも二つの原理がある，霊魂についてはどれも肉体から肉体へと移る，と考えている。[4]

　ネストリウス派の最も優れた司祭でさえ，獣の霊魂について，どこか死後労働を強制されないところに逃げることができるかどうか，私に尋ねたことがある。ヴィレルムス親方が私に話してくれたところによると，この誤りの確認にさる子供がカタイアから連れてこられたのだが，体の大きさからして3歳にもなっていなかったが，あらゆる分別ができた。その子は自分のことを，3度生まれ変わったからだと言い，文字を知っていて書くことができた[5]。

　で，私はそのトゥインに言った，「我らは，神は存在し，一つの神の他になく，一つに完全に結合している，と心からしっかりと信じ，口で明言する。そなたはいかに考えるか」。彼は言った，「愚者は一つの神の他にないと言い，賢者はいくつもあると言う。そなたの地には大君主たちがおり，ここには最大の君主マングカンがいるではないか。神についても同じで，様々な地域に様々な神がある」。

これに私は言った，「そなたは，悪い例つまり人間を神に例えることを持ち出した。それだと，自分の地で力ある者は誰でも神だと言われることになる」。

　私がかの類比を反駁しようとしていると，彼はさえぎって言った，「一つしかないと言うそなたの神とはどのようなものか」。私は答えて，「我らの神は，その傍らにそれ以外になく，全能で，それゆえなんらの助けも必要とせず，それどころか我らは皆その助けを必要とする。人間についてはそうではない。誰も一人で全てではなく，それゆえ地上には何人もの君主がいる必要がある，誰も全てを担うことはできないのだから。また神は全てを知り，したがって助言を必要としない，それどころか全ての知は神からである。また神は至高の善であり，我々の善を必要としない，それどころかその中で我らは生き，動き，存在する。我らの神とはそのようなものであり，したがって他のものを置く必要はない」。「いいや，と彼は言った，そうではない。確かに天の高きに一つあるが，それの生成についてはいまだ我らは知らぬ，その下に十あり，それらの下に最も低い一つがある。地上には無数にある」。

　彼はさらに他の寓話を紡ぎ出したがっていたが，我らはその至高のものについて，全能だと思うかそれとも何らかの神によるのか尋ねた。彼は答えるのを恐れて質問した，「そなたの神がそなたが言うようであるなら，なぜ事物の半分を悪に造ったのか」。「偽りである，と我々は言った，悪を作ったのは神ではない。存在するものは全て善である」。この言葉に全てのトゥインが驚き，それを偽りか有り得ないことのように書き留めた。そして彼が質問し始めた，「すると悪はどこからか」。「そなたの聞き方は間違っている，と私は言った，どこからかよりも先に，悪とは何か聞くべきだ。しかし最初の問題に戻って，何らかの神が全能だと信じるかどうか，その後でそなたが尋ねる全てに答えよう」。

　彼は答えようとせずにずっと座っていたので，カンの代わりの聴き手だった書記たちが，答えるよう命じなければならなかった。ついに彼は，いかなる神も全能でないと答えた。これに，サラセン人は皆大笑いし出した。

　静かになったので私は言った，「とすると，そなたの神々のどれもどんな危機においてもそなたを救うことができるわけではない，何故ならそのことに力を持たぬ場合に遭遇することがあるのだから。加えて，誰も二人の君主に仕えることはできぬのに，ならばいかにして天と地で全ての神に仕えることができるのか」。聴衆は彼に答えるよう言ったが，彼は黙ったままだった。私が神の本質の統一と

三位一体について皆の聞いているところで説明しようとすると，その地のネスト
リウス教徒たちが，自分たちがしゃべりたいものだから，もう十分だと私に言っ
た。

　で私は譲り，彼らがサラセン人と論争しようとすると，サラセン人は答えた，
「我々は，そなたらの法が真実であり，福音書にあることはいずれも本当である
と認める，したがってそなたらと何かで論争したいとは思わぬ」。そして，どの
礼拝でも神が自分たちをキリスト教徒として死なしめるよう祈っていると告白し
た。

　そこに，ウイグル会派のさる老司祭がいた。その会派は，神は唯一だと言うが，
偶像を造っていた。ネストリウス教徒たちは彼と大いに語り，クリストの到来と
最後の審判まで全て説明し，また類比を通じてサラセン人の三位一体まで示した。
皆何も反論のないまま聞いていたが，しかし誰も「信じる，キリスト教徒になり
たい」とは言わなかった。これが終わると，キリスト教徒とサラセン人は声高く
歌い，トゥインは黙り，その後皆大いに飲んだ。

1）ヘトゥム 1 世のキリキア発は 1254 年（月日不明），カラコルム着は同年 9 月 13 日。
2）ボラクについては Ch. 23, n. 5 参照。そこではしかし，そこには行けなかったとある。
3）シラ・オルダ着は 1253 年 12 月 27 日（Ch. 27）。　4）マニ教は，紀元 3 世紀にペルシャ
のマーニー（216-77 年）によって創始された宗教。中国には 7 世紀末頃伝わり，会昌の廃仏
（845 年）の折に弾圧されて中原では絶え，その間にウイグル人の間に広まってその国教とな
って華北で栄え，10 世紀後半にはその王国の衰退とともに消滅した。しかし，一人の師（呼
禄法師）によって江南に伝えられ，宋代には福建や浙江で明教の名の下に復活し，元代には
モンゴルの下で公然と認められ，信者も増え堂廟も数多く建設された。この文は，単に一般
的なことを言ったものか定かでないが，東方のマニ教について言及した当時では唯一の文と
される。マルコ・ポーロにはフジュ（Ch. 156 福州）に，実際は摩尼教徒であった隠れキリ
シタンの記事がある。　5）おそらくラマ教の活佛のこと。

34　［マングとのグィレルムス修道士の最後の謁見］

　聖霊降臨祭の日 ［5.31］，カンは私と私が論争したトゥインを自分のところに呼
んだ。入る前に通訳つまりヴィレルムス親方の息子が，我々は自分のところに帰
ることになっているが，確かなことと聞いたから反対しないように，と言った。
カンの前に出ると，私と傍のトゥインとその通訳は跪かねばならなかった。彼は

私に言った，「他日，汝らのもとに我が書記を行かせたとき，汝は私をトゥインだと言ったというのは本当か，言うがよい」。私は答えた，「君主よ，それは言っていない，もしよければ私が言った言葉をここで言いましょう」。そして私は自分が言ったことを繰り返し，カンは答えた，「汝は言ったわけではないと十分考えていた，汝の言うべき言葉ではないから，だが汝の通訳が間違って訳したのだ」。そして，寄りかかっていた杖を私に向けて，「怖がらずとも良い」と言った。私は微笑んで静かに言った，「怖ければ，ここには来なかったでしょう」。彼は通訳に私が何を言ったのか尋ね，通訳は彼に繰り返した。

そして彼は，自分の信仰を告白し始めた，「我らモアル人は，唯一の神しかないと信じている，我らはそれによって生きそれによって死に，それに正しい心を向けている」。で，私は言った，「神はこれを嘉する，神の賜物なしにこれはなされえないのだから」。彼は私の言ったことを尋ね，通訳がそれを訳した。カンはさらに加えた，「しかしながら，神は手に異なる指を授けたごとく，人間に異なった道を授けた。汝らには神は聖書を授けた，が汝らキリスト教徒はそれを守らない。汝らは，人は他人を非難すべしと聖書の中に見出さない，違うかな」。私，「書いてない，しかし私は誰とも言い争いはしたくないと始めから言っていた」。カン，「汝のことを言っているのではない。同じく，人は金のために正義から逸れるべしとは書いてないであろう」。「君主よ，書いてない，もちろん私も金を稼ぐためにこの地に来たわけではない，それどころか，くれようとしたが私は断った」。書記がそこにいたので，１ヤスコトと絹布を断ったことの証人となってもらった。彼，「そのことを言っているのではない。そなたらにはつまり神は聖書を授けたが，そなたらはそれを守らない。我らには占い師を授けた，そして我らは彼らの言うことを実行し，平和に生きている」。このことを言い終わるまでに彼は，私の間違いでなければ，４度飲んだ。

信仰について，さらに他のことを告白するのかと注意して聞いていると，彼は私の帰還について話し始めた，「汝はここに長く在った，余は汝が帰国することを望む。余の使者を連れて行くつもりはないと言ったが，余の言葉と書簡を運んで行くつもりはないか」。

その時以後私は，彼にカソリック信仰を説く場も時も持つことはできなかった。使者でなければ，彼が望まぬ限り，だれも彼と対話することはできないからである。しかし，使者は望むことを言うことができ，彼らはいつも他に言いたいこと

があるかどうか尋ねる。ところが私にはそれ以上対話することを許さず，私は彼の言うことに耳を傾け質問に答えねばならなかった。

そこで私は彼に，その言葉を私に説明し書き留めさせるよう，そうすれば出来得る限り喜んでそれを運ぶと答えた。すると彼は，金か銀か高価な衣装が欲しいか尋ねた。私は言った，「我々はそうしたものは何も受け取らない，しかし食糧がない，貴殿の助けなしにはその土地から出ることができない」。彼は言った，「汝が余の土地中で必要なすべてを得ることができるようにしよう，さらに何か欲しいか」。私は答えた，「私にとっては十分だ」。すると尋ねた，「どこまで案内が要るか」。私は言った，「ヘルミニア王の土地まで我らの力が及んでいる，そこまで行けば私には十分だ」。答えて，「汝がそこまでたどり着くよう案内させよう，そこから先は何とかやってゆけ」。そして加えた，「一つの顔に目は二つある，二つあるにもかかわらず視えるのは一つで，その一つが視線を向ける方へもう一つも向く。汝はバアトゥのところから来た，だから彼のところに戻らねばならぬ」。

この言葉のあと，私は話す許しを求めた。「言うがよい」と彼は言った。で，私は言った，「君主よ，我らは戦の人間ではなく，世界の支配を手にする者がそれを神の御旨に従ってより正しく統べることを望んでいる。我らの任務は，人々に神の御旨のままに生きるよう教えることである。我らは今この地域にやって来た，もし気に召せば喜んで残るだろう。が，我らが帰国するのが貴殿の意に沿うようだから，そうせねばならない。私は帰り，貴殿が命ずるとおりでき得るかぎりその書簡を運んで行こう。偉大な貴殿に願うが，書簡を届けたら，もしよければ貴殿のところに戻ってくるのを許して欲しい。というのはとりわけ，ボラクに哀れな奴隷たちがおり，彼らは我らの言葉の者たちで，彼らとその子供たちに自分たちの法を教える司祭を必要としている。私は喜んで彼らといたい」。彼は答えた，「汝の主人らが再び汝を私のところに遣わすならば」。私は言った，「君主よ，我が主人たちがどう考えているか知らない，しかし私は，神の言葉を説く必要のあるところであれば，私の欲するどこへなりと行く許しを持っている。私には，かの地は十分に必要だと思える。だから，我が主人が再び使節を派遣しようとしまいと，もしよければ私は戻って来るだろう」。

カンはまるで考え込むように長い間黙って座ったままで，通訳が私にもう何もしゃべらぬよう言った。私は彼が答えるのをひたすら待った。最後にカンは言った，「汝，長い道程を行かねばならぬ，汝の地にたどり着けるよう，食べ物で体

を強くしろ」。そして私に飲み物を持って来させた。かくて私はその前から退がり，もう戻ることはなかった。もし私がモイセス［モーゼ］のように奇跡を行う力を持っていたなら，おそらく彼は跪いたことだろう。

35　［彼らの占い師について］

　さて占い師は，カンが告白したように彼らの司祭で，彼らがしろと命じることは何であれすぐさま実行される。彼らの仕事を，ヴィレルムス親方それに本当らしいことを話してくれた他の者たちから聞き知ったとおり，陛下にお書きします。

　その数は多く，司教のような長が常に一人あり，その者は自分の住まいをマングカンの一番大きい住まいの前，石を投げられるほどのところに据えている。前に言ったように，彼らの偶像を載せた車はその者の守護の下にある。他の者たちは，幕営の後ろのそれぞれに割り当てられた場所におり，その術を信頼する者たちが世界の様々な地域から彼らのもとにやって来る。

　彼らのある者たち，とりわけその長は占星術に通じており，太陽と月の蝕を予言する。それが起きるに違いない時，民は皆食料を用意し，自分の住まいの戸口から出てはならない。蝕になると，太鼓や楽器を鳴らし大きな物音を立て叫び声をあげる。しかし蝕が終わると，飲み食いは自由で大いに楽しむ。彼らは，何事をするにも吉の日と凶の日を予め言う。だから，彼らの予言なしに決して軍を集めることも戦に向かうこともしない。そのため，ずっと前に再びフンガリアに侵入することもできたであろうが，占い師が認めないのである。

　幕営に送られて来たものは全て火の間を通し，その後しかるべき分け前を頂戴する。また，物故者の所持品も全て火の間を通して浄める。誰かが死ぬと，その者の寝具類は全て別にされ，火で浄められるまで幕舎の他の物と混ぜられない。これは，我々がいた時亡くなったかの夫人の幕舎で見たとおりである。したがってこれが，アンドレアス修道士とその仲間たちが火の間を通らねばならなかった二重の理由である。一つは贈り物を持っていたためと，もう一つはそれがすでに亡くなっていた者，すなわちケウカンにもたらされたものだったからである。私はそうしたことは何も求められなかったのは，何も持っていなかったからである。火の間を通している時に何か動物あるいは物が地面に落ちると，それは彼らのも

のになる。

　彼らはまた陰暦5月の9の日，家畜群から白馬を全て集めて聖別する。キリスト教徒の司祭たちも，香炉をもってそこに集まらなければならない。その時，新しいコスモス酒を地に撒り，大祭を行う[1]。ちょうど我々のところのいくつかの地で，バルトロメウス［8.24］あるいはシクストゥス［8.6］の祭日にぶどう酒を飲んだり，イァコブスとクリストフォルスの祭日［7.25］に果物に対してするように，その日コスモスの最初の新酒を飲むとしているからである。

　彼らはまた，誰かに男児が生まれると，その子の運命を占うよう呼ばれる。また誰かが病気になると呼ばれ，自分たちの祈禱を唱え，自然に病気になったのか呪術によるものか判定する。前に言ったかのメッツ生まれの妻［パスカ］[2]は，次のような驚くべき話をしてくれた。

　ある時とても高価な毛皮が贈られ，かの女主人［キリナの母親］の幕舎に預けられた。彼女は，前にも言ったとおりキリスト教徒だった。占い師たちはそれを火の間に通し，そこからしかるべき以上を取った。その許で夫人の財宝が守られていたさる女性が，そのことで彼らを女主人に訴えた。で，夫人は彼らを非難した。その後その女主人が病気になるということが起こり，体の四肢のあちこちが突然痛み出した。占い師たちが呼ばれ，彼らは離れて座っていたが，召使い女の一人に，痛む箇所の上に手を置き何か見つかれば取り出すよう命じた。召使いは立ち上がってそうし，手の中にフェルトの一片か何か他のものを見つけた。で，彼らはそれを地面に置くよう命じた。置かれると，それはまるで何か生き物のように這い始めた。次いで水の中に入れられると，まるで蛭のように姿を変えた。彼らは言った，「奥方，誰か女呪術師がこうして呪術で貴女を傷つけております」。そして，毛皮のことで彼らを咎めた女を訴えた。女は陣営から畑に連れてゆかれ，7日間鞭打たれ，自白するようさらに別の罪を着せられた。その間に女主人は亡くなった。それを聞いて彼女は彼らに言った，「ご主人様が亡くなられたことを知った，その後を追って行けるよう私を殺して欲しい，私は何もご主人様に悪いことをした覚えはないから」。そして，何も自白しなかったので，マングは彼女が生きて許されるよう命じた。

　すると占い師たちは今度は，前述の女主人の娘［キリナ］の乳母を訴えた。彼女はキリスト教徒で，その夫はネストリウス派司祭の中で一番尊敬されていた。乳母は，自分の奴婢とともに拷問にかけられ，告白するよう迫られた。奴婢は，

女主人が自分をさる馬のもとに遣ってそれから答を得るようにさせたと告白した。その女はまた，自分が女主人から愛されまた彼女にいいことがあるようにある事をしたが，彼女を害することは何もできなかったと告白した。彼女の夫も，そのことを知っていたかどうか訊問された。彼女は，自分が書いた文字や手紙は自分が焼いてしまったと言って，夫を弁護した。それで，彼女は処刑された。マングは，罪になることは見つからなかったけれども司祭であったその夫を，カタイアにいる司教のもとに送るよう処分した。

　そうこうするうちに，マングカンの第一夫人が息子を生むということが起こった。その児の運命の占いに占い師たちが呼ばれ，彼らは皆，その子は長生きして大君になるだろうと言って，未来を予言した。ところが数日後，その児が死んでしまった。怒った母親は占い師たちを呼んで言った，「お前たちは，我が子が長生きすると言ったが，ほらご覧，死んでしまったではないか」。すると彼らは，「奥方，我らには他日処刑された女呪術師，キリナのあの乳母が見えます。貴女の子を殺したのはあの女で，今彼を連れ去るのが見えます」。その乳母には，大きくなった息子と娘があって宿営にいた。怒り狂った女主人は，すぐに彼らを呼びに遣り，若者を一人の男に娘を一人の女に殺させ，こうして，彼らの母親によって殺されたと占い師たちが言う自分の息子の復讐をした。

　その数日後，カンはその若者たちのことを夢に見，翌朝彼らがどうなったか尋ねた。召使たちは本当のことを言うのを恐れたが，カンは，夜夢に現れたから彼らがどこにいるのかとても知りたがった。で，彼らは話した。カンはすぐさま妻に使いを遣り，夫の知らぬ間に妻が死の命令を下すとはどこで覚えたかと詰問し，7日間監禁させ，食べ物は与えるなと命じた。一方，若者を殺した男は首を刎ねさせ，その頭蓋を娘を殺した女の首に掛けさせ，燃えている棒で宿舎中で鞭打たせ，そのあと殺した。妻も，もし彼女から得た子供たちがいなかったなら，殺したことであろう。そして幕営を出，1か月後でなければ戻って来なかった。

　占い師たちはまた，その呪文で天候を乱し，寒さが自然にひどくなってどうしようもなくなると，宿営の中で何人か探し出し，彼らのために寒さが来たのだと非難し，その者たちはすぐさま処刑される。

　私がそこを去る少し前，カンの側室の一人が病気になり長く患っていたが，すると彼らは，テウトン人の一人の女奴隷に呪文をかけ，彼女は3日眠り続けた。彼女が我に返ると，何を見たか尋ねた。多くの人を見たが，それらは皆，すぐ死

ぬと占い師たちが通告していた者たちだった。しかし，自分の女主人はそこに見なかったので，占い師たちは彼女はその病気では死なないと通告した。私がその娘を見掛けた時，彼女はその眠りのためにとても頭を痛がっていた。

　彼らのある者たちは悪魔を呼び出し，悪魔から託宣を得たい者たちを夜中に自分たちの家に呼び集め，煮た肉をその真ん中に置く。悪魔を呼び出すそのカン[3]は，自分の呪文を唱え始め，太鼓を手に取って床で激しく叩く。そうこうするうちに狂ったようになり，自分を縛らせる。すると暗闇の中に悪魔がやって来て，彼に肉を食べるよう与え，託宣を下すのである。

　ある時，ヴィレルムス親方が私に話してくれたことによると，彼らの中にさるフンガリア人が潜んでいたが，その住まいの上にいた悪魔が，自分は入ることができない，彼らの中にキリスト教徒がいるから，と叫んだ。それを聞いて彼らが探し始めたから，彼は急いで逃げた。その他たくさんのことをいたしますが，話すと長くなりましょう。

1）陰暦 8 月 28 日。　　2）Cf. Ch. 29, n. 1.　　3）chan：cam カム（シャーマン）。

36　［カンの祭日について，ルドウィクス王宛の手紙について，グィレルムス修道士の帰還について］

　ペンテコステの祭日［5.31］から彼らは，カンが陛下に送る手紙を作り始めた。その間にカンはカラカルムに戻り，ちょうどペンテコステの 8 日目［6.7］に厳かな儀式を催し，最後の日には使者たちも皆参列するよう望んだ。我々のところにも呼びに寄越したが，私はそこで出会った貧しいテウトン人の 3 人の子供たちを洗礼しに教会に行っていた。ヴィレルムス親方は，飲み物を注ぐ樹を作ったことで，その祭りでは献酌侍従の長を務めた。貧しい者も富める者も皆，カンの傍で歌い踊り手をたたいた。その折カンは，彼らに次のように話し始めた，「余は，我が兄弟たちを遠くに遣り，外つ国の危険の中にさらした。今，我らが国家が大きくなるよう汝らを派遣せんとするにあたり，汝らが何をなすべきか明らかになるであろう」。その 4 日間彼らはどの日も衣装を替えたが，履き物から被り物まで一日ごとに皆一つの色だった。

　その折そこで，バルダックのカリフ［ムスターシム］の使者を見かけた。彼は，2頭のラバの間の輿に乗って自分を運ばせて来た。そのことに関連してある者たちは，カリフは彼らと和平したいのだが，彼らに1万の騎兵軍を提供しなければならないのだ，と言った。別の者たちによると，カリフの城塞を全て破壊するのでなければ和平はしないとマングが言ったところ，使者は「そなたらが馬の蹄を全て取り去るなら，我らは城塞を全て破壊しよう」と答えた，とのことだった。

　またそこで，さるインディアのソルダンの使者たちも見た。彼らは，8頭のレオパルドと10頭の猟犬を連れて来た。猟犬は，馬の後ろの背に豹が座るように鎮座していた。インディアはここからどの方向にあるのかと尋ねると，彼らは西の方を指差した。その使者たちは，私と一緒に約3週間常に西に戻った。また，トゥルキアのソルダン[1]の使者たちも見かけたが，カンに高価な贈り物を持参していた。それに対してカンは，聞いたところによると，金も銀も必要でないが人が欲しいと答えた。つまり，軍を提供してくれることを望んでいた。

　聖ヨハンネスの祭日［6.24］にカンは大酒宴を催した。その時数えると，馬乳を積んだ馬車105と馬90に上った。使徒ペトルスとパウルスの祭日［6.29］でも同様だった。

　陛下に送る手紙がようやく出来上がり，彼らは私を呼び，それを訳してくれた。その内容を書き留めたのだが，通訳を通して私が理解できたかぎりでは，次のようだった。

　「永遠なる神の命なり。天に永遠なる唯一の神の他なく，地に唯一の主チンギスカン，神の子，デムジン・チンゲイ[2]すなわち鉄の音，の他なし」。彼らはチンギスを，鍛冶屋であったから鉄の音と呼ぶ。そして思い上がって，今や彼を神の子だと言う。

　「これ，汝らに言われし言葉なり。我らモアルの誰あれ，ナイマンの誰あれ，メルキトの誰あれ，ムステレマン［ムスルマン］の誰あれ，耳が聞くことのできるどこなりと，馬の行くことのできるどこなりと，これ，聞かれあるいは理解されるようすべし。我が命を聞き理解しながら，信じるを望まず，我らに対して軍をなさんと欲するや，目を持ちながら見ず，持ちたくとも手のなく，行きたくとも足のなきこと，聞きかつ見るならん。これ，永遠なる神の命なり。モアル人の大世界にあまねき永遠なる神の力により，マングカンの命，フランク人の主ロドウィクス王ならびに他の全ての君主，司祭たちそしてフランク人の大社会に，我

らの言葉を知るべし。チンギスカンによってなされし神の命，チンギスカンによるもその後の他の誰によるも，汝らの許に至らず。

　ダウィドなる名の男がモアル人の使者として汝らの許に来たったであろうが，偽りの者であり，汝はその男とともに使者をケウカン［クユク］に遣わした。汝の使者は，ケウカンの死後その幕営に来たった。その妻カムス［オグル・ガイミシュ］は，汝らにナシックの織物と書簡を送った[3]。しかしながら，狗よりも卑しきかの邪な女に，戦のこと和平の交渉を知ること，大社会を鎮めること，善きことを見させることを，いかにして知ることのできしや」。

　マングは自分の口から私に，カムスは最悪の女呪術師であり，その占いで親族全体を破滅させた，と言った。

　「これら二人の修道僧，汝からサルタクの許に来たり，サルタクは彼らをバアトゥの許に遣った。バアトゥはしかし，マングカンがモアル人社会の最高位にあるため，彼らを我が許に来させた。

　しかし今や，大世界と司祭たちと修道僧たちは皆平和にあり，その善を享受するよう，また神の命令が彼らに聞かれるよう，我らはモアルの使者を上述汝の司祭とともに派遣したいと望んだ。しかるに彼らは，我らと汝らの間には戦の地，数多の悪漢，困難な道があると答えた。それゆえ彼らは，我らの使者を安全に汝らの許まで連れて行けるか危惧した。しかし，我らが我らの命令を含む書簡を彼らに託したなら，彼らはそれをルドウィクス王のもとに届けるであろう。それがゆえ，彼らとともに我らの使者を送ることはしなかった。しかしながら，上述の汝の司祭たちを通じて，永遠なる神の命を書きしものを汝に送った。

　我らが汝らに理解させたは，永遠なる神の命なり。汝ら，これを聞きかつ信じて，我らに従おうとするなら，使者を我らに送るべし。さすれば，汝らが我らと和か戦のどちらを欲しているか，我らは確かめるであろう。永遠なる神の力により，陽の昇る所より日の沈む所まで，全世界が喜びと平和のうちに一つになった時，我らが成し遂げんとしたことが明らかになるであろう。永遠の神の命令を聞き理解しながら，‘我らが地は遠大，山は堅固，海は広大’と言って，分かろうとも信じようともしない時，そしてその確信をもって我らに対して軍をなす時——我らは何ができるか知っている——困難なことを容易にし，遠くのものを近くにしたもの，永遠なる神ぞ知り給う」。

　最初彼らはその書簡の中で，我々を陛下の使者と呼んでいた。で，私は彼らに

言った，「我々を使者と呼ばないでもらいたい，我らはルドウィクス王の使者ではないとカンによく言ったのだから」。すると彼らは彼のところに行き，それを言った。戻って来て，カンはこれを善処し，私が彼らに言うとおりに書くよう命じたことを言った。それで私は彼らに，使者の名を消し去り，我々を修道僧か司祭と呼ぶように言った。

　彼らがそうしている間に私の同僚は，我々が再び荒野の中をバアトゥのところまで行かねばならず，モアル人の男が案内すると聞いて，私の知らぬ間に書記長のブルガイのところに走り，目配せして，もしその道を行かねばならぬのなら死んでしまうだろうと分からせた。我々が辞去することになった日，つまり聖ヨハンネスの祭日の2週間後［7.9/10］，我らが幕営に呼ばれた時，書記たちは私の同僚に言った，「いいか，マングカンは汝の同僚がバアトゥのところを経て帰国することを望んでいる，しかし汝は自分は病気だと言い，確かにそう見える。マングは，もし行きたいなら同僚とともに行くがよい，と仰っている。しかし汝に掛かっている。どこかのイァムで汝が残っても世話してもらえず，同僚の邪魔になるやもしれぬ。しかし，ここに留まりたいなら，カンは汝に必要なものを宛がうであろう，別の使者が来てその者とともにゆっくりと町のある道を帰ることができるまで」。修道士は答えた，「神よ，カンに良き生を授け給え。私は残ろう」。しかし私は修道士に言った，「兄弟よ，何をしようとしているのか分かっているのか。私はそなたを見捨てない」。「貴方は，と彼は言った，私を見捨てない，私があなたを捨てるのだ，もし貴方とともに行けば，私は体も心も危機に瀕するだろう，耐え難い苦労に対する忍耐を持ち合わせていないのだから」。

　彼らはまた，衣服あるいは寛衣を3着持って来ていて，我らに言った，「そなたらは金も銀も受け取ろうとせず，ここに長く在ってカンのために祈ってくれた。カンは，そなたらがそれぞれせめて簡単な衣服を受け取り，彼の許から手ぶらで去ることのなきよう願っている」。で，彼に対する敬意からそれを受け取ることになった，彼らが遣るという物を断ったりするととても悪く思うからである。カンは，最初しきりに我々に何が欲しいか尋ねさせ，いつも同じ答えをしていると，しまいにキリスト教徒たちは，進物しか求めない偶像崇拝者を侮辱するほどになった。一方彼らは，我々を馬鹿だ，なぜなら彼がもし幕営全体を自分たちにくれるつもりなら，自分たちはそれを喜んで受け取り，うまくやるだろうから，と答えた。こうして我々は服を受け取り，彼らは我らにカンのために祈るよう求め，

そのとおりにした。かくして辞去が許され，カラカルムに向かった。

　ある日こんなことがあった，かの修道僧と我々が他の使者も一緒に幕営から遠いところにいると，修道僧は板を強くたたかせ，そのあまりマングカンが聞いて何事かと尋ねた。で，彼らは説明した。カンは，どうして彼が幕営からあれほど遠くにいるのか尋ねた。彼らは，修道僧が幕営に来るための牛馬を毎日彼の許まで連れて行くのが大変だからだと言い，彼がカラカルムの教会の近くにいてそこで祈る方がいいと進言した。で，カンは人を遣って，もし彼がカラカルムに行ってそこで教会の傍にいたいなら，必要なものを全て与えると伝えた。すると修道僧は答えた，「私は聖地エルサレムから神の命令でここに来た，しかもカラカルムよりも立派な教会が千もある街を後にして来た。神が命じたとおり，私がここにいて彼のために祈ることをカンが望むならば，ここにいよう。でなければ，私は来たところに戻るだろう」。でその夕，車に繋がれた馬が彼の許にもたらされ，翌朝彼はいつもいた幕営の前の場所に戻された。

　我々が立ち去る少し前，さるネストリウス派司祭が来た，思慮深い人物に見えた。書記長のブルガイは彼を自分の幕営の前に住まわせ，カンは自分の子供たちをそこに遣って彼に祝福させた。こうしてカラカルムに来たり，ヴィレルムス親方の住まいにいると，私の案内人が10ヤスコト持ってやって来，そのうち5ヤスコトをヴィレルムス親方の手に置き，カンに代わって我が同僚の修道士に必要なものに使うよう言った。残りの5は私の通訳の神の僕［アブドゥッラー］の手に置き，道中私に必要なものに使うよう命じた。ヴィレルムス親方が，我々の知らぬ間にそのように手配していたのだった。

　私はすぐにその一つを売らせ，そこにいた貧しいキリスト教徒に分け与えた。彼らは皆我々を当てにしていた。二つ目は，衣類その他我々に必要な物を買うのに使った。三つ目で，通訳が何か買ったが，それで自分の利益になった儲けをいくらか得た。残りもそこで使った，ペルシスに入ってからどこでも必要なものは十分に与えられなかったし，タルタル人の中ではもちろん，そこでもめったに何も売り物には出会わなかったからである。

　ヴィレルムス親方，かつての陛下の臣民は，稲妻と雷鳴除けに身に付ける宝石で飾ったさる革帯を陛下に送り，くれぐれもよろしくと伝え，陛下のために祈っております。彼のことで，神にも陛下にもどう感謝を捧げてよいか，私にはわかりませぬ。

図5　マングの許を発って帰国するルブルク（Bergeron 版挿絵想像図 p. 123-124）

　我らはそこで，全部で六つの魂を洗礼した。

　かくて我らは互いに涙のうちに別れ，我が同僚はヴィレルムス親方と残り，私一人が通訳と案内人と下僕一人とともに帰路に就いた［図5］。下僕は，我々4人のために4日に1頭羊を受け取れるとの命令をもらっていた。

1) セルジュークのイッズ・アッディーン・カイカーウス2世，もしくはその弟キリジ・アルスラーン4世。セルジュークは 1245 年，毎年 125 万イペルペラと 14 頭のラクダと 125 万頭の馬を差し出す条件で和を結んだ（Richard : 306）。　2) Demugin Cingei：テムジンのこと。　3) Cf. 本書 171 ページ。

37　［ヒルカニアのバアチュ［バイジュ］の幕営までのグィレルムス修道士の旅］

　かくて，バアトゥの幕営まで2か月と10日旅したが，墳墓の他は町も何かの建物の跡も見なかった。小さな村があったが，そこではパンも食べなかった。その2か月と10日の間，馬を得ることのできなかったただ1日を除いて，1度も休まなかった。大部分は往きの時と同じ民族の中を，しかし全く別の地域を通って戻った。往きは冬，帰りは夏だったが，はるかに北の上方部を通った。ただ，

そのうち 15 日は往きも帰りも山間のさる川［ウルングル］の傍を通らなければならなかった。その川沿いでなければ草はないからである。2 日，時には 3 日，コスモス酒の他は何の食べ物も摂らずに進んだ。時に，住民は見かけず食べ物は乏しく馬は疲れて，大きな危険に遭った。

　20 日馬を進めた時，ヘルメニア王がサルタクと出会うために 8 月の末に通ったことを聞いた[1]。サルタクは，羊と馬の群とともに妻子を連れてマングカンのところに向かうところだった。彼の大きな住まいがエティリア［ヴォルガ］とタナイス［ドン］の間に残っていた。私は彼に挨拶し，マングカンの地に喜んで残りたかったのだが，カンは私が帰国しその手紙を届けることを望んだと言った。サルタクは，マングカンの意思どおりにしなければならぬと答えた。

　その折，我らの召使いたちのことをコイアクに尋ねた。彼は，バアトゥの幕営に大事に預けられていると答えた。我々の衣服と書物のことも要求した。彼は答えた，「サルタクに持って来たのではなかったのか」。私は言った，「サルタクに持って来た，しかし知ってのとおり彼に与えたのではない」。そして，それをサルタクに与えるかどうか尋ねられたので，答えたとおりに繰り返した。すると彼は答えた，「そなたらは本当のことを言っている，真実には誰も抗することはできない。私は，そなたらの物を，サライの近くにいる我が父のもとに預けた。そこは，エティリアに面してバアトゥが作った新しい町だ。しかし，我々の司祭たちがその衣服のいくつかをここに持っている」。それに私，「服はそなたらの気に入るなら取ってもよい，しかし書物は返してもらいたい」。すると彼は，私の言葉をサルタクに伝えると言った。で，私は言った，「私のものを全て返すようにとの手紙をそなたの父に書いてもらいたい」。彼らは出発しようとしていたところで，彼は言った，「女主人たちの幕舎が我々のすぐ後に続いている。そなたらはここに滞まっていれば，サルタクの返事をこの者を通じてそなたに伝えよう」。

　私は，彼が騙すのではないかと心配したが，彼と言い争うことはできなかった。夕方，コイアクが指示した男が衣服を 2 着──それは私の見たところ全体が 1 枚の絹布で，裁断されていなかったが──手にしてやって来て言った，「さあ，服 2 着だ。一つはサルタクがそなたに贈り，もう一つは，もしよければ，彼から王への贈り物だ」。これに答えた，「こうした衣装は私は使わない，どちらもそなたの主君に敬意を表して王に贈ろう」。「いやまあ，と彼は言った，自分の好きにするがいい」。私は，両方とも陛下に贈りたく，それをこの書面の所持人に持た

せてやります。彼はまた，コイアクの父への手紙をくれた。そこには，私の物は自分は何も要らないので全て私に返すように，とあった。

　バアトゥの幕営に着いたのは，ちょうど1年前にそこを発ったその日，聖十字架の称賛の2日後［9.15］だった。そして嬉しいことに，我らの召使いたちが無事なのを発見した。しかし，ゴッセトが話してくれたところによると，ひどい苦難を忍んだとのことだった。また，彼らを大いに慰めサルタクにくれぐれもよく頼んだヘルメニア王がいなければ，斃れてしまったことだろう。私のことを死んだと思い込んでいたからである。実際もうタルタル人は彼らに，牛の番をしたり馬の乳を搾ったりできるか尋ねていた。もし私が戻って来なかったら，彼らの奴僕になっていたことだろう。

　その後バアトゥは私を自分の傍に来させ，マングカンが陛下に送った手紙を私のために通訳させた。というのはマングは彼に，もし何か加えたり削ったり変えたりしたければそうするようにと書いていたからだった。それから私に言った，「この手紙を持ち帰って，分かるようにさせてもらいたい」。また，どちらの道を取りたいか，海［カスピ］か陸か尋ねた。私は，冬で海は閉ざされているから，陸を行くしかないと言った。また私は，その頃陛下はシリアにいらっしゃると思っていたから，ペルシスの方に向かった。実際もし陛下がフランキアに渡られたと知っていたら，フンガリアに向かい，シリアへよりも早くまた困難でない道を通ってフランキアにまで来たったことでしょう。

　で我らは，案内人が得られるまで，バトゥとともに1か月旅した。やっと彼はさるイウグル人を見つけてくれた。その男は，私が何も遣らないと分かると，私が真っすぐヘルメニアに行きたいと言っていたにもかかわらず，私をトゥルキアのソルダンのところに連れて行くとの手紙を作らせた。ソルダンから贈り物をもらえることと，その道の方が金儲けになると期待したからである。

　こうして万聖節の祭日の15日前［10.17/18］，エティリアの畔を発ち，真っすぐ南へサライに向かって旅を始めた。エティリアはその下手で三つの大きな支流に分かれ，そのそれぞれがダミアタの川［ナイル］のほとんど倍よりも大きい。その他もっと小さい支流が四つあり，したがって我らはその川を七つの地点で船で渡ったことになる。真ん中の支流の畔にスムメルケント［アストラハン？］という町がある。城壁はなく，川が氾濫すると，水に取り囲まれる。これを奪うまで，タルタル人はそこを8年包囲した。中にはアラン人とサラセン人がいた。そ

こで我らは一人のテウトン人とその妻に出会った。とても善良な男で，ゴッセト
はその許にいたことがある。つまり，サルタクが自分の幕営の負担を軽くするた
めにそこに送ったのだった。

　そのあたりでは主の生誕祭の頃，川の一方にバアトゥが，他方にサルタクがい
て，それより下ることはない。川がすっかり凍ってしまうと，川筋の間の牧草が
一番たくさんあるところを渡って行き，氷が解け始めるまでそこの葦の間に隠れ
ている。

　コイアクの父は，サルタクの手紙を受け取って，我々の衣装のうち長白衣三つ，
絹の刺繍の肩衣一つ，襟垂帯一つ，聖紐一つ，金糸の刺繍の祭壇布一つ，短白衣
一つの他は，返してくれた。銀の容器も返してくれたが，香炉と香油の入った瓶
は返してくれず，それらはサルタクと一緒にいた司祭たちが持っていた。書は，
王妃様の「詩編」の他は返してくれた。「詩篇」は，私が拒否できずして私の許
しのもとに彼が持っていた。実際，とてもサルタクの気に入ったと言っていた。

　また彼は，私がその地に戻って来るようなことがあれば，羊皮紙の作り方を知
っている者を連れてきてほしいと乞うた。彼は，サルタクの命令で川の西岸に大
きい教会と新しい集落を作っており，彼が言うには，サルタクの用のために本を
作りたいとのことだった。しかし私は，サルタクはそうしたことに興味がないこ
とを知っている。

　サライとサルタクの宮殿は川の東岸にあり，その支流がいくつも流れている窪
地は幅7レウカ以上の広さがあり，川には魚がいっぱいいる。

　また詩文の聖書，30ビザンツの値打ちのあるさるアラビア語の書物，その他
いくつかは取り戻せなかった。

　こうして万聖節の祝日［11.1］に彼と別れ，ずっと南に下り，聖マルティヌス
の祭日［11.15］にアラン人の山々［コーカサス］に来たった。

　バアトゥとサライの間15日行程は，鷹と鷹匠たちをたくさん連れてバアトゥ
に先行する彼の息子の一人と一つの小さな集落の他は，人に出会わなかった。万
聖節の祝日から15日間，人を見掛けなかった。また一日と一晩と翌朝3の刻頃
まで水にありつけず，危うく渇きで死ぬところだった。

　その山地のアラン人は今まだ抵抗しており，サルタクの兵は10人に2人が山
の隘路の守備に当らなければならなかった。アラン人が家畜を奪いに山からタル
タル人とアラン人と鉄門の間の平野に襲って来ぬよう，守るためである。鉄門は

そこから 2 日行程離れたところにあり，そこの海と山の間からアルカック平野[2]が始まる。

　山間部にはレスギというサラセン人がいて，やはり抵抗しており，アラン人の山の麓にいるタルタル人は我らに 20 人の人間を付けねばならなかった。彼らは我らを鉄門の向こうまで送ってくれた。私は，武装した彼らを見たいと望んでいたものだから，それが満たされた。実際，大いに期待していたのに，それまで一度も彼らの武器を見ることができなかったのだった。危険な通り道に差し掛かると，20 人のうち二人が鎖帷子を身に着けていた。どこから得たのか尋ねると，上述のアラン人から手に入れたと言った。アラン人はそうした物の優れた職人であり最高の鍛冶工である。そのことから考えると，タルタル人は箙と弓と革鎧の他は武器はあまり持っていない。私は，鉄片と兜がペルシスから彼らに贈られるのを見たし，また二人の兵士が硬い革の断片を合わせて作った上着で武装してマングの前に現れたのを見た。それは，ひどく不格好で扱いにくいものだった。鉄門に着く前に，アラン人の城塞を一つ見掛けたが，マングカンのものだった。事実彼は，その地を征服していた。そこで初めてブドウ園に遭遇し，葡萄酒を飲んだ。

　次の日，マケドニア王アレクサンデルが作った鉄門に来た。その町の東の端は海［カスピ］の岸に面し，海と山の間にわずかに平地があり，町はそこを通って西からそこに迫る山の頂まで伸びている。そのため，町の真ん中を真っすぐに通る道の他は，山の険しさのため上にも，海のため下にも道はなく，そこに町の名の由来となった鉄門がある。町は長さ 1 マイル以上あり，山の頂には強固な塞があり，幅は大きい石一射程ほどである。堀のない堅固この上ない城壁と，大きな磨いた石の塔を持つが，タルタル人は塔の頂と城壁の防塁を破壊し，塔を城壁と同じ高さにしてしまった。

　その町の内側はかつては天国のような土地だった。そこから 2 日行程でサモランという別の町に来たが，ユダヤ人がたくさんいた。そこを通った折，城壁が山から海まで下っているのを見た。その城壁沿いの海の傍の道は東に折れていたので取らず，南に向かって山を登った。

　翌日さる渓谷を渡ったが，そこには一つの山から別の山にかけて城壁の土台が露出しており，山の頂には道は何もなかった。これは，かつてアレクサンデルが野蛮人つまり荒野の牧人を，耕作地と町に入って来れぬよう閉じ込めた防壁であ

る。その中にユダヤ人のいる別の防壁もあったが，彼らについて確かなことは何も知ることはできなかった。しかし，ペルシスの町にはどこでもユダヤ人がいっぱいいる。

　次の日，サマグ［シャマキ／シャマカ］というさる大きい町に来たり，それのあと翌日モアン［ムーガン］という大平原に入った。そこをクル［クラ］川が流れており，我々がゲオルギア人と呼ぶ者たちはそのことからクルギと呼ばれている。事実その川は，グルギア人の首都であるテフィリスの真ん中を流れ，西から東の前述の海に向かって真っ直ぐに来たっている。また最高の鮭がいる。その平原で我々は再びタルタル人と出くわした。その平野にはまたアラクセスが流れ来ており，それは大ヘルメニアから南と西の間に真っ直ぐやって来，そのことからアララトの地つまりアルメニアと呼ばれる。だから，セナケリプの息子たちについて，王の書［列王記］では父を殺してアルメニア人の地に逃げたとあり，一方イサヤではアララトの地に逃げたとある[3]。

　つまり，そのとても美しい平原の西にクルギアがある。その平原にはかつてクロスミン［コラスミン／ホラズム］人がいた。山々の入口には，彼らの首都であったガンゲスという大きい町があり，ゲオルギア人が平原に降りてくるのを遮っていた。次いで，川を横切って渡された巨大な鉄の鎖で繋がれている船の橋に来た。クルとアラクセスはそこで合流し，アラクセスはそこからその名を失う。

　そこからずっと，「橋を退けるアラクセス」[4]と言われるとおり，その川の流れに沿って上り，左手南方にはペルシスとカスピ山を，右手西方には海とグルギアを残して，南と西の間をアフリカの方へと進んだ。我々はバアチュ［バイジュ］の宿営地を通過したが，彼はそこのアラクセス川の畔にいる軍の首領で，グルギア人とトゥルク人とペルシャ人を服属せしめた。ペルシスのタウリヌス［タブリーズ］にいるもう一人はアルゴン［アルグン・アカ］といい，貢納を徴収している。マングカンはその二人を召喚したのだが，これはその地にやってくる自分の兄弟［フラグ］に譲らせるためである。陛下にお書きしたこの地は，ペルシャそのものではなく，かつてはヒルカニアと呼ばれていた。私はバアチュの住まいに行き，彼は我らに葡萄酒を飲むようにとくれた。彼自身はコスモスを飲んだが，もしくれたら私も喜んで飲んだことであろう。葡萄酒は新しく上等だったけれども，腹を空かせた人間にはコスモスの方が効き目がある。

　さらに，聖クレメンスの祭日［11.23］から四旬節の第 2 日曜日［1245.2.21］ま

でアラクセスに沿って上り，そこから川の源までやってきた。それが生ずるその
山の向こうには，アアルセルム［エルゼルム］という立派な町があり，トゥルキ
アのソルダンのものである。その近くのゴルギエ山の麓の北風の方向に，エウフ
ラテスが発する。その源流まで行こうとしたが，雪が多く，踏み鳴らされた道以
外に行くことは誰もできなかった。カウカサス山のもう一方の側の南の方から，
ティグリスが発している。

1）アルメニア王がカラコルムでモンケと出会ったのは9月13日，したがって8月末にそこ
を通ったとするのは難しい。　　2）planicies Arcacci, D *Arcari*：不明。　　3）しかし「列王記
下」でも，「アッシリアの王センナケリブ」の息子たちは父を殺して「アララトの地」に逃
亡したとある（19.36-37）。　　4）ウェルギリウス『アエネーイス』「橋を忌むアラクセスの
河」（VIII. 728）（泉井久之助訳，岩波文庫）。洪水で度々橋を流すため。

38　［ヒルカニアからトリポリまでの旅］

　バアチュの許を発った時，案内人はアルゴンと話をするため私の通訳を連れて
タウリスに行った。一方バアチュは，私をナクスア［ナジヴァン］¹⁾というさる町
に連れて行かせた。かつてはそこの大国の首都であり，最大の美しい町だったが，
タルタル人がほとんど荒野と化してしまった。かつてはヘルメニア人の教会が8
百あったが，今は小さいのが二つしかない。それもサラセン人が破壊した。その
一つで私は，我らの聖職者とともにできる限りの生誕祭を祝った。
　翌日その教会の司祭が亡くなり，その埋葬に一人の司教が12人の修道僧とと
もに山から来た。ヘルメニア人の司教は皆修道僧で，グラエキア人のも大部分そ
うである。その司教は私に，近くに聖バルトロメウスとやはり聖イゥダス・タデ
ウスが殉教した教会があると話してくれたが，雪のため道は通れなかった。
　彼はまた，次のようなことも話してくれた。自分たちは二人の預言者を持って
おり，一人は殉教者メトディウス²⁾で，彼は彼らと同じ国民で，イスマエル派の
ことをすっかり予言した。その予言はサラセン人の中で的中した。もう一人の預
言者はアカクロンと呼ばれ，死に際に北からの弓手人の到来を予言し，次のよう
に言った³⁾。彼らは東方全土を征服するが，東の王国は滅ぼさない，これはその
王国が西の王国を自分たちに与えてくれるだろうと考えたためである——しか

し，と彼は言った，我らの兄弟カトリックのフランク人は彼らを信用しないだろう——。そして弓手人たちは北から南まで占領し，コンスタンティノポリスまでやって来，その港を占領する，そして賢人と呼ばれる彼らの一人がその市に入り，教会とフランク人の儀式を見て自ら洗礼を受け，いかにタルタル人の君主を殺すかの助言をフランク人に与え，そこでタルタル人は混乱する。これを聞いて，中央の地つまりイェルサレムから来ていたフランク人は，彼らの領土にいたタルタル人に襲い掛かり，我らが国民つまりヘルミニア人と一緒になってタルタル人を追放し，かくしてフランク人の王がペルシスのタウリスに玉座を置く。そして東方人と不信仰者は全てクリストの信仰に改宗し，世界に平和が訪れ，生者は死者に言う，「嗚呼［哀れなるかな］，この時代（とき）まで生きることの叶わなかったそなたら」と。

　この予言を私は読んだことがあった。そこに残っているヘルメニア人によってコンスタンティノポリスにもたらされたもので，その時は気に留めなかったが，上述の司教と対話した時はよく記憶に残った。この予言は，ヘルメニア全土で福音書のように確実なことと考えられている。彼はまた我らに言った，「リムボ［辺獄］[4]の霊魂がクリストの到来によって救い出されるのを待つごとく，かくも長きこの隷属から自由になれるよう，我らはそなたらの到来を待っている」と。

　前述の市の近くに山［アララト］があり，そこにノエの方舟が止まったと言われる。山は二つあり，一つはもう一つより大きい。アラクセスがその麓を流れている。そこにケマニウム[5]という町があり，8という意味で，方舟から出て来て大きい方の山の上に町を建てた8人からかく名付けられたという。多数の者が登ろうとしたができなかった。かの司教が話してくれたのだが，さる修道僧がとても熱意をもったが，方舟の板を手に天使が彼に現れ，もう止めるよう言った。その木は，彼の言うところによると，その教会に今もある。しかし見たところ，人が登れないほど高い山ではない。どうして誰も登ってはならないのか，さる老人がとてもうまい理由を語ってくれた。その山を彼らはマッシスと呼び，彼らの言葉では女性である。「マッシスの上には誰も行ってはならぬ，世界の母なのだから」と。

　その町で，説教師修道会のベルナルドゥス・カタラヌス修道士が私と出会った。彼は，そこに大きな土地を所有している聖墓のさる管区長とゴルギアに滞在していたことがあった。タルタル語をいくらか学び，フンガリア出身のさる修道士と

ともにタウリヌスのアルグンのところに行き，サルタクの許に渡る許可を求めた。
そこに行ったが，謁見を得られなかった。フンガリアの修道士は私を通じて一人
の従者とともにテフィリスに戻ったが，ベルナルドゥス修道士はさるテウトン人
の在俗修道士とともにタウリヌスに残った，しかし彼の言葉がわからなかった。

　我らは，エピファニアの8日目［1255.1.13］に上述の市から出た。雪のために
そこに長くいた。4日でサヘンサ6)の地に来た。そのグルギア人はかつてはとて
も強大だったが，今はタルタル人の貢納者で，タルタル人は彼らの城塞を全て破
壊した。ザカリアス7)という彼の父はアルメニア人の土地を獲得し，彼らをサラ
セン人の手から解放した。そこにはまた，キリスト教徒ばかりのとても美しい集
落があり，まるでフランク人のような教会を持っている。ヘルメニア人はそれぞ
れ自分の家の一番神聖な所に，十字架をもった木の手を一つ有しており，その傍
に火を灯したランプを置く。我らが祝福の水を撒いて悪霊を退散させるように，
彼らはそれを乳香でする。夕方にはいつも乳香を焚いて家の隅々に持ち運び，あ
らゆる種類の敵を追い出すのである。

　私は上述のサヘンサと食事をしたが，彼とその妻と息子はとても丁重にもてな
してくれた。息子は名をザカリアスといいとても見目麗しく思慮深い若者であっ
たが，もし陛下のもとに来れば，自分を召し抱えてくれるだろうかと尋ねた。そ
れほどタルタル人の支配を不快に思い，財物は何でもいっぱい持っているが，彼
らの支配を堪え忍ぶくらいなら異国の地を放浪する方がましだと考えている。彼
らはまた，自分たちはローマ教会の子だと言い，もし教皇殿が何らか彼らに支援
を送れば，自分たちは周辺の全ての国を教会に所属せしめるだろうと言った。

　それから15日目の四旬節の日曜日［2.14］，その地からトゥルキアのソルダン
の地に入った。我らの出会った最初の城市はマルセンゲン［メジンゲルト／マン
ジケルト］といった。市内の者は皆，ヘルメニア人・グルギア人・ギリシャ人キ
リスト教徒だった。サラセン人が唯一の支配を有している。そこの城主は，いか
なるフランク人あるいはヘルメニア王あるいはウァスタキウスの使者にも食料を
与えてはならぬ，との命令を受け取っていると言った。そのため，四旬節の日曜
日に着いたその地から，至福の洗礼者ヨハンネスの祝日の8日前［6.16］に入っ
たキプルスまで，我らは自分たちの食糧を買わねばならなかった。私を案内して
いた者は，私に馬を持たせ，食糧用の金を受け取っていたが自分の財布に入れて
いた。誰かの牧草地に来た時は，羊の群れを見て羊を一頭盗んで来，仲間に食べ

させたが，盗んだものを食べることを私が望まないので，不思議がっていた。

　童貞マリアのお浄めの日［2.2］，私はアイニ「アニ」というさる町にあった。やはりサヘンサのもので，その場所は極めて堅固だった。そこにはアルメニア人の教会が千とサラセン人のシナゴーグが二つある。タルタル人はそこに代官を置いている。

　そこで説教師修道会の5人の修道士が私に会いに来た。4人はフランキアの管区から来，5人目はシリアで彼らと合流した者だった。トゥルコ語とガリア語が少し分かる病身の僕一人しか連れていなかった。サルタクとマングカンとブリ宛の教皇書簡を持っており，陛下が私に下さったようなもので，彼らがその地に滞在し神の言葉を説くことなどを許すよう願うものだった。私が目にしたこととタルタル人が私をどのように送り返したか語ると，どうすべきか助言を得るため，同会の修道士たちのいるテフィリスに向かって行った。私は，その手紙があれば望むなら向こうに行けるだろうが，困難に耐えることと自分たちが来た理由をはっきりさせることによく留意するよう，くれぐれも言った。伝道という仕事以外の任務は持っていないから，タルタル人は彼らをあまり世話しないだろうし，とりわけ通訳を持っていないからである。その後彼らがどうしたか，私は知らない。

　四旬節の第2日曜日［2.21］アラクセスの源流に至り，山頂を越えて，エウフラテスに出た。それに沿って8日間常に西に向かって下り，カマス［ケマク／ゲマシュ］という城塞に来たった。エウフラテスはそこでハラピア［アレッポ］の方へ南に折れる。しかし我らは，川を渡り非常に高い山や深い雪を越えて西へと向かった。その年そこに大地震があり，アルセンゲン［エルジンジャン］という市では，どうなったかもわからぬ貧者を除いて，名前の分かっているだけでも1万の人命が失われた。馬を進めた3日間に，地震で裂けたような地割れと，山から崩れて谷を埋めた土砂を見た。もしその土地がもう少し動いていたなら，イサイアのいうごとく，文字通り埋まってしまっただろう，「谷はすべて埋まり，山や丘はすべて低くされるだろう」と。

　さる渓谷を渡ったが，そこはトゥルキアのソルダンがタルタル人に敗れたところだった[8]。どのように敗れたか書くと，あまりにも長くなろう。しかし，我らの案内人の一人の僕は，その戦の時タルタル人と一緒にいたのだが，タルタル人は全部で1万以上ではなかったと言った。また，ソルダンの僕だったさるグルギア人は，ソルダンとともに20万があり，皆馬に乗っていたと言った。その戦い

否逃走があったその平原では，地震で大きい湖が湧き出した。我が心は，サラセン人の血をそこに飲み込もうとこの土地全体が自分の口を開けたのだ，と言っていた。

小ヘルマニアのセバスタには聖大週間［3.21-27］の間いた。そこで40人の殉教者の墓を訪ねた。そこに聖ブラシウスの教会があるが，高い城塞の上にあったから行くことはできなかった。パスクァの8日目［4.4］にカパドキアのケサレアに来た。そこには聖大バシリウスの教会がある。

そのあと，15日でイコニウム［コンヤ］に来た。あまり早く馬を手に入れられなかったものだから，短い行程で多くの地点で休みながらだった。私の案内人はわざとそうした，どの町でも自分の権限を3日行使した[9]からである。このことに私は大いに悩まされたが，話すことはようしなかった，私と下僕たちを売るか殺すかできただろうからである。それに反対する者はいなかっただろう。

イコニウムで，いく人かのフランク人とアコンから来たイァヌア［ジェノヴァ］のさる商人と出会った。彼は名をサンクト・シーロのニコラウスといい，モレンディヌスのボネファキウスというウェネト人の仲間と二人で，トゥルキアから全ての明礬を運び出しており，そのためソルダンはこの二人の他には決して売ることはできないのである。彼らはそれをとても高く売り，かつては15ビサンティで売られていたのが，今は50で売られる。

我が案内人は，私をソルダンに引き合わせてくれた。ソルダンは，私をヘルメニアつまりシリキア［キリキア］の海まで喜んで案内させようと言った。すると上述の商人は，サラセン人が少ししか私の世話をしないのと，また私が案内人仲間から毎日贈り物をせがまれてひどく煩わされていたことを知って，ヘルメニア王の港クルトゥスまで私を案内させてくれた。そこには昇天祭の前日［5.5］に着き，ペンテコステの翌日［5.17］までいた。

その折，ヘルメニア王［ヘトゥム1世］からの使者がその父［コンスタンティン］のところに来たことを聞いた。また，我らの所持品をアコンに送るべく，船に積んだ。身軽になった私は，彼の息子のことについて何か知らせを聞いたか知ろうと，王の父のところに行った。そして，さる城塞を建設させていたバルヌシン［バロン・オシン］という一人を除いて，アシス［シス］で彼とその息子たち全員に出会った。父は息子から，自分が戻りつつあること，マングカンが彼に多くの貢納を減らしたこと，いかなる使者も彼の地に入ってはならぬとの特権を与え

たこと，の知らせを受け取っていた。そのことでこの老人は，息子たちと国民皆とともに盛大な祝いをしていた。

　彼はまた私を海つまりアイヤクス［ラジャッツォ／ライアス］という港まで案内させ，私はそこからキプルスに渡った。ニコシアでは我らの管区長と出会い，彼はその日私をアンティオキアの方に同行したが，彼はとても衰弱している[10]。我らは，使徒ペトルスとパウルスの祭日［6.29］にそこにあり，そこからトリポリに来たが，聖処女の昇天祭の日［8.15］にそこで我らの総会があった。

1）Naxua：Nadjivan ナジヴァン，アルメニアの古都の一つ。　2）Metodius：テサロニケのメトディウス（c. 815-85），兄弟キリルス（キリル文字の創始者）とともにモラヴィアのスラヴ人にキリスト教を広めた。　3）アルメニア人はモンゴル人を「弓手人」と呼んでいた。Robert P. Blake & Richard N. Frye, 'History of the Nation of the Archers (the Mongol) by Grigor of Akanc', *Harbard Journal of Asiatic Studies*, vol. 22, 1949, pp. 269-382.　4）クリスト以前に死亡した者の霊魂は全て地獄の辺域（辺獄）に留まる。　5）Cemanium：ノエによって建てられた町は，アラビアの書では，Temanin〈テマニン〉と呼ばれる（C は T の誤読）。　6・7）アルメニアの旧首都（961-1045）アニの君主ザカリアスとその子サヘンサ。1239 年のモンゴルによる征服後はそれに隷属した。　8）1243 年セルジュークのカイカーウス 2 世がモンゴルのバイジュに敗れたキョセ・ダウの戦い。　9）原文 sumendo in qualibet villa procurationem suam tribus diebus：Dawson「各地で 3 日逗留した」，Rockhill「（住民から）3 日分の食糧費を取り立てた」（護：339）。　10）D「そこ（アンティオキア）はとても荒廃している」。

［むすび］

　そして管区長は，私がアコンで説教することに決め，陛下の許に参るのを許さず，望むことを書いてこの書面の持参人に託すよう命じました。私は，あえて逆らう勇気はなくそれに従い，出来ること分かることを致しました。何分にも思慮浅くかつかくも長い話を口述するのに慣れておりませぬゆえ，この多すぎたり少なすぎたり思慮の足りぬ，否，馬鹿げた話に対して，陛下の変わることなき温かさをお恵み下さいますよう。全知に優れる神の平安の，陛下の心と知性を護り給わんことを。私は喜んで陛下，それに貴国におります我が心の友人たちと出会いとうございます。それゆえ，もし陛下の威厳に反するのでなければ，管区長に，私が陛下の許に参ることを許すよう書いていただきたくお願い申し上げます。そしてしばらくすればまた，聖地に戻るつもりでおります。

　トゥルキアについて，そこにはサラセン人は 10 人に一人もいないことをご存じ下さい。それどころか，皆ヘルメニア人とグレキア人で，支配しているのは齢若い者たちです。つまり，タルタル人に敗れたソルダンにはヒベリア［グルジア］人の正室があり，そこから一人の息子を得ましたが不具で，しかし父は彼がソルダンになるよう命じました。もう一人はグレキア人側室からで，ソルダンはその妃をさる強力な将軍に与えました[1]。三人目はトゥルク人女性からで，多数のトゥルク人とトゥルクマン人がその許に集まり，キリスト教徒である［二人の］息子たちを殺そうといたしました。[2]

　彼らはまた，聞いたところでは，一たび勝利するや全ての教会を破壊し，サラセンになることを望まぬ者はことごとく殺すよう命じていました。しかし彼［3人目の息子］は敗れ，多くの家来が殺されました。彼は再び軍を立て直しましたが，捕われて目下鎖に繋がれています。パカステルつまりグレキア人妻の息子は，父のもう一人の異母の息子が不具だったので，自分がソルダンになるよう計り，不具の息子はタルタル人のところに送られました[3]。そのことで母方の彼の親族，つまりヒベリア人とグルジア人たちは憤慨しております。このように，この少年がトゥルキアを支配しているのですが，財宝は何もなく戦士はわずかで，敵は多いのです。ウァスタキウスの息子[4]は病弱なうえ，アッサンの息子[5]と戦をしており，その息子もこれまた若年で，タルタル人への従属に疲れ切っています。

　したがってもし，ローマ教会の軍が聖地に来ることになれば，これらの地全体を服属せしめるあるいは席巻することは容易でありましょう。フンガリア王［ベーラ 4 世］が有している兵は，多くとも 3 万以上ではありませぬ。コロニア［ケルン］からコンスタンティノポリスまで馬車でわずか 40 日行程でしかなく，コンスタンティノポリスから［小］アルメニア王の地まではそれほどの日数ではありません。昔はその地域を強者どもが渡り歩き，うまくいっていました。彼らは強い抵抗を受けましたが，今や神がそれを地上から消し去りました。海の危険にさらされたり船乗りの小僧たちのお情けにすがったりする必要はなく，船に支払わねばならなかった金で，陸を行く費用に十分でした。確信をもって申し上げますと，陛下の農民たち，王や騎士とは言いませぬ，それがタルタル人の王たちがするように進軍し，彼らのような食べ物で満足するならば，全世界を征服することができましょう。

　私が参りましたように，あるいは今説教師会の修道士たちが行っていますごと

く[6]，さらに誰か修道士がタルタル人の許に行ったとしましても，役に立つとは私には思えませぬ。しかし，全キリスト教会の頭たる教皇殿が一人の司教を威儀正しく派遣し，彼らがフランク人に3度も書いた──追憶のインノケンティウス4世教皇に1度[7]，陛下に2度，1度は陛下を騙したダウィド[8]と今回私[9]，を通じて──その愚かな事どもに答えさえすれば，その使者は彼らに言いたいことを言い，また彼らが返事を書くようにさせることができます。実際彼らは，いかなる使者にも何が言いたいか聞き，さらに何か言いたいことがあるか常に尋ねるのです。しかし，優れた通訳，否，いく人かの通訳と糧秣をたっぷり持って行かねばなりません。[10]

1）シモンの僣主ロシル（Ch. 34-35）。　2）史書では，タルタル人に敗れたスルタンはギャース・ウッディーン・カイホスロウ2世（1237-45），その長男はさるトゥルク人女性との子で跡を継いだカイカーウス2世（1245-60）（ルブルクの3人目），次男はギリシャ人側室との子クルチ・アルスラーン4世（1260-66）（同2人目），三男は正室のグルジア女王タマラの娘との子アラー・ウッディーン・カイコバッド2世で，不具だった（同1人目）（cf. シモン Ch. 34）。　3）三男のアラー・ウッディーンは，1254年サライのバトゥの許を訪ねたが，その帰途死亡した。　4）ニカエア帝国ヨハンネス・ヴァタツェ（1222-54）の子テオドロス・ラスカリス2世（1254-58）。　5）1245/6年に若くして即位した大ブルガリアのミカエル・アッサン。1245年以来ニカエア帝国と戦い，1255年に大敗した（護：340）。　6）Cf. 前章の「説教師会の5人の修道士」（Ch. 38）。　7）カルピニに託されたクユクの書簡，前編「ベネディクトゥス・ポロヌス修道士の報告」参照。　8）Cf. 本書171ページ。9）Cf. Ch. 36.　10）この報告を読んでルイ王がどう思ったかは，伝記にも見られない。その後，王もインノケンティウス4世（1254年没，後継アレクサンデル4世1254-61）もモンゴルに使者を送ることはなかった。

V

リコルドゥス・デ・モンテ・クルキス

巡礼記

（抄）

教皇ニコラウス4世に旅立ちの挨拶をするリコルドゥス

　　リコルドゥス・デ・モンテ・クルキス／リコルド・ダ・モンテクローチェ Ricoldus de
Monte Crucis / Ricoldo da Montecroce：1243 年頃フィレンツェに生まれる。67 年サンタ・
マリーア・ノヴェッラ教会ドミニコ修道会に入り，72-99 年ピーサ聖カタリーナ教会を含
むトスカーナのいくつかの修道院学校で教壇に立つ。86/87 年教皇使節としてシリアに渡
り，88 年聖地に巡礼，次いで西アジアの諸都市・諸国を回る。イル・カン国アルグンの
宮廷にも赴いたと見られる。1302 年以前にフィレンツェに戻り，後に同教団の高い地位
に就任，1320 年 10 月同地同教会で没。

　『巡礼記』 Liber Peregrinacionis / Itinerarius：パレスチナ諸地や旅したレヴァント諸国，
そこを支配する異教徒タルタル人やサラセン人について述べた一種の旅行記兼案内記で，
1288-91 年頃バグダード滞在中に書かれたと見られる。ドミニコ会の戦闘的なキリスト教
神学者として，他に多くのイスラム・サラセン論駁の書がある。

　　文献：オリジナルは残っていず，①Ricoldus de Monte Crucis, 'Liber Peregrinacionis',
Peregrinatores Medii Aevi Quatuor, ed. J. C. M. Laurent, Lipsia/Leipzig, 1864, pp. 101-41
[Laurent]（底本：ハンブルグ Bibliotheca Guelferbytana, No. 40 mst. Weiss.）に，オドリクス
Odoricus，ヴィブランドゥス・デ・オルデンボルグ Wibrandus de Oldenborg（不詳），ブル
カルドゥス・デ・モンテ・シオン Burchardus de Monte Sion（ドイツ人ドミニコ会士，
1274-84 年パレスティナ滞在，『聖地記』 *Descriptio Terrae Sanctae*, 1283），とともに収められ
ている。写本は，ポーロ他を含む ②BnF fr. 2810, ff. 268r-299v に，Jean le Long によるフ
ランス語訳がある。他に，③U. Monneret de Villard, *Il Libro della Peregrinazione*, Roma,
1948.

　　本訳は，①Laurent より。

　1240 年その突然の登場とともに始まったモンゴルとヨーロッパの接触・交渉，使者と書簡の往来と，それに伴う年代記・報告記・旅行記の形での東方に関する記述や書は，ルブルクで一段落する。次に現れるのは，間接的なもの・断片的なものをのぞけば，まとまったものとしては約半世紀後，1298 年のマルコ・ポーロとルスティケッロの『世界の記』（「東方見聞録」）になる。その前に，前世紀の十字軍運動とともに盛んとなった聖地巡礼に伴ってものされた巡礼記に見られるタルタル／モンゴルにまつわる記事を，わが国ではほとんど紹介されないこともあり，その代表的な一つであったリコルドゥス・デ・モンテ・クルキスの書に見る。

　時代は 1288-91 年頃，ポーロの少し前にあたる。ここでは，全 36 章のうちタルタル人に関する 5 章を訳す。本書の流れの中では，カタイ・マンジにまで至らなかった者たちの最後に位置し，その記述も自らの体験や観察は少なく，すでに伝えられていたようなことばかりで，出現から 50 年その脅威が去ってなお，パリスに始まるモンゴル観がいかに根強いものだったかが窺われる。「東方記」としての価値は乏しいが，次に来るポーロとの違いがさらに際立つ。

1　タルタル人について ［Ch. IX］[1]

　トゥルキアに入って我々は，恐ろしい怪物のようなタルタルの人間と出会った。タルタル人は，世界の他の全ての国民と容貌・風習・宗教様式において大きく異なっている。容貌の点では，大きく幅広い顔，顔の真ん中にまるで針で縫い合わした裂け目のような小さい目，疎らな髭をしている。そのため，彼らの多くとりわけ老人は猿に似ている。また，あらゆる点で他と違っている。裁判様式も儀礼観念も感謝の念も，どの土地に対してもどの国民に対しても愛情はなく，全ての町，あらゆる住居の建物を憎んでいるかに見える。というのも，ほとんど全ての町，城市，住居，建物を破壊しているし，支配下にある者たちに危害を加えているからである。一方，自分たちへの敬意と親切には一切感謝せず，むしろ義務と見なす。自分たちが世界の真の主人だと言い，神は自分たちが支配し楽しむよう，世界をただ彼らのために造ったのだと言う。例えば，空の鳥は人間に，彼らが世界の主人であり，全世界が彼らに貢納と奉納をしなければならぬと告げているの

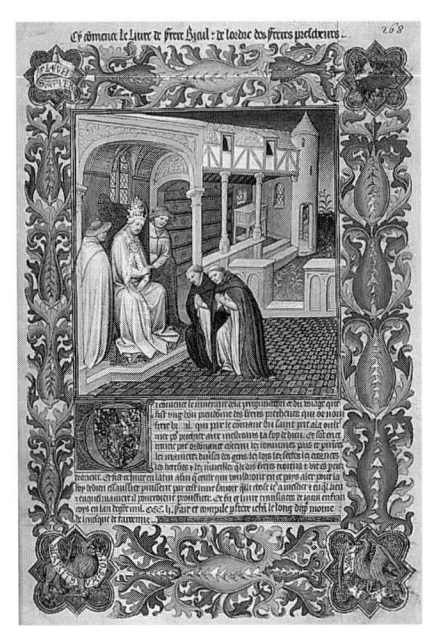

図1 『巡礼記』最初のページ（BnF fr. 2810, f. 268r）

だと言う。すなわち，空の鳥と砂漠の獣は皇帝の恩恵を飲み食べているのだと言う。さるフランク人があるタルタル人の大皇帝にして君主のところに来た時，君主は彼に言った，「余に何を持って来たか」。彼は言った，「何も持って来なかった，そなたの力を知らなかった故」。君主は彼に言った，「されど，この地に入った時，空の鳥が汝に言わなかったか」。彼は答えた，「言ったかもしれない，しかし言葉が分からなかった」。こうして彼は難を免れた。

宗教様式の点でも他の国民と違っている。他の多くの国民のように，神から法を得たと嘘を吐か［ない］[2]。ある種の自然の法を神と信じる。獣鳥のごとく，夏と冬で変わる自然の刺激によって暮らす。暑さ寒さをとても恐れる。トゥルキアとガサリアには酷い寒さがあり，寒さがあまりに厳しくなると彼らは，サラセン人あるいはキリスト教徒に向かって嘆いて言う，「きっと誰かが酷い寒さを来させたのだ！」。そして町を駆け回り，毛皮や外套や防寒具をまとった者に出会うと，捕まえて脱がせ，身に付けているものを全て奪って言う，「お前が寒さを来させたのだ，余りにもたくさんの毛皮や衣服で挑発して」。

また，あることを罪と見なし，あることをそう見なさない。すなわち，酩酊や酒酔いによる嘔吐を名誉と見なし，名誉だと言い，皇帝カンの恩恵によるのだと言う。一方，盗みや略奪をある程度良き狡猾さと見なす。嘘をひどく嫌い，真実を愛する。

名誉を最も重んじ，自分の主人以外の者を誉めることを少しも望まない。自分の長上に書くときは，大いなる敬意を抱き保ち，長上の名前をその場所に書かず，空白を空け，そのあと外の余白の他の場所に書く。彼らの主人が馬から降りると，いかなる理由で降りるのであれ，皆降りる。戦いで，主人が敵の面前で馬から落

ちることが起きると，皆降りる。主人にはこれほど服従するから，誰かが死に罰
せられると，主人は言う，「これこれを切り刻み，そいつを眠らせろ」。（彼らは
死を死とではなく眠りと呼ぶ。）で，殺されるべきその者のところに来ると，言う，
「汝を切り刻み眠らせよとの主人の命令だ」。すると彼は答えて言う，「彼の言葉
であり，命令である」。そして，聞いてすぐ自分の腕を縛るよう差し出して言う，
「俺を縛れ」。

　鞭で打つことあるいは鞭で打たれることを，何でもないことと見なす。実際タル
タル人は，ある者を死に至るまで何度も鞭打つ時，それを自分への償いと見な
す。自ら彼に最良の酒を与え，彼がきつく鞭打たれると，いとも簡単に和解が果
たされる。

　殺人はとても重大なことと見なし，大いに注意し，最大の理由なしには殺さな
い。一人のカンが，自分が支配するために別のカンを殺すと，その血を流さない
ようとても気を付ける。実際，マグヌス・カンの血が地上に流れることは決して
あってはならず，いかなるやり方でもそれを止めなければならないと言う。また，
別のマグヌス・カンが死ぬと，その地位に昇るのがその息子であれ他の誰であれ，
彼の妻をすべて娶り，自分の妻妃にする。他のカンの妻をもっていなければ，決
してカンと見なされず，妻妃たちがマグヌス・カンを立て，定めるのである。

　タルタル人の女性は彼らのもとでは大いに讃えられていて，他の全ての女性に
勝る最も大きな冠をかむっている。これは，東方のある大河のもとで得た勝利の
記念である。すなわち，タルタル人が川の一方の側にあり，より強い敵がもう一
方にあった。タルタル人は彼らに向かって渡って行く勇気を持たなかった。で，
タルタル人は女たちを野に放置したが，彼女らは夜に紛れて長く馬を駆り，敵の
反対側にやって来ると，タルタル人の支援にやって来たと言い触らした。タルタ
ル人の敵は，大軍が自分たちに向かって来ると聞いて，怖くなって逃げた。実際，
タルタル人の女性はまるで兵士のように戦の備えができており，敵が逃げようと
しているのを見て彼らに襲いかかり，彼らから完全な勝利を得た。彼女らは一方
から攻め，夫たちは他方から攻めた。この勝利の記念に，タルタル人は彼女らに
長さと幅１キュビットの冠を捧げた[3]。しかしタルタル人は，妻たちもまた決し
て奢ることのなきよう，その冠の天辺が足の形をしていることを望み，かくして
その大きい冠の上にはさる足があることになった［図2］。それはまるで，彼女た
ちだけで勝利を勝ち取ったのではなく，支援に来た男たちのおかげであることを

図2　頭上に足型を戴くタルタル人の女性（BnF fr. 2810, f. 276r）

証言するかのようで，次のように言うかのごとくである，「たとえ冠を戴こうと，
汝らは男たちの力の下にあることを知るべし」。このように彼らは，自然の審判
にも，神の法の中に書かれてあるのと同じことを夢見ているのが分かる，「汝，
男の力の下にあれ」と。

　タルタル人はまた，妻を娶る時，その親からまるで奴婢のようにそれを買い，
婚礼に連れて行く時は，彼女を得る男の方の親と親戚は太鼓と歌で先導し，女の
方の親と親戚は彼女がまるで死んだかのように悲嘆とともに付き従う。夫が死ん
で親の家に帰る十分な力がないと，亡くなった夫の親戚が望むならこれを娶り，
あるいは夫の家に奴婢としてずっと残る。タルタル人は複数の妻を同時に持って
もよいが，最初の妻が最高で正嫡と見なされ，その子どもが嫡子で，他の妻はほ
とんど側室である。しかしながら，タルタル人はこの世の全ての女性，とりわけ
自分の女性をとても讃え，また彼女たちも国であれ家であれ舵を取り，売買をす
る。また，勇猛で戦闘的で，男のように馬に乗り，男のように弓矢で武装して町
に入るのがよく見られる。また，夫にこの上なく忠実である。アバガの軍がシリ
アでサラセン人から踵を廻らせた時，タルタル人のある［君侯］[4]が謀反を起こし
て捕まった。それを知った皇帝カンは彼を殺すことを望んだが，タルタル人の君
主や女性は反対し，彼を自分たちに渡してくれと要求した。それを貰い受けて生
きたまま料理し，極く細かく刻んで他への見せしめに全て平らげた。

1）〔　〕内は原本での章番号。　　2）原文 *uon menciuntur*：non ととる。　　3）ボクタク（既婚婦人の冠）のこと，それについてのこうした解釈は他に類を見ない。　　4）原文 *baro*〈間抜け〉：baron〈諸侯〉ととる。

2　タルタル人の誤りについて［Ch. X］

　タルタル人はまた，まさに馬鹿げたことに，この世の生へのさる復活を信じて期待し，それゆえ死者のためにそれぞれ自分の資力に応じてその用意をする。すなわち，貧しい者は肉をたくさん料理し，それを死者とともに埋めるのだが，その回りを，料理した肉と死者が着せられている服に加えて，新しい衣服ですっかり囲む。また，お金をいくらか添える。富める者は肉とお金に服の着替えを加え，亡くなった男あるいは女の頭の下に香料と宝石を包んだ衣服を置き，次のように言う，「もし誰かが来て背後から奪おうとしても許してはならない，しかし頭の下にあるこれを与えるとよい。また，誰かが神について質問しても，何も答えないように気を付け，ただ言うがよい，'知っているとも，神は神である'と」。このようにして埋葬する。

　大君侯たちはまた，これら全てに良き馬を加える。死者の埋葬の準備をしている時，その従者が馬に乗って走りに走って馬を疲労困憊させ，その後馬の頭を生の強い葡萄酒で洗い，馬が斃れるとその臓腑を取り出し，馬の腹の中のものをすっかり空にし，緑の草を詰め，そのあと後ろから太い棒を突き刺し，その棒を口から突き出させ，こうして棒が馬に突き刺さったままにし，それを吊るし[1]，蘇えりたい時にはいつでも用意できていることを主君に示し，こうして死者を埋葬して覆う。皇帝が死亡した時には，前述の物に貴石と多くの財宝も全て加える。また，主君が死亡した時は，主君が蘇えりたい時それに仕える用意ができているよう，一緒に生きた奴隷を20人まで埋めるのが習わしであった。が，キリスト教徒と交わって以後は，キリスト教徒がこの身の毛もよだつ行いを，「生者が死者とともに埋められるのは許されない」と言って非難したため，彼らは奴隷についてだけは［生き埋めを］止めた。彼らタルタル人はしかし，キリスト教徒に対して大いに不平をもらし，死者に金銭も食べ物も着物も支度しないのだから，彼らは冷酷で吝嗇な人間だと言う。

　さて，上に述べたごとく，タルタル人はこの世の堕落しやすい生へのさる馬鹿げた復活を期待しており，自分たちの死者をキリスト教徒の教会の墓地に埋葬できる時には，司教からとても高価に埋葬を買う。復活についてのタルタル人の立場は，サラセン人とユダヤ人の誤りにとても似ており，またサラセン人の場合について以下に述べるごとく，彼らはそれを期待している。タルタル人は，この世の誰よりもバクシ［博士］という人間，すなわち偶像の司祭を敬うことをご承知ありたい。それらはインド人でとても知識があり，よく規律を守り，振る舞いにおいてとても荘重である。彼らは共通して魔術を知っており，悪魔の助言と支援に頼り，多くの奇術を見せ，ある種未来を予言する。彼らの中の最も偉大な一人は飛ぶと言われるが，露見した真実によると，飛んだのではなく地面近くを歩き回り，それに触れず，座っていると見られた時には，何も堅固なものによって支えられていなかったのだった。

　彼らのある者たちは，365の神々があると言う。また別の者たちは，10クマン［トマン］の神々があると言う。クマンとは1万である。が，主たる神は一つであることでは皆一致している。彼らは〔自分たちを〕キリスト教徒の兄弟だと言い，その儀式と会派について我々とともにあると言うが，クリストを知らない。また，ノエの洪水は彼らの地域にはなかったと言い，世界はすでに3万年以上続いたと言う。なぜなら，1千年そして1万年経つと常に新しい偶像を石に刻むからだと言う。

　彼らは色黒く陽に焼けているが，彼らの地方は極めて温暖である。タルタル人はまた，自分たちを神々の民だと言い，彼らの出現の際に起こった多くの奇跡と，彼らが手にした勝利をそれに結び付ける。そして，神は彼らを山と砂漠の地から呼び出し，彼らのために砂漠の獣と鳥，すなわちウサギとミミズクを自分の使いにしたのだと言う[2]。彼らの出現において何らかの奇跡が起こったことは疑いないが，スコラ史に読まれるごとく，神が奇跡的にカスピ山を閉じたのであって，それゆえに彼らが神の民であるわけではない。ナブコドノソル［ネブカドネツァル］[3]とて，預言者が「我が奴僕ナブコドノソル」と呼んで彼を神の奴僕と呼んでいるからといって，単純に神の奴僕なのではなかった，しかし彼はユダヤの民の頑固さと自惚れを辱しめ罰して神に仕えたのである。かくてまた，神は世の最後に神なき獣的な民を呼び出し，獣のように造られ法を捨てた東方［の］部分と人間のように，罰し，地を砂漠にすると信じられている。その時神がタルタル人

を，彼らが殺しそして殺されるよう東方の部分に置き，自らの忠実この上ない僕，祝福されたドミニクスとフランキスクスを，彼らを啓蒙し教育し感化するよう西方に置いたことは，すべてのキリスト教徒民にとって記憶と感謝に値することである。彼ら［二人］が教化することで役に立ったように，彼ら［タルタル人］は破壊することで増強した。なぜなら，目にしなかった者は誰もとても信じることができないほどの殺害と破壊と破滅を，彼らは東方の地で行なったからである。だから，彼らがしたことと彼らに値する驚嘆すべきことを手短に述べなければならない。

　驚嘆に値する最初のことは，この民のかくも限りない数と多さで，それについてはどの神の書にも昔の歴史にも明らかでないし，またこれほど多くの民がいかにして隠れていることができたかも同様である。多くの者は，彼らは捕囚されたイスラエルの十の支族だったと推測する。すなわち，アッシュール王テグラトファルッサルは，最初七つの支族を捕まえ，それをメディアの山の彼方ゴザン川のほとりに置いた。その山とはカスピ山のことだと多くの者が言う。それ以来，カルデア，アッシリア，メディア，ペルシャの君主国が続いた間ずっと，表に出ることは禁じられてそこから出ることはできなかった。君主国がアレクサンデルによってギリシャ人に移ると，そのアレクサンデルが奇跡的にその山を閉じ，そこから決して出られないようにした。ヨセフスとそれにメトディウスも[4]，彼らは世の終わりごろ出て来て人間に大惨事をなすであろうと言っている。したがって多くの者は，突然現れた彼らタルタル人を，世の終わりごろ山から出て来て，東方の地域で世界を破壊し始めた略奪者だと信じる。

　これについて，二つの論拠がある。まず，彼らはアレクサンデルを最も憎み，その名前を穏やかに聞くことができない。第二に，彼らの文字はそこから最初ユダヤ人が出てきたカルデアの文字にとても似ており，カルデアの言葉と文字はユダヤのそれにとてもよく似通っているからである。これに反対の有効な論拠は，彼らはモイゼの律法についてもエジプトからの脱出についても司祭についても，何の知識も持っていないようだというものである。また，ユダヤ人とも世界の他の国民とも違った容貌をしており，風習もかけ離れているのが見られるからである。彼らは，自分たちはゴグとマゴグに由来すると言う。それゆえ彼らは，あたかもマゴゴリの崩れた言葉のように，モゴリと呼ばれる。メトディウスも，アレクサンデルは捕囚されたユダヤの子孫とともに，不潔極まりない者たちであるゴ

グとマゴグその他多くを閉じ込めた，そして彼らはごく最近に外に出て来，恐る
べき大惨劇をなすであろうと言っている。私は結論を保留する。

1) 馬の埋葬法はカルピニ Ch. 3 と一部一致する。　　2) 次章 3 参照。　　3) Nabuchodono-
sor：新バビロニア王国の王ネブカドネザル 2 世（位前 605-562）。パレスティナのユダ王国
を滅ぼし，首都バビロンに連行した（バビロン捕囚）。巨大な神殿や空中庭園を造ったこと
が知られる。聖書では，偶像を崇拝する最初の地上の権力者。　　4) フラウィウス・ヨセフ
ス：エルサレム生まれのユダヤ人歴史家（c. 37-100）。後にローマ皇帝に仕え，『ユダヤ戦
記』『ユダヤ古代史』を著した。メトディオス：テサロニケ生まれのギリシャ人宣教師（c.
815-85）。弟キュリロスとともにキリル文字を考案し，キリスト教の典礼書・聖書をスラブ
語に翻訳し，伝道した。

3　タルタル人の出来について［Ch. XI］

　タルタル人はしかし，次のようにして出て来た。かの山，その山については彼
らにはローマ人の噂も届いていなかったとボエキウス［ボエティウス］が言って
いるが，その向こうに住んでいた時，ほとんど獣さながらで，牧人であり狩を事
としていた。彼らを砂漠と人の住む地の間に隔てていたそれらの山は，ある個所
を通ってでなければ近寄りがたく，そこには巨大な塞があり，その中には何もな
かった。誰かがそこに近づくと，まるで馬と人間のような喧騒と，ものすごいラ
ッパの轟が聞こえ，それを耳にした者は皆恐ろしくなって逃げた。これはしかし，
風の仕掛けだった。とある時，タルタル人のある者が狩をしようとして，ウサギ
を追い掛ける犬の後に付いて行った。ウサギは真っ直ぐ塞に向かって逃げ，犬か
ら逃れてその中に入った。狩人は獲物と狩に夢中で，喧騒に気付かなかったが，
近寄り過ぎて入るのが怖くなった時，ミミズクが来て門の上に止まって歌い始め
た。それで，タルタル人は心の中で言った，「ウサギが逃げ込みミミズクが歌う
のであれば，人の住み処ではない」。こうして安心して中に入ると，誰もいなか
った。そしてそこをよく調べ，かの喧騒の仕掛けを見付け，仲間のところに戻り，
自分を首長にすることを求め，かくして彼らを皆安全に導いた。このようにして
彼らはそこを越えて出て来たのだった［図3］。1)

　彼がウサギとミミズクの合図を追って中に入ったとき，必要に迫られたにせよ，
犬から逃げてほとんどある方法で道を教えたこと，それは誉れに値したが，その

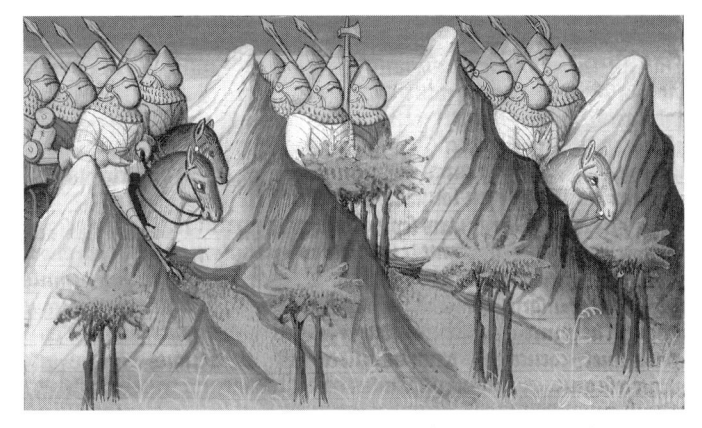

図3　山から現れ出て来るタルタル人（BnF fr. 2810, f. 280r）

ことに報いてタルタル人は，ウサギを讃えて自分たちの武器とテントにそれを描くことにした。一方ミミズクは，何ら必要に迫られることなく現れて門の上に止まって歌ったゆえ，それは神の使いで，神が来るように呼んだのだと言う。したがって，ウサギと同じようにミミズクを讃えることは馬鹿げたことではないと言う。それで，タルタル人の貴人や高位の者はミミズクの羽を，まるでその皮でできた冠のように髪の上に付けることにした。そうしてミミズクをすべて殺したため，東方の地のいくつかにはほとんどいない。しかし西方の地の商人たちは，ミミズクを殺してその皮を彼らに持って行く。良い皮は一つ20リブラにも売れる。こうしてタルタル人は，自分たちの友ミミズクに善を悪で返した。それを讃えると言ってその皮を剝いで殺し，その友の皮で冠を作っているからである。この点で，地獄のタルタロスすなわち悪魔にふさわしい。彼らの役に立った罪人の魂から自分たちの冠を作り，常に友に善を悪で返すのだから。

1）タルタル人が閉じ込められた岩山をいかに破って現れたかについてのいくつかのヴァージョンの一つ（cf. VII「ハイトン」第三巻 Ch. 4-7）。

4　タルタル人の進出について［Ch. XII］

山から出て来るやタルタル人は，いかにして全世界を服従させることができる

かすぐ協議した。カミウスタン［チンギス・カン］という名だったマグヌス・カンは言った，「二つのことだけ指示する，すなわち君主への服従と互いの和だ」。そしてその時，皆のもとに，互いによく縛って束にした百本の矢を持って来させ，それを力の強い者に与えさせ，その束を折るよう命じた。彼は出来なかった。で，別の者に与えさせたが，彼も折ることができなかった。また別の者へと，が折ることはできなかった。こうして百人が試みたが，誰も折れなかった。で，束を解かせ，それぞれ一本の矢を取らせた。そして，それぞれ自分の矢を折るよう命じた。と，彼は言った，「見てのとおり，矢が一つになっている限り，百人の者とて一本も折ることはできなかった。が，バラバラになると，一本も残らなかった。このように，汝らの誰も団結に勝ることはできないだろう，が不和と分断は折れ，簡単に越えられる」。

　で，タルタル人は三つの軍を作った。一つの軍は，マグヌス・カンとともにインディアの果てにまで至る極めて広大な地方であるカタイアを占領し，そこでプレステル・イォハンネスを殺し，その帝国を占領した。マグヌス・カンの息子はプレステル・イォハンネスの娘を妻に娶り，タンカルス［タウガス／タムガジン］[1]に行き，その地域で約 12 の大国を破壊し滅ぼした。別の軍は，天国の河ギオンもしくはピソンを越え，ホラズム，メディア，ペルサ，サラセン人の本拠地バルダックを破壊し，カリファを殺し，トゥルキアを占領し，ホラズム人を皆殺し，シリアをガザまで占領し滅ぼし，エルサレムを奪い，それをキリスト教徒に与え，インディア海から地中海をガザに至るまで占領した。そこで砂漠に阻まれ，エジプトに渡ることはできなかった。これらの地方はすべて，棍棒と皮を持つだけで武装していない者たちが劫掠した。彼らのある者たちは弓を持っていた。しかし彼らは，山羊のように小さい馬に乗る。東方のどの地方もひどい恐怖に襲われたので，多くの町ではその名の恐怖だけで，妊娠している女たちは流産したほどだ。彼らがどれほど虐殺したか，誰が語ることができようか。実際，キリスト教徒以外誰も容赦しなかったのである。

　1) Thancarum：タウガス Taugas，中世ビザンチンや西域人が中国を指して使った名称。北魏王朝（386-534）を建てた鮮卑の部族名「拓跋」からとされる。

5　バルダックについて［Ch. XIII］

　キリスト教徒が最大だがサラセン人も多数いるバルダック近くの町にやって来た時，カンは，誰もキリスト教徒の家には入ってはならず，サラセン人だけを殺すよう命じた。キリスト教徒はしかし，サラセン人を皆自分たちの家に受け入れた。それを知ってカンは，キリスト教徒もサラセン人も殺すよう命じた。

　次いでバルダックにやって来て，カリフが無数の財宝を集めた豪華な宮殿に住んでいるのを見付けた。カリフは，神に目をくらまされて，タルタル人が入って来たことを知らされても，どうしても信じることができなかった。彼を拘束したタルタル人は，とても厳しいが正当な審判を下した。すなわち，三日間彼に食べ物を何も与えず，しかし彼は食べ物を乞うたので，その傍に金と銀と宝石を食べるように置いた。彼らは言った，「どうして，他の者たちと同じようにパンではなく金を食べないのか，どうして全世界に十分なほどたくさん集めたのか」。すると彼は言った，「余がこれを集めたのではない，保持しただけだ。余の先祖からかく集められていたのを貰ったのだ」。彼らは言った，「どうして統べる時に分け与え，汝と汝の民を守らなかったのか，その金の4分の1で我々を鎮圧することができただろうに」。彼が黙っていると，金を溶かしてその口に流し込むよう命じ，彼に言った，「汝，金に飢えておった，飲むがよい」。そしてその民を，40日にわたってずっと殺した［図4］[1]。

　次いで，メルディヌム［マルディン］[2]という名のきわめて強力で征服し難いさる都市にやって来，どんな協定によってもそれを奪うことができず，また市民も彼らに降伏することを望まなかったため，神はその市の住民を最悪の潰瘍に罹らせた。彼らは恐ろしく膨れ上がり，すぐに死亡した。それでも市の王はタルタル人に降伏しようとしなかったので，王の息子は自分の父の頭と手を切断し，大きい袋に入れ，市を出てタルタル人の君主に奉納しに持って行った。冷酷この上ない彼らはその奉納を受け入れた。つまり，彼らはすぐに包囲を解き，この父親殺しをその全ての子孫と後継者ともども永代の王に認め，彼らに最大の特権を与えた。その後は激しい争いはなかった，彼は彼らに対して立ち上がらなかったからである。

　彼らは無数のサラセン人，とりわけ兵士たちを殺した。子供と女たちは自分た

図4　黄金とともに閉じ込められたバルダックのカリフ（BnF fr. 2810, f. 281r）

ちの奴隷にした。しかし彼らから，彼らが神の民であり，彼らだけがコーランと
マコメットの祈りによって救われたことを聞いて，彼らの法について尋ね，それ
らが極めてゆるやかな法であることを見出して，サラセン人となった。とりわけ，
彼らタルタル人は法も預言者も持っていなかったからである。このようにして，
タルタル人の大部分がサラセン人となった。実際サラセン人は，彼らがサラセン
となるよう，彼らを買収し莫大な贈り物をしている。こうしてサラセンとなった
彼らは，サラセン人を護り，キリスト教徒を迫害している。しかしタルタル人の
より多くはキリスト教徒を高く評価しているし，もし次のことがなければキリス
ト教徒となったことであろう。すなわち，キリスト教徒はサラセン人のように彼
らに貢ぎ物をもたらそうとしないし，キリスト教徒の法はとても厳しいと見られ
ているからである。

　バルダックでの信仰なき最初のタルタル人のカンにして皇帝はハラオン［フラ
グ］で，キリスト教徒の友で，信仰と法はないが極めて公正な人間だった。その
息子ハアラガ［アバガ］が彼を継いだが，公正さにおいて劣った。その息子アル
ゴン［アルグン］が後を継ぎ，あらゆる犯罪に最悪の人間だったが，それでもキ
リスト教徒の友である。上述アルゴンは多くの血を流させ，多くの無実の子供や
女性を亡きものにし，重い病気を患っている。彼の夢に敬うべき畏怖すべきさる
女主人が現れ，彼の中で呟きながらその胸を掴んで言った，「来るがよい，汝が
流させた血について主に答えるのだ」。彼は言った，「主とは誰だ。余が世界の主
人ではないのか」。（彼はキリスト教徒からも皆このように，すなわち世界の主人と呼

ばれていた。）彼女は言う，「主は別の者だ」。彼はまんじりともせず夜を明かし，急いで自分のバクシと司祭を呼び，かほどの命令でもって彼を呼んだその主とは誰か，どうすればそれから解放されるか尋ねた。彼らは，それは特に血の復讐を手にしており，彼が無実の者に流させた多くの血について尋ねようとした或る者であること，そして多くの喜捨によってでなければそれから逃れることはできないであろう，と答えた。そこでアルゴンは，東方の全ての町に捕虜は全て解放されるべきことを書き，巨大な財宝を送り，莫大な喜捨をなさしめ，その後間もなく死亡した。

　タルタル人についてはこれで充分であろう。今はしかし，我らの巡礼を続けよう。

1）マルコ・ポーロ Ch. 25，VII「ハイトン」第三巻 Ch. 19 等にも語られる。　　2）トルコ南東部シリア国境の岩山の上にあるキリスト教徒の都市。

VI

マルコ・ポーロ
ルスティケッロ・ダ・ピーサ
世界の記
（抄）

（カシュガルからジャワまで）

帰国に際しグラン・カンから金牌（パイザ）を授かるポーロ

マルコ・ポーロ Marco Polo：1254 年ヴェネツィア商人ポーロ家に生まれる。東方交易行（1261-69）から戻ってきた父ニコロと叔父マッテオに連れられて，1271 年カタイに向かう（図1）。75 年シャント（上都）着，グラン・カン・クビライに拝謁し，自称によれば，その寵愛を受けて使者として諸方に派遣された。望郷の念やみがたく，1290 年末／91 年初め家族とともにザイトン（泉州）を発って，95 年海路ヴェネツィアに帰り着く。おそらく翌 96 年ふたたび東方に向かわんとしたところを，アドリア海でジェノヴァの艦隊に拿捕され，同市の牢獄に連行された。そこでピーサの騎士物語作家ルスティケッロと出会い，98 年ともに一書を編む。翌 99 年両市の和平とともに解放され，ヴェネツィアに戻る。その後いくつかの記録が残るが，特に目立った活動の形跡はない。1324 年 1 月 8 日同地没。妻と 3 人の娘があった。

ルスティケッロ・ダ・ピーサ Rustichello da Pisa：生没年不詳だが，ルスティケッロ名が頻繁に現れるピーサの公証人の家系に属し，1250 年頃生まれたと推定される。その名が作者として記されているさるフランス語アーサー王宮廷騎士物語『メリアドゥス』*Meliadus* のあることが知られる。その冒頭の文章がかの書と全く同じであることから，作者は同一人物と目されるようになった。ジェノヴァには，1284 年のメローリアの海戦で捕まって連行されたといわれるが，確かでない。1299 年の和平で解放されたとみられるが，その後の消息は一切ない。

『世界の記』 *Divisament dou Monde*：こうして出会いのあったジェノヴァの牢で，ポーロの旅の体験や観察，記録や情報をルスティケッロがそのイタリア語がかったフランス語で編んでなったのが『世界の記』である。が，その記述は，その名のとおり，ポーロの旅の行程ぞいのみならずユーラシア全域の地理・歴史から社会・文化に及ぶ。その後いくつもの言語や方言に編訳され，その過程で多くの改変をこうむり，今に残るものは版によって大きく内容が異なる。とりわけ，ジェノヴァで作られたオリジナルに最も近いと見られるフランク-イタリア語版（F），ラテン語セラダ版（Z），ラムージォのイタリア語集成訳（R）の間では，異なりは全体の約 3 分の 1 にも及ぶ。

文献（F・Z・R に係る主たるもののみ）

F：①MS：BnF fr. 1116 [F]。②*Marco Polo Il Milione*, di Luigi Foscolo Benedetto, Firenze, Olschki, 1928 [Benedetto/Bn]（ベネデット版 F）。③*Le Divisament dou Monde*, di Gabriella Ronchi, Milano, Mondadori, 1982 [Ronchi-F]（ロンキ版 F）。

Z：④MS：Archivio Capitulares de Toledo, Ms. 49. 20. Zelada [Z]（トレド司教座聖堂古文書庫）。⑤*The Description of the World*, vol. II, by A. C. Moule & Paul Pelliot, New York, AMS Press, 1976 (London, 1938) [Moule-Z]（ムール版 Z）。⑥*Marco Polo Milione*, di Alvaro Barbieri, Parma, Ugo Guanda, 1998 [Barbieri/Br]（バルビェーリ版 Z）。

R：⑦Giovanni Battista Ramusio, 'I viaggi di messer Marco Polo, gentiluomo veneziano', *Navigazioni e Viaggi*, di Marica Milanesi, Torino, Einaudi, 1980, vol. 3, pp. 75-120 [R/Milanesi]。

Yule（ポーチェの FG（グレゴワール版）を主底本とし F・R から加えたユールの英訳）：

⑧Henry Yule & Henri Cordier, *The Book of Ser Marco Polo*, 2 vols., Amsterdam, Philo Press, 1975 (London, 1871, 1903-20)［Yule/Cordier］。

　Benedetto（F を主底本とし Z・R から加えたベネデットのイタリア語集成訳）：⑨*Il Libro di Messer Marco Polo Cittadino di Venezia detto Milione dove si raccontano le Meraviglie del Mondo*, tr. da Luigi Foscolo Benedetto, Milano-Roma, Treves-Treccani-Tumminelli, 1932［Benedetto[1]］. ⑩*The Travels of Marco Polo*, tr. by Aldo Ricci, London, Routledge, 1931［Ricci］（⑨の英訳）。 ⑪愛宕松男　訳註『東方見聞録』2 巻，平凡社東洋文庫，1978［愛宕］（⑩からの和訳）。

　Moule & Pelliot（F を主底本とし 17 の主要テキストから採ったムールとペリオの英語集成訳）：⑫A. C. Moule & Paul Pelliot, *The Description of the World*, vol. I, New York, AMS Press, 1976 (London, 1938)［Moule/Pelliot］。

　Takata（F・Z・R 三版の章ごとの対校訳）：⑬マルコ・ポーロ／ルスティケッロ・ダ・ピーサ（高田英樹訳）『世界の記──「東方見聞録」対校訳』名古屋大学出版会，2013。⑭高田英樹『マルコ・ポーロとルスティケッロ──物語「世界の記」を読む』近代文藝社，2016（⑬の訳註・解説）。

　ここでは，F 版の中国の部カシュガルからジャワまでを⑬をもとに収録し，訳注や関連する図版を加えた。〔　〕内は他版からの補足，［　］内は和訳者補注。引用文中のイタリック体は Z・R との異なり箇所。

図1　出立に際し皇帝ボードワン（上左）と総主教（上右）に挨拶するニコロとマッテオ，黒海を船行く同兄弟（下）（BL Ms. Royal 19 D I, f. 58r）

　「東方記」が途絶えていた間に歴史は大きく動く。1251 年即位したモンケは，チンギス・カン以来の世界征服の事業に取り掛かるべく，IV「ルブルク」（Ch. 32）にもあったごとく，53 年弟クビライを東に，フラグを西に遣る。イランに向かったフラグは 56 年，北部に根を張っていたアッサッシン（暗殺者）のイスマイール派を壊滅させ，58 年にはバグダードに残っていたアッバース朝カリフ政権を滅ぼし，ついにペルシャ全土を征服，60 年にはアレッポとダマスクスを占領し，さらにイスラムの本拠を征すべくエジプトへと向かわんとした。が同年 9 月，エルサレムへの途上アイン・ジャールートでバイバルスのマムルークに敗れてその勢いは止められ，以来ついに，シリアを全面的に制圧することも，エルサレムをキリスト教徒のために解放してやることも，エジプトまで馬を進めることも，さらにはそこからヨーロッパに渡って西方全土を制覇することもかなわなくなった。しかしフラグは，クビライの大カン即位（後述）を知って，東に戻ることはせず，イランに留まってイル・カン国を建てた。その国は以後，イスラム化しつつも，モンゴル後裔国家として 14 世紀半ば頃まで続くことになる。

　一方，中国を征すべく西南地方に向かったクビライは，雲南，大理，安南，鄂州と平定したが，57 年自ら軍を率いて南宋遠征に出陣したモンケが 59 年 8 月四川・合州の釣魚山で急死したため，急遽北に軍を返し，翌 60 年開平府（上都）で自らクリルタイを開いて大カンに即位し，末弟アリク・ブカの反抗を退けて 64 年にはカンバリク（大都）に大元朝を開いた。次いで南宋征伐に取り掛かり，76 年宰相バヤンが首都臨安（杭州）を無血開城させてマンジは滅び（79 年），かくて 1234 年オゴデイの時に金朝から奪っていた淮河以北（キタイ）と合わせて，中国全土を征圧した。しかしその間に中央アジアでは，66 年オゴデイ家のカイドゥが反旗を翻し，サマルカンドを中心にチャガタイ家領と合わせて広大な所領を支配し，政権を立てていた。

　こうして，北（ルーシ南部）のバトゥのキプチャク・カン国，中央アジアのカイドゥのオゴタイ・チャガタイ・カン国，東（カタイ・マンジ）のクビライの大元朝，西（ペルシャ）のイル・カン国と四つに分かれたが，ユーラシアの中央部分全体がすっかり大モンゴルの支配するところとなり，そしてその周辺の諸国・諸地域，西のヨーロッパ，北のルーシと北方の地，東のカウレ（高麗）とジパング，南の東南アジアとインディアと南海の島々，それにアラビアとアフリカ，がそれぞれその隣接するカン国と繋がることになった。つまり，ユーラシア世界が誕生したのである。かくして出現した世界をいち早く旅した（1271-95）のがポーロであり，ピーサの作家ルスティケッロの筆を得て，自ら足跡を印した土地のみならず周辺の国々・地

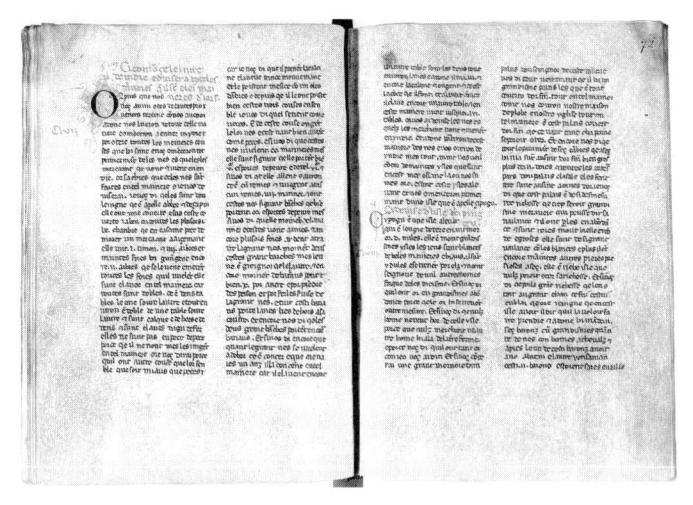

図 2　MS F, Ch. 158-159, インディア海とジパングのページ（BnF fr. 1116, ff. 71v-72r）

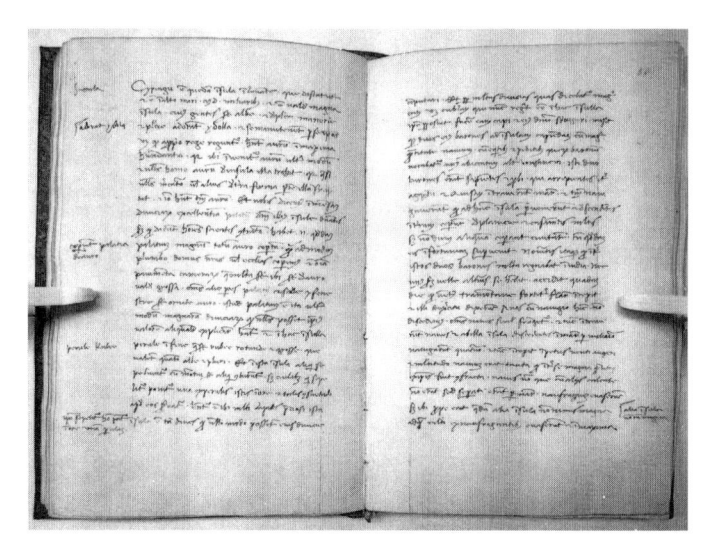

図 3　MS Z, Ch. 159-160, ジパングのページ（Ms. 49. 20. Zelada, ff. 55v-56r）

域のことも合わせて編んだのが本書であった（図2・3）。

　それは，これまでのものともまたこの後のものとも大きく異なる新しい驚くべきものだった。では，東方と世界はいかに記述されたか。

II　往　路

(3)　カシュガルからシャンドゥ

51[1]　カスカル（カシュガル）

51　カスカル[2]王国について述べる

　カスカルはかつては王国だったが，今はグラン・カアン［クビライ］の下にある[3]。人々はマオメットを崇拝する。町や城市がいっぱいあり，一番大きく立派な市はカスカルである。やはり北東と東の間にある。商売と職人仕事で生きる。とても綺麗な菜園や葡萄園や美しい農園がある。綿がいっぱいできる。この地域から多数の商人が世界中に商売をしに行く。とてもみすぼらしい人々で，悲惨だ。食べる物も飲む物も貧しいからである。この地域にはネストリウス派キリスト教徒がいくらか住んでおり，自分たちの教会と律法をもっている。同地方の民は独自の言語を有する。この地方は5日行程続く。この地域についてはこれでおき，サンマルカンについてお話ししよう。

　1）冒頭の数字は，本書での順番ではなく，F版の章を表す。　2）Cascar：Kashgar カシュガル，合失合児／可失合児。　3）10世紀初頭古ウイグル族がカラハン朝を建て，イスラム化したが，12世紀前半（1132年）東部を耶律大石のカラキタイ（西遼）に奪われ，13世紀初め（1213年）チンギス・カンに征服された。

52　サンマルカン（サマルカンド）

52　大都市サンマルカル[1]について述べる

　サンマルカンはとても大きく立派な都市である。人々はキリスト教徒とサラセ

ン人だ。グラン・カンの甥［カイドゥ］のもとにあるが，彼はその友ではなく，何度も敵対した。北西の方向にある。この市で起きた一大驚異についてお話ししよう。

　すなわち，まださほど時は経っていないが，グラン・カンの実の兄弟のチガタイ［チャガタイ］[2]がキリスト教徒となり，ここと他の多くの地域の支配者だった時のことである。サンマルカン市のキリスト教徒は，君主がキリスト教徒になったのを見て大いに喜んだ。それで，聖ヨハン・バティスト［洗礼者ヨハネ］を称えて同市に大きな教会を建てた。その教会はやはりその名で呼ばれた。彼らは，サラセン人のものであったとても綺麗な石を取り，それを教会の真ん中にあって屋根を支えている柱の礎石にした。と，チガタイが死亡するということが起こった。サラセン人は，キリスト教徒の教会にあるかの石のことで前からずっとひどく腹を立てていたため，彼が死んだのをみて，力ずくでもかの石を欲しいものだと言い合った。彼らはキリスト教徒の十倍もいたから，そのことは充分可能だった。で，最良のサラセン人が何人か聖ヨハン教会に行き，そこにいたキリスト教徒にかつては自分たちのものであったあの石が欲しいのだと言った。キリスト教徒は，その石が取り去られると教会に余りにも大きな損害となるから，彼らの望む何なりと〔やる〕ので石をそのままにしてくれるよう言った。サラセン人は，金も財宝も要らない，何としてでも自分たちの石が欲しいのだと言った。で，どうなったか。支配はかのグラン・カンの甥にあった。彼はキリスト教徒に，その日から二日以内にその石をサラセン人に返すようとの命令を下させた。その命令を聞いてキリスト教徒は激しい憤りを覚えたが，どうしていいか分からなかった。その時，今からお話しするような奇蹟が起こった。

　かの石を返さねばならない日の朝が来ると，石の上にあった柱は，我らが主ジェズクリストの思し召しにより石から持ち上がり，3パームも高くなったのだった。そして，まるで下に石があるかのごとく，そのまま止まった。その日以来ずっと柱はそうなっており，今もそうである。これは，この世に起こった偉大な奇蹟の一つと見なされたし，今も見なされている。[3]

　これについてはこれくらいにし，前に進んで，ヤルカンという地方のことをお話ししよう。

1）Sanmarcar/-n：Samarkand サマルカンド。　2）チャガタイはクビライの兄弟ではなく伯

父。キリスト教徒であった事実はない。　　3）この教会のことが，Ch. 149「チンギャンフ」
（鎮江）に登場する同地出身のマルサルキスによって語られている：『至順鎮江志』巻9「薛
迷思賢（サマルカンド）……天地有十字寺十二，内一寺，仏殿四柱高四十尺，皆巨木，一柱
懸虚尺餘」（上，p. 365）。

53　ヤルカン

53　カルカン[1]地方について述べる

　タルカンは長さ5日行程にわたる一地方である。人々はマオメットの律法の者
であり，ネストリウス派キリスト教徒がいくらかいる。上にお話ししたのと同じ
かのグラン・カアンの甥の下にある。あらゆる物が豊富にある。が，本書で述べ
るようなことはないからこれでおき，コタンのことをお話ししよう。

　1）Ch-/Tarcan：Yarcand ヤルカンド。

54　コタン

54　大コタン[1]地方について述べる

　コタンは東と北東の間の一地方で，長さ8日行程ある。グラン・カンのもとに
ある。人々はみなマオメットを崇める。町や城市がいっぱいある。一番立派で国
の首たる市はコタンと呼ばれる。これは同地方の名前でもある。あらゆる物が豊
富にある。綿がいっぱいできる。葡萄畑，農園，菜園がいっぱいある。商売と職
人仕事で生きる。武器の人間ではない。さてここを発って，〔ペム〕という別の
地方について述べよう。

　1）Cotan：Khotan コータン，于闐。

55　ペ　ム

55　ペム[1]地方について述べる

　ペムは東と北東の間の長さ5日行程の一地方である。人々はマオメットを崇め、グラン・カンのもとにある。町や城市がたくさんある。国の首府である一番立派な都市はペムと呼ばれる。碧玉および玉髄と呼ばれる石がいっぱい見つかる川がある[2]。物が豊富にある。綿がいっぱいできる。商業と職人仕事で生きる。

　いいですか、今からお話しするような風習があるのですよ。妻に夫があり、夫がそのもとを去って旅に出、20日以上過ごすことになると、妻は夫が旅に出ていなくなったとたん、夫をとる。これは、そうした習わしだからしてもよい。また夫も、どこへ行こうと同じく妻をとる。それから、今お話ししたカスカルからここまでの地方は全て、またさらに先まで、大トゥルキエ［トゥルキスタン］に属することをご存じありたい。これについてはこれでおき、チャルチャンという地方についてお話ししよう。

　　1) Pem/Pein：コータンの東約160kmのペム川に臨む嫦摩城。　2) この地の玉は主に翡翠jade。「宝石の流れる川」は、XI「プレスビテル・イォハンネスの書簡」に登場する。

56　チャルチァン（鄯善）

56　チャルチァン[1]地方についてここに始める

　チャルチァンは北東と東の間の大トゥルキエの一地方である。人々はマオメットを崇拝する。町や城市がたくさんあり、国の首府はチャルチァンである。碧玉と玉髄をもたらす川があり、カタ［カタイ］に売りに持って行かれ、大きな利益を上げる。質のいいのがいっぱいあるからだ。この地方はすっかり砂地である。コタンからペンまでも砂地で、ペムからここまでもやはり砂地である。質の悪い苦い水がいっぱいある。いくつかの場所には美味しい清水がある。軍隊がこの地域を通過することがあると、それが敵だと、砂地の中の2、3日行程の、水があって家畜と暮らせることが分かっているところに妻子と家畜を連れて逃げる。い

いですか，彼らが行ったところは誰にも分からないのですよ。風が彼らが通った砂の道を覆い，彼らがどこへ行ったか分からないし，人も家畜もその道を行ったようには見えないからだ。今話したようにして敵から逃げる。味方の軍が通過することがあると，彼らに奪われて食べられたくないから，家畜だけが逃げる。軍は奪ったものを支払わないから。

チャルチァンを発ち，砂地を5日行程も行く。水は悪質で苦い。ある所には美味しい清水がある。本書で語るべきことはない。5日行程の終わりにさる市があるが，大砂漠の端にあり，人はそこで砂漠を横断するための食糧を仕入れる。これについてはこれでおき，先のことをお話ししよう。

1) Ciarcian：Cherchen 鄯善，漢代且末国。

57　ロ　プ

57　ロプ[1]市について述べる

ロプは，ロプ砂漠［タクラマカン］と呼ばれる大砂漠への入口にある大きな市である。東と北東の間にある。市はグラン・カンのもとにある。人々はマオメットを崇拝する。いいですか，砂漠を横断しようとする者は，この町で1週間休養して自身と荷獣を休ませる。1週間の終わりに自分と荷獣のための1か月間の食糧を仕入れる。そしてこの町を発って砂漠に入る。

またいいですか，人の言うところによると，とても長いから端まで行くのに1年かかるとのことだ。一番広くないところでも渡るのに1か月かかる。ずっと山と砂と谷で，食べるものは何もない。が，一昼夜進むと飲み水に出くわすことを言っておこう。しかし大人数が得られる水はなく，荷獣を合わせて50人か百人である。この沙漠ではどこでも，水にありつくにはいつも一昼夜進まねばならない。3か所か4か所は苦く塩っぱい水だが，他はどこも美味しく，水場は28か所くらいあることを言っておこう。食べ物がないから動物も鳥も全くいない。ところがいいですか，今から私がお話しするような驚異があるのですよ。

本当にですよ，夜この砂漠を進んでいると次のようなことが起きるのです。誰かが遅れ，眠るか他のことで仲間から外れ，その後仲間に追いつこうとすると，

まるで仲間であるかのように霊が話しているのが聞こえる。時々彼をその名前で
呼ぶからです。よくこのようにして道に迷わすから，決して見つからない。この
ようにしてかつてたくさんの者が死んだり行方不明になった。またいいですか，
日中もこの霊の声が聞こえ，よく多くの楽器やまさに太鼓が鳴っているのが聞こ
えるのですよ[2]。

　このようにしてこの砂漠を横切るのだが，今お聞きになったごとく大変な困難
がある。沙漠については全部話したのでこれでおき，その沙漠を出たところにあ
る地方についてお話ししよう。

1) Lop：羅卜／羅不 Luo-bu，現ロプ・ノールの南。　　2) Cf. XV「カタラン・アトラス」パ
ネル V ⓫.

58　タングト（唐古）・サチュ（沙州）

58　タングト[1]地方について述べる

　今言った沙漠のこの 30 日行程を騎行すると，サチョウ[2]という市があり，グ
ラン・カアンのもとにある。地方はタングトと呼ばれる。皆偶像崇拝である。が
実際には，ネストリウス派キリスト教徒がいくらかいる。サラセンもいる。偶像
崇拝者は固有の言語を有する。市は北東と北の間にある。商売で生きる者たちで
はなく，土地から得る穀物の益で生きる。修道院や僧院がたくさんあり，どれも
様々な種類の偶像でいっぱいで，それに大変な犠牲と栄誉と敬意を捧げる。いい
ですか，子供のいる者は皆偶像を称えて羊を飼うのですよ。そして年の終わりか
その偶像の祭りの時に，羊を飼っていた者は子供とともにそれを偶像の前に連れ
てゆき，彼ら子供もともに大いに敬意を捧げる。これが済むと，それを全部料
理させる。その後それをとても恭しく偶像の前に持って行き，偶像が息子を守っ
てくれるよう祈禱とお祈りを唱えるのだが，その間そこに置いておく。そして，
偶像が肉の精髄を食べるのだと言う。それをした後，偶像の前にあったその肉を
取り，自分の家か好きなところに持ち帰り，親戚を招き，大変な敬意と盛大な宴
会でそれを食べる。肉を食べると骨を集め，とても安全に櫃に仕舞っておく。
　また世界の偶像崇拝者は皆，人が死ぬと他の者がその遺体を焼かせることをご

存じありたい。いいですか，これら偶像崇拝者は家からその焼くところに運ばれるとき，道沿いのいくつかの箇所で，死者の親戚が道の真ん中に絹の布や金の布で覆った木の棒の家を作るのですよ。死者がこのようにして飾られた家の前に運ばれると，そこに止まる。そして人々は，死者の前に葡萄酒や食べ物をいっぱい投げる。こうするのは，そのような名誉があの世で受けられるだろうからだと言う。焼く場所に運ばれて来ると，親戚の者はパピルスの紙で人間・馬・駱駝，ビザンスほどの大きなお金［紙銭］を切り抜かせる。そしてこれらを全て遺体と一緒に焼かせる。あの世で死者は，紙で焼いたのと同じだけの家隷と家畜とお金を持つだろうと言う。またいいですか，遺骸が焼きに運ばれるとき，その土地の全ての楽器が遺体の前で鳴らされながら進むのですよ。

　もう一つのことをお話ししよう。これら偶像崇拝者は，死亡すると占星術師を呼び，死者の誕生すなわちいつ生まれたか，何月何日何時かを言う。それを聞いて占星術師は，悪魔の術によって占いをし，その術が終わると，遺体を焼くべき日を告げる。いいですか，あるときは焼くまでに1週間，あるときは1か月，あるときは6か月そのままにして置かせるのですよ。だから，死者の縁者は，今お話しした期間それを家に置いておかなければならない。お告げが焼いてもよいと言うまで決して焼かせないからだ。遺体が焼かれないで家にある間，このようにしておく。実際いいですか，彼らは厚さ1パームの巧みに組み合わせてすっかり奇麗に色を塗った板の棺を持っており，その中に遺体を入れ，その後かのような布で覆い，樟脳や他の香料で処置し，遺体が家の者たちに決して臭わないようにするのです。またいいですか，死者の縁者つまりその家の者は，遺体がそこにある限り毎日食卓を用意し，まるで生きているかのようにそこに食べ物と飲み物を載せ，それを遺体の入っている棺の前に置き，食べることができる間そのままにしておき，彼の霊魂がその食べ物を食べるのだと言うのですよ。このようにして，焼きに持って行く日まで置いておく。さらにいいですか，彼らはもう一つのことをするのです。このお告げはよく，死者の縁者に遺体を家の門から運び出すのはよくないと言い，星とかその他その門に反しているものの原因を見つける。それで，死者の縁者は他の門から出させたり，多くの場合壁を壊させてそこから出させる。世界の偶像崇拝者は皆，今言ったようにするのです。

　さてこのことはこれくらいにして，北西の方向にある，この砂漠の端近くの別の市についてお話ししよう。

1) Tangut：唐古 Tang-gu，寧夏・甘粛省，西夏国の故地。1227 年チンギス・カンに征服された。　　2) Saciou/Sacion：沙州 Sha-chou，現敦煌。

59　カムル（ハミ 哈密）

59　カムル[1]地方について述べる

　カムルは一地方だが，かつては王国だった。町や城市がいっぱいあり，首たる町はカムルと呼ばれる。同地方は二つの砂漠の間にある。つまり一方に大砂漠，もう一方には 3 日行程の小沙漠がある。人々は皆偶像崇拝で，独自の言語を有する。土地からの産物で生きる。実際，食べ物飲み物がいっぱいあり，通りかかる者にそれを売る。大変な遊び人で，楽器を奏でたり歌ったり踊ったり肉体の愉しみにふけること以外何も心を向けない。またいいですか，他国人が家に泊まりに来ると大いに喜ぶのですよ。自分の妻に彼の望むことをなんでもするよう命じ，自分は家を出て自分のことをしに行き，2，3 日過ごす。他国人はその妻と一緒に家で暮らし，自分のしたいことをし，まるで自身の妻であるかのように床を共にし，大いに楽しく過ごす。この市と地方の男たちは皆，自分の妻に恥をかかされているのだ。ところがいいですか，それを恥と考えていないのですよ。女たちは美人で陽気で，遊び好きだ。

　ところで，タルタル人の君主モング・カンが統べていた時のこと，カムルの者たちは自分の妻に他国人に不貞を働かせているという告発が彼のもとになされるということがあった。モ〔ン〕グは彼らに布告を発し，重い罰のもとに，他国人を泊めてはならぬと命じた。この命令を手にして，カムルの者たちは大いに嘆いた。そこで皆集まって相談し，今からお話しするようなことをした。豪華な贈り物を手に取り，それをモングのところに持参し，先祖が自分らに残してくれたこの妻の習わしをそのまま続けさせてくれるよう請い，先祖の言ったこと，すなわち自分たちの妻と事物でもって他国人のためになす愉しみのおかげで，偶像が彼らに恵みを与え，土地の作物と仕事が大きく増えた次第を彼に物語った。モング・カアンは，これを聞いて言った，「汝ら，自ら不名誉を望むのだから，そうするがよい」。こうして，彼らが好きなようにすることを認めたのだった。そしていいですか，彼らはずっとこの習慣を維持してきたし，今も保っているのです。

　カムルのことはこれでおき，北と北西の間にある別のところについて話そう。この地方はグラン・カンのもとにあることをご存じありたい。

　1）Camul：Pers. *Qamul/Qomul* より，合迷里 Ge-mi-li，現哈密 Ha-mi。

59-1　ウイグリスタン[1]

Z33

　イウグリスタム[2]は一大地方で，マグヌス・カン［大カン］に属する。市や城市がたくさんあるが，主たる市はカラコーゾ[3]と呼ばれる。他の多くの市や城市を支配下に置く。人々は偶像を崇めるが，ネストリウス派の法に従うキリスト教徒も多くいる。サラセンもいくらかいる。キリスト教徒は偶像崇拝者とよく婚姻で結ばれる。彼らが最初にもった王は，人間に起源したのではなく，我々のもとでエスカ[4]と呼ばれる，樹木の液が凝固した瘤から創られたと言う[5]。他は皆それから生まれて来た。偶像崇拝の人々はその法と慣習によりとても学識高く，常に自由学芸を学んでいる。その地には穀物と最高の葡萄酒ができる。が，冬は世界で知られるどこよりも寒さ厳しい。

　1）この章はZにしかないが，Fで欠落したと見られ，そこから補う。　　2）Iuguristam：Uiguristan ウイグリスタン，畏吾児 Wei-wur。　　3）Carachoço：Kara-khojo 高昌，哈喇和卓／哈喇火卓。　　4）esca：茸の乾燥粉末で作った火口，あるいはその茸（火口茸）。　　5）ウイグル族のこの始祖伝説は，ドーソン（I, 319-31）にジュワイニー『世界征服者の歴史』と邵遠平撰『続弘簡録』からの引用がある。また，『元史』巻 122 列伝 9「巴而朮阿而忒的斤伝」に語られるものと一致する（愛宕：I, 129）。

60　ギンギンタラス

60　ジンキンタラス[1]地方について述べる

　ギンギンタラスは，やはり北と北西の砂漠の際にある一つの地方である。16日行程の大きさである。グラン・カンのもとにある。市や城市がいっぱいある。三種類の人々がいる。偶像崇拝者，マオメットを崇める者，ネストリウス派キリ

スト教徒である。この地方の北の方の国境に一つの山があり，そこに鋼とオンダニク［インド鋼］のとても良い鉱脈がある。

　そしてまさにその山に，それからサラマンドゥル［サラマンダー石綿］が作られる鉱物がある。サラマンドゥルは言われるごとく獣ではなく，これからお話しするようなものであることをご存じありたい。よくご承知のごとく，動物はどれも４元素からできているから，その性質からしていかなる獣も動物も火の中で生きることはできないというのは本当だ。ところが，人はサラマンドゥルについて確かなことは知らないものだから，相変わらずサラマンドゥルは獣であるかのごとくに言うけれども，それは決して本当ではない。今，私がそれを言おう。

　というのもいいですか，実は私には一人の同僚がいて，名をズルフィカル[2]といい，とても学識のあるトルコ人［ウイグル］で，この地方にグラン・カアンのために３年あり，このサラマンドゥルやオンダニクと鋼それにあらゆるものを掘り出させていた。グラン・カアンは，同地方を統治しサラマンドゥルの仕事をするために，あらゆることでいつも３年間そこに統治者を派遣していた。その同僚が私に事実を語り，私自身それを目にしたのです。つまりいいですか，今お聞きになったこの鉱物を山から掘り出し，それを砕いて潰すと，撚り合わさって羊毛のような糸になる。だから，この鉱物が手に入るとそれを乾かし，その後大きな銅の鉢で搗き，次にそれを洗う。すると今お話しした糸が残り，要らない土は捨てる。そして羊毛に似たこの糸を巧く織り，それから布を作る。布ができても，いいですか，真っ白では全くない。しかし，それを火の中に入れてしばらくそのままにしておくと，布は雪のように白くなる。また，このサラマンドゥルの布が何か汚れや染みが付いた時はいつでも，それを火の中に入れてしばらくおくと，雪〔のように〕白くなる。これが，今お話ししたサラマンドゥルの真実であり，これについて言われる他のことは全て嘘と作り話なのです。またいいですか，ローマにはグラン・カンが豪華な贈り物として教皇に送った一枚の布があり[3]，だからこそ我らが主イエスクリストの聖衣はその中に包まれているのです。

　この地方のことはこれでおき，北東と東の間にある別の地方について述べよう。

1) Chinchintalas/Ghinghin talas：正確には不明だが，別失八里（ビシュバリク）地方，現ウルムチ。　2) Çurficar：欧陽玄『圭斎文集』巻 11 の「高昌偰氏家伝」に現れるウイグル人脱烈普華 Tou-lieh-pu-hua。本書で，名前まで明らかにされる唯一の情報提供者。　3) そうした事実は確認されない。現ヴァティカン博物館にあるアスベストの聖骸布は，アッピア街道

の一異教徒の墓から発見されたもの。

61　スチュ（粛州）

61　スクタン[1]地方について述べる

今言った地方[2]を発ち，東と北東の間を 10 日行程行く。道中ずっと人家はわずかしかない。また，本書で書き記すべきことはない。

10 日行程の終わりにスクトゥイルという地方があり，町や城市がいっぱいある。主たる市はスッチゥ[3]と呼ばれる。キリスト教徒と偶像崇拝者がいる。グラン・カンのもとにある。この地方と先にお話しした二つの地方[4]のある全体の大地方は，〔タ〕ングット[5]と呼ばれる。そこの山のいたるところに大黄[6]が大量にある。それをここで商人が買い入れ，世界中に持ち運ぶ。土地から得る産物で生き，商品で仕事することは全くない。今はここを発って，カピチョンという市について述べよう。

1) Suctang/Suctuir：粛州 Su-chou，現酒泉。　　2) Ch. 58 サチュ（沙州）のこと。Ch. 59-60 カムル，ウイグリスタン，ギンギンタラスは，マルコは通っていない。　　3) Succiu：粛州。
4) ロブとサチュ。　　5) Tangut：タングト唐古。　　6) ribarbaro 大黄：根が薬用に用いられる。

62　カンピチュウ（甘州）

62　カンピチョン[1]市について述べる

カンピチョンはタングット自体にある市で，とても大きく立派な町で，首府であり，タングット地方全体を統治している。人々は偶像崇拝で，マオメットを崇める者もいる。キリスト教徒もおり，この町に大きい綺麗な教会を三つもっている[2]。偶像崇拝者はそのしきたりによる僧院と修道院をたくさんもっている。ものすごい数の偶像がある。いいですか，10 ペースもの大きさの偶像があるのですよ[3]。あるものは木で，あるものは土で，あるものは石でできており，どれも金で被われとても巧く造られている。大きい偶像は横たわっており，他にいくつ

もの小さい偶像がその大きいのの周りにあって，まるでそれをへりくだって敬っているかのようである。偶像崇拝者の全てのことをまだお話ししていないので，ここで話しておきたい。

　偶像崇拝の聖職者は他の偶像崇拝者よりも正直に生きていることをご存じありたい。淫蕩から身を守るが，それを大罪とは見なさない。しかしいいですか，道に反して女性と寝た者がいると，死に罰するのですよ。またいいですか，彼らは我々が月をもっているように月の暦をもっているのです。ある月の暦では，世界の偶像崇拝者は皆5日間獣も鳥も殺さず，その5日間に殺された肉も食べない。その5日間は他の日よりも正直に暮らす。妻は30人までもち，金持ちであるか養えるかによって多い少ないがある。男は妻に婚資として家畜・家隷・金銭を，その力に応じて与える。しかし，最初の妻が最高とみなされることをご承知ありたい。またいいですか，その妻の誰かが良くなかったり気に入らないと，追い出したり自分の好きなようにしても全くいいのですよ。従姉妹を妻にし，自分の父の妻4)をめとる。彼らは，我々のもとでの多くの大罪を罪としない。獣のごとくに生きているからだ。

　これについてはこれでおき，北の方の別の所について述べよう。ところでいいですか，ニコラウ殿とマフェウ殿とマルコ殿は，語ることはしないが自分たちの事でこの市に1年住んだのですよ5)。で，ここを発って北へ60日行程進もう。

1) Canpicion：甘州 Gan-chou，現張掖。　　2) クビライの帝母ソルコクタニ・ベキが奉建したとされる「十字寺」（『元史』巻38 後至元元年 1335 年 3 月）。　　3) 1103 年西夏のさる皇后によって建てられた臥佛寺。　　4) Z・R「*継母*」。　　5) MS FA² 「特使として1年」，VA「我々の事で5年」，P「ある所用で1年」，VL「商売しながら7年」，R「父と叔父ともども約1年」。名前もポーロ3人のうち版によって異なる。この滞在をめぐって，商売・使節・入国待ち等の説がある。

63　エジナ（カラホト）

63　エジナ1)市について述べる

　このカンピチョン市を発って12日行程騎行すると，エジナという市があり，北の方の砂漠［ゴビ］の端にある。タングット地方に属する。人々は偶像崇拝である。ラクダと家畜をたくさん有する。ハヤブサとコタカがいっぱい生息し，と

ても優れている。土地の産物と家畜で生きる。商業の人間ではない。

　この市で 40 日分の食糧を仕入れる。というのも，このエジナ市を発ってずっと砂漠を北へ 40 日行程騎行するのだが，集落も宿もなく，夏の峡谷と山以外には人は住んでいないからである。野生獣が本当にたくさんいるし，野生のロバがいっぱいいる。松林がいっぱいある。その砂漠を 40 日行程騎行すると，北の方に一地方があるが，どのようかこれからお聞きになるだろう。

　1）Eçina：エチナ亦集乃 I-chi-nai/Yi-ji-nai，現カラホト。おそらくマルコは通っていない。

64　カラコルムとタルタル人の起源

64　カラコラン[1]市について述べる

　カラコロンは周囲 3 マイル[2]の市で，タルタル人が自分たちの地域を出てからもった最初の〔町〕であった。タルタル人のことと，彼らがどのように支配を手にしいかに世界に広まったか，その次第をすっかりお話ししよう。

　実は，タルタル人は北の方のチョルチァ［女真］の周辺に住んでいた。その地域は大平原で，町や城市のような集落はなかったが，良い牧草と大河と水がいっぱいあった。統治者はいず，実際は，彼らの言葉でウンク・カン[3]というさる大君に貢を納めていた。それは，フランス語でプレストル・イォハン［プレスビテル・イォハンネス］という意味で，その偉大な支配のことが全世界で語られている司祭ヨハネのことだった。タルタル人は彼に家畜 10 頭につき 1 頭を納めていた。と，彼らの数がとても増えてきた。彼らがそのような大きな民になったのを見てプレステル・イォハンは，彼らは自分に害を加えるかも知れないと言い，彼らをいくつもの地域に分けようと言った。で，そうするために家臣を派遣した。タルタル人は，プレステル・イォハンが自分たちにしようとしていることを聞いて，悲嘆した。彼らは皆一緒に出発し，砂漠地を北の方に行ったので，プレステル・イォハンは彼らに害を加えることはできなかった。こうして彼に反逆し，貢はもう何も納めなかった。そうしてしばらく住んでいた。

　1）Caracoran/-on：Qara-qorum カラコルム，哈剌和林 Ha-la-ho-lin。マルコは通っていない。

父と叔父の最初の旅に基づく。　　2）近代の実測では，南北 2500 m・東西 1500 m・周囲 8 km・面積 3.75 km²。　　3）Unc can：王罕 Wang-qan, ケイレイト部族長トオリル。

65-68　チンギス・カンとプレステル・イォハンの戦い

65　チンギス[1)]はいかにタルタル人の最初のカンとなったか

　さて，1187 年[2)]，タルタル人は彼らの言葉でチンギス・カンという名の王をもつにいたった。この者は大きな勇気と大きな知恵と大きな力の男だった。いいですか，彼が王に選ばれると，異国の地に広がっていた世界のタルタル人は皆彼のもとにやってき，彼を君主に戴いたのですよ。このチンギス・カンは善くまた正直に統治を行った。で，何を言おうか。そこには，驚くほど多くのタルタル人がやって来た。チンギス・カンは自分がこれほど大きな民を有しているのを見て，弓その他の武器で武装し，他の地を征服して行った。そしていいですか，八つもの地方を征服したのです。しかし彼らに何も危害を加えず，彼らの物を奪うこともなかった。むしろ，他の民を征服するために自分のもとに率いた。このようにして，今お聞きになったような多数の民を征服したのだった。人々は，この君主の優れた統治と偉大な善良さを見て，とても歓んで彼とともに進んだ。チンギス・カンは，全世界を覆うかくも多数の民を集めたとき，世界の大きな部分を征服したいものだと言った。

　そこで，プレステル・イォハンに使者を送り，それはクリストが生まれて 1200 年のことだったが，彼の娘を妻にもらいたいと伝えた[3)]。プレステル・イォハンは，チンギス・カンが自分の娘を妻に欲しいと伝えてきたことを聞いて，彼をひどく軽蔑した。そして言った，「何と，我が娘を妻に欲しいとは，チンギス・カンは大恥を知らぬのか。さても，自分が余の家来であり奴僕であることを知らぬのか。さあ，彼のもとに帰り，妻にやるより我が娘を焼いてしまうだろうと言うがよい。自分の主君に対する裏切り者にして不忠義者として，彼を死に至らしめずにはおかぬと言っていると，余に代わって言うがよい」。そして使者に，直ちに自分の前から去り二度と戻って来ぬよう言った。これを聞いて使者たちは，すぐに立ち去った。彼らは行って，主君のもとにやって来た。そして，プレステル・イォハンが言って寄越したことを，何一つ違えることなく全てそのまま彼に

語った。

1）Cinchin/Cinghins/Cinghis/Cinchis：〈チンギス〉に統一する。　　2）チンギス・カンの第1次即位は1289年。　　3）史書では，チンギス・カンがワン・カンのチャグール姫を長子ジョチのために望んだのは1202年。

66　チンギス・カンはプレステル・イォハンを攻めるためいかに兵を武装させたか

　チンギス・カンは，プレステル・イォハンが言って寄越した非常な侮辱を聞くと，心臓がふくらみ腹の中で張り裂けんばかりだった。それというのもいいですか，彼はとても偉大な支配者だったからである。彼はしばらくして口を開き，とても大きな声で言ったので，回りにいた者たちは皆，〔それが聞こえた〕。もし，プレステル・イォハンが言って寄越した非常な侮辱を，かつて人間に売られたどんな侮辱よりも高く彼に売るのでなければ，決して支配を手にしたくはない，と。彼は，自分が彼の奴僕かどうかすぐに彼に示さねばならないと言った。それで，兵を全員召集させ，かつて見られたことも聞かれたこともないほど大規模な武装をさせた。彼はプレステル・イォハンに，できうる限り身を守るのがよいことと，自分がいかに全力でもって彼に向かって進軍するか，とくと知らせた。プレステル・イォハンは，チンギス・カンがそのような大軍を率いて自分に向かって来たとはっきり知っても，嘲笑うばかりで，彼らは武人ではないからと言って問題にしなかった。しかし，もし彼が来れば，彼を捕えて惨い死に処すために全力を尽くすと自分自身に常に言った。そして，多くの土地と外国から兵を皆呼び集めて武装させた。このような非常な努力をしたので，それ以上の大軍について語ることは考えられなかった。今お聞きになったようにして双方が武装した。どうして私は長話をしているのだろう。チンギス・カンは全兵士とともに，プレステル・イォハンのもとにあったタンドゥク[1]と呼ばれるとても大きく美しい平原にやって来たことを本当にご存じありたい。そしてそこに陣を張った。いいですか，彼らはものすごい数の兵だったので，誰もその数を知ることはできなかった。彼はそこで，プレステル・イォハンがやって来たとの知らせを得た。彼は喜んだ。そこは十分に戦をするのに美しく広い平原だったからである。だから彼はそこで待ち，自分と戦いに彼がやって来るのを待ち望んだのだった。

　しかし，チンギス・カンとその兵について語るのはしばらくおき，プレステ

ル・イォハンとその兵に戻ろう。

　1) Tanduc：天徳軍 Tien-de-chun, 現帰化城（Ch. 74）。史実では，戦いがあったのは 1203 年春モンゴリアのカラカルジット平原。

67　プレステル・イォハンはいかに兵とともにチンギス・カンに向かって行ったか

　さて話によると，チンギス・カンが全兵士とともに自分に向かって来たことを知ると，プレステル・イォハンは全兵とともに彼に向かって行った。そしてとうとう，かのタンドゥク平原にやって来，チンギス・カンの陣から 20 マイルのところに陣を敷いた。そして双方とも，戦いの日に気力と英気を養うために休んだ。

　今お聞きになったような形で，二つの大軍がタンドゥク平原にあった。ある日チンギス・カンは星占い師たち，それはキリスト教徒とサラセンだったが，彼らを前に来させ，自分とプレステル・イォハンのどちらが戦いに勝つか言うべしと命じた。星占い師はその術でもってそれを見た。サラセン人は真実を告げることを知らなかった。しかし，キリスト教徒はそれを彼にはっきりと示した。すなわち，彼の前に 1 本の葦［竹］を持ち出し，それを縦に真ん中から割り，一つを一方にもう一つを他方に置き，誰もそれを手に持たなかった。次いで，一つの葦にチンギス・カンの名を，もう一つの葦にプレステル・イォハンの名を書いた。そしてチンギス・カンに言った，「殿，さあこの葦をご覧下さい，これは貴方の名で，もう一つはプレステル・イォハンの名であることを見て下さい。さてそれで，我々が魔法をかけたとき，自分の葦がもう一方の葦の上に乗った方が戦に勝つでしょう」。チンギス・カンは，ぜひ見たいと言い，できるだけ早く見せるよう星占い師に言った。で，キリスト教徒の星占い師は詩篇を手に取り，聖詩をいくつか読み，彼らの魔法をかけた。すると，チンギス・カンの名のあった方の葦が，誰も触れないのに，もう一つの方に近づき，プレステル・イォハンのそれの上に乗った。これはそこにいた者皆によって目撃された。これを見て，チンギス・カンは大いに喜んだ。そして，キリスト教徒が真理にあることを知ったので，それ以後いつでもキリスト教徒を大いに称え，彼らを信頼できる真実の者と見なし，以後常にそうしたのであった。1)

　1) この占いの場面で，「葦」（筮竹？）が使われること，占星術師が「キリスト教徒（マニ

図4　チンギス・カンとプレスビテル・イォハンネスの戦い（OBL Ms. Bodley 264, f. 231v）

教徒？）とサラセン人」であること，「詩編」が使われることは興味深い。これでは異端の匂いがし，Rでは，「*自分の占星術師と妖術師*」「*彼らの妖術の書*」と変えられている。

68　プレステル・イォハンとチンギス・カンの間であった大戦について述べる

その二日後，双方とも武装し，激しく闘い合った［図4］。それは，かつて見られた最大の戦だった。一方も他方も大きな被害があったが，最後にチンギス・カンが戦に勝利した。また，その戦いでプレストル・イォハンは殺された[1]。彼はその日以後領土を失い，チンギス・カンが日々それを征服して行った。そしていいですか，チンギス・カンはこの戦のあと6年統治し，多くの城とたくさんの地方を征服して行ったのですよ。が，6年の終わりにカアジュという名の城に行き，そこで膝を矢で傷つけられ，その打撃で死亡した[2]。彼は勇敢で聡明な人であったから，それは大きな損失だった。

さて，タルタル人が最初の君主，すなわちチンギス・カンをもった次第をお話しした。さらにまた，彼がまず最初プレトル・イォハンに勝利した次第も語った。今度は，彼らの風俗と習慣についてお話ししたい。

1）ワン・カンは，1203年秋のジェジェゲル丘地の戦いで敗れて西に逃げたが，ナイマン部に殺される。　　2）Caagiu：チンギス・カンの死は1227年，哈老徒 Ha-lao-t'u の行宮にて

(cf. R *Taigin*)。四川省合州 He-chou で矢傷がもとで死亡したとされるモンケ・カンとの混同，1206 年は第 2 次即位の年。

69　歴代カアンとタルタル人の風俗・暮らし

69　チンキン・カンの死後統治したカンについて述べる

　皆さん，次のことをとくとご存じ下さい。チンキンス・カンの後クイ［クユク］・カンが君主で，3 番目はバクイ［バトゥ］・カン，4 番目アルトン［アルグン］・カン，5 番目モング・カン，6 番目がクブライ・カンで[1]，彼は他の誰がそうであったよりも偉大で強力である。実際，他の 5 人が皆一緒になっても，このクブライほどの力は持っていないだろう。さらに，今皆さんに話しているよりも偉大なことをお話ししよう。この世の全ての皇帝も，キリスト教徒であれサラセンであれ全ての王もこれほどの力も持っていなければ，このグランカン・クブライができるほどのことをすることもできないだろう。で，そのことを本書で皆さんにすっかり明らかに示そう。

　また，チンキンス・カンの家系から出た大君は皆，アルカイ［アルタイ］と呼ばれる大山に運ばれて埋葬されることを本当にご存じありたい。タルタル人の大君はどこで死のうと，たとえその山から百日行程離れたところで死のうと，そこに埋葬しに運ばれることになっている。もう一つ驚くべきことをお話ししよう。これらグラン・カンの遺体がその山に運ばれるとき，40 日行程かそれくらい離れていても，遺体が運ばれる道で出会った人間は皆，遺体を運ぶ者たちによって刃にかけられるのですよ。そして，あの世で汝らの君主に仕えに行け，と言う。自分たちが殺す者は皆あの世に君主に仕えに行くに違いないと，本当に信じているからだ。馬に対しても同じようにする。実際，君主が死亡すると，君主が持っていた最良の馬を全て殺し，あの世で君主がそれを持てるように殺させる。モング・カンが死亡したとき，埋葬しに運ばれていた遺体と出会った 2 万人以上の者が殺されたことをご存じ下さい。

　タルタル人のことについて始めたので，彼らについてたくさんのことをお話ししよう。タルタル人は冬は，草と家畜にとって良い牧草のある平原や暖かいところに住む。夏は，水と森と家畜の牧草のある涼しい所，山や渓谷に住む。彼らは

木の枠の家をもち，それをフェルトで覆い，円形で，どこへなりと持ち運ぶ。木の棒をとてもうまく整然と結んでいるので，簡単に持ち運ぶことができるからだ。家を広げて立てる時はいつでも，戸口は常に南向きである。とても巧く黒いフェルトで覆われた車を持っており，一日中雨が降っても車の中の物は何も濡れないほどだ。それを牛や駱駝に曳っ張らせる。そして，その車に妻と子供たちを載せて運ぶ。またいいですか，女性は売ることと買うこと，それに自分の主人と自分自身に必要な全ての仕事をするのですよ。男は狩りをすること，軍事，鳥猟と鷹以外には何もかまわないからだ。彼らは肉と乳と狩の獲物で生き，またファラオネズミ［タルパガン］を食べる。これは，平原の地下や至る所にいっぱいいる。馬や犬の肉もよく食べ，仔馬の乳を飲む。あらゆる肉を食べる。

　どんなことがあろうと誰も他人の妻に触れぬよう気をつける。あまりにも悪い卑劣なことと見なしているからだ。妻は主人に対してとても善良忠実で，家の用をとてもよくする。結婚は次のようにする。すなわち，養える力があるなら，誰でも百人まで妻をもつことができる。夫は妻の母に婚資を与えるが，妻は夫に何も与えない。しかし，最初の妻が最も真正で最良と見なされることをご存じありたい。今お話ししたように多くの妻をもっているから，他の人種よりも〔子供がたくさんある〕。従姉妹を妻にするし，父が死ぬとその長子は，それが自分の母でない限り，父の妻を妻にする。また実の兄弟の妻も，彼が死ぬと娶る。妻を娶るときは盛大な式を挙げる。

　　1）順に，Cinchins, Cui [R *Cyn*], Bacui, Alton [R *Esu*], Mongu, Cublai。グユク Cui の名が見えるのは全編でここが唯一。

70　タルタル人の神・軍・風習

70　タルタル人の神と彼らの律法について述べる

　彼らの律法は次のようであることをご承知ありたい。すなわち，ナチガイ［地祇］1) と呼ぶ一つの神をもち，それは自分たちの子供と家畜と穀物を守る地上の神だと言う。これに非常な尊敬と栄誉を捧げ，それぞれ自分の家にそれを持っている。つまり，この神をフェルトと布で作って家に置いている。さらに，この神

の妻と子供を作る。妻はその左側に，子供は前に置く。そして大いに敬う。食事する時に，脂肪肉を取ってこの神とその妻と子の口に塗る。その後汁をとって家の戸口の外にまく。これをした時，神とその家族は自分たちの分を得たのだと言う。その後それを食べまた飲む。つまり仔馬の乳を飲む。しかしいいですか，彼らはそれを白葡萄酒に似たふうに調合し，飲むと美味しく，ケミス［クミーズ］と呼ぶのです。

　彼らの衣装は次のようである。すなわち，裕福な者は金の織物，絹の織物，クロテン・アーミン・リス・狐の高価な毛皮をとても豊かに身に着ける。彼らの装身具はどれもとても綺麗で大きな価値がある。彼らの武器は弓と刀と棍棒である。しかし，他のものよりも弓をよく使う。極めて優れた弓手だからである。また，水牛の革やその他煮しめたとても強い革の鎧を背にまとう。彼らは戦に優れた人間で，極めて勇敢である。他の人間よりいかによく働くかお話ししよう。必要なら多くの場合，一頭の仔牛の乳で生きる以外，何も食べずに一月でも進んだり止まったりし，捕えた狩りの獲物の肉を食べるだろう。そして馬は見つけた草を食む。だから大麦や干草を携える必要はない。彼らは主君にとても忠実である。いいですか，必要ならば武装したまま一晩中馬上にあり，馬はずっと草を食みながら進む。彼らは世界で最も労苦と困難に耐える一番費用のかからぬ民であり，土地や国を征服するに最も適している。

　彼らは今からお話しするようなかたちで組織されている。タルタル人の君主が戦に赴くときは，十万の騎兵を率いることをご承知ください。彼はこれからお聞きになるように事を整える。十人ごと，百人ごと，千人ごと，一万人ごとに長を一人作り，彼は，十人とだけ諮ればよいことになる。また，一万人の長であるものは，十人の者とするだけでよい。千人の長である者も十人と，同じく百人の長である者は十人とするだけである。かつまた今お聞きになったように，各人が自分の長に応える。また，十万人の者の長が誰かをどこかに派遣したいときには，一万人の者の長に千人を差し出すよう命じる。すると一万人の者の長は千人の者の長にその分を差し出すよう命じる。すると，千人の者の長は百人の者の長に，百人の者の長は十人の者の長に，それぞれその分を差し出すよう命じ，かくて千人となる。そして，各人がすぐに理解し，その分を差し出す。世界のどの民よりも彼らは，自分に命令されたことにそれぞれ忠実だからである。十万はトゥト［轟］[2]，一万はトマン[3]と呼ばれ，千・百・十で数えることができることをご存

じ下さい。また，軍隊が何かをしに行く時は，それが平地であろうと山であろう
と，偵察のために2百人の人間を2日行程先に派遣し，後方と側方にも，つまり
四方に同じようにする。そうするのは，軍が気付かぬうちに襲われないためであ
る。また，長途行軍する時には，装備は何も携えない。つまり，皮袋を二つ携え
それに飲む乳を入れる。また小さい深鍋つまり缶を一つ携え，それで肉を調理す
る。小さなテントを携え，雨の時はそこで過ごす。もう一つお話しすると，必要
な時は食べ物も火をおこすこともなく10日行程も馬を駆り，自分の馬の血で生
きる。それぞれ自分の馬の血管を刺し，血を飲むのである。また，パスタのよう
に堅い乾燥乳をもっている。この乳を携え，それを水に浸し，その乳が溶けると
それを飲むのである。

　敵との戦いにいたると，次のようにしてそれに勝利する。すなわち，逃げるた
めに敵に背を向けるわけではなく，その時もなお敵にあちらこちらと矢を射なが
ら行く。馬をとても訓練しているから，まるで犬がするように素早くあちこち向
きを変える。敵が彼らを追い掛け彼らが逃げて行く時も，彼らは敵と面と向かっ
ている時のように巧く激しく闘う。というのは，彼らは逃げる時もむしろ，弓を
もって後ろを向き，激しく矢を射掛け，敵の馬とさらに人間を殺すからである。
敵が彼らを負かして勝利したと思ったら，実は敵の方が敗北しているのである。
彼らの馬は殺され，彼ら自身も多数殺されているからである。タルタル人は，敵
の馬と人間をいくらか殺したことを見ると，彼らの方に踵を廻らせ，とても巧く
勇敢に戦い，敵を破り，勝利するのである。このようにして彼らは，今までに多
くの戦と多くの人間に勝利したのだった。

　以上お話ししたことは全て，直系のタルタル人の風俗習慣である。しかし今は
とても交雑していることを言っておこう。カタイに通じた者は，偶像崇拝者の風
俗と流儀と習慣に従い，自分たちの律法を捨てたからである。東の国［東タルタ
ル人の国イル・カン国］に通じた者はサラセンの流儀に倣っている。

　彼らは裁きを，これからお話しするように行なっている。すなわち，誰かが何
か命を失うほどではない小さなものを盗むと，棒打ちを7，あるいは17，あるい
は27，あるいは37，あるいは47加えられる。このように，盗んだものによって
10ずつ増え，107にまで至る。多くの者がこの棒打ちで死亡する。馬とか，命を
失うほどの物を盗むと，刀で真っ二つに切られる。もっとも，盗んだものを弁償
することはでき，盗んだものの8倍のものを返すと，赦される。

　君主とかその他家畜をいっぱい持っている者は，それぞれ自分の印を捺す。すなわち馬，子馬，ラクダ，牛，乳牛，その他の大きな家畜である。その後，平原や山に見張り番なしに食みに行かす。それらが互いに入り混じっても，それぞれその人の印が見つかった者の所に返す。雌羊と雄羊と山羊は人に良く見張らせる。家畜は皆とても大きく，肥えていてことのほか美しい。

　もう一つ，私が書き忘れていた驚くべき風習をお話ししよう。全く本当の話，二人の人間がいて，その一人には男の子があり，その子が4歳かそこらで死亡し，もう一人には女の子がいてその子も死亡したとすると，彼らは一緒に結婚式を挙げるのですよ[4]。すなわち，死んだ女児を死んだ男児に妻として与え，その証書を作らせる。その後その証書を燃やし，空中に上る煙が，あの世の子供たちのところに行き，それによって彼らはそのことを知り，夫婦になるのだと言う。盛大な結婚式を催し，宴会をし，そして自分たちの食べる食べ物を手に取ってあちこちに撒き，それがあの世の子供たちのところに行くのだと言う。さらにもう一つのことをする。つまり，彼らに似た人間，馬，織物，お金，装身具の絵を紙に描かせて色を塗り，後でそれを燃やす。そして，こうして絵を描き燃やしたものは全てあの世で子供たちが手にするのだと言う。これをした後，彼らは親戚となり，まるで彼らが生きているかのごとくにその関係を続ける。

　さて，タルタル人の風俗と習慣をはっきりと皆さんに示し語った。グラン・カン，すなわち全タルタル人の大君の偉大この上ない事績について，また彼の広大な宮廷についてはまだ語っていないが，これについては本書でその時と所になればお話ししよう。それは書き記すにあまりにも驚くべき事柄だからである。が，今は我々の話題，我々がタルタル人の事どもについて始めた時にいた大平原にもう一度戻ろう。

1）Nacygai：Mong. Ötögän/Ätügän〈地祇〉より。　　2）tut/tuc：蠹 tu/d'uk（大将軍の権威の象徴）。Mong. *tuk*〈軍旗〉より。　　3）toman：Turk. & Mong. *tümän*〈1万〉。　　4）冥婚の風習。

71　バルグ平原

71　バング[1]平原と人々の様々な風習について述べる

　カラコロンと，前にお話ししたタルタル人の遺骸が埋葬されるアルタイを発ち，さらにバイグ平原と呼ばれる地域を北へ行く。40日行程も続く。住民はメクリ［メルキト］と呼ばれ，未開の民である。獣で生き，その多くは大鹿である。いいですか，彼らは鹿に乗るのですよ。風俗習慣はタルタル人のようだ。グラン・カンのもとにある。穀物もブドウ酒もない。夏には獣と鳥の猟がいっぱいあるが，冬は非常な寒さのため獣も鳥も棲まない。

　40日行程行くと大洋[2]がある。そこに山があり，シロハヤブサが巣を作る。ハヤブサが餌にするバルゲルラック[3]という一種の鳥以外，そこには男も女も獣も鳥もいないからだ。それはヤマウズラほどの大きさで，オウムのような足，ツバメのような尻尾をしている。とてもよく飛ぶ。グラン・カアンはシロハヤブサの雛が欲しいときには，それのためにここまで人を派遣する。海の周辺にある島には，オオタカが生息する。本当の話，この地はとても北にあるので，北極星はいくぶん後ろの南のほうに残るのですよ。さらにいいですか，上に述べた島に生息するオオタカはとても数多いから，グラン・カンは欲しいだけ手に入れることができる。また，それをキリスト教徒の地からタルタル人の所へ持って行く者は，グラン・カンのところに持って行くと考えないでいただきたい。そうではなく東，つまりアルゴン[4]や東の君主のところに持っていくのです。

　さて，大洋に至るまでの北方の地方の全てのことについて明らかに述べた[5]。これから先，他の地方について述べ，グラン・カアンの所にまで戻り，本書ですでに記したカンピチュウ［甘州］という地方に戻ろう。

1）Bangu/Baigu：巴児忽真 Barguchin バルグチン。バイカル湖東岸バルグート族の地。ポーロは通っていない。　　2）le mer Osiane 大洋：当時中国では‘大澤’Dai-ze と呼ばれていたバイカル湖との混同。　　3）bargherlac：Tur. *bagirlaq* バギルラック，山岳地帯の砂地に棲む雉の一種。　　4）Argon：Argun アルグン，イル・カン国君主（在位 1284-91）。　　5）ここが本書の北限。

72　エルジウウル（涼州）・シンジュ（西寧州）

72　大エルジウウル[1]国について述べる

　前にお話ししたカンピチュを発ち，夜よく話しているのが聞こえる霊のたくさ

んいるかの地方を 5 日行程進む。この東への 5 日行程の終わりに，エルジウウル
という国がある。グラン・カンのもとにある。いくつもの国のある大タングト地
方に属する。人々はネストリウス派キリスト教徒と偶像崇拝者とマオメットを崇
拝する者たちである。町がいっぱいある。主たる市はエルジグルである。この市
から東南に向かうとカタイの地に行くことができる。

　カタイの地に向かって東南へのこの道中に，シンジュ[2)]という市がある。町や
市がいっぱいある。同じくタングトに属し，グラン・カンのもとにある。人々は
偶像崇拝者とマオメットを崇拝する者とキリスト教徒である。象のように大きい
野牛がいくらかおり，見てとても美しい。つまり，背中のほかはすっかり毛が生
えており，白と黒である。毛は長さ 3 パームある[3)]。それほど美しいから，目に
すると驚くほどである。これら同じ牛の飼いならしたのもいっぱいいる。つまり，
野牛を捕まえて飼育するからで，ものすごい数がいる。これに荷を積んだり仕事
したりする。いいですか，それらは 2 倍働き，力があるのですよ。

　またこの地域には，世界最高の最も質の良い麝香が産する。麝香はこれからお
話しするようにして見つけられることをご存じ下さい。本当にいいですか，それ
はガゼル[4)]ほどの大きさの小さな動物だが，その格好は次のようなのである。毛
は大鹿のようでとても太く，足はガゼルのよう，角はなく，尻尾はガゼルのよう
である。が，歯が 4 本，下に 2 本と上に 2 本あり，長さ指 3 本分もあり，細く，
2 本は上に 2 本は下に向かっている。綺麗な獣である。麝香は次のようにして見
つかる。すなわち，これを捕まえると，腹の下の真ん中，臍のところの皮と肉の
間に血の塊りがある。これを皮ごと切って取り出す。その血が麝香で，それから
強烈な匂いが発する。この地域には大量にあり，今お話ししたように良質である
ことをご存じありたい[5)]。

　彼らは商売と職人仕事で生き，穀物が豊富にある。この地方は 25 日行程の大
きさである。我々の所の 2 倍の大きさの雉がいる。つまり孔雀ほどの大きさだが，
いくらかはそれより小さい。尻尾は 10 パーム以上もあり，9 とか 8 とか少なく
とも 7 とかのもいる。我々の国のと大きさや格好が同じのもいる。他の鳥も，と
ても綺麗な色の付いた羽をした多くの種類のがいる。

　人々は偶像崇拝で，太っており，鼻が小さく，髪が黒い。口ひげのところに何
本か毛があるほか，髭はない。貴婦人は頭以外に毛がなく，他のどの部分にも毛
がない。あらゆる点でとてもかっこよい。またご存じありたいが，彼らはとても

遊蕩を楽しみ，律法も慣習も反していないから，多くの女性を娶る。望むだけ，また保てるだけ娶ることができる。いいですか，もし美しい女性がいてそれが下賤の家系の出であると，その美しさゆえに大公か貴顕がこれを妻にし，その母親に取り決めに従ってお金をいっぱい与えるのですよ。

さて，ここを発って，東の方の別の地方について述べよう。

1）Ergiuul/Erginul：西涼 His-Liang，現涼州 Liang-chou。　2）Singiu：西寧州 Hsi-ning-chou。　3）R には，これを「珍奇なものゆえヴェネツィアに持ち帰った」とある。遺品目録（1366 年 7 月 13 日）には，「奇妙な動物の毛の織物」がある。　4）gaçelle：Fr. *gazelle*〈ガゼル・羚羊〉，カモシカの一種。　5）麝香についてヨーロッパへの紹介の最も早いものの一つ。R には「この動物の乾燥させた頭と脚をヴェネツィアに持ち帰った」とある。遺品目録には「麝香の入った壺」（三つ）がある。

73　エグリガイア（寧夏）

73　エグレガイア[1]地方について述べる

エルジウイルを発って東へ 8 日行程行くと，エグリガイアという地方がある。城市がたくさんあり，テングトに〔属する〕。主たる市はカラチァン[2]という。人々は偶像崇拝で，ネストリウス派キリスト教徒の教会が三つある。グラン・タルタルのもとにある。この市ではラクダの毛の織物［毛氈］が作られ，世界で最も美しく最良である。白い羊毛のも作り，これは白の毛織物［白氈］で，とても美しく良質で，大量に作る。商人はそれをここから多くの地とカタイ，その他世界中に持ち運ぶ。さて，この地方を出て，テンドゥクと呼ばれる東の方に向かい，プレストル・イォハンの地に入ろう。

1）Egregaia/Egrigaia：額哩合牙，也里海牙，現寧夏 Ning-hsia。　2）Calacian：阿剌篩 Alashan（賀蘭山），寧夏の都市中興府，現銀川。1256 年江上波夫らによってそこに安西王府跡地が発見された。

74　テンドゥク（天徳軍）

74　大センドゥク[1]地方について述べる

　センドゥクは東の方の一地方で，町や城市がいっぱいある。グラン・カンのもとにあるが，プレストル・イォハンの子孫がグラン・カンのもとにあるからだ。主たる市はテンドゥクという。この地方では，プレストル・イォハンの血筋の一人が王で，彼もやはりプレストル・イォハンである。彼の名はジョルジェ［ゲオルギス］[2]。彼はその地をグラン・カンに代わって領有している。しかし，かつてプレストル・イォハンが領有していた全部ではなく，そのいくつかの部分である。しかしいいですか，グラン・カアンは常に，ここを統治するプレストル・イォハンの血統である王に自分たちの娘や親族を与えてきたのです[3]。

　この地方には，アズル［ラピスラズリ瑠璃］が作られる石があり，大量にあって良質である。とても質のよいラクダの毛の織物がある。家畜と土地から収穫する作物で生きる。さらに，商売や職人仕事もいくらかする。

　統治権は，すでに述べたようにキリスト教徒にある。しかし多数の偶像崇拝者と，マオメットを崇拝する者たちがいる。アルゴン[4]と呼ばれる種類の人々がおり，フランス語で混血種を意味する。すなわち二種類の人間，偶像を崇拝するテンドゥクの者とマオメットを崇拝する者の血統である。彼らはこの国の他の者たちより美しくより賢く，より商人である。

　この地方に，プレストル・イォハンがタルタル人とこれらの地方と周囲の国々を全て支配していたときの本拠地があったことをご承知ありたい。その子孫がまだここに住んでいる。その名を挙げたかのジョルジェは，お話ししたようにプレストル・イォハンの血筋の者で，プレストル・イォハンの後6代目の君主である。ここはまた，我々の国でゴゴとマゴゴ［ゴグ・マゴグ］と呼んでいる地である。しかし彼らはそれをウングとムングル[5]と呼ぶ。この地方のそれぞれに一種類の民がおり，ウングにはゴグが，ムングルにはタルタル人が住んでいたのである。

　この地方をカタイの方へ東へ7日行程騎行すると，たくさんの町や城市があり，マオメットを崇拝する者と偶像崇拝者，それにネストリウス派キリスト教徒がいくらかいる。商売と職人仕事で生きる。つまり，見事なナシシとナック[6]と呼ばれる金の布と，多くの種類の絹の布が織られる。我々が多くの種類の毛織物をもっているように，彼らは多くの種類の金と絹の織物をもっている。グラン・カアンのもとにある。

　シンダチゥ[7]という市があり，その町ではあらゆるものの職人仕事がいっぱい行われ，軍に必要な装備品が作られる。またこの地方の山にイディフ[8]という所

があり，そこにはとても良質の銀鉱があって，銀が豊富にある。獣と鳥の猟がいっぱいある。

　この地方と市を発って3日行程行く。するとチャガンノール[9]という市があり，そこにはグラン・カアンのものである大宮殿がある。つまり，グラン・カンはその市のこの宮殿に好んで暮らすことをご存じありたい。湖や川がたくさんあって，そこには白鳥がいっぱいいるからだ。また綺麗な草原があり，鶴や雉や鶉やその他多くの種類の鳥がいっぱいいる。そこでできる素晴らしい鳥猟のために，グラン・カンはそこに好んで留まって愉しむ。つまり，オオタカやハヤブサで鳥猟をし，大きな喜びと楽しみとともにたくさんの鳥を捕える。五種類の鶴[10]がおり，それについてお話ししよう。一種類はカラスのように真っ黒で，とても大きい。もう一種類は真っ白である。これはとても美しく，羽根に全て孔雀のような丸い目がいっぱいあるが，しかし色はとても輝く金色である。頭は紅色と黒，首のところは白で，他よりもずっと大きい。3番目の種類は，我々のと同じである。4番目は小さい。耳のところにとても綺麗な長い紅と黒の羽根が付いている。5番目の種類はすっかり灰色である。頭はとても格好の良い紅と黒で，とても大きい。

　この市の後に渓谷があり，グラン・カアンはそこに小屋をいくつも作らせ，その中に我々が大鶉と呼ぶヤマウズラを大量に飼わせている。この鳥の番のために何人も人を住まわせているが，ものすごく大量にいるから，見るだに驚きである。グラン・カアンは，ここにいる時とこの地域に来た時は，この鳥を欲しいだけいくらでも手にする。ここを発って，北と北東の間を3日行程行こう。

1) Senduc/Tenduc：テンドゥク天徳軍，現帰化城。　　2) Giorgie：オングト部族長闊里吉思 Georgis ゲオルギス。モンテコルウィーノによって改宗したのはこの王（cf. VIII「書簡 II」）。1298/99 年頃カイドゥの軍と戦って没した。　　3) この地のオングト部族は，1204 年チンギスがナイマン部を討ってモンゴル全体を制覇した時彼に味方し，その功により陰山山脈のこの地を安堵され，また皇女を娶わせてもらいその後も代々通婚してきた。この王ゲオルギスも裕宗チンキムの娘（前妻）と成宗テムルの娘（後妻）を娶って，いわゆる駙馬王となっていた。　　4) Argon：Tur. Arɣun〈混血種〉阿魯温・阿魯渾（『元史』），ウイグル近傍の種族。5) Ung et Mungul：Ung は Ongut オングト，Mungul は Mongol モンゴルを当て嵌めたもの。6) nascisi et nac：納失失・納失思・納石失（金錦）・納赤惕 nacid（金緞子）と納忽惕 naqud（渾金緞子）。　　7) Sindatui：宣徳州 Süan-te-chou, 現宣化。　　8) Ydifu：不詳。9) Ciagãnnor：察罕脳児 Cha-gan-naor，チャガンノール湖畔行宮。　　10) grues〈鶴〉：白鳥や鴨のこと。

75　シャンドゥ（上都）

75　チャンドゥ[1]市とグラン・カンの驚くべき宮殿について述べる

　上に名を挙げた市を発って3日行程行くと，チャンドゥという市がある。これ
は，クブライ・カアンという名の現在統べているグラン・カンが造らせたもので
ある[2]。その市にクブライ・カンは，大理石と石のとても大きな宮殿を建てさせ
た。広間と部屋はすべて金箔が貼られている。まさに驚くべく美しく，また巧み
に作られている。この宮殿を周囲土地16マイルも壁が取り巻いており，中には
泉や水流や草原がいっぱいある[3]。またグラン・カアンはそこにあらゆる種類の
獣，すなわち大鹿・鹿・ノロジカを飼っている。この地の小舎に飼っているシロ
ハヤブサやオオタカに食べさせるためで，シロハヤブサは200羽いる。そして彼
自ら，毎週一度小舎に見に行く。グラン・カアンはよく，壁で囲まれたこの草原
に行き，馬の背に一頭の豹を載せていく[4]。そして望むときにそれを放し，大鹿
か鹿かノロジカを捕まえ，鳥小舎に飼っているシロハヤブサに与えさせる。彼は
これを自分の喜びと楽しみのためにする。

　壁を巡らせたこの草原の真ん中に，グラン・カンは大宮殿を建てたこともご存
じ下さい。それはすべて葦でできているが，中はすっかり金箔が貼られ，獣や鳥
の絵がとても精細に描かれている。屋根もすべて葦でできているが，とても巧く
しっかりと上塗りされているから，どんな雨もこれを損なうことはない。どのよ
うに葦でできているかお話ししよう。本当の話，この葦は太さ3パーム以上，長
さは10から15パスあるのですよ。それを節から節まで真ん中で断ち割り，こう
して瓦が作られる。とても太くまた大きいこの葦［竹］で家を葺き，最初からす
っかり造ることができる。上にお話ししたこの宮殿は全て葦でできているのです。
グラン・カアンはこれをとても整然と造ったので，いつでも望むときに取り除け
さす。というのも，200本以上の絹の索で支えられているからだ。

　いいですか，グラン・カアンはそこで年の3か月，6月・7月・8月を過ごす
のですよ。その時期そこで過ごすのは，暑くないのと，大きな楽しみのためであ
る。今お聞きになったこの3か月，グラン・カアンは葦でできたこの宮殿を建て
ておき，一年の他の月はこれを取り壊す。とても整然と作られているから，好き
なように建てたり取り壊したりできる。

図5　上都遺址鳥瞰写真（左下が北）

　8月28日になると，グラン・カアンはこの市と宮殿を発つ。毎年その日だが，どうしてかお話ししよう。実は，彼は雪のように白く他の色は一切ない白い馬と白い仔馬の大群を有しており，その数は大変なもので，仔馬は1万頭以上いる。この仔馬の乳は，皇室の家系の者，すなわちグラン・カアンの家系の者でなければ誰も飲もうとしない。ただし，もう一種の人々はそれを飲んでもよく，彼らはホリアト［オイラト］と呼ばれ，その名誉はチンギス・カンが，かつて彼らが彼とともに挙げた勝利のために与えたものである5)。またいいですか，この白い動物が草を食みながら通るとき，それに大変な敬意を表するから，貴顕がそこを通っていても，この動物の中を通ることはせず，それが通るまで待つか，ずっと先まで行って通るだろう。星占い師と偶像崇拝者がグラン・カアンに，霊がこの乳を飲めるよう毎年8月28日に空中と地面に撒くよう言ったのだ。偶像崇拝者は，霊が彼の全てのもの，男と女・獣・鳥・穀物その他あらゆるものを守るよう，霊がそれを飲む必要があると言う。

　そしてグラン・カアンはここを発って別の所に行くのだが，その前に忘れていた驚異を一つお話ししよう。いいですか，グラン・カアンがこの宮殿にいて，雨が降ったり曇ったり悪天候だったりすると，彼は有能な星占い師と有能な魔術師を抱えているから，彼らはその知識と魔術でもって，雲や悪天候がすっかり宮殿の上から去るようにするのですよ。かくして宮殿の上には悪天候はなく，悪天候は全く別のところに行く。これをするその賢者たちはテベト［チベット］とケス

ムル［カシミル］と呼ばれ，彼らは偶像崇拝の二つの種族の人々である。彼らは他の誰よりも悪魔と魔法の技に通じている。それを彼らは悪魔の術でするのだが，偉大な聖性と神の業によってなすのだと他の者たちに信じ込ませる。今話したこの者たち自身が，今からお話しするような風習を持っている。すなわちいいですか，一人の者が支配者によって死に処せられて殺されると，彼らはそれを手に入れ，料理させて食べる。しかし，自然に死んだのであれば，決して食べない。

　全く本当のことながら，上に述べたこれほど魔術に通じているこのバクシ［博士ラマ僧］たちは，今からお話しするような大変な驚異をなすことをご存じありたい。すなわちいいですか，グラン・カアンが大広間で食卓に着いていて，食卓は高さ8キュビット以上もあるが，杯が広間の床の真ん中に，食卓から10パスも離れており，杯に葡萄酒や乳や他の美味しい飲み物がいっぱい入っていると，バクシという上に述べたこれら有能な魔術師たちは，その魔術と技でもって，誰も手を触れないのにいっぱい入ったその杯が，それが置かれてあった床から独りでに持ち上がり，グラン・カアンの前に向かってゆくようにさせる。それを1万人が見ている前で行うのだが，これは全く本当のことで決して嘘ではない。また，この賢者たちは巫術もよくできることを言っておこう。

　さらにいいですか，このバクシたちは彼らの偶像のお祭りが来ると，グラン・カンのところに行き，「殿，我々のこれこれの偶像のこれこれの祀りが来ました」と言い，自分たちが望むその偶像の名を挙げる。そして言う，「ご承知ください，殿様，もし捧げ物と犠牲をもらわなければ，この偶像は悪天候をもたらし，我々のものと家畜と穀物に損害をもたらすことができます。それゆえ殿様，黒い頭の羊と香とアロエの木［香木］とこれこれとしかじかをしかるべく我々に授けてくださるようお願い申し上げます。それらが我々と，我々の体と獣と穀物を保護するよう，我々が偶像に偉大な誉れと大きな犠牲を供えることができるようにするためです」。このバクシたちは，グラン・カアンの周りにいる重臣と権限を持った者たちに言う。すると彼らがそれをグラン・カアンに言い，かくして自分たちの偶像の祀りを祝うために要求したものをすべて手に入れる。要求したものが全て手に入ると，これらバクシたちは，盛大な歌と祭礼でもって自分たちの偶像のお祝いをする。すなわち，それをあらゆるよい香料でよい香りをつけ，肉を料理させ，それを偶像の前に置き，その汁をあちこちに撒き，かくして偶像はその欲するものを得たのだと言う。このようにして彼らは，その祀りの日に自分たち

の偶像を称えるのです。

　つまり，偶像は我々のと同じようにそれぞれ，その名前のついた祭礼を持っていることを本当にご承知下さい。すなわち，彼らはとても大きい僧院と修道院を持っており，いいですか，小さな町ほどもある大きな僧院があって，そこには彼らのしきたりによるところの修道僧が2千人以上おり，彼らは他の者たちより真面目な服装をしているのですよ。頭と髭を剃っている。かつて見られたこともないような盛大な歌と灯りでもって自分たちの偶像に盛大な祭礼をする。またいいですか，これらバクシの中には宗派によっては妻をもってもよいような者もいるのですよ。それを娶り子供をたくさん持っていることからして，実際にそうしている。

　さらにまたいいですか，センシン［先生，道教僧］と呼ばれるもう一つの種類の聖職者がおり，彼らはその慣わしによって非常な禁欲の者たちで，今からお話しするような厳しい生活をしているのですよ。全く本当の話，彼らは一生を通じて麩，すなわち糠，すなわち粉の後に残る殻しか口にしないことをご存じ下さい。実際，彼らはその麩つまり糠を取り，それを熱湯に入れ，しばらくそのままにして置く。そしてその後食べる。年に何度も断食し，今お話しした麩以外に決して何も食べない。彼らは大きな偶像をいっぱい持っており，あるときは火を崇拝する。いいですか，他の修道僧たちは，これほど厳しい禁欲のうちに生きているこの連中はパタリン［異端者］のようだ，なぜなら偶像を自分たちのように崇拝しないからだ，と言う。しかし彼らの間，つまり一つの宗派ともう一つの宗派の間には大きな違いがある。後者は決して妻をめとらないだろう。頭と髭を剃っている。黒と青の麻の着物を着る。もし絹でも，今言った色にして着るだろう。藁，すなわち筵の上で寝る。彼らはこの世の誰よりも厳格な生を送る。彼らの僧院の偶像は全て女性である，つまりどれも女性の名前をもっている[7]。

　さてこれはこれくらいにして，全タルタル人の君主の中の最大の君主，すなわちクブライといういとも偉大なグラン・カンの偉大な事績と驚異について述べることとしよう。

図6　「元世祖出猟図」（1280年劉貫道画，部分，台北故宮博物院）　狩のお供の
　　　者たちは鷹匠や猟犬匠の阿速衛（アラン人）か

り，さらにその外に一辺 2218 m の外城が取り囲む。ただし外城は，内城全体を取り囲んで
いるのではなく，西および北だけであった（図5）。内城と外城北辺の間（御苑）は草地で，
小川や泉があって動物が放牧され，天幕式の宮殿が組み立てられていた。その外には狩の行
宮，東涼殿と西涼殿があった。　　4）Cf. 図6「元世祖出猟図」。　　5）クドカ・ベキに率い
られたオイラト族は，1208年秋ナイマン族・メルキト族に対する戦いでチンギス・カン側に
付いて勝利し，その功によりチンギス家の駙馬となり，特権を得た。　　6）この章は，今は
廃墟となって何も残らぬ上都の詳細を伝えるほぼ唯一の記事として知られる。　　7）意味不
明。R にはないことからして，F の写字生の加筆が疑われる。

III　グラン・カンとカンバルク（大都）

76　クビライ・カアン

76　クブライ・カアンという現在統べているグラン・カアンの全ての事柄につい
て述べる。また彼はいかに宮廷を営んでいるか，いかにその民を大いなる正
義のうちに統治しているかについて述べる。さらにその征服について語る

さてこれから本書において，クブライ・カアンという現在統べているグラン・
カアンの全てのいとも偉大なる事柄と全てのいとも偉大なる驚異を語ることを始
めたい。それは，我々の言葉で君主の中の大君主という意味である。彼は確かに
その名に値する。なぜならこのグラン・カンは，人々と土地と財宝において我ら
が始父アダムより今に至るまでこの世にあった，のみならず今ある誰よりも強大
な人間であることは，誰もが正しく知っているからである。それが真実のことで
あることを，私が本書で全てはっきりと皆さんにお示ししよう。そうすれば誰も
が，彼がかつてこの世にあった，のみならず目下ある最大の君主であることを納
得するだろう。どのようにか，その理由をお示ししよう。

77-80　ナヤンとの戦い

77　グラン・カアンと叔父ナヤン[1]王の間であった大戦について述べる

さて皆さん，彼はチンキンス・カンの直系の皇統であり，全タルタル人の君主
たるもの当然ながらその家系の者でなければならないことをしかとご承知下さい。
このクブライ・カンは6代目[2]のグラン・カン，すなわち全タルタル人の6番目
の大君だということです。彼はクリストが生まれて1256年に支配を手にし，そ
の年に統治し始めたことをご存じ下さい。また彼は，支配をその力と勇敢さと優

れた知恵によって手にしたことを知って下さい。というのは，親族や兄弟は彼からそれを守ろうとしたけれども，しかし彼はそれを偉大な勇敢さで手にしたからです[3]。また，その支配は正当に直接彼に来たったことをご承知下さい。統治し始めてから1298年の今の時点まで42年，歳はゆうに80と5かもしれません[4]。君主になる前，何度となく全ての戦に出陣し，武に勇敢で優れた武将でした。しかし，君主になってからは一度しか戦に行っていないのです。それは1286年のことで，どうしてかお話ししよう[5]。

実は，ナイアンという名でクブライ・カアンの叔父だった者がいた。彼は若者だったが，多くの土地と地方の支配者にして君主で，40万の騎兵をゆうに集めることができた。彼の父祖はかつてグラン・カアンの下にあった。彼自身もグラン・カンの下にあった。ところが今お話ししたように，彼は30歳の若輩だったが，自分がゆうに40万の騎兵を陣に配することができるほどの大君であることを見た。彼は，もはやグラン・カンの下にありたくない，できようものなら彼から支配を奪いたいものだと言った。それでこのナイアンは，大君主であり力がありグラン・カンの甥であったが彼に叛旗を翻しひどい災厄を願っていたカイドゥ[6]に使者を送った。ナイアンは彼に，自分は一方からグラン・カアンを攻め，もう一方から彼が来て，彼から領土と支配を奪おうと伝えた。するとカイドゥは，それは望むところだ，定めた時期に兵でもって十分に準備しておく，そしてグラン・カアンを攻めるだろうと言った。彼は10万の騎兵を集めて陣に率いる力が十分にあったことをご承知ありたい。で，何を言おうか。これら二人の君侯すなわちナイアンとカイドゥは，軍備を整え，グラン・カアンを攻めるべく騎兵と歩兵の大軍を作った。

1) Nayan/Naian：乃顔（?-1287），チンギス・カンの弟テムゲ・オッチギンの玄孫。クビライの叔父ではなく従孫。　2) Cf. Ch. 69「歴代カアン」。　3) 即位時にあった末弟アリク・ブカとの抗争のほのめかし。彼の名は全編一度も現れない。　4) 1215年生，1292年没，したがって筆者はその死を知らなかったし，その後訂正されなかった。　5) 東方三王家の王侯たち，オッチギン家のナヤン，カサル家のシクドゥル，カチウン家のカダンが，オゴデイ家のカイドゥと結んで1287年4月反乱を起こしたが，6月には鎮圧され，ナヤンは死に処された。史上ナヤン・カダンの乱として知られる。　6) Caidu：Quaidu 海都 Hai-dou。

78　グラン・カアンはいかにナヤンに向かって行ったか

　そのことを知ってグラン・カアンは決してあわてず，聡明にして大勇の人らしく兵の用意を整えた。そして，この二人の裏切り者にして不忠義者を惨い死に至らしめずには，王冠を戴くことも領土を有することも断じて望まぬと言った。グラン・カアンは全ての準備を 22 日間でひそかに整えたので，彼の顧問の者以外誰も気づかなかったことをご存じありたい。彼は 36 万もの騎兵と 10 万もの歩兵を集めた。次の理由から，ごくわずかな兵を作っただけだった。すなわち，これらは彼の側にあった軍の者たちだった。12 あった他の軍は，それはものすごい数だったが，いくつもの地で領土を征服するために遠く遠征していたので，その時と所に間に合わなかった。もし彼が全軍を編成していたならば，望むだけの騎兵を集めることができただろうし，その数は信じることも聞くこともできないほど多数になったことであろう。彼が集めたこれら 16［36］万の騎兵は，鷹匠その他彼の周囲にいた者たちだった。

　グラン・カアンは上に述べたこのわずかな兵を整えると，敵に勝利してよき結末に至るか，自分の星占い師に見させた。彼らは，彼が敵を望みどおりにするであろうと言った。それでグラン・カアンは全兵を率いて出発した。そして 20 日で，ナイアンが 40 万騎にのぼる全軍とともにあった大平原にやって来た。そこに彼は，ある日朝早くやって来たのだが，それは次のようなやり方だったので，敵は全く知らなかった。つまりグラン・カアンは，捕まらずしては誰も往き来できぬよう，全ての道を塞がせたのである。これが，敵が彼らの到来に気付かなかった理由だった。また言うと，彼らがそこに到着したとき，ナイアンは自分のテントの中で妻と寝床にあり，とても愛していたので彼女と娯しんでいた。

79　グラン・カアンと叔父ナヤンの戦について始める

　で，何を話そうか。戦いの日の夜明けが来ると，ナイアンがテントの中にいた平原にある丘の上にグラン・カアンが現れた。ナイアンは，まさかそこに兵が襲って来ようとは思いもよらぬ者らしく，すっかり安心して過ごしていた。これが，彼がそれほどすっかり安心して過ごし，陣営を守らせることなく，前にも後ろにも偵察を立てることのなかった理由だった。グラン・カアンは，4 頭の象の上に据えた輿に乗って，今言った丘の上にあった。頭上高く旗を掲げていたので，どこからもよく見えた。彼の兵は皆 3 万に編成され，一瞬のうちに陣地をすっかり

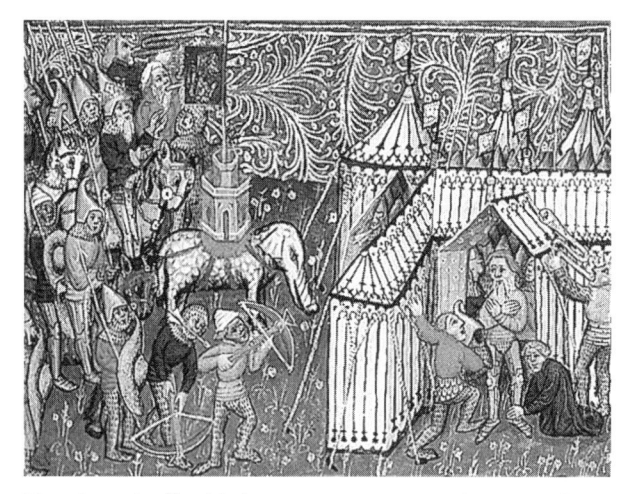

図7　ナヤンとの戦い (1)（OBL Ms. Bodley 264, f. 236r）テントの中のナ
ヤンに迫るクビライ軍

取り囲んだ。騎兵それぞれに一人の歩兵が，槍を手に馬の尻の後ろにいた。今お
聞きになったようなふうに，グラン・カアンは兵とともに，彼らと戦うべくナイ
アンの陣の周りを部隊で取り囲んだ［図7］。

　ナイアンとその兵は，グラン・カアンを兵ともども陣の周りに見て，皆びっく
り仰天した。彼らは武器に駆け寄った。すぐに準備を整え，整然とうまく隊伍を
組んだ。双方の準備が整い攻撃することしかなくなると，多数の楽器と多数の笛
が鳴り，大声で歌を歌うのが見られ聞かれた。というのもご承知ありたいが，タ
ルタル人の習慣は次のごとくだからである。すなわち，彼らが戦うべく整列し隊
伍を組むと，ナッカル[1]──それは隊長たちのものなのだが──が鳴るまで待つ
のである。そしてナッカルが鳴っているあいだ，タルタル人はほとんど皆楽器を
鳴らし，歌を歌う。これは，楽器を鳴らし歌を歌うことは，どちらにとってもと
ても重要なことだからだ。

　双方の兵が皆すっかり整列すると，グラン・カンの大ナッカルが鳴り始める。
そのナッカルが鳴り始めるや否や，遅滞することなく弓・刀・棍棒・数本の槍を
手に，互いに相手に向かって突進する。一方，歩兵は石弓や他の武器をいっぱい
持っている。で，何を話そうか。ひどく残酷で凶暴な戦を始める。今や矢が，空
中がそれですっかり一杯になって，まるで雨のように飛ぶのが見られる。今や，
騎兵と馬が死んで地に倒れるのがしきりと見られる。叫び声と喧騒はかくも大き

く，雷神も聞こえぬほど。ところで，ナイアンは洗礼を受けたキリスト教徒で，この戦いで幟の上にクリストの十字架を付けていたことをご存じください。

　どうして私は長話をしているのだろう。ご存じありたい，全くもってこれはかつて見られた最も危険で最も無慈悲な戦いだったことを。今の世にこれほど多くの兵，とりわけ騎兵が一つの戦場にあったことはなかった。双方ともに，目にして驚くべき多数の人間が死亡した。しかし最後に，グラン・カアンがこの戦いを勝利した。ナイアンとその兵たちは，もはや持ち堪えられぬのを見て，逃走し始めた。しかしそれは無駄であった。ナイアンは捕えられ，彼の君侯と兵は皆武器をもってグラン・カンに降ったからである。

　1）naccar/nacar：ナッカル，モンゴルの打楽器。

80　グラン・カアンはいかにナヤンを殺させたか

　グラン・カアンはナイアンが捕えられたのを知ると，彼を死に処すよう命じた［図8］。で，彼はこれからお話しするような形で死んだ。すなわち，一枚の絨毯に巻かれ，そこであちこち激しく殴られて死んだ。そのような形で彼を死なせたのは，次のためだった。すなわち，皇統の血が地上に流れることも太陽と空気がそれを目にすることも，望まなかったからである。

　今お聞きになったようにしてグラン・カアンがこの戦に勝利すると，ナイアンの兵と君侯は皆〔グラン・カアンに降伏し，忠誠を誓った。彼らは四つの地方からだった。皆さんに〕その四地方の名を挙げよう。第1はチョルチャ，第2はカウリ，第3はバルスコル，第4はシチンティンジゥ1）だった。

　グラン・カアンがこうしてこの戦に勝利した後，そこにいた人種，サラセン・偶像崇拝者・ユダヤ，それに神を信じぬその他多くの人々は，ナイアンが流旗の上に掲げていた十字架を嘲笑した。そしてそこにいたキリスト教徒に向かって言った，「お前たちの神の十字が，キリスト教徒だったナイアンをどのように助けたか見るがいい」。彼らがひどく嘲笑いからかったので，彼らはグラン・カアンのところに来た。これを聞いてグラン・カンは，彼らの前でそれを嘲笑った者に悪く言った。次いで，そこにいた多くのキリスト教徒を呼び集め，彼らを慰め始めて言った，「そなたらの神の十字がナヤンを助けなかったのなら，それは大いに理由のあることだ。なぜなら，それは善なるものであるから，善くまた正しく

図8　同(2)（Ibid., f. 236v）クビライの前に引き立てられたナヤン

なければ，そうするはずがないからだ。ナイアンは自分の主君に背いた不忠義者にして裏切り者であり，そのため彼に起こったことは全く当然なのだ。そなたらの神の十字も，正義に反する彼を助けなかったのだから，正しかったのだ。なぜなら，それは善なるもので，善きこと以外するはずがないのだから」。キリスト教徒はグラン・カンに答えた，「偉大なる殿，と彼らは言った，まさに真実をおっしゃっている。なぜなら十字架は，自分の主君に対する裏切り者で不忠義者だったナイアンがしたように，悪いことや忠義でないことはしようとせぬからです。彼はまさしく相応しかったものを得ました」。このようなやりとりが，ナイアンが幟の上に掲げていた十字架をめぐってグラン・カンとキリスト教徒の間であった。[2]

1）Ciorcia：女真族の地（満州東北部）。Cauli：高麗 Cao-li, 朝鮮。Barscol：不詳だが，バルギズ地方（バイカル湖西岸）か。Sichintingiu/-gui/-gin：シリンジュ Silingiu（西寧 Ch. 72）か（-chintin- は同音反復，cf. R *Sitingui*）。　　2）ナヤンがキリスト教徒であったことを伝えるのは本書のみ（その可能性は高いとされる）。ルスティケッロによって大きく物語化されているが，ナヤンとの戦についての最も詳しくまたほとんど唯一の描写として知られる。

81　勅命の牌（パイザ）

81　グラン・カアンはいかにカンバル[1]市に帰ったか

　グラン・カンは，今お聞きになったようにしてナイアンを敗ると，首都カンバルクに戻った[2]。そしてそこで大いに楽しくにぎやかに過ごした。王でカイドゥという名のもう一人の君侯は，ナイアンが敗北して死亡したと聞いて大いに嘆いて戦に向かわず，ナイアンと同じようになることをひどく心配し恐れた。今皆さんは，グラン・カンがなぜこの時しか出陣しなかったかお聞きになった。他の必要時や戦には息子や諸侯を派遣するからだ。しかしこの時は，自分自身以外の誰が行くことも望まなかった。かの者の傲慢は余りにも重大で悪いことと思えたからである。さて，このことはこれで措き，グラン・カアンの偉大な事柄の話に戻ろう。

　彼の血統と年齢についてはすでに述べた。今度は，彼が戦で立派に行動した武将に対してなすこと，および卑怯で臆病だった者に対してなすことをお話ししよう。いいですか，立派な働きをした者には，百人の長だった者は千人の長にし，銀杯と指揮の命令の牌［パイザ］を授けるのですよ。すなわち，百人の指揮をもつ者は銀の牌を，千人の指揮をもつ者は金か銀に金を被せた牌を，一万人の指揮をもつ者は獅子頭の金牌をもらう。この牌の重さをお話ししよう。百人と千人の指揮のそれは，120 サジュ[3]の重さがある。獅子頭のそれは 220 サジュの重さがある。これら牌のどれにも命令が記されており，次のようにある，「偉大なる神と我らが皇帝に授け給うた偉大なる恩寵の力により，カアンの名の讃えられてあれ。して，彼に服さぬ者皆斃され滅ぼされん」[4]。さらに，これら牌を持つ者は皆，その指揮において行うべき全てのことを記した勅許状[5]も持っていることを言っておこう。

　さて，以上のことを述べたが，同じことについてさらにお話ししよう。すなわち言うと，十万人の大指揮権をもつ者，あるいは一般に一大隊の指揮者である者，これらは重さ 300 サジュの金牌を持つ。そしてそこには，上に述べたのと同じ言葉が記されてある。牌の下部には獅子が象られ，上部には太陽と月が描かれている。さらにまた彼らは大命令と大事柄の勅許状をもっている。この高位の牌を持つ者は，勅命により，馬に乗るときはいつもその大権の印に頭上に天蓋をかざさ

なければならないことになっている。また座るときはいつも，銀の床几に腰掛けなければならない。さらに次の者に大君は，シロハヤブサの牌[6]を授ける。この牌を彼は，自分自身と同じ充分な権限をもつように，きわめて高位の君侯に授ける。すなわち，使者や他の者を派遣したいとき，望むなら王の馬を使うことができる。このように王の馬のことを言ったのは，他の誰からでも取ることができることを皆さんがお分かりになるようにするためである。

　さて，このことはこれでおき，グラン・カンの容姿と容貌についてお話ししよう。

1）Canbalu/Canbaluc：カンバリク（大都），現北京。　　2）この戦でのクビライの上都出発は1287年5月13日，6月下旬シラムレン流域でナヤンを捕縛し，8月7日上都に凱旋，9月下旬までそこに逗留した。Rにはこの後に，クビライの宗教観についての長い記事があるが，ルブルク（Ch. 34）のモンケのそれと共通するところがある。　　3）saje：It. saggio より，約47グラム。　　4）Cf. シベリア出土の銀牌「永遠なる天の力によりて。カアンの御名を神聖ならしめよ。畏怖せざるものは罰せられ，殺さるべし」（佐口：83-4）。　　5）執把聖旨のこと（愛宕：I, 193）。　　6）海青牌，通常は駅站を走る急使に与えられた。

82　容姿・宮廷

82　グラン・カンの容姿について述べる

　クブライ・カンと呼ばれる君主の中の大君は，容姿は次のごとくです。大きさはちょうどよく，小さくも大きくもなく，中くらいの大きさで，かっこよく肉が付いている。四肢は全てとても形よい。バラのように白と紅色の顔をしている。目は黒く美しい。鼻は形よくうまく据わっている。

　4人の夫人があり，常に正妻として遇している[1]。これら4人の夫人から得た長男は，グラン・カアンが死亡すると，当然帝国の君主となるはずである。彼女らは皇后と，それぞれその名で呼ばれる。これら妃はそれぞれ自分の宮廷を営んでいる。300人のとても美しく愛らしい娘たちを有していないものはいない。多数の宦官の召使と他にも多くの男女をもっている。こうしてこれら妃のそれぞれが，自分の宮廷に1万もの人間を抱えている。彼は，この4人の夫人の誰かと伏したい時はいつも自分の部屋に来させ，時にはその夫人の部屋に行く。

　さらに，多数の側室があるが，どのようにかお話ししよう。実は，ウングラッ

ク［オンギラト］というタルタル人の一種族があり，とても綺麗な人々である。毎年，その種族全てで一番綺麗な娘が百人選ばれ，グラン・カンのところに連れて来られる。そして，彼女らを宮殿の婦人に預け，よい息をしているか調べるために，また生娘であらゆる点で健全であるか調べるために，彼女たちと一つの床で寝させる。〔そして，あらゆる点で美しく良く健全な者が〕これからお話しするように君主に仕えることになる。すなわち，3日と3晩ごとにこれらの娘の6人が，部屋と床と必要な全てのことにおいて君主の世話をする。グラン・カアンは彼女たちに自分の望むことをする。3日と3晩の終わりに別の6人の娘が来る。こうして一年中，3日3晩ごとに娘が6人ずつ交代する。

1）4人というのはオルダの数で，妃は『元史』では前後7人，正皇后はチャブイ。

83　息子たち

83　グラン・カンの息子たちについて述べる

　さらにまた，グラン・カアンはその4人の夫人から22人の息子をもうけていることをご存じありたい。長子は優れたチンキン・カンへの愛からチンキン[1]という名で，この者がグラン・カアンにして全帝国の君主になるはずだった。ところが彼は死んでしまった。しかし，テムル[2]という名の息子が一人残っている。このテムルがグラン・カアンにして君主となるはずで，これは，グラン・カアンの長男の息子だったことからして当然である。また，このテムルは聡明にして勇敢で，すでに何度も戦で功を立てたことを言っておこう。

　またグラン・カンは，側室たちからさらに25人もの子供を得ており，彼らは優秀であり軍事に勇敢で，それぞれ大君侯であることをご承知ください。

　さらにいいですか，4人の夫人から得た子供のうち7人はとても大きい地方や王国の王なのですよ。そして皆その統治をとてもよく維持している。彼らは聡明で勇敢だからだ。それはまことに当然で，なぜならいいですか，彼らの父グラン・カンは，かつてタルタル人の全ての種族にあった最も聡明な人物で，あらゆることを最もよく見通し，国民と帝国の最高の統治者であり，最も勇敢な人間だからだ。今，グラン・カンとその息子たちについて述べた。次に，彼がいかに宮

廷を営んでいるか，そのやり方について述べよう。

1) Cinchin：真金 Cinkim，正妃チャブイとの間の次子（1243 年生），73 年皇太子となったが，85 年没。　　2) Temur：鉄穆耳，真金の第 3 子（1265 年生），後の成祖（位 1294-1307）。

84　宮　殿

84　*グラン・カンの宮殿について述べる*

　グラン・カンはカバルクというカタイの首都に一年の 3 か月，すなわち 12 月・1 月・2 月と住まうことをよくご承知ありたい。この都に彼の大宮殿があるのだが，その様子を記すことにしよう。[1]

　まず最初に方形の大城壁があり，一辺それぞれ 1 マイル，すなわち全周 4 マイルある。とても分厚く，高さは 10 パスもある。真っ白で，胸壁が付いている。この城壁のそれぞれの角にとても綺麗で豪華な楼があって，グラン・カンの武具が仕舞ってある。弓・箙・鞍・馬の轡・弓弦や軍に必要なもの全てである。さらに〔各辺の中央に〕角のと同じような楼がある。したがって城壁全周で八つある。八つとも大君の武具でいっぱいである。しかし，そのそれぞれに一種類のものしかないことをご承知ありたい。つまり，ある楼には弓はあるが他のものはなく，〔別のところ〕には鞍があって他のものはないと，このようにそれぞれ全て一種類のものしかない。

　この城壁は，南に面した辺に門が五つある。真ん中に大きな門があるが，グラン・カンが出入りする時以外決して開かない。この大きな門の隣に二つ，それぞれの側に一つずつ小さなのがあり，他の人々は皆ここから入る。さらに一つの角の方にとても大きなのがあり，もう一つの角の方にももう一つあり，他の人々はここからも入る。

　この城壁の内側にもう一つ城壁があり，これは横に広いよりもいくぶん縦に長い。この城壁の上にも前の城壁とすっかり同じように八つの楼がある。中にはやはり大君の武具が保管されている。これもやはり前の城壁とすっかり同じように南側の辺に門が五つある。他の辺はどれも門が一つだけあり，前に述べた別の城壁もそうである。これらの城壁の真ん中に大君の宮殿〔大明殿・延春閣〕がある

のだが，今からお話しするように造られている。[2)]

　これはかつて見られた最大のものである。露台はないが，床は他の地面より10パームほど高い。天井はものすごく高い。広間と部屋の壁は全て金銀で覆われ，竜や獣や鳥や武将，その他様々な種類の動物が描かれている。天井も同じようになっている。だから，金と絵以外何も見えない。広間はとても大きく広く，6千人以上の人間が充分そこで食事できる。たくさんの部屋があり，見るだに驚きである。とても大きくまたうまく造られているから，これよりもうまく設計したり造ったりできる能力を持った者はこの世に一人もいないだろう。上の屋根は全て紅・緑・青・黄色とあらゆる色である。とても巧く丁寧に釉がかけられているから，水晶のようにきらめき，宮殿の周りのとても遠くまで光る。この屋根はとても強く丈夫に作られているから，何年ももつことをご承知ありたい。

　前にお話しした一つの城壁ともう一つの城壁の間に草地と綺麗な木々があり［御苑，現景山］，その中にいくつもの種類の珍しい動物がいる［霊園］。すなわち白い大鹿，麝香を作る獣，ノロジカ，鹿，リスそして何種類もの綺麗な動物である。城壁のあいだの土地は全て，人が通る道だけを除いてこうした綺麗な動物でいっぱいである。

　北西の方向の一角に，とても大きな池［太液池］があり，中にいくつもの種類の魚がいる。大君がそこにたくさんの種類の魚を入れさせたからである。大君は，この魚が欲しい時にはいつも好きなだけ手に入れる。またいいですか，大きな川がそこに流れ込んで出て行くのですが，とても巧く造られているから魚は全く出ることができないのですよ。これは，鉄と銅の網でもってそうされている。

　さらにお話しすると，北の方角，宮殿から弩1射程隔たったところに彼は，高さ百パス周囲1マイル以上ある盛り土すなわち山［瓊華島万寿山］を作らせた。その山は，いつの時節も葉を失わず常に緑の木がいっぱいで，すっかり覆われている。いいですか，大君は，綺麗な樹があると言われるところへはどこでも，それを全ての根と多くの土ごと取らせ，象でもってこの山に持って来させるのです。どんな大きな樹でも，彼はそうさせたでしょう。このようにして彼はこの世で最も美しい樹をここに持った。またいいですか，大君はこの山を深い緑のアズルの岩ですっかり覆わせたのです。かくして，木々は皆緑で山全体が緑である。緑のもの以外何も見えない。そのため緑山と呼ばれる。

　山の上の頂の中央に，全て緑色の綺麗な大きい宮殿［広寒殿］がある。いいで

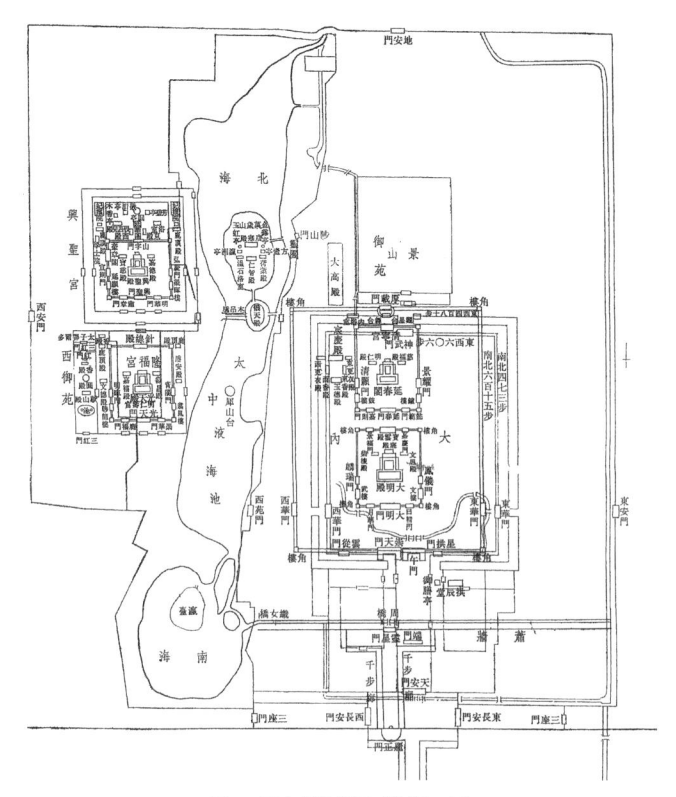

図9　元大都宮殿図（朱偰より）

すか，この山と樹と宮殿は眺めるととても美しく，これを目にする者は皆快さと喜びを感じるのです。それで大君は，この綺麗な景色を得るためと，それが彼に慰めと楽しみを与えるからこれを造らせたのです。

1) 大都は，外城・皇城・宮城の三つの城壁が廻らされていた。近代の復元図によると，①外城：周囲 28.6 km（1 マイル 1500 m として約 19 マイル）・一辺平均約 7.2 km（約 4.8 マイル），②皇城：周囲約 11 km（約 7.3 マイル）・一辺平均 2.75 km（約 1.8 マイル），③宮城：周囲約 3.4 km（約 2.26 マイル）・一辺平均約 0.85 km（約 0.56 マイル）である。実際には，さらにその内にもう一つ④壁囲い（周屋）があり，そしてその奥に⑤宮殿が鎮座していた。以下いちいち突き合わせることはしないが，その配置および門・建物等については，朱偰『元大都宮殿圖考』北京古籍出版社，1990（1936）からの「宮殿図」（図 9）参照。他に，陳高華（佐竹靖彦訳）『元の大都――マルコ・ポーロ時代の北京』中央公論社，1984；金受申（村松一弥訳）『北京の伝説』平凡社東洋文庫，2007（1976）。　　2) クビライのこの宮殿は，ⅩⅢボッカッチョ「ナタンとミトリダネス」のナタンのお屋敷のモデルとなっている。

85　大都の街

85　彼の後統治することになっているカンの息子の宮殿について述べる

　さらにいいですか，この宮殿の傍らに大君は自分のに似た何も足りないものの
ないもう一つの宮殿［太子宮隆福宮］を建てさせたのです。そうされたのは，統
治し君主となった時息子が持てるようにするためである。だから上にお話しした
グラン・カンのと全く同じように，大きくまた多くの城壁をもって造られている。
そこには，前にその名を挙げた息子チンキンが［住んでおり］，彼は君主になる
はずで，グラン・カンが死亡すると直ちに君主に選ばれるから，グラン・カンの
やり方と慣わしと行いを維持し実行している。事実，彼は帝権の勅書と印璽を持
っているが，大君が生きてある限り有しているほど完全にではない。宮殿につい
ては，これでお話しし記した。次に，この宮殿のあるカタイの大都市について，
どうして造られたかどのようにしてかお話ししよう。

　そこには実は，我々の言葉で君主の都市を意味するガリバル［カンバルク，カ
ンの都］という名の大きく立派な古い市［旧金の中都］があったのです。グラン・
カンは自分の星占い師から，その市が反逆し，帝国に対して大逆をなすに違いな
いということを知った。そのためグラン・カアンは，それの近くに間に川一つし
か隔たっていないこの都市を造らせた。そして，かの市の住民を移させ，タイド
ゥ［大都］と呼ばれるこの建設した都市に住まわせたのです。それは，これから
お話しするごとく大きいものです。[1]

　周囲24マイルあり，四角形で一辺は他の辺より大きくない。土の城壁［外城］
が巡らされ，厚さは下部で10パス，高さ20パスある。といっても，上は下ほど
分厚くはなく，基礎から上へと常に薄くなっているからで，上部は3パスほどの
厚さである[2]。すっかり胸壁があり，白い。門が12あり，どの門の上にもとて
も大きく綺麗な楼［門楼］がある。だから城壁のそれぞれの辺に，門が三つと，
さらにどの角にも楼［角楼］が一つあるから，楼が五つあることになる。これら
楼の中にはとても大きな広間があって，市を警護する者の武器が置いてある。

　またいいですか，市の道路はとても真っ直ぐでかつ広いから，一方から他方が
見通せるのですよ。また，どの門も他の門から見えるように設計されている。そ
こには綺麗な宮殿や綺麗な宿屋や美しい屋敷がいっぱいある。市の中央にものす

ごく大きい楼［鐘楼］[3]があり，その中に大きな時鳴つまり鐘があって，夜に鳴り，それが3度鳴った後は誰も町を往来しない[4]。つまりこの鐘が決まった回数鳴ると，出産する女性の用と病人の用以外は，誰も町に出ようとしない。また，その用で出歩く者は灯りを携えなければならない。またいいですか，どの門も千人の人間によって警護されるよう決められているのですよ。といっても，住民に対する恐れから護っていると考えないで戴きたい。そうではなく，その中に住む大君の名誉のためと，さらにはまた泥棒が市中で悪事を働くことのないようにそうしているのです。[5]

　さて，都についてお話しした。次に，彼がどのように宮廷を営んでいるか，その他彼のことつまり大君について述べよう。

1）以下，前章注1および前掲図8参照。　　2）近代の実測では，下辺24m・高さ12m・上辺8m。1パス pas〈歩〉は約1.5m，1マイル mille〈千〉はその千倍で約1500m。　　3）鐘楼は至元9年（1272）に建てられ，火事で焼失し1420年に再建され，現在のものはさらに1747年に竣工したものであるが，最初の形を留めている。鼓楼も同じ年に建てられているが，言及されない。　　4）夜8時（1更）に鐘が3度鳴って外出禁止となり，朝6時（5更の終わり）に3度鳴って禁止が解かれた。　　5）Rにはこの後に，1282年に起こった名高いアフマド事件の長大な記事（⑬『世界の記』pp. 199-203）があるが，他のどの版にも見えない。

86　警護・饗宴

86　グラン・カアンはいかに1万2千の騎兵に自分を警護させるか

　さて，グラン・カアンはその偉大さゆえ1万2千の騎兵に警護させることをご存じ下さい。彼らはケシタン[1]と言い，フランス語で君主の騎士にして忠義者という意味である。そうするのは誰かを恐れてのことではない。この1万2千人には4人の隊長がいる。つまりそれぞれ3千人の隊長である。この3千人は3日3晩大君の宮殿の中に留まり，そこで飲み食いする。このようにして3日3晩警護するとその3千人が去り，別の3千人が来てさらに3日3晩警護する。全員が警護するまでそうする。そしてまた最初から始まる。一年中このようにする。

　彼が催す何かの宴会でグラン・カアンが次のように卓につく時，大君の卓は他のよりずっと高く，彼は北に座り，したがってその顔は南を向く。第一夫人は彼の左隣りに座る。右側はいくぶん低く，君主の息子たち，甥，それに皇統に属す

る親族が座る。だからいいですか，彼らの頭は大君の足のところに来るのですよ。次いで他の君侯たちがさらに低い別の卓に座る。夫人たちも同じようにする。つまり，大君の息子や甥や親族の夫人たちがさらに低い左側の部分に座る。その後に諸侯や武将の夫人が皆座り，さらに低いところに座る。それぞれ君主の指令により座るべき自分の席を心得ている。またその卓は以上のようになっているから，大君は全員を見渡すことができる。それはものすごい数である。この広間の外で4万人以上が会食する。つまり，ここには多数の者が数々の豪華な贈り物を持ってやって来，異郷の地から珍しい物を持ってやって来る者がいるし，すでに権限をもらったがさらに欲しい者もいる。こうした者たちは，グラン・カアンが宴会をしたり婚礼を催したりするそうした日にやって来る。

　大君が卓につくこの広間の中央に，酒の入った大樽ほどの純金の大きい甕が一つあり，その甕の周りつまりそれぞれの角にそれより小さい甕が一つある。その大きいのから，酒かあるいはそれに入っている飲み物がこの小さい方に来る[2]。そして，酒かあるいはそこに入っている別の高価な飲み物が酌み取られ，大きい金のヴェルニク[3]に満たされる。それには8人か10人が充分に得られるほどの酒が入る。そして，卓に着いている二人の者の間にそれが一つ置かれる。この二人のそれぞれが，把っ手のついた金杯［耳杯］を一つもつ。そしてその金杯で，かの大きな金のヴェルニクから酒を酌む。二人の夫人の間にも，男たちと同じようにこの大きな〔ヴェルニク〕が一つと杯が二つある。

　これらのヴェルニクや器は大変な価値があることをご承知下さい。いいですか，大君は金銀の膨大な食器類をもっているが，これを見ずして信じられる者はいない。

　また，グラン・カンの食べ物と飲み物を毒見するのは何人もの家臣であることをご存じ下さい。いいですか，彼らは自分たちの息や匂いが大君の飲み物や食べ物に掛からぬよう，自分の口と鼻を絹と金のきれいな布でくるむのですよ。

　大君が飲むとき，あらゆる種類のものすごい数の楽器が一斉に鳴り始める。そして，大君が杯を手にすると，全ての家臣とそこにいる者皆が跪いて非常な恭謹の意を表わす。すると大君が飲み，彼が飲む度に今お聞きになったようにする。食べ物については，あふれんばかりにあることは誰が考えても当たり前なのだから，何も言いますまい。またいいですか，この食事に妻を同伴しない君侯も武将もいないけれども，彼女らは他の夫人たちと一緒に食事するのですよ。食べ終わ

図10　グラン・カンの宴会とワインの塔（OBL Ms. Bodley 264, f. 239r）

って食卓が片付けられると，その広間の大君と他の皆の前にものすごい数の芸人や曲芸士と，いくつもの種類の演し物を〔する他の者たち〕がたくさん入って来る。彼らは皆大君の前で大変な芸と遊戯をし，人々は大いに喜び大いに笑い楽しむ。そして全て終わると，人々は発ち，それぞれ自分の宿や家に帰るのです。

1）quesitam/-tain：kesikten ケシクテン，カアンの近衛部隊。　　2）この部分 F は曖昧であるが，他版には次のようにある：R「広間の中央には四角い箱のように作られた大きく豪華な造り物が一つあり……真ん中に穴が開いていてそこに樽ほどの容量の大きく高価な甕があって，その中に酒が入っている。そしてその酒が，その箱のそれぞれの隅に置かれてある小さな甕に……流れて来る」。つまり，広間の真ん中に何か箱様の人工物があってその真ん中にある大甕から四隅にある小甕に酒が自動的に流れて来る仕組みになっていた。とすると，ルブルクがモンケの宮廷で見たヴィレルムス親方の献酌の樹が思い出される（Ch. 30）。それが運ばれて来たわけではないだろうが，同じような技巧をこらしたものがあったことが推測される。後のオドリクスもイスン・テムルの宮殿で同様のものを目撃する（IX, Ch. 26）。オックスフォード・ボドレー図書館写本の挿絵では，図 10 のように描かれている。　　3）vernique：把手のないニスあるいは金塗りの壷。

87-88　生誕祭

87　グラン・カンが誕生日に行う大祭について述べる

　タルタル人は皆自分の誕生日を祝うことをご存じありたい。大〔君〕は月の暦の 9 月 28 日に生まれた[1]。その日，これの後にお話しする年の初め〔を除いて〕最大の祝祭を行う。

　さてその誕生日，グラン・カアンは延べ金の豪華な錦をまとうことをご承知ください。1 万 2 千もの家臣と武将がグラン・カンのに似た一つの色と一つの型のを彼とともに着る。それほど高価ではないが，同じ一つの色で，絹と金の布で，皆大きい金の帯をする。これらの衣装はグラン・カアンが彼らに授ける。これら衣装のあるものは宝石と同じ価値があり，その上にある真珠は金 1 万ビザンツ以上の値打ちがあることを言っておこう。そうしたものがいくつもある。グラン・カアンは，豪華な衣装を年に 13 回[2]これら 1 万 2 千の家臣と武将に与えることをご存じありたい。彼は皆に，自分のに似たとても高価な衣装を着させる。こうすることができхまた維持できる君主は彼一人の他は世界に誰もいないのだから，それがとても偉大なことであることがお分かりになるだろう。

　1）史書では 1215 年陰暦 8 月 28 日，陽暦 9 月 23 日火曜日。　2）毎月の君主の誕生日に当たる日（天寿聖節）に新年の祭礼を加えた数。

88　さらにカンが自分自身の誕生日に行う祭りについて

　またこの彼の誕生日には，世界と，彼から土地と〔統治〕を得ている全ての地方と地域の全タルタル人が，彼に盛大な贈り物をすることをご存じ下さい。それぞれそれを持って行く者に相応しい形で，また定められたところにしたがってする。ここにはさらに，他にも多くの者が盛大な贈り物を持ってやって来る。それは，自分に何か権限を授けてくれるよう頼みたい者たちである。大君は，こうした者たちにそれぞれ相応しく権限を授ける 12 人の重臣を選んでいる。この日，全ての偶像崇拝者，全てのキリスト教徒，全てのサラセン人とあらゆる種類の人々が，偶像や自分たちの神に向かって，自分たちの君主を守り長生きと歓びと健康を彼に授けるよう，長く熱心な祈りと願いを捧げる。今お話ししたようにして，この日彼の誕生の喜びと祭礼が続く。

　もうよく語ったからこれはこれくらいにして，彼が彼らの年の初めに行う，白の祭りと呼ばれるもう一つの大祭について述べよう。

89　新年祭

89　グラン・カンが彼らの年の初めに行う大祭について述べる

　実際，彼らは年の初めを二月にする。その時大君と彼の下にある者は皆，これからお話しするような祭礼をする。

　グラン・カンは家来皆とともに白いものを身に付けるのが慣わしである。男も女もそうする力があればそうする。そうするのは，白の衣装は彼らには恵みをもたらす善きものと思えるからだ。それで，一年中よいことがあり楽しく過ごせるようにと，彼らの年の初めにそれを着る。その日，彼から土地や統治を得ている全ての者，全ての地域，地方，国は，金・銀・真珠・宝石，それにたくさんの豪華な白の錦などの大変な贈り物を彼のところに持って行く。そうするのは，一年中自分たちの主君が財を手にし，喜びと幸せを得られるようにするためである。またいいですか，家臣も武将も人々も皆，互いに白いものを贈り合い，抱き合い，歓びと祝いを交すのですよ。そうするのは，一年中幸福でいいことがありますようにとのためである。

　本当の話，この日グラン・カアンにとても綺麗で立派な白い馬を 10 万頭以上も贈ることをご存じありたい。さらにその日，獣や鳥の刺繍をした綺麗な錦ですっかり覆われた 5 千頭もの彼の象がそこにやって来る。どれも背にとても綺麗で立派な櫃を二つ背負い，その中には君主の食器や白の宴のための豪華な器具がいっぱい入っている。さらにまた，やはり錦に覆われたものすごい数のラクダがやってき，この祝いに必要なものを背負っている。そして皆，大君の前を進む。これは，かつて目にされた最もすばらしい見ものである。

　またいいですか，この祭日の朝，食卓が置かれる前に，全ての王，全ての公に侯に伯，諸侯・武将・星占い師・薬師・鷹匠，その他人々や土地や軍の役人や統治者が多数この大広間のグラン・カンの前にやって来る。そこに入れない者は，宮殿の外の，大君が彼らをよく見ることのできる所に居る。そして，次のような序列になっているのですよ。全ての最初に彼の息子と甥と皇統の者。次は王，次いで公，そして次から次へと全てしかるべき順になっている。皆がそれぞれ自分の席に着くと，一人の大僧正が立ち上がって大声で言う，「お辞儀したまえ，拝みたまえ」。彼がこう言うや否やすぐに皆お辞儀し，額を地面につける。こうし

て君主に祈りを捧げ，まるで神のごとくに彼を拝む。このようにして4度[1]礼拝する。そして，とても美しく飾られた祭壇のところに行く。祭壇の上には紅色の卓が一つあって，そこにはグラン・カアンの名が書かれてある。綺麗な香炉も一つある。そしてその卓と祭壇にとても恭しく香を焚く。その後自分の席に戻る。これが全部済むと上にお話しした贈り物をし合うのだが，とても価値の高い豪華なものである。贈り物が全てなされて大君がそれに全部目をとおすと，食卓が置かれる。食卓が置かれると，人々が前の折[2]に話した順序で席に着く。つまり，大君が自分の高い卓に着き，彼とともにその左側は第一夫人が座るだけで，他には誰も座らない。次いで他の者が皆，前に話したようなやり方と順序で席に着く。貴婦人たちは皆，前に話したように皇后の側に座る。彼らは皆，前の時に述べたように食事をする。食べ終わると，前の時にお聞きになったように芸人がやってきて宴会を楽しませる。それが全て終わると，それぞれ自分の宿や家に帰る。

　これで，年の初めの白の祭典についてお話しした。今度は大君が行なったある素晴らしいことについてお話ししよう。すなわち，家臣たちに彼の決めた祭礼に来るためのさる衣装を定めたのです。

　1) Cf. VA「3度」。　2) Cf. Ch. 86.

90　祭　礼

90　祭礼に来る1万2千の家臣について述べる[1]

　大君は，君主の忠実な側近を意味するクェチカンと呼ばれる1万2千の家臣を定めたことをしかとご承知ください。彼は各人にそれぞれ互いに色の異なる13の衣装を授けたのだが，それらは真珠や石や他の高価なものでとても豪華に飾られ，とても価値高い。彼はまた，これら1万2千の家臣のそれぞれにとても綺麗で高価な金の帯を授けた。またそれぞれに，銀の糸でとても精巧に刺繍されたカムート皮[2]の靴を授けたのだが，それはとても綺麗で高価なものである。彼らは皆とても立派に美しく身を飾っているので，この衣装を着ると，だれも王のように見える。また，13のそれぞれの祭礼に，これら衣装のどれを着るか定められている。大君も家臣と同じような，つまり色が，13の衣装を持っているが，も

っと立派でより高い価値がありより巧く飾りがされている。どの時も家臣たちと同じ衣装を着る。[3]

　今，1万2千の家臣が君主からもらう13の衣装について述べたが，それらは全部で15万6千着になり，すでにお話ししたごとくとても高価で価値高いもので，これまた莫大な財宝に値する帯と靴なしでも，その価値は多大の財宝に上り，その額はほとんど数えることはできない。大君がこれすべてをしたのは，その祭礼がより誉れ高く盛大なものとなるようにするためである。

　もう一つ，本書で語るにいくらかふさわしい驚くべきと思えることをお話ししよう。何かといえば，一頭の大きい獅子が大君の前に連れてこられ，その獅子は彼を目にするやその前に身を伏せ，非常な恭しさのしるしをなし，彼を君主と分かるかのごとくなのです。そして何の鎖もなしにその前にじっとしているのですが，これはまさしく驚くべきことです。

　さてこのことはこれくらいにして，大君が行わせる大巻き狩りについて，皆さんがお聞きになるようお話ししよう。

1）「1万2千」はケシクテン近衛兵の数との混同。　　2）F *camu*, TA *camuto*, VA *chamuto*, : peau de chameau〈ラクダの皮〉，Pers. *kimuht*〈馬・驢馬の背の皮〉より。　　3）「彼は各人に……同じ衣装を着る」：この段落は大部分 Ch. 87 と重複する。

91-94　狩

91　グラン・カンはいかに人々に〔狩の獲物を送る〕よう命じたか

　大君がカタイの市に滞在する3か月のあいだ，すなわち12月・1月・2月，彼は自分のいる周囲60日行程以内の者は皆獣と鳥の狩をするよう定めたことをよくご承知ください。次のように決められ命じられた。人々と土地の統治者はそれぞれ大きい獣，例えば野生の猪・大鹿・鹿・ノロジカ・熊，その他の獣，これらは全て彼の所に運ばれること。つまりこれら大型獣の大部分である。人々は皆，今お話ししたようにして狩をする。そして，大君の下に送ろうとする獣は全て，腹の中のものをすっかり取り出さす。その後それを荷車に載せ，君主の下に送る。これは30日行程の者が行い，ものすごい量になる。60日行程以遠の者は，あまりにも長い道程だから肉は送らず，君主が武器と軍に必要なものを全て作らせる

ことができるように，処理しなめした皮を全て送る。今狩のことを述べたので，次に大君が有している猛獣について述べよう。

92　獣を捕るよう仕込まれた獅子・豹・大山猫について述べる。さらにシロハヤブサ・オオタカその他の鳥について話す

大君はまた，どれも狩をして獣を捕まえるのに優れた豹をたくさんもっていることをご存じください。また，獣を捕まえるよう仕込まれ，狩をするのがとても上手な大山猫をいっぱいもっている。彼は，バビロニアのライオンよりもずっと大きい獅子〔虎〕を何頭も持っている。とてもきれいな毛並みととても美しい色で，つまり全て縦に黒と紅と白の縞になっている。それらは，野生の猪・野牛・熊・野生のロバ・大鹿・ノロジカその他の獣を捕えるよう仕込まれている。獅子が〔捕まえる〕猛獣を見るのはとてもすばらしいことだと言おう。〔つまり獅子を連れて狩に行く時〕，それを車の上の檻の中に入れ，また子犬を一匹連れて行く〔ことをご承知ありたい〕。彼はさらに，狼・狐・鹿・ノロジカを捕るよう仕込まれ，それをたくさん捕まえる鷲をものすごく持っている。しかし，狼を捕るよう仕込まれたのはとても大きく力が強い。だから，捕まらずしてこの鷲から逃げられるほど大きな狼はいないことをご存じありたい。

これで，今お聞きになったことについては述べた。今度は，大君がどのようにものすごい量の優れた猟犬を飼わせているか述べたい。

93　猟犬を統率する二人の兄弟について語る

実は，大君には実の兄弟である二人の家臣があって，一人はバイアンもう一人はミンガン[1]という名である。彼らはクユチ[2]と呼ばれ，マスティン犬を保有する者という意味である。この兄弟はそれぞれ配下に1万人を抱え，1万人は皆一つの色の衣装を着，別の1万人は別の色，つまり紅と青を着る。大君と狩に行く時は，いつでも今言った服を身に着ける。この1万人の中に，大きいマスティン犬を1頭あるいは2頭あるいはそれ以上有する者は2千人いるから，その数はものすごいものになる。大君が狩に行くと，この二兄弟の一人は自分の1万人と5千頭もの犬とともに一方を行き，もう一人の兄弟は自分の1万人と彼らの犬とともにもう一方を行く。皆いくぶん離れて互いに隣り合って進むから，1日行程以上を占めることになる。見付かって捕まらない野生獣はいない。この狩とその犬

と狩人たちのやり方を見るのはあまりにも素晴らしいことだ。なぜならいいです
か，大君が家臣とともに野の真ん中を鳥で狩りつつ馬を進めるとき，これらの犬
が両側から熊や大鹿や他の獣を狩りながら来るのを皆さんはご覧になるが，目に
するとまことに素晴らしい眺めなのだから。

　今，猟犬を保有している者について述べた。次に，大君は残りの 3 か月をどの
ように過ごすかお話ししよう。

1) Baian は不詳，Mingan 明安はクビライの猟犬部隊の隊長（在任 1276-1303）。
2) cuiuci：Mong. *guyukci* グユクチ（貴由赤・貴赤）〈健脚者〉。

94　グラン・カンはいかに狩に行き獣や鳥を捕えるか述べる

　大君は上に述べた市に 3 か月，すなわち 12 月・1 月・2 月，留まると，三の月
にその市を発って，南へ大洋まで行くのだが，海はそこから 2 日行程ある。彼は
1 万人もの鷹匠を引き連れ，シロハヤブサを 500 羽とペレグリン鷹とセイカー鷹
を多数自分と一緒に連れて行く。さらに，沿岸で鳥猟をするために多数のオオタ
カを持って行く。といっても，全て自分のもとに一箇所に保っておくわけではな
く，100，200 あるいはそれ以上とあちこちに分散させる。これらは鳥を狩り，
捕まえた鳥は大部分大君のところに持っていく。いいですか，大君がシロハヤブ
サや他の鳥で鳥猟をするとき，二人ずつ組になった 1 万もの人間を擁するのです
よ。彼らはトスカオル[1]と呼ばれ，我々の言葉で見張りをする者を意味する。次
のようにする。すなわち，二人ずつあちこちにいて，とても広い土地を占める。
そして，鳥を呼び寄せ捕まえて置けるように，それぞれ笛を一つと頭巾を一つ持
っている。大君が鳥を放たせると，それを放した者は鳥の行くところに後を付け
て行く必要はない。上に述べた者たちがあちこちにいてよく見張っているため，
鳥は彼らが行けないような所にはどこにも行けないからである。またもし鳥を助
ける必要のある時は，彼らがすぐに助ける。

　大君の鳥は全て，また他の家臣の鳥も足に小さな銀の札を付けていて，それが
属する者とそれを保有する者の名が書いてある。このようにして，鳥は捕えられ
るとすぐ誰のものか分かり，持ち主に返される。誰のものか分からないときには，
ブラルグチ[2]と呼ばれる家臣のところに持ってゆくが，これは所有者の分からな
い物の番人という意味である。つまりいいですか，馬とか刀とか鳥とか見つけて

それが何か誰のものか分からないと，この家臣の所に〔すぐに持って行く〕。すると彼はそれを受け取って保管させる。見つけてすぐ持っていかない者は，泥棒と見なされる。また，物を失くした者はこの家臣の所に行き，そこにあれば直ちにその者に返させる。この家臣は，物を失くした者がよく見えるように，いつでも全軍の一番高いところに旗をもって留まる。このようにして，失くしても見つからずに戻ってこない物はない。

　大君が前に言った道を大洋の近くへ行くとき，その道中鳥獣を捕えることの多くの素晴らしい見ものを目にすることができる。この世にこれに匹敵する楽しみはない。大君はいつも4頭の象に乗って行く。それにはとてもきれいな木の輿があり，中は延べ金の錦ですっかり覆われ，外は獅子の皮で覆われている。大君はそこにいつも，自分の有する中で最良の12羽のシロハヤブサを置いている。そこにはまた，彼を愉しませお供をするために重臣が何人もいる。いいですか，大君が象の上のこの輿で行くとき，回りを馬で行く他の家臣が「殿，鶴が飛んでおります」と言うと，大君は輿の上を開けさせ，で鶴を目にし，自分の望むシロハヤブサを取らせてそれを放たせるのですよ。このシロハヤブサは何度も鶴を捕まえる。彼はそれをいつも床で見る。これは彼にとって大きな愉しみであり大きな喜びである。他の家臣と武将たちは皆，君主の周りを馬で行く。彼がしているようなこれほどの楽しみと喜びを〔持てる〕ものはこの世に今までなかったし，今もないと私は信じるし，またする力を有する者もないであろうということをご承知ありたい。

　しばらく行ってカッチァル・モドゥン[3]という所に来ると，そこには自分と息子や家臣や側室の帳殿が据えられており，1万以上あってとても綺麗で豪華である。彼の帳殿はどのように造られているかお話ししよう。それらはとても大きい。彼が宮廷を営む天幕は，その下に千人の武将が居ることができるほど大きい。天幕の戸口は南を向いている。その広間に家臣や他の人々がいる。もう一つの天幕がこれと接して西側にある。そこに君主が居る。誰かと話したいときは，その中に来させる。大広間の後ろに大きく綺麗な部屋があり，そこで大君が寝る。他の部屋と天幕もあるが，大天幕とは繋がっていない。つまり今言った二つの広間と部屋は，これからお話しするようになっていることをしかと分かってもらいたい。それぞれの広間に，とても上手く彫刻された香木の柱が三本ある。また外は，とても綺麗な獅子の皮ですっかり覆われている。つまり黒・白・紅の縞になってい

る。とてもきちんとなっているから，風も雨も損なったり害したりすることはできない。中は全てシロテンとクロテンの〔皮〕である。どちらも，今ある毛皮のうち最も美しいもので，最も豪華で高い価値のある毛皮である。実に，クロテンの皮は，男の衣服一着分だと上等のは金 2 千ビザンツ，普通のは千ビザンツするのですよ。タルタル人はこれを毛皮の王と呼ぶ。大きさはムナジロテンほどである。大君のこれら二つの大広間は，この二つの毛皮で張られ，とてもうまく飾られているので，見るだに驚きである。君主が寝る部屋は，それはこの二つの広間と繋がっているが，外はやはり獅子の皮で，中はクロテンとシロテンので，とても立派に整然と作られている。広間や部屋を支える索は全て絹である。これら三つの帳幕はそれほど大きな価値があり，高価なものなので，ちょっとした王では払えないだろう。この天幕の周りに，うまく組み立てられ配置された他の全ての天幕がある。君主の側室たちも豪華な帳殿を持っている。さらにまた，シロハヤブサや鷹や他の鳥や獣のための天幕もたくさんある。

　で，何を話そうか。そう，この野営地には本当にびっくりするくらいたくさんの人がいることを知ってもらいたい。実際，彼の有する最高の都市にいるように見える。あらゆる所から人がやって来ているからである。また，外から自分と一緒に家門の者を皆引き連れてきたからだ。薬師に星占い師に鷹匠，その他多数の職業の人間がやはり彼とともにいる。また，まるで彼の都の中にいるように，あらゆる物が整然としている。彼はそこに春まで，我々の復活祭頃まで滞在することをご存じありたい。その間中ずっと湖や岸辺に鳥猟に出かけることを止めず，鶴や白鳥や他の鳥をいっぱい捕る。彼の周囲のあらゆる所に広がっている人々も，獣と鳥の獲物をいっぱい彼のところに持って来る。この期間彼はこの世で最大の愉しみと歓びのうちに過ごすから，それを見ないで信じられる者は一人とてない。彼の偉大さと事績と楽しみは，私がお話しするよりはるかに大きいのだから。

　さらにもう一つのことをお話ししよう。いかなる商人も職人も村人も，鷹も狩猟用の鳥も猟犬も飼うことはしないのですよ。これは大君が住んでいるところの周囲 20 日行程以内のことで，しかし彼の領土の他の地方や地域ではどこでも，鳥や犬で狩をしたり好きなようにすることが充分できる。さらにまた，大君の統治下にある全土でどの王も家臣も誰も，ウサギ・鹿・ノロジカ・大鹿その種の獣を，数が増えるよう 3 月から 10 月までは捕ったり狩ったりすることはしないことをしかとご承知ください。これに反した者は，君主がそのように定めたのだか

ら，厳しく後悔させられることになる。また，彼の命令はよく守られているから，ウサギや鹿や今名前を挙げた動物はよく人の傍までやって来るが，手を触れることも危害を加えることもないことを言っておこう。

　今お聞きになったようにして，大君は復活祭の頃までこの地に滞在する。今お聞きになった頃までここで過ごすと，家来たち皆とともにそこを発ち，やって来たのと同じ道を通ってカンバルの都に真っ直ぐ帰るが，その間ずっと大いに楽しみ喜びながら獣猟や鳥猟をする。

1) toscaor：Turk. *tosqaul*, Mong. *tusiyal*〈見張り〉より。　　2) bularguci：Mong. *bularguci*〈逃亡者管理人〉，不蘭奚・孛蘭奚 po-lan-his〈逃亡した人口・馬匹・遺失物件の総称〉より。3) Cacciar Modun：柳林 Liu-lin（通州の南 25 km）。

95　城外地区

95　グラン・カアンはいかに大宴会を催し盛大に祝うか

　首都カンバルに来ると，彼は主宮殿に 3 日滞在するが，それ以上ではない。大宴会と豪華な饗宴を催す。夫人たちとともに大いに楽しみ，祝う。いいですか，大君がこの 3 日間に行う盛大な祝宴は，見て驚くべきものですよ。

　いいですか，この都は市内にも市外にもものすごい数の家と人があり，誰もその数を数えることはできない。市外には門と同じ数，つまり 12 の広大な城外があることをご承知下さい1)。実際，城外には市内よりはるかにたくさんの人が〔いる〕。これら城外には，商人その他所用でやって来る者たちが皆住んだり泊ったりしている。彼らはここに大量にやってくるが，それは君主のためと，市がとてもいい市場になっているため，商人や他の者たちがその用でやって来る。いいですか，これら城外にも，大君の以外にも市内と同じように綺麗な家や美しい宮殿があるのですよ。また，人が死亡しても市内には決して埋葬しないことをご存じありたい。それが偶像崇拝者なら，城外全体の外にある遺骸を焼く所に運ばれる。他の死者の場合も同じで，やはり城外全体の外に埋葬する。

　もう一つお話しすると，罪深い女たちつまり金のために男に奉仕する浮世の女たちは，決して市内に住もうとはしないのです。彼女らは城外に住む。そこには，誰も信じられないほどものすごくいることをご存じありたい。というのもいいで

すか，2万人もおり，皆金のために男に奉仕するのですから。さらにいいですか，毎日ここに往来するものすごい数の商人と他国人のために，ここでは皆必要なのです。で，カンバルにはものすごい数の人間がいるとしたら，浮世の女たちが今お話ししたほどたくさんいることからもお分かりでしょう。

　また，このカンバルの町には世界のどの都市よりも高価なもの，価値高いものがやって来ることをよくご存じください。何よりも次のことを言いましょう。〔いいですか〕，インディエから来る高価なものは全て，つまり貴石・真珠その他高価なもの全て，この町に持ち来たられるのですよ。また，カタイ地方や他のあらゆる地方にある綺麗なものや高価なものは全て，やはりここに持って来られる。そうなるのは，ここに住む君主，夫人，家臣，それにものすごい数の住民，軍，その他大君がここで営む宮廷の用でここにやって来る人々のためである。今お話ししたことのために，この町には世界のどの町よりも高価な物や価値高い物がより大量にやって来，より多くの商品がここで売買される。つまり，この町には絹を積んだ車が毎日千台以上入って来ることを本当にご存じください。ここでは金と絹の錦がいっぱい織られるからです。またこの市の周囲には 200 以上〔の町〕があり，遠近問わずその町から人々がたくさんのものを買いにこの市にやって来，ここで必要なものを手に入れるのです。だから，このカンバル市に今お話ししたほどたくさんのものがやって来るとしても，大変なことではないのです。

　このことは十分にはっきりと示したので，今度はほかならぬこのカンバル市で作られる造幣局とお金のことについてお話ししよう。そして大君が，本書でこれまで述べてきたよりもまたこれから述べるよりも，いかにはるかに多くのことをなしたり費やしたりできるかはっきりと示そう。どうしてかその理由。

---

1) 外城各面の大門（当時／現）は，東（光熙門／東直門・崇仁門／朝陽門・斉化門／建国門）南（文明門／崇文門・麗正門／前門・順承門／宣武門）・西（平則門／復興門・和義門／阜成門・粛清門／西直門）北（健徳門／徳勝門・安貞門／安定門）の計 11。設計者劉秉忠が三頭六臂両足の戦の鬼神，毘沙門天の子哪吒太子の伝説に付会したためと伝えられる（前掲金受申『北京の伝説』pp. 63-72）。

96　紙　幣

96　グラン・カンはいかに紙をお金として使わすか

本当にいいですか，このカンバル市には大君の造幣所があるのですよ。そして，大君は完璧に錬金術を手にしていると十分言ってもいいようになっているのです。それを今皆さんにお示ししよう。

さて，彼は私が〔これからお話しする〕ようにしてお金を作らせることをご存じになって下さい。樹，すなわち絹を作る虫がその葉を食べる桑の樹，の皮と，その皮と樹の幹の間にある薄い膜を取らせる。そしてこの薄い膜からパピルスのそれのような紙[1]を作らせる。それは真っ黒い。この紙が作られると，それを次のように裁断させる。すなわち，小トルネセル[2]の半分の価値の小さいのを作る。もう一つはやはり1小トルネセルの，もう一つは銀半グロスの，もう一つは銀1グロスので，ヴェネツィア銀1グロスに値する。さらに，2グロス・5グロス・10グロス，そして1ベザント・3ベザント，こうして10ベザントまで進む。この紙には全て大君の印が捺してある[3]。彼はこれを大量に作らせるから，世界の全財宝がそれで払えるだろう。

今お話ししたようにしてこの紙が作られると，彼はそれで全ての支払いをさせ，また統治している全ての地方・国・領土でそれを使わせる。自分の命を失う罰ゆえ，誰もそれを拒否しようとしない。いいですか，彼の支配下にある人々と人種は皆，どこへ行こうと，商品・真珠・貴石・金銀の支払いは全てこれでするから，この紙を喜んで支払いに使うのです。これで何でも買うことができるし，今言った紙で支払いをする。いいですか，10ビサントの値打ちのある紙でもその一つ分の重さもないのですよ。またいいですか，年に何度も商人たちが何人も一緒に，真珠・貴石・金・銀その他のもの，つまり金と絹の織物，を持ってやって来，その商人たちは皆これらの物を大君に贈る。すると大君は，それらの物のために選ばれそれをするのにとても長けた12人の識者を呼ばせる。そして彼らに，商人が持って来た物をよく見てその価値に応しいと思われるものを支払わせるよう命じる。12人の識者はそれらの物を調べ，その価値に応しいと思われるところを，今お話ししたこの紙で彼らに支払わせる。商人は，後に大君の全領土で買い入れるもの全てに使えるから，それを喜んで受け取る。だから間違いなくいいですか，

年に何度も商人たちは 40 万ビザントにも上る物を持って来，大君はそれを全て
この紙で支払わせるのです。

　またいいですか，貴石・真珠・金銀を有している者は皆それを大君の造幣所に
持って来るべしとの布告が，年に何度も町に出るのです。そうすると，数え切れ
ないほど大量にそこに持って来る。そして全てかの紙で支払われる。このように
して大君は，全土の金銀・真珠・貴石を手にする。

　さらにもう一つ，語るに値することをお話ししよう。すなわち，この紙を長く
持っていて破れたり痛んだりすると，それを造幣所にもって行き，新しいさらの
と換えられるのだが，ただし 100 につき 3 をそのことで捨てる。もう一つ本書に
語るに応しいすばらしい理由を話そう。すなわち，一人の者が器とか帯とか他の
製品を作るために金か銀を買いたいときには，大君の造幣所に出向き，この紙を
持参し，造幣所の長官から購入する金銀の支払いにそれを渡すのです。

　さて，大君がこの世界の誰よりも多くの財宝を有しているに違いないしまた有
しているそのやり方と訳についてお話しした。が，もっとすごいことを言いまし
ょう。すなわち，この世の全君主とて大君が一人で有しているほど大きな富は持
っていないのです。

　さて，大君がいかに紙のお金を作ら〔せる〕かについて全て語り話した。今度
は，大君に代わってこのカンバル市から発する大権について述べよう。

1）Cf. R *carta di bambagina*〈綿紙〉：パピルス紙に対してボロ布から作った紙。　2）トルネ
セル tornesel：Tours トゥール（小）銀貨，単位 dinar ディナール（It. *denaro* デナロ）。グロス
gros：トゥール（大）銀貨（＝ 12 ディナール）（cf. It. *grosso*〈グロッソ〉：ヴェネツィア銀貨，
単位 lira リラ）。ベサント bisant：ヴェネツィア金貨。　3）紙幣については西方への最も早
い紹介（ヨーロッパでの発行は 17 世紀）であるが，それにともなう木版にしろ活版にしろ
印刷術の説明はない。

97　12 人の重臣

97　グラン・カンの全てのことに対してある 12 人の重臣[1)]について述べる

　さて，大君は 12 人の大重臣を選び，彼らに 34 の地方[2)]で要する全ての必要事
に当たるよう命じたことをよくご承知ください。そのやり方と制度をお話ししよ
う。

　まず最初にいいですか，これら12人の重臣は，とても大きく綺麗で広間や邸宅がいくつもあるカンバル市内の一宮殿に住んでいるのですよ。それぞれの地方に裁判官一人と書記多数が〔あり〕，彼らはこの宮殿内でそれぞれ自分の邸宅に住んでいる。これら裁判官と書記は，自分たちに委ねられた地方に必要な全てのことをする。彼らはそれを，前述の12人の重臣の意志と命令によって行う。

　これら12人の重臣は，これからお話しするような大権をもっていることをしかとご存じください。すなわち，彼らは上に言った全ての地方の統治者を選ぶ。優れて相応しいと思われる者を選ぶと，それを大君に知らせる。すると大君はそれを承認し，その権威に見合った金牌を授けさせる。また，軍がどこに行くべきかを配慮するのもこれら重臣である。そして，彼らにそう思える所へ必要な数を派遣する。しかし，常に大君の承認の下にである。彼らはまた，以上にお話しした二つのことと同じく，前に述べた全ての地方に必要なその他の全てのことをする。これらはシェン[3]と呼ばれ，大法廷という意味で，その上に大君しかもたない。彼らの住んでいる宮殿もシェンと呼ばれる。これはまさしく，自分たちの望む重大な事をする力をまさに有しているのだから，大君の宮廷全体で最大の権威である。[4]

　諸地方については，後に本書ではっきりとお話しするから，今はその名を挙げることはしない。このことはこれでおき，次に大君はいかに使者を派遣するか，そして彼らは走る用意のできた馬をいかに手にするか，お話ししよう。

　1）地方行政に当たった行中書省の数と見られる。　2）どこを指すか不明。　3）シェン scieng：省 sheng のこと。　4）R では，「タイ thai」と「シング singh」という二つの官庁があり，それぞれ12人の重臣が任命され，前者は軍政，後者は34の地方の行政を掌り，タイの方が上位にあると説明される。タイは台 tai で御史台，シングは省 sheng で中書省に当たると見られるが，実際は御史台は監察機関で，軍政を掌ったのは枢密院，中書省は中央の最高行政機関で地方行政に当たったのは行中書省，その数は時代により変わるが至元後半期には12であった，とされる。

98　早馬・駅站

98　カンバル市から多くの地方に通ずるいくつもの道がいかに発しているか

　さて，このカンバルの町から，多くの地方に向かうたくさんの道が発している

ことをよくご承知ください。一つはある地方へ，これはある地方へという具合である。道は全て，それが向かう〔地方の名によって〕区別されている。これはとても賢明なことだ。今お話ししたどの道であれ，カンバルを発って25マイル行くと，その25マイルを進んだ大君の使者は，彼らの言葉でイァンブ[1]といい我々の言葉で馬の宿場を意味する駅を見出す。どの駅にも使者は，とても大きく綺麗な館を見出し，大君の使者はそこで泊まる。この宿には，高価な絹の布を備えたとても豪華なベッドがあり，身分の高い使者に必要なものが全てある。もし一人の王がここに来たとしても，十分に泊まれるだろう。

　またいいですか，この駅で使者は，大君が彼らをどこかに派遣するとき常にそこにありかつ彼らのために支度の整っているよう大君が定めた400頭もの馬を見出すのですよ。さらに，全て25マイルあるいは30マイル毎に今言った駅のあることをご存じください。しかもそれが，前に述べた地方に向かう全ての主な道にある。また，これらの駅のそれぞれで，使者は自分たちの命令のためにすっかり用意の整った300から400の馬を見出す。さらに，そこにはすでにお話ししたような綺麗な館があり，そこで使者は上に述べたごとくに豪華に泊まる。彼らは，大君の全ての地方と国をこのようにして行く。

　使者が家も宿もない道なき地を行くときには，大君はそれぞれの道なき地に駅と館を作らせ，それに他の駅にあるような全てのものと，馬と設備を備えさせた。しかしそれはもっと長い行程で，35マイル〔ごと〕に駅が設けられ，あるところは40マイル以上ある。

　今お聞きになったこのようにして，大君の使者はあらゆる所に向かう。そして各行程で宿と用意のできた馬を得る。これはまさしく，かつていかなる皇帝もいかなる王も地上のいかなる人間も持っていないし持つこともないであろう最も高くして最も偉大なことだ。なぜなら，20万頭以上の馬がこれらの駅でまさに彼の使者のために駐屯していることを本当にご存じありたい。さらにいいですか，館は1万以上あり，どれも今お話ししたように立派な設備を備えている。これは，ほとんどうまく語ることも書くこともできぬほど驚くべき偉大な価値のあることである。

　さらに，今述べたことに関係のあることで，一つ忘れたことをお話ししよう。本当に，一つの駅と次の駅の間には3マイルごとに，40軒ほどの家を擁することのできる集落が一つ設けられてあり，そこにはやはり大君の使者を務める徒の

者が住んでいるのですよ。どのようにかお話ししよう。彼らは大きな帯を締めており，それには彼らが走るとき遠くからでもよく聞こえるように，鈴がいっぱい付いている。彼らはいつも全速力で走るが，3マイルしか行かない。そして，その3マイルの終わりにいる別の者が，彼がやって来るのをずっと遠くから聞いて，すっかり準備して待っている。前の者が到着するや否や，彼はその者が運んで来た物を受け取り，また書記がくれる小さな紙をもらって駆け出し，次の3マイルまで走り，また前の者がしたのと同じようにする。いいですか，このようにして大君は，これら徒の者から10日行程の知らせを一昼夜で手にするのですよ。つまり，この徒の者は一昼夜に10日行程進むわけである。二昼夜だと20日行程の知らせを運ぶ。このようにして彼は，十昼夜で100日行程の知らせを手にするだろう。またいいですか，こうした者たちはよく10日行程の産物を一日で君主に届ける。また，大君はこの者たちから税は何も取らず，自分のから彼らに支給させる。

　今お話しした，使者を運ぶために駅にこれほどたくさんいる馬について，本当にいいですか，大君は次のように定めたのですよ。つまり，彼はこう言う，「これこれの駅には誰がいる？　これこれの市には？」そして，使者のために何頭の馬が保有できるか見させる。で，百頭だと言うと，その駅に百頭の馬を置くことが命じられる。さらに，他の全ての町や城市に何頭の馬が持てるか見させる。そして，保有できる分を駅に置くよう命じる。と，このようにして全ての駅が定められるから，大君はただ道なき地の駅に自分自身の馬を配置さす以外は，何も置かずにすむのです。

　またいいですか，どこかの背いた地とか，あるいは誰か諸侯のこととか君主に必要なこととか，大君に伝えるために急いで行く必要のあるときは，馬の使者は一日に200マイルとか250マイルも馬を駆るのですよ。どのようにかその理由を示そう。使者が今言ったように急いでかつ一日に何マイルも行かねばならぬときは，急行せねばならぬことの印しにシロハヤブサの牌［海青牌］を携える。もし二人だと，その時いた所から二頭の強く速い良馬に乗って駆ける。腹をすっかり縛り，頭をくくる。そして可能な限り全速力で疾駆する。駆けて25マイルの次の駅に来ると，休んで元気のいい速い別の馬が二頭用意してある。一刻たりとも休むことなく直ちにそれにまたがり，またがるやすぐに出発し，駆けられる限り休まずに走って次の駅に着く。そこにはまた別の馬が用意してあり，同じく直ち

にまたがって出発する。夕刻までこのようにする。今お話ししたこのようにして，これら使者は大君に知らせをもたらすために 250 マイルも行く。さらに必要とあらば，300 も行く。こうした使者は，とても高く報いられている。

　さて，使者についてのこの話は，十分にはっきりと示したのでこれでおこう。今度は，大君が自分の民に年に二度行うある偉大な善行について述べよう。

　1）イァンブ ianb：Turk. *yam*, Mong. *jam*〈駅伝〉より，站 chan/zhan。

99　災害時の支援

99　グラン・カンは人々が穀物や家畜に被害を被ったときいかに助けさせるか

　さてまた大君は，天候の不順か蝗か他の疫病のため人々が穀物に被害を受けていないか知るため，全ての土地・国・地方に使者を派遣することを本当にご承知ください。どこかの人々が被害を受けており，穀物のないことが分かると，その年彼らが収めるべき年貢を取らせない。むしろ，彼らが種を播き食べることのできるよう，自分の食糧を与えさせる。これは全くもって君主の偉大な善行である。これは夏に行わせる。冬には家畜について全く同じことを行わせる。すなわち，降りかかった致命事のため家畜が死んだ者が見つかると，その者に自分の家畜を与えさせ，助けさせ，その年の年貢を取ることをさせない。

　今お聞きになったようにして，大君は人々を助け支える。このことについてはお話しした。で，次は別のことを述べよう。

100　街路樹

100　グラン・カンはいかに道に木を植えさせるか

　さて，大君は使者や商人や他の人々が通る主な街道に，道の際に互いに 2 パス離れて木を植えるよう定めたことをよくご存じください。いいですか，それらはとても大きいので遠くからよく見えるのですよ。グラン・カアンがそうさせたのは，誰にも道が分かり迷わないようにするためです。だから皆さんは，商人や往

来する者に大きな慰めであるこれらの木を，無人の道に見出すのです。またこれは，全ての地方全ての国にある。

さて，街道の木についてお話しした。今度はさらに別のことを述べよう。

101 酒

101 カン［カタイ］の人々が飲む酒について述べる

また，カタイ地方の人々の大部分は，これから言うような酒を飲むことを知って下さい。彼らは米と他の多くの美味しい香料から飲み物を作り，それをこのようにとても上手く作るから，飲むと他のどんな酒よりも美味しい。それは，とても澄んでいて綺麗だ。またとても熱いから，他の酒よりもはやく人を酔わせる[1]。

これについてはこれでおき，［次は］いかに石が薪のように燃やされるかお話ししよう。

1）もう一つの代表的な飲み物，茶についての紹介は全編を通じてない。

102 燃える石

102 薪のように燃える一種の石について述べる

本当の話，カタイ地方全土に，鉱脈のように山から掘り出され薪のように燃える一種の黒い石があるのですよ。火持ちは木よりもよい。いいですか，皆さんが夕方それを火の中に置いてよく火を点かせておくと，いいですか，夜じゅう火が点いていて朝になってもそのままなのですよ。カタイ地方全土でこの石が燃やされることをご存じください。木材つまり薪がいっぱいあるのは全くそのとおりだが，彼らはこの石をたくさん燃やす。安くつき，木材の大きな節約になるからだ。

この事柄についてはもう述べた。次は別の事，穀物があまりにも高くならないよう大君はいかに対策を取るか，お話ししよう。

103　穀物の貯蔵と配給

103　人々を救うためにグラン・カアンはいかに大量の穀物を蓄え配らせるか

　さて本当のこと，大君は穀物が豊富にあって大いに商いされているのを見ると，それを大量に蓄えさせ，大きな蔵に入れさせてとても良く管理させるので，3年も4年も腐らないことをご承知ください。あらゆる穀物，すなわち小麦・大麦・粟・米・稗その他の穀物，の貯蔵庫を作らせることをご理解ください。これらの穀物をものすごい量蓄えさせる。穀物がなくひどい飢饉になることが起こると，大君は今お話ししたように大量にある自分の穀物を取り出させる。そして，1分量が1ベザントで売られていると，小麦だと4与えさせる。たくさん取り出すから，皆がもらえる。こうして誰もが穀物をたっぷりと豊かに手にする。大君がこのように配給するので，人々は飢饉にあうことがない。またこれは，彼が統べている全ての地で行わせる。

　さてこのことは述べたので，次に別の事柄，大君はいかに施しをするかをお話ししよう。

104　施　し

104　グラン・カンは貧しい人々にいかに大きな施しをするか

　大君がいかに人々をあらゆるもので豊かにさせるか述べたので，今度はカンバル市にいる貧しい人々にいかに大きな施しをするかお話ししよう。本当のこと，彼はカンバルの町の貧しく何も食べ物のない多くの家族を選ばせ，ある家族は6人，あるものは8人，あるものは10人，あるいは多かれ少なかれそれくらいだが，彼らが食べる物が得られるよう，大君は小麦や他の穀物を与えさせる。ものすごい数の者にそうさせる。さらにいいですか，君主のパンのために宮廷に行きたい者は，決して誰も拒まれないのですよ。行く者皆に何か与えられる。実に，毎日3万人以上がそこに行くことを知ってください。しかも一年中行わせる。これはまさしく，貧しい国民に対する哀れみをもった君主の偉大な善行である。で，国民は彼に大きな愛情を抱き，神のごとくに崇める[1]。[2]

　これについてはもう語った。これから別のことをお話しするのだが，我々はカンバル市を発ってカタイに入り，そこにある偉大なこと豊かなことを物語ることとしよう。

　1）グラン・カンのこの施しは，XIII「ボッカッチォ」のナタンの施しのモデルとなっている。　　2）ZとRにはこの後に，「占星術師」と「カタイ人の宗教観・礼儀」の長い二つの章が続く（⑬『世界の記』pp. 244-9）。それらが，ルスティケッロのオリジナルにはあったのがFで省かれたのか，それとも最初はなかったのがZ・Rで加えられたのか，決め難い（⑭『マルコ・ポーロとルスティケッロ』pp. 307-13）。

IV　カタイ・マンジ

(1) 内陸部

105　プリサンギン（盧溝橋）

105　大カタイ地方についてここに始まる，プリサンキ[1]川について述べる

　さて，ご存じありたいが，大君はマルク殿その人を使節として西へ派遣し，彼はカンバルを発って 4 か月行程も西の方へ行った。それで，彼がその道中住き帰りに目にしたことを全てお話ししよう。

　町を発って 10 マイル行くと，プリサンギンズと呼ばれる川があり，その川は大洋にまで至っている。そこを多数の商人が商品をもって行く。その川にとても美しい石の橋がある[2]。実際，世界中でこれと較べられるほど綺麗なのは〔少ない〕ことをご存じありたい。どのようかその理由。長さゆうに 300 パスに幅 8 パス，だから 10 人の騎兵が横に並んで十分通ることができることを言おう。24 のアーチと水中に 24 の橋脚があり，全て灰色がかった大理石造りで，とてもうまく造られうまく据えられている。橋の両側に大理石の板と柱の壁があり，これからお話しするようになっている。橋の頭に大理石の柱が一つ立っており，その柱の下に大理石の獅子が一つあり，柱の上にもとても綺麗で大きくうまく造られた別のが一つある。その柱から 1 パス半離れてすっかり同じように作られた別のがあって，やはり獅子が二つある。そして一つの柱から次のへ，人が水に落ちないように灰色がかった大理石の板で塞がれている[3]。端から端までこのようになっており，見て素晴らしいものである。[4]

　さて，この美しい橋について述べたから，次は別のことをお話ししよう。

---

1) Pulisanchi/-ghin：Pers. *Pul-i-Sang-kan*〈桑乾（河）の橋〉または *Pul-i-sangin*〈石の橋〉よ

図11　「盧溝運筏図」（北京・中国国家博物館）

り，盧溝橋 Lu-kou-chiao。　　2）都城広安門外西南 10 里（約 5.5km）の桑乾河（現永定河）に，金の大定 29 年（1189）から明昌 3 年（1192）にかけて建設された石橋。11 のアーチからなり，全長 266.5m・幅 7.5m，両側を胸壁と石柱に囲まれ，柱頭には全て獅子の彫刻を戴く。柱は両側で計 281，獅子は柱頭の大獅子の他に足下や背中に子獅子 198，計 479。修繕は，康熙 7 年（1668）の洪水で東側 7 分の 1 が崩れて修復されたのが一番大掛かりなもので，全面的改修は一度もない。下部，橋桁の底面から橋脚と基礎まではほぼ創建当時のまま。上部，橋桁の橋面と胸壁・欄干は，800 年の間に磨耗や損傷・破壊により大部分取り替えられたと見られるが，金・元代のものもいくつか残っていることからして，基本的な形状は原初と変わっていない。この章はまた，そうした当時の姿を伝える唯一の記録となっている。Cf. 羅哲文他編『盧溝橋文集』新時代出版社，北京，1987；孫濤編『盧溝橋』文化芸術出版社，北京，2002。　　3）現状では，まず東西両端の両側に，柱頭に獅子の置かれた高い華表（高さ 4.65m）があり，次いで両端の東は獅子，西は象の，支え止めとなる抱鼓石があって，それに続いて胸壁と柱が交互し，柱（幅約 30cm）と柱の間は約 1.2m から 2m まで様々，胸壁の高さは約 80-90cm，柱は獅子の頭部まで 150cm 前後。胸壁・柱・獅子は全て灰色から薄緑色の砂岩で，胸壁版には全て一様な雲紋が彫られている。獅子は柱の上にはあるが，下には一切ない。　　4）この橋を描いた当時の画「盧溝運筏図」（図 11）が今に伝わる。北京の中国国家博物館に収蔵される一幅の絹地彩色画（縦 1.435m・横 1.048m）で，署名題款ともないが，その画風と風俗，とりわけそこに描かれている各種の人物の装束からして間違いなく元代のものと判定される。

106　ジョジュ（涿州）

106　大ジジュ[1]市について述べる

　この橋を発って西へ 30 マイル行くと，その間ずっと美しい宿や葡萄畑や田があって，ジョジュという大きく美しい市がある。そこには偶像の僧院がたくさんある。商売と職人仕事で生きる。絹と金の布や美しい繻子が織られる。旅人の泊まる宿屋がたくさんある。

　この町を発って 1 マイル行くと道が二つあり，一つは西もう一つは南西へ向かう。西のはカタイのであり，南西のは大マンジ地方へと向かう。カタイ地方を西へ 10 日行程も騎行することをよくご存じありたい。その間ずっと大商業と大手工業の美しい町や美しい城市，綺麗な田畑，綺麗なブドウ畑，開化した人々がたくさんいる。〔他に〕語るべきことはないので，何も述べない。で，このことについてはこれでおき，タイアンフという国についてお話ししよう。

　1）Gigiu/Ciugiu/Giogiu：涿州 Cho-chou，盧溝橋から約 50km，現涿県。

107 タイアンフ（太原府）・ピアンフ（平陽府）

107 タイフ[1]国について述べる

　ジュンジュを発って10日行程馬で進むと，タイアンフという国がある。我々がやって来たこの市は，タイアンフという地方の首府で，とても大きく美しく，商業と手工業が盛んである。この市では大君の軍に必要な装備品が大量に作られるからだ。綺麗な葡萄畑がいっぱいあり，それから葡萄酒が大量にできる。カタイ地方全体で葡萄酒はこの市でしかできない。この町から同地方全てに送られる。また絹が豊富にある。桑と絹を作る虫がいっぱいあるからだ。

　タイアンフを発ってとても綺麗な地域を西に7日行程も馬で進むが，町や城市がいっぱいあり，商業と手工業が盛んに行われている。商人がたくさんおり，多くの地に〔出掛けて〕稼ぐ。7日行程行くと，ピアンフ[2]というものすごく大きく価値高い市があり，商人がいっぱいいる。商業と手工業で生きる。絹が大量に作られる。さて，これについてはこれくらいにし，カチャンフ[3]というとても大きな市についてお話ししよう。が，その前にカイチュウという立派な城市について述べよう。

　　1）Taifu/Cainfu/Taianfu：太原府 Tai-yuan-fu，現山西省太原府陽曲県。古い歴史を誇る大都市で，唐時代には長安・洛陽とともに三都の一つに数えられた。　2）Pianfu：平陽府 Ping-yang-fu，山西省平陽府臨汾県。　3）Cf. Ch. 110.

108-109 プレストル・イォハンとドル王

108 カヤフ[1]の城について述べる

　ピアンフを発って西へ2日行程行くと，〔カイチュウ〕[2]という美しい城があるが，これはかつてドル王[3]と呼ばれた王が造らせたものである。この城にとても綺麗な宮殿があり，中にとても大きな広間があって，そこには昔この地方にあった全ての王のとても綺麗な肖像画が描かれている。見てとても美しい。これは全て，この国を治めていた王たちが作らせたものである。このドル王について，彼とプレストル・イォハンの間であった麗しい物語を，この地の人々の言い伝えに

したがってお話ししよう。

　すなわち，この人たちの言うところによると，この王はプレストル・イォハンとの間に戦をもった。しかし，彼はとても強固な場所にあったので，プレストル・イォハンは彼を攻めることも危害を加えることもできなかった。で，彼は大いに怒った。すると，プレストル・イォハンの7人の家来が，ドル王を生きたままお連れしましょうと言った。プレストル・イォアンは，ぜひともそうして欲しいし，もしそうなれば大いに感謝すると言った。7人の家来はプレストル・イォハンのもとを去ると，家臣の一団となって皆一緒に出発し，このドル王のところに行き，彼に仕えるためにやって来たと言った。王は，よくぞ参った，誉れと恩顧を授けようと言った。

　今お聞きになったようにして，プレストル・イォハンの7人の家来はドル王に仕え始めた。こうして約2年暮らし，よく仕えたのでドル王にとても気に入られた。で，どうなったか。王は，まるで7人とも我が子であるかのように彼らを信頼した。さて，この悪い家来たちがどうしたかお聞きください。そうなったのも，不忠義の裏切り者から身を護ることは誰にもできないからだ。すなわち，このドル王はわずかの者を伴って楽しみに出かけたのだが，その中にかの7人の悪い家来がいた。前にお話しした宮殿から1マイル離れたところにある川を渡ったとき，王が身を護る供の者を連れていないのを見た7人の家来は，自分たちがそのためにやって来た目的を果たすことができるだろうと言った。そこで刀に手をかけ，王に言った，「一緒に来るかそれとも死にたいか」。これを見て王はすっかり驚き，彼らに言った，「またどうしてだ，麗しい息子たちよ，いったい何のことだ，私をどこに行かせたいのだ」。「来られたい，と彼らは言った，我らが主君プレストル・イォハンのもとまで」。

1) Cayafu/Cayanfu：太原府（前章）。　　2) Caiciu/Caicin〈カイチュウ／カイチン〉：得州，吉州，太慶（関），慈州，絳州，古曲沃等に比定されるが不詳。　　3) le roi Dor：le roi d'Or〈金王〉。このプレストル・イォハンがチンギス・カンと戦ったワン・カン・トオリルであれば（Ch. 65），当時の金王は第6代皇帝章宗（在位 1189-1208）。歴史上では両者の関係はこの説話とは逆で，金王が宗主で，トオリルのワン（王）の称号もタタール部族討滅の功により彼から授けられた（1196年）ものであった。しかし，ワン・カンが金王と争った事実も，この地にまで南下してきた記録もない。

109　プレストル・イォアンはいかにドル王を捕らえさせたか

これを聞いて王は大いに怒り，悲嘆のあまり死なんばかりだった。そして彼らに言った，「お願いだ，麗しい息子たちよ。さあ，余はそなたらを我が城で厚遇しなかったか。それでも余を敵の手に渡そうというのか。もしそうすれば，きっとひどい悪と不忠をなすことになろう」。彼らは，やはりこうしなければならないのだと言った。そして，彼をプレストル・イォハンのもとに連れて行った。彼を見ると，プレストル・イォハンは大いに喜んだ。彼に，悪くぞ参ったと言った。彼は，答えることもどう言っていいかも分からなかった。そこでプレストル・イォハンは，ドル王を外に連れて行って家畜の見張りをさすよう命じた。で，ドル王は家畜の番をさせられた。プレストル・イォハンがこうしたのは彼に対する蔑みのためで，辱めて彼が何ものでもないことを示すためだった。

こうして2年間家畜の番をしたとき，プレストル・イォハンは彼を前に来させ，豪華な服を着させて鄭重に遇した。そして言った，「王殿，今そなたは余と戦のできる人間ではないことが分かったであろう」。「確かに立派な殿よ，と王は答えた，そのことは良く分かったし，貴殿に敵対することのできる者はいないことはいつも分かっていた」。「そなたがそう言ったからには，とプレストル・イォアンは言った，余は問わぬ。王よ，今からそなた誉れ高くもてなそう」。それで，プレストル・イォハンはドル王に馬と武具を与えさせ，とても立派な供の者を付けて行かせた。彼は出発して自分の国に戻り，その時以来彼の友人にして下僕となったのだった。さて，このことはこれでおき，別のことをお話ししよう。[1]

1）この説話は，このプレストル・イォハンをチンギス・カンと取れば，彼と金王との争い，すなわちその即位後間もなく始まるこの地域での金との戦いとモンゴルの優勢，最終的にはその滅亡に終わるが1214年の金からの和睦の懇請と開封への遷都を指すことが考えられる。であれば，カイチン／カイチュ Caicin/Caiciu とは開封 Cai-feng のことになる。地理的には，ピアンフ（臨汾）からだと直線で約300km，西へ2日ではなく東へ10〜20日行程であるが，上の説明文からすると地方の一城ではなく一国の都城であり，開封のそれによりよく当てはまる。

110　カラモラン（黄河）・カチャンフ（河中府）

110　大〔カラモラン〕[1]河について述べる

この城市を発って西へ20マイルばかり行くと，カラモランという河があるが，

とても大きくとても広く深いから，橋で渡ることはできない。大洋にまで至っている。河沿いに町や城市がいっぱいあり，商人がたくさんおり，商業が盛んである。河の周辺の地域では生姜と絹が豊富にできる。驚くほど鳥が多い。ヴェネツィアグロス，つまりそれよりさほど価値の高くない1アスプル[2]で，雉が3羽手に入るほどだ。

　この河を渡って西へ2日行程行くと，カチャンフ[3]という立派な市がある[4]。人々は皆偶像崇拝，またカタイ地方の人々は皆偶像崇拝であることをご存じありたいが，商業と手工業の盛んな町だ。絹が豊富にある。あらゆる種類の絹と金の布がたくさん織られる。他に述べることもないので，ここを発って前に進み，王国の首府であるクェンジャンフという立派な市についてお話ししよう。

1）Caramoran：Mong. *Qara-mörän*〈黒い川〉，黄河 Huang-ho。　2）aspre：Gr. *aspros*〈白〉より。中東で流通していた白銀貨，1ヴェネツィアグロッソ弱。　3）Cacianfu：河中府 Ho-chung-fu，山西省蒲州永済県。　4）地理とは順序が逆で，タイアンフ（太原）からピアンフ（平陽）を経ておそらく汾河沿いに南西に下ってくると，先に河中府があり，その西方20マイルで黄河を渡る。

111　クェンジャンフ（京兆府）

111　大クェンジンフ[1]市について述べる

　上に述べたカチャンフ市を発って西へ8日行程騎行するが，その間ずっと商業と手工業の盛んな城市や都市，綺麗な菜園や田畑がたくさんある。それにいいですか，この地域と土地のどこでも桑，つまり絹を作る虫がその葉を食べて生きる木がいっぱいあるのですよ。人々は皆偶像崇拝である。獣の狩と多くの種類の鳥の猟がある。

　上に述べたように8日行程を進むと，立派な大クェンジャンフ市がある。とても大きく立派で，クェンジャンフ王国の首府である。昔は豊かで強力な立派な王国で，かつてはとても優れた勇敢な王がいたが，今は大君の息子が君主に王で，マンガライ[2]という。父がこの王国を与え，王位に就かせたのである。商業と手工業の盛んな町である。絹が大量にある。あらゆる種類の金と絹の布が織られる。軍に必要なあらゆる装備品が作られる。生活上人の体に必要なあらゆるものが豊

富にあり，とても安い。町［旧都］は西にあり，偶像崇拝である。

　町の外にマンガライ王の宮殿があり，これからお話しするようにとても美しい[3]。大きな平原にあり，そこには川・湖・沼・泉がいっぱいある。まず最初にとても分厚く高い城壁がずっとあり，周囲5マイル，全て胸壁付きで巧みに造られている。その城壁の真ん中に宮殿があり，とても大きく立派で，うまく言い表すことは誰もできない。全て延べ金に象られたり描かれたりした綺麗な広間や部屋がいっぱいある。マンガライはこの国を立派な正義と法の内に良く治め，国民からとても愛されている。宮殿の周辺には軍が駐屯し，猟の楽しみが多い。

　さて，この王国を発ち，もう語ることはせず，次にクンクンというとても山深い地方についてお話ししよう。

1) Quenginfu/Quengianfu：西安府 Hsi-an-fu（元安西城），京兆府 Ching-chao-fu（唐長安城）。
2) Mangalai：忙哥剌 Mang-ge-la，クビライの第3子，至元9年（1272年10月）安西王に任命されて京兆府を分地として授けられたが，1278年11月に病没。後継はその子アーナンダ（位1278-1307）。　　3) 安西王に封じられたマンガラが1272年，旧城の北東約3kmに冬宮として築いたもので，今では西安東站の北にそれらしき跡（元安西王府遺址・元幹儿㛆遺址）がわずかに残るのみ。1957年の発掘調査によると，城壁は東と西603m・南542m・北534m・全周2282m，東西南に各1門を備え，ほぼ中央に宮殿（東西90m・南北185m）の基壇址（高さ2-3m）がある（馬得志「西安元代安西王府勘査記」《考古》1960第5期，中国科学院考古研究所；「西安晩報」西安日報社，2009年9月12日）。この章は，上都のそれと同じく，京兆府安西城の創建されてすぐの最も早い多少とも細部の詳細を伝える唯一のもの。

112　クンクン地方（漢中）

112　カタイとマンジの間にある境界について述べる

　このマンガライの宮殿を発ってとても綺麗な平野を西へ3日行程行くが，その間ずっと町や城市がいっぱいあり，商業と手工業で暮らす人々で，絹が豊富にある。3日行程の終わりに，クンクン[1]地方に属する大きい山々と大きい谷がある。その山や谷に町や城市がある。偶像崇拝で，土地や森の仕事と狩猟で生きる。つまり森がたくさんあり，多くの野生獣すなわち獅子・熊・大山猫・鹿・ノロジカ・大鹿その他の獣がいっぱいいて，この地域の人々はこれをたくさん捕まえて大きな利益を上げることをご存じありたい。このようにして20日行程進むが，山・谷・森で，その間ずっと町や城市と良い宿があり，旅人は楽に泊まれる。

さて，この地域を去って，これからお聞きになれるよう別の地方についてお話ししよう。

1) Cuncun：秦嶺 Ch'in-lin 山脈を越えた漢中 Han-chung 地方。

113　アクバラク・マンジ

113　アクバラク・マンジ[1]地方について述べる

　上に述べたクンクン山地を 20 日行程進むとアクバレク・マンジという地方があり，全くの平地である。町や城市がいっぱいある。西の方にある。人々は偶像崇拝である。商業と手工業で暮らす。いいですか，この地方では生姜が大量にでき，大カタイ地方全土に運ばれ，この地方の者たちはそれで大きな利益と財を得るのですよ。小麦・米その他の穀物が大量にあり，とても安く，あらゆる良いものに恵まれた土地である。首府はアクメレク・マンジといい，マンジの境界の一つという意味である。この平野は 2 日行程続き，上に言ったようにとても綺麗で，町や城市がたくさんある。2 日行程の終わりに大きい山，大きい谷，大きい森がいっぱいある[2]。西へ 20 日行程も行くと，町や城市がたくさんある。人々は偶像崇拝である。土地の産物と狩猟と獣で暮らす。獅子・熊・大山猫・鹿・ノロジカ・大鹿がいる。また，麝香をつくるあの小さな獣がいっぱいいる。

　さてこの地域を発って，皆さんがお聞きになれるよう，別の地域についてうまく順序だててお話ししよう。

1) Acbalac/-ec Mangi：Pers. *Aq-baliq-i-Manzi*〈マンジの白い町〉，四川陝西行省興元府（現漢中市）。　2) その南に連なる大巴（ターパー）山脈。

114　シンドゥフ（成都）

114　大シンデュフ地方について述べる

　上に述べた山地の 20 日行程をさらに西に行くと，シンデュファ[1]というやは

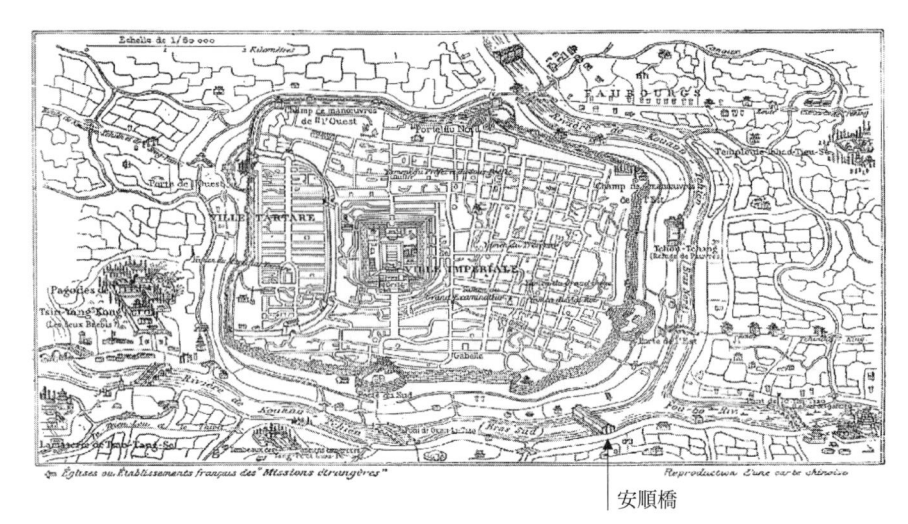

安順橋

図12　成都市街図（清代）（Yule & Cordier, *The Book of Ser Marco Polo*, II, p. 39）

りマンジの境界にある平野と地方がある。首府もシンデュフ[2]という名で，かつてはとても大きく立派で，とても偉大で裕福で豊かな王たちがいた。周囲20マイルもある。しかし今は，これからお話しするように分割されている。すなわち，この地方の王は死亡したとき3人の息子を遺し，それでこの大きな町は三つの部分に分けられた。これら三つの部分はそれぞれ城壁で囲まれているが，三つとも大市の城壁の内にある。いいですか，かの王の息子は3人とも王となり，父が強力で金持ちだったから，それぞれ大きな土地と莫大な費やせる〔財〕を得たのです。そして，グラン・カンがこの王国を奪い，3人の王を退位させ，国を自分のものとしたのだった。[3]

　この大きな町の真ん中を一つのとても大きな淡水の川が流れており，魚がいっぱい獲れることをご存じください。幅半マイルもある[4]。とても深い。とても長く，大洋にまで至っており，80日以上100日行程まであり，クィアンスイ〔江水〕[5]と呼ばれる。川沿いにはものすごい数の市や城市がある。とても大きい船舶があり，しかもものすごい数で，見ずして信じられる人体も目もない。商人がこの川を上り下りして運ぶ大商品はものすごい数と量で，それを見ずして信じられる者はこの世にいない。川というよりは海のごとくで，それほど広い。次に，町中のこの大河に架かっている一つの大橋のことをお話ししよう。

　その橋[6]は全て石造りで幅優に8パス，長さはすでに川幅のところで言ったよ

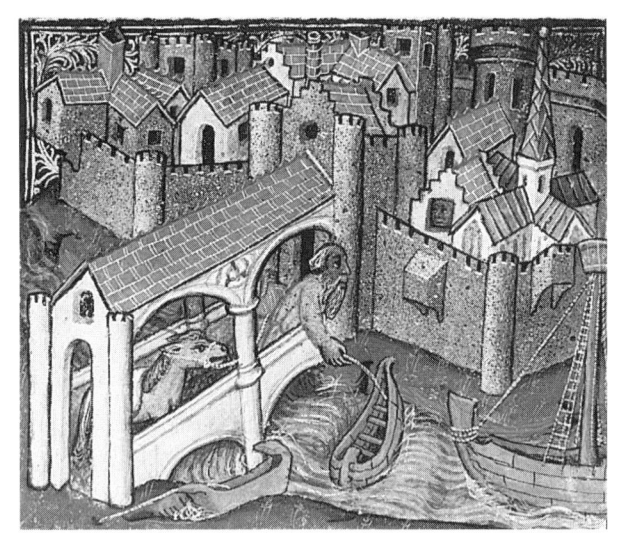

図 13　成都の屋形橋（OBL Ms. Bodley 264, f. 246v）

うに，半マイルある。橋の端から端まで両側に大理石の柱があり，その柱が橋の
覆いを支えている。つまりいいですか，橋はすっかり華美な絵が描かれ色の塗ら
れたとても綺麗な木の屋根で全体が覆われているのですよ。さらに橋の上には小
屋がたくさんあって，そこで商売や職人仕事がたくさん営まれている。しかしい
いですか，それは木の棒で作られていて，朝組み立てて夕方たたむのですよ。さ
らにまたそこには大君の税関，すなわち君主の収益，つまり橋の上で売られる商
品の税金を受け取る者がいる。またいいですか，この橋の税金は金一千ベザンツ
にも上るのですよ。人々は皆偶像崇拝だ。

　この市を発ち，平野と谷を 5 日行程進む。城市や集落がたくさんある。人々は
土地から得る益で暮らしている。野生獣つまり獅子・熊その他の獣がいっぱいい
る。職人仕事で生計をたてる，つまり綺麗な繻子その他の布が織られる。彼らは
同じくシンドゥに属する。上に述べた 5 日行程を行くと，テベットというとても
荒れた地方がある。以下，それについてお話ししよう。

1）Sindiufa：成都 Cheng-du 地方もしくは四川 Si-chuan。　　2）Sindiufu：成都府 Cheng-du-
fu。　　3）どの時代にも成都が三分割されたり三王が鼎立した事実はない。そのためこれは，
同地が蜀の都であったことから，三国志を市の歴史と取り違えたのではないかとされる。そ
の場合は，父王は漢，3 人の息子は曹操・孫権・劉備，広大な土地は魏・呉・蜀となる。劉

備には劉禅・劉永・劉理の三人の息子があったこと，南宋初期に叛乱して蜀王国を建てた呉玠・呉璘・呉挺の武将三兄弟のこと等が関わっているとの説もある。　4）成都は，外城の北から東に沿って流れる府河と南に沿って流れる南河が南東角（合江亭付近）で合流して錦江となり（幅は広いところでも 100m 弱，図 12），それが市外で岷江に注ぎ，さらにそれが宜賓（成都の南約 350km）で金沙江と合流して揚子江（江水）となる。したがって，「幅半マイル（約 750m）」というのは揚子江のこと。　5）Quiansui,：江水 Chiang-shui, 揚子江 Yang-tzu-chiang。　6）外城南の南河に架かっていた旧安順橋（原名虹橋／長虹橋）（図 12・13）。

115-116　テベット

115　テベック[1]地方について述べる

　今言った 5 日行程の後，とても荒れた地方に入るが，モングット・カアン［モンケ］が戦で破壊したからである。町や城市や集落がたくさんあるが，どこも崩れ破壊されている。驚くべく太く大きい葦があり，どれほど太いかというと，周囲優に 3 パーム[2]長さ 15 パスもある。節から節まで 3 パームもある。いいですか，商人その他夜この地域を通る旅人は，この葦を取って火を炊くのですよ。どうしてかというと，これを火の中にくべると，とても大きく膨らみ大きく破裂して，獅子・熊その他の猛獣はひどく怖がり，できる限り逃げ，決して火に近付こうとしないからだ。こうした火を人は，この地域やこの国にいっぱいいる野獣から荷獣を護るためにする。また語っておくといいので，この葦の破裂する音がどれほど遠くまで響き，どれほど大きな恐怖を引き起こし何が起こるか，お話ししよう。

　さて，すべて緑色のこの葦を取って薪の火にくべるのだが，それはたくさんあることをご承知ください。葦はこの大きな火の中にしばらくあると，捻じ曲がって真っ二つに割れ，そしてとても大きく破裂するので，夜だと 10 マイル遠くからでも聞こえる。また，これを聞き慣れていないものはすっかり仰天してしまい，耳にするとそれほど恐ろしいものであることをご存じありたい。いいですか，馬は，まだこれを聞いたことがないと，聞いたとたんにひどく驚き，繋がれている綱や鼻綱を全て切って逃げ出すのですよ。これは何人にも起こった。しかし，馬を連れていて，これをまだ聞いたことがないと分かっていれば，馬に目隠しをし，脚を四本とも縛る。このようにすれば，この葦の大きな破裂音を聞いても，〔逃

げ〕ようとしてもできない。同じく今言ったようにして人は夜，自分も荷獣もこの辺にいっぱいいる獅子や山猫その他の害獣から逃れる。

　この地域を 20 日行程も行くが，宿も食べ物もない。だから自分と荷獣の食糧を携行しなければならない。この全 20 日行程は，その間ずっととても危険な恐るべき最悪の野獣がいっぱいいるが，その後城市や集落がたくさんある。そこでは，これからお話しするようにして妻を娶る風習がある。

　本当の話，男は誰もどんなことがあっても処女を妻にしない。そして，多くの男と経験があり通じていないと値打ちがないと言う。だから次のようにする。どのようにするかと言うと，他国の者たちがこの地域を通り掛かり，泊まるためにテントをたてると，城市や集落の老女たちが娘をこのテントに連れてきて，20人とか 40 人とか多少するが，男が好きなようにして彼女らと寝るよう彼らに与える。それで男たちはそれを貰って愉しみ，望むだけそこに留めて置く。が，前へも後へも連れて行くことはできない。そして，男たちが彼女らと好きなことをして出発したくなった時には，自分が寝た女たちに，彼女らが結婚するようになった時愛人をもったことを示せるように，宝石か何か印しを与えなければならない。このようにして娘たちはそれぞれ，多くの愛人や男が自分と寝たことを示せるよう首に 20 以上の印しを架けなければならない。より多くの印しを持っていて，より多くの愛人を持ちより多くの男が自分と寝たことを証明できる者ほどより良いと見なされ，彼らはより喜んでその女を迎え，他のものより愛らしいと言う。彼らはこのような妻を娶ると大事にし，他人の妻に触れるのは極めて悪いことと見なし，皆そうしたことを厳しく自制するのです。

　語っておくとよいこの結婚についてお話しした。この地域へは，16 歳から 24歳の若者が行くのが良いだろう。[3]

　人々は偶像崇拝で，ひどく悪辣だ。盗むこと悪事をなすことを何ら罪と見なさず，この世で最大の悪漢で盗人だからだ。狩猟と鳥猟と家畜，それに土地から得る産物で生きる。それに本当にいいですか，この地域には麝香を作る獣がたくさんおり，彼らの言葉でグッデリ[4]というのですよ。この悪人たちは，それを多数捕まえる良い犬をたくさんもっており，だから麝香を大量に有している。彼らは硬貨もグラン・カアンの紙のそれも持っていず，塩をお金にする。とてもみすぼらしいものを着ている。実際，彼らの衣服は獣の皮や麻や亜麻である。独自の言語をもち，テベットという。このテベットはとても大きな地方で，皆さんがお聞

きになれるよう，手短にお話ししよう。

1) Tebec/Tebet：吐蕃 Tu-fan チベット。　2) paume：掌尺，1 パームは 8 インチ，約 20 cm。　3) おそらく F の写字生の加筆文（R なし）。　4) gudderi：麝香鹿，Mong. *küdäri* より。

116　さらに同じテベット地方について

　テベットは固有の言語をもつ一大地方である。偶像崇拝で，マンジや他の多くの地方と国境を接している。大盗賊がいっぱいいる。とても大きい地方だから，八つの王国とものすごい数の町や城市がある。いくつもの箇所に川・湖・山があり，砂金が大量に見つかる。肉桂が豊富にできる。この地方では珊瑚が使われ，とても高価である。素晴らしい宝石としてそれを女性や偶像の首に架けるからである。またいいですか，この地方にはラクダ毛の織物や金と絹の布がいっぱいあるのですよ。また，まだ我々の国には来たこともない香辛料がたくさんある。さらにいいですか，周辺にある全ての地方の中で，彼らの習わしによる最も優れた妖術師や最高の星占い師がいるのですよ。つまり，見聞きするに，悪魔の技でもって最も恐るべき魔術と最大の驚異をなすのだが，人々が余りにも驚くだろうから本書では語らないほうがいいだろう。悪習に染まっている[1]。とても大きなマスティン犬[2]を持っており，ロバほども大きく，野生獣を捕まえるのに優れている。さらに何種類もの猟犬をもっている。また，とても優れたライナー鷹がおり，よく飛び，うまく鳥を捕える。

　この〔テ〕ベット地方については，かいつまんで事実を語ったからこれで終わろう。そして，ガインドゥという別の地方についてお話ししよう。が，このテベットはグラン・カンのもとにあることをご存じありたい。本書に記されてある他の国・地方・地域も，前に本書の最初のところで書いたようにアルゴ〔ン〕の息子のもとにある地方だけを除いて，全てグラン・カンのもとにあるのです。したがってそれらの地方を除いて，本書に記されてあるその他の地方は全てグラン・カンのもとにあるのであり，これから今言ったように理解していただきたい。さて，このことはこれくらいにして，カインドゥ地方についてお話ししよう。

1) 悪習とは，賭博，男色，客人を殺してその霊魂を家に止める慣わし，親が死ぬとその肉を食する風習，等の解釈がある。　2) chenz mastin：ライオンに似た巨大な犬，ティベタンマスティフとも呼ばれる。

117　ガインドゥ（建都）

117　ガインドゥ[1]地方について述べる

　ガインドゥは西の方の一地方である。一人の王しかいない。偶像崇拝で，大君のもとにある。町や城市がたくさんある。湖［邛海］が一つあり，真珠［碧甸子］がいっぱい見つかる。が，グラン・カンはそれを採ることを誰にも許さない。見つかるだけ採らすと，たくさん取るからとても安くなり，価値がなくなるからである。しかしいいですか，大君は望むときには自分のためだけに充分採らせるのですよ。他の誰も，体を破滅されずして採ることはできない。またいいですか，さる山［瀘山］があり，そこにトルクァーズ［トルコ石］という種類の石が見つかるのですよ。とても美しい石で，大量にある。しかし，大君は自分の命令によってでなければ採らせない。

　またいいですか，この地方には女性に今からお話しするような風習があるのですよ。すなわち，他国人あるいは他の男が，自分の妻あるいは娘あるいは姉妹あるいは家にいるいかなる女性のことで自分に恥をかかせても，それを侮辱ととらないのです。それどころか，男が彼女らと寝ると良いこととし，それによって神や偶像が自分たちにより良くし，彼女らにこの世の物をいっぱいくれるのだと言う。だから彼らは自分の妻を，今から言うように他国人に自由にさせる。すなわち，この地域の男は他国人が自分の家に泊まりにやって来たり，あるいは泊まるつもりはなくとも入ってくるのを見るとすぐに外に出て行き，他国人の欲することを全てかなえるよう妻に命じ，自分の田畑か葡萄畑に出かけ，他国人が自分の家に留まっているかぎり戻らないことをご存じありたい。さらにですよ，男はよく３日もそこに留まってこの哀れな男の妻と寝るか床を共にするのです。他国人は，その家にいるとき自分が中にいることを示すために，次のような目印しをする。すなわち，自分の帽子か何か他の目印しを吊るし，それが自分が中にいるという意味なのです。哀れな夫は，自分の家にこの印しを見るかぎり，決して帰らない[2]。この地方全てでこのようにする。[3]

　次にいいですか，今からお話しするようなお金を持っているのですよ。すなわち，金の延べ棒をもっており，それをサジュで量り，その重さによって価値が決まる。しかし，型で鋳造した貨幣は持っていない。小さい貨幣はどのようかお話

図 14　旅の商人を招き入れる女性（OBL Ms. Bodley 264, f. 245v）

しよう。塩を取ってそれを煮，次いで型に流し込み，重さ半リーブルくらいの大きさにする。今お話ししたこの塩 80 個が純金 1 サジュに値し，それが彼らが使う小貨幣なのです。

　麝香を作る獣がいっぱいいる。猟師はこれを捕まえて，それから麝香を大量に取る。魚が豊富で美味しく，上に述べた真珠の見つかる湖で獲る。獅子・大山猫・熊・黄鹿・ノロジカがたくさんいる。あらゆる種類の鳥がいっぱいにいる。葡萄酒も葡萄畑もないが，多くの香味料で小麦や米の酒を造る。とても美味しい飲み物だ。また，この地方には丁子の木がたくさん生えている。つまり小さな木で，月桂樹のような葉だが，もっと長く細いものを付ける。花は丁子と同じのように白く小さい。また，生姜が豊富にあり肉桂も同様で，他にも我々の所にはやって来ない香味料がいっぱいあるが，だから述べることはしはない。この市については，必要なことは充分に述べたのでこれで終わり，これからその地域自体のことをお話ししよう。

　このゲインドゥを発って 10 日行程も進むが，町や城市がいっぱいある。住民は，今しがた述べた者たちと同じ種類で同じ風習をもっている。鳥と獣の猟が盛んである。この 10 日行程を行くと，ブリウス[4]という大河があり，ゲインドゥ

地方はそこで終わる。この川には砂金が大量に見つかる。肉桂がいっぱいある。大洋に至っている。この川については，もう何も語ることはないからこれで終わり，カラジャンという別の地方のことを，皆さんがお聞きになれるようお話ししよう。

1）Gaindu/Gheindu：建都 Chien-tu，四川省建昌路西昌県，大涼山彝族の地。秦代の邛都国，漢代の越嶲郡，唐代の嵩州，南詔の建昌府を経て，元朝では 1273 年に征伐され，雲南行省羅羅斯宣慰司の下に置かれていた。羅羅（斯）は彝族の古称。三国志の諸葛孔明の南征の目的地だったともされる。　　2）Z にはユニークな続きがある（本書巻末「おわりに」参照）。
3）オックスフォード・ボドレー写本は，この記事の秀逸な挿絵をもつ（図 14）。
4）Brins/Bruis：金沙江，Tib. *'Brichu* より。

118　カラジャン（雲南）（1）ヤチ（昆明）

118　大カライァン[1]地方について述べる

　その川を渡るとカライァン地方があり，そこに入って行くのだが，とても大きく，七つもの国がある。西の方にあり，偶像崇拝で，グラン・カンのもとにある。が，王はその息子で，エセンテムル[2]という名で，とても偉大な王で裕福で強力である。領土をよく正義のうちに治め，聡明で経験豊かだからである。上に述べた川を発って西へ 5 日行程行くが，町や城市がいっぱいあり，良馬が多く産する。家畜と土地から得る産物で生きる。独自の言語をもち，とても理解しにくい[3]。

　この 5 日行程の終わりに主たる市があり，国の首府でイァチ[4]といい，とても大きく立派である。商人や職人がたくさんいる。〔人々は〕何種類もおり，マオメットを崇拝する者，偶像崇拝者，それにわずかだがネストリンのキリスト教徒がいる。麦と米が豊富にあるが麦のパンは食べない，この地方では体に良くないからである。米を食べ，香味料とで米の飲み物を造り，とても美味しく澄んでいて，葡萄酒と同じように人を酔わす。今から言うようなお金をもっている。白いタカラ貝[5]，海中に見付かり犬の首に付けるあれ，を使い，タカラ貝 80 個が銀 1 サジュ，つまり 2 ヴェネツィアグロスに値する。純銀 8 サジュが純金 1 サジュに値することをご承知ありたい。塩の井戸がいくつもあり，そこから塩を作り，この地域の者は皆その塩で暮らしている。いいですか，王はこの塩から大きな利益を得ているのです。またいいですか，他人の妻に手を触れても，それが妻の意思

であれば全く気にしないのですよ。

　この国について述べたので，次はカライァン王国についてお話ししよう。しかしその前に一つ，私が忘れていたことを話そう。何かといえば，周囲ゆうに 100 マイルもの一湖［滇池／昆明池］があって，ものすごい数のこの世で最高の魚がいるのですよ。とても大きく，あらゆる種類のがいる。さらにいいですか，彼らは鶏・羊・牛・野牛の生肉を食べるのですよ。つまり，貧しい者は肉屋に行き，獣から取り出されたばかりの生の肝臓をもらい，それを細かく切ってニンニクのソースに漬け，そのまま食べる。他の肉もすべてこのようにする。貴人たちもやはり生肉を食べるが，細かく刻ませて美味しい香味料を混ぜたニンニクのソースに漬け，それから我々が焼いたのをするのと同じようにして食べるのです。では，前に言ったカライァン地方について話すことにしよう。

1) Caraian：哈刺章 Ha-la-chan，雲南のタイ族カラジャン（黒爨）人の地。　　2) Esen-temur：Mong. Äsän-tämür，クビライの第 5 子フゲチの子（位 1280-1328）。雲南地方は，1253 年のクビライによる平定後，1267 年 8 月その第五子フゲチに封ぜられ，彼は大理・昆明の地に赴いたが，数年後 1270-71 年頃臣下に毒殺され，その後 1280 年 10 月その子エセンテムルが成人して雲南王を継ぎ，同地に赴任した（1328 年没）。　　3) チベット・ビルマ語族系に属する彝族の言語，所によっては今もその独自の文字（ロロ文字）が併用される。4) Iaci：押赤／鴨赤／鴨池 Ya-ch'ih，雲南省昆明のこと。　　5) タカラ貝 porcelaine：磁器の名に同じ（Ch. 157）。

119　カラジャン（雲南）　(2) 大理

119　さらにカライァン地方について述べる

　キャチ［ヤチ］市を発って西へ 10 日行程行くと，カライァム地方[1]がある。王国の首市もカライァンという[2]。偶像崇拝で，グラン・カンのもとにある。グラン・カンの息子のコガチン[3]が王である。この地方には砂金が，つまり川に見つかる。湖［洱海］や山［蒼山］には砂金より大きい金が見つかる。それほど金が多いから，いいですか，銀 6 に対して金 1 サジュ与える。またこの地方でも，前に話したタカラ貝を貨幣に用いる。もっとも，その貝はこの地方にはなく，インディエからやってくるのです。

　またこの地方には大蛇，あの大きい蛇［鰐］が生息しており，ものすごく大き

いから誰しも驚かずにはいられない。目にしたり眺めたりするととても恐ろしい
ものだ。どれほど大きく太いかお話しよう。本当のこと，長さ 10 パス太さは
〔太い樽ほど〕もあることをご存じありたい。つまり，回りは 10 パームある。こ
れは一番大きい。脚は前の頭のそばに二本あり，鷹か獅子のような爪が一つある
だけで，足はない。頭はとても大きく，目はパンよりも大きいほどだ。口はとて
も大きく，人をも一気に飲み込んでしまうほどだ。歯はものすごく大きい。それ
ほどとてつもなく大きくて獰猛だから，人間にしろ動物にしろ，これを怖がりも
恐れもしないものはない。もっと小さいのもいて，8 とか 6 とか 5 パスである。

　これを捕まえる方法は次のようである。日中はひどい暑さのため地中に棲んで
いることをご存じありたい。夜になると餌を取りに外に出てきて食べる。手当た
り次第あらゆる獣を獲る。川や湖や沼に水を飲みに行く。とても大きく重く太い
から，餌を食べたり水を飲みに砂の上を進む時，つまり夜，砂の上にまるで葡萄
酒のいっぱい入った樽を転がしたような大きな溝をつくる。まさにこれを捕りに
行く猟師たちは，この大蛇が通ったことが分かる道に仕掛けを置く。すなわち地
中，つまりこの大蛇の通り道にとても太く強い木の杭を打ち込み，その杭には剃
刀か槍の刃のようにした鋼の刃を突き刺し，それが杭の上に 1 パームほど出てい
る。それを砂で覆い，そうすると大蛇には絶対に見えない。このような杭と刃を
猟師はいっぱい置く。大蛇つまり蛇は，この刃の置いてある通り道の真ん中をや
って来ると，とても勢いよくぶつかるから，刃が腹に突き刺さり，臍まで裂かれ
て大蛇はすぐに死ぬ。このようにして猟師はこれを捕らえるのである。

　これを捕らえると，腹から胆汁を取り，とても高く売る。優れた薬がそれから
できるからであることをご存じありたい。人が狂犬に噛まれたとき少し，1 小ディ
ナールの重さ，飲ますと，すぐに治る。また女性が難産で痛みがあり泣き叫ぶ
とき，この蛇の胆汁を少し与えると，飲んだとたんに女性はすぐ子供を産む。三
つ目は，なにか発疹があるときこの胆汁を少しその上に塗ると，数日で治る。今
言ったような理由で，この大蛇の胆汁はこの地方ではとても大切にされている。
さらにいいですか，この蛇の肉も，食べるととても美味しく喜んで食べるから，
とても高く売れる。またいいですか，この蛇は獅子や熊その他の野生の猛獣が子
を作る所に行き，手当たり次第大きいのも小さいのも喰らう。

　さらにいいですか，この地方には大きな馬が生まれ，インディエに売りに持っ
て行くのですよ。彼らはその尻尾の骨を二節か三節引き抜くことをご承知ありた

図 15 「元世祖平雲南碑」（大理）

い。これは，馬が尻尾を振って上にいる者に当てたり走るとき振らないようにするためで，馬が走るとき尻尾を振るのは，彼らにとってはとてもみっともないことだからだ。また，この人たちはフランク人のように長く馬を駆ることをご存じありたい。野牛の皮で被った武具を持っている。槍と盾それに石弓をもち，全ての鏃に毒を塗る。

　もう一つ，グラン・カンが征服する前に彼らがしていたことをお話ししよう。つまり，美しい男とか貴人，あるいは誰であれ影のよい者がこの地方の誰かの家に泊まりに来ることがあると，夜毒か何かでこれを殺し，かくてその者は死ぬ。といっても金を奪うためにそうするわけではなく，その者が有していた優れた影や優美さ，その知恵や魂がその家に残るようにするためだと言う。この理由から，グラン・カンが征服する前には多くの者を殺した。が，グラン・カアンが彼らを征服してからは，35 年ほどになるが[4]，決してそれを許さぬ大君に対する恐れから，この悪事を行っていない。この地方のことは語ったので，別の地域について皆さんがお聞きになれるようお話ししよう。

1) la province de Caraian：文脈からすれば,「カライァン王国」。　2) 大理 Da-li のこと。大理は,唐の時から独立を誇ったチベット・ビルマ語族の南詔国（738-902 年）・大理国（938-1253 年）の都であり,1253 年のクビライの西南遠征の目的地だった（同年 12 月平定）。同市西城外に,大徳 8 年（1304 年）のちの雲南平章政事也速答儿（イェスダル）によって建議された「元世祖平雲南碑」（図 15）があり,それに遠征の次第が刻まれている。転記と和訳は⑭『マルコ・ポーロとルスティケッロ』p. 367。　3) *Cogacin*：クビライの第 5 子 Hügeči フゲチ。　4) この地域のへのクビライの遠征が 1253 年であったことを筆者が知っていれば,その 35 年後は 1288 年となり,その頃ここを旅したとも考えられるが,序章ではマルコはその頃インドに旅したとなっており,難しい。

120　ザルダンダン（金歯蛮）・ウォチャン（永昌）

120　大ザルダンダン[1)]地方について述べる

　カライァンを発って西へ 5 日行程行く。するとアルダンダムという地方があり,偶像崇拝でグラン・カンのもとにある。この地方の首府はウォチャン[2)]という。人々は皆金の歯をしている。つまり,どの歯も金が被せてある。つまり,自分の歯に合わせて金の型を作り,上も下も歯に被せる。これは男はするが女はしない。男は,彼らの習わしによって皆騎兵である。戦に行くこと,鳥獣の猟に行くこと以外何もしない。女たちが全てのことをなし,捕まえたり征服した男は奴隷にする。彼らが女たちと一緒に必要なことを全てする。

　女性は,妊娠して子供を産むとそれを洗って布にくるむ。そして主人が夫人の代わりに床に入って子供を抱き,40 日間床にあり,必要事以外にそこから離れない。友人や親戚が皆会いに来,彼の側にいて愉しませたり喜ばせたりする。そうするのは,妻が子供をお腹の中に抱えて苦労したからだと言う。だから,その 40 日の間彼女がそうした苦労をもうしなくともいいようにするのだと言う。妻は,子供を産むとすぐベッドから起き,家事を全て行い,ベッドにいる主人の世話をする。

　あらゆる肉を,料理したのも生のも食べる。米を肉その他彼らの習わしのものと調理して食べる。米と良い香味料とで作った酒を飲み,とても美味しい。貨幣は金である。タカラ貝も使われる。本当にいいですか,銀 5 で金 1 サジュを与えるのですよ。そうなるのは,銀鉱が 5 か月行程のところにしかないからだ。だから商人は銀をたくさん持ってやって来てこの住民とそれを交換し,金 1 に対して

銀5サジュを与える。これで商人は大きな利益と儲けをあげる。

　この人々は偶像も教会ももたず，家の最年長者を崇め，「我々はこの者から出たのだ」と言う。文字をもたず，書くこともしない。といっても驚くことではなく，彼らはとても辺鄙な地や大きい森や高い山に生まれ，夏は空気がひどく淀んで悪く，他国人は，死なずして逃れることはできないため，夏そこに行くことは決してできないからである。しかしいいですか，一人がもう一人と何かしなければならない時は，四角か円い木片を少し取ってそれを二つに割り，一人が半分をもう一人がもう半分を保有する。しかし間違いなくいいですか，その前に二つか三つか好きなだけ刻み目を付ける。そしてお互いに支払いをしなければならなくなると，お金あるいは他のものを与えなければならない方が，相手が持っていたその半分の木片を自分に与えさせるのです。

　さらにいいですか，今お話ししたこれらの地方すなわちカライァン，ウォチャン，イァチンはどこも医術師がいないのですよ。病気になると魔術師たち，つまり悪魔の妖術遣いで偶像を持った者を呼ぶ。この魔術師がやって来ると，病人は自分の悪いところをそれに告げる。すると魔術師たちはすぐ楽器を鳴らし始め，跳ね踊り，魔術師の誰かが地面か床の上に逆様に倒れ，口からひどく泡を吹いて死んだようになる。これは，その体の中に悪魔がいるためである。彼は死んだようになったままいる。他の魔術師たちは，そこに何人もいるが，自分たちの一人が今お聞きになったように倒れたのを見て，その者に話し掛け，かの病人が何の病気なのか尋ねる。すると彼は，「これこれの霊が取り付いている，それは彼がそれに何か気に入らないことをしたからだ」と答える。すると魔術師たちは，「我々はお前が彼を赦し，そして彼の血の償いのためにお前の望みのものをどうか受け取ってくれるようお願いする」と言う。この魔術師たちがいろんなことを言って大いに頼むと，倒れている魔術師の体の中にいる霊が答える。もし病人が死ぬに違いないようだと，次のように答えて言う，「この病人はあの霊に悪いことをたくさんしたし，とても悪い人間だから，霊はどんなことがあっても赦そうとしない」。死ぬに違いない者は，こうした答えを受け取る。一方もし病人が治るに違いないと，魔術師の体内にいる霊は次のように答えて，「病人が治りたければ，羊を2頭か3頭用意して連れて来るがよい」と言い，さらに，とても高価で美味しい飲み物を十かそれ以上作るよう言う。また，羊は頭の黒いのをと言ったりあるいは他の形で指示する。また，それをこれこれの偶像と霊に犠牲に捧げ

るように，そしてこれこれの数の魔術師と女性，霊をもっている者と偶像をもっている者，を集めるように，またこれこれの偶像と霊に盛大な賛歌と祭礼をなすように，と言う。この答を得ると，病人の友人たちは直ちに魔術師が告げたとおりにする。すなわち，言われたとおりの羊を連れて来，言われたとおりの数の美味しい飲み物を作る。そして羊を殺し，かの霊の誉れと犠牲のために，言われたところにその血を撒く。

その後，病人の家で羊を料理するのだが，そこには言われたとおりの数の魔術師と女性が来る。皆がそこにやって来て羊と飲み物が用意されると，弾き，踊り，霊の賛歌を歌い始める。肉の汁と飲み物を撒く。さらに，香とアロエの木を取り，あちこちに香を焚いてゆく。また，大きく灯りをつける。しばらくこうしたことをしていると，一人が倒れ，他の者たちがその者に病人は赦されて治るか尋ねる。彼はそれに答えて，まだ赦されていず，さらにこうしたことをしなくてはならず，そうすれば赦されるだろう，と言う。彼らはすぐにそうする。すると霊は，犠牲と全てのことがなされたゆえ，彼は赦され，間もなく治るであろう，と答える。この答えをもらって，汁と飲み物を撒き，たくさん灯明を点し，香を焚き，霊は充分に自分たちの側にいるのだという。そこで魔術師と女性たちは，まだあの霊をもっているが，大いに楽しく祝って羊を食べ，飲み物を飲む。その後それぞれ家に帰る。これが全てなされると，病人はすぐに治る。

さて，この人々のやり方と風習と，魔術師がどのように霊に魔法をかけるかお話しした。今はこの人々とこの地方のことはおいて，皆さんがお聞きになれるよう別のことをお話ししよう。

1）*Çardandan*：Pers. *Zar-dandān*〈金歯〉，金歯蛮 Chin-ch'ih-man。　2）*Uocian/Nocian*：永昌 Yung-ch'ang，現保山。永昌も大理国の下にあったが，1253 年の征服後雲南攻略に当たった上述「平雲南碑」のウリャンカダイによって平定され，その後，平章政事として雲南行省に派遣されてきたムスリムのサイイド・アッジャル（賽典赤瞻思丁）の下に置かれた。諸葛孔明の南蛮征伐の地の一つだったともされる。また，チベットとビルマ・インドを結ぶいわゆる「茶馬古道」の重要拠点でもあった。

121-123　ミエン王との戦い

121　グラン・カンはいかにミニン[1]とバンガラ[2]の王国を征服したか

　ところで，ウォチャン王国であったとても見事な戦いのことを忘れていた。それは，本書で語るにふさわしいものだ。そこで，それがどのようにして起こったかその次第をはっきりとすっかりお話ししよう。

　本当のこと，クリスト受肉の 1272 年，グラン・カアンはウォチャンとカライァンの王国に大軍を派遣した。他国の者たちが害をなさぬようこれを護り救うためであった。というのもグラン・カアンは，後には亡くなった自分の息子の子だったセンテムル[3]をそこの王にしたのだが，それまでは自分の息子の誰もそこに派遣していなかったからである。で，次のことが起こった[4]。領土と財宝と兵力においてとても強力な王だったミエンとバンガラの王，この王はグラン・カアンの下になかったが，彼をその後グラン・カンが征服し，上にその名を挙げた二つの王国を彼から奪うまでに，さほど年月はかからなかった。このミエンとバンガラの王は，グラン・カンの軍がウォチャンにあることを知ると，彼らを皆死に至らしめるほどの多数の兵をもってそこに攻めて行くことが必要であり，そうすればグラン・カンは二度とそこに軍を派遣する気は起こさないだろうと自らに言った。そこでこの王は大軍を整えたのだが，どのようかお話しよう。

　さて，彼はとても大きな 2 千頭の象を有していたことを本当にご存じありたい。そしてこれらの象のそれぞれの上に，とても強くうまくできた戦のために整えられた木の櫓を作らせた。またそれぞれの櫓に，少なくとも 12 人，あるものには 16 人あるいはそれ以上の戦士を置いた。さらに彼は合わせて 4 万もの騎兵を有し，歩兵も少しいた。実際にそうであった強力で偉大な王らしく，よく準備を整えた。というのも，偉大な戦果を上げる軍だったことをご存じありたい。で，何を言おうか。この王は，今お話ししたような大規模な準備を整えると，一刻も躊躇しなかった。直ちに兵皆とともに出立し，ウォチャンにいたグラン・カアンの軍へと向かって行った。そしてとうとう，特に語るべき出来事に出くわすこともなく，タルタル人の軍から 3 日行程のところに来たった。そしてそこに陣を張って止どまり，兵を休ませた。

1）Minin：緬 Mian, 現 Myammer ミャンマー。　　2）Bangala：Bengal ベンガル，インド北東部。　　3）Sentemur：エセンテムル，cf. Ch. 118, n. 2.　　4）『元史』（巻 210「緬」，巻 166「信苴日」）に，至元 14 年（1277）3 月永昌の西の南甸で，時の大理路蒙古千戸長の忽都（ソガトゥ），大理路総管の信苴日らと緬軍との間で合戦があり，その折象 8 百頭が使われたことが記されている。また同年 10 月，雲南諸路宣慰使都元帥納速刺丁（ナシル・ウッディーン）が兵を率いて緬に遠征し，諸地を平定して帰還した。

122　グラン・カンの軍とミエン王との間であった戦について述べる

　タルタル人の軍の大将は，この王がかくも多数の兵とともに向かって来たことをしかと知って，1万2千の騎兵しか擁していなかったから，確かに大いに恐れた。しかし，彼は疑いもなくその体躯においてとても勇敢な人間であり，優れた隊長であった。名をネスクラディン[1]といった。彼は兵をとてもよく整え励ました。彼はできうるかぎり国と兵を護ることに尽くした。どうして私は長話しするのだろう。実際，タルタル人は1万2千の騎兵全員がウォチャンの平原にやって来，敵が戦にやって来るのをそこで待ち構えたことをご存じありたい。優れた知恵とよい指揮でもってそうした。というのも，その平原の傍に木々がいっぱいのとても大きい森があったからだった。

　お聞きになったようにして，タルタル人はその平原で敵を待ち構えた。今は少しタルタル人についてお話しすることをおき，またすぐに戻ることにして，敵のことをお話ししよう。さて，ミエン王は全軍とともにしばらく留まると，そこを発って進んで行ったことを本当にご存じありたい。そしてとうとう，タルタル人がすっかり準備を整えているウォチャンの平原に来たった。この平原の敵から1マイルの所に来ると，彼は象と櫓とその上によく闘いの武装をした兵士を配した。そうであった聡明な王らしく，騎兵と歩兵をとてもうまくまた賢く整えた。こうして全てのことを整え配すると，全軍とともに敵に向かって行った。

　彼らがやってくるのを見てもタルタル人は，何らひるんだ様子はなく，勇敢にして大胆であることを示した。というのも，何ら偽りもなく彼らは皆揃ってよく整然と賢明に敵に向かって進んで行ったことをご承知ありたい。と，彼らの近くに来たり，戦いを始めるばかりとなった時，タルタル人の馬は象を見てひどく驚いたため，タルタル人はそれを敵に向かって前進させることができず，どんどん後戻りした。で，王とその兵は象とともにますます前進した。

　1) Nescradin：Ar. *Naṣru-'d-Din* ナシル・ウッディーン（納速刺丁）。雲南行省の初代平章政事ウイグル人イスラム教徒（賽典赤）贍思丁別名烏馬兒（セミス・ウッディーン・ウマル）の長子で，父の死後（1279年，69歳）その職を継いだ。

123　さらに同じ戦いについて述べる

　これを見てタルタル人は大いに苛立ち，どうしていいか分からなかった。というのも，もし馬を前進させられなかったなら，すっかり負けるに違いないとはっ

きり見たからである。しかし，彼らはとても賢く振舞った。どのようにしたか言おう。さてタルタル人は，馬がこのように仰天したのを見て皆馬から降り，森の中に連れて行って木に繋いだことをご承知ありたい。その後武器を手に取り，矢をつがえて象に放った。驚くほど多くの矢を射た。象はひどく傷を負った。王の兵も，とても盛んにタルタル人に向かって射掛け，激しい攻撃を加えた。しかし，敵がそうであるよりはるかに優れた戦士だったタルタル人は，とても勇敢に防衛した。で，何を話してゆこうか。ご存じありたい，今お話ししたようにして傷ついた象はほとんど全部，いいですか，王の兵のほうに向かって大慌てで逃げ戻ったので，あたかも全世界が壊れるかのようだったことを。森までどうしても止まることができなかった。そしてその中に入り，櫓を壊し，あらゆる物を潰して破壊した。森の中をあちこち進み，恐怖の大混乱を引き起こしたからである。

　タルタル人は，象が今お聞きになったように逃げ出したのを見て，遅滞しなかった。直ちに馬に乗り，王とその兵に向かって行った。とても残酷で最悪の矢の戦いが始まった。王とその兵は勇敢に防衛したからである。矢を全て射放つと，刀と棍棒を手に取り，互いにとても激しく突進した。互いに激しく撃ち合った。今や，刀と棍棒の〔激しい打ち合い〕を交わすのが見られた。今や，騎兵と馬を殺すのが見られた。今や，手と腕，胴と頭を切るのが見られた。ご存じありたい，実際多くの者が死んで地に倒れ，傷ついて死んだことを。叫び声と喧騒はかくも大きく，神雷も聞こえなかった。闘いと戦はあらゆる所でとても激しく最悪だった。しかしながら，タルタル人の方が優勢だったことは何の疑いもなくご承知ありたい。王とその兵にとって悪い時間に始まり，その日この戦でかくも多数が殺されたからである。

　戦いが昼過ぎまで続いたとき，王とその兵はとても苦しめられ多くの者が殺されたので，もはや持ち堪えられなかった。もしそこにさらに留まると，全員が死ぬことがよく分かったからである。だから彼らは留まることを望まず，できるかぎり逃走した。彼らが逃走に踵をめぐらしたのを見てタルタル人は，彼らをとてもひどく打ちのめし追撃し殺していったので，見るも哀れであった。しばらく追撃したが，それ以上追って行こうとしなかった。しかし，象を捕まえに森に行った。そしていいですか，彼らは象が前に進めないように大木を切ってその前に置いたけれども，そうしたことは全てそれを捕まえるためには何の役にも立たなかった。しかしいいですか，他ならぬ捕えられた王の兵たちがそれを捕まえた。と

いうのも，象は他にいるどんな動物よりも理解力が優れているからである。これで彼らは二百頭以上の象を捕まえた。この戦いからグラン・カンは多数の象を持つようになった。この戦は，今お聞きになったようになったのだった。[1]

1) 一方ミエン側の史書によると：1253 年南詔王国を降して雲南を併合したモンゴルは，1271・73 年パガン朝（1044-1287 年）の国王ナラティーハパテ（在位 1254-87）に使者を遣わして朝貢を要求したが，王は応じなかった。1277 年，緬は金歯蕃の地に侵略したが，モンゴル雲南政府軍によって撃退された。この戦いは，この時のモンゴル将軍の名を取って「ナサウンジャン（納速刺丁）の戦い」と呼ばれる（cf. G. E. ハーヴェイ『緬甸史』東亜研究所訳，原書房，1976（1944）；大野徹『謎の仏教王国パガン――碑文の秘めるビルマ千年史』日本放送出版協会，2002）。

124　大下り坂

124　大下り坂をいかに下るか

　上に述べたこの地方［ザルダンダン］を発つと，大きな下り坂を下り始める。実際，2 日行程半も坂を下るのであることを本当にご承知ありたい[1]。その 2 日行程半の間ずっと，今からお話しすること以外記すべきことはない。すなわち，とても大きい広場があってそこで大市が開かれ，地域の人々が皆，何日か決められた日つまり週に 3 日その広場にやって来る。彼らは金を銀と交換し，銀 5 で金 1 サジュ与える。そこにはとても遠い所から商人がやって来て，自分たちの銀をこの人々の金と交換する。もちろん大きな利益を挙げ，大儲けする。金を持ってやって来るの地域の人々だが，彼らの住んでいる家に危害を加えに行くことは誰もできない。とても険しい人里離れたところに住んでいるからである。どこに住んでいるか，彼ら以外そこに行った者はないから誰も知らない。

　この 2 日行程半を下ると一つの地方があり，南の方のインドとの国境にあって，ミエンと呼ばれる。象や一角獣［犀］その他様々な野獣のたくさんのいるとても辺鄙な土地と大きい森を 15 日行程行く。そこには人家もない。だからこの森についてはこれでおき，皆さんがお聞きになれるようある物語をお話ししよう。

1) 大下り坂とは，前述南旬の山岳地帯騰衛府辺り（海抜 1717m）から現ミャンマー領バモー（同 110m）に至る約 150km の大傾斜地帯を指す。モンゴル軍のミエン侵攻のルートだった。

125 ミエン市（パガン）

125 ミエン市について述べる

　その僻地について上に話した 15 日行程を騎行すると，ミエンという市があるが，とても大きく立派で王国の都である[1]。人々は偶像崇拝で独自の言語を有する。グラン・カンのもとにある。この市には，今からお話しするような立派なものがある。

　すなわち，実際かつてこの市には富んで強力な一人の王がいたのです。死に際して彼は，自分の墓つまり廟［パゴダ］の上に，次のような金と銀の二つの塔を建てるよう命じた。一つの塔は綺麗な石造りで，さらに〔金で〕被われていた。金は厚さ 1 指幅もあった。このように塔はすっかりそれで被われていたので，金以外のものでできているようには見えなかった。高さ優に 10 パス，幅は高さに見合っただけあった。上部は円形になっていた。円の周囲には金塗りの鈴がいっぱいあり，風がその間に吹くたびに鳴った。上に〔述べた〕もう一つの塔は銀で，金のそれとそっくりで，大きさも形も同じように造られていた。これを王は，自分の偉大さと霊魂のために造らせたのだった。この世で見られる最も美しい塔であり，ものすごく大きな価値のあるものだったことを言っておこう。

　そしていいですか，この地方をグラン・カンは今からお話しするようにして征服したのです。実は，グラン・カアンの宮廷には多数の曲芸師や軽業師がいた。グラン・カンは彼らに，ミエン地方の征服に行くよう，また隊長と支援を与えると言った。曲芸師たちは，喜んでそうしたいと言った。それで彼らは，グラン・カンが与えた隊長と支援とともに出発した。で，何を言おうか。曲芸師たちは，一緒に行った者たちとともにこのミエン地方を征服したことをご存じありたい。征服してこの立派な市に来たったとき，かの美しい豪華な二つの塔を見つけてすっかり驚嘆した。そしてグラン・カンのいるところに使いを遣って，この塔の様と，それがどれほど美しく価値があるか，またもしお望みならこれを潰して金と銀を送りましょうと伝えた。かの王がそれを自分の霊魂のためと死後自分の追憶のために作らせたことを知っていたグラン・カンは，それが壊されることは決して望まぬと言った。そして，それを作らせたかの王が計画し決めたとおりに残しておくよう言った。これは決して驚くことではなく，何故ならいいですか，タル

タル人は誰であれ死者のものには決して手を付けないからです。

　象や大きくて立派な野牛がたくさんいる。大鹿・鹿・ノロジカそれにあらゆる種類の獣がいっぱいいる。ミエン市についてはこれで語った。これで終わって，次はバンガラという地方について皆さんがお聞きになれるようお話ししよう。

　1) ミエン市とは当時の首都パガン（蒲甘），その後 1283 年に緬がまたもや金歯蕃地方に侵入してきたため，元は 11 月にこれを討ち，翌 84 年には緬領の江頭城にまで進攻し，86 年10 月すでに雲南王となっていたエセンテムルを征緬招討司として 6 千の兵で遠征，翌 87 年2 月パガンに入ってこれを平定した。ナラティーハパテ王は，それに先立って同国南部のバテインに逃亡していたが，同年正月にその庶子不速速古里（ピュー太守ティーハトゥー）によって囚われ毒殺されて，パガン王国は終焉した（cf. ハーヴェイ前掲書，大野前掲書）。

126　バンガラ（ベンガル）

126　大バンガラ〔地方〕について述べる

　バンガラは南の方にある一地方で，私マルクがグラン・カンの宮廷にいたクリスト生誕の 1290 年には[1]，彼はまだこれを征服していなかった。しかし，征服すべくその軍と兵がずっとそこにいた[2]。とまれ，この地方は王と自分たちの言語をもっていることを言っておこう。彼らは最悪の偶像[3]，つまり偶像崇拝者である。インドとの国境にある。去勢された男がたくさんおり，この地方の周辺にいる君侯や貴顕は皆ここから手に入れる。牛は象ほども背が高いが，それほど太くはない。肉と乳と米で生きる。綿がいっぱいある。大商いをする，つまりラベンダー・ガランガ・生姜・砂糖その他高価な香味料がたくさんある。ここへ〔インディエ人〕がやって来て，今言った去勢男子を買い入れる。奴隷もたくさん買い入れる。つまり，商人はこの地方で去勢男子と奴隷をいっぱい買い入れて，他の多くの地に運んで売ることをご存じ下さい[4]。この地方には他に記すべきことはないので，ここを発って東の方にあるカウジグという地方についてお話ししよう。

　1) この「1290 年」がポーロの宮廷滞在最後の年を示すのであれば，同年末とされるザイトン出港とよく一致する。また，必ずしも文字どおりには信じられていない，クビライの使臣であったとの言明を傍証する。　　2)「そこ」がベンガルを指すのであれば，そうした事実はない。　　3) 原文 ydres〈偶像〉：おそらく yndiens〈インド人〉の誤り。　　4) 宦官につい

て触れた数少ない箇所。

127　カウジグ（交趾）

127　大カイグ[1]地方について述べる

　カウジグは東の方の一地方である。王をもつ。人々は偶像崇拝で，自分たちの言語をもつ。グラン〔・カン〕に服し，毎年貢を納める。いいですか，この王は淫蕩で三百人もの妻をもっているのですよ。地域に誰か綺麗な女がいると妻にするからだ。この地方には金がいっぱいある。多種の高価な香味料が豊富にある。しかし海からとても遠く，そのため彼らの商品は何の価値もなく，とても安い。象その他多くの種類の獣がたくさんいる。猟がいっぱいある。肉・乳・米で生きる。葡萄の酒はなく，米と香料からとてもうまく酒を作る。

　人々は皆たいてい男も女も，体全体に今から言うように絵をかいている。すなわち，体全体に針で獅子・龍・鳥その他多くの姿を描き，それは針でされているから決して消えない。これを顔・首・腹・手・脚と体じゅうにする。これは高貴さのために行い，この絵をたくさんしている者ほどより偉くて美しいと見なされる。この地方はこれでおき，アムという東の方にある別の地方について述べよう。

　　1）Caigu/Caugigu/Cangigu：ペリオによれば交趾國 Chiao-chih-kuo（当時のヴェトナム北部），
　　　ポーチェによれば景邁国 Xieng/Jing-mai-kuo（八百媳婦蛮 Ba-bai-xi-fu-man の都，雲南省南部
　　　からラオス北西部にかけて）。

128　アム（安南）

128　アム[1]地方について述べる

　アムは東の方の一地方で，グラン・カアンのもとにある。偶像崇拝である。家畜と土地からの益で生きる。自分たちの言語をもつ。婦人は脚と腕にとても高価な金銀の輪をはめている。男たちも婦人より上等のより〔高価な〕のをしている。馬と牛がたくさんおり，それを大量にインディエ人に売り，彼らは大商いをする。さらに，土地が非常に良くて良い牧草があるから，水牛・牛・乳牛がものすごく

いる。あらゆる生活品が豊富にある。ご存じありたいが，このアムから後ろ［前章］にあるガウジグまで15日行程，カウジグから後ろへ三つ目［前々章］の地方であるバンガラまで30日行程であることをご承知ありたい。さてアムを発ち，そこから東へ8日行程も離れたトロマンというもう一つの地方に行こう。

1）Amu/Anin/Aniu/Anni：ペリオによれば安南 An-nan＞Aman＞Amu（当時のヴェトナム南部），愛宕によれば阿寧 A-ning（雲南省臨安府阿迷州）。

129　トロマン（土老蛮）

129　トロマン[1]地方について述べる

　トロマンは東の方の一地方である。人々は偶像崇拝で，自分たちの言語をもち，グラン・カンのもとにある。とても綺麗な人たちで，すっかり白くはないが褐色である。まことに戦士である。町がたくさんあるが，城市はとても大きい山や森の中にいっぱいある。死ぬと遺骸を焼かせる。焼けずに残った骨は拾って小さな箱に入れ，後で大きく高い山にもって行き，人も獣も触れぬよう洞窟の中に吊るしておく[2]。金がいっぱい見つかる。彼らが使う細かいお金は，前にお話ししたようなタカラ貝である。これらの地方つまりバンガラ・エムジンガ［カウジグ］・アムはどこも，金とタカラ貝を使う。商人もいくらかいるが，ここにいるのはとても金持ちで，多くの商品を運ぶ。肉と乳と米で生きる。〔葡萄の酒はなく，米〕と香味料でとても美味しい〔酒を造る〕。他に語ることはないのでここを終わり，東の方のクジュという地方について述べよう。

1）Toloman：禿／土老蛮 T'u-lao-man。雲南省北東部，当時雲南の烏蒙（現昭通）辺りから四川叙州（現宜賓）辺りにかけて住んでいた少数民族とその地。　2）F *metent en grant cauernes pendue*「大きな洞窟の中に吊るしておく」，Z *in diruptis cavernarum alte appendunt*「洞窟の崖に高く吊るす」，R *mettono in alcune caverne e dirupi*「いくつかの洞窟や崖に置く」。同地方に知られる懸棺の奇習を記したもの。古代僰人の埋葬様式で懸棺葬とも呼ばれ，死者の亡骸を木の棺に納め，高い崖の中腹に杭を打って懸けたり岩穴に置いたりするもので，長江沿い以南に広く点在するが，とりわけ雲南北部から四川南部，現昭通の北の塩津から宜賓にかけて多く見られる（図16）。

図 16　懸棺（四川・洛表）

130　チュジュ（叙州）

130　カイジュ[1]地方について述べる

　チュジュは東の方の一地方で，トロマンを発ってさる川［横江，現関河］に沿って 12 日行程行くが，町や城市がいっぱいある。しかし記すべきことはない。その川沿いに 12 日行程行くとシヌグル［チュジュ］市があり，とても大きく立派である。偶像崇拝で，グラン・カアンのもとにある。商売と職人仕事で生きる。いいですか，木の皮から布を作り，とても美しく，夏その布を着るのですよ。武人である。前に述べたグラン・カアンの紙以外には貨幣を持っていない。つまり，これから我々はグラン・カアンの紙幣を使う土地にいることを言おう。

　獅子がたくさんいるから，誰も夜家の外で寝ることはできない。すぐに獅子が食らうからだ。もう一つのことをお話しすると，この川を通っていて夜どこかで寝るとき，土地から充分遠いところに寝ないと，獅子が船までやって来，人間を捕まえて去り，それを食べる。しかしいいですか，人々は身の守り方をよく知っており，お話ししよう。すなわち，とても大きく危険な獅子なのだが，一つ驚くべきことをお話しすることをご承知ありたい。つまりいいですか，この地域には獅子に飛び掛っていく〔ほど〕勇敢な犬がいるのです。しかし 2 頭要る。つまり，人間一人と犬 2 頭が大きな獅子を斃すことを知ってもらいたいのだが，どのようにしてかお話ししよう。一人の人間が弓矢と 2 頭のとても大きな犬を連れて馬に

乗って道を進んでいて大きな獅子に出会うことがあると，勇敢で強い犬は獅子を目にするや否やとても勇敢にそれに突進する。獅子は犬の方に向く。しかし犬は，獅子が去るのを見るや否や後を追いかけ，腿か尾に噛み付く。獅子はとても激しく向き直るが，犬は身の守り方をよく知っているので，これを打つことができない。で，どうなるか。獅子は，犬のたてる大きな吠え声にとてもおびえ，犬に顔を向けるためにもたれかかることのできる木を見つけようとして逃げ出す。獅子がこうして進んでいる間も，犬はたえず後ろから噛み付きに行く。で，獅子はあちこち振り向く。これを見て彼は弓に手をかけ，1本2本とさらに獅子が倒れて死ぬまで矢を射掛ける。このようにしてたくさん殺す。2頭の優れた犬を連れて馬に乗った人間からは，身を護れないからである。

　多くの絹とあらゆる種類の商品が豊富にあり，この川[2]を伝って多くの地に運ばれる。

　また，その川［岷江］をさらに12日行程行くが，その間ずっと町や城市がいっぱいあることを本当にご存じありたい。人々は偶像崇拝で，グラン・カンのもとにある。お金は紙，つまり君主の貨幣である。商売と職人仕事で生きる。12日行程の終わりにシンディンフ［成都府］があるが，そこについては本書で以前に述べている。シンディンフを発って，かつて我々がいたし本書で前に記した地方や土地を70日行程も馬で行く。70日行程の終わりに，かつて我々が通ったジュジュ［涿州][3]がある。ジュジュを発ち，町や城市をいっぱい見ながら4日行程進む。人々は大きな商売と職人仕事にある。偶像崇拝で，君主グラン・カンのお金つまり紙幣をもつ。4日行程の終わりにカチャンフ市［河間府］があり，南の方にあってカタイ地方に属する。で，そのカチャンフについて，皆さんがお聞きになれるようその有り様をお話ししよう。

---

1) Caigiu/Ciugiu/Cuigiu：叙州 Chu-chou, 現宜賓 Yi-bin。岷江が叙州（宜賓）で合流し，長江となって東に流れる。　　2) 西からの金沙江と北からの　　3) Cf. Ch. 106.

(2) 沿海部

131　カチャンフ（河間府）

131　カチャンフ[1]市について述べる

　カチャンフはカタイの大きく立派な市で，南の方にある。住民は偶像崇拝で，死者を焼かせる。グラン・カンのもとにあり，紙のお金をもつ。商売と職人仕事で生きる。絹がいっぱいあるからだ。金と絹の布や紗を大量に作る。この市は配下に町や城市をたくさんもっている。ここを発って南へ3日行程進み，チナルという別の市についてお話ししよう。

　1) Cacianfu：河間府 Ho-chien-fu/He-jien-fu，現河北省河間県（北京の南約 120 km）。

132　チャンル（長蘆）

132　チナル[1]市について述べる

　チャンルも南の方のとても大きな市で，グラン・カンのもとにあり，大カタイ地方に属する。お金は紙のである。偶像崇拝で，遺体を焼かす。この町では塩が大量に作られることを知ってもらいたく，どのようにかお話ししよう。すなわち，とても塩気の強いある種の土を取り，その土を山と積み上げ，その山の上から水をいっぱいかけると，水は〔下から流れ出す。次いでそれを取って〕大きい壺と大きい鉄の釜に入れ，充分沸かす。すると，とてもきれいな白く細かい塩ができる。そしていいですか，この塩を周辺の多くの地域に持って行き，大儲けするのです。他に記すこともないゆえ，今はこの市を発ち，南の方にあるチャンリという別の市について，そこのことをお話ししよう。

　1) Cinaglu/Cianglu：長蘆 Ch'ang-lu，現河北省滄県。

133　チャンリ（将陵）

133　チナリ[1]市について述べる

　チャンリは南の方のカタイの市で，グラン・カンのもとにある。偶像崇拝で，紙のお金をもつ。チャンルから 5 日行程離れており，その 5 日行程のあいだ，町や城市がいっぱいある。全てグラン・カンのもとにあり，大商業地で，大君にとってとても益が多い。チャンリ市の真ん中を一つの大きく広い川[2]が流れ，大量の絹や香辛料その他高価な商品がそこを往き来して運ばれていることをご存じありたい。これ以上話すこともないので今はチャンリを発ち，そこから南へ 6 日行程離れたところにあるトゥンディンフという別の市についてお話ししよう。

　　1) Cinagli/Ciangli：ポーチェ，ユールらによれば済南府 Chi-nan-fu，ペリオ，愛宕らによれば将陵 Tsiang-ling，当時の陵州将陵県，現山東省徳州。　　2) 大運河のこと。

134　トンディンフ（東平府）

134　カンディンフ[1]市について述べる

　チャンリを発って南へ 6 日行程行くが，その間ずっと価値高くとても立派な町や城市がいっぱいある。偶像崇拝で，遺骸を焼く。グラン・カンのもとにあり，紙のお金をもつ。商売と職人仕事で生きる。生活品は何でも豊富にある。が，特に記すこともないので，トンディンフについてお話ししよう。

　とても大きな市で，かつては大王国だったが，グラン・カアンが武力でこれを征服した。しかしいいですか，今もなおこの地域中にある最も立派な市なのですよ。大商いをする大商人がいる。びっくりするほど絹が豊富にある。あらゆる美味しい作物にあふれた綺麗で快適な菜園がいっぱい〔ある〕。このトンディンフ市は管轄下に 11 の皇都，つまり立派で高い価値のある都市を有していることをよくご存じください。絹がものすごくあって，商業が盛んで大きな利益が上がる都市だからである。

　ところでお話しすると，クリスト化身の 1272 年のこと，グラン・カアンはリ

イタム・サンゴン[2]という諸侯をこの市と地方に，それを警備し守護するよう派遣した[3]。彼はリイタンに，それを守護するために8万の騎兵を与えた。リイタンは，兵と共にこの地方に滞在していたとき，裏切り者として酷い不忠義をなすことを考えたのだが，どのようにかお聞きください。彼はこの市全体の賢人皆と共にあったのだが，グラン・カンに謀反を起こすことを彼らと謀った。またそれを，同地方の住民全員の意思でもって行なった。というのも彼らはグラン・カアンに反逆し，少しも服していなかったからである。これを知ったグラン・カンは，アジュルとモンガタイ[4]という二人の武将をそこに派遣し，彼らとともに十万もの騎兵を送った。どうして私は長話をするのだろう。その兵とともに二人の武将は，謀反したリタムと彼が集めることのできた全ての兵，つまり十万の騎兵と膨大な数の歩兵とに対して戦ったことをとくとご存じありたい。しかし，リイタンは戦いに敗れて他の多くの者ともども殺される運命となった。リイタンが敗れて死んだ後，グラン・カンはこの裏切りの罪を犯した者全員を調べさせた。そして，その罪があると分かった者を皆冷酷に処刑した。他の者は皆許され何ら罰されず，それからずっと忠実だった。[5]

　さて，すっかりお話ししたのでこのことはこれでおき，南にあるシンジュという別の地域についてお話ししよう。

1）Candinfu/Tondinfu：東平府 Tong-ping-fu，現山東省東平県。　　2）Liitam/Litan Sangon：李璮相公／将軍 Li-tan hsiang-kung/chiang-chün。　　3）史上「李璮の乱」として知られるもので，1272年ではなく1262年，場所も東平府ではなく済南。李璮は土着の漢人軍閥。山東省益都を中心に一大勢力を築いた李璮は，1260年頃からのクビライとアリク・ブカの内紛に乗じて南宋と通じ，在地の漢人勢力を結集して1262年2月に叛乱を起こしたが，同7月に鎮圧された。　　4）Agiul：阿朮 A-shu，李璮の乱を平定した将軍アジュと，Mongatai：同ケレイト部の将軍マングダル，総大将は合必赤（カプチュ）。　　5）Zにはこの後に，「カタイの良家の娘たちの風習」と「失くした物を見付ける役目の偶像」についての長大な記事がある（⑬『世界の記』pp. 320-3）。前者で纏足と思しきことが言及される。

135　シンジュマトゥ（済州馬頭）

135　立派なシンジュ〔マトゥ〕[1]市について述べる

　トンディンフを発って南へ3日行程行くが，その間ずっと立派で優れた大商業と大手工業の町や城市がある。あらゆる種類の狩猟と鳥猟がいっぱいある。あら

ゆるものが大量にある。その3日行程を行くと，立派なシンジュマトゥ市がある。とても大きく豊かで，商業と手工業が盛んである。偶像崇拝で，グラン・カンのもとにある。お金は紙のである。いいですか，川があってそれから大きな〔利益〕を得ているのですよ。どのようにかお話ししよう。すなわち，この大河[2]は南の方からこのシンジュマトゥ市まで来ている。そして，町の人々はこの大河を二つにしている。つまり，半分は東の方もう半分は西の方，つまり一つはマンジへもう一つはカタイを通って行くようにしている。本当にいいですか，この市には大船団つまりものすごい数の船がおり，見ずして信じられる者はいない。といっても，大きい船と考えないで戴きたい。そうではなく，大河に必要とされるようなものである。いいですか，この船団はマンジへそしてカタイを通って驚くほどたくさんの商品を運ぶ。さらに，帰りも荷を積んで戻ってくる。だから，この川を上り下りして運ばれる商品を目にするのは驚くべきものである。このシンジュマトゥを発って南の方の別の地域，リジンという一大地方についてお話ししよう。

1）Singiu/Singiumatu：済州馬頭 Tsi-chou-ma-tou，山東省任城県，現済寧。　　2）grant flunz：当時の済州河，後の山東運河。

136　チュジュ（徐州）[1]

136　大リンジン[2]市について述べる

そのシンジュ〔マトゥ〕市を発って南へ8日行程行くと，その間ずっと町や城市がいっぱいあり，とても立派で豊かで，商業と手工業が大いにある。偶像崇拝で，遺体を火で焼かす。グラン・カンの下にある。お金は紙のである。8日行程の終りに，その地方と同様リジンと呼ばれる市があり，国の首府である。とても立派で豊かな市である。彼らは武人である。商業と〔手工業〕が大いに行われているというのは全く本当だ。狩猟と鳥猟がいっぱいある。食べ物がなんでも大量にある。やはり上に述べた川沿いにある。前に言ったのより大きい船があり，多くの高価な商品がそれで運ばれる。この地方と市についてはこれでおき，さらに先のほかの新たなことをお話しすることとし，ピンジュというとても大きく豊か

な市について話そう。

1・2) Lingin/Ligin：臨清 Lin-ching（宿遷 Su-chien / Hsü-chien）。ただし，Ch. 138「チュジュ」（徐州）と名前が入れ替わっており（以下全て），記事内容は徐州のこと。

137　ピンジュ（邳州）

137　パンジュ[1]市について述べる

　リンジン[2]市を発って南へ3日行程行く。その間ずっと多くの優れた市や城市がたくさんある。カタイに属し，偶像崇拝で，やはり遺体を焼かせ，グラン・カンのもとにある。前に話した他のと同じようである。お金は紙のである。また，世界中の他のどこよりも良い狩猟と鳥猟がある。生活品がなんでも豊富にある。この3日行程の終わりにピンジュ[3]という市があり，とても大きく立派で，商業と手工業が大いにある。絹が大量にある。この市は大マンジ地方の入り口にある。この町で商人はたくさんの商品を荷車に積み，それをマンジのいくつもの市や城市に運ぶ。グラン・カンに大きな利益をもたらす市である。他に記すべきことはない。それでここを発ち，やはり南の方にあるクイジュという市についてお話ししよう。

1・3) Pangiu/Pingiu：邳州 Pei-chou。　2) チュジュ（徐州）のこと（前章注1参照）。

138　リンジン（臨清）[1]・カラモラン（黄河）

138　［チュジュ][2]市について述べる

　ピンジュ市を発ってとても綺麗で全てに豊かな地域を南へ2日行程行くが，あらゆる種類の獣と鳥の猟がいっぱいある。2日行程の終わりにチュジュ市があり，とても大きく豊かで，商業と手工業がある。人々は偶像崇拝で，遺体を火で焼かせる。お金は紙ので，グラン・カアンの下にある。とても美しい平地や田畑がある。小麦とあらゆる穀物が豊富にある。が，他に記すことはない。で，ここを発

って先の他の土地についてお話ししよう。

　このチュジュ市を発って南へ 3 日行程行くが，綺麗な地域，綺麗な城市と集落，綺麗な農地や田畑があり，狩猟と鳥猟が盛んで，小麦とあらゆる穀物が豊富にある。偶像崇拝で，グラン・カンの下にある。お金は紙のである。

　その 2 日 [3 日] 行程の終わりに大カラモラン川 [黄河] があり，プレステ・イォアンの地3)から来たり，とても大きく広い。実際，幅 1 マイルあることをご存じありたい。とても深く，大船が充分に通ることができる。大きい魚がいっぱいいる。この川には 1 万 5 千もの船があり，全てグラン・カンのもので，海上の島4)に軍を運ぶためだ。というのもいいですか，海はこの地から 1 日行程の所にあるからです。またいいですか，これらの船はそれぞれ 20 人の船員を必要とし，およそ 15 頭の馬を人間とその食糧とともに運ぶのですよ。また，こちら側に一つとあちら側に一つ市があり，互いに向き合っている。一つはコイガンジュ，もう一つはカイジュ5)という名で，一つは大きくもう一つは小さい。さて，今この河を渡ると大マンジ地方に入る。で，そのマンジ地方をグラン・カンはいかに征服したかお話ししよう。

1・2) Ciugiu：徐州 Scu-chou。ただし，Ch. 136「リンジン」臨清（宿遷）と名前が入れ替わっており，記事内容は同市のこと（cf. Ch. 136, n. 1）。　　3) テンドゥク地方，cf. Ch. 74.
4) a l'isle（単数）：ジパングのことで，1281 年の遠征の準備の様子を写したものとされる。
5) Coigangiu：淮安州 Huai-an-chou，現江蘇省淮安県。Caigiu：ペリオによれば，黄河手前の站大清口の渡し口，清河口 Ch'ing-ho-k'ou のこと。愛宕によれば淮州 Huai-chou，当時の淮陰城（淮安城の西北十数キロ）。

139　マンジ征服

139　グラン・カンはいかにマンジ地方を征服したか

　実は，大マンジ地方はファクフル1)が統治者で君主だった。彼はとても偉大な王で，財と人と領土において強力で，この世に彼より偉大なものはほとんどいなかった。グラン・カンがそうでないとすればだが，確かに彼より豊かで強大なものはいなかった。しかし，彼は勇敢な武人ではなかったことをご存じありたい。彼の歓びはむしろ女性であり，貧しい人々によくした。このマンジ地方はとても堅固な地だったから，その地方には馬がいず，彼らは戦・武器・軍事に馴れてい

なかった。ほとんどの町が広く深い水に囲まれ，だから広さ弩一射程以上のとても深い水で取り巻かれていない町はなかった。したがっていいですか，もし人々が武人だったなら，きっとこれを失わなかったことだろう。しかし，武事に勇敢でも馴れてもいなかったので，これを失った。なぜならいいですか，これらの市にはすべて橋伝いに入るからです。

　さて，クリスト受肉の 1268 年のこと，目下統べているグラン・カンつまりクブライは，バイアン・チンクサン[2]すなわちバイアン百眼[3]という意味の名の武将をここに派遣した。いいですか，マンジ王は自分の占星術師から，百の眼をもった者によってでなければ国を失うことはありえないと知っていたのです[4]。そのバイアンは，グラン・カンが与えた騎兵と歩兵の大軍をもってマンジにやって来た。その上，必要な時に騎兵と歩兵を運ぶものすごい数の船を有していた。バイアンは全軍とともにマンジの入り口，すなわち今我々がおり次にお話しするコイガンジュ，にやって来たとき，グラン・カアンに降伏するよう彼らに言った。彼らは決してそうしないと答えた。それを見てバイアンは前に進み，別の町があったがやはり降伏しなかった。彼はさらに先に進んだ。そうしたのは，グラン・カアンが彼の後からさらに大軍を派遣したと知っていたからであった。で，何を言うべきか。彼は五つの町を通ったが，どこも奪うことはできなかったし，どこも降伏しようとしなかった。と，六つ目の町をバイアンが力で奪うことが起こった。次いでもう一つの町，さらに三つ目の町を奪い，このようにして次々と 12 の町を奪ったのだった。

　どうして私は長話をするのだろう。とにかく本当に，今お話ししたように多くの町を奪ったはてに，バイアンはキンサイ［杭州］という，王と女王のいたこの国の首都に真っ直ぐやって来たことをご存じ下さい。王は，バイアンとその軍を見て大いに恐れた。彼は多数の者とともにその市を発ち，千隻もの船に乗り込んだ。そして大洋の島々へと逃げた。一方，多数の者とともに市に残った女王は，できうるかぎり防衛に努めた。ある時，女王が彼はいかなる名か尋ねたところ，バイアン百眼と呼ばれると彼らは言った。彼が百眼という名であると聞いて女王はすぐに，百眼をもった者が国を奪うに違いないと言った占星術師のことを思い出した。それで，女王はバイアンに降伏した。女王が降伏した後，他の都市も国も全て降伏し，なんら防衛しなかった。これはまことに偉大な征服だった[5]。全世界でこれの半分に値する国もないだろうからである。王は驚くほど費やすもの

VI ポーロ/ルスティケッロ 世界の記 421

をたくさんもっていたからだった。で、彼が行った偉業のいくつかをお話ししよう。

彼は毎年２万人もの孤児を育てさせたことをご存じて下さい。どのようにかお話ししましょう。この地方では、子供は生まれるとすぐ捨てられる。育てることのできない貧しい女性がそうする。王はそれを皆引き受けさせる。どんな印と星の下に生まれたか書き留めさせる。そして多くの土地や場所で育てさせる。乳母を多数擁しているからである。裕福な者は、子供がないと王のところに行き、欲しいだけ自分の気に入ったものを貰い受ける。さらに王は、男児と女児が結婚の年齢に達すると、女児を男児に妻として与える。彼らに充分暮らしていけるだけのものを授ける。このようにして、どこか道を馬で通って、綺麗な一軒の家〔と〕さらにもう一つのことをした。一軒の小さい家を見かけると、王はどうしてその家が小さいのか尋ねる。するとそのまた、毎年男女合わせて２万人を養った。この王はその間に〕一軒の大きい家と同じくらいでないのか尋ねる。すると彼らは、その小さい家はそうするカのない貧しい者のものであると答える。すると王は、その小さい家を側にある他の二軒の家のように美しくしてさせるよう命じる。

さらにいいですが、王は常に千人以上の若者と乙女に仕えられているのですよ。彼女はグラン・カアンの下に連れて行かれた。彼女を見て大君は、偉大な婦人として丁重に遇し世話させた。しかし、その主人であある王については、大洋の島から出ることはついになかった。そして死亡した。

彼らその国はとても公正に保ったから、誰も一切悪いことをしない。夜、商人の家は開けたままだが、何もなくならない。実際、夜も昼もおなじように出歩くことができる。この王国にあ〔った〕莫大な富について語ることは、とうていできないだろう。

さて、王国〔王〕について語ったから、次は女王について話しましょう。彼女とその妃とこのことについてはこれておき、マンジ地方についての話に戻り、彼らとその流儀、風習、事柄について、皆さんがはっきりお聞きになれるように順序立ててお話ししましょう。その最初、すなわちコイガンジュ市から始めよう。

1) Facfur：Pers. facfur〈神の子・天子〉より。 2) Baian Cincsan：伯顔丞相 Pai-yen/Bai-yan Cheng-hsiang より。 3) Baian と百眼 pai-yen/bai-yan/bai-yan の音通による。 4) 南末期の杭州で〔江南若破、百顔末過〕の詞が広まり、百雁 pai-yen／bai-yan・伯顔・百眼がともに bai-yan と音通するところから、伯顔の来攻が南末滅亡の前兆だったと受け取られた（王韓

『玉堂嘉話』元朝初期）。　　5）史上では，バヤン伯顔が南宋征服の総指揮官に任命されたのは 1274 年，1268 年はその前哨戦となる襄陽攻撃が始まった年。1274 年に度宗が死亡し，5 歳の幼帝恭宗がたてられ，祖母の謝太后が摂政となり，1276 年バヤンが首都臨安に迫ると謝太后は降伏するが，文天祥ら重臣は瑞宗次いで衛王を海中の島にたてて抵抗するも，1279 年に滅んだ。謝太后は後にクビライの宮廷で爵位を賜った。

140　コイガンジュ（淮安州）

140　コイガンジュ[1]市について述べる

　コイガンジュはとても大きく立派で豊かな市で，マンジ地方の入り口にあり，東南の方にある。人々は偶像崇拝で，遺体を焼かせる。グラン・カンのもとにある。ものすごい数の船がある。前にも言ったが，カラモランという大河のほとりにあるからであることを知ってもらいたい。またいいですか，この地域の国の首府だからこの市には大量の商品がやって来る。その川を伝って他のたくさんの町に運ばれるため，多くの町がここに商品を持ち込ませるからだ。さらにいいですか，この市では塩が作られ，40 もの町に供給するのですよ。それでグラン・カアンはこの市から，塩とそこで行われる大交易の税と合わせてとても大きな収入を手にする。この市についてはこれでお話ししたのでそこを発ち，パウキンという別の市についてお話ししよう。

　1）Coigangiu：淮安州 Huai-an-chou。

141　パウキン（宝応）

141　パウキン[1]市について述べる

　コイガンジュ市を発ち，マンジの入り口にある堤を東南に 1 日行程行く。この堤はとても綺麗な石で造られている。堤の横には一つの側にももう一つの側にも水がある。この地方へは，この堤から以外に入れない。この行程の終わりに，パウキンというとても綺麗で大きい市がある。偶像崇拝で，遺体を焼かせる。グラン・カンのもとにある。お金は紙のである。商売と職人仕事で生きる。絹が豊富

にある。多種の絹と金の布がたくさん作られる。生活品が豊富にある。が，他に
記すべきことはないのでここはこれくらいにし，カウイという別の市について述
べよう。

1) Pauchin：宝応 Pao-ying。

142　カウイ（高郵）

142　カウイ[1]市について述べる

パウキン市を発って，東南へ1日行程行くと，カウイというとても大きく立派
な市がある。やはり偶像崇拝で，紙のお金をもち，グラン・カンの下にある。商
売と職人仕事で生きる。生活品は豊富にある。魚がものすごくある。獣と鳥の猟
がいっぱいある。だからいいですか，1ヴェネツィアグロス銀で雉が3羽手に入
るだろう。さて，この市を発って，ティジュという別の市についてお話ししよう。

1) Caui/Caiu〈カウイ／カイウ〉：高郵 Kao-you。

143　ティジュ（泰州）・チンジュ（通州）

143　ティジュ[1]市について述べる

さて，カウイ市を発つと，ずっと多くの家屋・田畑・農園を見ながら1日行程
行くことをご承知ください。すると，ティジュという市がある。さほど大きくは
ないが，あらゆる土地の恵みにあふれている。人々は偶像崇拝で，紙のお金をも
ち，グラン・カンのもとにある。商売と職人仕事で生きる。いくつもの商品で大
きな利益と大きな儲けを得るからである。東南の方にある。船がたくさんあり，
獣と鳥の猟がいっぱいある。

また，左手の東の方には3日行程離れたところに大洋があることをご存じ下さ
い。大洋からここまでいたるところで塩が大量に作られる。そこにチンジュ[2]と
いう市があり，とても大きく豊かで立派である。この市で塩がたくさん作られる

から，その地方全体に豊富にある。本当にいいですか，グラン・カアンはこれから莫大な収益を得，それは驚くべきもので，見なければ信じることはできないほどです。偶像崇拝で，紙のお金をもち，グラン・カンの下にある。

　で，ここを発って再びティジュ市に戻るが，すでに十分述べたのでまたティジュを発ち，ヤンジュという別の市についてお話ししよう。

1) Tigiu：泰州 T'ai-chou。　　2) Cingiu：ポーチェ・愛宕によれば通州 Tung-chou / Tong-zhou（現南通市の一部），ペリオによれば海州 Hai-chou＝海門 Hai-men（揚子江河口北岸）。

144　ヤンジュ（揚州）

144　ヤンジュ[1]市について述べる

　ティンジュを発ち，城市や村落のいっぱいあるとても綺麗な地域を東南へ1日行程行く。すると，ヤンジュという立派で大きな市がある。とても大きく強力で，管轄下に27もの大きく立派な大商業の都市をもっていることをご存じありたい。この市にグラン・カアンの12人の重臣の一人が駐在している。同市は12の本拠地の一つに選ばれているからである。偶像崇拝で，紙のお金をもち，グラン・カンに属する。また，マルク・ポル殿自身，つまり本書が述べているその人が，この市を3年間統治している[2]。商売と職人仕事で生きる。騎兵や兵士の武器が大量に作られるからだ。この市とその管轄下にある周辺には多数の兵士が駐屯しているからであることを言っておこう。[3]

　他に記すべきことはない。で，この市を発って，〔マンジ〕自体に属する二つの大地方についてお話ししよう。それらは西の方にあり，語るべきことがいっぱいあるから，それらについて風習と習慣をお話しするが，まずナンギンというその一つについて述べよう。

1) Yangiu：揚州 Yang-chou。　　2) Cf. R「マルコ・ポーロ殿は*グラン・カンの委任によりその重臣の一人に代わってここを3年にわたって治めた*」，FB[4]（BnF fr. 5649）「かのマルク・ポル殿は……*このイァングイ市に3年滞在した*」。他版（FG・TA・VA・P）はFにほぼ同じ。Z・V・VB・Lには，ポーロによる揚州統治の文はない。　　3) 揚州には，1342年6月に死亡したカテリーナ・ヴィリオーニ Katerina Vilioni の墓碑のあることが知られる（1952年発見）。その父 Dominicus de Vilionis ドミニクス・デ・ヴィリオニスはほぼ確実にヴェネツィア出身で，マルコのヴェネツィアでの通称 Milione ミリオーネはその姓 Vilioni の一異形との説

がある。これらから，揚州にイタリア人特にヴェネツィア人のコミュニティのあったことが
推定される。

145　ナンギン（安慶／開封）

145　ナンギン[1]**地方について述べる**

　ナンギンは西の方の地方で，マンジ自体に属し，とても大きく豊かな地方であ
る。偶像崇拝で，紙のお金をもち，グラン・カンの下にある。商売と職人仕事で
生きる。絹が豊富にある。あらゆる種類の金と絹の布を作る。あらゆる穀物と生
活品が大量にある。とても豊かな地方だからである。狩猟と鳥猟がいっぱいある。
遺体を焼かせる。獅子がいっぱいいる。裕福な商人がたくさんおり，大君は彼ら
から多くの税と大きな利益を得る。他に記すべきことはないから，ここを発とう。
次に，サイアンフというとても立派な市についてお話ししよう。そこの事柄はと
ても素晴らしいから，本書で語るにふさわしい。

　1) Nanghin/Nanchin：ポーチェ・ユール・愛宕らによれば安慶 Ngan-khing/An-ching，ペリオ
　らによれば金代に南京 Nan-ching と呼ばれていた開封 K'ai-feng。ここと次のサイアンフは，
　ポーロは通っていない。

146　サイアンフ（襄陽）

146　サイアンフ[1]**市について述べる**

　サイアンフは〔大きく〕立派な市で，管轄下に 12 もの大きくしかも豊かな市
をもっている。商業と手工業が大いに行われている。偶像崇拝で，紙のお金をも
ち，遺体を焼かせる。グラン・カンのもとにある。絹がいっぱいあり，多種の金
〔と絹〕の布を織る。狩猟と鳥猟がいっぱいある。立派な市にふさわしい立派な
ものが全てある。

　本当にいいですか，この市はマンジ全体が降伏してから 3 年間もったのです。
グラン・カンの大軍がずっと彼らの上にあったが，一つの側つまり北側にしか留
まることができなかった。他の部分は全て大きく深い湖だったからである。で，

グラン・カンの軍はこの北側からしか攻めることができなかった。それで，彼らは他の全ての側から，つまり水伝いに食糧をたくさん得ることができた。今からお話しすることがなかったならば，彼らはこれを決して奪うことができなかったと言おう。

　さて，この市の攻撃に3年間かかってもグラン・カアンの軍がこれを奪うことができなかった時，彼らはそれに大いにいらだったことをご存じ下さい。で，ニコラウ殿とマフェウ殿とマルク殿は言った，「私どもが，かの町がすぐに降伏する方法を皆さんに見つけましょう」[2]。軍の者たちは，喜んでそうしてもらいたいと言った。これらのやりとりは全てグラン・カンの前であった。というのも，軍の者の使者がやって来て大君に，市を攻囲することができないこと，彼らは食糧を自分たちが抑えることのできないところから手に入れていることを言ったからである。大君は言った，「かの市を奪えるようにしなければならぬ」。そこで二兄弟とその息子のマルク殿は言った，「大君様，私どもは一家の中に，かの市が耐えることのできないほど大きな石を投げる大弓を造る者がおります。この大弓つまり投石機がそれを投げれば，すぐに降伏するでしょう」。大君はニコラウ殿とその兄弟と息子に，ぜひそうしてもらいたいととても喜んで言った。そして，その大弓をできるだけ早く造らせるように言った。そこで，自分たちの一家[3]の中に，この仕事の優れた親方である一人のアレマン人［アラン人］と一人のネストリウス派キリスト教徒をもっていたニコラオとその兄弟と息子は，300リーブルの石を投げる大弓を二つか三つ造るように言った。彼ら二人は三機の優れた大弓を造った[4]。

　それが造られると，大君はそれを，サイアンフ市の攻撃にあったがそれを取ることのできなかった自軍のもとまで運ばせた。投石機が軍にやって来ると，彼らはそれを建てさせた。タルタル人にはこの世で最大の驚異に見えた。で，何を言おうか。投石機が組み立てられて引かれると，一機が町の中に石を一つ投げ込んだ。石は家に当たり，あらゆる物を破壊して潰し，大音響と大騒動をひき起こした。市の者たちは，かつて決して見たこともないこの惨事を目にして吃驚仰天し，言うべきことも為すべきことも知らなかった。彼らは集まって相談したが，この攻城機からどうやって逃れればいいのか結論を得られなかった。降伏しなければ皆死ぬだろうと言った。で，どうあろうとも降伏することを相談した。そして軍の将に，同地方の他の市がしたのと同じように降伏したいこと，グラン・カンの

図 17　襄陽の戦い，砲を撃つポーロ（右下）と見守るグラン・カン（右上）（OBL Ms. Bodley 264, f. 255r）

支配下に入りたいことを伝えた。軍の将は，喜んでそうすると言った。で，彼らを受け入れ，市の者たちは降伏した。これは，ニコラオ殿とマフェオ殿とマルク殿のおかげで起こった。これは小さな事ではなかった。というのも，この市と地方はグラン・カンが有する最良の一つだからであることをご承知ありたい。彼はそこから大きな収入と利益を得ているのだから。

　さてこの市について，ニコラオ殿とマフェオ殿とマルク殿が造らせた攻城機によって彼らがいかに降伏したかお話しした。このことについてはこれでおき，次にシンジュという市についてお話ししよう。

1) Saianfu/Sanyanfu：襄陽府 Hsiang-yang-fu。　　2) 襄陽の戦い（図 17）は 1273 年，ポーロはまだ旅の途中にあった。また，R ではサイアンフ攻撃に関わったのはニコロとマフェオの二人のみ。　　3) masnee〈一家〉：従者や奴婢をも含めた家族，ポーロ三人を中心とする一族郎党か一行というほどの意味であろうが，中国でマルコに二人の腹違いの弟ステーファノとジョヴァンニーノがあったことが知られる。この文はまた，ポーロの旅がそうした供の者とともに行われたことを示唆する唯一の箇所。その中にアラン人（キリスト教徒）のいたことが注目され，彼らはポーロにとって大きな情報源だったことが推定される。　　4) 攻城機マンジャニクは，クビライの要請に応じてイル・カン国のアバガから派遣された（1271 年）アラー・ウッディーンとイスマイルの二人のサラセン人によって作られた。1272 年大都の宮殿の前で試射され，翌年襄陽・樊城攻略に使用され，ここにも記されてあるとおりの成果を上げたという。

147　シンジュ（真州）

147　シンジュ[1]市について述べる

　さて，ヤンジュ市を発って東南に 15 マイル行くと，シンジュという市があることを知ってもらいたい。あまり大きくはないが，大船団と大商業の町である。偶像崇拝で，グラン・カアンのもとにある。お金は紙のだ。また，クイアン[2]という世界最大の川のほとりにあることをご存じありたい。幅は，あるところでは 10 マイルあるいは 8 マイルあるいは 6 マイル，長さは 100 日行程以上ある。この川ゆえこの市にはものすごい数の船があり，その川を伝ってたくさんの物資と商品を運ぶ。そのため，グラン・カンはこの市から大きな利益と税収を手にする。

　いいですか，この川はそれほど長くまた多くの地域を通り，その沿岸には多数の町があるから，本当にいいですか，キリスト教徒の全ての川よりも全ての海よりも多くの船と価値高い高価なものがこの川を往来するのですよ。実際，私はこの市で一度に〔5千〕もの船を目にしたし，それがすべてこの川を通っているのを見たことを言っておこう。つまり，決してさほど大きくはないこの市ですらかくも多くの船をもっているのだから，他の市はどれほどか充分考えることができるだろう。なにしろいいですか，この川は 16 以上の地方を通り，その沿岸には 200 以上の大きな市があり，それらがすべてここよりも多くの船をもっているのです。船は覆われており[3]，帆柱は一本だが，大量に運ぶ。つまりいいですか，我々の数え方で，重さ 4 千カンタルから 1 万 2 千まで運ぶのです。

　さて，もうよくお話ししたからここを発ち，後でクチュ[4]という別の市についてお話しする。しかしその前に，私が忘れていたことを，本書でそうするにふさわしいことだからお話ししたい。つまり，どの船も帆柱と帆を備えているだけで，麻綱はもっていないことを知ってもらいたい。しかしいいですか，葦の索[5]をもっていて，船はそれでこの川に沿って牽かれるのですよ。つまり，前にも話した長さ 15 パスもある太くて長い葦で作られていることをご承知ありたい。それを断ち割って互いに縒り合わせ，長さ 300 パスにもする。また，これは麻のよりも強い。今はこれでお終いにして，カイチュ[6]〔のこと〕に戻ろう。

1）Singiu：真州 Chen-chou，現儀征。　　2）Quian：江（水）Chiang (-shui)，揚子江，cf. Ch.

114「シンドゥフ」。　　3）甲板のこと。　　4）Quciu：次章「カイジュ」（瓜州）。　　5）船を曳く竹綱のこと。　　6）Caiciu：「クチュ」（n. 4）に同じ。

148　カイジュ（瓜州）

148　カイジュ[1]市について述べる

　カイジュは小さな町で，東南の方にある。偶像崇拝で，グラン・カアンのもとにあり，紙のお金をもつ。河に面している。この市にはものすごい量の穀物と米が集められ，市から大カンバル市まで，グラン・カンの宮廷に水路で運ばれる。といっても，海路というわけではなく，川と湖を伝ってである。また，この市にやって来る穀物でグラン・カンの宮廷の大部分が暮らすことをご承知ありたい。いいですか，グラン・カアンはこの市からカンバルまでこの水の路を整備させたのですよ。つまり，幅広く深いとても大きい溝を川から川へ，湖から湖へと造り，そこに水を通して大河のようにした[2]。そこを大きい船が充分通れる。かくして，マンジからカンバル市まで行くことができる。陸路を行くこともももちろんできる。この水の路の側を土の堤が走っているからだ。とこのように，今お聞きになったごとく水路でも陸路でも行くことができるわけです。

　またこの川の真ん中，この町の向いに岩の島があり，そこには偶像崇拝の僧院が一つあって，200人の僧がいる[3]。また，その大僧院にはものすごい数の偶像がある。この僧院は他の多くの偶像崇拝の僧院の首座で，ちょうど大司教座のようであることをご存じ下さい。さて，ここを発って川を渡り，チンギャンフという市についてお話ししよう。

　1）Caygiu：瓜州 Kua-chou。　　2）大運河のこと。　　3）金山寺。

149　チンギャンフ（鎮江）

149　チンギャンフ[1]市について述べる

　チンギャンフはマンジの一市である。人々は偶像崇拝で，グラン・カアンのも

とにあり，紙のお金をもつ。商業と手工業で生きる。絹がいっぱいある。多種の金と絹の布を作る。裕福な大商人がいる。獣と鳥の猟がいっぱいある。穀物と生活品が豊富にある。ネストリウス派キリスト教徒の教会が二つあり，クリスト受肉の 1278 年からこの方そうなったのだが，どのようにそれが起こったかお話ししよう。確かに，ネストリウス派キリスト教徒であったマルサルキス[2]がグラン・カアンによって 3 年間そこの統治者となった 1278 年まで，キリスト教徒の僧院はなかったし，キリスト教の神〔を信じる〕者もなかった。そのマルサルキスがここにその二つの教会を建てさせ，その時以来，それまで教会もキリスト教徒もなかったのが，教会をもつようになったのである。さて，このことはこれでおき，ティンギンズというとても大きい別の市についてお話ししよう。

1) Cinghianfu：鎮江府 Chen-chian-fu。　　2) Marsarchis：サマルカンド出身のネストリウス派キリスト教徒 Mar-Sargis〈高徳セルギウス〉馬薛里吉思。『至順鎮江志』によると，1268 年クビライに召されて舎里八（シロップ）を奉呈し，その専門職となり，1272/73 年賽典赤平章サイッド・アッジャルに伴って雲南に赴く。75 年閩浙（福建と浙江）に往き，78 年初め鎮江路総管府達魯花赤（ダルガチ）に任命され，1281 年夾道巷に大興国寺，その後甘泉寺ほか四つを建てた（巻 9「大興國寺」，上 pp. 365-6）。マルサルキスは 1295 年まで鎮江にあったことからして，ポーロが知り合っていた可能性は極めて高い。

150　チャンジュ（常州／鎮巣）

150　ティンジッジュ[1]市について述べる

　チンギャンフを発って東南へ 3 日行程行くと，その間ずっと大商業と大手工業の市や城市がたくさんある。皆偶像崇拝で，グラン・カンのもとにあり，紙のお金をもつ。3 日行程の終わりにティンギンジュ市があり，とても大きく立派である。人々は偶像崇拝で，グラン・カアンのもとにある。お金は紙のである。商業と手工業で生きる。絹がいっぱいある。様々な種類の金と絹の布を作る。獣と鳥の猟がいっぱいある。生活品は何でも豊富にある。とても豊かな土地だからである。

　さて，この市の者たちがしたさる悪事のことを，それがどれほど高いものについたかお話ししよう[2]。すなわち，マンジ地方がバイアンを大将とするグラン・カアンの兵によって奪われた時のことであったが，そのバイアンがアラン人

――彼らはキリスト教徒だった――の兵の一部をこの市の征伐に派遣することがあった。と，そのアラン人はこれを奪って市中に入ったが，素晴らしい酒を見つけたので，皆酔い潰れるまで飲んでしまった。そして，善いも悪いも分からぬほど寝入ってしまった。市の者たちは，市を奪った者たちが死んだ者のようになってしまったのを見て，その機会を逃さなかった。その夜ただちに彼らを皆殺しにし，一人も逃げられなかった。大軍の大将であったバイアンは，この市の者たちがこのように叛いて自分の兵を殺したのを知って，多数の兵を派遣した。そしてこれを力で奪って，本当にいいですか，捕えた後刀で殺したのです。今お聞きになったようにして，この市ではかくも多くの者が死んだのだった。3)

　さて，ここを発って先に進み，スィジュという別の市についてお話ししよう。

1) Tingiggiu（見出し）/Tinghingiu（本文）/Tanchiu（目次）：Ti [a] ngiu〈チャンジュ〉，常州 Chang-chou（-giggiu/-ghingiu は第 2 音の繰り返し，cf. Z *Tingçu*）。常州は鎮江の東南約 70 km で，次の蘇州へのルート上にあり，また「3 日行程」に合致する。　2) 以下の出来事があったのは，常州ではなくその西約 200 km の鎮巣 Chen-chao。音の似かよいのため同じ市と混同されたもの。前訳⑬ではこれも常州のこととしたが，訂正する。　3)『元史』によると，至元 11 年（1274），城を守っていた宋の降将洪福が一計を案じてアラン人兵を泥酔させて皆殺しにした。この時杭忽思（カンフス）の子阿塔赤（アダチ）が殺され，世祖はその死を憫んで家族に白金 500 両他を賜わり，併せて鎮巣 1539 戸を降した（巻 132 列伝 19「杭忽思」）。杭忽思は阿速（アス／アラン）衛の将軍。

151　スジュ（蘇州）

151　スィジュ1)市について述べる

　スジュはとても立派で大きい市である。偶像崇拝で，グラン・カンのもとにあり，紙のお金をもつ。絹が大量にある。商業と手工業で生きる。衣服用に絹の布をたくさん作る。裕福な大商人がいる。とても大きく，周囲 40 マイルある2)。住民は，誰もその数はわからないほどものすごく多い。いいですか，マンジ地方の人間が武人であったなら，残りの全世界を征服したことだろう。彼らは武人ではないが，しかしいいですか，賢明な商人とあらゆる技に巧みな人々で，大哲学者や自然をとてもよく知っている大自然医術師がいるのですよ3)。また本当にいいですか，この市には 6 千もの石の橋があり，その下を一，二隻のガレー船が充

分通れるだろう。

　さらにいいですか，この町の山には大黄[4]や生姜が大量に生えるのですよ。だからいいですか，1ヴェネツィアグロスでとても質のいい新鮮な生姜が40リブラも手に入るだろう。管轄下に16もの大商業と大手工業のとても大きな市をもっていることをご存じありたい。また，スジュというこの市の名前は，フランス語で地という意味であることをご存じ下さい[5]。これの近くにあるもう一つの市［杭州］は天と呼ばれる。これらはこの名を，その偉大な立派さゆえにもっている。天と呼ばれるもう一つの立派な市についてお話ししよう。

　さて，スジュを発ってヴジュ[6]という市に行く。そのヴジュはスジュから1日行程離れていることをご存じありたい。大商業と大手工業とても大きな良い市である。特に記すべき珍しいことはないので，そこを発ち，ヴギン[7]という別の町についてお話ししよう。

　そのヴギンもとても大きく立派な市である。偶像崇拝で，グラン・カアンのもとにあり，紙のお金をもつ。絹や他の高価な商品が大量にある。経験豊かな商人と巧みな職人たちである。

　さて，その市を発ち，チャンガン[8]という町についてお話ししよう。このチャンガン市はとても大きく豊かであることをご存じありたい。偶像崇拝で，グラン・カアンのもとにあり，紙のお金をもつ。商業と手工業で生きる。様々な種類の薄絹地が大量に作られる。狩猟と鳥猟がいっぱいある。他に特に記すべきことはないので，そこを発って先に進み，別の市のことをお話ししよう。すなわち，マンジ王の首都である立派なケサイ市のことである。

1）Suigiu/Sugiu：蘇州 Su-chou。　　2）今の堀（外城河）の内に限れば，東西約3.3km・南北約4.4km，したがって周囲約15.4キロ，10マイル。　　3）「大哲学者」とは文人や儒者，「大自然医術師」とは漢方医術師を指すとみられる。蘇州は古来江南随一の文化都市として知られた。　　4）大黄は寒冷山地に生え，蘇州には産しない。おそらく蘇木との混同。5）「天上天堂，地下蘇杭」〈天上には天国，地上には蘇州と杭州がある〉（范成大『呉郡志』）の句を誤解したもの。　　6）Vugiu：呉（江）州 Wu-(chiang-)chou。　　7）Vughin：ペリオによれば Caghin で嘉興 Chia-hsing，愛宕によれば呉興 Wu-xing（湖州の古名）。　　8）Ciangan：ペリオによれば長安 Chang-an（杭州の北），愛宕によれば嘉興 Jia-xing。

152　キンサイ（杭州）

152　立派なキンサイ[1]市について述べる

　チャンガン市を発って 3 日行程行くが，大いに立派で豊かな市や城市がたくさんあり，商売と職人仕事で生きる。偶像崇拝で，グラン・カンのもとにある。紙のお金をもつ。人体の生に必要なあらゆるものが豊富にある。その 3 日行程を行くと，キンサイという非常に立派な市がある。フランク語で天の市という意味である。ここにやって来たからには，その偉大な立派さをすっかりお話ししよう。間違いなくこの世に在る最も立派で最良の都なのだから，まことに語るにふさわしい。で，その立派さを，この国の女王がこの地方を征服したバイアンに書き送ったところにしたがって述べよう。彼女は，グラン・カンがこの都の偉大な立派さを知りこれを破壊したり損なったりさせぬよう，それを彼に送ってほしいと〔願った〕のだった[2]。その書き物に含まれているところにのっとって，〔私は順を追ってすっかり述べよう。そしてそれは〕私マルク・ポルが後に我が目ではっきりと見たところによれば，〔全て〕真実であった[3]。

　まず最初に，キンサイ市は周囲 100 マイルで，1 万 2 千の石の橋のあることが含まれていた[4]。その橋のどれもあるいは大部分，アーチの下を船が充分通ることができるだろう。また他のは，より小さい船が通れるだろう。それほど橋がたくさんあったとしても誰も驚かない。なぜならいいですか，この町はすっかり水の中にあって水に囲まれており，だからどの道を行くにも橋がたくさん必要だからです。

　次に，この市にはそれぞれの仕事に一つずつ，12 の職業があると書かれている。どの職業も 1 万 2 千の仕事場，つまり 1 万 2 千の店がある。どの仕事場にも少なくとも 10 人，あるものは 15 人，あるものは 20 人，あるものは 40 人がいる。といっても，皆親方というわけではなく，親方が命じることをする者たちである。これ全てが必要なのは，この市から同地方の他の多くの市に供給されるからだ。大商品を扱うとても豊かな商人がいっぱいいて，それはものすごいものだから真実を言うことのできる者は一人とていない。さらにいいですか，上流の人士とその妻たち，それに先にお話しした職業の仕事場の親方たちは皆，自分の手では一切何もしない。まるで王様のごとく楽しく優雅に暮らしている。その夫人たちは，

やはりとても優雅で天使さながらである。また，それぞれ自分の父の職業をしなければならない，と王によって定められていることを言っておこう。たとえ10万ベザンツもっていても，自分の父がしていたのと違う職業をすることはできないだろう。

　さらにいいですか，南の方に湖［西湖］があり，周囲30マイルもある。周り中に美しい御殿や綺麗な邸宅がいっぱいあり，とても素晴らしく造られているので，それより豪華に設計することも造ることもできないほどだ。それらは貴人や上流人士のものである。また，偶像の寺院や僧院もたくさんあり，その数はものすごく多い。さらにいいですか，湖の真ん中に島が二つあり，そのそれぞれにとても素晴らしい豪華な御殿が一つあって，とても巧く調和して造られていて，まるで皇帝の宮殿のごとくである。結婚式や宴会をしたいときにはこの宮殿に行く。そして結婚式やお祝いをするのだが，そこには宴会に必要な器具，すなわち食器や卓布や碗など何でも揃っている。

　町には綺麗な家がいっぱいある。市全体のあちこちに大きな石の塔があり，市内に火事が起きると人々はあらゆるものをそこに運ぶ。木の家がいくつもあるものだから，町では火事が頻繁に起きることをご存じありたい。

　さらに言うと，住民は偶像崇拝でグラン・カンのもとにあり，紙のお金をもっている。あらゆる肉，犬その他あらゆる野獣，およびこちらのキリスト教徒ならどんなことがあっても口にしないようなその他の動物の肉を食べる。

　さらにいいですか，1万2千の橋のそれぞれに毎晩毎日10人の人間が警備している。これは，誰も悪事を働かぬよう，また誰も町に謀反を起こそうとせぬよう市を守るためである。もう一つのことをお話ししよう。市内に山［呉山］が一つあり，その上に塔があり，その塔の上に木の板［半鐘板］があり，それを一人の男が手にとって槌で打つと，とても遠くまでよく聞こえる。この板は，町に火事が起きたときや，市内に何か争いが起きた時いつも鳴らす。それが起きるや，この板をすぐ鳴らす。

　グラン・カアンはこの町を多数の兵によってとてもよく警備させているが，それは，この市がマンジ地方全体の首府と本拠地であり，またこの市には莫大な財宝があり，聞いただけでは信じられないほど莫大な利益をグラン・カンはそこから得ているからだ。また，大君がこれを充分かつ多数の兵に護らせるのは，謀反を起こすのではないかとの危惧のためである。

　また，この町では道は全て石や焼いた煉瓦で舗装してあることを本当に知って
もらいたい。マンジ地方全体の道や路も全て舗装してあり，馬でも徒歩でも全然
汚れることなく通ることができる。

　さらにいいですか，この町には3千もの風呂つまり湯屋があり，そこで人々は
大いに愉しみ，月に何度もそこに行くのです。というのも，彼らは体をとても清
潔にして暮らすからだ。いいですか，この世で最も綺麗で素晴らしくまた大きな
風呂があるのです。というのもいいですか，一度に100人の男か100人の女が入
ることができるほど大きいからです。

　もう一つお教えすると，市から25マイル離れたところ，北東と東の間に大洋
がある。そこにガンフ[5]という市がある。そこにとても良い港があり，そこにイ
ンドや他の地からとても高価な商品をたくさん載せてとても大きい船がやって来
る。この市からその港へ大きな川があり，そこを伝って船がこの市まで来ること
ができる。その川はまた，この市よりもさらに遠くの地にまで至っている。

　さらに言うと，マンジ地方をグラン・カンは九つの部分に分けている。つまり
9人の大王をつくり，それぞれが大王国である。といっても，それら王は皆グラ
ン・カンのためにそこにいるのであり，毎年収益と全てのものについて大君の会
計士にそれぞれ自分の国の報告をなすということを常に理解してもらいたい。こ
の市にはそれら9人の王の一人が在り，140以上の豊かで大きい市を治めている。

　もう一つ，皆さんがとても驚くだろうことを言おう。つまりいいですか，マン
ジ地方には1200もの市があって，そのそれぞれに，今からお話しするようなグ
ラン・カンのための大警備隊がいる。実際，どの市にも少ないところで千人，あ
るところでは1万，あるところでは2万，あるところでは3万の護衛がいること
を本当にご存じありたい。それほど数が多いからほとんど数えることができない
ほどだ。しかし，この人々が皆タルタル人だとは考えないでもらいたい。そうで
はなく，カタイ出身である。また，これらの市の警備に当たるものは皆騎兵とい
うわけではなく，一大部分が歩兵である。皆グラン・カンの軍の者たちだからだ。

　要するに全くもっていいですか，マンジ地方の財務は，グラン・カンが有する
富にしても税収にしても利益にしてもあまりにも大きなことだから，それを数え
るのを聞いた者はいないし，見ずして信じられるものもない。この地方の偉大な
立派さはほとんど記すこともできないし，それゆえ私も口を閉ざし，これ以上あ
まり話さないだろう。しかし，もういくつかのことをお話しし，その後出発する

ことにしよう。

　さて，マンジの人々は今からお話しするような習わしをもっていることを知っ
てもらいたい。すなわち，子供が生まれるとすぐ父親か母親は，その生まれた日
と点と時間，またどの印[6]と星の下かを書き取らせる。こうしてそれぞれ自分の
誕生について知る。誰かが旅行でどこかに行きたいときには星占い師のところに
行き，自分の誕生のことを言う。すると彼は，その旅に出るのがいいか否か言う。
旅を取り止めさすこともよくある。星占い師はその業と悪魔的な術に通じており，
彼らが多くの場合信頼を寄せる多くのことをよく人々に告げるからであることを
ご承知ありたい。

　さらに言うと，遺骸が火葬に運ばれるとき，親戚の者は男も女も弔いのために
麻の衣を着，運ばれる遺体と一緒に行く。楽器を伴い，偶像の祈りを唱えながら
行き，遺体が焼かれるところに来ると止まる。そして，馬や男女の奴隷，ラクダ
や金糸の布を大量に作らせるのだが，これらは全て紙で作る。それが出来上がる
と，大きく火を焚き，それらと一緒に遺骸を焼く。そして，死者はあの世でこれ
らのものを全て肉と骨の生きたまま，また金貨も手にするのだと言う。また，こ
うして焼かれる時に彼にする誉れは全て，ちょうどそれと同じようなものが，彼
のためにあの世で彼らの神と偶像によってなされるのだと言う。[7]

　この市には，マンジの君主であったあの逃亡した王［ファクフル］の宮殿があ
る。それは，この世で最も美しく立派なものだ。いくつかのことを述べよう。さ
て，宮殿は周囲10マイル，高い城壁が巡らされ，すっかり漆喰が塗られている
ことをご承知ありたい。城内には綺麗な庭園がたくさんあり，人が述べ得る最も
美味しい果物がなっている。たくさんの噴水といくつもの池があり，美味しい魚
がいっぱいいる。真ん中にはとても大きく綺麗な宮殿がある。そこにはとても大
きく綺麗な広間があり，多数の人間がそこに入り，留まって卓で食事をすること
ができる。広間はすっかり絵が描かれ，金で細工されている。たくさんの物語，
多くの鳥獣，武人，貴婦人などで，驚くべきものがいっぱいある。見るだにとて
も美しい。壁と天井は全て，金の絵以外見えないからである。で，何を言おうか。
私にはこの宮殿の偉大な立派さを記すことは無理であり，真実を全て簡単かつか
いつまんで述べるしかできないことを知っていただきたい。実際，この宮殿には
全て一つの大きさと一つの造りの広間が20もあることを本当に［ご存じありた
い］。それほど大きいから，1万人がゆったりと卓で食べることができるほどだ。

図 18　天の都キンサイの優雅な暮らし（OBL Ms. Bodley 264, f. 258v）

そして，全てとても立派に金細工が施されている。またいいですか，この宮殿には寝たり食べたりする綺麗な大きい部屋，すなわち居室が千もあるのですよ［図18］。果物と魚についてはもうお話しした。

　また，この市には竈が 160 トマン，つまり家が 160 トマンあることを本当にご承知ありたい。トマンとは一万のことである。つまり，家が全部で 160 万軒あるということで，その中には豊かな邸宅がいっぱいあることを知ってもらいたい。ネストリウス派キリスト教徒の教会が一つだけある[8]。

　市について述べたから，次に記すに値するもう一つのことをお話ししよう。つまり，この市の市民は皆，他の市でも全て同様だが，次のような風習のあることをご存じありたい。すなわち，それぞれ自分の家の戸口に，自分・妻・子供・息子の妻・召使など家の者の名前を全部書き，さらに馬を何頭持っているか書くことをご存じありたい。そして，もし誰か死ぬことが起きると，その名を消させる。もし誰か生まれると，そこにその名が加えられる。このようにしてそれぞれの市の支配者は，自分の町にいる者全てを知る。マンジ地方でもカタイ地方でも全て

図19　南宋臨安城遺址（杭州）

図20　マルコ・ポーロの像（杭州・西湖）

そうする。もう一つ彼らがもっている素晴らしいやり方をお話ししよう。すなわち，宿屋を営む者および旅人を泊める者は皆，その宿に泊まる者の名前と何月の何日にどこに泊ったかを全て書き記すことをご存じありたい。こうしてグラン・カンは1年を通じて，自分の領土全体で誰が往き来しているか全て知ることができる。これは，まさしく賢者ならではの事である。[9]

　今これらについて一部を語った。次に，マンジの9の部分の一つであるこの市が，それに属するものとともに［もたらす］莫大な収益についてお話したい。

1) Quisai/Qinsai：行在 Hsing-tsai/Xing-zai, 杭州 Hang-chou。　2) この女王が謝太后（Ch. 139）のことであれば，クビライに送ったという文書は確認されない。バヤンがこの都で没収した南宋宮廷の文書や書画を船で大都に送ったことは知られる。　3) R には女王の文書の件はなく，「マルコ・ポーロ殿はこの市に*何度もあり，同市の全ての有り様を非常な熱意をもって考えまた理解せんと望み，それを覚え書に書き記したのであった*」とある。
4) キンサイの旧羅城は南北約8キロ，東西約2キロ，周囲約20キロ（約13マイル），橋は城内なら約350あった。羅城は，バヤンの征圧後取り壊されたと伝えられる。以下，事実と

の照合は，あまりにも数多いため略する。　　5）Ganfu：澉浦 Gan-pu。　　6）seigno〈印
し〉：干支のこと。　　7）この段の記事は Ch. 58「タングト・サチュ」と重複する。
8）前述鎮江のマル・サルキス（Ch. 149）が建てた大普興寺で，菜市河沿い城壁中央の薦橋
門（崇新門の通称）にあった。　　9）この章は，Z は F の省略的要約であるのに対して，
R ははるかに長く（2 倍超）記事も多く，かつ詳細・正確である。また最後に，「*この話はすべ
て，私が同市にあった折，キンサイのさる富豪の商人から私に語られたものである。彼はと
ても高齢でファンフル王の親密な友人で，その生涯を全て知っており，かの宮殿があったと
きに目にしており，そこに私を案内してくれた。そこにはグラン・カンに任命された王が住
んでいるため，最初の回廊は昔どおりあるが，乙女たちの部屋は全て破壊され，痕跡しか残
っていない。森と庭を囲んでいた壁もやはり崩れ，動物も樹ももはやない*」とある。当時の
市街地南部の鳳凰山から呉山にかけてあったという宮城や御街は，今はわずかに，1995 年に
発掘された文廟跡の壁の一部と柱の基壇が一つ残るだけである（図 19）。城壁や宮城は，バ
ヤンによる征服後取り壊されたといわれるが，激しい戦闘はなく無血開城であり，ポーロの
時に早くも上記のようであったかは疑われる（R にしかなく後世の補筆の可能性あり）。が，
ともあれ当時のキンサイ（杭州）は本書の中に鮮やかに描かれて残り，世界に伝えられた。
そのことを多として市は，西湖の畔（青少年宮向い）に塑像を立てて顕彰した。そこには，
「杭州是世界上最美麗華貴之天城―馬可・波羅」と刻まれてある（図 20）。

153　キンサイからの税収

153　グラン・カンがキンサイから得る莫大な収入について述べる

　さて，グラン・カアンが，マンジ地方の 9 つの部分の一つである上のこのキン
サイ市と，その管轄下にある土地から得る莫大な収入についてお話ししたい。ま
ず最初に，より大きな利益を挙げるから，塩についてお話ししよう。さて，この
市の塩は毎年変わることなく金 80 トマンの利益をもたらすことを本当にご存じ
ありたい。1 トマンは金 7 万サジュだから，80 トマンは金 500 と 60 万サジュに
上る。1 サジュは金 1 フロリンか金 1 ドゥカート以上の値打ちがある。これはま
さしく驚くべきものであり，莫大な金額である。

　塩について述べたから，次は別の物や商品についてお話ししよう。この地方で
は他の全世界でよりも多くの砂糖ができる，造られることを言おう。これまた莫
大な収入になる。しかし一つ一つ述べることはせず，全ての香味料についてまと
めてお話ししよう。つまり，香味料は全て 3 と 3 分の 1 パーセントの利益を生む
ことをご承知ありたい。どの商品もやはり，3 と 3 分の 1 パーセントの利益をも
たらす。米から造られる酒からも大きな利益が得られるし，炭，それに前に述べ

たそれぞれが1万2千の店を有する12の職業も全てそうである。あらゆるものに税を払うから，これらの職業から莫大な収入を得る。あれほど大量にある絹からの税は莫大なものである。どうして私は長話をするのだろう。絹については10パーセントが払われ，法外な額になることを知ってもらいたい。やはり10パーセント払うものは，他にもたくさんある。で，私マルク・ポルは，これら全ての収入の計算をするのをいくども耳にしたが，塩を別にしても，毎年変わることなく金210トマン，つまり1400と70万〔サジュ〕に上る。これは全くもって，かつて計算するのが耳にされた最も法外な金額の収入だ。それに，これは同地方の九つの部分の一つからのものである。

　さて，このキンサイ市については，その全ての事柄の大部分を述べたから，そこを発って先に進み，タンピジュという市についてお話ししよう。

154　タンピジュ―ヴジュ―ギュジュ―チャンシャン―クジュ

154　大タンピジュ[1]市について述べる

　キンサイを発って東南に1日行程行くと，その間ずっと家屋やとても快適な菜園があり，生活品は何でも豊富にある。その行程の終わりに，上に名を挙げたタンピジュという市がある。とても大きく綺麗で，キンサイの下にある。グラン・カアンのもとにあり，紙のお金をもつ。偶像崇拝で，遺骸を前に述べたようにして焼かせる。商売と職人仕事で生きる。生活品は何でも豊富にある。特に記すことはない。で，そこを発ってヴジュについてお話ししよう。

　タンピジュ市を発って東南に3日行程行くと，その間ずっととてもきれいな大きい市や城市がたくさんあり，あらゆるものがとても豊富でとても安い。偶像崇拝の人々で，グラン・カンのもとにあり，キンサイの管轄下にある。特に記すべき目新しいことはない。3日行程の終わりにヴジュ[2]という市がある。ヴジュは大きな市で，偶像崇拝で，グラン・カンのもとにある。商売と職人仕事で生きる。やはりキンサイの管轄下にある。本書に記したいことはない。で，先に進み，ギュジュ市についてお話ししよう。

　さて，ヴジュを発って東南に2日行程行くと，その間ずっと町や城市がいっぱいあって，まるで一つの市を通っているように思えることをご存じありたい。あ

らゆるものが豊富にある。この国全体にあるうち最も太く最も長い葦がある。実際，周囲 4 パーム長さ 15 パスもある葦のあることを知ってほしい。他には特に記すべきことはない。2 日行程の終わりにゲンジュ[3]というとても大きく綺麗な町がある。グラン・カアンのもとにあり，偶像崇拝で，やはりキンサイの管轄下にある。絹がいっぱいある。商売と職人仕事で生きる。生活品は何でも豊富にある。やはり特に記すべきことはないので，発って先に進もう。

　ケンジュ市を発って東南に 4 日行程行くと，その間ずっと市や城市がいっぱいあり，生活品は何でも豊富にある。皆偶像崇拝で，グラン・カアンの下にあり，やはりキンサイの管轄下にあること〔をご存じありたい〕。商売と職人仕事で生きる。狩猟と鳥猟がいっぱいある。獅子がたくさんおり，とても大きく獰猛である。マンジはどこにも牡羊も牝羊もいない。しかし牡牛・牝牛・牡山羊・牝山羊・豚はいっぱいいる。他に特に記すべきことはない。で，ここを発って先に進み，別のことについてお話ししよう。

　これを発って 4 日行程に，チャンシャン[4]市がある。とても大きく美しい。川を分かつ山の上にあり，その半分はあちらへもう半分はこちらへ流れる[5]。やはりキンサイの管轄下にあり，グラン・カアンのもとにあり，偶像崇拝で，商売と職人仕事で生きる。が，特に記すべきことはない。で，そこを発って先に進もう。

　さて，チャンシャンを発ってとても綺麗な土地を 3 日行程行くが，町や城市や集落がいっぱいあり，商人と職人がいっぱいいることを本当にご承知ありたい。偶像崇拝でグラン・カンのもとにあり，やはりキンサイの管轄下にある。生活品は豊富にある。狩猟と鳥猟がいっぱいある。他に特に記すべきことはない。で，先に進もう。

　3 日行程の終わりにクジュ[6]市がある。とても大きく美しく，グラン・カンの下にあり，偶像崇拝であることをご承知ありたい。キンサイの管轄下にある最後の市である。だから，ここから先はキンサイとは関わりない。別の王国が始まり，マンジの九つの部分の一つで，フジュという。

1) Tanpigiu/Tanpingiu：ポーチェ・ユールによれば紹興府 Shao-hing-fu，ペリオによれば厳州 Yen-chou，愛宕によれば富陽の古名東安郡 Tung-an-jun。　　2) Vugiu/Vuigiu：睦州 Mu-chou（建徳路）。　　3) Ghiugiu/Ghengiu：婺州 Wu-zhou（現金華県）。　　4) Cianscian/Ciansan：常山 Chang-shan。　　5) 常山は，地域は山間部であるが町は平地で山の上にあるわけではなく，川にこうした事実はない。約 150 km 離れているが，川と山の描写は名高い武夷山 Wu-yi-shan の九曲溪が一番あてはまる。　　6) Cugiu：信州 Sin-chou（現上饒市）。

155   フジュ王国（福建行省）・クェンリンフ（建寧府）

155   フジュ[1]王国について述べる

　クジュというキンサイ王国最後の市を発つと，フジュ王国に入る。ここに始まる。山と谷を東南に6日行程行くが，町や城市や集落がいっぱいある。偶像崇拝で，グラン・カアンのもとにあり，今始めたフジュの管轄下にある。商売と職人仕事で生きる。生活品が何でも豊富にある。狩猟と鳥猟がいっぱいある。獅子がいっぱいおり，大きく獰猛である。生姜とガランガ［高良薑］がものすごくある。だから，1ヴェネツィアグロスで生姜が80リーブルほども手に入るだろう。サフランに似た果実があるが，それでは全くない。が，用いるとサフランと同じ価値がある。他にもいろいろある。実に，不浄なものを何でも食べることをご承知ありたい。人間の肉も，それが自然に死んだものでないかぎり，喜んで食べる。刀で殺された者の肉は全て食べ，とても美味しいと言う。戦に向かう者や武器の者は，次のような恰好をする。すなわちいいですか，頭髪を丸型にし，顔の真ん中に刀の刃のように青く色を付けさせる[2]。隊長以外は皆歩兵で行く。槍と刀を携え，この世で最も獰猛な人間である。なぜならいいですか，毎日人を殺し，血を飲み，全てを喰らうからです。血を飲み肉を喰らうために，人を殺しに行くことに一日中努めている。

　このことはお終いにして別のことをお話ししよう。すなわち，上に述べた6日行程のうちの3日行程を行ったところにクェンリフ[3]という町があることをご存じありたい。とても大きく立派な市で，グラン・カンのもとにある。この町には橋が三つあるが，この世で最も美しく優れたものである[4]。つまり長さ1マイル，幅9パスある。全て石と大理石の柱で造られている。とても綺麗で素晴らしいから，一つ造るにも大金が必要であろう。商売と職人仕事で生きる。絹がいっぱいある。生姜とガランガがたくさんできる。美しい女性がいる。もう一つ記すに値する変わったものがある。すなわちいいですか，羽根のない鶏がいるのですよ。猫のような皮膚で，真っ黒い［烏骨鶏］。我々の国のと同じように卵を産む。食べるととても美味しい。他に記すべきことはない。で，ここを発って先に進もう。

　さていいですか，さらに3日行程行くと，それは上の6日行程の内だが，その間にやはりたくさんの町や城市があって，商人と商品，それに職人がいっぱいい

図21　建瓯・水西大橋

る。絹がいっぱいあり，偶像崇拝で，グラン・カアンのもとにある。狩猟と鳥猟がいっぱいある。大きく獰猛な獅子がおり，旅の者にひどく危害を及ぼす。その3日行程の終わり15マイルのところにウンクェン[5]という町があり，そこでは砂糖が大量に造られ，グラン・カアンはこの市から，宮廷で使う砂糖を全て得ており，とても多いから大変な額に上る[6]。他に特に記すべきことはない。で，先に進もう。

　そのウンクェン市を発って15マイル行くと，立派なフジュ市があり，王国の首府である。で，それについて知っていることをお話ししよう。

1）Fugiu：福州 Fu-chou，福建 Fu-chien 行省。　　2）南宋滅亡後元軍に編入された宋兵は顔と手に刺青を施して区別されたことを指す。　　3）Qenlifu：建寧府 Chien-ning-fu/Jian-ning-hu，現建瓯。　　4）同市は，北西からの西溪（現建溪）と北東からの東溪（現松溪）が合流する三角洲に位置し，江西や浙江と福建を結ぶ交通の要衝として古くから発展し（福建の建はこの市から），当時も福州に次ぐ大都市で，唐時代からの城壁に囲まれた城址があった。今も西溪には水西大橋（図21）が架かっており，その橋脚の基台はとても古く，当時からのものである可能性が高い。　　5）Vunqen：ペリオによれば南剣 Nan-chien（延平 Yen-p'ing の古称，現南平市），愛宕によれば侯官 Hou-guan 故城。　　6）中国では，唐の太宗（位629-649）がインドに使者を派遣して砂糖（冰糖）に結晶させる方法を学ばせたのが最初で（明李時珍『本草綱目』），さらに唐の大暦年間（766-779年）に西域から来た鄒和尚と号する僧が遂寧で初めて蔗糖から糖霜（氷砂糖）を作る方法を伝えたとされる。R には，「グラン・カンに下ったとき，その宮廷にバビロニアの人間が何人かおり，彼らがこの市にやって来てある樹の灰でそれを精製することを教えた」と，さらなる細部がある。

156 フジュ市（福州）

156 フジュ市について述べる

さてフジュ市は，マンジ地方の九つの部分の一つであるコンカ[1]という王国の首府であることをご承知ありたい。また，この市では商業が大いに行われ，商人と職人がたくさんいることをご存じありたい。偶像崇拝で，グラン・カンのもとにある。ものすごい数の兵士が駐留している。というのも知ってもらいたいが，この国ではかつて何度も市や城市が謀反を起こしたため，グラン・カアンの軍がいくつも駐屯しているからである。この市に駐屯している軍の者たちは，謀反が起きるとすぐさまそこに行き，それを鎮圧する。そのため，この市にはグラン・カンの軍がいくつも駐屯しているのである。

また，市の中央を川［閩江］が流れ，幅1マイルあることをご存じありたい。その川を航行する船が，この市でたくさん造られる。砂糖を，誰も数えられないほど大量に造る。真珠その他の貴石の取引きが盛んに行われる。これは，インディエの島々に往来する多数の商人を乗せて，インディエの船がいっぱいやって来るからだ。

また，この市は大洋に面したカイトン［ザイトン］の港の近くにあることを言っておこう[2]。そこにはインディエの船がたくさんの商品をもってやって来，次いでその港から今述べた大河を伝ってフジュ市にまでやって来る[3]。このようにして，インディエからたくさんの高価なものがここにやって来る。人間が生きるに必要なものは何でも豊富にある。美味しい果実[4]のいっぱいある，綺麗な心地よい菜園がある。全く驚くほど何でも整った良い市だ。で，もうこれ以上述べない。先に進み，別のことについてお話ししよう。[5]

1）Choncha：不詳。Fu-chou の変形か，ベネデットによれば，com ele〈それと同じ（名の）〉の崩れたもの。 2・3）フジュ（福州）はザイトン（泉州）と約150km離れており，ザイトンの港とその川晋江の近くにあるわけではない。 4）福州はライチの特産地として知られる。 5）Zはこのほかに，獅子（虎）の生け捕りの仕方，「パピオネス」という獣（竹鼬）の捕まえ方，同市で出会った「隠れキリシタン」（実際はマニ教徒）についての，三つの長大な記事を持つ（⑬『世界の記』pp. 385-8）。後者は，当時の中国の摩尼教徒についての唯一の記録（⑭『マルコ・ポーロとルスティケッロ』pp. 459-70）。

157　ザイトン（泉州）

157　ザルタン¹⁾市について述べる

さて，フジュを発ち，川［閩江］を渡って東南に5日行程行くと，その間ずっと，あらゆるものが大量にあるとても立派で良い市や城市や集落がいっぱいあることをご存じありたい。山・谷・平地がある。とても大きな森があり，そこには樟脳を作る木がたくさんある。狩猟と鳥猟の獲物がいっぱいある。商売と職人仕事で生きる。グラン・カンのもとにあり，フジュの管轄下すなわちその国に属する。

その5日行程を行くと，ザイテムというとても大きく立派な市がある。市には港があり，インディエの船がどれも多くの商品や高額品，高い価値の宝石，大きな優れた真珠をもってやってくる。ここはマンジつまり港の周辺の全ての商人たちが〔やって来る〕港で，ものすごい量の商品や貴石が往き来するので，見て驚くべきものである。この市つまりこの港から，全マンジ地方に行く。キリスト教徒の地に運ばれるためにアレクサンドゥルあるいは他の所に行く胡椒の船一隻につき，このザイトンの港には百隻来ることを言っておこう。かくここは，最も多くの商品が来る世界の二つの港の一つであることをご承知ありたい。

また，グラン・カンはこの港と町からものすごい額の税を受け取ることを言おう。というのもお教えしておくと，インデから来る船はどれもあらゆる商品とあらゆる宝石と真珠の10パーセント，つまり全てのものの十分の一を与えるからだ。船は，使用料つまり用船料として，小振りの商品だと30パーセント，胡椒だと44パーセント，アロエの樹とか白檀とか他の大型の商品だと40パーセント取る。かくして商人は，用船料とグラン・カンの税と合わせて，運んでいる全ての半分を与える。このことからも，グラン・カンがこの町から莫大な財を手にすることが，誰でも分かるに違いない。

彼らは偶像崇拝で，グラン・カンのもとにある。ここは，人の体に必要なものは何でも豊富にある土地だ。

さらに言うと，この地方のティゥンジュ²⁾という市では大小のポルスレーヌの碗³⁾が造られ，それは人が述べうる最も美しいものである。また，その市以外の他のいかなる所でも造られない。そして，そこから世界中に運ばれる。またいっ

ぱいあってとても安く，1ヴェネツィアグロスで誰もそれ以上うまく述べることもできないほど綺麗な碗が三つ得られるほどだ。[4]

また，この市の人たちは自分たちの言語を持っていることを言っておこう。

さて，九つの部分の一つであるこのフジュ王国についてお話しした。グラン・カンはそこから，キンサイ王国からと同じかそれ以上の莫大な税と収益を得ていることを言おう。

我々は，マンジの九つの王国のうち三つ，すなわちヤンジュ・キンサイ・フジュについてしかお話ししなかった。それらについては，充分お分かりになっただろう。残りの六つについては，まだ充分お話しすることができる。しかし，話すと余りにも長い話題になるだろうから，口を閉ざそう。じっさい，マンジとカタイと他の多くの地方の，人々・獣・鳥・金・銀・宝石・真珠・商品その他たくさんのことについて，お聞きになったごとくもう充分お話しした。また本書は，我々がそこに記したいことをまだすっかり尽くしていないからだ。つまり，インディエ人のあらゆることがまだ残っており，それはそれを知らない人に是非知らせるべきことであって，なぜならそこには他のどの世界にもない驚くべき事がいっぱいあり，だから本書にそれを記すのがふさわしいし，とてもよくまた有益なことだからだ。それで師[5]は，マルク・ポル殿が述べ語るとおりに，それらを全てここにはっきりと書き記すだろう。マルク殿はとても長くインディエにあり，彼らの事柄・風習・商品についてとてもよく知っているから，彼以上に真実をよく語ることのできる者は決していなかったことを本当に言っておこう。全くもって本当の話，そこにはまことに驚くべき事どもがあるから，それを聞いた人々は本当にびっくり仰天するだろう。しかし我々はいつの場合も，マルク殿が真実として言ったとおりにそれらを一つ一つ書き記すだろう。で，皆さんがこれから本書でお聞きになれるよう，今すぐ始めよう。

1) Çartan/Çaitem：10世紀中ごろ五代南唐の節度使として泉州を所領した留従効（?-962年）が，城の周りに刺桐 Tz'u-t'ung の木を植えたことに由来する。この地に多数いたアラビア人・ペルシャ人らは，その音がアラビア語のオリーブの木 Zaïtūn〈ザイトゥーン〉とよく似ているため，好んでその名で呼んだことから。　2) Tiungiu/Tinugiu/Tinngiu：ペリオによれば，竜泉窯のある管区処州 Ch'u-chou（＞Ciugiu＞Tingiu）。　3) escuelle de porcellaine：磁器のこと。Escuelle〈半円球の縁なしの器，碗・鉢〉，porcellaine〈タカラ貝〉より。　4) 磁器について Z・R は注目すべき異なりを見せる。Z「その碗は次のような土から作られる。すなわち，この市の人たちは泥と腐蝕した土を集めて山と積み上げ，30年，40年と動

図 22　ザイトン出帆（OBL Ms. Bodley 264, f. 259v）

かさないでそのままにして置く。するとその山の土はその長い間に精錬されて，それから作
られた器は青色を帯び，とても輝いて殊のほか美しい……，云々」。R「ティングィ市につい
て……彼に語られたところによると，次のようである。鉱山のような所のある種の土を集め
て大きな山となし，30 年，40 年と風・雨・日にさらし，動かさない。その間に土は精錬さ
れ，かの碗を作ることができるようになる。その上に好みの色を塗り，竈で焼く」。「青く輝
く」（Z）のであれば青磁であるが，それがこの頃（13 世紀末）すでに「その上に好みの色
（li colori 複数）を塗る」（R）段階にまで至っていたかは疑問視される。　　5）le mestre
〈師〉：筆録者ルスティケッロのこと。

V　帰　路

158　インディエ海の船

158　ここにインディエの巻始まる，そこなる全ての驚異と人々の有り様について述べる

　さて，お聞きになったとおり，陸の諸地方についてはお話ししたので，その話題はもうこれで全て終わりにし，そこにあるあらゆる驚くべき事どもをすっかりお話しするためにインディエに入ることを始めよう。何よりまず，商人たちがインディエに往来する船のことから始めよう。

　さてその船は，今からお話しするように造られていることをご存じありたい。いいですか，樅という木と松で造られているのです。甲板が一つあり，その甲板の上にたいてい 60 もの部屋があり，そのそれぞれに商人が一人楽に居ることができる。舵を一つと帆柱を四本もつ。多くの場合さらに二本加え，これは望む時にいつでも取り外したり立てたりされる。[1]

　次のように止められている。すなわち，全て二重つまり二枚の板が重なり合い，回りもすっかり二重に重ね合わされている。外と内から詰め物がなされ，鉄の釘で止めてある。瀝青がないから，瀝青で塗られていない。これからお話しするようにして塗る。つまり，彼らは瀝青よりもいいと見える別のものを持っている。何かといえば，石灰と細かく刻んだ麻を取り，それをある樹の油[2]で練る。そして，これら三つのものを一緒によくこねると，いいですか，鳥もちのようになるのです。で，それで船を塗る。すると，瀝青と同じような効果が十分にある。

　また言うと，これらの船は 200 人の水夫を要するが，とても大きいので胡椒を 5 千籠，あるものは 6 千籠も運ぶ。またいいですか，櫓つまり櫂で進み，それぞれの櫂に 4 人の水夫が要る。これらの船は，胡椒を千籠も運ぶとても大きい艀を持っている。しかし言っておくと，これは 40 人の水夫を伴う。それらは櫂で進

図23　泉州湾出土宋船（泉州開元寺）

み，また多くの場合大きい船を曳くのを助ける。これら大きい艀を二つ伴っているが，一つはもう一つより大きい。さらに，停泊したり荷を載せたり大きい船の用をたしたりするのに，小舟を10も引き連れている。これら小舟は全て船腹の外に繋いである。また言っておくと，二つの大きい艀も小舟を伴っている。

　またいいですか，大きい船が化粧直しつまり修理する必要があったり，1年航海したりすると，次のように修繕する。すなわち，船の回りじゅう2枚の板の上にもう1枚板を打ち付ける。こうして3枚になる。そしてさらに詰め物をして塗る。これが彼らのする修繕である。次の修繕の時にはさらにもう1枚板を打ち付ける。板が6枚になるまでこのようにする。[3]

　さて，商人たちがインドに往来する船のことを述べた。で，船のことはこれくらいにして，インディエについてお話ししよう。しかしその前に，今我々がいるこの大洋にあるたくさんの島々についてお話ししたい。それらの島は東の方にある。最初に，ジプグと呼ばれる島から始めよう。

1）Zはこのあとに，堅固な横方向の隔壁で船の内部を仕切った水密艙といわれる中国船の先進的構造の紹介がある。西欧の船がこの隔壁構造を持つのは，18世紀末から19世紀に入ってから。　　2）桐油，中国南部の山野に多く自生する油桐の樹の種を絞った油のことで，乾燥性が高かった。麻糸を搗き解したものと石灰もしくは牡蠣殻を焼いた粉をこれで1対2対1の割合で練り，優れた粘着性と防水性を得た。　　3）泉州開元寺の旧海外交通史博物館に，1974年に泉州湾の干潟后渚から出土した南宋末の中国船が保存されている（図23）。全長85フィート，帆柱5本，隔壁12，舷側の板は4枚。

159-160　ジパング

159　チピング¹⁾島について述べる。

チピングは東の方の島で，陸から沖合いに 1500 マイル離れている。とても大きい島である。人々は色白く，礼儀よく，美しい。偶像崇拝で，独立しており，自分たち自身の以外に他の誰の支配ももたない。

金が大量にあることを言おう。そこには金がとんでもなく見つかるからだ。それにいいですか，大陸から商人も他の者もそこに行かないから，誰もその島から金を持ち出さない。だからいいですか，今お話ししたほど金がたくさんある。この町²⁾の君主の宮殿の大いなる驚異をお話ししよう。全く本当の話，彼はとても大きい宮殿をもっていて，それはすっかり純金で葺かれている。ちょうど我々が家や教会を鉛で葺くように，ちょうどそのように宮殿は純金で葺かれている。だから，その価値を計算することはとうていできないだろう。さらにですよ，いっぱいあるその部屋の床も全てやはり指 2 本よりも分厚い純金なのです³⁾。宮殿の他の部分も全て，広間も窓もやはり金で飾られている。いいですか，この宮殿はとんでもなく豪華だから，もし誰かその価値を言えたとしたら，それはあまりにも大きな驚くべきことだろう。また真珠が豊富にあり，赤く，とても美しく丸く太い。白いのと同じかそれ以上に価値がある。他にも貴石がいっぱいある。豊かな島で，その富は誰も数えることができないだろう。

ところでいいですか，この島にある莫大な富のことをグラン・カン，今統治しているこのクブライ，に話したものだから，彼はそれを奪わせたいものだと言った。で彼は，二人の重臣を騎兵と歩兵を載せたものすごい数の船とともにそこに派遣した。重臣の一人はアバタン，もう一人はヴォンサニチン⁴⁾という名だった。二人の重臣は聡明で勇敢だった。で，何を言おうか。彼らはザイロン［ザイトン］とキンサイから出帆し，海へと乗り出し，そしてかの島まで来たった。上陸して平地と集落はたくさん奪ったが，市や城市はまだ一つも奪っていなかった。その時，今からお話しするような悪い出来事が彼らに起こった。さて，これら二人の重臣の間にひどい妬みがあり，互いに相手のために何もしなかったことをご存じありたい。

さてある日のこと，北の風がとても激しく吹き，軍の者たちは離れなければ船

は全部壊れてしまうだろうと言った。それで皆船に乗り込み，その島から離れて海に乗り出した。そしていいですか，4マイルほど進むと，さほど大きくない別の島を見つけた。その島に上ることのできた者は助かった。が，上れなかった者はその島に砕けた。その島に助かった者は3万人もいた。彼らは皆死を覚悟し，大いに嘆いた。逃れることができないと分かり，助かった他の船が自分たちの地に行ってしまったのを見たからである。実際それらは次のようにした。すなわち，航海して自分たちの国に戻ってしまったのであった。[5]

　さて，行ってしまった者のことはさておいて，島で死を覚悟していた者たちのことに戻ろう。

1）Cipingu/Cipangu：日本国 Ji-pen-kuo/Ri-ben-guo。　　2）uille〈町〉：おそらく ille/isle〈島〉の誤記。　　3）おそらく畳のことを間違えたか大袈裟に言ったもの。　　4）Aba-tan/Abacan：阿剌罕 A-la-can，弘安の役の将軍（日本行省左丞相），Vonsanicin：范宰相 Fan-zai-chiang（右丞相范文虎 Fan-wen-hu）。遠征軍は，旧南宋の江南軍と高麗の東路軍から成り，泉州と杭州ではなく，前者は慶元，後者は合浦から出港した。ただし，阿剌罕は病を以って阿塔海に代わっていたし，その阿塔海も遠征には参じていない。江南軍の指揮者は范文虎であったが，東路軍は欣都と洪茶丘（いずれも文永の役の将）。　　5）『元史』日本伝もほぼ同様のことを伝える（巻208 外夷1「日本」）。

160　グラン・カンの兵はいかに海の嵐を逃れ，その後彼らからいかに市を奪ったか

　さて，これら3万の兵は島に逃れたとき，どうすれば助かるか何も見つからなかったので，もはや死しかないと覚悟したことをご存じありたい。ひどく怒り嘆いたが，どうしていいか分からなかった。

　今お話ししたようにして，彼らはその島に留まっていた。かの大島の君主と兵は，敵軍がこのように潰滅したのを見，また逃れた者たちがその島にいるのを知って，大いに喜び嬉しがった。海が凪いで静まるや，島にあったたくさんの船に乗り込み，真っ直ぐにその島へと向かい，そして島にいた者たちを捕まえんと，すぐに皆上陸した。かの3万人は敵が皆上陸したのを見，しかも船には見張りの者が誰も残っていないのを見て，賢い者たちだったから，敵が自分たちを捕まえに来ると，島の反対側に回り，大急ぎで敵の船のところに来たり，すぐさまそれに乗り込んだ。それを守る者は誰も見掛けなかったので，全くやすやすとそうすることができた。

で，何を言おうか。彼らは船に乗り込むとその島を発ち，別の島に行った。そこに上陸し，その島の君主の流旗と紋章をもって首都に向かった。すると彼らは，その旗を見て彼らを自分たちの兵だと本当に信じた。それで，彼らを町の中に入らせた。彼らは，老人しか見かけなかったものだから町を取り，自分たちに仕えさすために取っておく美女だけいくらか除いて，全員外に追い出した。お聞きになったようにして，グラン・カンの兵はこの市を取ったのだった。

かの島の君主と兵は，市を失ったことと事態がこのようになったことを見て，嘆きのあまり死なんばかりだった。彼らは別の船で島に戻り，市の回りをすっかり包囲させたため，誰も彼らの許しなしに出ることも入ることもできなかった。で，何を言おうか。グラン・カアンの兵はこの市を7か月持ち堪え，昼も夜も，この事態をいかにグラン・カアンに知らせることができるか大いに努めた。しかし，いかにしてもそうすることはできなかった。できないと分かると，彼らは外の者たちと取り決めを結び，生涯ずっとそこに住むというかたちで，命は救われて降伏した。時に，クリスト受肉の1269年［1281年］のことであった。[1]

と，お聞きになったようになった。で，グラン・カアンは軍の隊長だった重臣の一人の首をはねさせ，もう一人は，彼が多くの者たちを破滅させていた島に送った[2]。そうしたのは，彼らがこの出来事で無様なことをしでかしたと知ったからだった。

もう一つ，大いに驚くべきことをお話ししよう。かの二人の重臣は島のある城市で何人もの者を捕まえたが，彼らは降伏しようとしなかったので，二人の重臣は，皆処刑にし皆の首をはねるよう命じた。そしてそのとおりされた。事実，全員首をはねられたのだが，8人だけはそうではなかった。これらの者は首をはねさせることができなかった。それは，彼らがもっていた石のおかげで起こった。つまり，彼らはそれぞれ皆腕の中の肉と皮の間に石を一つもっており，それは外から見えず，その石は魔法がかかっていて，それを身に付けている限り刀で殺すことはできないような力をもっていたからだった。重臣は，彼らを刀で殺せない原因が言われると，棍棒で殴り殺させ，するとすぐに死んだ。その後彼らは腕からその石を取り出させ，とても大切にした。[3]

さて，この出来事とこの話題，グラン・カアンの兵の敗北というこの出来事は，今お話ししたようにして起こった。で，これでお終いにし，我々の話題に戻って本書を先に進めよう。

1) ほぼ事実にそっていた前章と比べて，この章は大きく逸れる。これには，次（Ch. 162）の対チャンパ占城遠征（1282-84 年）や同じ頃の安南との戦（1285-88 年）のことが混交している可能性が指摘される。チャンパでは，モンゴル軍はいったん首都を占領するが後に反攻に遭って敗退したし，安南（Ch. 128）でも，本書には語られていなかったが，その海戦で敗北した。　2) Z・R には「ゾルザという未開の島」とある。Çorça〈ゾルザ〉：満州，女真人 Chorcha より，「島」は樺太島。　3)『真臘風土記』（13 世紀末）には，刀で傷かない聖鉄の話があり，東南アジアでは広くその信仰があった。それがジパングに置かれたのは，戦と同じく次のチャンパ／ザンパあるいはジャワとの音の似かよいゆえの混同。

161　偶像の有り様・チンの海

161　偶像の有り様について述べる

　さて，カタイとマンジとこの島の偶像崇拝は皆一つの類であることをご存じありたい。いいですか，この島それに他の偶像崇拝者も，牛の頭とか豚の頭とか犬のとか羊のとかその他様々な種類の頭をした偶像をもっているのです。また，顔が四つある頭をもったのもある。あるものは頭が三つある。つまり一つはあるべきところに，他の二つは両肩にある。また手が四本あるもの，十本あるもの，千本あるものもある。そして，この最後のが最高で，より崇拝する。キリスト教徒は彼らに，どうして偶像をこれほど様々な風に作るのかと言う。彼らは，「我々の祖先がこれを我々に残したのだし，このようだった。我々も子供たちと我々の後に来る者たちにこれを残すだろう」と答える。これら偶像のことはそれほど奇妙で悪魔の業なので，もう本書で述べることはしない。キリスト教徒にとって，耳にするのはあまりにも悪いことだからである。それでこれら偶像崇拝者のことはこれでおき，別のことをお話ししよう。

　しかしこれだけは言っておきたいが，次のことを知って欲しい。すなわち，この島の偶像崇拝者は，味方でない者を捕まえた時もし金で身請けされないと，親戚や友人を集めて，さあどうぞ召し上がりに一緒に私の家に来て下さいと言う。そして，捕らえた男を殺させ，親戚の者と一緒に喰らう。つまり料理させるということだ。そして人間の肉は，持ちえる最高の食べ物だと見なす[1]。で，これはこれくらいにして，我々の話題に戻ろう。

　さて，この島のあるこの海はチン[2]の海ということをご存じありたい。マンジの向かいにある海という意味で，何故ならいいですか，この島の者の言葉でチン

と言うとマンジのことだからです。その海は東にあり，優れた水先案内人やそこを航海して真実をよく知っている優れた船乗りの言うところによると，7千と400と48の島があり，その多くに人が住んでいる。またいいですか，全てこれらの島には，強い良い匂いがしとても有益でアロエの木と同じくらいかもっと大きい木以外には何も生えていない。さらに，いくつもの種類の高価な香味料がいっぱいある。またいいですか，これらの島には雪のように白い胡椒，それに黒いのも，大量にできる。金や，これらの島にあるその他の高価な品々の大きな価値は全く驚くべきものである。しかし，とても遠いのでそこへ行くには大きな困難があることを言っておこう。ザイトンとかキンサイの船は，そこに行くと大きな利益と大きな儲けを手に入れる。いいですか，そこに行くには一年かかるのです。つまり冬に行って，夏に帰る。風は，そこに運ぶものとそこから戻すものの二種類しか吹かないからです。一つは夏に，もう一つは冬に吹く。また，この地域はインディエからの道のりがものすごく遠いことをご承知ありたい。さらにいいですか，この海はチンの海と呼ばれると言ったけれども，実は大洋であることを知ってもらいたい。が，アングルテルの海とかロシェル3)の海と言うようにそう言う。同じようにこの地域では，チンの海とかインディエの海とかどこそこの海と言う。しかし，どの場合でもこれらの名前はすべて大洋のことなのです。

　さて，その地域にしても島々にしても余りにも道から逸れるし，我々はそこに行ったこともないのだから，もう話すことはしない。もう一つ言っておくと，グラン・カアンはそことは何の係わりもないし，彼らも貢ぎ物も何も一切納めない。というわけで，我々はザイトンに戻り，そこから本書をもう一度始めることにしよう。4)

1）人肉食についても，上の動物の頭をした偶像や前章の魔法の石と同様，前章注 3 と同じ理由によりチャンパかジャワかその地域の風俗をここに置いたものとみられる。　　2）Cin：秦 Tsin, Pers. *Qin* より。「チン」は西欧では最初期の用例。　　3）La Rocelle：フランス，ビスケー湾の港町。　　4）ジパングが地図上に姿を現わすのはフラ・マウロ図（1459 年）が最初であるが，XV「カタラン・アトラス」（1375 年）にはタプロバーナ島（ジャワ）でカウリ（高麗）と混同されて描かれている（パネル VIII ❸）。

162　チャンバ（占城）

162　チャンバ[1)]地域について述べる

　さてご存じありたいが，ザイトンの港を発ち，西へいくぶん南西よりに 1500 マイル航海すると[2)]，チャンバという地域に来たる。とても豊かな地で大きい。自らの王と独自の言語をもち，偶像崇拝である。グラン・カアンに毎年象を貢納しているが，その多数の象の他は何も貢いでいない。この王がグラン・カンにその貢をするようになった次第をお話ししよう。

　すなわち，クリスト受肉の 1278 年のこと，グラン・カンはソガトゥという名の一人の重臣を多数の騎兵と歩兵とともにこのチャンバ王に向かって派遣し，その国に対して大きな戦を仕掛けた[3)]。とても高齢でまたグラン・カンのような兵の大軍を持っていなかった王は，野の戦では防衛することはできなかったが，町や城市では防衛できたし，そこはとても強固だったので誰も恐れなかった。しかし，平地や集落は全て損なわれ破壊された。彼らが自分の国をこのように損ない壊していくのを見て，王は大いに嘆いた。彼はすぐに使者を仕立て，今からお聞きになるような伝言とともにグラン・カンのもとに派遣した。使者は出立してグラン・カンの下に来たり，彼に言った，「殿，チャンバ王は貴方に自分の正当な主君のごとくにご挨拶なさいます。彼はとても高齢で，長く国を平和のうちに保ってきたと言伝てなさっています。また，貴方の臣下となり，毎年多数の象を貢として納めたいと申しておられます。そして，国を破壊している貴方の重臣と兵をその地から去らせて下さることを丁重に願い，慈悲を請うておられます」。そして使者は口をつぐみ，それ以上何も言わなかった。グラン・カンは，この老王が言伝てたことを聞いて憐れみを覚えた。彼はただちに重臣と兵に，その国を去って他の方に土地を征服しに行くよう伝えた。彼らは主君の命令を実行した。実際，すぐに立ち去って他の所に行った。で，この王は毎年グラン・カンに，自領に見出しえる最も綺麗で大きい 20 頭の象を貢物として贈っている。今お聞きになったようにしてこの王はグラン〔・カン〕の臣下となり，今お聞きになったように象を貢いでいる。このことはこれで措き，王のこととその土地についてお話ししよう。

　さてこの国では，きれいな娘は誰も，彼が先に見なければ結婚できないことを

ご存じありたい。もし気に入れば，彼はそれを妻にする。気に入らなければ，一人の家臣に嫁ぐことができるよう金を与える。私マルク・ポルは 1285 年にここにあったのだが4)，その時この王は男女合わせて 326 人の子供があり，そのうち 150 人以上が武器を持てる人間だったことを言っておこう。

　この国には象がものすごくいる。アロエの木が豊富にある。ボヌス［黒檀］と呼ばれる木の森がたくさんあり，その木はとても黒く，それから駒やインク壺が作られる。他に本書に記すべきことはない。で，ここを発って先に進み，イァウァという大きな島についてお話ししよう。

1）Cinaba/Cianba/Cianban：シャム Chams 林邑・占婆・占城。　　2）Z・R にはここで「ケイナム Cheynam 湾」（海南 Hai-nan 湾，現トンキン湾）の紹介がある。カタラン・アトラスにも海南島が描かれる（パネル VII ㉔）。　　3）史実では，1278 年モンゴル将軍唆都 Suo-du が使者をチャンパ国に派遣して朝貢を促し，当時のヴィジャヤ朝のインドラヴァルマン 6 世（1266-?）はこれを受け入れて栄禄大夫として占城郡王に封ぜられた。しかし，1282 年 11 月にモンゴルの占城行省の兵が到来すると，その子ジャヤ・シンハヴァルマンはこれに抵抗し，王もそれに従った。1283 年 1 月モンゴル軍の進攻に王は投降したが皇子は抵抗を続け，1284 年 3 月元軍を破って撤退させた。　　4）ポーロは，序章（Ch. 18）でインドに派遣されたと言っており，その時立ち寄った可能性はある。しかし，インドから帰るのは帰国間際の 1289/90 年であり，1285 年からの長期滞在は考え難い。帰国時であれば，チャンパに寄港した可能性は高い。

163　ジャウァ

163　大ジャウァ1)島について述べる

　さてご存じありたいが，チャンバを発って南と東南の間を 1500 マイル行くと，ジャウァというとても大きい島に来たる。そこをよく知っている優れた船乗りの言うところによると，世界にある最大の島で，周囲 3 千マイル以上もある。一人の大王に属し，偶像崇拝で，誰にも貢を納めていない。この島はとても豊かである。胡椒・ナツメグ・ラベンダー・ガランガ・クベブ・丁子，その他この世に見出し得るあらゆる高価な香味料がある。この島には多数の船と商人がやって来，多くの商品を買い入れ，大いに利益と稼ぎを上げる。この島にはそれほど大きな富があるから，誰もそれを数えることも言うこともできない。また，グラン・カンは遠い道程と航海するときの危険のため，これをまだ手にしていないことを言

図24　アジアの怪人・怪獣たち（OBL Ms. Bodley 264, f. 260r, 帰路の部最初のページ）

っておこう[2]。この島からザイトンやマンジの商人はすでに莫大な富を手に入れたし，今も日々手に入れている。

　さて，この島についてはもうお話ししたのでこれで止め，先を語ろう。

1) Iaua/Jaua：Java ジャヴァ爪哇。　　2) 諸史によると，1289 年クビライは使者を送って朝貢を促したが，当時のシンガサリ朝第 5 代クルタナガラ王は使者の顔に刺青を施して侮辱し，追い返す。しかし同王は 1292 年 5 月，前クディリ朝の遺臣ジャヤカトワンに攻められて殺され，そこでモンゴルは 1292 年末大軍を派遣し，これを攻めた。殺された王の娘婿ラーディン・ヴィジャヤはいったんジャヤカトワンに降伏していたが，モンゴルと結んで彼を倒し，次いで 1293 年 4 月今度はモンゴル軍を駆逐し，マジャパヒト王国を開いた。この文からすると，ポーロはザイトン出港（1290 年末か 91 年初）以前に，ジャワ征服計画のあることを伝え聞いていたことが窺われる（cf. IX「オドリクス」Ch. 13 ジャワ）。

VII

ハイトン

東方史の華

教皇の前で執筆するハイトン

ハイトン／ヘトゥム Hayton/Hetum：小アルメニア王ヘトゥム1世（1226-69）の弟コリゴス侯オシン（?-1264）の三男として1235-45年頃生まれ，兄の死に伴い1280年頃その所領を継いで同侯となる。祖父は，前王レオン2世の跡継ぎの娘ザベルを奪って息子ヘトゥムと再婚させ，ヘトゥム朝を開いた将軍，ラムプロン侯コンスタンティン（cf. III「シモン」Ch. 37）。かく，王室の一員として子供の頃から叔父ヘトゥム1世の宮廷に出入りし，成人するとその政治のただ中に身を置き，また騎士として軍事に携わり，王の名代としてイル・カン国のガザン・カン（1295-1304）の下で従軍して活躍した。しかし，次のレオン3世の死（1289）後王位を継いだ長子ヘトゥム2世（1289-1307）と軋轢を生じ，1305年出家してキプロスに亡命した。その滞在中，同国リュジニャン朝の王アンリ2世とその弟アモーリーの王位争いに絡み，後者の使者として1306年半ば頃ポワティエのクレメンス5世の許に派遣され，1308年春頃までそこにあった。その聖庁滞在中に教皇の求めに応じて，『東方史の華』を同宮廷のニコラス・ファルコンに口述筆記させ，1307年8月に献呈した。その11月，対マムルーク同盟を結ぶべくイル・カン国に出向いたヘトゥム2世とその弟レオンがモンゴルの将軍によって殺され，ハイトンは急遽帰国，祖国を建て直そうとしたが，後継争いに巻き込まれ，最終的には亡王の末弟オシンの即位に貢献した。その1314年から20年頃までの間に没したとされる。

『東方史の華』 *La Flor des Estoires de la Terre d'Orient*：四つの巻から成り，第一巻「地理」は，東のカタイから西のシリア，北のコマンから南のインドまで，14の国・地域がどのように位置し接しているかを述べたもので，地平の広がりから明らかになってきたユーラシア大陸の簡明な見取り図となっている。第二巻「歴史」は，紀元後からモンゴル登場前までそこ——といっても主に西アジア——に覇を唱えた諸民族，サーサーン朝ペルシャ，イスラム・アラブ，セルジューク・トゥルク，そしてホラズムとごく簡単にたどったものである。第三巻「モンゴル史」は，当代の覇者であり小アルメニアの実質的な宗主でもあったモンゴルについて，チンギス・カンからオゴデイ，モンケ，クビライに至るまでの大モンゴルの過去の歴史と，フラグ以後ガザンそしてオルジェイトゥに至るまでのイル・カン国の現代史，に分かれる。いずれも，東方の歴史としては当時西欧語で書かれたものの中では最も詳しく，歴史に疎かったポーロを補うものとなっている。第四巻「聖地遠征」は，目下そこを占領しているマムルーク・エジプトについての情報・分析と，聖地奪回のための新十字軍の具体的提案である。

情報源や典拠は，自ら「編者」と称しているごとく，既存のものと同時代のものから編んだもので，後者は，カラコルムに派遣された前述叔父セムパドの手記と，ヘトゥム1世に同行した書記キラコス・カンジャケチの「アルメニア史」を中心とし，十字軍遠征と聖地に関わる書物や文書，ギョーム・ド・ティルや「ゴドフロア・ド・ブイヨン公渡航記」などが用いられている。カラコルム以東はもっぱらポーロに拠っているが，カタイだけでマンジやジパング，南海の島々や沿岸諸国は登場しない。

テキスト：①Hayton, 'La Flor des Estoires de la Terre d'Orient', in *Recueil des Historiens des*

Croisades, Documents Arméniens, tome II, ed. C. Kohler, Paris, Imprimerie nationale, 1906, pp. 111-253 [F/Kohler]（②トリノ大学図書館 MS L. IV. 30 および③BnF Nouv. Acq. fr. 886 を主底本とし，④BnF fr. 12201，⑤BnF fr. 2810 等，13 の写本を対校したもの）。同書所収のラテン語版⑥'Flos Historiarum Terre Orientis', pp. 255-363 [L]（BnF lat. 5515 等，八つの写本を対校したもの）。ピンソン英語訳⑦*A Lytell Cronycle, Richard Pynson's Translation (c. 1520)*, ed. Glenn Bulger, Toronto, Buffalo, London, Univ. of Toronto Press, 1988 [E/Bulger]．ラムージォのイタリア語訳⑧'La storia dei Tartari di Hayton Armeno', in *Navigazioni e Viaggi*, ed. Marica Milanesi, Torino, Einaudi, 1980, vol. III, pp. 299-355 [I]（第 3 巻のみ）。ラテン語版⑥は，フランス語原文の口述筆記者ニコラス・ファルコン Nicholas Falcon 本人による翻訳であるが，逐語訳ではなく表現上かなりの程度に加筆・修正・改編が行われている。ピンソン英訳は一仏語写本（明記なし）から，ラムージォ伊訳はグリナエウスの⑨*Novus Orbis*（Baser, 1532, pp. 418-81）所収のラテン語版からである。

　本訳は①F/Kohler より。特に注目すべき箇所以外，⑥の異同は取り上げなかった。

　文献：⑩Yule & Cordier, *Cathay and the Way Thither*, vol. I, pp. 161-4 [Yule]．⑪C. Raymond Beazley, *The Dawn of Modern Geography*, New York, Peter Smith, 1949, vol. II, pp. 381-91. ⑫ 'History of the Nation of the Archers (the Mongols) by Grigor of Akanc', hitherto ascribed to Maɣakʻia the Monk', ed. Robert P. Blake & Richard N. Frye, 《*Harvard Journal of Asiatic Studies*》, vol. 22, 1949, pp. 269-382. ⑬John Andrew Boyle, 'Kirakos of Ganjak on the Mongols', 《*Central Asiatic Journal*》, vol. VIII, 1963, no. 3, pp. 199-214. ⑭「訳注ギラゴス『アルメニア史』」『愛宕松男 東洋史学論集 第 5 巻 東西交渉史』三一書房，1989, pp. 413-93。⑮ジョージ・ブルヌティアン（小牧昌平監訳・渡辺大作訳）『アルメニア人の歴史——古代から現代まで』藤原書店，2016。

　　小アルメニアは，III「シモン」（Ch. 37）で簡単に見たごとく，1243年のキョセ・ダウの戦いでは，イスラム・セルジュークに敵対するキリスト教国としてモンゴル側に付いたため侵略されることはなかったが，王ヘトゥム1世（1226-69）は，1247年兄弟の元帥セムパドをカラコルムに派遣して対イスラム同盟を結び，1253年には自らモンケ・カアンの許に出向いて臣従を誓い，その領土を安堵してもらった。こうして新来の勢力モンゴルとは和を結んでその力を恃むこととなったが，新興のエジプト・マムルークからはさらに敵視されるところとなり，1260年にはイル・カン国がマムルークに敗れてシリアから撤退したため，1266年首都シースがカラーウーンに最初の侵攻を受けた。以後，消滅寸前のシリア十字軍国家のキリスト教勢力，イスラム化するイル・カン国のモンゴル，ますます攻勢を強めるマムルークのイスラムの間にあって苦しむところとなり，その上ヘトゥム1世の後，レオン3世（1269-89）の息子たちの間での果てしない跡目争いに混乱・衰退し，1343年ついに王位はキプロスのリュジニャン家に移る。その頃には国土はマムルークによってほぼすっかり占領され，1375年首都が陥落して1080年の建国以来3百年の幕を閉じる。ハイトンが生きたのはその前半期であった。

東方諸地の歴史の書ここに始まる。

父と子と聖霊の名において。アーメン。

　　東方史の華の書ここに始まる。コルク［コリゴス］[1]君主，アルメニア王の本従兄弟，修道士ハイトン[2]，教皇クレメンス5世[3]の命により，我らが主の1307年ポワティエの市において編む［図1］。

本書は四部に分かたれる。

　　第一部は，世界の第二の部分たるアジアの地について語る。そこにいくつの王国があり，一つの王国は他といかに接し，いかなる人々が住んでいるかを述べる。

　　第二〈部〉[4]は，我らが主イエス・キリストの御託身よりこの方，アジアの地に在った皇帝ならびに王につき，いかなる国からか，いかに支配を獲得したか，それぞれいかなる期間支配者であったかを，様々な言語で書かれた東方諸国の歴史に見られるところに従って語る。

図1　教皇クレメンス5世に書を献呈するハイトン（BnF fr. 12201, f. 1r）

　第三部は，タルタル人の歴史について，いかに始まったか，目下領有せる地を いかに征服したか，その支配はいくつの部分に分かれているか，また聖地に最も 近い地の支配者は誰であるか語る。

　本書第四部は，ウートル・メル［海の彼方］への渡航につき，聖地征服のため そこに渡らねばならぬ者は，その始めから〈終わりまで〉いかになすべきか，い ささかながら本書編者の知れるところを〈順を追って〉語る。[5]

　1）コルク（コリゴス／コリコス）：イスケンデルン湾に面した港町とその地方。　2）ハイ トンは史書ではヘトゥム・コリゴスとも記される。修道士となっているのは，本書を編んだ 当時亡命したキプロスでプレモントル教団に身を置いていたことから（cf. Ch. III-44）。挿絵 で僧服に描かれているのはそのため（扉図参照）。　3）Clement V（1305-14）：フランス人， ボルドー大司教，仏王フィリップ4世の圧力で教皇庁をアヴィニョンに移したこと（1309）， テンプル騎士団を解散させたことで知られる。　4）〈　〉内は，校訂者による主にラテン 語版からの補足。　5）原本ではこの後に目次（pp. 113-9）があるが，本文と重複するので 略する。

第一巻

1　カタイ王国について[1]

　カタイ王国は，世界で最も立派で豊かな王国とみなされ，オセアヌ海［大洋］のほとりに在る。その海にはとても多くの島があり，その数を正しく知ることはできない。この王国に住む人々はカタイ人と呼ばれる。彼らの中には民族によって美しい男女がたくさんいるが，皆眼がとても小さく，髭はまばらである。この人々は，美しさにおいてラテン語に似た文字を有し，世界のどの言語とも全く異なった言葉を話す。人々の信仰は種々様々で，ある者は金属の偶像を信仰し，別の者は太陽，あるいは月，あるいは星，あるいは自然物，火，あるいは水，あるいは樹木，また別の者は，自分たちの暮らす土地を耕してくれるから牛を，信仰する［図2］。全く律法も信仰も持たずして，獣のごとく生きる者もいる。[2]

　信仰と精神の事柄においてかくも単純なこの人々も，肉体の仕事においては他のどの人々よりも優れて巧みである。でカタイ人は，自分たちは二つの眼で見る者であるが，ラテン人は一つの眼で見る者であり，その他の国民は盲だと言う。このことから，彼らが他の国民を雑な知性の持ち主とみなしていることが分かろう。事実この国からは，精巧な細工のとても珍しい素晴らしい物がやって来るのが見られることからして，確かに技と手仕事にかけては世界で最も巧みな国民のようである。この国の男たちは武力には優れないが，とても巧みで器用なものだから，しばしば敵をその道具で敗北させたものである。また，他の国民が持っていないような様々な種類の武器や道具を有している。

　この国では君主の印を捺した四角い紙のお金が使用されており，そこに印されているところにしたがって価値が大小する。その金であらゆる物を売り買いする。この金が古くなるか何かでダメになると，持ち主はそれを君主の館に持って行き，新しいのを受け取る[3]。この国ではオリーブ油は大層高価なものとみなされ，王

図2　カタイ王国，太陽・月・星・偶像を崇拝する（BnF fr. 886, f. 3r）

や君侯はこれを見つけることができると，非常に珍しい物として大切に保存させ
る。

　このカタイの地とは，西のタルス王国を除いていかなる地も接していない。カ
タイ王国は，他の部分は全て砂漠かオセアヌ海［大洋］に取り巻かれているから
である。[4]

1）冒頭の数字は原本の章と一致する。　2）原本に段落はないが，通読の便宜のために施
す。　3）ポーロより（Ch. 96「紙幣」，以下いちいち指摘しない）。　4）L「このカタイ王
国は，世界の突端東の果てにあり，その彼方には何人も住まず，西はタルセ王国，北はベル
ジャン砂漠と境し，南には上述の島々があると言われる」。

2　タルス[1]王国について

　タルス王国には三つの地方があり，それぞれの地方の君主が王を名乗っている
が，一つの文字と言語を有し，人々はジュグール［ウイグル］と呼ばれる。彼ら
はいつの時も偶像崇拝者であったし今も皆そうであるが，星の示すところに従っ
て我らが主イエス・キリストの生誕を礼拝しにやって来たかの三王［マギ］の国

民は別である。その王たちの子孫はタルタル人の中にあってなお大君主であり，イエス・キリストの教えを堅く信じている[2]。この地の人々は軍事に携わらず，技術や知識の習得にとても優れた能力をもつ。彼らの大部分は肉を食せず，葡萄酒を飲まず，生あるものを殺めない。豊かで立派な町やとても大きな寺院があり，非常に敬っている自分たちの偶像をそこで拝む。この国では小麦その他の種子がとてもよく育つが，葡萄酒は乏しく，それを飲むことは大罪とみなされる。

　タルス王国は，東はカタイ王国，西はトゥルキスタン王国，北は砂漠，南はシムと呼ばれる豊かな地方と接する。シムは，カタイ王国とインド王国の間にあり，その地には優れたダイアモンドが見つかる[3]。

---

1) Tharse（L *Tarse*）：ここではウイグルのことであるが，語源については，Telas/Teras（タラス）より（Kohler : 122），当時のペルシャ人が異教徒つまりキリスト教徒を指して用いたtarsaからで，ウイグル人にはネストリウス教徒が多かったことから（Yule : III, 53-5），聖書の東方三王マギの出身地とされた Tarshish より（Burger : 89），等の説がある。　2) 代々ネストリウス派キリスト教徒の王ゲオルギスが統べるというオングト部族のこと。「三王の国民」となっているのは，先祖がプレストル・イォハンで，その司祭王はマギの子孫と考えられたため。　3) Sim（L *Sym*）は，おそらく Cin〈チン秦〉からであろうが，ここではマンジ（南中国）から東南アジア（Syam シャム）さらにダイアモンドの産地ムトフィリのあるインド東海岸までを指すもよう。

3　トゥルキスタン王国について

　トゥルキスタン王国は，東はタルゼ王国，西はペルシャ王国，北はコラズム［ホラズム］王国と接し，南はインド砂漠の端にまで至っている。この王国には立派な都市はわずかしかないが，広大な平原と良い牧草がある。そのため人々はほとんど牧人で，天幕や簡単に持ち運びできるような家に暮らす。王国の首都はオクテラル［オトラル］という。この国では小麦も大麦も少ししか生えず，粟や米を食べる。葡萄酒は全くないが，大麦酒その他の飲み物を飲む。この〈国の〉人々はトゥルク人と呼ばれる。ほぼ全員マホメットの律法の偽りの教えの信者であるが，律法も信仰も持たない者もいる。自分たちの文字をもたず，町でも城市でもアラビア文字を用いる。

4　コラズム王国について

　コラズム王国には町や都市がたくさんあり，土地は人がいっぱい住んでいる。小麦は多く育つが，葡萄酒はほとんどか全くない。この王国は〈東は縦[1]に百日行程も続き〉，西はカスピ海にまで至る。北はコマン［クマニア］王国，南はトゥルキスタン王国と接する。王国の首都はコラズムという。この国の人々はコラズム人と呼ばれる。信仰は無く，律法も固有の文字ももたない。この地にはキリスト教徒の一種が住んでおり，ソルデン[2]と呼ばれ，自らの文字と言語を有し，ギリシャ人のように信仰し，アンティオキア総大主教に服している。教会では違った風に歌い，ギリシャ人のようにミサを行うが，その言葉はギリシャ語ではない。

1）ハイトンでは，TO 図にしたがって縦は東西，横は南北。　　2）Soldains（L *Soldis*）：スルタニーヤのネストリウス教徒の一派（Kohler：124）。

5　コマン王国について

　コマン王国は世界に在る最大の王国の一つである。その地は，この国のひどく悪い気候のため，あまり人が住んでいない。いくつかの地域はあまりにも寒く，その非常な寒さゆえに人も動物も生きることができないほどである。一方，別の地域は夏とても暑く，その暑さとそこの蝿のために何も耐えられない。土地は全く平らだが，庭を造るために植えられた木がいくらかある場所以外，樽や薪にする木は何もない。人はたいていテントに住む。家畜の糞から火を起こす。このコマンの地は，東はコラズム王国と，一部は大砂漠と接する。西は大海［黒海］とテーヌ［タナ（イス）］海［アゾフ海］と接する。北はルーシ王国と接し，南はエティル［ヴォルガ］という世界で知られる最大の川にまで至る。その川は毎年凍り，時として一年中凍ったままのこともあるので，人も動物も地面と同じようにその上を通る。川岸にはいくらか灌木が生える。川の対岸の南と西には，コマン王国に含まれないいくつもの民族が住んでいるが，コマン王に服属し，とても大

きく高いコーカサス山の周辺にいる。この山に生まれる鷲その他の猛鳥はすべて白色である。

　コーカサス山は二つの海，すなわち一つは西にある大海もう一つは東にあるカスピ海の間にある。そのカスピ海は他の海，ギリシャ海［エーゲ海］にもオセアヌ海にも注いでいず，湖のごとくだが，その大きさゆえに海と呼ばれる。世界最大の湖だからである。この湖はコーカサス山からペルシャ王国領の端にまで及び，アジア全土を二つの部分に分けている。その東の部分は奥アジア，西の部分は大アジアと呼ばれる。この海の水は淡水で，魚が豊富である。その地域には野生の水牛や他の動物がたくさんいる。またこの海には多くの鳥，とりわけ鷹・隼・小鷹などそこ以外には見られない鳥が巣をつくる島々がある。コマン王国の首都はサラ［サライ］と呼ばれ，かつてはとても立派な町だったが，タルタル人がほぼすっかり破壊してしまった[1]。

　1) サライは 13 世紀中頃バトゥの建設になるものであり，モンゴルの西征によって破壊されたどこかの都市，例えばキエフとの混同か。

6　インド王国について

　インド王国はとても長く，大洋に面するが，その海はその地域ではインド海と呼ばれる。ペルシャ王国との境に始まり，東はバラシャン［バダクシャン］という地方にまで至る。その地域にはバラス［紅玉］という石がある。北には縦に大インド砂漠があり，そこはアレクサンデル皇帝が，その物語に書かれてあるごとく，種々様々な蛇や獣を見かけた所である。この地で聖トマスがクリストの信仰を説き，多くの地方をキリスト教に改宗させた。もっとも，そこの人々はキリスト教が信仰されている他の全ての地域からとても遠いため，その地でキリスト教信仰を持ち続けている者は少ない。キリスト教徒の住んでいる町は唯一つしかなく[1]，他はすべて偶像崇拝者となってしまった。南にはこの王国の縦にオセアヌ海があり，そこには島がいっぱいあってインド人が住んでいる。彼らは真っ黒で，酷暑のため真っ裸で出歩き，偶像を崇める。それら島々には宝石や上質の香料が見つかり，セラン［セイロン］という島もそこにある。そこには良質のルビーや

サファイアが見つかる。同島の王は，世界にある最大最良のルビーを有しており，君主が王位に就くときはそのルビーを腕にはめる[2]。

　インドの地は一つの島のごとくである。一方は砂漠に，もう一方は大洋によって囲まれている。だから，その地にはペルシャ王国からでなければたやすく入ることはできない。この地に入らんとする者は，まず最初ヘルメス［ホルムズ］という市に行く。その市は，言われるごとく，哲学者ヘルメスが偉大な技術によって造ったものである。次いで海峡を渡ってコムバホス［カムバイエ］という市にまで行く。そこにはオームと呼ばれる鳥が見られる。この辺に雀がたくさんいるのと同じように，その地域にはこの鳥がとてもたくさんいる。また，商人たちはその地にあらゆる種類の商品を見出す。その地には小麦や大麦は少ししか生えないから，この国では米・粟・牛乳・バター・ナツメヤシや，その他ふんだんにある果実を食べる。

　　1）聖トマスの遺骸のあるというマアバル海岸マドラス郊外マイラプルのことか（MP Ch. 176）。　　2）ポーロより（Ch. 173「セイラン」）。

7　ペルシャ王国について

　ペルシャ王国は二つの部分に分かれるが，常に唯一の君主が支配してきたから，一つの王国に数えられる。ペルシャ王国の第一の部分は，西は地上の天国から流れ出る四つの川の一つピソン［アム・ダリア］にまで至る。北はカスピ海まで，南はインド海に至る。この国はほとんど全く平地で，二つの大きく豊かな市があり，一つはボッカラ［ブカーラ］，もう一つはサモルガン［サマルカンド］と呼ばれる。この国の人々はペルシャ人で，固有の言語を有し，それを喋る。商業と農耕で生活を営む。軍事や戦争には今は携わらない。昔は偶像を崇拝し，なかんずく火を自分たちの神としていた。ところが，マホメットの邪悪な言葉がこの部分に入ってきて以来，すべてサラセンとなり，マホメットの偽りの律法を信じている。

　ペルシャのもう一つの部分は［北は］ピソン川に始まり，西はメディア王国と一部は大アルメニアにまで至る。南はインド王国の一地方，一部はオセアヌ海，

一部はメディアの地と境する。このペルシャ王国には二つの大都市，一つはネサ
ボル［ニシャプール］，もう一つはスパハン［イスパハン］，がある。この地域の
人々は，風俗習慣において前述のもう一つの人たちと似ている。

8　メディア王国について

　メディア王国は非常に縦に長いが，横は広くない。東はペルシャ王国，一部は
小インド王国[1)]に始まり，西はカルデア王国にまで至る。北は大アルメニア王国
に始まり，南はオセアヌ海に面したキシム［ケシム島］にまで至る。そこには最
大の美しい真珠が見つかる。メディア王国には大きな山はあるが，平野は少ない。
メディア王国には二種類の人々がいる。一つはサラセン，もう一つはコルディン
［クルド］と呼ばれる。この地域には二つの大都市があり，一つはセラス［シーラ
ーズ］，もう一つはケルマン［キルマン］と呼ばれる。マホメットの律法を守り，
アラビア文字を用いる。また，歩兵として優れた弓手である。

　1) 小インドは，通常は大インド（本土）の東に接する地域（東南アジア）のことであるが，
　　ここでは西に繋がる地域（パキスタン地方）を指すもよう。

9　エルメニエ王国について

　エルメニエ王国には四つの国があるが，唯一の君主が支配している。エルメニ
エの地の縦はペルシャ王国に始まり，西はトゥルクの地にまで至る。エルメニエ
の地の横は，西は鉄門と呼ばれる大きな市［デルベンド］に始まる。そこはアレ
クサンデル王が〈奥〉アジアに住む様々な国民に対して築かせたもので，王は彼
らが〈自分の〉命令なしに大〈アジアに越えて来るのを望まなかったのであ
る〉[1)]。その市はカスピ海の一海峡に建設されたもので[2)]，大コーカサス山と接し
ている。同市のエルメニエ王国の横はメディア王国にまで至る。
　エルメニエ王国には大きく豊かな市がたくさんある。なかんずくトゥリス［ティ
フリス］は最も知られた市である。エルメニエの地には大きい山と広い平野，

大きな川，淡水や塩水の湖があり，魚が大量にいる。エルメニエの地に住む人々は，その住む地域により様々な名で呼ばれ，騎兵としても歩兵としても優れた武人である。馬や服装は，長い間その支配下にあったからタルタル人の様式に従っている。文字は様々で，一つは〈アルメニア文字，もう一つは〉アロエン[3]文字と呼ばれる。エルメニエには最も高い山があり，アララトと呼ばれる。洪水後ノエの方舟が止まった山である。その山には，冬も夏も大量にある雪のため誰も登ることはできない。ところが，その頂上にはいつも何か大きな黒いものが見え，人はそれがノエの方舟だと言う。

1）ハイトンでは，カスピ海を境に東が奥アジア，西が大アジア（Ch. 5）。　2）カスピ海沿岸の市バクーとの混同か。　3）aloen：Kohler によればアラン人，Pelliot によればコーカサスのアルバニア人で，大アルメニアに住むキリスト教徒の一派。

10　ジョルジャ［グルジア］王国について

ジョルジャ王国は，東はアルボル［アルブルズ］という大山に始まるが，そこには多くの民族が住んでおり，そのためその地域はアラニェ［アラン］と呼ばれる。そこからジョルジャ王国は西に伸び，北はトゥルク王国の一地方に至る。ジョルジャ王国の縦はどこも大海に面している。南は大エルメニエと境する。ジョルジャ王国は二つの王国に分かれ，一つはジョルジャ，もう一つはアブカス［アブハジア］という。ジョルジャの方はアジア皇帝[1]の支配下にあるが，アブカスの方はその人々と堅固な城によって強く，未だかつてアジア皇帝にもタルタル人にも服したことがない。このジョルジャ王国には一大驚異が現れるが，もしそれを見たことがなかったのなら，私とて敢えて話そうとはしなかっただろう。しかし，私はそこにいて見たことがあるので，敢えて物語ることにしよう。

ジョルジャにはハムセン[2]という一地方があり，一周 3 日行程もかかる。で，その地方の広がる限り非常な暗闇が覆っており，何も見えないし，また再び戻って来ることができないから，誰もそこに入って行こうとしない。その地の住民は，人の声や鶏の鳴き声，馬のいな鳴きが聞こえるという。またそこを流れる川にはよく人の姿が現れるのが見られるから，実際に人が住んでいるに違いないという。エルメニエやジョルジャの歴史を読むと，偶像を崇拝しキリスト教徒を酷く迫害

した残酷な皇帝3)がいたという話がある。ある日彼はアジアの全住民に，来たりて偶像に犠牲を捧げるべしとの命令を発し，来ない者は皆火焙りにされるべしと命じた。すると次のことが起こった。それまで信仰を隠していたキリスト教徒たちは，ある者は偶像に犠牲を捧げるよりも殉教する方を選んだ。別の者は死の恐怖のためや，世俗の財産を失いたくなかったから，犠牲を供えた。また別の者は山に逃れた。その頃ムーガンという地域に良きキリスト教徒の一団が住んでおり，彼らは財産を全て捨ててギリシャに逃がれんとした。彼らが上述のハムセン地方に差し掛かったとき，かの悪皇帝と出くわし，彼はキリスト教徒を皆八つ裂きにせよと命じた。その時キリスト教徒は，我らが主イエス・キリストに救いを求めた。するとたちまち大きな暗闇が現れ，皇帝とその者どもを皆覆い隠してしまった。かくてキリスト教徒は危機を脱し，一方彼らはその闇の中に住むはめとなったのだった。また人の信じ語るところによれば，彼らはこの世の終わりまでその暗闇の中に住むであろうとのことである。4)

1) ペルシャのイル・カン国のカン，当時ならオルジェイトゥ（1304-16）。　2) Hamsen：Kohler によれば Hampsi で，北方の暗闇の国と関連する。Burger によれば Hamschen で，黒海と Balkar Dagh 山の間の地方。その暗闇とは，カスピ海南のムーガン地方を覆う濃い霧のこと。　3) 皇帝の名は，L *Savoreus*, E *Sauorelx*。　4) ポーロには，バグダードとモスルの間で，よく似た「片目の靴屋と動く山の奇蹟」の話がある（Ch. 26-29）。

11　カルデア王国について

カルデア王国は，東はメディアの山々に始まり，ティグリス川畔の古代の大都市にまで至る。その市はニネヴェと呼ばれ，聖書に語られるごとく，予言者ヨナスが神の命によりそこに説教に派遣された。その市は今はすっかり破壊されているが，今なお窺われるところからして，確かに世界最大の市の一つであったようである。カルデア王国の横は，北はマラガという市に始まり，南はオセアヌ海にまで至る。カルデア王国最大の都市はバルダック［バグダード］で，かつてはバビロンと呼ばれた。エルサレムを奪った時ネブカドネザルがイスラエルの子孫を補囚したのは，その地である。カルデア王国には，大きな平野はあるが山は少なく，水流も少ない。カルデアに住む〈一部の〉人々はネストラン［ネストリウス

教徒］と呼ばれ，カルデア文字〈を持ち，他の人々は〉アラビア文字を持ち，マホメットの偽りの律法を守っている。

12　メソポタミア王国

メソポタミア王国は，東はティグリス川畔の大モスル市に始まり，西はユーフラテス川に臨むロアイス［エデッサ］市にまで至る。ロアイス市は，我らが主イエス・クリストが今はローマにあるヴェロニカ［聖骸布］を贈ったアガル王の市であった[1]。同市の近くにカラン［ハラン］の地があり，そこは福音書に十分記されているごとく，かつて我らが主なる神がアブラハムとその子孫に，その地を去ってユーフラテス川を渡り，約束の地に来たるよう命じ給うた時，彼らが住んでいた所である。この地がギリシャ語でメソポタミアと呼ばれるのは，ティグリスとユーフラテスの二つの大河の間に位置するからである。

この王国の横は，サンソン［サスン］なる名のエルメニエの山に始まり，南は小アラビアの砂漠にまで至る。メソポタミアの地には肥沃で快適な大平野と，果物やあらゆる財に恵まれた二つの長い山脈がある。その一つはシマル［シンジャール］，もう一つはビソン［ベーズニー］と呼ばれる。この地は水流に乏しく，この国の人々は井戸や水溜の水を飲む。メソポタミア王国にはキリスト教徒，すなわちシリア人とエルメニエ人がいくらか住んでおり，他はサラセンである。この国では彼らは軍事に携わらず，みな職人や牧夫や農夫である。ただし，メレディンという地方に住む優れた歩兵弓手であるいくらかは別で，彼らはサラセンでコルディンと呼ばれる。

1) 聖女ヴェロニカが，十字架を背負わされて歩むクリストの血と汗を拭った跡にその肖像が浮かび上がったという布（1297 年サン・ピエトロに奉納）と，エデッサのアブカル王（BC4-AD50）がクリストから授かったという布は別物。

13　トゥルク王国について

トゥルク王国はとても大きく豊かである。銀，青銅，鉄，明礬など良質の鉱物

が大量にある。葡萄酒，小麦，果物もとても豊富で，家畜や優れた馬も数多い。その地は東で大エルメニエと，一部はジョルジャ王国と境する。西はギリシャ海に面したサタリエ市にまで至る。北はどの地とも接さず，[黒]海沿岸にそって縦にずっと伸びている。南は一部は第二エルメニエ[小アルメニア]およびシリス[キリキア]と境し，一部はギリシャ海にまで至る。そしてキプロス島を望む。このトゥルク王国はオリエントの大抵の人からギリシャと呼ばれるが，それはかつてギリシャ皇帝がこの地を領有し，毎年派遣した役人によって統治していたからである。トゥルク人がこの地の支配を奪ってからは[1]，彼らは自分たちの中から君主を立て，それをスルタンと呼んだ。その時以来ここにはトゥルク人が住み，したがってそれ以来とりわけラテン人からトゥルクと呼ばれるのである。

　トゥルク王国にはいくつもの地方があり，そのどれにも立派な市がある。リコニアという第一の地方には高貴なエルコニア市[コンヤ・古代イコニウム]がある。カッパドキアという第二の地方にはギリシャのセザール[カエサリア]市がある。[イ]サウリエという第三の地方にはサラミス市がある。ブリキアという第四の地方にはリシュ[リキア]市がある。第五はキシトゥンといい，エフェソス市がある。第六はピクタニア[ビティニア]といい，ニカエア市がある。第七はパフラゴニアと呼ばれ，ジェルマノポラン[カスタモウニ・古代ガンガラ]市がある。第八の地方はジェネス[ジャニク]といい，トラブゾンド市があり，この地方だけが少し前からこの国の一部となった所である。つまりトゥルク人がこの国の支配を奪ったとき，トラブゾンド市は奪うことができず，彼らに属さなかったのである。同市には非常に堅固な城がたくさんあり，コンスタンティノープル皇帝の勢力下にあって，皇帝は総督と呼ばれる代官を派遣してその地を治める慣わしだったからである。ところがその総督の一人が皇帝に謀反を起こし，同地の支配を奪って自ら王を名乗るということが起こった。で，今もトラブゾンドの支配を握る者は自ら皇帝を名乗るのである。この地に住んでいるのはギリシャ人で，ギリシャの文字と風習を有している。しかし我々は，オリエントの歴史の教えるところに従い，トラブゾンドを地方の一つとし，王国の中には数えないことにする。

　トゥルク王国には四種類の人々，すなわちギリシャ人，アルメニア人，ジャコバン[ヤコブ派][2]，トゥルク人が住んでおり，彼ら[トルコ人]はサラセンで，ギリシャ人からこの地の支配を奪った者である。町に住む者は商売と耕作で暮らし，他は牧夫で，家畜に草を食ませて冬も夏もいつも野に暮らす。彼らはまた，

騎兵としても歩兵としても優れた兵士である。

1）トゥルキスタンから侵攻してきたセルジュークは，1071 年マンジケルトの戦いでビザンチンを破ってアルメニアを奪い，その後一気にアナトリアに進出し，1078 年そこにルーム・セルジューク朝を樹立した。　　2）ヤコブ・バラダイオスの唱えた単性論を奉ずるシリアのキリスト教徒。

14　シリア王国について

　シリア王国は，東はユーフラテス川に始まり，西はエジプト砂漠の端にあってギリシャ海に面したガザル［ガザ］市にまで至る。シリア王国の横は，北はバルス市に始まり，クラク・ド・モンレアルにまで至る。東はメソポタミア，北は第二アルメニアと，一部はトゥルク王国と境する。南にはギリシャ海とアラビア砂漠がある。シリア王国は四つの部分に分かれ，かつてはそれぞれ王国で王がいた。第一の地方はセムといい，ダマス［ダマスカス］市がある。第二はパレスティナで，エルサレム市がある。第三はアンティオキアといい，二つの大都市ハラプ［アレッポ］と大アンティオキアがある。第四の地方はシリス［キリキア］で，使徒聖パウロの生まれたタルソ［タルスス］市がある。

　シリスは，今日［小］アルメニアと呼ばれている。それは，キリスト教の敵どもがその地をギリシャ人の手から奪って後，非常な苦労の末アルメニア人がシリスを取り戻したからである1)。そして目下，神の御蔭をもって，［小］アルメニア王がそこを支配している。この王国には様々な人々が住んでいる。ギリシャ人，アルメニア人，ジャコバン，ネストラン，さらに他の二つのキリスト教国民，すなわちシリア人とマロン人である。シリア人は［今は］ギリシャ様式を守っているが，かつては聖ローマ教会に服していた。彼らはアラビア語を話すが，聖務はギリシャ文字で行う。マロン人はヤコブ派に属し，アラビアの文字と言語を有する。この人々は，レバノン山の周囲とエルサレムの方に住み，優れた兵士である。シリア人は数多いが，マロン人は少ない。彼らの中には勇敢な兵士と良き君主がいる。シリア王国は，縦に実に 20 日行程，横には 5 日だが，いくつかの場所ではアラビア砂漠とギリシャ海の接近の多少によっては，さらに少ない。

1）アナトリアの小アルメニア王国は，上述セルジュークの侵入により大アルメニアを逃れ
てキリキアに移住してきた人々により，1080 年に建国された時に始まる。

図3　アジア最初の皇帝ペルシャ王コスロエスの豪華な食卓（BnF fr. 12201, f. 10v, 第二
　　巻冒頭ページ）

第二巻

アジアで支配者だった皇帝たちについてここに述べる。

アジアにある十四の主たる王国について語ったゆえ，次に我らが主イエス・キリストの生誕よりこの方，アジアにおいて支配した皇帝たちについて，オリエントの歴史に記すところに従って述べよう。

1　アジアの最初の皇帝について

聖ルカ猊下の福音書の伝えるところによると，我らが主の生誕の頃，ローマ皇帝カエサル・アウグストゥスが全世界を支配していた。その後，ペルシャの王コセロッサック［コスロエス］[1]が［ローマ］帝国に反旗を翻し，自らアジア皇帝を名乗るということが起こった。この者は，ペルシャ，メディア，アルメニア，カルデアの支配を奪った。その力は非常に大きくなり，それら全ての地からローマ皇帝の民を追放し，これから述べるごとくその支配が続いた［図3］。

1) サーサーン朝コスロエス（ホスロー）1世（531-79）または2世（590-628）に当たるが，二人はむしろ3世紀に始まった同王朝（226-642）末期の皇帝で，新興のアラブ・ムスリムに滅ぼされた。

2　サラセン人の国について，マホメットの律法について

我らが主の御託身の632年，マホメットの言葉の病める種がシリア王国に入った。彼らは，まずギリシャ人の手から高貴なダマス市を奪い，次いでシリア王国全土を占領した。さらにまた，ギリシャ人の手にあったアンティオキア市に来た

り，これを攻囲した。これに対しヘラクレイオス皇帝は，アンティオキア市防衛のため大救援隊を派遣した。その軍がポセント［ポッセヌ］なる平原にまで来たった時，サラセン人が向かって来た。そこで大戦が始まり，長く続いたが，最後にサラセン人が勝利し，その戦いで極めて多くの者が殺され，その戦場には今も君侯たちの白骨が散見されるほどである[1]。

　これで，アンティオキア市を領有していたギリシャ人はすっかり怖気づき，取り決めをもって同地をサラセン人に明け渡すこととなった。そこでキリスト教の敵どもは，シリス［キリキア］，カッパドキア，リコニア，その他の豊かな地方を占領し，思い上がった挙げ句ガレー船を艤装してコンスタンティノープルに向かって進撃し始めた。まずキプロスに着き，コンスタンスという大都市を奪った。そこは，使徒聖バルナベの墓のあった所である。彼らは同市の財宝を略奪し，城壁を根こそぎ倒したため，その後，市には誰も住むことはなかった。彼らはそこを発ってロードス島に来たり，同島やロマニアのいくつもの島を奪い，無数の捕虜を連れ去った[2]。

　その後彼らはコンスタンティノープルに向かい，同市を海陸から攻めた。市にいたキリスト教徒は大きな恐怖を抱き，我らが主に命乞いをした。すると慈悲深き神はその夏，突如として風雨の大嵐を送り給い，サラセン人のガレー船は全て壊れ，中にいた敵どもはほぼ全て溺れ死んだ。そのため敵は，他になすすべなく自国に戻っ〈て行っ〉た[3]。

1) ハーリド率いるアラブ軍とヘラクレイオス皇帝（610-41）のビザンチン軍とのシリア攻防は，633 年に始まり 638 年ヤムルークの戦いで前者の勝利に終わった。　2) アラブのキプロス侵攻は 648 年，ロードス島侵攻は 654-55 年。　3) コンスタンティノープル攻囲は674-80 年。この時初めて，後に有名になる新兵器ギリシャ火が用いられた。暴風雨でアラブ軍が壊滅したのは 715-17 年の攻撃時。

3　ギリシャのキリスト教徒と彼らの決めたことについて。サラセン人はいかにペルシャ・カルデア・メソポタミアの王国を奪ったか

コンスタンティノープルのキリスト教徒たちは，神の慈悲により救われたのを

見てある日，毎年救世主の栄誉を讃えて厳かに祝うことを決めたのだが，これは今日に至るまでいとも厳かに続けられている。一方サラセン人は，しばらく休んだ後，ペルシャ王国に侵入しようと考えた。そこで大軍を集め，アッソバリック王［ヤズダギルド 3 世］のペルシャ王国支配下にあったカルデア王国とメソポタミア王国を奪った。同王はサラセン人の力を恐れて，ピソン川［アム・ダリア］のこちら側にいた近隣の王と君主たちに使者を送って支援を請い，来たる者には全て大きな報酬を約束した。そのためトルキスタン王国からおよそ 5 万のトゥルクマン兵士が集まり，サラセン人に対してペルシャ王を助けに来るべく途に就き，ピソン川を渡った。ところが彼らはどこへ行くにも妻子を同伴する習わしがあったがため，何日行程も進むことができなかった。奪い取ったカルデア王国にいたサラセン人は，トゥルクマン軍とペルシャ軍が合同すれば，ペルシャ王国に対する自分たちの狙いを簡単に遂げることはできないだろうと考え，救援の来る前にペルシャ王国に向かって行くことを衆議した。かくてサラセン人はペルシャに入り，それを阻むことのできなかったペルシャ王は彼らと相対した。モラガ［マラガ］なる市の近くで大戦が始まり，長く続き，双方とも多数が死亡，また殺された。最後にペルシャ王が敗れ，陣中に没した。これは我らが主の 632 年に起こった。[1]

> 1) ペルシャ軍が最初にアラブ軍に敗れたカーディスィーヤの戦いは 639 年，最後のニハーヴァンドの戦いは 642 年，これでサーサーン朝は事実上潰滅した。同王ヤズダギルド 3 世（632-51）は後に 651 年メルヴ付近で住民に殺された。

4　スルタン[1]と呼ばれる君主を初めて決め選んだサラセン人について

サラセン人はペルシャとアジアのいくつもの王国の支配を奪った後，自分たちの中から一人の君主を選び，それをカリフと呼んだ。これはマホメットの血統の者であった。また，以後ずっと本拠をバルダック市に置くことを決めた[2]。さらに，征服した他の全ての王国と地に君主を置くことにし，それをスルタンと呼んだ。これはラテン語で王を意味する。かくてこれらサラセン人は，ジョルジャにあるアブカス王国とアロエンというアルメニア王国の一地方を除いて，大アジア

全土を支配下に収めた。上記二地方はサラセン人に対抗し，かつてまだその支配下に降ったことはない。キリスト教徒は皆，敵を恐れてそこに避難した。

　ペルシャ王の救援にやって来たトゥルクマンについて，彼らの歴史がよりよく理解されるよう，いくつかのことを簡単に述べておこう。前述のトゥルクマンは，コラサン［ホラズム］という地にまでやって来た時，そこでペルシャ人の敗北とその王の死のことを知り，もはや前進しようとはせず，そのコラサンの地を領有し，それをサラセン人からよく防衛しようと考えた。そこでサラセン人は大軍を集め，トゥルクマンに対して進撃するに至った。彼らトゥルクマンは戦いを恐れ，バルダックのカリフに使者を送り，自らをその指揮下に差し出した。このことはカリフとサラセン人の大いに気に入り，トゥルクマンを信頼して受け入れ，コラサンの地から引き出し，彼らの反逆を恐れずともよい別の地に移り住まわせ，毎年一定の貢納を支配者に支払うよう命じた。かような次第で，トゥルクマンは〈長く〉サラセン人の支配の下に住むこととなり，〈またサラセン人は〉ペルシャ，メディア，カルデアの支配を獲得し，皆マホメットの偽りの律法の信仰に帰すこととなったのだった。

　その後，バルダックのカリフはトゥルクマンのうち最長老と最有力者を呼び寄せ，マホメットの律法を信仰することと，他のトゥルクマンにもそれを信仰するようにさせることを求め，その命令を果たせば恩恵と名誉を授けると約束した。いかなる律法も持たなかったトゥルクマンは，易々とカリフの意向に従った。こうして外国の民であったトゥルクマンは，他と異なっていた二つの子孫を除いて，全てサラセンとなったのだった。かくて，サラセンはトゥルクマンをよく思い，彼らに名誉と恩恵をもたらし始めたのである。トゥルクマンは，そうして暮らしているうちに財物と人数において何倍にも増えたが，謙虚かつ賢明に身を処した。〈そしてついに王国と支配をサラセン人から奪い取るのだが，これについては後に述べる〉。サラセン人はアジアの支配を400と18年間保持したが，あとで述べるごとく，後にそれを失った。

　1) 本文では「カリフ」。　2) カリフ（ハリーファの転化でアミールの正式称号）制度の成立は632年，初代カリフはアブー・バクル（632-34）。メディナからダマスクスへの遷都は661年ウマイヤ朝成立後。新首都バグダードの建設は，アッバース朝第二代カリフ・マンスールによる762年。スルタンの称号は後のセルジューク・トルコのトゥグリルから。

5　自分たちの主君スルタンの支配に反旗を翻したサラセン人君主たちについて

その頃サラセン人の間で大きな抗争が起こり，実に20年も続いた。すなわち，諸方のスルタンや君侯がバルダックのカリフに従おうとせずしてこれに反旗を翻し，サラセン人の勢力がひどく衰え始めたのである。その頃コンスタンティノープルにディオゲネスなる強力な皇帝があり，サラセン人を激しく攻撃し始め，ヘラクレス皇帝の時代にサラセン人がキリスト教徒から奪い取ったいくつもの市と城を取り戻した[1]。また由緒深いアンティオキア市，シリス，メソポタミアを回復した[1]。その他の地は，後に述べるごとくトゥルク人に奪われるまで，サラセン人が支配していた。

1) ウマイヤ朝（661-750）を継いだアッバース朝（750-1258）は9世紀中ごろから衰え始め，内乱が相次ぎ，各地に地方政権が勃興する。10世紀にアレッポ，アンティオキア等を回復したビザンチン皇帝は，マケドニア朝（867-1057）ニケフォロス2世フォーカス（963-69）。ディオゲネスについては次章注4参照。

6　トゥルク人について，彼らは自分たちの中から王を選び，バルダックのカリフはそれをトルコ君主として承認した

我らが主の1051年，トゥルクマンは以下のごとくまずアジアの支配を獲得し始めた。トゥルクマンは，〈ペルシャで〉財と人数が大きく増えると，サラセン人の間に大きな不和があるのをみて，すぐ謀反を起こそうと考えた。そこで彼らは集まり，自分たちの上にサリオク［セルジューク］なる者を王に選んだ[1]。それ以前には一度も自分たちの血統の君主を持ったことはなかった。彼らは結束して激しくサラセン人を攻撃し，わずかな間にアジアの支配を奪ってしまった。バルダックのカリフには何ら危害を加えなかったどころか，名誉をもって遇した。そのためカリフは，愛よりも恐怖から，トゥルクマンの気に入られるよう彼らの君主サリオクをアジア皇帝にした。しかし，間もなくその皇帝サリオクは没し，ドルリッサ［トゥグリル・ベグ］なるその〈孫〉息子が後を継いで君主となった。

彼はコンスタンティノープル皇帝に対して戦を起こし，ギリシャの多くの地と城を奪った[2]。また彼は，アルトット［オルトク・アルスラン］という従兄弟をメソポタミア王国に派遣し，それに多数の兵を付け，メソポタミア王国および彼がギリシャ人から征服することのできた全ての地を約束した。でアルトットは，大軍を率いて進発してロアイス市を攻略し，メソポタミア全土を奪った。そしてメレディン［マルディン］市に本拠を構え，そこでスルタンを名乗った[3]。

　その頃，ペルシャ王ドルリッサが没し，〈アルプ・アスランなる〉息子が〈支配権を継いだ[4]〉。このアルス・アスランにはソリマン［スレイマン］という甥があり，長く彼の父に仕えていた。ソリマンは極めて勇敢な武人だった。そこで，かのペルシャ王アルス・ア〈ス〉ランは，この甥ソリマンに多数の兵を与えてカッパドキアに派遣し，彼がギリシャ人から征服することのできた全てを領有することを認めた。そこでソリマンは出発し，トゥルク王国に入って市や城を奪い，ほぼ全土を支配下に収めた。それで彼は名を変え，ソリマンサ［スレイマン・シャー］と名乗った[5]。この者については，ゴドフロア・ド・ブィヨン公の渡航記に述べられている[6]。というのも，ソリマンサはこの巡礼たちと戦い，彼らがトゥルクの地を通る前に多大の被害を蒙らせたからである。

　1) セルジュークは，11世紀初頃オグズ系遊牧部族を率いてホラーサーン地方に進出した時期の首長，同朝の名祖。1051年は後述トゥグリル・ベグがペルシャに侵攻し，イスファハンを首都とした年。　2) バグダッドに入城したトゥグリル・ベグ（1037-63）に対してペルシャのカリフ・カーイムはその主権を認め，スルタンの称号を授けた（1055）。ビザンツ領遠征が始まるのは次のアルプ・アルスラーンから。　3) セルジューク朝王族で東部アナトリアのディヤル・バクル（アーミド）に拠ったアルトゥク朝の創始者ウルトック＝イブン＝アッサーブ。アレッポ占領は1117年。　4) アルプ・アルスラーン（1063-72）はトゥグリル・ベグの甥。アルメニアに侵入（1064），アレッポを占領（1070）し，マンジケルトの戦い（1071）でアルメニア奪回を試みたビザンチン皇帝ロマノフ4世ディオゲネス（1068-71）を破り，小アジア進出の道を開いた。　5) 小アジアほぼ全土を征服し，ルーム・セルジューク朝（1078-1308）を開き，後にオスマン朝によって大をなすトルコの基礎を築いたのは，アルプ・アルスラーンの従兄弟スライマーン＝イブン＝クタルミシュ（1078-86）。当時のビザンツ皇帝はアレクシオ1世スコムネノス（1081-1118）。　6) ゴドフロア・ド・ブイヨンは第一回十字軍指導者の一人，1099年エルサレムを解放し初代王（聖墓守護者）となった（1100没），ギョーム・ド・ティール『エルサレム史』やタッソー『解放されたエルサレム』の英雄の一人：cf. William of Tyre, *A History of Deeds Done beyond the See*, tr. E. Babcock & A. C. Krey, 2 vols., New York, 1943（1976）。

7　ゴドフロアが海を渡った頃メレク・アスラフはいかにトゥルク皇帝となったか

　その後，トゥルク皇帝アルプ・アサラムが没し，メレクサ［マリク・シャー］なる息子が皇帝となった[1]。彼はメソポタミアのスルタン・アルトットとトゥルクのスルタン・ソリマンサに人を遣わし，アンティオキア攻撃に赴くよう命じた。そこで二人は大軍を集め，ギリシャ人の領有していたアンティオキア市攻撃に向かい，数日にしてこれを奪った。かくてギリシャ人は，キリスト教の敵の力により，アジア全土から追放されてしまった。その後，トゥルク皇帝メレクサは二児を遺して没した。ベルベタロック［バルキヤールク］なるその長子が父を継いで支配権を得たが，より優れた武人だった弟の方がペルシャの地の大部分を占領した[2]。ゴドフロア・ド・ビションの渡航の頃は，そのベルベラロックがペルシャ皇帝で，ソリマンサがトゥルクのスルタンだった[3]。彼はこの巡礼たちに対し，トゥルクを通る前に多大の危害を加えたのであった。

1) マリク・シャー（1072-92）のアンティオキア奪回は 1084 年。その死後ペルシャの大セルジューク朝は分裂崩壊してゆく。　　2) マリク・シャーの子は四人：末子マフムード（1092-94），長子バルキヤールク（1094-1104），第二子ムハンマド（1104-17），第三子サンジャル（1117-57）の順に王位に就いた。　　3) 1097 年第一次十字軍と戦ったトゥルクのスルタンは，スライマーンではなくクルチ・アルスラーン（1086-1107）。

8　サラセン人はいかにアンティオキア市でキリスト教徒を襲ったか

　ゴドフロアは，他の渡航の巡礼たちとともに直ちにアンティオキア攻撃に向かった。ペルシャ皇帝は，キリスト教徒がアンティオキア市を攻めたことを知るや，トゥルク王国から大軍を集め，アンティオキア市救援に派遣した。が，キリスト教徒はトゥルク人の来る前に同市を奪った。敵は強力で，市の周囲あらゆる所から攻撃を仕掛けた。かくて，前は攻撃していたキリスト教徒が，今度は攻撃されるはめになった。最後に我らが巡礼たちは，かくも多数の敵と戦って，神のご加

護により彼らを全て破り，その大将コルバラン［クルチ・アルスラーン］を討っ
た。戦闘から逃れた者はペルシャに戻ったが，彼らの皇帝ベルベラロックは死亡
していた。その弟が支配権を奪おうとしたが，敵対者たちが襲いかかってこれを
殺した。トゥルク人の間の不和は大きく，もはや皇帝も彼ら全体の主君も一致し
て選ぶことはできずして，内乱を始めた。そこでジョルジャ人と大アルメニアの
サラセン人は彼らに襲い掛かり，ペルシャ全土からこれを追放した[1]。で彼らは，
妻子ともどもトゥルクに去った。そのためトゥルクのスルタンの力は大いに増し
た。そして後に述べるごとく，タルタル人がやって来てトゥルクの地を占領する
まで，その支配を非常な隆盛の内に保った[2]。

1) 十字軍によるアンティオキア奪回は 1097 年。バルキヤールクの死は 1104 年。その子マ
リク・シャーが後を継いだが，すぐ叔父ムハンマドによって廃位された。しかしアルメニア
人やギリシャ人によってトゥルク人がペルシャから追放されたわけではない。　2) モンゴ
ルの小アジア侵入は 1241 年バイジュ・ノヤンによるエルズルム占領に始まり，1242-43 年の
キョセ・ダウの戦いでの勝利で実質的な支配が始まる。当時の皇帝カイホスロー 2 世は 1246
年毒殺される。

9　コラサン［ホラズム］人の国について，彼らはいかに大アジアの 支配者となったか，またわずかな間に追放されたか

コラサン王国には，家畜に草を食ませていつも山野に暮らしまた極めて軍事に
勇敢な人々がいた。彼らは，ペルシャ王国に支配者がいないと知って，簡単に征
服できるだろうと考えた。で彼らは集まり，ヤアラディン［ジャラール・ウッデ
ィーン・メングベルディー（1221-31）］なる者を主君に選んだ。そうした後彼らは，
何の抵抗も受けずに立派なトゥリス市［タブリーズ］にまで来たった。そしてそ
こに留まり，〈自分たちの〉主君ヤアラディンを〈大〉アジア皇帝とした。ペル
シャ王国を奪ったごとく，アジアの他の王国も占領せんと欲したからである。コ
ラサン人はそこで数日休み，ペルシャの財宝で一杯になり，ために非常に思い上
がってしまった。それでトゥルク王国に侵入し，そこを占領して奪わんとした。
が，アラアディン［アラー・ウッディーン・カイクバード 1 世（1219-37）］なるトゥ
ルクのスルタンは軍を集め，コラサン人と戦ってこれを破り［1230 年 8 月］，〈彼
らを〉トゥルクから追放した。皇帝ヤアラディンは戦闘に没した[1]。

　逃れた者たちはメソポタミア王国にやって来てロハイス平原に集い，当時一人の婦人［サフィエ・カトン］²⁾によって治められていたシリア王国に侵略することを衆議した。そこで，金持ちのコラサン人たちは軍を集めてシリアに侵入した。かの貴婦人はユーフラテス川畔のハラプ市［アレッポ］に兵を集め，コラサン人と相対し，これと戦った。闘いは激しかったが，最後にコラサン人が敗れ，アラビア砂漠の方に逃れた。彼らはその後，ラッカベ［ラッカ・エル・ベイダー］なる城近くでユーフラテス川を渡ってシリア王国に入り，エルサレム王国にあるパレスティナ地方にまで至り，ゴドフロア・ド・ブィヨン遠征記にあるごとく，キリスト教徒に大損害を与えた³⁾。

　最後にこれらコラサン人は内輪もめを起こし，自分たちの主君に従おうとせずして分裂し，ある者はダマス市［ダマスクス］のスルタンに，〈別の者はハマンスのスルタンに〉，またある者は当時シリアに5人いたスルタンの下に赴いた。バレカット［ブルカ／ブルタ・カン］なるコラサン人の公は，兵が自分を捨てるのを見てバビロン［カイロ］のスルタンに使者を送り，臣従を申し出た。スルタンはこれを大いに喜び，彼を大歓迎し，そのコラサンの公と彼に付いて来た者に大きな名誉を授けた。〈そしてこのコラサン人の将軍の子孫は，バビロンでは今日に至るまで讃えられている〉。がスルタンは，コラサン人が皆一緒にいるのを快く思わず，彼らを領土内に分散させた。またバビロンのスルタンの力は，それまでごく小さかったが，コラサン人の到来によって増大した⁴⁾。かくてついに，コラサン人の国はわずかな間で無に帰し，その後タルタル人が支配を手にし始めたのである。

1) ジャラール・ウッディーンが敗れたのは，1231年モンゴル将軍チョルマグンとの戦い，その後クルド人に殺された。　2) ギャース・ウッディーンの没後，息子ナーシル・ユースフが成人するまでアレッポ王国を治めた寡婦サフィエ・カトン。　3・4) ホラズム人のエジプト・スルタンへの隷属とエルサレム侵略については，パリス Ch. 9，シモン Ch. 18 参照。

図4　夢に現れた白馬の騎士とチンギス・カンの戴冠（BnF fr. 12201, f. 17v, 第三巻
　　冒頭ページ）

第三巻

本書第三部ここに始まる。タルタル人の国について語る。

1　タルタル人は最初いかに支配するに至ったか

　タルタル人が最初いた地と地域は，大ベルジャン山[1]の彼方である。この山についてはアレクサンデル物語に，彼が出会った野蛮人についてのところで述べられている[2]。タルタル人は最初この地域で，信仰も律法も持たぬ獣人のごとく暮らしていた。彼らは草を食む家畜〈さながらに〉あちこちさまよい，自分たちがその下に服していた他の国民から蔑まれていた。タルタル人はモゴルと呼ばれていたが，そのいくつかの国民が集まって自分たちの間で首長と統治者たちを決めた。彼らは数が増えて七つの国に分かれたが，今日に至るまでそれらの国は他よりも貴いとみなされている。〈これら〉七つの国の第一はタルタル[3]，第二はタンゴット［タングト］，第三はエウラク［オイラト］，第四はジャレール［ジャライル］，第五はソニット［スニット][4]，第六はメングリ［メルキト］，第七はテベット［チベット］という[5]。

　当時これら七つの国民は，前述のごとく近隣の国の支配下に暮らしていたが，ある時，カンギス[6]という名の一人の貧しい鍛冶屋の老人が夢に幻を視るということがあった。すなわち，白馬にまたがって武装した騎士[7]が彼の名を呼び，次のように語りかけるのを視たのである［図4・5］。「カンギスよ，不死なる神の意志とて，汝，モゴルと呼ばれるタルタル人の七つの国の統治者にして君主とならん。して汝によって，長くその下にあった隷属から解放され，近隣の者たちを支配するであろう」と。カンギスは，この神の言葉を聞いて大いに喜んで起き上がり，自分が視た幻を皆に話した。貴族や長老たちはこれを信じようとせず，かえ

図5 チンギス・カンの夢に現れた白馬の騎士（BnF fr. 886, f. 14r）

ってこの老人を嘲笑った。ところが次の夜，七つの国の首長たちは，カンギスが話したとおりの白い騎士と幻を視た。彼は，不死なる神からとて，皆カンギスに従い，その命令を守るべしと命じた。そこで，上述の七人の首長はタルタル人を集め，カンギスに服従と敬意を捧げさせ，彼ら自身もまた生来の主君に対するごとく同じようにしたのだった。

1）Belgian（同 L）：Kohler 注によれば，ケレイト部族に敗れて追われたテムジンが難を逃れたところとして知られるバルジュナ Baljuna 湖からであるが，山であることからすればむしろ，モンゴル族発祥の地として知られるブルカン Burqan 岳から，あるいはそれら二つが混淆したものであろう。　2）アレクサンドロスが蛮族（ゴグ・マゴグ）を閉じ込めた山については特定の名はなく，鉄門のことであれば一般にはコーカサス山脈カスピ山。　3）F *Tartars*, L *Tatar*（MS F・G *Tartar*）。　4）ラシードに挙げられる大部族集団（「モンゴル秘史」：I, 58）。　5）タングトとチベットはモンゴル族から外れる。　6）Can-/Changuis（同 L）：Cingis can チンギス・カンより。　7）シャーマンのこと。

2　〈タルタル人は最初いかに自分たちの主君を選び出し，それをカムと名付けたか〉[1]

　そのあとタルタル人は，皆の真ん中に椅子を置き，地面に黒のフェルトを敷いてその上にカンギスを座らせた。そして，七つの国の首長たちは彼をフェルトごと持ち上げて椅子の上に載せ，彼をカンと呼んだ［図6］。〈そして〉跪いて，自

図6　黒いフェルトの上で玉座に据えられたチンギス・カン（BnF fr. 886, f. 14v）

分たちの主君としてあらゆる名誉と敬意を捧げた。タルタル人がその時，主君に対して行った儀式の厳粛さについては，驚くことは何もない。たまたまそれ以上にはできなかったか，あるいは主君を座らせるもっと綺麗な布を持っていなかったのであろう。しかし，彼らが最初の習慣を変えようとしなかったことについては，かくも多くの地と王国を征服した後もなおかつその最初の慣わしを守っているのであるから，十分驚きに値する。彼らが君主を選ぶに際しては，私はタルタル人の皇帝の選挙に二度立ち会い，全タルタル人が大テントに集まっているところを親しく見たのであるが[2]，君主となる者を黒のフェルトの上に座らせ，自分たちの真ん中に豪華な椅子を置く。そして，高位の者とカンギス・カンの家系の者が来て彼を高く持ち上げ，椅子の上に載せて座らせ，自分たちの敬愛する生来の君主としてあらゆる尊敬と名誉を捧げるのである。彼らは，征服した支配によっても富によっても，この最初の慣わしを変えることを望まなかった。

1)〈　〉はラテン語版より（Kohler）。　　2)ハイトンが立ち会ったという二つのクリルタイとは不明だが，その一つはほぼ確実にガザン・カンのもの（1295年）。

3　〈カムと呼ばれたタルタル人皇帝の命令について〉

　カンギス・カンは，全タルタル人の共通の意志と合意によって皇帝となった後，他のことをする前にまず，皆が自分に従うかどうか知ろうと望んだ。そこで，三つのことを命じた。第一の命令は，その意志によって自分が皇帝になった不死なる神をすべからく信じ崇めるべし，というものであった。それで以後タルタル人は皆，いかなることにおいても神を信じ，その名を唱えることを始めた。第二の命令は，武器を持つことのできる全ての者を部隊に分けることであった。そして各隊に一人，十隊に一人，千隊に一人，一万隊に一人を，それぞれ隊長にすることを決めた。そして一万人の部隊をトマンと名付けた。

　次いで，タルタル人の七つの家系の七人の首長に，〈武器と〉統治権を〈全て〉手放し，彼の課すものを支払うべきこと〈を命じた〉。カンギスが下した第三の命令は，極めて残酷なものにみえた。というのは，その七人の大首長それぞれに長子を自分の前に連れてくるよう命じ，彼らがそのとおりにすると，それぞれ自分の息子の首を刎ねるよう申し渡したのである。この命令は誰にとっても不当で残酷なものと思えたのは確かであるが，彼らは，人々を恐れたためというよりもカンギスが神の命により皇帝になったことを知っていたから，その命令を拒む勇気はなく，それぞれ息子の首を刎ねた。こうしてカンギスは国民の意志を知り，皆が死に至るまで自分に従うであろうことを見て，全員自分とともに馬を武装するよう命じた。

4　〈タルタル人の皇帝はいかに森の中で一羽の鳥に救われたか〉

　カンギス・カンは，戦を巧妙かつ賢明に行い，長くタルタル人を従属下に置いていた者たちの地に侵入し，それと戦い，ことごとく敗り，その全ての地を支配下に置いた。さらに土地と国を征服してゆき，全てのことが自分の思い通りになった。ある日，わずかな供の者と馬に乗っていると，敵の大群と出くわし，激しく攻撃されるということが起こった。精一杯防戦したが，ついに彼の馬が倒れて死んだ。家来たちは，主君のカンギス・カンが地上で緊急事態に陥っているのを

図7　森の中でミミズクに救われるチンギス・カン（BnF fr. 886, f. 15v）

見るとすっかり気力を失って逃げ出し，そのため敵は彼らを追跡し，徒歩でいる皇帝には気付かなかった。これを見て彼は，近くの小さな森の中に身を潜めた。勝利した敵は，逃げた者を探し始めた。彼らがカンギス・カンの隠れた森を探そうとした時，そこへミミズクという名の鳥が一羽飛んで来て，その森の上に止まった。探していた者は，カンギスのいる森の上に鳥が止まっているのを見て，もし誰かがいれば鳥が止まったりしないだろうと言いつつ立ち去った。つまり，その森には誰もいないと思って，探さずに行ってしまったのだった ［図7][1]。

1)『モンゴル秘史』の，タイチウト氏に追われたテムジンが森の中で水中に潜んだり，ソルカン・シラの家で車に積んだ羊毛の中に隠れて救われた話（巻2, 79-87 節）と関連しているのであろうが，鳥は登場しない。『蒙古源流』には，チンギスの名は鳥の鳴き声からとの説があるとのこと。Cf. V「リコルドゥス」Ch. 3.

5　〈タルタル人はいかにミミズクと呼ばれる鳥の羽を，その鳥が森の中で彼らの皇帝を救ったことから頭上に挿すようになったか〉

夜になるとカンギス・カンは，回り道をしてそこから外に出，仲間の所に着くとすぐ，身に起こったこと，自分が潜んでいだ森の上に鳥が止まった次第，そのため敵は彼を探さなかったこと，などをすべて語った。タルタル人は神に感謝を捧げ，爾来ミミズクと呼ばれるその鳥を非常に敬い，羽を手に入れることのできた者は皆頭に挿すのである。私がこの話を紹介したのは，タルタル人が皆頭に羽

を付けているのは何故か1)，その訳が分かるようにと思ったからである。カンギス・カンは，このようにして救われたことで神に感謝を捧げた。

〈これが何時起こったのか本書に明記しなかったとしても，驚かれぬよう。それを知ろうと大いに努力してみたのだが，私は……できなかった2)。この話の時代のことを人が知らないのは，当時タルタル人が文字を持たず，全く記録に残っていないからであり，したがってまた，当時起こったことを忘れてしまったからである〉。

1) ボクタク（モンゴル既婚婦人の冠帽）の頂に付ける羽根はかなり長いもの（30-150 cm）で，ミミズクの可能性は低い。ヴィッラーニ（14世紀のイタリア年代記作者）には，アレクサンドロスは巨大なラッパ（鉄門ではない）を建ててタルタル人をベルジャン山の彼方に閉じ込めたが，その中にフクロウが巣を作ったため詰まって鳴らなくなり，彼らは安心してそこを越えることが出来た，タルタル人の貴顕が頭にフクロウの羽を飾るのはそのことを感謝してである，との別ヴァージョンがある（Villani, *Cronica*, Roma, Multigrafia Editore, 1980, lib. 5, cap. 29, pp. 245-7）。XV「カタラン・アトラス」には，アレクサンドロスによって建てられたという，ラッパを吹く二つの像が描かれている（パネル VII ⓫ ⓬）。　　2) L「このことについて私に十分に教えてくれる者は，誰も見つけることは出来なかった」。

6　〈白の騎士がいかにタルタル人の皇帝カンギス・カンに現れたか，その騎士が様々な国民の地と王国をいかに征服すべきか彼に語ったそのお告げについて〉

その後彼は軍を集め，敵と戦ってこれを敗り，彼らを全て支配下に置いた。カンギス・カンは，ベルジャン山の此方にあった地を全て征服し，以下に述べるごとくもう一つの幻を視た時までそこを領有していた。カンギス・カンがベルジャン山の此方の地域を全て支配下に収めた頃，ある夜またしても夢に白の騎士が現れ，こう告げた，「カンギス・カンよ，不死なる神の意志とて，汝，ベルジャン山を〈西に〉越え，様々な国民の王国と地を征服し，彼らの上に支配を打ち立てるべし。余が汝に告げることは不死なる神のものであることを知るがよい。立ち上がって，全ての者とベルジャン山に行け。海が山と合しているところへ来たれば，汝とその者どもは馬を降り，東に向かって9度跪き，そこを通る道を示し給うよう不死なる神に祈るがよい，さすれば神は道を示し給い，汝とその者どもは

渡ることのかなわん」。[1]

1) 次章注 1 参照。

7 〈我らが主はいかにカンギス・カンとその人々にベルジャン山を 越える道を示し給うたか〉

カンギス・カンは，目覚めるとこの幻をすっかり信頼し，ベルジャン山を越えるゆえすぐさま騎馬するよう人々に命じた。そして皆馬に乗り海までやって来たが，そこには大きな道も小さな道もなく，向こうに渡ることはできなかった。そこでカンギス・カンはすぐ馬を降り，皆にもそうさせ，東に向かって9度跪き，全能にして不死なる神に渡るべき道を示し給うよう祈った。カンジス・カン〈とその人々は〉，夜じゅう〈そこで祈って〉過ごした。〈すると翌朝〉海が山から9歩後退し，広く美しい道が開けてい〈るのを見〉た。カンギス・カンと人々はこの出来事を見て驚き，我らが主に感謝を捧げ，西の方へと向かった。[1]

タルタル人の歴史に述べられてあるところによれば，ベルジャン山を越えた後カンギス・カンは良き地にやって来たわけではなく，苦い水と荒れた地に出会い，彼と人々はそこで大変な困難を忍ばねばならなかった，とある。しかし後に，あらゆる物に豊かな良き地を見出した。彼らは何日もその国に留まり，大いに休養した。ところが神の思し召しとて，重病がカンギス・カンを襲った。彼は自分がもうけた12人の子を呼び寄せ，常に一つの意志にまとまるよう命じ，彼らにその例を示した。すなわち，それぞれ一本の矢を持って来させ，12本の矢が全部集まると，長男にそれを全部取って手で折るよう命じた。〈彼はそれを取ったが，手で折ることはできなかった〉。次にそれを次男に渡したが，彼も折ることができなかった。次に三男，そして次々と皆に渡したが，誰も折ることはできなかった。次いでカンギス・カンは，矢をバラバラにするよう命じた。そして一番末の子に一度に一本ずつ取って折るよう命じたところ，その子は12本の矢を全て折ることができた。そこでカンギス・カンは，子供たちの方を向いて言った，「何故に〈お前たちは，余が命じたように矢を折ることができなかったのか」。彼らは言った，「全部束になっていたからです」。「では何故〉この末の子は折ること

ができたのか」。彼らは答えた，「バラバラになっていて一度に一本ずつだったからです」。そこでカンギス・カンは言った，「汝らにも同じことが起ころう。一つの意志に一致しておれば，汝らの支配はいつまでも続くであろう。だが，バラバラで一致しておらねば，汝らの支配はすぐ無に帰し，続かぬだろう」[2]。〈他にも〉多くの命令と良き例をカンギス・カンは子供たちと人々に授けたが，タルタル人はそれを今も大いに尊重して守っている[3]。

1）アレクサンドロス物語の鉄門の話（前章）をモーセの出エジプト記に繋いだものであるが，モンゴルのこうした建国神話がどこで創作されたか注目される。　2）『モンゴル秘史』では，アラン・コアとその5人の子供の逸話（巻1, 17-22節）。　3）L「彼らの言葉でカンギス・カンのヤサク，すなわちカンギス・カンの法令という」。

8　〈カンギス・カンはその支配の後いかに長子を戴冠させたか〉

かくてカンギス・カンは，もはや自分が長くないのを悟り，自分のもうけた最も賢明で最も優れた子を後継の支配者にして皇帝とし，皆が彼に従い主君として仕え，彼をオクトタ［オゴデイ］・カンと呼ぶようにさせた。これ全ての後，タルタル人の善き皇帝にして第一だった者はこの世をみまかり，その子オクトタ・カンが後を継いで支配を手にした。

さて，カンギス・カンの話を終える前に，タルタル人が9という数字をいかに尊んだか述べよう。それは，9回跪いたこと，海が陸から9歩退いたこと，9歩の幅の道が開けたこと，そのため神の命によりベルジャン山を皆で越えることができたのであり，これらを讃えてタルタル人は，9という数字を恩寵とみなしているのである。したがって，この君主に贈り物をせねばならぬ者は，悦んで受け取ってもらいたければ，九つの物を贈るのが望ましい。それが，今日に至るまでタルタル人の習わしなのだから[1]。

1）モンゴル族の間で9（イスン／アニスゥ）が神聖な数字と見なされたことはよく知られる。

図8 オゴデイ・カアンとアジア征服に向かう軍隊 (BnF fr. 886, 16v)

9 〈第二代タルタル人皇帝となったカンギス・カンの息子オクト タ・カンとその二人の息子について〉

父カンギス・カンの死後，オクトタ・カンがタルタル人の皇帝となった。彼は勇敢かつ聡明な人物だった。人々は彼をとても敬愛し，常に信頼と忠誠を捧げた。オクトタ・カンはアジア全土を征服せんものと考えた。で，それまでいた所から出発する前に，アジアにある王たちの力を知ろうとした。また，誰が一番強いか知って，始めにまずその者と戦おうと考えた。最強の者を征服できれば，他の者の上に立つことは容易だからである。そこでオクトタ・カンは，〈セベサバダ[1]という賢く勇敢な将軍を〉1万の兵とともに〈派遣し〉，アジアの地に入ってその状態と様子を調べ，もし誰かとてもかなわぬほどの君主に出会ったならば戻ってくるよう命じた。そしてオクトタ・カンが命じたとおり実行された［図8］。将軍は1万のタルタル人とともにアジアの地に入り，市や土地を，住民たちが守ったり防衛の準備をしたりできない内に急襲した。兵士は皆殺しにしたが，人々には危害を加えなかった。馬・武器・食糧は必要に応じて奪った。

　そしてさらに前進し，コーカサス山にやって来た。そこは，アレクサンデル王がその山と踵を接する海峡の上に建設させた市の人々の同意がなければ，奥アジアから大アジアに渡ることのできない箇所である。その市を彼ら1万のタルタル人は，住民が防衛する空間も時間もないほど突然襲った。このようにしてタルタル人はこの市を奪取した。出会った者は誰あれ，男も女も刃にかけた。さらに，

帰路のとき邪魔にならぬよう，その城壁を打ち倒した。同市は昔アレクサンデス
トル[2]という名だったが，今は鉄門と呼ばれている。タルタル人到来の知らせが
伝わるや，イヴァヌスなるジョルジャ王は軍を集めて彼らに立ち向かい，ムーガ
ンという平野で合戦した。戦いは長く続いたが，最後にジョルジャ人が逃走し敗
北した[3]。タルタル人はそこを越えてさらに進軍し，アルセロン［エルゼルム］
というトゥルクの市に来たった。そこで，トゥルクのスルタン[4]が近くにあって
大軍を結集していると聞き，敢えてそれ以上前進しようとしなかった。そして，
トゥルクのスルタンの力に対抗することはできぬと見て，別の道を通って，アル
マレック［アルマリク］という市に滞在していた君主の下に帰り，アジアの地で
行なったこと見たことを〈彼に〉全て報告した。

1) Sebesabada：バトゥの副司令官としてルーシ・東欧に侵攻したスベデイ Subedei，または
ジェベとスベデイ。ここのアジアがペルシャのことであれば，オゴデイが派遣した将軍はチ
ョルマグン，1230 年ペルシャを征服し 1241 年まで統治した。　2) Alexandestre：〈いや果
ての／塞外のアレクサンドリア〉（L *Alexandreta*）。　3) Ivanus：ジョルジャ（グルジア）
女王ルスダンの元帥アタベク・イワネー，1236 年チョルマグンに敗れた。　4) ルーム・セ
ルジュークのスルタン・カイクバード 1 世。

10　〈カン・ホクトタは支配を広げるためいかに三人の子を世界の　三つの部分に送ったか〉

アジアの地の状態と様子を聞いて，オクタ・カンは自分に対抗できる君主は
いないとみた。そこで彼は三人の息子を呼び，それぞれ莫大な金と多数の兵を授
け，アジアの地に入って諸地・諸王国を征服するよう命じた。息子のジョチには，
東へ[1]向かいピソン川まで行くよう命じた。〈しかし，大アジアへは自分が入ろ
うと考えていたから，それ以上行ってはならぬと命じた〉。バトォなる第二子に
は北への道を取るよう命じた。カガダイ［チャガダイ］なる末子には，南に馬を
駆るよう命じた。かく二人の子を分け，彼らを諸地・諸地方の征服に遣った[2]。
その後，オクタ・カンは自軍を周辺の地に展開し，軍の将の一人はカタイ王国
［金］，もう一人はタルス王国［ウイグル］[3]まで占領した。これら〈の地〉でタル
タル人は文字を習得した。それ以前は彼らは文字を何一つ持っていなかったから
である。それらの地の住民は全て偶像崇拝者だったから，タルタル人も偶像を崇

拝し始めた。しかし彼らは常に，不死なる神が他のどれよりも偉大だと打ち明けていた。

1) D 以下の写本では「西へ」（同 Ch. 13）。　　2）初期の系譜や史実は大きく混乱しているが，ジョチとチャガタイはそれぞれチンギスの長子と第 2 子，オゴデイは第 3 子，バトゥはジョチの第 2 子。　　3）第一巻 Ch. 2, n. 1 参照。

11　オクトタ・カンの子バイトォはいかにトゥルクにやって来たか

次いでオクトタ・カンは，バイトォ［バイジュ］なる将軍に 3 万のタルタル人を与えたが，彼らはカマキと呼ばれ，征服者という意味である[1]。そして，上述の 1 万のタルタル人が通ったのと同じ道を行き，トゥルク王国に至るまでどこにも止まってはならぬと命じた。また，トゥルクのスルタンと戦うことができるかどうか試み，もし彼の力が余りにも大きいとみれば戦わずしてそこに留まり，自分の息子たちの内一番近くにいる者に援軍を送るよう知らせ，しかる後さらに激しく戦端を開くべきことを命じた。バイトォは 3 万のタルタル人を率いてわずか 6 日でトゥルク王国に至ったが，かの 1 万のタルタル人を駆逐したスルタンは死亡し，グィアタディン［ギャース・ウッディーン・カイホスロウ 2 世］なるその子が跡を継いで君主となっていることを知った。このスルタンはタルタル人の到来をひどく恐れ，蛮族であれラテン人であれ，集めることのできたあらゆる言語の者たちを雇った。そこに参じた者の中に二人の［ラテン人］武将がいた[2]。一人はジャン・ド・ラ・リムニアテといいキプロス島出身，もう一人はボニファス・ド・モランといってヴェニス市生まれの者だった。

1) バイジュは摂政トレゲネによって 1242 年チョルマグンの後任として派遣されたもので，1256 年フラグの到着までペルシャを支配した。カマキ Camachi（MS D・E・I *Tamachi* タマチ）は，村上正二訳によれば，俗にカラウナスと呼ばれる狂暴な兵士の集団（「モンゴル秘史」：III, 293-5）。カラウナスについてはマルコ・ポーロ Ch. 36 に詳しい。　　2）L・I「2 千人のラテン人がいた」。

12　〈ホクトタ・カンの死とその子ギオット［グユク］・カンの即位について〉

　トゥルクのスルタンは，あらゆる所から軍を集め，来たってコサダク［キョセ・ダグ］なる地でタルタル人と合戦した。戦いは激しく，双方ともに極めて多数が死んだが，最後にタルタル人が勝利し，トゥルクの地に侵入してこれを征服した。時に我らが主の1244年［1243年］のことであった。その後しばらくしてタルタル人の皇帝オクトタ・カンは死去し，グイオ［グユク］・カンなるその息子が君主となった。このグイオ・カンもほどなく世を去り，そのあと従兄弟の一人が皇帝となった。彼はマンゴ［モンケ］・カンといい，極めて勇敢にして賢明で，多くの地と支配を獲得した[1]。最後に，偉大な心の持ち主らしく海からカタイ王国に侵略したのだが，さる島を攻めてそれを海から奪おうとしていた時，とても機略に富んでいた同地の人々は泳ぎ手を送り，彼らはマンゴ・カンの〈乗って〉いた船の下に潜って長く水中に留まり，船の多くの箇所に穴を開けた。船は浸水したが，マンゴ・カンは船が水で一杯になって沈むまでそれに気づかず，とうとうこのタルタル人皇帝は溺れてしまった[2]。兵たちは帰って，その兄弟コビラ［クビライ］・カンを君主とした。彼は42年間タルタル人の統治権を有したが，キリスト教徒で，イォング[3]というローマよりも大きい市を建設した。その市に，タルタル人の第6代皇帝コビラ・カンは生涯の終わりまで住んだ[4]。

　さて，マンゴ・カンについて語るのはこれくらいにし，オクトタ・カンの息子たち，ハローン［フラグ］とその後継者や彼らの事蹟についての話に戻ることとしよう［図9］。

---

1) モンケはチンギスの末子トゥルイの長子。　　2) これは，クビライによる南宋征服とジパング遠征（とその敗北）のことを混淆したもので，マルコの書からも取られた可能性が高い。　　3) イォング Jong（写本 D 以下 Joing）は金の旧都中都 Djoung (-dou) より。クビライが建てたのはカンバリク（大都 Da-dou）。　　4) マルコの書でも，クビライは「第6代」皇帝でその統治は「42年」(Ch. 77)，ただしキリスト教徒ではない。

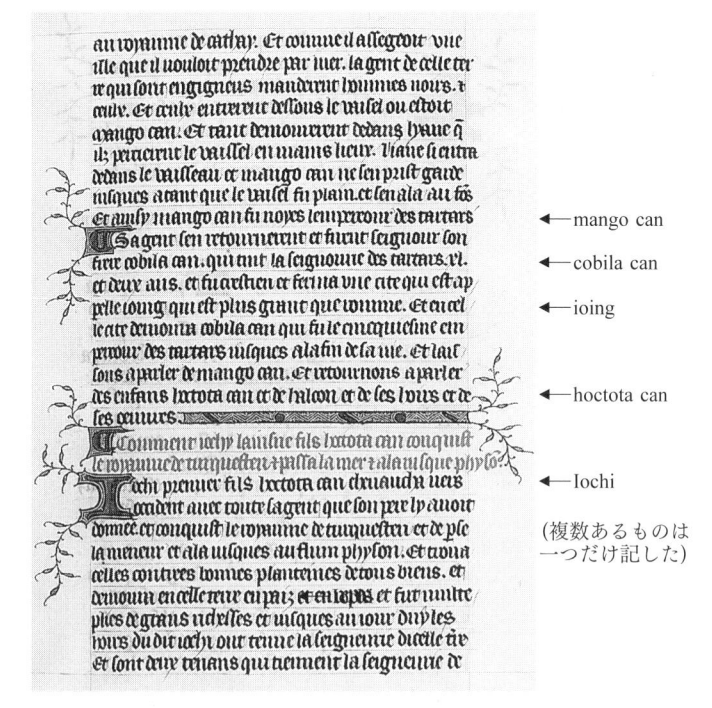

図9　BnF fr. 12201, f. 24r, Ch.12〜13 のページ

13　オクトタ・カンの長子イォキ［ジョチ］はいかにトゥルキスタン王国を征服し，小アジア[1]を通りピソン川にまで至ったか

オクトタ・カン［チンギス］の長子イォキは，父が授けた者皆とともに西に馬を進め，トゥルキスタン王国そして小ペルシャと征服し，ピソン川にまで至った。彼は，その地方があらゆる財に豊かな良き地であるのを見，その地で平穏無事に暮らし，富を何倍にも増し，かくて今に至るまでこのイォキの後継者がその地の支配を手にしている。目下この国の支配を手にしているのは二人で，〈一人は〉カペット［チャパル］，もう一人はドハイ［ドワ］といい，兄弟で，仲良く平和に暮らしている[2]。

1) 下の本文では「小ペルシャ」。小ペルシャは，ハイトンではピソン川（アム・ダリア）の

北つまりトランス・オクシアナ。　　2）チャパルはオゴデイの孫カイドゥの子，ドワはチャ
ガタイの孫バラクの子。

14　オクタタ・カンの第二子バトォについて

　オクタタ・カン［ジョチ］の第二子バトォは，父から授かった者たちとともに
北に馬を進め，コマン王国にまで来たった。コマン王は，その地をよく守らんと
軍を集めてタルタル人と戦ったが，最後にコマン人が敗れ，ウンガリア王国に逃
げた。そのため，ウンガリア王国には今日なお多数のコマン人が住んでいる。バ
トォは，コマン人をその王国から追い出した後，ロシア王国に侵入してこれを奪
い，ガゼレ［ガザリア／クリミア］の地とブグリア［ブルガリア］王国を征服した。
次いでウンガリア王国に馬を進め，そこでいくらかのコマン人を見かけ，これを
捕えた。タルタル人はさらにアラマーニュ［ドイツ］の方に向かい，オーストリ
ア公国を流れる川［サホ川］の岸にまで来たった。タルタル人はそこに架かる橋
を渡らんとしたが，オーストリア公はその橋を防衛させ，ためにタルタル人は向
こうに渡ることができなかった。橋を渡ることができないのを見てバトォは川に
入り，皆に泳いで渡るよう命じた。こうして彼は，自分と兵士たちを死の危険に
さらした。渡り切る前に馬は疲労のあまり力尽き，バトォと兵士の大部分は対岸
に着く前に川で溺れ死んでしまったのである。まだ水の中に入っていなかったタ
ルタル人は，主君のバトォと仲間たちが溺れたのを見て，嘆き悲しみつつロシア
とコマンの王国に戻ったのだが，その時以来タルタル人は二度とアレマーニュに
侵入することはなかった[1]。このバトォの後継者たちが目下〈コラズム王国とク
マニア王国と〉ロシア〈王国〉の支配を有しており，今の支配者はトクタイとい
ってオクタタ・カンの第二子である[2]。

　1）バトォの西征は 1236-42 年，ポーランド・ワールシュタットの戦いは 1241 年，ハンガリ
　　ー・サホ川の戦いで敗北したのは同王ベーラ 4 世の方，バトォの死は 1256 年，死因は一般
　　には病死とされる。　　2）トクタイはキプチャク・カン国第 8 代カン（1291-1312）で，バ
　　トォの孫モンケ・テムルの子。

図 10　インディアに攻め入るチャガタイの軍（BnF fr. 886, 19v）

15　〈オクトタ・カンの第二子チャカダイについて〉

オクトタ・カン［チンギス］の第三子カダガイ［チャガタイ］は，父に授かった者どもと共に南に馬を進め，小インドの地にまで来たった［図10］。そこは荒れ果てた人住まぬ地だった。そのため彼はそこを通ることができず，多数の兵と馬匹を失った。次いで西に転じ，最後に兄イォキの所に来たり，身に起こったことを話した。イォキは，弟とその一隊を優しく迎え，自分が獲得した土地の一部を彼らに分け与えた。その後この二人の兄弟とその後継者たちは良き平和のうち常に共にあり，目下君主の位にあるのはバラクなる者である[1]。

1）バラクはチャガタイ・カン国第 7 代カン（1266-71）で，1307 年当時であればその子ドワ（1282-1307）。

16　アルメニア王ハイトン殿下について，その要求に対しタルタル人の王は七つのことをいかに快く受け容れ聞き届け，彼自身と一家皆がいかにキリスト教徒となったか

我らが主の 1253 年，懐かしき故アルメニア王ハイトン殿下［ヘトゥム 1 世］は，

タルタル人がトゥルク王国に至るまでの全ての王国と地方を征服したのを見て，タルタル人君主の下に赴きその恩顧と友情を得ることを衆議した。諸侯の意見によりアルメニア王は，まず自分の弟である同国元帥シンバタット［センパド］殿を先に遣った。同元帥はタルタル人の君主マンゴ・カンの下に至り，高価な贈り物を献じた。彼は極めて丁重に迎えられ，アルメニア王が遣わした用件を全てよく果たした。彼は，アルメニアに帰国するまで実に〈そこに〉4年滞在した[1]。

　同元帥が戻って兄王に自分がしたこと見たことを話すと，王は直ちに準備を整え，見つからぬよう密かにトゥルクを抜けて行き，トゥルクのスルタンを敗ったタルタル人武将［バイジュ］と出会った。王はそのタルタル人の侯に身分を明かし，皇帝の下に赴くところであることを告げた。するとその武将は彼に案内を付け，鉄門まで同行させた。次いで別の案内を得，エルメレック［アルマリク］市まで伴われた。そこにタルタル人皇帝マンゴ・カンが滞在しており，アルメニア王の到来を大いに嘉し，大変な名誉をもって歓迎し，有り難くも大変な贈り物と恩顧を彼に賜った［図11][2]。〈というのも，タルタル人がベルジャン山を越えて以来，高位の君侯で彼らの下に来たった者はまだ一人もいなかったからである。そのため皇帝は彼を極めて快くまた丁重に迎えたのだった。それで，自分の宮廷の最高位の多数の貴顕に，彼を敬意をもってもてなすよう命じた。そして皇帝は，今なお語り伝えられるごとき多大の恩顧と名誉……[3]〉。

　数日滞在した後アルメニア王は，タルタル人皇帝に七つのことを願い求めた。まず第一に，皇帝と人々全てがキリスト教徒となり，洗礼を受けることを願った。次に，タルタル人とキリスト教徒の間に永遠の平和と愛が固められることを願った。次に，タルタル人がすでに征服したおよびこれから獲得するであろう全ての地において，キリスト教の教会・司祭・僧侶ならびに聖職者が全ての隷属から解放され自由となることを求めた。次に，サラセン人の手から聖地を解放しキリスト教徒の手に取り戻すため，マンゴ・カンから援助と助言を賜ることを求めた。次に，トゥルクにいるタルタル人に，バルダック市と，マホメットの偽りの律法の頭であり教師であるカリフを滅ぼしに行くべしとの命令を下し給うことを求めた。次に，必要の際には，アルメニア王国の一番近くにいるタルタル人から支援が得られるという特権と命令を求めた。第七の要求は，もとアルメニア王のものであったがサラセン人が奪い取り，後にタルタル人の手に渡ったあるいは彼らが売り渡した地は，すべからく無償かつ無条件に彼に返還すること，であった。ま

図 11　モンケ・カアン（左）とアルメニア王ヘトゥムの会見（BnF fr. 886, f. 20r）

た今後アルメニア王がサラセン人から征服する地は全て，タルタル人の反対を受けることなく平和かつ無事にこれを領有し維持できること，であった。

1）センパドは 1247 年カラコルムでグユクに迎えられ，50 年まで滞在。彼の携えた手紙のフランス語テキストは，Yule & Cordier, *Cathay and the Way Thither*, vol. I, pp. 262-3.　2）ヘトゥム 1 世は 1254 年キリキアの首都シスからまずカルスのバイジュ，次いでヴォルガ河畔のバトゥの下に赴き，最後にカラコルム（アルマリクではない）のモンケの宮廷に至った。帰国は翌 1255 年 7 月：cf. John Andrew Boyle, 'The Journey of Het'um I, King of Little Armenia, to the Court of the Great Kahn Mongke', *Central Asiatic Journal*, vol. IX, 1964, no. 3, pp. 175-89. 3）L「多大の恩顧と名誉を授けた」。

17　〈マンゴ・カンはいかにアルメニア王に対しその要求を全て聞き届けたか〉

アルメニア王のこれらの要求を聞いて，マンゴ・カンは〈宮廷を集め，王を御前に召し〉，諸侯と全宮廷を前にして答えて言った，「アルメニア王はかくも遠方の地より自らの善き意志でもって我らが帝国に来たるにより，その願いは全て聞き届けるにふさわしい。そなたアルメニア王に言おう，皇帝たる余がまず洗礼を受け，キリストの教えを信じ，しこうして我らが宮廷の者皆に洗礼を受けさせ，今日キリスト教徒が有する信仰を全て持たせると。他の者にも同様になすよう勧めるが，強制することはいたさぬ，信仰は強制されるものではなき故。第二の要

求に対しては，キリスト教徒とタルタル人の間に平和と永遠の友情のあることを
望むと答えよう。しかしキリスト教徒もまた，我らが彼らにそうするごとく，我
らに対し良き平和と忠実な友情を抱くことを保証されんことを望む。次に，キリ
スト教の教会と聖職者たちはすべからく，聖俗問わずいかなる身分であれ，全て
の隷属から自由で解放され，身体並びに財産において保護され，迫害なく救われ
ることを望もう。聖地のことについては，余自ら喜んでイエス・クリストの礼拝
に参りたいと言おう。しかしながら，余はこの地にあってなすべき多くのことを
抱えておる故，我が兄弟ハローン［フラグ］に，そこに参ってこの任務を果たし，
聖地をサラセン人の手より解放してキリスト教徒に返すよう命じるであろう。ま
た，バトォとトゥルクにいるタルタル人その他その地域にいる者に対して，我が
兄弟ハローンに従うべしとの命令を送ろう。彼はバウダック市を奪い，カリフを
我らが死すべき敵として葬りに行くであろう。タルタル人の支援を得ることにま
つわってアルメニア王が求めた特権については，全て彼の望み通り書き留められ
んことを，そして余はそれを承認するであろう。また，返還されることをアルメ
ニア王が願った土地については，余はこれを喜んで聞き届け，我が兄弟ハローン
に，その支配下にあった全ての地を彼に返すよう命じ，さらにまた彼がサラセン
人から征服する全ての地をアルメニア王に授けるであろう。また特別の恩顧につ
いては，余は〈その〉地にある城を彼に授けるであろう」[1]。

1) ヘトゥム王に同行した書記官ギラゴス・ガンジャケチの報告記には，「カアンは，何ぴと
といえども彼とその領土に危害を加えてはならぬことを記した捺印の書面を賜った。また，
全ての地の教会に対する免税の書状を授けた」，とあるだけ：cf. Boyle, *op. cit.*, p 181 ; 愛宕松
男「訳注ギラゴス『アルメニア史』」p. 470.

18　〈タルタル人の皇帝マンゴ・カンは，そのために彼の許に赴い
たアルメニア王の求めに応じていかに自分自身と人々全てに洗
礼を受けさせたか〉

マンゴ・カンは，アルメニア王の願いを聞き容れるや直ちに，アルメニア王国
の大法官であった司祭から洗礼を受け［図12］，また宮廷の者たちにもこれを受
けさせ，その他にも多数の男女が洗礼された[1]。次いで，兄弟ハローンに仕える

図 12　洗礼を受けるモンケ・カアン（BnF fr. 886, f. 20v）

兵士たちを定めた。かくてハローンとアルメニア王は大軍を率いて馬を駆り[2]，ピソン川にまで来たった。そして六か月とたたぬ内にハローンはペルシャ王国全土を占領し，アッサシンたちの住む所までの全ての地域と土地を奪った。アッサシンとは，山の老人と呼ばれるその君主が信じろと教えること以外には，宗教も信仰も何もない者たちである。その君主には全て服従し，その命令によって自ら死に赴くほどである。このアッサシンの地には，あらゆる物の豊富に備わったティダゴと呼ばれる難攻不落の城塞があった。ハローンはタルタル人の一武将に，この城を攻めそれを陥とすまで攻囲の陣を解いてはならぬと命じた。かくてタルタル人はその攻囲に 27 年費やした。最後にアッサシンは，他ならぬ衣服の欠乏という理由で城を明け渡した[3]。ハローンがこの城を奪おうとしていた頃，王はハローンの下を辞し，神のご加護により 3 年半振りにつつがなく無事アルメニアに戻ったのであった。

1）こうした事実はない。　2）ヘトゥムがフラグの西征に同行して帰国したとは伝えられない。　3）I「7 年間」。フラグの武将キトブカによるアッサッシン城攻撃は 1256-57 年。最強の砦の一つはその後十数年もったとも伝えられる。

19 ハロオンはいかにバルダック市を奪いカリフを飢え死にさせたか

　ハロオンは，ペルシャ王国防衛の措置を取って後，ソルラックなる快適な地方に行き，そこで一夏をゆっくり休んで過ごした[1]。涼しくなると進軍し，バルダック市と，マホメットの法の頭にして師であったカリフを攻囲した。ハロオンは，陣を敷いてバルダックをあらゆる所から攻めさせ，これを力で奪った［図13］。タルタル人は，出会った男も女もことごとく刃に掛けた。カリフは生きたままハロオンの前に引き立てられ，またバルダック市には莫大な財宝が発見され，それは見て驚くべきものだった。〈[市は] 我らが主御托身の1258年に陥落した。〉

　そこでハロオンは，カリフを御前に連れて来るよう命じ，また莫大な財宝を〈自分の前に〉運ばせた。そしてカリフに言った，「かくも莫大な財宝を持っていたことを汝，知っておるか」。彼は答えた，「いかにも」。で，ハロオンは彼に言った，「ならば汝，何故それで大軍を作り，この地を我らの力から守ろうとせなんだ」。するとカリフは，この地を守るには老女たちだけで十分だと思ったからだと答えた。そこではハロオンはバルダックのカリフに言った，「汝，マホメットの法の頭にして師であるにより，〈その生涯にかくも愛した〉この財宝を喰らわせてやろう」。〈そしてハロオンはカリフを一室に閉じ込め，その前に財宝を置き〉，欲しいなら食うがよい〈と命じた〉。哀れカリフはこのようにして生涯を終え，爾来バルダックにはカリフはいなくな

図13　バグダードを攻めるフラグ軍（BnF fr. 886, f. 21v）

った[2]）。

　こうしてバルダック市とカリフをその周辺の地も合わせて全て奪うと，ハロオンはその支配を分割し，それぞれに自分の気に入るよう代官と長官を置いた。彼はキリスト教徒を大いに敬わせ，サラセン人は厳しい隷従の下に置いた。ハロオンにはドコス・カトンという妻があったが，彼女は善きキリスト教徒で，我らが主の生誕を祝いに来た三王の子孫であった。この夫人は，キリスト教教会を全て再建させた一方，サラセン人の寺院を打ち倒させ，彼らを隷従の下に置いたので，彼らはもはや姿を現そうとしなかった[3]）。

　1）フラグが前年の夏過ごしたのはハマダーン，征服後の夏営地と知られるのはアラタク（ヴァン湖北）。　　2）バグダード攻略は 1258 年 1 月 22 日-2 月 10 日，当時はアッバース朝第 37 代カリフ・ムスタアスィム（1242-58）。その最期にまつわってキリスト教系著者に繰り返される物語。ポーロ（Ch. 25），リコルドゥス（Ch. 5），ヴィッラーニ（Lib. VI, Ch. 59）等にみられる。ドーソン（IV, 246-8）に諸種の紹介がある。ムスリム系作家では，絨毯に巻かれ馬蹄に掛けて殺されたとされる。　　3）フラグの正妃ドクズ・カトンは，ケレイト部族第 2 代王トグリル（ワン・カン）の弟ジャア・ガンボの娘。熱心なネストリウス教徒で，キリスト教徒を手厚く保護したことが知られる。

20　ハロオンはいかにダマスとハラプ［アレッポ］の市を奪い聖地をエジプト王国の砂漠に至るまで征服したか

　ハロオンは，兵とともにロハイス［エデッサ］市で一年休養した後，聖地を回復しそれをキリスト教徒に返しに行こうと考えて，アルメニア王に自分の許にやって来るよう伝えた。懐かしき故ハイトン王は，この伝言に大いに喜び，勇敢な騎兵と歩兵からなる大軍を集めた。アルメニア王国は当時とても良好な状態にあり，騎兵 1 万 2 千，歩兵 1 万 5 千も集めることができた。その時〈私はそれをこの目で見た〉。アルメニア王は，到着するとすぐハロオンと会談し，聖地のことについて助言を与えた。王はハロオン〈に〉言った，「陛下，シリア王国の支配はハラプのスルタンが握っております。聖地を取り戻そうと思えば，まずシリア王国の首都ハラプを攻めるのが最良かと存じます。ハラプ市を奪うことができれば，その他の地はすぐにも占領されましょうから」。アルメニア王のこの助言は大いにハロオンの気に召し，そこで彼はその市を攻囲させた。同市はとても堅固

でしっかりと城壁に囲まれていたが，タルタル人は地下に掘った坑道や他の機械〈や〉力でもって 9 日で陥落させた。市の中心にあった城はしかし，市が陥ちてからさらに 11 日もった。タルタル人はハラプ市内に莫大な富を発見した。こうしてハラプ市，次いでシリア全土が奪われたのだが，時に我らが主の 1260 年のことであった[1]。

　当時ダマス［ダマスカス］にいた〈メレク・ナセルという名の〉ハラプのスルタンは，ハラプ市と妻子が奪われたと聞くや，ハロオンに慈悲を乞いに来て〈その足元に身を投げ出し，妻子と領土の一部を返してくれることを期待して憐れみを乞うこと〉以外，いかなる忠告にも耳を貸そうとしなかった。〈しかし彼はその考えを裏切られた。というのも〉ハロオンは，安全を期してスルタンとその子供たちをペルシャ王国に護送してしまったからである[2]。その後，ハロオンは彼の巨大な富を家来たちの間で分配した。アルメニア王にはその大きな部分を分け与え，また獲得した土地と城のいくつか，とりわけアルメニアの地の最も近くにあるものを授け，王はそれらの城を兵に守らせた。次いでハロオンは，アルメニア王の娘婿であったアンティオキア君主を召し，非常な名誉と恩顧を授け，サラセン人から奪い取ったその君主国領を全て彼に返還させた[3]。

1）アレッポの陥落は 1260 年 1 月 24 日。　2）キトブカによるダマスクス陥落は 1260 年 4 月 8 日，その時のダマスクスとアレッポのスルタンはサラディンの後裔アイユーブ朝ナーシル・ユースフ（1250-60）。彼はアレッポ陥落後エジプトに向けて逃走中ガザで捕えられ，タブリーズに護送されて殺された。　3）アンティオキア君主ボエモン 6 世の妻はヘトゥム 1 世の娘シビル（シリル）（1254 年結婚）。彼はシリアでモンゴルの宗主権を認めた唯一のラテン君主であり，同王と共にこの攻撃に加わった。

21　〈同上について〉

　ハロオンが，ハラプとダマスの市ならびにサラセン人から征したその他周辺の地の防備のため必要な措置を講じた後，聖地を解放してキリスト教徒に返すべく，エルサレム王国に入らんとしていたところへ使者が到来し，兄弟のマンゴ・カンがこの世をみまかったこと，そして諸侯が彼に皇帝になってほしいと求めていることを伝えた[1]。

1）モンケの死は 1259 年 8 月 11 日，後継をめぐってクビライと末弟アリク・ブカが争い，フラグは前者を支持した。

22　マンゴ・カンの死後コビラ［クビライ］はいかにタルタル人の皇帝となったか

　この知らせを聞いて，ハロオンは兄の死を深く悼んだ。そして家臣の勧めにより，ギボカ［キトブカ］¹⁾なる一人の侯を 1 万のタルタル人とともにシリア王国の守りに残し，またキリスト教徒のものだった地は全て返すよう命じた。しかる後，アバカなる息子をトゥーリス［タブリーズ］に残して，東へ踵を巡らせた。そこを発って，ハロオンは 6 日でペルシャ王国に来たった。とそこへ，兄弟のコビラが皇帝になったとの知らせが届いた［1260］。

　1）Guiboga（L 同）：キトブカ Kitoubogha，フラグの留守部隊を任された将軍。

23　〈同上について〉

　この知らせを聞くや，ハロオンはもはや前進しようとはせず，家族一同と息子を残していたトゥーリスに戻った。ハロオンがトゥーリスに滞在していたとき，アウストリアの川で溺れ死んだバトォ¹⁾の支配権を当時継承していたバルカ［ベルケ］がアルコン［アルグン］の地に侵入して来たとの知らせが伝えられた。そこでハロオンは軍を結集し，敵に向かって行った。凍った川の上でのハロオンの兵とバルカの兵との戦いは激しかった。馬匹と人間の巨大な重みで氷が割れ，双方合わせて 3 万以上のタルタル人が溺れ死んだ。こうして，もはやなすすべもなくそれぞれ仲間を失ったことを深く悼み嘆きつつ，双方とも撤退した。²⁾

　1）Cf. Ch. 14, n. 1.　　2）イスラムに改宗したキプチャク・カン国ベルケの将軍ノガイは，1262 年末デルベンドを越えてペルシャに侵入し，テレク川の戦いで勝利して引き揚げた。再度の侵入は 1266 年春で，ベルケ（1257-66）の死はその時。

24　〈兄弟を殺されたことでギボガはいかにキリスト教徒を襲撃したか〉

　ハロオンが1万のタルタル人とともにシリア王国とバレスティナ地方に残したギボガは，同地を平穏無事に保持していた。彼はキリスト教徒を大いに愛し敬っていた，ベツレヘムに我らが主の誕生を祝いに来たった東方三王の子孫だったからである。ギボガが聖地の奪回に努めていたとき，悪魔が彼とサイエテ［シドン］の地方にいたキリスト教徒との間に大きな不和の種を蒔いてしまった。というのは，サイエテの支配下にあったベルフォールの地にはサラセン人の住む町がいくつかあって，タルタル人に貢納していたのだが，サイエテとベルフォールの連中が集まってその町を急襲して略奪し，そこのサラセン人を一部は殺し一部は連れ去って獄に投じるということが起こったのである。ギボガの甥の一人がその地域に住んでいて，数人の家来とともに馬に乗ってこれらキリスト教徒の後から付いて行き，彼らがやったことを非難し，持っていた略奪品を奪おうとしたものだから，キリスト教徒の何人かが襲いかかって殺してしまった。サイエテのキリスト教徒が自分の甥を殺したと聞いて，ギボガは家来皆を引き具してサイエテに馬を駆り，見かけたキリスト教徒をことごとく刃に掛けた。しかし，サイエテの者たちは〈海上の島〉に逃れ，そのため死んだ者は僅かだった。ギボガは市に火を放たせ，市壁の一部を打ち倒させた。爾来，ギボガはシリアのキリスト教徒を信頼することは一切なく，彼らもまた彼にそうすることはなかった[1]。その後これらタルタル人は，エジプト・スルタンの力によってシリア王国から追われたのだが，これは以下に述べられるとおりである。

　1）シドンとベルフォールの領主ジュリアンによるイスラム教徒略奪（1260年）。シリアのキリスト教徒は新来のモンゴル人を快く思わず，とりわけその傲慢さ・野蛮さを嫌悪し，エジプト・マムルークとの間にあって中立の立場を取り，それが後者の勝利に結びついたと言われる。

25 〈エジプトのスルタンはいかにシリア王国をタルタル人から取り戻したか〉

　前述のごとく，バルカがハロオンに戦を仕掛けた時，エジプトのスルタンは軍を集めてパレスティナ地方のアイメロック［アイン・ジャールート］という所に来たり，タルタル人と戦った。タルタル人はスルタンの大軍に太刀打ちできずして退却し，大将ギボガは戦闘で死亡した。この敗北を逃れたタルタル人は，アルメニアに向かった。こうしてその時からシリア王国は，キリスト教徒の有する海沿いのいくつかの市を除いて，エジプト・スルタンの支配下に戻ったのだった。[1]

> 1) モンゴル軍の喫した初の敗戦として知られるアイン・ジャールートの戦いは 1260 年 6 月 3 日，時のエジプト・スルタンはマムルーク朝サイーフ・ウッディーン・クトゥズ（1259-60），戦力はキト・ブカのモンゴル軍 1 万に対してクトゥズのマムルーク軍 12 万だったと言われる。以後シリアは，アッコン陥落（1291）をもって完全にイスラムの手に落ちる。

26 〈いかにハロオン・カンが没しアルバガがカンとなったか〉

　ハロオンは，エジプトのスルタンがシリア王国に侵入して自分の兵を追放したと聞いて軍を集め，アルメニア王，ジョルジャ王，その他シリア諸地のキリスト教徒に対し，自分と共にエジプトのスルタンに向かって進撃する用意を整えるよう伝えた[1]。ところが，シリア王国に向かう用意がすっかり整ったそのあと，重病が彼を襲い，15 日間患った後死去し，こうして聖地［奪回］の事業はハロオンの死によって頓座してしまった。[2]

　その後息子のアバガがハロオンの支配を継いだ［図 14］。アバガは，叔父の皇帝コビラ・カンがその統治権を承認してくれることを望んだ。叔父のコビラ・カンは，ハロオンのもうけた子供のうちアバガが最も優秀で聡明であることを知っていたので，大いに喜んでそうした。こうして彼は，アバガ・カンと呼ばれることになった。彼がその統治権を〈有し〉始めたのは，我らが主の 1264 年のことだった。

図 14　フラグの死と次の王その子アバガ（BnF fr. 886, f. 24v）

1）1260 年ローマ教皇アレクサンデル 4 世（1254-61）がフラグに宛てた書簡のあることが知られ，その中で教皇は，フラグがシリアのサラセン諸国征服に取り掛かるなら，キリスト教徒はそれを強力に支援する用意のあることを告げている（D'Ohsson：III, 410-2, 佐口訳：IV, 398-9）。　2）フラグの死はこの時ではなく 5 年後の 1265 年 2 月 8 日，アバガの即位は 1265 年 6 月 19 日。

27　〈父の死後君主となったハローンの息子アルバガについて〉

　アバガは，きわめて勇敢にして聡明でその支配を賢明に行い，次のことを除く全てにおいてしごく順調だった。一つは，父ハロオンのごとくキリスト教徒になろうとせず偶像崇拝者であったこと[1]，もう一つは，生涯絶えず近隣諸国と戦争状態にあり，そのためエジプトのスルタンを攻略することのできなかったことである。そのためエジプト王国は長期にわたって平和が続き，タルタル人の下から逃れることのできたサラセン人は皆エジプトに逃げ，エジプトの力は大きく増した。

　エジプト・スルタンは，さらに巧妙な手を一つ打った。すなわち，コマンとロシアにいるタルタル人のもとに海路使者を送り，彼らと協力と友好を交わし，もしアバガがエジプトの地に入ろうとしたなら，彼らがその領土に侵略し戦を起こすことを決めたのである。この協定によって，エジプト・スルタンは安心してシリアのキリスト教徒の地を侵略することができ，そのため，聖地征服の書に詳し

く述べられてあるごとく，キリスト教徒はアンティオキア市他いくつもの地を失うこととなったのである。[2]

1) フラグはキリスト教徒ではなかったが，アバガの妻はビザンティン皇帝ミカエル8世パレオロゴスの庶出の娘マリーア（デスピナ・カトン）で，キリスト教徒を保護した。
2) クトゥズを殺して位を奪ったスルタン，ルクン・ウッディーン・バイバルス・アル・ブンドゥクダル（1260-77）は，キプチャク・カン国のベルケと結んでイル・カン国を挟撃した。バイバルスからの派遣は1262年11月-1264年9月で地中海・黒海・スダク経由，ベルケからの派遣は1263年と65年。バイバルスによるアンティオキア征服は1268年5月。「聖地征服の書」については，cf. *Continuation de Guillaume Tyr*。

28　エジプトのスルタンはいかにアルメニア軍を敗ったか

　エジプトのスルタン・ベンドグダル［バイバルス］は，非常に勇敢で強力だった。で，彼は軍をアルメニアの地に派遣した。王はタルタル人のところにいたが，その二人の息子は，当時非常に強力だったアルメニア軍を集めて敵に立ち向かい，彼らと戦った。闘いは激しかったが最後にキリスト教徒が敗北し，王の二人の息子のうち一人は生きて補らえられ，もう一人は戦に没した[1]。サラセン人はこの地に入り，アルメニア平野をほぼすっかり破壊・略奪した。これによりキリスト教徒の力は大きく弱まり，サラセン人の力は大いに増した。

　アルメニア王は，息子たちと自国の知らせを聞いて悲嘆にくれ，いかにすれば敵を懲らしめることができようかと考えた。そこで彼は，アバガや他のタルタル人のもとに赴き，キリスト教徒の支援に来てくれるよう乞い願った。アルメニア王は大いに努力した〈が，アバガは近隣諸国と交戦中で，これに応えようとしなかった[2]。王は〉すぐにはタルタル人の援助を得られぬのを見て，エジプトのスルタンに使者を送り，捕虜となっている息子を取り戻そうと，彼と休戦協定を結んだ。スルタンは，タルタル人の捕虜になっているセンゴラスカル［スークォル・アッカール］という自分の仲間を返させ，また王が保有しているハラプの地の城を返還するなら，王に息子を返すとの約束を王と交わした。そこでアルメニア王は諸方を奔走し，タルタル人がスルタンの仲間の上述センゴラスカルを王に渡しそれを王がスルタンに返すこと，堅固なタルペサク［ダルベサック］城をスルタンに返還すること，他にさらに二つの城をスルタンの要請に従って打ち壊さ

図15　アルメニア王ハイトン1世の死（BnF fr. 886, f. 28r）

せることとなった[3]。

　このようにしてアルメニア王は，リヴォン［レオン］侯をサラセン人の獄から
解放させるようにしたのだった。その生涯においてキリスト教徒に大きな貢献を
なした懐かしき故ハイトン王は，その後，上述の子息リヴォンにその王国と統治
を譲り，この世の栄華を捨てて僧衣をまとい，アルメニアの習わしにのっとって
改名してマカイレスと名乗った。修道士ハイトン王は，その後間もなく我らが主
の1270年にみまかった［図15］。[4]

> 1）エジプト・マムルークのアルメニア侵入は1266年8月，ヘトゥム1世の長男レオンが捕
> 虜となり，次男トロスが戦没した。　2）ホラサン地方に侵入したチャガタイ・カン国バラ
> クとのアバガの戦いは1270年。　3）センゴラスカルとは，スルタンの旧友でペルシャに
> 連行されていた将軍シャムス・ウッディーン・ソンコル・アル・アシュカル。ヘトゥムが返
> 還した城塞は，ビヘスナ，グルバサーク，マルバザーン，ラーヒン・アル・ループ，シー
> フ・アル・ハディード。休戦協定は1267年6月で，10年間。　4）ヘトゥム1世
> （1225-69）からレオン3世（1269-89）への譲位は1269年，死は翌70年。

29　アルメニア王リヴォン王について

　ハイトン王の子息リヴォン侯は聡明にして勇敢，その王国を賢明に統べ治め，
国民からとても愛され，タルタル人は彼に大きな敬意を捧げた。リヴォン王は，
タルタル人を通じてサラセン人を打倒することに大いに心を砕いた。使者を通し
てしきりとアバガに，聖地奪回に来たり，エジプトの力をくじくよう説いた。

その頃，エジプトのスルタンが軍を率いてトゥルク王国に来たり，そこにいた
タルタル人を殺し狩り立て，多くの地と市を奪った。それというのも，アバガが
トゥルクの総大将に任命したパルヴァナなる裏切り者が，寝返ってスルタンに服
し，トゥルクからタルタル人を放逐せんと謀ったためである。この知らせを聞く
やアバガは，軍をまとめて馬を飛ばし，40 日かかるところを 15 日でトゥルクに
到来した。タルタル人の到来を知って，スルタンはこれに対抗しようとせず急遽
出立したので，アバガはその後を追わせ，タルタル人はスルタンがエジプト王国
に戻る前にブラン峠というところでサラセン軍の殿に追いついて襲いかかり，2
千の騎兵を捕らえ，大きな財宝を手に入れ，その上その地域にあったゴルディン
［クルド］の家 5 千を取った。アバガには，その時期の非常な暑さと大いに働い
た馬の疲労のため，エジプトの地には入らぬほうがいいとの忠告がなされた。そ
こでアバガはトルコに戻り，謀反した市と地を討ち，また裏切り者のパルヴァナ
を捕らえ，タルタル人の流儀どおりに直ちにこれを真っ二つに引き裂かせ，自分
が口にする食事には全てそのパルヴァナの肉を入れよと命じた。アバガはそれを
食べ，皆の者〈に〉も食べるよう与えた。こうした復讐をアバガは，裏切り者パ
ルヴァナに果たしたのだった。[1]

1) バイバルスのキリキア侵入は 1275 年 3 月，1276 年 3 月。パルヴァナとは宮宰のことだが，
この場合は，当時モンゴルの陪臣国化していたルーム・セルジュークのスルタン・カイホス
ロー 3 世の宮宰ムイン・ウッディーン・スレイマン。その肉云々は当時の噂によるもの。

30　〈その征服後アバガはいかにトゥルク王国をアルメニア王に与えたか，そしてアルメニア王の辞退について〉

アバガは，謀反した全ての地を取ってトゥルク王国をすっかり意のままに処し，
アルメニア王を御前に召して，アルメニア王とその祖先がタルタル人の支配に常
に忠誠であったからと，トルコ王国を領有し保持するよう彼に差し出した。アル
メニア王は，知ってのとおり，アバガに対してかくも大きな贈り物を大いに感謝
する一方，エジプトのスルタンがアルメニア王国を圧迫せんとしきりに窺ってい
ることからして，二つの王国を統治するのは手に余ると辞退した。アルメニア王
はまたアバガに，トゥルク王国の統治をいかなるサラセン人にも与えぬよう進言

した。この進言をアバガは嘉し，サラセン人がトゥルクの地で代官の位につくことは決して望まなかった。

31 〈アバガ・カンはいかにアルメニア王に教皇と全てのキリスト教王に書簡を呈するよう命じたか〉

　その後アルメニア王はアバガに，自ら聖地をサラセン人の手から解放しに行くか兄弟を派遣すること，そしてそれをキリスト教徒に返してくれることを求めた。アバガはそれを喜んで行うと約束し，アルメニア王に，教皇ならびに他の西方のキリスト教王や君主に書簡を呈して，征服のあかつきには聖地の支援と市や土地を保有し守備するために，彼ら自らやって来るか人員を派遣するよう勧めた[1]。で，アルメニア王はそこを発って自国に戻り，教皇と西方諸王に使者を送った。一方アバガは，トゥルク王国のために必要な措置を講じた後，家族一同を残していたコラシェン［ホラサン］王国に向かった。

　恥と害を被ったベンドグダルは，エジプトに帰ったとき毒を盛られ，生きてダマス市に戻ることはならなかった。彼はとても勇敢な武人だったから，ベンドグダルの死をキリスト教徒は大いに喜び，サラセン人は大いに悲しんだ。彼の後は，メレク・サイトといったその息子がエジプトのスルタンとなった。しかしすぐ権力を奪われ，その地位には少ししかなく，エルフィなる者がスルタンとなった[2]。

1) アバガは，1274年教皇グレゴリウス10世（1271-76）に親書を携えた使節を送り，彼らは1274年の第2回リヨン公会議に参列した。また1277年には，アバガの使節と称する二人の使者が教皇ヨハンネス21世・仏王フィリップ3世・英王エドワード1世と謁見し，対イスラム同盟を提案した。これらの交渉や相互の書簡は，D'Ohsson：III, 539-49, 佐口訳：V, 121-9。　2) バイバルスの死は1277年6月30日，ダマスクスにて。死因は不明だが，毒入りの酒を飲まされたとの説もある。息子のマリク・サイードとサラーミシュが相次いで後を継いだが，1279年に将軍マンスール・サイーフ・ウッディーン・カラウーン（仇名アルフィ 1279-90）に位を追われた。

32　アバガはいかにマンゴダモルをシリアに派遣したか

馬でエジプトの地に入ることのできる季節が到来すると，アバガはまず兄弟の
マンゴダモル［モンケ・テムル］を3万のタルタル人とともに派遣し，シリア王
国を占領せよと命じ，自分はその後進軍すると言った。もしスルタンが敵対して
くればこれと激しく戦い，スルタンが戦おうとしなければその地と城を占領し，
それを解放してキリスト教徒に守護・維持させるよう命じた。マンゴダモルは兄
弟のアバガが与えた3万のタルタル人とともに進撃し，アルメニア王も多数の騎
兵を連れてこれに同行した。夏が過ぎると，マンゴダモルとアルメニア王はシリ
ア王国に入り，サラセン人の地を荒らしつつ，シリア王国の真ん中にある今はカ
メッルというハマス［ヒムス］市にまで至った。同市の前面に素晴らしい平原が
あり，スルタンが全軍と共にそこにあった。

一方のサラセン人と，他方のキリスト教徒とタルタル人が戦闘を開始した。軍
の右翼を率いていたアルメニア王はまず第一にサラセン軍の左翼に当たってこれ
を破り，ハメス市の外3リュー以上駆逐し，一方ハリナク［アリナク］なるタル
タル人の元帥はサラセン軍の右翼に当たってこれを破り，カラという市にまで彼
らを追撃して行った。ところが，戦場に留まっていたマンゴダモルは，ベドウィ
ンの一群が来るのを見た。彼は，一度も戦闘を見たことのない者のように大きな
恐怖に捕らわれ，理由もなく勝利の戦場を去り，アルメニア王と，敵を追撃して
行った自分の元帥を見捨てた。スルタンは，タルタル人が戦場から去ったのを見
て，4人の騎士[1]とともにさる丘に上った。アルメニア王は，敵を破って戻って
来たがマンゴダモルが見当たらず，大いに当惑した。彼が去って行った道をたど
って，その後を追った。元帥のハリナクは，主君のマンゴダモルを待って2日間
そこに留まったが，彼が立ち去ったことを知って，兵とともにその後を追ったが，
エウフラテス川まで来てもマンゴダモルに追いつくことはできなかった。つまり，
マンゴダモルの過ちがもとで，彼らは勝利していた戦場を捨てたのである。タル
タル人は自分たちの地に戻ったが，アルメニア王は，長い道のりと食糧の欠乏の
ため人馬ともにもはや一歩も進めぬほど疲れ果ててしまい，その兵に大きな労苦
と大損害を被った。それから彼らは，いろいろな道を通って出発した。その地方
の住民はサラセン人で，これらキリスト教徒を多数捕らえて殺害した。かくてア

ルメニア王軍の大部分が失われ，貴族たちほぼ全員が死亡した。〈マンゴダモル
の過ちゆえに〉この災難が起こったのは，我らが主の 1282 年のことであった。[2]

1）E「4 千の騎士」，I「多数の家来」。　2）戦いは 1281 年 10 月 30 日，モンケ・テムルは
戦闘中負傷し，退却を指示した。

33　〈アバガ・カンはその家族によっていかに毒を盛られたか〉

　この知らせを聞くや直ちにアバガは，急いで自分のもとに来るよう諸侯に命を
発し，エジプト領に入るべく大軍を集結させた。ところがエジプト王国から一人
のサラセン人がやって来，アバガの家族の何人かに多くのことを約束し，贈り物
を進呈して，ある日アバガとその兄弟マンゴダモルに死に至る毒を盛らせるとい
うことが起こった。彼らは 8 日しか生き延びなかった。〈これは後に，この裏切
りを行った者たち自身によって明らかにされた。〉アバガ・カンが死亡したのは，
我らが主の 1282 年のことであった。[1]

1）アバガの死は 1282 年 4 月 1 日，ハマダーンにて。モンケ・テムルの死はその 25 日後。
過度の飲酒によるためで，毒を盛られたとの説は息子のアルグンが流し，宰相の歴史家ジュ
ワイニーに向けたとされる。

34　ハロオンの息子タンゴダルについて，その兄弟アバガ・カンの
　　　死後いかに君主となったか。その民の大部分をいかにマホメッ
　　　トの法に改宗させたか

　アバガ・カンの死後諸侯が集い，タンゴダル［タクダル／テグデル］というア
バガの兄弟を君主に決めた。このタンゴダルは，他の兄弟たちより年長だった。
彼は子供の頃洗礼を受けており，ニコル［ニコラス］と呼ばれた。ところが君主
になってからは，サラセン人の家臣を周囲に集め，自らマホメット・カンと称し
た[1]。彼は，タルタル人をマホメットの偽りの法に改宗させるために全智を傾け
た。強制できぬ者には，力と贈り物で惹きつけた。こうしてこのマホメット・カ

ンの治世に，タルタル人の大多数がサラセン人の法に改宗した。この悪魔の子マ
ホメット・カンは，キリスト教会を全て破壊させ，キリストの信仰を行うことも，
口にすることもしてはならぬと命じ，キリスト教司祭と聖職者を全て追放した。
そしてマホメットの法を全土で説かせた。このマホメット・カンはエジプトのス
ルタンに使者を送り，彼と平和と友好の協定を結んだ。そして自領のキリスト教
徒を全てサラセンになるよう強制するか，さもなくば全て討ち首にするとスルタ
ンに約束した。これをサラセン人は大いに喜んだが，キリスト教徒は深く嘆き，
大きな迫害が自分たちの上に迫り来るのを見て，神の憐れみに訴える以外なすす
べも知らなかった。そのマホメット・カンは，アルメニア王とジョルジャ王その
他の東方キリスト教徒に，自分のもとにやって来るよう言ってきたので，キリス
ト教徒はひどく心配し，大きな恐怖に捕らわれた。

　キリスト教徒がこの邪悪なマホメット・カンの支配下でかくも多くの苦しみの
下にあったちょうどその時，御自分に希望を託する者を見捨て給わぬ御ん神は，
キリスト教徒に大きな慰めを送り給うた。というのは，マホメット・カンの兄弟
の一人とアルゴン［アルグン］なる名の甥が，この悪しき所業ゆえに彼に反旗を
翻し，彼がタルタル人をことごとくサラセンにしようとしていかに強制し苦しめ
ているかを，皇帝コビラ・カンに知らしめたのである。これを聞いてコビラ・カ
ンは，マホメット・カンにその悪業を止めるか，さもなくば自ら征伐に赴くとの
命令を送った。マホメット・カンはこれに大いに困り，かの兄弟を捕らえてこれ
を殺害した。さらに甥のアルゴンも捕らえようとしたが，アルゴンは山中の堅固
な城に隠れた。マホメット・カンはこの城を攻囲させた。最後にアルゴンは降伏
したが，その命と家来たちは助けられた。[2]

　1）タクダル（1282.5.6-1284）の母クトゥイ・カトゥンはネストリウス教徒だったが，彼は
後にイスラムに帰依し，スルタン・アフマドを名乗った。1282 年と 1284 年にエジプトのス
ルタン・カラウーンに遣使し，協定を結ぼうとした。　　2）処刑されたのは弟のコングルタ
イ，1284 年 1 月 18 日。この二人の争いは，アルゴンとアクマットの戦いとしてポーロにも
詳しい（Ch. 203-213）。アルグンが立てこもったのはトゥーリス市近郊のカラート・クー要
塞，捕らえられたのは 1284 年 6 月 29 日。

35 〈同上について〉

　この甥を掌中に捕らえると，マホメット・カンはそれを元帥の一人に委ねて見張らせた。その後，マホメット・カンは家来たちに後からゆっくり来るよう命じ，妻を残していたトゥーリスの方に向かった。そしてかの元帥に密かに甥のアルゴンを殺し，その首をトゥーリスに持って来いと命じた。がそこに，アルゴンの父が育て多くの恩恵を施した一人の力ある男がいた。この者はアルゴンを大いに憐れんだ。それで家来を引き連れ，夜に来たって，かの元帥とその供の者を殺し，アルゴンを死と獄から解放した。そしてアルゴンを頭に戴き，皆が彼に服従と忠誠を誓うようにさせた。それがなされると，アルゴンは急いで馬を駆り，マホメット・カンに追いつき，トゥーリスに着く前に彼を捕らえ，直ちに真っ二つにし，こうしてかの悪しき犬マホメット・カンは，このようにしてその支配の2年目にして生涯を終えたのであった。[1]

　1）監視の役目を負わされたアリナクを殺害してアルダンを救ったのは将軍ブカ。タクダルの死は1284年8月10日。

36 タルタル人の君主となったアバガ・カンの息子アルゴンについて，その生涯になしたことについて

　我らが主の1285年，かのキリスト教徒の敵マホメット・カンの死後，アルゴンがタルタル人の君主となった。〈しかし彼は，タルタル人の大皇帝の命を受けるまで，……しようとしなかった〉[1]。大皇帝はその統治権を承認し，彼がカンと称することを嘉し，これにより，アルゴンはその前任者たちより高く敬われた。このアルゴンはとても立派で，見目もよく，体のたくましい男だった。またその統治を賢明に行なった。アルゴンは，キリスト教徒をとても愛し尊敬し，マホメット・カンが打ち壊した教会を再建させた[2]。それでアルメニア王・ジョルジャ王その他東方のキリスト教徒は，彼のもとに来たり，サラセン人の手から聖地を取り戻すため支援を賜りたいとアルゴンに請うた。アルゴンはこの願いを大いに

嘉し，聖地を解放するため支援することを約束した[3]。そこでアルゴンは，安心してスルタンの力に立ち向かえるよう，近隣諸国と和平を結ぼうとした。これを計画している最中アルゴンは，神の思し召しとて，その治世の4年目に死去した[4]。その後，カガトン［ガイハトゥ］という名の兄弟が君主となった。このカガトンは，以下に述べるごとく，カンギス・カンが君主となって以来かつて存在した最も無能な君主であった。

1）I「コビラ・カンに対する敬意ゆえ，自らカンと称しない」（p. 338）。　2）アルグンの妃ウルク・カトンもネストリウス教徒だったと伝えられる。　3）アルグンは1285年教皇ホノリウス4世に書簡を送り，1287-88年にはネストリウス教徒バール・サウマを教皇，英・仏王のもとに派遣した：cf. バッヂ（佐伯好郎訳）『元主忽必烈が欧州に派遣したる景教僧の旅行誌』春秋社，1943年；佐口前掲書，pp. 180-203；本書VIII「モンテコルウィーノ」解説。　4）アルグンの即位は1284年8月11日，死去は1291年3月10日。

37　タルタル人の君主となった無能のカガトンについて

我らが主の1295年，アルゴンの死後その兄弟カガトンが支配を手にした。このカガトンは，律法も信仰ももっていなかった。軍事にはまったく無能で，罪悪と放蕩に身を委ね，汚れた獣のごとき生を送った。酒と飯に腹を満たす以外，支配を手にしていた6年の間何もしなかった。彼の中にあるこの悲惨な邪悪さゆえ，人々は彼を嫌悪し蔑み始めた。そしてとうとう人々自身が彼を溺れ死なせてしまった[1]。このカガトンの死後，バイドォというその従兄弟が君主となった。彼は善きキリスト教徒で，キリスト教徒に対して十分な恩恵と善行をなしたが，早くしてこの世を去った。

1）ガイハトゥの即位は1291年7月23日，侮辱されたバイドゥの謀反によるその死は1295年3月24日。乱費，放縦，財政破綻，中国式の紙幣炒（チャオ）の導入失敗などが知られる。

38　バイドォについて，いかなる期間君主だったか，いかに没したか

我らが主の1295年，カガトンの死後バイドォがその兄弟の統治権を継いだ。

この者は善きキリスト教徒であったのでキリスト教会を再建させ，誰もその領土でマホメットの教えを説いてはならぬと命じた。これに，当時何倍にも数の増えていたサラセン人は困った。そこでサラセン人と，彼らと信仰を共にするタルタル人は，アルゴンの息子だったカサンに密かに使者を送り，もし彼がキリスト教信仰を捨てるなら，自分たちの君主としバイドォの統治権を与えると約束した。キリスト教信仰をさして顧慮せず，支配を手に入れることを大いに渇望していたカサンは，彼らの望みどおりにすると聞き容れた。こうしてカサンはバイドォに反旗を翻した。バイドォは軍を集め，カサンと戦おうとした。しかし，彼は人々の裏切りを知らなかった。バイドォがカサンを攻めようとしたとき，マホメットの法を奉ずる者は全て去り，カサンの方に行った。バイドォは，人々が自分を裏切ったのを見て引き返そうとしたが，カサンは追っ手を送って彼を捕らえ，かくてバイドォは逃走中に死亡し，カサンが支配を手にした。[1]

1）バイドゥの即位は 1295 年 4 月，死去は同年 10 月 4 日。ガザンの即位は 1295 年 11 月 3 日。

39　アルゴン・カンの息子カサンについて，いかに君主となったか，またその治世になしたことについて

　バイドォの死後，カサンが統治権を継いだ。彼は，その治世の初めはキリスト教徒に対して極めて厳しい態度を取っていたが，それは上に述べたごとく，自分を支配者の地位に就けてくれた者たちの気に入るようにするためだった[1]。しかし統治が安泰となってからは，キリスト教徒をとても愛し敬い始め，サラセン人を嫌い，キリスト教徒のために多くのことを行なった。まず，キリスト教徒に悪をなせと唆した者を皆破滅せしめた。次に，エジプト王国に侵攻してスルタンを打倒しようと考えていたから，必要なものを全て一年以内に用意するよう皆に命じた。またアルメニア王・ジョルジャ王ほかオリエントの地のキリスト教徒に自分のもとにやって来る用意をするよう伝えた。

　その時期が来るや全軍を率いて進発し，バルダック市に来たった。スルタンの地にやって来ると，兵をまとめた。メレク・ナサルという名だったエジプト・ス

ルタンは，シリア王国の中央にあるハメス市［ヒムス］の前に全軍を集めた[2]。カサンは，スルタンが自分と戦うべくやって来たことを理解し，城や町を奪うことに時を費やすことなく，真っ直ぐスルタンのいるところに来たり，豊かに草のあるさる平原の，スルタンの軍から1日行程の所に陣を敷いた。そして皆に，長い道のりを急行して疲れている馬匹を全て休ませるよう命じた。カサンの陣に，カプチャブという一人のサラセン人がいた。この男はかつてダマスの代官だったが，スルタンに対する恐怖のため彼の下に逃げて来ていたのだった。カサンはこのカプチャプに多大の恩恵と名誉を授け，彼を信頼していた。それをいいことにカプチャプは，タルタル人についての秘密と助言をもらさずエジプト・スルタンに書き送り，カサンの軍が疲れて弱っているところを急襲するのがよいと進言したのである[3]。

　ハメスの地でカサンを待ち受けるつもりだったスルタンは，裏切り者カプチャプの注進により，カサンに不意討ちを仕掛けるべく全軍を率いて急行した。カサン軍の見張りがスルタンの急襲を知らせたので，カサンは諸侯にスルタンとその兵に対する戦闘のためそろって馬を駆るよう命じた。カサンは，側にいた何人かの供の者を率いて真っ先に馬に乗り，自軍の最良の兵士をたくさん伴って急行してくるスルタンに向かって行った。カサンは，その戦闘が避けられないものであること，また平原に遠く散らばっている自軍の兵士たちがすぐに自分のもとに来ることはできないのを見て取って馬を止め，一緒にいた者皆に，馬を下りてそれを周りに並べて弓矢を取り，全速力で馬を駆って来る敵を射落とすよう命じた。で，タルタル人は馬を下りて周りに置き，弓矢を手に取って敵が近くにまで来るのを待った。そうしてタルタル人は皆一度に矢を放ち，先頭を走ってきた者を射た。それら最初の者たちは落馬し，後に続いてきた者はその上に乗り上げ，互いにぶつかり合い，弓矢の技に極めて巧みだったタルタル人は次から次へと矢を射た。死にも負傷もせずしてこれを逃れたサラセン人は，ごく僅かだった。これを見てスルタンは退却し，カサンは直ちに馬に跨って敵を激しく追撃するよう命じた。カサンは，まず先頭をきってスルタンとの闘いに向かった者であり，また諸侯皆がそろって〈ようやく〉戦闘に来たるまで，周りにいた少数の者とともに戦ったのだった。こうしてあらゆる所で戦闘が始まり，戦いは日の出から九の刻まで続いた。とうとう，その手で驚異を行うカサンの前に持ち堪えることができずして，スルタンとその兵は敗走した。カサンとその兵は真夜中まで敵を追撃し，

手当たり次第に殺した。その折サラセン人で倒れたり死んだりした者はかくも多く，地面はくまなく彼らで覆われた。その夜カサンは，神が授け給うたこの勝利の喜びに浸りつつ，カネットという地で過ごした。これは，我らが主の1301年，生誕祭前の最初の水曜日のことであった[4]。

1) ガザンは，将軍ノールーズ等の支持によりイスラムに改宗し，スルタン・ムハンマドを名乗ったが，後にその急進的な宗教政策を改めた。ノールーズは，ネストリウス派カトリコス（法王）ヤバーラーハー3世を逮捕して処刑しようとしたが，その時マラガに来ていたヘトゥム2世の嘆願により助命された：cf. バッヂ前掲書, pp. 131-5, 308-10.　2) カラウーンの子マリク・ナーシル・ムハンマド（1293-4, 1299-1309, 1310-41）。ガザンのタブリーズ進発は1299年10月16日。　3) マムルーク・スルタンの下でダマスクス市長官だったアミール・サイーフ・ウッディーン・キプチャクは，1299年1月モンゴルのもとに逃走し，ガザンの勝利後再びシリア全上の知事並びにダマスクス長官に任命された。　4) 1299年12月23日ヒムス近郊での戦い。

40 〈同上について〉

　その後カサンは，アルメニア王とメライなる名の自分の侯に，1万5千のタルタル人を率いて，戦場だったところから12日行程離れていたエジプトの砂漠までスルタンを追跡するよう命じた。また〈彼らに〉，カゼレ［ガザ］の地で自分の指令を待つよう命じた。アルメニア王とメラクは1万5千のタルタル人とともに日の出前に出発し，スルタンの後を追った。彼らは，途中で〈出会ったり〉追いついたりできたサラセン人はことごとく屠った。3日後カサンは，アルメニア王にハメス市を攻囲するから戻ってくるよう命を送り，一方メライにはスルタンを追撃するよう命じたが，スルタンはベドウィンに導かれて昼夜馬を駆って逃走した[1]。こうしてスルタンは，哀れにも供の者もなくバビロンに入った。サラセン人は，うまく逃げられるようあちこちの様々な地域や道を伝って逃走した。これらサラセン人の一大部分はトリプル［トリポリ］に向かう道を取ったが，彼らはリバン［レバノン］山に住むキリスト教徒によって皆死ぬか捕まるかした。〈カサンは，今はカメレと呼ばれるハメス市の前に来たり，これを取った〉。アルメニア王がカサンのもとに帰ると，ハメス市はカサンの手に返っていた。スルタンとその者たちがハメス市に持ち運んでいた富と財宝は〈全て〉カサンの前に持

ってこられたが，戦いをしようとした所に彼らがかくも莫大な富を持ち運んでいたことに皆大層驚いた。カサンは，こうして手に入れた驚くべき富を一箇所に集めさせ，全て兵たちに〈分配した〉。

　私こと修道士ハイトンは，ハロオンの時からこの方〈タルタル人がサラセン人に対して行った〉偉大な事績と出来事に全て居合わせた者であるが，この，カサンが二日でなし遂げたことよりも偉大なことを行なったタルタル人君主は，かつて見たことも聞いたこともない。というのもカサンは，戦闘の一日目には，小数の供の者を連れただけでスルタンとその多数の兵に向かい，他の全ての武人に勝る者であることを自ら証明したわけであり，その力はタルタル人の間でとこしえに語り継がれるであろう。二日目には，カサンの心の寛さはかくも大きく，自分が獲得した数しれぬ莫大な富を皆に分け与え，自分は一振りの剣と，エジプトの地の出来事を綴った書き物の詰まった皮袋一つの他は何も取らなかった。残りは全て，惜し気もなく与えた。かくも小さな体がかくも大きな徳を宿すことができるとは，真にもって驚きである。2万の騎士の中に，彼よりも小さい体も醜い顔も見出すことはできなかったほどなのだから。カサンは，その力と徳において他の者全てに優っていた。

　さて，このカサンは我々と同時代の人物だったのであり，カサンに敗れたかのスルタン［マリク・ナーシル・ムハンマド］はまだ生存していることとて，他のことについてより長く語ってしかるべきである。また一方，聖地への渡航を企図する方々は，そこにさらに多くの良き例を見出すことができるであろう。

　　1）I「ラクダと一瘤ラクダを駆って」（p. 342）。

41　〈同上について〉

　数日体を休め必要なことを整えた後，カサンは一路ダマス市に馬を駆った。その到来を知るとダマスの住人は，カサンが自分たちを力で奪い慈悲なく全て破滅させるだろう〈と考えて〉，非常な恐怖に駆られた。そこで彼らはカサンに使者を送り，大層な贈り物を進呈し，ダマス市の鍵を届けた。カサンはその贈り物を嘉納する一方，使者にダマスに戻って自分の軍のために食糧を用意すべきことを

命じ，また〈自分はダマス市を破壊するつもりはなくそれどころか〉，同市を自分の部屋のように守ろうとしているのだから怖がらずともよい，と伝えた。使者はカサンが与えたこの悦ばしい答に歓んで出発し，カサンはその後を進み，ダマスの河畔に留まった。彼らはカサンに盛大な贈り物を差し出し，軍には食糧をたっぷりと振る舞った。そしてカサンは，彼の命を待ってメライと共にカゼレにある1万3千のタルタル人を除く全軍と共にダマスに15日間逗留した[1]。

　カサンがその兵とゆっくり休養していたとき，一人の使者が来たって，バイドオ［カイドゥ］がペルシャ領に侵入してその地を荒らしており，それまでよりももっと悪事を働くことが心配されるとの情報をもたらした[2]。それで，コトロッサ［クトルク・シャー］に，シリアに留まって王国を守備するよう命じた。また，メライとそれと共にカゼレにいるタルタル人に，自分の名代として残すコトロッサに従うよう命じた。また，各市に代官と長官を任命し，ダマスの代官にはかの裏切り者のカプチャプを任じた。これら全ての後〈アルメニア王を召し〉，自分はペルシャに戻るつもりであること〈を知らせた〉。カサンは言った，「〈アルメニア王よ〉，我らは喜んでシリアの地を解放し，もしキリスト教徒が来るなら彼らにそれを守らせるだろう。もし彼らが来れば，聖地をキリスト教徒に返し，荒らされた地を再建するための助言と支援を彼らに与えるべし，との我が命令をコトロッサに残して置こうぞ」[3]。

　このように手はずを整えてカサンはメソポタミアに向かい，エウフラテス川に来たると，コトロッサに対して，メライに2万人をつけてその地を守らせ，残りの全軍とともに急ぎメソポタミア王国の自分の所に来るよう伝えた。コトロッサは出発し，カサンが命じたとおりにした。一方メライは，シリアの地を守るべくそこに留まった。が，〈常に悪事の才能を有するダマスの代官〉裏切り者のカプチャプの勧めにより，メライはエルサレムの地に向かって進み，馬のための良い牧草のあるゴールというところに来た。夏になると，カプチャプはスルタンに使者を送り，ダマスの他タルタル人がシリアに領有している地を全て返すことを約束した。一方スルタンはカプチャプに，ダマスの支配権とその財宝の大部分，それに自分の姉妹を妻として与えることを約束した。そこでカプチャプは反旗を翻し，同地と諸地方を謀反させた[4]。というのも彼らは，夏の暑さのためタルタル人は自分たちに襲いかかることはできないと良く知っていたからだった。

　ダマスと他の地が反逆したのを見てメライは，かくもわずかな手勢を率いてシ

リア王国に留まろうとはせず，メソポタミアに向けて去った。そしてカサンと会い，裏切り者カプチャプのしたことを報告した。この知らせを聞いてカサンは大いに困惑したが，しかしかの酷い暑さのため如何ともすることができなかった。夏が過ぎ冬が到来し始めると，カサンは軍をエウフラテス川畔に集め，3万のタルタル人と共にコトロッサを先発させ，アンティオキア市に向かうよう命じ，またアルメニア王とキプロスにいるキリスト教徒，それに彼らと一緒にいた司祭たちを召す使者を送った。コトロッサは3万のタルタル人と共にアンティオキアに軍を進めるとともに，アルメニア王を呼び出した。王は遅滞なく全軍とともに来たり，キプロスにいたキリスト教徒に聖地の奪回に来るよう知らせた。それで，当時キプロス王国にいたキリスト教徒は海路トルトーズ島までやって来た。そこには，騎士を率いたキプロス王の兄弟のシュール［ティル］の君主がいた[5]。また〈テンプルと〉オピタルやその修道院の尊師たちもいた。ところが，彼らが主なる神に仕えるべく準備を整えていたまさにそのとき，重い病がカサンを襲ったとの知らせが届いた。それでコトロッサは，全員を連れてカサンのもとに戻ってしまった。アルメニア王も自国に帰り，トルトーズ島に来ていたキリスト教徒もキプロスに帰った。こうした事情で，聖地［奪還］の御業は潰えてしまったのだが，これは我らが主の1301年のことであった[6]。

1) I「45日」（p. 343）。　　2) ガザン治下では，1295年12月9日バラクの子ドワとカイドゥの子サルバンによるホラーサン・マーザンダーラン両州への侵略があるが，この時にチャガタイ・カン国からの侵入があったかどうかは不明。バイドォ Baido はラテン語写本 E・F では Caido。　　3) エドワード1世の特使ライモンドゥス・ルルスは，ガザンの出発後にシリアに到着したといわれる。　　4) 1300年4月スルタンはキプチャクに降伏を勧告し，キプチャクはこれを受け入れてエジプトに向け出発した。　　5) キプロス王アンリ2世の兄弟でティル君主アモーリー・ド・リュジニャン（?-1330），妻はヘトゥム2世の姉妹ザベル。6) ガザンの第二次シリア遠征は，1301年1月アレッポを征しダマスクスに侵攻したが悪天候のため馬を失って退却した，とされる。

42　〈同上について〉

　我らが主の1303年，カサンは再びエウフラテス川畔に大軍を集結させた。シリア王国に入り，エジプトのスルタンを倒し，聖地を奪回し，これをキリスト教

徒に返すためであった。カサンの到来を知るやサラセン人は，その力に抗し得ぬと見て，カサンが通るであろう地域をすっかり破壊・放火した。小麦や家畜，その他運べる物はすべて城塞に運び込み，馬の食糧となる物は何一つ見出せぬよう，残り全てに火を放った。カサンはサラセン人がしたことを聞き，馬が生きてゆくための物が何もないことに鑑み，その冬はエウフラテス川畔で過ごし，牧草が育ち麦が生え始めてから進軍するのがよいとの助言を得た。タルタル人は，わずかな食糧で生きてゆけるから，自分たち自身よりもまず馬のことを心配するのである[1]。カサンは全軍とともにエウフラテス川に駐屯し，アルメニア王を召した。カサンの軍は極めて大きかったから，ラッカベ［ラッカー］という城からビレという城まで3日行程分の長さ続いた。これらの城はサラセン人のものだったが，カサンに降っていた。聖地をサラセン人の力から解放しに行くのにちょうど好い季節を待って，カサンがその川畔に留まっていたまさにそのとき，前述バイドォがまたもやカサンの地に侵入するということが起こった。そして甚大な被害をもたらし，カサンがその地の守備に残した者を狩り立てていることが伝えられた。そのため彼は，いったん自領に戻った方がよく，シリア王国には翌年また侵入できるだろうと助言された。カサンは，聖地の事業がかくも延び延びになったことを大いに心苦しく思っていた。そこで彼はコトロッサに，1万5千のタルタル人を率いてシリア王国に入り，ダマス市を取りに行き，男であれ女であれ捕らえた者は全て刃に掛けるよう命じた。アルメニア王には，兵を率いてコトロッサに同道するよう命じた。

　しかる後カサンは自領に戻り，一方アルメニア王とその兵，それにコトロッサと1万5千のタルタル人騎兵はシリア王国に入り，ゆくゆく破壊しながらハメス市にまで来たった。その地で前回のごとくスルタンとその軍に出会うことを願ったが，遭遇せず，スルタンはガゼレにあってそこを発とうとしないとの情報を得た。そこでカサンとアルメニア王はハメス市を討ち，わずかな期間でこれを攻め取り，男も女も全て容赦なく刃に掛けた。またそこに，莫大な富と大量の食糧と家畜を見つけた。次いでダマス市の面前に来たってこれを攻略せんとしたが，ダマス市民は命乞いの使者を送り来，3日の猶予を与えてほしい，しかる後に無条件降伏すると乞うた。その期間が彼らに聞き届けられた。その時，ダマス市を越えて1日行程辺りまで進んでいたタルタル人の偵察兵が，サラセン人を何人か捕らえて総大将コトロッサの下に送った。そのサラセン人からコトロッサは，スル

タンの到着を待ってダマス市から 2 日の所に 1 万 2 千のサラセン騎兵がいるとの確かな情報を得た。これを知ってコトロッサは，スルタンの来る前に彼らを急襲せんものと，直ちに馬を駆ってその 1 万 2 千のサラセン人の集まっているところに晩禱の時刻までに行こうとした，がそのわずか前にスルタンが全軍を率いて到着した。コトロッサとアルメニア王は，スルタンがすでに来ているのを見て，いかにすべきか協議した。もう遅くすでに晩禱の時刻でもあり，その夜は休んで翌朝スルタンとその兵を攻めるのがよいとの助言が〈与え〉られた。ところが，ひどくスルタンを侮っていたコトロッサは，待ちきれずして，勇を振るって激しく敵を攻撃せよと兵に命じたのである。

　とても堅固な場所に立て籠もっていたサラセン人は，そこから戦いに出て来ようとしなかった。彼らはさる湖と山の二つの部分に囲まれていて，タルタル人がそこにやって来ようとしても大きな損害なしにはできないことをよく知っており，だからこそサラセン人はその場所から動こうとしなかったのである。タルタル軍は敵を襲うべく急進したが，とある川の流れに行き当たり，その川はいくつかの箇所以外にはとても渡れそうになく，そこを渡ろうとすれば非常な困難に出くわさずには済まぬような所だった。それでも，コトロッサとアルメニア王と兵の大部分はそれを渡り，激しく襲いかかった。刃向かって来る者は全て倒し，夜まで追撃した。が，スルタンは最初いた所を動かずして留まり，戦いに立ち上がろうとしなかった。その夜コトロッサは，その日川を渡〈れなかった〉約 1 万のタルタ人を除く全員と共に山の麓で野営した。夜が明けると，コトロッサは隊伍を整え，戦場へと来たった。スルタンは戦闘に出て来ようとせず，かの堅固な場所に留まったままだった。サラセン人をその場所からおびき出そうといろいろと試みたがいかんともしがたく，九の刻まで攻撃を続けた。タルタル人は水の欠乏に苦しみ，水を見つけるために退却し，次々と順番に去り，ダマス平原にまで来たった。そこでコトロッサは兵と馬匹に，牧草と水をたっぷりと見出して再びスルタンとよりよく戦えるようになるまでその平原で何日か休むよう命じた。

　ところが，タルタル軍がその平原に留まって休養を取ろうとしていた時，ダマスの住民は川の水を運河や小川伝いに放流させ，夜の 8 時を過ぎぬうちにその平原はすっかり水浸しとなった。そのため，タルタル軍はあわてて起きなければならなかった。夜はとても暗く，溝は水で満ち，道はすっかり水を冠っていた。かくて軍は大混乱に陥り，馬や他の動物それに武具がたくさん失われ，人間も多数

の者がそこで溺れ，アルメニア王もこの時大きな損害を被った。夜が明け，神の思し召しによりようやくこの危難から救われた。しかしながら，タルタル人が戦闘で一番用いる弓矢やその他の武器もすっかり濡れて使えなくなった。タルタル軍はその時かくも混乱の極みにあったから，もしそこをサラセン人が襲い掛かっていれば，簡単に全滅させることができただろう。〈しかし神のお蔭をもって，敵は勇敢ではなく……生じなかった〉。タルタル人は，馬を失った兵たちのためにゆっくりと退却を始め，8日でエウフラテス川にたどり着いた。そこを，前回と同じように馬で向こう岸に渡らなければならなかった。その時期，川は広く深く，そのためアルメニア人・タルタル人・ジョルジャ人の多くの兵が失われた。こうしてタルタル人は大敗北を喫して撤退したのだった。といっても，敵の力によってではなく，不運と悪しき助言のせいである。もしよき助言を信頼しようとしていれば，コトロッサはこれら危難を全て避け得たはずなのだから[2]。

　私こと，この歴史を口述している修道士ハイトン，その現場に居合わせた者であり，この出来事を余りにも長々と語ったとしてもどうかお許し願いたい，同様な事態において危難が避けられるようにとそうしたのにすぎないのだから。というのも，よき助言によって遂行された必要事は必ずやよき終わりを得，適切な見通しなしに行われた仕事は，その目的を果たさずして失敗するものだからである。

　　1）Ⅰ「それが自分たちの強さの基と弁えていたから」（p. 346）。　　2）ガザンの第二次シリア遠征は1303年1月30日から。ダマスクス攻防とその敗北は同4月20-21日。

43　〈本書の著者の記述について〉[1]

　アルメニア王は，大変な難儀と兵の損失を伴いつつもエウフラテス川を渡った後，アルメニアに向かう前にカサンに出会いに行くようとの忠告を得た。そこで王は出立し，まっすぐカサンのいるニニヴェ［ニシビン］市に向かった[2]。カサンはアルメニア王を丁重に迎え，彼とその兵が被った損害に大きな同情を寄せた。そして，王とその者たちはあらゆる事において忠実かつ立派に行動したのだからと，カサンは王に特別な恩恵を賜った。すなわち，対トゥルク王国用に千人のタルタル騎兵を王に授け，そこに常駐してアルメニアの地を守るよう命じたのであ

る。その上，さらにもう千人の騎兵を自由に雇えるよう，対トゥルク王国用の費用を王に授けた。その後，アルメニア王はカサンのもとを辞し，自国に向かった。カサンはまた王に，自分が自ら聖地の奪回に赴けるときまで，自領を守るため充分配慮するよう言った。

1) 本来第45章に付されるべき題であろう。　　2) ガザンの幕営はケチャチャフにあった。

44（A）[1]　〈アルメニア王の帰国について〉

アルメニア王は自国に戻ったが，〈そこに〉帰ってからもほとんど休むことはできなかった。というのも，その年スルタンが毎月のごとく多数の兵士を派し，彼らはアルメニア全土にわたって平野を荒らしたからである。かくてアルメニア王国は，いまだかつてなかったようなひどい状態になってしまった。しかし，御自分に希望を託す者を見捨て給わぬ全能の神は，アルメニアの地のキリスト教徒の民に哀れみを懸け給うた。すなわち7の月，エジプト・スルタン宮廷最良の7千のサラセン人がアルメニア王国に侵入し，平野中を駆けめぐり，使徒聖パウロの生まれたタルソの町まで荒らし劫略した。敵のもたらした被害は甚大だったが，彼らが再びやって来るに及び，アルメニア王は軍を集めてこれに向かい，ライアスの町の近くで戦いが始まった。神の思し召しにより，敵は大敗北を喫し，7千のサラセン人のうち逃げおおせた者は3百を越え〈ず〉，さもなくば死ぬか捕らえられるかした。これは7月の17日，日曜の日の事であった。この敗北の後，サラセン人ももはやアルメニアの地に侵入しようとはせず，スルタンはアルメニア王に使者を送り，休戦を結んだのだった[2]。

私こと修道士ハイトン，本書を編んだ者は，これらの出来事の現場に居合わせた。久しい以前から，僧衣をまといたいとの望みを抱いてきたが，アルメニア王国が絶えず直面せざるを得なかったこれら大事件のため，我が主君，親族，友人たちをかくも危急の際に見捨てることは，我が名誉のためにもできなかった。しかし，神がその慈悲でもって敵に対する勝利を我らに授け，かくもよき折にアルメニア王国を後にする恵みを私に与え給うた以上，直ちに我が念願をかなえんと考えた次第である。そこで私は，国王陛下，他の我が親族，友人に，神が不信者

どもに対する勝利を我らに与え給うたまさにその戦場において，別れを告げた。かくて出立し，キプロスに来たり，久しきにわたって世俗の騎士であった私は，俗世の栄華を捨て，我が生涯の残りを恭しく我らが主に捧げることができるよう，プレモントル教団ノートル・ダーム・ド・レピスコピ修道院にて僧衣を授かった。我らが主の 1305 年のことであった。

　アルメニア王国が，とりわけ故テロス侯［トロス 3 世］の子息，恩顧と仁徳あふるる若きリヴォン陛下［レオン 4 世］によってよりよく改善されたことに対して，神に感謝と慈悲を捧げ奉る。そしてこの若き王の御世に，アルメニア王国が我らが主イエス・クリストの御加護をもって，再び最初のよき状態に戻らんことを望んでやまぬ次第である。

1) 第 44 章フランス語版。　2) 1305 年 7 月アレッポの長官に率いられたエジプト軍がキリキアに侵入し，首都シスを荒らしたが，7 月 18 日アルメニア軍はモンゴルの援軍を得てこれを撃退し，エジプト・スルタンと休戦協定を結んだ。

44（B）[1]

　カサンの事績について語り始めたこととて，その歴史を終える前に，アルメニア王国がカサンによっていかにサラセン人の力のもとから解放されたかをまず述べよう。王国は，かつてそのほぼ 3 分の 1 がサラセン人に占領され，残りの部分もひどく疲弊し，そのため以下に順を追って記すごとく，将来敵の力に対して防衛できる望みは全くないほどだった。

　主の 1289 年，悲しいかな！　アルメニア王懐かしきリヴォン王が，神の思し召しにより，この世をみまかった。後には 7 人の子息と 3 人の息女，そして王国を繁栄と幸福の状態に遺した。その長子は名をハイトン［ヘトゥム］，第二子テロス，第三子センバト，第四子コンスタンティン，第五子ナルセス，第六子オシン，第七子はアリナックといった[2]。リヴォン王の長子ハイトン［2 世］は，法の定めるところにより父の統治権と領土を継いだ。王国の軍人と諸侯は皆，自分たちの主君として彼に尊敬と忠誠を捧げた。ところがアイトンは，首長たちから何度となく促されたにもかかわらず，戴冠することも妻を娶ることも望まなかった。そしてしばらくそのままだった。そこで彼の兄弟，親族，王国の諸侯がアイ

トンのもとに赴き，当然のことなのだから王冠を戴き，妻を娶り，神の恵みを得てその子孫が後を継ぐことになるよう請い求め説得した。しかしながら，アイトンはいかなる忠告も聞き入れようとはせず，僧衣をまとうつもりであるから，戴冠もしなければ妻も娶らないと答えた。1 年の間そのままだったが［1290］，ついに彼らの忠言にもかかわらず，アルメニア教団の僧衣をまとい，王国の首長と家臣を全て召し集め，統治権を辞退し，皆に二番目の兄弟上述テオドロス殿に服従と忠誠を捧げさせ，彼に統治権を譲り，マミステル市に行き，とても大きな修道院を建てさせ，その経費や自分の望む全てを自分の兄弟から得て 1 年間住んだ［1291］。ところが 1 年して，自分が統治権を放棄したことを後悔した。これを確かめて二番目の兄弟テロス殿は，アルメニアに来ていたキプロス王国のオトン・ド・グランソンその他多数の貴族，並びにアルメニア王国の貴族と家臣を召集し，長兄ハイトン殿に統治権と王国を返し［1291］，自分にはただ前に所有していた父が遺してくれたものだけを手に残した。こうして上述ハイトン殿は僧衣を脱ぎ，2 年間王国を統治した［1293］。

　その後またもやハイトン殿は，王国の高僧，貴族，家臣を全て召集させ，居並ぶ者皆の前で，僧衣を脱いだために何度となく後悔の念に苛まれたこと，また何としても再びそれをまとうつもりであり，統治権と王国は兄弟に譲るつもりである，と言った。しかし兄弟，高僧，貴族，家臣たちは皆，そうなれば王国内に大変な騒ぎと大きな対立が持ち上がるかもしれないからと，神のために統治権を辞退せず，再び僧衣をまとう意図を放棄するよう，無限の哀訴をもって迫った。しかし彼はこの懇願に同意せずして，熱心に神に仕えるつもりだから，たとえ再び僧衣をまとおうと何ら後悔を味わわぬであろうと誓った。兄弟たちと王国の諸侯は，その決心を翻させるのは不可能と見て，アルメニア教団の衣を再び与えた。ところがしばらくしてまたしても彼は，統治権を放棄したことを後悔した。そして僧衣を捨ててまた戻ってきた。兄弟のテロス殿は快く王国と統治権を彼に返し［1294］，あたかも父にして主君に対するごとく，今後決して王国と兄弟たちを見捨てぬよう請い願った。このテロス殿の大いなる心の寛さには誰もが感嘆し，皆から賞賛された。

　さてそのハイトン殿は，僧衣を捨てて再び王国を領有し，統治権を行使した。ところがしばらくして，またもや王国を捨てて何としても宗門に入ることを望んだが，しかし今度は兄弟と親族，王国の貴族と諸侯は，もはやいかなることがあ

ろうと同意しようとしなかった。ところが，彼らが自分の望みを果たすのを許さ
ないのを見て，彼はある日狩りに行く振りをし，森にやって来ると，家来たちが
狩りに気を取られているすきに海に向かって逃亡した。

　狩のあと家来たちは，主君が見当たらず，どこに行ったかまったく分からず，
大騒ぎになった。王失踪の噂を聞いて，兄弟たち，彼の姉妹の夫のティレ君主，
その彼と共にキプロス王国から来ていた多数の貴族，その他アルメニア王国の全
ての者がすぐ懸命に捜索し，ようやく海岸近くのとある沼地に隠れているところ
を見つけた。それを保護し，なぜそんなことをしたのか尋ねたところ，彼は次の
ように答えた，「皆の者が，私が退位して外国に移り住み，かつまた我が教団の
僧衣をまとう望みを叶えてくれなかったからだ」。そこで，カトリコスとアルメ
ニア王国の高僧全てと諸侯・家臣が召集され，そこにティレ君主［アモーリー・
ド・リュジニャン］とその妻たるハイトン殿の姉妹［ザベル］も一緒になって，ア
ルメニア王国の君主の地位を退かぬよう，また自重し自愛するよう辞を低くして
嘆願した。しかしどうしようもなかった。彼は小兄弟会の僧衣を受け，自らヨー
ハンネスと名乗ったからである。これを見て高僧と貴族たちは，テロス殿に王国
の統治を引き受けるよう乞うた。しかし彼は，長兄の生きてある限り王国の統治
権を受けるつもりはないと言って断った。そこで彼らは，一定の協定と相互の同
意の下に，王国の統治権を三番目の兄弟であるセメバト殿に委ねた［1296］。

　その後，小兄弟会の僧衣を身にまとったヨーハンネス修道士は，自分の姉妹
［マリーア／リタ］がそこの皇帝［ミカエル9世］の息子のもとに嫁いでいるコン
スタンティノポリスに行こうとし[3)]，さるガレー船に乗り込んだ。長兄と離れる
ことを望まぬテロス殿も同行し，まだ青年期にも達していぬ息子も連れて行っ
た[4)]。二人の兄弟が，六か月かそこらの間コンスタンティノポリスで暮らした。
やがてアルメニア王国に戻ろうと帰って来たが，しかし戴冠した三番目の兄弟セ
メバト殿は，兄が，兄弟たちとの間で交わして結んだ協定と同意に背いてアルメ
ニア王国に復帰することを拒んだ。それで二人はキプロスに渡り，弟のセメバト
殿と和解しようと期待したが，なんら進展しなかった。そのため再びコンスタン
ティノポリスに戻り，そこからカサンのもとに至り，彼に自分たちの嘆きを訴え
ようとした。王国と財産を手にしたセメバトはしかし，たくさんの豪華な贈り物
を携えて急行し，先にカサンの前にまかり出，携えた贈り物を呈し，あらゆる事
を彼の気に入るように説明し，さらにカサンの血縁の者を妻に娶った。その上カ

サンから，自分の兄弟を捕らえて獄に繋いでもよいとの命を得た。かくてアルメニアに戻ったセメバトは，二人の兄のもとに赴き，これを捕らえ，アルメニアに連行し，それぞれ密かに城塞と監獄に繋いだ。

　こうして1年間そのままにしておいたが，コンスタンティンという四番目の兄弟が，兄の拘留に大いに憤慨し，多数の兵を集め，二人を力ずくで獄から解放しようと，兄弟のセメバトに対して立ち上がった。しかしセメバトは，状況を有利に変えようと考えて，長兄の方は眼を潰し，もう一人の方は首を刎ねるよう命じた。四番目の兄弟コンスタンティンはセメバトに対して戦いに訴え，これを破り，アルメニア王国全土から追放した。彼は，統治権を手に入れこれを継承するとすぐ，兄たちを獄から解放しに行ったところ，一人は眼を潰され，もう一人は惨くも殺害されていた。このため言い知れぬ哀しみに傷つけられた。そのあと長兄のもとに出向き，王国の統治を引き受けるよう請うたが，彼はとりわけ視力を失ったことを口実とし，また僧衣をまといたいからと，これを断った。そこで彼の兄弟たち，それに宗教人と俗人とを問わずアルメニア王国の全ての貴族が一致同意して，世俗人と聖職者の共同の望みとして，またカトリコスも同席してこれを望み，リヴォンというテロス殿の息子を自分たちの王にして主君と決定し選出した[5]。彼は，直系のテロス殿が最初統治権を有していたのであり，また全ての首長・貴族・家臣から忠誠と崇敬の誓約を受けたのだから，アルメニア王国を正当に継承するものであることが確認された。このリヴォン王はまだ法に定められた年齢に達していなかったため，叔父のコンスタンティン殿を，王が法定の年齢に達するまで王国の後見人とするとの決定が一致して承認された。セメバトの仲間や一味だった者は捕らえられて殺され，多くは残酷に首をはねられた。そしてようやくなんとかセメバト自身を捕らえ，獄に投じた。

　しかし，決して眠ることなきサラセン人は，アルメニア王国の息子たち兄弟間のかほどの騒動と不和を見て，勇んで激しく王国に侵入し，数多くの町を奪い，たくさんの堅固な城塞を征服し，王領の残りをひどい状態に陥れたので，アルメニア王国の住民はしばらく休戦を結ぶため，また絶えざる不安の中で，前から持っていた全てを奪い去られぬよう，彼らが奪ったものの他にも，別の城塞をサラセン人に明け渡さねばならなかった。このように前述兄弟間の不和のため，アルメニア王国のほぼ3分の1はキリスト教の敵が占領した。

　その後しかしコンスタンティン殿は，それ以上できぬほど王国をうまく治め，

土地と城を敵の力から守り，熱心に長兄のヨーハンネス修道士の治療を進め，そのため彼は片目が見えるようになった。ところが，片目が自由になったヨーハンネス修道士は，弟のコンスタンティンの統治に満足しなかった。そこで彼は多くの兵士を従え，夜にまぎれて弟が寝ているところを捕らえ，獄に投じた［1298］。アルメニア王国の大多数の貴族や重臣は，そうした手荒な捕縛を不快に思った。そこで，武装して力ずくでコンスタンティン殿を獄から解放しに行った。こうしてシス市で内乱が勃発し，その中で多くの貴族と実力者が倒れた。しかし，コンスタンティン殿を解放することはできなかった。王国の統治権はヨーハンネス修道士の手に残ったが，それは他ならぬ兄弟たち，すなわち彼の眼を潰させたセメバト殿と，彼を獄から解放し熱心にその眼を治療させたコンスタンティン殿から奪ったものだったのである。彼は，その二人を一緒にガレー船でギリシャ皇帝のもとに送り，祖国に戻ってこぬよう監視してもらった。当時アルメニア王国はこうした脆弱な状態にあり，数々の争いに翻弄されていたため，王国自体が全く失われるのではないかと日々心配された。しかし，罪びとの死を望み給わぬ神の思し召しにより，サラセン人は主君たるスルタン・ラキムを殺害し［1299］，これが原因で，サラセン人の到来は神の慈悲により阻止された。

　ラキムの死後，今エジプトを統治している者がスルタンとなり，その支配権を手にするや，アルメニア王国全体を簡単に征服できるだろうと考えて，軍を集めた[6]。しかし，スルタンより強力な武人たるカサンはこれに対抗し，全軍を率いて戦い，イエス・キリストのおかげをもって，アルメニア王国を彼の手から解放した。キリスト教信仰の敵たちは，カサンへの恐怖から，アルメニア王国で占領していた城塞を全て返還し，最短路を通って速やかに撤退した。こうしてアルメニア王国は，神の思し召しにより，カサンの力で敵の手から解放されたのだが［1301］，前述兄弟たちの不和のため力が空白になり，あらゆる力が弱まっていた〈のだった〉。高位の貴族に諸侯，主だった軍人・指導者・長老たちは皆，前述の原因により徹底的に潰え，今は一人として生き残っている者はいない。

　かくて私こと修道士アイトン，リヴォン王の縁者にしてコリゴス侯，かつての仲間を全て失い今はただ一人ある，といっても私が生き延びることができたのは，我が徳ゆえでも思慮ゆえでもなく，ただイエス・キリストの慈悲のおかげであることはよく承知している。というのも私は，数々の災難がアルメニア王国に降り懸かる前に，ウアッレス・ウィリスのデイ・ゲネトリクスで我が祈願を果たすた

め，旅立っていたからである。海路そこに渡り，祖国に戻るまで2年間滞在した[7]。ところが帰国してみると，アルメニア王国はあらゆる苦難に満ちていた。かくて私はそこに入り，上述のごときアルメニア王国が，イエス・クリストのお蔭で再びよりよき状態の戻るよう，多大の汗と出費と労を惜しまず，日夜休むことなく尽くした。以上の証人として私は，天なる神と，当時かの地にあった聡明なる貴人オドン・ド・グランソン殿，テンプルとオピタルの教団の尊師たち，ならびに同僧院の修道士たち，加うるにあまねくアルメニアならびにキプロス王国の全ての貴族に紳士，そして同国民を挙げよう。

その後，神の思し召しながら，タルタル人の君主カサンはさる病に陥り，医師も望みを捨てた。全ての事績において聡明に事を進めたカサンは，生涯の終わりにおいても賞賛されてありたいと望み，まず第一に遺言を作成し，自分の相続人かつ後継者として兄弟のカルバンダ［ウルジェイトゥ］を定めた。そして宮廷と王国の仕事にかかわる必要な事柄を賢明に処理した後，諸規則と法令を定め，これを後の記念に残した。これら規則と法令は，その人民から大きな尊敬をもって犯されることなく守られている。以上全てをなし終えて，カサンはその最後の日を閉じた［1304］[8]。

カサンの死後，兄弟のカルバンダがその統治権と遺産を継いだ。カルバンダは，エロ・カタンというとても敬虔なキリスト教徒の夫人の子だった。彼女は生涯礼拝堂をもち，そこで日々礼拝を行なっていた。で，カルバンダは幼くして洗礼を受け，ニコラスと名付けられた。この信心深い母親によってキリスト教信仰が教えられていた。ところが母の死後，周りにサラセン人を集めたカルバンダは，彼らに説得されてキリスト教信仰を捨て，最悪のマホメットの教えに近づいたのだった[9]。

アルメニア王は，カサン崩御の知らせを聞いて非常に心配した。キリスト教信仰の敵たちは，ちょうどその頃大いに増長していたからである。アルメニア王とキリスト教徒をとりわけ憎んでいたエジプトのスルタンは大軍を派遣し，彼らはアルメニア王国を荒らし，特に平野を通過し，何度となく多大の被害を及ぼした。かつて過去にアルメニア王国がこれほどの災難を被ったことはなかった。しかし，御自身を望む者を決して拒み給わぬ全能にして慈悲深い神は，哀れなキリスト教徒に同情を寄せ給うた。冬も過ぎた7の月，スルタン宮廷選りすぐりの7千のサラセン人がアルメニア王国に侵入し，平野を通過し，聖〈使徒〉パウルスの生ま

れたタルソスの市まで荒らした。こうして我らの祖国に甚大な被害をもたらして戻って行った。そこでアルメニア王は軍を集め，略奪を働くサラセン人とアィアキス［ライアス］市近くで遭遇し，しかるべき数のタルタル人とともに戦闘を開始した。我々の優秀さといわんよりは神の思し召しによるのであるが，サラセン人は王国全体を荒々しく侵略しアルメニア王国のキリスト教徒を一口に飲み込もうと考えていたにもかかわらず，彼らが敗北し，7千のサラセン人のうち逃げ得たのは3百を過ぎず，残りは捕らえられるか恐るべき刀で殺された。これが起こったのは，7の月の18〈日〉日曜日のことであった［1305］。この戦いの後，サラセン人は二度とアルメニア王国に侵入しようとしなかった。スルタンは使者を送り，アルメニア王国と休戦を結び，これを確約した。

　私こと修道士ハイトン，本書の編者は，以上の出来事全てに居合わせた者であるが，久しく僧衣をまといたいと願っていた。が，アルメニア王国の多大の苦境と困難な問題のため，かほどの危急の折りに親族や友人を捨て去ることは，我が名誉にかけてもできなかった。しかしようやく神はその慈悲でもって，我が多くの尽力の後，平和で平穏な状態となった今，久しく成就したいと望んでいた願いをすぐかなえることができるよう，アルメニア王国とキリスト教国民を後にする恩恵を与え給うた。我が国王殿をはじめとして縁者・友人から，神がキリスト教徒の敵に対する勝利を与え給うた戦場で，許しを得て旅立ち，キプロスにやって来て，プレモントレ教団エピファニア修道院で僧衣を授かった[10]。若き頃は俗世において戦ったが世俗の栄華を捨て，我が人生の〈時間の〉残りを主イエス・キリストに仕えて費やさんがためである。時に主の1305年のことであった[11]。

　私はアルメニア王国が，とりわけ偉大な栄光の徳を示し王たる者の鏡である若き君主，前述故テオドルス殿の子息リヴォン殿によって改革されて，今日このよき平和な状態にあることを神に感謝するものである。また，その優秀さにおいて前任者たちを凌ぐこの若き王の御世にアルメニア王国が，イエス・キリストの助けのもとに，かつてのごとき状態に戻ることが確信され，また望まれる次第である[12]。

　1) 第44章は，ハイトンの生涯並びに当時のアルメニア史の貴重な証言であるが，フランス語写本では大英博物館コットン写本Lにしか見られない。同写本はラテン語版からの翻訳であることが確認されている。Kohlerのフランス語版ではそのLから復刻されたテキストが掲載されているが，火災による損傷が甚だしく，ほぼ半分が判読不能のため，ここではそれに

対応するラテン語版（pp. 326-32, 写本 D BnF lat. 5515 および E BnF lat. 6041 より）から訳出する。（A，B）は，それら二つを区別するために和訳者が便宜的に付けたもの。この章は，ラムージォのイタリア語版にはごく一部（pp. 349-51）しかなく，ピンソン英語版には全くない。　　2）レオン3世の長男ヘトゥム2世（在位 1289-90, 91-93, 94-96, 98, 1305-07），次男トロス3世（1290-91, 93-94），三男センパド（1296-98），四男コンスタンティン2世（1298）については本文参照。五男ナルセスは 1278 年没。六男オシンは，当時王位にあったレオン4世（トロス3世の子）が 1308 年春モンゴルの守将ビラルグによって殺された後，王位を継いだ（1308-20）。その双子の兄弟七男アリナク（またはルーペン）は 1308 年頃没。3）1296 年皇帝アンドロニコス2世（1282-1328）の息子ミカエル9世と結婚したリタもしくはマリーア。　　4）後のレオン4世，フランス語版では当時8歳。　　5）トロス3世とキプロス王ユーグ3世の娘マルグリット・リュジニャンの間の子，レオン4世（1305-8）。6）スルタン・ラージン（1296-99）の暗殺は 1299 年1月15日。その後再び位についたのが前述カラウーンの子マリク・ナーシル・ムハンマド（1299 年2月）。　　7）ハイトンは 1297-99 年頃の2年間ヨーロッパに巡礼旅行しており，ここに名を挙げられているのはパリのラ・メール・ド・デュ・ア・ヴォヴェール修道院とされる。　　8）ガザンの死は 1304 年5月17日，33歳。後継は弟のオルジェイトゥ（1304.7.21-1316.12）。　　9）父アルグンの三妃の一人ウルク・カトンは，ケレイト族出身のフラグ王妃ドクズ・カトンの甥の娘でネストリウス教徒であり，1289 年王子のオルジェイトゥに洗礼を受けさせ，時の教皇ニコラウス4世（1288-92）にあやかってニコラスと名付けた。しかし彼は後に，妃のクンジュスカット・カトンの影響によりイスラムに改宗し，スルタン・オルジェイトゥ・ムハンマド・カルバンダを名乗った。　　10）F「聖アウグスティヌス教団」。プレモントル教団は同教団の戒律に従っていた。　　11）翌 1306 年ハイトンはポワティエに渡り，翌 07 年本書を口述筆記させて教皇クレメンス5世に献呈した。さらにヘトゥム2世とレオン4世の死を知って，翌 08 年アルメニアに戻ったものとみられる。　　12）ハイトンがキプロスに渡り出家したのは，ヘトゥム2世との政治上の確執のためだったと見られる。

45　〈著者の記述について〉[1]

　さて，本書を編んだ私は，本書第三部に含まれる事項については，三つの形で知った。初代皇帝だったカンギス・カンの始めからは，全てタルタル人の歴史が叙しているとおりに述べる[2]。次にマンゴ・カンからアロオンの死までは，我が伯父懐かしき故アルメニア王ハイトン［1世］王から伺ったところに従って語る。彼はそこに居合わせ，それを非常な熱心さでもって息子や甥に物語り，我々に書き取らせたり覚えさせたりしたのだった[3]。ハロオンの息子アバガ・カンの始めからタルタル人の歴史の終わる本書第三部の最後までは，自らそこに居合わせた者として語り，また自分が目にした事については，それが真実であると請合うことができる。タルタル人の出来事の歴史については以上に述べたゆえ，次に彼ら

の力について〈以下〉手短に語ろう。

1) この章から再びフランス語版に戻る。　2) 書名は挙げられていず詳細不明であるが，主に口承伝説によったものであろう。　2) I「それを私は私の叔父の一人［センパド］から知った。彼はアルメニア王ハイトン殿の命によりそれを書き留めた」(p. 351). Cf. J. A. Boyle, 'The Journey of Het'um I, King of Little Armenia, to the Court of the Great Kahn Mongke', pp 175-89.

46　タルタル人の偉大なる力について，まず皇帝についてここに語る

　タルタル人の大皇帝で，目下統治しているのはタモール［テムル］・カンといい，第六代皇帝に当たる[1]。カタイ王国のイォング[2]という一大都市〈彼の父が建造させたもの〉にその帝国の本拠を置いている。この皇帝の権力は絶大で，一人で他のタルタル人君主全部ができる以上のことをなしうるほどである。この皇帝の民は〈他のタルタル人よりも〉高貴とみなされ，より豊かで，あらゆるものが十分に供給されているが，それはカタイ王国には莫大な富があるからである。他にさらに，非常に大きな権力を有する3人のタルタル人王がおり，皆かの大皇帝に尊敬と服従を捧げている。彼らの間のもめ事は，大皇帝の法廷でその審判のもとに決せられる。これら王の第一はカパル［チャパル］，もう一人はトクタイ，さらにもう一人はカルバンダという。チャパルはトルキスタン王国を支配し，他の者よりも皇帝の地に近い。この者は，伝えられるところによれば，40万の騎兵を戦に率いることができる。彼らは勇敢で大胆な者たちである。が，優れた武器や馬は豊富にはもっていない。かの皇帝の者たちが何度か彼らに戦を起こした。また，カパルとその民がいく度かカルバンダに対して戦を起こし，その地を奪おうとしたが，彼は勇敢にこれを守った。カパルの支配は，兄弟のデアン［ドワ］がその領上の一大部分を有しているけれども，ずっと一人の君主によって〈保たれて〉きた。[3]

1) テムル・カン（1294-1307）は，クビライを継いだがその息子（チンキム）ではなく孫。2) Cf. Ch. 12, n. 3.　3) チャパルはオゴタイ家カイドゥの子，1301年に即位したが，06年ドワによって廃された。ドワは彼の兄弟ではなく，チャガタイ家バラクの子。チャパルの所領カイドゥ・カン領はその時ドワによって併合された。トルキスタン地方に覇を唱えていた

カイドゥの死（1301 年 8 月）により，その下にあったドワは独立し，カイドゥの子チャパル
の就位と主権を認めると同時に，カイドゥが取っていた反クビライ政策を改めてその宗主権
を認め，1303 年元朝に帰順と和平を申し入れ，かくて中央アジアのモンゴル王家間の四十年
戦争は終わる。したがってハイトンが書いた 1307 年当時の情勢としては外れていない。

47　〈トクタイの統治権について〉

　タルタル人の〈第二の〉王トクタイは，クマン王国に統治権を有し，セラ［サ
ライ］という市にその本拠を置いている。この者は，噂によれば 60 万の騎兵を
戦に率いることができる。しかし軍事において彼らは，より優れた馬を有してい
るにもかかわらず，カパルの者たちほど有能ではない。いく度か〈カルバンダに
対して戦争を起こし，また何度か〉ハンガリア王国に戦争を仕掛けたことがあっ
たし，また時に彼らの間に不和もあったが，目下のところトクタイが平穏無事に
その統治権を維持している[1]。

　1）トクタイはキプチャク・カン国バトゥの孫。モンケ・テムルを 1291 年に継いだ（−1312）。

48　〈カルバンダ［オルジェイトゥ］とその力について〉

　カルバンダは，その権力を大アジアに有し，トゥーリス市に本拠を置いている。
彼は約 20 万の騎兵を戦に率いることができる。しかし，その民は様々な国民か
らなる。彼らは豊かであり，必要なものは十分に備わっている。カパルとトクタ
イはしばしばカルバンダに戦を起こし，〈もしできようものなら彼からその地を
奪おうとした〉が，彼はそれを極く賢明に防衛している。カルバンダは，父祖が
絶えず戦ってきたエジプトのスルタンと以外には，誰とも戦をしようとしない。
前述の君主カパルとトクタイは，カルバンダと戦ってできることなら彼をその支
配の座から追い出そうとしたのだが，彼らは領土でも国民でもより大きな力を有
しているにもかかわらず，それができなかった。カルバンダが隣国の力から自領
を防衛できたのは，アジアは二つの部分に分かれているからである。一つは奥ア

ジア，もう一つは大アジアと呼ばれる。〈カルバンダは後者に住んで居る〉。

〈奥アジアから大アジアに入ることのできる道は三つしかない〉。一つの道は，トルキスタンからペルシャ王国に通じるものである。もう一つの道はデルベンドによるもので，アレクサンデルの築いた鉄門と呼ばれる町の近くを通る。さらにもう一つの道は，大海［黒海］の方のアバカス［アブハジア］の王国を通るものである。第一の道だと，カパルの者は大きな危険と困難を犯さずしてカルバンダの地に入ることはできない。その地域は乾燥した砂漠で，何日も馬の牧草を見出すことができず，良い土地に着く前に馬が飢えと欠乏で死んでしまうだろうからである。また敵は，そこを通ろうとする者を僅かな数で敗ることができるだろう。

デルベンドを越えるもう一つの道だと，トクタイの者は1年のうち6か月だけ，つまり冬季にカルバンダの地に入ることができるだろう。しかしアバガは，シバと言うところに実に1日の行程にわたって矢来と堀と斬豪を作らせた。そこにはその通り道を守る兵が常にいる。トクタイの者は何度となくそこを密かに通ろうと試みたが，成功しなかった。それは，〈モーガンという〉平原を通らねばならないからで，〈その平原には〉とりわけ冬季，セイセラックと呼ばれるとても羽の美しい孔雀ほどの大きさの種類の鳥がいつもたくさん集まっている。その平原に人が入ってくると，この鳥が飛び立ち，かの矢来を越えてモーガン平野の方に来る。するとその場の防衛に当たっていた者は，この鳥によって直ちに敵の到来を知り，その道の防衛に就き，〈敵は通れなくなる〉というわけである[1]。大海伝いのもう一つの道は，あえて入ろうとしない。強力な人々と土地に守られたアブカス王国を通らねばならず，それはまずできないことだからである。このようにしてカルバンダとその父祖たちは，近隣諸国の大きな力から自領を守ることができたのだった。

1）シバ Ciba 地方。I によればデルベンドとモーガン草原の間のクバ Cuba 地方。E によれば，アバガは 1266 年クラ川でのベルケとの戦いの後そこに巨大な溝を掘らせたが，そのモンゴル語 siba シバ〈矢来，壁〉を地名と誤解したもの。モーガン草原は渡り鳥の生息地として知られた。

49　タルタル人の風俗習慣について

　次に，タルタル人の風俗・習慣についていくつか述べておこう。彼らはその風俗・習慣において他の国民と大きく異なっており，その異なりを全てさして煩わしくならぬよう語るのは不可能である[1]。

　タルタル人は神を信じ，それを単に神と呼び，またそれは不死だと言い，彼らの物語では最初に神を置く。しかし，神に対して他の形での崇拝は，祈りも言行も新食もその他の善行によってもしない。タルタル人は，人間を一人殺しても罪を犯したとは考えない。ところが，馬が牧草を食べねばならぬ時，その口に轡をはめたままにしていたら，死罪に処すことを求める。淫蕩を罪とみなさないから，妻を何人か持ち，また習わしにより次のことが決められている。父が死ぬと息子は義母を妻にし，兄弟は自分の兄弟のものであった妻を取り，彼女らと床を共にする。タルタル人は優れた兵士で，君主に対し他のどの国民よりもよく服する。君主は彼らに給料も報酬も与えず，むしろ，彼らが持っている物はなんであれ，自分が望む物を取ることができる。軍備のためにも騎馬のためにも，君主は何も与える必要はなく，だから彼らは狩りの獲物や敵から奪った戦利品で生きなければならない。食糧が十分でない土地を通らねばならぬと分かると，多数の動物，雌牛や雌馬を引き連れ，その乳を飲み馬肉を喰い，その肉を旨いという。騎馬の軍事には極めて長けているが，徒歩で行くことを知らないから，歩兵としては大して優秀ではない。戦闘が命じられると，直ちに隊長の意図を理解し，自分たちが何をなすべきかを悟る。だから隊長は自分の兵を易々とまた僅かな労で統率する。

　タルタル人は，城や町を攻め取るのに実に巧妙である。戦いの時は敵に対して常に優位せんと努め，敵に後ろを見せたりその他自分に有利なことであれば何でも恥としない。このように彼らが他の国民に対して優位を保ってきたのは，敵と戦うために皆一緒に一つの戦場に固まり，その気になれば戦うが気が向かなければ［戦わないので］，敵は集まることも彼らと戦うこともできなくなるからである。タルタル人の戦闘は極めて危険で，死を賭すものである。小さな戦闘においてすら，他の国民の大戦争におけるよりも死傷者が多いが，これは彼らが大いに用いる弓矢のためである[2]。敗北した時は一団に固まって逃げるが，それを追跡する

のは危険である。前と同じく後ろにも弓を射，逃げながら弓矢で人馬を殺すからである。そして敵が愚かにも追跡してくるのを見るや，すぐに踵を巡らせて襲いかかる。こうして，追跡した者が敗れるということがしばしば起こった。タルタル人の軍は大軍には見えないが，これは彼らが皆一つに固まって動くからで，1千人のタルタル人は5百人にも見えない。

　客人には温かいもてなしをし，自分の食べ物を喜んで気前良く分け与え，そして人も自分たちと同じようにすることを望み，でなければ力ずくで取る。外国の地を征服することは良く知っているが，それを守ることは知らない。これは，町に住むよりは天幕や馬車の中にいる方を好むからである。酷く欲深で，他人の物を勝手に取る。自分たちの物を保っておくことを知らないし，金を払うことも望まない。他の人々と一緒にいるとき，自分たちの方が弱いとみればとても親切で謙虚に振る舞うが，強いと見れば傲慢で凶暴になる。自分のためになるなら簡単に嘘を吐くが，二つのことだけは決して吐こうとしない。一つは，軍事においてうまくやらなかったのに力と能力を出したとは決して言わないし，うまくやればそれをけっして悪しざまに言わない。もう一つは，裁判で君主あるいは審判者の前で，たとえ罰せられたり命を失ったりすることになろうとも，真実をけっして否定しようとしない。

　さて，タルタル人について語るのは以上で十分であろう，〈彼らの風俗・習慣を全て語るとなると，もっともっと長くなるだろうから〉。

　1) ラムージォ版 [I] では，この文の代わりに，ラテン語版第1巻第1章「カタイ王国について」の前半部分（p. 261）が挿入されている。　2) I「あらゆる武具を射通してしまう弓矢」（p. 355）。

図 16　教皇に十字軍について奏上するハイトン（BnF fr. 12201, f. 49r, 第四巻冒頭ページ）

第四巻

本書第四部ここに始まる。

ウートル・メルへの遠征について，すなわち聖地征服のため遠征を行わねばならぬ者はいかになすべきかについて語る。［図16］

1　ここに，キリスト教徒はイエス・クリストの敵の手にある聖地を征服すべく努めねばならぬことを，然るべき理由によって証す。また，エジプトとシリアのスルタンたち，その他多くの王侯・君主たちの大いなる力について語る

敵に対し戦を起こさんとする者はすべからく以下の四点を顧慮すべきことを，理性は求める。第一に，戦を起こすことの正しくもっともな理由を持つべきこと。第二，戦を開始し継続し〈有利に〉終結させるのに，自らの力が費用その他全ての点で十分かどうか見極めること。第三，敵の意図・状況・状態を賢明に探ること。第四，戦を適切な時期と季節に始めるべく留意すること。

私こと修道士ハイトン，我らが教皇祝下の命により，この問題につき語ることとなった者であるが，最初にまず，キリスト教徒はサラセン人とマホメットの汚らわしき裔に対して戦を起こすべき正しき理由と原因を有していることを申し上げる。彼らは，神がキリスト教徒に約束し給うた遺産，すなわち聖地を占領しているからである。彼らはまた，クリスト信仰の始まりである我らが主イエス・クリストの聖墓を占有している。また，不信の輩が過去にキリスト教徒に対してなした大いなる不正・流血・非道な恥辱，その他数えるだに長くなる様々な理由によって。

第二の点について，疑うべきことは何一つないと言おう。何となれば，全世界

の貴婦人にして師たる至聖のローマ教会は，神の御蔭により，キリスト教徒の王
侯君主たちならびに十字架にかかり給いしクリストの子たちの支援をもって，聖
墓と聖地を，我らが罪ゆえにこれを占領しているサラセン人の力から解放するに
十分な力をもっているからである。

　第三と第四の理由，すなわち敵の状況と状態を知ることと，戦を始めるに適切
な時期と季節を選ぶことであるが，これらについてはより長く語る必要があろう
かと思う。というのも，良き外科医にとって治療せんとする病気の原因を知る必
要があるのと同じく，良き指揮官にとってその戦を賢く始め・続け・良き結果に
導くためには，敵の状況と意図と状態を探る必要があるからである。戦事にあっ
ては，敵に関わることは優れて賢明な指揮官に対して何事も隠し立てしてはなら
ない。予測された事であればたいてい負担とならないのに対して，不測の事態は，
しばしばとりわけ戦にあっては，すでに出現した危険に対処する場も時もなく，
人々の勇気を挫くものだからである。いかなる活動であれ，たとえ誤りを犯して
もそれを改めることができるものであるが，戦においては難しい，誤りは直ちに
罰に結びつくからである。以上，聖地遠征の企てに関して言わんとしたことにつ
いて良く御理解いただけるよう，以下にエジプトの地の状況と状態，バビロン
［カイロ］の軍，敵の力についていくつかのことを申し上げる。

2　エジプトの地の状況と状態について

　目下エジプトとシリアの王国の統治権を有しているスルタンは，メレク・ナセ
ル［アッマリク・アッナーセル・ムハンマド］といい，クマニア国の生まれである。
エジプトの軍勢と騎兵は，様々な地方や外国から集められた者たちで，というの
も土着の民は，歩兵としても騎兵としても海でも陸でも軍事には全く役に立たな
いからである。〈そのためスルタンは，自分の軍事力を外国人や様々な国の者か
ら集めなければならない〉。エジプト・スルタンの軍事力は，歩兵は小さく，騎
兵は大きい。しかし，彼らの大部分は売買された奴隷で，悪しきキリスト教徒が
金儲けのためにエジプトの地にもたらしたものである。他に，戦で捕らわれた者
もおり，これらにはキリスト信仰を捨てるよう強制する。しかし，売られた奴隷
の方が〈より価値高く〉また誉れ高いと評価される。だから，〈自由人の身分に

ある〉多くの者が自らを売るということが起こる。その方が，主人がより大切に
するからである。エジプトのスルタンは，人々に対して常に大きな猜疑と怖れを
抱いている。彼らはそうした素性だから，いつも統治権を横取りしようと狙って
おり，事実そのようにして多くのスルタンが死んだからである。エジプト軍の騎
兵は2万くらいとみられ，中には良く訓練された優れた戦士もいる。が，大部分
はたいして価値がない。スルタンは，軍とともに出陣するときは，荷を積んだ多
数のロバやラクダを率いる。軍馬はとても優れており，また極めて軽快に走る牝
馬を有している。ロバとラバは小さい。彼らの馬は重労働に耐え得ず，むしろた
いそう世話がかかる。エジプト軍はいつでもスルタンの命令に応じる用意が出来
ているが，それは皆一緒にカイロの市に住んでいるからである[1]。

　エジプト軍の状況は次のごとくである。兵士はそれぞれ決まった給料を受け取
るが，それは120フロリン以上の値打ちはない。騎兵は馬3頭と荷ラクダ1頭を
持つよう決められている。自軍を王国外に率いるときには，スルタンはその望む
ところにしたがって，さらにいくつか〈の物〉を彼らに無償で与える。スルタン
は自分の兵士を分割し，アミールと呼ばれる諸侯に分け与えて保有・統制させる
が，ある者には百人，別の者には3百人と，ある者を別の者より名誉あらしめ昇
進させようとするところに従って多少して与える。スルタンがもし一人のアミー
ルに百か2百の騎兵を保有する力を与えてしまうと，彼はその将軍に全て与える
ことになり，その給料は全額に上り，また全てアミール個人のものになってしま
うからである。その結果，スルタンは自分の仕事に大きく支障を来すことになる。
というのも，百か3百の騎兵をもって仕えねばならぬはずのアミールが，自分の
金で奴隷を買い，それに武器と馬を与え，兵士の世話をさせ，彼らのために給料
を受け取る，あるいは値段の低い人間を求め，彼らに武器と馬を貸し与え，いく
つかのものは与え，彼らを軍務につかせ，彼らのために給料を受け取り，残りは
全て自分の懐に入れることになるからである。人の数は多いのに，有能な者は少
ししかいないのはそのためである。

1) アイユーブ朝第7代スルタン・アッサーリフ（1240-49）は，購入したトゥルク人マムル
ークをナイル川ローダ島の兵営に住まわせ，それはバフリー（川／海の）・マムルーク
（1250-1382）と呼ばれた。一方カラウーン（1279-90）は，チェルケス（シルカシア）人マ
ムルークをカイロのモカッタム城塞内に住まわせ，そこから後のブルジー（塔塞の）・マム
ルーク（1382-1517）の名が由来した。

3　シリア王国におけるスルタンの力について

　シリア王国でのスルタンの力は騎兵約5千とみられ，彼らは土地からの収益で暮らしを立てている。他に，多数のベドウィンとトゥルクマンがおり，彼らは森の人間で，スルタンがとりわけその地を攻撃したりそこを通過しようとする時これを大いに助ける。金はもらわず，単に何か物を得るためにそうするからである。しかし防衛したり戦に赴いたりするときは，上記ベドウィンやトゥルクマン・アミールは大きな報酬なしでは働かず，もしスルタンが強制しようとすればいなくなってしまうだろう。トゥルクマンは山に，ベドウィンはアラブの砂漠に行くだろう。またスルタンは，マルベク地域，リバノン山，アッサッシンの地に歩兵を有している。町や城を攻撃したり，その地方で土地を守ったりするときは，彼らの助けを得ることができるだろう。しかし自分たちの地域の外へは，スルタンのために行くことはせず，その住んでいる険しい山〈地〉のため，スルタンは彼らを強制することもできない。エジプト・スルタンの将兵は町や城を奪うのに極めて巧みで，様々な方法で土地を攻略する。つまり弩・機械・道具・投石機・地下坑・消すことのできない火［ギリシャ火］，その他の方法によって土地を危険なく易々と奪うのである。

4　ギリシャ皇帝の力について

　かつてはギリシャ皇帝がエジプトの統治権を有し，その地を派遣した総督と役人によって治め，彼らは毎年その地からの収益を集めてそれをコンスタンティノープルにいる皇帝のもとに送っていた。エジプトの地におけるギリシャの統治権は，我らが主の700と4年まで続いた。エジプトの地の者たちは，ギリシャ人の課す税の重さに耐えられなかった。そこで彼らはサラセン人に服し，マホメットの血統の一人の支配者を選び，それをカリフと呼び，その後も彼らの領主は全てカリフと呼ばれるようになった。そしてエジプトの統治権を，マホメットの血筋の者たちが347年間保持した。その後サラセン人は権力を失い，コルダン［クルド］と呼ばれるメディア人が，以下に述べるごとくエジプトの統治権を占めた。

5　エルサレム王アモーリーはいかにエジプトに入り多くの地を征
服したか

　我らが主の 1152 年，故エルサレム王オマーリ［アモーリー］は，聖地征服の史
書に記されてあるごとく，エルサレム王国全土の軍を集め，エジプトの地に入り，
多くの地や町を征服した。カリフは，キリスト教徒の力に対して防衛できないの
を見て，ハラプ［アレッポ］のスルタン［ヌールッディーン］に使者を送り，救援
を請うた。マホメットの法を守り，カリフの莫大な財宝を狙っていたハラプのス
ルタンは，クサラコン［シルクー］なる一武将に多数の兵をつけてカリフの救援
に派遣した。彼らは大いに働き，エジプトの地からキリスト教徒を追放した。そ
の後クサラコンは，エジプトの地が豊かで麗しく，カリフの力が小さいのを見て，
支配を我が物にせんと企んだ。そして，カリフを捕らえて投獄した。次いで同地
を激しく襲って屈服させ，自らエジプトのスルタンにして君主となった。このク
サラコンはメディア王国の出で，コラサン人であり，エジプトにおける同国出身
の最初の君主となった。[1]

> 1) エルサレム王アモーリー 1 世によるエジプト侵攻は 1163, 64, 67, 69 年の 4 回。その第
> 3 回の時，カイロのスルタンはシリアの太守ヌールッディーンに救援を求め，それにより派
> 遣されたのがホムスの代官だったシルクー（クサラコン／シラコンはシルクーに対する十字
> 軍側からの蔑称）とその甥サラーフ・アッディーン（サラディン）。

6　サラディンはいかに王となったか，またキリスト教徒を敗りエ
ルサレムを奪ったか

　クサラコンの死後，サラアディンという名のその息子の一人がエジプトの支配
者となったが[1]，彼は，聖地征服の書に述べられてあるごとく，エルサレム王を
敗北させ，エルサレム市を力で奪い，その他にも多くのキリスト教徒の地を取っ
た者である。サラアディンの死後，その兄弟や甥たちが，メレク・サラ［アッマ
リク・アッサーリフ］なるスルタンの代まで相次いでエジプトの統治権を有した。
このメレク・サラは，タルタル人がクマニア王国を取ったときのエジプト・スル

タンだった。このエジプト・スルタンは，タルタル人が捕虜にしたクマニア人を
とても安く売っているとの話を耳にした。そこで彼は，商人たちに大金をもたせ
て派遣し，これらクマニア人，その若者を大量に買い入れさせ，彼らはエジプト
に連れてこられた[2]。メレク・サラはこれらクマニア人を養わせ，彼らをとても
愛し，騎馬や武器の扱いを教えさせ，彼らを大いに信頼し，自分の側に置いた。
そしてちょうどフランス王聖ルイが海を渡り，サラセン人に捕らえられた頃，購
入された前述クマニア人たちは，自らの君主メレク・サラを殺害し，トゥルクメ
ニ［アイバク］という名の自分たちの一人を君主にした［1250］[3]。サラセン人の
獄にあったフランス王とその兄弟がより簡単に獄から請け出され解放されたのも，
そのためであった[4]。このようにしてクマニア人はエジプトで支配権を有し始め
た。クマニア人のこの血統はカプチャプと呼ばれ，オリエント諸地にいる。が数
日後，これら奴隷の一人でコトス［クトゥーズ］という別の者が前述トゥルコマ
ニを殺してスルタンとなり，メレク・メエスと呼ばれた［1257］[5]。このメレク・
メエスはシリア王国に向かい，ハロオン［フラグ］がシリアの地の防衛に残して
おいたギボガ［キトブカ］と1万のタルタル人を追放した［1260］[6]。彼がエジプ
トの地に戻ると，ベンドクダール［バイバルス］というこれまたクマニア人の別
の者がメレク・メエスを殺してスルタンとなり，メレク・ダエルと名乗った
［1260］[7]。この者は，非常に聡明でまた勇敢な武人であった。その治世にエジプ
トとシリアの王国におけるサラセン人の力は大きく増大し，彼はキリスト教徒が
保有していた多くの市を奪った。我らが主の1268年には，貴きアンティオキア
市を力で奪い，またアルメニア王国に大損害を与えた。

1) Cf. *Continuateurs de Guilllaume dc Tyr*. サラディン（1271-93）は，シルクーの息子ではなく
甥。　　2) モンゴルがキプチャクやルーシに侵攻したとき（1236-42），バイバルスを含むク
マニア人は，アナス・ハーンの補虜となり奴隷として売られ，時のスルタン・アッサーリフ
の手に帰した。　　3) アッサーリフ（1240-49）は1249年に病死，マムルークによって殺害
されたのは後継したその子トゥーラン・シャー。　　4) 第7回十字軍を率いた聖王ルイは，
1249年6月ダミエッタに上陸するも，翌1250年2月バイバルスによってマンスーラで捕虜
となる。その最中1249年11月23日にスルタン・アッサーリフも死亡し，その子トゥーラ
ン・シャーが継いだが，翌1250年5月2日にバイバルスらマムルークによって暗殺されて
エジプトのアイユーブ朝は滅び，かくてマムルーク朝が始まる。最初王位に推されたのは，
アッサーリフの妃でトゥーラン・シャーの義母シャジャル・アッドッルだったが，女性ゆえ
に周囲に反対され，バフリー・マムルーク出身の総司令官アイバク・アットゥルコマーニー
と結婚し，同年7月彼に王位を譲った。80万ディナールの身代金と交換にルイ9世と十字軍
騎士たちを釈放したのもこの女王。　　5) アイバクを暗殺した（1257年4月）のは，権力に

未練のあった前述妻のシャジャル・アッドゥル。が，その陰謀もすぐばれ，彼女もすぐ処刑された。後を継いだのはアイバクの前妻との子アリー。彼は 15 歳だったため，その執権となったサイフ・アッディーン・クトゥーズが 2 年後の 1259 年 4 月アリーを廃してスルタン位に登った。　6）1260 年 9 月 3 日アイン・ジャールートの戦い。これによりシリアのアイユーブ朝の権威も地に墜ち，イスラム世界はマムルーク朝の下に統一されることとなる。7）クトゥーズを殺した（1260 年 10 月）のは，アイン・ジャールートの戦いを勝利させたにもかかわらず，アレッポの大守にするとの約束を反故にされたその勇将バイバルス・アルブンドゥクダーリー。彼は直ちにスルタン位に就いた。

7　〈イギリス王ウドアール［エドワード］は聖地救援のためいかに海を渡り，スルタンに多大の損害を与えたか〉

このスルタン・ベントクダールの時に，イギリス王エドワール殿が〈聖地の救援に〉海を渡った［1271］。スルタンは，さる暗殺者［アッサッシン］に彼を殺させようとした。王はその暗殺者から毒を塗った刀で切りつけられたが，神のおかげで完治した。後にそのスルタンが毒を盛られ，ダマス市で死ぬにいたった［1277］[1]。彼の死後，メレク・サイドというその息子がしばらくエジプトの統治権を有したが，エルフィ［カラウーン］なる別のクマニア人が彼をエジプトの地から追放し，スルタンとなった[2]。このエルフィは，トリポリ市を襲って我らが主の 1289 年にこれを力で奪った者である。

1）バイバルスの死は 1277 年 7 月 1 日，アナトリアでモンゴルとセルジュークの連合軍を破ってダマスクスに戻ったおり。クミーズの飲み過ぎとも，毒殺とも言われる。　2）バイバルスの死後，その長男バラカが継いだが 1 年余で廃され，次男サラーミシュ（7 歳）が立てられたが，その摂政となっていたカラウーンが 1279 年すぐそれに取って代わった。

8　〈スルタンはいかに家来の一人に毒を盛られたか，アークレ市はいかに奪われキリスト教徒は追放されたか〉

翌年になると，かのエルフィは全軍を集め，バビロンを発ってアークルを攻囲せんとした。ある日彼が快適な所でひと休みしていると，大きな信頼を寄せ，自軍の元帥にしてやった家来の一人が彼に毒を盛り，スルタンは即死するというこ

とが起こった［1290］。この元帥は支配権を我が物にせんとしたが，他の者たち
が襲いかかってバラバラに切り殺してしまった。この後，そのエルフィの子でメ
レク・アシュラフ［ハリール］という者がスルタンとなった。これが，アークル
市を奪ってシリアの地から全キリスト教徒を追放した者である。我らが主の
1291 年のことであった。

9　メレク・アセラフは狩に行った森の中でいかに殺されたか

　メレク・アセラフは，エジプトに戻ってある日狩に出かけたが，その時家来の
一人［バイダラ］が森の中で彼を殺し，その家来もすぐ他の者に八つ裂きにされ
た［1293]1)。その後，〈今のエジプト・スルタンである〉メレク・ナセル［アッ
ナーセル・ムハンマド］なる者がスルタンとなった。このメレク・ナセルはとて
も若かったので，ギボガ2)という名のタタル国出身の後見人がその摂政となった。
ギボガはこの子供メレク・ナセルを追い出し，クラク・ド・モンロワイアルに閉
じ込め，支配権を奪ってスルタンとなり，メレク・ハデルと名乗った［1294］。
このメレク・ハデルのとき，エジプトでは大飢饉が起こり，もし金儲けのために
彼らのもとに食糧を大量に持ち込んだ悪しきキリスト教徒がいなかったならば，
サラセン人は皆飢え死にするところだった。そこへ，タルタル人来たるの報が伝
わった。そこでメレク・ハデルは軍を集め，タルタル人から領土を守るためシリ
ア王国に向かった。このギボガは，かつてタルタル人だった者をとても重んじ，
彼らを側近としていた。そのことでクマン人はとても妬んでいた。そのため，ギ
ボガがエジプトに戻ると，クマン人は彼から支配権を奪い取り，ラキム［ラージ
ーン］という名の自分たちの一人をスルタンにした［1296］。彼は後にマレ
〈ク〉・マンソールと名乗った。このラキムは，自分の仲間だったからギボガを殺
すことは望まず，サラトという地を与え，さらにハマンの支配権も与えた。しか
しギボガがエジプトに住むことは許さなかった。このスルタン・ラキムは，配下
の者に対する怖れのため 3 年間カイロの城中に滞り，外出することはしなかった。
とある日平地に降りて，ソソル［ポロ］という遊びに興じていたおり，馬が倒れ
て彼は脚を折った。その後，チェスをしていたとき自分の刀を側に置いていたが，
家来の一人がその刀を取って切りかかり，彼を殺してしまった［1298］。他の者

は，スルタンを殺したその者に襲いかかってバラバラに切り殺した。そのあと，サラセン人はスルタンを選ぶのになかなか一致を見なかった。が，ようやく一致し，ギボガがクラク・ド・モンロワイアルに閉じ込めた前述メレク・ナセルを再び統治者の地位に据えた。カサンが戦場で敗ったのはこのスルタンであるが，彼は今もエジプトのスルタンである[3]。

　もし私が，売買された奴隷であるクマン人について，またかくも頻繁に殺し合うその血統のスルタンたちについて余りにも長々と語ったとしても，どうかお許し願いたい。というのも，こうした争いが起こらずに長期間過ごすことはできないだろうから，サラセン人はエジプトを発つことも軍を率いて他の地に行くこともできないだろうと示したかったためである。

1）ハリールを殺した（1293年12月）のは，その執権バイダラ。その後スルタンに選ばれたマリク・アッナーシル・ウッディーン・ムハンマドはハリールの弟。　　2）Guiboga（L 同）：第3巻 Ch. 22-25 では，アイン・ジャールートでマムルークに敗れたモンゴル将軍キトブカ（ナイマン部）であるが，ここでは「タタル国出身」となっていることからして，同名異人か。　　3）アッナーシル・ムハンマドの在位は，したがって1293-94年と1298-1340年に分かれるが，その間に一度1308年自ら退位してかつての亡命先カラクに戻るも，翌年すぐ復位している。彼の治世がマムルーク朝の黄金期。

10　エジプト情勢について

　エジプト王国はとても豊かで心地よい。縦は15日行程もあるが，横は3日行程しかない。エジプトの地はまた一つの島のごとくで，二つの方向で荒野と砂に囲まれており，もう一方はギリシャ海である。東は他のどの地よりもシリアに近い。しかし両王国の間は実に7日行程あり，全て砂である。西はバルカという蛮地と接している。その両地の間には，実に15日行程の砂漠がある。南はヌビア王国と接しており，彼らはキリスト教徒で，太陽の熱のため真っ黒である。両地の間には12日行程の道があり，全て荒野と砂である。

　エジプト王国には五つの地方がある。第一はサイト［上エジプト］，第二はメセル［古カイロ］，第二はアレクサンドリアと呼ばれ，第四はレシス［ロゼッタ］である。この地方は島のように〈海と〉川に囲まれている。もう一つはダミエッタである。エジプト王国の首都はカイロといい，とても大きく豊かで，メセルとい

う古代都市の近くにある。これら二つの市はエジプトの地を流れるナイル川のほとりにあり，この川は福音書ではジオンと呼ばれている。このナイル川はとても大きな利益をもたらし，その流域の全ての地と地域を潤して湿らせ，その地を実り豊かであらゆる物で肥沃にする。ナイル川には美味な魚がいて大量に採れ，また広く深いから大きな船が通れる。ナイル川は，水中や岸で人や馬を襲って喰うドラゴンのような一種の獣がいることを除けば，あらゆる点で他の全ての川に優っている。この獣はコカトリス［ワニ］と呼ばれる。

　ナイル川は年に一度増水し，8月中頃から始まって聖ミカエル祭［9.29］の頃まで増え続ける[1]。そして最大点に達すると，地域の人々はその水を運河や付けられた溝を通して流し，その地域全体を潤し，40日間水をその地に溜めて置く。［水が引いて］土地が乾くと，種を蒔き穀物を植えるが，この地ではあらゆる物がただその湿りだけで良く育つ。というのも，この地方では雨も雪も降らず，冬と夏を区別することも困難だからである。さらにまたエジプトの地の住民は，ナイル川の中心のメセル市の前にある小さな島［ローダ島］に大理石柱［ナイロ・メーター］を据え，その柱に印しをつけ，川が可能な限り増水するとその石柱の印しを見，水の増え具合によってその年は豊作か不作か知り，それによって物の値段をつける。ナイル川の水は飲んでもよいが，川から採った水はとても熱く，素焼きの壺に入れて置くと澄んで冷たくまた安全になる。

　エジプト王国には二つの海港があり，一つはアレクサンドリア，もう一つはダミエッタである。アレクサンドリアには船やガレー船が着くことができ，アレクサンドリア市は堅固で城壁に囲まれている。アレクサンドリアで人々が飲む水はナイル川から水道で引かれており，市内にたくさんある水槽に溜めて置かれる。彼らが生きてゆける水は他にはない。したがって，水道で引いてこられる水を取り上げることができれば，彼らにとっては大災難で，長く持ち堪えることはできないだろう。さもなくば，アレクサンドリアを力で奪うのは大変なことである。ダミエッタ市もナイル川のほとりにあり，かつてはよく城壁が巡らせてあったが，三度キリスト教徒によって奪い取られた。一度はエルサレム王と他の東方キリスト教徒によって，もう一度はフランス王聖ルイ陛下によってである[2]。そのためサラセン人はこれを打ち壊し，海と川から遠く離れたところに移したが，城壁も砦もなく，その地は新ダミエッタと呼ばれる。昔のダミエッタには今は誰も住んでいない。スルタンは，このアレクサンドリアとダミエッタの港から莫大な収入

と財貨を得ている。

　エジプトの地は砂糖やあらゆる物を豊かに産する。葡萄酒は少ないが，当地で造られるのはとても美味しく，香わしい。サラセン人は，その法によって禁じられているゆえ，葡萄酒を飲むことはしない。羊や山羊の肉，鶏その他の鳥は豊富にある。牛の肉は少なく，ラクダの肉を食べる。

　エジプト王国にはキリスト教徒もいくらか住んでおり，カプティス［コプト］と呼ばれ，ヤコバン派に属する。その地方にはまた美しい修道院がたくさんあり，自由かつ平和に保たれている。これらカプティスはエジプトの地の最も古い住民であり，サラセン人は統治権を奪って後その地に住み始めたにすぎない。エジプトにはなく，他の地から持ち来たるのでなければエジプト人が持つことができない物は，鉄・木材・瀝青，それに軍を作るための奴隷である。これらは極めて需要が多く，それなしには長く持ち堪えることはできぬだろう。エジプト王国には，とてもよく城壁が巡らされているアレクサンドリア市と，あまり堅固ではないカイロの城を除いては，どこにも市も城も砦もない。しかし，スルタンはその城に住んでいる。エジプトの地全体が軍と騎兵によって守られ，見張られている。したがって，エジプト軍が打ち破られれば，その地は容易く危険なく征服されるだろう。

1）実際は6月半ば頃増水し始め，8月半ば頃決壊する。　　2）1169年エルサレム王アモーリー1世，1219-21年第5回十字軍でジャン・ド・ブリエンヌ（2回），1249-50年ルイ9世。

11　ここにキリスト信仰の敵に対して戦を起こすにはいかなる時が適切であるか示す

　以上，キリスト教徒がサラセン人に対して戦いを起こすべき正しき道理を理にかなって示し，聖なる教会の力を十分に述べ，さらにはエジプト王国ならびにシリア王国の状況と状態，またスルタンとその兵の力について詳述したが，さらにキリスト教信仰の敵に対して戦いを始めるに適した時について語ることが残っている。そこで私は，一言で次のごとくに言うことができると言おう，「今こそその時である，今や救いの日は来た」と。まさしく今こそ，久しく不信の徒の隷属

下にあった聖地に救いの手を差し伸べるにふさわしい時，絶好の時だからである。

　今こそクリストの信徒たちの勇気が聖地遠征に，我らが信仰の始まりたる我ら
が主の聖墓を敵の手から解放することに振るい立つべき，然るべき時である。過
ぎし日々において我らは，神がその慈悲により様々な形で示し給うているごとく，
今ほど適切な時を持ったこともなければ，持てるという希望も起こらなかった。
何とならば，全能にして慈悲深い神は今初めて，神聖にして敬虔この上なく，あ
らゆる徳あふるる牧者たる教父を我らに授け給い，その御方は教皇座に就き給う
てからというもの，いかにすれば海の彼方の聖地の救援に赴くことができるか，
クリストの御名を冒瀆している不信の徒の力からいかにして我らが主の墓を解放
することができるか，日夜熱心に考え給うているからである。これにより我らは，
神がその哀れみ深い眼差しを聖地を見守ることに戻し，またその贖い主すなわち
聖なる教父，我らが教皇を地上に命じ給い，その御世にこそ，我らの罪ゆえ久し
く敵の隷属の下におかれている聖なるエルサレム市が，神の慈悲により解放され，
キリスト教徒のかつての自由〈とかつての力〉の下に戻されるだろうと，しかと
信じることができるのである。

12　本書の著者の言葉について，キリスト教君主たちへの警告について

　今こそ，聖地が敵の力から解放されるべきことを，神が我らにはっきりと示し
給うているふさわしい時，適切な時である。何とならば，神の御蔭により，キリ
スト教徒の王と君主たち〈それに市町村〉は全て，今や互いに良き賞むべき状態
にあり，かつて常にそうであったごとき戦や争いを持たず，したがって全能の神
はまさしく今，聖地を解放すべきことを望み給うかに思えるからである。さらに
また，様々な地，様々な王国のキリスト教徒は皆，信仰と献身から聖地救援のた
め海を渡り，十字架を手に取り，かつまた我らが主イエス・クリスト崇拝のため，
熱心かつ歓んで人と物を提供する用意が出来ているからである。

13 〈同上について〉

今こそ，神がキリスト教徒に示し給うているふさわしい時，適切な時である。何となれば，キリスト教信仰の敵どもの力は，タルタル人との戦争で敗北し，戦闘で数限りない兵を失ったことにより，またエジプト王国を領有しているスルタンは，何の能力も人望もない人物であることにより，極めて小さくなったからである。また一方，いつもエジプトのスルタンを援助するのが常であったサラセン人君主たちは皆，タルタル人の力により死ぬか倒され，新たにタルタル人の力への服従と保護の下に戻ったメレディンと呼ばれる唯一のスルタンが残っているにすぎないからである。それゆえこの時にこそ，危険なく僅かな労力で聖地を取り戻すことができ，エジプトとシリアの王国を獲得し，今この時にこそ，過去にあったよりもはるかにたやすく敵の力を破壊し打ちのめすことが出来るであろう。

14 〈同上について〉

［今こそ］適切な時であることを，神はまた次のようにキリスト教徒に示し給うている。すなわち，タルタル人はサラセン人に対してキリスト教徒を支援することを自ら申し出ており，そのためタルタル人の王カルバンダは，使者を遣わしてキリスト教徒の敵を打倒するため全力を上げると言っている。今この時にこそ，とりわけタルタル人の支援により聖地は回復され，エジプトとシリアの王国は易々と危険なく征服されえるであろう。また，キリスト教徒は一刻も早く聖地に支援を与えることが必要であり，カルバンダは今でこそキリスト教徒の友であるが，将来失脚するかも知れず，マホメットの宗派を受け入れてサラセン人と手を組む別の者が登場するやも知れないことからして，遅滞は大きな危険を自らに引き寄せるからである。そうなれば，キリスト教徒と海の彼方の聖地にとって大変な心配と大きな危険となるであろう。

15 〈著者より教皇へ〉

　我らが聖上貌下を前にして小生，自分が聖地遠征のごとき大業につき進言するに十分な知識を持ち合わせぬ者であることを告白いたします。しかしながら，不服従の子という罪を犯さぬために，貌下の命令に服すのであり，いかなるキリスト教徒といえどもそれに反してはなりませぬ。それ故，私がこれまで多少とも述べ来たりましたことどもをまずお許し願った上で，聖地遠征の企てにつき，賢者たちのより良き助言はさておき，乏しい知識によってながら，私なりの意見を申し上げたく存じます。

16　ここに海の彼方への遠征の仕方について語り始める

　さて，我らが主なる神イエス・クリストの誉れのため，またその慈悲によりこの拙論をつつがなく仕上げることを望むものでありますが，聖地がより僅かな労苦と危険でもって征服されるには，キリスト教徒は，とりわけ敵どもがいくつかの困難に直面しているこの時期に同地に入り，敵を攻撃することが必要であると申し上げます。もしキリスト教徒がこれを，敵が有利にある時に行おうとするならば，大きな労苦と危険なしにその望みを遂げることは出来ぬでありましょう。その有利とは何であり不利とは何かを，手短かに申し上げます。

　敵にとっての有利とは，彼らサラセン人が勇敢にして賢明なスルタンや君主を擁している時，またそうした者が人々の反逆や裏切りの恐れなしに統治権を行使することが出来る時といえよう。もう一つの有利とは，タルタル人や他の国民との戦争がなく，長く平和のもとにある時。また，エジプト王国ならびにシリア王国において，豊作で小麦その他の作物が豊富にある時。さらにはまた，海路・陸路とも安全で開かれていて，敵が必要とする物が外国から支障なくもたらされる時。またサラセン人がヌビア人やエジプト砂漠のベドウィンと平和や休戦状態にあって，彼らに謀略や戦を起こさぬ時。さらにはまた，エジプトおよびシリア領内に住むトゥルクマンとベドウィンがエジプトのスルタンによく従う時，である。以上のごとき有利にある時は，敵の力は増大し彼らを打倒するのは簡単では

ないであろう。

17 〈同上について〉

反対に，不利も敵にとって多くの形で起こり得ます。

　すなわち，かつて何度もそうしたし今もしているように，不信の徒たちが反旗を翻し，自分たちのスルタンを殺す時。事実，このクマニア人の血統の者がエジプトで支配権を握ってからというもの，彼らの9人の者がスルタンにして支配者となったが，それらエジプトにあった9人の内，今までに4人が剣で殺された。すなわちトゥルクメニ，コトス，メレク・サラフ，ラキムである。二人，ボンドクダールとアルフィ，が毒を盛られた。他の二人，メレク・サイートとギボガ，は追放された。目下エジプトのスルタンであるかのメレク・ナセルは，一度権力から追われたことがあり，彼の命は悲惨な結末の待ち構える秤の上に乗っかっているのです。アーメン。

18 〈同上について〉

同じく，その他にも敵に不利なことは起こり得ます。

　すなわち，ナイル川があまり増水せず，必要なだけ土地を潤さないような時であり，その時にはエジプトのサラセン人は欠乏と飢えに陥るであろう。また，もし金を稼ぐために海路彼らに食糧を運ぶキリスト教徒がいなければ，さほど持ち堪えずして，敵はエジプトの地を捨てるか，あるいは飢えて死ぬことであろう。そうした事態が敵の身に降り懸かれば，彼らは貧しくなり，馬や武器を売り払ったり家族を減らしたりしなければならなくなるだろう。そうなれば，エジプトを発ってシリアに向かう力はなくなるだろう。8日間砂漠以外何もないから，各人が自分と家畜と家族のために，8日間必要な物を全て携えねばならないからである。馬かラクダのない者はだから，エジプトの地を発つことはできない。かくしてスルタンは困難に陥り，シリアの地の救援にやって来ることは出来ないであろう。

　また，敵が長く戦に係わっている時は，もし海路がよく塞がれ，彼らが最も必要とする物，たとえば鉄・鋼・木材・瀝青・奴隷，その他外国から輸入するのでなければ見出し得ず，それ無しには持ち堪えられぬ物が何一つ彼らの地にもたらされなければ，さらに大きく不利な状況が敵に起こる。またヌビア人かベドウィンがスルタンに戦いを起こした時には，彼らはその戦によってもやはり邪魔され，エジプトを発ってシリアに向かうことはできないだろう。また，日照りとかタルタル人との戦争とか他の形で，シリアの地で欠乏や不作が起こる時である。もしシリア王国で収穫が不足すると，エジプトからも他の地からも何もシリアに持ち込むことはできないため，エジプト軍はシリアにやってきて留まることができないからである。そのため，敵軍はエジプトを発つことができないのである。したがって，敵が上述のごとき不利のいずれかに出会うと，必ずや困難に陥るから，エジプトを発ってシリアの地の防衛に来ることはできず，そこでキリスト教徒は容易くエルサレム王国を占領することができ，また邪魔されることなくその市と城を再建し，もはや敵の力を恐れる必要のないよう防衛することができるであろう。

19　〈海の彼方の聖地への遠征の開始について〉

　敵の身に起こりえる有利・不利両方の事態について理を追って述べたゆえ，次にここでは猊下の命により，聖地への遠征をいかに開始するかにつき，己の乏しい知識に基づいてながら，申し上げます。

　さて私には，遠征全体の安全と利益のためまた敵の力を知り見極めるため，まず騎兵と歩兵からなる一定数の兵士を先に派遣すべきだと思われる。そのためには騎兵1千，ガレー船10，歩兵3千で充分であろうと思われる。これら人員に加えて，彼らとともに海を渡り，彼らを統率しその上に立つ教会からの特使と，賢明にして勇敢な将軍が派遣されなければならない。彼らはキプロス島かアルメニア王国か，彼らにとってよいと思える方に着くことになる。その後，遅滞なくアルメニア王の助言を通して，タルタル王カルバンダに使者を送り，二つのことを要請する。一つは，何物も敵の地に持ち運ばれぬようその全土を守らせること。もう一つは，メレティン地方に兵を派遣し，〈ハマン市近郊に陣を敷き〉ハラプ

の地を破壊し荒らすこと，である。しかる後，我らキリスト教徒の巡礼とキプロ
ス王国ならびにアルメニアの者が海陸から戦いを仕掛け，激しく敵地に侵攻し，
また何物も敵の地に持ち込まれぬよう海を守るべく努めるのである。さらに我ら
キリスト教徒は，ガレー船が着くのに格好の地であるトルトーズ島[1]を防備し，
そこから敵に大損害を被らせることができるであろう。しかし，戦を始め敵の地
に侵入する仕方については，今は述べることはしない，というのも，敵の状態と
動静にしたがって助言を変え，その仕事に通じた賢者の指示に従って行動せねば
ならぬからである。この最初の小遠征にともない得る利点と利益につき，以下に
簡単に述べます。

1）トルトーサ市沖 2 マイルの小島。1291 年アッコン陥落後は，十字軍にとってシリア唯一
の拠点となった。

20 〈海の彼方への小先発隊の利点について〉

　第一の利点は，この最初の遠征により敵は，オリエント諸地にいる他のキリス
ト教徒の支援やタルタル人に対して対応せねばならぬから，休むことができず，
またもしキリスト教徒とタルタル人からエジプトのスルタンに対してシリア王国
において海陸から戦が仕掛けられるならば，スルタンは海岸沿いや，攻撃される
かも知れないその他全ての地を守り防ぐために，兵を送らねばならず，大きな困
難と損害を被るという点にある。もしタルタル人によってメラタン地方でハラプ
の地に対して戦を起こされれば，スルタンの兵はバビロンからハラプの地を守り
に来なければならないが，そこは実に 25 日行程の距離がある。この任務のため
にバビロンから〈そのメラタンの地に〉来る者は，短期間で貧しくなり，馬や武
具を売らざるを得ず，非常な困難に陥り，大いに働かねばならず，長く持ち堪え
られぬであろう。かくて彼らは，別の者が来，前の者は戻らねばならなくなる。
二交代か四交代かすれば，敵はその力を失い，甚大な被害を被るであろう。また
最初の遠征により，敵は大きな困難に出会うだろう。十隻の遠征ガレー船の到着
により，アルメニアならびにキプロス王国に着くことができた者の支援をもって，
海岸沿いの敵の地は侵略されて荒らされ，ガレー船は無傷のままトルトーズ島に

戻ることができるからである。もしスルタンが上述の地を守り防ごうと思えば，彼自ら全軍を率いてバビロンからシリアに来なければならず，それには海岸沿いにある地全てに支援を与えるに充分な兵を擁さなければならない。また，シリアに来るためにエジプト王国を出ることは，人々の困窮が原因となって，スルタンにとっては危険であろう。キリスト教徒の侵攻により，彼はその財の全てを費やさねばならず，非常な困難に出会い，安心して休むことはできないだろうからである。シリアに来るためにエジプトを出る度にスルタンとその兵が使い費やすことになる莫大な総額は，信じることができないくらいである。さらに，上述ガレー船によって海の港と路は全て見張られるから，敵には彼らが絶対必要とする物，鉄・鋼・瀝青・木材・奴隷といった，それ無しには長く持ち堪えられぬ物，その他彼らのもとに外国から持ち来たられる物はどこからも何ももたらされないだろう。また，敵は海港から上がる収益を失うことになり，それは莫大な物資と財貨に上る。

21 〈同上について〉

　また，敵が何らかの不利な事態に煩わされ，エジプトを出ることもシリアの地に援助することもかなわなくなれば，この先発隊の巡礼たちは，東方諸地の他のキリスト教徒の助けを得て，トリポリ市を再建できるだろう。リバノン山にはキリスト教徒住民がおり，彼らは優れた兵卒で約1万5千，巡礼に大きな支援を与えるだろうし，かつて何度もスルタンに叛いたことがあり，その民に大きな被害を与えたことがある。またトリポリ市が再建されれば，キリスト教徒はこれを本隊の到着まで保持し確保することができ，トリポリ伯領に属していた周辺の全地域を奪うことができ，本隊でやってくる者たちに大きな助けとなるだろう。そこに安全に着けるよう，港がすっかり用意できているのを見るだろうからである。さらにまた，もしタルタル人がシリア領と聖地を占領していれば，先発隊のキリスト教徒はタルタル人からその地を受け取り，それに防備を施し守備する用意ができているのを見るだろう。

　そして，タルタル人の欲するところをよく知っている私は，タルタル人はサラセン人から征服した全ての市と地を，喜んできっぱりと無償でキリスト教徒の手

に任せると確信する。タルタル人は，夏期のあの酷暑ゆえかの地に暮らすことは
とうていできぬだろうから。それゆえ彼らにとっては，キリスト教徒がその地を
保有し守ってくれる方が都合がいいのである。タルタル人は，すでに全アジアを
その支配下に置いているからして，土地や町を獲得したいがためにエジプトのス
ルタンと戦っているわけではなく，スルタンが彼らにとって常に主たる敵だった
がためであり，とりわけ彼らが近隣の誰かと戦争している時，スルタンが他の誰
よりも彼らに大きな困難と被害を与えてきたからである。

　以上の理由により，これら全てを始めるに当たっては，前述の人数，すなわち
騎兵1千・ガレー船10・従者3千で充分だと確信する。また私には，当初はこ
れらの人数でできる以上の仕事をすべきではないと思われる。さもなくば，費用
が何倍にもなるであろうから。

22　〈同上について〉

　また，この先発隊によって，彼らが海の彼方のかの地域に一季節住み，土地の
状況や敵の力ややり方を知った時には，本隊でやって来る者に忠告し教えること
ができるだろう。また，タルタル人が近隣との戦争その他の理由で，サラセン人
に対するキリスト教徒に援助を与えることができないとか，あるいはそれを望ま
ない場合，およびスルタンとその兵が有利な状況にある場合，また聖地を征服し
敵の力から解放することが容易でないといった場合には，聖上貌下には，海の彼
方のかの地の状況を識り，本隊の力を見極め，本隊が海の彼方に渡るのをなすべ
きかそれともなさざるべきか，あるいはより適切な時と季節を待つべきかについ
て，助言と警告を持たれるのがよろしいかと存じます。さすれば，あらゆる敵と
起こり得る危険をかわすことができるでありましょう。

23　〈本書の著者は十字軍遠征について教皇にいかに語るか〉

　貌下には，私がさらにもう二つのことをあえて申し上げてもお許し下さいます
よう。

　一つは，キリスト教徒で他のどの国民よりも巡礼と聖地の神事に献身的である
ジョルジャ人の王に対し，巡礼と聖地の回復に支援と恩顧を寄せるよう，書簡を
認め下さいますよう。神の栄光のため，また聖上に対する尊敬のため，彼らは猊
下の命令を喜んで遂行するものと確信いたします。彼らは敬虔なキリスト教徒で
あり，その数多く力強い国民であり，勇敢な武人であり，アルメニア王国の隣人
だからであります。

　もう一つは，キリスト教徒でありエチオピアの地で使徒聖トマス尊師によりキ
リスト信仰に改宗した者たちであるヌビア人の王に書簡を認め，スルタンとその
民に対して戦を起こすよう書き送り下さいますよう。彼らヌビア人は，我らが主
イエス・キリストの誉れのため，また猊下への尊敬のため，スルタンとその民に
対して戦を起こし，その力に困難と災いを及ぼすものと確信いたします。これは，
スルタンとその民にとって大いなる障害となりましょう。なおまた，上述の書簡
はアルメニア王に送付されれば，王はそれを彼らの言葉に訳し，優れた使者を通
じて送り届けることでございましょう。

24　〈本隊の海外遠征について〉

　以上，小生の乏しい知識に基づき，遠征と聖地支援の開始に関して必要と思わ
れますところを，敬虔かつ真摯に申し述べました。次に，猊下の命にそえますよ
う，海の彼方への本隊の遠征に必要と思われることについて申し上げます。

25　ここに本隊で海の彼方に渡る者が取ることのできる三つの道に
　　ついて語る

　本隊は三つの道をとることができる。一つは蛮族の道を通るものであるが[1]，
しかしこの道についてはその地域の状況に通じた者の助言に任すこととしよう。
もう一つはコンスタンティノープル経路で，つまりゴドフロァ・ド・ブィヨン公
と当時他の巡礼たちが取った道である。しかし小生の見たところ，本隊はコンス
タンティノープルまでは無事進むことはできるだろうが，サン・ジョルジョの腕

［ボスポラス海峡］を過ぎトルコを通ってアルメニア王国に至るまでは，サラセン人でトゥルクに住んでいるトゥルクマンのため，道は安全ではないであろう。しかしながら，タルタル人がその道を解放し安全にしてくれるかもしれず，トゥルクの地から巡礼軍にたくさんの食糧や馬が安く手に入るよう計らってくれるかもしれない。

　もう一つの道は，周知のごとく海によるものである。海を渡らんとするこの遠征のためには，全ての海港で巡礼たちを運ぶ船が用意され，他の船も充分でなければならない。また一定の時期の適切な季節に，巡礼全員が乗船し，一緒に海を渡れるよう用意ができていなければならない。そして，自分たち自身と馬を海旅の疲れから休ませるため，キプロスに着くことになる。本隊がキプロスに着き，何日か休養して後，〈もし〉先発隊がトリポリ市かシリアのどこか沿岸の町を確保していれば，隊はそこに直行して上陸することができ，そうなれば大いに楽であろう。またもし〈たまたま〉先発隊の巡礼たちがシリアのどこも確保していなければ，本隊は以下のごとくアルメニア王国の道を取るとよい。すなわち巡礼たちは，夏のアルメニア平原の暑気を避けるため，聖ミカエル祭までキプロス王国で自分たちの体と馬を休ませる。聖ミカエル祭の後，安全にアルメニアの地に行き，そこで必要なものを手に入れることができる。また，タルソ市には水と馬のための牧草がたっぷりとあるから，そこでもっとゆっくり休むことができる。また隣のトゥルク王国からは，それにアルメニアの地からも同様に，食糧と馬それに軍が必要とする物が手に入り，一冬すっかりアルメニアに留まってもよい。牧草の時期に来ると，巡礼軍は陸路アンティオキアまで行くことができる。そこは，アルメニアの地から1日行程の距離である。

　船は海路アンティオキア港に着くことができ，そうすると海の軍と陸の軍は常に近くにいることができる。巡礼たちがアンティオキア市を占領すれば，それは神の御加護をもってすぐに奪えるであろうが，巡礼たちはその地で数日休養を取り，周囲の敵地に侵入して攻略し，敵の状況と状態と意図を知り，把握することができよう。アンティオキアの地域には多数のキリスト教徒が住んでおり，彼らは良き兵卒で，直ちにキリスト教徒の軍に駆けつけ，そのために多くの仕事をしてくれることであろう。そこを出発して巡礼は，海岸沿いにリーシュ市に至ることができるが，これが最短最良の道である。また船は常に陸の軍の近くを付いて来ることができる。しかし，マルガットから海岸までは多数の人間が通るにはき

わめて困難な道が一つある。もしその前に敵が，巡礼が通れないようその関を塞いでいれば，我らが軍は危険なくアンティオキアに戻り，エフェミー街道をセゼールの方へ，レヴェル川と呼ばれる川沿いに遡っていくことができる。その道中，軍は牧草と良い水と食糧その他の産物に豊かな土地を見出すことができ，軍は大いに助かることであろう。その道を通って我らが兵はハマン市にまで至ることができるが，そこはとても豊かな市で，キリスト教徒はこれを神のご加護を得て簡単に奪うことができよう。もし敵がハマン市を，豊かな土地ゆえ防衛し，キリスト教徒に対して戦いを挑んでくるようなことがあれば，その地で戦えばキリスト教徒に大いに有利であり，神のご加護をもって敵を簡単に敗ることができるだろう。

　そして，もしひと度キリスト教徒がスルタン軍を敗ればその後は何の障害にも会わず，まっすぐダマス市まで進んで，そこを奪うことができるか，あるいは同市は何らかの事情からキリスト教徒に降伏するだろう。スルタンが敗れた以上，ダマスカスの市民はもはや持ち堪え得ず，ちょうどハロオンやカサンがスルタンを敗った時したように，命乞いをするために自分の方から降伏するだろうからである。キリスト教徒がダマスを奪ってしまえば，残りは簡単に征服できるだろう。もし敵が戦いを避ければ，キリスト教徒はダマスから3日でまっすぐトリポリに来て，トリポリ市を再建することができようし，リバノン山にいるキリスト教徒は，巡礼たちに大きな支援を与えるだろう。かくてトリポリ市を手に入れたキリスト教徒は，次に神のご加護をもって，エルサレム王国を征服することができるだろう。

　1）黒海の北から回るルート。

26　ここにタルタル人の支援は多くの理由によりキリスト教徒にとって大いに有益であろうことを示す

　キリスト教徒とタルタル人の協力については，私には，約1万までのタルタル人はサラセン人に対するキリスト教徒にとって，とりわけかの地域を通過する折には，大きな助けと利益になり得ると思われる。タルタル人に対する恐れのため，

ベドウィンもトゥルクマンもキリスト教軍に近づこうとしないだろうし，もう一つ，タルタル人は何がしか稼ぐためにキリスト教徒軍に食糧を手に入れてくれ，それを遠くの地から送ってくれるだろうからである。また，タルタル人を通じて，敵の意図を探ったり知ったりすることができる。タルタル人は走るのがとても速く，道を良く知っており，夜であれ昼であれ思いのままに出入りすることができるからである。また戦の時には，町や都市を攻めることにかけてタルタル人はとても長けているから，大いに役立つ。しかし，もしカルバンダか彼に代わる他の者が，エジプトの地に入るために大軍を率いて来るようなことがあれば，その場合には彼らとの協力は避けるか遠ざけるかした方がよい。タルタル人はキリスト教徒の望みどおりにしようとはせず，キリスト教徒はタルタル人の欲するままに付き従うことはできないだろうからである。彼らは皆馬で疾駆するのに対して，キリスト教徒は歩兵の仲間がいるため，彼らに付いていくことはできないからである。

27　彼らとの協力あるいは航海においてタルタル人がキリスト教徒とともにあるときの状況とやり方について

　タルタル人はまた，自分たちの方が力があり強いと見るととても強欲・傲慢で，キリスト教徒に乱暴を働きかねず，キリスト教徒もそれに耐えることはできず，双方の間でもめ事や憎悪の件が起こりかねない。しかしこれについては，次のようないい解決策がある。すなわちタルタル人は，いつもそうするようにダマスへの道を取り，キリスト教徒はエルサレム王国の方に行くのである。このようにして双方が遠ざかることによって，キリスト教徒とタルタル人の間には良き平和が保たれ，敵の力は一つによってよりも二つによってより削がれるだろう。

　さらにもう一つのことを，猊下には心に留めていただきたい。すなわち，キリスト教徒の企図は慎重に隠されてあるべきということである。というのも，過去においてキリスト教徒はその企図を隠そうとしなかったがため非常な困難に会い，敵はそれで大きな危険を逃れ，キリスト教徒が望みを遂げる手段を奪ったのである。ただ，本隊遠征の評判はもはや世界中に知れ渡っているため隠しておけないにしても，敵にとっても何の利益にもならないわけではない。多くの仕方でキリ

スト教徒の企図が隠されておくと，彼らにはどこからも何の支援ももたらされないし，一つのことをしながら他のことをしているように見せ掛けられるからである。

　タルタル人が自分たちの企図を隠しておけないことは，しばしば彼らにとって大きな障害になった。というのもタルタル人は，最初の月である1月にその年に行おうとする全てのことを計画するからである。だから，彼らがエジプトのスルタンに戦争を起こそうとすると，その計画はすぐにすっかり知れ渡ってしまう。それで，サラセン人はそれをスルタンに知らせ，スルタンはそれによって対策を立てることができるというわけである。一方，サラセン人は自分たちの企図をうまく隠しておくことを知っており，それは彼らに何度も役立った。さて今は，聖地遠征について語るべきことは以上で十分であろう。

28　〈本書の著者はいかに本作品ならびに聖地遠征につき記せるところを全て嘉納し給うよう教皇に願うか〉

　以上，猊下には，聖地遠征につき小生身命を捧げて認めましたものを，つつがなく御嘉納賜りますよう伏してお願い申し上げます。また，小生が申し上げましたところに，大であれ小であれ訂正のやすりをおかけ下さいますよう。と申しますのも小生，聖地遠征のごとき大業につき，聖上猊下の命によるのでなければ，何事かを進言申し上げるといった厚かましさは持ち合わさなかったことでございましょうから。猊下におかれましては，神の御配慮により，司牧の座に就かれましてよりこの方，我らが主イエス・キリストの貴き血で朱に染まった聖地をいかにして不信の輩たる敵の力から解放すべきか，全身全霊をもってひたすら頭を悩ませ，案を出し，議してこられました。そしてそのため，聖地への遠征と支援についての計画と見解が得られるよう，キリスト教徒の全ての王と君主たちに呼びかけて公会議を召し給うたところであります。全能にして慈悲深き神が，猊下の御代にこそ聖地を不信の輩どもへの隷属から解き放つことを望んでいることを，様々な兆候でもって我らに示し給うていることからして，永遠に生き続べ給う神が，猊下に永く恵み深き命を授け給うよう，慎ましくも心よりお祈り申し上げる次第であります。アーメン。

Nic [olaus] Joh [annes] de Tullo
（写字生の署名）

図 17　書を書き上げて教皇に手渡すハイトン（BnF fr. 886, f. 55v, 最後のページ）

　ここに，聖地遠征につき，我らが至聖なる教皇猊下クレメンス 5 世の命により，アルメニア王の本従兄弟，コルク侯，プレモントル教団聖職者，修道士ハイトンにより，ポワティエの市において編まれし東方諸地の歴史の書，終わる。その書を，私ことトゥールのニコル・ファルコン，覚え書きも手本もなくハイトン修道士の口頭で語りしままに，最初フランス語で書き取り，次いでロマンス語からラテン語に訳せり。本書，我らが主の 1307 年 8 の月，我らが教皇猊下の下に。神に感謝を。アーメン ［図 17］。[1]

1) E ではこの後に，フランス語版からの英訳者にして出版者ピンソンによる，パトロンのバッキンガム公エドワードに対する献辞が付されている。

　献呈されたこれを読んで，とりわけハイトンが勧めたモンゴルとの同盟について，クレメンス 5 世がどのように考えたかは詳らかでないが，それに積極的・好意的だったとは推定されない。1308 年 3 月 1 日付けオルジェイトゥ宛書簡があり，それによると，モンゴル側からの軍事同盟の申し出に対して教皇は，「貴下が聖地の救援と奪回のために我らの配慮を呼びかけて，キリスト教軍が到着する時期に，20 万の馬と 20 万駄の麦を用意してこれをアルメニアに置き，そのほかに，キリスト教徒の努力を助けてこの聖地よりサラセンの敵軍を駆逐するため，貴下が 10 万騎をもってみずから進軍すると申し出でたることを，我らは知りて喜びに堪えざるなり」と満足の意を表しつつも，「我らと我らが修道士たちはとくに注意してこの問題を慎重に熟慮するならん」と，まともには取り合っていない。それよりも，「しかし貴下よ，道・真理・生命たるクリストの方へ向かわれよ」と，ローマ教会への改宗を勧める。この同盟提案というのは，実は使者トマス・イルドゥチがオルジェイトゥのものと偽って自らの考えを認めた書簡を教皇に呈したものであることが知られており，オルジェイトゥにもエルサレム奪回の大軍を発する計画はなかったし，クレメンス 5 世にもそれを本気で期待する考えはなかった。かくして，終焉しつつある十字軍運動の再興をイスラム化し衰退しつつあるモンゴルに期待するこの書は，むしろ時代に逆行するものであり，始まりつつある新たな時代を予告するものとはならなかった。

　最後に，タルタル人とは呼んでも，当時のキリスト教徒には珍しくそれを蛮族と決めつけることのないハイトンも，彼らを心底から信用しているわけではなかった。第三巻ではアジアの覇者としてその無敵の力と高貴な徳を讃え，手を組む相手として推薦した彼らを，第四巻の最後では，その領土的野心を露わにするときには十分警戒するよう注意して終わるのであった。実際，ポワティエでハイトンが教皇に書を献じて間もなくの 1307 年 11 月，再びマムルークに対する同盟を結ばんと北シリアのイル・カン国の本拠地に出向いたヘトゥム 2 世とその弟レオンの一行 42 人は，深くイスラムに帰依していたモンゴル将軍ビラルグによって皆殺しにされた。亡命先からハイトンは急遽帰国し，混乱の内にある祖国を建て直さんとしたが，またもや王の兄弟たちの間で起こった後継争いに巻き込まれ，1314 年から 20 年頃の間に没した。

VIII

モンテコルウィーノと修道士たち

カタイで布教するモンテコルウィーノ

イォハンネス・デ・モンテコルウィーノ Johannes de Montecorvino：1247 年カンパーニャ地方サレルノ近郊モンテコルヴィーノ・ロヴェッラ生まれ。若くしてフランチェスコ会に入る。1275 年頃から中東布教に派遣され，80 年代中頃イラン，グルジア，88-89 年キリキアに赴き，小アルメニアの王位を継いだ親西欧のヘトゥム 2 世（cf. VII「ハイトン」）による，アルメニア教会をローマ教会の下に置こうとする宗教合同計画に積極的役割を果たした。それら東方情勢を報告すべく 1289 年リエティ（ローマ北）の夏の行宮に教皇ニコラウス 4 世を訪ねたおり，中東諸国のみならず，当時アジア全域を支配下に置いていたモンゴル諸カン国に赴いて，それら首長に教皇の親書を手渡す使命を託された。

　1289 年 8 月リエティを発ち，キリキア，タブリーズを経てホルムズから海路インディアに向かい，そこで布教した後，1293-94 年頃中国に渡る。カンバリクを経て，キリスト教王として知られるオングトのゲオルギス王のもとに向かい，王や家臣をネストリウス派からローマ教会に改宗させ，子供たちに洗礼を施した。それらの活動が教皇庁の知るところとなり，1307 年 7 月クレメンス 5 世によって初代東方大司教に任じられた。その後の一般信者の獲得は思わしくなかったが，最初の西征のおりカフカズ地方から連れて来られ，当時モンゴル軍の中核部隊となっていたネストリウス派アラン人やキプチャク人を改宗させることによって，モンゴル上層部にもその信仰を広めることに成功した。1328 年頃大都で没したとみられる。

　東方滞在は 30 年の長きにわたったが，まとまった報告記や著書はなく，インディアからの 1 通（書簡 I）とカンバリクからの 2 通（書簡 II・III）の短い書簡が残るだけである。ここではそれらの他に，その旅の発端となった教皇や西方王侯と東方君主たちの間に交わされた書簡と，モンテコルウィーノとともに中国で布教にあたっていたペレグリヌスとアンドレアスの二人の修道士の書簡を掲げる。

　テキスト：①MS：BnF 5006 [P]（モンテコルウィーノ書簡 II・III, ff. 170v-172r, アンドレアス書簡 ff. 186r-186v）。②Wyngaert, *Sinica Franciscana*, vol. I, pp. 335-77 [SF]（主底本は①および③Roma, Biblioteca Vaticana Chigi I, VII, 262 [Ch], ④Luca Waddingo, *Annales Minorum* [W]）。⑤C. D'Ohsson, *Histoire des Mongols*, tom. 4, liv. 6, cap. 2, pp. 71-3.

　和訳・英訳他：⑥ドーソン（佐口透訳）『モンゴル帝国史 5』平凡社，1987（1976），pp. 250-61。⑦Yule & Cordier, *Cathay and the Way Thither*, vol. 3, pp. 45-75 [Yule]。⑧家入敏光訳『東洋旅行記——カタイへの道』光風社出版，1990（桃源社，1966，⑦Yule からの和訳）。⑨Dawson, *The Mongol Mission*, pp. 221-37（②SF からの英訳）[Dawson]。⑩岩村忍『十三世紀東西交渉史序説』三省堂出版，1939。⑪バッジ（佐伯好郎訳補）『元主忽必烈が歐洲に派遣したる景教僧の旅行誌』春秋社，1943。⑫佐伯好郎『支那基督教の研究 2』春秋社，1943。⑬呉文良原著・呉幼雄増訂『泉州宗教石刻』北京・科学出版社，2005（初版 1957）。⑭佐口透編『モンゴル帝国と西洋』平凡社，1980。⑮江上波夫『文化史論集 5』山川出版社，2000 [江上]。

　本訳は②SF より。

　1307年7月，ハイトンがクレメンス5世に書を捧呈する少し前，教皇は一人の修道士を「カンバリク大司教」に任命し，7人の司教をそこに派遣することを決定していた。イォハンネス・デ・モンテコルウィーノというその小兄弟会士はしかし，もうずっと前からカタイにあって，精力的に布教活動を行っていた。話は20年ほど前に遡る。

　VII「ハイトン」の編で見たごとく，当時ヨーロッパ，イスラム，モンゴルがせめぎ合う最前線となっていたイラン，グルジア，小アルメニアら中東各地で10年ほど前から伝道に当たっていたイォハンネス修道士は，それら東方情勢を報告すべく1289年リエティ（ローマの北ラツィオ地方）の夏の行宮に教皇ニコラウス4世を訪ねたのだが，そこで新たな任務を命じられる。それは，小アルメニア，グルジアのキリスト教国のみならず，イル・カン国，オゴデイ・チャガタイ・カン国，さらにその東にあるというカタイ・マンジにまで出向いて，それぞれそこの君主，すなわちヘトゥム2世，デメテル2世（1259-89），アルグン，カイドゥ，そしてクビライに，教皇の親書を手渡すというものだった。その書簡は，これら君主たちの他に，ネストリウス派・ヤコブ派・エチオピア派など，東方教会の総主教たちにも宛てられていた。つまり今やその全貌を現し始めた全世界の首長たちに対するものだった。それは，中身はほぼ同じだが一例をクビライ宛に見ると，次のようなものであった。

クビライ宛ニコラウス4世書簡

　コビラ・カム，令名いや高きタルタル人の大君へ，現在における恩寵を，それ将来における栄光へと至らんことを。

　我らは主において喜び，いや勝れる君主よ，かつ主に深く豊かな感謝の念を捧げるものなり。主は，地上君主たちの心霊はその掌中にあり，その恩寵の贈り物に優しき慈悲が先んじ，其方の内心を愛情で豊かにし給うた。其方の精神の望みがキリスト教の境域を広げることに向けられているとのこと，我ら喜びをもって聞き及べり。我が即位の始めよりほどなく，我らは令名高きタルタル人の王アルゴン大君より送られてきしさる使者たちを迎えたが，彼らは我らに，偉大なる其方が我個人とローマ教会とまたラテンの人々あるいは国民に対して大きな献身の愛情を抱いていると，はっきりと伝えり。それら使者たちはまた，我らが幾人か

のラテン人聖職者を其方の許に派遣するよう，王に代わって懇請した。かくのごとき至高の君主よりかくも喜ばしくまた望ましき声を聴き，我らは主に対して大いに喜び，其方の健康と其方の名の栄光のいや増すことを衷心より願うものなり。父なる主の光，善き贈り物と完全な賜物は全てそれからである，その光が其方の内心をさらに善き贈り物と霊感でもって照らし，その栄光ある名の賞賛と誉れの，その恩寵の露に包まれんことを。

　それ故我らは，王の願いのとおり，ここに其方がキリスト教信仰を尊重することを心寛く肯われんことを望み，また同じく熱望する。その信仰は上述教会が保持してきたものであるが，それを直ちに受け容れ，速やかに自らを捧げ，熱意を以てそれを志されんことを。けだし，それに伴う支援なしには，至高の主の気に召すことは決して能わぬゆえ。それがためここに，我が愛する子モンテ・コルウィーノのイォハンネス修道士を，小兄弟会の同志たちとともに本書状を携えて其方の許に派遣するものなり。ついては，彼とその同志を親しく迎え，彼らの説くところに，救済に資するところのあればとて，耳を傾けられんことを切に願うものなり。また，彼らに託された霊魂の救済に関わる仕事に，王の恩顧の支援を賜わらんことを。彼らが，与えられた有益にして効果的な援助でもってそれを成し遂げることの出来るよう，されば其方は，最小のことに最大のものを報い給う主より，永遠の至福の褒賞を獲得するならん。レアーテ［リエティ］，［ニコラウス4世の］2年7月イドゥス［中日］3日付け［1289年7月13日］。

（Luca Waddingo, Annales Minorum, tom. 2, Lugduni, 1628, p. 546）

　　ここにある，アルグンからの「使者」とは，前年87年から88年にかけてヨーロッパに派遣されて来た，大都出身のネストリウス派教主バール・サウマである。彼は，教皇はじめ仏王フィリップ4世，英王エドワード1世に謁見して，シリア，パレスティナのイスラム勢力を打倒し，併せて聖地を奪回するためモンゴルとヨーロッパが共同戦線を組むことを提案していた。その旅といい人物といい体験といい，ちょうど同じ頃西から東に向かったかのポーロに匹敵するものであったが，惜しまれることに手記も旅行記も伝わらない。もし残っていれば，西方と世界がどのように記述されているか興味深いものであろうが，東方はその機会を逃したことになる。彼が携えたというアルグンの親書は残っていないが，翌89年続いて派遣されて来た，ジェノヴァ出身の側近ブスカレッロによってもたらされた書簡は伝わっており，

▌　仏王フィリップ 4 世宛を例に見ると，次のようなものであった。

フィリップ 4 世宛アルグン書簡

　永遠なる天の力により，カンの吉兆の下に，アルグン，我らの言葉。フランス王よ，マール・バール・セウマ・サコーラを遣わして，其方，我に言い送れり：イルカンの軍がエジプトに進軍する時，我らここから発ちて，それに加わると。其方からこの知らせを受け取りて，我は言えり，神を信頼して我ら，寅年の冬最後の月［1291 年 1 月］に発ちて，春初めの月 15 日［2 月 20 日頃］までダマスクスの前に陣を張ることを提案せんと。もし，其方が言葉を守り，定められし時に軍を送り，神これを嘉するならば，その時我ら，エルサレムをその民から奪い，其方に与えん。しかし，出会わぬならば，軍を無駄に進めることにならん，さあらざりや。また，続いていかにすべきや知らざれば，何の善きことあらん。我，クルチ［箭筒士］のムスケリル［ブスカレッロ］を遣わす。彼，其方に言うならん，いくつかの言葉の話せる使者を我らに送り，またフランク国の贈物，珍品，多色の画を我らに齎すならば，我ら其方に大いに感謝するならんと。神の力とカガンの幸運によりて。本書状，クンドゥレンにて，丑の年夏初めの月 16 日［1289 年 7 月 21 日］，認む。　　　（C. D'Ohsson, *Histoire des Mongols*, tom. 4, liv. 6, cap. 2, pp. 71-3）

　　最初に引いたニコラウス 4 世の親書は，こうした一連のとりわけイル・カン国君主たちからの働き掛けに対して応えんとするものだった。そしてその使者に選ばれたのが，布教の経験と知識からよく東方に通じていたモンテコルウィーノというわけである。彼はこの大役をしっかりと果たし，ユーラシア大陸を渡って東の果てにまで至ったヨーロッパ人としては，記録に残るかぎりポーロに次いで二例目の人物となる。カルピニやルブルクの旅がいわば予備的なものであり，またポーロの旅が基本的には一商人の個人的なものであったのに対して，教皇の正規の使節として各国の首長を訪ね，道を説くというその旅は，キリスト教ヨーロッパの本格的な東方進出の開始を告げるものであった。なお，アルグンの書簡に「フランク国の贈り物，珍品，多色の画を我らに齎すならば」と，贈物の催促のあることが注目されるが，これに応えて仏王が何かを託したかの記録はない。50 年後，同じような催促に教

皇（ベネディクトゥス12世）は黒馬を贈り，朝貢品と取られることは，第一部最後のⅩ「マリニョッリ」の編に見る。

　その旅は，1289年8月初めリエティからヴェネツィアに向かい，船で9月10日キリキア・ライアスに着き，就位して間もないヘトゥム2世にまず親書を渡す。この時おそらく，ハイトンとも再会したと見られる。89年末か90年初めイル・カン国に向けて出立したが，同じ頃マムルークのカラウーンはシリア，パレスティナに向かって進発，89年4月トリポリを奪い，91年4月には最後の砦アッコンが陥落して，終に十字軍の歴史は終わった。この交差は，一つの時代が終わり，次の新たな時代が始まっていることを示す象徴的な出来事であった。次いでシヴァスからアゼルバイジャンに抜けてタブリーズに至り，そこから陸路中央アジアは，ポーロの場合と同じくカイドゥの叛乱で危険だったため，インディア海経由を取る。タブリーズで，書簡に登場するジェノヴァ商人ピエトロ・ディ・ルカロンゴとドミニコ会士ピストイアのニコロと知り合い，道連れになったと見られる。

　そしてホルムズから出帆するのであるが，それ以後は明確でなく，インディアの旅と滞在については，1292-3年頃そこから発信された一通の手紙の，しかも同会の一修道士による次のようなイタリア語要約の断片が残るだけである。

モンテコルウィーノ書簡Ⅰ

　クリストにおける兄弟サント・コンコルディオのバルトロメウスへ，全てにおけるそなたの兄弟スプレート［スポレート］のメネンティッルスより[1]，ご健康と智を。私はそなたが，大いに知識を求め博識で，全てのこととりわけ自分の知らぬことを知りたいと，またあらゆることの知と識を得たいと望んでおられることを存じているゆえ，さる小兄弟会士［モンテコルウィーノ］によって上インディアの諸部分について書かれたいくつかのことを，そのままそなたに書き送る。彼は，全インディアの君主［大カン］の許に向かう途中上インディア［マイラブル］で死亡したピストイアのニコラウス士[2]の同僚だった。私は彼からの使者と出会って話をしたし，上述ニコライオ士が亡くなったのはその腕の中でだった。彼は［その手紙の中で］次のように証言していた。

　インディアの状態は以下のごとくである。インディアは常に暖かく冬も酷暑もないと言われるが，そこではどの時節にも空気と熱を和らげる風があるからであ

る。冬があり得ないというのは，その地域が以下に述べるごとき黄道帯に位置して
いるからである。すなわち，太陽は乙女座の始めにある時つまり8月の24日，
私が自分の目で見て測ったごとく，光を垂直に射しどこにも影を作らないからで，
羊座の始めにある時つまり3月の終わりも同様である。そのあと羊座を過ぎて北
に移り，……3)まで南に影を作り，そして乙女座に戻る。同じく，乙女座を過ぎ
たあと北に影を作るが，寒くなるほども長くではありえない。そのため二つの季
節がなく，上に述べたごとく寒さも冬もないのである。

　昼と夜の長さについては，私にできる範囲で計測と星座によって調べた。太陽
が真っ直ぐに射して影を作らない上述の二つの期間では，昼15時間・夜9時間
である。一方，太陽が蟹座の至にあるとき［夏至］は，昼は14時間かそれより
少し少なく，夜は10時間ともう少しつまり15分である。しかし，太陽が山羊座
の至にあるとき［冬至］つまり12月は，昼11時間・夜13時間で，したがって
太陽の伸長度は，山羊座にある時の方が蟹座にある時よりもいくらか大きい。

　一方，極星と呼ばれる星は，とても下の方にあるのでわずかに見える程度であ
る。だから，もし高い所に登ったなら，反対側にあるもう一つの極星が見えたこ
とであろう。北の極星を見ようと目を凝らすと，その周りを回る多くの星座が見
えた。そのことからそれと分かり，本当に近くにあるように見えた。熱気と風の
ため下の方は常に靄がかかっているのと，とても下の方にあるためよく確認する
ことはできなかったが，インディアは広大な地域だから，おそらくある所ではよ
りよく見え，別の所ではよく見えないのであろう。私は，聖トマスの地域にある
マアバルという上インディアで，それをできるかぎりよく観察した。

　上インディアの土地の状態について。インディアの上記の土地の状態は次のご
とくである。土地は極めて多くの人が住み，大きな都市がある。家はみすぼらし
く，砂交じりの泥で造られ，たいていは木の葉で葺かれている。山からわずかな
川が流れ，ある所では多くある所では少ない。泉は全くないかとても少なく，井
戸は多い。ここでは，たいてい2，3パスかそれより浅いところに水が見つかる
からである。その水は飲むのに適していない，いくぶん柔らかく，腹を下すから
である。たいていは水溜めかあるいは溝のような堀池があり，そこに雨水を集め
て飲む。家畜は少ない。馬は，王や大君侯の許でなければ，いない。蠅は少なく，
蚤は全くいない。どの季節にも実を付ける木があり，そうした木や草からいつの
季節でも熟した果物が見つかる。同じく，どの時季にも種を撒き収穫する。どの

時季も暖かく，寒くないからである。ここでは，種類によって多少するが，香味料はとても安い。砂糖を産する木，蜜を作る木，葡萄酒の味のする掖［椰子酒］を出す木があり，この地の住民はそれを用いたり飲んだりする。これら三つはとても安い。胡椒のなる木は，節くれだって葡萄の木のように細く，それよりさらに細いことと移植されることの他は，葡萄の木にとてもよく似ている。

　生姜は葦のようで，葦の根と同じように掘って移植する。その茎は木のように高く，周りの太さは1ゴミト［キュビト］かそれ以上あり，枝は細く棘があり，葉は小さい。

　ベルシ［ブラジル／蘇芳］の木は細く高く，棘があって全体が赤い。葉は羊歯のようである。インディア胡桃はメロンほどの大きさで，ヘチマと同じように緑色である。枝と葉は，棕櫚の枝と葉のようである。シナモンの木は，中くらいの太さでさほど高くなく，幹と樹皮と葉は月桂樹のようで，マアバル近くの島［セイロン］に大量にある月桂樹にとてもよく似ている。

　驚くべき人間，つまり他と異なる人間や動物，地上楽園のことは，大いに尋ねまた探した。が，何も発見できなかった。

　牛は，彼らの許では聖なる動物で，だから崇拝してその肉を食べないが，乳は用い，他の人々と同じように使役する。ある時期に雨が降る。

　インディアの住民の状態は次のようである。その地域の人間は，偶像崇拝で法を持たず，文字も書もない。アルファベットはあり，それで自分たちの計算や偶像の祈りあるいは誓いを書く。紙はなく，棕櫚の葉のような木の葉に書く。いかなる罪の意識もない。

　偶像たちの家があり，その中でほとんど四六時中拝む。決まった時間に礼拝に行くために集まることはなく，それぞれ自分の好きな時に礼拝に行き，その偶像［の家］の中で，昼も夜もあらゆるところで拝む。頻繁に断食をし，祭礼は日も週も月も決まっていない。結婚は年に一度だけ行われ，夫が死ぬとその妻はもう結婚できない。肉の罪は彼らの許では罪と見做されず，それを口にしても恥じない。

　沿海部にはサラセン人がたくさんおり，大きな勢力をもっている。内陸部にはわずかながらキリスト教徒がいる。ユダヤ教徒はとても少なく，キリスト教徒に対抗する力はない。彼らは，キリスト教徒の名を持つ者たちをひどく迫害する。

　死者は埋葬せず火葬し，楽器と歌とともに薪の上に運び，その間死者の親族は

別の所で他の者たちと一緒に大きな苦しみと嘆きを吐露する。

インディアは広大な地域で，多くの国と言語がある。人々はとても親切で親しみ深いが，口数は少なくまるで村人のようである。色は，全く黒いというわけではなく，オリーブ色で，とても格好よい人たちも男女ともいる。恥部の周りに布を1枚付けるだけで，裸足で裸で暮らす。男児も女児も8歳まで何も身に着けず，母親の胎内から出て来た時のように，裸のまま暮らす。髭は剃らない。日に何度も体を洗う。パンとワインはない。我々が摂るような果物は，少しか全くない。米と乳を少し常食し，まるで豚のようにいぎたなく食べる，つまり手全体か指先で食べ，匙を使わない。食べることにおいては，人間よりも豚に似ている。

土地はとても安全で，賊や泥棒はめったにいない。教師はとても高く支払われる。職人は少ない，技芸や手仕事は報酬が少なく，あまり仕事がないからである。刀と短剣は，我々と同じように大いに使う。本当に戦う時は，敵軍が大きくても，わずかな時間で決着が付く。ただ剣と短刀だけを持って裸で戦いに行くからである。彼らの中には，弓を持ったサラセン人兵士が何人かいる。

インディアの海の状態は次のようである。海はとても魚が豊富で，何箇所かでは真珠や貴石が採れる。港はとても稀で悪い。これは地中海あるいは大洋のことで，南方には島の他は陸はない。そこの海には1万2千以上の島があり，その多くは人が住むが，人の住んでいない島も多い。そこからオルメッサ［ホルムズ］まで，南東と東の間を千の2千マイル[4]あるといわれる部分を航海する。ミナバル［マラバル］から北と反対方向にマアバルまで，3百マイルである。東と北東の間を，メナバル［マアバル］からグイギモンコテ[5]までさらに3百マイルである。北東と北の間を航海する。残りは見なかったゆえ，述べない。上記の海の急傾斜地は，いくつかの場所では海沿いに100マイル以上あり，だから杭を土地に打ち込めない恐れがある。年に一度しか航海できない。4月の始めから10月の終わりまで風は西風で，誰も西の方に航海できないからである。逆に，10月から3月までと，5月半ばから7月の終わりまでは，風はとても激しく，その時期に港の外にある船はどこに行こうと遭難し，助かれば幸運である。だから去年は60以上の船が沈み，今年は我々の近くの場所で7隻が沈んだ。

他の地域については，情報がない。彼らの船はとても脆く不格好で，鉄がなく瀝青もなく，衣服のように紐で縫ってある。だから，糸が一箇所で切れると，全て壊れる。そのため，さらに航海したければ毎年少なくとも一度は修繕する。舵

も一つで，幅 1 ゴミトの板のような脆く薄っぺらなのが船尾の中央にある。船を
回すときは，大変な苦労とともに回す。風が強いと回せない。帆は一つ帆柱も一
つで，蓆か粗末な布の帆である。索は縄[6]で，錨は少なく，船員は良くない。だ
から多くの危険を伴い，安全確実に航海する船は神が操作していて，人間の技は
あまり役に立たないと言われる。

　この手紙は，上インディア・シティア地方マバル市で主の 1210 年[7]12 月 20 日
に認められた。　　　　　　　　　（'Epistolae Fr. Iohannis Monte Corvino, I', in *SF*, pp. 341-5)

1）バルトロメウス（ピーサ生，1347 没）とメネンティッルスはドミニコ会士，前者は教会
法・ローマ法学者として知られる，後者については不明。　2）タブリーズで知り合って同
行したドミニコ会士，書簡 II 参照。　3）ユールによれば「夏至」。　4）原文 due miglia
migliaia di migliaia：ユール「2 千マイル」。　5）Guigimencote：Yule *Giu Gimmoncota*，不明。
6）resti：おそらく「(棕櫚）縄」。　7）MCCX：MCCX（CII/III）〈1292/3〉の誤り。

　　モンテコルウィーノが滞在したのは，ここでは上インディア（インド本土）のマ
アバル地方とあるだけだが，次の書簡から聖トマス教会のあるマイラプルに 13 か
月留まり，そこにニコラウス修道士を埋葬したことが分かる。1292/3 年頃であれ
ば，ポーロ一行がザイトン（泉州）を発ったのが 1290 年末，ホルムズに着くのが
93 年春頃だから，ちょうどどこかで行き交ったことになる。モンテコルウィーノ
の船がマイラプル以外どこにも寄港しなかったことはあり得ず，西から来たったの
であれば，必ず西海岸の何処かおそらくクイロンに寄ったことは確実であろうし，
ポーロの方も，マイラプル（Ch. 176「聖トマス」）もクイロン（Ch. 180「コイルム」)
もその書に出てくるが，寄港したかどうかは確かでなく，偶然の邂逅もあったか定
かでない。それでも，ユーラシア大陸を海路東西に往来した最初の旅の記録として，
どちらも歴史に残るものであった。なお，ポーロの旅はアルグン・カンの後添えと
なるべきコカチン姫を送って行くものであったが，ペルシャに着いた時にカンは亡
くなっており（1291 年 3 月 7 日），アルグンとの出会いはなかった。もし生きてい
れば，上の文書に見られるごとくヨーロッパとの提携を模索していたそのカンは，
イタリアに戻る，経験も情報も豊富で言葉も数か国語に通じた彼らに，あるいは上
述ブスカレッロのように，何らかの役目を依頼したのではないかと空想されるが，
惜しまれる。
　　そして 13 か月後，つまり 93 年前半には，モンテコルウィーノはマアバル海岸を
発ってカタイに向かった。ところが中国についても，短い書簡が 2 通あるだけで，
他に記録も著述も伝わらない。また，1328 年頃没するまで正式の大都大司教であ

　ったが，中国側にも記録は一切ない。

モンテコルウィーノ書簡 II

　我，小兄弟会修道士モンテコルウィーノのイォハンネス，主の 1291 年ペルシャ人の市タウリスを発ち，インディアに入り，インディアの地と使徒聖トマス教会に 13 か月あった。そこの様々な地で，約百人を洗礼した。道中，説教師会修道士ピストイアのニコラウス士が同行したが，そこで没し，同教会に葬られた。私はさらに旅して，マグヌス・カムと呼ばれるタルタル人の皇帝の国カタイに来った。そしてその皇帝を，教皇猊下の書簡でもって我らが主イエス・クリストのカトリック信仰に誘なった。彼は，偶像崇拝に強く固執しているが，キリスト教に多くの好意を示している。私は，すでに 12 年その許にある[1]。

　ネストリウス教徒は，彼らはキリスト教徒と呼ばれたがるが，キリスト教からはいくつもの点で外れている。これら地域ではとても勢力が強くなったため，彼らは他の典礼をもったキリスト教徒がどんな小さな祈禱室を持つことも，ネストリウス派とは異なる教義を広めることも許さない。この地にはいかなる使徒も使徒の弟子も来たことがないから，それらネストリウス教徒は，自らあるいは金で堕落した他の者を使って私にひどい迫害を加え，私が教皇猊下の使者ではなく，密偵，魔術師，人々を惑わす者だと断言した。またしばらくすると別の偽りの証人を仕立て，かつて別の使者が派遣されて来て皇帝から莫大な財宝を奪うということがあったが，その使者を私がインディアで殺害し携えていたものを奪い取ったと言いふらした。この奸計は 5 年ほど続き，私は何度も死の汚名とともに法廷に引き出された。が神の御計らいにより，とうとうさる者たちの告白によって皇帝は私の無実と敵対者の悪意を知るところとなり，その者たちを妻子ともども追放した。

　この巡歴において私は一人で，11 年間告解なしであったが，コロニア［ケルン］地方のアルノルドゥス・アラマンヌス修道士が私の許に来た。今 2 年目である。私は教会を一つ，王の主たる居住地であるカムバリエク市に建てた。それを 6 年前に完成し，鐘楼も造り，鐘を三つ据えた。またそこで今日までに，自分で見積って約 6 千人を洗礼した。上に述べた中傷がなかったなら，さらに 3 千人以

上洗礼しただろうし，今も絶えず洗礼している。

　また，相次いで 40 人の少年，それまで何も教えを知らなかった 7 歳から 11 歳の間の異教徒の子供たちを買い入れ，洗礼を施し，ラテン語の読み書きと我らの典礼を教え，その子たちのために 30 の讃美歌と二つの祈禱書を含む詩編を書いてやった。そのうち 11 人の少年は，すでに我らのお勤めを知っており，私がいてもいなくても，修道院でのように聖歌の合唱と一週間の日課を行う。彼らの多くは，詩編や他の適当なものを書く。皇帝陛下は，彼らの歌をとても喜ばれる。私は毎時鐘を鳴らし，「乳幼児たち」の集まりと一緒に聖務を執る。しかし，記された日課書がないので，慣例に則って歌う。

　善きゲオルギウス王について。この地方のキリスト教ネストリウス派のさる王，彼はインディアのプレスビテル・イォハンネス大王の血筋にあたると言われていたが，私がここに来た最初の年私に付き従い，私によって真のカソリック信仰に改宗し，下級の位階を受け，私がミサを行う時は聖服を着て執り行い，そのため他のネストリウス派教徒たちは彼を背教者と非難した。しかし彼は，自分の国民の大きな部分を真のカソリック信仰に導いたし，王の偉大さに相応しい美しい教会を，我らが神と聖なる三位一体と教皇猊下を讃えて建設し，私の名にちなんでそれをローマ教会と呼んだ[2]。そのゲオルギウス王は 6 年前[3]，揺籃に世継ぎの子を残して，真のキリスト教徒として主の許に身まかった。その子は今 9 歳である。ところが，ゲオルギウス王の兄弟たちは，ネストリウスの誤りに惑わされ，王の死後，彼が改宗させた者を皆覆し，かつての分離派に戻した。私は一人であり，皇帝カアムの許を去ることも，20 日行程離れているその教会に行くこともできない。しかし，もし誰か優れた助手と協力者が来てくれたならば，全てを再建できるだろうと神に期待している。私は，上述故ゲオルギウス王の特許状を持っているからである。

　また，上述の不名誉な出来事がなかったならば，さらに大きな［霊魂の］果実が得られたことであろう。またもし，二人か三人の助力者があったならば，おそらく皇帝カアムは洗礼を受けたであろう。［我らが］兄弟たちの中でもし誰か来たいものがあるなら，自分の名を高らしめるためではなく手本を示そうと励むような者の来てくれることを願う。

　道についてお知らせすると，北のタルタル人の皇帝コタイ［トクタイ][4]の地を通るのがより短く安全で，使者とともに 5 か月か 6 か月で来ることができるだろ

う。もう一つの道はとても長く危険で，
二つの航海の長さに相当し，最初のは
アコン［アークレ］とプロヴァンス地
方の間の距離があり，もう一つのはア
コンとアングリア［イングランド］の
間の距離がある[5]。その道だと，2年
でやっと着くことができる。しかし，
最初の道は戦争のため久しく安全でな
かったので[6]，ローマ教皇庁や我らが
修道会や西方の様子についての知らせ
を受け取れなくなって12年になる。
もう2年になるが，さるロンバルディ
ア人の外科医が来て，ローマ教皇庁や
我らが修道会や西方の様子についてこ
の地を信じられぬ非難で汚した。その
ため私は，真実を知りたいと切に望んでいる[7]。

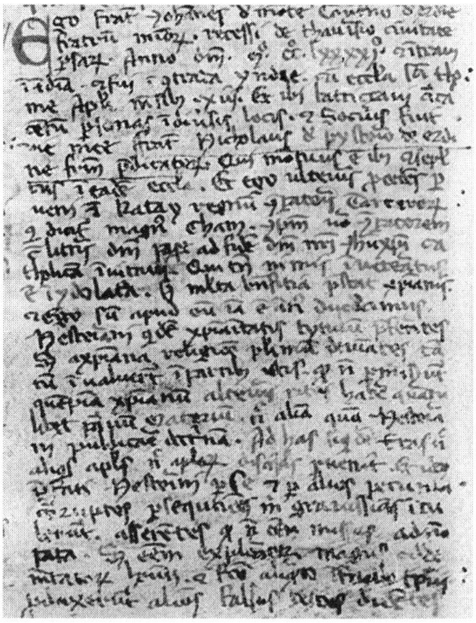

図1　モンテコルウィーノ書簡 II（冒頭部分，
BnF lat. 5006, f. 170v）

　この手紙が手元に届く兄弟たちにお願いする，この中に書かれてあることが教
皇猊下，枢機卿，ローマ教皇庁にいる我らの修道会の代表者の知るところとなる
よう努めてもらいたい。我らが修道会の事務総長に，口承聖歌集・聖者伝・楽譜
付きのミサ聖歌集と詩編を写して送って下さるよう嘆願する。私は携帯用の聖務
日課書と小型のミサ典書しかない故，もし手本があれば，前述の少年たちが書き
写すだろう。

　今私は，少年たちをいくつかの場所に振り分けるため，別の教会を建てること
に取り掛かっている。私はもう齢をとり，仕事と苦労で髪の毛が齢よりも白くな
った。58歳である。タルタル人の日常の言語であるタルタル語とその文字の習
得に励み，新約全体と詩編をその言葉と文字に訳し，彼らの美しい文字で書かせ
た。私は，理解し，書き，読み，公衆に説教し，クリストの教えを伝えている。
上述のゲオルギウス王との間で，彼がもし生きていたら，その支配下にあるすべ
ての地で歌われるよう全聖務をラテン語に移すことを約束していた。彼が生きて
いた時は，その教会でラテンの儀式に則ってミサがその文字と言葉で執り行われ
た。王の息子は私の名にちなんでイォハンネスと呼ばれ，彼が父の衣鉢を受け継

ぐことを神に期待する。私が聞きまた見たところ，この世のいかなる王も君主も，地の広さ，民の多さ，富の大きさで，カアム殿に並ぶことはできない。了。

カタイ国カムバリエク市にて，主の 1305 年 1 月 8 日付。

（'Epistolae Fr. Iohannis Monte Corvino, II', in SF, pp. 345-51）

1）下記の補足解説参照。　2）オングトのオロン・スム王府に建てられた教会は「ローマ教会堂」と呼ばれたが，彼の名イォハンネスにちなんで名付けられたのはゲオルギス王の子「主安ジュアン」（cf. 江上：531-52）。　3）ゲオルギス王の死は，1298 年か 99 年の両説がある。　4）MS *Cothay*：キプチャク・カン国トクタイ Toctay（1291-1312）のこと。5）前半はホルムズからインディア・マラバル地方（おそらくクイロン）まで，後半はマアバル地方（おそらくマイラプル）から中国までの道程。　6）クビライに対するカイドゥの叛乱（-1301）と死後の継承戦争（-1304）。　7）ドーソンによれば，教皇ボニファティウス 8 世（1294-1303）とフランス王フィリップ 4 世の聖俗両権の争い，とりわけ後者による前者の弾圧の噂が伝わったもの（Dawson：226-7）。ロンバルディア人外科医については不明。

1305 年 1 月時点で 12 年とすると，中国・泉州着は 1293 年から 94 年（至元 30-31 年）にかけて，そこから大運河を遡って大都カンバリクに着いたと推定され，クビライ没は 94 年 2 月 18 日であるから，間に合ったかどうか微妙である。たとえそれ以前に着いていたとしても謁見は叶わなかったことであろう。書簡にその名のないことがそれを物語る。跡を継いだのは孫のテムル（1294-1307）であり，書簡は彼に手渡されたであろう。とすると，その旅の最終的な目的であった東方最大の君主との出会いが実現しなかったことになり，モンテコルウィーノにとっても世界の歴史にとっても悔やまれることであった。またもし出会っていれば，その人物をどのように描いたか，カルピニのグユク，ルブルクのモンケと同じかどう違うか興味深いが，これも果たせぬ夢と終わった。

しかし，修道士はすぐ本来の仕事に取り掛かったようで，オングトのゲオルギス王の所に向かい，王をカソリックに改宗させ，子供たちに洗礼を施し，教会堂を建ててローマの名を冠した。しかし東方の宗教環境は，ヨーロッパに遣って来た使者たちが宣伝したのとはおよそ違って厳しく，その仕事は困難で孤独なものだった。が，広大な地・膨大な民・莫大な富を有するそれまで未踏だったこの大国は，「霊魂の収穫は多いが働き手は少ない」，つまり何よりも必要だったのはそれを手伝ってくれる同志だった。

モンテコルウィーノ書簡 III

　クリストにおける尊父，兄弟，小兄弟会総長代理，および説教師会総長代理，およびペルシャ人の地方に留まれる両会の兄弟たちへ，小兄弟会修道士モンテコルウィーノのイォハンネス，クリストの益無き僕，聖なるキリスト教信仰の説教師，ローマ使徒庁の特使にして使者，真の慈愛であり全ての救いである御方における健康と慈愛を。

　長くまた遠くにある者，とりわけクリストの教えのために巡歴している者たちは，互いに顔を合わせることはできぬゆえ，せめて言葉と手紙で慰められるものである。長年これほど遠くの地に滞在しながら，そなたらが私から何の手紙も受け取らなかったことに驚くのも，無理からぬことだと考えていた。しかし私は，今年でなければ，どの兄弟たちからも友人からも手紙も挨拶も受け取ったことはないし，私のことが誰かによって思い出されたのを見たこともない。とりわけ，私が死んだとの噂がそなたらの許に届いたと聞いたからである。

　ところで，次のことをお知らせしよう。昨年1月初め，私はさる我らが友人[1]，彼はカタイのカン殿のところに来たコタイ［トクタイ］・カン殿の一行の一人であったが，その彼を通じてガザリア［クリミア］地方の司教代理と兄弟たちに，私の様子と状態を手短に書いた手紙を送った。その手紙の中で私は，修道会長代理に例の書物の写しをそなたらに送って下さるよう頼んだ。前述のコタイ殿の使者たちとともにカタイのカン殿の許に今到着した親切な者たちから，私の手紙がそなたらの許に届き，また私の手紙を携えて行ったその使者は，その後サラ［サライ］市からタウリスへ来たことを知った。それゆえ，前の手紙の内容について言う必要はないし，再び書く必要もないと考えた。第一は，ネストリウス教徒からの迫害であり，第二は，完成した教会と僧院についてで，旧と新の聖書の大体の教義のために6枚の絵を作らせ，皆がそれぞれの言語で読めるよう，ラテン，トゥルシス[2]，ペルシスの文字で書かれた。第三は，私が買い入れた少年たちのうち何人かは主の許に身まかったこと，第四は，カタイのタルタリアに来た時から数千人洗礼したことである。

　主の1305年，私はカン殿の門の傍に別の新しい場を得た[3]。宮廷とその場所との間には道が一つあるだけで，カン殿の門から石一射程離れている。忠実なキ

リスト教徒で大商人であるルカロンゴのペトルス殿は，彼はタウリスから私の同行者だったが，神の愛と神聖な恩寵が働いて，今言った場のために土地を購入して私に与えて下さった。カン殿の帝国全体で，カソリックの教会を建てるのにそれよりも便利で相応しい場所は得られないからである。8月の初めにその地所を受け取り，寄贈主と若者たちに助けられて，聖フランチェスコの祭日［10月4日］までに囲いと住まい，簡単な事務室と礼拝室の壁が完成した。礼拝堂は200人入ることができる。しかし，冬になったため教会を完成することはできなかったが，木材は家に集めており，神の慈悲でもって夏には完成させるだろう。このような光景を目にするのは，他の地から来る者皆にとって驚くべきことであろう。その噂を耳にしたことがないのに，新しく造られた建物とその上にそびえる赤い十字架を目にするからである。

その礼拝堂で我々は，楽譜がないから慣例によって日課を厳かに歌う。カアム殿は，我々の声を自分の室で聞くことができ，この驚くべきことは人々の間に遠くまた広く伝わり，もし神の慈悲がそのように配慮し実現し給うのであれば，布教のために大きな効果が上がるだろう。

最初の教会と我らの建物から後で建てた二つ目の教会まで2マイル半あり，とても広大な市内にある。私は少年たちを分けて，一部は最初の，一部は二番目のに配属し，彼らはそれぞれお勤めを行っている。しかし，子供たちは司祭ではないので，私が助司祭として隔週両方でミサを挙げている。

タルタル人の大帝国について。東方地域について，特にカン殿の帝国について，この世にそれよりも大きいものはないことをそなたらに示そう。その宮廷に私は教皇猊下の特使としていつも入る道と座る場所を持っている。また彼は，その称号がどうであれ他の聖職者の誰よりも私に敬意を表す。カアム殿自身，ローマ教皇庁とラテン人のことについてよく知っているが，その地域からやって来る使者と出会うことを大いに望んでいる。

この地には，様々な信仰の偶像崇拝の多くの宗派があり，異なった習わしを持った様々な宗派の聖職者がたくさんいる。そして彼らは，ラテンの聖職者たちよりずっと厳格で規律を守る。

インディアについて，私はその大部分を実見し，他の部分についても探究した。もし兄弟たちがそこに来たなら，彼らにキリスト教信仰を説くと大きな成果が上がるだろう。しかし，非常に堅固な者でなければ，派遣されるべきでない。同地

域はとても美しく，香料と貴石に満ち，しかし我らの果実は少ないからである。ひどい嵐と暑い空気のため地域の者たちは裸で暮らし，わずかに恥部を覆い隠すだけで，そのため我々の裁縫師と仕立て屋はその技を必要とされない。そこはいつも夏で，冬はない。私はそこで約百人洗礼した。

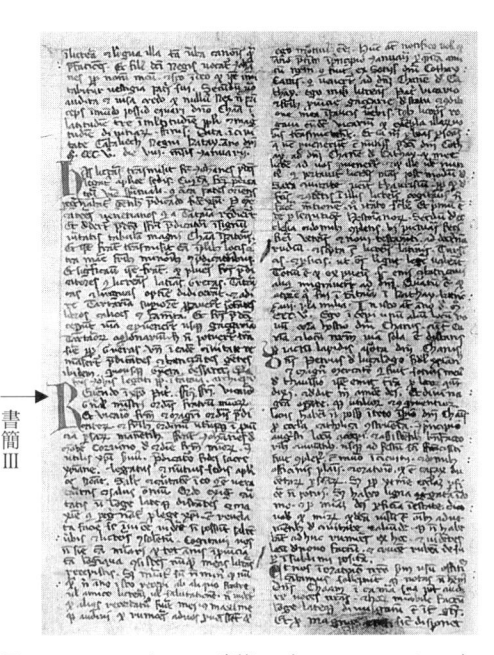

図2　モンテコルウィーノ書簡 III（BnF lat. 5006, f. 171v）

その書簡の中でイォハンネス修道士はこう言っている。厳かな使者たちがエティオピアから彼の所にやって来て，そこに伝道に来るか優れた説教師を派遣してほしいと請うた，福音史家聖マタイとその弟子たちの時から，彼らはクリスト信仰に導く説教師をもたなかった，で真のクリスト信仰に入ることを大いに望んでいる，もし兄弟たちがそこに派遣されれば，彼らは皆キリスト教に改宗し真のキリスト教徒となるであろう，と。実際オリエントには，名のみキリスト教徒と呼ばれクリストを信ずるが，しかし聖書や聖なる教義について何も知らず，説教師も学者ももたずに単純に生きている者がいっぱいいる，と。

イォハンネス修道士はまた言っている。万聖節の後400人洗礼した，両修道会の兄弟たちが幾人かペルシャとガザリアに来たと聞いた，彼らが我らが主イエス・クリストの信仰の伝道と霊魂の果実の収穫に勤しむよう励まそう，と。

本書簡は，カタイ国カムバリエク市にて主の1306年2月五旬節の日曜日に認められた。
（'Epistolae Fr. Iohannis Monte Corvino, III', in *SF*, pp. 51-5）

1) 後の1321年インド・タナで殉教した4人の小兄弟会士の一人トマス・デ・トレンティーノのことと見られる（cf. オドリクス Ch. 8）。　2) MS P *tursicis*, Ch *tarsicis*：タルサ（ウイグル）語（cf. Yule：53-5）。　3) 宮城北辺厚戴門外とされる。

　　これら2通の手紙が，ここにあるとおり，ガザリア（クリミア）を経てイタリアに送られてその活動と苦労が知られるところとなり，かくて最初に述べたごとく，1307年7月（23日）それに報いてクレメンス5世はモンテコルウィーノを東方大司教に任命し，またその要請に応えて7人の司教を派遣することが決定された，という次第になる。

　　7人とは，ペルージャのアンドレアス Andreas de Perusia，カステッロのペレグリヌス Peregrinus de Castello，アルブィーノのゲラルドゥス Gerardus de Albuino，バンツィアのニコラウス Nicolaus de Banzia，アッシジのアンドゥルティヌス Andrutinus de Assisi，ザイフリズドルフのウルリッヒ Ulrich de Seyfridsdorf，ウィッラノーウァのグリェルムス Guglielmus de Villanova で，最後の一人を除いて6人は同年秋出発したが，内3人はインディアで病没し，カタイに至ったのは最初の3人だけになった。しばらくカンバリクでモンテコルウィーノを補佐した後，ゲラルドゥスは1313年新設された泉州司教区に赴任し，アンドレアスとペレグリヌスもそれぞれ杭州と揚州に派遣され，後に跡を継いで泉州に赴任したもようである。その二人の書簡が今に伝わる。

ザイトン司教ペレグリヌス修道士書簡

　　クリストにおける尊敬すべき司祭たち，総管区長代理……修道士その他東方管区代理の修道士たちへ，他の世界の貧者たちの司教に任命された修道士ペレグリヌス，信者たちの世界の知らせを聞きたいとの希望とともに，敬意と御挨拶を。

　　遠方の地に赴いた我と我が同僚たちが，もし他の者たちと同じように放蕩息子のごとく振る舞ったとしても，敬虔な母なる修道会は，聞いたこともない流刑地に流された息子たちのことを覚えていてくれてもよいであろう。母の胎内は，息子に対して法の厳格さを向けるところではないのだから。以下に，取るに足らぬにしても私は司教であること。以下に，司祭ペルシオ［ペルージャ］のアンドレアス修道士と私はガムバレクに到着したこと。

　　そこで先ず，大司教イォハンネス修道士［モンテコルウィーノ］のことを述べる。彼の生活は，外面では良好で堅固で困難なものである。ゲオルギウス王について，かつてはネストリウス派と交わっていたが，真の信仰に十分かつ誉むべく改心したのは確かである。王はその民を一日で何千と改宗させた。もし彼が生き

ていたなら，我らは全国民と王国をクリストの下に服させたであろうし，大カンも改心したことであろう[1]。上述大司教イォハンネス修道士が大カンの帝国に来る前は，いかなる身分のいかなる国のキリスト教徒であろうと，どれほど小さな礼拝堂もクリストの標しも建立することのできた者は一人もいなかった。ネストリウス派勢力による禁止のためであった。そうして彼らは，誤った分離主義の典礼に従うか，ほとんど不信仰者の道を取るかを余儀なくさせていた。しかし，イォハンネス修道士が来てからは，神の助けをもって彼は，ネストリウス派の願いにもかかわらず，いくつもの教会を建てた。分離派のネストリウス派を嫌う他国のキリスト教徒はイォハンネス修道士に従い，とりわけアルメニア人たちは目下注目すべき教会を建てつつあり，それを彼に与えようとしている。それで，彼は常に彼らの許にあり，残りの教会は他のラテン人修道士の許にある。同じく，アラーニと呼ばれる善良なるキリスト教徒は，3万人が大王から俸給をもらっており，彼らとその家族はイォハンネス修道士の許に馳せ参じつつある[2]。彼は，彼らを励まし教えを説いている。

　我らは……見ないが，彼らに教えを説き，ローマ教会の秘蹟を授けることができる。非信者については，自由に教えを説くことができ，改宗するようサラセン人のモスクで何人もに説教した。同じく偶像崇拝者にも，彼らの大都市で二人の通訳を通じて説教した。多数の者が集まり，とても驚嘆し，これらのことについて熱心に質問する。まだ始まったばかりだが，我らが説いているところに人々が来て耳を傾けようとしているのを見ると，良き希望を持つことができる。もし我らが彼らの言葉を持っていたなら，神の奇跡が起こったであろうと真に信じる。

　収穫はとても多いが働く者は少ない[3]，というのは嘘ではない。実際，我ら兄弟たちは少なくすでに老齢で，言葉を習得することがかなわない。神よ，兄弟たちが来ることを阻んでいる者たちを赦し給え。労せず手にしている彼の帝国に我々が侵入して来ぬよう，敵がここで行動しているのは本当だと思う。

　カンバリエクには，大司教とペルシアのアンドレアス修道士，司教のフロレンティア［フィレンツェ］のペトルス修道士がいる。世俗的には彼らに欠けるものは何もない。精神的には，これほど多くを有している者は決していないと思う。これら二人の司教に聖霊が来臨し，彼らは大いなる祈りと聖なる瞑想に耽っている。神の聖霊が彼らを訪れ励まし抱きしめるゆえ，彼らは全てを忘れ，主のお傍にあって昼も夜も聖なるお勤めに励んでいる。

　私はカイトン［ザイトン］の司教となり，そこで三人の敬虔な兄弟たちとともに平穏と静寂の内に神のことに専念することができる。神の僕イォハンネス・グリマルディ修道士，モンティクロのエマヌエル修道士，この地で兄弟となったサレザーナのウェントゥーラ修道士，彼らは全ての徳においてよく力を付け，神は彼らによって讃えられている。こうした者が我らとともに百人あらんことを。カイトンの市に，我らは土地付きの良き教会を有している。さるアルメニア婦人が我らに残してくれたもので，我ら，それにもし来れば他の修道士たちのために，必要な生活品を与えてもらった。市外には森付きの美しい場所を有しており，そこに庵と礼拝堂を作りたいと願っている。兄弟たちは欲しいが，他には何も要らない。ゲラルドゥス司教は死亡し，我々残りの修道士たちも長く生きられないだろうし，他にはやって来ない。教会は洗礼も住む者もないままになるだろう。

　この大帝国の珍しい物や事情を書いても，信じてもらえないだろう。その力がどれほどか，いくつの軍があるか，領土の広さ，収入はどれくらいか，消費は，そしてどれほどのお布施をなすか。ここなる我らラテン人はそれを世界の他の全ての王と比較したが，私は誇張を書いているわけではない。我らのいる大カイトン市は，海に面し，大カンバリク市からおよそ3か月行程離れている。ザイトンにて，主の1318年1月朔日第3日付[4]。

（'Epistola Fr. Peregrini Episcopi Zaytunensis', in SF, pp. 365-8）

　1）当時の大カンは，テムル（1294-1307）の後カイシャン（武宗 1307-11），アユルバルワダ（仁宗 1311-20）。　　2）Alani XXX milibus〈アラン人3万人〉：最初の西征の折にカフカズ地方から連れて来られたアラン人（ネストリウス派キリスト教徒）の子孫。マリニョッリにもその数「3万」とある（Ch. 1「創造について」）。その経緯と当時彼らが手にしていた権力については，同解説参照。　　3）マタイ（IX-37），ルカ（X-2）の名高い文句。　　4）原文 III Kalendis ianuarii：<i>SF</i>「12月10日」。

アンドレアス・デ・ペルシオ修道士書簡

　神の許しにより司教に召されし，小兄弟会修道士ペルシア［ペルージャ］のアンドレアス，ペルシア修道院尊師グァルディアヌス・ペルシヌス士へ，ご挨拶と主における永遠なる平安を。以下続く。

　さて，私と其方の間にある広大な陸と海の隔たりのため，私から其方に送られた手紙が其方の手に届くことはほとんど期待できませぬ。以下続く。知っていただきたいが，私は，良き追憶の共同司教であり我が巡礼の別れ得ぬ伴侶であったペレグリヌス修道士とともに，幾多の努力と苦労，空腹そして様々な苦難の末，さらには陸と同じく海での危険の末，そこでは持ち物全てと外套と衣服を剥ぎ取られもしたが，ようやく神の助けの下にカンバリエク市に着いた。そこは皇帝マグヌス・カンの都であり，思うに，主の受肉の 1318 年[1]のことであった。そこで我らは，教皇庁から与えられた指示に従って大司教［モンテコルウィーノ］を叙任し，およそ 5 年の間滞在した。その期間中，8 人分の食糧と衣服のため，大皇帝からアラファを受け取った[2]。アラファとは費用のことで，皇帝が有力者の使節・代理人・兵士や様々な技の職人・芸人・貧者それに種々の身分の様々な人物に施すものである。その費用は，何人ものラテン人の王の収入と支出を凌駕している。

　この大皇帝の富，偉大さ，栄光，帝国の広さ，国民の多さ，都市の多さと巨大さ，帝国の秩序——そこでは誰も他人に剣を振りかざしたりしない——については述べずに済ます，書くと長くなろうし，聞く者には信じられないだろうから。現にそこにいる私自身，そう聞いてもほとんど信じられないほどである，云々。

　オケアヌム海に面してさる大きな都市があり，ペルシャ語でザイトンと呼ばれ[3]，その市に一人の裕福なアルメニア婦人がまことに美しく大きい教会を建てた。後にそれは，彼女の遺志に基づいて大司教により司教座教会にされたが，生前彼女はしかるべき財産を司教のゲラルドゥス修道士と彼とともにいた兄弟たちに贈与し，死後そのまま残した。こうして彼は，最初にその司教座をもらい受けた。その司教が死亡してそこに埋葬されると，大司教はその教会を私に継がせようとした。しかし私は，そうした地位と後継は自分に相応しくないので，同意しなかった。で彼は，前述の司教ペレグリヌス修道士をその後任にした。その機会を得て彼はその任に就き，数年それを統括した後，主の 1322 年使徒ペトルスとパウルスの日の 8 日目の翌日［7 月 7 日］，最後の息を閉じた。

　彼の亡くなる前ほとんど 4 年間，カンバリエクでは私はいくつかの理由により満たされなかったので，前述のアラファ，皇帝の施しが上述ザイトン市で受け取れるようにしてもらった。そこは，前に言ったようにカンバリエクからおよそ 3 か月行程離れている。私は熱心にそれを願った。そして，皇帝から許された 8 人

の騎乗者とともにその町に誉れ高く赴いた。そこに着いた時，前述ペレグリヌス修道士はまだ存命中だった。私は，市から４分の１マイル離れた近くのさる森に中に快適で美しい教会を建てさせ，そこは20人の修道士たちにとって十分な全ての室と四つの部屋を備え，そのどれもどの聖職者にも相応しかった。その建物に私はずっと住まい，上に述べた王室の施しで暮らした。イァヌア［ジェノヴァ］の商人たちの評価によると，その価値は年金貨百フロリンかそれくらいに上る。その施しの大きな部分は，上述の建物の建設に使い，その美しさとあらゆる快適さに関する限り，我々の全地方においてそれに匹敵する僧院を私は他に知らない。

　次いで，ペレグリヌス修道士の没後まもなく，前述司教座教会に私を任命するとの大司教の指名を受けた。その任命に私は納得して同意した。そして，ある時は市の建物あるいは教会で，ある時は修道院で望みのままに暮らしている。体は健康で，長生きについても元気に活動している。自然な衰えと老齢に付きものの白髪があるのは別として。

　この広大な帝国には全く，天が下なるあらゆる国あらゆる宗派の人間がいる。そして，それぞれ皆自分の宗派に従って生きることが許されている。彼らの許には，誰でも自分の宗派で救われるとの考え，というよりむしろ誤り，がある。我々は自由かつ安全に伝道することができる。しかしユダヤ人とサラセン人は誰も改宗しない。偶像崇拝者は少なからず洗礼を受けたが，キリスト教徒の道を正しく歩んでいない。

　聖なる修道士たちについて。我らの４人の兄弟がインディアでサラセン人によって殉教したが，その内の一人は，二度猛火の中に投げ入れられたが無傷で出てきた[4]。そうした驚くべき奇跡にもかかわらず，誰も自分の不信仰から改心していない。

　以上全てのことを，簡単ながら，そなたから他の者たちに知らせてもらえるよう，そなた神父殿の下に届くべく手配した。精神の兄弟たちや私の近い友人には書かない。誰が亡くなり誰が生きているか知らないからである。それ故，私を赦してくれるよう乞う。皆にご挨拶を，また親しい皆にはできるだけ私を思い出して下さるようお願いする。そしてそなたグァルディアヌス司祭，私のことを，ペルシアの総管区長と副管区長その他全ての兄弟たちによろしくお伝え下さるよう。教皇クレメンス猊下によってカンバリエクの座の司教補佐に任じられた者は皆，安らかに主の許に身罷った。私一人が残った。バントラ［バンツィア］のニ

コラウス修道士，アシシ［アッシジ］のアンドゥルティヌス修道士，それにもう一人の別の司教[5]は，下インディアに入った時さる酷熱の地で亡くなった。他にそこで何人もの兄弟たちが没して埋葬された。そなた神父殿が，主において今もまたいつまでも健康でおられんことを。ザイトンにて主の 1326 年 1 月付。

('Fr. Andreas de Perusia, Epistola', in *SF*, pp. 373-7)

1）W「1308 年」，Moule「1313 年」。後に続く文「そこに 5 年間滞在した」からすれば，XIII〈13 年〉の誤記の可能性が高い。　2）alafa〈アラファ〉：皇帝から職人・兵士・僧侶等に支給される俸給・施し。当時の大カンはその後，シデバラ（1320-23），イスン・テムル（1323-28），コシラ（1329），トク・テムル（1329-32），イリンジバル（1332），トゴン・テムル（1332/3-70）。　3）同市の街路樹刺桐の発音 tsu-tung がペルシャ語のオリーブの樹〈ザイトゥーン〉とよく似通っていたため。　4）Cf. オドリクス Ch. 8「殉教」。おそらく彼から直接聞いたのであろう。　5）ザイフリズドルフのウルリッヒ。

　これらからすると，ザイトンに赴任したゲラルドゥス修道士は 1318 年以前のいつか，ペレグリヌス士は 22 年に亡くなり，その跡を継いだアンドレアス士が 26 年に司教の任にあった。が，その士も，6 年後に「主の許に身罷る」。泉州は，当時中国最大の交易港として多数の異国人が住み，今もその墓がたくさん残っているが，1946 年中心部の通淮門近く竜宮城墙の基礎部に見慣れぬ文字を刻んだ墓碑のような石が使われているのが発見された。それには十字架を支える幼な児とラテン文字が刻まれてあり，解読されたその碑文は次のようにあった。「†ここに（敬虔なるカイトン司教）アンドレアス・ペルシヌス埋葬される……（小兄弟）会の……（イエス・クリストの）使徒……（月）……M (cccxx) xii［1332 年］†」（図 3・4）。
　一方，モンテコルウィーノはそれより先 1328 年頃カンバリクで亡くなったと見られるが，墓碑は残っていない。旅は 1289 年からだと 30 年，中国滞在は 94 年からとすると 25 年，マルコに勝る。しかも，初代東方大司教にふさわしい高い知性と行動力，深い倫理性と信仰心を備えた人物だったと伝えられる。にもかかわらず，上の 3 通の書簡以外には手記も報告記も残していない。帰朝して復命する機会がなかったためであろうが，宣教の任務を負っていたとはいえ，彼も最初は教皇の一使者であり，そのままそこに骨を埋めるとは考えていなかったであろう。が，来たった東の果てには，「地の広さ民の多さ富の大きさ」でこの世に並ぶものなき国と王があった。しかも，そこにはまだ「真の」神の言葉は伝えられていなかった，収穫すべき「霊魂の果実」はかくも多かった。で彼は，その道を「正しく」伝える仕事に邁進し，それに一生を費やした。その生涯そのものが彼の報告書であり，カンバ

図3　アンドレアス墓碑（呉文良『泉州宗教石刻』pp. 373-6）

John Foster の解読「✝ Hic (in PFS) sepultus est / Andreas Perusinus (de / Votus ep. Cayton) ...... / ...... ordinis (fratrum / min.) ...... / ...... (Jesus Christi) Apostolus / .... / ...... (in mense) .... / M (cccxx) xii ✝」.
呉文良の漢訳「✝主的…………圣諭／安徳利亜斯・頁魯斯魯斯／刺桐城，教会的神職……／……授予圣爵……／……………／……（耶蘇基督的）主教／……………／……（為紀念）……／千（百百百十十）十二✝」

　　リクとオロン・スムに建てた教会の中で行われるゲオルギス王や子供たちへの洗礼や，そこから聞こえて来る聖歌隊の合唱がその文章であった。

　　世界はいかに記述されたかを通覧せんとする本書にとって，そうした人物によって東方とりわけ長期に滞在した中国について記されたものがないのは惜しまれるが，ポーロが，その旅と体験を通じて人間の文字によって西方の人々に東方と世界を伝え残したとすれば，モンテコルウィーノはその宣教活動を通じて神の言葉によって東方の人々に西方と世界を伝え教えようとしたと考えられようか。しかし，収穫された果実は少なく，オングトではすぐに成果は上がらなかった（書簡Ⅱ・Ⅲ）が，その努力は思いがけないところで実を結ぶ。ペレグリヌス修道士の書簡（1318）にも，「アラン人3万人が……その下に馳せ参じつつある」とある。かつてカフカズの地から連れて来られた元ネストリウス派のアラン人たちがカソリックに改宗しつつあったのである。その後彼らがいかなる役割を果たすことになるかは，第一部最後のX「マリニョッリ」の編に見る。また，モンテコルウィーノとこれら修道士たちは，西方キリスト教世界による東方進出の最初の確かな一歩であったし，その足跡は本書最後のXV「カタラン・アトラス」にもはっきりと印されて残る。

IX

オドリクス

東方記

東方人に説教するオドリクス

オドリクス・デ・ポルトゥ・ナオニス／オドリーコ・ダ・ポルデノーネ Odoricus de Portu Naonis / Odorico da Pordenone：1265 年頃（諸説あり）フリューリ地方ポルデノーネ（ウーディネ・ヴェネツィア間の小村）に生まれ，若くしてフランチェスコ会に入る。東方への出発は，かつては 1314 年とされてきたが，いくつかの稿本には「1318 年」とあり，近年はその方が有力視される。旅の経緯については何も述べられていず，当局から派遣された形跡はないが，帰国後修道会と教皇庁にその報告を提出していることからして，東方での布教の実情を調査するような任務を託されていたのではないかと推定される。全行程にわたって同行者アイルランド人イァコブ Jacob de Ibernia のあったことが確認される。

　1330 年に帰り着くまでの行程と日程も，その書以外に記録はない。そこに記されているタナでの 4 人の小兄弟会士の殉教が 1321 年 4 月 9 日で，その遺骨を中国に運んでいることから，インディア着はその頃，そこからインド東海岸（マイラプル），ジャワ，チャンバを経て中国に至ったのは，23/24 年頃と推定される。広州に上陸し，泉州・福州・杭州・蘇州・揚州と陸路北上してカンバリクに着き，そこに「3 年」あった。その滞在中尊師モンテコルウィーノと共に仕事したと考えられるが，1328 年のその死にも皇帝イスン・テムル（1323-28）の死にも触れられていないことから，大都を発ったのはそれ以前と見られる。内陸部を通って，「1330 年」春頃イタリアに帰り着き，すぐ同「5 月」パドヴァで「報告」を口述した。そして，旅の報告と再度東方への出発の許可を求めて，当時アヴィニョンにあった教皇ヨハンネス 22 世（1316-34）の許に赴こうとしたが，途中ピーサで病に倒れ，ウーディネに帰り，翌「1331 年 1 月 14 日」没した。死後数々の奇蹟の起こったことが伝記に記され，1755 年にはベネディクトゥス 14 世によって福者に列せられた。

　「報告」 Relatio：正式のタイトルはなく，かく通称される（ここでは「東方記」とする）。今に伝わる写本は 180 近くに上り，またポーロほどではないが，オリジナルの問題を抱える。写本は，内容の異なりによって二つの大グループに分かれ，一つは大部分を占めるラテン語版（とその俗語訳），もう一つは，かつてはユールによって「小ラムージョ版」と名付けられていたが，最近では「トスカーナ覚え書」と称される一群のイタリア語版である。前者ラテン語版はさらに，編者の違いによって二つの小グループに分かれ，1330 年（以降）の最初の口述筆記者グリェルモ・ダ・ソラーニァ Guglielmo da Solagna によるもの（G 版）と，聖庁に送られて来たその原稿を写して故郷プラハに持ち帰り，新たに編纂して 1340 年に発表したハインリヒ・フォン・グラルズ Heinrich von Glars によるもの（H 版）である。両者は，編者の後書きを異にすることと，最後の数章の組み方を異にすることを除けば，内容と構成は基本的・全体的にほぼ一致するが，語句・表現・文体の違いは全般にわたる。両版の成立の過程とその異なりの由来，また原本との関係の問題については，その「後書き」に記される。本訳は主に G 版に拠り，H 版の異なりを**太字**で示す。

　これに対して「トスカーナ覚え書 Memoriale Toscano」（以下 MT）は，7 つの写本と 3 つの刊本からなり，基本的にはラテン語版のイタリア語要約であるが，大きな省略のある一方，それにはない興味深い記事を多く含む。それら，G・H 版になく MT 版にのみ見ら

れる独自の記事の由来については，オドリクスのメモ・ノートや口述の草稿から，最初の稿本の本文あるいは余白への書き込みから，フランチェスコ会の同僚あるいは同行者や後の写字生や編者から，等が考えられるが，全てどれか一つということはあり得ず，草稿や書き込みから拾われたものも後に加えられたものもあろうが，確定するのは難しい。本訳では MT 版の異なりを*斜体太字*で示す。

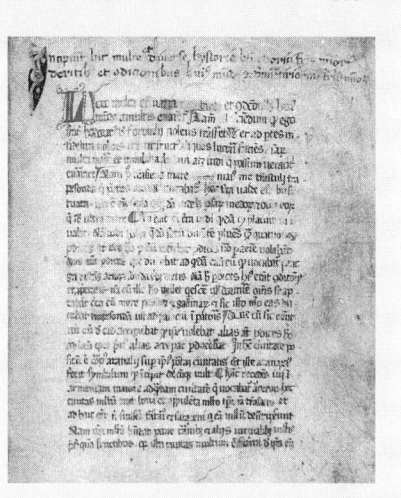

図1　アッシジ写本最初のページ（Ms. Assisi 343, f. 1r）

ラテン語版：① Wyngaert, 'Relatio', *Sinica Franciscana*, vol. I, pp. 413-95（② MS：Assisi, Biblioteca Comunale, 343）［G 版］。③ Teofilo Domenichelli, 'Descriptio Fratris Oderici de Ordine Minorum, de Partibus Infedelium', *Odorico da Pordenone*, Camera di Commercio, Industria, Artigianato e Agricoltura di Pordenone, 1982 (Prato, Ranieri Guasti, 1881), pp. 73-120 (Marcellino Da Civezza, Roma, 1859) (MS：München, Bayerrisches Staatsbibliotek, lat. 903, 1422 年）［H 版］。④ Yule-Cordier, 'Appendix I, Latin text of Odoric', *Cathay and the Way Thither*, vol. 2, pp. 278-336 (MS：BnF lat. 2584)［G 版（注に H 版を補う）］。

イタリア語版：⑤ Ramusio, 'Viaggio del beato frate Odorico', *Navigazioni e Viaggi*, vol. 4, pp. 269-303（G 系稿本（明記なし）のイタリア語訳）。⑥ Ramusio, *ibid.*, pp. 305-18（MT 系稿本（明記なし），かつての「小ラムージォ版」）。⑦ T. Domenichelli, 'Viaggio del Beato Odorico del Friuli', *op. cit.*, pp. 9-70 (MS：Venezia, Biblioteca Marciana, it. 5726)［G 版］。⑧ Yule & Cordier, 'Appendix II, Old Italian text of Odoric', *op. cit.*, pp. 337-67 (MS：Biblioteca Nazionale Centrale di Firenze, Palatino E. 5. 9. 6-7)［MT 版］。⑨ Lucio Monaco, *Memoriale Toscano di Odorico da Pordenone*, Alessandria, Edizioni dell'Orso, 1990 (MS：Roma, Biblioteca Apostolica Vaticana, Barberini lat. 4047)［MT 版］。フランス語写本⑩ British Library Ms. Royal 19 D I, ff. 136r-148r (Jean de Vignay による仏訳，底本 G 版）。

英訳・和訳：⑪ Yule & Cordier, *op. cit.*, pp. 97-277［Yule］（上記④に他の主要稿本から補ったもの）。⑫ オドリコ（家入敏光訳）『東洋旅行記——カタイ（中国）への道』光風社出版，1990（桃源社，1966），pp. 41-138（⑪ Yule からの和訳）。

文献：⑬ *Odorico da Pordenone e la Cina*, 1. Atti del convegno storico internazionale, 2. Atti del convegno socio economico, a cura di Giorgio Melis, Pordenone, Edizioni Concordia Sette, 1983［Melis］。⑭ Lucio Monaco, 'I volgalizzamenti italiani della relazione di Odorico da Pordenone', 《*Studi Mediolatini e Volgari*》, vol. 26, pp. 179-220, Pisa Pacini, 1978-9［Monaco］。⑮ A. C. Moule, 'A small contribution to the study of the bibliography of Odoric', 《*T'oung Pao*》, vol. 20, 1921, pp. 301-22［Moule］。

本訳は G 版①，H 版③，MT 版⑨より。

俗人ではポーロが，聖職者ではモンテコルウィーノが，東方カタイにまで来った最初のヨーロッパ人であったとすれば，その後幾人もの修道士や商人がそれに続いたことは，彼らの手紙や他の文書に跡付けられる。他にも多数の旅行者や短期・長期の滞在者があったことであろうが，その名が判明することも，ましてや手記や旅行記が，たとえ書かれたとしても，知られるものは皆無といってよい。そうした中で唯一今に伝わるのが，小兄弟会士オドリクスとその書である。1318 年に発ち 30 年に戻って来たその旅も，ユーラシア全体におよぶその書も，後に博した人気も，ポーロに劣らぬものであったが，内容的には奇妙なもので歴史的価値は低い。しかしその後の東方のイメージ形成に及ぼした影響は大きく，東西関係の推移や西方人の東方観・世界観の変遷にとっては，過小に評価し得ぬものがある。ボッカッチョ『デカメロン』で，東方に旅する修道士の一モデルとなっていることは，第二部に見る。

この世界の習わしと在り様ならびに 4 人の小兄弟会士の殉教について，小兄弟会士福者オドリクスの多くの様々な話ここに始まる。

1　空を導かれるヤマウズラについて[1]

この世界の習わしと在り様については，たくさんの人々によって数多くのまた様々なことが語られているが，我ことフォロ・イゥリイ［フリゥーリ］のホドリクス修道士，霊魂の果実のいくつかなりと収穫せんがため，海を越えて不信仰者たちの地に赴かんと欲し，〈それは我らが会則に定められたところに則って我が上司たちから与えられた許可のもとであったが〉[2]，大いなること驚くべきことどもを数多耳にしまた目にしたこととて，それらをここにあるがままにお話しせんとするものであることをご存じありたい。

〈我らが主イエス・クリストの 1318 年[3]，我パドヴァ地方の小兄弟会修道士フリーゴリのオドリーゴは，同地方を発ってゴンスタンティノーポリに来たり〉[4]，そこから大海［黒海］を横断して，昔ポントゥスと呼ばれたトラペソンダ［トレ

ビゾンド］に渡った。その地はとても良い位置を占め，ペルシャ人・メディア人そして海の彼方にいる全ての人々の渡し場である。その地で私はあるものを見たのだが，それは大いに気に入った。すなわち，4千羽以上のヤマウズラを引き連れているさる男を見た。その男は地上を歩み，しかしヤマウズラは空を飛んでいた。そのヤマウズラを彼は，トラペソンダから3日行程離れたカネガ［シガナ］，〈そこでは，言われるところによると，銀と水晶が採掘される〉，という城に連れて行くところだった。ヤマウズラは彼に付き従い，その持ち物だった。実際，男が休んだり眠ったりしたい時には皆，鶏の雛のようにその周りに身を寄せていた。このようにして彼は，それをトラペソンダの皇帝［アレクシオス2世］の城まで導いていた。その御前に着くと，皇帝はそのうち自分が欲しいだけ取り，残りのヤマウズラは男が最初それを捕った所に連れて帰った。

　この市には，城門の上にアタナシウスの遺骸が置かれている[5]。アタナシウスは，「欲する者は誰あれ」で始まる使徒信経を作った。

　そこを発って私は，大アルメニアのアルケロン［エルズルム］という市に行った。市は，すでに過ぎ去ったずいぶんと昔はとても立派でまた豊かであったし，そこをひどく破壊したタルタル人とサラセン人がいなければ，今もそうであろう。事実，パン・肉その他多くの食糧がとても豊富である。ただし，この市はとても寒いから，ブドウ酒と果物は除く。ここを人は，今日世界で人の住む最も高い土地だと言う。また良い水があるが，その理由は次のように考えられる。すなわちその水脈は，市から1日行程離れたところにあってそこから流れ来るエウフラテス〈と呼ばれる天国の〉川に源を発し，湧き出しているのが見られるからである。この市はまた，タウリス［タブリーズ］に行く途中にある。〈この地でさる大女が，その呪われた魂の［救済の］ために自分の財産で，男たちのあらゆる肉欲に奉仕する娼婦たちの僧院を建ててほしいと遺言に残した。〉

1）章立て・章題はG版（SF）に従う。H版・MT版とも大きく異なる。全体はG版38章，H版77章，MT版57章からなる。　　2）〈　〉内太字はH版より。　　3）ラムージォ版MT「1318年4月」。　　4）〈　〉内斜体太字はMT版より。MT版には上の序文はなく，代わってこの文で始まる。「1318年」の年次は同版のみ。　　5）遺骸はアムブロシウスのものとされる。アレクサンドリアで殉教したアタナシウスの遺骸はコンスタンティノープルに埋葬されたが，後にヴェネツィアに移された。

2　ノエの方舟のある聖なる山について

　そこを発って，ソリッサクロ［セルメッサカロ］というさる山に行った。この地域には，ノエの方舟のある山がある。もし連れ《一行》が待っていてくれたなら，喜んでそこに登ったことであろう。私はそこに登りたかったのだが，この地の人々はその山にはかつて誰も登ることはできなかったと言った。これは，言われるところによれば，至高の神のお気に召さないからと思われる。

3　とても立派なタウリス市について

　その地域を発って，古くはススシス［スサ］と呼ばれた大なる王都，タウリスに渡った。《その途中紅水を渡った，そこでアレクサンデルがダリウス王を破った》。このススシスは，かつてアッスエル［アッシリア］人の王の地だった。ここには，言い伝えによると，さるモスクつまりサラセン人の教会の中に，'乾いた樹'がある。この市は，世界のどの都市よりも商売に適している。食品にしろ他の商品にしろ，ここより大量にある都市は今日世界に他にないからである。ここはまた，とても良い位置と場所にある。この立派な市にはそれほどたくさんあるから，そこにあるものについてはほとんど信じがたい。実際，ほぼ全世界がこの市と商品で通じている。ここについてキリスト教徒は，そこの皇帝はこの都市から，フランキアの王がその全領土から得るよりも多くを手にすると言うほどである。

　この市の近くに，市全体に塩を大量にもたらす塩の山が一つある。その塩は誰でも欲しいだけ好きに取ってよく，何も払わずともよい。この市には，人種を問わずキリスト教徒がたくさん住んでいるが，あらゆる点でサラセン人が彼らを支配している。他にも多くのことがあるが，語るとあまりにも長くなろう。

　タウリス市から10日行程で，ソルダニア［スルタニーア］という市に行った。夏，この市にペルシャの皇帝[1]が滞在する。冬は，バクッド海［バクー海／カスピ海］に面したさる地域に行く。市は，土地は広大で涼しく，良質の水がある。この市に多くの大商品が持ち来たられ，そこで売られる。《ここに，説教師会と小兄弟会の会所がそれぞれ一つある。》

1）当時のカンはアブー・サイード・バハドゥル（1316-35）。

4　カサン［カシャン］¹⁾市について

その市をキャラバンつまり一行とともに発って，上インディア²⁾の方に向かった。そうして何日も進んで，カッサム 〈サバ〉という〈三人の〉マギ王の都市に来たった。王都で誉れ高い都市である。しかし，タルタル人がひどく破壊した。パン・葡萄酒その他良い物が豊富にある。マギは，この市からイエルサレムまで人間の力ではなく奇蹟によってあれほど速く行ったわけだが，50日 〈*60 日*〉行程はたっぷりある。この市には他にも多くのものがあるが，語るに値しない。

1）Casan/Cassam：ペルシャ中央部の都市カシャン。ポーロでは拝火教徒の祖マギの出身地として「サバ・アウァ・カシャン」の三都市が挙げられる（Ch. 32, Z）。　2）India superior：本書ではマンジ地方のこと（Ch. 19）であるが，ここでは「インディア上部」つまり内陸部のこと（cf. Ch. 7）。

5　ゲスト［イェズド］市について

〈*そこから砂の海つまり砂海*¹⁾*にやって来，そこの港に4日止まった。キャラバンはその砂海に入ることはようしなかった。それは，風の嵐に海のように動く乾いた砂で，もしその時そこに入ると，すぐに呑み込まれて溺れてしまうだろう。私はそこでとても高い砂の山を見たが，それはわずかな間に崩れてまた新たに別の山ができた*〉。そして，ゲストという市に来たったが，砂の海はそこから1日行程離れている。〈*インディアに向かってペルシャ最後の土地である*〉。このゲスト市には，食料その他挙げうる良い物が何でも豊富にある。特に，イチジクが大量にある。ブドウは，草のような緑色のとても小さい干したものがあり，世界のどこよりも豊富で大量にある。ここは，ペルシャの皇帝が全土に所有するうち3番目に立派な都市である。サラセン人は，キリスト教徒はここでは誰も1年以上生きられないと言う。他にも多くのものがある。

そこを発ち多くの町と土地を通って，コムン［ペルセポリス］という地に行っ

た。かつては大都市だった。そこは，過ぎ去った昔ローマに大損害をもたらした。城壁は 50 マイルもの長さがある。その中には，今は誰も住んでいない宮殿がそのまま残っている。しかし，食料も豊富にある。

1）mare Arenorum：ペルシャ中央部北西から南東にかけて広がる大砂漠。

6　イォブ〈ウス〉市について

そこを発ち多くの地を通って，ウス［ハザー］というヨブの地に来た。食料は何でもあり，とても美しい所に位置している。この地の側に，家畜用の牧草が豊富にある山がある。そこにはまた，最良のマナ蜜が今日世界のどこよりも大量にある。また，1 グロッソより少ない値段で良いヤマウズラが 4 羽得られる。ここはとても綺麗な老人がおり，男が紡ぐ，つまり男が織物をし女はしない。この地は北方でカルデアの端に通じている。

7　カルデア王国について

そこを去ってカルデア［バグダッド］に行った。大王国である。途中バベルの塔の近くを通ったが，そこから 4 日行程離れている。カルデアには固有の言語があり，男は美しいが女は汚い。そこの男性は，我々のところの女性がするように，ヴェールをかぶり着飾って歩く。また，男たちは頭に金と真珠の髪飾りを付け，女たちは地面まで届くほど裾が広く長い膝までの下着を一枚身に付けているだけである。女たちは，地面までのズボン下を履いて裸足で出歩く。彼女らは蓬髪つまり髪を編まず，髪の毛はどこもバラバラである。男たちは，［我々のところでは］女が男の後から行くように，女たちの後について歩む。〈ここで，*結婚することになっている一人の若者と出会った。結婚の時が来ると，地域の生娘たちが皆彼女の傍にいて泣いていた。花婿の方は高価な衣装を身にまとってロバにまたがり，妻の方はみすぼらしい衣装を着てその後を裸足で歩いて行った。そして娘の父親は，彼女にお祝いを述べた。ここでは，女たちはこのようにして嫁ぐ*〉。

他にもこの市で多くのことを目にしたが，大して語るに値しない。

そこを発って，内陸にあるインディアに来た。タルタル人がひどく破壊した。ここは，ナツメヤシを食べる人々が多くいる。1 グロッソ以下の値段で 40 リブラも手に入る。他にもこうしたことは多い。

そのインディアを発ち，多くの地域を通ってオケアヌス海に出た。私が出会った最初の地はオルネス［ホルムズ］と呼ばれ，〈*インディアの始まりで，海の突端にある。そこは本土から約 5 マイル離れた島にあり，その島には木が生えず，清水もない*〉が，立派に城壁が廻らされ，高価な商品がいっぱいある土地である。そこは暑さが激しいため，男のモノつまり睾丸が体から飛び出して脛の中程まで垂れ下がっている[1]。そのためこの地域の人々は，もし生きたければある油を体に塗る。でなければ皆必ず死ぬだろう。で，油を塗ることができるよう，それを体に巻きつけた袋に入れて持ち歩く。

〈*そこにいた時，ある者が亡くなった。するとその地域の芸人たちが皆やって来て，死者を家の中のベッドに寝かせ，女が二人死者の周りで飛び跳ね，芸人たちはチェンバロや他の楽器を奏でた。それから，二人の女が死者を抱きしめて褒め讃え，他の女たちは真っ直ぐに立っていた。そしてそれぞれ口に笛をあてて吹き，その後坐った。一晩中このようにし，朝になると埋葬しに運んで行った。*〉

この地域の人々は紐で縫っただけの船——イアッセ［ヤセ］と呼ばれる——を使う。私はそうした船の一つに乗ったが，どの個所にも鉄を見つけることはできなかった。こうしてそれに乗って，28 日でタナまで運ばれた。そこで四人の我らが小兄弟会士が，クリスト信仰のために栄ある殉教を被った。この地は，とても良好な位置にある。パン・葡萄酒・樹木〈*・バター・スソマン［ゴマ］・米*〉がいっぱいある。昔はとても大きく，かつてアレクサンデル王と大戦を交わしたポロス王の地であった。

この地の住民は偶像崇拝で，火や蛇や木〈*や魚や太陽や月*〉を崇める。この地は，これを力で奪い今はドルダリ［デリー］の支配下にあるサラセン人が統治している。

〈*この地では，2 月でなければ妻を娶らない。彼らの許では，それが年の最初の月である。男も女も皆裸で暮らし，次のようにして妻を連れ歩く。夫と妻が一頭の馬に一緒に乗り，夫が後ろにいて妻を抱きかかえる。シャツ 1 枚の他は身に着けず，頭には白い花がいっぱいの冠を付ける。夫は大きい刀を妻の太股に当て，*〉

生娘たちが皆整然と歌を歌いながら前を歩き，少し止まってまた前進する。〉

　この地には様々な種類の獣がおり，中でもとりわけ黒い獅子［豹］がいっぱいいる。マントヒヒとフクロウもおり，これは我々のハトほどの大きさである。また，我々のスケルピ［マングース］あるいは犬ほどの大きさのネズミ［リス］もいる。そのため，ここでは犬がネズミを捕まえる。ネズミ捕りつまり猫は，ここではなんの役にも立たない。

　この地域では誰もが，自分の家の前に一つのインゲン豆の足2)をもっている。その大きさは我々のころの柱ほどである。このインゲン豆の足は，水をやるかぎり決して枯れない。他にも珍しいことがいっぱいあるが，聞けばとても素晴らしいことであろう。

　このタナと呼ばれる地域で，上述のごとく，4人の小兄弟会士がクリスト信仰のため栄ある殉教を被った。それは次のようにして起こった。

　1）ユールによれば，ギネア虫によるヘルニアのこと（pp. 112-3）。　　2）原文 unum pedem faxiolorum，Venni 版：plantam〈木〉（p. 78）。

8　修道士たちの殉教と彼らの奇蹟について

　その小兄弟会士たちは，オルメスにあった折，ポルンブム［クイロン］に行こうとして一隻の船を仕立ててそれに乗ったが，意図に反してタナに連れて行かれた。その市にはネストリウス教徒，つまり分離した異端のキリスト教徒の家が15 あった。そこに着いて宿を見つけ，彼らの家の一つに泊った。と，そこに滞在していたおり，その家の夫と妻の間で口論が起こり，その夕刻夫は激しく妻を叩いた。ぶたれた妻はカディ，つまり彼らの言葉で司教に訴えた。カディはその女性に，自分の言っていることを証明できるか尋ねた。すると彼女は，十分証明することができる，なぜなら4人のフランク人ラバンつまり我々の言葉で聖職者が，夫が自分にそうした時家にいたから，彼らに尋ねれば真実を言ってくれるだろうと答えた。女がそう言ったとき，アレクサンドリア出身の者が一人そこにおり，彼女の言った者たちはとても学識があり聖書をよく知っていると言って，彼らを呼びに使者を遣るようカディに求めた。それに，と彼が言うには，信仰につ

いて彼らと議論するのは良いことだと。それを聞いてカディは，彼らを呼びに遣った。

　こうして，次の4人の小兄弟会士が彼の前に連れて来られた。トレンティノ・デ・マルキアのトマス修道士，パドゥアのイァコブス修道士，言葉に通じていた在俗のデメトリウス修道士，そしてセーナ［シエーナ］のペトルス修道士であった[1]。その内セーナのペトルス修道士は所持品の番をするために家に残り，他の修道士たちはカディの所に来た。彼らがカディのもとに着くと，彼は我らの信仰について彼らと議論を始めた。それら不信者たちは，修道士と議論していた時，クリストは単に全くの人間であって神ではないと言った。彼らがそう言ったとき，トマス修道士はクリストは真の神にして人間であることを理と例でもって証明し，こうして彼はサラセン人をすっかり論駁したので，彼らは全く反論できなかった。

　するとカディは，全民衆の前で彼らに論駁されたのをみて，大声で叫び始めた，「汝，マコメトゥスについては何と言う」。サラセン人は，言葉で自分を護れない時は，剣と拳で護る習わしを持つ。カディがこう尋ねると，修道士は答えて言った，「クリストは地上に法をもたらした真の神にして人であることを我らが理と例でもってそなたに証明したとなれば，マコメトゥスはそれに対して反対の法を彼らに与えたものとなり，もしそなたが賢明であれば，それが何であるかそなたは最もよく知ることができるであろう」。すると，カディと他のサラセン人たちは大声で叫んで言った，「とまれ汝，マコメトゥスのことを何と言う，マコメトゥスを何と言うや」。

　そこで，トマス修道士は答えた，「そなたら，彼について私が何と言うかそれほどおっしゃるのであれば，あまり黙っているのも恥ずかしいし，私が答えることをお望みなので，お答えいたしましょう。すなわち，マコメトゥスは地獄に堕ちた者の息子で，その父たる悪魔とともに地獄にある。彼のみならず，その法を有し守る者は皆，その法は有害で偽りであるゆえ，したがって神とそれに霊魂の救済に反している，と」。

　これを聞いてサラセン人は，皆声を一つに大声で叫び始めて言った，「死ね，死ぬがよい，預言者のことを悪く言う者は」。こう言って彼らは修道士たちを捕まえ，酷い熱の力で惨い死を被るよう，陽の下に連れ出した。そこは厳しい暑さで，もし陽の下にしばらくいれば，必ず死んでしまうだろう。

　ところが彼らは，‘神の栄光を讃えて’3の刻から9の刻までそこ陽の下にあ

ったが，ずっと無傷で無事だった。これを見てサラセン人は相談し合い，修道士のもとに来て言った，「我らは大火をいっぱい焚き，その中に汝らを投げ込もう。汝らの言うごとく，その信仰が真実ならば火は汝らを焼くまいが，もし邪悪にして偽りならば汝らすっかり火に焼かれてあろう」。

　そこで，修道士たちは答えて言った，「我らは火でも獄でもその中に入る用意がある。カディよ，そなたらが示す何であれ，我らが信仰のためならいつなりと準備ができている。しかしながら，知っておいてもらわねばならぬ，もし火が我らを焼いたとて，我らの信仰ゆえにそうなったと考えてはならず，ただ我らの罪ゆえであることを。我らの罪のために，神は我らが焼かれることを当然許し給うのだから。それはさておき，我らが信仰は世界でそうありうるようにかくも完全で優れている。これ以外に救済をなしうる信仰は，この世に他にないのだから」。

　彼ら修道士が火焙りにされることが命じられると，声は飛び，噂は全土に鳴り響き，その地の全員，子供も大人も男も女も成り行きを見届けんと駆けつけた。修道士たちはメダンすなわち市の広場に連れて来られ，そこで火が盛んに燃やされた。こうして火が燃えると，トマス修道士が火の中に身を投げんと進んだが，まさに火の中に飛び込まんとした時，さるサラセン人が彼を引き止めて言った，「汝，老人により行ってはならぬ，何か火に焼かれぬ仕掛けを身に帯びているやもしれぬゆえ，別の者に行かせるがよい」。するとすぐに四人のサラセン人がパドゥアのイァコブス修道士を乱暴に捉まえ，無理やり火の中に投げ込もうとした。それに彼は言った，「自らすすんで火の中に身を投げさせてもらいたい」。が彼らは，その言葉にかまうことなくすぐさま彼を火の中に投じた。こうして彼が火の中に身を投げ，その中に止まっている間，火は大きくまた高くなり，誰も彼を目にすることはできなかったが，常に栄光の聖処女の名を呼ぶ彼の声が聞こえた。火がすっかり燃え尽きた時，イァコブス修道士は十字の形に組んだ手を天に差し伸べ，絶えず神を讃えながら，喜びに満たされて残り火の上に立っていた。そして，サラセン人にこう言っていた，「来たれここに，そなたらの法により。我が信仰のため，我ここにあるごとく」。

　火はあれほど大きく盛んであったにもかかわらず，彼は傷一つなく何も焼けていなかった。かくも大いなる奇蹟を見て，民衆はこぞって叫び出して言った，「彼らは聖者だ，聖者だ，彼らに危害を加えることは神への冒瀆だ，今やその信仰が聖にして善であることを我々は見たのだから」。この叫びに，イァコブス修

道士は火の中から呼び戻され，傷一つなく無事出て来た。

　すると，カディは大声で叫び始めて言った，「聖者ではない，聖者にあらぬ，焼けなかったのは，身にまとっていた衣がアブラハムの地の羊毛であったからだ，それゆえ裸に身を剝いで火の中に置かれねばならぬ」。すると，そのとおり実行するために最悪のサラセン人が来て火を二倍に燃やし，イァコブス修道士を裸にし，さらにその体を洗い，それに最良の油を塗った。それは，火がより大きく激しくなり，より盛んに燃え，修道士がより早く焼けるようにするためであった。彼らは木組みの上に大量に油をかけ，イァコブス修道士を火の中に突き入れた。トマス修道士とデメトリウス修道士は，その外にあって膝を折って祈禱と祈願に耽っていた。が，イァコブス修道士はまたもや，最初と同じく傷一つなく火から出て来た。

　これを見て，民衆はこぞって叫んで言った，「彼らに危害を加えるのは罪だ，聖者なのだから」。こうして人々の間で大きな噂となった。この二つ目の奇蹟を見て，メリックつまりポテスタ［行政長官］は，イァコブス修道士を自分のもとに呼んで衣装をまとわせ，言った，「さあ修道士たちよ，神の御加護とともに行きなされ，いかなる悪も我々から被ることはない，そなたらは善にして聖なる方々であり，そなたらの信仰は真にして聖かつ善であることを我々は見たのだから。しかし，そなたらの安全のためにお勧めする，この地からできる限り早く立ち去られるがよい，かのカディがそなたらの命を奪わんと企んでいるゆえ」。彼がこう言った時，ほとんど夕刻の礼拝の時間だったが，民衆は皆，偶像崇拝者も他の皆もすっかり驚嘆し呆然として言っていた，「我らは彼らからかくなる奇蹟を見た，我らは何を信じ何を守ってよいかわからない」。

　人々がこう言っていた時，メリックは彼ら3人の修道士を連れ出させ，その地から少し離れたとある海の入り江の向こうに連れて行かせた。そこには村が一つあり，かつて泊ったことのある一軒の家に身を落ち着かせた。こうして彼らは，一軒の偶像崇拝者の家に宿を見出したのであった。

　こうして彼らがそこに泊っていると，カディがメリックのところに来て言った，「どうしたものか。何もしないと，マコメトゥスの法は破滅されてしまう。あのフランク人のラバンたちは，この地域中を説教して廻り，民衆全員がもう見てしまったことを全て行い，みんな彼らに改宗し，マコメトゥスの法はもはや力を持たぬだろう。しかしすっかり破壊されぬよう，そなたも一つ知っておろうが，マ

コメトゥス様がコーラン，つまりその法に述べてあらっしゃる，もしマコメトゥ
スや我らの律法のことを悪く言った一人のキリスト教徒を殺せば，その者はメッ
カすなわちマコメトゥス様のおいでになる処に行くのと同じ功徳を手にするとな」。サラセン人はそのメッカに，キリスト教徒が聖墓に参るのと同じように詣
でるのである。すると，メリックはカディに答えて言った，「行って好きなよう
になさるがよい」。

　かく言われるや，カディはすぐ4人の武装した者を，かの修道士たちを殺しに
派遣した。彼らがかの湾を渡ったのはもう夜半で，その夕方は彼らを見つけるこ
とはできなかった。そこでメリックはすぐその地にいたキリスト教徒を全員捕え
させ，牢屋に入れた。が，真夜中になると，朝の祈禱を唱えるために修道士たち
は起床した。それで，派遣されていた男たちは彼らを発見し，地域外のさる木の
下に連れて行った。

　こうして連れて来ると，彼らは言った，「よろしいかな，我々は貴方がたを殺
すよう，カディとメリックから派遣された。しかし，我々はそれをしたくない，
貴方がたは善人で聖者だから。しかし，他にどうすることもできぬ。もし彼らの
命に従わなければ，妻子共々我らは皆死なねばならぬ」。これに，修道士たちは
答えて言った，「そなたらは，我らがこの世の死によって永遠の生を成し遂げる
ことができるよう，ここに来てくれたのだ。命じられたことを，そのとおりなさ
るがよい。我らの信仰と我らが主イエス・キリストへの愛ゆえに，我らはそなた
らが加える拷問に男らしく耐える用意ができている」。

　彼らがこのように勇敢に答えると，そこに一緒にいた一人のキリスト教徒が，
かの4人の悪しき男どもと大いに言い合った。そのキリスト教徒は彼らに答えて
言った，「もし私が剣を持っていれば，そなたらが望むことができないようにす
るか，それとも私も彼らと一緒に殺されるだろう」。が，彼らはすぐ修道士たち
の衣服を脱がせ，トマス修道士は両手を十字の形に組んだまま斬首された。イァ
コブス修道士は，一人が頭を討ち，目まで斬ったのですぐ首が落ちた。デメトリ
ウス修道士も，激しい一撃で胸を貫かれ，次いで首が切り落とされた。

　こうして殉教によって彼らが霊魂を神の許に返した時，たちまち空が明るく輝
いたため，皆ひどく吃驚した。同時に，月も最高の明るさと輝きを示した。その
後すぐまた，多くの雷鳴と稲妻と閃光が巻き起こり，ほとんど皆終に死ぬかと思
った。彼らをポルンブムに運ばねばならぬのにその意に反してタナに運んだ船は

沈没し，船とその中にいた人たちがどうなったか，何一つ知られなかった。

　朝になると，カディは修道士たちの物を取りに使者をよこし，その時かの3人の修道士の同僚であったシエナのペトルス修道士を見つけた。彼を見つけると捕まえて，カディのもとに連行した。カディと他のサラセン人たちは，もし自分の信仰を棄ててマコメトゥスの信仰を潔く告白するならば，最大のものを約束すると持ち掛けた。彼らがこのように話し掛けた時は，彼は愚弄されていた。〈**その言葉を麗しい答えで嘲笑い，贈り物を軽蔑した。**〉が，言葉が分からなかったので，指で十字を作り，それに口付けをし，目を天に上げた。彼がそうすると，サラセン人は言った，「見よ，自分の信仰を棄てたくないと身振りで示している」。それで，朝から昼までさまざまな種類の責苦で拷問し始めた。その後，木に吊るし，9の刻から明け方までそのままにしておいた。夜が明けて木から下ろしたが，全く何の傷もなかった。これを見て彼らは，彼を真っ二つにした。夜になると，彼がどうなったか何一つ知られなかった。しかしながら，信仰に値する一人の者に啓示されたのであった，神はその遺骸を一定の時まで隠し，望む時にそれをはっきりとお示しになるであろうと。

　彼らの霊魂がもう天の王国を獲得したことを全能の神が示し給うた頃，いとも祝福された修道士たちが栄光の殉教を遂げたその日，メリックは床に就いた。彼がベッドで眠っていると，その時，それら栄光の殉教者たちが太陽のごとく明るく輝いて，それぞれ刀を手にメリックの上に現れ，あたかも彼をすっかり八つ裂きにせんかのごとくそれを振った。これを見てメリックは大声で叫び始め，その叫び声に家族全員が急いで駆け付け，どうしたのかどうしたいのか尋ねた。彼らが尋ねると，彼は答えて言った，「余が殺したあのフランク人ラバンがここにやって来て，持っていた刀で余を殺そうとした」。それでメリックはカディを呼びに遣り，起こったことをすっかり話し，自分は彼らに殺されると確信するが，一体どうすべきか相談した。するとカディは，その殺害者の手から逃れたいなら，彼らのために大きな施しをするのがいいと助言した。で彼はすぐに，牢屋に閉じ込めていたキリスト教徒たちを呼びに遣った。彼らが遣って来ると，自分がさせた事の許しを謙虚に乞い，彼らの仲間にして兄弟となった。しかる後，もし誰かキリスト教徒を害するものがあれば，その者はすぐ死刑になるとの命令を発した。そして，全員が無事に立ち去ることを許可した。その後メリックは，四つのモスクつまり四つの教会を建てさせ，それぞれに司祭を住まわせた。

図2　タナでの4人のフランチェスコ会士の殉教，アンブロージォ・ロレンツェ
ッティ画，1336年（シエーナ，サン・フランチェスコ教会）

　デリーの皇帝は，修道士たちがかくなる罰を被ったことを聞いて使者を寄越し，
メリックをすぐに捕らえ，手を縛って自分のもとに連行するよう命じた。そのよ
うにして彼が自分の前に連れて来られると，何故修道士たちをかくも残酷に殺し
たのか尋問した。こう尋ねられて彼は答えた，「修道士たちをあのように殺すこ
とを許しもしたのは，我々の法を覆そうとし，また預言者のことを悪く言ったか
らにございます」。すると皇帝は言った，「汝，残酷この上なき犬め，神が彼らを
二度火から救い給うたのを目にしながら，なんとして彼らにあのような死を敢え
て科したのか」。こう言って彼を，家族全員とともに真っ二つにさせた。そして，
あのような死で修道士たちを殉教させたように，その破滅においても彼に同じ苦
しみを忍ばせたのであった。

　ところで，その地では次のような習わしが守られている。どんな遺骸でも決し
て埋葬されることはなく，ただ野に放置するのみで，強烈な熱によってすぐに破
壊され無に帰してしまうのである。それで，修道士たちの遺骸は14日もそこで
陽の下にあったが，栄光の殉教を被ったその日と全く変わらず，みずみずしく完
全な形のままだった。これを見て市にあったキリスト教徒たちは，遺骸を引き取
って後に埋葬した。[2]

　で，我ホドリクス修道士は，彼らの栄光の殉教を知ってそこに行き，すでに埋
葬に付されてあったその遺骸を貰い受けた。この聖者たちによって神は多くの偉

大な奇跡をなし給い，彼らによってそれをいとも強力に遂行することを欲し給うたからである。我ホドリクス修道士は，修道士たちの遺骨を受け取ると布で包み，同僚と召使いとともに上インディアの小兄弟会士のさる会堂に移さんとした。こうしてそれを運んでいたとき，私はある人の家に泊まり，その骨——今や聖遺物と言うべきであるが——を枕もとに置き，そのあと眠りに就いた。こうして眠っていると，その家はサラセン人によって突然放火され，人々はこぞって大声で私が死ぬようにしようとしていた。これは，放火された家の者は必ず死なねばならぬとの皇帝の命令があるからだった。放火された時，同僚は召使いとともに家の外に出たが，私は遺骨とともにそこに残っていた。そうして燃える家の中にいて，私は修道士たちの骨を手に持って一つの隅に身を寄せた。火が家を焼いていた時，家の三つの隅は燃え落ちたが，私のいたところだけは残った。私がその隅にじっとしていると，火は私の上を通り過ぎて行き，私を傷付けなかったし，家のその隅も燃えなかった。家にかの遺骨がある限り，火は決して下に降りて来ず，十字架のように上に止まっていた。私が家から出ると，それはすっかり燃え尽き，その家だけでなく，隣接しているのが見られた他の多くのものもそうなった。こうして私はそこから無事脱出した。

　さらに，旅の途中，次のことが起こった。こうして遺骨を持ってポルンブムという町——そこは胡椒がいっぱいできる——へと海を行っていたとき，風が全く凪いでしまった。それで偶像崇拝者たちが来て，順風が起こるよう彼らの神々の名を呼び拝んだが，できなかった。次にサラセン人が来て，やはり風が起きるよういろいろと手を尽くしたが，何も出来なかった。次いで私と同僚に，風が起こるよう神に祈りを捧げよと命じられた。もしそうなれば，彼らは我らに最高の名誉を与えるだろう。と船長が，他の者たちには分からぬよう，アルメニア語で話して言った，「もし風が起こらなかったら，我々はその骨を海に投げ込むだろう」。これを聞いて，私と同僚は神に祈りを捧げた。が，風が起きないのを見て，もしいくらかでも風を得ることができれば，栄光の聖処女を讃えて多くのミサを挙げることを約束した。しかし，それでも少しの風も得られなかったため，私はかの遺骨から一つを取って召使いに渡し，船首に行ってそれを急いで海に投げ込むよう言った。骨が海に投げられるや，直ちに素晴らしい順風が起こり，港に着くまで決して止むことはなかった。そしてそこに，かの修道士たちのお蔭で無事着いたのであった。

図3　火災からフランチェスコ会士の遺骨を救い出すオドリクス（ウーディネ，サン・フランチェスコ教会）

　そこポルンブムの港に着いて，ゾクム［ジャンク］という名の別の船に乗った。前に述べたごとく，上インディアのザイトゥム［泉州］という町に行くためで，そこに我らの修道士の会堂が二つあり[3]，そこにかの聖なる遺物を安置するためであった。その船には，他の人々や商人合わせて7百人もいた。ところで，偶像崇拝者は次のような慣わしをもっている。すなわち彼らは，港に近づく前に，死者の骨があったりしないか見るために，船内中を探すのである。もし見つかればすぐに海に投げ込む。それを持っていた者には，大きな死の危険が差し迫る。彼らはそうして探したけれども，たくさんあったにもかかわらず，どこにも一つも見つけることはできなかった。

　このように神の御加護をもって，それを我らが修道士の会堂に注意深く運び，最大の名誉と敬意をもってそこに恭しく安置された。またこうして全能の神は，これら聖なる修道士たちによって他にも多くのことをなし給うのであるが，偶像崇拝者やサラセン人のもとで今なお起こっている。というのも彼らは，何か病気に罹ると，彼らが殺された所の土を取りに行って洗い清め，そうして清められた

のを飲むと，すぐにその病気からすっかり治ってとても元気になるからである。[4]

1）Thomas de Tolentino de Marchia, Iacobus de Padua, グルジア人在俗修道士通訳 Demetrius, 神学士 Petrus de Senis の 4 人，殉教は 1321 年 4 月 9 日と 11 日。もう一人ドミニコ会士 Iordanus de Severac（「インディアの驚異」の作者）は別の村に布教に行っていて難を逃れ，後に 4 人の遺骸を S. Tommaso a Supera 教会に埋葬した。トマス（1250-60 年頃アンコーナ近郊トレンティーノ村生まれ）については，1290 年小アルメニアに派遣され，1292 年には同国のヘトゥム 2 世により支援を求めて英仏に遣わされたこと，1307 年にはモンテコルウィーノの手紙をもってペルシャから聖庁に来たこと，などが知られる（Yule : 118, n. 8）。　2）シエーナのサン・フランチェスコ教会に，アンブロージョ・ロレンツェッティ（c. 1285-1348）によるこの殉教の画がある（図 2）。1336 年頃作とされ，彼らの殉教はヨーロッパにもすぐ伝えられ大きな反響を呼んだことが窺える。そこに見える二人の兵士は，西方で描かれたタルタル人の数少ない例の一つとして知られる（cf. XIV スペイン礼拝堂壁画）。また，ウーディネのサン・フランチェスコ教会にオドリクスの旅と生涯を描いた壁画があり，その一つに火災から修道士たちの遺骨を救い出す場面が描かれている（図 3）。　3）Cf. VIII「アンドレアス・デ・ペルシオ修道士書簡」。　4）この章は，他の章と文体が異なること，不釣り合いに長いことから，G・H 版でも後の編纂時に加えられたことが確実視される。MT 版にはこの殉教譚はなく，代わって下の章（16）がある。

［MT］16　タナの産物と風習。小兄弟会士たちの殉教。パルケ[1]の市

　この地には，ラオックと呼ばれるブドウ酒を産する木があり，とても人を酔わす。ここではまた死者を埋葬せず，盛大な祭りとともに地域の外の野原に運んで，獣や鳥に食わせる。ここにはとても素晴らしい牛がおり，長さ半パス以上の角を持ち，駱駝のように瘤がある。

　この地で私は，彼らの物語に述べられてあるように，4 人の小兄弟会士を殺した場所と人々を見た。この地からパルケまで 14 日行程で，そこにアレッサンドロに敗れたポッロ［ポロス］王の本拠がある。

1）Parche：不明。ポロス王の本拠はインダス川上流パンジャブ地方，戦闘があったのはその支流ヒュダスペス川。

9　ミニバル［マラバル］の森について

〈*それからオチェーアノ海を 18 日航海して*〉ミニバルという国に着いた。そこは胡椒が採れ，そこ以外世界のどの部分にもない。胡椒がどのようにして得られるか，次のことをご存じありたい。胡椒ができるその森は 18 日行程もの広さがあり，その中に二つの市，一つはフランドリーナ［パンダラーニ］，もう一つはジングリン［シンカラ／グランガノル］がある。フランドリーナの住民は，一部はユダヤ人，一部はキリスト教徒である。これら二つの市の間には常に戦があるが，いつもキリスト教徒がユダヤ人を破り，これに勝利する。

　胡椒は，この地域で次のようにして収穫される。まず蔦の葉に成るのだが，その葉[1]は，我々のところの葡萄の木が置かれるように，大きい木の側に植えられる。その葉は，葡萄の房が成るのと同じように実を付ける。ほとんど千切れそうに見えるくらいいっぱい成る。熟すると緑色になり，葡萄と同じように収穫し，陽の下において乾燥させる。乾燥すると，壺の中に入れる。〈*胡椒の成る木は蔦のようで，樹木や壁の上に登る。この木を大きな樹木の側に植え，するとその樹の上へ絶えず這い登り，樹全体を覆う。そして葡萄のような枝を付け，葡萄のように実が成り，その量は信じられないほど多い。熟すると葡萄のように収穫し，干し葡萄のように陽に当てて乾燥させ，他に何もしない。採りたてつまり生の胡椒からシロップを作り，私はそれを食べたしいっぱい手に入れた。*〉この森には川もあり，そこには悪い鰐つまり蛇〈*や獅子［虎］*〉がたくさんいる。〈*ここでは，薪の代わりに蘇芳を燃やす。また，どの森にも野生の孔雀がいっぱいいる。*〉

1) folia：次章の MT 版では l'albore〈木〉。

10　ポルンブム［クイロン］市について

　この森の南の方の端に，ポルンブムという市があり，世界最良の生姜ができる。この市にはあらゆる商品がいっぱいあり，見ても信じられないほどである。〈*みんな裸で，恥部の周りにごく小さい布を付けるだけで，それを後ろで結ぶ。*〉

この地域の者は皆，聖なるものだといって牛を神として崇拝する。牛は，6年間働かせ，7年目に公共のものとなる。次の風習を守り続けている。毎朝金か銀の鹽を二つ用意し，牛が小屋から出ると，それをその下に置く。その一つに尿を，もう一つに別の汚物を受ける。その尿で顔を洗い，別の汚物はまず顔の真ん中の一か所に，次に両方の膝頭に，そのあと胸の真ん中に付ける。こうして四か所に付ける。こうすることによって，自分は神聖なものになったのだと言う。王と女王も，国民と同じようにそうする。

彼らはまた，半分人間で半分牛の別の偶像を同じように崇拝する。この偶像はたびたび口をきき，40人の処女の血が欲しいと要求する。それで夫と妻は，誰か聖職者に自分の息子や娘を与えると誓うのと同じように，その偶像に自分の息子や娘を与えると誓う。このようにして人々は，その血が犠牲に捧げられるよう，自分の息子や娘を偶像の前で殺す。多くの者がこのようにして死ぬ。この国民は，書くのも聞くのもおぞましいようなことをたくさんする。他にもこの島には多くのものがありまたできるが，書いても大して役に立たぬ。

この国の偶像崇拝者はまた，別の最悪の風習を持っている。すなわち，男が死ぬとその遺骸を焼き，妻があるとそれを生きたまま焼き，妻も夫と一緒にいれるよう彼岸の世界に行くのだと言う。もし妻にその夫からの子があれば，望めば妻はその子と共に残ることができ，そのことは恥辱と見なされない。一方，夫より先に妻が死んでも，いかなる法も夫には課されず，望むなら別の妻を娶ってもよい。また別の風習がある。女がブドウ酒を飲み，男は飲まない。女が顔と髭を剃り，男はしない。このように，彼らのする吃驚すべきこと獣じみたことは他にも多いが，大して書くに値しない。

〈この地には，蜜を作る木があり，この世で最も美味しい。他にも，ワインを作る木や羊毛を作る木があり，それで紐や綱を作る。屈強な男一人がやっと二つ持てるほど大きい実の成る木があり，人が食べに来ると，他の者たちは手と口に油を塗らなければならない。芳香がありとても味よく，カバッシ[1])と呼ばれる。ここには，人間が果物のように成る木があると聞いた。1ゴミト［45cm］ほどの大きさで，臍まで木の中に刺さって真っ直ぐに立っているが，風が吹くと活き活きとし，吹かないと干からびる。私は見たわけではないが，見た者たちから聞いた。〉

この国からモバル［マアバル］という別の国まで10日行程である。そこはと

ても大きい王国で，配下に多くの都市と領地を有する。その国にはまた，聖使徒トマスの遺骸が安置されている。その教会は多くの偶像でいっぱいである。その側には，ネストリウス派キリスト教徒の建物が 15 ほどある。彼らは最悪の異端者である。

　1）chabassi：artocarpus〈熱帯性桑科の樹，パンの木〉（Monaco：156）。

11　上記の地で崇拝される驚くべき偶像について

　やはりその国に，インディア全地域で大いに敬われている驚くべき一つの偶像がある。よく絵に描かれる聖クリストフォルスのように大きく，全て純金で，やはり金の大きな祭壇の上に置かれてあり，首に宝石の付いた紐を巻いている。その紐は大変な値打ちがある。ちょうどキリスト教徒が聖ペトルスのところに向かうように，この偶像を拝みに遠くから人がやって来る。

　この偶像のもとに来る者たちは，ある者は［首に］綱を巻き付け，ある者は首に結びつけた板の上に手を載せて来る。ある者は腕に刀を突き立て，偶像のところに来るまでそれを動かさず，そのためその後，腕はまったく萎えてしまう。またある者は別の風にする。すなわち，自分の家を出ると 3 歩進み，4 歩目は体全体を 1 身長ぶん地に伏せる。そして，香と火の入った香炉を手に取り，平伏した自分の体全体に振り掛ける。こうして偶像のところまで来る。そのため，偶像の所へ行くのにとても時間がかかるが，いつもこのようにしながら来るのだと言う。こうして進む途中で何かしなければならぬ時には，どれだけ進んだか分かるように，その箇所に印を付けておく。絶えずこうして進みながら，偶像のところに到達するのである。

　この偶像寺院にはまた，手で掘った池が一つあり，そこにやって来た巡礼は金銀その他の宝石を投げ入れる。そうするのは，その偶像の誉れと寺院の建設のためである。そのため，池には金銀や高価な宝石がいっぱいある。だからその寺院では，何かしたい時にはその池をさらえ，投げ入れられたものを全てすくい取る。その偶像が作られた［記念］日には，地域の者たちがそれを寺院から持ち出し，綺麗な山車に載せる。そして，王と女王と巡礼たち，〈**まず皇帝，次に法王，そ**

して司祭たち，彼らはトゥイン［僧侶］と呼ばれる〉，が住民全員と共に，皆一緒になって盛大な歌とあらゆる種類の楽器とともにそれを寺院から引き出す。こうして偶像が寺院から引き出される時，たくさんの乙女が二人ずつ組になって素晴らしい声で歌いながらその前を行く。すると，この祭礼にやって来た巡礼たちが近寄ってその車の下に身を横たえ，我が神のために自ら死なんと言いながらそれに自分の上を通らせる。かくして，その下にいる者の上を通った山車は，それをことごとく二つに裂き砕き，彼らはすぐに息絶える。

　このようにしながらその偶像を決められた所まで運ぶ。そこまで運ぶと，最初と同じように，また盛大な歌と楽器とともに元の所まで戻る。こうして年に5百人以上が死なない年は決してない。そのあと遺骸を引き取り，自分の神のために自ら死ぬと約束したのだから聖者になったのだ，と言いながらそれを焼く。

　また別のようにもする。ある者はやって来て次のように言う，「我が神のために我自らを殺めん」。すると，友人，縁者そして近隣の者が皆，自分の神のために死なんとする者の祭りをすべく集まり，その首に5本のとても鋭い刀を吊るし，盛大な歌とともに偶像の前に連れて行く。偶像の前に来ると，彼はその鋭い刀から1本を取り，大声で叫んで言う，「我が神のために我が肉を自ら切り刻まん」。こうして自分の肉を望むところを切り取ると，それを偶像の面前に投げて言う，「我が神のために自ら死すことを誓う」。こうしてそこで，自分の神のためについに自ら殺める。死ぬとすぐ遺体は焼かれ，自分の神のために自ら逝ったのだから，そのことによって聖者になったのだと信じられる。他にも多くの全く驚くべきことをなすが，ここに書いたのはごくわずかである。

　この島[1]あるいは地方の王は，金銀宝石をいっぱい持っている。この島には，世界のいくつかの部分に劣らず，優れた真珠が全て見つかる。この島に見つかる他のものについても同様であるが，書くとあまりにも長くなろう。

1) この章はマアバル地方についての続きであるが，セイロン島のことも含まれているため。

12　ラモリ［ラムブリ］[1]という地域について

　そこを発ち，オケアヌス海を南へ50日 *〈40日〉* 行程行って，ラモリという地

域に来た。そこに近づくにつれて，〈土地に遮られて〉北の星が見えなくなり始めた。そこは炎暑激しいから，男も女も皆，何一つ身を覆わずに裸で暮らす。そこの者は，神はアダムを裸の人間に造ったのにその意志に背いて衣服を着ている，と言って私をひどく嘲笑った。

この地域では女は皆共有され，したがって誰も，「これは私の妻だ，これは私の夫だ」と言うことはできない。女が息子あるいは娘を産むと，床を共にした者の誰か望む一人に与え，それをその父親と呼ぶ。土地は全て共有で，したがって誰も，「このあるいはあの部分の土地は私のだ」と，真に言うことはできない。家はしかし，個別に所有される。

ここの人々は邪悪で忌まわしい。我々のところで牛の肉を食べるように，ここでは人の肉を食べるからである。しかし，土地自体は良好で，肉・麦・米が豊富にある。金・木・アロエ［経木］・樟脳が豊富にあり，その他多くのものが産する。商人が遠くからこの島に幼児を連れて来，この信仰なき者たちに売る。彼らはそれを買い，殺して食べる。〈サラセン人は他の地方から人間を連れて来て商品として売り，彼らに食べられる。食べられるのは白い人間で，彼らのように黒い人間は決して食べない。〉その他ここには書かないが，善いことも悪いことも多い。

この島の南の方にスモルトラという別の国があり〈この島にあるスマトラという別の国に来た〉，そこには，暑く熱した小さな鉄で自分の顔の12か所に印を捺す独特の種類の人々がいる。これは男も女もする。そこの人々は，裸で暮らす人々といつも戦争をしている。この地域にはものが大量にある。〈この地域では，豚・鶏・バター・米がとても安い。ムセ［バナナ］と呼ばれる最高の果物がある。最良の金と錫が見つかり，素晴らしい亀が捕獲され，極彩色でまるで絵に描いたようである。〉

この国の近くの南の方にボテッリゴ［レヤング］という国がある。ここには書かないが，その国には多くのものが産する。

---

1) Lamori：MP *Lambri*〈ラムブリ Ch. 169〉，小ジャワ（スマトラ）の国の一つで，アチェ地方。

13　イァウァ［ジャワ］島について

〈**次いで，海に出て何日も航海し，イァウァという立派な島に来たった。**〉この国の近くにイァウァという大きい島があり，周囲3千マイルもある。イァウァの王は，7人もの戴冠した王を配下に有している 〈**島には 12 の王国があって，それぞれ皇帝がいる**〉[1]。その島は人がとてもよく住んでいる。人の住む最良の島である。樟脳・クベブ・蜜ツクリ・マスカット胡桃［椰子の実］その他多くの高価な香料が産する。〈**とりわけアロエの木が大量にできる。**〉葡萄酒の他は食料が豊富にある。

島の王はとても素晴らしい宮殿を持っている。とても広大で，階段はとても大きく高く広い。一段は金，もう一段は銀である。床は，一方は金，もう一方は銀である。宮殿の壁は内側に全て金箔が貼られてあり，その箔には金ばかりの騎士が彫られてあり，我々の聖者たちのように頭の周りに大きい金の輪をもっている。その輪はまた全て宝石でできている。上の屋根は全て純金である[2]。最後に一言でいうと，この宮殿は今日世界にあるどれよりも豪華で美しい。で，カタイのカンは彼と何度も戦場で戦ったが，いつもこの王が打ち勝って勝利した[3]。その他，ここには書かない多くのものがある。

1) ここでは，ポーロの小ジャワ（スマトラ）とジャワ（Ch. 163 ジャワ島）が混淆している。　2) この宮殿はポーロのジパングの宮殿（Ch. 159）に似る。　3) クビライの遠征軍派遣は 1292-93 年，ジャワ軍はいったんモンゴル軍と結んだが，最終的に勝利した（Cf. MP Ch. 163）。

14　パテン地域について

その地域の近くにパテン［パンテン島］という別の地域がある。が，別の者はマラマシニ［マライシア］と呼ぶ。この地域の王は配下に多く 〈**4千**〉の島を領有している。この地域には粉を作る樹がある。蜜を作るのも，はては酒を造るのもある。はては，毒を作る樹もある。この世で最も危険な毒である。その毒に対する療法は，唯一つしかない。もし誰かがその毒を飲むと，人糞を取ってそれを

水で溶いて飲む。するとその毒からすっかり解放される。

　樹は次のように粉を作る。その木はとても大きいが高くはない。その根元の周りに斧で刻み目を付ける。すると，それから糊のような液がにじみ出てくる。その液を木の葉で作った袋に入れ，15 日間陽にさらす。15 日経つとその液は粉になっているから，それを 2 日間海水に浸し，そのあと真水で洗うと，この世で最も美味しいパスタができる。それから何でも好きなもの，食べ物とかとても美味しいパンとかを作る。私ホドリクス修道士はかつてそれを食べたことがある。また私はそれを我が眼で見た。こうしてできたパンは外はきれいだが，中はいくぶん黒い。

　〈*それから，この島のブカファリ*[1]*と呼ばれる別の国に来た。*〉この地域の南の方の海岸に死の海がある。水が常に南に向かって流れていて，誰かがその海岸近くに行って海に落ちると，決して見つからない。

　この地域には，長さ 50 パス以上もある木のように大きい葦の叢がある。また，カサン[2]という葦もある。〈*さほど大きくなく，フランキアの葦ほどである。*〉籐のように常に地を這い，節ごとに根を張り，長さ 1 マイルにも及ぶ。

　この葦の中には，身に帯びていると誰も決して刀で切ったり傷付けたりできない石が見つかる。で，この地域の多くの者がこの石を身に付けている。だから，この石の力のために人が息子を連れて来て，その腕に何らかの形で傷を付け，刀で切られないようにそこにこうした石を一つ入れておく[3]。子供の腕に付いたその小さな傷を早く固まらせるためには，ある魚の粉をそこに塗る，するとその傷は小さく固まる。

　こうした石の力は大きく，それを身に帯びた者はそのため戦に強く，海では大海賊となる。しかし，航海する者がそうした者から攻撃されても対処法が一つある。すなわち，海を航海するが十分に武装していない者は，とても堅い木で作った鋭い棍棒や鉄の付いていない矢を携え，その鋭い棒や矢で彼らを突き刺して傷付け，勇敢に身を護るのである。このカサンの葦から彼らは，船の帆・椅子・小屋その他とても有益なものをたくさん作る。

　〈*この男たちは皆海賊で，戦いに行くときはそれぞれ長さ 1 ブラッチォの細い葦を一つ携え，その先にかの毒を塗った鉄の針を仕込んでおいて，その葦を吹く。すると針が飛んで行き，狙ったものを突き刺し，刺さったものはその毒ですぐに死ぬ。しかし，人糞がいっぱい入った桶があって，それを一碗溶かしたものがそ*

れを治し，*この毒から解放する。*〉この地域には他にも書いたり聞いたりすると
吃驚するようなことがいっぱいあるが，あまりにも多いため書こうとは思わない。
〈*この地域で路が二つに分かれ，一つはカンパ［チャンパ］もう一つはシラム［セ
イロン］に行く。*〉

1) Buchafali：不明。この後の「死の海」は，ポーロではマダガスカル島の南の海流（Ch.
191）。アンガマン島（Ch. 172）では，非常に流れが速く深い海と抜け出られない湾（Z の
み）。　　2) G casan/casar, MT *chassane*：calamus rotang〈マレー椰子〉（Monaco：156）。
3) ポーロではジパング（Ch. 160）。このことからも，ポーロのジパングの記事はジャワやチ
ャンパの事が混じっていることが証されよう。

15　ザンパ［チャンパ］王国について

その国から何日行程も離れてザンパという別の国がある。〈*それから何日も航
海して，ザンパ王国に来たった。*〉その地域はとても美しく，良い食料が何でも
豊富にある。同地域の王は，私がそこにいた時に言われていたところによると，
男女合わせて 200 人もの子供があり，多数の妻の他に多くの女性をもっていた[1]。

　この王は 1 万 4 千頭の飼い象を持ち，それを我々のところの去勢牛のように，
配下にある村の男たちに飼わせて世話させていた。他の動物は共同で飼われてい
る。

　この地域には次のような驚異がある。ある種の海の魚がこの地域に大量にやっ
て来，それが来た時には海にはその魚以外何も見えない。岸まで来ると，その上
に跳び上がる。こうして岸に上がると，人が来てそれを欲しいだけ取る。その魚
は，2 日か 3 日岸の上に止まる。次に別の種類の魚が来て，最初のと同じように
する。さらにまた別の種類の魚が来る。こうして最後の順番まで続くが，年に一
度だけである。このことについて，どうしてそうするのか尋ねられると，その地
域の者たちは，魚は自分たちの皇帝を敬いに来てこうするのだと答える。

　この地域で，パドゥアの聖アントニウス教会の屋根の円蓋よりも大きい亀を見
た。そのほか，他人にはおそらく目にせずしては信じ難いようなこともたくさん
見られた。だから，書く気にならない。この地域ではまた，誰か妻のある者が死
亡すると，その者は火葬され，妻は生きたまま焼かれる。つまり，一緒に暮らせ

るよう夫とともにあの世に行くのだと言う。

　　1）Cf. MP「私マルコ・ポーロは 1285 年にここにいたのだが，その時この王は男女合わせて
　326 人の子供があった」（Ch. 162）。

16　ニクウェラム［ニコバル］島について

　その地域を発ってオケアヌス海を南へ航海すると，多くの島と地域があるが，
その一つはニクネラムと呼ばれる。周囲 2 千マイルもの大きい島で，男も女も犬
面をしている。そこの者は牛を自分たちの神として崇める。そのため，牛が自分
たちの神だという印しに，誰もが常に額に金か銀の牛を付けている。[1]

　この地域では男も女もいつも裸で，恥部を隠す 1 枚の布以外何一つ身にまとわ
ない。ここの者たちは体が大きく，戦にとても強く，戦に出かける時も頭から足
まで覆う盾を一つ持つだけである。そうして戦に行き，誰か捕まえても，それが
金で解放できない者だと，すぐに喰う。しかし，金で解放できると，立ち去るこ
とを許す。

　この地域の王は，300 ものとても大きい真珠を首に掛けている。そのため，毎
日自分の神々のために祈りを 300 回捧げる。彼はまた，長さ 1 スパンほどの大き
さのルビーの宝石を手に握っている。こうしてその石を持っていると，何か火の
炎のように見える。言われるところによると，これは世界で最も立派で高価な石
である。しかしながら，カタイのタルタル人の大皇帝は，その宝石を力でも金で
もどんな手段でも手に入れることはできなかった[2]。この地域ではまた，王は正
義をよく保ち守っている。それで，王国はどこでも安全に行くことができる。こ
の地域には，書かずに済ませたことも多い。

　　1）ポーロでは犬面の人間はアンガマン島（Ch. 172），牛の崇拝はマアバル（Ch. 174）。
　　2）ポーロでは真珠はマアバル（Ch. 174），ルビーはセイロン島（Ch. 173）。

17　シラン［セイロン］島について

シラムという別の島があり，周囲2千マイル以上もある。そこには無数の蛇，その他象など多くの野生動物がいっぱいいる。

その地域に高山が一つあり，そこでアダム〈とエヴァ〉が息子〈アベル〉のために百年間泣き悲しんだと言う。山の中ほどにとても綺麗な草原があり，そこにさほど大きくない湖が一つあるが，水はたっぷりあり，それを人はアダムとエヴァが流した涙だと言う。が，そこの水は内から湧き出していることからして，本当とは信じられない。水底には貴石がいっぱいある。が，水中には蛭つまり吸血虫がいっぱいいる。王はその貴石を採取せず，自分の霊魂のために年に一度か二度貧者たちがそこに潜ることを許し，取っただけ全て彼らに与える。水に潜れるように，貧者はバヴォイル〈レモン〉つまりよくすり潰したある種の実を体によく塗り，それから水に潜る。それを塗ると，蛭つまり吸血虫は害することができない。こうして貧者は水に潜り，宝石を採れるだけ採って上がって来る。

山を流れ下る水はその湖から流れ出，そこに良いルビーが採掘され，ダイアモンドや多くの宝石が見つかる。また，水が海に注ぐところには優れた真珠が見つかる。そのため，この王は世界のどの王よりも宝石をたくさん持っていると言われる。

島には，様々な種類の動物が棲んでいる。で，この地域の者たちは，ここの動物はそこで生まれた者以外に外国人は誰も害しないと言う。〈**また頭は蛇，首は馬，体は犬，尻尾は蛇，足は4本のある種の蛇がおり，大小牛とロバほどもある。**〉島にはまた，頭の二つある鷲鳥のようなとても大きい鳥がいる。この島にはまた，食料その他ここに書かない多くのものが豊富にある。

18　ドンディン島について[1]

その島を発って南に向かい，ダンディンという大きな島に着いた。そのとおり，まさに穢らわしい島である。島には悪い人間が住んでおり，生肉その他言い得る限りの不潔なものを何でも食べる。

　彼らの間にはおぞましい風習があり，父が子を，子が父を，妻が夫を，夫が妻を喰う。次のようにする。誰かの父親が病気になることが起きると，息子は占星術師つまり司祭のところに行き，次のように言う，「先生，父が病から治るかそれとも死ぬか，我らの神〈偶像〉に尋ねて下され」。で，司祭と病気になった父の息子は，金か銀でできている偶像のところに行き，祈りを捧げて次のように言う，「主よ，神として崇める我らが神よ，次のことに答えて下され：これこれの者がひどい病にかかっている，それでお尋ねする，この病気で死ぬのかそれとも治るのか」。すると，悪魔が偶像の口を通して答えて言う，「そなたの父は死なぬ，病から解放される。そのためにはこれこれのことをせねばならぬ，さすれば解放されるであろう」。こうして悪魔は，父親に対してなすべきことをその者に教える。

　で，息子は父親のところに行き，すっかり治るまで熱心に世話をする。しかし，彼は死ぬに違いないと悪魔が言うと，司祭は彼のところに行き，布を1枚その口の上に置き，するとすぐに窒息して死亡する。こうして殺すとすぐに切り刻み，その会食に友人・縁者それに地区の皆を招き，歌と大騒ぎでもってそれを喰う。そして，その骨を拾って，大いに厳かに地中に埋める。この宴会に呼ばれなかった親戚は，最大の恥辱を受けたと見做す。

　これに対して私はこう言って非難した，「どうしてそんなことをするのか。そなたらがしていることはあらゆる理性に反する。たとえ犬が殺されて別の犬の前に置かれても，犬はそれを食べることは決してないだろう。ましてや理性をもった人間であるそなたらは」。これに答えて彼らが言うに，「こうするのはウジ虫が彼の肉を食べないようにするためだ。だから，彼の霊魂がいかなる罪にも苦しまぬよう，我々がその肉を食べるのだ。もしその肉をウジ虫が食べると，彼の霊魂は大きな罪に苦しむだろう」。かくして，私はもっと言いたいことを言うこともできたのだが，彼らは他の何も信じようともしなければ，守っているその習慣を止めようとも望まなかった。

　他にもここには書かない奇妙なことがいっぱいあるが，見ずしては信じることもできない，全世界とて驚くべきことはこの国にあるほど多くないからだ。私がこれを書かせたのは，今報告しているとおりであることを確信し何も疑わないからである。この島についてそれを知る多くの者に尋ねたところ，皆口をそろえて，インディアには2万4千もの島がその下にあり，その中には64人もの王冠を戴

いた王がいると言った。それらの島の大部分に人が住んでいる。

　インディアについてはこれで終わり，他にはもう何も言おうとは思わない，が上インディアについてだけは語っておきたい。

1）Dondin/Dandin 島は特定されないが，記事はポーロのダグロイアン（Ch. 168，スマトラ島にある王国の一つ）と一致する。

19　マンチ[1]地方について

　さて，オケアヌス海を東へ何日も航海して，立派なマンジ地方に来たったことをご存じありたい。その地方を我々は上インディアと呼ぶ。

　このインディアについて，キリスト教徒，サラセン人，それにマグヌス・カンの役人全てに尋ねたところ，皆口をそろえて，マンジ地方は2千もの大都市を持ち，それら都市はとても大きいから，トレヴィシウム［トレヴィーゾ］もウィンケンチア［ヴィチェンツァ］もその数の中に入らないだろうと語った。だから，その地域の人口は我々のもとではほとんど信じられないほど多い。そこには，最大量のパン・酒・肉・魚・米，それに人がこの世で使うあらゆる食料がある。その地方の人々は皆職人と商人で，どんなに貧しくとも，自分で自分を助けることができるかぎり，貧乏に苦しむことはない。ここの男たちは十分に容姿美しく，色白く，ネズミ捕りつまり猫のように疎らで長い髭がある。女性は本当に世にも美しい。

1）G Manci/Mançi, H Manzi, MT La Cina Meridionale〈南中国〉（見出し），Mançi（本文）。

20　チェスカラ市[1]［広東］について

　この地方で出会った最初の市は，チェンスカラと呼ばれる。この市はヴェネツィアの3倍も大きく，海から1日行程離れており，12日行程隔たった土地に発して海に注ぐ川［珠江］のほとりに位置している。この市と全マンジ地方および

上インディアの住民は皆，偶像を崇める。市には船がいっぱいあり，その多さは見ても信じられないほどで，イタリア全体とてこの市が有しているほど多くの船は持っていない。

　この市では，1グロッソに満たぬ値段で生の生姜が300リブラも得られる。この市にはまた，今日世界で最も大きく美しくしかも安い鵞鳥がいる。その1羽でも我々のところの2羽よりも大きく，乳のように真っ白で，頭の上に瘤が一つあり，それは卵ほどの大きさで血のような色をしている。またこの鵞鳥は，喉の下に皮膚が半フートほど垂れ下がっている。また，とてもよく肥えている。うまく料理し味付けしたのが1羽1グロッソ以下の値段で得られる。鵞鳥と同じく家鴨や鶏もそうで，吃驚するほど大きい。

　ここにはまた世界最大の蛇がいる。たくさん捕獲され，あとで美味しく食べられる。この蛇は豪勢な食卓に出され，この蛇の一匹もなしに宴会を催せば，何もしなかったと言われるだろう。この市は，あらゆる食料が世界で最も豊富にある。

　　1) G *Cescala/Censcala*, H *Senstalay*, MT *Teschola*：ペルシャ・アラブの Sinkalan〈シンカラン〉より（Yule : 179-80）。

21　ザイトン市[1]［泉州］について

　その地域を発ち，多くの土地と町を〈*36日行程*〉進んで，ザイトンという立派な土地にやって来た。我ら小兄弟会士はここに二つの会堂を持っており，私〈*我々*〉はクリスト信仰のために殉教を被った我らが小兄弟会士たちの遺骨をそこに運んだ[2]。この大都市には人の生に必要なものが何でも豊富にあり，1グロッソに満たぬ値段で砂糖〈**生姜**〉が3リブラと8オンス得られる。この市はボノニア［ボローニャ］の2倍ほども大きい。

　ここには僧院がいっぱいあり，皆一様に偶像を崇拝する。私はその僧院の一つに入ったが，3千人の僧と1万1千の偶像があり[3]，その偶像の一つは，それは他のよりも小さく見えたが，聖クリストフォルスほども大きかった。私は彼らがそれら神々に食べ物を供える時間に見に行ったが，次のようにして与える。彼らが供える食べ物はどれもとても熱くして差し出されるため，その湯気が偶像に立

ち上り，それがまさに偶像たちの食べ物になるのだと言う。残りは全て自分たちがもらって食べる。このようにして神々は十分に食べるのだと言う。

　しかしこの地は今日世界にある最良のものの一つで，とりわけ人の体が持つことのできるものについてそうである。この地について他にも多くの事を言うことができるが，これ以上書かない。

1）G Çaiton, H Zaicon, MT Çaiton.　　2）さるアルメニア婦人が建てた教会と，アンドレアスが建てさせた教会。アンドレアス修道士の書簡（1326 年）には，殉教のことはあるが遺骨への言及はない。しかし，トマス・デ・トレンティーノの遺骨は後にオドリクスによってカンバリクからイタリアに持ち帰られ，さらにそこからピーサの商人によってトマスの故郷に持ち帰られた。　　3）市最大の寺院は開元寺（686 年建立）。

22　フコ[1]［フジュ　福州］市について

　その地域から東の方の，フゾという市にやって来た。周囲 30 マイルもある。この世最大の鶏がいる。雌鶏は雪のように白いが羽がなく，羊のような毛しかない。市はとても綺麗で，海に面している。

　そこを発ち，多くの土地と様々な多くの町を通って 18 日行程進んだ。そうして進んでいた時，さる大きい山にやって来たが，その山の一つの側では生息する動物は全て黒く，また男も女も［もう一方と］とても違った暮らしをしている。山のもう一方の〈東〉側では動物は全て白く，また男も女も他方とは全く違った暮らしをしている[2]。そこでは既婚の女性はみな，結婚していることが分かるよう，頭に大きい角の樽を載せている[3]。

　そこから多くの土地をさらに 18 日行程旅し，ある大きな川に来たり，さる市に着いた。その川には橋が架かっていて，私はそのたもとの家の主人にもてなしを受けた。彼は私を喜ばせようとして言った，「どのように魚を獲るかご覧になりたいなら，一緒においで下さい」。そして私をかの橋の上に案内した。そこに着いて眺めると，船の中に竿に繋がれた鵜が見えた。彼は，その鳥の首に一本の紐を結び付けた。それは，鳥が水に潜って魚を捕まえても，それが食べられないようにするためだった。それから船の上に大きい籠を三つ置いた。一つは船の端，もう一つはもう一方の端，三つ目は真ん中に置いた。そうしてから，かの潜り鳥

を放した。するとそれは水に潜り，できるかぎり魚を獲り，そしてそれをかの籠に入れた。こうしてわずかな間に，籠は魚でいっぱいになった。そうしていっぱいになると，彼は鳥の首から紐を解き，魚が食べられるよう水に潜るがままにさせた。鳥は食べると自分の場所に戻り，そこで彼は鳥を最初のようにまた繋いだ。私もその魚を食べた。[4]

　それから何日も旅して，もう一つの魚の獲り方を見た。男たちは船の中に熱い水のいっぱい入った桶を置き，彼らは裸で，それぞれ首の後ろに袋を付け，水に潜って手で魚を捕まえ，それを袋に入れ，上がって来てそれを船に入れ，自分は熱い水に浸かった。次いで，別の者が最初の者と同じようにし，こうして魚をいっぱい獲った。

1) G *Huco/Huco*, H *Sucho*, MT *Fozo*：福州 Fu-chou。　2) 中国西南地方の少数民族白蛮と黒蛮を動物と混同したものであろう。MT 写本 V では uomini〈人間〉。モナコはそれを，他版に従って gli animali〈動物〉と校訂している。　3) 彝族の女性の角隠しに似た黒く大きい被り物のこと。今も用いる。　4) 鵜飼についての，西方人による最初の記述とされる。

23　カサイエ[1]［キンサイ　杭州］市について

　そこを発って，カムサイという市に来た。〈*我々の言葉で*〉天の都という意味である。世界のどこよりも大きく，周囲 100 マイルもある。人が十分に住んでいない土地は手の平もなく，また 10 か 12 世帯が入った家がいくつもある。この市には，市そのものよりも人口の多い広大な城外地区がある。12 の主たる門があり，そのどの門の外にも，ヴェネチアやパドゥアよりも大きい町が約 8 マイルにわたって広がっている[2]。だから，その城外地区の一つを 6 日か 8 日行程進んでも，わずかしか通過しなかったと思えるほどだ。この市は，ヴェネチアがちょうどそうであるように，潟の水の中にある。ここもまた 1 万 2 千以上の橋があり，そのどれにもマグヌス・カンのために市を護る警備が駐屯している。

　市の側を川［銭塘江］が一つ流れ，フェッラリア［フェッラーラ］と同じように，市はそのほとりに位置している。だから横よりも縦に長い。市のことを熱心に調べ，キリスト教徒・サラセン人・偶像崇拝者その他皆に尋ねたところ，誰もが口をそろえて周囲優に 100 マイルあると語った。

　また，君主から一つの布告が出されている。すなわち，各火戸[3]につき 1 バリスつまり綿紙[4]5 枚を支払うべしというものである。それは 1.5 フロリンに相当する。次のようにする。10 か 12 世帯が一火戸をなし，火戸 1 につきそれだけ支払う。火戸は 90 トゥマン〈*火戸 85 トゥマンとサラセン人 4 トゥマン計 89 トゥマン*〉あり，1 トゥマンは 1 万火戸にあたる。

　他は一部はキリスト教徒，一部は商人，一部はこの地域に往来する者である。そのことから，どのようにすればかくも多くの人間が一緒に住むことができるのか，驚嘆した。ここにはまた，パン・豚肉・葡萄酒・米が豊富にある。その葡萄酒はビグニ[5]とも呼ばれ，貴重な飲み物と見なされている。他の食料も全て豊富にある。〈*ここは王都で，マンジの王が住んでいた。*〉

　ここでまた，4 人の我らが小兄弟会士がさる有力者を我らが信仰に改宗させ，私はその家に招かれた。ある時彼は言った，「アタ，つまり父，土地をご覧にいらっしゃいませんか」。私は行きたいと言った。で，私たちは船に乗り，そこなる彼らの僧院の一つに行った。そこに着くと，彼は聖職者の一人を呼んで言った，「あなたはこのフランク人のラバンがお分かりですか。つまりその宗教のお方です。日の沈むところから来て，これからマグヌス・カンのために長寿を祈りにカムバレク［大都］にいらっしゃる。だから，ここに何か見るべき珍しいものがあれば，見せてあげて下さい，この方が自分の地に戻った時，カムサイでこんな珍しいものを見たと言えるように」。すると彼は，何か珍しいものがあれば喜んでお見せしようと言った。

　そして，食卓の上にあった，物のいっぱい入った大きい籠を二つ手に取り，庭園の門を開け，我々はそこに入って行った。そこには快い木々でいっぱいの小山があり，我々はしばらくそこにいた。と，彼はティンバル［銅鑼］をとってたたき始めた。するとその音に，様々な違った動物がたくさん小山から下りて来た。マントヒヒのようだったが，他にも人間の顔をしたようなのがたくさんいた。我々が見ていると，3 千ものその動物は彼の周りに順番に並んだ。彼は，自分の周りに動物たちがこうして順に並ぶと，碗をその前に置き，食べられるように与えた。食べ終わると，彼はティンバルを鳴らし始め，すると動物たちはすぐ元のところに戻って行った。

　これを見て，私は大いに笑って言った，「どうしてこれを見せたかったのか，おっしゃって下さい」。すると彼は答えて言った，「この動物たちは高貴の人々の

霊魂で，私たちは神の愛から食べ物を与えているのです」。私は答えて言った，
「この動物たちは霊魂ではなく単なる獣で，動物そのものです」。彼は答えて言っ
た，「彼らが動物だというのは正しくない，高貴の人たちの霊魂に他なりません。
彼らの一人が高貴な人間であったように，その霊魂はある高貴な動物の中に入る
のです。しかし，賤しい人々の霊魂は卑しい動物の中に入って住むのです」。こ
のような具合で，彼に多くのことを言うこともできたろうが，彼はそれ以外には
決して信じようとしなかった。

　もし誰かが，この市の大きさやそこなる偉大なこと驚くべきことを述べ語らん
とするなら，四つ折り紙が一枚たっぷりあっても書き止めることはできないだろ
う。とまれここは，全世界で最良最大かつ商売に最適の土地である。

1) G *Casaie/Camsay*, H *Ahamsane*, MT *Chunsai*：キンサイ（杭州）。　2) 12 の門がありその
外に広大な城外地区が広がるのは，ポーロではカンバリク（Ch. 95）。キンサイは，門は十大
門の他にいくつかあったが，東西に狭く広大な城外地区を持たなかった（以下，ポーロとの
異同は，注目すべき記事の他はいちいち取り上げない）。　3) ignis〈火，竈〉：炎戸のこ
と。　4) cartas bombicic：紙幣のこと，バリス balis（バリッシュ）はペルシャ語で貨幣の
単位。　5) pigni：紹興酒のことか。

24　チレトン[1]市について

　同市を発って 6 日行程でチレンフォ[2]という市に来た。城壁は 40 マイルも市
を取り巻いている。市には，全世界で最も美しい石の橋が 360 もある。同市には
かつてマンジ王の玉座があって，ここに住む習わしだった。大勢の人々が住んで
おり，驚くほど多くの船舶がある。良い位置にあり，何によらず優れたものが豊
富にある。

　同市を発って，ドタライ［揚子江][3]という大河に来た。世界最大の川である。
一番狭い所でも幅 7 マイルは優にある。この河はピグミーつまりビドゥイン人[4]
の地の真ん中を流れ，彼らの市はタカラ[5]といい，この世で最も大きく美しい。
ピグミーは 3 スパンの背丈しかないが，世界のどの人間よりも大きいゴトミン[6]
つまり綿の製品を作る。そこにいる大きい人間たちも，このピグミーに似た半分
よりは大きい子供を生む。それほど小さい。それで，そこに産まれ生じるこれら
小人たちは，ほとんど無数である。これらピグミーは，男女ともその数の多いこ

とが知られ，男は5歳で結婚する。またこれらピグミーは，我らと同じく理性的霊魂をもつ。[7]

1・2）G *Cileton/Chilenfo*, H *Chilefo*, MT *Chilensi*：南京 Nan-jin とされるが，記事内容からすれば蘇州 Su-chou，名前は当時の呼称平江府 Pin-jian-fu からか。　3）G *Dotalay*, H *Chanay*, MT *Talaig*：揚子江。海を表すモンゴル語 dalai/talai より。　4）biduin, MT *Piomorum*：不明。5）G *Tachara*, H *Catan*, MT *Cath*：おそらく Catai カタイ。　6）gotomin, MT *cotone*：コットン，綿。　7）この記事はカタラン・アトラスに登場する（パネル VII ❿）。

25　ザンザイ[1]市［揚州］について

そのドタリー川を渡ってたくさんの町と出会い，そしてヤムザイという一つに来た。ここには我ら小兄弟会士の会堂が一つある[2]。また，ネストリウス派の教会も三つある。市は大きく立派で，58トゥマンの火戸を有し，1トゥマンは1万である。この市には，キリスト教徒が生きてゆくものが何でもかつ豊富にある。で，市の君主は塩だけで50トゥマンバリスもの収入がある。バリスは1フロリン半に相当し，したがって1トゥマンで1万5千フロリンになる。しかしこの君主は国民に恩恵を施し，飢餓にならぬよう200トゥマンを免除した。

この市は次のような習わしがある。すなわち，友人たちに盛大な御馳走あるいは宴会を催したい時には，それを任された料亭に行く。そして，それを営む者たちに言う，「ご主人，この友人たちにこれこれの宴会をしてほしい，費用はその分払うから」。こうして，私のために素晴らしく用意された宴会が催され，自宅でよりもよくもてなされる。この市にもものすごい数の船舶がある。

この市から10マイル，かの大河の端にメンズ［鎮江］という別の市がある。その市は，今日世界のどこよりも多くの船を有している。船はどれも雪のように白く，白墨で塗られている。寝室，部屋その他世にも美しくしつらえられた多くのものが備わっている。この船の多さを見聞きするのは，ほとんど信じられないほどである。

その市を発って8日行程，多くの土地と町を通り，淡水の川［大運河］を通ってレンジン［臨済］という市に来た。市はカラモラン［黄河］という川に面している。この河は，パドゥス［ポー川］がフェラリアを流れるように，カタイの真

ん中を流れ，決壊すると大損害をもたらす。

　その川を東に向かって何日も行き，多くの土地と町を通って，スズマト［済州馬頭］という市に来た。この市は世界のどこよりも絹を豊富に持つ。絹が最高値の時でも，8ソルド・グロッソ以下で40リブラも得られる。そこにはまた，あらゆる商品が豊富にある。パンその他の美味しいものも全て同様である。

　その市を発って多くの町と土地を通り，カンバレクという立派な都市に来た。この市はとても昔からあって古く，カタイ地方にある。この市をタルタル人が奪った。

1) G *Çançay/Jamçai*, H *Iancy*, MT *Ianni*：揚州 Yang-chou。　　2) 1952年に同市で，「1324年6月に亡くなった，故ドミニクス・デ・ウィリオニス殿の息女カテリーナ」の墓碑が発見されている。父ドミニクスはイタリア人，おそらくヴェネツィアかジェノヴァ出身（cf. MP Ch. 144, n. 3）。

26　タイド[1]［大都］市について

　そこ［カンバルク］から半マイルのところに，彼らはタイドという別の市を造った[2]。門が12あり，それぞれ2マイルの間隔がある。もう一つの市との間にも人がたくさん住んでおり，それら二つの市の周囲は40マイル以上ある。

　この市にマグヌス・カンは玉座を持ち，大宮殿があり，その城壁は4マイルも巡っている［図4］。その空間の中に他にも宮殿がたくさんある。〈*四角形で三重の城壁があり，それぞれの角に大きな建物がある。これらも12で，それぞれ別のものに充てられている。真ん中に君主のいる宮殿がある。最初の城壁は各面に門が三つあり，その囲いの中に緑の山がある。*〉宮殿の庭に手で造られた山が一つあり，〈*周囲1マイルで*〉世にも美しい別の宮殿が建っている。山にはまた木が植えられていて，そのため緑山と名付けられている。山の横に大きな池が一つ造られていて，とても綺麗な橋が一つ架かっている。池には野生の鵞鳥・家鴨・白鳥がいて，見事である。だから君主は，狩をしたい時には家つまり市から出ずともできる。宮殿には様々な種類の獣のいっぱいいる庭園があり，狩りをしたい時にはいつでもここ，つまり家から出ることなくできる。

　玉座のあるその宮殿はとても大きく美しく，地面から2パス高くなっている。

図4　タイド（大都）に入るオドリクス（BnF fr. 2810, f. 110v）

内には黄金の柱が 24 ある。壁は全て赤い毛皮で覆われており，今日世界〈イン
ディア〉で最も高価な毛皮と言われる。宮殿の真ん中に高さ 2 パス以上ある大き
い甕があり，全体がメルディカスという一つの貴石［翡翠］からできている[3]。
すっかり金が巻かれており，どの角にも激しく噛み付かんとする〈金の〉蛇
［龍］がいる。その甕はまた縁飾りがあり，それから大きい真珠が垂れ下がって
いる。その縁飾りは幅約 1 スパンある。この甕には，王宮内にある管を伝って飲
み物がもたらされる。甕の側に金の壺がたくさんあって，飲みたい者はそれで飲
む。宮殿内にはまた金の孔雀がいっぱいある。誰かタルタル人が君主に何かお祝
いをしたい時には，そこで手を交互に互いに叩き，〈私はここにいると言う〉，す
るとその孔雀が羽を広げ，まるで舞っているかのように見える。これはしかし，
悪魔の技か地下に〈隠して〉ある何かの仕掛けでするのであろう[4]。
　君主が皇帝の座に坐ると，左側に皇后が坐り，一段下に彼が抱えている二人の
妻が座を占める。最下段には他の全ての縁者の婦人たちがいる。既婚婦人は皆頭
の上に男の足［のようなもの］を載せている。長さは 1 ブラッチォ半もあり，そ
の足の下つまり天辺に鶴の羽根が付いている。その足全体が大きい真珠で飾られ
ており，世にも大きく綺麗な真珠で，これら貴婦人たちの装飾となっている[5]。
王の右側に彼の長子が居り，彼の後統治するはずである。その下には王の血族が
皆いる。そこにはまた，王の発する言葉を全て書き留める 4 人の書記がいる。そ
の対面には君侯他無数の者たちがあり，大君から求められぬ限り口を利こうとす

る者は誰もいない。君主を愉しませようとする道化師たちは別であるが，彼らとて，王が許したところによってでなければ何もしようとしない。

　宮殿の戸の前には，誰も敷居に触れぬよう監視する家臣が立っていて，もし誰かが触れたのを見つけると，その者を厳しく打つ。

　大君は，何か饗宴を催す時には，頭に冠を戴いて宴会で奉仕する4千人の家臣を引き連れ，その誰もが次のような衣服を身にまとう。どの服にも付いている真珠だけでも，1万5千フロリン以上の値打ちがある。

　宮廷は最高に秩序付けられている，つまり十人・百人・千人・万人の単位になっている。彼らの間では皆そのように組織され互いに呼応するようになっているから，自分の任務についても他人の任務についても過ちは何も見られない。

　我オドリクス修道士は，ここ，この彼の市に3年もあり，何度もその祝宴に列席した。我ら小兄弟会士は，この宮廷内に専用の会堂を持っており，いつもそこに行って彼らに我らの祝福を与えることになっている。で私は，キリスト教徒・サラセン人・他の全ての偶像崇拝者，また我らの信仰に改宗した者たちに，この宮廷にはどうして王その人だけの世話に当たる大諸侯がいるのか，と熱心に尋ねたところ，皆口をそろえて，彼の楽人は13トゥマンもおり，各トゥマンは楽人1万に当たると答えた。他にも犬・野生獣・鳥の番をする者たちが15トゥマンいる。王の体を診る医師たちは，偶像崇拝者400人，キリスト教徒8人，サラセン人1人である。彼らは，必要なものは全て王宮からもらっており，他にも王の一族は数限りなくいる。

　君主は，夏はサンドゥ［シャント（上都）］という地で過ごす。北の方にあり，今日世界で最も寒い居住地である。冬はカンバレクに留まるが，一つの地から別の所へ行く時には次のようにする。四つの騎馬軍があって，一隊が1日行程彼の前を行き。二番目の隊が1日行程後を行き，三番目と四番目の軍は〈*右側と左側を一日行程離れて*〉同時に進む。こうして君主は常に十字の中心にあって進む。このようにして決められた行程を進むと，そこで皆食べるのに必要なものにありつく。

　彼とともに行く者たちは次のように進む。王は車輪の二つ付いた車に乗って行き，その中にはとても綺麗な部屋が作られてあり，全て香木と金で，その上大きい綺麗な真珠と宝石がいっぱい飾られ，馴らされ躾けられた4頭の象がその車を曳き，さらにそれをよく覆われたとても綺麗な4頭の馬が導く。その傍にズケ

［ケシクテン］[6]と呼ばれる4人〈*50人*〉の重臣が，誰も王に危害を加えることのなきよう，車を護衛しながら進む。王は12羽のハヤブサを車上に携え，車内で輿あるいは座に坐っていて，何か鳥が飛んでいるのを見ると，それを放して後を追わせる。特別に任命されている者以外には，誰も石1射程以上その車に近寄ってはならない。こうして大王が進むにしたがって，妃たちもその身分に応じて進み，彼の長子も同様である。[7]

　君主が有している兵を想像することは，ほとんど信じられないだろう。君主の前を行く軍は約500トゥマンと言うべく，必要なものは全て君主から完全に揃えてもらっている。もし彼らの誰かが死亡すると，その数を数える者は直ちにその代わりに別の者を置かねばならず，そうして全体の数が常に保たれる。

　君主は領土を12の部分に分け，その12のどれもシグノ［シェン省］と呼ばれる。それらの部分の一つはマンジで，管轄下に2千の大都市を有する。彼の領土はかくも広大だから，〈*縦であれ横であれ*〉それらの部分のどの一つも行くのに6か月は十分かかる。島はまた別で5千もあり，その［12の］数に入っていない。また，往来する者が必要なものを支援してもらえるよう，彼は全土にイァム［駅站］と呼ばれる庭付きの家のような宿舎を作らせた。このように整えられた家には，生活に必要なものが全てある。

1) G *Taido*, H *Cambalet*, MT *Ghanbalau*：カンバリク（大都）。　2) カンバレクは旧金の中都，タイドはクビライが新たに造った大都。この章は，ほぼポーロ（Ch. 84-86）に沿っており，その要約。細部に異なりや混乱があるが，訂正しない。　3) この甕は，クビライが作らせ(1265年) 瓊華島の広寒殿に飾っていたという，現団城にある青白玉製の「瀆山大玉海」であった可能性が生じる。ただし，ここでは高さ「2パス」（約3m）に対して大玉海は1m弱。メルディカス merdicas は玉・翡翠のことであるが，ユールによれば，ペルシャ語 murda-gosh〈ハナハッカ，サフラン〉からで，その香料を入れた容器がその名で呼ばれたためという。4) ポーロには「甕」はあるが，この「孔雀」は登場しない（Ch. 86）。ポーロにも最初はあったのが後に省かれた可能性が生ずる。また，ルブルクの献酌の樹（Ch. 30）と共通するところのあることが注目される。　5) ボクタクのこと。　6) ポーロでは「ケシタン」（Ch. 86）。　7) ラムージォ版 MT にはこの後に，カアンが宮廷に有している怪獣・怪人の記事がある：「6本足の馬，双頭の駝鳥，野生人，毛むくじゃらの女，2スパンの小人，一つ眼人，手がなく足で食べる男女，赤と黒の2頭のライオンを連れた20ピエの巨人等。これを引き連れて狩に行く」（摘要，pp. 315-16）。その版にしかなく加筆の疑いが濃いが，ユールは事実と見る（Yule : 229-30, n. 4）。

27　領土内での出来事を知るためにマグヌス・カンが有している方法について

　領土内で何か新たな出来事があると，使者が直ちに馬〈ラクダ〉でそこに急行する。重大で危険な任務だと，〈ヒトコブ〉ラクダに乗って行く。かの宿舎つまり家に近づいて来ると，角［笛］を吹き，その音に宿舎の主人は別の者を急いで用意させる。宿舎に到着した者は，運んで来た書状をその者に渡す。到着したばかりの者は，その家に止まって休む。イァムで書状を受け取った者は，次のイァムつまり次の家まで急行する。そしてこの2番目の者も，最初の者がしたのと同じようにする。このようにして皇帝は，3日〈12日〉行程の知らせを丸1日で受け取る。

　また，飛脚を遣る別のやり方が行われている。キデベオ[1]と呼ばれる宿舎には，任命された飛脚が，回りに小鈴あるいは輪鈴の付いた帯を締めて常駐している。宿舎は，一つから次のまで約3マイル〈20マイル〉離れている。彼らは宿舎に近づくと，小鈴あるいは輪鈴をできる限り強く鳴らし始める。すると，その宿舎にいた別の者が来てすばやく用意し，できうる限り早く次の宿舎まで走る。この飛脚も他の飛脚も，マグヌス・カンのもとに到着するまでこのようにする。このためその領土では何事も，彼がすぐにあるいはとても早くすっかり知るよりも早く成し遂げられることはあり得ない。

1）Chidebeo：ユールによれば ki-di-fu 羈遞夫，シュレーゲルによれば ki-di-p'u 急遞舖。

28　島[1]に狩に行く時のやり方について

　カニス・マグヌスが狩に行く時，次のようにする。カムバレクの外20日行程のところにとても綺麗な森があり，周囲8日〈7日〉行程で，あらゆる種類の見事な動物がいる。森の周囲には，それを注意深く見張る者たちがマグヌス・カンによって配置されている。

　彼は，3年か4年の終わりに家臣とともにその森に行く。そこに着くと，家臣

全員が森を取り囲む。そして犬をそこに入れ，飼い馴らした鳥をその後に放ち，それらは互いに野生獣を森の真ん中にあるとても綺麗な平地に追い込む。かくして野生獣は大量にそこに集まる。獅子・大鹿〈・**野牛**〉その他多くの動物で，種々様々で見ると大いに驚かされる。また，森に放たれた鳥の鳴き声と犬の吠え声がものすごく大きく，隣りの者の声も聞き取れないほどである。その大きなどよめきに，野生獣はみな震え上がる。

　野生獣がその平地に集められると，3頭の象に乗った皇帝が，それら獣の中に5本の矢を放つ。彼が矢を射ると，供の者も皆同じようにする。矢には，他と識別するためにどれも自分の印が付いている。全員が矢を射ると，大皇帝は森から追い出した獣にソイ[2]つまり慈悲を，と言わせる。するとそこに生き残っていた野生獣はすぐに森の中に逃げ込む。家臣は皆殺された動物のところに近寄り，放った自分の矢を抜き取る。印が付けてあるからよく分かる。こうして誰もが，自分の矢が射た野生獣を手にする。彼の狩はこのように行われる。

　1）insulam〈島〉：nemum〈森〉の誤り。　　2）G *soy*, H *syo*, MT *sio*：ペルシャ語 sheo〈止め，それまで〉より（Yule：236）。

29　祭礼について

　皇帝は年に四つの大祭を行う。割礼祭[1]と彼の生誕日と他の残り［二つ］である〈*第1は2月1日，第2は生誕日である*〉。この祝祭には全ての重臣と楽人と親戚縁者を招き，皆祝祭に定められた席に着く。とりわけ二つの祭礼つまり割礼祭〈*2月*〉と生誕祭に人々を招く。これら祭礼のどれかに招かれると，家臣は頭に冠を戴いて来たり，皇帝は前に述べたごとくその席に着く。重臣たちも皆，指定の席に順に座る。重臣たちの衣装は異なり，1位は緑の絹，2位は血赤のを着るが，3位は青灰色か灰色である。皆頭に冠を戴き，手に白い象牙の牌を持ち，幅半フートの金の帯をして，立ったまま沈黙を守る。

　その回りに楽人たちが紋章と旗をもって侍る。大広間の一隅には，学者と識者が居て，全ての刻と点[2]を注意して見ている。学者が求める刻あるいは点になると，一人が大声で叫んで言う，「我らが皇帝大君にお辞儀し給え」。すると，家臣

は皆頭を3度床に付ける。次いでまた叫んで言う，「皆身を起こし給え」。と，す
ぐに身を起こす。そして再び別の点を待ち，その点が来ると叫んで言う，「耳に
指を当て給え」[3]。で，そうする。するとすぐに言う，「外し給え」[4]。で，そのと
おりにする。そしてしばらくそのままでいて，言う，「粉を篩い給え」[5]。このよ
うにその他多くの仕草[6]を行うのだが，それらは大きな意味をもつのだと言う。

またたくさんの役人がいて，楽人や家臣が間違わないか見張っている。もし誰
かが間違うと，大罰を科すだろう。楽人たちの刻と点になると，学者たちは言う，
「君主に祝いをなし給え」。すると皆全ての楽器を弾き始め，その歌と声は耳を弄
さんばかりに大きい。次いで，一声が叫んで言う，「皆黙し給え静まり給え」。と，
すぐに皆黙る。

その後すぐ親族たちが白馬を用意する，と一声が叫んで言う，「これこれの親
族のなにがし，百頭の馬を全て君主に奉る」。すぐまた別の者たちが2百頭の馬
を連れて君主の前に並ぶ。こうして君主に献上される全ての白馬の数は，まさし
く信じがたい。次いで贈り物を携えた重臣たちが，他の重臣たちを代表して続く。
また，僧院長たちも皆贈り物を持ってそこに参上し，祝福を述べることが定めら
れている。我々小兄弟会士たちも，同じくそうしなければならない。これが済ん
で片付けられると，他の楽士たちと女の楽人たちもまた彼の前に進み出る。その
前でとても上手に歌うので，それを聞くのは楽しいことである。次いで曲芸師た
ちが獅子を来させ，獅子は皇帝に恭順の意を示す。

1）G *festum circumcisionis*〈割礼祭〉（H同）：おそらく *festum coronationis*〈戴冠祭〉の誤り
（Yule：237）。ポーロでは新年祭と生誕祭。　　2）puncta〈点〉：おそらく占星術の天文図と十
干十二支の交点。　3・4・5）根拠不詳。　6）MT *segni scelti*〈選ばれた仕草〉（モナコ版），
segni stolti〈馬鹿げた仕草〉（ユール版）。

30　宙を飛ぶ盃について

次いで奇術師が，美味しい酒のいっぱい入った金の盃を宙に飛ばせ，酒を飲み
たい者皆の口元に届かせる。彼らは，その他多くのことを君主の面前で行う。[1]
この君主の偉大さおよびその宮廷にあることを語り伝えることは，目で見なけ
れば信じられないであろう。しかし，彼が莫大なお金を使うことも，何ら驚くに

はあたらない。そこでお金として使われているさる紙以外，他に全土で貨幣は何も使われていないし，その紙によって無限の財宝が彼の手元に入って来るからである。[2]

1) Cf. MP ch. 75「シャンドゥ（上都）」。　　2) Cf. MP ch. 96「紙のお金」。

31　子羊に似た獣が中に生まれるメロンについて

他にも，私は見たわけではなく信頼できる者から聞いたことだが，大いに驚くべき事どもを話すことができる。カデリス［ヴォルガ地方］は一大王国であるが，そこにカペイ［カスピ］山[1]という山があり，言われるところによると，そこにとても大きいメロンができ，熟して開くと，小さい子羊のような獣がその中にいる。で彼らは，そのメロンとその中にある肉片を手に入れる。これはおそらく信じられないと思われるだろうが，イベルニア［アイルランド］《*インギルテッラあるいはスコツィア*》には鳥の成る木があるというのは本当なのだから[2]，これも本当かもしれない。[3]

1) G *Capei*, H *Caspios*, MT *Chaspeos*：カスピ Caspei 山脈（コーカサス山脈）。　　2) 同行者のアイルランド人ヤコブ修道士からの話とされる。　　3) ラムージォ版 MT はここで終わるが，「しかし，グラン・カーネのことを述べるのはこれで終わりにしたい，見たことの千分の一も語れないことは確実だからである。だから，別のことに移る方がいいと思う。了」（p. 318）との結びがある。おそらくラムージォの補筆。

32　カサイロン[1]地方について

このカタイオを発ち，多くの町と土地を通過しながらポネントつまり西の方に50 日行程行って，プレスティザーネ［プレスピテル・ヨハンネス］の地に来た。彼については，確かなこととして言われることの百に一つもない。その主たる市はコサン［テンドゥク］[2]と呼ばれるが，ウィンケンチア［ヴィチェンツァ］の方がこのコサン市よりも優っていると言っていいだろう。彼は他の多くの町を配下に

持っている。しかし取り決めにより，常にマグヌス・カニス［グラン・カン］の娘を妻にする。

　そこから何日行程も進み，カッサン[3]という地方に来た。そこは，今日世界で2番目に優れた地方で，他のどこよりもよく人が住んでいる。一番狭いところでも，幅50日行程，長さ60日行程以上もある。この地方はそれほど人が住んでいるから，ある市の一つの門から出ると，別の市の門が見えるほどである。ここは食料とりわけ栗が豊富にある。この地域には大黄[4]ができ，大量にあるから，6グロッソ足らずで驢馬1頭分はあるだろう。この地方はまた，マグヌス・カニスの領土の12の部分の一つである。

　1) Casairon：Cf. 注3。　　2) G *Cosan*, H *Rosan*, MT *Cosan*：Tosan（TのCへの誤読），Tenduc 天徳軍（MP Ch. 74）。ポーロではここでゴグ・マゴグについて語られるが，オドリクスには登場しない　　3) *G Cassan*, H *Casan*, MT *Chausi/Chansi*：甘粛 Can-suh もしくは京兆（府）Ken-jan (-fu)（西安）。おそらく前者。　　4) G *reubarbarum*〈大黄〉, H *malus barbarus*〈野生の林檎の木〉, MT *il male barbaro*〈野性の病気？〉。

33　ティボル[1]［チベット］地方について

　その地方を発って，ティボットという一大王国に来た。インディアとの境にある。国全体がマグヌス・カンの下にある。パンやブドウ酒が世界のどこよりも豊富にある。この地域の人々は，黒いフェルトで作ったテントに暮らしている。王の首都［ラサ］は白と黒の城壁〈石〉で造られている[2]。路は全て石が敷かれてある。この市では，人間であれ動物であれ血を流すことはいかなる者もしない。これは，そこで敬われ崇められているさる偶像に対する敬意からである。

　この市にアルバッシ［バクシ博士］，彼らの言葉で法王，がいる[3]。彼は偶像崇拝者全ての長で，そこに持っている全ての恩恵を習わしに則って彼らに与え施す。

　この国には次のような風習がある。女性は髪を百以上もの三つ編みにしているし，口には猪のように長い歯が2本ある。

　この地域にはまた次のような風習がある。誰かの父親が死ぬことがあると，その息子は「我が父に敬意を捧げたい」と言う。そこで，全ての司祭と聖職者，地域の全ての楽人，同じく隣人と親戚縁者を呼び集める。彼らは大いに賑やかに彼

を野辺に送り，そこには大きな盆が一つ用意されてあって，その上で司祭たちが彼の頭を切断して息子に与える。息子は参会者皆とともに歌を歌い，彼のために多くの祈りを捧げる。それから，司祭たちは彼の全身を切り刻み，それがなされると，一行とともに彼のための祈りを唱えながら元の所に戻る。そのあと山から鷲と禿鷹が来て，それぞれ肉を一片摑んで持ち去る。すると皆大声で叫んで言う，「我らは見た，彼がどんな人間であったか，彼は聖人である，神の使いが来て天国に連れ去るのだから」。

　このようにすることによって，息子は自分が大いに讃えられるのだと考える。父が神の使いつまりかの鳥によってこのように誉れ高く持ち去られると，息子はすぐその頭を取り，料理して食べる。また，その頭つまり頭骸骨から，息子は盃を一つ作らせ，それでもって彼と家の者皆が亡くなった父を記念していとも恭しく酒を飲む。こうすることによって，言われるところでは，大いなる敬意を父親に示すのである。彼ら〈東方の異教徒〉のもとでは，他にも異様で忌まわしいことがたくさん行われている〈が記さない〉。

1）G *Tibor/Tibot*, H *Tybet*, MT *Tibet*：チベット。　　2）オドリクスは，チベットの首都ラサを訪れた最初のヨーロッパ人とされる。　　3）H版はこの段から別の章（68章）となり，「信仰なき者たちの大ラマ Lama について」のタイトルがある。

34　そこの市民の富貴の暮らしについて[1]

　マンジ地方にあった時，私はさる市民の御殿に来たが，彼の暮らしは次のようであった。常に自分に仕える50人の乙女を抱え，食事をしに行き食卓に座ると，全ての料理が五つずつ様々な歌と多くの種類の音楽とともに彼女たち〈5人〉によってその前に運ばれて来，上述の乙女たちがその食べ物をまるで雀のように彼の口に入れて食べさせる。彼女たちはさらに，全ての料理が食べられるまで彼の観ている前で絶えず歌を歌う。次いで，最初の者たちが退いて，また五つの料理が別の者たち〈5人〉によって他の多くの歌と様々な種類の音楽とともに運ばれて来る。この世にある限り，このようにして生涯を送る。彼は，米30トゥマン・タガル[2]の実入りがある。各1トゥマンは1万タンガルで，タンガルは大きい驢馬1頭分の積荷である。

　その御殿の庭は2マイルにわたっている。御殿はまた次のように造られている。床は一面は金，もう一面は銀である。庭には金と銀で小山が築かれ，その上には人々が楽しめるよう僧院と鐘楼が造られてある。彼のような者が，マンジ領内に4人いると言われる。その高貴さは爪の長いことで，ある者は親指の爪を自分の手を取り巻くまでに伸ばしている。女性の美しさは足の小さいことで，そのため娘の母親は次の習わしをもつ，すなわち女の児が生まれるとその足を縛り，決して大きくならないようにするのである[3]。

1) H「優雅な人々について」，MT「中国人の風習」。　　2) tagar/tangar：大袋。　　3) 纏足についての，ヨーロッパ人による最初の記述とされる。

35　山の老人について

　プレスティザーネの地を発って西に向かい，ミッリストルテ[1]［ムレヘト］という地域に来たった。美しい地域でとても肥沃だ。ここに山の老人と呼ばれる者がいて，彼はこの地域の二つの山の間に山を巡る城壁を築かせた。その城壁の内には，見つけられる限り最も美しい泉があった。その泉の周りには，えも言われぬ美しい乙女たちや素晴らしい馬，それに人間の肉体的愉しみのために見出し得るあらゆるものがあった。そのため，そこは天国と呼ばれていた。

　彼は，誰か有能な若者を見つけると，その者をこの天国に入れさせた。また，さる導管を伝ってブドウ酒や乳がそこに流れて来るようにさせた。誰か王あるいは君侯を亡きものにする，つまり暗殺しようとする時には，その天国を管理する者に，そこで最も愉しむにふさわしい者を見つけるよう命じた。

　そうした者が見つかってそこに入れられると，すぐに眠らせるさる飲み物を飲ませ，［その後］その者を天国の外に運び出させた。目覚めて自分が天国の外にいると知った若者は大いに苦しみ，どうしていいか何も分からなかった。そのためかの山の老人に，前にいた天国に連れ戻してくれるよう切に乞うた。そこで老人は彼に言うのだった，「これこれの王あるいは君侯を殺さない限りそこに戻ることはできぬ，しかる後，汝が死んでいようといまいと，余は汝を天国に置こう」。若者は，天国に行きたいがため喜んで死ぬ方を選び，老人が望む全ての者

を亡きものにした，つまり暗殺した。そのため〈オリエントの〉王は皆この老人を恐れ，多大の貢ぎ物を与えた。

　さてタルタル人は，ほぼ全世界を征服した時この老人の地に来たり，ついに彼から支配を奪った。そうして奪われた時，彼は自分の多くの刺客をかの天国から送り出し，その刺客の手をつうじてたくさんのタルタル人を殺させた。これを見てタルタル人は，老人のいたかの都市にやって来てそれを取り囲み，そこを奪うまで撤退せず，ついに老人を捕まえ，彼を捕えると縄で縛り，哀れな死を遂げさせたのだった。

1）G *Millistorte*, H *Millestorte*, MT *Mileser*：Mulhet/Mulehet〈ムレヘト〉，異端者という意味だが，ポーロでもその地と誤解されている。山の老人は，ポーロでは往路ペルシャ（Ch. 41-3）で語られるが，ここでは帰路司祭イォハンネスの国（テンドゥック）の西に置かれており，後に挿入されたことを示す。記事内容はポーロの全くの要約。

36　小兄弟会士たちが大タルタリア[1)]で行う奇蹟について

　この地域で，全能の神は小兄弟会士たちに大いなる恩寵を授けた。すなわち大タルタリアにおいて彼らは，まるで家から犬を追い出すように，悪魔をそれが取り憑いた者から追い出すようになったのである。そこでは多数の男女が悪魔に取り憑かれているが，人々はそうした者を縛り，10日行程もの所から我ら修道会士のもとに連れて来る。これら悪魔憑きが連れて来られると，修道士たちは自らとイエス・クリストの名において悪魔に，それに取り憑かれた者の体からできるだけ早く出て行くよう命じる。この命令が下されると，悪魔はすぐにそこから出て行く。そして，悪魔から解放された者はすぐに洗礼を受ける。その時修道士は，彼らが持っているフェルトの偶像[2)]を取り上げ，十字架と聖水とともにそれを火のところに持って行く。するとその地域の者が皆，隣人の神々が焼かれるのを見に来る。で，修道士が偶像を手に取って火にくべると，それは火から出て行く。修道士が聖水を手に取って火の上に撒くと，悪魔はすぐに火から逃げ出す。そこで修道士は，〈偶像を再び〉火の中に投げ込む。そうして焼かれた悪魔は空中で叫んで言う，「やれやれ，我が住み処から追い出されたわい」。このようにして我が小兄弟会士たちは，その地域の多くの者に洗礼を授けて〈キリスト教徒にす

る〉のである。

1)「タルタリア」の語は他の著者たちには見えない。モンゴリアを指すか。 2) ポーロでは，フェルトで作られたナチガイ神（地祇）（Ch. 70）。

37 恐怖の谷について

別のとても恐ろしいものを私は見た。快い川に沿ってある谷を渡っていた時，多くの死骸を目にしたし，また様々な種類の楽器とりわけナカラ［ナッカル］が異様に鳴り響くのを耳にした。そこの叫び声と物音はものすごく，限りない恐怖が私を襲って来た。

その渓谷は長さ土地約 7，8 マイルあり，そこに入ると決して出ることはできず，すぐに死んでしまう。私は，たとえそうしてそこで死んでしまおうと，それがいったい何であるのかどうしても確かめたく，そこに入ることを望んだ。かくしてそこに入ると，上に述べたごとく多くの死体を見たのだが，それは実際に目にしなければ，見ても信じられなかったであろう。またその谷の一方の岩壁に，とても恐ろしい人間の顔を見た。それはなんとも恐ろしく，あまりの恐怖に私は気を失うか死ぬに違いないと思った。それで，「コトバは肉となり給いし」を口に唱えた。またその顔にすっかり近付くことは決してせず，7，8 歩離れていた。

そこに向かわぬよう注意しながら，谷のもう一方の端に行った。そしてある砂の山に登ると，その回りには異様に鳴り響くのが聞こえるあのナカラの他は何も見えなかった。その山の突端に行くと，金銀が大量にあるのを見つけた。まるで魚の鱗のように積み重なっており，私はそれを懐に入れた。しかし私は，それを貯めているわけではなかったし，また悪魔の幻ではないかと考えて，全て地に投げ捨てた。かく神の御加護をもって，私は無事そこから出たのだった。

その後，このことを知ったサラセン人は，私を聖者だと言って大いに尊敬し，またかの谷で死亡したのは地獄の悪魔の者たちだと言った。[1]

1) ユール版 MT は，「オデリーゴ修道士の話，了。神に感謝を」（p. 366）と終わる。

［最終章］[1]

［G］38　マグヌス・カニス[2]がいとも聖なる十字架に払った敬意について

　マグヌス・カンについて，私が目にしたことを一つ報告しよう。かの地では，上述の君主がその地域を通りかかる時，人々は自分の家の門前に灯を燈し，香を焚いて煙をたて，通りかかった君主にその香りを送り，またこぞって出迎えるのが習わしである。

　ある時彼がカンバレクに来ることになり，その到着が確かに言われていた時，我らの一人の司教[3]と幾人かの小兄弟会士そして私は，彼を迎えに2日行程のところまで出向いた。彼の方に近付いて行った時，我らは皆に見えるよう十字架を木の上に掲げた。私は携えて来た香炉を手に持ち，我らは「来たれ造物主たる聖霊よ，云々」と高らかに歌い始めた。こうして歌っていると彼はその声を聞きつけ，我らを呼び寄せ近くに来るよう命じた。

　他の何にもまさって次のように言われていた，その警護の者を除いては呼ばれなければ誰も石を投げて届く距離以上に彼の車に近付いてはならぬ，と。で，我らが十字架を掲げて彼のもとに行くと，彼はすぐに毛皮の冠，ほとんど計り知れぬ価値の帽子を脱いで，十字架に敬意を表した。私は持っていた香炉にすぐ香を入れ，司教が私の手から香炉を取って彼に振り掛けた。

　かの君主の許に行く者は，「我が前に手ぶらで現れてはならぬ」との古くからの掟を守って，必ず何か贈り物を持って行く。それゆえ，我らは林檎をいくつか持参し，それをお盆に載せて差し出した。するとカンは，その林檎を二つ取って一つを少し口にし，前述の我らの司教が彼に祝福を授けた。それが済むと彼は，我らに退がるよう，そして彼の後に続いていた騎兵も群衆も我らの邪魔をせぬよう命じた。

　我らはすぐにその場を離れて踵をめぐらせ，その軍の中にいた，我らの会の修道士によって信仰に転じたいく人かの君侯[4]のほうに行き，前述の林檎を進呈した。彼らはとても喜んでそれを受け取り，我々が親切に大きな贈り物をしたかのように嬉しそうだった。

　我，フォロ・ジュリイ［フリウーリ］の小兄弟会士オドリクス，サン・アントニウス教区管区長グイドトゥス尊師に対し，彼により求められたところに従い，ここに証言し証拠を提出する，上に書かれてあることは全て，我と我が目で見たかあるいは信頼できる人たちから聞いたものである。また，見たのでないことも真実であることは，それらの地の共通の言い伝えにより証言されている。他にも，ここに書かせぬがままにしたことも数多いが，自分の目で見るのでなければ他の人々にはほとんど信じられぬことであろう[5]。

　以上，我ソラーニャの修道士グイルゲルムス，主の1330年5月，前述オドリクス修道士がパドゥア聖アントニウス教会にて自らの口で表したとおりに書き止めた。難解なラテン語や飾った文体を心掛けず，書かれてあること述べられてあることが誰にも易しく理解できるよう，彼の語ったとおりにここに書き記した。上述オドリクス修道士は，その後主の1331年1月14日ウティネ［ウーディネ］の僧院にてこの世から主のもとにみまかり，そのあと多大なる奇蹟でもって閃めいた[6]。

　1）この章は異なりが大きいため3版とも挙げる。H（74-77）・MT（57）の太字はGとの異なりを示す。　2）おそらく晋宗（泰定帝）イスン・テムル（1323-28）。この頃すでに，キプチャク人やアラン人キリスト教徒が大都で実権を握りつつあった（cf. X「マリニョッリ」）。　3）おそらく大司教モンテコルウィーノ。　4）Cf. VIII「ザイトン司教ペレグリヌス修道士書簡」。　5）マルコ・ポーロ（Ch. 1 序）にほぼ全く同じ言い草がある。　6）Cf. [H] 77, n. 2.

[H]74　証　言

　我，フォロ・ジュリイ［フリウーリ］の小兄弟会士オドリクス，**神ならびにクリスト・イエスに対して**証言する，ここに書かれてあることは，我と我が目で見たかあるいは**大部分**信頼できる人たちから聞いたものである。他にもここに書かなかった数多くのことを見たが，**私のように**，**信仰なき者たちの地で**自ら目にした者でなければ，**我らの地の者たちには**あり得ないことと思えるだろう。

[H]75　バクシドのマルキシヌス修道士の付言

　我，小兄弟会修道士バクシドのマルキシヌス［マルケジーノ・ダ・バッサーノ］，生前上述オドリクス修道士から，彼が記したよりも多くのことを聞いたことをここに証言する。[1]

　かつてある時一度タルタル人の皇帝マグヌス・カンが，カンバレクからサンドゥ［上都］に行ったおり，オドリクス修道士は小兄弟会士たちとともに，カンが通る道の傍のさる樹の下の陰にいた。彼が近づいて来ると，修道士の一人，祭司長の衣装を身にまとった司教が，十字架を手に取り，棒に付けて高く掲げた。そして4人で，賛美歌「来たれ造物主たる聖霊よ」を声高らかに歌い始めた。それを聞いてカンは，近くの者にあれは何かと尋ねた。彼らは，あれは4人のフランク人ラバンつまりキリスト教聖職者だと答えた。カンは彼らを呼び寄せ，十字架を見て車の上に立ち上がり，頭から毛皮の帽子を脱ぎ，恭しく十字架に口付けした。

　誰も彼の車に手ぶらで近づいてはならぬと定められていたので，オデリクス修道士は，綺麗な林檎のいっぱい入った小さな籠を贈り物として彼に差し出した。彼はそれから林檎を取り，一つを口にし，もう一つは手に持って去って行った。語られているところからすると，カンはカソリック信仰についていくらか知っているようであり，それは，彼の宮廷にずっと滞在している我らが修道士［モンテコルウィーノ］の導きによるものである。なお，十字架への敬意から脱いだかの毛皮の帽子は，オデリクス修道士が聞いたところによると，高価な宝石で作られており，トレヴィーゾ境区全体よりも値打ちがある。

　さらにまた，オデリクス修道士から次のことを聞いた，マグヌス・カンは年に一度，自分のタルタル人の一人を盛大な一行とともにバビロニア［カイロ］のソルダンのところに派遣し，ソルダンも彼を盛大に迎える，と。

　1）この文からすると，バクシドのマルキシヌスもオドリクスの口述を筆記した一人で，教皇庁に送られてきた報告にはその名があり，H版の編者ハインリヒはその名をここに記したが，G版の編者グリエルモは最終的な編纂の段階で彼の名を入れなかったことが疑われる。

[H]76　皇帝の力について

　その定められた日，タルタル人は毒を塗った矢を番えた弓を手に，さる小川の岸にいる。ソルダンは，膝を折り手を合わせ，普通の衣服を着，頭には何も冠らず，もう一方の岸に止まる。タルタル人は大声で彼に呼び掛け，三度訊ねる，「汝，マグヌス・カンにより命あること，その奴僕なることを告白するや」。ソルダンは，恭しくそうだと言う。もし謙虚にそう答えぬと，タルタル人は彼を矢で殺す。カンは，自分の偉大さと力を示すためにかくするのである。[1]

　1）この記事は，さらに後の加筆が疑われる。Yule（p. 333）は若干異なる。

[H]77　オドリクス修道士の死について

　さて，祝福されたる者オデリクス修道士は，主の 1330 年不信仰者たちの地から自らの地つまりトレヴィーソ辺境に戻って来たが，さらに至高の教皇イォアンネス 22 世のもとに向かわんとした。いくつかの地方から集めた，自らそこに赴くことを志願する 50 人の修道士たちを，海の彼方の地に信仰の種を播きに連れて行くことの許可を願い出んがためであった。が，生まれ故郷のフォロ・イゥリイを発ってピーサに来たるに，重い病に罹り，ために自分の地に戻ることを余儀なくされた[1]。フォロ・イゥリイの町ウティネに来たって，主の受肉の 1331 年 1 月中日の前日この世の災いから天国の栄光へとみまかった。されど地上では，高徳と数々の奇跡で今も煌めいている。現にその墓により，盲・跛・聾・啞・その他様々な重い病の者たちが，彼の功徳のおかげで主イエス・クリストから健康の恩寵を賜わっている。そのことは，それが起こっている管区アクレイア［アクィラ］の総大司教の手紙によって教皇庁で証明された。また，スティリア，カリンティア，イタリアの多くとその周辺のいくつもの地域で証言されている。

　我，グラルズ［グラーツ］のヘンリクス修道士，主の上記の年アヴィニョンの教皇庁にあって以上全てを書き写した者，もしそこで祝福のオデリクス修道士について，彼と共にあった同僚たちから，その完璧さと聖なる仕事を全て聞き及ん

でいなかったならば，ここに彼によって書かれてあることはほとんど何も信じられなかったことであろう。しかしながら，その生涯の真実は私を彼の言に信頼を寄せずにはいられなくさせる。私はこれを，主の1340年万聖節の頃プラガにて記したのだが，アヴィニョンではこれよりもずっと多くのことを聞いたものである。[2]

1) ピーサで病に倒れた時，聖フランチェスコが枕頭に現れて告げた，「オドリクス修道士よ，聖庁には行かずともよい，私が行って話をつけよう。だからそなたは戻り，そなたの巣に帰るがよい。そしてそこで没するだろう。この市はそなたの死を迎えるにふさわしくないのだから」（Vita fratris Odorici de Utino,《*Analecta Franciscana*》III, Firenze Quaracchi, 1897, p. 502)。
2) 死後すぐ数々の奇蹟が認められ，アクィラ総大司教パガーノ・デッラ・トッレ Pagano della Torre が，オドリクスを福者に列することの要請をアヴィニョンの聖庁に申請した。その折に彼の報告の写しが添えて送られ，そこに滞在していたハインリヒはそれをプラハに持ち帰って編纂した，と見られる。

［MT］57　真実であることの証言と物語の結び

　我，フリオリのオデリーゴ修道士，ポルト・マオニ［ポルデノーネ］と呼ばれる地の生まれ，小兄弟会士，*我が上司に対し*真の服従でもって証言し答える，この*覚え書き*に書かれてあることは全て，我と我が目で見たか，信頼に値する人たちや現地で言い伝えられていることを聞いたものである。それ故，私が見たのでないことも真実であることを知っていただきたい。他にも多くのことを書かせぬままにしたが，目にしたのでなければ信じられぬだろうからである。[1]
　日々私はかの地に戻る用意をしており，神の御旨のままにそこで生きそして死すつもりである。アーメン。了。

1) この段はマルコ・ポーロの「序」（Ch. 1）に酷似する。

　奇妙な旅行記である。旅にあったのは1318年から30年まで12年，行程もユーラシア全体に及び，自らの足で書いた世界記としてはポーロに次ぐ2番目のものである。にもかかわらず，その記述は各地のメモ程度で，詳細正確なものでも体系的なものでもなく，かの書には及びもつかない。それどころか，旅が重なる部分とりわけ中国はポーロの簡便な要約と抜粋で，その中にわずかに自分の体験と知見を差し挟んだだけのものである。東方アジア世界の全体的地理・歴史の記述も，社会と文化の考察もない。また，筆者は聖職者であったが，自らが行なったであろう活動だけでなく，現地の宗教やキリスト教の布教の状況についても報告は一切ない。ザイトンではアンドレアス，カンバリクではモンテコルウィーノの世話になり，共に伝道に携わったに違いないが，彼らとその活動への言及もない。さらには，パドヴァ管区長の命によって口述され，同僚によって筆録・編纂され，しかも教皇庁にまで提出された半公式の報告書であったにもかかわらず，中心となっているのは，各地での奇妙なもの珍しいこと驚くべきことなど，専ら世俗的な興味に訴えるものであった。これは，どのように考えられるか。

　その原因と理由は，様々に求められた。精神的にも知的にも劣っていた，帰国時にはもう高齢なうえ長旅に疲れ病身で長時間の口述や報告には堪え得なかった，メモ・ノートや資料が帰国の途次失われた，筆録者に恵まれなかった，修道会は衰退し東方伝道の情熱と余裕を失いつつあった，等々。確かに，少なくともこの報告記からは，最初のカルピニやルブルクの知性と情熱は窺えないし，帰国時65歳，1年足らず後に亡くなっている。また，後世の文書によると，帰路4か月病の床にありネグロポンテに運ばれる途中で多くのものを失った[1]。確認すべくもないが，あり得たことであろう。ピーサでは，ルスティケッロのような練達の作家と出会う幸運は手にしなかったし，修道会は当時政治に巻き込まれて混乱していた[2]。しかしながら，たとえそれら全てが絡んでいたとしても，その報告がこのようなものでなければならなかったことはないはずである。

　こうした個人的資質や作成時の事情のほかに，オドリクス当人の事情と教団の介入があったことが指摘される。つまり，メモ・ノート・資料が持ち帰られたにせよ，途中で失われたのならもちろん，それらをまとめて本格的な報告書を仕上げる時間と体力はなく，口述は専ら記憶に頼って行われた，あるいはそもそも口述が行われたかは疑わしく，そのメモ・ノートに基づいて筆記者が自分の関心に沿ってまとめた，オドリクス自身も旅行記を書くよりは50人の修道士を連れて再び東方に旅立つことを急いだ，その結果筆録あるいは代筆された草稿は断片的で浅薄なものとなり，そのまま表に出すわけにはいかなかった。そこで教団本部はその原稿を，旅行記としては，当時大きな成功を見ていたポーロの書に倣って補い並べると同時に，インディアでの小兄弟会士の殉教譚とその遺骨による奇蹟譚，帰路中央アジアでの

図5　オドリクスの棺（ウーディネ，カルミネ教会）

　悪魔祓いや恐怖の体験の驚異譚を加えて，東方におけるキリスト教宣教記として編纂した。

　個々の題材も宗教的・政治的観点から配され，東方は，インディアと東南アジアは未開の野蛮な現象ばかり取り上げて否定的に扱い，一方中国は，国土は広大，国民は膨大，富は巨大であるが，しかし優れているのは物質面だけで，精神面では彼らは皆未だ真の神を知らぬ信仰なき者 infedeli であり，そのため偶像崇拝の迷妄に陥っているとして，その過ちの例を滑稽に取り上げる。皇帝もまたそうであるが，しかしと最後に，計り知れぬ価値の帽子をとって十字架に敬意を表したほどであり，キリスト教に好意を抱いているのは明らかである，うまくゆけば洗礼を受けるかもしれない，それゆえ今こそ中国布教に力を入れるべき時であり，そのことへの理解と支援が求められる，それは，多数の同志を募って再び東方に向かわんとした老修道士の願いとも合致した，と。そのことは，修道士が死後すぐ列福申請されたり立派な棺が作られる（扉図・図5）など，異例の待遇を受けたことともつながっている，と。

　とすればこの書は，オドリクス個人の東方記といわんよりは，修道会との合作になるキリスト教の宣伝記であろう。東方は，そこなる都市・社会・人々・自然・事物が探索され記述される異郷ではなく，その教えが宣べ布かれ，道が伝えられ，その神による奇跡が引き起こされる舞台であり，人々はただその洗礼を待ち受けるばかりである，と。もはや未知でも驚異でも軍事的脅威でもなくなった東方は，こうしてキリスト教世界観とその世界像の中に組み込まれた。モンテコルウィーノと修道士たちの努力は，彼らに代わって記したオドリクスのこの書の中に報われた。しかしそれは，実を結ぶことの少なかった霊魂の獲得以上に，後の世に大きな影響を残した。こうしてその世界観の中に取り込むことによって，その後の東方のイメージを決定・定着させたからである。

　その書は，世に出るとポーロのそれ以上に人気を博したと言われる[3]。マルコの

図6　教皇に出立の挨拶をするオドリクスたち（左上），訳者ジャン・
ド・ヴィネー（左下），書を王に献呈する訳者（右上），船で出発
するオドリクスたち（右下）（BL Ms. Royal 19 D I, f. 136r）

書が，あまりにも詳細・克明・長大であり，またそれまでの伝えられていたイメー
ジとは大きくかけ離れており，本当のこととは信じられず，嘘か創り話と受け取ら
れたのに対して，オドリクスのそれは，古くから伝えられる東方をベースに，そこ
にマルコを含む旅人によって伝えられ始めた新たな情報や自らの体験・知見を手短
に散りばめた，簡便で俗受けするものだった。そして何よりも，ポーロはあまりに
も先進的で，ヨーロッパ人の世界像の外にあったのに対して，これは，自分たちの
抱くキリスト教を中心とする世界観の中にうまく収まったからである[4]。つまり，
マルコ・ポーロの書き替え，革新的な世俗版から保守的な宗教版への改訂である。
この後すぐ登場するモンゴル時代最後のもう一つの東方記も，そうした世界観と東
方像をさらに色濃く映すものであった。

1) Pontico Virunio, *Odoricus de rebus incognitis*, Pesaro, 1513 (in G. Melis, Atti (1), p. 228, n.
21).　　2) 当時，聖職者の世俗財産権を否定するフランチェスコ会（厳格派／聖霊派）
は教皇庁と対立しており，それを利用して 1328 年神聖ローマ皇帝ルートヴィヒ 4 世は，
教皇イォハンネス 22 世（1316-34）に対して同会のピエトロ・ダ・コルバーラを対立教
皇に据え，ニコラウス 5 世を名乗らせた。帰国後のオドリクスのアヴィニョン行きとピー
サへの立ち寄りは，このことと関わりがあったのではないかと考えられている。
3) ポーロ写本 TA（トスカーナ語版）のいくつかは最初の数章を欠き，代わりにオドリ
クスの第 1 章（空を導かれるヤマウズラの話）が収められている。　　4) XIII ボッカッ
チォ「チポッラ修道士の旅」やマンデヴィルの『東方旅行記』（c. 1365）のモデルは，
オドリクスに求められる。

X

マリニョッリ

ボヘミア年代記

東方記事（抄）

ベネディクトゥス 12 世宛トゴン・テムル書簡
ベネディクトゥス 12 世宛アラン人君侯たちの書簡

周朗「拂朗国貢馬図」（右は順帝，北京故宮博物院）

　イォハンネス・デ・マリニョッリ Iohannes de Marignolli：1290 年頃フィレンツェのマリニョッリ家に生まれ，1315 年頃サンタ・クローチェ修道院フランチェスコ会に入る。キリスト教関係の書をいくつか著し，ボローニャ大学で講義したことが知られる。1360 年前後没。

　東方行と『ボヘミア年代記』 *Fontes rerum Bohemicarum*：旅は，1338 年 12 月アヴィニョンを発ち，翌 39 年 2 月ナポリでタルタル人使節を帯同し，コンスタンティノープル，カッファ，タナからかつての草原ルートを取り，サライでウズベク・カンの宮廷に滞在，40 年 5 月そこを発ってウルゲンチ，アルマリクを経て，42 年 5/6 月カンバリク着，皇帝トゴン・テムルに教皇からの馬を献上する。大都に 3〜4 年滞在するも，元朝も末期，政治は混乱し世情不安定で，帰国することを選び，47 年 12 月 26 日ザイトンを発って 48 年春クイロン，マイラプル，そこからサバ国（ジャワ／スマトラ）を訪ね，50 年嵐に遭って難破したセイロンで 4 か月滞在し，その後ホルムズに上陸，バグダード，エルサレム，キプロスを経て，53 年ナポリに着き，フィレンツェを経て，同年末アヴィニョンの教皇インノケンティウス 6 世（1352-62）の許に帰り着いた。1338 年に発って 53 年に還るまで 16 年，ルートもユーラシア全体にわたり，ポーロやオドリクスのそれに劣るものではなかった。

　帰国後，旅行記や報告記の提出は求められなかったようで，教皇はその旅の労に報いて 54 年 3 月彼をビシニャーノ（カラブリア・コセンツァ地方の小都市）の司教に任命した。が，全くの名誉的なもので，そこには赴任しなかったもよう。一方，55 年ローマでの戴冠式のためにイタリアに遠征してきた神聖ローマ帝国皇帝カール 4 世（1355-78）に宮廷付司祭の一人に任命され，プラハに招かれた。そこでチェコ民族の「ボヘミア年代記」の改訂を命じられ，その中に自分の東方行の体験談を断片的に織り込んだ。その書は長らく知られぬままだったが，1768 年チェコの修道士ドブネルにより発見・公開され，1820 年同国の歴史家マイネルトによってその東方旅行に関わる部分が抜粋編集された。それがユールの『カタイへの道』（1914）の中に英訳されて，広く知られるところとなった。一方ヴィンゲルトは，それらの他にエムレル版を主底本として新たに校訂し，*Sinica Franciscana*（1929）に収めた。ここに訳出したのは，それからさらに東方に関わる記事のみを抜粋して抄訳したものである。

　テキスト：①Wyngaert, 'Fr. Iohannes de Marignolli', *Sinica Franciscana*, vol. 1, X, pp. 513-59 [SF]（主底本 J. Emler, 'Kronika Marignolova', *Fontes rerum Bohemicarum*, Praga, 1882, t. III, pp. 492-604）.

　英訳・和訳他：②Yule & Cordier, 'Marignolli's recollections of eastern travel', *Cathay and the Way Thither*, vol. 3, V, pp. 175-269 [Yule]. ③家入敏光訳『東洋旅行記──カタイ（中国）への道』「マリニョリのジョヴァンニ修道士の報告文（抄）」光風社出版，1990, pp. 149-74（②からの抄訳）。④佐伯好郎『支那基督教の研究 2』春秋社，1943, pp. 336-44（最初の二つの書簡の和訳と『圭斎文集』巻 1「天馬頌」原文）。⑤佐口透『モンゴル帝国と

西洋』平凡社，1980，pp. 238-45（解説と周伯琦『近光集』和訳）。『ボヘミア年代記』原本
は，⑥G. Dobner, 'Chronicon Rev. Ioannis dicti de Marignolis de Florentia', *Monumenta historica
Boemiae*, Praga, 1768, t. II, pp. 68-288；⑦J. G. Meinert, 'Johannes von Marignola minderen
Bruders und Päpstlichen Legaten Reise in das Morgenland', *Abhandlungen der Kön. Böemischen
Gesellschaft der Wissenshaften*, Prag, 1820.

　本訳は①SF より。

　　IX オドリクスの「東方記」は，「日々私はかの地に戻る用意をしておりそこで……」（MT）と終わっていた。師は，少なくともその記からは，現地での布教にさほど情熱を抱いているようには見えなかった，しかしそれが単なる希望や宣伝でないことは，1330 年二十数年ぶりに戻って来るやすぐ，報告書を認めるよりも先に，「50 人」の修道士たちをそこに連れて行く許可を得るため（H），教皇庁に向かったことからも肯われよう。それほど急いだのはどうしてか，いったい何があったのか。その背景はこれから見て行くとして，その願いもむなしく翌年みまかった師の代わりにベネディクトゥス 12 世（1334-42）によって派遣されたのが，マリニョッリである。

　　1338 年 12 月，アヴィニョンの聖庁から発ったその一行は，これまでとはかなり様子が違っていた。師の遺言どおり 50 人という大部隊（到着時 32 人）で，それを率いる団長の一人マリニョッリは，フランチェスコ会に所属していたが，かつての者たちのように貧しく無名の出ではなく，フィレンツェの名門の家柄だった。何よりも違ったのは，カンバリクの皇帝に献上する大きな贈り物を携えていることで，それは巨大な軍馬だった。といってもその馬は，教皇庁が自発的に献上したというわけではない。その年の 5 月 31 日，カンバリクから使節一行 15 人がアヴィニョンに到着し，ベネディクトゥス 12 世（1334-42）に謁見して皇帝トゴン・テムル（1333-70）の親書を手渡したのだが，そこには次のようにあった。

ベネディクトゥス 12 世宛トゴン・テムル書簡[1]

　　万能の神の力において，諸皇帝の皇帝の勅。我ら，我らが使者フランク人アンドレアス[2]を，一行 15 人とともに，七つの海の彼方，陽の沈むフランキアなる，キリスト教徒の主，教皇の許に送らん。我らから教皇へ教皇から我らへと，頻繁に使者を送る道を開くこと，また教皇自身に，我らに祝福を送り，その聖なる祈りにおいて常に我らを記憶することを請うてなり。また，これら我らの僕アラン人，そなたのキリスト教徒の息子たちを，何卒よしなにお願いする。同じくまた彼らが，陽の沈むところから我らに，馬その他の驚くべきものを持ち帰らんことを。カンバレクにて，鼠の年 6 月，月暦第 3 日［1336.7.11］。[3]

図1　教皇に書簡を届けるトゴン・テムルの使者たち（BnF fr. 2810, f. 133r）

1）ラテン語原文 L. Waddingo, *op. cit.*, vii, p. 209, in Yule & Cordier, *Cathay and the Way Thither*, vol. 3, pp. 180-1.　　2）トゴン・テムルに仕えていたジェノヴァ人商人アンドレーア・フランコ Andrea Franco（正式名アンダロ・ダ・サヴィニョーネ Andalò da Savignone）。1330 年カンバリクでモンゴル宮廷に入り，1337 年これと次の書簡を携えてアヴィニョンの教皇庁に来たり，1338 年マリニョッリ一行とともに中国に戻った，cf. Giovanni Meriana, *Andalò da Savignone. Un Genovese alla corte del Gran Khan*, De Ferrari Editore, 2001.　　3）BnF fr. 2810, f. 133r に，Jean Le Long de Ypre によるこの書簡のフランス語訳と挿絵（図1）がある。

　　つまり，マリニョッリ一行の派遣はこれに対する答礼であり，ベネディクトゥス 12 世は，彼らの期待のとおり「驚くべき馬」を持ち帰らせたというわけである。天幕製の礼拝堂を贈ったルイ 9 世は，臣従の証と取られて屈辱感を味わったが（IV「ルブルク」），今度は彼らの方から贈り物を無心してきた。しかもそれだけではなかった。モンゴル使節団は，手紙をもう一通携えていた。それは，次のようなものだった。

ベネディクトゥス 12 世宛アラン人君侯たちの書簡[1]

万能の神の力において，ならびに我らが主皇帝の誉れにおいて。

　　我ら，フティム・イゥエンス Futim Juens，カティケン・トゥンギイ Caticen Tungii，ゲムボガ・エウェンジ Gemboga Evenzi，イォアンネス・イゥッコイ

Ioannes Juckoy, 聖なる父, 我らが主なる教皇に, 地に伏し, 足に吻して, ご挨拶し, その祝福と恩寵を乞い, かつまた, その聖なる祈禱において我らを記憶し, 決して忘れ給わぬことを。蓋し, 猊下のことはよく知られておりますゆえ。久しく我らは, 有能で神聖で全き人物, そなたの特使イォアンネス修道士［モンテコルウィーノ］によって, カトリック信仰について教えられ, 正しく導かれ, この上なく励まされて参りましたが, しかし8年前亡くなりました。この間我らは, 導き手, 精神的慰めのなきままでありました。別の特使を任命されたと聞き及びましたが, いまだ来られませぬ[2]。それゆえ猊下に乞い願い申し上げます, 我らの霊魂の世話をする十分な有識の善き特使を派遣下されますことを, そしてその御方がすぐに来られることを, なぜなら我らは, 頭脳も情報も慰めもなく虚しいままであります故。また猊下に乞い願い申し上げます, 我らが主なる皇帝に親しく答え, 互いに頻繁に使者を送り, 友好を交わせるよう道を開かれますことを。そうすれば, 霊魂の救済とキリスト教信仰の賞揚のために大いなる善きことが得られるでありましょう。なんとなれば, その帝国内で彼の好意は無限の善を, その悪意は無限の悪を成し得るからであります。それゆえ, そなたの息子たる我らならびに兄弟, その他彼の帝国内にある信者たちを, 彼に推奨していただきたく存じます。かくされれば, 最も善き結果となるでありましょう。かつてそれがなされた時, そなたの側から何度か3, 4人が前述皇帝の許に来たり, 鄭重に受け入れられ, 歓迎され, 贈り物をされました。ところが今は, そなたあるいは教皇庁から何の答えも受取りませぬ。彼らはそれぞれ, そなたからの回答を前述君主にもたらすと約束したにもかかわらずであります。それゆえ猊下, この度また今後, そなたからの確かな回答と猊下に相応しい使者を派遣し給わんことを。彼らが嘘を吐いたとなれば, この地のキリスト教徒にとって非常な恥でありますゆえ。カンバレクにて, 鼠の年6月, 月暦第3日［1336.7.11］。[3]

1) ラテン語原文 Waddingo, *op. cit.*, vii, pp. 209-10, in Yule & Cordier, *op. cit.*, pp. 181-4.
2) モンテコルウィーノの死後, 教皇イォハンネス22世（1316-33）は新たに大司教ニコラウスを任命したが, 彼は1235-36年頃チャガタイ・カン国に止まったまま, カンバリクには赴かなかった。　3) 同上写本 Fr. 2810, ff. 133r-136r に, この書簡と彼らカンバリクのアラン人キリスト教徒への教皇の長大な返書（1338.6.13）のフランス語訳と挿絵がある（図2）。

図2　皇帝トゴン・テムルに教皇の書簡を差し出す修道士たち（BnF fr. 2810, f. 134r）

　最初の書簡でよろしくお願いすると皇帝から推奨されていた「アラン人」が，キリスト教信仰と霊魂の救済のため，8年前に亡くなったかの偉大な師の跡を継ぐ特使を派遣してくれるよう乞うものだった。それにしても，このにわかには信じがたいような手紙はどうして書かれえたのか，背景には何があったか。話は百年前，モンゴルが西方に姿を現わしたそもそもの発端の時にさかのぼる。

　ここにあるアラン人（アス／アスト）とは，元は北コーカサス地方に住むイラン系遊牧民であったが，オゴデイの西征（1236-42）に加わっていたモンケにより，降伏した周辺のキプチャク人やカンクリ人とともにモンゴルに連れて来られたもので，クビライによりカンバリクで阿速（アス）衛という部隊に編成され，最初は鷹狩や犬猟あるいは伝令として特殊な任務や上都・大都間の季節移動に扈駕してカアンの身辺に仕えていたのが（cf. MP「元世祖出猟図」），次第にその直属の親衛隊となり，雲南遠征やアリク・ブカとの抗争，バヤンの南宋征服（cf. MP Ch. 150 鎮巣），とりわけ長きにわたったカイドゥとの戦争，またポーロにも詳しいナヤンとの戦い（1287）においても，最精鋭部隊として大きな役割を果たすようになっていた[1]。その大帝の没後，後継したが酒色に溺れて脆弱だった孫テムル（1294-1307）の政権を軍事面で支えたのも，これらアラン・キプチャクの親衛部隊であったし，1307年のその死後，カイシャン（1307-11），アユルバルワダ（1311-20），シデバラ（1320-23），イスン・テムル（1323-28）と続いた後継争いの中で，主要な役割を果たしたのも軍事的後ろ盾たる彼らであった。以後，宮廷官僚化し奢侈に溺れて弱体化するチンギス以来の伝統貴族・武将たちに代わって政治の舞台でも表に立ち，モンゴル中央政府の実権は次第にその手に移って行く。また彼らはもともとネストリウス派キリスト教徒であったが，この間にモンテコルウィーノ（1328没）たちの努力にも

より，多くの者がローマ教会に帰依していた。オドリクスが中国（c. 1323-28），大都（c. 1326-28）にあったのもこの頃のことである[2]。

　そして 1328 年夏，イスン・テムルが急死すると，後継をめぐって上都のコンギラト部族を中心とする旧モンゴル貴族と，大都に駐留していたこれら非モンゴル人軍団勢力の間で内乱となり，キプチャク人軍閥を率いるエル・テムルを指揮官とする後者が勝利した（天暦の内乱）。これでモンゴルの中央政権は決定的に彼ら諸族軍団の掌握するところとなり，エル・テムルがその独裁権を握り，彼らに擁立されたカイシャンの次子トク・テムルは翌 29 年即位したものの，全くの傀儡皇帝であった。1332 年のその没後に立てられたのが，このトゴン・テムル（後の順帝）である。若年（1320 生）でやはり傀儡であったが，独裁者エル・テムルは翌 33 年病死し，代わって実権を握ったのがアラン人軍閥を率いるバヤン（伯顔，メルキト族）である。しかしバヤンが専横を極めたため，成人すると皇帝は 1340 年その甥トクト（トクトア）と手を結んでこれを追放した。が，今度はそのトクトの権力が大きくなることを恐れて 44 年これを解任したり 49 年復権させたりと揺れ動いた（最終的追放は 54 年）。マリニョッリが大都に滞在した（c. 1342-46）のはその頃である。中央のこうした政争と混乱の一方，地方では天災・疫病・反乱が相次ぎ，51 年に発生した白蓮教の紅巾の乱は全土に拡がり，軍閥勢力は排除したものの軍事的後ろ盾を失ったトゴン・テムルにこれを鎮圧する力はなく，68 年ついに朱元璋の明に追われて北に遁走することになる。

　前掲の書簡が書かれたのはこうした状況下であり，1336 年 7 月とすると，トゴン・テムルを皇帝に就けたアラン人キリスト教徒を率いるバヤンが実権を握っていた時（1333-40）のことで，時期的にはよく合致する。最初に名前のある「アラン人君侯」とは，福定 Fou-tung（フディム），香山 Hiang-chan（シャンサン），者燕不花 Tcho-ye-pou-houa（ジャヤン・ブカ）であることが知られ，その長官たちだった。とりわけ福定は，『元史』巻 132 の列伝に記される，太宗オゴデイの西征のおり衆を率いて来降した阿速国主杭忽思（カンフス）の曾孫で，兄弟とともに大都ダルガチを務め，至元年間には枢密院知事に昇進している[3]。上の皇帝の書簡も 15 人からなる使節団の派遣も，実権のないまだ若かったテムル（当時 16 歳）に代わって，彼らが主導したものだったことが強く推測される。書簡は偽物ともされるが，たとえ一方的に作成されたものであったにしても，了承は得ていたことであろう。

　しかし，そこまでは事情の分からぬ教皇が，辞を低くして修好親善と司教の派遣を乞う皇帝とその君侯たちの願いに応えて，盛大な使節団を豪華な贈り物とともに派遣する気になったのも無理なかった。ましてやそれが，朝貢品と見做されて，傀儡皇帝へのサーヴィスとアラン人キリスト教徒の立場の強化と勢力の誇示に利用されようとは，思いもつかなかったに違いない。次のマリニョッリの文には，「東方

の帝国全体を統べる3万以上の至高のアラン人君侯たちは，名実ともにキリスト教徒で，自ら教皇の奴隷と称し，フランクのために死す用意がある」とまである。それは，上のごとくその頃中央政権がバヤンを長とするアラン人キリスト教徒の手にあった状況を指すのであるが，教皇庁には，モンゴルはついに国を挙げて自らキリスト教の神の下に入らんとしているかのように見えたのだった。

1）ポーロではアラン人は，ナヤンとの戦い（Ch. 77-80）では出て来ないが，サイアンフ（Ch. 146 襄陽）とチャンジュ（Ch. 150 常州／鎮巣）に登場する。とりわけ前者では，「自分たちの一家の中にいる一人のアラン人」（F）とある。クビライ軍中のアラン人キリスト教徒はポーロの有力なインフォーマントであったことが推測される。　2）こうした宮廷の政治的抗争と国家の衰退の中にあって，モンテコルウィーノと修道士たちがどうしてあれほど手厚い待遇を受けられたのか，またオドリクスが帰国後すぐ50人の修道士を率いて再びそこに戻ろうとしたのはなぜか，ここからも理解されよう（cf. VIII「アンドレアス・デ・ペルシオ修道士書簡」，IX「オドリクス」Ch. 38）。　3）同伝によると，杭忽思の長子阿塔赤（アダチ）は，対アリク・ブカ（1264），李壇（1266），安慶（1269），鎮巣（1274）等の戦いで活躍し，その鎮巣攻城の折，酒に酔って眠りこけたところを宋の降将洪福に殺された。その子が伯答兒，その長子が幹羅思，次子が福定。

ボヘミア年代記

東方記事（抄）

1　創造について

「初めに神は天［地］を創り給うた……。神は最初，喜びの楽園を作っていた」，すなわち，東の方インディアの彼方，エデンと呼ばれる所である。

さて，目にしたことの中からいくつか手短に書き入れよう。我ら，小兄弟会フロレンティア［フィレンツェ］のイォハンネス修道士，ビシニアーノの不肖の司教，主の1338年，聖教皇ベネディクトゥス12世[1]により他の者たちとともに，教皇書簡と贈り物をもって，タルタル人全ての至高の皇帝カアムの許へ使節兼特使として派遣された。彼は，東方世界のほぼ半分の支配を有し，その力と莫大な数の都市・土地・言語・富，その統べる無数の民，これらはいかなる説明をも超える。

我ら，アヴィニョンを12の月に後にし，四旬節の初めネアポリス［ナポリ］に来たり，3月の末［1339.3.28］だった復活祭までそこで，タルタル人の使者を乗せたイァヌア［ジェノヴァ］の船の到来を待った。彼らは，巨大都市カムバレクのカアムが教皇に，特使を送ってくれるよう，またキリスト教徒との道を開き信頼関係を打ち立てようと，派遣したものであった。彼は，我らが信仰を大いに讃え愛でているからである。またその王国の，アラニ［アラン人］と呼ばれ東方の帝国全体を統べている3万以上の至高の君侯たちは[2]，名実ともにキリスト教徒で，自ら教皇の奴隷と称し，フランク人のために死す覚悟がある。実際，彼らが我らをこのように呼ぶのは，［我らが］フランチア［フランス］からではなくフランキアからだからである。彼らの最初の使徒は，モンテ・コルウィーノのイォハンネス修道士だった。彼は最初，フリデリクス［フリードリヒ］皇帝の騎士で判事で医師だったが，72年後小兄弟会士となった[3]，この上なく博識で学識高い。

　そして我らは，5月朔日海路コンスタンティノポリスに来たり，洗礼者聖イォハンネスの祭日［6.24］までペイラ［ペラ］にあったが，無駄に時を過ごすことなく，グラエキア人の総大司教［イォハンネス・カレカ］および彼らの総会と聖ソフィア宮殿で最高度の論争を交わした。そこで神は，我らの中に新たな奇跡をなし給うた，我らに口と智慧を授け，それに彼らは対抗できなかったからである。彼らは，自らが分離派であることをやむなく認めるはめになり，ローマ人の司教の堪え難い傲慢さの他は，その非難の中に申し立てるべき何の口実も持たなかった。

　そこからマウルム［ムーア］海［黒海］を船で行き，8日でカッファに着いた。そこはたくさんのキリスト教宗派がある。そして，タルタル人の最初の皇帝ウスベク[4]の許に来たり，書簡・布・軍馬・チティアカ[5]，それに教皇の贈り物を奉呈した。冬が過ぎると，十分な食糧・衣類・豪華な贈り物と彼らの馬と費用でもって中央王国のアルマレク[6]に来たった。そこで我らは，教会を建て，土地を購い，井戸を掘り，ミサを唱え，何人も洗礼し，自由に公然と説教した。前年そこで，司教ほか6人の小兄弟会士がクリストのために荘厳に殉教し奇蹟で煌めいた[7]，にもかかわらずである。その名は，ブルグンド国の司教リカルドゥス修道士，アレクサンドリアのフランキスクス修道士，パスカリス・ヒスパヌス修道士，彼は預言者で，天が開くのを見，自分と仲間たちの殉教と，サライのタルタル人が洪水で破滅すること，アルマレクが彼らの殉教のために滅ぶこと，そこの皇帝が彼らの殉教の3日後に殺されること，その他数々の栄あることを予言した。そしてアンコーナのラウレンティウス修道士，ペトルス修道士，彼らの通訳のインドゥス［インド人］修道士，それに商人ジッロットゥス[8]である。

　教皇庁を発ってのち3年目［1341］の終わり頃アルマレクを後にし，チォッロスカガン［ゴビ砂漠］すなわち砂が作る山[9]，に来たった。その向こうは，タルタル人の前は誰も，人が住める所とは考えず，また何か土地があるとも考えられていなかった。タルタル人はしかし，神の思し召しにより，驚くべき努力でそこを横断し，広大な地に至った。そこは，哲学者たちから進入不可能な乾燥地帯と言われていたが，ところがタルタル人はそこを横断し，私も2度渡った。ダウィデが詩編で，「砂漠を置き給うた，云々」といっているのはそのことである。我らはそこを横断して，カムバレクに来たった。そこに東方帝国の玉座があり，その信じ難い大きさ・国民・軍隊については，沈黙するのみである。しかるに大カ

アムは，軍馬[10]，教皇の贈り物と書簡，金で封印したロベルトゥス王[11]の書簡，それに我らを見て喜び，大いに気に入って，素晴らしい，否，何にも勝ると言って，我らを大いに歓待した[12]。

で，私は厳かに装い，燈明と香に先導されたとても美しい十字架とともに，「我唯一の神を信ず」を歌いながら，豪華な宮殿に座すカアムの許に入って行った。歌が終わると，私は寛い祝福を与え，彼はそれを謙虚に受けた。こうして我らは，我々のために誉れ高く用意された宮廷の広間に通され，二人の君主が委任され，彼らは我らに必要な全て，食べ物・飲み物はては灯り用の紙[13]まで，召使いと宮廷役人を通じてふんだんに用意してくれた。こうして彼らはほとんど4年間，無数のことにおいて常に恭しく，我らと従者たちのために高価な衣装を纏わせてくれた。もし全てを十分に計算すると，我々のために4千マルク以上を費やしたことになる。我らは32人であった。

ユダヤ人や他の宗派との論争も数多くまた栄光の内に行われたが，また一方，帝国内でたくさんの霊魂の収穫があった。実にカムバレクの小兄弟会士たちは，宮廷のすぐ傍に司教座教会と荘厳な大司教館，他に市内にいくつかの教会と鐘楼を持ち，皆皇帝の給費でとても誉れ高く暮らしている[14]。

しかるに皇帝は，私がそれ以上留まる意志がないのを見て，3年分の費用と贈り物とともに教皇の許に戻ることを許し，私か誰か権威ある別の枢機卿が十分な権限を持って速やかに派遣され，司教となることを［望んだ］。東方人は皆，キリスト教徒であると否とを問わず，その位階を最も尊重するからである。また，それは小兄弟会の者であること，彼らはそれだけを聖職者と認め，彼らに特使を派遣した教皇イエロニムス［ニコラウス4世][15]がそうであったように，常に教皇をその会の者と見做すからである。タルタル人とアラン人は，上述した小兄弟会のモンテ・コルウィーノのイォハンネス修道士を聖者として崇めている。

我らは，カンバレクにほぼ3年いた[16]。その後，皇帝からの多額の費用と約200頭の馬とともにマンジを旅し，全ての都市・土地・町・事物において'世界の栄光'[17]を見た。いかなる言葉もそれを十分に表現することはできない。

聖ステファヌスの祭日［12.26］からオリーヴの日曜までインディア海を航行して，コルムブム［クイロン］というインディアのとても立派な市に来たった。そこに全世界の胡椒が産する。胡椒は葡萄の［ような］木に成り，その木は，葡萄畑のように一つ一つ植えられ，最初緑色の野葡萄のような房を付け，そのあと

［葡萄の］房のようになり，その中に紅い液があり，私はそれを手で碗に搾り出して調味料にした。そのあと熟すと，木なりのまま乾燥され，炎熱で乾き，乾いて小さな実となると叩き落とされ，布の上に落ちて集められる。私はそれを 14 か月この目で見，手で触れたのであって，作家たちが誤って書くように焙られるわけでも，野に生えるわけでもなく，畑に植えられるのである。また，その主人はサラセン人ではなく聖トマスのキリスト教徒で，彼らは全世界の重さの秤を掌中にしている。そこから私は，教皇特使としての勤めのために，金の扇の貨幣[18]を毎月百枚もらっていたし，最後には千枚もらった。そこにはラテン人の聖ゲオルギウス教会があり，私はそこに滞在し，立派な絵画で飾り，聖なる法を教えた。

　かくして私は，大アレクサンデルが立てた栄光の柱[19]を過ぎ，楽園と反対の世界の隅に，'碑の銘板を建てその上に油を注いだ'，すなわち大理石の柱を建て，その上にほとんど無数の人々のいる前で，世界の終わりまで続くであろう石の十字架を置いた。そして，教皇と我らの盾を，インディアとラテンの文字で刻み，聖別し祝福した。そのあと彼らの首長たちは，私をソロモンのような担架つまり駕籠に担いで行った。

　それから 1 年と 4 か月後，修道士たちに別れを告げ，数々の輝かしき仕事を成し遂げて，いとも名高いサバの女王の所［スマトラ島］[20]に行った。そこで霊魂の収穫の後，女王から讃えられた。しかしそこはキリスト教徒は少ない。さらにそこから海路，［地上］楽園の反対側にある輝かしきセイロン山に渡った。セイロンから楽園まで，父祖以来の住民の言うところによれば 40 イタリアマイルで，したがって楽園から落ちる泉の水の音が聞こえるとのことである。

1）ベネディクトゥス 12 世（1334-42），フランス人（生年不詳），シトー会修道士。
2）前掲書簡解説参照。　　3）こうした経歴は確認されない（神聖ローマ皇帝フリードリヒ 2 世の死は 1250 年）。ユールは，「今（1338 年）から 72 年前（つまり 1266 年頃）修道士となった」と解釈する（Yule : 210-11）。　　4）キプチャク・カン国第 9 代カン・ウズベク（1313-41）。　　5）cytiaca：サバイー（果物からとった醗酵酒），ジトゥム（一種のビール），テリアカ（解毒剤）等の諸説がある（SF : 527）。　　6）中央アジア，イリ川流域の都市，チャガタイ・カン国の首都。　　7）1339 年アルマリクのサラセン人王アリソルダによる小兄弟会士たちの殉教。その報告文（SF : 510-11）では，殉教したのはアレクサンドリアのフランキスクス，ブルグンディアのリカルドゥス，ライムンドゥス・ルピー，ウィクトリアのパアスカリス・ヒスパヌス，アレクサンドリアのラウレンティヌス，プロウィンキアのペトルス・マルテッリ，カムバイエクの司教の通訳，イァヌアの商人ムティナのグリェルムス。

8) Gillottus：上の報告文では Gulielmus de Mutina。　　9) Cyolloskagan：ユールによれば，チュルク／ペルシャ語 Chúl〈砂漠〉と Gag〈山〉の合成語（Yule：213）。　　10) dextrariis：マリニョッリが連れて行った馬の数は明記がないが，ここでは複数。モンゴル側の画に描かれているのは1頭（扉図参照）。　　11) アンジュー家のナポリ王ロベルト1世（生1277，位1309-43）。　　12) ペリオによれば，謁見は1342年8月19日。　　13) papirum pro laternis〈提灯用の紙〉：pro latrinis〈厠用の〉か（SF：529）。　　14) 教会は宮城北辺厚戴門外にあった。　　15) ニコラウス4世（1288-92）の個人名 Hieronymus Massi Asculanus。　　16) 上の段では「ほぼ4年」，おそらく1342-46年。　　17) gloriam mundi：マタイ福音書（4.8）「（悪魔はイエスに）世の全ての国々とその栄光を見せた」（SF：530）。　　18) fanones de auro：インディアや中国で使われた扇子型の硬貨，価値は一定しないが，当時インドを旅行したイブン・バットゥータによれば約1リブラ。　　19) 至った東の果てにアレクサンドロスが立てたと伝えられる円柱，場所は諸説あって定まらない。　　20) スマトラ島がサバ Saba/-va の故地とされたことについては，Yule：191-6 に詳しい考察があるが，単に音の似通いと写本での∫（s）とjの混同による，Sab/va と Java の取り違えではあるまいか。

2　楽園について

　楽園は，インディアのコルムビナ［クイロン］の彼方の東方，セイラン山の反対側，周りをオケアヌム海に囲まれた地にあり，そこは全てのどの地よりも高い。また，イォハンネス・スコトゥスが証言しているごとく[1]，月球と接しており，いかなる争いとも無縁，あらゆる甘味さと輝きで快い地で，その真ん中に地下から泉が湧き出，折々に楽園とその樹木を潤している。そこにはまた，人の食べ物の中で最高の，素晴らしく美しく快く香り良い果実を付けるあらゆる樹が植わっている。その泉は山から流れ出，哲学者からエンピトリテス［アンピトリテ][2]と呼ばれる湖に注ぎ，別の激しい流れの下に入り，そのあと別の所から湧き出，セイランを横切る四つの川に分かれる。その名は以下である。

　［一つ目は］ギオン［ギホン］，それはエティオピアの地を巡る，そこは人はみな色黒く，プレスビテル・イォハンネスの地と言われる[3]。その川はニルス［ナイル］と見られ，アバスティ［アバシェ][4]と呼ばれる所で中断してエジプトに流れ下る。アバスティには使徒聖マタイのキリスト教徒がおり，ソルダンはその川ゆえに彼らの貢納者である。彼らは水路を絶つことができ，［そうなれば］エジプトは滅ぶからである。

　二つ目の川はピソン［ガンジス］と呼ばれ，インディアを通ってエウィラック

［ハビラ］5)全土を巡り，カタイに流れると言われ，そこで名前が変わり，カラモ
ラ［カラモラン］つまり黒河と呼ばれ6)，そこにはベデッリウムやオニキス石が
産し7)，淡水では世界最大の川と見られる。私はそれを渡ったが，その沿岸には，
巨大で最高のまたとりわけ金に豊かな町がある。その川の中の木の家には，絹と
金の織物の最高最大の職人がたくさん生き暮らしている。それをこの目で見たが，
私の判断では，イタリア全体よりも多い。その沿岸には，残りの全世界よりも多
くの絹がある。また，何も変えることなく家族とともに家ごと船で動く。それを
私は見た。［川は］最後にカッファの向こうで砂に飲み込まれ，そのあと湧き出
て，タナの向こうでバクック［バクー］と呼ばれる海を作る8)。

　三つ目の川はティグリスと呼ばれる。アッシリアの反対側に向かい，3 日行程
の大都市ニネヴェの近くを下る。そこはイォナスが説教に派遣された所で，その
墓がそこにある。私はそこに行き，破壊された都市の周囲に造られた町に 14 日
滞在した。そこには，最高の果実，とりわけ素晴らしく甘く大きいザクロや，イ
タリアと同じようなあらゆる果物がある。その向かいに，ニネヴェの廃墟から，
モンソル［モスル］という市が造られた。その川から四つ目の川までずっと土地
が連なっており，その名は次である。メソポタミア，すなわち川の間の地。アッ
シリア，アブラハムとイォブの地，そこにアバガル［アブガル］王の市［エデッ
サ］がある9)。かつてはとても美しく，キリスト教徒がおり，クリストは王に自
らの手で書いた手紙を送ったが，今はサラセン人たちのものである。そこに私は，
非常な恐怖のうちに 4 日間滞在した。

　最後に我らは，エウフラテスという川に来たった。その川は，シリア・アッシ
リア・メソポタミアを聖地から分け隔てている。そこを渡って，聖地に来たった。
そこには大きな都市があるが，とりわけアレッポで，ラテン風の衣装をまとった
キリスト教徒がたくさんおり，まるでガリア［フランス］語つまりキプロスのそ
れのような言葉を話す。そこからダマスクス，リバン［レバノン］山，ガリレア，
サマリア，ナザレ，イスラエル，そして主イエス・クリストの墓に来たる。

　1）*Opera Omnia*, Parigi, 1891-5, t. XIII, pp. 70-2（SF：532）.　　2）enphitrites〈アンピトリテ
ス〉：海神ネプチューンの妻，海の女神。ユール訳「エウフラテス」。　　3）プレスビテル・
イォハンネスがエチオピアに移された最も早いものの一つ。　　4）Abasty〈アバシュ，アビ
シニア〉：エチオピアに同じ。　　5）Evilach：『創世記』「第一の川の名はピションで，金を
産出するハビラ地方全域を巡っていた」（2.11）。　　6）Caramora〈カラモラン〉：黄河である
が，以後の記述は揚子江によりよく当て嵌まる。　　7）bedellium：聖書では〈ブドラク〉，

樹脂・琥珀・水晶等に解される（cf.『創世記』「そこ（ハビラ地方）ではまた，琥珀の類やラピス・ラズリも産出した」(2.12)）。Lapis onichinus：オニキスは縞瑪瑙であるが，聖書では様々に解される（上記参照）。　8）カッファとタナはクリミア半島の海港，バクックはカスピ海であるが，ここではアゾフ海のことか。　9）Abagar〈アブガル〉：エデッサの王。癩病を患っていた王は，その肖像を描いて来るよう画工を派遣するが，その代わりにイエスから自分の顔を洗った布に写った聖像と手紙を送られ，それによって病は治癒し，王は洗礼を受けてキリスト教徒となった，との伝説が知られる。十字軍によるエデッサ攻略は1097年，イスラム教徒による陥落は1146年。

3　セイラン山の歴史について

　題材の求めるところであり，また楽しくかつ何ほどか有益であると信じるゆえ，もし皇帝陛下［神聖ローマ皇帝カール4世］のお気に召すなら，セイランの話をここに挿入する。もし気に召さぬなら，すぐに抹消されるだろう。最初に，我らがいかにしてそこに来たったか，次にその有り様について，見ることにしよう。

　さてまず，我らが莫大な贈り物と費用とともに至高の皇帝カアムの許を辞して，インディアに渡ろうと試みた際，陸路の別の道は，戦のため閉じられて全く通行不可能であったため，カアムは，マンジを通って行くよう命じた。そこは，かつて大インディアと呼ばれたところである[1]。実際マンジは無数の都市と住民を有し，あらゆる物の量，ラテンの地には決して産しない果実，無数の町や村を除いて3万の大都市，それらは目にしなければ我らにはとうてい信じられぬものである。それら都市の中には，カムプサイ［キンサイ］というとても名高い市があり，最も立派で美しく豊かで，巨大な人口と膨大な富と快楽と建物，とりわけ偶像崇拝者の寺院で，そこには1千と2千の聖職者たちが共に住んでいる。今世界にあるあるいはおそらくかつてあったどの都市にも優る。作家たちは，そこには武将たちの彫像や画をそなえた立派な石の橋が1万あると書く[2]。目にしなければ信じ難いが，しかしおそらく嘘ではない。

　また，ザイトンという素晴らしい港町がある。信じられぬほど立派で，小兄弟会士たちはそこにとても綺麗で豊かな最高の教会を三つ持っている[3]。浴場や商館つまりあらゆる商人たちの倉庫があり[4]，鐘も最高のとても綺麗なものが三つある，内二つは私が最大の威厳をもって作らせたものだが，その大きい方をイォハンニーナ，もう一つの方をアントニーナと名付け，サラセン人たちの真ん中に

据えさせた[5]。

　そして，聖ステファヌスの祭日［12.26］にザイトンを発ち，聖大週間の第4曜日にコルムブムに来たった。そこから使徒聖トマス［の地］［マイラプル］，そして聖地[6]に渡航せんとして，ミヌバル［マラバル］と呼ばれる下インディアからジャンク[7]に乗ったが，聖ゲオルギウスの前夜［4.22］からすっかり嵐に見舞われ，60回かそれ以上水面下，海深く沈められたが，ただ神の奇跡で助かり，全ての不思議を目にした。すなわち，海は燃え，火を吐くドラゴンが飛び，航行中の他のジャンクの者たちを殺したが，我らの船は神の御力により，携えていたクリストの御聖体の功徳と，栄光の処女と聖クララのお陰で無事だった。また，全てのキリスト教徒を嘆きと悔悛に誘ったので，嵐の間も帆に風を受け，我らは神の御導きに身を委ねて，ただ魂のことだけを心に念じていた。

　神の御知恵に導かれて，聖なる十字架発見の日［5.3］，楽園の反対側のペルウィリ［ベルタラ／ベルベリン］というセイランの港に着いた。そこは，真の王と対立するコヤ・イアアン[8]というさる宦官の僭主に支配されており，その男は，有していた莫大な財ゆえに王国の大部分を占領している最悪のサラセン人であった。彼は，最初は我らを歓迎する振りをしていたが，後に借用という名目で我らから慇懃に，大カアムや他の君主からの下賜品や教皇の贈り物の中から，金・銀・絹・錦・宝石・真珠・樟脳・麝香・没薬・香料を，6万マルク分奪い取った。そのようにして我らは，4か月鄭重に捕われていた。

　彼らはおそらく，この世で楽園に次いで最も高いその高山に楽園があると考えている。しかしそれは誤っている。名前が相反するからである。実際，住民からジンダンババと呼ばれている。世界のどの言葉でもババはすなわち父，ママはすなわち母であり，ジンダンは地獄と同じである。つまりジンダンババは，父の地獄と同じである[9]。というのは始父［アダム］は，楽園から追放されてそこに置かれた時，まるで地獄に置かれたようだったからである。

　またその高山にひときわ聳える頂きがあるが，雲のためめったに見られない。しかし神は，我らの涙を憐れんで，ある朝早暁それを黄金に輝かせ，とても明るい炎がそれを照らすのを見た。その山の丘の下りの高い所にとても美しい平原があり，そこに以下の物が順にある。第一にアダムの足跡，第二に誰かの座像，左手は休むように膝の上に置き，右手は上にあげて西の方に伸ばしている。また，［アダムが］自分の手で造った家があり，長方形の墓のようで，真ん中に戸口が

あり，巨大な石で作られ，壁に塗り込まれぬまま大理石の石材が順に上に置かれている。

その山の麓の住民たち，とりわけ［キリスト教］信仰は無いがとても神聖な暮らしの聖職者たちは，洪水はそこまで達しなかった，つまりかの家は永遠にそこにあるのだと言うが，これは聖書と聖者たちの言葉に反するたわごとである。しかし，自分たちにとってとても明白な論拠を持っており，自分たちはカインからもセトからも生じたわけではなく，他の息子や娘を生んだアダムの別の息子たちからだ，と言う。しかし，聖書に反することなので，これ以上述べない。

ところで，彼らは決して肉を口にしない，アダムも他の者たちも洪水の後まで肉を食べなかったからである。彼らは，腰から上は裸であるが，行ないは確かに善良である。家は棕櫚の葉でできており，葉は指で割くことができる。財に満ちたそうした家が森に散らばっている。しかも，どこかから不意に余所者がやって来ぬかぎり，盗人からしごく安全に暮らしている。

その山の楽園の方にとても大きい泉があり，実に10イタリアマイル，水はこの上なく透明で，楽園の泉から流れ出てそこに湧き出ているのだと言う。その証拠として，その底から大量の見知らぬ葉，アロエの木［香木］，紅玉や青玉のような宝石，それに健康に良いさる果実が時々湧き出てくる，と。また，その宝石はアダムの涙から出来たのだと言う。しかしこれは，誰もが偽りだと見ている。その他たくさんのことがあるが，今は前に進むべきだと思う。

---

1) マリニョッリでは，マンジが大インディア，マラバル（西海岸）が下インディア，マアバル（東海岸）が上インディア。この区分は珍しい。　　2) キンサイの橋は，ポーロ，オドリクスとも「1万2千」。　　3) Cf. VIII ペレグリヌスおよびアンドレアスの書簡。　　4) ザイトンの浴場と商館はポーロでは言及されない。　　5) サラセン人は鐘とその音を非常に嫌ったため（Yule : 230）。鐘は今は残っていない。　　6) 原文 Terram Sanctam：おそらく Terram Sabam〈サバの地〉（スマトラ島）の誤り（Yule : 230）。　　7) iunkos〈ジャンク〉（juncgus〈葦〉より）：この語の最も早い使用例（Yule : 230）。　　8) Coya Iaan：ユールによればKhwája Jahán で，デリーのワジールの称号（Yule : 231）。　　9) Zindanbaba：ユールによれば，ペルシャ語で Zindan は〈地下牢〉，Baba はアダム，Mama はエヴァ（Yule : 232）。

4　［ノエの方舟以後と世界の分割］[1]

　方舟から外に出たノエは，妻と３人の子とその妻たちとともに，とても高いア
ララト山またはアルメニアに住んだ。そこには今なおその方舟の跡があると言わ
れる……。

　それでノエは，神の命ずるところに従って息子たちに命令を下した，神を崇め
つまり犠牲を供えて唯一の神を崇拝し，子孫を増やし，土地を分割してそれで満
たし，自分の死後仲良く暮らすべしと。そうして彼は，静かな暮らしを送ること
を望み，今はキプルスと呼ばれるケティム島を自分のために取っておいた。で，
長男のセムは，父のあと王にして司祭となったので，世界の半分すなわち大アジ
ア全体を得た。それは，ウンガリアの向こうの今オラキア［ワラキア］人のいる
白海[2]から真っ直ぐに，ウスベク・カタイ・インディア・エチオピアの国々全て
と世界の果てまで，であった。

　残りの半分は，他の二人の兄弟が自分たちの間で分割した。カム［ハム］は，
アフリカ，そこに聖地がある，カルタゴ・トゥルシウム［トゥニジア］と世界の
果てまで。一番下のイァペト［ヤフェト／ヤペテ］は，我らのいるエウローパつ
まりウンガリアとローマからこちら側，すなわちゲルマニア・フランキア・ボエ
ミア・ポロニア・アングリア，そして世界の果てまでであった……。

　　1）この章は「第２の時代モナルコスと名付けられる第２巻」の冒頭部分，章題は和訳者に
　　よる。　　2）mare album〈白海〉は，ユールによれば，フラ・マウロの地図（1459年）にあ
　　り，ルシアの北の Bielo Osero〈白湖〉に当たる。したがってマリニョッリではそこから真っ
　　直ぐに，アフリカの南端に置かれるエティオピアにまで至る線が，大アジアとアフリカ・ヨ
　　ーロッパの境界となる（Yule : 246-7）。現ロシアの西北洋バレンツ海（バルト海東）には，
　　〈白海〉と呼ばれる湾がある。

5　洪水後の信仰について

　セムは真の神を崇めんと努めた……。洪水の２年後アルファクサト［アルパク
シャド］を産み，彼はまたエラムを産み，そこから東方にアラン人の高貴な種族
が生じたと言われる[1]。そして彼らは，今日世界で最も大きい国であり，最も美

しく強い者たちである。タルタル人は，その助けでもって東方の帝国を獲得した
のであり，彼らなしには栄光ある勝利は決して手にすることはできなかった[2]。
実際，タルタル人の最初の王チンギス・カアムは，神の命により世界に鞭をくれ
んとした時[3]，彼らの 72 人の王を率いたのであった[4]。

　またセムは，24 の家族の先祖を産んだ，カアム［ハム］は 33 人，我らの父祖
イァペトは 15 人を産んだ，後に言葉が分かれ，一つとして……云々。セムの子
アルファクサトは 35 歳の時セラもしくはサレを産み，インディアはそれからの
［子孫］が住み，三つの王国に分かれた。その第一はマンジと呼ばれ，世界で最
も大きく立派な地域で，最も美しく快くまた広い。そこに，カムプサイ［キンサ
イ］・ザイトン・チンカラン［広東］・イァヌ［揚州］，その他かつてチンであった
マンジ[5]の多くの都市がある。そこにはまた今日に至るまで，チンカランつまり
大インディア，という立派な港と町がある。チンカランとは大インディアという
意味で[6]，カランは，ミムバルという第二インディアに対して，大という意味で
ある。ミムバルにはチンカリ[7]，つまり小インディアがある。

　第二インディア王国はミニバルと呼ばれ，その犬のような哲学者のことをアウ
グスティヌスが語っている。彼らがカニニ［犬のごとき］と呼ばれたのは，犬の
本性を真似るよう，つまり人間の本性を恥じぬよう教えたからである[8]。しかし
彼らは，息子たちが父親の面前で入浴したり恥部をさらしたりするのを恥じぬよ
う，人々を説得することはできなかった。そこにコルムブム市があり，前に述べ
たごとく胡椒が生える。

　インディアの第三の地方はマアバルと呼ばれ，そこに聖トマスが自分の手で建
てた教会がある。もう一つのは，セイランのアダム山から伐り出した一本の木か
ら職人とともに建てた。職人たちには，我らも見た海の宝石[9]で支払い，その木
を切らせた時の切りくずから木が生えた。その樹はとても大きく，自分の二人の
奴隷に伐らせたもので，自分の帯で海まで曳かせ，木に命じた，「行け，そして
ミラポリス［マイラプル］市の港で私を待つのだ」。樹がそこに着くと，王は全軍
でもってそれを陸に引き揚げようとしたが，1 万の者をもってしても動かすこと
はできなかった。その時，亜麻のシャツと寛衣と孔雀の羽のマントを着た使徒聖
トマスが，絵に描かれているごとく，ロバの背に二人の奴隷と 2 頭の大きな獅子
を伴って現れ，叫んだ，「樹に触れ給うな，私のものゆえ」。「何として，と王は
言った，汝のものと証すや」。と彼は，締めていた帯を解き，奴隷に命じた，「樹

に結びつけて，陸に曳き上げなさい」。それがいともたやすく陸に曳き上げられ
ると，王は回心し，ロバで回りたいだけの土地を彼に与えた。彼は，昼は町で教
会を建て，夜は3イタリア・マイル離れた孔雀のいっぱいいる所に戻った。そこ
で，フリッチャと呼ばれる矢が，彼が手を置いたクリストの脇腹のように，その
脇腹を貫いた。彼は，夕食時の礼拝の刻からずっと自分の礼拝堂の前に横たわっ
たまま祈りを捧げ，聖なる血はその夜中脇腹から流れ出，明け方神に霊魂を返し
た[10]。司祭たちは，その血の混じった土を集め，彼とともに埋めた。そこから
私自身に二度奇蹟が現れたのを見たが，それについては別の所で述べよう。

　そこでは，海の入江にも孔雀にも絶えず不思議なことが現れ，その［墓の］穴
からある日どれほど土を運び出しても，次の日には一杯になっているし，それを
飲めば病人は癒される。このように，キリスト教徒にもタルタル人にも異教徒に
もはっきりと奇跡が起こる。またその王は，胡椒と全ての種類の香料を計る秤を
永久に聖トマスに与え，誰もそれを死の危険なしに彼ら［キリスト教徒］から奪
い取ることはできない。私はそこに4日いた。そこには，最高の真珠の漁場があ
る……。

　歴史や物語が作り上げたり描いたりインディアにいると言ったりしている怪物
について，それについても天国のアウグスティヌスが「神の国」の第16巻で記
しているが[11]，例えば，額に目が一つだけあるもの，足が逆さまに付いている
もの，両性を具有し，右胸は男・左胸は女のもの，頭も口もなく胸に孔だけがあ
るもの，鼻孔からの息だけで生きるもの，背丈1クビトでツルと闘うもの，8歳
以上生きないが5度[12]孕み生むもの，関節のないもの，仰向けに寝て足の裏で
自分に陰を作るもの［スキポッド］，犬の頭をしたもの，河馬，その他詩人たちは
たくさんの怪物を作り出した。これら全てについて，聖アウグスティヌスは次の
ように結論している。そうしたものはいかにしても存在しないか，もし存在する
なら，それらは理性を使うか使うことができる。人間は全てアダムからであり，
自然における怪物もアダムからである。そうしたものは，少数ながら時に我々の
ところでも生まれるが，かの部分や人類全体では多い。例えば，種々のせむしや
指が6本ある人間やその他様々なものがそうである。

　私はしばしば，徳よりは好奇［を求める］心をもっていたものだから，できる
ことなら全てを知りたいと思い，非常な好奇心をもってインディアの全地方を遍
歴し，例えば［昨今］読まれたり知られたりしている他の者[13]よりも，世界の驚

異を探索することに献身し，世界の主たる地域を旅した。とりわけ全世界の商人
たちが集まるところ，つまりオルメス［ホルムズ］という島であるが，むしろ彼
らの方が私に，そうしたものがいるのかどうか尋ねた。しかし私は，そうしたも
のがこの世に存在すると確証することは一度としてできなかった。そうした人種
は，前に言ったように怪物でなければいないし，一本足で自分に陰を作ると想像
されるような人種は一つとしていない。しかし，いつも裸で暮らしているインデ
ィアの人たちは皆，葦に付けた小さな布幕を手に持ち，望む時にそれを陽や雨に
対してかざす。チャティル[14]と呼ばれ，私がフロレンティア［フィレンツェ］に
持っているようなものである。それを詩人たちは足と想像したのだった……。

1）エラム Elam もアラン Alan もセムの子孫であるが，別人物（『創世記』10.22）。エラムは，
古代イラン・メソポタミアの地に栄えた国家（c. BC 3000-539），首都スサ。アランは，古代
黒海北岸からコーカサス山脈一帯にかけて居住したイラン系民族の後裔と見られるが，後の
アラン人との関係は明確でない。　2）アランがモンゴルの支配下に入ったのは，オゴデイ
の西征の時（1235-42 年）。その後，アス衛としてモンゴル政権に貢献した。　3）キリスト
教徒にとってタルタル人の襲来は「我らの罪ゆえの主の怒りの鞭」（I パリス 3「ブラバンニ
ア公への書簡」，同 4「皇帝フリードリヒの書簡」）。　4）「72 人の王」は司祭ヨハンネスの
書簡から（節 13）。　5）ここの「チン」はインディアのこと（次注参照）。　6）Cyn-
kalan：ユールによれば，ペルシャ語 Mahachin〈大シナ〉の訳で，Cyn〈秦〉と kalan〈大〉
より（Yule : Odoric, 179-80）（cf. IX オドリクス Ch. 20「チェスカラ市」）。ただしマリニョッ
リでは，チンとインディアが同一視されている。Cin と In- の似通いによるものか。
7）Cyncali：ユールによれば，オドリクスの Zinglin/Cyngilin に同じで，〈クランガノル〉
（Yule : Odoric, 133-4）（cf. IX オドリクス Ch. 9「ミニバルの森」）。　8）Cf. アウグスティヌ
ス『神の国』「本来（動物である）人間の性質」（xiv, 20）。　9）lapillis marinis〈海の宝石／
海の石〉：おそらく，現地では貨幣として使われていたタカラ貝のこと。　10）聖トマスの
死の場面は，ポーロにほぼ同じ（Ch. 176）。friccia はイタリア語〈矢〉。　11）『神の国』
Vol. 16, Ch. 8, 服部英次郎・藤木雄三訳，岩波文庫，1993（1986），(4) pp. 147-53.
12）quinquies〈5 度〉：『神の国』では「5 歳で（妊娠し）」（p. 148）。　13）alius〈他の者〉：
単数になっているが，ヨハンネスの書簡からカルピニ，ポーロ，オドリクスまで，いくつか
の東方ものが参照されていることは確実。　14）cyatyr：ペルシャ語 chatr〈傘〉（Yule :
256）。

　　1342 年 7 月 18 日（陰暦），マリニョッリは，カンバリクの宮殿で順帝トゴン・テ
　ムル（1333-70）に謁見し，駿馬を捧呈する。その献上品がよほど気に入ったのか，
　帝はそれを「天馬」と呼び，賛や賦を作らせ画まで描かせた。その一つ，周伯琦
　『近光集』には，「至正二年，西域佛郎國，遣使し，馬を献ず。……馭者其国の人，
　黄鬚碧眼，服二色の窄衣（洋服），言葉通じず，意を以て之を諭すに，凡そ七度海

洋を渡り，始めて中国に達す」（「天馬行応製作」）とある。周朗の筆になる名高い画「拂朗国貢馬図」（扉図参照）も，その姿を活写する。『元史』にも，「是月，拂郎国貢異馬，長一丈一尺三寸，高六尺四寸，身純黒，後二蹄皆白」（巻40至正2年7月）とある。マリニョッリの名前はないが，これまでに西洋からやって来た使者で，中国側の正史に記載された唯一のものである。

　これら大仰な賛や賦が言わんとするのは，「拂郎国」（フランク）が遠路はるばる遣使し「馬を貢」いだこと，つまり朝貢である。最初の皇帝書簡にもあった，「七つの海の彼方，陽の沈むフランキアなる，キリスト教徒の主，教皇」が，陽の昇るモンゴルなるタルタル人の主皇帝に貢して来た，と。はたして別の賦は高らかに言う，「漢武帝発兵二十万，僅得大宛馬数匹，今不煩一兵，而天馬至，皆皇上文治之所及」（欧陽玄「圭斎文集」巻1），漢の武帝は20万の兵を派遣して僅かにフェルガナ馬数頭を得たにすぎなかったが，今一兵も送ることなく天馬を得た，これ全て皇帝陛下の文治によるものなり，と。アラン人キリスト教徒の狙いは見事に成功した。フランク・ヨーロッパはモンゴルの朝貢国となった，チンギスもバトゥもオゴデイもできなかったその征服は，こうして最後の皇帝トゴン・テムルによってついに果たされた[1]。教皇は，仏王ルイの失敗に学ぶべきであった[2]。が，ヨーロッパはこれにしたたかにお返しすることは，本書第二部でフィレンツェの壁画に見る。

　天馬の到来はしかし，モンゴルにとって遅すぎた。漢兵20万に勝ると讃えられたこの馬も，一頭では彼らの衰亡を止めることはできず，1351年白蓮教の紅巾の乱に始まり，68年には朱元璋が明を建て，トゴン・テムルは北に逃亡して，クビライ以来百余年続いた元は滅ぶ。それはまた，チンギス・カン以来モンゴルが目指して来た世界制覇の決定的な終焉でもあった。

　130年前その突然の出現とともにかの衝撃的な形で幕を開けたモンゴルとヨーロッパの遭遇は，かくそれに劣らず衝撃的な形で幕を閉じる。その最後の徒花となった感の濃いマリニョッリの使節行は，実際双方のその後の関係に資するところはなかったし，その東方記も上のとおりのものであったが，如上のことを裏面から照らし出す証しとして歴史的な意義を持つ。とまれ，その天馬とともにタルタル人は再び東北の果ての岩山の彼方に戻って行き，一方モンゴルを見限ったヨーロッパは新たな道を求めて西に向かうことは，次の部に見る。

　1）当時の丞相トクト（1341-44, 49-54）も，元朝の領土の範囲を，「東は陽の昇るところから西は没するところまで，南はフランク王国，北は北海のさらに北まで」と形容する。　　2）ブスカレッロが持参した「フィリップ4世宛アルグン書簡」（1289年）にも，「フランク国の贈り物，珍品，多色の画」を齎せば大いに感謝するだろう，と貢物の催促があった（VIII モンテコルウィーノ）。これにフィリップが応じたかどうかの記録はない。こうした例からすれば，ルイ9世の場合も使者（ダヴィデとマルコ）の側から何らかの働きかけがあったことも疑われよう。

第二部

黒馬に乗ったゴグ・マゴグの王

XI

プレスビテル・イォハンネスの書簡

プレスビテル・イォハンネス

プレスビテル・イォハンネス Presbyter Johannes：その東方キリスト教君主が，なぜ〈司祭（プレスビテル）〉とされ，また〈イォハンネス〉の名で呼ばれたかについては，当時インドの一部と考えられていたエチオピアが，古くから単性論派キリスト教国として知られ，国王が司祭を兼ねており，エチオピア語で王が Zān, Žān, Ğān 等と書かれ，Jean, Gian 等と発音されたのを，ヨーロッパ人がヨハンすなわち Johannes と聞いたとする説（アフリカ・エチオピア説），アジアにネストリウス派キリスト教徒のいることは古くから伝わっており，その一族ケレイト王国の王号ワン・ハン Wang-han（王罕，モンゴル語 Oŋ-qan）がヨハンとして伝わったとする説（アジア・ケレイト説），当時のジョルジャの君主 John Orbelian に比定する説（アルメニア説），その他十二使徒ヨハネの不死伝説等，諸説あるが，確定しない。

書簡：日付はなく，1165 年とされるのは，アルベリクス・トリウム・フォンティウム Albericus Trium Fontium の年代記の同年の条に記されていることによるだけで，他に確証はない。原写本がすべて東ローマ皇帝エマヌエル 1 世コムネノスに宛てられていることから，その在位中 1143-80 年に書かれたことが確実視される。ギリシャ語で書かれたという原文は存在せず，写本の大部分はラテン語で，作者についても署名はなく，かつては，シリアあるいはアルメニア，ギリシャのネストリウス教徒が自派の勢力を誇大に宣伝せんとしたものとの説が強かったが，最近では，東方に関する理念と知識が西方ヨーロッパに伝統的なものの範囲を出ないこと，ラテン語聖書の文がそのまま使われていることなどから，西方キリスト教世界に属する教会関係者とする点でほぼ一致している（図1）。とりわけ，ギリシャ語原文が存在しない以上，同書簡をラテン語に翻訳したと後書きに署名しているマインツ大司教クリスティアヌス Christianus（1165-83）が最有力視される。彼は，フリードリヒ 1 世の書記長官として政治の舞台で活躍し，1170 年にはイタリアの領土問題をめぐる交渉のためビザンツ宮廷に，73 年にはその係争地アンコーナを守るため指揮官として軍隊とともにイタリアに，派遣されていた。

原典：① Friedrich Zarncke, 'Der Priester Johannes', 《*Abhandlungen der philologisch-historischen Classe der Königl. Sächsischen Gesellschaft der Wissenschaften*》, Leipzig, Bei. S. Hirzel, 1879 (Capp. I, II, III), pp. 825-1030 ; 1876 (Capp. IV, V, IV), pp. 1-186，テキストは Cap. II, 'Text des Briefes', pp. 909-34 [Zarncke]。ツァルンケは，ヨーロッパ各国に散在する百近い写本を調査・考証し，原写本とみられるもの（15）と，加筆・改竄がなされたとみられる後世のものとに分け，後者をさらにその種類・程度により，A（4），B（27+4），C（18），D（6），E（6），その他（17）に分類した。そして，前者を校訂して主本文とし，そこに後者から大きく異なる記事を採って挿入した。

英訳・仏訳他：②Baring-Gould, 'Prester John', *Curious Myths of the Middle Ages*, London, Rivingston, 1875, pp. 32-54（底写本明記なし）。③E. D. Ross, 'Prester John and the Empire of Ethiopia', *Travel and Travellers of the Middle Ages*, New York, A. P. Newton, 1926, pp. 174-94（同）。④Ch. V. Langlois, 'Les Merveilles du Prétre Jean', *La Connaissance de la Nature et du*

Monde, t. III, Geneve, Slatkine Reprint, 1970 (1927), pp. 44-70 (P. Meyer, 1891 の Roan d'Arundel のアングロ・ノルマン語版とそのオイル語散文訳を集成したもの)。⑤F. Fleuret, 'La Lettre de Prêtre-Jean Pseudo-Roi d'Abyssinie', 《*Mercure de France*》, 1-VI-1936, pp. 294-318 (15 世紀末のテキストを書き直したもの), 以上いずれも抄訳。他に, ⑥L. Olschki, *Storia letteraria delle scoperte geografiche*, Firenze, L. Olschki, 1937. ⑦C. E. Nowell, 'The historical Prester John', 《*Speculum*》, vol. 28, 1953, pp. 435-45. ⑧C. F. Beckingham, *Between Islam and Christendom*, London, Variorum Reprint, 1983, がある。

　和訳：⑨池上俊一訳『西洋中世奇譚集成 東方の驚異』講談社, 2009, 「II 司祭ヨハネの手紙 (1)ラテン語ヴァージョン」pp. 59-112 (①からの全訳), 「III 司祭ヨハネの手紙 (2) 古フランス語ヴァージョン」pp. 113-40 (*La lettera del Prete Gianni*, a cura di Gioia Zaganelli, Parma, 1990 より)。他に, ⑩岩村忍『十三世紀東西交渉史序説』三省堂, 1939, pp. 118-22 (③より)［岩村］；⑪佐伯好郎『支那基督教の研究2』春秋社, 1943, pp. 159-65 (典拠不明)［佐伯］；⑫長島信弘「プレステ ジョアン伝説」, アルヴァレス『エチオピア王国誌』岩波書店, 1980, pp. 588-90 (②より)；⑬彌永信美『幻想の東洋——オリエンタリズムの系譜』青土社, 1987, pp. 195-8 (④より), いずれも抄訳。

　本訳は①Zarncke より。前者を普通体, 後者を太字でその記号とともに示す。文頭の数字は同編者による節区分を示し, 本訳でもそのまま従う。

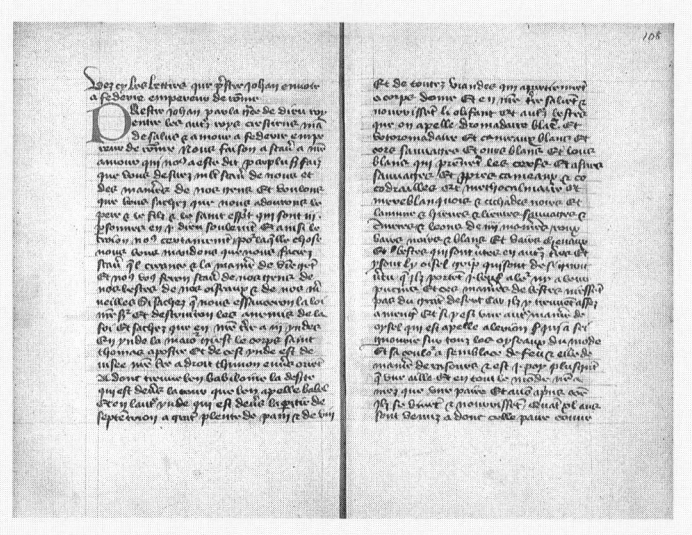

図1　Cambridge, Corpus Christi College, Ms. 59, ff. 107v-108r (cf. Zarncke : 882)

　発端は 12 世紀初めに遡る。1122 年，叙任権闘争に一応の決着をみたヴォルムス協約の年，その報告をもたらすべくコンスタンティノープルの官廷に派遣された教皇使節たちはそこで，宗務執行上の助言を求めてはるばるインドからやって来たというイォハンネスなる主教に出会う。ローマに伴われ来たったその謎の僧が，ラテラーノ宮で時の教皇カリストゥス 2 世（1119-24）に語った話は，大要次のようなものであった。東方インドに広大なるキリスト教王国があり，その都には地上楽園の四川の一つピソンが流れ，ありとある種類の宝石をもたらす，域壁の外の丘には使徒聖トマスの廟がそびえ，その亡骸の惹き起こす奇跡の数々は語り尽くせぬほど，その地に住むキリスト教徒もまた無数である，と。この，東方からの高位聖職者の来訪と教皇との謁見は，その場に同席したとするランスのサン・レミ修道院長オドの手紙に記録された。

　そして二十数年後，第 2 回十字軍も差し迫った 1145 年，今度は著名なドイツの司教にして歴史家フライジングのオットーによって，ヴィテルボでの教皇エウゲニウス 3 世（1145-53）との謁見の折，シリアのガブラ（ジャブラー，古代都市ビブロス）から来たという一主教が，前年のエデッサ敗北（1144 年 12 月 23 日）によるラテン国家と教会の危急を伝え，西方キリスト教諸国の救援を涙ながらに訴えたことが記録された。そのシリア人司祭（主教ユーグ）の語るところは，さらに驚くべきものであった。

　すなわち，今を去るさほど遠くない年，東方の果てに住む王にして司祭イォハンネスなる者，その住民ともどもキリスト教徒ただしネストリウス派，ペルシャ人とメディア人の王サミアルドス兄弟に戦いを挑み，首都エグバッタナを襲った。戦いは 3 日に及んだが，イォハンネスついにペルシャ人を敗走せしめ，勝利者となる。そのあとエルサレム救援へと向かったが，ティグリス川を渡ることができずして，引き返すを余儀なくされた。その者，マギの末裔と称し，その民を支配下に置き，同じくその栄光と繁栄を享受している。揺籃にキリストを礼拝しに来たった己が祖先の例にならってエルサレムに詣でんとしたが，かくして妨げられた，と。

　これが，その名が書に登場する最初であるが，しかしキリスト教徒にとって都合のいい空想として退けるには，あまりにも具体的かつ詳細で，また当時の状況によく即しており，その追真性からして何らかの根拠がその背景にあったことを予想させた。事実その頃，東方でイスラム教徒と他の民族の間で戦いがあり，前者が大敗を喫したとの噂がペルシャやシリアで広まり，さらにラテン国家やビザンツにも伝わっていた。その戦いとは，金に追われ西走してカラキタイに国を建てた西遼の耶律大石とセルジュークのスルタン・サンジャルとの，サマルカンド近郊での一戦の

図 2　マルコ・ポーロの書のイォハンネス（Ch. 65, BnF fr. 2810, f. 26r）

ことであり，勝利したのは事実大石の方であった[1]）。

　こうして，東方アジアにキリスト教王国もしくは信徒の強大な集団が存在するとの話は，西方世界で確固たるものとなり，その国を統べるという司祭にして王イォハンネス（図2）の探索と提携が本気で考えられるところとなった。はたして 1165 年頃，現にそのイォハンネスから時のビザンツ皇帝エマヌエル 1 世コムネノス宛書簡が世に現れるに及んで，その確信は決定的なものとなった。

　1）セルジェークのスルタン・サンジャル率いるイスラム教徒軍との，1141 年 9 月 9 日 サマルカンド近郊カトワーンおよびディルガムでの戦い。「サミアルドス兄弟」とは， サンジャルのマフムードとマスウード兄弟，「エグバッタナ」（ハマダーン）とは，古代 メディアの首都であったことから。

　1.[1]）プレスビテル・ヨーハンネース，主の中の主，神ならびに我らが主イエス・クリストの力と徳により，エマヌエル[2]），ロメオン［ローマ人］の統治者[3]）へ，健康を享受すること，さらなる恵みのいやまさんことを。

　2．我らが尊厳のもとに告げられた，汝，我らが卓越を高く評価し，我らが偉大の，汝がもとで知れ渡れると。されど，我らが使者により知った，汝，我らが正義が喜ぶよう，何か遊具と娯楽を我らに送らんと望んだと[4]）。　3．我もまた人間なれば，有難く頂戴する，が我らのものを何か，我らが使者をとおして汝に送る，汝，我らとともに正しき信仰を抱き，全てにおいて我らが主イエス・クリス

トを信じているや知りたきがゆえ[5]。　4．すなわち，我らは人間であることを知っているに対し，汝がグラエクリども[6]，汝を神と見做しおる，汝死すべき人間の滅びの下にあるを，我らは知っておるに。　5．我らが偉大のいつもながらの気前よさにより，汝もし喜びに属する何か足りぬものあらば，我らが使者と汝の愛情の紙片をとおして，我らに知らせよ，されば手に入れられん。　6．我らが名において手箱を受け取り，使うが良い，我らも汝の小瓶を喜んで使うゆえ，それにより我らの徳を互いに強め励ますために。して，我らが材[7]を眺め，熟考せよ。7．汝もし我らが支配の下に来たらんと欲するなら，汝を我らが家の最高の権威ある者に取立て，我らが富を享受し，帰りたければ，我らが許にたっぷりとあるもので豊かになって戻って行くであろう。　8．汝が終末を想え，さすれば永遠に過たぬであろう。

　9．汝，もし我らが至高の偉大と卓越，またどの地で我らが力が支配しているかを知りたきなら，理解し疑いなく信じよ，我司祭ヨーハンネース，君主たちの君主にして，天が下なるあらゆる富において，かつ徳と力において全世界の王全てに立ち勝るゆえ。72人の王，我らに貢納す。　10．我，敬虔なるキリスト教徒にして，我らが慈悲が支配する貧しきキリスト教徒を，いずこにても護り，我らが施しにて養う。　11．我ら，大軍を率いて主の墓に詣でんがものと願って止まぬ。クリストの十字架の敵を辱め打ち負かし，その祝福されたる名を褒め称えるは，我らが尊厳の栄光に相応しきゆえ。

　12．我らが壮麗は三つのインディアを支配し[8]，我らが領土，使徒聖トマスの亡骸の眠る遠きインディアから，砂漠を経て日の昇るところにまで至り，傾斜地を経てバベルの塔近くの荒野のバビロンへと戻る。　13．72の地方が我らに服す，うちキリスト教徒のは少なし，それぞれ自らの王もち，皆我らが貢納者なり。14．我らが地には生まれ育つ，象・一瘤駱駝・二瘤駱駝・河馬・鰐・メタガッリナリ・カメテテルニ・ティンシレタ[9]・豹・野生驢馬・白赤の獅子・白熊・白ツグミ・啞蟬・グリフォン・虎・ラミア［吸血鬼］・ハイエナ・**(D)** [10]**a. 野牛のごとく大きい野豚，その歯長さ1クビト，馬ほどの大きさの巨大な野犬，その獰猛さはあらゆる種類の野獣に勝る，我らが狩人はそれを何かさる技，呪術あるいは仕掛けでもって捕まえ，母親の褥にいる仔犬の時に攫ってき，優しく育て手なずける。b. しかし大きくなりよく狩りを仕込まれた後，我らが尊厳に差し出される。我らの狩では，しばしばこれらを千頭以上持つ。c. 我らの地にはまた生ま**

れる，野生馬・野生驢馬・有角人・野生牛・野生人・一つ目人・前後に目のある人間・無頭人，胸に口と目がある，その身長 12 ペス・幅 6 ペス。色は純金に似る。12 の足，6 の腕，12 の手，4 の頭を持つ人間，それぞれ口が二つ，目が三つある。我らが地にはまたかくのごとき女たちが生まれる，巨大な体躯，乳房までの髭，のっぺらぼうの顔，毛が衣服，最高の女狩人，狩のため犬の代わりに獣を飼い，獅子に獅子を，熊に熊を，大鹿に大鹿を，等々；〔野生牛〕[11]・ケンタウロス・野生人・〔有角人〕・ファウヌス・サテュロスとその種の女・ピグミー・犬頭人・巨人，その背丈 40 クビト，〔一つ目人〕・キュクロプス・フェニックスなる鳥，さらに天が下なるありとある種類の猛獣。

　（D）我らがさる別の地方に，仔犬ほどの大きさの蟻がいる。六つの足と海のイナゴ［海老］のような羽［鋏］を持ち，口中には犬よりも大きい歯がありそれで食べ，口外には野猪よりも大きい歯がありそれで人間も他の動物も殺し，死ぬとすぐそれを喰らう。それとてさほど驚くことではない，走るときはまるで飛ぶがごとく速く，ためにその地方では人は，安全な防御された所でなければ住まぬ。この蟻，日没後三の刻まで地下にいて，夜じゅう純金を掘り，それを陽の下に運び出す。しかし日中三の刻から日没までは地上にいて，食を摂る。そのあと地中に入って金を掘る。どの日もこうする。夜になると，城塞から人間が出て来，金を集め，象・河馬・駱駝・カメトゥルヌス，そのほか体の大きく力の強い獣に載せ，毎日我らが金庫に運ぶ。夜は働き，耕し，種蒔き，刈り入れ，往き来し，何なりと望むことをするが，昼は蟻が地上にいる限り，その強さ獰猛さゆえ，誰もあえて外に出ようとせぬ。

　（C）15．我らは他の人間も有す，人間であれ野獣であれ堕胎児であれ，ただその肉を喰い，死ぬことを決して恐れぬ。自分たちの誰かが死ぬと，親であれ他人であれ，人肉を齧るのは神聖この上ない，と言ってむさぼり喰らう。16．その名は以下，ゴグとマゴグ，アミック，アギック，アレナル，デファル，フォンティネペリ，コネイ，サマンタエ，アグリマンディ，サルテレイ，アルメイ，アノフラゲイ，アンニケフェレイ，タスベイ，アラネイ[12]。17．これらはもちろん他にも多くの種族を，マケドニア人の王アレクサンデル大青年が北方の高山の内に閉じ込めた。我らは，望む時にこれを我らの敵の上に導き，我らが尊厳から喰ってよいとの許可が与えられるや，人間も獣もたちまち食い尽くされ，何も残らぬ。18．敵が食い尽くされると，我らはこれをその居場所に連れ戻す。かく

連れ戻すのは，もし我らの下から離れると，出会った人間・動物をことごとく全て食い尽くしてしまうだろうゆえ。〔19. これら最悪の種族は，世の終わりの前アンチクリストの時に，地の四方から躍り出てき，聖者たちの全陣営と大ローマ市を取り囲むであろう。その市を我らは，イタリア全体と全ゲルマニアとガリアの彼方まで，アングリア，ブリタニア，スコティアとともに，最初に生まれてくる我らの息子に与えるつもりであったし，ヒスパニアと氷結した海まで全領土を彼に与えるであろう。20. 驚くべきことにはあらず，彼らの数は海の浜なる砂のようであるゆえ，どの人種もどの王国も彼らに抵抗できぬは確実。〕これら種族は，さる預言者が予言したごとく，その忌まわしさゆえ最期の審判の時に侍らず，神がその上に天から火を降らせて焼き尽くし，灰すら残らぬであろう[13]。

21. 我らが地，蜜の流れ，乳の溢るる。我らがどの地にも，いかなる毒もなく，うるさい蛙も鳴かず，蠍もいず，草に蛇の這うこともなし。毒ある獣はそこに棲むことできず，何かを害することもできぬ[14]。22. 我らがさる地方，異教徒たちの間を，イドヌス〔インダス〕なる川が流れる。この川，天国から流れ来，いくつもの支流でもって流れをその地方全体に広げ，そこに天然石・エメラルド・サファイア・紅玉・トパーズ・水晶・オニキス・緑柱石・アメジスト・紅玉髄やいくつもの宝石が見つかる[15]。23. そこにはまた，アッシディオスなる草が生え，その根を身に帯びると，悪霊を追い払い，それが誰か，どこから来たか，その名が何かを言わしめる。そのため悪霊は，決してその地に侵入しようとせぬ。24. 我らがさる別の地方全体に，胡椒が生え収穫され，小麦・穀物・皮・布と交換される。25. また，柳の木のような森の地があり，あらゆる蛇でいっぱいで，蛇は大きく，頭が二つ，羊のような角，蜥蜴のように光る眼をもつ[16]。しかし胡椒が熟すると，森に火を付け，すると蛇は逃げて洞穴に入り，その折に胡椒は灌木からもぎ取られ，焙って乾燥される。しかしどのように焙られるか，他国者は誰も知ることを許されぬ。(A) 近隣の地域から全住民が藁・柴・よく乾燥した木を持ってやって来，森全体をそれですっかり取り巻き，風がきつく吹いた時，森の内外に火を付け，蛇が一切森の外に出られぬようにし，こうして蛇はみな，自分の洞窟に入ったものの他は，ひどく火に焼かれて死ぬ。26. そしてほれ火が燃え尽きると，男も女も子供も大人も，手に熊手を持って森の中に入り，焼け焦げた蛇を熊手で森の外に放り投げ，〔中庭で麦藁にするように〕びっしり積み上げる。(D) さらにまたインドの賢者たちは，よく乾いたさる健康に良い草と

ともに，それを製粉所で細かく挽く。その粉は，産まず女のみならず孕まぬ女たちにも，どんな薬よりも効き目があり，また一般的かつ簡単に言って，〔それぞれの病に応じて処方されるか服用されれば〕あらゆる病に効く。（A）こうして胡椒は乾燥され，灌木の幹から摘み取られて焙られる。

27．その森，オリンポス山の麓にあり，そこから澄明な泉が湧き，中にあらゆる香料の味を含む。味はまた日夜刻一刻と変わり，アダムの追放された天国からほど遠からぬ3日行程のところにまで至る。　28．断食のままその泉から三度味わった者，その日から一切病に罹らず，また生きてあるかぎり常に32歳のままならん。

29．そこにミドリオーシなる石あり，我らの所にはよく鷲が運んで来るが，それによって若返り，光を取り戻す。　30．それを指に嵌めた者，光に欠けることなく，盲目なれば視力を取り戻し，その石を見つめるほど視力はさらに鋭くなる。しかるべき祈禱で神聖化されれば，人を見えなくさせ，憎しみを払い，和をもたらし，嫉みを無くさせる。

（E）1．世界の南の果てに，我らは人住まぬさる大島を有するが，主はそこにいつの時節も週に二度大量にマナを降らせ，周辺に住む者たちによって集められ食べられ，彼らは他の食物は摂らない。実際彼らは，耕すことも種まくことも刈り入れることもせず，豊かな作物を収穫するために土地を動かすことは，どんな形でもしない。このマナは彼らの口の中で，かつてエジプトから脱出する時，イスラエルの息子たちの口の中でしたのと同じ味がする[17]。　2．彼らは，自分の妻以外の女性を知らない。嫉妬も憎悪も持たず，平和に暮らし，自分のもののために同士で争わない。貢納を受け取るために我らが派遣した者以外に，自らの上に上司を持たない。毎年我らが尊厳に，貢ぎとして50頭の象と同数の河馬を納め，そのどれにも〔いとも純粋なバルサムを〕，また宝石と硬金を積む。確かに，その土地の者たちは，宝石と真褐色の金を豊富に有する。　3．かく天のパンで生きるこの者たちは，皆5百年生きる。しかし，百年の終わりに泉の水を3度飲んで皆若返り，新生する。泉はそこ，つまり前述の島にあるさる木の根元から湧き出る。その水を3度摂るあるいは飲むと，いわば百歳の老齢を投げ捨て脱ぎ捨て，疑いなく30かせいぜい40歳くらいに見える。かくのごとく，常に百年ごとに若返り，すっかり変わる。　4．しかし，5百歳になると死に，そこの人々の慣わしどおり，埋葬されるのではなく前述の島に運ばれ，そこに立っている樹の上に揚

げられる。その樹の葉はいつの時期にも落ちず，茂ったままである。葉の陰はとても有難く，木の実の匂いはとても快い。死者の肉は色褪せず，臭わず，湿らず，灰あるいは粉にならず，生けるがごとく生き生きとした色を保ち，さる預言者が予言したごとく，アンチクリストの時まで痛まずにそのまま残る。 5. アンチクリストの時にはしかし，アダムに告げられた神の言葉が実行される。汝，土からであり土に還る，そのとき地，誰も掘らぬにいと深く自ら開き，してそれらを飲み込む，飲み込むや最初のごとく閉じ，かくして肉は地の下で土となり，そして甦り，審判しにあるいは審判されに，最期の審判にやって来る，と。

6. また世界の北の果てに，ドラゴンの洞窟と呼ばれる我らが場所あり。そこは，困難なことあまりにも長くかつ広く，険しきことこの上なく険しく危なく，深きことあくまで深く，洞窟や穴だらけである。その場所に何千もの恐ろしいドラゴンが無数におり，周辺の地方の住民たちが最大の注意を払って番をし，いかなるインド人の魔術師も他所から来た者も，それらドラゴンのどれ一つも盗むことはできぬ。 7. 実にインド人の君主たちは，結婚式や他の宴会に自分のドラゴンを侍らせる習わしで，ドラゴンなしには十分な宴会を持ったとは考えぬ。牛馬の牧人が，仔馬を飼いならし，大人しくさせ，教え，慣らし，固有の名前で呼び，手綱と鞍を置き，どこであれ乗って行くのと同じく，ドラゴンの番と訓練に当たるこれらの者たちは，ドラゴンに対して，自分たちの妖術と媚薬で飼い慣らし，大人しくさせ，教え，はては手懐け，固有の名前で呼び，手綱と鞍を置き，何時でも何処でも望むときにそれに乗って行く。 7a. これらドラゴンの民は，毎年我らが壮麗に貢として，ドラゴンの親方百人と調教されたドラゴン百頭を納める。だからそれらは，人間の中で羊のようにしており，また頭や尻尾を人間にあちこち振って，犬のように上手にじゃれる。これらドラゴンを持った者たち，すなわち我らの飛脚，各地の様々な新たな事どもを知らんがため，我らが慈悲の気に召す時に，空飛ぶドラゴンとともに世界全土に派遣する。

31. 他に，我らの地と境を接する驚くべきものの中に，水なき砂の海あり。砂が動き，全ての海と同じく波打ち，決して静止することなし。この海，船でも他の手段でも渡ることできず，それゆえ彼方の地がいかなるか，知ることはできぬ。水は全くないが，我らの側の岸辺に様々な種類の魚が見つかり，食べると美味しく好ましい。他の所では決して見られぬ。 32. 海から3日行程隔たったところにさる山があり，そこから石の川がやはり水なきまま流れ下り，我らの地を通っ

て砂の海まで流れる。　33．週に3日流れ，大小の石が滑り下り，樹木を砂の海まで運び，川が海に入って後は，石と木は消え去り，もはや現れることなし。流れている限り，誰もそれを渡ることはできぬが，残りの4日は渡れる。

（C）34．砂の海と前述の山との間の平地に，不思議な力の石があり，ほとんど信じがたい治療の効能を有する。キリスト教徒もあるいはそれになりたいと望む者も治し，いかなる病からも次のごとくに予防する。　35．その石に桶のような窪みがあり，中にはいつも深さ4指幅の水があり，常に敬虔な二人の聖なる老人によって守られる。　36．彼らは，やって来た者にまず，キリスト教徒かあるいはそうなりたいかどうか，心から健康を望むかどうか，尋ねる。告白がなされると，衣服を脱いで桶の中に入る。本当のことが告白されていれば，水は増え始め，体をすっかり覆うほどになり，さらに頭上にまで昇る。これが3度繰り返す。　37．そのあと少しずつ減り，いつもの水準に戻る。こうして水に入った者は，癩病あるいは罹っていたどんな病からも治り，水から上がる。

38．荒野近くの人住まぬ山の中，地の下にさる小川が流れているが，そこは偶然でなければ近寄ることはできぬ。時に大地が開き，その時偶々そこを通りかかった者が入ることができるが，閉じ込められぬように大急ぎで出なければならぬ。そこから持ち出したものは全て貴石か宝石で，砂も石も貴石と宝石ならざるものなし。　39．その小川，より幅の広い川に流れ込み，我らが地の者たちは，その中に入り，そこから宝石を大量に運び出す。しかし，まず我らが卓越に見せてからでなければ，売ろうとせぬ。それを，我らの宝庫の中にあるいは我らが権力の使用のために取って置きたいときは，価値の半分を与えて購入する。さなき場合は，彼らが自由に売ることができる。　40．その地では，子供たちは水の中で育てられる。かの石を見つけるのに，時に3か月か4か月，水中で生きられるようにするためなり。

41．石の川の彼方に，ユダヤ人の十支族[18]がいる。自らの王を立てているが，我らの僕で，我らが卓越の貢納者なり。　42．灼熱地帯近くの別の地方にさる虫がおり，我らの言葉でサラマンドラと言う。この虫，火の中でなければ生きられず，絹を作る別の虫のごと，自らの周りにさる皮をめぐらす[19]。　43．この皮，我らが宮殿の御婦人たちによって入念に処理され，我らが卓越の用いる衣服と布は全てそれから作られる。その布，強く燃える火の中でなければ洗えず。

44．金・銀・宝石・象・一瘤駱駝・二瘤駱駝・犬，我らが静謐はこれらに溢る

る。　45．我らが温和は，異国の客人，巡礼を皆もてなす。貧者，我らの中に一人とてなし。　46．我らが許には盗人も盗賊もいず，追従者も吝嗇漢も居場所を持たぬ。我らが許にいかなる差別もなし。我らが者たち，あらゆる富を豊かに持つ。馬は，少ししか，しかも貧弱なのしかいない。我らは信ず，富でも人の数でも我らに匹敵する者，誰もなしと。

　(E)　8．その他，我らが地の驚異の中に，人間にはあまりにも信じ難いことと思えようが，我ら，信じがたい力をもったハシバミの実ほどの大きさの五つの石を有する。　9．第一の石の性質，次のごとし。冬であれ夏であれ戸外に置かれると，周り十マイルに大きくまた厳しい寒さが生じ，半日行程内のいかなる人間も動物も耐えられず，すぐに凍結して死亡する。二番目の石の性質，次のごとし。同じく冬であれ夏であれ空の下に置かれると，大きくまた激しい熱を生み出し，半日行程内の生き物は耐えられず，火の燃える炉の中で麻屑の焼けるがごと，完全に焼け焦げて灰となる。　11．三番目の石，両者の中間にあり。冷たくも熱くもないが，冷たくかつ熱い。その両方に中和されているゆえ，両者の過剰は和らげられ，何もその激しさに害されることなし。　12．四番目の石，次のごとし。真夜中に空の下，真っ暗闇の中に置かれると，自らの周囲十マイルに大きな光と輝きを生み出し，日中明々と輝く太陽によって誰にもはっきりと見分けられるほど細かく微かなものは何も想像することすらできぬ。　13．一方五番目，次のごとし。太陽の燃え立つ日中空の下に置かれると，やはり自らの周囲十マイルに陰によって暗闇を作り出し，死すべきものは何も見られず，またどこにあるか知ることも考えることもできぬ。　14．さてもこれらの石，上に述べたごとく，空の下に置かれると上述の力を持つが，しかし隠されるとこれらの力も他の力も持たず，すっかり衰えて何の価値もなくなる。

　15．我ら他に五つの石を有し，内三つは聖別され，二つはされていぬ。　16．これら二つの最初のものは，次のごとき力を自ら備えている。水の一杯入った壺の中に置かれると，その水はすぐに純白の乳となり，飲んでとても甘く快く，どんな動物のよりも美味しく快い。が，石がその水から取り出されるや，両方とも元のようになる。　17．二番目の石の性質，次のごとし。同じく水の一杯入った壺の中に置かれると，その水は全く純な葡萄酒となり，とてもいい香りがし，飲むととても美味しい。どんな葡萄の木からも他の木からも，これよりも佳く甘いのはどこにも見出されぬ。その水から石が取り出されるや，別の石について上に

言ったと同じく，どちらも元に戻る。　18．聖別された石の第一のもの，次のごとき聖性を持つ。魚のいる水の中に置かれると，入れられるやすく，魚は皆どこにいようとすぐにそこに集まって来，石が水中にある限りそれから離れることできず。聖別されたその石の力，かくなるほどなり。その時，魚を獲りたい者は誰であれ，網も針も他の仕掛けも何もなしに，大小の魚を好きなだけ労せずして得ることができる。しかし石が水から引き上げられるや，魚は好きなところに去り行く。　19．聖別された二番目の石，次のごとき神性を有す。どんな猟師でも，その石を腱に括り付けたドラゴンを自分の後ろに引き連れて森の中を行くと，大小いかなる獣も，熊でも獅子でも，大鹿でもノロジカでも，兎でも狐でも，オオカミでもその他そこに棲む獣は，どこへ行こうとその狩人の後に急いで付き従い，その者が連れて行こうとするかぎり，決して離れようとせぬ。この神性を持った石の力，かくのごとし。それら獣を，誰でも好きなだけ邪魔されることなく捕まえることができる。といっても驚きならず，獣は身を守ることもどこへ行くこともできぬゆえ。しかし石が取り去られ，ドラゴンが解き放たれて洞穴の中に隠されるや，獣はどこへなりと望むところに去り行く。　20．三番目の石，次のごとく神性化されてあり。獅子の熱い血を振り掛けられると，それから次のごとき火が出る。〔水であれ〕石であれ土であれその他何であれ，その前に置かれたものは，麻屑をいともたやすく焼き尽くすごとく，その石がドラゴンの熱い血を振り掛けられぬ限り，いかにしても消すことはできぬ。かくのごとき火を作ることが我らが威厳の気に召す時には，我らは獅子とドラゴンを用意し，その血でもってその火が付けられまた消される。もし何かの時に敵が我らの誰かに現れるならば，我らはその敵をこうした火でもって焼き尽くす。

　47．我ら，敵との戦に向かう時，旗の代わりに面前に，金と宝石で作られた大きくひときわ高い 13 の十字架を，それぞれ荷車に載せて運ばせ，武器と車と食糧を託された軍の者の他に，それぞれ 1 万の騎兵と十万の武装歩兵が随行する。48．単に馬で行くときは，我らが尊厳の前を木の十字架が進む。絵も金も宝石も何も飾られていず，常に我らが主イエス・キリストの受難を偲ぶためなり。もう一つは，土の一杯入った金の壺で，我らの肉が自らの起源すなわち土に戻ることを知るためなり。　49．もう一つ，金の一杯入った銀の壺が我らの前を運ばれる。我らが主の中の主であることが誰にも分かるようにするためなり。　50．我らが壮麗は，この世のあらゆる富に溢れ，何ぴとにも優る。

51．我らの中では誰も嘘をつかず，誰も嘘を吐くことできず。嘘をついていることが分かるや，ただちに死ぬ，つまり我らの間ではほとんど死んだ者と見做され，その者は我らの間では話題にならぬ，すなわちそれ以上名誉が得られず。52．我らは皆，真実に従い，互いに愛し合う。我らの中に姦通者なし。いかなる悪徳も我らを支配することなし。

53．毎年我ら，大軍を率いて荒野のバビロンに預言者聖ダニエルの亡骸を詣でるが[20]，ティロス[21]やテッレンテス［ヤモリ］[22]という別の蛇のため，全員武装している。 54．我らが許，その血で紫衣を染める魚が獲れる。 55．我ら，多数の城塞といとも強力なる異形の者どもを有する。我ら，アマゾネスおよびブラグマン［バラモン］を統べる。

(D) k. アマゾネスとは女族にて，自らの女王を持つ。その住まうは一つの島，四方に1千マイル広がり，川にすっかり取り囲まれている。その川，石なき指輪のごとく始まりも終わりもなし。川幅，1565スタディオン。**l.** その川，食べるといとも美味しく〔獲るにいとも易しい〕魚がいる。また，大きな軍馬のごとき格好の別の魚がおり，うまく配置された4本の足，長く格好よい首，小ぶりの頭，尖った耳，ふさわしいだけ垂れた尻尾を持つ。**m.** これら，その性格まるで人間に育てられたごとく人に似て大人しく，走るとき海風のように速く，〔浜で対になってつまり牡と牝が自発的に自らを捕まえさせる〕。アマゾネス，望む時に一日中これに乗り，夜は水中に戻して放す。げに魚，水なしに1日以上生きられぬ。他にも，とてもきれいなパッラフレーディ［乗用馬］か駃馬のような〔またヒラメのように太った〕格好のもいる。それも一日中乗り，夕方海に戻らせる。他のは牛か驢馬のような格好で，それでもって耕し，種蒔き，木や石や何でも望むものを一日中牽かせ，夜は翌日まで海中にいる。**o.** 他に大小の犬のような格好のもおり，走るのがとても速くまた狩を仕込まれ，どの獣もその前から逃げ隠れできず，すぐに捕まる。他のは，とても綺麗な鷲かハヤブサか鷹のごとき姿で，その上10回，20回も姿を変え，また飛ぶのが力強く速いから，どの鳥もすぐに捕まらずしてそれから逃げることできず。

p. これら女たちの夫，彼女らと共には暮らさず，たちまち殺されたくなければ，彼女らのところに来ようとはせず，前述の川の向こうに住む。げに，前述の島に入る男は誰あれ，その日に殺される定めなり。それゆえ，女たちの方が彼らの所に行き，1週間か15日かそれ以上彼らとともに過ごし，その後男たちは，

彼女らが他の女たちのところに戻るがままにする。q.　男児が生まれると，7歳まで育て，その後父親に返す。女児が生まれると，手元に置く。これらアマゾネス，戦とりわけ弓・投げ槍・狩り槍に大いに長ける。r.　銀の武器を持つ。銀以外に青銅あるいは他の金属を持たぬゆえで，それで犂・鶴嘴・斧・その他の道具を作る。また，とても強く〔速い〕陸上の馬を有し，それに乗って戦い，戦うとき，その戦いで……，前後〔とあらゆる方向で〕敵を傷つけ〔滅ぼす〕。〔陶工の轆轤が最も回転する時に回るよりも速く，馬上で身を翻す〕。自分の足では決して走らず，もし弓から矢が放たれたのと同時に駆け始めると，速く駆けて，矢が地に落ちる前に手で受け止める。s.　これらから軍を集めることが，我らが高位のお気に召すと，もし望むなら，10万の何十倍あるいはそれ以上を我らの敵に差し向ける。夫たちは彼女らに随いて行くのだが，といっても戦うためではなく，彼女らが戦から勝利をもって戻って来た時，彼女らを崇めるためなり。

　t.　ブラグマン，無数におり。純粋な生を送る正直な人間なり。自然の理性が必要とする以上に持つことを欲せず。全てに憐みの情を抱き，耐える。必要なきものは余計なり，と言う。肉体をもった生ける聖者なり。我らは信じる，彼らの聖性と正義によって，ほとんど全キリスト教世界が，悪魔に圧倒されることなくどこでも支えられ，彼らの祈りによって守られている，と。彼らは，我らが尊厳にただその祈りによって仕え，我らもまた彼らから他のことを得ようと望まぬ。

　56.　我らが至高の住まう宮殿，使徒トマスがインド人の王グンドフォルス[23]に命じし宮殿そっくり，部屋も造作も全て似る。　57.　天井，梁，それに窓の梁もケティム［キプロス］材[24]，天井は黒檀，いかな場合にも燃えることなし。屋根の頂に二つの黄金の球あり，中にそれぞれ二つの紅玉があり，黄金は昼輝き，紅玉は夜光る。　58.　宮殿の大門はツノヘビの角を混ぜた縞瑪瑙，誰も毒をもって忍び込めぬよう。他は黒檀，窓は水晶。　59.　我ら宮廷が食事する卓，あるいは金あるいはアメジスト，卓を支える柱は黒檀。　60.　宮殿の前に広場あり，我らが正義はそこで戦の勝者を閲するのが常。地面はオニキス，囲いはオニキス混じり，石の力により戦う者に元気が増すよう。

　61.　前述我らが宮殿には，バルサムから生じるものならざれば，夜灯りを点けず。　62.　我らが至高の休む部屋，黄金とあらゆる種類の宝石のすばらしき品で飾られる。しかし，飾りのためにオニキスがどこかにあれば，その周りに四つの紅玉髄を配す，その力により前者の悪しき性質が和らげらるるよう。　63.　部屋

にはいつもバルサムが焚かれる。寝台はサファイア，これ貞淑の徳のため。 64.
我らは飛び切りの妃を有するが，4年に一度子供を作るため以外に我と接せず，
ダウィデによるベルサベ［バテシバ］のごとく[25)，我によりそうして聖別されて，
それぞれ自分の住まいに戻る。

65. 我らが宮廷，食事は日に一度。食堂では，来る者・去る者のほか，毎日3
万人が会食す。皆，我らが庫から日々，馬その他の費用を受け取る。 66. テー
ブルは高価なエメラルド，2本のアメジストの柱が支える。これら宝石の力，卓
に就く誰にも酔っ払うを許さず。

(D) v. 我らが粉挽き場，洪水によりよく水没するゆえ，また我らが宮廷は無
数の来客と我らとともに住む者のため，時としてパンが不足することのなきよう，
我らが市ビブリック[26)からほど遠からぬところに，我らが尊厳に相応しい，竈
を備えた水の要らぬ粉挽き場を作らせた。以下のごとし。大きくとても高い純金
の4本の柱を立てさせた。それら広場に四角く配置され，互いに20ペス以上離
れている。長さ40クビト，太さ10クビト。w. その上，柱の間に，家あるいは
丸い球を作らせた。それは，柱の頂にうまくぴったりと収まっているゆえ，どれ
も柱より高くなく，柱も上に突き出ていぬ。家には窓も入口もなし。その屋内に
大きい挽き臼が二つあり，粉を挽くのに最適に据えられている。ダイアモンドの
石で造られ，その宝石は石でも火でも鉄でも割れぬ。家の下，柱の間に，素晴ら
しい金で鋳られた軸受をもった大きい轆轤が，他の粉挽き場同様置かれいる。

(D) その轆轤は，〔床にある〕石の力によりとても強く回転するゆえ，それを
目でじっと見つめようとすれば，すぐに視力を失うであろう。y. 同じく石の力
により，麦粒が一つの柱を通って碾き臼にまで上って行き，また別の柱を通って
粉が回転中に降りて来る。そこでパン屋によってパンにされ，アスベスト製のパ
ン焼き窯の中に入れて焼かれる。

(E) 21. それが回るとき，上の臼は，信じあるいは考え得るよりも速く，眼
にも止まらぬほど回転す。轆轤はいかにして回るか，聞くがよい。この粉挽き場
から東へ約20マイル離れたとても高い山の上，そこはいつも風が激しく吹いて
いる，その地下に大きく入口がとても広い路を作らせた。 22. 他に，さらによ
り小さい2千の路を作らせた。それらはすべて，地下でかの大きい路に繋がって
おり，その大きい路は地下で粉挽き場にまで通じている。それら路を通って風が
入り，金の柱を通って吹き出る。柱は轆轤の方に傾き，轆轤まで伸びており，下

が広く上が狭くなっていて，風がより強くより長くより大きい衝撃で轆轤に吹き付け，それをより速く回す。　23．西・南・北も同じくした。風がどこから来ようと，建屋あるいは円球の上の碾き臼が止むことなく絶えず回るようにするためなり。円球，中にある臼よりも幅広くはなし。戸口も窓もないのは，どんな時も風が粉を吹き散らさぬようにするため。　25．我らは，別の広く高い建屋を造るよう命じた。そこには 140 段の階段で上り，同じく別の側から下りる。階段のあるものは金，あるものは銀，あるものは宝石が鏤められている。　26．階段は幅十エル，それほど広いゆえ，小麦を積んだ荷車よりたくさん運べる。我らのさる島に生まれる鶏は，駝鳥よりも大きいが，それら駝鳥[27]もまた，その階段をいとも易々と上の碾き臼まで引き上げる。　27．建屋の床，それは碾き臼の屋根に当たるが，その床にはさる大きい孔があり，そこから小麦が碾き臼に送られる。その仕事に毎日 2 百人が当たるが，それでも碾き臼を満たすには足りず。また，碾き臼の下にも別の孔があり，柱の間のその孔から粉が出，大きい溶けた金の柱を通って，パン作り場に落ちて来る。その柱はとてもうまく孔に繋がっているので，まだ誰も気づいた者はいない。　29．そのパン屋では，我らの竈は驚くべき風に作られている。竈は，外側は宝石と金，内側は塹，壁はアルベスト［アスベスト］石。その性質，次のごとし。一たび熱せられるや，以後ずっと火がなくとも常に熱い。床は堅い金で，その堅さは，山羊の血以外には，［鉄でも］火でも他の薬品でも損なわれず。床の下にまた，別の床を造らせた。(D) 窯の底は緑のトパーズでできており，アスベストの熱が和らげられるよう，本性的に冷たい。でなければパンはうまく焼けず，焼け焦げてしまうことであろう。アスベストの熱はそれほど強い。z．その竈，長さ 40 クビット，幅 15。口がそこここに十あり，それぞれの口ごとに十人のパン職人がおり，それぞれ竈の利益により，5 百人の騎兵と他の多くの富を有する。パン屋の親方は，全てのパン職人を養えるほど有しており，〔長としての名誉により誰よりも多くもらう〕。粉挽き屋も同じ数おり，利益においてパン屋と等しい。〔もしパン屋が粉挽き屋よりも少ないか，あるいは粉挽き屋がパン屋よりも少ないと，時に彼らの間に妬みと争いが生じることがある。そのため，我らが尊厳には，数においても利益においても彼らを等しくすることがお気に召す〕。

　67．我らが宮殿の門の前，戦士の闘いが行われる場所の近くに，巨大な高さの鏡があり，125 の階段で上る。　68．階段は斑岩で，下から 3 分の 1 は一部が蛇

紋岩とアラバスター，それから上へ3分の1は水晶とサルドニクス，上の3分の1はアメジスト，アムバー，ジャスパー，パンテーラ。69．鏡はただ1本の柱で支えられる。その柱の上に台があり，その台の上に2本の柱があり，その上にまた別の台とその上に4本の柱，その上にまた別の台とその上に8本の柱，その上にまた別の台とその上に16本の柱，その上にまた別の台とその上に32本の柱，その上にまた別の台とその上に64本の柱，その上にまた別の台とその上に64本の柱，その上にまた別の台とその上に32本の柱がある。こうして柱は，上るにしたがって増えたごとく，下るにしたがって1本にまで減る。70．柱とその台，上ってゆく階段と同じ種類の宝石。71．一番上の柱の頂きに鏡があり，神技により次のごとく神性を帯びる。すなわち，我らに益するものであれ叛するものであれ，あらゆる陰謀，および近隣ならびに我らが支配下にある地方で行われていることが全て，観る者に至極はっきりと見え，認知される。72．何らかの原因で偶々壊されたり倒されたりせぬよう，日夜1万2千の武装兵によって守られる。

73．我らの食卓では，毎月それぞれその位に従って，7人の王，62人の公，365人の伯が，我らに仕える。我らが宮廷で様々な役目に宛てられた者たちを除いてである。74．食卓では毎日，我らの傍ら右に12人の大主教，左に20人の主教，他に聖トマスの総大主教，サルマガンディア［サマルカンド］の太守，スサの大太守が食事する[28]。スサには，我らが栄光の王冠と玉座，それに王宮が残る。彼らは，それぞれ毎月交代で自分の住まいへと戻る。残りの者は，我らの傍らから去ることなし。75．一方修道院長たち，1年の日の数に応じて我らが礼拝堂で我らに仕え，毎月自らのところに帰り，代わりに同数の者たちが，毎月初めに礼拝堂のお勤めに戻って来る。

76．我ら，長さにおいて劣れども高さと美しさにおいて優る，もう一つの宮殿を有す。それ，我らが生まれる前，我らが父に現れた啓示によって建てられたもの。我らが父，その内に驚くべく溢れていた聖性と正義ゆえ，'神のごとき'と呼ばれてあった。77．夢の中で父は告げられた，「生まれて来る汝の息子に宮殿を造るがよい，その子は地上の王たちの王にして全世界の主たちの主となろう。78．その宮殿は，神から授けられた次の恩寵をもつであろう。決して誰も飢えず，病気にならず，またその中にいる者，そこに入った日には死ぬことなし。また，激しい飢えに苦しみ死の病を患う者がその宮殿に入り，そこにしばらくいると，百皿の料理を食べたがごとく腹を満たされ，生涯何の病気も患ったことがないか

のごとく健康となって，そこから出て行くであろう。

　（C）79.　その中に，全てに優って味良く匂い良き泉が湧く。それは，決して宮殿から流れ出ることなく，湧き出て来る一角から宮殿全体を通って反対側の角へと流れ，そこで地に受け止められ，地下を通って源へと向かう。あたかも太陽が，西から地の下を通って東へと回るがごとし。　80.　それを味わう者の口には，何であろうと食べたい飲みたいと思うものの味がする。宮殿は，その香りに満ちているゆえ，あらゆる種類の薬味・香料・軟膏がそこで磨り潰し振り撒かれても，それ以上の香りはせぬ。　81.　その泉の水，3年3か月3週間と3日，毎日3時間断食して3度飲めば〔そして三の刻に味わえば，その刻の前でも終わりでもなく，それぞれその三の刻の始めと終わりの間に3度断食して飲めば〕，3百年3か月3週間3日と3時間死ぬことなく，常にとても若々しい年齢でいられる。82.　かく長く生きた者，上の期間の最後の日，親族と友人を呼び集めて言う，我が友に親しき者たちよ，我今や死なんとす，我が上に墓を閉じ，我がために祈ってくれんことを。　83.　かく言い終わるや墓に入り，皆に別れを告げ，眠るかのごとく体を横たえ，予言が成就されるよう言う，今や時は終わった，我，霊魂を造り主に返す，と。　84.　その後，そこにいた者たち皆，いつもの慣わしどおり愛する者の遺骸の上で泣き，墓を閉じ，彼を主に託して帰り行く。

　（E）30.　ここに起こること，汝にとってその証拠なり。　31.　リモックと呼ばれる平野に，さる大きく背の高い石がある。インド人の王ポルス[29]が驚くべく平らにし四角くさせたもの。高さ100パス，幅50，平野はその石からどの方向にも約20マイル広がる。　32.　そこには木も石もなく丘も谷もないが，たくさんの甘い泉と小川があり，平野をぬって流れる。また，あらゆる種類の香り良い草が見付かる。　33.　その石の上に今夜，樹が生えるのだが，それは世界の始めより見られたこともなければ，終わりまでないであろう。その樹にはどの鳥も近寄らず，どのようにしても奪われない。また生い茂って黄金色に輝くその葉は，どの時季にも一切散ることなし。その樹の頂に，とても真っ直ぐの枝が生じる。小枝も葉もなく，高さ100ペス，太さ二人の男が抱えられるほど。それの先端に，信じられぬほど大きくまた艶々したさる実がなる。その輝き，太陽を遮るために額に手を翳さねば，誰も目に耐えられず。　35.　どこに〔あってもまた〕いても，この実を見る者，病気なれば，快い香りによってその時からすっかり健康になり，あるいは気力が衰えていると，すぐに前よりも元気になる。飢えあるいは渇きが

あれば，すぐさま満たされ，少なくとも 10 日か 8 日は，それ以上腹空き喉渇くことなし。」

　(B) 85. 朝になり，'神のごとき者' 我が父，この夢に驚いて目覚め，(C) 思案し心を乱されていた時，高らかな声を聞いた。彼とともにいた者皆，それが言うのを聞いた，86.「おお，'神のごとき者' よ，命じられたことをなせ，いかなろうとも躊躇うな，全て汝に予言されたとおりなろう故」。87. この声にすっかり力づけられ，我が父直ちに，宮殿の造営を命じた。その造りには，建材として宝石と溶かした最高の金の他なし。88. その天つまり天井は光り輝くサファイア，透き通ったトパーズが鏤めてある。まさにサファイアは澄み切った天，トパーズは星のごとく宮殿を照らす。89. 床は大きな水晶の板。宮殿の中は部屋や他のもので仕切られていず。針のごとく造られた純金の柱 50 本が，壁ぎわに配されいる。90. どの角にも柱が一つあり，残りはそれらの間に置かれる。柱の長さ 60 クビト，太さは二人の人間が腕で抱えられるほど，それぞれその先端に，それと同じ大きさの壺のような紅玉を持ち，世界が太陽に照らされるごと，それにより宮殿が照らされる。91. 汝もし，柱が針のように尖っているのはいかにと尋ぬるならば，その理由は以下。もし上が下と同じように太ければ，床と宮殿全体が紅玉の輝きで照らされぬであろう。92. 同じく汝もし，そこがどれほど明るいかと尋ぬるならば，もし床にあれば，誰かに見付からぬほど僅かなもの細かなものも何も想像され得ぬほど。93. 窓も孔も何もないのは，紅玉その他の宝石の明るさが，澄み切った天や太陽の明るさで一切曇らされぬようにするためなり。

　94. (C) 扉は一つ，至純の輝く水晶，真褐色の黄金で縁取られ，東に置かれ，高さ 130 クビト，我らが至高の来た時には，誰も手を触れぬのに独りで開き閉まる。他の者が入る時は，門番が開け閉めす。95. こうして我らは，宮殿のあるその市にいる時，かの泉の水を飲みに毎日その宮殿に入る。その市の名はブリエブリック[30]。馬で行くときは，どこへ行こうと，その水を携行させ，父の夢の中に命じられたとおり，毎日 3 度食を絶って飲む。96. 我らが誕生日そして日々王冠を戴き，宮殿に入り，そこで食べられる限りそこにおり，腹一杯になってそこから出る。かく，我らはあらゆる種類の食べ物に満たされている。

　(D) aa. この宮殿の傍に，我ら手造りならぬ玻璃の礼拝堂を有す。あらゆる驚嘆すべきものよりも驚嘆すべきもの，そこには何もなかったが，我らが誕生の

最初の日，我らが名の栄光と称賛に，今ある所に現れた。**bb.** 次のごとく，神の技にて造られている。3 人が入ると一杯になる。10 あるいは 20 人が入ると，大きくなり一杯になる。〔百あるいは千人が入ると，大きくなり一杯になる。〕1 万あるいは 2 万あるいは 10 万人が入ると，大きくなり一杯になる。〔3 人から無限の数まで，常に大きくなり一杯である。〕かくのごとく，人間が入ると無限に大きくなり，常に一杯で，同じく 3 人まで小さくなり，常に一杯である。**cc.** しかし，3 から下には増えることも減ることもなし。これ，神聖で分割されぬ三位一体を意味する。礼拝堂が 3 以下には増加も減少も被らぬのと同じく，聖なる三位一体は増加も減少も被らぬ，つまり 3 よりも多くも少なくも受け入れない。**dd.** 常に三つのペルソナ，父と子と聖霊とからなり，これら三つのペルソナは唯一の真の神であり，唯一の神的本質なり。

　ee. この礼拝堂付きの司祭は皆，不能にされているし，礼拝堂の司祭となる者は皆，母親の乳房の時から不能にされる。かくも神聖にして神的極まりない場所で我らが神に聖なる勤めを行うものは皆，童貞でなければならず，あらゆる穢れから拭われていなければならぬ。**ff.** 決まった時刻に聖なる勤めを執り行うために礼拝堂に入らねばならぬ時は，その前に礼拝堂の隣にある，そのために我らが作らせたさる部屋で，すっかり裸になる。そうして裸になって，礼拝堂の入口のところに立ち，その中のさる場所で驚くべき〔得も言えぬ〕衣装を受け取り，それを厳かにまとって聖務を〔恭しく〕執り行う。**gg.** 衣装がどこから来るのか，いかに作られているか，何あるいは誰から与えられるのか尋ねられても，それを受け取る者自身も，他の死すべきものも，それを言うことも何らかの形で考え出すこともできぬ。我らただ，それが光り輝き立派ゆえ，誰も眼を眩まされずして見つめることはできぬことを知るのみ。衣服を受け取ったところで聖務を執り行うと，同じく，いかにまたどのように返すか分からぬまま，前述の室で自分の衣装を受け取り，近くにある僧院に戻る。**ii.** その僧院の富裕さと大きさについて，語ると長くなろう。唯一知られるは，富裕さにおいてどの王国も肩を並べることはできぬことのみ。

　kk. 我らは，さる〔大きな〕木を持ち，その天辺に上に実の付いた枝がある。その木からとても輝くさる樹脂が唯一つの穴を通って絶え間なく滲み出し，固まると石となり，スティントキムと呼ばれる。**ll.** その性質，水が火を消し火が蠟燭を灯すごとく，その樹脂，鉄を磨滅させ，また海や川を岸から浜へと船で運ば

れると，水を真っ二つに分けるため，誰でも素足で確実にそこを渡って行くこと
ができる。**mm.** この樹脂が柔らかいとき，それから，まるで柔らかい蠟のごと
く，壺や指輪，それに何なりと望むものを作らせる。さらに，この石の強さのた
め，前述の樹脂から武器を作らせる。すなわち，盾・槍・剣・兜・甲冑に脛当・
拍車も，それらは日中も夜も，天の二つの明かりのごとく輝く。

　nn. インド人の賢者たちは言う，前述の我らの木は我らの人格を意味するの
だと，かの木が果実と芳香の点で他の木を超えるごとく，我らの人格はこの世に
似たものも匹敵するものもないゆえ，と。また，その木の頂にある枝は，我らの
力を意味するのだと言う，それが高くとても強いごとく，我らの力は〔高く否〕
きわめて高くまた強く，誰もいかにしても超えられぬゆえ，と。**oo.** 枝の先端に
ある果実は，同じく我らの正義を示しているのだと主張する，その匂いの快さが
病人を癒し，衰弱した者が元気になり，飢えた者・渇いた者が満たされるごとく，
我らの正義もまたそうだから，と。のみならず，それは人間よりも広く長く生き
る。**pp.** 別の者たちはまた言う，前述の木は世界を意味するのだと，そして枝
には，〔やはり〕我らの人格をそれに帰す，なぜなら枝に対する木のごとく，全
〔地球すなわち〕世界が我らの人格の下にあるから，と。果実はやはり，言われ
るとおり，正義を意味する。

　qq. 我らまた，別の宮殿を有す。インド人の王ポルスのだったもの，我らの
土地も子孫も全てその血統から生じている。その宮殿には，人間の知能をはるか
に超えた驚異がいっぱいある。**rr.** そこには金の柱頭の付いた5百本の金の柱が
あり，金の葡萄の木がその柱の間に垂れ下がっている。葉と枝は金，あるいは水
晶，あるいはサファイア，あるいは真珠，あるいはエメラルド。壁は，金を巻き
付けた板で被われ，人の指ほども分厚い。壁は〔紅い〕真珠やあらゆる宝石で飾
られている。**ss.** 宮殿の扉は象牙，それに金箔が被せてある。部屋はケティム
〔キプロス〕材とあらゆる細工で出来ており，時に金銀やあらゆる宝石で飾られ
る。**tt.** 宮殿の大広間には，20の大きな金の像があり，それらの間には同数の大
きな銀の木があり，とても明るいランタンのように輝き，その中にあらゆる種類
の金の鳥が棲み，それぞれ自分の種類におうじた色を有し，音楽術によって細工
されているから，ポルス王が望んだときには，皆一斉に自分の性質にしたがって，
あるいはそれぞれ別に，歌っていた。**uu.** 同じく前述の像は音楽に合わせられ
ていたので，王の望みどおりに，信じられるよりも甘く快く歌っていた。また，

全ての驚異の中の驚異は，それらが，まるで役者のごとく様々に演じたりあちこち体を曲げたりするのが見られることである。vv. 我らが高位の気に召す時には，それらの像と鳥たちを，冬も夏も，歌わせたり演じさせたりする。その歌の甘さと快さは，聴く者をいつまでもうっとりさせ，かくて我を忘れさせる。

　(E) 36. さらに，我らが至高が口にする食べ物について，汝を喜ばすために幾らか述べよう。'幾らか'と言うは，我らの食べ物は多種多様に作られているため，一つ一つ語れば長くなろうゆえ。 37. とりあえず次の一つのことを知るがよい，すなわち，我らの食べ物は火で料理されることなく，ゆえに煙にも煤にも灰にもまた炭にも何ら汚れることなし。 38. さても我らはさる石を有し，ジムルと呼ばれ，ジムルクという名の山から切り出されるのであるが，これは本性極めて熱いゆえ，死すべきものは誰も，鉄のやっとこを手にせずして，いかにしても触ることできぬ。我らはその石で中が金の壺を作り，我らの食べ物はその中で火なしに料理される。 39. 我らはまたさる泉を有するが，それは絶えず沸いており，自ずから常に熱くて冷めることなきゆえ，その熱で食料は火でよりも少なくまた悪くではなく，ずっとより良くまた清浄に調理される。この水の力は実際さようなれば，その泉から汲まれると，常に沸いていてますます熱くなり，どれほど遠く持ち運ばれようと，いつも湧いており，かくてその熱でいとも熱くなる。 40. さらに，その水で大きな金の鉢あるいは金の塗られた桶を満たし，その中に大きな三脚が置かれ，それぞれの上に前述の石の壺を載せ，その中で我らの食糧はその水と壺の両方の熱によって，火も煙もなしにうまく料理される。 41. また馬で行くときは，我らはこの水をかの壺とともに十分に携行させる。これ，我らがどこにあろうと，我らの食べ物が上に述べたごとく用意されるようにせんがためなり。

　(C) 97. さても汝もし，万物の造り主が我らを全ての死すべきものに優って最も力あり栄光あるものとなし給うたのに，何ゆえ我らが至高は，プレスビテルよりも相応しい称号で呼ばれることを自らに許さぬのか，と尋ぬるなら，汝の思慮もっともなり。 98. 我ら，宮廷に数多の奉公人を有す。彼ら，教会の権威に関する限りより相応しい名前と役目をもち，またその神聖な仕事において，我らよりも大きな役割を果たす。実に，我らの給仕頭は主座大司教にして王，献酌侍従は大司教にして王，侍従は司教にして王，厩長は王にして修道院長，料理長は王にして大修道院長なり。それゆえ我らが高位には，自分が我らが宮廷にはいっ

ぱい見られるそうした名称で呼ばれたり，位階で印し付けられるは忍び難く，その謙虚さゆえむしろより小さき名称と低き位で呼ばれんことを選んだのであった。

（C）99．我らが力と栄光につき，今汝に十分説明することはできぬ。しかし汝，もし我らが許に来たるなら，我ら真に全世界の主の中の主であることが分かるであろう。汝，とりあえず次の僅かなことを知るがよい，我らが地，一方においてほとんど4か月の行程に広がり，もう一方において我らが支配のどこまで及んでいるか誰にも分からぬ。

100．汝もし，天なる星と浜の真砂を数え上げることのできようものなら，我らの支配と力を数え上げるがよい。

（D）xx.〔我らが市〕ビブリックにて[31]，我らが誕生の51年4月15日付。

確証について：上に述べられてあることは全て，ほとんど信じがたいことであるが，真実この上なきものであり，ステプァヌス[32]なる名のさる枢機卿が，自らの信仰の誓約の下に，全ての者にはっきりと述べ語ったものである。

（E）42．本書，すなわちプレスビテル・ヨーハンネースの話，ここに終わる，大司教クリスティアヌス・マグンティヌス［マインツ][33]により，グラエキア語からラテン語に移されたものである。上記クリスティアヌスは，クンラドゥス［コンラード][34]の大司教であった。マヌエルは，グラエキアにあって主の1144年より主の1180年まで統治した。

1）冒頭の数字は編者 Zarncke による節番号。　　2）東ローマ帝国コムネノス朝第3代皇帝エマヌエル1世（1143-80）。古代ローマ帝国の後継者として，その栄光を取り戻すべく積極的に対外進出したが，1176年ミリオケファルムの戦いでルーム・セルジュークのクルチ・アルスラーン2世に敗れ，帝国は衰退し始める。　　3）原文 gubernatori：原義〈舵取り〉，emperator〈皇帝〉の語を使っていないことが注目される。　　4）ここの「我らが尊厳」「我らが卓越」「我らが正義」等は，イォハンネスが自らを指して使う尊称。以下にも頻出するが注記しない。　　5）当時ギリシャ正教のキリスト教徒は，カソリック・ローマ教会からは異端視されていた。　　6）Graeculi：Graeci〈ギリシャ人〉の卑小辞。　　7）tigna：tignum〈木材・梁〉の複数形で，文脈からは上の「手箱」を指すが，意義不明。異形に pegma〈書架〉がある（Zarncke：925）。　　8）インディアの三分法は様々なものがあるが，ここでは聖トマスの遺骸のあるコロマンデル海岸が「遠インド」とされている。　　9）methagallinarii, cametheternis, thinsiretae：不明。　　10）太字は異写本類（A）〜（E）より。　　11）〔　〕は編者の，［　］は和訳者の補足。　　12）偽メトディウス『黙示録』でアレクサンドロスに閉じ込められたとされている種族，ただし綴りはかなり異なる。　　13）Cf.『ヨハネ黙示録』「この千年が終わると，サタンはその牢から解放され，地上の四方にいる諸国の民，ゴグとマゴグを惑わそうとして出て行き，彼らを集めて戦わせようとする。その数は海の砂のように多い。彼らは地上の広い場所に攻め上って行って，聖なる者たちの陣営と，愛された都と

を囲んだ。すると，天から火が下ってきて，彼らを焼き尽くした」(20.7-10)。　　14)「乳と蜜の流れる地」は，旧約聖書ではエホバの「約束の地」カナーンの沃土を指す。これに対して，蛙・蠍・蛇といった気味悪い動物たちは無信仰や肉欲や不正の象徴として用いられる。15) 聖書では，地上の天国から流れ出る四川の一つはピソンと呼ばれ，一般にはガンジス川に比定される。しかしその川も，金や琥珀やラビスラズリを産するハビラ地方を縫って流れるとされるだけで，宝石が流れるわけではない (cf. マリニョッリ Ch. 2「楽園について」)。他の三つは，ギホン（ナイル），チグリス，ユーフラテス（『創世記』2.10-14)。　　16) ツノクサリヘビ，サハラ砂漠に棲む 2 本のツノのある蛇，猛毒を持つ。　　17)『出エジプト記』「それ（マナ）は，コエンドロの種に似て白く，蜜の入ったウェファースのような味がした」(16.31)。　　18) 旧約『列王記』に，紀元前 8 世紀末頃アッシリア王シャルマナサルによって北方に移住させられたと記され，中世にはそのまま行方不明になったと信じられていた部族の末裔。　　19) サラマンダー（石綿・石絨）は，古代から中国でもヨーロッパ，イスラムでも火の中に棲む動物（鼠，蛇等）と考えられてきた。それが鉱物繊維であることを紹介したのはポーロが最初とされる (Ch. 60「ギンギンタラス」)。最後の文「絹を作る虫のごと己の周りに皮をめぐらす」は，ダンテ『神曲』に採られる (Par. VIII, 52-4)。　　20)『ダニエル書』に登場するカルデア王国 (BC 625-538) ネブカドネザル王（新バビロンの建設者でバビロン捕囚の主）の夢を解いたユダヤ人預言者。その夢やダニエル自身の見た夢は，この世を支配した四つの帝国，カルデア王国，メディア，ペルシャ，ギリシャで，それが打ち倒されて神による永遠の王国が出現するとされる。ここに持ち出されているのは，天の神から「国と権威と威力と威光を授かり，人間も野の獣も空の鳥もすべてを治め」「諸国・諸族・諸言語の人々」を支配するというネブカドネザル王も，その現世支配に関する限り，ダヴィデとならんでヨーハンネースのモデルとなっていることが推測される。　　21) ティロスtyros：フェニキア・テュロスの王子カドモス（テーバイの建国者）が退治した大蛇（龍）より。　　22) テッレンテス terrentes：タラントゥレ tarantule〈ヤモリ〉のこと。ポーロに詳しい (Ch. 174「マアバル」，177「ラル」)。　　23) 聖トマス伝説によると，使徒はインド王グンドフォルス Gundoforus (AD20-50 年頃実在）から壮麗な宮殿の造営を命じられたが，その資金をすべて貧しい人に分け与え，キリスト教に改宗させた。王は怒るが，その頃死亡した王の弟ガドが蘇って，天国にあるすばらしい宮殿のことを語り，それがトマスが王のために建てた宮殿であることを告げる（ヤコブス・デ・ウォラギネ（前田・今村訳）『黄金伝説』人文書院，1987, I, pp. 80-95)。　　24) 古代から対岸のレバノンとともにスギ（シーダー）の産地として名高かった。キプロスの名は kyparissos〈イトスギ〉に由来するともされる。25) ダヴィデが家来の兵士ウリヤを戦死せしめて奪ったその妻。ために二人の間の最初の子は神に打たれて死亡するが，二番目の子がソロモン（『サムエル記下』11-12)。　　26) Bibric：注 31 参照。　　27) 原文 struciones〈駝鳥〉であるが，文脈からすれば galli〈鶏〉。28) スサはエラム王国以来のペルシャの古代都市，サマルカンドはギリシャの昔からマラカンダとして知られた中央アジアの都市で，東西交通の要衝。　　29) BC 326 年インダス・ヒュダスペス河畔の戦いでアレクサンドロスに敗れたインディアの大王。　　30) Briebric・31) Bibric：おそらくフェニキア人（とアルファベット）発祥の地古代都市 Byblos ビブロス（グブラ／ゲバル／ジャブラー Jablah，現ジュベイル）。その名はパピルスを意味する語に由来し，そこからビブリオン〈本〉，さらにはビブル／バイブル〈聖書〉が生じたとされる。32) Stephanus：不詳だが歴史的経緯からすると，ヴィテルボでエウゲニウス 3 世に語ったシリア人主教ユーグにあたる（解説参照）。　　33) マインツ大司教クリスティアヌス Christianus (1165-83)，解説参照。　　34) 神聖ローマ帝国ホーエンシュタウフェン朝初代皇帝コンラート 3 世 (1138-52)，次の皇帝が甥のフリードリヒ 1 世バルバロッサ (1152-90)。

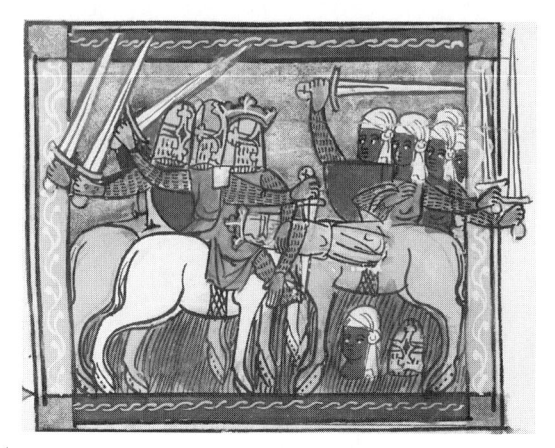

図3　チンギス・カンとイォハンネスの戦い（BL Ms. Royal 19
D I, f. 77v）

　書簡は西方キリスト教世界に一気に流布し，プレスビテル・イォハンネスとその
国の実在が確信され，東方のイデアとイメージに新たなかつ重要な一項目を付け加
えることとなった。のみならず現実の歴史においても，その探索および対イスラム
同盟のための提携が差し迫った目標となり，西方ヨーロッパと東方アジアの最初の
直接的接触をもたらすに至る。

　1177年，時の教皇アレクサンデル3世（1159-81）は，ヴェネツィアで「クリス
トにおけるいと愛でられし子，名高くして偉大なるインド人のイォハンネス」に宛
てて一書を認め，侍医フィリップスにもたせてやった[1]。が，これは何の音沙汰も
もたらさなかった。

　次いで，教皇ホノリウス3世（1216-27）の派遣した1219年の第5回十字軍は，
エジプト・ダミエッタを占領して優位にありながら，その総指揮官スペイン人法王
特使ペラギウスは，ダミエッタとエルサレムの交換という，イスラム側の盟主エジ
プトのスルタン・アルカーミルの和平提案を拒否し，結局はナイルの増水に足をと
られて逆にダミエッタと交換に退却せざるを得なくなるのだが（1221年8月30日），
その願ってもない提案を拒否した背景には，その年の春ペラギウスのもとに，キリ
スト教徒イォハンネス王（もしくはその子）ダヴィデが大軍を率いてペルシャに進
軍してイスラム教徒を撃破し，エルサレムに向かって進んでいるとの旨の手紙が届
き[2]，それを真に受けて援軍の到来を当てにしたことが一因だった。このダヴィデ
とは実はチンギス・カンであり，いわゆるオトラル事件に端を発する1219年から
1224年にわたるその西征とホラズム王国征服が西方に伝わり，その軍隊にケレイ
ト族のネストリウス派キリスト教徒がいたことや，その頃すでに広まっていたイォ

ハンネス伝説から幻想されたものであった（図3）。

　ダヴィデの軍隊はもちろん現れなかった。が，イォハンネスへの期待は減るどころかむしろ高まる。1249年第7回十字軍のフランス聖王ルイ9世も，やはりダミエッタを占領し優位にありながら，今度もまた提案されたエルサレムとの交換を卑劣な取引として断固拒否し，結局はマンスーラの戦いに敗れて捕虜となり，全軍の撤退と身代金の支払いと引き換えに釈放を請わざるを得ない羽目に至ったのだが，その背景には，東方のキリスト教徒と手を結んでイスラム教徒を挟み撃ちにすることに対する期待があったとされる。その前，ルイ王のキプロス島滞在中には，ベルシャにおけるモンゴル軍司令官イルチギデイから派遣されたと自称するダヴィデとマルコなる二人の使節が来訪して書簡を呈し，東方にはキリスト教徒が多数存在すること，大カーンはじめ多数の君主も洗礼を受けたこと，キリスト教徒を助けてエルサレム奪回に協力する用意のあること，等々を述べ立てていた[3]。そしてそれらが，アンドレ・ド・ロンジュモー，そしてルブルクの東方派遣へとつながって行ったことは，第一部IVで見たとおりである。

　1）Zarncke（1879）: 935-45. 佐伯：165-7.　　2）Zarncke（1876）: 5-22. アークレの主教ヴィトリー Jacob von Vitry の1221年4月の偽書簡（cf. 岩村：136-41，ドーソン：(2) 368-72 に要約あり）。　　3）ただしその書簡には，イォハンネスの名は登場しない。

XII

ペゴロッティ

商取引実務

（抄）

（カタイ，タナ，カッファ，タブリーズ）

ペゴロッティ像

　フランチェスコ・バルドゥッチ・ペゴロッティ Francesco Balducci Pegolotti：生没年不詳，フィレンツェの有力商社バルディ Bardi 社員。同社の 1310 年の給与表にその名がみえることから，生年は 1290 年以前に置かれる。その書によると，1315 年アントワープ，17 年ロンドン，18-21 年同支店長，王エドワード 3 世の財政を支援，24 年キプロス，その王の対ピーサ借金返済に金融，29 年アヴィニョンで教皇庁と交渉，35 年小アルメニア王レオン 3 世よりライアス港での交易特許状獲得等，国際貿易の現場で活躍する。29 年 3 月以降フィレンツェに戻って政治にも携わり，31-32 年居住区オルトラルノ区（アルノ川対岸）の旗手（ポポロの長），40 年顧問，41-42 年再び旗手，46 年正義の旗手（長老）を勤める。40 年バルディ商会破産，47 年の商会再建の嘆願書にその名が見えるのが最後で，その後まもなく没したとみられる。翌年であればペストの可能性も生じる。

　『商取引実務』 La Pratica della Mercatura：ヨーロッパ諸国・アフリカ地中海沿岸から，ギリシャ，アナトリア，トゥルキア，シリア，ロシア，ペルシャ，カタイに至るまでの，諸国・諸都市の産物・商品・数量・貨幣・度量衡・税金，ならびにそれら各都市間での交易の行程と日数，税率，貨幣とその交換率，度量衡の対比等を網羅したもの。取り上げられている都市は，長短様々ながら，コンスタンティノープル，アレクサンドリア，ヴェネツィア，フィレンツェ，ピーサ，ジェノヴァ，ロンドン等主要拠点から，ライアス，アークレ，ファマゴスタ，ローディ，マリョルカ，トリポリ，プーリャ，ナポリ，ブルージュ，セヴィリア，モロッコ等まで，約 60 に上る。他に，各地の商慣行や市場，取引にあたって気を付けるべき点等を含む大著（写本 190 葉，校訂本 383 ページ）。作成年次は特定されず，商会勤務の全期間，特にフィレンツェに戻った 1329 年頃から没年近くまでわたったと推定される。

　文献：オリジナルは残っていず，①Filippo di Niccolaio Frescobaldi の手になる唯一の写本 Biblioteca Riccardiana, Firenze, Codice Riccardiano 2441（1472 年 3 月 19 日了）[M] がある。それが，②Gian Francesco Pagnini, *Della Decima e di varie gravezze imposte dal Comune di Firenze, Della Moneta e della Mercatura de' Fiorentini fino al Secolo XVI*, 4 vols., Lisboa & Lucca, 1765-66 [P]（『10 分の 1 税その他フィレンツェのコムーネから課された税について，16 世紀までのフィレンツェ人の貨幣および商取引について』）の第 3 巻に収録された（出版はフィレンツェ，パニーニはトスカナ大公国の十分の一税担当大臣）。そして①を主底本とし②を対校して，③Allan Evans により Francesco Balducci Pegolotti, *La Pratica della Mercatura*, The Mediaeval Academy of America, Cambridge Massachusetts, 1936 [Evans] が校訂・刊行された。英訳④Yule & Cordier, *Cathay and the Way Thither*, vol. III, 1914, pp. 135-73 [Yule] に最初の 8 章の抄訳と，それに基づく和訳⑤田中英道・田中俊子「ペゴロッティ『商業指南』訳と注釈」《イタリア学会誌》vol. 33, 1984, pp. 148-70 [田中]，がある。

　本訳は③Evans より。

　1345 年頃，ポーロのかの書から半世紀，ヨーロッパはもう一つの「世界の記」を持った[1]。もっとも，正しくは「商業ネットワーク版世界記」とでもいうべきものであったが。

　その筆者ペゴロッティは，ポーロのような旅の商人ではなく，商社員であった。商の世界も新たな時代を迎えていた。14 世紀前半ヨーロッパ財政と金融の頂点にあった新興都市フィレンツェの最有力銀行の一つバルディ商会に勤め，ヨーロッパ諸都市やキプロスの支店にあって，各地の産業・商業を学ぶとともに，それら商品の輸出入の実務に通じた。特に勤務 5 年の長きにわたった，コンスタンティノープルとともに東方交易の一大拠点だったキプロスでは，そこに深く進出していたヴェネツィア，ジェノヴァ，ピーサ

図1　Codice Riccardiano 2441, f. 1r, 最初のページ（フィレンツェ，リッカルディアーナ図書館）

等の商人から，黒海周辺，トゥルキア，シリア，ペルシャ，そしてカタイの情報を得た。そしてそれらを一つにまとめて世に出したのが本書である。そこには，国はアイルランドからカタイまで（ジパングは登場しない），都市はセウタからキンサイまで，商品はロシアの毛皮から東方の絹・香料まで，貨幣はタナのソンモから中国の紙幣まで，九十数章にわたって網羅されており，確かに世界記の名に値した[2]。

　しかし，ペゴロッティはあまりにも近代的な商社マンだった。世界各国・各都市と相互間に流通する商品・貨幣や各種の税をリストアップし，それら商品の度量衡と貨幣の交換率を事細かに対比することに自らを限り，それは今でもコンピュータでもってしかなし得ぬような作業であったが，その背景の社会と人間を記すことはしなかった。そしてそれを，一般読者ではなく，商人や両替商たち同業の人々にマニュアルとして提供した。

　以上のような事情と内容のため今は読まれることもないが，通常，文書や記録を表に出すことのなかった商業界にあって，当時のほとんど唯一の，しかも克明極まりないガイドブックとして貴重であり，とりわけタナからカタイに至るまでについての 2 章は，最初に置かれ（おそらくその意義を理解した編者フレスコバルディの措置

であろう），ポーロが黙して語らなかった旅と商売の実際を明るみに出して，稀有な価値を有するものとなっている。ここでは，その 2 章とそれに続くタナ，カッファ，タブリーズの 3 章を抄訳する。

　1）後の転記・編纂者によって，ポーロの書に倣って Divisamenti di Paesi「諸国の記」と題された。　　2）取り上げられている都市・地域は他に，トレビゾンダ，サタッリア（トゥルキア），カンディア，キリキア，キアレンツァ，スティーヴァ，ネグロポンテ，サルデーニャ，アルジェリア，トゥニジア，トリポリ，ジェルビ，フリウリ，アンコーナ，サレルノ，ガエータ，ニミッシ，アヴィニョン，ブルゴーニュ，アントワープ，パリ，ザッフィ等。

序[1]

主の御名において，アーメン

本書は，『諸国の記と商品の数量・重量の書』Libro di Divisamenti di Paesi e di Misura di Mercatantie[2] と呼ばれる。その他世界諸地の商人ならびに商品や両替を扱う者が知るべきこと，また国と国，土地と土地でいかに対応しているか，同じく商品と商品ではどちらが優れているか，どこから来るか，そしてでき得るかぎりよく保存する方法について示す。

本書は，フィレンツェのバルディ商会にあったフランチェスコ・バルドゥッチ・ペゴロッティ・ディ・フィレンツェが，上記商会に勤めながら，その商会と自分自身と本書を読むあるいは写す者の，善と誉と益のために編んだものである。これは，アーニョロ・ディ・ロット・ダッランテッラ Agnolo di Lotto dall'Antella の書[3]から写されたものであり，その書は上記フランチェスコ・バルドゥッチの書から写されたものである。[4]

　1）ペゴロッティの原本を転記・編纂したフレスコバルディのもの。　　2）ポーロの Divisament dou Monde「世界の記」に倣ったもの。　　3）残っていない。　　4）原本ではこの序と次の本編との間に，詳細な目次（pp. 4-13）と重量・数量・貨幣・税金・市場・運搬手段等の用語のリスト（pp. 14-20）があるが，省略する。

1　ガッタイオ［カタイ］[1)]の旅の情報，タナから商品を持って往復する道程のために

　まず，タナからジンタルカン［アストラカン］[2)]まで牛車で25日行程，馬車だと10から12日行程である。道中，モッコリ［モンゴリ］[3)]つまり武装した者たちがいっぱいいる。ジッタルカンからサラ［サライ・バトゥ］まで川を1日行程である。サラからサラカンコ[4)]まで川を8日行程で，陸路・水路とも行けるが，水路の方が商品の運搬が安く済む。サラカンコ［サライチク］からオルガンチ［ウルゲンチ］[5)]まで駱駝車で20日行程で，商品を持っていればオルガンチに行く方がよい，そこは商品がよく捌けるからである。オルガンチからイォルトラッレ［オトラル］[6)]まで，駱駝車で35から40日行程である。サラカンコを発って直接オルトラッレまでだと50日行程で，商品を持っていなければ，オルガンチに行くよりもその道の方がよいだろう。オルトラッレからアルマレッコ［アルマリク］[7)]まで驢馬に荷を積んで45日行程で，毎日モッコリを見掛ける。アルマレッコからカメス［甘州］[8)]まで驢馬で70日行程で，カメスから……という河[9)]に来たるまで馬で45日行程である。その河からカッサイ[10)]に行き，そこで持っている銀のソンモ［銀塊］[11)]を売ればよい，そこは商品がよく捌ける土地だからである。そこからは，カッサイで銀ソンモを売って得たお金を持って行く。それは紙の金でバリシと呼ばれ[12)]，ガッタイオの地ではそのお金4枚が1銀ソンモに値する。カッサイからガッタイオの国の首都であるガマレッコ［カンバリク］[13)]まで，30日行程である。

1）地名は原文のイタリア語を写し，初出のみ［　］内に慣用の読みを記す。　　2）Tana：アゾフ海に注ぐタナイス（ドン）河口の町。Gintarcan：カスピ海北西に注ぐヴォルガ下流の町アストラカン。　　3）moccoli：mongoli〈モンゴル人〉のトスカナ語形（Yule：147）。4）Saracanco：カスピ海北東に注ぐウラル河口の町サライチク Saraichik。　　5）Organci：ペルシャ・ホラズム地方アムダリア川沿いの町ウルゲンチ。　　6）Ioltrarre/Oltrarre：中央アジア・シルダリア川沿いの町オトラル。　　7）Armalecco：中央アジア・イリ渓谷の町アルマリク，チャガタイ・カン国の首府。　　8）Camesu：西域の町甘州 Gan-chou，ポーロのカンピチュ Canpiciou/Camptiu（Ch. 62）。　　9）次のカッサイがキンサイ（杭州）であれば，川は大運河もしくは黄河と大運河。　　10）Cassai：キンサイ（行在 Hang-zai），cf. MP *Quinsai*,OP *Casaie/Camsay*。　　11）sommo/-i：いわゆる銀錠と呼ばれた銀のインゴット，形や重さは様々あった。価値は，ペゴロッティでは金貨5フロリン（次章）。度量衡と貨幣の単位は全

て単数形に写す。　12）balisci/balis：ペルシャ語の貨幣の単位〈バリシュ〉。オドリクスで
は，紙幣 1 枚が 1.5 フロリン（Ch. 23）。　13）Gamalecco：カンバリク（大都）。

2　上記ガッタイオへの旅をなさんとする商人に必要なこと

　まず，髭を大きく伸ばし，剃らない方がよい。タナで通訳を雇う必要があるが，
金を惜しんで上手なのではなく下手なのを摑むことのないようにしなければなら
ない，上手なののほうがそうでないのより結局は安く済むからである――それ
がより良い方法である。通訳の他に，クマニア語[1]によく通じた良い従者を少な
くとも二人連れて行くのがよい。また，もし商人がタナから女性を同伴したけれ
ば，そうしてもよい。同伴したくないなら，無理にしなくともよい。ただ，同伴
した方がしないよりも何かと好都合だろうが，もし連れて行くなら，従者と同じ
くクマニア語ができる方がよい。
　タナからジッタルカンまで 25 日分の食糧，つまり小麦粉と塩漬け魚を用意す
るとよい，肉は道中どこでもいっぱい見付かるからである。上に述べた旅の行程
に沿って一つの国から次の国に至るどの土地でも，同じように小麦粉と塩漬け魚
を用意するとよい。他の物とりわけ肉はいっぱい見つかる。
　タナからガッタイオに行く道中は，そこを往来した商人たちの話によると，昼
も夜も全く安全である。ただ，そこに往くあるいは帰って来る途中死亡した場合
は，所持品は商人が死亡した土地の君主のものとなり，その君主の役人がすべて
取り上げるだろう。ガッタイオで死亡しても同様である。もし本当に兄弟か兄弟
といってもいいほど親しい同行者があれば，死者の持ち物はその者に与えられ，
没収されないで済むだろう。もう一つ危険がある，すなわち君主が死亡し次の君
主が選ばれて統治するまでで，その間にフランク人や他の外国人（彼らはロマニ
ア［ルーマニア］以西の部分のキリスト教徒をみなフランク人と呼ぶ）に対して何度
か異常なことがあった。死亡した者のあと統べる次の君主が選ばれるまで，道中
は安全でない。
　ガッタイオは，多くの都市，多くの町のある地方である。中でも一つつまり首
都があって，そこに商人が集まり商売が盛んに行われる。その市はカンバレッコ
と呼ばれ，周囲百マイルあり[2]，人々，家屋，住民に満ち溢れている。

　商人一人が，通訳一人・従者二人と金貨2万5千フィオリン［フロリン］[3]の価値の品物を携えてガッタイオまで旅すると，銀60から80ソンモ費やす計算になる。倹約すればそれ以上ではない。ガッタイオからタナまで帰る旅全体では，食糧と従者の給料とそれにまつわる経費全てを勘定して，荷獣1頭につき5ソンモかそれより少ない。1ソンモは金貨5フィオリンに値する。牛車は牛1頭が曳き，1台10ジェノヴァ・カンタル[4]運ぶ，駱駝車は3頭が曳き，30ジェノヴァ・カンタル運ぶ，馬車は馬1頭が曳き，通常1台絹6.5ジェノヴァ・カンタル，つまり250ジェノヴァ・リッブラ［リブラ］[5]運ぶ，と計算される。絹1シベット[6]は110から115ジェノヴァ・リブラと計算される。

　タナからサラまでは，他のどの道程よりも安全でないと見なされるが，60人の一行なら，そこが最悪の状態でも自分の家のように安全に行けるだろう。

　ジェノヴァあるいはヴィネージャ［ヴェネツィア］から発って上述の地に行き，さらにガッタイオに旅せんとする者は，布地を持ってオルガンチに行くとよく捌けるだろう。［その金で］オルガンチでソンモを買い入れ，他の商品に投資することなくそれを持って前に進むとよい。ただし，あまりかさばらず，厚い布だと要るような経費の掛からないごく薄い布が何梱かあれば，投資してもよい。

　商人は，馬，驢馬あるいは乗りたいものに乗って旅することが出来る。

　銀は，商人がガッタイオに持って行くと全て，ガッタイオの君主が召し上げて自分の庫に入れさせ，それを持って来た商人にパピルス，つまりその君主の印璽が捺された黄色い紙，のお金を授ける。そのお金はバリシュと呼ばれ，それで絹その他何でも欲しいものを買って手に入れることが出来る。その国の者たちは皆，それを受け取るよう定められているが，しかしパピルスのお金だからといって商品を高く買わされることはない。そのパピルスのお金は3種類あり，君主によって定められたところにしたがって価値に差がある。

　ガッタイオでは，1銀ソンモでジェノヴァ重量に換算して絹19から20リブラ得られると計算される。その銀は，重さ8.5ジェノヴァ・オンス[7]，1リブラにつき11オンスと17小デナロ[8]の合金である。ガッタイオでは，1銀ソンモで絹のカッモッカ[9]3から3.5枚，絹と金のナッケット[10]3.5から5枚得られると計算される。

〈ガッタイオとタナの重量・数量の対比〉[11]

1サラ・メーナ[12]は，ジェノヴァ重量6リブラ2オンス。

1オルガンチ・メーナは，ジェノヴァでは3リブラ9オンス。

1オトラル・メーナは，ジェノヴァでは3リブラ9オンス。

1アルマリク・メーナは，ジェノヴァでは2リブラ8オンス。

1カメス・メーナは，ジェノヴァでは2リブラ。

1）チュルク（ウイグル）語かその方言のこと。　2）ポーロでは，周囲カンバリク24マイル，キンサイ100マイル。　3）fiorino/-i：フィレンツェ金貨。　4）cantaro/-a：キンタル，約50kg。　5）libbra：リブラ，約450–500g，ポンドに同じ。　6）scibetto：絹布を包んだ梱，fardello〈梱包〉に同じ（Yule：154）。　7）oncia/-ce：オンス，1リブラの16分の1，約30g。　8）denaro/-i：1リブラの10分の1，約45–50g。　9）cammocca：錦織，中国語 kimkha〈金華〉より（Yule：155）。　10）nacchetto/-i：金糸の絹織物，cf. MP *nascisi et nac*〈納失失と納忽惕〉（Ch. 74）。　11）②Paganini [P] より。　12）mena/-e：古代ギリシャ・エジプトなどの重量単位，約500g。ラテン語 mina〈ミーナ〉より。

3　大海のタナ

タナでは，以下に述べるごとく様々な重量・数量が用いられる。

カンタロ，ジェノヴァ・カンタロに同じ。

大リブラ，20ジェノヴァ・ルオトロ[1]にあたる。

ルオトロ，20ルオトロが1大リブラにあたる。

小リブラ，ジェノヴァ・リブラに同じ。

トッケット[2]，12トッケットが1大リブラにあたる。

サッジォ[3]，45サッジォが1ソンモにあたる。

ピッコ[4]。

　蠟，樹脂，鉄，錫，銅，胡椒，生姜，大粒の香料全て，綿，茜，獣脂，チーズ，亜麻，油，蜂蜜，以上は全て大リブラ単位で売られる。

　絹，サフラン，数珠様に加工された琥珀，小粒の香料全て，これらは小リブラで売られる。

　リス［の皮］は千枚単位，1千で1020枚ある。

　アーミンは千枚単位，1千で1000枚。

　狐，クロテン，ムナジロテン，テン，オオヤマネコ，絹あるいは金の錦全て，これらは1枚単位で売られる。

　布地および麻布はどの種類もピッコ単位で売られる。

　尻尾は束で売られ，1束で20ある。

　牛皮は百枚単位で，1百で100枚。

　馬および仔馬の皮は1枚単位で売られる。

　金と真珠はサッジォ単位で売られる。

　小麦その他すべての穀物と豆は，タナではカシート[5]という単位で売られる。

　ギリシャ・ワインおよびラテン・ワインは全て，樽のまま売られる。

　マルヴァジア・ワイン，トリリア・ワイン，カンディア・ワイン[6]は量り売りされる。

　キャビアはフスコ[7]単位で売られ，フスコとは魚の真ん中から尻尾までの皮半分で，卵がいっぱいある。

〈タナに持ち込むとき支払う商品の税，持ち出すときは払わない〉

　金，銀，真珠は，タナではコメルキオ[8]もタムンガ[9]も何の税金も支払わない。

　ワイン，牛皮，尻尾，仔馬，これらはジェノヴァ人とヴェネツィア人は4％，他の者は皆5％払う。

〈タナで商品の重さで支払うもの〉

　絹，リブラごと，15アスプロ[10]。その他全て，3カンタロごと，……アスプロ。

　タナでは銀のソンモとアスプロが使われ，ソンモは重さ45タナ・サッジォ，1リブラにつき純銀11オンスと17デナロの合金である。タナで銀を造幣局に持って行くと，上述1ソンモにつき202アスプロが造られる。造幣局はそのソンモから202アスプロ造るけれども，そのうち190アスプロだけを返し，造幣局はそれを加工したことと造幣局の稼ぎとして取られ，そのためタナでは1ソンモは190アスプロの価値にしかならない。それらソンモは上述合金の銀塊で，重さで支払われる。その塊はしかし重さがどれも同じというわけではなく，秤の一方に銀塊を載せ，もう一方に与えるあるいは受け取るべき量のソンモを載せ，1ソンモの重さより少なければ，アスプロで［差額が］支払われる。ソンモはそれぞれ，タ

ナ重量で重さ 45 サッジョでなければならない。

　タナではまた，全て銅で銀を含まぬ貨幣が使われ，フォッレロと呼ばれ，16 フォッレロが 1 アスプロに値する。それらフォッレロは，商品の支払いには使われず，野菜やその土地で必要な細々としたものだけである。

〈タナの重量と数量は世界の様々な部分においてといかに対応しているか，まずタナとヴェネツィアの対応〉

　タナ数量の穀物のカシートは，ヴェネツィアの 5 スタイオ[11]にあたる。タナの 1 大リブラは，ヴェネツィアの 30 小リブラにあたる。タナの 1 トッケットは，ヴェネツィアの 2 小リブラ 7 オンスにあたる。

〈ナポリと〉

　ギリシャ・ワイン，ナポリ・メーナ 1 ボッテ[12]は，タナでの 50 メートロ[13]にあたる。

1) ruotolo：アラビア語 rithl より（Yule：157）。　2) tocchetto：不詳。　3) saggio：72 分の 1 リブラ，6 分の 1 オンス（Yule：157）。　4) picco：レヴァントでの布地の長さの単位 pik，約 28 インチ（同）。　5) cascito：アラビア語 kafiz より，シチリアでは cafisu で油の単位，カンタロの 5 分の 1（Yule：158）。　6) それぞれ，ギリシャ・マルヴァシア産甘口白ワイン，ギリシャ・マケドニア地方トリリア産ワイン，クレタ島カンディア産ワイン。7) fusco：クリミア・ゴート語方言の fisct（fish 魚）（Yule：158）。　8) comerchio：通関税，ギリシャ語〈税関〉より。　9) tamunga：モンゴル人の商品税，タムガ〈印璽〉より。10) aspro：〈白〉銀貨，中近東や西アジアで使われた小額貨幣，デナロにほぼ同じ。11) staio：穀物の量の単位（英国のブッシェル），地方により大きく異なるがヴェネツィアでは約 83 リットル。　12) botte：樽，500-900 リットル。　13) metro：リットル。

4　カッファ

カッファでは，以下に述べるごとく様々な種類の重量・数量がある。
カンタロ，ジェノヴァ・カンタロに同じ。
大リブラ，7 リブラが 1 ジェノヴァ・カンタロになる。
ルオトロ，それの 14 と 2/7 が大リブラにあたる。
小リブラ，ジェノヴァ・リブラに同じ。

サッジョ，ペラ・サッジョと同一。

ピッキオ。

〈カッファで支払う商品税〉

ジェノヴァ人を除くすべての種類の者が，輸出入時に3%払う。

ジェノヴァ人は3.5%払う。その内0.5%はジェノヴァ人自身のコミュニティのもので，3%はカッファの君主のものである。

〈カッファの重量・数量は様々な地のそれといかに対応しているか，まずペラと〉

カッファの穀物2モッジョは，ペラでは，ジェノヴァ人がカッファで受け取るときの2と1/5，タルタル人が受け取る場合は2と1/4に対応している。

〈ヴェネツィアと〉

カッファの穀物1モッジョは，ヴェネツィアの4と1/3スタイオにあたる。

5　ペルシャのトリーシ［タブリーズ］[1]

〈タブリーズ自体で，商品はいかなる重量・数量で売られるか〉

大粒の香料は全て，タブリーズでは100メーナ単位で売られ，100メーナはそれと同等のタブリーズ・ビサンツの価値がある。

小粒の香料は，タブリーズでは10メーナ単位で売られる。

絹は大メーナ，亜麻布は小メーナ。

インダコ［藍］は，包みおよび皮全体とともに重さで。

珊瑚，数珠様に加工された琥珀，水銀，朱つまり辰砂，これらは大粒の香料10メーナ単位で売られる。

錫は，大粒の香料100メーナ単位で。

駱駝毛の布は数枚単位，羊毛布は1枚単位。

真珠は10サッジョ単位，つまり2.5から14カラットまでの真珠は，真珠36が付いている糸は糸で計算される。14カラット以上はサッジョで売られる。

リス［皮］，千単位で計算。

リスの背，百単位。

アーミン，40 一まとめ。

豹，テン，ムナジロテン，タブリーズでは一つにして／どれも一枚単位で売られる。

金銀は，金はサッジォ，銀は重さのカラットで売られる。

加工すべき香料は全て，大小とも，タブリーズで加工され，加工は，樹脂による場合の他は，売り手に残る。つまり，樹脂による加工は，半分が売り手，半分が買い手のものである。香料は全て，大小問わず，買い手は売り手から，重さ10 に対して，1/2 メーナを得る，すなわち，買い手が受け取る 4.5 メーナのうち，売り手は一つにつき 10 メーナ払う。香料の重さの多少にかかわらず，この計算になる。

タブリーズでは，金貨と銀貨が使われる。金貨は，金のカシニーノと呼ばれ，1 オンスにつき純金 23 と 1/8 カラットの合金である。サッジォの重さで支払い，君主の造幣局で鋳造された金貨の重さのサッジォは，支払時の 1 金カシニーノで，1 につきタブリーズ銀 28 から 29 アスプロに値する。［後略］2)

〈タブリーズで支払う商品税〉

タブリーズで重量で売買するものについては，百につき 5 ビサンツから 0.5 アスプロ減じたカムノカ［タムガ］を払う。羊毛織物，布地，皮革，駱駝毛織物，錫，および量りで小売りされるものはそれぞれ，百につき 4 マイナス 1/3 のカムノカを払う。仲介手数料は，百につき半［アスプロ］と，仲買人へのお礼として望むだけを払う。銀と真珠は免税で，持込みにも持出しにも払わない。

〈エルミニア［小アルメニア］のライアツォ［ライアス］から陸路タブリーズまで商品を運搬するのに通常かかる費用〉

積荷一つにつきで，一つ以上の場合は多少するがそれに応ずる，とまれ以下のごとくである。

まず，ライアッツォからコリダラまで，すなわちエルミニア王の全領土で，駱駝であれ他の獣であれ積荷それぞれにつき，全部で 41 タッコリーノと 3.5 デナ

ロ，1 タッコリーノは 10 デナロ，である。タッコリーノを 1 アスプロとほぼ同じとして計算すると，タブリーズの積荷につき 41 アスプロとなる。6 タブリーズ・アスプロが 1 タブリーズ・ビサンツに等しい。

　ガンドンで，すなわちタルタル人の君主ボンサエット[3]の領土に入る時，各積荷につき 3 アスプロ。

　同地つまりガンドンで，積荷の護衛のため，3 アスプロ。

　セーナで，7 アスプロ。

　アミールのガヴァゼーラ［キャラヴァンサライ][4]で，2 アスプロ。

　スルタンのキャラヴァンサライで，2 アスプロ。

　ガドゥエで，3 アスプロ。

　ジャコモの家のキャラヴァンサライで，3 アスプロ。

　ライアスからサルヴァストロに入る時，1 アスプロ。

　サルヴァストロ市内で，7 アスプロ。

　タブリーズに向かってサルヴァストロ市を出る時，1 アスプロ。

　ドゥドリアーガで，3 アスプロ。グレボコで，4 アスプロ。

　ムギサルで税として，2.5 アスプロ。

　同ムギサルで，警備人[5]つまり護衛のため，0.5 アスプロ。

　ライアスに向かってアルジンガに入る時，5 アスプロ。

　アルジンガ市内での税として，9 アスプロ。

　タブリーズに向かってアルジンガを出る時，護衛たちに，9 アスプロ。

　山上のキャラヴァンサライで，3 アスプロ。

　リグルティで税として，2 アスプロ。

　カンティエーリの橋で税として，2 アスプロ。

　同橋で警備のために，0.5 アスプロ。

　ライアスに向かってアルゼロン市外のキャラヴァンサライで，2 アスプロ。

　アルゼロンの浴場で，1 アスプロ。

　同市内で，9 アスプロ。

　同地で君主へのお礼に，2 アスプロ。

　タブリーズに向かってアルゼロンの浴場で，1 アスプロ。

　ポロルベックで税として，3 アスプロ。

同地で，0.5アスプロ。

セルメッサカロで，警備のため，0.5アスプロ。

アッジァで警備のため，0.5アスプロ。

アッジォから平野の途中で税として，3アスプロ。

同地で警備のため，0.5アスプロ。

カラクレスティで警備のため，0.5アスプロ。

三つの教会で警備のため，0.5アスプロ。

アルカノエの下で税として3アスプロ，警備に0.5アスプロ。

スカラカンティで警備のため，0.5アスプロ。

ロッケで警備のため，0.5アスプロ。

ファルコニェーリ平野で二人の警備に，計1アスプロ。

同平野で札[6]つまり君主の標識のため，0.5アスプロ。

カムゾーニで警備のため，0.5アスプロ。

紅河平野で警備のため，0.5アスプロ。

コンドロで警備のため，0.5アスプロ。

サンドッディで警備のため，0.5アスプロ。

タブリーズ内で警備のため，0.5アスプロ。

モッコリつまりならず者のタルタル人[7]による強請のため，道中積荷一つにつき50アスプロは計算しておかねばならない。

エルミニアのライアスからカタリアのタブリーズまで，陸路，商品の積荷一つにかかる総額は，以上の明細から明らかなとおり，積荷一つにつき総計209アスプロである。[後略][8]

---

1) Torisi/Torissi：タブリーズ。　2) 以下，銀貨の鋳造と交換率があるが，省略する。
3) Bonsaet：ペルシャにおける実質的最後のモンゴル君主 Abu Sa'id Bahadur Kahn，1335 年没，Busaid と呼ばれた（Yule：160）。　4) gavazera：キャラヴァンサライ（同）。　5) Tantaulaggio：tangauls〈道路の守護者〉より（Yule：161）。　6) tavola：牌子，パイザのこと。
7) i moccoli, cioè tartari scherani：Yule *Moccols or Tartar troopers*〈モッコルつまりタルタル人兵士〉。　8) 次に，タブリーズと諸地，トレビゾンド，ペラとコンスタンティノープル，ライアス，ファマゴスタ，ヴェネツィア，ジェノヴァの重量・数量の対応表がくるが，省略する。

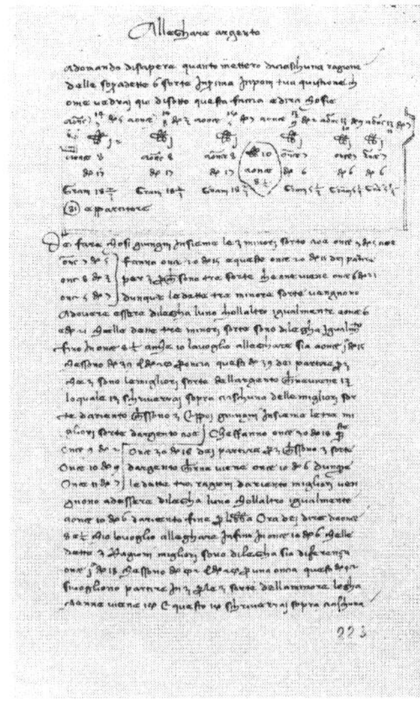

ポーロとの関連では，タナからカタイまでの道程は，最初の東方行（1261-69 年）が甘州までほぼよく重なり，タブリーズは，マルコを加えた 2 回目（1271-95）の時に通っている。中国内は言うまでもない。年代的には数十年の差があり，東方行のいわばパイオニアであった 2 兄弟の時からこの時代までに，多くのことが変わり，また往来も頻繁になっていたことであろうが，基本的な環境は同じようであったと推測して差し支えあるまい。それを前提に，彼らの旅と行動について，マルコが黙して語らなかったいくつかのことを窺い知ることができる。

何よりも，「カメス」甘州である。ポーロの「カンピチュ」（Ch. 62）で，彼らはそこに 1 年滞在したが，その理由は明かされず，

図 2　Codice Riccardiano 2441, f. 223r

「語ることはしないが自分たちの事で」（F）と思わせぶりな書き方になっていた（図 3）。おそらく何か商売であろうと推測されたが，版によっては「特使で 1 年」（FA²）といったのもあり，いったん到着後何らかの役割で後にそこに派遣されて来たとか，入国の許可を待って待機させられた，等の説も出された。しかし，ペゴロッティではアルマリクからキンサイ（杭州）の間で挙げられているのは唯一カメスであり，ポーロではさほど強調されていなかったが，事実甘州はシルク・ロードの西域最大の拠点であった。以上のことは，そこでのポーロの滞在が商売であったことをさらに強く示唆する。もっとも，産物・商品は挙げられていず，そこで何を商売したのか，また何故に 1 年もの長きにわたったのかは，謎のまま残るが。

もう一つは，金銭に関する事どもであろう。マルコを教皇とクビライの偉い使者殿に仕立てたい筆者ルスティケッロは，本人も合意の上であろう，お金にまつわる話を極力避けた。ルブルクとともにポーロは，紙幣をヨーロッパに紹介した最初であったが，それがどのようにして作られるか，それでクビライはいかに巨万の富を築いたかは詳しく説明してあっても，1 枚がどれほどの価値があるか，何と呼ばれどんな単位なのか，交換率はどうか，何がいくらで売られているか，ましてや自分はそれをいくらで買った，といった話はまずなかった。中国には 17 年あり，産物・商品は詳細に挙げてもである。それがペゴロッティにはある。金銭にまつわってもう一つ前者になかった大きなものは，例えばタブリーズの所で挙げられている

図3　カンピチュ（甘州）の人々と偶像（BL Royal 19 D I, f. 76r）

実に様々な税であろうか。このとおりではなくとも，彼らもこうしたものを各地できっと払わされたに違いない。

　その他旅に関しては，通訳が必要なこと，女性も調達・同伴したければできること，小麦粉と塩をした魚を持参するとよいこと，荷獣は馬・牛・駱駝のどれでも選べること，60人くらいの一行なら安全であること等，ポーロの当時もそうであったかはともかく，こうした具体的な旅の細部は見られなかった。

　そのポーロの書が如何にして成ったか，その旅に同行したわけでもないルスティケッロはどうして書くことができたかはいまだ大きな謎であるが，マルコ自身そして父と叔父によるメモ・ノート，さらには先祖代々あるいは商の仲間たちから受け継いだ交易のマニュアルがあって，それが使われたであろうことは疑いなく，それらがもしこのペゴロッティに見られるようなものであったのなら，かの書がいかに特異なものとなったか，ひいてはルスティケッロの筆の力がいかに大きかったかを裏から照らし出す。それだけに，商業の高度に専門的な知識と技術を身に付けた誇り高きエリート商社マンにとっては，かの書は遠い異郷の何か物語のようなものであって，商業案内としては信用できないものだったのであろう，それへの言及はどこにもない。他方，次に来るやはりバルディ商会に関係のあったフィレンツェの作家の作品では，そこにも東方が登場するのだが，その作家が選んだのは当然ながらポーロの方であった。

XIII

ボッカッチォ

デカメロン
（抄）

「チポッラ修道士の旅」
「ナタンとミトリダネス」

ボッカッチォ像

　　ジォヴァンニ・ボッカッチォ Giovanni Boccaccio：1313年，フィレンツェかその郊外チェルタルド（図1）に生まれる（パリ生まれとの説もあり）。27年，バルディ商会代理人だった父の駐在に伴ってナポリに行き，商業見習いをし，その折に東方交易についても学ぶ。が，すぐ文学的才能に目覚めて詩や散文を書き始め，初期の作品には，韻文騎士物語『フィローストラト』（35年），散文『フィローコロ』（36年），小説『フィアンメッタ』（43年）などがある。48年ペストがフィレンツェにも襲い，それを避けて郊外の別荘に集まった男女10人が，一つのテーマの下に銘々1日1話10日間にわたって語るとの構想の下に，『デカメロン』に着手する。完成・出版の時期は確定しないが，遅くとも53年頃には出来上がっていたと見られる。1361年故郷チェルタルドに隠棲し，75年同地没。

　　テキスト：①Giovanni Boccaccio, *Decameron*, a cura di Vittore Branca, Einaudi 1980/87 [Branca]（VI. 10：pp. 759-74, X. 3：pp. 1127-36）.

　　写本：②BnF it. 484, ③Bibliothèque de l'Arsenal, Ms. 5070（Laurent de Premierfait によるフランス語訳写本，1414.6.15）.

　　和訳他：④柏熊達生訳『デカメロン』全3巻，筑摩書房，1987。⑤河島英昭訳『デカメロン』上・下，講談社，1999。⑥アンリ・オヴェット（大久保昭男訳）『評伝ボッカッチョ——中世と近代の葛藤』新評論，1994。

　　本訳は①Branca より。

図1　チェルタルド（旧市街，カーサ・ディ・ボッカッチォから中世市庁舎を望む）

　1353年，ちょうどマリニョッリが帰って来た頃，もう一人の修道士が東方に旅立つ。やはりフィレンツェの，しかしアントニオ教団の修道士で名をチポッラ（玉葱）といった。彼も教団の上司から「日の昇るところ」つまりオリエントに派遣されたのだが，その行き先は「ポルチェッラーナ」磁器国，目的はその特権あるいは特許状を得ること，すなわち磁器の製法の秘密を探り，その国の交易と布教の許可を獲得することであった。で，ヴェネツィアから出発し，コンスタンティノープルを経て東に向かったのだが，結局インディアまでで引き返し，帰途聖地に巡礼して聖遺物を拝観し，そこで偉いお坊さんから貰ったと称するその一つを故郷の村チェルタルドの善男善女に披露して，しこたまお布施を稼いだのであった。

　とこれは，ジョヴァンニ・ボッカッチォ『デカメロン』の一話「チポッラ修道士の旅」（VI. 10，第6日第10話）のお噺である。大きくパロディー化されているが，実際にあったと言ってもおかしくないほどよくできている。事実そのモデルは，これまでに見た修道士やポーロに代表される商人たちで，ありもしない由緒因縁をこじ付けて有難い聖遺物に仕立て上げる聖職者や怪しげな商品を高く売りつける商人がからかわれていた。そのことはまた，彼らの旅やそこで語られる東方が，この頃には聖俗両方の社会でどのように受け取られ，いかに変わって来たかも物語る。

　東方とりわけその最果てのカタイは，まだまだ未知ではあったが，少なくともその存在は，とりわけポーロの書によって知られるところとなり，世俗の人々にとっては，いわゆるエキゾチシズムと結びついて卑俗な好奇心や好色な欲望の対象となりつつあった。また，ここで「ポルチェッラーナ」磁器によって代表されているごとく，珍奇な品々がやって来るところ，物質的欲望の対象であり，チポッラ士も，聖職の身にありながら布教よりもその商品や特権の獲得に熱心であった。カンバリクでもザイトンでもモンテコルウィーノやアンドレアスの傍に商人の影があったし，そこへのルートがいかに開拓されているかは，第一部に見た。

　一方，この修道士には初期の彼らのような宣教の熱意と理想は全くない。意図的に風刺されているとはいえ，この頃ともなると実際それに近かったのであろう。オドリクスやマリニョッリも，布教活動については何一つ語らぬ一方，そこで探索したのは，その地の社会や文化であるよりはキリスト教の痕跡，古くからの遺物と新たな発現つまり奇蹟だった。チポッラ士が聖地から聖遺物を持ち帰ったごとく，オドリクスはタナで殉教したフランチェスコ会士たちの遺骨を持ち運び，マリニョッリはセイロン島で地上楽園を探し求めた。そして，このアントニオ修道会の僧がそれでもってお布施を稼ごうとしたごとく，彼らはその旅とそこで出会った遺物や奇蹟を信者や書に語ることによって，権威と名声とさらには富と地位を手に入れた。

マリニョッリもあるいは，「地上天国から流れて来る泉の水」を詰めた小瓶か「アダムの涙の固まった宝石」のかけらを恭しく信者に披露したか，それを手に入れ損ねた体験を大いに弁じたことであろう。

　そのことはまた，オドリクス修道士の「東方記」がなぜあのように奇妙なものとなったのか，にもかかわらず死後君侯に劣らぬ立派な石棺に埋葬され，その生涯が聖者のごとく壁画に描かれるほどの破格の待遇を受けたのはどうしてかを教えてくれる。修道会は，その報告記に現地のことだけでなくキリスト教に関わる事ども，とりわけ奇蹟譚を多く挿入するよう指導した，あるいは書き替えた。それによって書は，教皇庁はじめ宗教界諸方に嘉せられて教団の地位を高めるとともに，故人の遺骸やそれの引き起こす奇蹟は，教団や教会に高い名声と大きな利益をもたらした。すなわち東方は，宗教界にとってすら霊魂の収穫の場であるよりは，富と栄誉の獲得の舞台となりつつあるのだった。

チポッラ修道士の旅

チポッラ修道士は百姓たちに大天使ガブリエッロの羽根を見せてやると約束する。それが炭と入れ替えられているのを見つけて，これは聖ロレンツォを火炙りにした炭だと言う。［図2］

　一座の皆がそれぞれ自分の話をし終えたので，ディオネーオは次は自分の番であることが分かった。で，厳かな命令を待つことなく，グイードの警句を褒めそやしている皆に静かにと命じて，語り始めた。

　愛らしき淑女の皆さん，何でも好きなことを話していいという特権を持っていますにしても，今日皆さんが何とも見事にお話しになった話題から逸れるつもりはありません[1]。で，皆さんの跡に続いて，聖アントニオ[2]の修道士の一人が，二人の若者によって仕組まれたある恥さらしを，機転でもってどれほど首尾よく逃れたかをお話ししようと思います。お日様がまだ中天にあるのをご覧になれば，うまくし仕上げるために私がいくらか話を膨らませても，皆さんは大目に見て下さることでしょう。

　チェルタルド[3]，その名を耳になさったことはきっとあるでしょう，そこは私どもの領地にあるヴァルデルサの城市ですが，小さいとはいえ，もう高貴の御方

やお金持ちたちが住んでいました。そこは美味しい餌があったものですから，ずっと前から聖アントニオの修道士の一人が，間抜けどもからお布施を集めに，年に一度そこに行くのを慣わしとしておりました。その修道士の名はチポッラ，彼がそこで喜んで迎えられたのは，おそらくその信仰心に劣らず，その名がそこに産するトスカーナ中で知られる玉葱と同じであることからでした。士は，小柄で赤毛，いつも陽気でこの世の最高のお連れでした。そのうえ，学問は何一つありませんでしたが，この上ない話し手で，彼を知らない者でも，偉大な雄弁家と見做すだけでなく，トゥリオ［キケロ］その人か

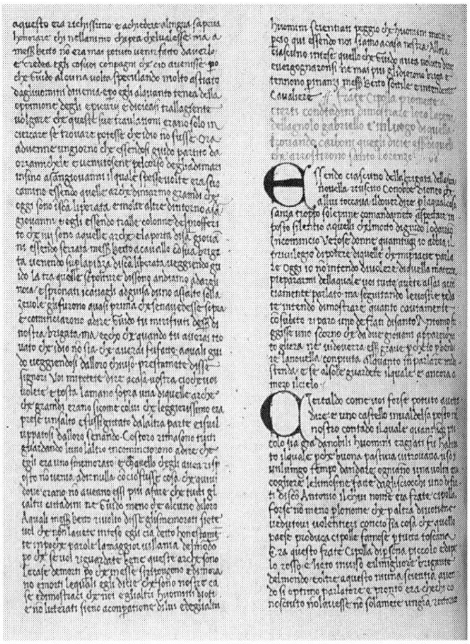

図2　「チポッラ修道士の旅」最初のページ（BnF it. 484, f. 94v）

ひょっとしてクィンティリアーノ[4]だと言いかねませんでした。そして，土地の者たちほとんど皆の教父か友達か叔父さんでした。

　彼は，とりわけ8月に一度そこに行くことを慣わしとしていました。さる日曜の朝，村の善男善女が代わる代わる教区教会のミサに遣って来たので，潮時を見て前に進み出て言いました，「紳士淑女の皆さん，知ってのとおり皆さんは，聖アントニオ様が皆さんの牛や驢馬や豚や羊を守って下さるようにと，毎年聖なる福者アントニオ様の貧者［修道士］に，小麦や穀物を，資力と信心に応じてちょっぴりとかどっさりとか，送って下さいます。その他に，特に私どもの会に登録してなさる御方は，毎年一度払うちょっとしたものを納めて下さいます。それを集めてくるようにと，私は上司つまり僧院長様から送られてきました。ですから，神様の祝福とともに，九の刻［午後3時頃］過ぎ，鐘が鳴るのをお聞きになりましたら，教会の外においで下さい。そこで私はいつものごとく説教をし，皆さんは十字架に口付けをなさいます。さらに，皆さんがこぞって聖アントニオ様を深く信心なさっていることを承知しておりますゆえ，特別の計らいとして，いとも

神聖にして美しき聖遺物をお見せすることにいたしましょう。それは，私自身が
かつて海の彼方の聖地から持ち帰ったものでございます。何かと言えば，大天使
ガブリエッロ5)の羽根の一本で，ナザレで童貞マリーア様に受胎を告げに来た時，
その部屋に残したものなのです」。こう言って彼は口をつぐみ，ミサに戻りまし
た。

　こうしたことを士がしゃべっていた時，たくさんの人に混じって教会の中に，
とても悪賢い二人の若者がいました。一人はジョヴァンニ・デル・ブラゴニェー
ラ，もう一人はビアージョ・ピッツィーニといい，チポッラ修道士の聖遺物のこ
とを内心いくらかバカにした後で，その大の友人で仲間ではありましたが，この
羽のことで彼をからかってやろうということになりました。で，修道士が朝城内
で友人の一人と食事をすると知り，卓に着いたと聞くや，道を下って6)，次のよ
うな目論見をもって，士が泊っていた宿に向かいました。つまり，ビアージョが
修道士のお付きを話に引き込み，その間にジョヴァンニが士の荷物の中からかの
羽——それが何かはいざ知らず——を探し出し，それを隠して，彼が人々にど
う言い繕うか見よう，というものでした。

　チポッラ修道士には付き人が一人あって，グッチョ・バレーナとか，グッチ
ォ・イムブラッタとかグッチョ・ポルコとか呼ばれていました。（中略）士は彼
を宿に残し，自分の荷物，特に提げ袋の中には神聖な物が入っているから，誰も
手を触れぬようよく見張っておけと命じておきました。

　ところがグッチョ・イムブラッタは，鶯が若枝に止まるよりも，とりわけ誰か
賄い女がいると分かれば，台所にいるのがたまらなく好きで，その旅籠に，一人
のブクブクと太っているが小さく不細工な，二つの飼い葉桶さながらの乳房と，
バロンチ家の者かと見まがう，汗まみれで油で黒ずんだ顔をした女を見つけると，
死体に舞い降りる禿鷹さながら，修道士の部屋を開け放しにしたまま，荷物を全
部ほったらかしてそこにしけ込みました。そしてまだ8月だというのに，竈の傍
に坐り込んでヌータという名のその女に話し掛け，自分は世を忍ぶ貴族である，
他人に渡さねばならぬものの外に少ないとはいえン千万フィオリン以上の金を持
ってる，主人でも決してしたり言ったりできないようなことが出来る，等と並べ
立て始めました。（中略）

　二人の若者は，グッチョ・ポルコがヌータに纏わり付いているのを見て，自分
たちの手間が省けたことに満足し，開けっ放しになっていたチポッラ修道士の部

屋に，誰にも咎められることなく入りました。彼らがすぐ探したのは，羽の入っている提げ袋で，開けると，大きな繻子の布に包まれた小さな箱がありました。それを開くと，中にオウムの尻尾の羽が一本あり，それこそ彼がチェルタルドの人たちに見せると約束したものに違いないとピンときました。そんなことを易々と信じ込ませることが出来たのは，もちろんその頃は，エジプト［オリエント］の舶来品は，トスカーナにはまだわずかしか遣って来ていなかったからです。後には大量に渡来して全イタリアを席巻するのですが。そうしたものは，まだあまり知られていなかったとはいえ，かの領地の住民は，ほとんど何も知りませんでした。それどころか，そこでは今なお昔の素朴な正直さが続いており，オウムを見たこともなければ，圧倒的大部分の人たちにとって，話に聞いたこともなかったのです。で若者たちは，羽根を見つけて満足し，それを盗み取り，箱を空のままにしておかぬよう，部屋の隅に炭があったので，それを箱に詰めておきました。そしてすべて元通りにして閉め，誰にも見られずに戻って来，羽の代わりに炭を発見したチポッラ修道士がどう言うか，今や遅しと待っておりました。

　教会にいた善男善女たちは，九の刻になれば大天使ガブリエッロの羽が見られると聞いて，ミサが終わると家に戻りました。それがお隣さんからお隣さん，小母さんから小母さんへと伝えられ，それぞれ食事を終えると，その羽が見られることを期待して男も女も皆お城の内へと馳せ参じ，はち切れんばかりでした。チポッラ修道士は，たらふく食ったあと少しまどろみ，九の刻過ぎに起きると，百姓たちの群集が羽を見んものと集まって来たのを見て，グッチョ・イムブラッタに，鐘を持って上がってくるよう，そして提げ袋を持って来るよう命じました。グッチョは，台所とヌータからしぶしぶ離れると，命じられたものを持ってやっとのことで上がって来ました。彼は，水を飲み過ぎて体がブクブクになったものですから，息を切らせながらそこに着き，修道士の命じるとおり教会の扉のところに行って，強く鐘を鳴らし始めました。

　人が皆集まったのでチポッラ修道士は，モノがすり代えられたとはつゆ知らぬまま，説教を始め，自分の都合のいいたくさんの言葉を並べました。さていよいよ大天使ガブリエッロの羽を見せる段になって，まず重々しく告白をしてから，松明を二つ点けさせ，繻子を丁寧に開き，包みを取って，小箱を取り出しました。そして，最初に大天使ガブリエッロとその聖遺物を讃えて賛辞をいくつか口にしてから，箱を開けました。ところが，それは炭で一杯でした。それを見てもしか

し，グッチョ・バレーナがやったとは疑いませんでした。そんなことのできる奴ではないことは分かっていたからです。他の者がそんなことをせぬようよく見張っておかなかったことも怒りませんでした。ただ黙って自分を呪うだけでした。言うことを聞かぬ怠け者，能なしで分別なしであることは前から分かっていたのに，自分の持ち物の番を彼に任せた自分を。しかしおもむろに，顔色一つ変えることなく顔と手を天に挙げ，皆に聞こえるように言いました，「おお神よ，そなたの力の常に讃えられてあらんことを」。

　そして箱を閉め，聴衆に向かって言いました，「紳士淑女の皆さん，ご存じ下さい，まだいと若かりし頃，私は上司から陽の現れるところに派遣され，ポルチェッラーナ7)の特許状を見つけるべく努めよと，はっきりと申し渡されました。それは，印を捺すのはタダにしても，我々よりもほかの人たちにずっと有益なものです。で私は旅立ち，ヴィネージャ［ヴェネツィア］を発ってボルゴ・デ・グレーチ［ギリシャ人街］を行き，そこからガルボ王国［アフリカ］とバルダッカ［バグダッド］を馬に乗ってパリォーネにやって来，そこから喉の渇きがなくもなく，暫くしてサルデーニャにやって来ました。しかし，どうして私は探し求めた国を全て挙げているのでしょう。ブラッチョ・ディ・サン・ジョルジョ［ボスポラス海峡］を過ぎて，大民草がいっぱい住んでいるトゥルッフィア［詐欺］とブッフィア［道化］の国に来ました。次いで，メンゾーニャ［嘘］の地に来たったのですが，そこは我らが修道士や他の宗派の者がいっぱいいました。彼らは皆，自分たちの利益が追求できるところでは，神の愛のため，他人の苦労をあまり顧慮せずに不便を嫌っています。それらの国では，お金を鋳造することなく使っています8)。そこからアブルッツォの地に渡ったのですが，そこでは男も女も木靴を履いて山に登り，豚にその内臓をまたもや詰め込んでいます。その少し先に，パンを棒に挿し，葡萄酒を袋に入れて運んでいる人たちを発見しました。そこからバーキ［蚕］の山9)にやって来たのですが，そこでは水は全て下に向かって流れていました。わずかな間にとても遠く，なんとインディア・パスティナカ［サトウニンジン］まで来たり，そこで，纏っている衣にかけて誓いますが，鉈鎌［鳥］が飛ぶのを見たものです。見たこともない者には信じ難いことです。そのことで，マーゾ・デル・サッジォよ，どうか私に嘘を吐かせないで下さい，そこで出会った大商人は，胡桃を踏み潰してその殻を量り売りしていたのです。しかし，探しに行った物を見つけることが出来なかったので，そこからは水路を行き，

元に戻って，一年の夏には冷えたパンが4デナリ，温かいのはタダというかの聖地に着きました。そこで，エルサレムにぴったりの尊師ノンミブラズメーテ・セヴォイピアーチェ[10]司祭様と出会いました。その御方は，私がいつも纏っている聖アントニオ様の僧服に敬意を表して，ご自分が持っていらっしゃる聖なる遺物を全て拝見することを望まれました。わんさとございましたゆえ，全て数え上げると何マイルにもなります。しかし，皆さんをがっかりさせてはいけませんので，いくつか紹介いたしましょう。その御方がまずお見せになったのは，聖霊の指，それも昔のそっくりそのまま，聖フランチェスコ様に現れた熾天使の髪の毛一房，智天使の爪の一本，窓辺で肉となり給いしコトバとカソリック信仰の衣服のあばら骨一本，東方で三人のマギに現れた光線数本，悪魔と戦った時の聖ミカエルの汗の小瓶，聖ラッザロの死のマスク，等々。そして私の方から，その御方が長く探しておられたモンテ・モレッロの俗語の数ページとカプレツィオの数章をコピーして差し上げますと，ご自分の聖遺物の所に案内し，聖クローチェの歯一本，ソロモン寺院の鐘の音を詰めた小瓶，大天使ガブリエッロの羽，ああこれはもう前に言いました，聖ゲラルド・ダ・ヴィッラマーニァの木靴の片方（これはもう持っていません，フィレンツェでゲラルド・ダ・ボンシさんに差し上げました，彼はそれを大いに信仰してなさるのです）を贈ってくださいました。さらにですぞ，至福の殉教者聖ロレンツォ[11]が火炙りになされた時の炭をいくらか下さったのです。どれも恭しくこちらに持ち帰って，全て持っております。我が上司は，それが本物かどうか証明できるまで，見せることを危惧なさっているというのは本当です。しかし，それによって惹き起こされたいくつかの奇蹟と司教様の手紙によって確かなものとなった今は，見せてもいいとの許しを下さったのです。しかし私は，他の者に託すのが心配で，それをいつも持ち歩いております。実際，ガブリエッロの羽は毀れぬよう一つの箱に，聖ロレンツォの火炙りの炭は別の箱に入れて持ち運んでいます。ところがとてもよく似ているものですから，よく取り違えるのですが，それがまさに今起こりました。羽の入った箱を持って来たと思っていたら，炭の入った箱だったのです。しかし私は，それが誤りだとは思いません，それどころかきっと神様の思し召しだったのです。神様自身が，たった今，聖ロレンツォ様の祭日が今から2日後であることを思い起こさせて，炭の入った箱を私の手に置いて下すった。神は，彼が火炙りになった炭をお見せすることによって，彼に対する信心を皆さんの魂の中に再び燃え立たせるようにと，私が望

んだ羽ではなく，かの聖なる体の体液によって消された有難い御炭を手に取らせ給うた。ですから，幸いなる息子たちよ，頭巾を取ってここに恭しく見においでなされ。しかしその前に，この御炭で十字の印を付けてもらった者は誰でも，その年中無事に暮らせ，火に触らなければ火傷もしないことを言いましょう[12]。

　こう言い終わると士は，聖ロレンツォの誉め歌を唱えながら箱を開け，炭を見せました。愚かな聴衆は暫くそれを恭しく見つめていましたが，皆どっとチポッラ修道士の所に駆けより，いつもよりずっと多くの喜捨を行い，炭で体に触れてくれるよう乞いました。でチポッラ士は，炭を手に持ち，彼らの白いシャツやブラウスや女性のヴェールの上に，できるかぎり大きな十字を書いてやりました。それによって減っても，炭は箱の中でその分増える，それを自分は何度も経験した，と安心させながら。

　こうして，チェルタルドの者たち皆に十字を印すことによってどっさりオアシを稼いだうえ，素早く悟って，羽を取っ換えて恥を掻かせようとした二人を逆にコケにしたのでした。説教の場にいた彼らは，自分たちには思いもつかぬ修道士の見事な機転のさばきを聞いて，顎が外れるのではないかと思うほど笑いました。聴衆が立ち去った後，彼のところに行き，自分たちのやったことを嬉々として打ち明け，羽を返しました。次の年それは，この日の炭に劣らぬものをもたらしてくれたのでした［図3］。

1）この日（第6日）の話題は，「軽やかな警句や即妙の答や機敏さで損害や危険や愚弄を免れた者」。ただし，最後の話し手はその日のテーマに縛られなくともよい。　2）聖アントニオ（c. 251-356）：砂漠の勤行者，修道会の創始者とされる。しかしその教団はこの頃には，庶民の信仰心に付け込んだ詐欺めいた托鉢による金儲けや，贋金造りを非難されていた。3）チェルタルド Certaldo：フィレンツェ郊外南西約35 kmの城塞都市，ボッカッチョは晩年そこに移り住み，生涯を終えた。今も紫色の玉葱（チポッラ）の産地として知られる。4）マルクス・ファビウス・クィンティリアヌス（25/40-c. 100）：古代ローマの雄弁家。5）大天使ガブリエル：「神の言葉を伝える天使」，マリーアへ「受胎告知」する羽をはやした天使の姿で知られる。　6）チェルタルドは，城壁で囲まれた丘の上の町とそこから道を下った下の町に分かれる。　7）ポルチェッラーナ Porcellana〈磁器〉：その製法の秘密，布教あるいは交易の特権を獲得すること。この頃にはアレクサンドリアを通じてヨーロッパにもやって来ていた（cf. MP Ch. 158 ザイトン「そこ（ティウンジュ）から世界中に運ばれる」）。　8）紙幣のこと。　9）蚕（バーキ）によって紡がれる絹（セリカ）の国，セレス（中国）のこと。　10）〈どうか私を怒らないで下さい〉の意。　11）聖ロレンツォ（225-258）：ローマ教皇シクストゥス2世の執事として管理していた教会財産と施しを引き渡すことを拒否したため，皇帝ウァレンティニアヌスによって鉄格子の上で火焙りの刑にされた。様々な職人の守護聖人，祭日は8月10日。　12）十字を身に付けて加われば免罪さ

図3　羽と炭を入れ替える二人の若者と，村人に旅の話をするチポッラ
　　修道士（Bibl. de l'Arsenal, Ms. 5070, f. 236r）

れるとした十字軍への当てこすり。

　地理的地平の拡大は，文学の地平をも拡大した。もう一つのお噺，「寛大」をテーマとする最終日十日目の第3話（X.3）は，舞台を「カッタイオ」に設定される。もっともそこは，東の果てではなく，「東方から西方，西方から東方へと」人が往来する十字路のような所で，そこに住むさる高貴の身の大富豪の老人は，美しく豪華な宮殿を建て，そこに往き来する全ての者を迎え入れてもてなし，そのためその名声は「東方のみならず西方全体」に知られていた。つまり，ポーロの伝えたクビライとその都カンバリクの宮殿のことである。東方にカタイ・マンジという豊かな大国のあること，そこに並ぶものなき富強の大君グラン・カンのいること，彼が建てた巨大な都と豪華な宮殿のこと等は，その書によって西方にも広く知られるところとなっていた。

　ところがその老人は，クビライかそれに似た名ではなく「ナタン」という名であり，寛大さ比べの相手は「ミトリダネス」という。ナタンであれば，旧約聖書のダヴィデの預言者であり，その人物のイメージも振舞いも，暮らしも考えも，東方の大君グラン・カンのものではなく，預言者とまではいかなくとも両方の聖職者あるいは隠者のものである。ミトリダネスは不明であるが，その名からしてローマかギリシャを思わせる。

ナタンとミトリダネス

*ナタンの寛大さを嫉むミトリダネスは，彼を殺しに行くが，それと知らぬまま
彼とめぐり会い，どうすればいいか彼自身から教えてもらう。そして，教えら
れたとおり森の中でナタンを見つけるが，それが彼その人であることを知って
恥じ入り，友となる。[図4]*

そうしたこと，つまり聖職者が奇蹟によって何かを見事に成し遂げたといった
ことは，きっと聞いたことがあるように思えた。が，ご婦人方の議論が一段落し
たので，王[司会者]はフィロストラトに次の番であることを告げた。彼は間を
置かずに始めた。

貴きご婦人方，スパーニャの王の寛容さは偉大であり，クリニーの僧院長のそ
れは，おそらく未だかつて聞いたこともありません。しかし一人の者が自分の血，
否息の根を狙っていた者に対して，寛大にもそれができるよう自ら身を差し出し
たことを聞くのは，多分それに劣らず素晴らしいことに思えるでしょう。もし相
手が望めば，これから皆さんにお話しする顛末のごとく，本当にそのとおりにな
ったに違いないのです。

至って確かなことですが，幾人かのジェノヴァ人や，かの地域にいたことのあ
る人たちの言葉に信を置くことができるとしますれば，昔カッタイオ[カタイ]
の地に，ナタン[1]という名の高貴の身の比べようもないほどのお金持ちがおりま
した。彼は，ポネンテ[西方]からレヴァンテ[東方]，あるいはレヴァンテから
ポネンテへ行こうとする者が皆，ほとんどどうしても通らねばならぬ街道の近く
に居を構えていました。大きく寛い心の持ち主で，何かをして識られたいと望み，
たくさんの親方を抱えていたので，僅かの間に今まで見られたこともないような
この上なく美しく大きく，また豪華な宮殿を一つ建てさせ，高貴の人々を招いて
もてなすのに必要なあらゆる物を，とてもうまく備え付けました。また彼は，素
晴らしい大家族を持っており，往来する者は誰であれ歓迎し，喜んでもてなしま
した。そして，この誉むべき行いをずっと続けたので，レヴァンテのみならずほ
とんどポネンテ全体が，その名声で彼を知っておりました[2]。

もう円熟の齢でありながら，倦むことなく人をもてなしていると，その名声が

さほど遠からぬ国のミトリダネス[3]なる名の若者の耳に入りました。若者は，自分をナタンに劣らぬ金持ちと思っていたので，その名声と徳性が妬ましくなり，それよりももっと大きな心の寛さでそれを無にするか陰らせてやろうと心に誓いました。それで，ナタンのにそっくりの屋敷を建てさせ，近くを通りかかる者に対して，かつて未だ誰もしたことのないような際限ないもてなしを始めました。

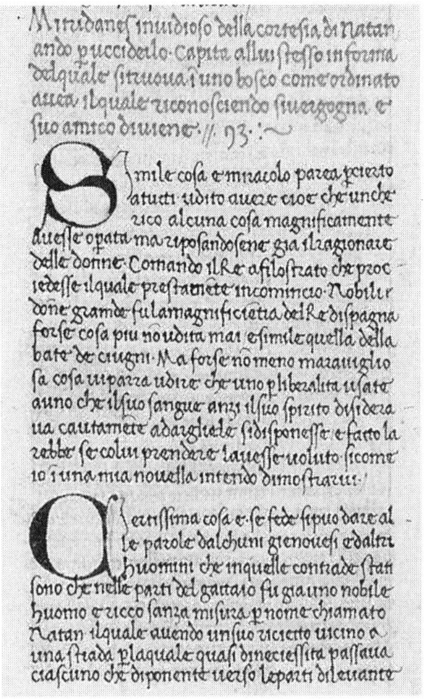
Mitridanes inuidioso della cortesia di Natan
ando p uccidello· Capita allui stesso in forma
delquale situoua i uno bosco come ordinato
auea ilquale riconosciendo siuergogna e
suo amico diuiene· /// 93 ·
Simile cosa e miracolo parea pcerto
a tutti udito auere cioe che unche
rico alcuna cosa magnificamente
auesse opata ma riposandosene gia il ragionare
delle donne· Comando il Re a filostrato che proc
iedesse ilquale prestamete incomincio· Nobili
done grande fu la magnificietia del Re dispagna
forse cosa piu no udita mai esimile quella della
bate de ciugni· Ma forse no meno marauiglio
sa cosa ui parra udire che uno p liberalita usate
auno che il suo sangue anzi il suo spirito disidera
ua cautamete adargliele si disponesse e fatto la
rebbe se colui prendere lauesse uoluto sicome
io i una mia nouella intendo dimostrarui·
Certissima cosa e se fede si puo dare al
le parole dalchuni genouesi edaltri
huomini che inquelle contrade stati
sono che nelle parti del gattaio fu gia uno nobile
huomo e ricco sanza misura p nome chiamato
Natan ilquale auendo un suo ricietto uicino a
una strada plaquale quasi dinecessita passaua
ciascuno che diponente uerso leparti dileuante

図4「ナタンとミトリダネス」冒頭部分
(BnF it. 484, f. 154)

そんなある日，若者が一人で屋敷の庭にいると，一人の小さな女が門の一つから入って来，施しを乞うてそれをもらいました。そしてまた戻って来て二つ目の門から彼のところにやって来，今度ももらいました。こうして続けて12回までやって来たのですが，13回目に戻って来た時，ミトリダネスは，「小母さん，貰いに来るのがずいぶん早すぎるよ」と言い，それでも施しをくれて遣りました。

それを聞いて老女は言いました，「ああ，ナタン様の心の寛さの何と大きなこと，お屋敷にある32の門[4]を入って施しを乞うても，顔も見ずにいつも恵んで下さった[5]。ここでは13回目で顔を知られたうえ，嫌味を言われるとは」。こう言って立ち去ったきり，二度と戻ってくることはありませんでした。

老女のこの言葉にミトリダネスは，ナタンの名声が自分の名声を台無しにしていると聞いていたので，怒りに狂って口走り始めました，「ああ，哀れなお前よ，いつになったらナタンの寛大さに追い付くことができるのだ，それどころか追い抜こうとしても，ごく小さなことでも近寄ることすらできぬのか。全く，奴をこの世から亡き者にせぬ限り，努力しても無駄だ。老いぼれてもくたばらぬとあらば，ためらってはならぬ，この手でやるほかあるまい」。

こう決意して立ち上がると，自分の目論見を誰にも知らせることなく，僅かな供回りの者を連れて馬に跨り，3日後ナタンの住んでいる所にやってきました。

供の者には，自分と一緒にいることも見知っていることもない振りをして，次の指示があるまで暫く身を隠しているよう命じました。そして夕方がきて一人になると，さほど遠からぬ美しい宮殿に，ナタンが一人でいるところを見つけました。彼は，豪華な着物を身に付けることもなくそぞろ歩いていました。ミトリダネスは，それが彼とは分からぬまま，その者にナタンがどこに住んでいるのか教えてくれるよう乞いました。

ナタンは喜んで答えました，「我が子よ，この地域の誰も私よりよく教えられるものはありませぬ。ですから，もしよろしいなら，私がそこにお連れしましょう」。

若者は，それは大いに有り難いことだが，もしできるなら，自分はナタンに見られたくも知られたくもないと言いました。これにナタンは言いました，「そうお望みなら，そういたしましょう」。

で，ミトリダネスは馬を降り，とても楽しい会話を交わしつつ，ナタンと一緒にその美しい宮殿まで行きました。ナタンは，家族の一人に若者の馬を取らせ，その者に近付いて，自分がナタンであることを若者に言わぬよう，すぐ家の者皆に伝えなさいと命じました。で，そのとおりにされました。そして宮殿に入ると，ナタンはミトリダネスをいとも美しい部屋に案内し，そこでは彼の世話を任された者のほかは誰も彼と顔を合わせませんでした。そしてこの上なくもてなし，ナタン自身がその相手を務めたのでした。

ミトリダネスは，こうして彼と過ごし彼を父親のように尊敬しながら，それにしてもあなたは一体どなたなのかと尋ねました。これにナタンは答えて，「私はナタン様の小間遣いでございます。子供の時からあの方と一緒に齢を重ねてまいりましたが，あの方は，このとおりそなたの目に映っている以上には，私を扱ってくれませんでした。ですから，他の者が皆あの方を褒めそやすようには，私はよく言うわけにはまいりませぬ」。

この言葉はミトリダネスに，さらに首尾よくまた安全に自分の邪まな目論見を実現できるのではないかという希望を与えました。一方ナタンは，彼が誰であり，どんな必要があってそこに案内してほしいのか，自分にできることがあれば助言と手助けを提供できるのだがと，親切に尋ねました。ミトリダネスは，暫く答えるのを躊躇っていましたが，とうとう彼を信頼して，婉曲に言葉を持って回った末，彼の信用と助言と手助けを求めました。そして自分が誰か，どうして来たの

か，どんな動機からか，すっかり打ち明けました。

　ミトリダネスのその説明と恐ろしい目論見を聞いて，ナタンは内心すっかり怯えましたが，それはあまり表に出さず，強い気持ちとしっかりした表情で答えました，「ミトリダネス，そなたの父上は気高い御方だった。そなたが行なって来たかくも気高い企て，つまり皆に寛大であることで，父上に劣りたくありますまい。そなたがナタンの美徳に対して抱く羨望は，大いに讃えられるべきです。もしそのようになれば，悲惨極まりないこの世は，きっとよくなることでしょう。私に打ち明けられた企ては，もちろん隠しておきますが，それに対して私は，大きな手助けよりも有益な助言を差し上げることができます。それというのは次のことです。ここから半マイルほど行ったところに小さな林がありますが，そこでナタンはほぼ毎朝たった一人で長く散歩します。そこで彼を見つけて，望みを果たすのは簡単なことです。彼を殺したあと，邪魔されずに家に戻ることができます。といっても，やって来た道ではなく左の道を取りなされ，そうすれば林の外に出られます。少々荒れてはいますが，そなたの家により近く，より安全ですぞ」。

　こう教えてもらったミトリダネスは，ナタンが立ち去ると，自分と同じようにそこに入っていた供の者に，次の日何処で待つべきか慎重に聞かせました。翌日になってもナタンは，ミトリダネスに与えた助言と異なる気持ちは持たず，何一つ心変わりしないで，そこで死ぬことになる林に一人で向かいました。

　朝起きたミトリダネスは，他の武器はなかったので弓と刀を手に，馬に跨って林に行き，そこをナタンが一人で散歩しているのを遠くから見つけました。が，襲い掛かる前に顔を見，声を聴こうと決め，駆け寄って，彼が頭に巻いていた布[6]を摑んで言いました，「老いぼれ，死ぬのだ」。

　これにナタンは何も答えずただ，「つまり，それだけの値打ちがあると」。

　その声を聞き顔を見たミトリダネスは，それが自分を親切に受け入れ，親しくもてなし，正直に助言してくれた人であることがすぐ分かりました。狂気は直ちに墜ち，怒りは恥へと替わりました。切り付けようと抜いていた刀をすぐその場に投げ捨て，馬から降りてナタンの足元に身を投げ，目に涙をためて言いました，「はっきりと分かります，親愛なる父よ，貴方の心の寛さが，ご自分の命を私に下さるためにどんなに周到にここに来て下さったか。それを私は，何の理由もなしに狙って，他ならぬあなたに打ち明けました。しかし神は，私自身よりも私の

義務に気を配って，憐れな妬みに閉ざされていた私の知性の眼を最も必要な時に開かせて下さいました。貴方が私に親切にして下されば下さるほど，自分の罪に後悔の念を覚えます。どうか，私の罪に相応しいと思われる仕返しをなさって下さい」。

ナタンは彼を立ち上がらせ，優しく抱きかかえ口付けして言いました，「我が子よ，そなたの企て，それをそなたが悪事と呼ぼうと何と呼ぼうと，それの赦しを乞う必要も与える必要もない。それをそなたは憎しみからしようとしたのではなく，私に勝ろうとしてしたのだから。私のことなら安心なさい，本当のこと，私ほどあなたを愛しているものはありませぬ，そなたの気高い心は，貧者たちがするようにお金を積み上げるのではなく，積み上げたそれを使うように彼らに与えたのですから。名を挙げたいと私を殺そうとしたことを恥じることも，それに私が驚いたと思うことも必要ありませぬ。至高の皇帝も偉大な王たちも，殺す以外の術を持ちません，そなたが殺そうとしたのはたった一人，ところが彼らは無数。村に火を付け町を打ち倒し，その果てに彼らの領土が，彼らの名声が広げられたのです。そなたは，さらに名を知られようとして私一人を殺そうとした，吃驚することでも珍しいことでもなく，今までいっぱいあったことです」。

ミトリダネスは，自分の邪まな企てを弁解することなく，その目論見に対してナタンによって見つけられた素直な言い訳に自分の想いを述べ，何よりも，ナタンがそれにいかに対処したか，いかに助言したかに驚いたことを告白しました。これにナタンは言いました，「ミトリダネス，私はそなたが私の助言ややり方に感心することを望みませぬ。私は自分のしたいようにしたのだし，そなたが企んだと同じことをしようと思えばできたのですから。ところが今まで，誰かが何かを求めそれが私の力ではできなかったような人は，私の家に来られたことがありませぬ。そなたは私の命を求めてやって来た，その求めを聞いた以上，そなたが自分の求めを叶えられずにここから立ち去る唯一の者とならぬよう，すぐにもそれを差し上げましょう。それを手に入れることができるよう私はあの助言を与えたのだし，そなたが私の命を手に入れ，自分の命を失わぬようにする方が良いと私は信じます。だからもう一度そなたにお願いします，お望みなら，私の命を奪って満足なさって下さい。私は，自分のものをいかによりよく使っていいか分からない。それをもう 80 年も，喜びや慰めの内に使って来ました。また私は知っています，自然の道に従えば，他の人々が行いまた一般に全ての者がそうである

ように，私にはもう僅かな時間しか残されていません。私がいつも自分の財宝を
与えたり使ったりしてきたように，そなたがそれを欲しいとおっしゃるなら，私
の意に反してそれが自然によって奪われるよりは，それを誰かに与える方がずっ
といいと思うのです。百年を与えるのは小さなことです。6年や8年生き長らえ
て少なくなったところで，何ほどのことがありましょう。それ故，この命がそな
たにとって価値があるのなら，どうぞ取って下され。今まで生きて来て，これを
所望なさった方はありませんでしたし，これを欲しいとおっしゃるそなたでなけ
れば，いつ出会えるか分かりませぬ。たとえそんな方が現れたとしても，持ち続
けるほどその値打ちは下がることを知っています。ですからどうかお願いです，
さらに値打ちが下がる前に，奪い取って下され」。

　ミトリダネスはひどく恥じ入って，「神よ，貴方の命のような大切なものを，
それを私が奪い去ったり，少し前しようとしていたように求めたりすることのな
きようになし給え。貴方の命に対して私がその齢を減らすのではなく，喜んで私
の齢を加えましょうぞ」。

　これにナタンはすぐに答えて，「もしできるなら，そなたが付け加えたいです
と？　そうなれば，私が今まで誰にもしなかったことをそなたにすることになり
ます。つまり，他人のものを取ったことは一度もなかったのに，そなたのものを
私が取ることになります」。「そのとおりです」と，ミトリダネスはすぐに言いま
した。

　「であれば」とナタン，「そなたは私の言うとおりになさっていただきたい。こ
のとおり若いそなたがこの私の家に残り，ナタンという名にし，私はそなたの家
に行って，ミトリダネスと呼ばせることにいたしましょう」。

　これにミトリダネス，「もし私が，貴方がおできになりおできになったように
することができますれば，貴方が提案なさったことを大きな決心もなく受け入れ
ましょう。しかし，私のすることはナタン様の名声を損なうことになることは確
実でありますし，自分が自分の中にうまく収めることのできないものを他人の中
で壊すことをするつもりはありません，それゆえ受け入れかねます」。

　これらや他にもたくさんの美しいやり取りがナタンとミトリダネスの間に交わ
されて，ナタンの望むとおり，一緒にその宮殿に戻って行き，そこでミトリダネ
スをこの上なくもてなしました。そして，あらゆる技と智慧でもって，彼の気高
く偉大な行いを賞賛しました。ミトリダネスが供の者と一緒に家に帰ることを望

図5　森の中で出会って語らうナタンとミトリダネス（Bibl. de l'Arse-
nal, Ms. 5070, f. 355v）

んだので，ナタンは，寛大さにおいて自分は彼を越えることは決してできないこ
とを分からせたうえで，立ち去らせました［図5］。

1）Natan：旧約聖書に登場するダヴィデの預言者。宮殿との関係でなら，ダヴィデの子ソロ
モンが建造した主の神殿と豪華な宮殿をめぐって神の言葉を伝えたことから（列王記上），
ともされる。　　2）クビライとその都カンバリクについては，MP Ch. 83 大家族，Ch. 84 豪
華な宮殿，Ch. 85 無数の家来，Ch. 96 莫大な富，Ch. 86-90, 97 家臣と祝宴，とよく一致する。
3）Mitridanes：モデルは不明だが，名前は，ローマと戦った小アジア黒海沿岸ポントスの王
ミトリダテス Mitridates（前 132-63），東方との関連では仏教問答『ミリンダ王の問い』でヨ
ーロッパにも知られたヘレニズム朝インドの王メナンドロス Menandros，を思わせる。
4）ポーロのカンバリクの宮殿も門の多いことが知られる。三重の城壁が巡らされ，門は F
版では計 28，R 版では 16 ある（Ch. 84, 85）。復元図では実際には計 34 あった。　　5）クビ
ライの施しについては，MP Ch. 104（R 版）に「彼の宮廷では，パンを求めてやって来る者
に対して決して拒まれることはなく，米・粟・稗合わせて 2 万杯が配給され，与えられない
日は 1 日とてない」とある。　　6）ターバンのこと。

　　ボッカッチォ文学の本質は風刺・パロディーにある。チポッラ士の話では，魂を
救うと称して東方に出掛けて行き，聖なるものと称してガラクタを持ち帰って金儲
けをする聖の世界の者たちがその矛先であった。かつての未開と野蛮に代わってい
まや富と力の異郷と化した東方も，それたることを免れない。
　　その富貴と権力・領土と軍隊，豪華な宮殿・贅沢な生活とそこに侍る女たちと，

それら全てを手にする世界に並ぶものなき君主の中の君主とポーロに伝えられたグラン・カン・クビライは，その格好の対象となる。その地上の権力者に作者は，その対極にある賢者，建てんとした豪華な宮殿や人妻バテシバを奪ったことで主君ダヴィデを叱責した預言者ナタン，つまり神の遣い，の名を与え，その富を寛大に与える競争をもう一人の富強の者ミトリダネスと競わせる。それによって，惜しみなく施すその富は，今や東も西も知ってのとおり，実は武力で奪うことによって得られたものであり，惜しげなく差し出す自分の命の陰には，憐みなく奪った無数の命のあったことを風刺せんとしたのであった。つまりここではナタンは，ダヴィデとクビライの二重のパロディーとなっている。

　その舞台にカタイが選ばれたのは，この場合はその帝王の都だったからであるが，西方にはギリシャの昔から東方の無欲の哲人バラモンのことが伝わっていたことも踏まえられていようし，またタルタル人は，西方では当初からその残虐さ・無慈悲さが知られた一方，ある種の無欲さ・質実剛健さが伝えられていた（cf. II「カルピニ」Ch. 4）。晩年の作であるが，彼の『ダンテ注釈』*Comento sopra Dante*（c. 1374）にも，「人間の貪欲さから鷹揚さへの方向転換は，圧倒的な富の集まった中世の帝国タルタリアに始まる。タルタル人の皇帝たちの鷹揚さと富は，我々と比べて信じ難いものであるにもかかわらず，彼らは死ぬとフェルトの布一枚に包まれて埋葬される」とある。タルタル人の君主が野に埋葬されることは II「カルピニ」（Ch. 3）に，フェルトの布の上に座って推戴されることは VII「ハイトン」（第三巻 Ch. 2）にあった[1]。

　このようにボッカッチョは，舞台をイタリアやヨーロッパに限らず世界各地に求め[2]，そこに人種や国籍，宗教や文化，思想や道徳，身分や職業において多様な人間を登場させ，その違いにとらわれずありのままの姿を描いて，最初の近代作家となったのであるが，ではルネサンスで花開いたもう一つの分野，絵画においては如何であったか。

1) II「カルピニ」図 5 参照。　2) 東方を主な舞台としたものは上の二話のみであるが，断片的な話題としては，「プレスト・ジョヴァンニの女王スキンキムッラ」「グラン・カンの皇后グメドラ」（VIII. 9），「山の老人」（III. 8），「宝石の流れる川」（VIII. 3）などがある。これらも全てポーロから取られたもので，その影響の大きかったことが窺われる。

フィレンツェ
サンタ・マリーア・ノヴェッラ教会
スペイン礼拝堂壁画

会堂の戸をノックするタルタル人

サンタ・マリーア・ノヴェッラ教会スペイン礼拝堂壁画：フィレンツェにあるサンタ・マリーア・ノヴェッラ教会の通称スペイン礼拝堂 Cappellone degli Spagnoli（図1）は，イァコポ・タレンティ・ダ・ニポッツァーノ Jacopo Talenti da Nipozzano によって 1343-55 年頃聖堂参事会員の集会堂として建てられたもので（幅約20m，奥行き約15m，高さ約15m），その内部の壁は，アンドレーア・ディ・ボナイウート Andrea di Bonaiuto とその工房による壁画で全面埋め尽くされている。ボナイウートは生年不詳，シモーネ・マルティーニ，ロレンツェッティらシエナ派の影響を受け，他に「幼児を抱く聖母と 10 人の聖人」（ロンドン・ナショナル・ギャラリー），ピーサのカンポサント壁画等が知られている。1377 年フィレンツェ没。この壁画が描かれたのは 1365-68 年，イタリアが盛期ルネサンスに向かう頃，東ではモンゴルが退場する頃である。

　文献：①Stefano Orlandi, Isnardo Grossi, *Santa Maria Novella e i suoi chiostri monumentali ― Guida storico artistica*, Becocci Firenze. ②Leonardo Olschki, *L'Asia di Marco Polo*, Sansoni Firenze, 1957 [Olschki]. ③Maria Grazia Chiappori, 'Riflessi figurativi dei contatti Oriente-Occidente e dell'opera poliana nell'arte medievale italiana', in *Venezia e l'Oriente*, a cura di Alvise Zorzi, Milano, Electa, 1981, pp. 281-8 [Chiappori].

図1　スペイン礼拝堂（外観）

　地理的地平の拡大は，絵画の地平の拡大には繋がらなかった。行って写して来るには，そこはまだまだあまりにも遠かったからである。東方そのものであるマルコ・ポーロ写本の挿絵ですら，そこが異郷であることは間に横たわる海や険しい山や樹木あるいは野獣によって，異邦人であることは肌の色や衣装によって，かろうじて表されるだけで，人物も都市も事物も西方とさほど変わらぬものだった。が，この頃になると，その特徴的な風貌がルネサンスの画家たちによってリアルに写し取られてタルタル人がちらほら登場し始める。早くはジョットにあり（図2），IX「オドリクス」の編で見たロレンツェッティのフランチェスコ会士殉教図（1336年）では，他民族の兵士に混じってその異貌を覗かせていた（図3）[1]。そしてもう一人，得体のしれぬタルタル人がフィレンツェに後ろ姿を見せる。

図2　ジョット「聖ピエトロの磔」（部分，ヴァティカン，サン・ピエトロ大聖堂）

図3　異教徒の兵士の中のタルタル人，ロレンツェッティ「フランチェスコ会士の殉教」（IX「オドリクス」図2，部分，シエーナ，サン・フランチェスコ教会）

　大聖堂サンタ・マリーア・デル・フィオーレと並んでその優美な姿を誇るサンタ・マリーア・ノヴェッラ教会，その左手奥にスペイン礼拝堂と通称される独立した大きな堂がある。その礼拝堂は，巨大なドームをなしてちょうど宇宙を象り，その下に弧を描いて4面に拡がる壁は，天頂にいます主クリストの下で現世での人間の行いと来世での霊魂の有り様を描き，キリスト教ヨーロッパの宇宙像と世界観を目に見える形で表すものとなっている。全体のテーマは，「クリストによるその恩寵と教えによる全世界の救済」とされる。どのようにか。

　まず祭壇と十字架像のある正面（図4）は，例によってその受難から復活・昇天までのクリストの生涯とそれにまつわる歴史を描いたものであるのに対して，右壁面（口絵1，図5・6）はいみじくも「戦い勝利する教会とドミニコ会の活動」と題され，この世でのローマ教会とドミニコ会の活動（戦い）によって，現世を享楽する者や悪徳に耽る者（図6❻）が悔い改め❼，また異端や異教徒あるいは信仰なき者たち❹❺が真の信仰に目覚めて❼，その浄められた魂❽が，あの世で聖ピエトロ（ペテロ）❾が鍵を持つ天国の門❿をくぐって⓫，ついに主クリスト⓭の祝福をうける⓬に至るまでの道程（勝利）が，一連の絵巻物として展開されている。場所としての東方は，聖ドミニコ❶に指差されて白黒斑の犬（ドミニコ会士❷）が向かう方向として示されているだけで特には設定されていないが，右下で，その名高い教会博士トマス・アクィナス❸の説教を拝聴し❹，自らの経典を破り裂いている異教徒たち❺の中には，きっとタルタル人も想定されていることであろう。

　左下の，その出発点となっている現世の教会を描いた場面には，建設中の大聖堂（図6⓮）を背景に，教皇（⓯ベネディクトゥス11世，ドミニコ会士ニッコロ・ボッカシーニ，1303-04）を中心に左手に聖職者⓰（図7），右手に世俗人⓱の一団が並ぶ。本書の筆者たちの中では，シモンとリコルドゥスがドミニコ会士だった[2]。ひょっとしてこの中にいるやもしれぬ。

　世俗の人々（図8）は，クリストの教えの下にこの世でその活動によってキリスト教ヨーロッパを強大にしその文明を高らしめた者たちで，神聖ローマ皇帝カール4世①，仏王フィリップ6世もしくはシャルル5世②，サヴォイア・アメデオ6世③ら帝国と国家の権威とならんで，ダンテ④，ペトラルカ⑤，ボッカッチョ⑪の三大文人が顔を見せ，その足元にはそれぞれその書で讃えられている女性たち，ベアトリーチェ⑮，ラウラ⑰，フィアンメッタ⑯も巡礼者たち⑫〜⑭とともに最前列でつつましく跪いている。さらに，画家ジョット⑦とチマブーエ⑥，建築家ラーポ⑨とその息子アルノルフォ⑩の姿が見える。すなわち，イタリア・ルネサンスの始まりを告げる文学者・芸術家たちであり，ヨーロッパが新たな知的活動の時代を迎えつつあることを高らかに宣言するものだった。教会にとっては，それもクリストの恩寵の賜物なのであった。

図 4　正面（右）と左壁面

図 5　正面（左）と右壁面

図6　右壁面「戦い勝利する教会とドミニコ会の活動」

　ところが近年，この中にポーロ3人のいることが発見された。フィレンツェの東洋学者オルシュキ教授の指摘である³⁾。画中の人物は，当時名の知られた者あるいはドミニコ会と関係深い者というだけで，定まっているわけではないしまだ同定されていない者も多いが，その中で教授は，世俗人グループ中列中央の本を抱えた，それまでボッカッチォとされていた人物をマルコ⑪，左へ一人おいて白髭の人物（ラーポ）を父ニコロ⑨，さらに左へ二人おいて頭巾の男（チマブーエ）を叔父マッテオ⑥に同定した。衣装が他の者たちのように西洋風のガウンではなく東洋風であること，アーモンド眼（切れ長の目）であること（！），若者・老人・中年と年齢に見合っていること，一人が書を手に抱えていること，そして何よりも彼ら3人は，聖職者ではなかったが現に教皇の使者の役割を果たし⁴⁾，その旅で西方ヨーロッパ文明を東方に伝え，その書で東方世界を西方に伝えた功績は大きく，ここに描かれ

図7　聖職者たち（図6の部分拡大）

①教皇ベネディクトゥス11世（ドミニコ会士ニッコロ・ボッカシーニ，1303-04）　②ニッコロ・アルベルティーニ・ディ・プラート（ドミニコ会枢機卿，1321没）　③フィリッポ・デッ・アンテッラ（1360年フィレンツェ司教）　④アンジェロ・アッチャイウォーリ（フィレンツェ司教）またはアルドブランディ・カヴァルカンティ（オルヴィエート司教）

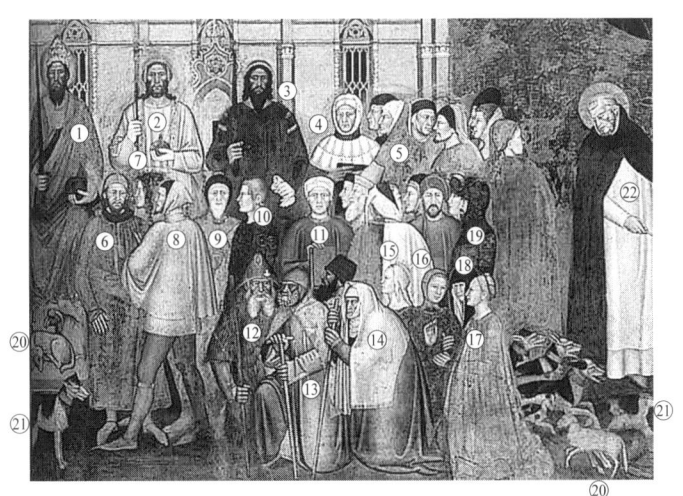

図8　世俗人たち（図6の部分拡大）

①神聖ローマ皇帝カール4世（1346-78）　②仏王フィリップ6世（1328-50）／シャルル5世（1364-80）③サヴォイア・アメデオ6世（1343-83）（？）　④ペトラルカ（1304-74）　⑤ダンテ（1265-1321）　⑥チマブーエ（c. 1240-1303）　⑦ジョット（1266-1337）　⑧イギリス人ガーター勲爵子　⑨ラーポ・テデスコ（13世紀の彫刻家）　⑩アルノルフォ・ディ・カンビオ（建築家，ラーポの息子）　⑪ボッカッチョ（1313-75）　⑫（スペイン・コンポステラ）巡礼者　⑬（聖地）巡礼者　⑭（ローマ）巡礼者　⑮ベアトリーチェ（ダンテ）　⑯フィアンメッタ（ボッカッチョ）　⑰ラウラ（ペトラルカ）　⑱ヴィッラーナ・デ・ボッティ（福者）　⑲グイド・ノヴェッロ伯（フィレンツェのカピターノ）　⑳羊：信者　㉑白黒の犬：ドミニ・カーネ（主の番犬／ドミニコ会士）　㉒犬を異端者・異教徒に向かわせる聖ドミニコ

るに相応しいと。

　が，この説には難点もいくつか指摘され，何よりもポーロは当時それほど高く買われていたか，嘘つきマルコとしてむしろ信用されていなかったのではないかという疑問であるが，その功績は，今に至る長い歴史の中で見れば，かの名高いフィレンツェの作家に決して劣るものではない。実際，10年たらず後に現れる世界図は，全面的にそれに拠っていることは次篇に見る。一方，文学の世界におけるボッカッチョの存在も大きく，どこかに発見されねばなるまい。でなければ，フィアンメッタが孤立する。

　壁画に戻って，正面左のそれ（図4・9）は，「キリスト教教義の勝利」あるいは「聖トマス・アクィナスの勝利」と題され，クリストの恩寵と教えがこの世にもたらされ実現される道筋が，今度は天上から地上へと順を追って示される。

　その教えはまず，別の壁面で昇天してドームの頂点にいます主クリスト（図6❸）から，白い鳩（聖霊，図9❶）によって，三角帆の部分にある会食堂に聖母マリーア❷を中心に最後の晩餐のように集って祈りを捧げている使徒たち❸に下され，さらにそれが天使たち❻によって，下の半円形の上部に教会博士トマス・アクィナス（図10①）を中心に左右に分かれて座る旧約・新約の族長や教父たち（②〜⑪），ヨブ，イザヤ，モーゼ，ダヴィデ，ソロモン，そしてパウロ，マルコ，マテオ，ヨハネ，ルカから使徒に伝えられる。その下には，聖なる学（聖霊の影響下にある人間精神の活動）と世俗の学（天体／自然の影響下にある人知の活動，自由七芸）のアレゴリーである女性が，左右7人ずつ教壇に座し，その前にはそれぞれその分野を代表する学者たち（⑮〜㉘）がいる。ちなみに後者に挙げられているのは，代数学ピタゴラス㉒，幾何学ユークリッド㉓，天文学プトレマイオス㉔，音楽トゥバルカイン㉕（最初の楽器発明者），弁証法（雄弁術）ペトルス・イスパヌス㉖（中世の論理学者），修辞学キケロ㉗，文法ドナトゥスもしくはプリスキアヌス㉘（文法学者）である。すなわちヨーロッパが，古代ギリシャ・ローマをも含めた文明を，新たに知と学の勝利として誇るものであった。つまり，ルネサンスであり，教会にとってはそれもまた主の恩寵の賜物なのであった。この画はまた，ヨーロッパはギリシャ・ローマ文明の上にキリスト教が覆い被さって成ったものであることを一目でわからせる構図となっている。

　この部分では，主の教えが異端者や異教徒・非信者に伝えられることはなく，その誤りが論駁されるか，その世界から締め出されるだけで，聖トマスの足下では三大異端，ネストリウス⑫，アヴェロエス⑬，アリウス⑭が打ち負かされて蹲り，上の三角帆部分の，聖母マリーアと使徒たちの集う会食堂の下の閉じた門の前には，ユダヤ人やサラセン人，アフリカ人やアジア人の異様な風体をした様々な人種の者たち（図9❹）が集まって，聞き耳を立て中を窺っている。中で何が行われている

図 9　会堂に集う使徒たちと門前の異教徒（左壁面上部）

のか何が話されているのか知ろうとしているのか，あるいはその会食に加わりたい
のであろうか。そしてその者たちを代表して戸を叩くのは，表情は定かでないがト
ンガリ帽をかぶり長い三つ編みを後ろに垂らしたひときわ背の低い人物❺，つまり
タルタル人である（cf. 口絵 2）[5]。

　彼はいったいどこから来たのか。フィレンツェしかも修道院とくれば，すぐ思い
出されるのはかのマリニョッリであろう。マリニョッリは 1360 年頃亡くなってい
るが，東方への旅から帰って来たのは 53 年，十数年前のことであったし，帰国後
フィレンツェにも滞在している。そこで，多くの機会に様々な風にその旅行談を語
った，そしてそれは評判になり，画家たちの間にも伝わった，に違いない。その中

図10　「キリスト教教義の勝利」（左壁面下部）

①教会博士トマス・アクィナス　②ヨブ　③詩篇作者ダヴィデ　④使徒パオロ　⑤福音史家マルコ　⑥同ヨハネ　⑦同マッテオ　⑧同ルカ　⑨モーゼ　⑩イザヤ　⑪ソロモン　⑫異端ネストリウス　⑬異端アヴェロエス　⑭異端アリウス　⑮民法：ユスティニアヌス（東ローマ皇帝，ローマ法制定者）　⑯教会法：クレメンス5世（教皇1305-14，教会法に教令集を加えた）　⑰哲学：アリストテレス　⑱聖書：聖ヒエロニムス（ウルガータ聖書のラテン語訳者）　⑲神学：ダマスクスの聖ヨハネ（聖像破壊運動に反対した正教会の教父，8世紀前半）　⑳瞑想：アレオパゴス会議の聖ディオニシウス（神秘神学の著者）　㉑説教：聖アウグスティヌス　㉒算術：ピタゴラス　㉓幾何：ユークリッド　㉔天文：プトレマイオス　㉕音楽：トゥバルカイン（ヘブライの鍛冶工，最初の楽器制作者，cf. 創世記4.22）　㉖弁証：ペトルス・イスパヌス（中性の倫理学者）　㉗修辞：キケロ　㉘文法：アエリウス・ドナトゥス（4世紀ローマの文法学者）またはカエサレアのプリスキアヌス（5〜6世紀の文法学者）

　で士が最も強調したのは，かの地には多数のキリスト教徒（アラン人）がおり，タルタル人は国を挙げてカソリック教会に入りたがっている，その門戸を叩こうとしているということ，そしてそのために果たした自分の貢献だったであろう。だからこそ彼は，この壁画にも描かれている神聖ローマ皇帝カール4世に見込まれて，ボヘミアに招かれたのだった。

　とすればこのタルタル人はさしずめ，トゴン・テムルの手紙を教皇に運んで来た使者の一人か，教皇の贈り物のお返しにマリニョッリが連れ帰って来た者であろう。

どちらも画に描かれ，その出来映えはいずれ劣らぬが，天馬のそれが北京故宮の奥深く蔵されて，まるでその経緯を恥じて隠すがごときであるのに対して，タルタル人は今も衆目にさらされて立ち尽くす。120 年前，その東の門を破って襲い掛からんとした彼らは，今や閉じられたその門前にあって戸を叩き続ける。しかし，彼がそこに入れてもらえることはなく，代わって西方の神が東方，その故地ゴグ・マゴグの山の隣に降り立つことは次に見る。

1）他に，ベネデット・ディ・ビンド Benedetto di Bindo（シエーナ派，1417 没）らがある（Chiappori : 283-4）。　2）リコルドゥス・デ・モンテ・クルキスは，若くしてこの教会の修道会に入り，そこで没した（cf. V 解説）。　3）Cf. Olschki : 113-8.　4）オルシュキは，写本の多くでポーロが僧衣を纏った姿に描かれていることから，当時彼らは修道士と見なされていたと言う（p. 115）が，しかしこれは，挿絵画家がポーロ frate〈兄弟〉を fra〈修道士〉と誤解したことによるもの（例えば，BL Ms. Royal 19 D I）。ちなみに，ポーロのラテン語訳者ピピヌスはボローニャのドミニコ会士。　5）この時代のヨーロッパで早くも辮髪が正確に写されているのは興味深い。

XV

カタラン・アトラス

（原図・転記・訳）

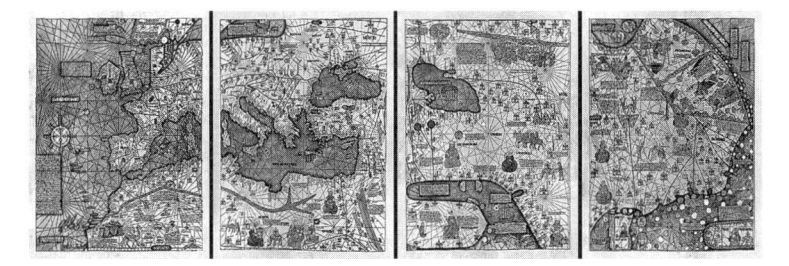

カタラン・アトラス（BnF 複製版）

カタラン・アトラス *Atlas catalan*：二つ折りになった6面計12枚のパネルから成り，1枚縦約65cm×横25cm，広げると横3mの巨大なもので，最初の2面4枚はコスモロジー・天文学・占星術の詳細な解説と図版，残りの4面8枚が世界図である。地図の部は，デルベンドからエウフラテス川沿いにペルシャ湾に至る線を境に，西方ヨーロッパ・アフリカの西半分2面4枚と，ペルシャからインド・中国まで東方アジアの東半分2面4枚に分かれる。ここでは，それら8枚のパネル（西からI～VIIIとする）の中の絵図テキスト（黒丸数字）の原文を複写し，その転記と訳を掲げる。なお，東半分については地名（白丸数字）も転記し，同定を試みる（V～VIIIは口絵3・4にカラー図版も収録した）。テキストは，古いカタルーニャ語であり，でき得るかぎり書かれてあるとおり写すこととし，校訂は，語の分離と，略字・略語を通常の形に開くこと，適宜句読点他を入れること，文頭と地名・人名の語頭を大文字に始めることに限る（カタカナ表記は，ラテン語読み（いわゆるローマ字読み）に写す。ただしce〈セ〉・ci〈シ〉）。〔　〕内は，判読不能箇所を推定あるいは文献（［略号］）から補った部分，［　］内は訳者補注。地名は城郭を伴って赤字で記されているもののみとしたが，そのいくつかは同定・比定できなかった。転記と訳とあわせて，識者のご教示を乞う。なお，同図は多くをポーロから採っており，一致あるいは類似する記事や地名は，その章と綴りを括弧（MP）に入れて示す（OPはオドリクス）。

　原図：BnF Ms. Espagnol 30 (Atlas catalan).

　文献（年代順）：①J. A. C. Buchon et J. Tastu, *Notice d'un Atlas en Langue Catalane*, Paris Imprimerie Royale, 1839 [B/T]。②Henri Cordier, *L'Extreme-Orient dans l'Atlas Catalan de Charles V Roy de France*, Paris Imprimerie Nationale, 1895 [Cordier]。③Yule & Cordier, *Cathay and the Way Thither*, 1913-16 [Yule]。④Pelliot, *Notes on Marco Polo*, Paris Imprimerie Nationale, 1959 [Pelliot]。⑤*Juan Fernández de Heredia's Aragonese Version of the Libro de Marco Polo*, ed. John J. Nitti, Madison, 1980（MPのカタルーニャ語写本 Escorial Z. I.2 [K]の校訂本）。⑥織田武雄『古地図の世界』講談社，1981 [織田]。⑦渡辺宏「マルコ・ポーロ世界誌と1375年カタラン世界図」《東西交渉》井草出版，1982 [渡辺]。⑧応地利明『「世界地図」の誕生』日本経済新聞出版社，2007 [応地]。⑨The Cresques Project (www.cresques-project.net) に公開されている諸資料（解説・要約的転記・英訳）。

1375 年，世界はついにその全貌を現す。そこには，ユーラシア大陸が近代の人間が知っているのとほぼ同じ姿でくっきりと描かれ，これまで必ずしも明確にはイメージされていなかった東方も，それに見合った大きさと形で存在していた。スペインはマリョルカ島，ユダヤ人アバラハム・クレスケスとその子ハフダによって作られたという「カタラン・アトラス」である。西はポルトガル沖の大西洋から東はマンジ沖の多島海まで，北はアルタイ山脈とモンゴルの草原・砂漠から南はインディア，アラビア，アフリカまで，半島や島々，湾や内海，山脈や河川，沿岸と内陸の無数の都市，各地の王侯・君主たちが，絵図とそのテキスト

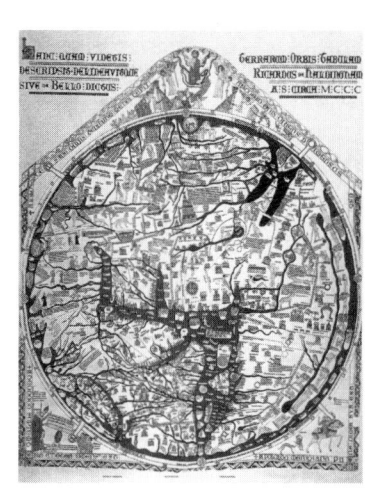

図1　ヘレフォード図（複製版）（ヘレフォード大聖堂，1300 年頃）

を伴って色彩豊かに書き込まれてあった。ポーロとルスティケッロが文でもって世界を丸ごと記したとすれば，クレスケスは図でもってその姿を開示したのだった。そしてそれは，前者と同じく，最初にしてかつ決定的なものとしてその後も在り続ける。

　実際，クレスケスが東方を描くにあたって依拠したのは，専らポーロの書であった。一昔前までの TO 図（図1）では空白のままに残されていたり怪人・怪物の棲処であったオリエントは，キタイ・マンジの沿岸にはカンバリクから広東に至る都市が連なり，内陸には上都や天徳軍から四川・雲南までの町が建ち並ぶ。そしてそこにいるのは，ナタンではなくクビライである。もっとも，その都のすぐ後ろにはアレクサンドロスの築いた壁があって，ゴグ・マゴグが再びそこに閉じ込められている一方，隣にはクリストが降臨して信徒がその栄光を讃えている。またインディアにいるのは，イォハンネスの末裔と思しき王である。こうしてキリスト教の光は東の果てにまで及び，東方はその世界像・世界観の中に組み込まれたのであった。

　しかしその図は，世界を現実に近い姿に象った最初のものであり，地球を具体的にイメージすることを可能にした。そのことは，西に開けた海をわたって，すなわちこの地図の裏側を回って東に至るという発想を生み，それは百年余り後，この図を見，かの書を携えてポルトガルから船出したジェノヴァの航海士によって実行されることになる。世界は，こうして新しい時代に入りつつあった。

パネルⅠ

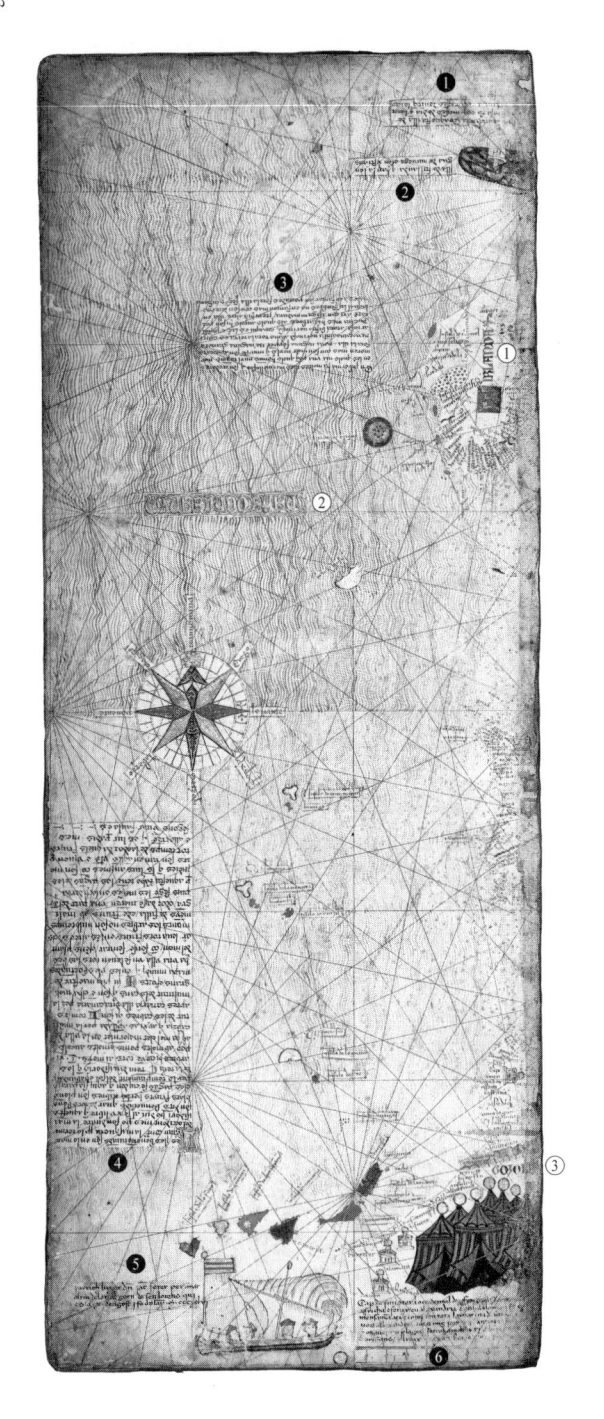

Insula Archania. En aquesta illa de Archanja ffa .vj. messes de dia, que la nit [es calara, e] .vj. messes de nit que lo iorn [es fosch].

アルカニア島［オークニー諸島］。このアルカニア島では6か月昼で夜〔明るく〕，6か月夜で昼〔暗い〕。

Illa de Stillanda que han la lengua de Nuruega e son christians.

スティッランダ島［シェトランド諸島］，ヌルエーガ［ノルウェー］語を使い，キリスト教徒である。

En Jnbernia ha moltes illes merauellosas, que son credores, en les quals ni a vna poque, quels homens nuyl tenpms no y moren, mas con son molt ueyls que muyren son aportats fora la illa. No y a neguna serpent, ne naguna granota, ne naguna aranya uerinosa, abans tota la terra es contrariosa a tota bistia uerinossa, cor aqui es Lacerie Insull. Encara mes hi a arbres als quals auçels hi son portate axi con a figam madura. Jtem hi a altre illa en la qual les fembres no enfanten, mas con son derermenades a enfantar, son portades fora la illa segons custuma.

インベルニア［アイルランド］には驚くべき島がたくさんあるが，信じてもよい。

そこに小さな島が一つあり，人はそこで死ぬことは決してなく，とても年老いて死ぬときになると島の外に運ばれる。蛇も蛙も毒蜘蛛もいない。そこにはラセリエ島[1]があるから，土が有害な獣をすべからく退けるのだ。また，熟したイチジクへのように，そこに鳥が惹きつけられる木がある[2]。同じくまた別の島があり，そこで女性が出産することはなく，子が生まれそうになると，慣わしにより島の外に運ばれる。

1) クリア Clear 島，アイルランド最西南端の島。　2) オドリクスにも，イベルニアには鳥の成る木のあることの紹介がある（Ch. 31）。

❹

Les jles Beneuenturades son en lo mar gran contro la masquera prop lo terme de l'occident, mes prop son dintre la mar. Isidori ho diu al se. xv. libre que aquests son dites benuentrades, quar de tots bons blats, fruyts, herbes, arbres son plenes. E los pagans se cujden que aquj sia parajs, per lo temprament del sol e habundancja de la terra. Item diu Isidorius que los arbres hi crexen tots al menys .Cxl. pes, ab molts poms e molts auçels. Aqui ha mel e let, majorment en la Ylla de Caprja, que ayxi as [es] appellada per la multitut de les cabres qui son. Item es apres Canarja illa, dita canaria per la multitut dels cans, que son en elha, molt grans e forts. Item dju Plinus, mestre de mapa mundj, que en les yles fFortunades ha vna ylla, vn se leuen tots los bens del mon con sense semrar e sens plantar leua tots fruits. En les altees dels monts, los arbres no son nulh temps menys de fulla e de fruits, ab molt gran odor. Dasso menyen vna part de l'any, puis segen les messes en loch d'erba. Per aquesta raho tenen los pagans de les Indies que las lurs anjmas, con son morts, sen van aquelles yles e vjuen per tot temps de la odor da quells fruits, e allo creen que es lur paradis, mes segons viritat faula es.

ベネウェントゥラデス諸島［カナリア諸島］は，大洋の中，オクシデント［西方］のちょうど左の端に位置するが，海中にある。イシドーリ［イシドロス］はその第15巻で，この島がベヌウェントゥラデス［歓迎］と呼ばれるのは，全ての善きもの，果物・野菜・樹木がいっぱいあるからだと言っている。異教徒たちは，太陽が穏やかなのと土地が豊かなため，そこを天国だと信じている。イシドリウスはまた，ここでは木は全て少なくとも140ペス［ピエ］の高さに育ち，果実と鳥がいっぱい成っていると言っている[1]。ここには蜜と乳があり，特にカプレリア島で，それがそう呼ばれるのは，そこにたくさんいるカプレス［山羊］のためである。同じく，カナリア島がそう呼ばれるのは，カネス［犬］がたくさんいるからで，そこの犬はとても大きく強い。また，マパ・ムンディ［世界図］の師プリニウスは，フォルトゥナデス［幸運］諸島には，この世の善きものが全て育ち，種を播きも植えもしないのに，あらゆる果物が出来る島が一つあると言っている[2]。そこの山の頂ではいつの時期も木は，葉が落ちたりとてもいい匂いの果実が成らなかったりすることはない。だから1年の一時期はこれを食べ，その後は野菜なしで過ごす。そのためインディエの異教徒たちは，死ぬと自分たちの霊魂はこの島に行き，その果物の匂いで永遠に生きるのだと考え，だからここを自分たちの天国だと信じるのであるが，実はお伽噺である。

1）Cf. ❸ n. 2.　　2）プリニウス『博物誌』VI-37。

❺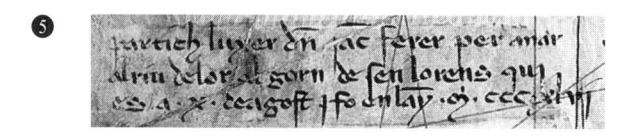

Partich luxer den Jac [me] Ferer per anar al Riu del'Or, al gorn de Sen Lorens, quj es a .x. de agost, j fo en l'any .mcccxlvj.

イァクメ・フェレルの船は，1346年8月10日のセン・ロレンスの日，黄金河に向けて出帆した[1]。

1）同年，航海者ハイメ・フェッレルがアフリカ探検に派遣されたことを指す。黄金河はボ

ヤドル岬のさらに先，現ワジ・ドラ。

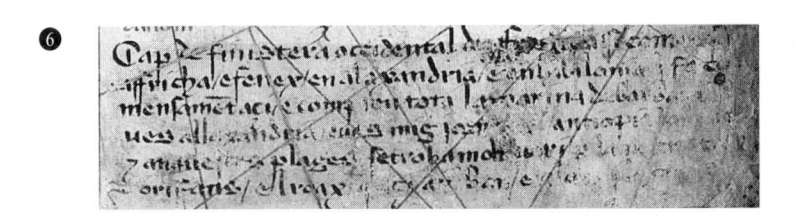

Cap de Finisterra Occidental de Affricha. [Assi comensa] Affricha e fenex en Alaxandria e en Babilonia, que fa comensament açi e compren tota la marina de [Barbaria] ues Alaxandria [e ues mig jorn e ues Antiopia e Aigipt.] E an [aquestes] plages se troba molt [ivory per la multitud de] orifans elroax [que açi ariban en las plages.]

アフリカの西のフィニステッラ［地の果て］岬[1]，アフリカは〔そこに始まり〕，アレクサンドリアとバビロニア［カイロ］に終わる。それ［アフリカ］はここに始まり，アレクサンドリアと〔南の方とエチオピアとエジプト〕の方への全〔バルベリア〕海岸を含んでいる。これらの地には，象がたくさんいるので象牙がいっぱいある。

　1）イベリア半島西北端の岬との混同。

①IRLANDA：アイルランド
②MARE OCHEANUM：オケアヌム海（大洋）
③GOZOL[A]：Guazula/Gualata [B/T]

パネル II

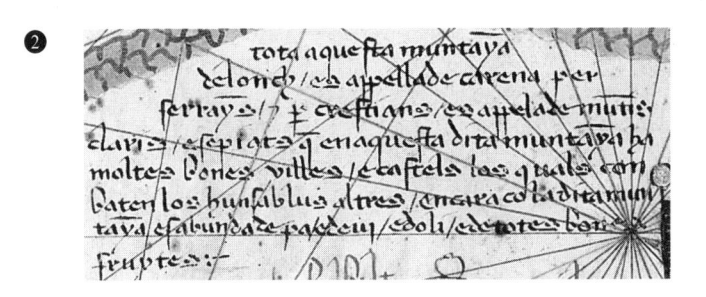

Aquesta Regio de Nuruega es molt aspra e molto freda e muntanyosa, saluatgosa e plena de boschs. Los h[ab]itadores de la qual mes uiuen de peix e de caça que de pa. Auena si fa e fort pochs per lo gran fret. Moltes feres hi ha, ce[ço] es ceruos, orsos blanchs e grifalts.

このヌルエーガ［ノルウエー］地域は，ひどく荒涼として寒く，未開の山地で森がいっぱいある。そこの住民は，パンよりも魚や狩の獲物を食べて生きる。非常な寒さのために麦は少ししかできない。野生獣つまり大鹿・白熊・ハヤブサがたくさんいる。

Tota aquesta muntanya de lonch es appellade Carena per serrayns, e per crestians es appellade Muntis Claris. E sepiats que en aquesta dita muntanya ha moltes bones villes e castels, los quals conbaten los huns ab lus alters. Encora co la dita muntanya es abunda de pa e de uj e d'oli e de totes bones fruytes.

この地の山全体が，サラセン人からはカレーナ，キリスト教徒からはクラリス山と呼ばれている[1]。その山には良い町や城塞がたくさんあるが，彼らは互いに戦っていることをご存じありたい。さらに上述の山には，パン・ブドウ酒・オイル・果実がなんでも豊富にある。

1) クラリス山〈(雪を戴いた) 白い山〉，アトラス山脈のこと。

③
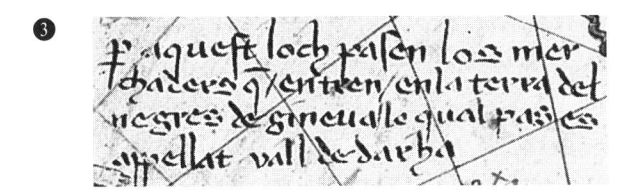

Per aquest loch pasen los merchaders que entren en la terra del negres de Gineua, le qual pas es appellat Vall de Darha.

ギネウァ［ガーナ］の黒人の地に入る商人はここを通る。この通り道はヴァル・デ・ダルハ［ダルハの谷，ワジ・ドラ川］と呼ばれる。

④
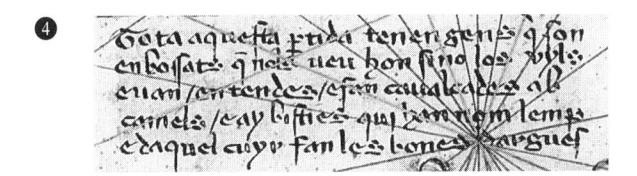

Tota aquesta partida tenen gens que son enbossats que nols ueu hon, si no los vyls ; e uan en tendes e fan caualcades ab camels ; e ay bisties qui han nom lemp e da quel cuyr fa les bones dargues.

この地域全体を，眼のほかは何も見えないように顔を覆った人々［ベルベル人］が所有している。彼らはテントに住み，ラクダに乗り，レムプ［オリス］という名の獣を有し，その革で優れた盾を作る。

⑤
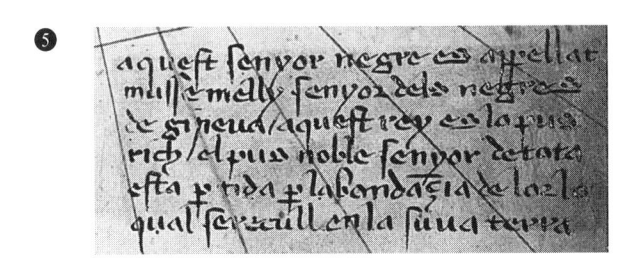

Aquest senyor negre es appellat Musse Melly, senyor dels negres di Gineua. Aquest rey es lo pus rich, el pus noble senyor de tota esta partida per l'abondança de l'or, lo qual se recull en la suua terra.

この黒人君主はムッセ・メリー[1]と呼ばれ，ギネゥァの黒人たちの主である。この王は，自分の領土で掘り出される豊富な金ゆえ，この地域全体で最も豊かでもっとも高貴な君主である。

1) Mansa Musa マンサ・ムーサ：Mali マリ君主（位 c. 1312-37）。イスラム復興，1324 年メッカ巡礼，カイロ訪問，大量の金を費やしたこと，等で知られる。

①NORVEGA：ノルウェー　　　　　⑥BAVARIA：バヴァリア（バイエルン）
②SVESSIA：スウェーデン　　　　　⑦LONBARDIA：ロンバルディーア
③DASIA：デンマーク　　　　　　　⑧CHAST：カスティリャ（スペイン）
④ANGILTERA：イングランド　　　　⑨ASHARA：サハラ
⑤ALLAMAIA：アレマーニュ　　　　⑩GINYIA：ギニア（ガーナ）

パネル **III**

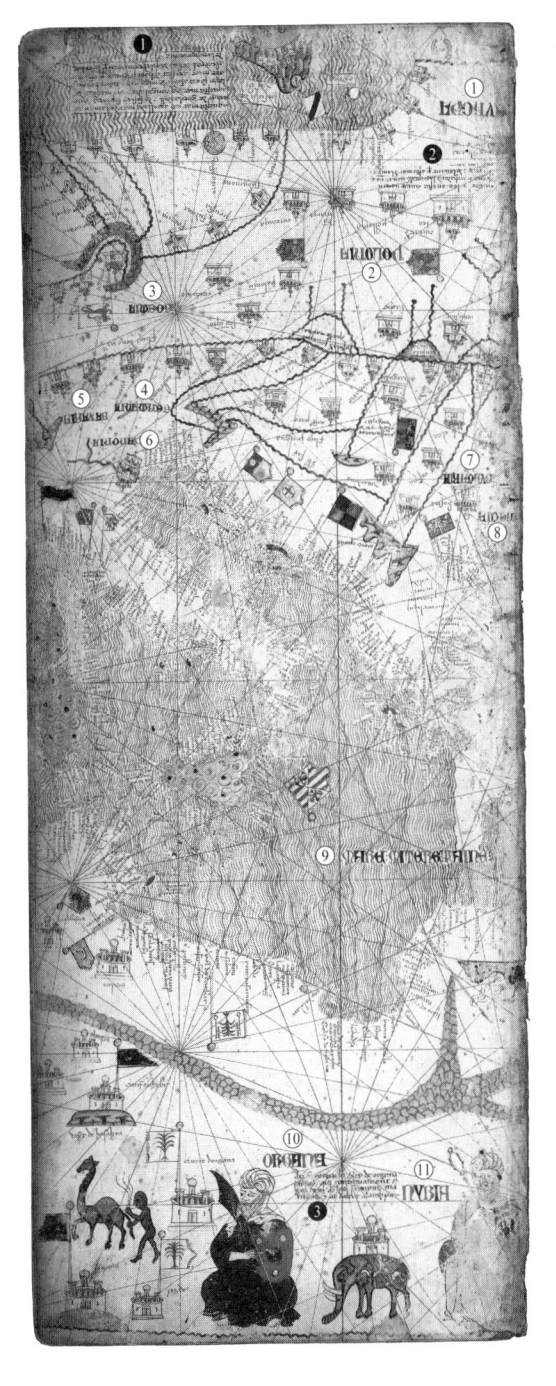

Aquesta mar es appellada Mar de Lamanya e Mar de Gotilandia e de Susia. E sapiats que aquesta mar es congelada .vj. messes de l'ayn, so es a saber de migant uytubri tro migant març, axi fort que hom pot anar per esta mar ab carros de bous, da quell temporal per la fredor de la tramuntana.

この海はラマンヤ［アレマニア］の海［バルト海］およびゴティランディア［ゴートランド］とスシア［スウェーデン］の海と呼ばれる。ご存じありたいが，この海は年の 6 か月，すなわち 10 月半ばから 3 月半ばまで凍り，とても堅く凍るのでそこを牛車で渡ることが出来る。その気候は北からの寒気のためである。

Ciutat de Leo. En esta ciutat uenan alcuns merchaders, los quals uenan uer [la partides] de Leuant per esta Mar de Lamanya en Flandes.

レオ［レオポリス／リボス］市。この市には，フランデス［フランダース］のラマンヤの海を経てレヴァント〔地方〕に向かう商人たちがやって来る。

Aci senyoreya lo Rey de Organa, sarrayn, quj continuament garreya ab los sarrayns maritims e ab d'altre alarahps.

ここはサラセン人のオルガナの王が統べている，彼は沿岸のサラセン人や他のア
ラブ人と絶えず戦をしている。

①EVROPA：ヨーロッパ

②POLONIA：ポーランド

③BOEMIA：ボヘミア

④GERMANIA：ゲルマニア

⑤BAVARIA：バヴァリア（バイエルン）

⑥PANONIA：パンノニア

⑦BVLGARIA：ブルガリア

⑧GRACIA：ギリシャ

⑨MARE MITERETAINE：地中海

⑩ORGANA：オルガナ（ヌビアとニジェール
　川の間の地域）

⑪NVBIA：ヌビア

パネル IV

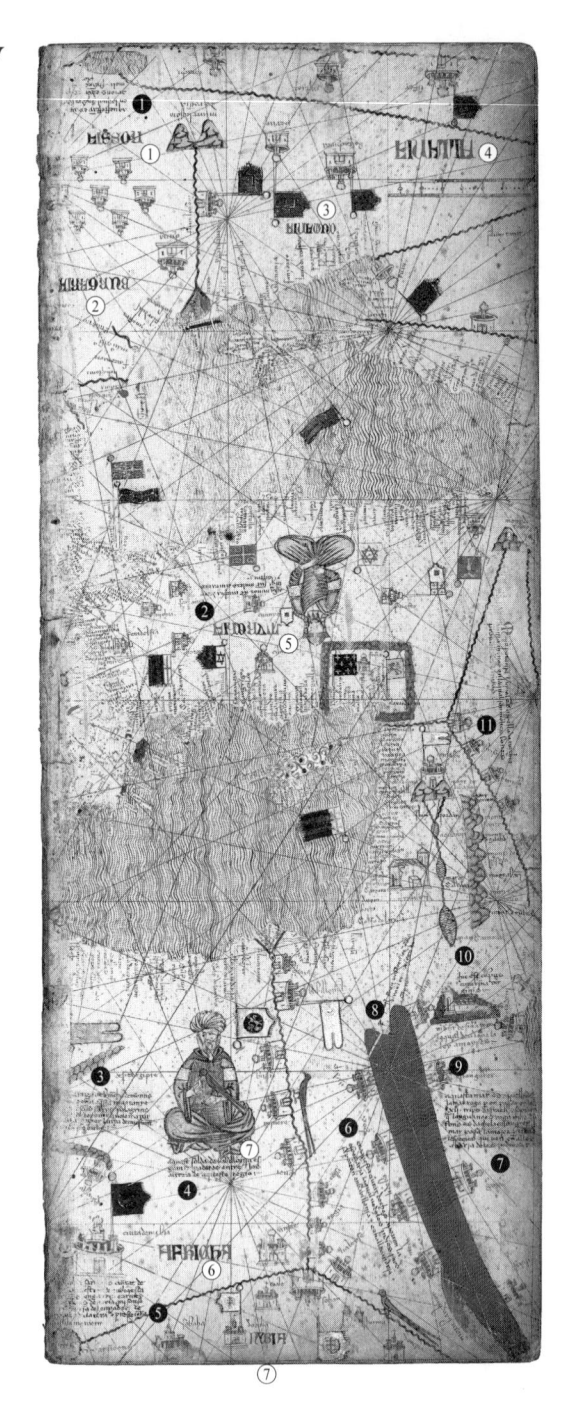

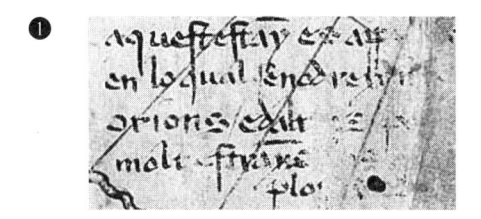

Aquesta stayn es app［ellat ...］en lo qual se nodrexen ... orions ed alt［res pexes］molt estrayns ... per lo ... .

この湖は……と呼ばれる，そこにはチョウザメやその他とても珍しい〔魚〕が育つ……。

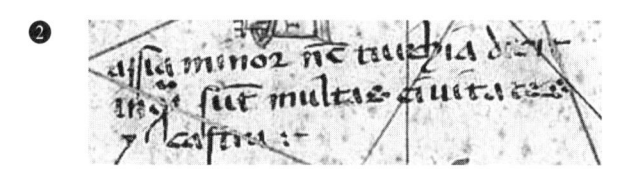

Assia minor nunc Turchia dicit, in qual sunt multas civitates y castra.

小アジア，今はトゥルキアと言う，都市や城塞がたくさんある。

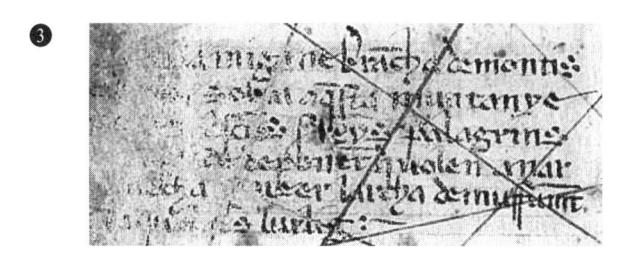

［Aci es la］migane brancha de Montis ［Taurus. Sobre］aquesta muntanye ［passen alscuns sarrayns］palagrins ［de la partide］de Ponent que uolen anar ［a la］Meccha per ueer l'archa de Muffment, ［lo qual es lur lig］.

〔ここはタウルス〕山の中央部〔にあたる〕。この山を，〔彼らの律法である〕ムッフメント［マホメット］の棺を見にメッカ〔に〕行かんとするポネンテの地からの〔サラセン人の〕巡礼〔たちが通る〕。

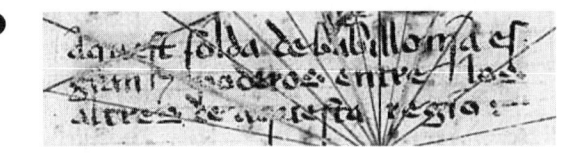

Aquest solda de Babillonja es gran e poderos entre los altres de aquesta regio.

このバビロニア［エジプト］のソルダ［スルタン］[1]は，この地域の者たちの中で
とりわけ強大である。

1) マムルーク朝（1250-1517），当時のスルタンであればアシュラフ・シャーバーン
（1363-77）。

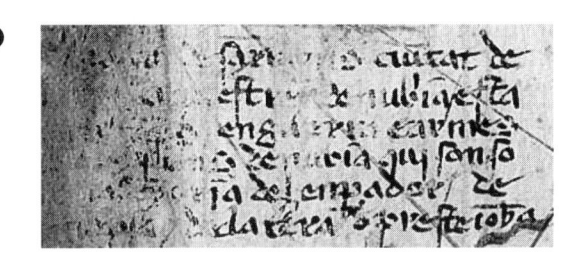

... de sarrayns, ciutat de [Nubia. Aquest rey esta tots temps] en guerra e armes [ab los
chrestians] de Nubia qui son so[ts la seynoria] de l'enperador de [Etiopia] de la terra de Preste
Iohan.

サラセン人の……〔ヌビア〕市。〔この王は〕，プレステ・イォハン［プレスビテ
ル・イォハンネス][1]の地の〔エチオピア〕の皇帝の〔支配下〕にあるヌビアの〔キ
リスト教徒とたえず〕戦をしている。

1) イォハンネスがこの時代にすでにアフリカに移動されていることは注目される。

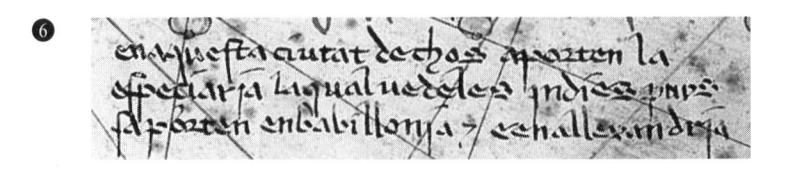

En aquesta ciutat de Chos aporten la especiarja, la qual ue de les Jndies, puys sa porten en
Babillonja e en Allexandrja.

インディエから来る香料はこのコス市［アルカサル］に持ち来られ，それからバ
ビロニアとアレクサンドリアに運ばれる。

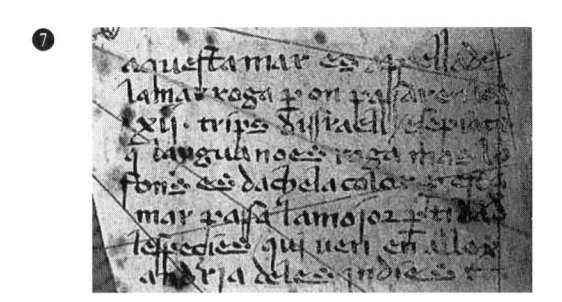

Aquesta mar es appellada la Mar Roga, per on passaren .xij. trips d'Issraell. E sapiats que l'aygua
no es roga mas lo fons es da chela color. Per esta mar passa la major partida de l'especies quj
uenen Allexandrja de les Indies.

この海は紅海と呼ばれる，そこをイスラエルの十二支族が渡った。水は紅くなく，
底がその色であることをご存じありたい。インディエからアレクサンドリアに来
る香料は大部分この海を通る。

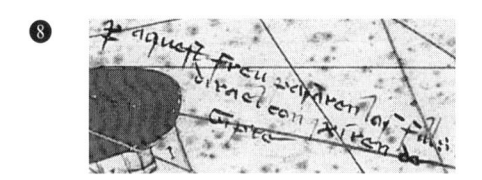

Per aquest freu pasaren los fills d'Irael con jxiren de Gipte.

イラエル［イスラエル］の息子たちは，ジプテ［エジプト］から出た時この河を渡
った。

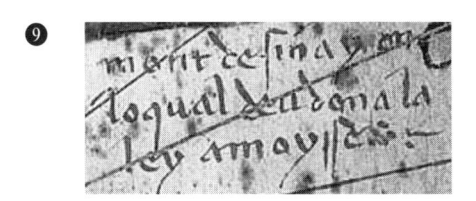

Mont de Sinay, en lo qual Deu dona la ley a Moysses.

シナイ山，神はここでモイセス［モーゼ］に律法を授けた。

 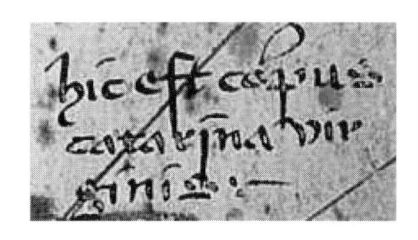

Hic est corpus Catarjna virginis.

ここに童貞カタリナ[1]の遺骸がある。

　1）アレクサンドリアの聖女カタリナ（287-305），殉教の後天使によってシナイ山に運ばれた。

 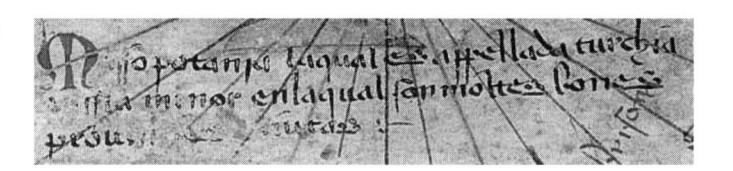

Messopotanja, la qual es appellada Turchia o Assia Minor, en la qual son moltes bones prouin[cies e c]iuitas.

メッソポタニア［メソポタミア］，トゥルキアあるいは小アシアと呼ばれる，良い地方や都市がたくさんある。

①ROSSIA：ロシア

②BURGARIA：ブルガリア（ブルガル人の地）

③CUMANIA：クマニア（クマン人の地）

④ALLANIA：アラニア（アラン人の地）

⑤TVRCHIA：トゥルキア

⑥AFRICHA：アフリカ

⑦NVBIA：ヌビア

パネル V

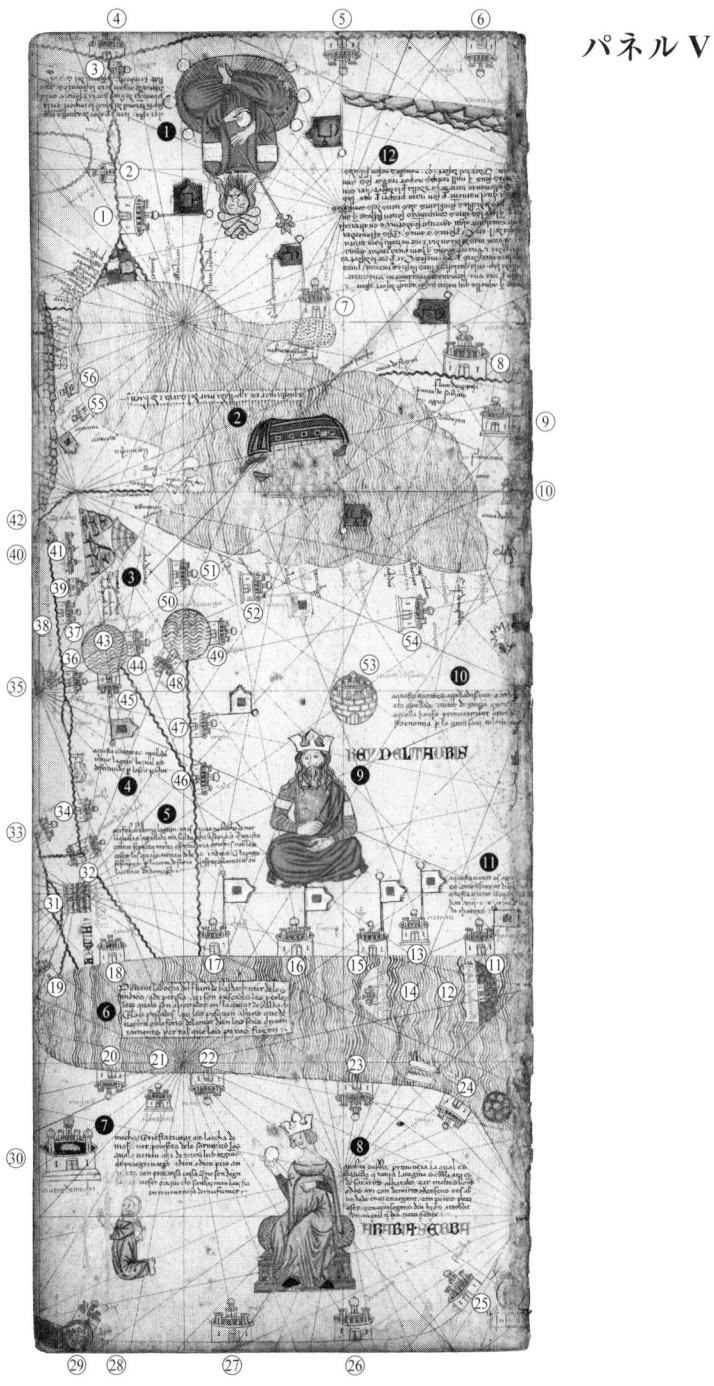

Açi esta l'emperador de aquesta regio septentrional, del qual lo imperi comença en la prouincja de Burgaria e feneix en la ciutat de Organcio. Lo senyor es appellat Jambech, senyor del Sarra.

ここにこの北方地域の皇帝がいる。その帝国はブルガリア［ブルガル］地方に始まり，オルガンシオ［ウルゲンチ］市に終わる。君主はイァムベク［ジャニベク］[1]と呼ばれ，サッラ［サライ］の主である。

1）ジャニベク Jani-Beg：キプチャク・カン国第 12 代君主（位 1342-57）。

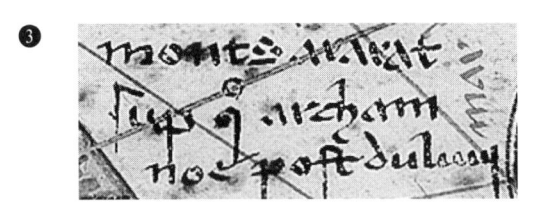

Aquesta mar es appellada mar del Sarra e de Bacu.

この海はサッラとバクーの海と呼ばれる。

Monts Ararat, super quos archam Noe post duluuj.

アララト山，その上に洪水後ノエの方舟。

4

Aquesta ciutat es appellada Ninue la Gran, la qual es dstrouida per lo seu pachat.

この市は大ニヌエ［ニネヴェ／モスル］と呼ばれるが，自分の罪で滅びた。

5

Açi fo Babillonia la Gran, on es taua Nebochadenor, la qual es appellada ara Baldacha. E sapiate que en esta ciutat se porta molta especiaria e moltes nobles coses, les quals uenan de les Indies e de puyx se scanpen per la terra de Suria, jespeçialment en la ciutat de Domasch.

ここに，かつてネボカデノル［ネブカドネザル］のいた大バビロニアがあったが，今はバルダッカ［バグダード］と呼ばれる。またご存じありたい，インディエからこの市に香料や高価なものがたくさん運ばれて来る。そしてその後，シリアの地とりわけドマスク［ダマスクス］市に送られる。

6

Deuant la bocha del flum de Baldach, mar de les Indies e de Perssia, açi son pescades les perles,

les quals son aportades en la ciutat de Baldach. E los pescados qui les pesquen, abans que deuaylen en lo fons de la mar, dien los seus encantaments per tal que los pexos fugen.

バルダックの河口の前，インディエとペルシャの海，そこで真珠が採られ，バルダック市に運ばれる。それを採る漁師は，海の底に潜る前に，魚が逃げるよう呪文を唱える[1]。

1）Cf. パネル VI **5**, n. 2.

7

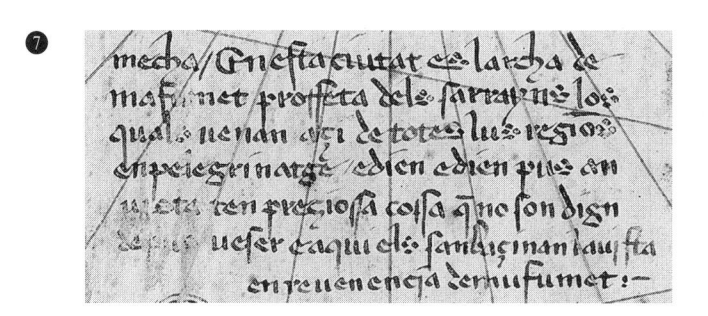

Mecha. En esta ciutat es l'archa de Mafumet, proffeta dels sarrayins, los quals uenan açi de totes lus regions en pelegrinatge ; e dien [e dien] pus au uieta ten preçiossa cossa, que ne son dign [es] de pus user. E aqui els sanbaçinan la ujsta en reuenencja de Mufumet.

メッカ。この市にサラセン人の預言者マフメットの棺がある。彼らはあらゆる地域からここに巡礼にやって来る。そして，これほど有難いものを目にした後は何も見る価値がないと言う。そしてそこで彼らは，ムフメットの崇拝に恍惚となる。

8

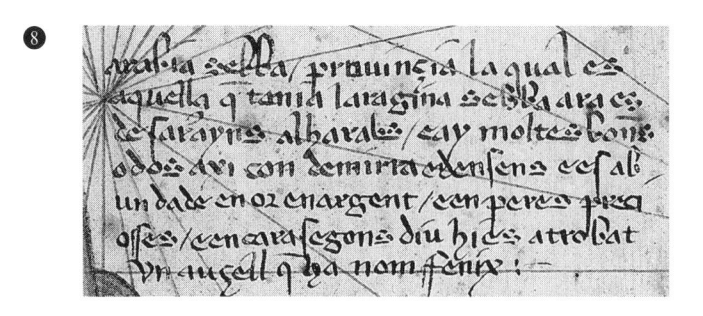

Arabia Sebba, prouinça la qual es aquella que tania la ragina Sebba, ara es de sarrayns al Harabs. E ay moltes bons odos, axi con de mirra e d'ensens ; e es abundade en or, en argent e en peres preciosses ; e encara segons diu hi es atrobat vn auçell que ha nom ffenix.

アラビア・セッバ，女王セッバ［シバ］が領有していた地方，今はアラブのサラ
セン人のものである。没薬・乳香など良質の香がたくさんある。金・銀・宝石が
豊富にある。さらにまた，言われるところによると，フェニックスという鳥がい
る。[1]

> 1）このテキストの下に ARABIA SEBBA〈アラビア・セッバ〉とある。

❾　REY DEL TAURIS　タウリス［タブリーズ］の王[1]

> 1）イル・カン国（1256-1353），君主はガザン（1295-1304）の後，オルジェイトゥ
> （1304-16），アブー・サイード（1316-35），アルパ・ケウン（1335-36），トガ・テムル
> （1337-53）。

❿

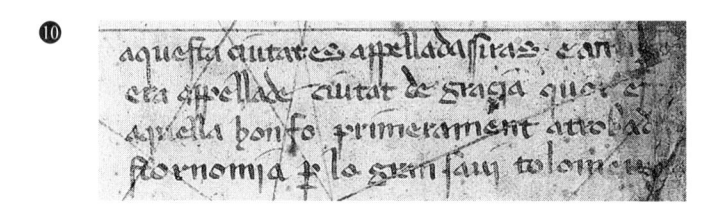

Aquesta ciutat es appellada sSiras e anti［gament］era appellade ciutat de Gràcia, quor es aquella
hon fo primerament atrobada［l'a］strornomja per lo gran sauj Tolomeu.

この市［㊿］はシラス［シーラーズ］と呼ばれ，古代にはグラチア［グラエキア／
ギリシャ］の市と呼ばれた。大賢者トロメウ［プトレマイオス］によってここで天
文学が最初に発見されたからである[1]。

> 1）紀元 2 世紀のアレキサンドリアの人であったプトレマイオスに，こうした事実は伝わら
> ない。その故地アレキサンドリアとの混同か。絵図（㊿）は，プトレマイオスの地球の形状
> をした都市。そのためこの graçia（または gracia）を〈恩寵〉ととる読みもある [B/T]。

⑪

Aquesta ciutat es appellada ［Hormes, la qual］ es comensament de les Indies. ［E sepiats que］ en esta ciutat uenen les naus ［les quals］ han .viij. e .x. arbres, les ［quals han uells］ de chanyes. （［　］内は次のパネルにまたがっている部分）

この市は〔ホルメス〕と呼ばれ，インディエの始まりである。〔ご存じありたい〕，この市にやって来る船はマストが 8 とか 10 とかあり，〔その帆は〕葦〔竹〕で出来ている。

⑫

Sapiats que aquells quj uolen passar aquest desert estan e ［re］posen per tota vna setmana continuament en vna ciutat appellada Lop, en la qual ells e lurs besties recreant, puys ［pren］en lurs necessaris per .vij. meses. Car per tot lo desert va ［hom］ .j. dia e vna njt, abans que hom puxa trobar aygua ［bon］a a beure ; mas de dia en dia e nit ne troba hom tanta ［que］ abasta de .L. en .C. persones o a mes. E sis esdeuendra ［de］ nit caualcant algu agreujat se adorma o en altra cosa, ［açi］ per que leix los altres companyons souen s'esdeue que ou ［en l'aer ueus］ de diables semblants a les ueus dels companyons, ［encara］ qu'el nomene per son nom propri, per que los [diable] s lo menan tant de ça e de lla per lo desert ; axi conpanyons seus que null temps no pot trobar sos companyons. E daytal desert .m. nouelles ne son sabudes.

ご存じありたい，この砂漠を渡らんとする者は，ロプと呼ばれる市に丸一週間ずっと留まり体を休める。そこで彼らとその荷獣は元気を付け，その後7か月間に必要なものを手に入れる。というのも，その砂漠ではどこでも飲み水にありつくまでに一昼夜旅しなければならないからである。しかし一昼夜行くと，50人から百人かそれ以上に十分な水が見つかる。夜旅していて，もし誰かが疲れて眠ってしまったり他の理由で他の仲間から外れることが起こると，まるで仲間のように悪魔の声が空中に聞こえ，彼自身の名を呼ぶ。このようにして悪魔は砂漠の中をあちこち連れ回し，彼は自分の仲間を見つけることは決してできない。この砂漠には，こうした話がいっぱい知られている。(Cf. MP Ch. 57)

①ciutat de ssarra：サッラ市（バトゥ・サライ）

②berchimam：ベルケ（サライ）

③borgar：ブルガル

④castrama：アストラカン

⑤jorman：？

⑥pascherti：バシュキール

⑦trestargo：？

⑧ciutat de [ne...]：？

⑨car [...]：？

⑩[...]：？

⑪hormisiom：ホルムス

⑫insula de ormis：ホルムス島

⑬creman：ケルマン

⑭insula de chis：キーシュ島

⑮vssn：？

⑯serans：スィーラーフ

⑰chesi：キーシュ

⑱taiuust：？

⑲basara：バスラ

⑳golfaca：？

㉑almedina：メディナ

㉒iepta：？

㉓cabat：？

㉔ietrib：？

㉕seneha：サンナ Sanna [B/T]

㉖adromant：ハドラマウント

㉗mey：モカ／ムザ Moka/Muza [B/T]

㉘adep：アジップ

㉙adem：アデン

㉚ciutat de mecha：メッカ市

㉛torra de babell：バベルの塔

㉜ciutat de baldach：バルダック市（バグダード）

㉝ferug：？

㉞orbo：？

㉟moror：？

㊱pasalajn：？

㊲malascerti：マラズギルト Malasgird [B/T]

㊳erminia major：大アルメニア
㊴villanj：？
㊵eufrates：エウフラテス
㊶.iij. ecressie：三教会
㊷munt tabrus：タウロス山
㊸mar d'argis：ヴァン湖
㊹argis：アルジジ（ヴァン）
㊺caperej：？
㊻cade：？
㊼cremi：コリム Korrim/Khorremabad [B/T] またはクリミア？
㊽ormj：ウルミア Ormiah [B/T]
㊾marga：マラガ
㊿mar de marga：マラガ湖（ウルミエ湖）
(51)tauris：タウリス（タブリーズ）
(52)sodauja：スルタニーア Sultania [B/T]
(53)ciutat de ssiras：シーラーズ市
(54)ciuurey：レイ（市）Rey（古代メディアの首都［織田］）
(55)caraol：？
(56)derbent：デルベンド

パネルVI

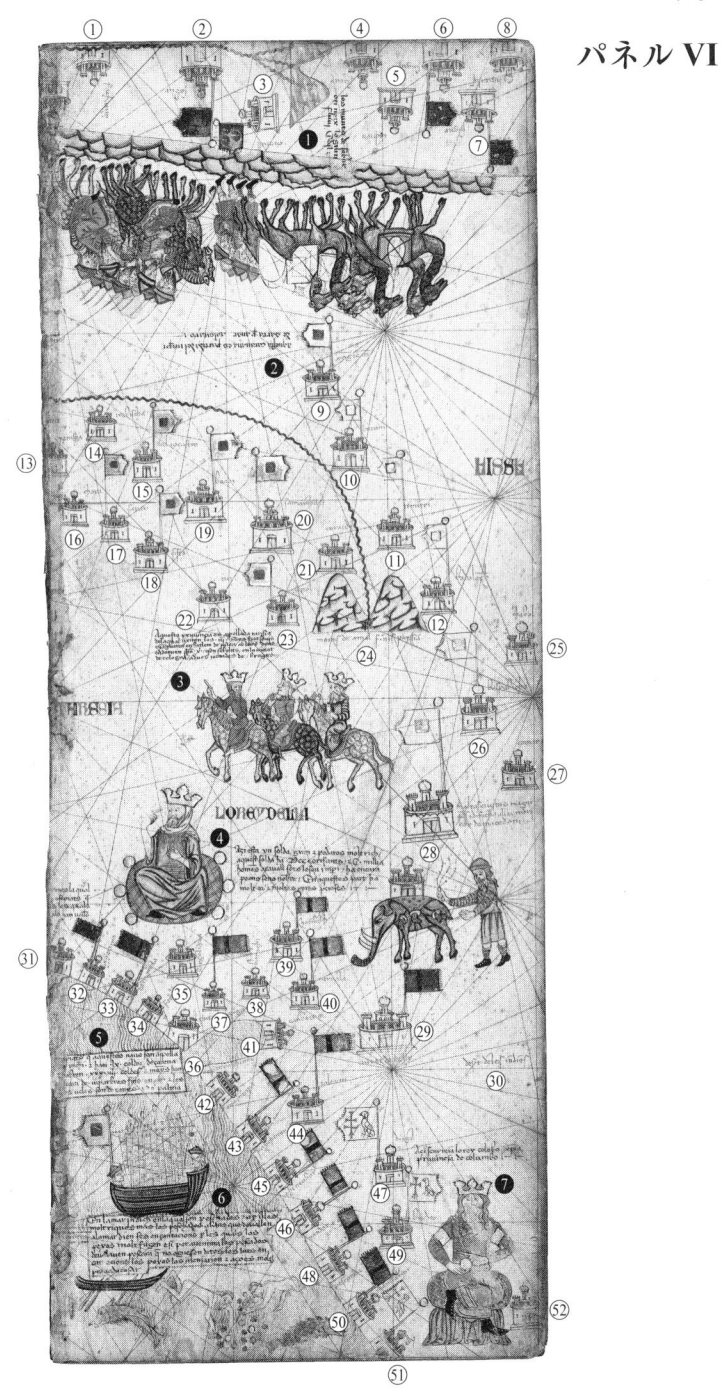

❶

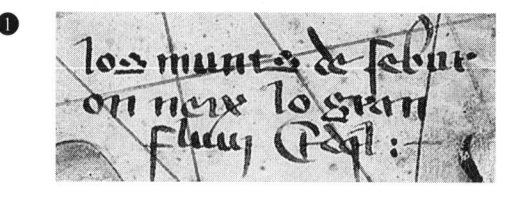

Los munts de Sebur, on neix lo gran fluuj Edjl.

セブールの山々［ウラル山脈］，そこに大河エディル［ヴォルガ］が発する。

❷

Aquesta caravan es partida de l'imperi de Sarra per anar a Alcatayo.

このキャラバン[1]はサッラ帝国［キプチャク・カン国］を発ち，アルカタイオ[2]に向かう。

　1）ポーロの一行。　2）al Cataio〈カタイオへ〉の誤読。

❸

Aquesta pruuincia es appellada Tarssia, de la qual axiren los .iij. Reys fort saujs, e uangueren en Batlem de Judea ab lurs dons, e adoraren Ihesu Christ ; e son sebolits en la ciutat de Cologna, a dues iornades de Bruges.

この地方はタルシア[1]と呼ばれ，いとも賢者なる3王はここから出発し，贈り物を持ってユダヤのベツレヘムに来たり，イエス・クリストを拝んだ。彼らは，ブルゲス［ブルージュ］から2日行程のコローニァ［ケルン］に埋葬されている。

　1）タルサ，イラン東北部からタリム地方にかけてのキリスト教徒の地，cf. VII ハイトン第一巻 Ch. 2, n. 1. 絵図の左横に TARSSIA〈タルシア〉とある。

❹

Açi esta vn solda gran e podaros, molt rich. Aquest solda ha .DCC. orifants e .C. millia homens a cauall sots lo seu imperi ; ha encara peons sens nonbre. En aquestes part ha molt or e moltes peres precioses.

ここには，一人の強力でとても金持ちの大ソルダ［スルタン］がいる[1]。このソルダは支配下に，7百の象と10万の騎兵を有している，さらに歩兵は無数にいる。この地には金や宝石がいっぱいある。

　1）デリー・スルタン朝（1206-1526），当時はトゥグルク朝（1320-1414），王はギヤースッディーン（1320-25），ムハンマド（1325-51），フィールーズ（1351-88）。王の絵図の右横にLO REY DELLI〈デッリ［デリー］王〉とある。

❺

Sapiats que aquestes naus son appellades inchi e han .lx. coldes de carena e hobren .xxx. iiij. coldes e menys han ［en]cara de .iiij. arbres fins en .x., e les ［lur］s ueles son de canes e de palma.

ご存じありたい，これらの船はインキ[1]と呼ばれ，竜骨［長さ］60 コルデス[2]，喫水［高さ］34 コルデス，また多くはマストを4本から10本持つ。その帆は葦[3]と棕櫚で出来ている。

　1）ジャンク junk のこと。　2）エル／ブラッチォ腕尺に同じ。　3）竹。

❻

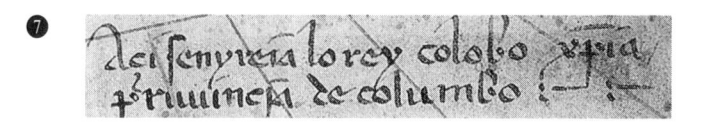

En la mar Jindich, en la qual son peschades, e ay illes molt riques ; mas los pescados, abans que deuallen a la mar, dien ses encantacions per les quals los pexos molt fugen ; e si per auentura los pescados deuelauen Pescara, que no aguessen dites les lurs encantacions, los pexos los menjarien. E aço es molt prouada cosa.

漁師たちのいるインディク［インディア］の海には，とても豊かな島がたくさんある。しかし漁師は海に潜る前に，魚が遠くに逃げるよう呪文を唱える。もしたまたま漁師がその呪文を唱えずに漁に潜ると，魚は彼らを喰らう。これはよく起こったことである。（Cf. MP Ch. 174）

❼

Açi senyreia lo rey Colobo christia. Pruuincja de Columbo.

ここはキリスト教徒コロボ王が統べている[1]，コルムボ［クイロン］地方。

　1）ヴィジャナガル王国との混同。

①fachatim：？

②sebur：セブール（イルティシュ川上流）

③camull：カムル哈密（MP *camul*）

④siacuy：サチュ沙州（MP（F）*saciou*）

⑤i/sachion：サキオン沙州（MP（R）*sachion*）

⑥singuj：シンジュ西寧州（MP *singiu*）

⑦sugur：スジュ粛州（MP *succiu*）

⑧cigitalas：チギタラス（ビシュバリク地方）（MP（F）*ghinghintalas*，（TA）*chingitalas*

⑨congicanti：イェンギ・ケント（カルピニ Ch. 5, n. 29）

⑩cotam：ホータン（MP *cotan*）

⑪timitri：イルミ？

⑫badalench：バダクシャン？
⑬zaraspa：？
⑭trabischa：？
⑮calaycastro：カアジュ・カラトゥ（哈老徒 Ha-lao-tu),
⑯choya：？
⑰saray：サライ
⑱sista：シースタン
⑲bocar：ボカーラ
⑳samarchatj：サマルカンド
㉑cayandi：カヤリク？
㉒cuj：？
㉓amol：アモウ Amou [B/T]，フェルガナ盆地南縁のアライ山地一帯［織田］
㉔monts de amol finis perssia：アモル山ペルシャ終わり
㉕chabol：カブール
㉖baspabicho：ビシュバリク
㉗camar：カシミール Cachemire [B/T]
㉘ moltas ciutas magni an[ti]gs edificha allexandrj rey de macedoni：多くの大都市を〔昔〕マケドニア王アレクサンデルが建てた
㉙ciutat de delly：デリー市
㉚desert de les indies：インディエの砂漠
㉛nocran：マクラン（MP *macoran*)
㉜chesimo：ケスマコラン（MP *kesmacoran*) [Pelliot]
㉝camonela：？
㉞semenat：セメナット（ソムナット）（MP *semenat*)
㉟bargelidda：？
㊱㊲ciutat de goga：ゴア市
㊳barochi：バルチスタン
㊴hocibelch：？
㊵neruala：？
㊶canbetum：カンベイ（MP *canbaet*)
㊷cocjntaya：タナ [Pelliot]
㊸ialeym：？
㊹paychinor：？
㊺chintabor：キンタボール（ゴア）
㊻nandor：？
㊼diogil：ダウラタバード Daulatabad［Yule］
㊽pescamor：ペスカモール（漁師町）
㊾bixder：？
㊿manganor：マンガロール
(51)elly：エリー（MP *eli/ely*)
(52)ciutat de colmbo：コロンボ市（クイロン）

パネル **VII**

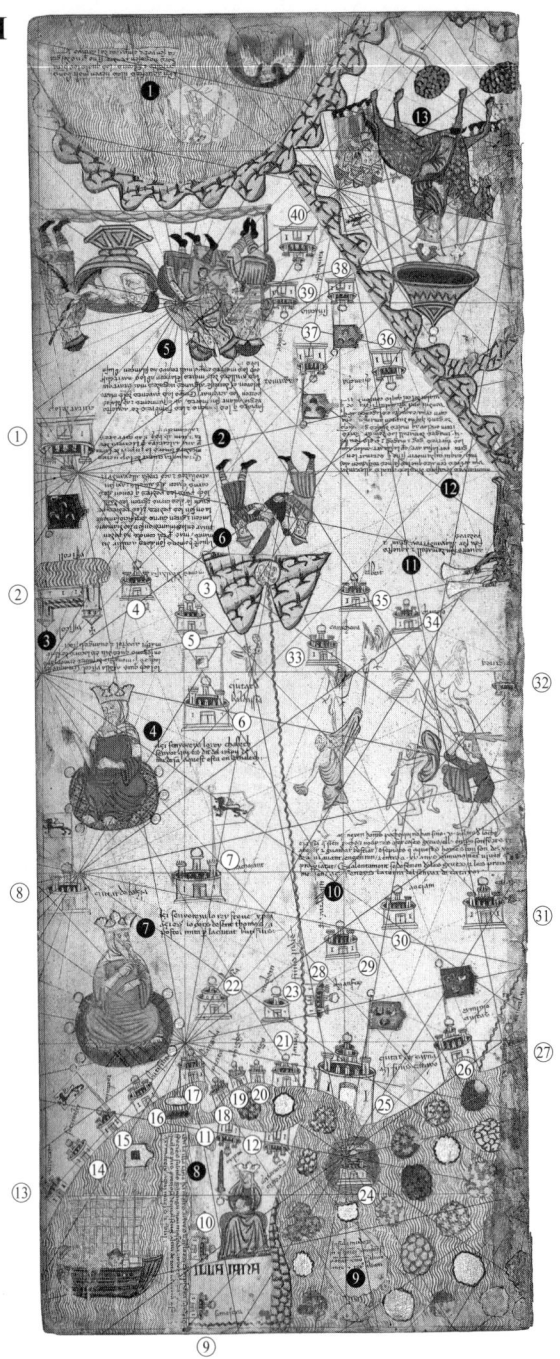

❶

En aquestes illes nexen molt bons grifalts e falcons, los quals los habitadors no gosen prendre, si no per us del gran Ca, senyor e emperador del Catayo.

これらの島には優れたハヤブサやタカが生じる。住民は，カタイオの君主皇帝のグラン・カ［ン］の用のためでなければ，それを捕えることは出来ない。（Cf. MP Ch. 71）

❷

En aquesta ciutat de Lop uenen mercaders de uers lo jnperi de Sarra per ana a Alcatayo per la carera dreta e uan ab bous e ab carretes e ab camels.

このロプ市に，サッラ［サライ］帝国から真っ直ぐアルカタイオ［カタイ］に向かう商人たちがやって来る。牛・車・ラクダとともに行く。

❸

Lo loch quis assella Ysicol. En aquest loch es .j. monestir de frares ermenjans, on segons ques diu es lo cors de sent Mathi, apostol e euangelista.

イシコル［イシク・クル］と呼ばれる土地。この地にアルメニア派修道士の僧院が一つあり，言われるところによると，そこに福音史家使徒聖マタイの遺骸がある。

Açi senyoreya lo rey Chabech, senyor quj es dit del impij de Medeja ; aquesta esta en Emalech.

ここはメディア帝国[1]の君主と言われるカベック［ケベク］王[2]が統べる，これはエマレック［アルマリク］にある。

> 1）古来のメディア王国ではなく，モンゴル帝国の中央（メディア）に位置するチャガタイ・カン国，もしくはその混同。　　2）ケベク Kebeg（1318-26）：バラクの子ドアの第3子。

Sapiats que los homens et les fembres de aquesta region, quant son mort, ab esturments e ab solaços porten los a cremar. Empero los parents dels morts ploren, esdeuesse algunes uegades, mas a tart que les mullers dels morts se lançen ab los marits al foch, los marits empero null temps no si lançen ab lus m[ul]lers.

ご存じありたい，この地域の男女は，死ぬと，亡くなった者の縁者が泣いている中を楽器とお祭り騒ぎとともに火葬しに運ばれる[1]。稀にだが時として，死者の妻が夫とともに火の中に身を投げることがあるが，夫は妻とともに身を投げることは決してない[2]。

> 1）MP Ch. 58「タングート（唐古）・サチュ（沙州）」。　　2）MP Ch. 174「マアバル」。

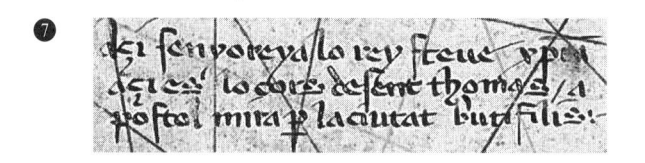

Aquest homens son alets a cullir diamants, mas per tal com els no poden puiar en los munts, on son los diamants, lancen e giten carns artifficiosament, la on son los pedres ; e les pedres peguen se a les carns e giten les d'aquell loch ; puys les pedres que tenen a les carns chaen als auçells e axi son atrobades ; e aço troba Allexandri.

この男たちはダイアモンドを採りに行ったのだが，ダイアモンドのある山に到達することが出来ないと，その宝石のある所にうまく肉を投げる。すると宝石が肉に刺さり，それをその場所から動かす。肉に刺さった宝石は，そのあと鳥によって運ばれ，こうして手に入れられる。アレクサンデルもそうして手に入れた。(Cf. MP Ch. 175, ポーロではアレクサンデルは関わりない。)

Açi senyoreya lo rey Steue, Christian. Açi es lo cors de sent Thomas apostel ; mira per la ciutat Butifilis.

ここ[1]はキリスト教徒のステウェ［ステファン］王[2]が統べている。ここに使徒聖トマスの遺骸がある。彼はブティフィリス［ムトフィリ］市[3]の方を見つめている。

1) 地図上では⑦カラコルムにあたるが。　2) プレスビテル・イォハンネスの末裔のことか。Cf. XI「プレスビテル・イォハンネスの書簡」Ch. 100 (D) xx.　3) ポーロでは，ムトフィリはダイアモンドの採れる山（❻）のある所，聖トマスの遺骸のあるのはマドラス郊外マイラプル，MP Ch. 175, 176.

❽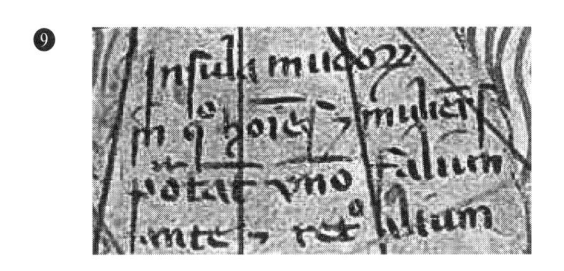

En la illa Iana ha molts arbres, li [leni] ayloes, camphora, sandels, species subtils, garenga, nou moscada, arbres de [canyela], laqual es pus precjosa de qual se uol altra de tota la India ; e son axi mateix, aqui maçis e folij.

イァナ［ジャワ］島[1]にはたくさんの〔木〕がある，アロエ［沈香〕・カンフォラ［樟脳〕・サンデル［紫檀〕・優れた香料・ガランガ［カヤツリグサ〕・ナツメグ，〔シナモン〕の木，それはインディア全体で他のどれよりも貴重である。またここには，マテイスつまりメースと〔その〕葉がある。

1）位置はセイロン，内容はポーロの大ジャワ Ch. 163・小ジャワ（スマトラ）Ch. 166-170.

❾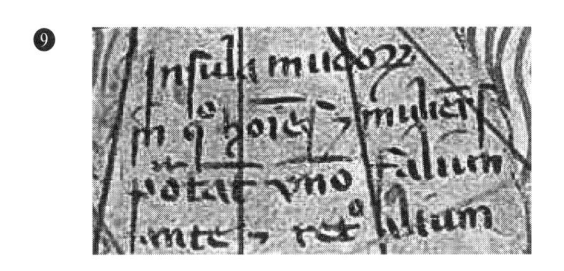

Insula mudorum[1] jn que homiens e mulieres portant vnum folium ante e retro alium.

啞人［裸人］の島，そこでは男も女も前に一枚と後ろにもう一枚葉を一枚纏う。

1）mudorum〈啞人〉：nudorum〈裸人〉の誤記，MP Ch. 171 ネクエラン。

❿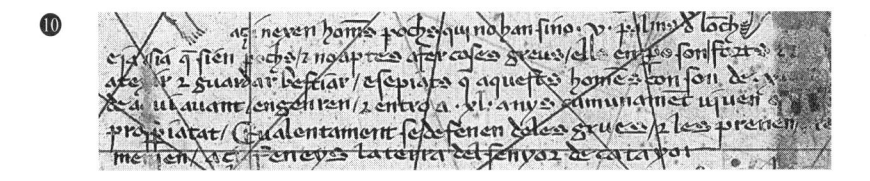

Açi nexen homens pochs, qui no han sino .v. palms de lonchs, e jassia que sien pochs e no aptes a fer coses greus, ells empero son forts e [aptes] a texir e guardar bestiar. E sepiats que aquests homens, con son de .xii. [anys] de aqui auant, engenren, e entro a .xl. anys comunament ujuen e [no han][1] prosperiatat. E ualentament se defenen de les grues e les prenen [et les] menjen. Açi feneys la terra del senyor de Catayo.

ここには，身の丈5パーム[2]もない小人が生まれる。彼らはそれほど小さく，力仕事はできないないけれども，体は丈夫で，布を織ったり家畜の番をしたりするのに〔適して〕いる[3]。この者たちは，12〔歳〕かその前に結婚し，たいてい40歳まで生きるが，繁栄〔しない〕。また，鶴から勇敢に身を護り，〔それを〕捕まえて食べる[4]。ここでカタイオの君主の地が終わる。

1) (sic) [B/T]. 　 2) パーム〈掌尺〉，約25cm。 　 3) Cf. IX「オドリクス」Ch. 24「チレトン市」。 　 4) Cf. プリニウス『博物誌』VII-2 (26)。

⓫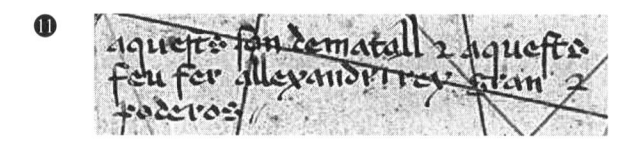

Aquests son de metall e aquests feu fer Allexandri, rey gran e poderos.

これらは金属製で，強力な大王アレクサンデルが作らせたものである。(Cf. ⓬)

⓬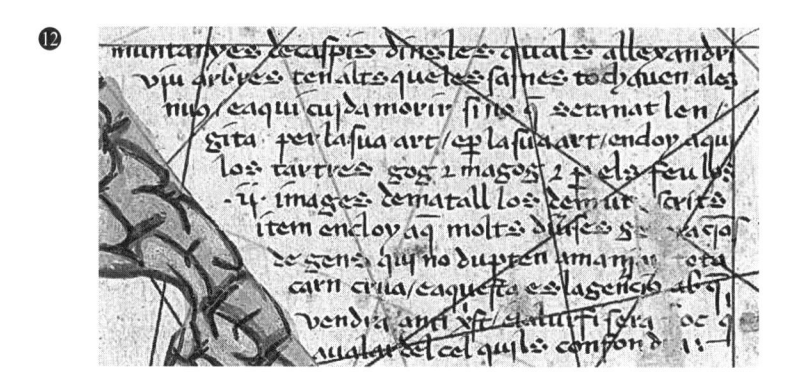

Muntanyes de Caspis, dins les quals Allexandri vju arbres ten alts que les sajnes tochauen a les nuus ; e aqui cujda morir, sino que Setanat lengita per la sua art ; e per la sua art encloy aqui los tartres Gog e Magog e per els feu los .ij. images de matall, los demut scrits. Item encloy aqui molts diuerses generacjons de gens qui no dupten a manjar tota carn crua ; e aquest es la generacio ab que vendra antichrist ; e la lur fi fera foe que aualar del cel qu'jls confondra.

カスピ山，アレクサンデルはその中で先端が雲に届きそうなほど高い木を見た。彼は，サタンがその技でもってそこから救い出さなければ，危うくそこで死ぬところだった[1]。そして彼は，その技でもってゴグとマゴグのタルトレ人をそこに閉じ込め，彼らに対して上述の二つの金属の像を造った[2]。同じく彼は，生の肉なら何でも食うことをためらわぬ様々な種類の多くの民族をここに閉じ込めた。それは，それとともにアンチクリストがやって来る種族である。そして彼らの最期は，天から降って来て彼らを滅ぼす火によってなされるだろう[3]。

1) 悪魔が登場するこの説話は他に見られない。　2) ゴグ・マゴグの民を岩山の向こうに閉じ込めたアレクサンドロスは，そこに見張りとしてラッパをもった像を立て，風が吹く度にそれが鳴り，彼らはまだ彼の軍がそこにいると思って出て来なかった，との説話に基づく，cf. VII「ハイトン」第三巻 Ch. 5, n. 1, V「リコルドゥス」Ch. 11.　3) Cf.『ヨハネ黙示録』20. 7-10.

⓭（パネル VIII **❾**）

①ciutat de lop：ロプ（・ノール）市（MP *lop*）

②yssicol：イシク・クル

③monts de baldasia：バダクシャン山

④chabol：カブール

⑤camar：カシミール

⑥cjutat de baldassia：バダクシャン市（MP *balasciam*）

⑦carachoiant：カラコージョ Caracoço 高昌（MP Z *kara-khojo*）[Pelliot]

⑧ciutat de balçja：バルク市

⑨semescra：スマトラ（MP *samatra/samara*）

⑩auzul：？

⑪malao：マラヤ（マライウル）（MP *malaiur*）

⑫regio femnarum：女人国（アマゾン）

⑬caratam：カラジャン？

⑭setemeltj：sette templi（七寺院）[Yule]

⑮mjrapor：マイラプル

⑯butifilis：ムトフィリ（MP *mutfili*）

⑰bangala：ベンガル（MP *bangala*）

⑱penta：ペンタイン（ビンタン島）（MP *pentain*）

⑲thighe：？

⑳lingo：パンジュグール Panjgoor [B/T]（パキスタン）

㉑janpa：チャンパ占城（MP *cianba*）

㉒bajsia：？

㉓michem：ミエン（MP *mien*），finis inndie インディエ終わり

㉔caynam：カイナム（海南島）（MP Z

cheynam）

㉕cjutat de caynam açj finis catayo：カイナ
ム市（広州）ここでカタイオ終わる

㉖ermjnjo ciujtas：ミエン市（パガン）

㉗cincalan：シンカラン（広東）（OP *cens-*
calan）

㉘chianfuy：キアンスイ（江水）（長江
MP *quiansui*, 川と町の混同），都市で
あれば位置的にはシンドゥフ（成都）
（MP *sindufu*）

㉙pro. zardidajn：ザルダンダン金歯蛮地
方（MP *çardandan*）

㉚aocjam：ヴォチャン（永昌）（MP *uo-*
cian）

㉛calajan：カラジャン（雲南）（MP

caraian）

㉜piginea：ピグミー（小人）（OP *pigmei*）
　［Cordier］

㉝carachora：カラコルム（MP *caracoran*）

㉞chancjo：カンジュ（甘州）（MP *campiciu*）

㉟elbeit：チベット（MP *tebet*）

㊱cjagamor：チャガンノール察罕脳児（MP
ciagannor）

㊲chiancha：サイアンフ（襄陽）（MP *saian-*
fu）？

㊳sinaciuo：シンダチュ（宣徳州）（MP *sin-*
datiu）

㊴zazaber：？

㊵tanduch：テンドゥク（天徳軍）（MP *ten-*
duc）

パネル VIII

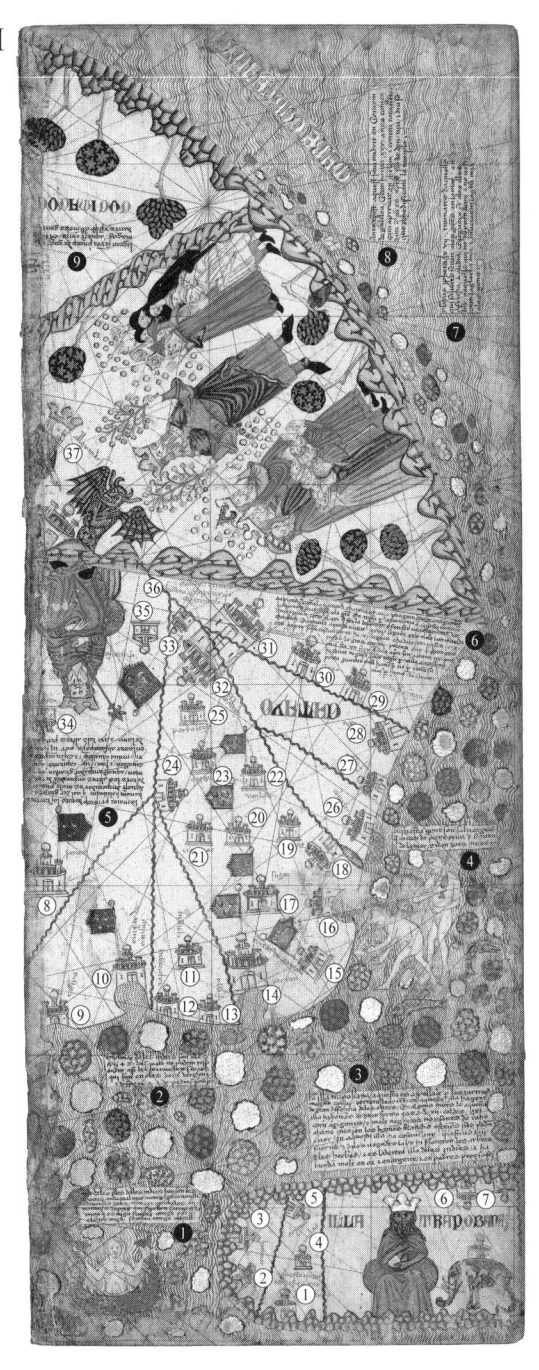

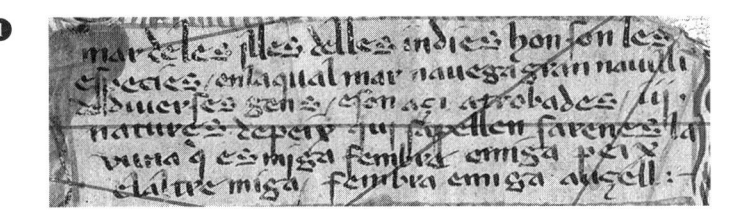

Mar de les jlles delles Indies hon son les especies, en laqual mar nauega gran nauilli de diuerses gens. E son açi atrobades .iij. natures de peix quj s'apellen Sarenes, la vna que es miga fembra e miga peix, e l'altre miga fembra e miga auçell.

インディエの海には香料がいっぱいある。その海は様々な人々の大船が航海する。そこにはセイレーンと呼ばれる 3 種類の魚が見つかる。一つは半分女・半分魚で，もう一つは半分女・半分鳥である。

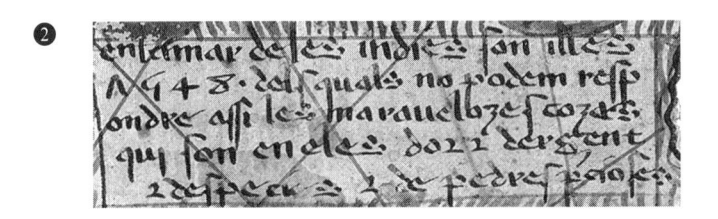

En la mar de les Indies son illes .7548., delsquals no podem respondre assi les marauellozes cozas, quj son en els, d'or e d'ergent e de species e de pedres precioses.

インディエの海には 7548 の島があり，金・銀・香料・宝石等そこにある素晴らしいものについて十分に答えることは我々にはできない。(Cf. MP Ch. 161, 島は 7448.)

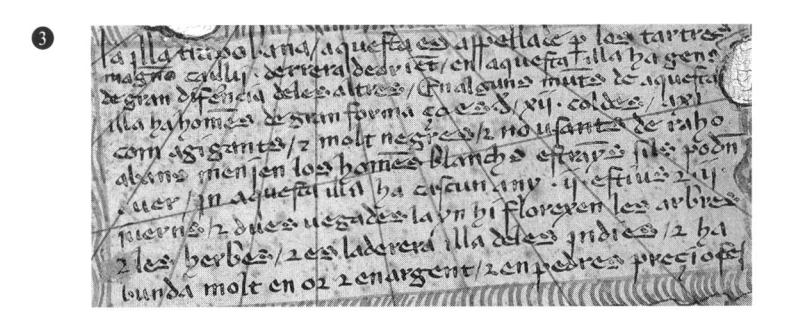

La jlla Trapobana. Aquesta es appellade per los tartres Magno Caulij, derrera de Orient. En aquesta illa ha gens de gran diferencia de les altres. En alguns munts de aquesta illa ha homens de gran forma, ço es de .xij. coldes, axi com a gigants, e molt negres e no usants de raho, abans menjen los homens blanchs e stranys s'ils poden auer. Jn aquesta illa ha cascun any .ij. estius et . ij. juerns, e dues uegades l'ayn hi florexen les arbres e les herbes. E es la derera illa de les Jndies e habunda molt en or e en argent e en pedres preçioses.

トラポバーナ［タプロバーナ］島[1]，この島はタルトレ人から大カウリ[2]と呼ばれ，オリエントの最後の島である。この島には他ととても違った人々がいる。この島のいくつかの山には 12 コルダ［キュビット］もある巨人のように体の大きい人間がいる。またとても色が黒く，十分な理性を有さず，もし捕えることが出来ると色の白い外国人を食べる。この島では毎年夏と冬が 2 回あり，木と草は年に 2 度咲く。インディエの最後の島で，金・銀・宝石がいっぱいある。

1) タプロバーナは古来セイロン島を指すが，ここではジャワ島。　　2) Cauli カウリは高麗（朝鮮）であるが，オリエント最後の島であればジパング島との混同，cf. MP Ch. 161, 163.

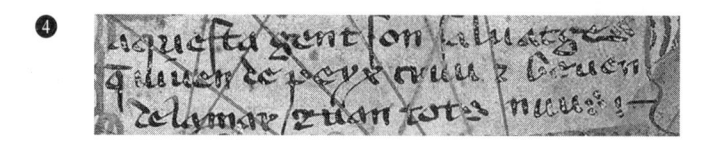

Aquesta gent son saluaiges que uiuen de peyx cruu et beuen de la mar, e uan tots nuus.

この人々は野生人で，生の魚を食べ海の水を飲み，丸裸で暮らす。

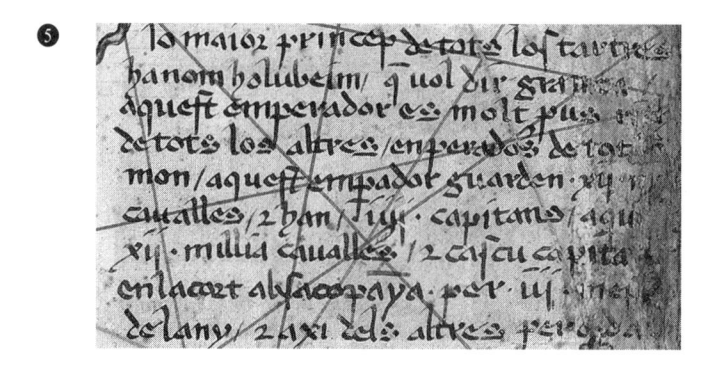

Lo maior princep de tots los tartres ha nom Holubeim, que uol dir Gran Ca. Aquest emperador es molt pus rich de tots los altres enperadors de tot [lo] mon. Aquest emperador guarden .xij. m[il] caualles ; e han .iiij. capitans, aquel [ab] .xij. millia caualles, e cascu capitan [va] en la cort ab sa copanya per .iij. mes[es] de l'any, e axi d'els altres per orda.

全タルトレ人の大君はホルベイン[1]という名で，大カ［ン］という意味である。この皇帝は全世界の他のどの皇帝よりはるかに富裕である。この皇帝を1万2千の騎兵が守り，4人の隊長がこれら1万2千の騎兵とともに，各隊長は供の者とともに年に3か月宮廷に詰め，次いで順に他の者と替わる[2]。

1) Cublay〈クビライ〉。　2) ポーロでは3日3晩で交代，Ch. 86.

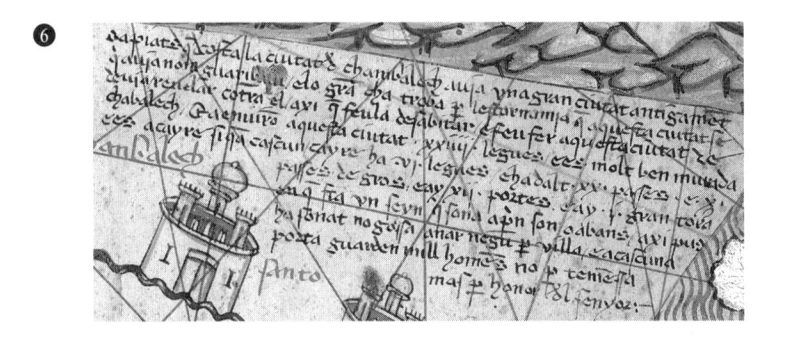

Sapiats que de costa la ciutat de Chambalech auja vna gran ciutat antigament, que auja nom Guaribalu, e lo Gran Cha troba per l'estronomja que aquesta ciutat se deuia reuelar contra el, axi que feu la desabitar e feu fer aquesta ciutat de Chabalech. E a enuiron aquesta ciutat .xxiiij. legues, e es molt ben murada e es acayre, si que cascun cayre ha .vj. legues, e ha d'alt .xx. passes, e .x. passes de gros. E ay .xij. portes, e ay .j. gran tora, en que sta vn seyn que sona apres u son o abans ; axi pus ha sonat no gossa anar negun per villa. E a cascuna porta guarden mill homens, no per temenssa mas per honor del senyor.

ご存じありたい，カムバレク市の傍にかつてグァリバルという名の大きい市があったが，グラン・カ［ン］はその市が自分に叛くに違いないことを占星術によって知り，それでそこの住民を立ち退かせ，このカバレク市を造らせた[1]。市は周囲24レグアあり，すっかり城壁が巡らされ，四角形で，各辺6レグア，高さ20パス，厚さ10パスある[2]。門は12，大きな塔が一つあり，その中には鐘が一つあって，就寝時かその前に鳴り，それが鳴った後は誰も町に出歩こうとしない。

またどの門も千人が守っているが，怖れのためではなく君主の名誉のためである。[3]

1）ポーロでは，旧市がカンバリク，新市はダイドゥ（大都）。　2）レグアは約5km であるがここではマイルに同じ約1.5km，パス〈歩〉は約1.5m.　3）Cf. MP Ch. 85 大都の街。

❼

Ysayas jproheta, .lxvij.: tramatre d'aquells quj saluats seran a les gents en la mar, en Affricha e a Lidia. E segueix se a les illes luny a aquells quj no hoyran de mj e no uchoran la gloria mja, e anunciaran la gloria mja a les gens.

預言者イザヤ LXVII「（私は）生き残った者を海の彼方の人々，アフリカやリディア［リビア］に遣わす」。さらに続いて，「遠くの島々の，私のことを聞いたことも私の栄光を見たこともない人々に，そして彼らはその人々に私の栄光を伝えるだろう」[1]。

1）「イザヤ書」66.18-19.

❽

Antechrist. Aquest sera nudrit en Goraym de Galilea. E con haura .xxx. anys, començara a prricar en Jhrusalem, e contra tota ueritar dira que ell es Christ, fill de Deu uju. I diu se que rehedifficara lo temple.

アンチクリスト，ガリレア［ガリラヤ］のゴライン［ゴラン］で育てられるだろう。そして30歳になると，エルサレムで説教し始め，全く真実と反することに，自分は生ける神の子クリストだと言うだろう。彼は神殿を再建すると言われる。

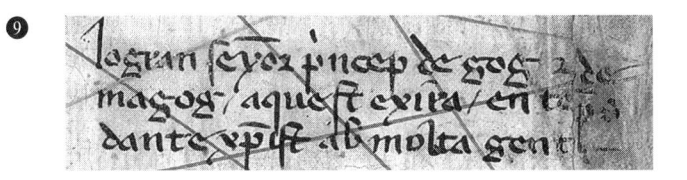

Lo gran seynor, princep de Gog e de Magog. Aquest exira en temps d'Antechrist ab molta gent.

ゴグとマゴグの首領の大君主。それは，アンチクリストの時に多くの民とともに現れ出るであろう。［パネル VII ⓭］

①aquesta cjutat es deserta per serpents： この市は蛇で荒廃した

②leroa：？

③hormar：バスマン Basman ［Pelliot］

④malao：マラヤ

⑤menlay：？

⑥dinloy：？

⑦melaro：マライウル Malaiur ［Pelliot］

⑧jatun：ガインドゥ（MP *gaindu*）［Pauthier］，寧遠府 Ning-youen-fu ［Cordier］

⑨canyo：カントン（広東）

⑩ciutat de cansay：キンサイ市（杭州）（MP *quinsai*）

⑪cjnguj：ジョジュ（涿州）（MP *ciugiu / giogiu*）またはチンジュ（処州）（MP *ti[u]ngiu* 磁器の町）

⑫tapinguj：タンピンジュ東安郡（富陽）（MP *tanpingiu*）［愛宕］または紹興府 Chao-hing-fu ［Cordier］

⑬fogo：フジュ（福州）（MP *fugiu*）

⑭ciutat de zayton：ザイトン市（泉州）（MP *çaiton*）

⑮mingio：ミンジュ（明州）

⑯fussum / fusam：フジュ（福州）？

⑰suguj：スジュ（蘇州）（MP *suigui*）

⑱cayfam：カイフェン（開封）

⑲vunguano：ウンクェン（南剣）（MP *unguen*）

⑳cugjn：クジュ（信州）（MP *cugiu*）

㉑cinganar：？

㉒venlifu：ケンリンフ（建寧府）（MP *qenli-fu*）

㉓qujguj：クジュ／チュジュ（叙州）（宜賓）（MP *caigiu / ciugiu / cuigiu*）（位置的には三つの川の合流点にある㉔と入れ替わる）

㉔siarsiau：チャンシャン（常山）（MP *cianscian*）

㉕perbalech：ビシュバリク Bich balig ［Cordier］

㉖caxum：開封府 Kai-foung-fou ［Cordier］（MP *caycuy, caichu*）

㉗fugio：フジュ（福州）（MP *fugiu*）

㉘jangio：ヤンジュ（揚州）（MP *yangiu*）

㉙ciuta de cjngu：チンジュ市（泰州／通州）（MP *tigiu / cingiu*）

㉚santo：シャント（上都）（MP *ciandu*）またはシンジュ（マツ）（済州）（馬頭）

（MP *singiumatu*）

㉛㉜chanbalech：カンバリク（大都）

㉝quianfu：ケンジャンフ（京兆府）（MP *quengianfu*），シーアンフ（西安府）[Cordier]

㉞can[...]：？

㉟chayanfu：カチャンフ（河中府）（MP *cacianfu*）またはタイアンフ（太原府）（MP *taianfu*）

㊱cjuitas de chanbalech magnij canis catayo：カンバリク市 大カン カタイ

㊲allexandrj：アレクサンデル

おわりに
―ルネサンスはマルコ・ポーロに始まる―

「4 世紀キリスト教を受け入れ，5 世紀北からの'蛮族'の侵入によって古代ローマ帝国が滅んだあと，7 世紀イスラムによって地中海とアジアから締め出されて成ったヨーロッパは，9 世紀初めシャルルマーニュの下に神聖ローマ帝国を建て，10-11 世紀農業の，12 世紀商業の革命を経て成長し，眼を外に向けて 12-13 世紀十字軍運動でもってイスラムに反攻し，14-15 世紀ルネサンスによって学芸の革新を果たして発展，16 世紀大航海によってアフリカ・アジア・新大陸に進出，そして全世界を制覇した近代に繋がって行く」，というのがいわゆる西欧中心史観からする一方的な世界史であることは，今では遍く承知されている。それでも，そのことを十分に弁えたうえで，ヨーロッパだけの成長と発展の軌跡としてみれば，大筋として十分に有効である。では，そこに東方はどのように関わっているか，西方にとって東方とは何であったか。

本書で扱った 13 世紀前半から 14 世紀後半は，その中では十字軍運動とルネサンスの狭間に属する。しかしその時代は，いわゆる中世から近世あるいは近代への転換期にあたり，上の流れの中では最も大きな変化を来たらせた画期的な時代だった。その変化・転換とは，一言でいえば神から人へ，あの世からこの世へ，すなわち世界を神の下から人間の手に取り戻すことであった。となれば，人々の関心と探求は，その人間そのものとそれが住む世界へと向かう。先走って言えば，前者の帰結が 14-15 世紀のルネサンスであり，後者のそれが 16 世紀の大航海ということになる。がここでは元に戻って，前の時代にはそれはどのような形となって表れていたか。

11 世紀末に始まる十字軍運動は，成長した若者ヨーロッパのいわば元服式だった。内で十分に力を蓄えた彼らは，その力を外に伸ばすべく，自分たちを取り囲んでいる教敵かつ商敵イスラムの打倒に立ち上がり，十字を印した装束に身を固めて大挙して「海の彼方」へと渡る。そして 2 世紀にわたる攻防の末，聖地こそ征服できなかったがそれ以上のものを得た。すなわち，その彼方に広大な東方世界の広がっていることを知ったのである。またその頃には，華々しかった最初

の成果のあとは徐々に変質してゆくその軍事遠征に代わって，折しも創立された二つの托鉢修道会を中心とする布教による異教徒・異民族への宗教遠征が始まっていた。さらに，富を貯え域内に飽き足らなくなった商人たちも，積極的にそこに進出しようとしていた。

　とそこへ突如として，しかしあたかも彼らの東方への関心に応えるかのごとく，登場してきたのがモンゴルということになる。その後の展開については，「はじめに」や各編の解説ですでに述べた。では，東方と世界はいかに発見され見聞され，認識され記述されたか，本書で取り上げた作品を中心に今一度簡略にいくつかのステージに分けてたどると，次のようになろうか。

1　プレ・モンゴル──驚異と幻想

　そのまえに，ローマ以前はどうだったか。これまた至極おおざっぱにいえば，初めにギリシャがあった，ギリシャとは文明であった。エーゲ海の畔に誕生したその国は，高度の哲学・文学・芸術・科学を生み，それによって世界の中心を自認し，周辺を蛮族と見做した。東にはペルシャが，さらにその向こうにはインディアがあり，そこが未開の蛮地であることはマケドニアの大王アレクサンドロスの東方遠征によって証言された。その文明は，やがて興隆してきたローマに受け継がれ，文明世界はティレニア海の畔のローマを中心とする地中海世界へと拡大し，それにつれて蛮地も北方や南のアフリカへと広がったが，それを代表するのは相変わらず東のインディアだった。そこは，自然と財宝に豊かであるが驚異と幻想に溢れる異世界とされ，ギリシャのヘロドトス，ローマのプリニウスら古代の作家たちは，そこにありとあらゆる珍獣・怪獣，怪人・怪物を棲まわせた。こうして，ギリシャ・ローマを文明世界の中心，周辺を蛮族の地とする世界像・世界観が確固として成立し，それはその後のヨーロッパにおいても一貫して持ち続けられ，変わることは決してない。

　そこへ現われるのがクリストである，クリストとは神であった。彼は，オリンポス山上にあって人間を支配し命令を下していたギリシャ・ローマの神々を追い出し，その神話を聖書に取り換え，原罪と霊魂の救済を説き，現世での行いが来世で裁かれることを教え，この世での生は仮初めのもので，あの世での生こそ永

遠の真実のものだとして，現世の生を謳歌していた人々の心に罪の衣を着せ，来
世での救いを祈らせた。それが中世であり，先回りして言えば，それを元に戻そ
うとしたのがルネサンスである。その結果，中世にはこの世の生を謳う芸術や学
問は衰退したが，しかしかのギリシャ・ローマ文明が否定されることはなかった。
クリスト以前のものだったからである。こうしてヨーロッパが成った。つまりヨー
ロッパとは，ギリシャ・ローマの上にキリスト教を継ぎ足し，それをクリスト
の手と衣で覆ったものであった（cf. XV・図1 ヘレフォード図）。

　文明と野蛮については，かつての区別がそのまま受け継がれたわけではないが，
現実世界においてはキリスト教が広まったのはほぼ前者と一致し，後者は異教と
異端の世界とされた。しかし，自らの神を唯一絶対とし普遍主義を掲げるキリス
ト教は，人間に人種や民族の違いは認めても霊魂に違いがあるとは考えず，これ
の普き救済を目指した。そこで彼らは，まず北方へと向かって宣教し，その結果
が，かつての蛮族ゲルマンの改宗とその王シャルルマーニュによる神聖ローマ帝
国の建設となった。続いて東に目を向け，まず十字軍運動によってそこに立ちは
だかる異教イスラムを打倒し，次いでさらにその彼方にある東方に伝道の足を伸
ばそうとしていた。それがこの頃，モンゴルが登場する前，12世紀から13世紀
初めにかけてである。

　「プレスビテル・イォハンネスの書簡」（c. 1165）は，そうした状況を反映した
もの，つまりギリシャ・ローマ文明の下で語られ作り上げられた驚異と幻想の東
方をそのまま受け継ぎ，そこへの布教を先取りして，そこで王となったキリスト
教司祭にそれを統治させんとしたものである。彼は誇る，その領土は三つのイン
ディアからバビロンにまで広がり，ありとあらゆる種類の怪獣・猛獣がおり，財
宝は無限，宮殿は金銀宝石に輝き，人間もまたあらゆる種類の怪人・異人が無数
であるが，ごく少数のキリスト教徒をのぞいて，全て異人種・異教徒である。ま
たそこには72の国があり，72人の王がいて貢納する。宮廷にあって自分に仕え
るのはその王たちであり，それにもかかわらず自らプレスビテル司祭と称するの
は，ただただ謙虚さゆえである，と。すなわち，キリスト教ヨーロッパの帝国主
義的な東方支配の夢物語である。

　それは，モンゴル登場に先立つこと80年ほど前の偽書簡であったが，各国の
宮廷に送られたこともあってとりわけ王侯たちの間に一気に広まり，大きな反響
を呼んだ。のみならず，キリスト教の布教とそれに基づく支配というこの夢は，

西方ヨーロッパの東方観の底に一貫して流れ，本書第 XIV 編のフィレンツェの壁画は教会堂の戸を叩く一人のタルタル人に象徴させてそれを描いたものであったし，マリョルカ島の世界図では実際その東の果てにクリストが降臨していた。現実の歴史においても，18 世紀には大英帝国によるインド統治，さらには 19 世紀中国とのアヘン戦争となってそれが実現することは周知であろう。

2 タルタル人の出現——ゴグ・マゴグ

初めにコトバがあった，コトバとは神であった，つまり最初に神があり，全て，天地も人間も，それ神によって創られた。どのように創られたかは，神の言葉である啓示によって使徒たちに示され，そしてそれは彼らによって人間の言葉で聖書に書き止められた。神は唯一絶対であり，したがって聖書に誤りということはあり得ない。ところが，今突如として出現して暴虐の限りを尽くしている民族のことは何も知られない，聖書にも書かれていない。小さな未開の民の叛乱として無視するにはあまりにも無数・強大・無法，しかもあろうことかキリスト教世界に襲い掛かってきた。

そこで聖書を丹念に調べてみると，あった，ノアの子ヤペテの裔にゴグ・マゴグというのがあり，タルタロスという地獄に閉じ込められている。タルタルとかのその名も，その恐ろしさも，伝えられるその醜悪な容貌も習俗もそのままだ，そもそも人間か獣かすら分からぬ。巷に出回っているアレクサンドロス物語では，かの大王によってカフカスの岩山の彼方に閉じ込められたはずだが，それが今跳び出して来たに違いない。しかし聖書には，それがタルタロスの地獄から現れ来るのは，この世の最期の時だと書いてある，とすると今がその時か。否，これも神の怒りの鞭であろう，我らの罪ゆえであり悔い改めねばならぬ。彼らを再びタルタロスに追い返すか，それとも我らが殉教者となってあの世に行くか（ルイ 9世），しかしその前にヨーロッパ諸国よ団結せよ，ただし余の神聖ローマ帝国の鷲の旗の下に（フリードリヒ 2 世）。

が何故か，彼らは踵を巡らせて東に戻って行った。これも摂理のしからしむるところに相違ない。団結はしなかったが，クリストの敵を前にして信仰心とヨーロッパ人としての一体感は高まった。国土も人間も無傷のまま残ったし，神も聖

書も滅ぼされずに済んだ。そこに書かれてあることは，やはり正しかったのだ。神によって創られたこの世界は，今までどおり在り続けることが出来る。モンゴルの登場は，その軍事的脅威もさることながら，古典文明と聖書の上に打ち建てられてきたキリスト教ヨーロッパの世界像・世界観に対する挑戦であった。が，それも不首尾に終わり，彼らの世界観は覆されることなくそのまま残った。それどころか，前のプレスビテル・イォハンネスにさらにタルタルというゴグ・マゴグの民の新たな一項目を加えて，それがやって来たという東方に新たな関心を掻き立てられたのだった。

　パリスの『大年代記』（c. 1240）は，こうして現れた未知の民族についての，まとまった記述としては最初のものであったが，タルタルという名やその由来，その描写や経歴そして世界像の中での位置づけはすぐさま定着し，この時代を超えて近代に至るまで続くことになる。彼らヨーロッパ人の世界観にうまく当て嵌まるものであり，怪奇と驚異という古くからの東方像を，実物でもって証明するものだったからである。

3　マルコ・ポーロ以前——未開と野蛮

　彼らタルタリをタルタロスに追い返さねばならぬが，対抗できるような軍事力はない。それに何よりも，彼らがいったい何者なのか，何を狙っているのか，また東方に何があるのか，まず探らねばならぬ。それには創設されたばかりの修道会の僧たちが打って付けであろう。あわよくば，教えを宣べ道を伝えて，霊魂のいくつかでも収穫してきてくれるやもしれぬ。とこうして派遣されたのが，初期の修道士たちであった。では，彼らが現実に目にした東方は，それまで伝えられていたものと同じだったか，それとも違ったか。

　そのとおりだった，否それより酷かった。古代の作家たちや中世のアレクサンドロス物語，あるいはイォハンネスの書簡に記された怪奇や驚異はどこにもなかった。あの幻想的で豊かな東方，莫大な富と不思議な動植物，超人的な男と魅惑的な女たちに満ちた驚くべき東方はどこにもなかった。いやあった，驚くべき未開と野蛮が，自然も人間も社会も。果てしなく続く荒涼たる砂と岩山，木一本とてないただ広漠たる草原，激しい雨・風・氷雪，異常な暑さ・寒さ。唯一の財と

もいうべきは家畜，無数の馬・牛・羊・駱駝，その世話と狩の仕事。町と呼べるのはただ一つカラコルムだけであるが，それとてサン・ドニの十分の一の大きさもない（ルブルク c. 1255）。フェルトで作ったテントの家，それを車に積んでの移動，その中で営まれる貧しい暮らし，家畜の肉とクミーズだけの乏しい食事と不潔な作法，その皮で作ったみすぼらしい衣服。そして言う，広大ではありますがいいようもないほど惨めです（カルピニ c. 1245），と。

　人間は，忍耐強く主人に従順，だが傲慢で狡猾，女性は貞淑で働き者だが，醜い。国々を恐怖に陥れたその軍事の強さの秘密は，生来の残虐さに加えて，鉄の規律と作戦の狡猾さ。それらの上に築かれた十進法の軍隊組織は学ぶべきものであったが，誇り高き西洋の騎士がそれに従うとは期待できない。信仰は，唯一の神を信じると言うが，実質は物神崇拝とシャーマニズム，それも小さな女性の人形をフェルトで象り，それに食べ物を供え，現世の富と幸せを祈る。神の教え・法はなく，あるのは細々とした迷信，行動の規範は占い。霊魂とその不滅の観念はなく，占い師の妖術・魔術によって全てが執り行われる。

　彼らの起源と歴史は，東北の山岳から現れたことは確からしいが，ごく最近のことである。タルタルというのは西方での俗称で，正しくはモンゴルまたはモンガルといい，始祖はチンギス，その下に四囲を征服して大をなし，世界制覇の目標を掲げ，まず南のプレスビテル・イォハンネスもしくはその弟のウンク・カンに勝利して覇者となり，その裔オゴデイ，グユク，モンケが軍を西へと進め，ペルシャ・シリアまで征服し，バビロン（エジプト）そしてヨーロッパに侵攻すべきか否か，今何と骨占いによる占い師の決定を待っているところである（ルブルク）。もっとも，割れ方がよくなかったのか，結局再び襲来してくることはなかったが。

　こうして東方，ロシアの向こうペルシャの東そしてたぶんインディアの北には，広大な地域があり，そこにはモンゴルと呼ばれる者たちが住み支配していることが分かって来た。しかしそこは文明なき未開の地であり，彼らはゴグ・マゴグの子孫ではないようであったが，タルタルと呼ばれるに相応しい神なき蛮族であった。こうして，自らを中心とする文明世界を自認するキリスト教ヨーロッパは，隣の異教イスラムのさらにその外に広がるそれまで空白になっていた部分に新たにモンゴル（タルタル）という蛮族を置くことによって，その世界図・世界像をさらに一歩完成させたのだった。

　その一方，彼らの至ったカラコルムのさらに東に，カタイという大国のあることが伝わってくる。昔セレスと呼ばれたところらしく，事実そこから最高の絹がやって来る。物も豊かで，金銀造りの都市があるとか。チンギス・カンの裔たちはその一部を奪ったが，残りの部分は海域にあるためまだ征服されていないらしい。人々は大部分偶像崇拝であるが，耳寄りなことにネストリウス派ながらキリスト教徒もいて，さる都市には司教区もある，新旧の聖書を持ち，唯一の神を崇め，主イエス・クリストを讃えるが，洗礼は受けていない，とか。しかしどうもそこは，モンゴルとは違うらしい。と，そこに最初に行き余す所なく見聞し記したのは，修道士ならぬ一人のヴェネツィア商人の息子であった。

4　マルコ・ポーロ──東方と世界の発見

　それは，これまでのものとは全く異なる新しいものだった。その異なり・新しさはあらゆる点に及ぶが，本稿の文脈つまり 1）東方と 2）世界の発見と認識とその 3）記述の系譜の中では，次の三つにまとめられようか。

　1）修道士たちの東方がカラコルム止まりであったのに対して，そこを超えて都カンバリクに至り，かつカタイ・マンジをくまなく回ったその男の東方は，それまで全く知られぬ驚くべきものであった。北はモンゴリアから南はカイナン島，西はカシュガル・チベットから東はチョルチャまで領土は無限，人民は無数，そこに連なる数々の大都市。カタイの都カンバリクには三重の城壁に囲まれた巨大な宮殿があって，そこには富・力・民においてこの世に並ぶものなきグラン・カン・クビライがいる。南にはマンジの国があり，その都キンサイは天の都と呼ばれ，絹，胡椒，磁器があふれる。物質面だけではない。ジャムチとパイザによる情報伝達システム，錬金術と見まがう紙幣，高度な官僚制度，完備した道路・橋・運河の交通・輸送ルート，一糸乱れぬ巨大な巻狩り。王侯貴顕は言うに及ばず，市民は優雅で女性は美しく，その生活は物質的にも精神的にも高度に洗練され，自然もまた豊かで多様である，と。

　2）東方カタイ・マンジだけではなかった，そこには全世界があった。小アルメニア・ライアスを発ってホルムズまで，旅のルート沿いながら，トゥルコマニア，大小アルメニア，ジョルジャそしてペルシャ，それら中近東の国々と町々と

人々は，シモンやリコルドゥスのそれとはおよそ異なっていたし，ホルムズから
パミールを超えてカシュガルへ，その道程が記されたのは初めてであり，そこか
らカラコルムを経てシャンドゥ（上都）に至る道程も，より北の草原ルートを取
ったカルピニ，ルブルクとは違っていた。これら旅のルート沿いにある地域だけ
でなく，さらにその北にはバイカル湖とその周辺のバルグ平原，北東はチョルチ
ャ（満州）まで広がっている。

　東は，カタイ・マンジがその果てではなかった。さらにその東，沖合遥かに大
島があってジパングと呼ばれ，そこは屋根と床が黄金で出来ている，その周辺の
チンの海には香料の樹の生い茂る7千いくつの島々がある，と。こうしてジパン
グとチンの海は，彼によってすっかり開示された世界に残った唯一の未知の地と
なり，そこへの到達目標が次の時代を来たらせることは周知されよう。南は，チ
ャンパからベンガルに至る沿岸の国々，ジャワからセイロンに至る南海の島々，
そしてインディア，その二つの海岸とそれに続くホルムズまでの沿岸，さらに
それを超えてアフリカ東海岸とアラビア半島。陸であれ海であれ，そこを旅し記し
たのはポーロが最初だった。そのことを十分自覚していた作者たちマルコとルス
ティケッロは，そこでその書を「世界の記」（1298）と名付ける。

　3）その名のとおり，そこには世界が丸ごと記述されてあった。しかも，都市
と国，社会と事物，自然と産物，そしてそこに生きる人々が，ありのままの姿に
描かれた。余りにも多いゆえ人間を例に引くにとどめると，富・力・民において
並ぶ者なき君主の中の君主グラン・カン・クビライから，クリストと並ぶ聖者シ
ャカムニ仏陀まで，チベットの魔術使いから莫蓙の上に寝フスマしか食べぬとい
う偶像崇拝の僧まで，旅の商人に妻を提供して自分は家を出て行くガインドゥの
夫から，カンバリク城外に佇むあるいはキンサイの街路に居を構える天女さなが
らの罪深い浮世の女たちまで，その彼ら彼女らが，キリスト教の神の審判や文明
か野蛮かの判定の下にではなく，それ自らの体と心を持って描かれた。

　一例を挙げよう。そのガインドゥ：「美しい妻をもっている者は，それを通り
すがりの者に自由にさせる。商人はその女に薄い布一切れ，おそらく半ブラッチ
ョか何かわずかな値打ちのものを与える。そうして愉しんだあげく，商人は馬に
乗って立ち去る。すると夫と妻は，これを嘲笑ってその後姿に向かって叫んで言
う，「おーいお前さん，どこにいくんだい？　俺たちんとこから持ち去るものを
見せてご覧よ，何を手に入れたか見せなよ，さあ追ん出される者よ，俺たちんと

こに何を残したか，何を忘れてるかご覧よ！」そして，彼から手に入れたその切れ端を示して，「俺たちぁお前さんからこれをもらった，哀れなる者よ，なのにお前さんは何も持ち去らんとはな！」とこう彼を嘲り，このようにするのである」(Ch. 117, Z)。この夫婦の頭上にクリストはいまさぬし，足下に地獄は口を開けていない。

　東方と世界は，こうしてすっかり探索し発見され，見たとおりに記述された。それは，神から人へ，世界と人間の発見とそのありのままの姿をというルネサンスの理念をまさに先取りしたものであった。が，それが編まれた 1298 年は余りにも早すぎたし，それがカヴァーしたユーラシア大陸は余りにも広すぎたし，ルスティケッロの手になるその記述は余りにも新しすぎた。かのガインドゥの夫婦は，近代をも超えたシュールな存在であった。

　こうして，カラコルムのさらに東にカタイとマンジのあることが明らかになったが，そこはかつての修道士たちが見た未開と野蛮の地とは全ての点で対極にある。どこにも直接比較されてはいなかったが，その詳細を極める精彩ある記述によるかぎり，富も力も社会もつまり物質的にも軍事的にも文明的にも，ヨーロッパに劣らぬどころか優るかに見えた。ただ，人々は偶像崇拝であってキリスト教徒ではない，しかしネストリウス教徒がいくらかいるらしい。となると，そこが貧しく「惨め」ではなく富に溢れているとなればそれの獲得が，人々が蛮人でなく文明人であるとなるとその霊魂の獲得が，次の目標とならずにはいない。

5　マルコ・ポーロ以後——布教と通商

　未知の大国カタイ・マンジの発見は，60 年前のタルタル人の出現に劣らず衝撃的なものだった。ヨーロッパが世界の中心でないのかも知れぬ，自分たちより優れた文明があるのかもしれないとの怖れと疑いを抱かせたからである。東方にそれらしき大国のあることは，ルブルクも気付いたごとく，断片的ながら古くからの書に記されていたし，この頃には何かと情報も伝わってくる。しかしそこが，ポーロが語ったほど高度な文明と富と力を有していることは知られなかった。にもかかわらず，そこの人々はキリスト教徒ではなく偶像崇拝だという。そうした地の存在は，聖書には書かれていない。ゴグ・マゴグのようにどこかに隠れてい

たとするには，領土も人口も大きすぎる。では，今度こそ聖書は間違っていたのか。

　否，今回もそうではなかった。そこが昔は未開の蛮地であったか，それとも古くから開化した文明の地であったかはよく分からない，その書にも昔の歴史のことは何も書かれていない。が，タルタル人の起源のことはあり，それによると最初チンギスなる者があり，その前の支配者であったかの司祭王イォハンネスの子孫に勝利して新たな覇者となったのだという。少数ながらキリスト教徒がそこにいるのはそのためであろう。しかし，大部分は偶像崇拝者だと。とすれば，これも神の驚嘆すべき御業で，我らの無知と怠慢を責めるべく今それを明るみに出し給うたのだ。今こそ，空白に残っていたその地に神の光を灯し，その教えを宣べ伝え，彼らの魂を偶像崇拝の誤りから救い出さねばならぬ，その時初めて全世界に神の王国が打ち立てられる。そこは，魂の収穫は多く，しかし働く者は少ないとか。が幸い，支配者たちは外来の宗教に寛容で，とりわけキリスト教には好意的だとも伝えられる。とこうしてそこに赴いたのが，後期の修道士たちである。

　確かにそうだったが，新たな魂の収穫は少なかった。初代東方大司教に任命されてカンバリクに赴いたモンテコルウィーノ（c. 1305）は，テンドゥクのゲオルギス王をカソリックに改宗させ，教会を建て，数千人に洗礼を施したが，王が死ぬとそれも無に帰した。オドリクス（c. 1330）は，巡行から帰って来る皇帝にリンゴを差し出し，その改宗に期待を掛けたが，タルタリアでいくつか悪魔を追い払っただけで帰って来た。東方は，かの書によって全て書き尽くされ，もはや記すべきことはさほど残っていなかったし，それを超えることはほとんど不可能だった。となれば，それに倣うほかない。が，事態は思いがけない展開を見せる。自壊し始めていたモンゴルは，自分の方からキリスト教ヨーロッパに援けを求めて来たのである。

　最初の西征の時からすでに首長たちの間に争いを抱え，その後四つに分裂し，相互に衝突・抗争を繰り返していたモンゴルは，1304年表向きは大同和平が成ったが，内ではどのカン国でも首長間の権力闘争と軍事力の衰退が進行していた。大元朝では，モンケによって北コーカサス地方から連れて来られたキプチャク人やアラン人が，クビライの親衛部隊に編成されて力を付け，酒色に溺れて頽廃するモンゴル人に代わって軍の中核を担うまでになっていた。彼らはもともとネストリウス派キリスト教徒であったが，モンテコルウィーノと修道士たちの努力に

よって多くの者がローマ教会の下に入るに至っていた。そして 1328 年，イスン・テムルの後継をめぐって旧来のモンゴル貴族と彼らキプチャク人・アラン人を主とする軍閥との間に内乱が勃発し，後者が勝利して，中央政権すら彼らの掌握するところとなっていた。

　最後の使者マリニョッリ（c. 1342）が中国に向かったのはそうした状況下であり，彼が届けた黒馬もその頃政権を握っていたこれらアラン人君侯たちが傀儡皇帝に代わって教皇に無心したものであった。その東方記は，内容的には価値に乏しいが，こうした状況を裏から照らし出す歴史的な意義を有する。カタイ・マンジについては，「その信じ難い大きさ・国民・軍・富については沈黙するのみ」と，記述を放棄する。もはや未知でも驚異でもなくなった東方は，探索にも記述にも値しなかったのであろう。代わって彼が追い求め記したのは，セイロンの地上楽園とそこから流れ出る四つの川の行方であり，その世界記はヘレフォード図そのままで，ギリシャ・ローマの古典文明にキリスト教を被せたヨーロッパの世界像・世界観が基本的には何も変わっていないこと，新たな東方の発見もカタイ・マンジの存在も，それを覆すには至らなかったことを示す。ただ大きいだけ豊かなだけで，文明世界の中心たるヨーロッパの地位を脅かすものではないことを，彼らは確信し安心したのだった。

　一方，その富の獲得に向かう者たちのための実務案内を記したのがペゴロッティである。東方の項目はわずかではあったけれども，西方各国・各地との間に緊密な交易のネットワークが張り巡らされ，活発な商業活動が行われていることを示すものだった。地図こそなかったが，大西洋・地中海・エーゲ海・黒海・インド洋沿岸の諸港，それにいくつかの内陸都市を結ぶその交易網は，東西の境域を超えた全世界をイメージさせるものであり，そのイメージは，そもそもは海図として作られた最後の「カタラン・アトラス」に具象化される。

　しかし，ここでもペゴロッティよりずっと前にそれを実際に行なった者がいたはずである。ヴェネツィアの商人ポーロである。マルコを教皇とグラン・カンを結ぶ使者に仕立てたいルスティケッロによって彼らの商活動は封印されてしまったが，ポーロこそ東方交易のパイオニアだったのではなかったか。ペゴロッティのように具体的なデータを挙げ実務を指南することはなかったが，その書には各国・各地の商情報や様々な珍しいまた豊かな産物や商品があふれていた。それらは，君侯から庶民まで，金持ちも貧乏人も，とりわけ富を貯え始めた都市国家の

商人たちの欲望とエキゾチシズムを大きく刺激した。その代表的なモノが，彼によって初めてヨーロッパに紹介された，古代の絹・中世の胡椒に代わってやがて新たな東洋の宝石として追い求められることになる磁器である。それは，「得も言えぬほど美しく，そこ以外の何処でも造られず，世界中に持ち運ばれ，いっぱいあってとても安い」と。商社に勤めたこともある目敏い作家ボッカッチョが，これを見逃すはずはなかった。

6　ポスト・モンゴル──ルネサンス

　中世の終曲であったダンテの『神曲』（c. 1320）に対し，ボッカッチョ『デカメロン』（c. 1350）は近代の序曲と喩えられる。事実それは，文学史上ルネサンスの始まりに位置する。「神」ではなく「人間」を，身分や職業，学問や地位に捉われず，善であれ悪であれありのままに，しかも教訓や説教を目的とせずに，それ自体を描いたからであった。また「世界」を，そうした人間の生きる人種や国籍，宗教や文化を超えた共通の場として設定し，しかもその舞台を，ヨーロッパに限らず全世界に求めたからである。その一例が，「チポッラ修道士の旅」であり「ナタンとミトリダネス」であった。

　しかしである，だとすればここでもすでに半世紀前，そのことをさらに広く大きく行なった者があったのではなかったか。マルコ・ポーロとルスティケッロである。ポーロは，身をもって世界各地を探索した者であったし，その見聞を基にルスティケッロが編んだのは「世界記」であり，その舞台は文字どおり全世界にわたっていた。その旅とチポッラ修道士の旅を比べてみるまでもあるまい。そして，そこに登場する人間，生起する出来事，存在する事物は，比較にならぬほど多数・多様かつ現実そのままであった。

　それに止まらない。『デカメロン』では舞台は確かに世界各地に広がり，作者はそこに人種・宗教・文化といった違いを超えた様々な人々を登場させたのであったが，しかしその人々の「人間性」，心性と知性は，結局はヨーロッパ的な精神の枠を超えるものではなかった。カンバリクという東方の都にあってなお，寛大さという西方的な徳を競うナタンとミトリダネスがそうであったごとく。一方ポーロに登場する者たちは，それぞれの土地でそれぞれの社会と文化の中に生き

る，その知性と感性においても様々に異なる人たちであった。上に見たかの陽気なガインドゥの夫婦は，その秀逸な一例であり，今なおそこに生きて出会えるとしても不思議ではあるまい。

　またボッカッチョでは，舞台は様々な地に設定されても，描かれるのはそこで行動する人間であり，その行為や出来事であって，そこの地理や歴史が記されることはなく，その社会や文化の違いが述べられることはなかった。それに対して，ポーロの書で中心となっているのは人間よりもむしろそれぞれの地，その都市や社会や事物であり，その描写は今もそのまま通用するほどリアルなものであった。その違いは，カンバリク大都のクビライの宮殿とナタンの御屋敷に明らかであろう。また，自然や動物を主人公とする話は前者では一つとてないが，後者では随所に登場する（例：Ch. 119 カラジャン（雲南）の「大蛇」ワニ）。さては一つの商品まで，それがどこで誰によってどのようにして作られどれほど素晴らしいか，情熱込めて紹介された（例：Ch. 157 ザイトン（泉州）「磁器」）。つまり主人公は，人間ばかりではなく都市であり動物であり物である。それが，当時のみならず今も読者を惹きつける大きな魅力の一つであろう。こうしてその書は，舞台のみならず題材や内容の多様さ・豊富さにおいても，人間中心の『デカメロン』を超えて，さらに近代的な性格をもつに至っていた。

　『神曲』でダンテが「神」を，『デカメロン』でボッカッチョが「人間」を語ろうとしたとすれば，マルコ＝ルスティケッロはこうして「世界」を記述しようとしたのだった。とすれば，ルネサンスはマルコ・ポーロに始まるとしても過言ではあるまい。

　一方，モンゴルが歴史の舞台から退場するのと奇しくも同じ年，フィレンツェではキリスト教ヨーロッパが「勝利」を宣言する。実際，その礼拝堂に描かれた壁画（c. 1368）の中に，東方は場所すらもたない。聖ドミニコに指し示されて白黒斑の犬たち（修道士）が餌を求めて向かう方向として示されているだけで，そこでは聖トマスの説教に一群の異教徒たちが聞き入り，その一人は自らの経典を破り捨てる。がもう一人，教会堂の戸を叩くタルタル人がいた。まさにマリニョッリ記すところの，教皇に「我らの霊魂の救済とキリスト教信仰の賞揚」のためにモンテコルヴィーノの後任の司教の派遣を乞いにやって来た，「自ら教皇の奴隷と称する」アラン人キリスト教徒である。着物のような長い白衣を纏い，ネギ

坊主のようなトンガリ帽をかむり，辮髪を長々と垂らしたその人物に，百年前ヨーロッパを恐怖の底に突き落としたかつてのモンゴルの面影はない。固く閉ざされた扉の前に立っておずおずと戸を叩くその姿は，その間に起こった両者の力と立場の逆転を象徴的に示す。

　その下には，教会博士トマス・アクィナスを中心に座るモーゼ，ダヴィデやパウロ・ヨハネら族長や使徒たち，その下には学堂を象る厳かな椅子に座すアレゴリーの女性たちと，それぞれその学問を代表する学者たちがいて，その中にはピタゴラス，ユークリッド，プトレマイオス，キケロらの姿があった。この図ほどヨーロッパというのは，ギリシャ・ローマ文明の上にキリスト教を覆い被せて成ったものであることを視覚的に分かり易く示す画はあるまい。そして前者を再興せんとしたのがルネサンスであった。それら古代・中世に対して現代を描くもう一つの画面には，今の世の学問・芸術を担う文人や芸術家たち，ルネサンスの開始者たちが顔をそろえていた。ダンテ，ペトラルカ，ボッカッチョの三大文学者，ジョット，チマブーエ，ラーポら絵画や建築の革新者たちである。ここにも東方は場所を持たない。ところがそこに，東方ゆかりの人物のいることが発見された。

　その中央で手に書を抱えて立っている人物，それまでボッカッチョとされていた人物は，実はマルコに他ならないと。では，どちらが相応しいか。当時の知名度ではなく，その場面のテーマ「戦い勝利する教会」を，広く文明を含むキリスト教ヨーロッパの世界における勝利ととり，それに貢献した世俗人たちとするなら，圧倒的にポーロであろう。ルネサンスに先駆けた時代の早さにおいても，開示した世界の広さスケールの大きさにおいても，西と東を結んだその役割の歴史的意義においても，それを記述する時の新しさにおいても，今にいたるまでの世界の歴史におけるその影響の長さと大きさにおいても，マルコはボッカッチョに優る。

　そのことを，最後の「カタラン・アトラス」(c. 1375) が雄弁に物語る。その世界図は，以上のステージの全てから情報を採り入れ，それを世界に配したものであったが，一きわ賑やかな東半は，専らポーロに基づく。絵図にかぎれば，アララト山・シバの女王・東方三王・アンチクリストは聖書から，鶴と闘う小人はプリニウス，タプロバーナ島はプトレマイオス，アレクサンドロスとゴグ・マゴグと岩山とラッパを吹く像は中世のその大王物語から，聖トマスの遺骸を見つめるインディアのキリスト教王ステファンはイォハンネスの子孫であろうか。残る，

インディアの妻の火葬とダイアモンド掘りと真珠採り，ジャワ島の香料，カウリの海（多島海），大都カンバリクに君臨するクビライは，直接ポーロからである。そしてポーロ自身が，西から東へと向かう隊商の背にまたがって（一人は居眠りしながら）姿を見せている。地名については，もはや取り上げるまでもあるまい。磁器の町チンジュ処州（もしくはジョジェ涿州）まで。さながら，かの書の中身を地図の上に落としたもの，つまりかの「世界記」の「世界図」版である。

　ところが，東の果ては岩山で区切られ，その一つにはゴグ・マゴグが再び閉じ込められる一方，もう一つにはイザヤの預言どおりにクリストが降臨して信者に教えを垂れる。フィレンツェの壁画の続きであり，全世界に向かってのキリスト教の勝利の宣言である。これがヨーロッパの，東方と世界の発見とその認識と記述の，最終作品であった。そしてそれは，もう始まっていた次の時代の案内図となるばかりか，世界のイメージを基本的に決定付けた最初の近代的世界図・世界像として今に至るまで残るのである。

　かくたどって，いわゆるモンゴル時代というものを東からではなく西から見て来ると，その恩恵を一番被ったのはヨーロッパではなかったかと見えてくる。「はじめに」で述べたごとく，ペルシャやロシア，西アジア中央アジアと違って，東境を荒されただけで人間も国土も神も文明も無傷のまま残ったヨーロッパは，モンゴルによって開かれたそれまで未知・未踏だった空間，その平和の下にある東方に，後退してゆく彼らを追うかのごとく進出し，探索し布教し商いし，ついには東の果てにまで至ることによって全世界を識るところとなった。とすると，イスラムによって閉じ込められていたヨーロッパを，その囲いを破って外に飛び出させたのは，彼らの一人の祖アレクサンドロスが閉じ込めたゴグ・マゴグの岩山を破って現れたというタルタル人，すなわちモンゴルでなかったか。最後は，文字どおり手引きされた。とまれ，そうして知った世界を，彼らは書に記し図に描き人に伝えた。そしてそれは，ルネサンス期発展の一つの原動力となり，次の航海の時代を準備し，さらに全世界を制覇する近代に繋がって行く。それが，西欧を中心とする一方向的な世界史であることは最初に断った。が，ヨーロッパを世界に飛躍させ，その後の覇権の道筋を付けたのはモンゴルだったのではあるまいか。

あとがき

　もう 20 年ほどになる 1998 年頃，マルコ・ポーロ写本を求めてヨーロッパの図書館を巡ったことがある。イタリアは，ヴェネツィアのサン・マルコ，フィレンツェの国立中央図書館とリッカルディアーナにラウレンツィアーナ，ローマのカサナテンセ，その他パドヴァ，モデナ，フェッラーラ，ルッカにもあった。イギリスは大英図書館とオックスフォードにケンブリッジ，スペインのトレド，スイスのベルン。フランスは，パリ・リシュリュー街にある BnF の古文書館。2 階入って右のカード室で検索し，見つかったのを全部申し込んだら，一度に 5 冊までだと睨まれた。ともあれ，閲覧室で羊皮紙や紙の葉をめくった時には，古を直接目で覗き手で触れる気がしたものだし，文字や挿絵の美しさに目を開かれた。その場で全て転記する時間と力はなく，マイクロフィルムに撮って持ち帰ったのだが，それが今役に立っている。

　ところがその後デジタル化が始まり，写本もインターネットで自由に閲覧し，しかも無料でダウンロードできるようになった。もうお金も時間も手間も要らなくなったが，あのような貴重な一刻を持つこともなくなった。そのうち，画面をクリックすれば転記も望みの言語への翻訳も同時にダウンロードできる日が来るのも，そう遠くあるまい。とすれば，急がねばならぬ。そこで，カタラン・アトラスはどうだろうかと検索してみたら，あの巨大な地図がオンラインで公開されており，しかも拡大してもぼやけず，試しに読んでみたら何とか読めるのに驚いた。しかし，老気の至り，誤りや早とちりも多々あろうかと思われ，とりわけ地名については，諸賢のご教示を切に待つ次第である。

　その図版の入手や文献の紹介のみならず，宮氏の稀有な訳を含む，収録作品の構成から文章の校正まで，全般にわたって名古屋大学出版会橘・三原両氏の懇切なご指導を賜った。また，本書は，日本学術振興会平成 30 年度科学研究費補助金（研究成果公開促進費「学術図書」）を受けて刊行される。その獲得が条件となっているのを憐れんでか，助成してこの本がオモテに出るのを可能にして下さった同会にも深く感謝申し上げねばならない。その他お名前を挙げるべき方々，機

関は数多いが，あまりにも多いことと字数の尽きたことを口実に，これで筆をおかせて戴くことにする。

2018年12月　丹波にて　　　　　　　　　　　　　　　　編 訳 者

初出一覧

$\begin{pmatrix}\text{末尾}[\quad]\text{内は関連する編番号。本書に収録}\\\text{するにあたって，いずれも大幅に手を入れた。}\end{pmatrix}$

1 「ジパングの系譜——マルコ・ポーロ研究序説」(1)《愛媛大学教養部紀要》21，1988；(2) 同 23，1990；(3)「同——ボッカッチョ『デカメロン』の東方」《大阪国際女子大学紀要》 23-1，1997。[II・IV・XI・XIII]

2 「ラムージォ「マルコ・ポーロの書序文」——マルコ・ポーロ伝記研究」(1)《愛媛大学教 養部紀要》24，1991；(2)《帝国学園紀要》18，1992；(3)《大阪国際女子大学紀要》19， 1993。[VI]

3 「ゴグ・マゴグとモンゴル」《大阪国際女子大学紀要》19，1993。[I]

4 「ハイトン『東方史の華』」(1)《大阪国際女子大学紀要》20，1994；(2) 同 20-2，1994；(3) 同 21-1，1995；「ハイトン『東方史の華』について」，同 21-2，1995。[VII]

5 「偽カリステネス『マケドニア王アレクサンデル伝』」(1)《大阪国際女子大学紀要》20， 1994；(2) 同 21-1，1995；(3) 同 22-1，1996。[I]

6 「中世ピーサ年代記——12-14 世紀を中心に」(1)《大阪国際女子大学紀要》23-2，1997；(2) 同 24-1，1998。[VI]

7 「ルスティケッロ・ダ・ピーサ——マルコ・ポーロ旅行記の筆録」《大阪国際女子大学紀 要》24-2，1998。[VI]

8 「オドリーコ・ダ・ポルデノーネの東方」《大阪国際大学紀要》18-1，2004。[IX]

9 「マルコ・ポーロの東方」(1)「ザイトン 泉州」《大阪国際大学紀要 国際研究論叢》23-2， 2010；(2)「マルコ・ポーロ写本(1)」同 23-3，2010；(3)「マルコ・ポーロ写本(2)」同 24-1， 2010；(4)「カンバリク 大都」同 24-2，2011；(5)「ジパング 日本国」同 24-3，2011。 [VI]

10 マルコ・ポーロ／ルスティケッロ・ダ・ピーサ『世界の記——「東方見聞録」対校訳』名 古屋大学出版会，2013。[VI]

11 『マルコ・ポーロとルスティケッロ・ダ・ピーサ——物語「世界の記」を読む』近代文藝 社，2016。[VI・XIII]

図版一覧

細 目 次

IV　ルブルク『旅行記』

XI　プレスビテル・イォハンネスの書簡

XII　ペゴロッティ『商取引実務』

XIII　ボッカッチォ『デカメロン』

XIV　フィレンツェ，サンタ・マリーア・ノヴェッラ教会スペイン礼拝堂壁画

XV　カタラン・アトラス

《編訳者紹介》

高田 英樹（たかた ひでき）

兵庫県丹波に生まれる
京都・ピーサでイタリア語を学ぶ
ローマ・松山・大阪で日本語を教える
宝塚・丹波で再びイタリア語を学んでいる

原典 中世ヨーロッパ東方記

2019 年 2 月 10 日　初版第 1 刷発行

定価はカバーに
表示しています

編訳者　高 田 英 樹

発行者　金 山 弥 平

発行所　一般財団法人 名古屋大学出版会
〒 464-0814　名古屋市千種区不老町 1 名古屋大学構内
電話 (052)781-5027／F A X (052)781-0697

高田英樹訳
マルコ・ポーロ／ルスティケッロ・ダ・ピーサ 世界の記　菊・822 頁
　―「東方見聞録」対校訳―　本体 18,000 円

宮　紀子著　菊・574/600 頁
モンゴル時代の「知」の東西　上下　本体各 9,000 円

宮　紀子著　A5・754 頁
モンゴル時代の出版文化　本体 9,500 円

家島彦一著
イブン・バットゥータと境域への旅　A5・480 頁
　―『大旅行記』をめぐる新研究―　本体 5,800 円

大塚　修著
普遍史の変貌　A5・456 頁
　―ペルシア語文化圏における形成と展開―　本体 6,300 円

山中由里子著
アレクサンドロス変相　A5・588 頁
　―古代から中世イスラームへ―　本体 8,400 円

山中由里子編
〈驚異〉の文化史　A5・528 頁
　―中東とヨーロッパを中心に―　本体 6,300 円

池上俊一監修　A5・932 頁
原典 イタリア・ルネサンス人文主義　本体 15,000 円

池上俊一監修　菊・650/656 頁
原典 ルネサンス自然学　上下　本体各 9,200 円